DAS ATLANTISBUCH DER DIRIGENTEN

DAS ATLANTISBUCH DER DIRIGENTEN

EINE ENZYKLOPÄDIE

Vorwort von Wolfgang Stresemann

Herausgegeben von
STEFAN JAEGER

Mitarbeiter:
Norbert Ely
Reinhard Fiedler
Klaus Hennch (Fotos)
Gerhard R. Koch
Wolf-Eberhard von Lewinski
Jörg Polzin
Dieter Römer
Wolfgang Sandner
Christiane Schneider
Joachim Wormsbächer

ATLANTIS MUSIKBUCH-VERLAG

Idee, Konzeption, Produktion: Stefan Jaeger, Frankfurt/M
Schutzumschlag: Heinz Unternährer, Zürich
Schutzumschlag Vignette: Bernhard Leitner, Berlin
Herstellung, Layout: Jürgen Braunschweiger, Luzern
Gesamtherstellung: Gorenjski Tisk, Kranj
Printed in Jugoslawia
ISBN 3-254-00106-0

Inhalt

Vorwort

Wolfgang Stresemann,

Sie sind die Helden unseres Musiklebens geworden, übrigens erst im Laufe dieses Jahrhunderts, jene großen Stars, von allen bewundert, bestaunt, natürlich auch kritisiert und mit besonderer Wonne verglichen. Wie oft lautet die Parole: hie Karajan, hie Bernstein, und dies sind keineswegs die einzigen Namen, die man hört. Eine seltsame Faszination geht vom Dirigenten aus. Wie kann er achtzig oder sogar hundert Musiker beherrschen, sie zu einer einheitlichen Interpretation vereinigen? Handelt es sich um eine Art Kollektiv mit einem Volkstribun an der Spitze? Er hält den Stab, einem Zepter vergleichbar, in der Hand, regiert mit ihm Musik und Musiker, scheint ihnen, aber auch den Komponisten, lebenden wie toten, ein «Vae Victis» entgegenzuschleudern, preist seine Beethoven-Wiedergabe als die einzig wahre an. «Sie müssen wissen, ich bin ein Titan», so die wörtliche Äußerung eines in diesem Band aufgeführten, inzwischen verstorbenen Orchesterleiters, gerichtet an seinen eigenen Manager! Sind sie wirklich Titanen, Übermenschen, diese Männer (und neuerdings auch Frauen von Format), die den Taktstock schwingend, dem Orchester ihre Anweisungen erteilen, stets Gehorsam begehren und auch erhalten, offenbar mit einem Zauberstab von magischer Kraft Wunderdinge verrichten? Wer mit den Großen unter den Dirigenten jahrzehntelang in engem Kontakt stand und steht, weiß nur allzu gut, daß das Dirigentenbild, wie es so viele sehen, nicht zutrifft. Der wahrhaft große Dirigent ist weder Kultfigur noch «Schlangenbeschwörer», er fühlt sich auch nicht — Ausnahmen gibt es immer — als ein vom Schicksal auserkorener Triumphator, obwohl er sicherlich seinem Schöpfer jenes Charisma verdankt, das ihn in die Lage versetzt, dem Orchestermitglied seine, des Dirigenten, Interpretationsauffassung zwingend mitzuteilen und darüber hinaus den Zuhörer von Anfang an in Bann zu ziehen. Ohne diese nicht erlernbare Gabe wird ein Dirigent nur Mittleres leisten, ohne diese Voraussetzungen ist ihm der Aufstieg zur Spitze versagt. Nicht zu vergessen, daß der Dirigent kein «Diener seines Herren», des Komponisten, ist. Zwar soll er sich nie über ihn hinwegsetzen, stets daran denken, daß des Interpreten Licht letztendlich von der «Sonne» des Komponisten geborgt ist. Doch ohne menschliche Eigengrösse, kongeniales Aufnehmen der verschiedenartigen Musikcharaktere wird einem Dirigenten eine überragende Leistung nicht gelingen. Als Geschenke von oben, die immer wieder durch harte Arbeit verdient werden müssen. «Wem viel gegeben ist, von dem wird man viel fordern», heist es in der Bibel. Gefordert wird tagtägliche Beschäftigung mit der Partitur, dem nicht alles besagenden Notentext, vor allem dem, was hinter den Noten steht. Jeder große Dirigent ist sich dieser Verpflichtung bewusst, und dieses Bewußtsein allein zwingt ihn eher zur Bescheidenheit, nicht zum Startum, eher sogar zur Unsicherheit als zu einem Anflug von «Gottesgnadentum».

Schließlich wer ist er, der anderen bedeutenden Musikern, die in großer Zahl zumindest bei Spitzenorchestern anzutreffen sind, Anordnungen zu geben berechtigt ist? Selbst der als jähzornig verschrieene Toscanini litt laut eigener Aussage stundenlang an nervösen Spannungen, bevor er ein ihm noch unbekanntes Orchester erstmalig zu dirigieren hatte. Bruno Walter, die Güte selbst, ausgestattet mit der Gabe, stets an das Gute in seinen Musikern erfolgreich zu appellieren, plagten Zweifel, ob es ihm gelingen würde, mit einem ihm fremden Orchester den notwendigen Kontakt zu finden. Als Herbert von Karajan, einst «Generalmusikdirektor von Europa« genannt — er dirigiert schon seit langer Zeit weitaus weniger als seine «Kollegen» — die Berliner Philharmoniker übernahm, hieß es keineswegs «Hoppla, hier komm ich!» oder «Alles hört nun auf mein Kommando», sondern er bat seine Musiker, ihm zu zeigen, wie sie bisher unter Furtwängler gespielt hatten, ohne seine (Karajans) sicherlich anders geartete Auffassungen sogleich durchzusetzen oder auch nur den Versuch einer Durchsetzung zu unternehmen. — Und weiterhin: Im Gegensatz zum Instrumentalisten kann der Dirigent nur mit Hilfe der gesamten «Mannschaft» zum Ziel gelangen. Ohne selbst an der Klangerzeugung unmittelbar beteiligt zu sein, soll er auf der einen Seite heißen Herzens das musikalische Geschehen emotionell erfüllen, andererseits mit kühlem Kopf Klang, Aufbau und Gestaltung kontrollieren, ein Unternehmen, bei dem er als einziger inmitten des Musikablaufs schweigt oder schweigen müßte (Der Gefahr des «Mitsingens» sind Meister wie Toscanini, Giulini, Barbirolli u. a. nicht immer entgangen). Ein solcher Aufgabenbereich verstärkt das Gefühl der Unsicherheit. Überdies soll der Dirigent jede Note einer noch so vertrackten Partitur kennen und bei Proben wiedererkennen. Es erhebt sich die oft diskutierte Frage: Tut er es wirklich oder tut er nur so? In Erinnerung steht eine Äußerung des damals über siebzigjährigen Bruno Walter bei einer Geselligkeit in Chicago, wo er sagte: «Sie glauben gar nicht, wie sehr beim Dirigieren ‚geschummelt' wird.» — Eine weitere Überlegung: Führt der Dirigent mittels seines Taktstockes in jedem Augenblick? Muß er sich z. B. bei bestimmten Pizzikati, mancherlei Einsätzen, beim kammermusikalischen Ensemblespiel, nicht auch auf seinen Konzertmeister, andere Solisten im Orchester, auf das Zusammenwirken der Gruppenführer, verlassen? Besitzt er in allen, insbesondere kritischen Momenten, die vollkommene Autorität, die er hofft, zu besitzen?

In der Tat, der Dirigent hat Gründe genug zur Unsicherheit. Und dies gilt gerade für die größten, die die Spitze erreicht haben; sie müssen diese halten, verteidigen, um sie bangen. Der Berg ist erklommen, aber wie schnell kann es abwärts gehen! Augenzeugen berichten, daß Furtwängler vor jedem Konzert von tiefer, oft stundenlanger Unruhe gepackt wurde; Walter, Klemperer waren wesentlich gefaßter, Karajan dank Yoga sogar bereit, im Notfall noch Gespräche über andere Dinge zu führen. George Szell, handwerklich sicherlich unübertreffbar, Musiker und Musikant par excellence, aber mit Schaltstelle im Kopf, behielt vor dem stets ausgiebig geprobten Konzert völlige Ruhe. Grundverschieden jede Dirigentenpersönlichkeit, grundverschieden die Art und Weise, wie ein jeder zur Spitze gelangte (oder möglicherweise noch gelangen wird), wie die Spitze behauptet wird. Diese Grundverschiedenheit zu schildern, ist Aufgabe des vorliegenden Buches, das den Dirigenten in ihrer übergroßen Zahl, in ihrer fast verwirrenden Vielfalt gewidmet ist.

Noch glänzt ihr Stern, einst ein fast unscheinbarer Himmelskörper. Wird es auch im 21. Jahrhundert der Fall sein? Werden auch weiterhin Glanz und Gloria den Dirigenten umschmeicheln? Es sollte nicht überraschen, wenn der Dirigent im Laufe der Zeit mehr die Stellung eines «primus inter pares» einnimmt, wie es heute schon Giulini bewußt tut. Nach wie vor gibt er dem Orchester die entscheidenden Impulse, aber er fühlt sich trotzdem als integrierender Bestandteil seines Ensembles, stets bestrebt, mit den Musikern eine Einheit zu bilden, denen er nur die allernötigsten Zeichen gibt, zum Wohle der Musik und insbesondere des Komponisten.

Denken wir auch daran, in wie hohem, sich immer verstärkenden Maße Herbert von Karajan, der einmal seine Proben als «Diskussionen» mit seinen Musikern bezeichnete, ihnen freie Entfaltung zugesteht. Die Welt befindet sich in einem gewaltigen Wandel, er wird wohl auch vor den großen Musikstars des zwanzigsten Jahrhunderts nicht haltmachen.

Geschichte des Dirigierens

Wolf-Eberhard von Lewinski

«Im Anfang war der Rhythmus», behauptet ein vielzitierter Spruch. Platon bezeichnete den Rhythmus als Ordnung der Bewegung. Rhythmus ist eine gemeinschaftsbildende Macht und erfährt ihre Wirkung aus der Gleichzeitigkeit einer Bewegung mehrerer Menschen. Für gemeinsames Musizieren wird der Rhythmus von einem Menschen gesteuert, der den Rhythmus angibt und die rhythmisierte Gemeinschaft «dirigiert».

In Urzeiten, in denen rhythmische Musik symbolische Macht ausübte, war der Zauberer ihr Beherrscher. Mit ihm eng verwandt, übte sich der Medizinmann bei einigen Völkern als Vortänzer und Tänzer. Auch jener im kultischen Bereich Beschwörende, der Schamane, entfesselte seine Mitmenschen bis zur Ekstase.

«Von der Horde bis in die höheren Gesellschaftsformen hinein ist dieser Schamane entweder identisch mit dem Häuptling oder dem letzteren priesterhaft übergeordnet. Er hat das Wissen von den heiligen Melodien und Rhythmen, verwahrt im Tempel die kultischen Instrumente, oft Flöten mit einer nur dem einen Stamme zugehörigen, also geradezu totemistischen Skala, er singt und tanzt bei den religiösen Feiern vor», sagt Hermann Wolfgang von Waltershausen. Verbindungen zu den Dirigenten von heute mögen sich aufdrängen; aber jene Formulierungen wurden vor fast einem halben Jahrhundert festgehalten und gehen auf Äußerungen zurück, die Georg Schünemann in seinem Buch über die Geschichte des Dirigierens schon 1913 vorlegte.

Die älteste Art von Dirigieren dürfte die Cheironomie sein, die Sprache der Handgebärden, wie man sie in Ägypten, in Indien, bei den Griechen, in der byzantinischen Kirchenmusik und der Gregorianik kannte. Bestimmte Handzeichen gaben die unterschiedlichen Tonhöhen an und skandierten dazu den rhythmischen Verlauf. Das Klatschen des Taktes war die primitive, sich über viele Jahrhunderte hin haltende Methode. Sehr früh kam es dabei zu einem Miteinander von technischen Angaben und Ausdrucksgestaltung.

Im mehr gesungenen, zumindest rhythmisch gesprochenen Drama bei den Griechen war die Rolle des Chores wesentlich. Das Zusammenfügen von Sprache, Musik und Tanz verlangte den Chorführer, den «Choregos», den man auch «Koryphäos», den «Obersten» nannte. Ein Operndirigent von heute ist dem Chorführer von damals von den Aufgaben her ähnlich, auch dann, wenn er nicht als «Koryphäe» bezeichnet werden kann. Jener antike Chorführer leitete eine Aufführung mit heftigem Stampfen des Fußes, dessen Wirkung er verstärkte, indem er Sohlen aus Eisen wählte. Die Instrumentalisten übten ihrerseits das Taktieren mit dem Fuß. Nur der Chorführer nahm gelegentlich Handbewegungen zu Hilfe, die ihn manchmal ausschweifend werden und den ganzen Körper mitschwingen ließen. Wir empfinden es als Unsitte, wenn Dirigenten den Takt mit dem Fuß schlagen, so alt und hilfreich dieses Mittel auch sein mag. Die Dirigier-Grundbewegungen von heute, der Auf- und Niederschlag gehen auf die Rhythmuslehre des Aristoxenos von Tarent zurück, der um 300 vor der Zeitwende starb. Gleichzeitig entstand das Heben und Senken von Stimme und Fuß. Ob der Niederschlag den Taktschwerpunkt bedeutete oder nicht, läßt sich nur schwer einwandfrei feststellen. Heute geht der Schlag nach unten, die berühmte «Eins», die nicht nur angibt, an welcher Stelle der Partitur man ist, sondern auch akzentuiert. Ein Dirigent, der den Abschlag nicht präzise ausführt, hat sein Handwerk schlecht, überhaupt nicht oder in einer anderen Zeit erlernt.

Nun muß man sich vergegenwärtigen, daß in der Musikgeschichte erst recht spät «Takt» und «Taktstrich» eingeführt wurden. Mit der Verbreitung der Mensural-Notation im 13. Jahrhundert entwickelte sich eine vom Text unabhängige Zeitdauer der Noten. Also sollte der Leiter einer Sängergruppe selbst Sänger sein, auch wenn er mit der Hand «taktiert». Elias Salomon formulierte Ende des 13. Jahrhunderts in dem «Tractatus de musica»: «Er schlägt ihnen mit der Hand die Absätze oder Einschnitte des Tonstücks auf das Notenbuch vor, indem er ihnen leise den Text vorsagt. Singt ein Sänger zu wenig oder nicht sicher genug, oder bringt er falsche Noten, dann soll der Dirigent ihm, wie es sich gehört, ins Ohr sagen: Du singst zu wenig, Du singst zu steif, Du bringst die hohen Noten zu ungenau und ähnliches, doch soll er's so sagen, daß er von anderen nicht verstanden wird, oder er muß bisweilen mit einem Sänger mitsingen, wie es gerade nötig wird.» Je größer ein Chor im Lauf der Jahrhunderte wurde, desto weniger Aussicht auf Erfolg hatte eine solche «Dirigier»-Methode. Im 15. Jahrhundert ist zum Zwecke des Takthaltens die Verwendung einer Papier- oder Notenrolle, manchmal auch die eines Stabes nachgewiesen. In der Renaissance wandelte sich dadurch der «Schlag», der bis dahin weithin unakzentuiert angewendet wurde, und es kam, beispielsweise in der Oper, ein betont individualistisches Musizieren auf. Erneut wurde der Auf- und Niederschlag im Sinne des Schwerpunkt-Taktes gewählt, die Differenzierung aber innerhalb dieses Auf- und Abschlages vorgenommen, nicht, wie noch heute, mit einem seitlichen Ausschlagen. Im 17. Jahrhundert finden wir sehr unterschiedliche Methoden des Dirigierens. Die Taktstock-Schlagerei entwickelte ihre Varianten: Einige Herren wählten ein Schnupftuch, wieder andere einen Schlüssel. Jedenfalls machte das Taktschlagen zumeist einen höllischen Lärm. 1649 meinte Daniel Friderici, es gäbe Dirigenten, «die mit dem Chorstock also zuschlagen, daß die Stücke davonfliegen». An anderer Stelle lesen wir, daß man «solche donnernden Schläge weiter höre als die Sänger selbst». In der Instrumentalmusik entwickelten sich Arten und Unarten, die Ausführenden zu geordneter Bewegung zu veranlassen: vom Cembalo aus, auf das der Spieler in erster Linie des Taktes wegen heftig einschlug; mit Mimik und Gestik, Grimassen auch, und wiederum mit einem riesigen Taktstock, der auf den Boden gestampft wurde. Schließlich ergänzte der Konzertmeister oder 1. Geiger das Dirigiergehabe als «Vize-Kapellmeister», wobei er wirkungsvoll mit dem Geigenbogen arbeitete.

Chorregentenstab im Domschatz von Aachen. Spätgotische Arbeit, um 1480

Diese Doppel-Direktion ist der kuriose Versuch ausführender Musiker, sich gegen die Vorherrschaft eines selbständigen, auch selbstherrlichen «maestro» zu wehren. Oftmals wurde der Primgeiger höher postiert als die übrigen Orchestermusiker, um den Wettkampf mit dem am Klavier tätigen Haupt-Kapellmeister besser führen zu können. Auch nahm man gerne ein zweites Cembalo hinzu, damit sich der Haupt-Kapellmeister alleine auf das Takt-Angeben am Instrument konzentrieren konnte, während der zweite Cembalist die Musik mitspielen durfte. Groteske Zustände haben damals geherrscht. 1756 lesen wir über solche Begebenheiten in der italienischen Oper: «Man schlägt keinen Takt, aber der Primgeiger ersetzt das durch eine ebenso unangenehme Manier, er schlägt ihn mit dem Fuß, müht sich ab wie ein Besessener und hält das Orchester mit so starken Bogenschlägen zusammen, daß man sie bis ans Ende des Saales unterscheidet, der Cembalist greift bei voller Begleitung manchmal so grob zu, um den Takt zu betonen, daß er gut täte, sich Handschuhe aus Büffelleder anzuziehn, um nicht die Finger zu brechen. Aber wenn der Kapellmeister seine Oper selbst leitet, erkennt man es leicht am Vorrecht, das er hat, den Takt mit Faustschlägen zu betonen.»

Offenkundig haben sich die beiden wettstreitenden und machthungrigen Leiter einer Aufführung wiederum mit Gesten und Grimassen zu überbieten versucht. Dies hing mit der Affektenlehre jener Zeit zusammen. Man orientierte sich an der musikalischen Rede, an den bestimmten Regeln der Sprache nachgebildeten musikalischen Formulierungen, Assoziationen oder Charakteren. Auch hinsichtlich der Agogik, des Espressivos, der Tempo-Varianten und der Dynamikwahl übte man sich in einer Körpersprache, von der die Bewegungen des Dirigenten im 20. Jahrhundert sehr wohl abzuleiten wären. Hinsichtlich der Zeichengebung mit dem Taktstock wurden, dank Lully, die Franzosen maßgebend. Lullys Streicher, eine chorische Besetzung, wurden anfangs von ihm mit einem mannshohen Stab geleitet, ein durchaus problematisches Verfahren; bei einem Te Deum zur Genesung des Königs stieß er sich den Stab so vehement auf den Fuß, daß er an den Folgen der Verletzung verstarb.

Es gab auch noch andere unglückliche Nebenerscheinungen: «Wieviel Ohren wurden nicht schon in der Pariser Oper durch den abscheulichen und ununterbrochenen Lärm verletzt, den der Dirigent mit seinem Stock verursachte. Aber», bemerkte Rousseau 1767, «das ist ein unvermeidliches Übel, ohne diesen Lärm könnte man den Takt nicht merken, die Musik allein genügt dazu ja nicht.» Diese und andere bissige Bemerkungen machte Rousseau lange nach Lully. Ein anderer Zeitgenosse meinte, die «Holzhakkerschläge» betäubten den Zuschauer regelrecht. Dabei hatten Theoretiker und sensible Zuhörer schon lange zuvor gefordert, man solle das Taktgeben allein auf optischem Wege vermitteln. Nur langsam kam man von den große Taktstäben ab, verkürzte sie und ermöglichte dadurch auch die Seitenschlag-Aktion, wie sie noch heute üblich ist und die ein langer Stab verhinderte. Bei den Italienern hielt sich diese Schlagtechnik weitaus länger als bei den Franzosen. Sie brachten die Unterteilungen durch mehrmalige Ab- und Aufwärtsbewegung unter. Es entstand eine Bewegung, die man «ondeggiando la mano» nannte und die aus einer wellenartigen Zeichengebung der Hand bestand. Vielleicht hat Wilhelm Furtwängler davon gewußt, als er seinen zitternd sich auf und ab bewegenden Einsatzschlag erfand. Freilich: Was einst nur dazu diente, eine Musiker-Gruppe in Takt zusammenzuhalten, wandelte sich immer mehr zur optischen Vermittlung von interpretatorischen Gedanken und Gefühlen.

Im 18. Jahrhundert ging der Streit zwischen dem Dirigieren am Cembalo und am ersten Geigenpult weiter. Carl Philipp Emanuel Bach sagte 1753: «Das Clavier, welchem unsere Vorfahren schon die Anführung anvertrauten, ist solchergestalt am besten im Stande, nicht allein die übrigen Bässe, sondern auch die ganze Musik in der nötigen Gleichheit vom Takte zu erhalten. Der Ton des Flügels, welcher ganz rechts von den Mitmusizierenden umgeben steht, fällt allein deutlich ins Gehör. Daher weiß ich, daß sogar zerstreute und weitläufige Musiken, bei welchen oft viele freiwillige und mittelmäßige Musiker sich befunden haben, bloß durch den Ton des Flügels in Ordnung gehalten worden sind. Steht der Violinist vollends, wie es sich gehört, nahe am Flügel, so kann nicht leicht eine Unordnung einreißen. Will jemand anfangen zu eilen oder zu schleppen, so kann er durchs Klavier am deutlichsten zurecht gebracht werden. Die hinter oder neben dem Flügel sich befindenden Musiker haben einen in beiden Hän-

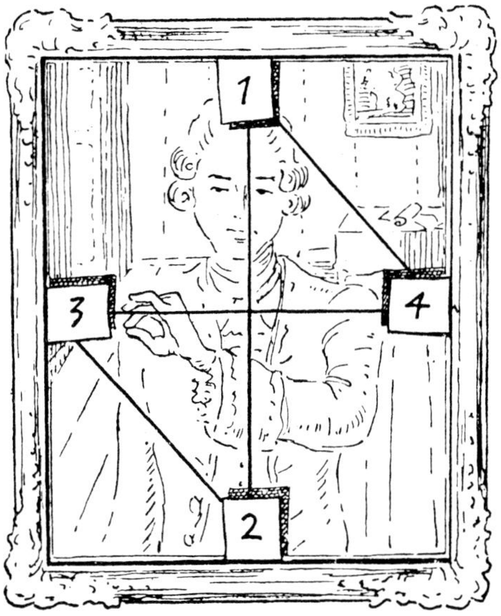

Der Dirigierspiegel. Choquet rät, in die Mitte der vier Rahmenkanten eines Spiegels vier Karten mit 1234 zu stekken und dann mit dem rechten Arm in der Form des Kreuzes so lange zu diesen Karten hinzufahren, bis die Bewegung in Fleisch und Blut übergegangen ist. Zugleich kann sich der junge Dirigieranwärter im Spiegel beobachten.

den gleichen, durchdringenden und folglich am merklichsten Schlag des Takts vor Augen . . .».

Solche Wünsche und Bedingungen von Komponisten und Musikern bestimmten die Aufstellung eines Orchesters. In der zweiten Hälfte des 18. Jahrhunderts trat folgerichtig der am Tasteninstrument taktierende Musiker immer mehr in den Hintergrund zugunsten des Vorgeigers, heute des Konzertmeisters. Viele Musiker waren nicht nur Tastenkünstler, sondern beherrschten auch die Geige, wie Joseph Haydn und Wolfgang Amadeus Mozart. Von Haydn weiß man, daß er in Esterhazy mit dem Geigenbogen dirigierte. Das tat eigenartigerweise auch noch jener Habeneck, den Richard Wagner in Paris kennenlernte. Freilich treffen wir in Johann Strauß auch im späteren 19. Jahrundert noch auf den geigenden Dirigenten. Der Weg zu dem sich vom Instrument befreienden Dirigenten wird immer deutlicher. Geiger, die bisher dirigierten, mit dem Geigenbogen und ohne Geige in der Hand, benutzten nun einen kleinen Taktstock, und auch die Cembalisten gingen mehr und mehr zum Gebrauch des Taktstocks über, gerade als das Klavier nicht länger im Orchester vertreten war und allenfalls noch in der Oper, zur Begleitung von Rezitativen, eine Rolle spielte. Die Einführung des ziemlich kurzen Taktstocks setzte sich im 19. Jahrhundert gegen heftigste Widerstände zunächst in Frankreich und danach erst in Deutschland und Italien durch. Carl Maria von Weber, Ludwig Spohr, dann Spontini, Mendelssohn, Berlioz, Wagner und Cherubini wurden die wichtigsten Verfechter des nun kleinen Taktstabes. Anfangs sah er noch recht unterschiedlich aus: hier ein dicker Stock nach Art eines Marschallstabes, dort aus Holz, wie ihn Weber bevorzugte, oder als Rolle aus Kalbsleder. Fast immer faßte der Dirigent den Stab in der Mitte an.

Im 19. Jahrhundert trat der «Nur-Dirigent» als bestimmende Persönlichkeit in das Musikleben ein. Die Ausstrahlungskraft bedeutender Komponisten als markante Dirigenten ließ diese auch erkennen. Sie nannten sich «Kapellmeister», ein Titel, der im 20. Jahrhundert unverdient anrüchig und wie eine Degradierung des Berufes Dirigent gebraucht wurde: ein Kapellmeister sei ein Dirigent von weniger hohen Graden. Heute nennt sich der Chef einer Kapelle «Generalmusikdirektor», Chefdirigent, und erst die Maestri auf den unteren Rängen nennen sich «Kapellmeister». Es ist durchaus möglich, daß sich in dieser Wortwahl auch ein Wandel in anderer Hinsicht zeigt. Es gibt immer mehr Dirigenten, die keineswegs «Meister» einer Kapelle zu nennen sind und nur selten fehlende technische Grundlagen mit Dirigiergehabe wettmachen können.

Johann Sebastian Bach war eine starke «Kapellmeister»- oder Musikdirektoren-Persönlichkeit. Auch er scheint nicht sehr beliebt gewesen zu sein. Er brach in Köthen und in Leipzig oft Streit mit seinen Musikern vom Zaun, weil sie seinen Anforderungen nicht genügten. Bach dirigierte entweder vom Cembalo oder vom Geigenpult aus. Er spielte vorzüglich Bratsche und Violine bis ins hohe Alter, wie Zeitgenossen berichteten. Bach hatte allerdings kein so gutes Orchester zur Verfügung wie seinerzeit Lully, einer der ersten Zuchtmeister des Orchesters. Die 24 Violinen des Königs, die Lully «befehligte», spielten bei ihm mit einheitlichem Bogenstrich, also nicht, wie es bis dahin üblich war, durcheinander im Auf- und Abstrich. Es wirkte damals wie eine Sensation, daß so viele Streicher überhaupt zusammen und dann noch mit ein und demselben Bogenstrich spielen konnten. Bach wäre froh gewesen, wenn er auch nur die Hälfte dieser Musiker zur Verfügung gehabt hätte. Ihm fehlte auch das Glück Vivaldis, der mit willigen Musikern experimentieren konnte. Was die zahlreichen Mädchen jenes Waisenhauses, in dem Vivaldi Kapellmeister war, auf der Geige zu leisten imstande waren, muß außerordentlich gewesen sein. Sonst hätte Vivaldi in seinen Kompositionen nicht so gewagte neue Formulierungen notieren können. Die Klangmalerei, die er in so ungewohntem Maße betrieb, konnte er auch interpretatorisch auswerten. Ein «frischer Orchesteransatz» wurde bei den Waisenkindern des «Ospedale della Pietà» von Venedig gerühmt. Ihn kannte man bisher nur von Lully, der ihn mit seinem «Premier coup d'archet», neben einer offenkundig damals nicht alltäglichen Präzision des Zusammenspiels, erreicht hatte.

Während Georg Muffat Lullys Kapellmeister-Perspektiven nach Deutschland brachte, revolutionierte Johann Mattheson an Hamburgs Oper den Wiedergabestil. Er verfaßte 1739 das Buch «Der vollkommene Kapellmeister» mit dem Untertitel: «Das ist gründliche Anzeige aller derjenigen Sachen, die einer wissen, können und vollkommen inne haben muß, der einer Kapelle mit Ehren und Nutzen vorstehen will.» In Hamburg war Mattheson Kollege von Georg Philipp Telemann. Telemann kam 1721 aus Frankfurt, wo er städtischer Musikdirektor und Leiter des Collegium musicum war, mit dem er vielfältig seine Werke ausprobieren konnte. In Hamburg leitete er auch ein Collegium musicum, dazu die Oper und vor allem die Kirchenmusik für die fünf Hauptkirchen der Hansestadt, den Dom ausgenommen. Telemann wurde im Jahre 1728 Mitbegründer der ersten deutschen Musikzeitschrift «Der getreue Musikmeister». Als Komponist, Interpret, Organisator hatte er eine regelrechte Managerposition inne, wie später Mendelssohn oder heute Herbert von Karajan.

Bach dagegen, damals nicht so berühmt wie Telemann, mußte sich in Köthen und Leipzig mit geringeren Aufgaben und mit weniger leistungsfähigen Musikern begnügen. Wie Bach als «Dirigent» wirkte, können wir einem Zeugnis von Johann Matthias Gesner aus dem Jahre 1738 entnehmen: «Wenn ihr ihn sehen könntet, zur gleichen Zeit seine eigenen Parts singen und spielen, und gleichzeitig über dreißig oder vierzig Musiker auf einmal präsidieren, wie er den einen durch einen Wink, den anderen durch Treten des Takt und den dritten mit drohendem Finger in Ordnung hält, jenem in hoher, diesem in tiefer, dem dritten in mittlerer Lage seinen Ton angibt, und daß er ganz allein, im lautesten Getön der Zusammenwirkenden, obgleich er von allen die schwierigste Aufgabe hat, doch sofort bemerkt, wenn und wo etwas nicht stimmt, und alle zusammenhält und überall vorbeugt und, wenn es irgendwo schwankt, die Sicherheit wieder herstellt, wie der Rhythmus ihm in allen Gliedern sitzt, wie er alle Harmonien mit scharfem Ohre erfaßt und alle Stimmen mit dem geringen Umfang der eigenen Stimme allein hervorbringt. Ich bin sonst ein großer Verehrer des Altertums, aber ich glaube, daß mein Freund Bach, und wer ihm etwa ähnlich sein sollte, viele Männer wie Orpheus und zwanzig Sänger wie Arion in sich schließt.»

Georg Friedrich Händel, der mehrere Instrumente beherrschte, nicht immer auch sich selbst, wie Streitigkeiten mit Kollegen und vor allem Gesangssolisten bestätigen, dirigierte vom Cembalo oder von einer kleinen Orgel aus. Romain Rolland hat ihn so beschrieben: «Er ist umgeben von den Cellisten (rechts), zwei Violinen und zwei Flöten sind direkt unter seinen Augen vor ihm plaziert. Die Solosänger befinden sich auch in seiner Nähe, auf der linken Seite, ganz nahe beim Klavier. Die übrigen Instrumente hat er im Rücken, und sie können deshalb nicht von ihm gesehen werden. Auf diese Weise konnten seine Angaben und Blicke das ,Concertino' unmittelbar leiten, die ihrerseits die Wünsche ihres Kapellmeisters an das 'Concerto grosso' weitergaben ... Anstelle der fast militärischen Disziplin moderner Orchester, unter der Leitung eines einzigen Dirigenten, beherrschten die verschiedenen Klangkörper des Händelschen Orchesters sich gegenseitig mit Elastizität, und der scharfe Rhythmus des kleinen Klaviers brachte die ganze Gruppe in Bewegung. Eine solche Methode vermied die mechanische Steifheit unserer Aufführungen.»

Christoph Willibald Gluck mußte seine Musiker oft mit verdoppeltem Honorar versehen, da er übermäßig viele und unerbittlich harte Proben verlangte, so daß in Wien gelegentlich der Kaiser besänftigen mußte. In Paris erwartete Gluck von den Orchestermusikern äußerste Genauigkeit im Dynamischen, ebenso wie in den Nuancierungen der Tempi. 1780 schrieb er in einem Brief: «Allein die Begleitung der Instrumente begehrt so viele Anmerkungen, daß ohne meine Gegenwart nichts anzufangen ist. Einige Noten müssen gezogen, andere gestoßen, diese halbstark, stärker oder schwächer ausgeführt werden, von der Angabe des Tempos ganz abgesehen. Ein wenig langsamer oder geschwinder kann ein ganzes Stück verderben.» Gluck war eigentlich nicht vorrangig der Opern-Reformator, als den ihn Musikgeschichtler gern bezeichen. Gluck war ein Toscanini seiner Zeit, unerbittlich im Kampf gegen nachlässiges und ungefähres Interpretieren.

Gluck wußte aus Mannheim, was ein Orchester zu leisten imstande war. Was Johann Stamitz dort mit zunächst 45, später mehr Orchestermusikern an dynamischen Novitäten erreichte, galt als Sensation. Charles Burney bezeichnete dieses Orchester als eine «Armee von Generälen». Und Leopold Mozart war, Wolfgang Amadeus nicht minder, nachhaltig beeindruckt. Er schrieb: « ... das Orchester ist ohne Widerspruch das beste in Teutschland, und lauter junge Leute und durchaus Leute von guter Lebensart, weder Säufer, weder Spieler, weder liederliche Lumpen; so daß so wohl ihre Conduite als ihre Production hoch zu schätzen sind.»

Johann Stamitz leitete sein Orchester als Konzertmeister, also als Geiger; nach ihm Christian Cannabich. Unter seiner Leitung hörte Christian Schubart das Orchester und meinte: «Hier ist das Forte ein Donner, das Crescendo ein Katarakt, das Diminuendo ein in der Ferne versickernder kristallener Fluß, das Piano ein Frühlingshauch.» Auch Nicolò Jommelli hatte sich in Stuttgart ein ähnlich effektvoll crescendierendes Orchester aufgebaut. Neuerungen lagen in der Luft.

Joseph Haydn leitete seine Konzerte meist vom Klavier aus, was nicht ausschloß, daß er sich eine Geige nahm, um eine gewünschte Strichart zu demonstrieren. Daß in späteren Zeiten Dirigenten fast ausschließlich vom Klavierspiel herkommen sollten und nur ausnahmsweise einmal einer Geige studierte, wie Lorin Maazel, wirkte sich auf das Orchester nicht immer günstig aus. Diese «Klavier-Dirigenten» wollten auf dem Orchester Klavier spielen. Daß die Mehrzahl der Orchestermitglieder Streicher sind, denen ein auf der Geige geschulter Dirigent mehr sagen kann als ein «Klavier-Dirigent», vergaß man. Es gab ja weiterhin den Konzertmeister, der für die Stricharten zuständig sein durfte.

Wolfgang Amadeus Mozart konnte sich den Streichern unmittelbar verständlich machen. Er hatte sehr präzise Vorstellungen von interpretatorischer Qualität, wie zahlreiche Äußerungen von ihm beweisen. Mozart kam es vor allem darauf an, «das Stück im rechten Tempo wie es sein soll zu spielen, alle Noten, Vorschläge usw. mit der gehörigen Expression und Gusto wie es steht auszudrücken». Offenkundig zeigten sich Mozarts Wünsche in einer oft unduldsam nervösen Heftigkeit der Gebärden. Er verlangte, daß die Musiker den Eindruck erweckten, es sei leicht zu spielen, was er komponiert habe. Noch heute wissen wir, daß es kaum etwas Schwierigeres gibt, als Mozart sinngemäß und genau zu spielen, ohne Souveränität einzubüßen, an «Geschmack» zu verlieren. Karl Böhm befand in hohem Alter: «Man muß wissen, daß Mozart nie sentimental war.» Und Mozart selbst schrieb über die Fähigkeiten des Mannheimer Konzertmeisters Ignaz Fränzl: «Er spielt schwer, aber man kennt nicht, daß es schwer ist, man glaubt, man kann es gleich nachmachen, und das ist das Wahre.»

1778, in Paris, hörte Mozart ein offenkundig desolates Orchester: «Sie können sich nicht vorstellen, wie sie die Sinfonie zweimal nacheinander heruntergehudelt und heruntergekratzt haben . . . ich entschloß mich endlich, mit dem Vorsatz, daß, wenn es so schlecht ginge wie bei der Probe, ich gewiss aufs Orchester gehen werde und dem Herrn La Hussaye, erstem Violin, die Violine aus der Hand nehmen und selbst dirigieren werde.» Aber Mozart schrieb auch an den Vater nach Salzburg: «Nur eins bitte ich mir zu Salzburg aus, und das ist: daß ich nicht bey der Violine bin, wie ich sonst war, — keinen Geiger gebe ich nicht mehr ab; beim Clavier will ich dirigieren.»

Taktstock aus buntbemaltem Elfenbein für Richard Wagner, nach einem Entwurf von Gottfried Semper. Er wurde Wagner nach dem Hauskonzert am 31. März 1858 durch Mathilde Wesendonks Tochter Myrrha überreicht. Der Taktstock ist verlorengegangen

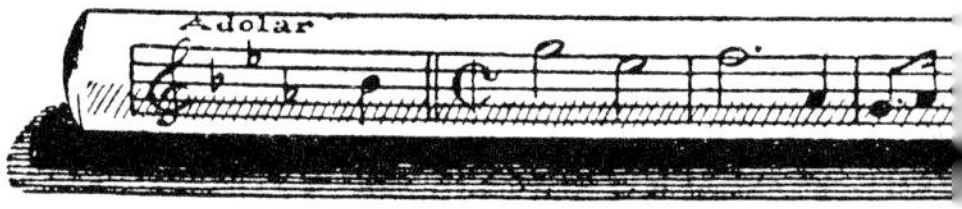

Das tat Mozart von nun an konsequent. In seinen letzten Lebensjahren scheint aber auch er das Taktieren mit den Händen gewählt zu haben, wie Bemerkungen von Zeitgenossen annehmen lassen. Er hatte «sogar» die jeweilige Partitur vor sich, aus der er dirigierte. Das war damals eine revolutionäre Sache, der Zeit weit voraus. Bis dahin leitete der Dirigent vom Notenblatt der Klavier- oder Geigenstimme. Dabei waren die Orchester nicht selten stärker besetzt, als allgemein angenommen wird. So ist die «kleine Mozart-Besetzung», die sich bei uns einbürgerte, problematisch und anfechtbar. In einem Mozart-Brief vom 11. April 1781 schreibt Mozart von 40 Violinen, 10 Bratschen, 10 Kontrabässen und 8 Violoncelli im Orchester, dazu doppelte Bläserbesetzung und 6 Fagotten: über siebzig Musiker und in unüblicher Zusammensetzung. Merkwürdig, daß die Dirigenten von heute, in einer Zeit der Klang-Authentizität solche Angaben ignorieren, Nikolaus Harnoncourt weitgehend ausgenommen. Bei Augarten-Konzerten hatte Mozart manchmal noch stärkere Besetzungen zur Verfügung. Nimmt man die großen Musiksäle von heute als Vergleich, dann sind die «kleinen» Besetzungen noch fragwürdiger. Es ist zudem wichtig zu wissen, daß Mozart die Pauke vorne an der Seite plazierte und ihr, nicht anders als den Trompeten, eine besondere Rolle zumaß.

Mozart ist als einer der ersten «modernen» Dirigenten zu bezeichnen. Er war entschieden darauf aus, seinen Zuhörern und Zuschauern das Äußerste an Expression zu vermitteln. In diesem Punkt glich er Beethoven, der ein charismatischer Dirigent gewesen sein muß, durch seinen Gehörschaden mit bedingt ein ekstatisch oder wild-romantischer Leiter des Orchesters. Von keinem anderen Musiker gibt es so drastische Schilderungen der Zeitgenossen wie über Beethoven. Ludwig Spohr, der später als Komponist und Dirigent hervortrat, spielte 1813 als Geiger bei Beethoven die Uraufführung der 7. Sinfonie mit. Er schrieb von «sonderbaren», damals sehr unüblichen Bewegungen des dirigierenden Beethoven: «Sooft ein Sforzando vorkam, riß er beide Arme, die er vorher auf der Brust gekreuzt hatte, mit Vehemenz auseinander. Bei dem Piano bückte er sich nieder, und um so tiefer, je schwächer er es wollte. Auch schrie er manchmal, um das Forte noch zu verstärken, mit hinein, ohne es zu wissen.» Spohr notierte auch, daß Beethoven an einer Stelle hochsprang, daß er oft einen unsicheren, dabei sogar «lächerlichen» Eindruck hinterließ, daß es durch Gehörprobleme zu fast tragischen Momenten kam.

Bei Beethoven spüren wir bereits eine Trennung zwischen dem Wesen des Komponisten und dem des Interpreten. Beethoven war eben einer jener Komponisten, die für das Dirigieren keine hinreichende Begabung mitbrachten. Bis zu Beethovens Zeit gab es eigentlich keine Trennung zwischen Komponist und Dirigent. Sein Freund Ignaz von Seyfried hielt die Eindrücke vom Dirigenten Beethoven mit diesen Worten fest: «Im Dirigieren durfte unser Meister keineswegs als Musterbild aufgestellt werden, und das Orchester mußte wohl Acht haben, um sich nicht von seinem Mentor irre leiten zu lassen; denn er hatte nur Sinn für seine Tondichtung und war unablässig bemüht, durch die mannigfaltigsten Gestikulationen den intendierten Ausdruck zu bezeichnen. So schlug er oft bei einer starken Stelle nieder, sollte es auch im schlechten Taktteil sein. Das Diminuendo pflegte er dadurch zu markieren, daß er immer kleiner wurde, und beim pianissimo, so zu sagen, unter das Tactirpult schlüpfte. So wie die Tonmassen anschwellten, wuchs auch er wie aus einer Versenkung empor, und mit dem Eintritt der gesamten Instrumentalkraft wurde er, auf den Zehenspitzen sich erhebend, fast riesengroß und schien mit den Armen wellenförmig rudernd, zu den Wolken hinaufschweben zu wollen. Alles war in regsamster Tätigkeit, kein organischer Teil müßig und der ganze Mensch einem perpetuum mobile vergleichbar.»

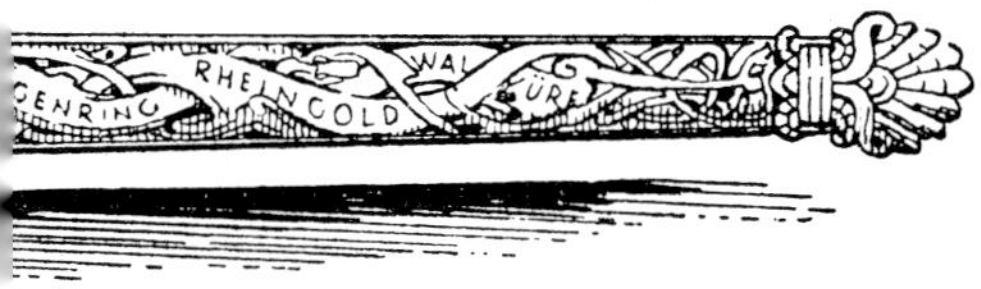

Taktstock aus Elfenbein. Ein Geschenk für Carl Maria von Weber nach der Uraufführung der Euryanthe in Wien, 1823. Die eingravierte Melodie singt Adolar zu den Worten: „Ich bau auf Gott und meine Euryanth'!"

Nimmt man weitere Schilderungen auch von Schindler hinzu, dann kann man folgern, daß Beethoven viel mehr an Rubati dachte, als wir es uns heute vorstellen. Schindler schreibt von «leichten Tempoänderungen», die «höchst unerwartete Wirkungen» hervorbrachten. Offensichtlich waren es Veränderungen, die wir als Sakrileg verurteilten, wählte sie ein Dirigent heute. Auch bei der alten Musik kamen ja Ansichten von Puristen auf, die ein lebendiges, atmendes Musizieren eigentlich ausschlossen, um einer oft sterilen, trockenen «Objektivität» den Vorzug zu geben. Musiker wie Harnoncourt, John Eliot Gardiner und Sigiswald Kuijken konnten hier korrigieren.

Man hielt Dirigenten, nachdem sie zu Primadonnen des Musiklebens geworden waren, für «schöpferische» Persönlichkeiten. Oft indessen erstarrten sie in Interpretations-Konventionen, die sich im 19. Jahrhundert ausmachen lassen, obwohl doch eine ununterbrochene Interpretations-Tradition aus der Zeit Beethovens möglich sein müßte. Von da an blieb die Orchester-Zusammensetzung im Prinzip erhalten. Allenfalls kam es zu spieltechnischen Erleichterungen bei den Bläsern, zu klanglichen Eingriffen bei den Streichinstrumenten oder schließlich zur geringfügigen Ausweitung der einzelnen Instrumenten-Familien. Vor allem aber wuchsen die Orchester zahlenmäßig. Diese Entwicklung forderte den «Nur-Dirigenten». Der Dirigent wurde zum Star und Auslöser für eine Entwicklung, die ihn zum Alleinherrscher im städtischen Musikleben machen sollte. Wer am Ende des 19. Jahrhunderts mehrere hundert Choristen und Instrumentalisten zu koordinieren und interpretatorisch zu beeinflußen hatte, mußte schon ein spezielles Handwerk und Begabung mitbringen.

Wie schwer es Dirigenten noch am Anfang des 19. Jahrhunderts hatten, einem Orchester Zusammenspiel und Ausdrucksfähigkeit beizubringen, geht aus zahlreichen zeitgenössischen Berichten hervor. Der Umstand, daß ein Orchestermusiker kein angesehenes Mitglied der Gesellschaft war, daß er keine Rechte und schlechte Bezahlung hatte, man ihm obendrein zumutete, während des Konzertes zu stehen, nur die Violoncellisten durften sitzen, erklärt zu einem Teil das oft indiskutable Niveau der Orchester. Noch Mitte des 19. Jahrhunderts standen auch die New Yorker Philharmoniker, und in den Gewandhauskonzerten zu Leipzig spielte man stehend bis 1905. Das Publikum hörte den Konzerten auch nicht so ruhig und feierlich wie in späteren Zeiten zu. Von einem Konzert, das Carl Maria von Weber 1826 in London gab, lesen wir einen Bericht, in dem es heißt, daß Schreien und Toben auf der Galerie die Aufführung stark beeinträchtigten. «Mit Pfeifen, Zischen und einem Hagel von Orangenschalen» empfing man den Solisten, der sich nur mühsam mit seinem Spiel durchsetzen konnte. Gewiß sind solche Erscheinungsformen eher die Ausnahme, aber mit graduellen Unterschieden mehrfach registriert.

Aus London erfahren wir dank der Erinnerungen Ludwig Spohrs, wie sich die Einführung des Taktstockes in seiner zierlichen «Stäbchen»-Form ausnahm. Spohr gehörte zu den ersten Dirigenten, die diese Methode anwandten und damit dem Lärmen des tatsächlichen Takt-Schlagens ein Ende bereiteten. Einige Kollegen Spohrs benutzten den kleinen Stab dazu, auf das Pult zu «taktieren». In Frankreich hatte man eigens dafür einen Tisch auf das Podium gestellt, auf den der Dirigent eindreschen konnte.

Bei Spohr bemerkte ein Kritiker: «Herrn Spohrs Dirigieren mit einer Papierrolle, ohne das geringste Geräusch und ohne jede Verrenkung, könnte man anmutig nennen, wenn dieses Wort ausreichte, um Genauigkeit und Einfluß seiner Bewegungen auf das gesamte Ensemble auszudrücken.»

Von seinem Konzert in London berichtete Spohr, daß es eine große Überraschung gab, als er mit einer Papierrolle oder einem Stäbchen den Takt in die Luft malte, zum Entsetzen der Direktoren der veranstaltenden Gesellschaft. Daß er gar die Partitur nahm, den Bläsern Einsätze gab, empfand man als eine großartige Novität. «Ich konnte daher nicht nur die Tempi entschieden angeben, sondern auch den Blas- und Blechinstrumenten alle Eintritte andeuten, was ihnen eine dort nicht gekannte Sicherheit gewährte. Auch bei den Gesangssachen bewährte sich das Taktieren mit dem Stäbchen, nachdem ich die Erklärung meiner Taktzeichen vorausgeschickt hatte, vollkommen. Der Erfolg am Abend war noch glänzender, als ich ihn gehofft hatte. Der Sieg des Taktierstäbchens war entschieden, und man sah bei Sinfonien und Ouvertüren von da an niemand mehr am Piano sitzen.»

Carl Maria von Weber hat uns nicht nur für die Verwendung des Taktstokkes, sondern auch über die damit mittelbar zusammenhängenden Fragen der Interpretation Wesentliches schriftlich überliefert: «Der Schlag darf nicht wie ein tyrannischer Hammer sein, retardierend oder antreibend, sondern muß für die Musik sein, was der Pulsschlag für das Leben des Menschen ist. Es gibt kein langsames Tempo, das nicht Passagen enthielte, die raschere Bewegungen verlangen, um den Eindruck des Schleppens zu vermeiden. Umgekehrt gibt es kein Presto, das nicht an vielen Stellen einen langsameren Vortrag benötigte ...» Würde ein Dirigent heute mit den hier angedeuteten Tempo-Modifikationen aufwarten, verurteilte man ihn als einen Mann der Willkür.

Neben Weber hatten, wie erwähnt, Mendelssohn, Berlioz und Spontini die größte Bedeutung für die Entfaltung des Dirigierens in unserem Sinne.

Mendelssohn wählte einen grazilen Taktstock aus feinem Fischbein, der mit weißem Leder überzogen war. Berlioz bewegte, wie er selbst meinte, einen «schweren Eichenstock». Erstaunlich, daß die Dirigenten, vor allem in England, weiße Handschuhe beim Dirigieren anzogen. Und in Rußland wurde es vom Zaren höchst persönlich erlaubt, den linken Handschuh auszuziehen, um besser in der Partitur blättern zu können.

Später sollte man es Hans von Bülow vorwerfen, daß er sich mit Handschuhen interessant machte, wobei selbstverständlich eine gewisse, fast modern zu nennende Showneigung dazu führte, daß er beim Vortrag des langsamen Satzes der «Eroica» schwarze Handschuhe für angebracht hielt.

Bülow gilt als der erste moderne «Nur-Dirigent» und baute aus, was die dirigierenden Komponisten Weber, Berlioz, Mendelssohn und Richard Wagner entwickelt hatten. Gerade Berlioz und Wagner prägten den Dirigentenberuf auch durch ihre theoretischen Schriften, in denen sie ihre Erfahrungen über das Dirigieren niedergeschrieben haben. Was beide formulierten, hat noch heute Gültigkeit; ebenso die Regeln von Richard Strauss für Kapellmeister. «Ein Orchester, das den Stab nicht beachtet, hat keinen Dirigenten», meint Berlioz. «Es ist wichtig, daß der Dirigent seinen Arm so wenig wie möglich für Bewegungen braucht und folglich mit dem Stab keine weiten Bogen macht», ergänzte er hinsichtlich des Umfangs des Taktschlagens. Die kurze Geschichte des Dirigierens erzählt stets von zwei Typen: hier der möglichst sparsame, und dort der effektvoll extensiv sich bewegende Dirigent. Beide haben durchaus, je nach Temperament des Einzelnen, ihre Berechtigung.

Bei Berlioz ist es aufschlußreich, die Stärke seines Orchesters zu kennen, da es direkte Zusammenhänge zwischen ihr und dem Dirigenten gibt. Berlioz träumte von riesigen Klangkörpern bis zu 1.200 Mitwirkenden einschließlich Chor. Allerdings hatte er dabei sieben Sub-Dirigenten nötig. Als «normales» Orchester bezeichnete er eine Zahl von 119 Musikern, eine Besetzung, die heute nur ausnahmsweise bei Orchestern erzielt wird. Richard Wagner kritisierte Berlioz voller Neid. Wagner mußte sich erst als kleiner Kapellmeister behaupten, bevor der Komponist Wagner anerkannt wurde. Als Dirigent nahm er sich mehr und mehr Freiheiten heraus, die uns heute, in einer Zeit der «Werktreue», unbegreiflich vorkommen. Wagner retuschierte nicht nur sogar die Instrumentation der Meisterwerke, was bei anderen Dirigenten ebenfalls üblich war, sondern auch Dynamik und Tempi. Wagner richtete sich offenkundig mehr nach größeren melodischen Zusammenhängen als nach Taktstrichen. Entsprechend fiel sein Dirigieren aus. Die bereits Kummer gewohnten Orchestermusiker hatten in Wagner keinen Taktschläger vor sich, sondern einen Musiker, der Phrasen formte. Der Kritiker Eduard Hanslick schilderte anläßlich einer Aufführung der «Eroica» das Neuartige des Dirigierens und Interpretierens bei Wagner so: «Das Neue besteht in einer häufigen Modification des Tempos desselben Satzes (. . .). Im ersten Satz folgt nach dem raschen Anfang das zweite Motiv (dolce, 45. Takt), das Wagner auffallend langsamer nimmt, wodurch der Hörer in der kaum festgestellten Grundstimmung beirrt und der heroische Charakter der Sinfonie ins Sentimentale abgelenkt wird.» Dann beschwerte sich Hanslick über ein höchst forciertes Tempo im Scherzo und resümierte: «Würden Wagners Grundsätze ‚vom Dirigieren' allgemein adoptiert, so wäre mit dem Prinzip des Tempowechsels einer unerträglichen Willkür Tor und Tür geöffnet, wir bekämen bald nicht mehr Sinfonien von Beethoven, sondern ‚frei nach Beethoven' zu hören.»

Zehn goldene Regeln

inem jungen Kapellmeister ins Stammbuch geschrieben

Bedenke, daß du nicht zu deinem Vergnügen musizierst, sondern zur Freude deiner Zuhörer.

Du sollst beim Dirigieren nicht schwitzen, nur das Publikum soll warm werden.

Dirigiere „Salome" und „Elektra", als seien sie von Mendelssohn: Elfenmusik.

Schau niemals aufmunternd das Blech an, außer mit einem kurzen Blick, um einen wichtigen Einsatz zu geben.

Dagegen lasse niemals Hörner und Holzbläser aus dem Auge: wenn du sie überhaupt hörst, sind sie schon zu stark.

Wenn du glaubst, das Blech blase nicht stark genug, so dämpfe es nochmals um zwei Grade ab.

Es genügt nicht, daß du jedes Wort des Sängers, das du auswendig weißt, selber hörest, das Publikum muß mühelos folgen können. Versteht es keinen Text, so schläft es.

Begleite den Sänger stets so, daß er ohne Anstrengung singen kann.

Wenn du glaubst, das äußerste Prestissimo erreicht zu haben, so nimm das Tempo noch einmal so schnell.*

Wenn du dies alles freundlich bedenkst, wirst du bei deiner schönen Begabung und deinem großen Können stets das ungetrübte Entzücken deiner Hörer sein.

löchte ich heute (1948) dahin abändern: so nimm das po halb so schnell (An die Mozart-Dirigenten!)

Dirigierregeln von Richard Strauss

Die individuelle Auslegung macht indes den Rang eines Dirigenten mit aus. Allgemeine Tendenzen und Moden der Kunstauffassung beeinflussen die Beurteilung der Interpretation eines Werkes durch große Dirigenten entscheidend — gewiß nicht ohne Wechselwirkung. Bemerkenswert ist, was Richard Strauss über Bülow sagte: «Da war nirgends ein Zug von Willkür, alles zwingende Notwendigkeit aus Form und Inhalt des Werkes selbst heraus; sein hinreißendes Temperament, stets von strengster künstlerischer Disziplin und einer Treue gegen den Geist und Buchstaben des Kunstwerkes regiert . . .» Es gab später auch andere Meinungen über Bülow. Der Dirigent Felix Weingartner warf Bülow Übertreibungen und ständige Rubati vor. Dabei erkannte er die orchestererzieherischen Qualitäten Bülows an.

Auch im 20. Jahrhundert finden diese beiden Aspekte in unterschiedlich starken Ausprägungen ihre Anhänger: das genialisch Subjektive hier, das souverän Pädagogische dort. Selten vereinen sich beide Perspektiven, so deutlich wie heute bei Herbert von Karajan und bei Artur Nikisch gestern.

Der kleine Mann mit dem magischen Blick und der suggestiven Wirkung auf Musiker und Hörer, mit dem sechsten Sinn für einen unverwechselbaren orchestralen Klang, dessen Sinnlichkeit schier verzauberte. Richard Strauss erklärte einmal, Nikisch habe dem Orchester einen Klang entlockt wie kein anderer Dirigent. Der junge Wilhelm Furtwängler sagte: «Nikisch vermochte es eben, ein Orchester singen zu lassen.» Er versuchte vergeblich zu analysieren, wie Nikisch es erreichte, daß «der Gesamtklang eine Wärme erhielt, die er bei anderen Dirigenten nicht hatte». Dabei war Nikisch, wie Richard Strauss, für minimale Bewegungen bekannt, ganz im Gegensatz zu Furtwängler. Und doch gehörte Nikisch zu den impulsiven, nahezu improvisierenden Interpreten, die sich auf ihr Gefühl verließen — wie es Furtwängler auf seine Art eben auch tat.

Gustav Mahler, dessen Dirigieren sich im Alter zu einer außerordentlichen Ruhe hin entwickelte, nahm eine Sonderstellung als dirigierender Komponist ein. Er hatte etwas Missionarisches an sich und glaubte, Partituren älterer Komponisten verbesseren zu müssen. Diese Eingriffe, meinte Mahlers großer Schüler Bruno Walter, richteten sich «gegen den Buchstaben», fielen aber zugunsten «des klar erkannten Geistes» aus.

Zu den Dirigenten, die Musik- und Dirigiergeschichte machten, gehörten auch Felix Weingartner und Willem Mengelberg. Weingartner vertrat die «moderne» Auffassung des «Anti-Rubato-Musizierens». Er betonte das Korrekte, Sachliche, ohne dabei die Empfindsamkeit zu vernachlässigen.

Mengelberg dagegen liebte das bei Orchestermusikern nicht geschätzte Reden während der Proben, das Erklären, gab sich dann aber sehr impulsiv augenblicklichen Eingebungen hin. Mengelberg war einer der letzten großen Romantiker unter den Dirigenten, fast mit einer Sucht nach langsamen Tempi, mit Glissandi des gesamten Streicherkörpers bei einer Brahms-Sinfonie, mit Tempo-Rückungen sehr überraschender Art, mit gewaltig aufgeplusterten Besetzungen.

Die Neubesinnung auf Toscanini und Furtwängler, nachdem man sie jahrelang fast verdammt und vergessen hatte, ist symptomatisch für die siebziger und achtziger Jahre des 20. Jahrhunderts. Der Glanz der Objektivität, für den Hans Rosbaud oder Pierre Boulez stehen können, verblaßte sehr schnell. «Emotionsmusiker» von Daniel Barenboim bis Klaus Tennstedt prägten die «neue Welle». Karl Böhms sinfonischer Mozart wird plötzlich als «beiläufig abmusiziert» bezeichnet. Wenn Bülow, Hans Richter und

Hermann Levy als bedeutende Wagner-Dirigenten galten, dann nur deshalb, weil sie in den Bann des Komponisten geraten waren und sich seiner Musik entschieden widmeten. Ernest Ansermet verwendete sich für Igor Strawinsky, aber seine Debussy-Interpretationen waren nicht weniger bedeutsam. Und ein Clemens Krauss galt, zu Recht, als einer der besten Strauss-Dirigenten, ohne daß man ihn als Spezialisten bezeichnen kann. Ebensowenig Hermann Scherchen, den eigenwilligen und konsequenten Schönberg-Verfechter, der auch andere klassische und moderne Werke auf seine sachliche Art dirigierte. Kompetente Dirigenten gerieten immer wieder in den Schatten dirigierender Publikumslieblinge: René Leibowitz nahm alles, nicht nur die Metronomzahlen bei Beethoven sehr ernst, doch er konnte sich nicht behaupten. Michael Gielen akzentuiert in einer präzise kalkulierten Art die Tempowahl, die Klangstruktur eines Werkes, ohne immer auch zu faszinieren. Oder Sergiu Celibidache, der besessene Orchester-Arbeiter, der aus einer Partitur Nuancen herausholen kann, die kein Musiker für möglich, manche auch nicht für nötig halten. Celibidache weiß ungeheuer viel von den Wirkungen der Musik. Er versteht es, das Dirigieren phänomenologisch zu analysieren und trotzdem das Publikum mit seinen Interpretationen zu betören. Carlos Kleiber ist ein weiterer Ausnahme-Dirigent. Er dirigiert selten, entzieht sich dem Jahrmarkt des Musiklebens, arbeitet eine Interpretation minutiös vorbereitend aus, als würde es gelten, das Werk wieder uraufzuführen. Er überzeugt mit Details und großer Linie zugleich, weil er neben dem Studium der Werke und der Zusammenhänge einer Komposition immer auch das Feuer des Besessenen entfacht.
Ob der dirigierende Komponist wieder an Bedeutung gewinnt, ist nicht zu entscheiden. Vorläufig sind die Ansätze hierzu eher widersprüchlich, ob es sich nun um Pierre Boulez, Hans Werner Henze, Gunther Schuller oder Cristóbal Halffter handelt. Leonard Bernstein ist seinerseits eine Ausnahmeerscheinung, ein fanatischer und dennoch kluger Dirigent, der auch als Komponist seine Rolle spielt. Ob die Personalunion von Instrumentalist — oder Sänger — und Dirigent, in den siebziger Jahren des 20. Jahrhunderts wieder en vogue, Aussichten hat, ist ebenfalls eine offene Frage. Bei Tibor Varga oder Rudolf Barschai, bei Friedrich Gulda oder Christoph Eschenbach, bei Pinchas Zukerman oder Philippe Entremont, Murray Perahia oder Vladimir Ashhkenazy, bei Placido Domingo, Peter Schreier und Dietrich Fischer-Dieskau: Wir finden Versuche mit sehr unterschiedlichen Ergebnissen.
Giuseppe Sinopoli möchte, bezeichnend für seine Generation, Tradition derart aufgreifen, wie sie in der Nachfolgeschaft Bergs gegenüber Brahms zu sehen ist. Für ihn gibt es die «Frage der Identifikation: Man muß etwas spüren von den unbedingten Gedanken, die man sich aus dem Werk heraus macht, von der Notwendigkeit der Gefühle als Äußerung eines Existenzkampfes, im Sinne einer vielleicht revolutionären Spannung, als Konfrontation von Archetypen und Privatgefühl oder Abstraktion und emotioneller Gestalt.»
Sinopoli wagt die Formulierung, daß eine Übertreibung dessen, was früher von Komponisten notiert wurde, notwendig sei, um wieder hinhören zu lassen. Er kennt die Gefahr, die in dieser Übertreibung liegt: Verzerrung. Aber auch hier meint er, daß der Interpretationsgedanke entscheide, den er übertrieben herausstellen müsse, um auf ihn hinweisen zu können. Bezeichnend, daß Sinopoli bislang nicht riskierte, Mozart zu dirigieren: «Seine Musik ist zu schwer zu realisieren — auch wegen der Übertreibungen,

die in ihr stecken und die zu benennen mir zur Zeit unmöglich sind. Und weil Mozart der größte Komponist überhaupt ist, vielleicht.»
Eine beklemmende Feststellung: die reichste Musik, die es gibt, kann man nicht realisieren, weil man sich dazu nicht in der Lage sieht, weil man Sorge hat, ihr nicht genügen zu können. Gewissensbisse solcher Art haben nicht viele Dirigenten. Jene aber, auf die es ankommt, die die Geschichte des Dirigierens weiterschreiben werden. Ist der Dirigent heute noch jener Medizinmann aus der Frühzeit des Menschen? Sinopoli sieht Parallelen: «Mich interessiert auf beiden Gebieten das Geistige, das Seelische im Menschen. Ich glaube, der Arzt ist ein Mediator zwischen hypothetischer Gesundheit und Krankheit. Der Dirigent ist ein Mediator zwischen Kultur und Hörern.» Die Konsequenzen, die aus dieser Erkenntnis zu ziehen wären, sind vielfältig.

Mätzchentabelle für Dirigenten. Zeichnung von Schließmann aus den Lustigen Blättern, 1906

Vom Gegenstand des Dirigierens

Wolfgang Sandner

Dirigieren — eine Machtfrage?

In Elias Canettis fundamentalem Werk von «Masse und Macht» findet sich in der essayistischen Betrachtung über Dirigenten ein unscheinbarer Satz; ein Nebensatz, dessen Gedanke nicht weiter verfolgt wird, der aber eine Behauptung enthält, die lohnt, zum Zentrum einer Überlegung gemacht zu werden. Canetti beschreibt die Eigenschaften eines Dirigenten, seine Raschheit und Geistesgegenwart, mit der er darauf achtet, daß die Gesetze der Partitur erfüllt werden. Und nicht nur das: Der Dirigent allein richtet auf der Stelle über Fehler, und er tut dies öffentlich. Nun folgt der entscheidende Satz: «Er gewöhnt sich daran, immer gesehen zu werden, und kann es immer schwerer entbehren.« Er kann es immer schwerer entbehren! Warum eigentlich? Leidet er unter Entzugserscheinungen, wenn er nicht öffentlich auftritt? Muß er sich zwanghaft darstellen, sich gar entblößen? Ist er vielleicht abhängig?

In diesem Wort von der Entbehrung steckt das Krankheitsbild des Dirigenten: ein von Macht Besessener, ein Süchtiger des Ruhms, ein Exhibitionist seiner Seele. Bei Canetti wird das nicht weiter ausgeführt. Der Gedanke bleibt ähnlich latent wie die Haltung, die er bezeichnet, beim Dirigenten. Der Dirigent mag gesund sein wie jeder Künstler. Aber die Möglichkeit der Übertreibung, der krankhaften Übersteigerung, der psychischen Abhängigkeit von öffentlich bezeugtem Ruhm, erscheint gewissermaßen als Risiko, das er zu tragen bereit sein muß, als geistige Gefahr seiner exponierten Stellung, als Berufskrankheit, die nicht ausbricht.

Der Dirigent, ein Interpret, der selbst nicht spielt, verfügt nicht nur über Macht, er muß sie auch demonstrieren, damit durch sie etwas eingelöst werden kann. Da er musikalische Aktionen vorzeichnet, Klängen sichtbare Gestalt gibt, projiziert die Öffentlichkeit musikalische Wirkungen vor allem auf seine Handlungen. Die Vorstellung, das Orchester sei das Instrument des Dirigenten — genährt von Bemerkungen wie jener Sir Georg Soltis, das Chicago Symphony Orchestra sei sein Steinway —, erweist sich als ein gefährliches Bild. Es stellt den Orchestermusiker als Instrument dar, und es hebt gleichzeitig die Gesten des Dirigenten auf eine Stufe mit den manuellen Fähigkeiten eines Interpreten. Das kann nicht gutgehen.

Dirigenten müssen sein. Partituren organisieren Klänge, aber sie lassen Spielraum. Das bedeutet: Die Leistung eines Dirigenten wird nicht davon bestimmt, daß er Musikern das Spielen ermöglicht, sondern daß er den Spielraum einengt, musikalische Vorstellungen bündelt, zu einem idealen Klang vereint.

Einer, der baut, ist sich seines unmittelbaren Kraftaufwandes bewußt. Einer, der bauen läßt, kann dieses Gefühl nicht haben. Aber er kann seine Entfremdung durch eine andere Form der Kraftentfaltung kompensieren: indem er darauf achtet, daß die Linien, die gezogen werden, gerade sind, daß das Fundament des musikalischen Gebäudes, das entsteht — die Themen einer Exposition etwa — nicht zu schwach für die Durchführung ausfallen, und außerdem: daß stets intensiv gearbeitet wird. Wer wollte diese Aufgabe unterschätzen?

Die Symbolsprache der Musik

Es gehört zu den Binsenweisheiten, die ständig wiederholt werden müssen, daß Musik eine Sprache ist, die aufgeschrieben, gelesen und «gesprochen» werden kann. Anders aber als die Sprache, mit der wir uns gemeinhin verständlich machen, mit der wir unser Zusammenleben regeln und bei der es zur Kommunikation meist wenig ausmacht, in welcher Tonlage, welchem Rhythmus, welchem Tempo gesprochen, ob vielleicht gestottert oder im Dialekt geredet wird, ist die musikalische Sprache hochartifiziell organisiert und nur als solche wirklich sinnvoll. Gliederung, Pausen, Dynamik, Tonhöhe und Dauer, Rhythmus und Metrum sind keine Accesoires, es sind Determinanten musikalischer Logik.

Die musikalische Sprache ist so kompliziert, daß ihre Zeichen einzeln durchaus verstanden werden, die meisten Menschen aber nicht fähig sind, das gesamte komplexe System in einer Partitur — so wie etwa die Passage eines Romans — zu lesen und zu verstehen, das heißt klingen zu hören. Nicht einmal alle Musiker sind fähig, die Details einer Partiturseite zu überschauen und sich einen Klang vorzustellen. Schuld daran trägt nicht nur das Individuum und seine möglicherweise mangelhafte musikalische Bildung. Es liegt auch am unzulänglichen Zeichensystem, am historischen Wandel musikalischer Symbole und an der vagen, interpretierbaren Beschreibung von musikalischen Imperativen wie «ruhig und getragen», «allegro assai», «crescendo» oder «furioso», mit denen sich die Musik zumindest bis Mitte unseres Jahrhunderts meist zufrieden gab.

Dem Dirigenten fällt damit eine schwere Aufgabe zu. Er muß die Symbolsprache der Musik nicht nur beherrschen, sondern ihren Kontext lesen und ihren Sinn im Zusammenhang des Klangbildes deuten können. Ein Geiger muß seinen Part lesen und interpretieren können. Er sollte zudem hören, wie seine Intonation absolut und im Verhältnis zur Intonation der anderen Instrumente, wie seine rhythmische Auffassung zur Gestaltung der übrigen Orchestermitglieder sich verhält. Aber er muß nicht in Proportionen hören, er muß nicht alles hören und vor allem nicht vorher. Vom Dirigenten aber wird verlangt, daß er in einem Dechiffrierungsprozeß sofort seine Vorstellung von der Partitur mit Hilfe des Orchesters in einen Gesamtklang überträgt. Theodor Adorno hat mit seiner Anschauung in der siebten Vorlesung zur Einleitung in die Musiksoziologie — einer scharfzüngigen Kritik des Dirigenten — sicherlich recht, wenn er sagt, ein Orchester wie das Berliner Philharmonische könne gar nicht so schlecht spielen wie ein Dirigent falsch zu dirigieren vermag. Die Umkehrung des Gedankens aber ist ebenso wahr: Kein Orchester, und sei es das beste der Welt, kann alleine so vollkommen musizieren wie mit einem guten Dirigenten.

Von der musikalischen Zeit: Tempogefühl und ästhetische Anschauung

Wenn es stimmt, daß die Sprache der Musik so komplex und differenziert ist wie das System ihrer Zeichen vage und auslegbar, dann lassen sich auch die Anordnungen eines Dirigenten nicht objektivieren, zumindest aber können sie kaum präziser sein als der Gegenstand, den sie darzustellen haben. Harold Schonberg stellt in seinem Buch über die sogenannten großen Dirigenten die lakonische Frage: «Wie rasch ist rasch?» Das angemessene Grundtempo eines Musikwerkes zu bestimmen, gehört zu den wichtigsten Fähigkeiten und schließlich doch ungelösten Problemen eines Dirigenten. Denn das Tempo ist keine dem Werk inhärente Eigenschaft, es hängt ab von den jeweils wechselnden Bedingungen, unter denen ein

Konzert stattfindet: Da spielen nicht nur die Akustik des Saales, die Fähigkeiten der Musiker oder gar das Alter des Dirigenten eine Rolle, sondern auch — wie dies Sir Adrian Boult in seiner britisch trockenen Art meinte — das Wetter, das Publikum und die ewige Frage: Kenne ich denn wirklich dieses Werk?

Franz Liszt schrieb seine Graner Messe zur Einweihung des Domes von Esztergom, einem klassizistischen Kuppelbau mit einer Nachhallzeit von ungefähr vier bis fünf Sekunden, woraus sich gewisse Tempi, aber auch lange Notenwerte bestimmter Messeteile erklären lassen. An anderen Aufführungsorten wird jeder Dirigent zu entscheiden haben, ob er nicht ein rascheres Grundtempo als das im akustisch ungünstigen Gotteshaus von Esztergom wählen soll. Aber ungeachtet dieser Schwierigkeiten, ein Tempo für ein musikalisches Werk zu wählen und es — abgesehen von agogischen Schwankungen — durchzuhalten, ungeachtet auch der Tatsache, daß es ein konstantes Zeitempfinden rein physiologisch schon nicht gibt und jeder Dirigent, erfahren oder nicht, sich in Bezug auf seine eigenen Tempi oftmals irrt, bedeutet die bewußte Wahl einer Geschwindigkeit gleichzeitig, eine bestimmte Ästhetik zu vertreten. Eine Interpretation, die in Peter Tschaikowskys sechster Symphonie jeden Seufzer des Komponisten in den Violoncello-Kantilenen nachvibrieren läßt, jedes trügerische Glück in den tiefen Tönen der Klarinette langsam versiegen läßt, liefert sich an das letzte Werk eines verzweifelten Komponisten aus und stellt gleichzeitig die höchsten Anforderungen an den Hörer; weil sie ihm kein kritisches Wort in den Mund legt, keine Brücke zum historischen Verständnis baut.

Eine Interpretation aber, die schon durch die Wahl der Tempi auf emotionale Distanz geht, im Allegro molto vivace die Streichergruppierungen gegeneinander marschieren läßt und mit rigoroser Härte Zäsuren in das Schlußadagio setzt, verdankt sich einer grundsätzlich anderen Ästhetik —wobei der Vergleich hier lediglich idealtypisch zu verstehen ist. Es ist die subjektive Deutung eines kritischen Geistes, der sich durch ein zügiges, pathosfernes Tempo schützend vor die Trivialisierung des Komponisten in der musikalischen Praxis stellt, in der Tschaikowskys Werke vor allem für die Pirouetten von Schlittschuhläuferinnen reklamiert werden.

Um Mißverständnisse zu reduzieren, muß gesagt werden, daß es sich bei verschiedenen Tempi für ein Musikstück durch verschiedene Dirigenten in der Regel nicht um fundamentale Unterschiede, sondern um Nuancierungen handelt; um Abstufungen freilich, die auch deshalb ins Gewicht fallen, weil das Ohr — im Vergleich zum Auge — Veränderungen in der zeitlichen Abfolge oder die mangelnde Kongruenz zweier akustischer Signale sehr viel sensibler registriert. Ferenc Fricsay sprach einmal vom musikalischen Tempo als einer Funktion der Melodie, eine Anschauung, die sich schon bei Richard Wagner findet. In seinem Aufsatz «Über das Dirigieren» schreibt Wagner: «Nur die richtige Erfassung des Melos gibt aber auch das richtige Zeitmaß an; beide sind unzertrennlich, eines bedingt das andere.»

Wagner spricht vom Tempo in Verbindung mit dem melodischen Aufbau eines Werkes. Aber er meint dennoch nicht primär die agogischen Gestaltungen und die Veränderungen, denen die Komposition in ihrer zeitlichen Ausbreitung unterliegt. Wagner spricht nicht von den Tempi eines Musikstückes, sondern vom Grundtempo einer Komposition, sozusagen von der ideellen Geschwindigkeit, die mitgefühlt werden muß, auch wenn abschnittsweise von ihr abgewichen wird. Gerade das Wort von der Abweichung deutet an, daß die Veränderung nicht denkbar ist ohne ein festes Maß, von dem man sich entfernt. So kann — wie Bruno Walter es formulierte — der Begriff des Tempos ohne den der Kontinuität nicht bestehen. Die Fähigkeit, ein Grundtempo gewissermaßen zu konservieren, während ein ganz anderes Tempo gerade die Basis eines Werkteils bildet, macht den Dirigenten aus. Sie gehört zur Metaphysik seines Handwerks.

Zur Stilistik des Dirigierens

Die Organisierung des metrischen Verlaufs von Musik, die Bezeichnung ihres Ausdrucksgehalts und die Kontrolle über die Realisierung des in der Partitur vorgeschriebenen, möglicherweise aktuell veränderten Klangs: von den vielen, nicht nur rational bestimmbaren Aufgaben eines Dirigenten mögen dies die wichtigsten sein. Um seine Funktionen erfüllen zu können, bedient sich der Dirigent einer Mischform aus allgemeinem Kode — einem System verabredeter Zeichen — und persönlicher Gestik. Wirksam sind seine Bewegungen, die sich daraus ableiten, selbstverständlich nur in dem Maße, wie sie die Musiker, und sei es nur eine kleine Anzahl von ihnen, erreichen. Denn auch die Orchestermusiker müssen ihre Aufmerksamkeit teilen: zwischen den Noten, die sie auf ihren Pulten mitzulesen haben und dem Orchesterleiter beziehungsweise seinem Dirigentenstab, den sie auf den zweiten Blick beobachten.

Man könnte annehmen, je ausladender, je großräumiger die Bewegungen eines Dirigenten, desto wahrscheinlicher sei es, daß sie wahrgenommen werden. Das Gegenteil ist allgemein der Fall. Flächendeckende Gesten verbieten sich schon wegen der blinden Flecken im Sehfeld der Orchestermusiker. Selbst bei der herausgehobenen Position des Dirigenten ist es den Instrumentalisten unmöglich, ihre Blicke schweifen zu lassen. In den Bruchteilen von Sekunden, die oft zum wirklichen Blickkontakt übrig bleiben, oder in dem unscharfen Hintergrund, den das Lesen der Stimmen gerade noch erkennen läßt, muß man die Augen auf eine bestimmte Höhe einstellen können. Was der Dirigent über seinem Kopf oder im Bereich seiner Kniescheibe möglicherweise signalisiert, bleibt vom Orchester unbeobachtet und bestenfalls wirkungsvoll für das Auditorium.

Theoretiker des Dirigierens, die in der Regel auch Praktiker sind oder doch zumindest waren, sind nicht selten der Ansicht, man könne den Punkt exakt fixieren, an dem die Aufmerksamkeit der Musiker — sozusagen im Strahlenbündel gesammelt — auf die konzentrierte Willensäußerung des Dirigenten trifft. Nicht der ganze Taktstock, lediglich seine Spitze — Alois Melichar nennt sie geradezu dramatisch die geometrische Entelechie des Stabs — gilt als dieser Kulminationspunkt des Kontaktes zwischen Dirigent und Orchestermusikern. Eine solche Bewertung der Taktstockspitze mag vor allem im Hinblick auf Orchesterleiter, die nur mit den Händen dirigieren, übertrieben anmuten. Der Vergleich mit einem Bleistift, den Alois Melichar und Sir Adrian Boult verwenden, wirkt dennoch suggestiv. So wie man nicht mit dem ganzen Bleistift zeichne, sondern nur mit der Spitze, so vermag auch die Taktstockspitze alleine die Tempomodifikationen in die Luft zu zeichnen. Und kein Mensch zeichne, indem er den Bleistift fest und mit steifem Handgelenk, dem Ellenbogen gar als Drehpunkt, führe. Damit werde so wenig ein lebendiger Ausdruck erreicht wie mit einem Dirigentenstab, den die Faust fest umschließe.

An die richtige Stabführung knüpft sich in der Literatur nahezu eine dirigentische Philosophie, besser vielleicht: Ideologie an. Aber auch für nüchternere Geister bleibt festzuhalten die Funktion der rechten Hand des Dirigenten: sie hat in zuverlässiger, eindeutiger Manier die metrischen Einheiten anzuzeigen, das heißt den Takt zu schlagen, mit all den notwendigen Unterteilungen in Schwerpunkte und leichte Zählzeiten. Von der linken Hand wird etwas anderes gefordert. Sie sollte nur für jenen Ausdruck aufgespart bleiben, der gewissermaßen über die Ausdrucksfähigkeit eines noch so ausdrucksvollen Stabes hinausgeht. Man könnte es auf eine Formel bringen: Die Rechte ordnet, die Linke interpretiert.

Die linke Hand verleiht dem Empfinden des Dirigenten Anschaulichkeit, versucht Stimmungen darzustellen und gleichzeitig hervorzurufen, sie regelt die Dynamik und kontrolliert die Intentionen der Musiker. Und im allgemeinen wird jene Dirigiertechnik als ideal empfunden, bei der die Hände unabhängig voneinander agieren und dennoch durch ihre Haltung das Bewußtsein vermitteln, der Dirigent wisse, was seine beiden Hände tun. Jene Technik aber, bei der die eine Hand die andere kopiert, sei es aus Unfähigkeit, die Bewegungen der Hände voneinander zu trennen, sei es, weil der Dirigent der Ansicht ist, die Verdopplung der Bewegung bewirke auch eine Intensivierung des musikalischen Ausdrucks, jene Technik ist — seit Walter Legge das Wort von der «griechischen Vasen-Methode» prägte — zumindest theoretisch bloßgestellt.

Die rechte und die linke Hand des Dirigenten, die ordnende und die interpretierende Macht: Auch solche Bilder sind eher idealtypisch zu verstehen. Kein Dirigent verwendet die eine Hand als Metronom, die andere als Schattenspieler seiner Gefühle. Aber es gibt neuralgische Stellen beim Musizieren. Und bei solchen Situationen schärft sich das Bewußtsein von dem, was einen guten von einem mittelmäßigen Dirigenten unterscheidet. Richard Strauss: «Wie wenig wichtig es ist, alle vier Viertel oder Achtel stets ›auszuschlagen‹, habe ich in fünfzigjähriger Tätigkeit ausprobiert. Entscheidend ist ein rhythmisch genauer Auftakt, in dem schon das ganze darauffolgende Tempo enthalten ist, sowie ein sehr präziser Niederstrich.» Aber selbst solche Prinzipien eines exakten Niederschlags auf den ersten Taktteil, den Waltershausen das «Rückgrat des Orchesterrhythmus» nennt, beschreiben nicht eine der wichtigsten Fähigkeiten des Dirigenten, von der schon weniger eindeutig feststeht, ob Dirigierkurse sie vermitteln können: das «Vorher» in der Musik.

Die Aufforderung, etwas zu tun, und die Befolgung der Anordnung können auch in der Musik nicht zusammenfallen. Es muß ein Reaktionsmoment für die Instrumentalisten vom Dirigenten einkalkuliert werden. Wenn der Taktschwerpunkt oder der Akzent im Spiel der Orchestermusiker mit dem Schlag des Dirigenten exakt zusammenfällt, so kann man dies als untrügliches Zeichen dafür werten, daß der Dirigent nicht das Orchester, sondern das Orchester den Dirigenten führt. Der Dirigent muß den rhythmischen Impuls geben, bevor er eintritt. Der Dirigent schreibt im wahrsten Sinne des Wortes vor. Seine Bewegungen sind Adhoc-Choreographien, aber keine Tanzbewegungen, die synchron zur Musik verlaufen. Das mag als ein technisches Detail aufgefaßt werden. In Wirklichkeit stellt es eines der schwierigsten Probleme des Dirigierens überhaupt dar.

Der Dirigent muß sozusagen zwei Tempi spüren, und sie müssen beide exakt aufeinander abgestimmt sein: die richtige Zeit für die Forderung eines Akzentes, weil man weiß, wann er zu erfolgen hat. Die theoretische

Beschreibung dieses Phänomens könnte fast wie eine Aufforderung zur rhythmisch-metrischen Schizophrenie wirken. Auch in dieser Lage ist die Analogie nicht nur hilfreich, sie vermeidet zugleich das Abdriften in die Aura eines wunderbaren Dirigierens. Gerd Albrecht vergleicht die Haltung eines Dirigenten mit jener eines Springreiters. Die Orchestermusiker mögen es verzeihen. Ein Reiter springt auch nicht selbst. Aber er gibt den Impuls, wann das Pferd zu springen hat, um das Hindernis zu überwinden. Wer möchte eine Theorie aufstellen, nach der man den Absprung an sich fixieren kann? Und wer möchte schließlich entscheiden, ob das Pferd das Hindernis genommen hat, *weil* der Reiter den Absprung so forderte oder *obwohl* er ihn so festgelegt hat? Zurück zum Dirigieren. Hermann Wolfgang von Waltershausen hat für dieses Phänomen des «Vorher» den Begriff der «Vorausenergisierung» geprägt, ein Terminus, der insofern trifft, als er sich nicht auf eine Schlagtechnik bezieht, sondern auf eine interpretatorische Fähigkeit, die an die Persönlichkeit des Dirigenten gebunden ist. Sie appelliert an den musikalischen Instinkt des Dirigenten, sein Talent, etwas zu erkennen oder zu wissen, auch wenn es sich noch nicht ereignet hat.

Über Fleiß und Gnade: Die Dichotomie Kapellmeister-Dirigent

Es gehört zur guten Tradition des Gewandhausorchesters in Leipzig, daß sich der Leiter des Ensembles schlicht Kapellmeister nennt. Die Sachlichkeit der Bezeichnung gehört zur Aura von Seriosität, die die Position umgibt, von Unterordnung persönlicher Eitelkeiten unter einen gleichsam objektivierten Dienst an der Musik. Auch im Bild vom Thomaskantor Johann Sebastian Bach schwingt etwas mit vom Eingebundensein des Tonsetzers in ein von göttlicher Hand geschaffenes musikalisches Universum. Die Bescheidenheit der Stellung und des Amtes, die sich schon im Titel des Amtsträgers ausdrückt, verleiht den musikalischen Äußerungen und den Werken selbst um so größeres Gewicht. Man meint Musik zu hören, die ihren immanenten Gesetzen folgt und nicht jenen, die dazu dienen, auf dem musikalischen Markt das Prestige seines Interpreten und Schöpfers zu vermehren.

Wenn im angelsächsischen Kulturkreis gelegentlich ein deutscher Dirigent im englischen Kontext mit «Herr Kapellmeister» angeredet wird, so klingt darin der Respekt vor dieser großen deutschen Musiktradition nach; die Anrede gilt als Verbeugung vor dem auch auf diesem Gebiet immer noch hartnäckig sich haltenden Ruf von der Gediegenheit des musikalischen Handwerks hierzulande. Und doch vibriert in dieser Anrede zumeist auch ein leicht ironischer Unterton, der auf etwas hinweist, was das Bild des Kapellmeisters emotional komplettiert: Biederkeit und Pflichtbewußtsein, ein gewisses unattraktives Arbeitsethos, wenn man will: die Mittelmäßigkeit des musikalischen Alltags.

Die Dichotomie Kapellmeister-Dirigent entspringt keineswegs sprachlicher Spitzfindigkeit, sie wird durch die Musikgeschichte definiert. In ähnlicher Weise, wie die Kapelle durch das Orchester ersetzt wurde, hat seit dem neunzehnten Jahrhundert, als sich die Komponisten mehr und mehr von der Leitung der Aufführung ihrer Werke zurückzogen und diese Aufgabe Spezialisten überließen, der moderne Dirigent den mittelalterlichen Kapellmeister verdrängt. Als zweiter oder dritter Dirigent, der dem Musikdirektor oder dem Chefdirigenten unterstellt ist, existiert der alte Kapell-

meister weiter; und auch als geringschätzige Charakterisierung eines lediglich routinierten Orchesterleiters, dem das Charisma des begnadeten Dirigenten fehlt.
Wenn große Orchesterleiter sich bisweilen fast trotzig als Kapellmeister bezeichnen, so opponieren sie im Grunde gegen ein Image ihres Berufsstandes, das in dem Wort vom Stardirigenten seinen deutlichsten Ausdruck gewonnen hat. Ein Image im übrigen, das von der Annahme zehrt, zum Kapellmeister reiche es vollkommen aus, sich mit Fleiß und Ausdauer um die handwerklichen Mittel der Orchesterführung zu bemühen. Ein großer Dirigent aber, der diese Einschätzung auch verdiene, stehe mit seinen Fähigkeiten jenseits solcher erlernbarer Techniken des Dirigierens.

Die unbeschreiblichen Fähigkeiten eines Dirigenten

Auf die Frage von Peter Heyworth, ob man das Dirigieren lehren könne, gab Otto Klemperer seinerzeit eine fast schon klassische Antwort: «Was man lehren und was man lernen kann, ist so wenig, daß ich es Ihnen in einer Minute erklären kann. Zum Beispiel: wie man 4/4, 3/4 und 5/8 schlägt. Das sind Äußerlichkeiten. Man muß lernen, daß man die Auftakte besonders beachtet. Und die zweite Note muß manchmal ein bißchen kürzer sein als die erste; das kann man ja gar nicht hinschreiben. Aber das Wichtige ist, man muß das Orchester atmen lassen. Das ist die wesentliche Sache.» Das Orchester atmen lassen, das ist eben, was sich nur sehr schwer lehrend vermitteln läßt.
Es gibt keinen Dirigenten, der zu seinem Beruf sich öffentlich geäußert und dabei nicht — wie Klemperer — auf die Grenzen dirigentischen Lehrens und Lernens verwiesen hat. Selbst ein Analytiker wie Hermann Scherchen, der eines der wenigen grundlegenden Lehrbücher des Dirigierens verfaßte, spricht nicht nur an einer Stelle seiner Schrift — obgleich er auch gegen die Anschauung vom nichtlehrbaren Dirigieren polemisiert — von der Magie des Dirigierens. Die «berauschende Menschenorgel», das Orchester spielen zu können, heiße Magie üben, erfordere bannende Kräfte.
Es bedarf keiner großen Phantasie, sich vorzustellen, wie eine solche Ansicht, so sinnvoll sie im Zusammenhang eines allumfassenden Lehrbuchs gemeint sein mag, sich verselbständigt, ein Eigenleben gewinnt, das die Realitäten eines überaus schwierigen künstlerischen Berufs vollkommen in den Hintergrund drängt: der Dirigent als Magier, der Orchesterleiter als Klangzauberer. Von den Massenmedien werden solch plakative Vorstellungen bereitwillig aufgegriffen, um sozusagen in einer vollautomatisierten Welt ein offenbar unermeßliches Defizit an Irrationalem, Unerklärlichem und Wunderbarem zu befriedigen.
Georg Solti berichtete einmal von seinem Klavierlehrer an der Budapester Musikhochschule, Ernst von Dohnányi, der nicht nur ein hervorragender Pianist und bedeutender Komponist gewesen ist, sondern auch als Dirigent Ambitionen entwickelte. In Soltis Beobachtung taucht das Phänomen der Suggestion beim Dirigieren ebenfalls auf, allerdings sozusagen von seiner negativen Seite, nämlich als das, woran es Ernst von Dohnányi gebrach: «Er war ein ganz außergewöhnlicher Pianist. Er dirigierte auch leidenschaftlich gern, Gott weiß warum. Wenn er zu einem Orchester kam, da verschwand der große Musiker, da war er ein armer Schlucker. Der große Musiker war plötzlich nicht mehr da. Er konnte nichts sagen, nichts

vermitteln. Auf der anderen Seite kenne ich Menschen, die viel weniger musikalisches Talent haben, die aber ein dirigentisches Talent besitzen.»
Mit dieser Ansicht, musikalisches und dirigentisches Talent seien nicht deckungsgleich, befindet sich Georg Solti in guter Gesellschaft, auch in jener George Bernard Shaws, der im gleichen Sinne, nur eben sarkastisch, formuliert hatte: Wer kann, der spielt, wer nicht kann, dirigiert. Shaws Satz wäre nicht so gut, wäre er lediglich als ein Bonmot über Dirigenten zu verstehen. Dahinter verbirgt sich im Grunde das ewige Mißtrauen des Angestellten zu seinem Vorgesetzten, des physisch Schaffenden zum Theoretiker, desjenigen, der zupackt, zu jenem, der bloß schön redet, wenn man will auch: des Arbeiters zum Intellektuellen.
So gelten Führungsqualität, Ausstrahlung, Autorität und Persönlichkeit — wenn man schon die Begriffe Suggestion und Magie vermeiden möchte — als jene wichtigen Eigenschaften eines Dirigenten, die kaum im Rahmen eines Hochschulstudiums erworben werden können und die nur dann von wirklichem Nutzen sind, wenn sie mit musikalischer Kompetenz, die ein gutes Ohr einschließt, sich verbinden. Und selbstverständlich gehört auch ein bestimmtes Maß an demagogischer Begabung dazu. Orchestermusiker müssen mit ihren Instrumenten reden können, Dirigenten aber müssen fähig sein, zu überreden. Man ist geneigt, auch dies der Metaphysik des Dirigierens zuzurechnen.

Der Buchstabe tötet den Geist: Der Dirigent als Spurenleser

In Franz Liszts «Brief über das Dirigieren» aus dem Jahre 1853 findet sich neben bemerkenswerten Sätzen wie jenem, die wirkliche Aufgabe eines Kapellmeisters bestehe darin, sich augenscheinlich überflüssig zu machen und mit seiner Funktion möglichst zu verschwinden, auch eine Kritik an den unverwüstlichen Taktschlägern, deren grobe Aufrechterhaltung des Taktes und jedes einzelnen Taktteils einem sinnvollen musikalischen Ausdruck geradezu entgegenarbeitet: «Hier wie allerwärts tötet der Buchstabe den Geist — ein Todesurteil, das ich nie unterzeichnen werde.» Auf etwas Ähnliches weist Sir Adrian Boult hin anläßlich einer Orchesterprobe Artur Nikischs mit Schumanns vierter Symphonie im Jahre 1920 in Amsterdam. Nikisch begann, so Boult, mit einem Abschlag, und dann geschah gar nichts, bis eine sanfte Wendung zu den zweiten Geigen den Einsatz zu ihrer Phrase auf der vierten Achtelnote des zweiten Taktes angab. Boults Kommentar zu Nikischs Probenarbeit: «Er zeigte von Anfang an, daß es ihm nicht darauf ankam, den Takt zu schlagen, sondern die Musik zu leiten.»
Hier wird ein anderes Problem des Dirigierens mitberührt: das Verhältnis von Proben zur Aufführung. Wer Orchesterproben nicht kennt, wird leicht geneigt sein, die Leistung eines Dirigenten im Konzert überzubewerten. Was als das Ergebnis unmittelbarer geistiger und interpretatorischer Energie erscheint, ist meist die Frucht mühsamer Probenarbeit. Mit dem Orchester üben, Material erarbeiten, Grundpositionen musikalischer Anschauung festlegen — all das geschieht in den Proben, in denen sich auch das Spannungsverhältnis zwischen Orchestermusikern und Dirigent entwickelt. Buchstabentreue, Akribie, Detailarbeit können keine Kriterien für die Aufführung mehr sein. Im Konzert ist die Architektur der Komposition wichtig, der Zusammenhang des Werkes, sein emotionaler Gehalt, der Organismus, nicht die einzelnen Organe. Solange ein Dirigent nicht

an den Noten klebt, spielt in diesem Zusammenhang auch keine Rolle, ob er mit Partitur oder auswendig dirigiert. Klemperers Wort in jedes Dirigenten Ohr: Inwendig muß man dirigieren.

Gestikulieren, Gesten, Gestus

In seinen Schriften zum Theater definiert Bertolt Brecht, was er unter gestischer Musik versteht: «Unter Gestus soll nicht Gestikulieren verstanden sein; es handelt sich nicht um unterstreichende oder erläuternde Handbewegungen, es handelt sich um Gesamthaltungen. Gestisch ist eine Sprache, wenn sie auf dem Gestus beruht, bestimmte Haltungen des Sprechenden anzeigt, die dieser anderen Menschen gegenüber einnimmt.» Brechts Definition, hinter der selbstverständlich die Gestaltung eines gesellschaftlichen Gestus steht, das heißt einer politischen Haltung, läßt sich auch für das Dirigieren benutzen. Allerdings sollte jenen Handlungen, die Brecht in seiner Theorie vernachlässigt — dem Gestikulieren etwa — beim Dirigieren die gleiche Aufmerksamkeit geschenkt werden wie dem Gestus.
Es ist immer wieder beeindruckend zu sehen, mit wie wenig Gesten — der Aufforderung, der bildhaften Übertragung musikalischer Formverläufe, der Gestaltung emotionaler Vorgänge — viele Dirigenten, und häufig die besten, während eines Konzertes auskommen. Die Vermutung liegt nahe, daß sie auf sie nicht angewiesen sind: weil die Arbeit getan ist und andere Mechanismen des Kontakts zwischen Dirigent und Orchester wirksam sind. Mit Sicherheit hat die Gesamthaltung des Dirigenten, die man nicht zuletzt von der Probenarbeit kennt und die im Konzert nicht eigens unterstrichen zu werden braucht, an der sparsamen Verwendung von Gesten großen Anteil.
Die Orchestermusiker kennen ihre Dirigenten, sie wissen, was er von den gespielten Werken hält, warum er gerade diese Werke gewählt hat, ob er ein traditionelles Programm bevorzugt oder sich vehement für die Moderne einsetzt, ob er die Werke gegen den Strich der Konvention interpretieren möchte oder einem Originalklang-Ideal huldigt, warum er den dunklen Anzug gegenüber dem Frack bevorzugt und weshalb er in den Pausen zwischen zwei Werken möglicherweise den Saal nicht verläßt, wieso er in manchen Ländern nicht gastiert und was ihn an ein Orchester bindet. All das macht den Gestus eines Dirigenten aus. Er läßt sich nicht an der Interpretation einer einzelnen Kantilene festmachen. Aber er ist stets präsent und sei es als Vorurteil einer mitwissenden Öffentlichkeit.
Gestikulieren: Nichts hat so sehr zu Anekdoten Anlaß gegeben oder zu karikierenden Beschreibungen, wie die Hand- und Körperhaltungen von Dirigenten. Die Mätzchentabellen, die das Gestikulieren von Orchesterleitern mit Sorgfalt katalogisieren, könnten Serien von Cartoons füllen. Es wäre dennoch fatal, wollte man von den bisweilen grotesken Bewegungen auf bestimmte Haltungen schließen. Die Interaktionen zwischen spielenden Musikern und herausforderndem Dirigenten entwickeln ihr eigenes Zeichensystem. Die Kunst des Dirigierens ist zu komplex und zu kompliziert, als daß leichtfertig über sie der Stab zu brechen wäre.
Ein eklatantes Beispiel für einen gestikulierenden Dirigenten, der dennoch höchste musikalische Wirkung mit seinen gestalterischen Hieroglyphen erzielte, war Wilhelm Furtwängler. Von ihm wird berichtet, seine Schlagtechnik sei geradezu erschreckend gewesen, und nicht wenige Zuhörer im Publikum mochten sich besorgt gefragt haben, für welchen der fahrigen,

völlig unmotiviert scheinenden, hektisch dazwischenfahrenden Schläge sich das Orchester wohl entscheiden würde, um ein synchrones Klangbild einer Komposition herzustellen. Indes hat diese Methode, bei der die Musiker am Ende eines Konzerts vollkommen erschöpft gewesen seien von der Anstrengung, die musikalischen Absichten des Dirigenten zu erforschen, auch ihre künstlerische Perspektive. Sir Adrian Boult, einer der lakonischsten unter den Dirigenten des zwanzigsten Jahrhunderts und deshalb als Partei völlig unverdächtig, vermutete, daß gerade diese Ungewißheit zu der Faszination beigetragen habe, die man Furtwänglers Interpretationen im allgemeinen attestierte: »Wenn ein Orchester nicht ganz sicher weiß, woran es ist, spielt es mit einer besonderen Intensität, die die Lebendigkeit der Aufführung enorm steigert. Die Spieler sind während des Spiels keinen Augenblick sicher, ob sie nicht entgleisen werden, und so musizieren sie in einer gewissen Hochspannung, die der Aufführung eine ganz besondere Ausdruckskraft verleiht.»
Das wohlwollende Urteil von Sir Adrian, das von der musikalischen Wirkung auf die Ursache rückschließt, mag beachtlich scheinen. Es kann dennoch nicht der Weisheit letzter Schluß sein. Denn kein Mensch versucht zu verstehen, wenn er nicht davon überzeugt ist, daß man überhaupt einer wie auch immer gearteten Logik auf der Spur ist. Furtwänglers musikalische Autorität muß andere Kanäle der Verständigung besessen haben, muß über die Schlagtechnik hinaus gewirkt haben. Sein Gestus war bekannt und wohl mehr wert als sein unbegreifliches Gestikulieren.

Über die Größe von Dirigenten

Es gibt wenige Essays — und vermutlich ist nur diese literarische Form dem Gegenstand angemessen —, die sich mit «Größe in der Musik» auseinandersetzen. Alfred Einsteins brillantes Buch, in den dreißiger Jahren entstanden, gehört zu ihnen. Aber es klammert die Interpreten aus. Wohlweislich, möchte man sagen, denn Einstein hat schon genug damit zu tun, die Fragwürdigkeit geschichtlicher Größe gegen die Fraglosigkeit der Größe bei einer Anzahl von Komponisten abzuwägen, Genies von Talenten zu unterscheiden und die differierenden Maße für die Büsten von Tonsetzern im Pantheon der Kunst festzulegen. Die Aufnahme von Interpreten hätte seine schwierige Untersuchung, die das Urteil der Zeit gegen das der Geschichte setzt, möglicherweise nur mit Informationsfülle belastet und damit geschwächt. Vielleicht gibt es auch noch einen anderen, eher unbewußten Grund für die Vernachlässigung der Interpreten: das Gefühl nämlich, daß es sich bei Komponisten und Interpreten um inkommensurable Größen handelt, das heißt — mathematisch gesprochen — um Größen, deren Verhältnis irrational ist und die je eigene Methoden der Untersuchung fordern.
Es wäre zu einfach, die Größe eines Dirigenten danach bestimmen zu wollen, wie sehr er sich selbst verleugnet, um dem Komponisten zu seinem Recht, dem der angemessenen Interpretation, zu verhelfen. Denn zum einen ist die angemessene Interpretation stets eine Fiktion, wenn darunter so etwas wie eine ideale Werkwiedergabe verstanden wird. Musik klingt nicht an sich, sondern nur, wenn sie interpretiert wird. Die Deutung schiebt sich immer zwischen Partitur und Hörer. Und es sind nicht die schlechtesten Dirigenten, deren Interpretationen sich ohne Umschweife als von ihnen stammende identifizieren lassen.

Und auch der Begriff, den man sich von Werktreue macht, gibt keinen hinreichenden Anlaß, ihn zum Maßstab für die Einschätzung eines dirigierenden Interpreten zu machen. Auch Interpretationen sind historisch vermittelt: Zwischen den opulenten Wiedergaben von Barockwerken und dem Kompositionsstil des neunzehnten Jahrhunderts besteht ebenso ein Zusammenhang, wie zwischen dem strikten Wissenschaftsbegriff und der Restauration eines Originalklangs in unserem Jahrhundert. Nikolaus Harnoncourts puristisches Ideal einer Wiederherstellung des Werkes in der Klanggestalt seiner Zeit ist bis zu einem gewissen Grad ein notwendiges, zumindest aber ungemein anregendes Gestaltungsextrem. Harnoncourt ist damit erfrischend rücksichtslos gegen unsere Hörgewohnheiten. Seine Interpretationen eignen sich (nicht nur, aber auch) als ästhetische Lockerungsübungen.

Helmuth Rilling folgt dieser Anschauung nicht. Wenn er Barockmusik interpretiert, dann ist er sich bewußt, «daß wir keine alten Ohren haben». Er übersetzt historische Musik für uns, ohne ihre Substanz — die Struktur, ihren kompositorischen Kern — anzutasten. Ist Rilling ein großer Dirigent, ist Harnoncourt größer? Vielleicht läßt sich auf dem schmalen Grat zwischen Partiturtreue, Vitalisierung durch eine persönliche, möglicherweise identifizierbare Gestaltung und den eher gefühlten historischen Bedingungen, unter denen Musik erklingt, die Größe eines Dirigenten schemenhaft erkennen.

Für die Öffentlichkeit aber kommt ein weiteres, fragwürdiges Kriterium für Größe hinzu: das des populären Repertoires. Keiner von den größten unter den großen Dirigenten hat sich sein Ansehen in der Öffentlichkeit mit extremen Programmen, mit dem bedingungslosen Einsatz für die zeitgenössische Musik erworben. Igor Strawinsky meinte noch, er könne sich nicht vorstellen, wie ein Pianist seinen Ruf begründen könnte, indem er Haydn als Schlachtroß ins Feld führe. Das läßt sich auf die Dirigenten übertragen. Ein großer Dirigent, der sich vor allem mit Henze und Webern, mit Karl Amadeus Hartmann und Charles Ives auseinandersetzt? Eine Vorstellung, die mit der Wirklichkeit des Musiklebens kollidiert. Tolstoi hat wohl leider immer noch recht, obwohl seine Ansicht auch schon neunzig Jahre alt ist: «Alle, die man in einen Konzertsaal einsperrt, damit sie sich die letzten Werke Beethovens anhören, empfänden große Erleichterung, würde man ihnen statt dessen einen Trepak, einen Csárdás oder etwas Ähnliches vorspielen.»

Der Dirigent als Widerstandskämpfer: Neue Musik

Wenn es auch nicht wahr ist, so ist es doch gut erfunden: In den Memoiren von Hector Berlioz kann man nachlesen, wie es zum Desaster bei der Uraufführung seiner Symphonie fantastique kam. Der Dirigent François Antoine Habeneck hatte das Werk am Pariser Conservatoire ohnehin nur widerwillig einstudiert. Am Abend der Aufführung aber sabotierte er regelrecht die Symphonie des verhaßten jungen Komponisten. Berlioz beschreibt, wie Habeneck an der einzigen Stelle des Werkes, an der — zumindest nach Meinung seines Schöpfers — ein Dirigent überhaupt nötig gewesen sei, die Hände sinken ließ, seine Schnupftabaksdose hervorzog und eine kräftige Brise nahm, ohne sich um den Verlauf der Musik zu kümmern, die in einem gigantischen Chaos endete. Die blühende Phantasie von Hector Berlioz hat uns diese Geschichte erzählt. Sabotage an der

Musik heute wird ganz anders betrieben: Sie wird gar nicht erst aufgeführt.
Wenn ein Dirigent sich der zeitgenössichen Musik annimmt, dann hat er nicht nur das Desinteresse des großen Publikums zu bedenken, er muß oft genug auch gegen den Widerstand im eigenen Orchester kämpfen. Denn Neue Musik bedeutet zunächst einmal intensive Arbeit, die am Repertoire meist nicht mehr zu leisten nötig ist. Und sie bedeutet, Klänge hervorbringen zu müssen, die den an Konservatorien — nomen est omen — tradierten Idealen zuwiderlaufen. Michael Gielen: «Widerstände von Streichern gegenüber mancher Neuen Musik sind mir vollkommen verständlich. Sie spielen Instrumente, die in Quinten oder Quarten gestimmt, also für tonale Musik erfunden worden sind. Und ihre Ausbildung ist auf die Reinheit der Intonation und die Schönheit des Tones hin angelegt ... In Nonos Oper 'Al gran sole' etwa wird so viel 'col legno' im Fortissimo geschlagen, daß die Streicher dazu ihre teuren Bögen weder gebrauchen wollen noch sollen, weil der Lack dabei Schaden leidet ... Ich verstehe auch den Musiker, der sich hier vergewaltigt fühlt ... Oder wenn in einem ausgedehnten Stück jeder nur einzelne Töne zu spielen hat, so daß er in dem, was er selber spielt, den Zusammenhang nicht erkennen kann. Der Dirigent und der Hörer können den Zusammenhang vielleicht erkennen, aber derjenige, der 27 Pausen zählt, um dann einmal 'plum' zu machen, fragt sich: Bin ich dazu Musiker geworden?»
Gielen beschreibt die Gefühle von Orchestermusikern, die im Grunde ausgelöst werden vom Widerspruch zwischen der Entwicklung der Instrumente und der Avanciertheit kompositorischer Phantasie. Man sollte die Bemerkungen aber keinesfalls mißverstehen als ein grundsätzliches Plädoyer im Sinne der Anklage zeitgenössischen Komponierens. Sich der Neuen Musik zu widmen, muß ja nicht bedeuten, vor ihren Problemen die Ohren zu verschließen. Gielen, der für seine Mischprogramme mit tradierten Werken und neuen Kompositionen bekannt ist, betreibt sein dirigentisches Handwerk offensichtlich nach dem Motto, wer nur etwas von Neuer Musik versteht, versteht nicht einmal etwas von Neuer Musik: «Ich kann mir nicht vorstellen, daß man Neue Musik wirklich gut dirigieren kann, wenn man keine Vorstellung von der überlieferten Musik besitzt. Ebenso fürchte ich, daß die Art, Beethoven zu dirigieren, ohne Verständnis der Neuen Musik und der Konflikte und Probleme unserer eigenen Zeit eben doch nur eine Art 'Konsumvollzug' ist.»
Michael Gielen gehört, mit Gerd Albrecht, Pierre Boulez und Ernest Bour etwa, zu der Handvoll Dirigenten, die sich intensiv mit zeitgenössischer Musik oder mit der Musik unseres Jahrhunderts beschäftigen. Ansonsten scheint eher zur Praxis des musikalischen Betriebs zu gehören, daß Dirigenten, wenn sie jung sind, die Musik ihrer Zeit interpretieren und im Alter mehr auf den Kanon überlieferter Meisterwerke setzen. Auch das besitzt seine Logik: Der Avantgardist beginnt als Vorkämpfer einer neuen Idee, und er endet als ihr Bewahrer.

Der dirigierte Musiker

Die Geschichte ist bekannt. Man kann sie trotzdem wiederholen, denn sie erspart — wie viele Anekdoten — durch ihre Sinnlichkeit theoretische Umwege. Herbert von Karajan wurde gefragt, warum er die Berliner Philharmoniker den Wiener Philharmonikern vorziehe. Er soll geantwortet haben: «Wenn ich zu den Berlinern sage, setzt eure linken Füße einen Schritt nach vorne, dann setzen sie die Füße nach vorne, wenn ich das von den Wienern verlange, setzen sie auch ihre Füße vor. Aber sie fragen: Warum?» Man weiß, daß auch die Berliner inzwischen ihr Warum formuliert haben — mit den bekannten, die Öffentlichkeit mehr oder weniger beschäftigenden Konsequenzen. Darum soll es nicht gehen.

Das Zitat, selbst wenn es nur anekdotischen Charakter trägt, ist bezeichnend für einen Dirigententypus, der seinen bedingungslosen Machtanspruch demonstriert und — dies ist das Entscheidende — nicht weniger, eher mehr respektiert wird als seine konziliantere Kollegen. Schließlich sind ja auch die Wiener — um im Bild zu bleiben — zur Befehlsausführung bereit gewesen. Die Beantwortung des bißchen Warum hätte man Karajan schon zutrauen dürfen. Im übrigen sind Auseinandersetzungen von solch, fast ist man versucht zu sagen: historischen Dimensionen ein untrügliches Zeichen für Respekt, den man dem Mächtigen zollt.

Die Feststellung ist nicht neu und nicht auf das Verhältnis von Orchester und Orchesterleiter beschränkt. Sie besitzt ihren sozialpsychologischen Aspekt, den Adorno in seinem Text über «Dirigent und Orchester» in der Einleitung zur Musiksoziologie entschieden vertritt: Nicht demjenigen, der die gesellschaftlich sanktionierten Rollen von Befehlendem und Befehlsempfänger unangetastet läßt, wird Aversion zuteil, sondern jenem, der diese festgefügten Rollen, auf die man sich verlassen kann, in Frage stellt. Wer das Subjekt in die Selbständigkeit entläßt, beraubt es eines fundamentalen Schutzes. Adorno: «Es ist, als sträubte sich der Masochismus der Befehlsempfänger gegen Verhaltensweisen des Vorgesetzten, die dessen traditionelle Rolle beeinträchtigen. Verletzt er die Tabus, mit denen jene Rolle in der Vorgeschichte seiner Urbilder besetzt war, so wird das, rationalisierend, als seine sachliche Unfähigkeit verbucht.»

Dies ist ein Plädoyer zur Machtausübung, weil es die Gesellschaft, im kleinen Format des Orchesterverbandes und im Großformat der Öffentlichkeit, so will. Der Gedanke hat einiges für sich, auch wenn er schwer zu ertragen ist. Und Beobachtungen in der Zusammenarbeit zwischen machtbewußten und weniger machtbewußten Dirigenten mit dem Orchester bestätigen seine partielle Richtigkeit. Der Orchestermusiker akzeptiert Autorität, vor allem wenn sie aus Sachkompetenz sich herleitet, und er kann unerbittlich sein, wenn er eine angemaßte, die außerdem noch mächtig sich gebärdet, spürt. Bruno Walter muß eine enorme menschliche Ausstrahlung besessen haben; sie hat seiner Autorität, seiner Macht über das Orchester nicht geschadet. Karajan ist nicht gerade der Typ, der menschliche Wärme verbreitet; auch das untergräbt seine Autorität nicht und schon gar nicht seine Macht, die er zeigt.

Allerdings: Zwischen einer Autorität, die sich von selbst versteht und einer, die demonstriert wird, liegt ein wesentlicher Unterschied. Er hat mit Freude an der Musik zu tun.

Die Formen der Verständigung

Von Otto Klemperer wird berichtet, er habe Orchesterproben in philosophische Seminare verwandelt, habe über den Geist der Musik gesprochen, Monologe über das richtige Tempo gehalten, über die interpretatorische Kunst im allgemeinen und diejenige, die sich auf Beethoven oder Bach zu beziehen habe, im besonderen. Es ist nicht die beste Methode der Verstän-

digung, und vermutlich war es nur der musikalisch fraglosen Kompetenz zu danken, wenn die Orchester Klemperers Ansprachen meist ertrugen. Selbstverständlich ist das vermittelnde Wort zur Verständigung zwischen Dirigent und Orchester in Proben vonnöten, vor allem, wenn es sich um zeitgenössische Musik handelt, bei der ohnehin die Abwehrhaltung vieler Orchestermusiker zu überwinden ist, außerdem meist ein ungewohntes Zeichensystem, möglicherweise gar ein kritisches soziales Verständnis erklärt werden muß.
Aber Reden ist ein Hilfsmittel der musikalischen Kommunikation, das — sofern es über die ganz präzise Fragestellung des Augenblicks hinausgeht — immer Argwohn auslöst. Auch hier hat Adorno Formulierungshilfen geleistet, die nicht stolz verschmäht werden sollen. Der affektive Widerstand des Orchesters richte sich stets gegen alles Vermittelnde, alles, was weder Technik noch direkte Übertragung ist. Der redende Kapellmeister werde verdächtig als einer, der was er meint, nicht drastisch zu konkretisieren vermag. Orchestermusiker argwöhnen, der Intellektuelle, der des Wortes mächtig ist, könne sie womöglich mit diesem betrügen.
Auch die Mimik wird als Mittel der Verständigung eher abgelehnt. In der Probe kann sie durch die Benennung des geforderten Ausdrucks und durch Handbewegungen meist ersetzt werden; im Konzert, bei dem sicherlich andere Mechanismen der Suggestion wirksam sind, kann die übertriebene Mimik auch verhindern, was sie auslösen soll. Es gehört nicht viel dazu, als Orchestermusiker, als der man die Haltung eines Dirigenten aus den Proben nur zu gut kennt, die Gesten bei der Aufführung in jene zu unterteilen, die für die Musiker bestimmt sind und in solche, die an das Publikum gerichtet werden. Die schmachtende Pose kann da sehr schnell in eine intern wirkende Lächerlichkeit abgleiten, die dem konzentrierten Musizieren nicht dienlich ist.
Bleibt die darstellende Gestik, die sich wiederum in eine metrische Ordnung und eine expressive Gestaltung von Formverläufen, Spannungsbögen, Gefühlsmomenten unterteilen läßt. Sie alleine hilft dem Musiker, dem man nichts vormachen kann.

Über den Einfluß von Gesellschaftssystemen auf das soziale Verhältnis Orchester-Dirigent

Yuri Temirkanov, Chefdirigent und Regisseur des Leningrader Kirow-Theaters, hat in einem persönlichen Gespräch die Ansicht vertreten, in sozialistischen Ländern, zumal der Sowjetunion, sei das musikalische System sehr viel diktatorischer organisiert als in kapitalistischen Ländern. Die Meinung steht nicht allein. Die Frage ist: Hat das Auswirkungen auf das Verhältnis von Dirigenten zum Orchester, vielleicht sogar auf die Leistung der Interpreten? Was dazu gesagt werden kann, muß Vermutung bleiben, solange empirische Untersuchungen — in der Musik ohnehin problematisch — nicht möglich sind. Aber auch Spekulationen haben ihren Reiz. Sie vermögen — in Analogie zu manchen Gesten von Dirigenten — bisweilen etwas auszulösen, selbst wenn sie falsch sein sollten.
Es ist keine Frage, daß die Orchesterdisziplin in Orchestern des Ostblocks im allgemeinen größer ist als in westlichen Ländern. Und der Orchesterleiter, auch wenn sein Talent eher bescheiden ist, wird in sozialistischen Ländern fragloser akzeptiert. Erheblich für das Orchesterniveau scheint es nicht zu sein. Zumindest sind Leistungen der Leningrader Philharmoniker

oder der Tschechischen Philharmonie — um nur zwei Eliteensembles zu nennen — keine den Wiener Philharmonikern oder dem Cleveland Orchestra unvergleichliche. Mag sein, daß das Niveau sogenannter Provinzorchester im Ostblock etwas höher ist als im Westen. Auch das muß Spekulation bleiben: Die Musikschlacht zu Leipzig findet nicht statt.

Schon etwas anders scheint es bei der Einschätzung von Dirigenten auszusehen. Es gibt gewiß profilierte Orchesterleiter in der Sowjetunion und anderen osteuropäischen Ländern: Jewgeni Mrawinsky etwa oder den kürzlich verstorbenen János Ferencsik, Václav Neumann oder Kurt Masur. Aber die wirklich herausragenden Dirigentenpersönlichkeiten scheinen im Namen des Sozialismus nicht recht zu gedeihen. Die Erklärung muß gleichermaßen positiv wie negativ für die beiden Systeme ausgehen. In der strikteren Arbeitsatmosphäre des Ostens, in der die Medien, vor allem die Schallplattenindustrie keinen solchen Einfluß ausüben, bedarf es nicht des Stardirigenten. Er besitzt dort keine Funktion. Der Betrieb läuft auch ohne ihn: Scharlatane nicht erwünscht.

Der Westen muß offensichtlich die falschen Zauberer akzeptieren. Aber auf seinem Humus, der mit Geld, Prestige und Annehmlichkeiten anderer Art reichlich vermengt wird, wachsen auch jene spielerischen Begabungen, jene genialen Darsteller, die — Gott weiß wie — Funken aus der Musik schlagen. Ein Vergleich mit dem Fußball mag profan erscheinen. Aber wenn man ihn auch einmal als eine Kunst, die mit Show sich paart, zu akzeptieren bereit ist, dann wird die Parallele sichtbar: Nicht nur der Glaube vermag Berge zu versetzen, sondern auch die vergoldeten Gloriolen, die den Matadoren — auf dem Spielfeld wie am Pult — von den Massen aufgesetzt werden.

Solche Anmerkungen über die Unterschiede im musikkulturellen Bereich zwischen Ost und West gelten natürlich immer nur cum grano salis. Weder der Osten noch der Westen besitzen kulturpolitisch einheitliche Kontur. Die Orchesterlandschaften in der Bundesrepublik und in den Vereinigten Staaten von Nordamerika beispielsweise sind ganz unterschiedlich strukturiert: hier ein dichtes Netz von professionellen Orchestern mit einem breiten Unterbau von Musikschulen und Konservatorien, dort vergleichsweise wenige vollprofessionelle Ensembles, eine dünne Basis an Ausbildungsstätten, dafür mit einigen ganz ausgezeichneten Eliteschulen. Es scheint, als seien die härteren Anforderungen, die sich aus der Konzentration und der verschärften Konkurrenzsituation in Amerika ergeben, auch einem qualifizierteren Orchesternachwuchs dienlicher. Dennoch muß man sich vor der simplen Gleichung — mehr Druck, mehr Leistung — hüten. Kultur ist zwar auch, aber nicht nur und vielleicht nicht einmal an erster Stelle eine Frage von Spitzenproduktionen oder isoliert technisch-instrumentalem Können. Eliten entstehen nie durch Leistungsdruck alleine, sondern auch durch die lebendige Umwelt, in der sie sich bilden. Bezeichnend in diesem Zusammenhang mag sein, was Sir Adrian Boult über seine Erfahrungen mit britischen und amerikanischen Orchestern berichtet. Die Disziplin in amerikanischen Orchestern sei größer, Diskussionen fänden nicht statt, der Dirigent herrsche, die Neigung bestehe, den Orchestermusiker als Persönlichkeit völlig zu unterdrücken. Mag sein, daß hier ein Schlüssel für das oft erstaunlich hohe spieltechnische Niveau amerikanischer Orchester liegt. Man ist geneigt, dies einer merkwürdigen Verbindung zuzuschreiben: von «sozialistischer» Disziplin mit «kapitalistischer» Wohlfahrt.

Kann man einen Dirigenten hören?

Die korrekte Antwort auf die Frage, ob man einen Dirigenten hören könne, muß lauten: Nein. Ein Dirigent musiziert nur intentional, aber nicht real. Man hört ihn allenfalls vermittelt, in seinem musikalischen Willen, den die Orchestermusiker für ihn gestalten. Aber man kann natürlich die Intentionen des Dirigenten hören, sofern man von verschiedenen Klangkörpern, die den Dirigenten meist zu Gebote stehen, zu abstrahieren vermag. Allerdings ist kaum jemand von Wunschdenken, oder besser: Wunschhören frei. Wer meint, ein Dirigent musiziere im Prinzip sachlicher, unpathetischer als ein anderer Dirigent, der ist nur zu gerne bereit, grundsätzlich so etwas herauszuhören, wenn man ihm eine Aufnahme dieses Orchesterleiters vorspielt. Der gute Ruf eines Dirigenten macht die mediokre Leistung eines Abends oder einer Aufnahme häufig wett. Das haben Hörtests mit vertauschten Etiketten beispielsweise oft bewiesen.
Man hört, was man hören will: Auch dies ist selektive Wahrnehmung.
Dirigenten haben Vorlieben, Charaktereigenschaften, ästhetische Ansichten, die sich beim Musizieren auswirken. Wer wäre nicht bereit zuzugeben, daß fundamentale Unterschiede in den Bach-Interpretationen solcher Dirigenten wie Klemperer, Harnoncourt, Rilling und Karajan bestehen.
Das sind Gestaltungsextreme, die bis in die Besetzung und Instrumentenwahl gehen und die selbstverständlich «hörbar» differieren. Oder Schumann-Symphonien: Auch mit durchschnittlicher Hörerfahrung ist man imstande, den wunderbar schlanken Orchesterklang in den Aufnahmen von George Szell mit dem Cleveland Orchestra zu identifizieren und ihn gegen den massiven Duktus in den Aufnahmen etwa Leonard Bernsteins oder Georg Soltis abzusetzen. Eine solche Hörleistung kann vollkommen unabhängig vom Wissen sein, warum dies so wirkt: daß Szell nämlich die Füllstimmen, die Schumanns Orchestersatz oft massiv werden läßt, schlicht retuschiert. Ein durchaus fragwürdiges Verfahren, denn immerhin greift Szell in die Komposition ein, er «verbessert» Schumann.
Aber wenn man von solchen Interpretationen absieht und sich in den musikalischen Alltag begibt, dann verwischen sich die Unterschiede zwischen verschiedenen Dirigenten und Orchestern sehr schnell. In dieser Hinsicht mag das Bekenntnis eines langjährigen Mitgliedes des London Philharmonic Orchestra, Thomas Russel, aufschlußreich sein, die dieser in seinem Buch «Philharmonie» niedergeschrieben hat: «Die Konzertbesucher können oftmals gar nicht feststellen, welchen Anteil am Erfolg eines Dirigenten die Musiker haben, die er führt, und wieviel davon wirklich ihm selbst gebührt . . . Es ist zum Beispiel eine Tatsache, daß viele Orchesteraufführungen *trotz* des Dirigenten eine relative Vollkommenheit erreichen. Ich erinnere mich, wie einmal ein berühmter Dirigent das Orchester während einer Taktpause einsetzen ließ (oder es zumindest versuchte!). Die Angst, die die Musiker ausstanden, als sie sich einmütig mit Erfolg bemühten, dem Dirigenten zu widerstehen, verdient in Versen besungen zu werden — der Einsatz kam genau an der richtigen Stelle, einen Takt später. Und ich denke auch an einen anderen Dirigenten, der in seinem Überschwang am Schluß von Tschaikowskys ›Francesca da Rimini‹, die mit einer Reihe synkopierter Akkorde endet, einen Takt zuviel angab. Wäre in diesen beiden Fällen zum Beispiel ein Posaunist der Sünder gewesen, wie wären die Kritiker über ihn hergefallen!» Soviel zum Thema: Kann man einen Dirigenten hören? Die Antwort lautet nach wie vor: Nein.

Das Lexikon der Dirigenten

Norbert Ely (NE), Reinhard Fiedler (RF), Stefan Jaeger (SJ), Gerhard R. Koch (GRK), Jörg Polzin (JP), Dieter Römer (DR), Wolfgang Sandner (WWS), Christiane Schneider (CS)
Die Kurzporträts verfassten Dieter Römer, Stefan Jaeger und Jörg Polzin.

Abbado, Claudio

Das Teatro alla Scala wirft einen langen Schatten. Aber daß einer, der in diesem Schatten geboren wird, eines Tages zur Leitung von Italiens berühmtestem Opernhaus aufsteigt, ist denn doch ungewöhnlich. Am 26. Juni 1933 kommt Claudio Abbado in Mailand zur Welt, und noch fast drei Jahrzehnte später deutet wenig darauf hin, daß er einmal einer der bedeutendsten Musiker seiner Vaterstadt sein wird. Ein Musiker, der unter vielen herausragenden Eigenschaften vor allem vielleicht die der Ausdauer besitzt; besieht man den Lebenslauf Abbados, so wird jedenfalls eines deutlich: Zugeflogen ist ihm nichts, und alles ist mit ungewöhnlicher Zähigkeit erarbeitet.
Hineingeboren ist er in die Zeit des Faschismus, der auch an der Familie Abbado nicht spurlos vorübergeht. Der Vater ist Musikwissenschaftler und Geiger, zugleich ein gesuchter Geigenpädagoge, der es sehr spät zum stellvertretenden Direktor des Conservatorio Giuseppe Verdi bringt, zu einem Zeitpunkt, an dem der Sohn schon die erste Berühmtheit erlangt hat. Die Mutter wiederum ist ausgebildete Pianistin, geht aber ebenso ihren literarischen Ambitionen nach; sie schreibt Kinderbücher, die ihren Namen in ganz Italien bekannt machen. Und sie ist offenbar, mit ihrer Neigung zu den Kindern, auch eine hochbegabte Pädagogin, die auf jenen Hang zum Träumen und Fortspinnen der Gedanken, wie ihn Claudio Abbado als Kind an den Tag legt, einzugehen versteht. Zwei ihrer Söhne erzieht sie zur Musik. Der fünfzehn Jahre ältere Bruder Claudios wird Pianist und Komponist und später Direktor des Rossini-Konservatoriums in Pesaro — inzwischen hat sich in der Familie die musikalische Begabung schon weiter fortgesetzt. Claudio selbst wird zunächst ebenfalls von der Mutter unterrichtet; mit acht Jahren bekommt er bei ihr die ersten systematischen Klavierstunden und beschließt, Dirigent zu werden.
Zunächst folgt erst einmal die Fortsetzung des mütterlichen Unterrichts bei einem soliden Pädagogen, der Claudio Abbado auch in Harmonie und Tonsatz unterweist. Mit sechzehn Jahren schließlich geht er an das Giuseppe-Verdi-Konservatorium, studiert weiterhin Klavier, dazu Komposition und selbstverständlich Dirigieren. Es bedurfte dazu übrigens durchaus einiger Überredungskünste. Der Vater sah nicht unbedingt ein, nun auch noch den zweiten Sohn Musik studieren zu lassen, denn er war, was die Berufsaussichten seiner Söhne anging, aus eigener Erfahrung heraus eher skeptisch.
Außerdem fiel es der Familie alles andere als leicht, die notwendigen Mittel aufzubringen. Claudio Abbado verdiente sich selbst ein wenig Geld hinzu, indem er morgens in der Frühmesse die Orgel spielte — vor allem Bach und immer wieder Bach. 1953 absolviert er das Klavierexamen; 1955 folgt das Abschlußdiplom in Komposition und Dirigieren. Er ist zweiundzwanzig Jahre alt und ausgebildeter Musiker. Indes, das fühlt er, noch lange kein fertiger Künstler.
Die Vorbilder seiner Jugend waren Toscanini, Bruno Walter und de Sabata gewesen. Jetzt geht er zu einem Analytiker, der, wenngleich selbst kein großer Dirigent, der große Dirigenten-Ausbilder und einer der geistreichsten Kenner schwierigster Partituren war: Hans Swarowsky. Zubin Mehta, der Claudio Abbado bei einem Sommerkurs traf, hatte ihn auf diesen großen Wiener Pädagogen aufmerksam gemacht. Bei Swarowsky lernt man, die Musik ausschließlich vom Standpunkt des Dirigentenpultes aus zu betrachten. Für den Musiker, der von einem Instrument her kam, gar von einem Orchesterinstrument, und deswegen von vornherein immer eine persönliche Klangvorstellung einbrachte, war in der Gedankenwelt und im Gesichtskreis Swarowskys wenig Platz.
Abbado schafft es, zwei Mal hintereinander ein Stipendium zu bekommen, das ihm das Studium in Wien ermöglicht. Er hatte nie etwas anderes werden wollen als Dirigent; aber die ausschließliche Sachlichkeit dieses Analytikers war auf den ersten Blick sehr befremdlich. Abbado war nicht der einzige, den das gänzlich Unpoetische an Swarowsky zunächst enttäuschen mußte. Dieser Lehrer war eben in erster Linie ein Drillmeister — so wie Galamian der Zuchtmeister für angehende Meistergeiger war —, und doch hat die geistige Disziplin, die einem angehenden Dirigenten da vermittelt wurde, so manchem, der später ein bedeutender Orchesterleiter wurde, überhaupt erst ermöglicht, ein Künstler sein zu können. Wie für andere auch, gab es für Abbado neben Swarowsky noch einen weiteren, viel-

Claudio Abbado, der kongeniale Dirigent vor allem der Opern Verdis und der Symphonien Mahlers

leicht nicht weniger bedeutenden Einfluß in Wien: das dortige Musikleben. Daß dort die größten Dirigenten mit hervorragenden Orchestern — darunter einem der besten und sensibelsten der Welt — sich auseinandersetzten, und dies stets angesichts der langen Schatten eines Mozart, Beethoven, Brahms, Mahler, das war in mancher Hinsicht der eigentliche Dirigierunterricht. Nicht zuletzt konnte, wer damals in Wien studierte, an diesen durchreisenden Künstlern lernen, daß die beste Technik noch keinen guten Dirigenten ausmacht und daß umgekehrt oft die eindrucksvollsten unter den Pultstars eine sehr eigenwillige und nur unzureichend erscheinende Schlagtechnik benutzten, um ihre Vorstellungen von Musik zu realisieren. Das Wechselbad zwischen trockenem Training, unendlich penibler Analyse und lebendiger Kunst in den Wiener Konzertsälen hat in diesen Jahren viele junge Dirigenten entscheidend geprägt.
1958 geht Abbado — wieder zusammen mit seinem Studienfreund Zubin Mehta — nach Tanglewood, um sich in der einmaligen Atmosphäre dieses Mekka der jungen Musiker zu vervollkommnen. Er gewinnt auf Anhieb den Dirigentenwettbewerb und erhält den Kussewitzky-Preis. Zurück in Europa, schlägt er sich erst einmal in der italienischen Provinz durch: hier ein Konzert, da eine Rundfunkaufnahme, dort eine Stagione. Figaro la, Figaro qua — aber mit schier unendlichen Pausen dazwischen. Vor allem in Triest kann

er Opernerfahrungen sammeln. Das Konservatorium in Parma, der Geburtsstadt Toscaninis, gewinnt ihn 1963 für zwei Jahre als Pädagogen. Claudio Abbado unterrichtet Kammermusik.
Allerdings nutzt er die Zeit. Gründlich erarbeitet er sich ein breitgefächertes Repertoire und formt seine interpretatorischen Vorstellungen. 1960 kommt eine Chance, sich vor einem grösseren Auditorium und auf einem auffälligeren Podium zu bewähren: Er dirigiert das Festkonzert anläßlich des 300. Geburtstags Alessandro Scarlattis. Doch allzu viel tut sich auch danach nicht.
Claudio Abbado ist dreißig Jahre alt, als er erneut an einem Dirigentenwettbewerb teilnimmt. Diesmal ist es eine der schwersten Konkurrenzen, wenn nicht die schwerste überhaupt: der Mitropoulos-Wettbewerb. Wieder gewinnt er. Und diesmal dringt sein Name auch an eine breitere Öffentlichkeit. Immerhin ist ein solcher Erfolg mit der Möglichkeit verbunden, das New York Philharmonic Orchestra in einem Konzert zu dirigieren, wozu Abbado Brahms und Strawinsky auswählt. Leonard Bernstein macht ihn zu seinem Assistenten, und rund ein Jahr lang lernt und arbeitet er weiterhin ohne wirklich durchschlagenden Erfolg, von Karriere ganz zu schweigen.
Das ändert sich erst 1965. Da dirigiert er die Uraufführung der Oper «Atomtod» von Giacomo Manzoni an der Piccola Scala in Mailand; Manzoni war früher Kritiker an der kommunistischen Zeitung «Unità». Im gleichen Jahr fällt Abbado bei einem Konzert mit dem Radio-Sinfonieorchester Berlin Herbert von Karajan auf. Er, der Förderer des Dirigenten-Nachwuchses, lädt ihn zu den Salzburger Festspielen ein, und dort setzt Abbado alles auf eine Karte. Er stellt sich dem Festspielpublikum mit der «Auferstehungs-Symphonie» von Gustav Mahler vor. Und es wird eine Art Auferstehung für ihn. Die Aufführung gerät so ungewöhnlich, daß er wieder einen Preis erhält, diesmal den der holländischen Philips. Und nun scheinen auch die Veranstalter allmählich Zutrauen in die künstlerischen Fähigkeiten dieses Musikers zu fassen, der, wo immer er bis da aufgetreten ist, zwar das Publikum beeindruckt hat, aber der Kritik und auch den Veranstaltern durch seinen Willen zum Ungewöhnlichen wohl eher verdächtig erschienen war.

Schon im darauffolgenden Jahr ist er bei den Festspielen in Edinburgh; diesmal dirigiert er das New Philharmonia Orchestra mit Gustav Mahlers 6. Symphonie. Man lädt ihn zum Prager Frühling ein, zum Holland Festival und nach Luzern. Die Mailänder Scala engagiert ihn schließlich für Bellinis «I Capuleti e i Montecchi»; es ist die Eröffnungsvorstellung der Saison 1967 und damit das prominenteste Opernereignis des Jahres in Italien. Es wird auch für Abbado das wichtigste Opernereignis seiner jungen, so spät einsetzenden Karriere. Die Scala bietet ihm eine ständige Zusammenarbeit an, und ab 1968 übernimmt er die Leitung des Symphonieorchesters dieses Hauses.
Vier Jahre später ist er Chefdirigent der Scala, nachdem ihn 1971 bereits die Wiener Philharmoniker zu ihrem Hauptdirigenten ernannt haben. Claudio Abbado hat damit innerhalb kürzester Zeit wichtige Spitzenpositionen in der europäischen Musikwelt errungen. Die Opernproduktionen, die er in der Zeit von 1967 bis 1972 erarbeitet hat, sind freilich auch spektakulär genug. In Salzburg war es der Rossini'sche «Barbier von Sevilla» (Regie: Jean-Pierre Ponnelle), in Mailand, ebenfalls zusammen mit Ponnelle, Verdis «Don Carlos», den er später auch an Covent Garden und an der Metropolitan Opera in New York einstudiert. In Berlin feiert er mit «Aida» einen außergewöhnlichen Triumph (1972). Und dieses Jahr 1972 bringt dann eben auch die neue Verantwortung für ihn. Er wird Musikalischer Direktor der Scala und gehört damit dem leitenden Triumvirat dieses bedeutendsten italienischen Opernhauses an.
Die Arbeit, die Claudio Abbado damit übernahm, war eigentlich nicht zu bewältigen und in ihrem Repertoire doch merklich hinter den anderen europäischen Opernhäusern von Rang zurückgeblieben, zudem immer wieder erschüttert von Streiks und politischen Querelen. Das Orchester beherrschte zwar das italienische Repertoire in seiner ganzen Breite, kannte indes die deutsche Oper und erst recht die des zwanzigsten Jahrhunderts nur ungenügend und war mit der sinfonischen Literatur allenfalls am Rande vertraut. Gerade im Umgang mit dem gewerkschaftlich straff organisierten Orchester und mit der vielfach verflochtenen Szene aus Politik und Wirtschaft kamen Abbado freilich sowohl seine eigenen, dem aufgeklärten Linkssozialismus zuneigenden politischen Ansichten wie sein diplomatisches Geschick zugute. Er engagierte sich für die Arbeiterschaft, die er am kulturellen Leben durch besondere Veranstaltungen teilhaben ließ, und gewann durch seine sozialen Ideen die Sympathie der politischen Linken, so wie er durch seinen Intellektualismus die der Liberalen und durch seinen unbezweifelbaren Professionalismus den Respekt der konservativen Kreise errang. Abbado

Er verfügt über eine der virtuosesten Schlagtechniken, die es heutzutage auf der Welt zu bestaunen gibt.

reformierte zielstrebig das Orchester und erarbeitete mit ihm jenes Repetoire, das er von seinen Wiener Studienjahren her so genau kannte: Mozart, Beethoven, Schubert, Mahler — auch Schönberg. Vor allem beging er nicht den Fehler jener Kollegen, die, wenn sie erst einmal Chefdirigenten eines bedeutenden Opernhauses sind, nach Möglichkeit nur noch weniger profilierte Kapellmeister verpflichten, damit der eigene Glanz um so deutlicher werde. Abbado holte nicht nur seinen Freund Zubin Mehta, er engagierte ebenso seinen heftigen Konkurrenten Riccardo Muti, er lädt Carlos Kleiber und Lorin Maazel ein.

Es scheint so, als bestünde Abbados Erfolgsgeheimnis unter anderem darin, daß er weiter vorausdenkt als andere. Als er den frischen Lorbeer des Kussewitzky-Preises in der Tasche hatte, hätte er sofort irgend ein amerikanisches Orchester mittlerer Qualität übernehmen können. Aber lieber ging er zurück nach Italien und bereitete sich für später vor, studierte Partituren in- und auswendig und hielt in diesem reichlich luftleeren Raum so lange aus, bis er seine Umwelt wirklich überzeugen konnte. 1982 hat Abbado dann mit der von ihm neugegründeten «Filarmonica della Scala» das erste Konzert ge geben können, und eine solche Philharmonie im opernbesessenen Italien schaffen zu können, bedeutet einen Meilenstein in der Musikgeschichte des Landes.

Die langfristige Überlegung, das Vorausdenken scheinen auch seinen musikalischen Stil auszuzeichnen. Vielleicht wird dies an nichts so deutlich wie an Abbados Verhältnis zur Dirigiertechnik. Er verfügt über eine der virtuosesten Schlagtechniken, die es zur Zeit auf den Podien der Welt zu bestaunen gibt. Aber er setzt sie nur geplant ein, genau vorauskalkulierend, wann er der Zauberkunststücke bedarf, um ein Orchester in schwierigen Momenten dorthin zu bringen, wo er es haben will. Abbado beherrscht die Kunst des Übergangs wie wenige; nie scheint er überrascht, und wenn er die eine Nahtstelle eines Werkes dirigiert, scheint er schon die nächste im Kopf zu haben. So ist nicht verwunderlich, daß gerade jene Musik, die vom steten Übergang lebt, in seiner Leitung ganz lebendig wird: Brahms etwa und vor allem Gustav Mahler, die bei ihm alle jene Starre verlieren, die sie so leicht unter romanischen Dirigenten annehmen können.

Manchem Mailänder mag der einstige Swarowsky-Schüler ein wenig zu deutsch gewesen sein. Da gab es Opernprojekte, die einige wohl lieber weiter nördlich gesehen hätten, in Hamburg etwa. Werke wie Alban Bergs «Wozzeck» oder gar «Le Grand Macabre» von György Ligeti, «Paradise Lost» von Penderecki. Für «Wozzeck» waren rund vierzig Proben notwendig — diese Art Tonsprache war dem Orchester der Scala völlig fremd. «Le Grand Macabre» wurde eine vielbestaunte Aufführung an einem Haus, das schon mit der Uraufführung von Luigi Nonos «Al gran sole carico d'amore» die europäische Öffentlichkeit überrascht hatte (1975) und schließlich mit der szenischen Realisation von Stockhausens «Donnerstag aus Licht» einen Mut bewies, den kein transalpinisches Theater aufbringen mochte.

Selbstverständlich ist, daß Claudio Abbado daneben das traditionelle Repertoire um bemerkenswerte Einstudierungen bereichert hat. Seinen ersten Mozart, «Le Nozze di Figaro», dirigiert er schon 1974 an der Scala. Am gleichen Haus setzt er sich natürlich intensiv mit Verdi auseinander: «Macbeth» (1975), «Ballo in maschera» (1977) und «Aida» zeugen unter anderem davon. Er trägt die Verantwortung für die Jubiläumssaison des zweihundert Jahre alten Teatro alla Scala (1977), er übernimmt nebenbei die Leitung des London Symphony Orchestra und des Europäischen Jugendorchesters, mit letzterem nimmt er sich immer wieder die Zeit zu intensiver Arbeit.

1979 hat er ein wenig resigniert. Die etatpolitischen Schwierigkeiten der Scala wurden so groß, daß er sich von der künstlerischen Leitung des Hauses zurückzog und nur noch Chefdirigent blieb. Dafür übernimmt er 1982 die Position des Principal Guest Conductor beim Chicago Symphony Orchestra und im gleichen Jahr die Aufgabe eines Musikalischen Direktors des London Symphony Orchestra. Und nun wird er, nach dem Rücktritt Lorin Maazels als Staatsoperndirektor in Wien, auch dort die Verantwortung des Chefdirigenten übernehmen. Im Schatten der Mailänder Scala wurde er geboren; im Schatten der Wiener Staatsoper hat er die entscheidenden Jahre seines Studiums verbracht. Es scheint so, als unternehme er die Fortschritte seines Lebens in großen Kreisbewegungen, so wie auch sein ungewöhnlicher musikalischer Formsinn die Werke, die er in die Hand nimmt, sich stets wie selbstverständlich runden läßt, «al gran sole carico d'amore», um einen programmatischen Titel seines Freundes Luigi Nono ins Spiel zu bringen.

Und auch dies ist ein Wesenszug Abbados: daß er vielen ein Freund ist. Zubin Mehta gehört, wie gesagt, dazu. Luigi Nono, Maurizio Pollini; viele Musiker, denen er immer wieder hat beistehen können; junge Musiker, die er unermüdlich bildet; die Arbeiter in Mailand und in der Reggio Emilia, von denen mancher zum ersten Mal erfahren konnte, daß ein Musiker sich um ihn kümmert und dafür nicht einmal Honorar nimmt. *NE*

Abendroth, Hermann

* Frankfurt/Main 19. 1. 1883, † Jena 29. 5. 1956; deutscher Dirigent, erhielt Unterricht bei Thuille und Mottl. In der Saison 1903/04 begann er seine Laufbahn als Dirigent des Münchener Orchestervereins und wurde 1905 in Lübeck Kapellmeister beim Verein der Musikfreunde und 1. Kapellmeister beim Stadttheater. 1911 gab er beide Posten auf, ging als Städtischer Musikdirektor nach Essen, leitete ab 1915 die Gürzenich-Konzerte in Köln und war dort als Nachfolger F. Steinbachs Direktor des Konservatoriums. 1918 wurde er zum Städtischen GMD ernannt, leitete 1922 auch das Niederrheinische Musikfest und als Dirigent, weiterhin in Köln, die Conzert-Gesellschaft und die Musikalische Gesellschaft. In der Saison 1922/23 dirigierte er die Symphoniekonzerte an der Berliner Staatsoper, und 1934—45 wirkte er als Kapellmeister am Leipziger Gewandhaus. Dort unterrichtete er auch am Konservatorium, leitete die Fachschaft «Musikerzieher» in der Reichsmusikkammer und dirigierte ab 1949 das Rundfunk-Symphonieorchester. Zwischenzeitlich war er ab 1945 als Musikalischer Oberleiter in Weimar tätig.

Abravanel, Maurice

* Saloniki 6. 1. 1903; amerikanischer Dirigent, Sohn sephardischer Juden (ein Vorfahr soll Kanzler unter Ferdinand und Isabella von Spanien gewesen sein). Mit sechs Jahren kam er in die Schweiz und studierte verschiedene Fächer an der Universität von Lausanne. 1922 nahm er in Berlin Kompositionsstunden bei Kurt Weill; am Vorabend der Machtergreifung der Nazis 1933 ging Abravanel nach Paris, wo er vor allem Ballett dirigierte; 1934—35 dirigierte er auf einer Tournee durch Australien. 1936 erhielt er ein Angebot an die Metropolitan Opera in New York; sein Debut gab er dort am 26. 12. 1936 mit «Samson und Dalila». Aufgrund allgemeiner Meinungsverschiedenheiten verließ er die Met 1938. Er wandte sich der Leitung von Broadway-Musicals zu; während einer Saison dirigierte er die Chicagoer Oper (1940—41). 1947 wurde er Dirigent des Utah Symphony Orchestra in Salt Lake City; dort zeigte sich seine große Fähigkeit beim Aufbau eines Orchesters. In den 30 Jahren seiner Tätigkeit als Dirigent wurde es zu einem der besten Orchester der USA. Er nahm auch viele moderne Werke in sein Repertoi re auf. 1979 trat er als musikalischer Direktor des Utah Symphony Orchestra zurück. Noch im hohen Alter hat er mustergültige Interpretationen von Gustav Mahlers Sinfonien geliefert.

Ackermann, Otto

* Bukarest 5. 10. 1909, † Wabern (bei Bern) 9. 3. 1960; Schweizer Dirigent, erhielt seine Kapellmeisterausbildung an der Königlichen Akademie seiner Heimatstadt sowie bei Szell und Gmeindl an der Berliner Musikhochschule. Nach einem Kapellmeisterposten in Düsseldorf wurde er 1932 1. Kapellmeister und Opernproduzent am Deutschen Theater in Brünn, drei Jahre später Dirigent und Regisseur am Städtischen Theater in Bern (bis 1947). Anschließend wechselte er als Musikalischer Oberleiter an die Wiener Volksoper (bis 1952), betätigte sich dann als Gastdirigent an der Wiener Staatsoper sowie an den Opernhäusern in Monaco und Italien. 1954 ging er als GMD an die Städtischen Bühnen nach Köln, nahm 1958 noch ein Engagement beim Stadttheater in Zürich an, zog sich aber im gleichen Jahr wegen verschlechterter Gesundheit zurück.

Adler, Peter Hermann

* Jablanec 2. 12. 1899; tschechoslowakischer Dirigent, studierte in Prag bei Fidelio Finke, Vítězsav Novák und Alexander von Zemlinsky. 1923 wurde er zum Operndirigenten von Brno ernannt. Von 1929 bis 1932 dirigierte er am Bremer Staatstheater. 1932 ging er nach Rußland, wo er als Chefdirigent des Ukrainischen Staatstheaters in Kiew tätig war; 1937 kehrte er nach Prag zurück. Bei der Besetzung der Tschechoslowakei durch die Nazitruppen emigrierte er in die USA. Sein Debut als Dirigent gab er in Amerika bei einem Konzert für die Tschechen-Hilfe am 24. Januar 1940 in New York. Später dirigierte er verschiedene nordamerikanische Orchester. Von 1959—67 war er musikalischer Direktor des Baltimore Symphony Orchestra. 1972 dirigierte er zum ersten Mal an der Metropolitan Opera in New York; dann zog er sich zurück.

Aeschbacher, Niklaus

* Trogen (Kanton Appenzell) 30. 4. 1917; Schweizer Dirigent, Pianist und Komponist, studierte am Konservatorium in Zürich und an der Musikhochschule in Berlin. Es folgten Posten als Theaterkapellmeister in Zittau und Braunschweig, anschließend am Stadttheater in Bern (ab 1949 als Chefdirigent). 1954—56 wirkte er als Chefdirigent des NHK Symphony Orchestra in Tokio, 1959—63 als GMD in Kiel. 1964 wechselte er in gleicher Stellung an das Landestheater nach Detmold.

Aeschbacher, Walther

* Bern 2. 10. 1901, † Bern 6. 12. 1969; Schweizer Dirigent und Komponist, Student der Universität und des Konservatoriums in seiner Geburtsstadt, später an der Münchener Musikhochschule. Neben seiner Arbeit als Komponist war er als Chor- und Orchesterdirigent in Basel und Bern, zuletzt auch in Luzern tätig.

Ahronovich, Yuri

* Leningrad 13. 5. 1932; russischer Dirigent, studierte Dirigieren bei Kurt Sanderling und Nathan Rachlin. Dann leitete er verschiedene Opernhäuser und Orchester in der Sowjetunion. 1974 dirigierte er an der Kölner Oper und am Covent Garden in London. 1975 wurde er Chefdirigent des Gürzenich-Orchesters in Köln; 1982 erhielt er die Stellung des Chefdirigenten der Stockholmer Philharmoniker, behielt allerdings seine Stellung in Köln.

Albert, Herbert

* Lausick 26. 12. 1903, †Bad Reichenhall 15. 9. 1973; deutscher Dirigent, studierte bei Karl Muck in Hamburg, dann bei Grebner und Teichmüller in Leipzig. Er begann seine Laufbahn als

Pianist; anschließend war er Dirigent in Rudolstadt, Kaiserslautern und Wiesbaden, darauf GMD in Baden-Baden (1934—37), dann an der Stuttgarter Oper (1937—44) und zuletzt am Mannheimer Nationaltheater (1952—63).

Alberth, Rudolf

* Frankfurt 28. 3. 1918; deutscher Dirigent, studierte in Frankfurt und war dort Dirigent beim Hessischen Rundfunk sowie beim Südwestfunk Baden-Baden. Von 1949—1964 Dirigent beim Bayrischen Rundfunk in München; er dirigierte auch an der Bayrischen Staatsoper in München; in späteren Jahren in Hannover.

Albrecht, George Alexander

* Bremen 15. 2. 1935; deutscher Dirigent, studierte Dirigieren bei Paul van Kempen und Kurt Eichhorn. 1960 ging er zum Niedersächsischen Staatstheater Hannover und wurde dort 1965 Generalmusikdirektor an der Oper.

Albrecht, Gerd

Ein Image kann man nicht einfach ablegen, man kann es auch nicht durch eine kosmetische Operation verändern oder gar entfernen lassen wie eine überdimensionale Hautwucherung. Denn ein Image ist nicht etwas, was einem selbst gehört, es ist vielmehr etwas, was andere von einem besitzen: eine Vorstellung, wie man zu sein hat. Wer sein Image verändern will, muß sein Publikum zum plastischen Chirurgen schicken. Viele Künstler, vor allem die Musiker, können davon ein mehrstimmiges Lied singen. In einem Konzert Zubin Mehtas mit dem Israel Philharmonic Orchestra löste sich einmal bei dem mit «Kräftig. Entschieden» überschriebenen ersten Satz von Gustav Mahlers dritter Symphonie der Ärmel vom Frack des Dirigenten.
Der Vorfall paßte fast schon zu gut ins Bild vom sportlichen Künstler, dessen gestalterische Kraft sich hier auf unkonventionelle Weise und für alle sichtbar Luft verschaffte. Zubin Mehta dirigierte ungerührt weiter, und nicht wenige Zuhörer, in diesem Fall wohl besser: Zuschauer mochten sich gefragt haben, ob die Zerreißprobe nicht bewußt inszeniert worden war. Wenn schon das positive Vorurteil einer alle Fesseln sprengenden Energie besteht, warum dann nicht ein wenig nachhelfen, dem Kraftaufwand zusätzlichen optischen Ausdruck verleihen? Zubin Mehtas Fähigkeiten bleiben von solchen Spekulationen unberührt. Das Beispiel dient lediglich der Zuspitzung eines Sachverhalts, der sich übertragen läßt. Auf Gerd Albrecht zum Beispiel. Auch Gerd Albrecht gehört zu jenen Dirigenten, deren äußere Erscheinung nicht unwesentlich das Bild bestimmt, das die musikalische Öffentlichkeit sich von ihnen macht und das offenbar unwandelbar ist: das eines physisch durchtrainierten, mit wachem Intellekt dirigierenden, rigoros seine Vorstellung durchsetzenden Orchesterleiters. So wenig es aber statthaft ist, diese Meinung wie einen unkritischen Overall jeder musikalischen Aktion des Dirigenten überzustülpen, so wenig ist doch eine solche Beschreibung pure Fiktion. Albrecht selbst ist sich dessen bewußt, wenn er — einen Kollegen zitierend — plakativ formuliert: «Ein Orchester spielt so, wie ein Dirigent aussieht.» Ein Dirigent erhält sein Image sicherlich nicht von ungefähr. In den selteneren Fällen aber wird das Bild einer komplexen Persönlichkeit gerecht, denn es überpointiert eine Facette im musikalischen Charakter, und es wird kaum durch die künstlerische Leistung des Abends relativiert.
Nun scheint Gerd Albrechts Image besonders widerstandsfähig zu sein. Das hängt nicht zuletzt mit auffallenden Übereinstimmungen zusammen: zwischen Charaktereigenschaften und künstlerischer Betätigung, ästhetischen Anschauungen und musikalischen Vorlieben. Gerd Albrechts geistige Unruhe findet ihren Ausdruck in einer hartnäckigen Beschäftigung mit Neuer oder zu Unrecht vergessener Musik; sein Sinn für Regietheater korrespondiert mit einem ausgeprägten Mißtrauen vor allem Gewohnten, in der Suche nach einer zweiten Naivität als Antithese zu seiner künstlerischen Skepsis verrät sich schließlich ein allgemeines Interesse an Dialektik: «Musikalisch bin ich ein Anhänger der Mode, gegen die Mode zu sein.» Nicht vielen Dirigenten seiner Statur könnte man solche Worte selbstkritischer Neugier entlocken.
Als dialektisch ließe sich überhaupt Gerd Albrechts künstlerische Position, aber auch seine Karriere charakterisieren. Als Sohn eines Musikwissenschaftlers und einer Pianistin am 19. Juli 1935 in Essen geboren, in Berlin und Kiel aufgewachsen, mußte Gerd Albrecht doch erst die Widerstände seines Vaters Hans Albrecht überwinden, für den die Seriosität musikalischer Arbeit in der philosophischen Dissertation gipfelte und die Dirigentenlaufbahn ganz am Ende der Hierarchie von Musikerberufen rangierte. Als Gerd Albrecht mit fünfzehn Jahren einen eigenen Kammerchor gründete — «aus Wut über den schlechten Schulchor» —, führte er «Tod Jesu» von Graun auf, das Werk eines Komponisten, der erst viel später wiederentdeckt wurde. Die Vorliebe für Ausgefallenes, für nicht alltägliches Repertoire und für Neuerungen gehört zu Albrechts früh entwickelter musikalischer Physiognomie. Und doch hat er als Dirigent den klassischen deutschen Kappelmeisterweg beschritten, den auch Herbert von Karajan gegangen ist. Albrecht begann an der Hamburger Musikhochschule Klavier und Dirigieren zu studieren und belegte gleichzeitig an der Universität Kunstgeschichte, Musikwissenschaft und Philosophie. Nachdem er sehr früh Dirigentenwettbewerbe in Besançon (1957) und Hilversum (1958) gewonnen hatte, wurde er von Karajan als Hospitant zu den Berliner Philharmonikern geholt, gerade zu der Zeit, da Karajan das Orchester Furtwänglers zu seinem eigenen formte. Ein ungemein anregender Anschauungsunterricht für den jungen Dirigenten! Karajan war es auch, der Albrecht darin bestärkte, sein Studium abzubrechen und gleich praktisch musikalisch tätig zu sein. Albrecht war ein Jahr Korrepetitor und stellvertretender Chordirektor, dann Kapellmeister in Stuttgart, ging nach drei Jahren 1961 als erster Kapellmeister nach Mainz und kam zwei Jahre später, mit sechsundzwanzig Jahren, als jüngster Generalmusikdirektor Deutschlands nach Lübeck.
Während des folgenden Engagements als Generalmusikdirektor in Kassel (1966 bis 1972) erwarb sich Gerd Albrecht schließlich seinen Ruf als experimentierfreudiger, für Neue Musik und neue musikalische Präsentationsformen aufgeschlossener Dirigent, einen Ruf, den er mit seiner Tätigkeit als erster Dirigent und als Chefdirigent der Deutschen Oper Berlin von 1972—1977 und als Chefdirigent des Tonhalle-Orchesters in Zürich von 1975—1980 bestätigte. In Kassel begann Albrecht Kinderkonzerte durch-

zuführen, die vom ZDF gesendet wurden, Auftragskompositionen zu vergeben und Gesprächskonzerte einzuführen, mit denen neue Hörerschichten für zeitgenössische Musik mobilisiert wurden. Es war die Zeit, als eine breitere Öffentlichkeit von dem jungen Dirigenten Gerd Albrecht Notiz nahm.
Gerd Albrecht ist der notorische Pionier, der sich auch dann noch in die Büsche schlägt, wenn die musikalischen Trampelpfade schon existieren, im Grunde immer geblieben. Damit mutet er als reproduzierender Künstler seinem Publikum eine ähnliche geistige Anstrengung zu, wie der Schriftsteller und Verfasser zitierfähiger Aphorismen Georg Christoph Lichtenberg — nach Meinung von Karl Kraus — seinen noch nicht ganz aufgeklärten Lesern: Er grabe tiefer als andere, aber er komme nicht wieder herauf. Wer ihn verstehen wolle, müsse selbst tief graben.
Das Engagement für die Moderne und die vergessenen Werke der Musikhistorie erweist sich aber bei einer eher konservativen musikalischen Szene in mehrfacher Hinsicht als riskant: Man unterschreibt im einen Fall sozusagen einen Wechsel auf die musikalische Zukunft, und man opponiert im anderen Fall gegen das Urteil der Geschichte. Von den Schwierigkeiten des Rufs eines Exoten, der für die Erhaltung des allgemeinen musikalischen Besitzstandes nicht in Frage komme, ganz zu schweigen. Dabei sind gerade Dirigenten wie Gerd Albrecht im Grunde konservierend tätig. Die Musik unterliegt nämlich auch den Gesetzen der Ökonomie: Wer nicht investiert, der kann nicht bewahren.
Warum geht man überhaupt diesen beschwerlichen Weg, warum kämpft man für Aribert Reimann und für György Ligeti, für Othmar Schoeck und Ernst Krenek? Warum führt man die Zweite Wiener Schule auf und gräbt Hugo Wolfs «Corregidor» aus? Wozu holt man die Einakter von Alexander Zemlinsky wieder aus dem Fundus und entdeckt Massenets «Thérèse» neu? Gerd Albrecht antwortet mit dem berühmten Satz von Arnold Schönberg, der im Ersten Weltkrieg bei der Musterung gefragt wurde, ob er der Komponist sei, der diese fürchterliche Musik geschrieben habe: «Herr Feldwebel, einer musste es ja schließlich tun.»
Als eigentliche Begründung für sein Engagement aber sollte man ansehen, was Gerd Albrecht von seinen Begegnungen mit zeitgenössischen Komponisten berichtet: «Ich glaube, es darf nicht sein, daß die führenden musikalischen Genies der Zeit an uns Interpreten vorübergehen. So lange ich in einem Alter bin, in dem meine grauen Zellen noch wach sind, muß ich mich diesen Werken stellen. Hinterher kann ich sagen, es war ein Irrtum. Aber ich muß es tun. Wenn man für einen Ligeti eine Komposition vorbereitet hat und er sagt, das sei phantastisch gewesen, dann ist das für mich so, als spielte ich Schumann dessen erste Symphonie vor und er antwortete mir: 'Junge, du liegst richtig.' Schumann kann das nicht mehr sagen. Deshalb brauche ich Ligeti. Seine 'San Francisco Polyphony' haben wir vollkommen ummetronomisiert. Nun sitzt also da einer der größten primär schöpferischen Zeitgenossen mit mir auf der Probe, findet keinen Fehler, den ich nicht auch gefunden hätte, läßt mit sich diskutieren und schreibt mir hinterher sogar einen netten Brief. Davon lebe ich.»
In solchen Ereignissen, findet der Dirigent Bestätigung. Aber als Interpret Neuer und nicht konventioneller Musik und als fanatischer Arbeiter mit Sinn für neue musikalische Ideen liegt er nicht selten gewissermaßen auf der musikalischen Isolierstation. Schmerzlich mußte er das erfahren, als er 1975, im Alter von vierzig Jahren, als Nachfolger von Rudolf Kempe zum Chefdirigenten des Zürcher Tonhalle-Orchesters ernannt wurde und die Schweizer Institution schon in kurzer Zeit zu einem Haus für aufregende Moderne und besondere Programme machte und gleichzeitig mit Lunchkonzerten, mit Jugend- und Familienkonzerten, mit einem Büchlein über Musikinstrumente den Betrieb breiteren Schichten öffnete: zur Freude des Publikums, der Kritik und des Rechnungshofes, der den finanziellen Auftrieb mit Genugtuung verbuchte; und zum Ärger der Orchestermusiker, die Gerd Albrecht vorrechnen konnten, daß sie unter ihm in einem Jahr effektiv über einen Monate mehr gearbeitet hatten als zuvor.
Schon für seinen musikalischen Einstand in Zürich, Gustav Mahlers dritte Symphonie, hatte Albrecht unübliche zwölf Proben ansetzen lassen und für die konzertante Aufführung von Berlioz «Die Trojaner» nach vier Monaten die gleiche Besetzung gefordert wie zu Beginn der Proben: durchaus keine Selbstverständlichkeit bei dem Zürcher Großorchester mit einhundertfünfzig Mitgliedern, die für Konzert- und Opernbetrieb gleichermaßen zuständig sind und bis dahin gewohnt waren, ihre Orchesterdienste untereinander auszuhandeln.

Gerd Albrecht ist ein notorischer Pionier: immer auf der Suche nach neuen Stücken. Er setzt sich vehement für die Moderne und vergessene Stücke ein.

Mit dem Tonhalle-Orchester hat Gerd Albrecht in den fünf Jahren seiner Tätigkeit als Chefdirigent 158 Konzerte mit 82 verschiedenen Programmen dirigiert; dabei kamen 131 Werke von 57 Komponisten zur Aufführung.

Seit dieser Zeit, die in Zürich nur wenig später als die goldene Ära des Orchesters verklärt wurde, hat Albrecht keine feste Position mehr übernommen, hat den Opernhäusern in Hamburg und Frankfurt, die ihn als Nachfolger für Christoph von Dohnányi beziehungsweise von Michael Gielen

Er gilt als Dirigent, der immer neue Wege in der Vermittlung von Musik findet. Er mutet dabei sich und den Zuhörern gerne geistige Anstrengungen zu.

verpflichten wollten, abgesagt und ist überhaupt nicht mehr so schnell bereit, «eine neue musikalische Ehe einzugehen», nicht zuletzt, weil viele Häuser wie die Pariser Oper oder die Mailänder Scala unregierbar geworden sind. Eine Intendanz würde er so sehen: «Es gibt nur die Alternative, kaum mehr zu dirigieren, zumindest am eigenen Haus, dafür aber vierundzwanzig Stunden am Tag mit den Vorständen zu reden und den Betrieb zu organisieren; oder man dirigiert, ist Künstler und kümmert sich um nichts anderes.»

Gerd Albrecht verweigert sich dem menschenverschlingenden Betrieb, aber nicht der Musik. Und er ist seinem Prinzip weiter gefolgt, über die blanke Routine hinauszugelangen, durch kontinuierliche freie Arbeit, aber mit festen bestimmten Konzepten. Mit dem Radio-Sinfonie-Orchester Berlin hat Albrecht seit 1980 gegen dreißig Langspielplatten mit Werken unter ganz spezifischem Aspekt aufgenommen: vernachlässigte Musik von Louis Spohr und Schumanns «Manfred» bis zu Alexander Zemlinsky, zum frühen Hindemith und zu Max Reger. Mehrere seiner Schallplatten sind Aufnahmen von kommentierten Jugendkonzerten. So hat er mit den Wiener Symphonikern im Grossen Musikvereinssaal «Ma Mère l'Oye», «Till Eulenspiegel», «Die Moldau» aufgenommen und als Schallplatten mit Bilderbuch herausgebracht. Mit den Salzburger Festspielen und dem ORF hat er Honeggers «Jeanne d'Arc», Kreneks «Karl V.», Othmar Schoecks «Penthesilea» und Schrekers «Die Gezeichneten» produziert, in München Reimanns «Lear» und Schönbergs «Moses und Aron» dirigiert, den «Lear» auch in San Francisco. Über Jahre hinaus wurden von ihm in Berlin und in Wien die Zweite Wiener Schule und deren Umkreis aufgeführt: Musik von Schönberg, Berg, Webern, Schreker, Korngold, Busoni; der ganze «Wiedergutmachungskomplex», wie Albrecht das nennt.

1984 wurde in Köln mit Harry Kupfer ein Janáček-Zyklus inszeniert und in Paris mit Albrecht am Pult ein Gluck-Zyklus begonnen. Und zwischendurch dirigiert er «ganz normale Konzerte», in Rom oder in Frankfurt oder in Tokyo, spielt «wie jeder andere» Beethoven, Bruckner und Brahms. Es scheint, als leide auch der freie Dirigent Gerd Albrecht nicht unter Arbeitsmangel. Vermutlich hat er recht, wenn er sagt: «In diesem Beruf hat man entweder zuviel zu tun oder zuwenig.» *WWS*

Albrecht, Karl

* Posen 27. 8. 1807, † Gatchina bei Petersburg 8. 3. 1863; deutsch-russischer Dirigent, studierte Harmonie und Kontrapunkt bei Josef Schnabel in Breslau; daneben lernte er Streich- und Blasinstrumente. 1825 trat er dem Breslauer Theaterorchester als 1. Dirigent bei; 1835 ging er nach Düsseldorf, wo er an der Oper als Repetitor wirkte, 1838 nach Sankt Petersburg, wo er eine deutsche Operntruppe leitete; von 1840 bis 1850 dirigierte er die dortige Russische Oper, 1842 die Uraufführung von Glinkas Oper «Ruslan und Ludmila».

Alcantara, Theo

* 16. 4. 1941; spanischer Dirigent, studierte am Madrider Konservatorium und nahm dann am Mozarteum in Salzburg Kurse in Dirigieren. Seine eigentliche Laufbahn als Dirigent begann beim Frankfurter Opernorchester (1964—66). Danach ging er in die USA, wo er als Direktor des Orchesters der University of Michigan in Ann Arbor (1968—73) und dann als musikalischer Direktor des Grand Rapids Symphony Orchestra (1973—78) tätig war. 1978 wurde er musikalischer Direktor und Erster Dirigent des Phoenix Symphony Orchestra sowie Künstlerischer Leiter der Music Academy of the West in Santa Barbara (1981). Er trat an der Metropolitan Opera, der New York City Opera, der San Diego Opera und anderen auf; außerdem dirigierte er die Orchester von Philadelphia, Pittsburg, Detroit, sowie Orchester in Europa.

Alessandrescu, Alfred

* Bukarest 2. (14.) 8. 1893, † Bukarest 18. 2. 1959; rumänischer Komponist und Dirigent, 1903—11 Schüler des Bukarester Konservatoriums sowie in Paris an der Schola Cantorum und am Konservatorium (1913/14 und 1923/24). Zwischen 1921 und 1959 leitete er als 1. Dirigent an der Rumänischen Staatsoper in Bukarest mehr als 1500 Vorstellungen. Währenddessen dirigierte A. 1926—40 das Bukarester Philharmonische Orchester und war 1933—59 Künstlerischer Leiter des Rundfunkorchesters in Bukarest.

Alessandro, Victor

* Waco, Texas 27. 11. 1915, † San Antonio 27. 11. 1976; amerikanischer Dirigent, studierte bei seinem Vater Waldhorn, dann nahm er Unterricht in Komposition bei Howard Hanson und Bernard Rogers an der Eastman School of Music in Rochester, New York. Anschließend absolvierte er einige Klassen an der Santa Cecilia-Akademie in Rom; nach seiner Rückkehr in die USA war er Direktor des Oklahoma Symphony Orchestra (1938—51); 1951 wurde er zum Dirigenten des San Antonio Orchestra ernannt — diese Stellung behielt er bis zu seinem Tod.

Alfvén, Hugo

* Stockholm 1. 5. 1872, † Ebenda 7. 9. 1952; schwedischer Komponist und Dirigent, studierte 1887—91 am Stockholmer Konservatorium, später Theorie bei Lindgren und dann in Deutschland, Frankreich und Belgien. Nach 1898 wirkte er als Kapellmeister in Dresden, und 1903/04 lehrte er Komposition am Stockholmer Konservatorium. In Uppsala wurde er 1910 zum Musikdirektor der Universität ernannt und leitete dort bis 1947 den Studentenchor «Orphei drängar». Neben Konzertreisen mit dem Chor dirigierte A. auch einige Musikfeste.

Alldis, John

* 10. 8. 1929; englischer Chor-Dirigent, wurde am King's College in Cambrigde erzogen. 1962 trat er der Fakultät der Guildhall School of Music in London bei; er gründete den John Alldis Chor, der bald bekannt wurde. Später dirigierte er den Chor des London Symphony Orchestra (1966—69), den Chor den London Philharmonic Orchestra (bis 1982) und ab 1972 den Dänischen Radiochor in Kopenhagen. Seine Chorarbeit wurde sowohl von Otto Klemperer, Georg Solti, Colin Davis als auch von Neville Marriner geschätzt.

Allers, Franz

* Karlovy Vary 6. 8. 1905; tschechischer Dirigent, studierte Violine; 1926 ging er nach Berlin und dirigierte Opernorchester. Vor der Machtergreifung durch die Nazis verließ er Deutschland und dirigierte Ballett-Aufführungen in London, Südamerika und Kanada. Sein Debut als Dirigent an der Metropolitan Opera in New York gab er am 30. 11. 1963. Von 1973 bis 1976 wirkte er als Chefdirigent am Gärtnerplatz-Theater in München.

Almeida, Antonio de

* Paris 20. 1. 1928; Dirigent und Musikwissenschafter, Sohn eines portugiesischen Diplomaten und einer amerikanischen Mutter, kam mit der Familie nach Buenos Aires, wo er bei Alberto Ginastera studierte. Er interessierte sich auch für Naturwissenschaft und bewarb sich für ein Stipendium am Massachusetts Institute for Technology; er besuchte dort Kurse in Kernchemie und dirigierte das Studentenorchester. Anschließend schrieb er sich in der Yale University in der Klasse von Paul Hindemith in fortgeschrittener Musiktheorie ein; im Sommer besuchte er das Berkshire Music Center in Tanglewood, wo er bei Kussewitzky und Bernstein seine Dirigierkenntnisse vervollständigte. Dann ging er nach England und wurde dort mit Sir Thomas Beecham bekannt; dieser gab ihm die Gelegenheit, das Royal Philharmonic Orchestra zu dirigieren. Sein Debut in Amerika gab er am 1. Nov 1960 in New York, wo er bei der American Opera Society Glucks «Orfeo ed Euridice» dirigierte; am 24. Februar 1982 dirigierte der in New York eine Konzertvorstellung von Wagners früher Oper «Die Feen». Unter seinen Verpflichtungen waren verschiedene Spielzeiten in Lissabon (ab 1956); gleichzeitig war er Erster Dirigent der Stuttgarter Philhamonie (1960—64), Gastdirigent an der Pariser Opéra (1964—68), des Houston Symphony Orchestra (1969—71) und des Stadtorchesters von Nizza (ab 1976); er ist Herausgeber der Gesamtausgabe der Symphonien Luigi Boccherinis.

Alpaerts, Flor

* Antwerpen 12. 9. 1876, † Antwerpen 5. 10. 1954; belgischer Komponist und Dirigent, studierte bei Blockx am Konservatorium seiner Geburtsstadt, lehrte dort ab 1903 Solfège und ab 1924 Kontrapunkt und die Fugentechniken (1933—41 Leitung des Konservatoriums). Daneben dirigierte er auch 1919—51 in Antwerpen die Symphoniekonzerte der Zoologischen Gesellschaft.

Alpaerts, Jef

* Antwerpen 17. 7. 1904, † Antwerpen 15. 1. 1973; belgischer Dirigent und Pianist, Sohn von Flor Alpaerts. Seine erste Ausbildung erhielt er am Royal Flemish Conservatory in Antwerpen; dann ging er nach Paris und studierte dort Klavier bei Isidor Philipp und Cortot sowie am der Schola Cantorum bei Vincent d'Indy Komposition. Nach seiner Rückkehr nach Belgien 1936 wurde er in die Fakultät des Antwerpener Konservatoriums aufgenommen; 1969 trat er zurück. 1938 gründete er das Collegium Musicum Antverpiense zur Aufführung alter Musik.

Altschuler, Modest

* Mogilev 15. 2. 1873, † Los Angeles 12. 9. 1963; russischer Cellist und Dirigent, als Kind studierte er am Warschauer Konservatorium Cello; dann ging er nach Moskau, wo er am Konservatorium bei Arensky und Taneyev Kurse in Komposition und bei Safonof in Dirigieren belegte und 1890 abschloß. Nach Tourneen durch Rußland als Cellist emigrierte er nach Amerika. 1903 organisierte er in New York die Russian Symphonic Society. Sein erstes Konzert dirigierte er am 7. Januar 1904; für über 12 Jahre waren die Konzerte dieser Organisation ein wichtiges kulturelles Bindeglied für Aufführungen russischer Musik in Amerika. Eine von Altschulers herausragenden Leistungen war die Weltpremiere von Skrjabins «Le poème de l'extase».

Ančerl, Karel

* Tucapy (Tschechoslowakei) 11. 4. 1908, † Toronto 3. 7. 1973; tschechischer Dirigent, studierte bei Hába und Talich und in den Meisterklassen des Prager Nationalkonservatoriums. 1930 begann er als Korrepetitor in Genf, ging aber im folgenden Jahr nach Prag zurück und wirkte dort bis 1933 als Theaterkapellmeister und danach bis 1939 als Rundfunkdirigent. Nach seiner Haft in verschiedenen Konzentrationslagern (1939—45) arbeitete er erst als Dramaturg, dann als 1. Kapellmeister an der Großen Oper in Prag und 1948—50 als Leiter des dortigen Rundfunkorchesters. 1950—68 war er Künstlerischer Direktor und Chefdirigent der Tschechischen Philharmonie in Prag, mit der er zahlreiche Konzertreisen durch Europa unternahm, und blieb danach ständiger Gastdirigent des Ensembles. 1969 wurde er zum Chefdirigenten des Toronto Symphony Orchestra ernannt (Nachfolger von S. Ozawa) und wirkte dort bis 1972. Er war berühmt für seine Interpretation tschechoslowakischer, ungarischer und russischer Musik; einige Schallplatteneinspielungen und Rundfunkmitschnitte legen davon Zeugnis ab.

Andersen, Karsten

* Oslo 16. 2. 1920; norwegischer Dirigent, begann seine Karriere als Violinist. 1945 wurde er zum musikalischen Direktor in Stavanger ernannt, 1964 zum musikalischen Direktor der Bergener Harmonie Gesellschaft; dort leitete er die Konzerte des Bergener Symphonieorchesters. Er war Gründer des Bergener Musik-Festivals. 1973 wurde er noch Chefdirigent des Island Symphonieorchesters in Reykjavik.

André, Franz

* Brüssel 10. 6. 1893, † Brüssel 20. 1. 1975; belgischer Dirigent, studierte bis 1914 am Brüsseler und danach am Berliner Konservatorium (Dirigieren bei Weingartner). 1920—44 unterrichtete er die Dirigentenklasse des Brüsseler Konservatoriums, ab 1940 war er gleichzeitig Dirigent an dessen Orchester (bis 1945). 1935 gründete A. das Belgische Radio-Symphonie-Orchester (INR), dessen Dirigent er bis 1958 war. Er machte sich hauptsächlich um die Interpretation zeitgenössischer Musik verdient und erhielt 1952 die Schönberg-Medaille. Ab 1958 half er wesentlich bei der Durchführung des Musikwettbewerbs Reine Élisabeth de Belgique.

Andreae, Marc

* Zürich 8. 11. 1939; Schweizer Dirigent und Komponist, Enkel des Dirigenten Volkmar Andreae. Studierte am Zürcher Konservatorium Klavier und Dirigieren; anschließend studierte er in Paris bei Nadia Boulanger Komposition. In der Folge belegte er bei Franco Ferrara an der Santa Cecilia Akademie in Rom Kurse in Dirigieren. Schließlich wurde er Dirigent des Orchestra della Radiotelevisione della Svizzera Italiana in Lugano.

Andreae, Volkmar

* Bern 5. 7. 1879, † Zürich 19. 6. 1962; Schweizer Dirigent und Komponist, Schüler von K. Munzinger (Klavier und Komposition), 1897—1900 bei Wüllner am Kölner Konservatorium. Anschließend nahm er eine Stelle als Solorepetitor an der Hofoper in München an und ließ sich 1902 in Zürich nieder, wo er im gleichen Jahr Dirigent des Gemischten Chores (bis 1949) und in Winterthur Leiter des Stadtsängervereins wurde (bis 1904). Außerdem dirigierte er 1904—1919 in Zürich den Männerchor und, am aller wichtigsten, 1906—49 das Orchester der Tonhalle-Gesellschaft. 1914—39 war A. weiterhin Direktor des Zürcher Konservatoriums und stand 1920—25 dem Schweizerischen Tonkünstlerverein vor. Nach Mahlers Tod bot man ihm das Direktorat der New Yorker Philharmoniker an (1911); außerdem wirkte A. als Gastdirigent bedeutender europäischer Orchester, zum Beispiel der Berliner Philharmoniker (1923 Konzertreise durch Italien) und der Wiener Symphoniker. Er setzte sich für die Werke Bruckners sowie für Berlioz, Debussy, Strauss, Mahler und Reger ein.

Angerer, Paul

* Wien 16. 5. 1927; österreichischer Dirigent und Komponist, studierte in Wien Violine, Piano und Musiktheorie. Von 1953—56 spielte Angerer Viola im Wiener Symphonieorchester. Dann wirkte er als Dirigent am Wiener Kammerorchester (1956—63); später bekleidete er verschiedene Positionen wie z. B. Dirigent des Stadttheaters in Bonn (1964—66) und Ulm (1966—68); von 1968—72 des Landestheaters in Salzburg. 1971 wurde er zum Dirigenten des südwestdeutschen Kammerorchesters in Pforzheim ernannt.

Ansermet, Ernest

Über seinem Schreibtisch hing ein Porträt Strawinskys von Picasso. Vielleicht hätte dort ebensogut ein Bild des Philosophen und Mathematikers René Descartes hängen können, oder am Ende auch eines von Edmund Husserl, dem späten philosophischen Nachfahren des Cartesius. Doch so sehr Mathematik und Philosophie das Denken des Dirigenten Ernest Ansermet bestimmten, so sehr war sein künstlerischer Weg mit dem Leben und Schaffen von Igor Strawinsky verbunden, selbst wenn beide im Alter einander aus größerer Distanz zu betrachten pflegten als in den wilden zwanziger Jahren, als Ansermet ein ums andere Mal neue Werke seines Freundes an die Öffentlichkeit brachte. Andererseits war freilich auch kaum ein größerer Gegensatz denkbar als der zwischen diesen beiden Musikern: Strawinsky wurde, je länger er in der westlichen Hemisphäre lebte, desto mehr Weltbürger, der sich die französische Kultur so gut aneignete wie die amerikanische. Ansermet dagegen blieb zeitlebens Welschschweizer aus Überzeugung, Romane jener besonderen Art, die ihre Wurzeln im Calvinismus und seinen spezifischen geistigen Traditionen nie verleugnet.

Ernest Alexandre Ansermet wurde am 11. November 1883 in Vevey als Sohn eines Mathematikers und Geometers geboren. Der Musik wurde im Hause Ansermet große Bedeutung beigemessen. Dennoch studierte der Sohn nach dem Besuch des Gymnasiums in Vevey Mathematik in Lausanne und an der Pariser Sorbonne. 1903, mit gerade zwanzig Jahren, hat er seine mathematischen Studien abgeschlossen. Er wird Mathematiklehrer an der École normale in Lausanne. Gleichzeitig beginnt er, seine musikalischen Kenntnisse zu vertiefen.

Schon in seiner Jugend war er von Alexandre Dénéreaz in Klavier, Violine und Komposition unterwiesen worden. Nun studiert er zunächst auf eigene Verantwortung Komposition, geht 1905/06 nach Paris zu André Gédalge, einem der bedeutendsten Anreger dieser Jahre, und schließlich zu Otto Barblan und zu Ernest Bloch in Genf. Bloch und Gédalge sind beide Musiker mit einem wachen Sinn für neue Strömungen und für die Notwendigkeit einer anderen, bisher nicht gehörten Musik. Doch Ansermets Interesse verlagert sich allmählich. Das Dirigieren beginnt ihn zu faszinieren, und bei Felix Mottl in München sowie bei Artur Nikisch und Felix Weingartner in Berlin lernt er vor allem, die geistigen Dimensionen dieses eigenartigen Berufs begreifen.

Für einen Westschweizer, der Musiker werden wollte, gab es damals kaum eine andere Möglichkeit als die, ins Ausland zu gehen. Nicht zuletzt ist die calvinistische Tradition in Genf einem üppigen Musikleben eher abhold; die

Ansermet ging es nicht nur um Präzision, auch um «die Wahrheit des Werkes». Er näherte sich der Klassik auf dem Umweg über die Moderne.

Oper gar galt noch lange Zeit als eine weitgehend katholische Angelegenheit, während die spezifische calvinistische Religiosität in erster Linie den Gemeindegesang und die mehrstimmige Vokalmusik favorisierte. So blieb Ansermet nichts anderes übrig, als entweder nach Paris oder nach München und Berlin zu gehen. Zurück in der Schweiz ergreift der Mathematiklehrer der École normale die erste beste Gelegenheit, sich als Dirigent zu erproben. Er springt bei einem Konzert des Kurorchesters in Montreux ein. Das Debüt verläuft so erfolgreich, daß man ihm die Leitung der Kursaalkonzerte in dem mondänen Ort am Genfersee anvertraut. Kursaalkonzerte wiesen damals einen anderen Zuschnitt auf als in späteren Zeiten. Sie stellten eine Mischung aus Gefälligem und aus Symphonik dar und waren für ein Publikum gedacht, daß sich nicht nur der Erholung widmen wollte, sondern auch der Erbauung und den Genüssen der bürgerlichen Kultur. Ansermet hatte zwar mit Beethoven debütiert, aber nun, in seiner ersten verantwortlichen Position, schlugen seine eigentlichen Vorlieben durch. Und die galten der französischen und russischen Musik. Wie er sich später erinnerte, war ihm die Welt eines Bach, Beethoven oder Brahms damals durchaus fremd und schien ihm eher geheimnisvoll. Um so rascher wurde er mit Rimski-Korssakow, Borodin, Dargomyschsky und Ljadow vertraut.

Nach einem dieser Konzerte — sie fanden meist nachmittags statt — stellte sich ihm ein kleiner, fast graziler Mann vor, der so wie die anderen auch nach Montreux gekommen war, um sich zu erholen. Dieser Igor Strawinsky war damals, 1912, durchaus kein Unbekannter mehr. Man wußte, daß er ein aufsehenerregendes Ballett über den russischen Pierrot und Kaspar, den «Petruschka», komponiert hatte. Strawinsky erwähnte im Gespräch, daß er in Clarens ganz in der Nähe Ansermets wohne. Aus der Nachbarschaft wurde sehr bald eine Bekanntschaft, schließlich eine Freundschaft und eine der tiefsten Künstlerbeziehungen des zwanzigsten Jahrhunderts. Bald zog Strawinsky in das Haus ein, das Ansermet zuvor bewohnt hatte: Es hieß «La Pervenche» und wurde unter anderem der Ort, an dem «Sacre du printemps» vollendet wurde.

Ansermet ließ sich sehr bald die 1. Symphonie Strawinskys aus Rußland kommen und setzte sie auf das Programm eines Nachmittagskonzerts. Strawinsky lud er ein, das Scherzo selbst zu dirigieren. Es war dies das erste Mal, daß der Komponist ein eigenes Werk aufführte. Für Ansermet aber, der übrigens trotz der Studienaufenthalte in München und Berlin als Dirigent weitgehend Autodidakt blieb, begann die faszinierende Begegnung mit einer Musik, in der für ihn archaische Energie und mathematische Klarheit eine zukunftweisende Verbindung eingingen.

Mit dem Ausbruch des Ersten Weltkrieges wurde das Orchester in Montreux aufgelöst. Ernest Ansermet ging zunächst wieder seiner Profession als Mathematiklehrer nach; gleichzeitig konnte er jedoch die Leitung der Symphoniekonzerte in Genf übernehmen. Genf verfügte immerhin über eine Oper, an der ein bescheidenes Orchester aus Berufsmusikern seinen Dienst tat. Doch die Verbindung, die Ansermets Leben entscheiden sollte, verschaffte ihm Strawinsky. Dieser empfahl ihn seinem Freund Serge Diaghilew, dem Gründer und Leiter der «Ballets russes» in Paris, und diese Verbindung machte den jungen Mathematiker endgültig zum Berufsmusiker. Von 1915 bis 1923 arbeitete er als Kapellmeister mit dem russischen Ballett zusammen, bereiste ganz Europa, begleitete die Tourneen in die Vereinigten Staaten (1916), nach Lateinamerika (1917) und nach London (1919) und wurde zum Sachwalter jenes neuen musikalischen Stils, der mit dem Namen dieser einzigartigen Compagnie verbunden war. Zusammen mit Jean Cocteau, Pablo Picasso und Leonide Massine brachte er 1917 am Pariser Théâtre du Châtelet Erik Saties Ballett «Parade» heraus, das als «Kubistisches Manifest» einen Affront ohnegleichen bedeutete und zu den frühen Hauptwerken des Surrealismus zählt.

Ansermet gehörte zu den Pionieren der Schallplatte klassischer Musik.

Strawinsky wiederum verdankte dem befreundeten Dirigenten einen anderen, nicht weniger wichtigen Kontakt; Ansermet vermittelte ihm die Bekanntschaft mit dem Waadtländer Dichter Charles Ferdinand Ramuz. Aus beider Zusammenarbeit entstand als erstes «Die Geschichte vom Soldaten». Die Uraufführung fand im Herbst 1918 im Théâtre Municipal in Lausanne statt. Ansermet dirigierte ein Kammerensemble, das aus Mitgliedern eines gerade frisch gegründeten Orchesters bestand, des «Orchestre symphonique de la Suisse Romande».

Es wurde, wie sich später Strawinsky erinnerte, eine ideale Aufführung. Ansermet aber hatte zu dieser Zeit die für ihn bedeutungsvollste Tätigkeit übernommen, die Leitung eben jenes «Orchestre de la Suisse Romande», zu dessen Initiatoren er selbst gehört hatte und dessen Chefdirigent er fast fünfzig Jahre lang bleiben sollte.

Es gab damals im Grunde kein professionelles Orchester in der französischen Schweiz, wenn man einmal von dem knapp besetzten Orchester der Genfer Oper absieht. So war diese Gründung denn auch ein politisch bedeutungsvolles Unternehmen, das außerordentlich dazu beitrug, die kulturelle Identität der Welschschweiz neu zu definieren. Genf zog in den zwanziger und dreißiger Jahren als Sitz des Völkerbundes und internationaler Organisationen in zunehmendem Maß Diplomaten und auch Künstler an. Hinzu kam, daß das neue Orchester schon bald auch einem neuen Medium verbunden war, dem Rundfunk, und nicht zuletzt gehörte Ansermet gewissermaßen zu den Pionieren der Schallplatte, hatte er doch schon vor der Gründung des «Orchestre de la Suisse Romande» eine erste Aufnahme gewagt. Zunächst freilich wurde er weniger als Chef eines Symphonieorchesters be-

kannt denn als Ballettdirigent. Die alte Verbindung zu den «Ballets russes» bestand ja weiterhin, und beim Londoner Gastspiel dieser Compagnie 1919 leitete er die Uraufführung von Manuel de Fallas «Der Dreispitz», wobei wiederum Pablo Picasso das Bühnenbild und die Kostüme entworfen hatte. 1920 folgte, diesmal an der Pariser Oper, die Uraufführung von Strawinskys Ballett «Pulcinella», 1922 leitete er, ebenfalls an der Pariser Oper, die Uraufführung von «Rénard», und 1923 dirigierte Ansermet die triumphale Premiere von «Les Noces» am Théâtre de la Gaieté in der berühmt gewordenen Choreographie der Nijinska.
Selbstverständlich setzte er sich in diesen Jahren wie auch später mit dem übrigen Werk Strawinskys auseinander, so etwa mit dem «Feuervogel», mit «Petruschka» und mit dem «Sacre du printemps». Ansermet galt sehr bald als der beste Kenner des Strawinsky' schen Oeuvre. Anders als Pierre Monteux, der die Uraufführung des «Petruschka» wie des «Sacre du printemps» geleitet hatte, fand Ansermet zu einer neuen, das rhythmische Element stärker betonenden Dirigiertechnik. Er dirigierte die komplexen Takte nicht in der tradierten, ebenfalls komplizierten Weise aus, sondern gliederte sie in Gruppen von einfacheren Takten und brachte dadurch ein zusätzliches motorisches Element in die Musik ein. Strawinsky übernahm in späteren Fassungen wiederholt diese bereichernden Vereinfachungen Ansermets, wobei sich freilich auch immer wieder zwischen den beiden Freunden Diskussionen über die Art der Gliederung ergaben.
Ansermet war übrigens im Besitz der Originalpartitur des «Sacre du printemps», und Strawinsky widmete ihm überdies die «Drei Stücke für Streichquartett» und die «Vier Etüden für Orchester». Daß Ansermet sich auch in Genf für Strawinsky einsetzte, war unter diesen Umständen schon selbstverständlich. Einer der ersten Schritte in dieser Richtung wurde die schweizerische Erstaufführung des «Chant du Rossignol», die Ansermet 1919 leitete. Ebenso bestritt er die Deutsche Erstaufführung des «Sacre du printemps» in Berlin im Jahr 1922.
Die Zeit schien ihm ausgefüllt mit jener Welt der neuen Klänge, die sich anschickte, die alte Welt der Harmonien, die sich als eine harmonische Welt verstanden und die in einem so

fürchterlichen Krieg abgedankt hatte, endgültig abzulösen. Dieser grundsätzliche Enthusiasmus einer neuen Epoche mag sich vielleicht in kaum einem Werk so radikal gespiegelt haben wie in «Pacific 231» des Schweizers Arthur Honegger, und es kam denn auch nicht von ungefähr, daß dieses provokante Stück Maschinenpoesie Ernest Ansermet gewidmet wurde.
War Ansermet also einerseits in das atemlose, heftig pulsierende Leben des Nachkriegs-Paris eingebunden, so erzog er andererseits sein neues Genfer Orchester mit aller Konsequenz zu einem der kultiviertesten und zugleich präzisesten Apparate Europas. Bei der Gründung des «Orchestre symphonique de la Suisse Romande» hatte Ansermet zwar zu einem erheblichen Teil

Ansermet galt als einer der kompetentesten Kenner des Oeuvres von Igor Strawinsky.

auf Ausländer zurückgreifen müssen, doch hatte er dies auf eine Weise getan, die zugleich den Willen zu einer spezifischen Klangkultur zeigte. So engagierte er das Blech und die Hornisten weitgehend aus Wien und Umgebung, denn dort pflegte man immer noch jenen weichen Klang, der für die österreichische Orchesterkultur so kennzeichnend ist und der zum Teil auch Instrumente erfordert, die gegenüber den in Westeuropa gebräuchlichen ein wenig modifiziert sind. Die Holzbläser hingegen kamen aus Frankreich, und aus Belgien und Italien wurden die Streicher engagiert, wobei

auch dies, angesichts der bedeutenden Geigertradition etwa des Brüsseler Konservatoriums, seine tiefreichenden Konsequenzen für ein Orchester haben mußte, das scheinbar aus dem Nichts und doch nach einem sorgfältigen Plan entstand.
Das Repertoire, das Ansermet mit diesem Orchester erarbeitete und dem Genfer Publikum anbot, war natürlich unkonventionell, und der Gründer und Chefdirigent stieß damit auch auf Widerstand. Die deutsch-österreichische Klassik schien manchem doch zu sehr an den Rand gedrängt, der französische Impressionismus und die französische Moderne zu sehr in den Vordergrund gerückt, von Strawinsky und dessen Landsmann Prokofieff ganz zu schweigen. In der Tat erwarb sich Ansermet nun einen Ruf als Dirigent der modernen Sinfonik, so wie er zuvor sein Renommé als Dirigent des avantgardistischen Balletts begründet hatte. Auch mit einzelnen Werken der Zweiten Wiener Schule, also Schönbergs, Weberns und vor allem Bergs, setzte er sich auseinander, doch lehnte er die Zwölftontechnik zeitlebens ab. Später, in den fünfziger und sechziger Jahren, wurde Ansermet aufgrund einiger Äußerungen und grundlegender musikästhetischer Schriften sogar als Kronzeuge gegen die Dodekaphonie angeführt, worüber sich auch das herzliche Verhältnis zu Strawinsky merklich abkühlte.
Schon bald nachdem die erste Arbeit mit dem neugegründeten Orchester Früchte getragen hatte, stand Ansermet in dem Ruf, ein Fanatiker der Perfektion zu sein. Und doch ging es ihm um nichts weniger als um die reine Perfektion, vielmehr um das, was er die «Wahrheit des Werkes» nannte, dessen Geist also und Bedeutungsgehalt. Ansermet entwickelte dabei ein besonderes Verhältnis zu jener sogenannten «Werktreue», zu der sich in den zwanziger und dreißiger Jahren immer mehr junge Musiker bekannten. Von Beginn an neigte er dazu, in dieser Frage zu differenzieren. So pflegte er als Beispiel anzuführen, daß es bei einem Werk von Ravel genüge, nur die Noten und nichts als die Noten zu spielen; bei Debussy hingegen müsse noch einiges an Atmosphäre, an Geist, kurz: an Interpretation hinzukommen.
Daß er bei alledem auf äußerster rhythmischer Genauigkeit und einem in hohem Maß durchsichtigen Klang bestand, bedeutete für ihn nur den Weg und nicht das Ziel musikalischer Interpretation. Unabdingbare Voraussetzung für ein verantwortungsbewußtes Musizieren war für ihn stets eine genaue Kenntnis der Partitur, wobei er es andererseits ablehnte, auswendig zu dirigieren, weil er befürchtete, daß sich dabei der Dirigent zu sehr in den Vordergrund dränge. Faszinierend war und blieb für alle Musiker, die je mit ihm zusammenarbeiteten, daß Ansermet, obwohl er nie auswendig dirigierte, die Partituren bis in die geringsten Nebensächlichkeiten hinein kannte. Faszinierend war freilich ebenso die Virtuosität, mit der er diese Kenntnisse in elegante Bewegungen umsetzte, wobei er auch die kompliziertesten rhythmischen Zusammenhänge klar zu dirigieren vermochte.
Nach dem Zweiten Weltkrieg setzte sich Ansermet dann zunehmend auch wieder mit der deutschen Klassik und Vorklassik auseinander, und bald kursierte in Genf das an Rousseau angelehnte Schlagwort: «Zurück zu Beethoven!» Tatsächlich näherte sich Ansermet der Klassik auf dem Umweg über die Moderne, die ihn nicht zuletzt durch ihren hohen Grad an Rationalität fasziniert hatte. So wurden denn auch seine Beethoven- und Brahms-Interpretationen von jener Helligkeit des Geistes geprägt, die er zeitlebens als das notwendige Korrektiv gegen alle Dumpfheit des Gefühls angesehen hatte und die ihm, einem dezidierten Vertreter der romanischen Kultur, als das Eigentliche der menschlichen Zivilisation erschien. Gegen Ende seines Lebens setzte sich Ansermet dann auch noch intensiv mit dem Werk Bachs auseinander, vor allem mit dessen Orchestersuiten.
Die Genfer Tätigkeit hatte es von Beginn an mit sich gebracht, daß Ansermet immer wieder in Vorträgen und schriftlichen Beiträgen zur aktuellen Situation der Musik Stellung bezog. Nach dem Zweiten Weltkrieg schrieb er dann in fünfzehnjähriger Arbeit seine grundlegenden Gedanken zur musikalischen Ästhetik nieder, in denen er sich stark von der phänomenologischen Philosophie Edmund Husserls beeinflußt zeigte. Dieses rund eintausend Seiten starke Buch »Die Grundlagen der Musik im menschlichen Bewußtsein« (Original: »Les fondements de la musique dans la conscience humaine«), das 1961 erschien, wurde indes vornehmlich als eine polemische Streitschrift gegen die Zweite Wiener Schule und gegen die auf ihr basierende serielle Kompositionstechnik mißverstanden. Ansermet geriet in eine öffentliche Auseinandersetzung internationalen Ausmaßes, die in ihrem heftigen Für und Wider kaum der wirklichen Bedeutung dieses Dirigenten gerecht zu werden vermochte.
Daß er neben seiner Arbeit in Genf auch mit einer ganzen Reihe von anderen bedeutenden Orchestern in engem Kontakt stand, war angesichts der Position, die er sich im europäischen Musikleben erobert hatte, selbstverständlich; eine besonders herzliche Verbindung bestand zum Berliner Philharmonischen Orchester. Ein seltener Gast war er dagegen in den Opernhäusern, obwohl er in Genf den Stil auch der Oper entscheidend prägte. Glyndebourne sah ihn als Dirigenten von Benjamin Brittens »Rape of Lucretia«, und in Hamburg feierte man ihn 1961 als authentischen Interpreten von »Pelléas und Mélisande«, war Ernest Ansermet doch einer der letzten Überlebenden, die Debussy noch persönlich gekannt hatten. 1966 zog er sich, nach fast einem halben Jahrhundert, von der Leitung des »Orchestre de la Suisse Romande« zurück. Drei Jahre später, am 20. Februar 1969, starb er in Genf. *NE*

Appia, Edmond

* Turin 7. 5. 1894, † Genf 12. 2. 1961; Schweizer Violinist und Dirigent, studierte 1902—08 am Konservatorium in Genf, dann in Paris und Brüssel. Nachdem er 1918—38 als Konzertmeister und Violinsolist tätig war, dirigierte er in Lausanne und beim Orchestre de la Suisse Romande. Außerdem hatte er Gastengagements bei führenden europäischen Orchestern. Er machte sich einen Namen durch die Aufführung zeitgenössischer Musik und lehrte daneben die Geschichte der Streichinstrumente am Genfer Konservatorium.

Arámbarri, Jesús

* Bilbao 13. 4. 1902, † Madrid 11. 7. 1960; spanischer Dirigent, nahm nach seinem Studium am Vizcaino Konservatorium in Bilbao Kurse in Komposition bei Paul le Flem und Paul Dukas sowie in Dirigieren bei Golschmann;

anschließend besuchte er Dirigierklassen von Weingartner in Basel. 1933 wurde er zum Dirigenten des Stadtorchesters Bilbao berufen. 1953 siedelte er nach Madrid über. Neben seiner Tätigkeit als Dirigent komponierte er auch verschiedene Vokalwerke sowie Kammermusik- und Klavierstücke.

Arbós, Enrique Fernández

* Madrid 24. 12. 1863, † San Sebastian 2. 6. 1939; spanischer Dirigent und Geiger, studierte Geige bei Monasterio in Madrid, bei Vieuxtemps in Brüssel und bei Joachim in Berlin. Bereits 1888 lehrte er Geige am Konservatorium von Madrid; 1889 war er auch Konzertmeister der Glasgower Sinfoniker; von 1894 bis 1916 Honorarprofessor am Royal College of Music in London. 1904 wurde er zum Dirigenten des neu gegründeten Madrider Sinfonieorchesters berufen. Zwischen 1928 und 1931 dirigierte er viele namhafte Orchester in den USA und Europa. Nach Ausbruch des Spanischen Bürgerkrieges 1936 zog er sich nach San Sebastian zurück. Arbós schrieb eine komische Oper und war darüber hinaus ein hervorragender Arrangeur von Orchesterliteratur.

Arends, Andrej

* Moskau 2. (oder 14.) 3. 1855, † Moskau 27. 4. 1924; russisch-sowjetischer Dirigent, Komponist und Violinist deutscher Herkunft, studierte bei Laub und Tschaikowsky am Konservatorium in Moskau (bis 1877). 1892—1900 dirigierte er am Dramatischen Malyj-Theater in Moskau und anschließend bis 1921 als Chefdirigent für Ballett am Moskauer Bolschoi-Theater.

Argenta, Ataúlfo

* Castro Urdiales (Santander) 19. 11. 1913, † Los Molinos (bei Madrid) 21. 1. 1958; spanischer Dirigent, erhielt seine Ausbildung am Konservatorium in Madrid, anschließend in Deutschland und Belgien. Nachdem er als Klavierlehrer in Kassel tätig war, wartete er das Ende des Bürgerkriegs in Spanien ab und leitete dann dort ein Kammerorchester. Nach dem Krieg, 1945, dirigierte er das Orquesta Nacional in Madrid.

Argento, Pietro

* Gioia del Colle 7. 3. 1909; italienischer Dirigent, erhielt seine ersten Musikstunden von seinem Vater; dann besuchte er das San Pietro a Majella Konservatorium in Neapel, wo er Piano, Oboe, Orgel, Komposition und Dirigieren studierte. Anschließend nahm er Dirigierunterricht bei Bernardino Molinari auf der Santa Cecilia Akademie in Rom. Er dirigierte Orchester in Deutschland, Österreich, Frankreich, der Tschechoslowakei und unternahm 7 Tourneen durch Rußland. Wurde 1953 Dirigent des Orchesters der RAI in Rom.

Armbruster, Karl

* Andernach 13. 7. 1846, † London 10. 6. 1917; deutscher Dirigent, ließ sich — 17-jährig —, nach seinem Pianostudium in Köln, in London nieder. In zahlreichen Vorlesungen machte er Werbung für Wagner. Bei den Wagner-Konzerten 1884 in London fungierte er als Assistent von Hans Richter; später dirigierte er an verschiedenen Londoner Theatern Opern. Bei den Bayreuther Festspielen trat er ebenfalls als Dirigent auf.

Armstrong, Richard

* Leicester 7. 1. 1943; englischer Dirigent, studierte am Corpus Christi College in Cambridge. 1966 wurde er Mitglied des Royal Opera House Covent Garden; 1968 stellvertretender Dirigent der Walisischen Nationaloper in Cardiff, deren Leitung als musikalischer Direktor er 1973 übernahm. Außerdem trat er in verschiedenen Opern und Sinfoniekonzerten als Gastdirigent auf.

Arndt, Günther

* Berlin-Charlottenburg 1. 4. 1907, † Berlin 25. 12. 1976; deutscher Chordirigent, erhielt seine Ausbildung an der Berliner Akademie für Schul- und Kirchenmusik und studierte auch Musikwissenschaft an der Berliner Universität. Von 1932—40 war er als Dozent an der Berliner Volkshochschule tätig. Nach dem Krieg übernahm er die Abteilung für Kammermusik am RIAS Berlin und dirigierte den Berliner Motetten-Chor (1950—60) sowie den RIAS Kammer-Chor (1955—72). Von 1964—72 war er als stellvertretender Direktor der Musikabteilung des RIAS tätig. Seine Stärke als Dirigent lag in der Aufführung moderner Chormusik.

Aschkenazy, Vladimir

* Gorki 6. 7. 1937; russischer Pianist und Dirigent, seine Eltern waren vorzügliche Pianisten und brachten ihrem Sohn im Kindesalter das Klavierspiel bei. Danach nahm er Unterricht am Moskauer Konservatorium bei Anaida Sumbatian; 1955 wechselte er zu Lev Oborin; im gleichen Jahr gewann er den 2. Preis des Chopin-Wettbewerbs in Warschau. Seine Karriere entwickelte sich rasant, als er im Alter von nur 19 Jahren den 1. Preis im Internationalen Pianisten-Wettbewerb der Königin Elisabeth von Belgien in Brüssel gewann. 1962 folgte zusammen mit John Ogdon der 1. Preis im Moskauer Tschaikowsky-Wettbewerb. 1961 heiratete er die junge Pianistin Sofia Johannsdottir, die zu dieser Zeit in Moskau studierte. 1963 übersiedelten sie nach England, behielten aber ihre sowjetische Staatsbürgerschaft; 1968 übersiedelte er nach Reykjavik und wurde im Jahre 1972 Staatsbürger Islands. Neben den Klassikern gehört seine Liebe Rachmaninoff und Scriabin. Mitte der siebziger Jahre zog es ihn zum Dirigieren. 1981 wurde er 1. Gastdirigent beim London Philharmonic Orchestra. Er ist einer der wenigen Solisten-Stars, die eine große Karriere auch als Dirigent machen. Lebt seit 1978 in Luzern.

Atherton, David

* Blackpool 3. 1. 1944; englischer Dirigent, studierte in Cambridge. 1967 gründete er die Londoner Sinfonietta, wo er bis 1973 als musikalischer Direktor tätig war. 1968 dirigierte er am Royal Opera House Covent Garden; 1978 mehrmals an der Oper in San Francisco. Nachdem er 1980 zum ersten Dirigenten des Royal Liverpool Philharmonic Orchestra berufen wurde, übernahm er 1981 die Stellung des musikalischen Direktors des San Diego Symphony Orchestra. Dennoch blieb er dem Liverpool Philharmonic Orchestra durch seine Stellung als erster Gastdirigent verbunden. Er hat sich vor allem durch seinen Einsatz für die englische moderne Musik einen Namen gemacht; auch als Dirigent der Werke Purcells.

Attenhofer, Karl

* Wettingen (Aargau) 5. 5. 1837, † Zürich 22. 5. 1914; Schweizer Chordirigent, Schüler von Elster, E. F. Richter, Papperitz und Röntgen, 1857/58 auch Student am Leipziger Konservatorium. Nach einem Posten als Gesang- und Musiklehrer in Muri (1859) wirkte er ab 1863 als Dirigent und Leiter des Eidgenössischen Musikfestes (1866) in Rapperswil. Danach dirigierte er verschiedene Chorvereine in Zürich und leitete den Stadtsängerverein in Winterthur. 1870 wurde er dann zum Musikdirektor der Zürcher Universität ernannt, wo er 1898 eine Orchesterklasse begründete (ab 1896 2. Direktor).

Atterberg, Kurt

* Göteborg 12. 12. 1887, † Stockholm 15. 2. 1974; schwedischer Komponist und Dirigent, studierte in Stockholm an der Technischen Hochschule und am Konservatorium (1907—11) sowie während Studienreisen in Deutschland (1911—13). Nach kurzer Zeit als Ingenieur wurde er zum Dirigenten am Königlichen Dramatischen Theater in Stockholm ernannt (1913—23) und trat danach vielfach als Gastdirigent in Erscheinung. Weiterhin betätigte er sich als Musikkritiker und als Präsident der Vereinigung schwedischer Tonsetzer (1924 bis 47, anschließend Ehrenpräsident).

Atzmon, Moshe

* Budapest 30. 7. 1931; israelischer Dirigent, wuchs in Tel Aviv auf. 1969 wurde er Chefdirigent des Sinfonieorchesters von Sydney. Von 1972 bis 1976 war er Chefdirigent des Orchesters des Norddeutschen Rundfunks; seither het er die gleiche Funktion beim Basler Sinfonieorchester inne. Atzmon ist vor allem in Europa ein gefragter Konzertdirigent.

Auberson, Jean-Marie

* Chavornay 2. 5. 1920; Schweizer Dirigent, nach seinem Studium am Lausanner Konservatorium und an der Kölner Hochschule für Musik spielte er im Lausanner Kammerorchester und im Orchester de la Suisse Romande in Genf. Anschließend studierte er bei Paul van Kempen in Siena und bei Günter Wand in Köln Dirigieren. Ab 1956 trat er als Dirigent bei Radio Beromünster in Zürich, und bei Radio Genf auf; er dirigierte auch Oper und Ballett.

Auriacombe, Louis

* Paris 22. 2. 1917; französischer Dirigent, nach seiner Ausbildung am Konservatorium in Toulouse studierte er bei Igor Markevitch in Salzburg Dirigieren. Mit dem von ihm 1953 gegründeten Toulouser Kammerorchester unternahm er zahlreiche Tourneen. Bekannt wurde er vor allem durch seine Aufführungen von Barockmusik und Musik des zwanzigsten Jahrhunderts.

Bader, Roland

* Wangen 24. 8. 1938; deutscher Dirigent, studierte Kirchenmusik an der Stuttgarter Musikhochschule und Dirigieren bei Hans Hörner. 1970—74 war er Chefdirigent der Städtischen Bühnen Oberhausen, zugleich Dozent für Dirigieren und Partiturspiel an der Folkwang-Hochschule in Essen. 1974 wurde Bader zum Domkapellmeister von Berlin und Leiter des Chores der St. Hedwigs-Kathedrale berufen, mit dem er seither auch ausgedehnte Gastspielreisen unternommen hat (u. a. Salzburger Festspiele). Auch als Gastdirigent in Musikzentren Europas sowie in Japan, Australien und in den USA ist Bader international bekannt geworden. Neben seiner Berliner Tätigkeit ist Roland Bader seit 1983 zudem Leiter des Chores des Norddeutschen Rundfunks in Hamburg.

Bahner, Gert

* Neuwiese 26. 3. 1930; deutscher Dirigent, erhielt seine Ausbildung an der Hochschule für Musik in Leipzig. 1957 gab er sein Debut an der Komischen Oper Berlin (Ost). Nach verschiedenen Verpflichtungen als Musikdirektor in Potsdam (1958—62), Generalmusikdirektor von Karl-Marx-Stadt (1962—65) wurde er 1965 erster Dirigent der Berliner Komischen Oper, die er seit 1969 als musikalischer Direktor leitete. 1973 wurde er Generalmusikdirektor der Lepiziger Oper.

Bakala, Břetislav

* Frysták 12. 2. 1897, † Brno 1. 4. 1958; tschechischer Dirigent, studierte 1911 bis 1915 an der Orgelschule in Brno. Danach wechselte er an das Konservatorium von Brno und studierte bei Vilem Kurz Klavier und bei Neumann Dirigieren. Dort besuchte er auch die Meisterklasse von Leos Janáček. Von 1920 bis 1925 war er Korrepetitor und Chordirigent am Stadttheater von Brno; von 1925/26 an Organist in Philadelphia. Danach dirigierte er bis 1936 am Tschechoslowakischen Rundfunk und leitete bis 1955 das dortige Radioorchester. 1956 wurde er zum Chefdirigenten und Musikdirektor der Staatsphilharmonie von Brno ernannt; außerdem leitete er die Dirigentenklasse an der Janáček-Akademie seiner Heimatstadt. Bakala komponierte Lieder und Chormusik und bearbeitete einige Opernwerke Janáčeks.

Balkwill, Bryan

* London 2. 7. 1922; englischer Dirigent, nach dem Privatstudium erhielt er ein Stipendium der Royal Academy of Music. Anschließend dirigierte er an der New London Opera und 1950 in Glyndebourne, wo er schließlich stellvertretender musikalischer Leiter wurde. Daneben wirkte er auch als musikalischer Direktor des Festival Ballett in London. Von 1959—65 war er ständiger Dirigent am Covent Garden Opera House; von 1963—67 musikalischer Direktor der Welsh National Opera und musikalischer Direktor der Sadler's Wells Opera (1966—69). 1978 wurde er von der Indiana University School of Music zum Professor der Musik ernannt.

Balling, Michael

* Heidingsfeld/Main 27. 8. 1866, † Darmstadt 1. 9. 1925; deutscher Dirigent, erhielt Unterricht von H. Ritter, wirkte dann in Mainz und 1886—92 in der Hofkapelle Schwerin als Bratschist. In Nelson (Neuseeland) gründete er 1892 die erste Musikschule des Landes. Wieder in Europa, übernahm er Dirigentenposten in England (1895), wirkte als Assistent bei den Festspielen in Bayreuth (1896). Ab 1898 als Kapellmeister in Lübeck und Breslau. 1903 wurde er als Hofkapellmeister Nachfolger von Mottl in Karlsruhe, 1911—14 dirigierte er in Manchester das Hallé-Orchester. 1919 ging er als GMD nach Darmstadt. Ausserdem wirkte er 1906—14 bei den Bayreuther Festspielen.

Balmer, Luc

* München 13. 7. 1898; Schweizer Dirigent und Komponist, studierte bei Huber, Petri und Levy am Konservatorium in Basel (1915—20) und bei Busoni in Berlin (1921/22). Ab 1923 lehrte er Klavier und Theorie am Berner Konservatorium und begann 1928 seine Dirigentenlaufbahn am Luzerner Kursaal (bis 1932). Wieder in Bern, dirigierte er kurze Zeit am Städtischen Theater (1934—35), dann die Berner Symphoniekonzerte (1935—41) und die Abonnementskonzerte der Bernischen Musikgesellschaft (1941—64). 1938 wurde er außerdem zum Musikdirektor des Berner Rundfunks ernannt.

Balzer, Hugo

* Duisburg 17. 4. 1894; deutscher Dirigent, Student an den Konservatorien in Duisburg und Köln (bei Steinbach), begann seine Dirigentenlaufbahn als Kapellmeister in Koblenz und Essen. 1929 wurde er zum GMD in Freiburg im Breisgau ernannt und wirkte ab 1934 als Dirigent bei Orchester und Oper sowie als Lehrer am Konservatorium in Düsseldorf. Nach dem Krieg reiste er als Gastdirigent an die Opern und Konzertsäle überwiegend in romanischen Ländern.

Bamberger, Carl

* Wien 2. 2. 1902; österreichischer Dirigent, nach seinem Studium in Wien dirigierte er Opern in Deutschland und Rußland. 1937 emigrierte er in die USA und dirigierte verschiedene symphonische und Chor-Gruppen in New York. Später unterrichtete er in erster Linie. Von 1938—1975 lehrte er am Mannes College of Music in New York; ebenso arbeitete er als Musikdozent an der Louisiana State University in Baton Rouge (1975—76). Von 1957—1974 war er Gastdirigent des Stuttgarter Radio Sinfonie Orchesters.

Barbirolli, Sir John

Wenn Vater und Großvater beide die Uraufführung von Verdis «Otello» im Orchestergraben mitgespielt haben, dann bleibt dem Sohn und Enkel kaum eine andere Wahl, als ebenfalls Musiker zu werden. Im Gegensatz zu seinem Vater wurde Giovanni Battista Barbirolli in London geboren, wohin seine Eltern, ein italienischer Geiger und eine französische Geigerin, übersiedelt waren. Und so trug er den Namen John und genoß eine in höchstem Maß englische Erziehung sowie einen erstklassigen Musikunterricht, während sein Temperament und seine lebenslange Neigung zur Pasta und zum italienischen Wein keinen Zweifel daran ließen, in welcher Gegend Europas dieser eher grazile Musiker seine eigentlichen Wurzeln hatte.

Sir John Barbirolli war der Gentleman der Dirigentenzunft.

Als John Barbirolli am 2. Dezember 1899 in London geboren wurde, war, wie gesagt, selbstverständlich, daß auch er, wie Großvater, Vater und Mutter, zum Musiker geboren sei. Früh wandte er sich dem Cello zu, besuchte mit elf Jahren das Trinity College of Music und ging mit zwölf auf die Royal Academy of Music, an der er bis zu seinem achtzehnten Lebensjahr studierte und sich, mit Preisen dieses ehrwürdigen Instituts geehrt, zum Cellovirtuosen heranbildete. Es gab aus diesen Studienjahren sogar eine Tonaufzeichnung: Im Jahr 1911 bespielte John Barbirolli zusammen mit seiner Schwester, die eine pianistische Ausbildung erhielt, eine Edison-Walze.
Die Kindheit und Jugend eines der bedeutendsten britischen Dirigenten ist also gekennzeichnet von einem außerordentlich planmäßigen Professionalismus, und immerhin war er erst zehn, als er mit seinem Cello als Solist in einem Konzert des Queen's Hall Orchestra unter Sir Henry Wood auftrat. Dieses gleiche Orchester nahm ihn dann auch 1916, also noch während der Studienzeit, als jüngstes Mitglied in seine Reihen auf. 1917 gab er bereits in der Aeolian Hall seinen ersten Solo-Abend.
Eine zweijährige Militärdienstzeit unterbrach die musikalische Laufbahn. Ab 1919 arbeitete der junge Cellist dann in den verschiedensten Ensembles und Orchestern, in Streichquartetten ebenso wie in Kinos und Kaffeehäusern. Zweimal trat er als Solist mit dem Bournemouth Municipal Orchestra auf und wurde schließlich 1924 Cellist im gerade frisch gegründeten Streichquartett seines Altersgenossen Samuel Kutcher. Im gleichen Jahr rief er selbst ein Ensemble ins Leben, das «Barbirolli String Orchestra», mit dem er Werke zeitgenössischer Komponisten aufführte, unter anderem Alban Bergs «Kammerkonzert» (1926). Dann verpflichtet ihn die British National Opera Company, die aus dem Konkurs der Beecham Opera Company hervorgegangen ist, als Dirigenten für die Gastspiele in der englischen Provinz. 1927 schlägt auch für John Barbirolli die Stunde des Einspringens, von der so viel für das weitere Leben abhängen kann; Sir Thomas Beecham sagt ein Konzert des London Symphony Orchestra ab, und der junge Kollege von der National Opera übernimmt es für ihn.
Barbirollis erstes festes Engagement als Opernkapellmeister gestaltet sich immerhin so gut, daß die National Opera ihn 1928 auch für Vorstellungen in London einsetzt. Erst das bedeutet im Grunde das Sprungbrett, das er wirklich braucht. Dreißig Jahre ist er alt, da engagiert ihn das Royal Opera House Covent Garden. Chefdirigent ist zu dieser Zeit Bruno Walter. Die Königliche Oper wird allerdings immer wieder von Krisen erschüttert und ist keineswegs eine so etablierte Institution wie die mitteleuropäischen Häuser gleichen Zuschnitts. John Barbirolli dirigiert, seiner Herkunft gemäß, natürlich das italienische Repertoire, aber auch Wagner.
Der junge Kapellmeister hat den Vorteil, daß er Instrumentalist ist. Dieses Instrument hat er übrigens mit Toscanini gemeinsam, der ja auch als Cellist begonnen hat. Doch verfolgt er damals schon ein ganz anderes Ideal der musikalischen Interpretation. Ihm geht es um die Sinnlichkeit der instrumenta-

len Linie, um Melos und einen sensitiven, immer wieder auch wuchtigen Klang. In der Oper ist er ein hervorragender Begleiter der Sänger, fordernd und anpassungsbereit zugleich. Bis 1933 bleibt er an Covent Garden musikalischer Leiter jener Ensembles, die die Gastspiele innerhalb Englands bestreiten.
Doch die Chance, in London eine namhafte Position als Dirigent zu erringen, ist allein schon durch die Präsenz von Sir Thomas Beecham verhältnismäßig gering; Beecham wird 1932 zudem Chefdirigent von Covent Garden. So folgt Barbirolli 1933 einem Ruf an das Scottish Orchestra in Glasgow, eine Institution der BBC, von der aus auch später mancher Dirigent eine bedeutende Karriere gestartet hat, so Georg Szell, der 1936 Barbirollis Nachfolger in Glasgow wurde, oder in den fünfziger Jahren Colin Davis. Barbirolli macht sich nun außerhalb Londons sehr rasch einen Namen, und die Orchester in der englischen Provinz engagieren gern und häufig den impulsiven, wegen seiner eleganten Zeichengebung auch beim Publikum beliebten Dirigenten. So lädt ihn das Leeds Symphony Orchestra zu bedeutenden Konzerten ein, und es kommt zu den ersten Kontakten mit dem Hallé Orchestra, das ja später für Barbirollis Leben und künstlerisches Wirken so entscheidend werden sollte. Auch die ersten Verbindungen zum Ausland ergeben sich in dieser Zeit.
Trotzdem ist er für New York im Grunde ein völlig Unbekannter, als man ihn einlädt, in der Saison 1936/37 zehn Wochen als Gastdirigent mit dem New York Philharmonic Symphony Orchestra zu arbeiten. Es heißt, Heifetz und Rubinstein hätten ihn empfohlen; jedenfalls bietet sich ihm überraschend die spektakulärste Position, die sich nur denken läßt. Denn das New York Philharmonic ist jahrelang von Arturo Toscanini geleitet worden, der nun seinen Vertrag gelöst hat. Als Nachfolger Toscaninis kommt eigentlich nur Wilhelm Furtwängler in Frage, doch gegen Furtwängler, der im nationalsozialistischen Deutschland geblieben ist, gibt es in New York eine Kampagne von solcher Heftigkeit, daß er nicht annehmen kann. Fritz Busch wiederum, den Toscanini einlädt, nachdem sein Vorschlag, Furtwängler zu engagieren, gescheitert ist, lehnt ab. In diese leidenschaftlich geführte New Yorker Auseinandersetzung gerät John Barbirolli als Gastdirigent und damit als potentieller Nachfolger Toscaninis, der auch selbst schließlich für den jungen Engländer italienischer Herkunft plädiert. Toscanini erhielt dann das Angebot, das eigens für ihn aufgebaute NBC Symphony Orchestra zu übernehmen, und er sollte dem New York Philharmonic weiterhin als Gastdirigent verpflichtet sein.
In dieser Lage blieb John Barbirolli nichts anderes übrig, als sein Herz in beide Hände zu nehmen und Musik so zu machen, wie ihm um die Seele war. Und das Publikum akzeptierte ihn. So einflußreiche Kritiker aber wie Virgil Thomson lehnten den potentiellen Toscanini-Nachfolger entschieden ab. Noch 1940 formulierte Thomson seine Aversion in Sätzen wie: «... das Musizieren (war) langweilig und ungeschliffen.» Und mehr als einmal meinte Thomson, die Philharmoniker seien durch Barbirolli kein Bestandteil von New Yorks geistigem Leben.
Thomson, selbst Komponist und der Pariser Groupe des Six sowie anderen amerikanischen Komponisten nahestehend, war zweifellos der Wortführer eines Klassizismus, der sich heftig an Barbirollis eher subjektivistischem Stil rieb. Dennoch wurde Barbirolli nach seinen ersten Konzerten mit dem New York Philharmonic für drei Jahre verpflichtet, und dieser Vertrag wurde noch zweimal für je zwei Jahre verlängert. Am Ende waren die New Yorker Philharmoniker sehr wohl ein Bestandteil des geistigen Lebens dieser größten Stadt der USA. Freilich war es eine andere Art von Geist, die Barbirolli nach New York brachte. Barbirolli mochte durchaus eine gewisse Rauhheit in der Musik, einen sprechenden Ausdruck und Momente der gesammelten reinen Kraft, und er neigte immer wieder dazu, ein Orchester in Grenzbereiche zu treiben, in denen es nicht mehr nur einfach schön klang. Er war in dieser Hinsicht in erster Linie Dramatiker, der zudem Klarheit über Verschmelzung setzte. Immerhin aber überzeugte er sein Publikum so sehr, daß man ihm die wichtige Saison 1941/42 anvertraute, in der die Philharmoniker ihre Hundertjahrfeier begingen. Und am Ende von Barbirollis Regentschaft hatte sich das Orchester eine Art von freiem Atem und von Impulsivität erspielt, die es unter Toscanini eben doch nicht hatte an den Tag legen dürfen.

Nach dem 2. Weltkrieg war Barbirolli auch für die Wiener Philharmoniker ein Dirigent allerersten Ranges.

Mitten im Krieg — im Jahr 1942 — kehrte John Barbirolli für einige Konzerte nach England zurück, wo er mit dem London Symphony Orchestra, dem BBC Symphony Orchestra und dem London Philharmonic Orchestra zusammenarbeitete. Und ein Jahr darauf verließ er New York, in dem die Aversion der Kritik gegen ihn und auch die versteckten Angriffe anderer Dirigenten kein Ende nahmen. In England übernahm er eine Position, die zu diesem Zeitpunkt alles andere als beneidenswert war: Er wurde Chefdirigent des Hallé Orchestra in Manchester. Das Hallé war damals stark dezimiert und entbehrte schon des längeren einer wirklichen Führung — Sir Thomas Beecham, damals Chefdirigent in Seattle, kümmerte sich zusammen mit Malcolm Sargent ein wenig um dieses traditionsreiche Orchester oder vielmehr um den Rest davon. Barbirolli mußte von Grund auf erneuern. Es war dies freilich auch eine Herausforderung an den Mittvierziger, und es gelang ihm in verhältnismäßig kurzer Zeit, ein ganz spezifisches Instrument zu schaffen, das dann in den fünfziger Jahren für seinen kraftvollen, warmen Klang berühmt wurde und mit dem John Barbirolli auf unvergeßliche Art die ihm nahestehende Musik der Spät- und Postromantik realisierte: Brahms etwa oder auch Bruckner und immer wieder den von ihm so sehr geschätzten Sibelius. Daneben setzte er sich energisch für britische Komponisten ein, so für den auch von Beecham leidenschaftlich propagierten Frederick Delius, für Edward Elgar und für Vaughan Williams. Sein Engagement für Sibelius und Vaughan Williams war ihm übrigens gerade von der New Yorker Kritik immer wieder verübelt worden. Nun verfügte Barbirolli über das Instrument, das die dunklen Farben in diesen Kompositionen und die endlos sich hinziehenden Melodien mit großer Intensität zu verwirklichen imstande war. Vaughan Williams widmete ihm übrigens seine 8. Symphonie. Das Hallé Orchestra machte Barbirolli zum Instrument der Festspiele in Edinburgh, und seine nachhaltige Liebe zu diesem ganz europäisch timbrierten Orchester widerstand allen noch so verlockenden Angeboten vor allem aus London, die zum Teil mit erheblich besseren Bezügen verbunden gewesen wären.

Zwei Ehrungen mögen ihn besonders berührt haben. Die eine war die Erhebung in den Adelsstand 1949 durch den britischen König. Die andere war eine späte Rechtfertigung gegenüber den Kräften, die in New York so ausdauernd und schließlich auch erfolgreich seinen Weggang betrieben hatten: Das Berliner Philharmonische Orchester, von ihm als der beste symphonische Apparat der Welt geschätzt, lud ihn jahrelang regelmäßig zu Konzerten ein, die unvergeßlich geblieben sind. Barbirollis dramatische Klarheit und die Intelligenz dieses Orchesters ließen im Zusammenprall der Temperamente Abende von ungewöhnlichem Zuschnitt entstehen, und es waren denn auch die Berliner Philharmoniker, die darauf bestanden, mit Sir John Barbirolli die neunte Symphonie von Gustav Mahler für eine Schallplatte zu produzieren, die noch heute Modellcharakter für die Mahler-Interpretation hat.

Zu Gustav Mahler fand Barbirolli im Grunde erst verhältnismäßig spät den Zugang; vorausgegangen waren seine Vorlieben für Bruckner und Elgar, auch für Benjamin Britten. Aber dann ging die Annäherung, zumal im Zusammenwirken mit Janet Baker, um so tiefer.

Selbstverständlich dirigierte er, auf der Höhe der Meisterschaft angekommen, auch andere bedeutende Orchester als das Hallé und die Berliner Philharmoniker, zumal er 1958 seinen Vertrag mit Manchester dahingehend modifiziert hatte, daß er nur noch als Principal Guest Conductor zur Verfügung stehen mußte — 1968 wurde er zum Ehrendirigenten auf Lebenszeit ernannt. Von 1961 bis 1967 war er außerdem Chefdirigent des Houston Symphony Orchestra und leitete das Philharmonia Orchestra, das BBC Symphony Orchestra und immer wieder das Hallé Orchestra auf bedeutenden Tourneen außerhalb Englands.

Spät, vielleicht zu spät für ihn, wandte er sich noch einmal seiner alten Liebe, der Oper, zu. Drei Jahre lang stand er Covent Garden als Gastdirigent zur Verfügung — von 1951 bis 1954 — und in diesen Zeitraum fällt eine wahrhaft historische Opernproduktion, Glucks «Orfeo ed Euridice» mit Kathleen Ferrier als Orpheus. Nicht weniger bedeutend war seine Auseinandersetzung mit «Tristan und Isolde» an Covent Garden, und im Jahr vor seinem Tod, 1969, feierte er einen überwältigenden Triumph mit «Aida» in Rom. Die Italiener bejubelten ihn als einen der ihren, und auch das mag ihm ein Trost gewesen sein, ihm, den man denn doch immer wieder hatte spüren lassen, daß man an ihm eine gewisse angelsächsische Zurückhaltung vermisse, und der mehr als einmal dem unausgesprochenen Leitsatz der angelsächsischen Gesellschaft gegenüberstand: Gentleman kann man nicht werden — als Gentleman muß man geboren sein. Für die Musiker freilich, die ihn liebten und achteten, war er zeitlebens ein gentil uomo und ein Dirigent von Noblesse des Herzens. Er war und blieb einer der ihren — schließlich soll er einmal, als Pablo Casals bei ihm als Solist auftrat, diesem das Cello entwunden und in einem Nebenraum versonnen darauf gespielt haben wie in seinen jungen Jahren. Mitten unter seinen Musikern starb er auch, am 28. Juli 1970 bei einer Probe mit dem Philharmonia Orchestra in London. *NE*

Barenboim, Daniel

Manche scheinen ein Leben lang von der Aura des Wunderkindes umgeben, wobei diese Aura im Laufe eines Lebens die unterschiedlichsten Schattierungen annimmt: Mal erscheint sie wie das Positiv der reinen Begabung, mal wieder wie das Negativ einer Genialität, die, so wie die Umwelt sie zu besichtigen vorhatte, eben doch nicht einlösbar ist. Denn daß die Existenz des Hochbegabten nicht nur stracks die Erfüllung aller Gaben bedeutet, sondern vor allem die Auseinandersetzung damit und das Wuchern mit den Talenten ebenso wie den einen oder anderen Verlust — das ist einer Welt, die auf Erfolgsbiografien erpicht ist, nur schwer begreiflich zu machen.

Daniel Barenboim ist so ein Fall. Er ist sogar ein Extremfall. Unterhält man sich etwa mit dem einen oder anderen Dirigenten über den Pianisten Barenboim, so wird deutlich, daß er so manchem von ihnen nicht ganz geheuer erscheint, durchschaut er doch vom Soloinstrument aus rasch die Handschrift des Partners, so daß dieser dem Solisten gegenüber schwerlich den Maestro wird hervorkehren können und dann umso leichter dazu neigt, im Nachhinein zu verstehen zu geben, das viele Dirigieren halte wohl den Pianisten Barenboim vom Üben ab. Unterhält man sich andererseits mit Musikern über den Dirigenten Barenboim, so tritt immer wieder der außerordentliche Respekt vor dem Solisten zutage, dem zu folgen man bereit ist, auch wenn sich's unter anderen Maestri leichter und risikoärmer spielen läßt. So wird sein Bild in der Geschichte schwanken, was allein schon eine spannende Biografie ergibt; wie denn überhaupt alles, was mit Barenboim zu tun hat, spannend zu sein scheint.

Die Biografie beginnt am 15. 11. 1942 in Buenos Aires. Daniel Barenboim wird als Kind russisch-jüdischer Einwanderer geboren. Der Vater ist Klavierpädagoge von Rang und unterrichtet eine Meisterklasse; auch die Mutter ist Klavierlehrerin. Die Eltern fördern systematisch die früh sich abzeichnende Begabung des Sohnes. Mit sieben Jahren gibt Daniel Barenboim sein erstes Konzert in der argentinischen Hauptstadt, einen Beethoven-Abend. Im Grunde ließe sich schon jetzt eine wirtschaftlich sehr einträgliche Wunderkind-Karriere arrangieren. Doch die Eltern beschränken die öffentlichen Auftritt des Sohnes auf zwei, höchstens drei Monate im Jahr. Erste Begegnungen mit bedeutenden Interpreten: vor allem Adolf Busch und Artur Rubinstein hinterlassen nachhaltigen Eindruck.

Die Familie siedelt für kurze Zeit nach Europa über und läßt sich in Wien nieder, wo der Vater Enrique Barenboim gastweise doziert. Doch auch die alte Hauptstadt europäischer Musikkultur ist nur eine Durchgangsstation. Endgültige Heimat wird der neugegründete Staat Israel.

Während dieses ersten Europa-Aufenthaltes wird das Salzburger Mozarteum der Ort eines denkwürdigen Auftritts. Daniel Barenboim spielt das d-Moll-Klavierkonzert von Johann Sebastian Bach und macht durch die Eigenheit der Interpretation und nicht zuletzt durch eine ganz selbstverständliche Übersicht über das Werk staunen. Die Musikwelt begreift: Das ist keiner, der nur Erlerntes reproduziert. Das Mozarteum bietet auch zusätzliche Möglichkeiten, die musikalische Bildung zu erweitern. Bei Enrico Mainardi wird Daniel Barenboim in der Kunst der Kammermusik unterwiesen; bei Igor Markevitch erlernt er die Grundlagen des Dirigierens.

1953 gewinnt der junge Pianist einen Klavierwettbewerb der American-Israel Cultural Foundation; doch auch jetzt bleiben unbeschadet der sich daraus ergebenden Tournee die öffentlichen Auftritte auf wenige Monate begrenzt. Wichtiger erscheint den Eltern zu diesem Zeitpunkt neben der weiteren pianistischen Ausbildung ein einigermaßen seriös geregelter Schulbesuch. 1954 kommt Daniel Barenboim erneut nach Salzburg. Denn dort soll er dem Künstler begegnen, der seitdem sein Vorbild ist und dessen Erbe er fortzusetzen sucht: Wilhelm Furtwängler. Furtwängler probt zu dieser Zeit für den «Don-Giovanni»-Film, und seine umfassende Persönlichkeit und sein Tiefes Wissen um alle künstlerischen Dinge hinterlassen einen

Noch vor Aschkenazy verkörperte Daniel Barenboim den Instrumentalisten, der zugleich als Dirigent Erfolg hat.

nachhaltigen Eindruck. Noch mit einem anderen Großen der Vorkriegsgeneration wird der junge Pianist hier konfrontiert, und auch daraus sollte sich ein bleibender künstlerischer Einfluß ergeben: der reife Edwin Fischer imponiert mit seiner Kunst, Werke gleichsam nachzukomponieren und dabei ihren wahren Sinn hervorzukehren. Fischers Praxis, Klavierkonzerte der barocken und hochklassischen Literatur vom Flügel aus zu leiten, gab den Anstoß zu den späteren, so überaus erfolgreichen Versuchen Barenboims. Ein Stipendium der American-Israel Cultural Foundation ermöglicht einen rund zweijährigen Studienaufenthalt in Paris bei Nadia Boulanger, deren Kompositionsunterricht unübertrefflich ist und eine ganze Epoche europäischer Musik begleitet hat. Hier erhält der junge Pianist Einblick in die Technik des schöpferischen Prozesses, und 1956 ist er schließlich der jüngste Musiker, der jemals die römische Accademia di Santa Cecilia mit einem Diplom in der Tasche verlassen hat.

In erstaunlich kurzer Zeit hat sich der junge Daniel Barenboim eine breit angelegte hohe musikalische Bildung verschafft. Zu diesem Zeitpunkt umfaßt sein pianistisches Repertoire bereits mehr als ein Dutzend Klavierkonzerte und sämtliche Sonaten Beethovens — von einer Vielzahl anderer Standardwerke ganz abgesehen. Die zahlreichen Ortswechsel haben ihn bereits zum Kosmopoliten gemacht: Nunmehr spricht er fünf Sprachen. Schon in diesen Jahren konkretisiert sich mehr und mehr die Absicht, eines Tages Dirigent zu werden. Mit dem

symphonischen Repertoire war Daniel Barenboim wieder über seinen Vater vertraut, mit dem er die Orchesterliteratur am Klavier zu vier Händen erarbeitet und die Partituren studiert. Der Vater bleibt der einzige wirkliche Lehrer in Barenboims Leben — die Aufenthalte in Salzburg, Rom und Paris waren mehr pädagogische Intermezzi, ähnlich den Bildungsreisen des jungen Mendelssohn.
1956 kommt noch ein Wettbewerb hinzu, diesmal einer von internationalem Renommée: der Alfredo-Casella-Wettbewerb in Neapel. Von hier aus kann Daniel Barenboim die internationale Karriere beginnen.
Eine wichtige Station auf diesem Weg ist immer wieder London. Hier präsentiert sich der junge Pianist zusammen mit dem Royal Philharmonic Orchestra unter Josef Krips als Mozart-Interpret. Sir John Barbirolli wird auf ihn aufmerksam und bietet ihm an, alljährlich ein Mozartkonzert mit dem Hallé-Orchester zu spielen. Die ersten Tourneen führen durch ganz Europa und nach Übersee, und 1957 debütiert der aufsehenerregende Pianist in den Vereinigten Staaten mit Leopold Stokowski und dessen Symphony of the Air-Orchestra.
So bietet sich das Bild einer sorgfältig geplanten Karriere, wozu auch gehört, daß Daniel Barenboim risikoreiche Unternehmungen erst einmal abseits der internationalen Musikzentren oder in seiner Heimat Israel ausführt. So etwa trägt er den Zyklus sämtlicher Beethoven-Sonaten, den er bereits als Sechzehnjähriger auf Schallplatte einspielte, 1960 zunächst in Tel Aviv und in Bogotá öffentlich vor. Auch auf seine Tätigkeit als Dirigent präpariert er sich in Israel, während er auf den internationalen Podien seine Pianistenkarriere betreibt. 1961 gibt er in Haifa sein offizielles Debüt als Dirigent. Wenig später steht er in Sidney und in Melbourne an den Pulten der dortigen Orchester.
Edwin Fischer hatte ihm seinerzeit den Rat gegeben, das Handwerk des Dirigenten zu erlernen, sollte er jemals die Absicht verwirklichen wollen, Klavierkonzerte vom Flügel aus zu leiten. Vor Augen hatte er stets das Vorbild Furtwänglers. An diesem bewunderte der junge Barenboim, wie Furtwängler die innere Logik der Musik, die Beziehungen der Themen untereinander, zu begreifen imstande war und wie er, über unmerkliche Tempowechsel, einen Symphoniesatz als ein organisches Ganzes entstehen zu lassen vermochte. Sir John Barbirolli, der Partner bei den alljährlichen Mozart-Konzerten mit dem Hallé-Orchester, lehrte ihn schließlich, was es heißt, zu begleiten.
Barbirolli ist es auch, der Daniel Barenboim 1964 die Verbindung zum English Chamber Orchestra vermittelt. Das renommierte Ensemble steht damals unter der Leitung von John Pritchard. Man lädt den jungen Pianisten auch in den folgenden Jahren ein, und nun wagt er das Experiment, vom Flügel aus zu dirigieren. Das Experiment glückt nicht nur, sondern es gewinnen die so produzierten Klavierkonzerte Mozarts auch eine neue Dimension. Auf Jahre hinaus steht diese Zusammenarbeit für einen spezifischen, vom Geist kammermusikalischer Virtuosität gezeichneten Stil der Mozartinterpretation. Nun beginnen beide Karrieren nebeneinander zu verlaufen. Als Solist spielt Daniel Barenboim schon 1964 unter anderem mit den New Yorker und den Berliner Philharmonikern — in Berlin führt er am 10. Todestag des verehrten Wilhelm Furtwängler dessen Klavierkonzert auf. Als Dirigent und Solist unternimmt er zusammen mit dem Israel Philharmonic Orchestra 1967 eine ausgedehnte Tournee durch die Vereinigten Staaten und vertritt 1968 in New York bei einem Gastspiel des London Symphony Orchestra dessen Dirigenten István Kertész. Mit dem Chicago Symphony Orchestra, dem New York Philharmonic Orchestra und dem London Philharmonia Orchestra intensiviert sich die Zusammenarbeit. Barenboim hebt ebenfalls im Jahr 1968 das South Bank Summer Music Festival mit aus der Taufe. Seit 1967 ist er mit der britischen Cellistin Jacqueline du Pré verheiratet, und zusammen mit ihr und Pinchas Zukerman beginnt er, Kammermusik zu spielen. Damit nicht genug, entwickelt er sich zu einem der profiliertesten Liedbegleiter von Dietrich Fischer-Dieskau und Dame Janet Baker.
1972 dirigiert er erstmals das Cleveland Orchestra, das seinen Intentionen besonders entgegenkommt. Im Jahr darauf wagt er sich an eine Mozart-Oper. In Edinburgh leitet er den «Don Giovanni». Zwei Jahre darauf kommt an gleicher Stelle «Le Nozze di Figaro» hinzu, und in diesem Jahr 1975 wird ihm auch die erste Chefposition angetragen. Daniel Barenboim übernimmt die Leitung des Orchestre de Paris, an dessen Spitze zuvor Charles Munch, Herbert von Karajan und Georg Solti gestanden haben. Barenboim arbeitet fünf Monate des Jahres mit dem Orchester, kümmert sich um den musikalischen Nachwuchs und pflegt vor allem einmal das französische Repertoire. Eine Fülle von Konzerten und Plattenproduktionen kennzeichnet die zweite Hälfte der siebziger Jahre. Barenboim ist — in dieser oder jener Funktion — in allen Musikmetropolen der Welt zu finden. Eine Zusammenarbeit besonderer Art ergibt sich mit der Deutschen Oper Berlin. Hier dirigiert er 1979 Mozarts «Le Nozze die Figaro» in der Inszenierung von Götz Friedrich. 1980 folgt, mit dem gleichen Regisseur, der ein Jahr darauf Generalintendant dieses Hauses werden sollte, Richard Wagners «Tristan und Isolde». Und wieder ein Jahr später dirigiert Daniel Barenboim in Bayreuth die Inszenierung des «Tristan» Jean-Pierre Ponnelles. Diese Zusammenarbeit setzt er 1984 in Berlin mit einer Neuproduktion von Beethovens «Fidelio» fort.
Mit den beiden «Tristan»-Produktionen, noch mehr aber mit der «Fidelio»-Einstudierung stieß Barenboim auch auf Ablehnung seitens der Kritik und des Publikums. Dies dürfte eine ganze Reihe von Gründen haben. Einer davon mag sein, daß Barenboims künstlerisches Denken in besonderem Maß von einem ausserordentlichen Willen zur Integration und zum Ganzen bestimmt ist. Von dem Einfluß, den Furtwängler auf ihn ausübte und noch ausübt, war schon die Rede; manche von Barenboims sehr breit angelegten Tempi zeugen davon. Sie entspringen auch einem Denken das, wie Barenboim einmal in einem Interview bekannte, nachhaltig von seiner Vorliebe für den bedeutenden Philosophen Baruch Spinoza geprägt ist. Dessen Systematik setzte einst dem stark differenzierenden französischen Rationalismus den Willen zu einem integrierenden Denken entgegen, als dessen höchste Form die unmittelbare Weltschau, nicht aber die Analyse der Strukturen der Welt, anzusehen war. In Barenboims Auseinandersetzung gerade mit dem Musikdrama spiegelt sich nun in der Tat eine Ästhetik, derzufolge es die musikalischen Gedanken anschaulich zu machen gilt, wobei über dem Willen, jeden musikalischen Gedanken so unmittelbar wie möglich

mit jedem anderen zu verbinden, das Orchester leicht immer massiver wird, zumal Barenboim auch als Dirigent doch so sehr Pianist bleibt, daß er mehr den Augenblick der Klangerzeugung steuert als die Klangentwicklung selbst. Namentlich unwichtige Mittelstimmen, die ein Pianist allein schon aus physiologischen Gründen eher zurückhaltend behandelt, gewinnen unbesehen übergroßes Gewicht. Auf der anderen Seite haben gerade die Opernproduktionen Barenboims Ruf als den eines außerordentlichen Melodikers gefestigt, so wenig vertraut er gelegentlich mit den physischen Grenzen der Sänger zu sein scheint. Und in der Energie, mit der dieser Dirigent versucht, Werken wie dem «Fidelio» oder dem «Tristan», aber auch den großen Symphonien Bruckners, über einen anderen Umgang mit der Zeit eine bereits verklungene Bedeutung zurückzugewinnen, steckt allemal eine Provokation wider eine Epoche, in der allenthalben der glatte Professionalismus triumphiert. In gleichem Maß verleugnet Barenboim auch als Pianist in den letzten Jahren mehr und mehr den Professional und versucht, Musik als ein geistiges Abenteuer entstehen zu lassen, dessen Ausgang eben um vieles weniger gewiß ist als der einer Fingerübung: Musik als permanente «Étude d'exécution transcendente». *NE*

Barlow, Howard

* Plain City 1. 5. 1892, † Bethel (Conn.) 31. 1. 1972; amerikanischer Dirigent, gab sein Debüt 1919 nach dem Studium an der Columbia University. 1923/24 dirigierte er das American National Orchestra, 1925—27 wirkte er als Dirigent des Neighborhood Playhouse in New York und anschließend in gleicher Stellung beim Symphonieorchester der Columbia Broadcasting Company. 1939—42 leitete er das Baltimore Symphony Orchestra, und 1968 wurde er zum Musikdirektor und Leiter des Creative Art Center in New Milford ernannt.

Barnett, John

* New York 3. 9. 1917; amerikanischer Dirigent, studierte Piano, Violine und Trompete und besuchte Dirigierkurse bei Leon Barzin in New York sowie bei Bruno Walter und Felix Weingartner, Enesco und Malko in Europa. Von 1946—1958 war er am Los Angeles Philharmonic Orchestra tätig; zuerst (bis 1956) als 1. Kapellmeister und dann als stellvertretender musikalischer Direktor. 1947 baute er das Phoenix Symphony Orchestra (Arizona) auf, das er bis 1949 dirigierte. Anschließend war er als musikalischer Direktor der Hollywood Bowl (1953—57) und der Los Angeles Guild Opera Corporation (1954—79) tätig. Er war musikalischer Direktor der National Orchestra Association in New York (1958—72) und musikalischer Direktor des Philharmonic Symphony Orchestra of Westchester, New York (1961—71). Von 1972—1978 wirkte er als künstlerischer Berater der Stiftung National Endowment for the Arts. Seit 1979 ist er musikalischer Direktor des Puerto Rico Symphony Orchestra in San Juan.

Barshai, Rudolf

* Labinskaya bei Krasnodar 28. 9. 1924; russischer Dirigent, studierte in Moskau bei Lev Zeitlin Violine und bei Borisovsky Viola; nach seinem Abschluß 1948 in Leningrad Dirigieren bei Ilya Musin. 1955 baute er das Moskauer Kammerorchester auf, mit dem er glänzende Erfolge erzielte. 1976 wanderte er nach Israel aus, wo er bis 1981 das Israelische Kammerorchester in Tel Aviv leitete. In dieser Zeit trat er als Gastdirigent in Europa, den USA und Japan auf. 1982 wurde er zum ersten Dirigenten und künstlerischen Berater des Bournemouth Symphony Orchestra berufen.

Bartoletti, Bruno

* Sesto Fiorentino 10. 6. 1926; italienischer Dirigent, nach dem Flötenstudium am Konservatorium von Florenz spielte er am dortigen Teatro Comunale Flöte und wurde schließlich 1949 stellvertretender Chefdirigent. Später dirigierte er auch am Maggio Musicale Fiorentino und am Königlichen Theater in Kopenhagen. Sein Debut in den USA gab er 1956 an der Lyric Opera in Chicago, zu deren künstlerischem Direktor er zusammen mit Pino Donati 1964 berufen wurde. 1975 schließlich wurde er zum alleinigen künstlerischen Direktor ernannt. Daneben war er musikalischer Direktor der Oper von Rom (1965—69) und gab zahlreiche Gastspiele in Mailand, Buenos Aires, San Francisco und New York. Sein Repertoire umfaßt nicht nur die italienische Oper, sondern er dirigiert auch mit Vorliebe französische und russische Opern.

Barzin, Leon

* Brüssel 27. 11. 1900; belgisch-amerikanischer Dirigent, wanderte im Alter von zwei Jahren mit seinen Eltern nach Amerika aus. Dort studierte er später zuerst bei seinem Vater, der an der Met Viola spielte, Violine. Dieses Studium setzte er bei Eugène Ysaye in Belgien fort. Nach seiner Rückkehr in die USA war er von 1925—29 erster Viola-Spieler an der New Yorker Philharmonie. 1929 wurde er stellvertretender Dirigent der American Orchestra Society. Nach der Reorganisierung des Orchesters, das in National Orchestra Society umbenannt wurde, berief man ihn zum ersten Dirigenten und zum musikalischen Direktor. Beide Posten bekleidete er bis 1959 und von 1970—1976. Außerdem war er von 1948—58 musikalischer Direktor der Ballet Society und des New York City Ballet. Bis 1960 dirigierte er außerdem Konzerte der Association des Concerts Pasdeloup in Paris und war Lehrer an der dortigen Schola Cantorum. Große Erfolge erzielte Barzin bei der Arbeit mit halbprofessionellen und Studentenorchestern.

Baudo, Serge

* Marseille 16. 7. 1927; französischer Dirigent, studierte am Pariser Konservatorium bei Louis Fourestier Dirigieren und bei Jean Gallon und Noel Gallon Theorie. Er erhielt Erste Preise als Schlagzeuger (1948) und als Dirigent (1949). Nach Auftritten als Pianist und Schlagzeuger ging er als Operndirigent auf Tourneen. 1967 wurde er zum musikalischen Direktor und Dirigenten des Orchestre de Paris ernannt. Er ist ein vielbeschäftigter Reisedirigent und z.B. an der Deutschen Oper Berlin besonders gern gesehen.

Bauer-Theussl, Franz

* Zillingdorf 25. 9. 1928; österreichischer Dirigent, erhielt seine musikalische Ausbildung in Frankfurt/M und Wien, wo er bei Clemens Krauss Dirigieren studierte. Danach dirigierte er Oper in Baden bei Wien (1950—52), am Landestheater in Salzburg, an der Wiener Volksoper und an der Niederländischen Oper in Amsterdam.

Baumgartner, Rudolf

* Zürich 14. 9. 1917; Schweizer Geiger und Dirigent, begann sein Studium an der Universität Zürich, ging dann nach Wien und Paris. Er musizierte u. a. mit dem Zürcher Streichtrio und dem Zürcher Kammertrio. 1956 gründete er mit dem Geiger Wolfgang Schneiderhan das Solistenensemble «Festival Strings Lucerne», das er seither leitet. Seit 1960 wirkt er als Direktor des Luzerner Konservatoriums. 1968—1980 war er künstlerischer Direktor der «Internationalen Musikfestwochen» in Luzern.

Beck, Reinhold

* Hannover 10. 1. 1881, † Thale (Harz) 11. 7. 1968; deutscher Komponist und Kapellmeister, wirkte ab 1905 als Kapellmeister am Stadttheater in Kiel. 1908—10 war er als Chormeister in Hannover tätig und 1921—24 als Volkshochschuldozent in Berlin. Danach lebte er in Thale.

Bedford, Stuart

* London 31. 7. 1939; englischer Dirigent, gab im Jahre 1967 nach seiner Ausbildung an der Royal Academy of Music und dem Orgelstudium am Worcester College in Oxford im Jahre 1967 sein Debut als Dirigent bei der English Opera Group in London, mit der er Tourneen durch Europa und Nordamerika unternahm. Er dirigierte auch am Covent Garden Opera House und auf dem Aldeburgh Festival, zu dessen künstlerischem Direktor er 1973 berufen wurde. 1975 wurde er einer der beiden künstlerischen Direktoren der English Music Theatre Corporation.

Beecham, Sir Thomas

Über diesen Dirigenten darf eigentlich nur die Autobiographie berichten. Denn das Leben des Sir Thomas Beecham war so sehr die in die Wirklichkeit umgesetzte Erfindung des Sir Thomas Beecham, daß jegliche Vermutung Dritter über dieses Leben von einer Aura der Ungewißheit umgeben ist. Liest man nun die Autobiographie dieses musikalischen Exzentrikers, so weiß man indes auch noch nicht, was etwa an den zahlreichen Anekdoten wiederum nur Erfindung geblieben ist und was Wirklichkeit wurde, denn so ungewiß es scheint, ob Thomas Beecham auch wirklich die eine oder andere Begebenheit erlebt hat oder ob er nicht doch einmal zufällig verhindert war, sie zu erleben, so gewiß ist, daß nur er sie hätte erleben können. Denn sein Leben wurde auf eine seltene Weise zum reinen Ausdruck der Selbstverwirklichung eines freien Geistes, wobei man sicher hinzufügen muß, daß dies kaum möglich gewesen wäre, hätte ihn nicht ein beträchtliches Vermögen aller materiellen Sorgen rechtzeitig enthoben. Sir Thomas Beecham befand sich sein Leben lang in finanziellen Umständen, die paradiesisch genannt zu werden verdienen, und er konnte es sich leisten, vom Baum der Erkenntnis so viel zu pflükken, wie immer er wollte, ohne befürchten zu müssen, auf der Stelle dazu verurteilt zu werden, im Schweiße seines Angesichts sein Brot zu verdienen. In allen diesen Punkten stellte er natürlich eine Provokation für dieses Jahrhundert dar, und gezielt zu provozieren blieb denn auch lebenslänglich sein zweitgrößtes Vergnügen.

Was übrigens den Stil seines Dirigierens anging, so nannte man ihn weltweit nur den «Ballett-Tänzer», denn seine Schlagtechnik schien der darstellenden Kunst sehr viel näher als der Welt der Instrumentalmusik. Diese Schlagtechnik war selbstverständlich ebenfalls seine Erfindung, so wie er auch Orchester und Operncompagnien erfand und TV-Shows und witzige Bemerkungen über Zeitgenossen und gelegentlich auch Beschimpfungen und richtiggehende Skandale, und im Mittelpunkt all dessen stand immer Sir Thomas Beecham in seiner egozentrischen Welt voll aufregender Musik. Verständlicherweise trug ihm all dies auch Verachtung eines beträchtlichen Teils der Fachwelt ein. Andererseits gab es immerhin das Wort von Pablo Casals, der, als er einmal einer «Don Giovanni«-Probe beiwohnte, anschließend befand: «That man has genius!» Der Mann hat Genie.

Das Genie lag sozusagen in der Familie. Als Thomas Beecham am 29. April 1879 in St. Helens in Lancashire geboren wurde, hatte der Vater, Sir Joseph Beecham, der Familie auf durchaus geniale Weise einen beträchtlichen Wohlstand verschafft, der sich zusehends mehrte, und zwar vor allem jener berühmten «Beecham's Pills» wegen, die, eine sinnreiche Erfindung von Sir Joseph, im Vereinigten Königreich den populären medizinischen Fortschritt repräsentierten. Der materiellen Sorgen sollte Thomas Beecham also sein Leben lang enthoben bleiben, und so hält sich denn als durchgängiger Charakterzug, daß ihn Geld nie interessiert hat. Sir Joseph legte indes nicht nur die materielle Basis, sondern als ein literarisch beschlagener und musikalisch sehr interessierter Mann schuf er auch eine ausgesprochen kunstfreundliche Atmosphäre in seinem Haus, die letztlich den Anstoß dazu gab, daß der Sohn — nun wieder gegen den Willen des Vaters — die Kunst zum Beruf erwählte.

Das deutete sich früh an. Mit zehn Jahren verfällt Thomas Beecham erstmals seiner Leidenschaft, Orchester zu gründen. Fürs erste war es allerdings noch ein Ensemble aus Schulfreunden, das er formierte. Er besuchte die Rossall-Schule und für eine erschreckend kurze Zeit auch das Wadham College in Oxford, brachte sich selbst das Dirigieren sowie das Spiel auf einer ganzen Anzahl von Instrumenten bei und war gerade zwanzig, als er schon wieder ein Orchester gründete, dieses Mal die St. Helens Orchestral Society, in der immerhin schon einige Berufsmusiker vertreten waren.

Im gleichen Jahr 1899 ist sein Vater Bürgermeister von St. Helens. Eine neue Stadthalle soll eingeweiht werden, und Sir Joseph lädt das Hallé-Orchester unter Hans Richter dazu ein. Richter ist im letzten Augenblick verhindert, und so springt Thomas Beecham für ihn ein und dirigiert ohne Probe und auswendig die 5. Symphonie von Beethoven, Tschaikowskys Sechste und die Vorspiele zu «Tannhäuser» und «Die Meistersinger von Nürnberg». Ein ganz erstaunlicher Zufall in der Musikgeschichte, wie man ihn auch mit viel Geld nicht hätte planen können. Was immer man von solchen Zufällen halten mag, es ist beachtlich genug, daß im Jahr 1899 ein Zwanzigjähriger ein derartiges Programm auswendig beherrscht, die Fähigkeiten des Orchesters eingerechnet. Schon im folgenden Jahr überwarf sich Thomas Beecham mit seinem Vater, unternahm erst einmal eine ausgedehnte Reise durch den europäischen Kontinent, klopfte bei Komponisten und Kompositionslehrern an, kehrte nach England zurück und trat 1902 in London einer reisenden Opern-Compagnie bei. Er hatte, wie gesagt, das Dirigieren nie systematisch erlernt und hielt dies wohl auch für unter der

Würde eines betuchten Mannes. Immerhin verschaffte er sich zielstrebig einige Praxis, gelegentlich wohl auch gegen ein entsprechendes Lehrgeld. 1905 bildete er sein erstes eigenes Orchester aus professionellen Musikern, mit dem er vorwiegend barocke Musik aufzuführen gedachte. 1906 investierte er seinen ungeachtet allen Familienzwistes ansehnlichen Wohlstand in ein «New Symphony Orchestra», um bereits zwei Jahre darauf wiederum einen neuen Apparat aufzubauen, dem er nun, neun Jahre nach dem Debüt in St. Helens, selbstbewußt den Namen «Beecham Symphony Orchestra» verlieh, was den Zeitgenossen nicht nur den Zusammenhang mit einem neuen Genie, sondern auch den mit den berühmten Pillen gleichen Namens vermittelte. Dieses «Beecham Symphony Orchestra» war dazu ausersehen, vorwiegend zeitgenössische Musik aufzuführen. Thomas Beecham wurde und blieb beispielsweise zeitlebens ein großer Verehrer der Musik von Frederick Delius.

Unternehmungslust ist ganz besonders kennzeichnend für das Leben von Sir Thomas Beecham, und so wie er später, da er doch eine beachtliche Anerkennung gefunden hatte, noch immer von Unternehmungsgeist sprühte und Orchester gründete und überhaupt für stete Unruhe zu sorgen pflegte, so bewahrte er sich auch im privaten Umgang viel von der Art eines exaltierten Mittzwanzigers und bestand darauf, das Enfant terrible der britischen Musik zu bleiben. Übrigens redete er selbst im gesetzten Alter von über siebzig Jahren seinen um sieben Jahre jüngeren Freund Wilhelm Furtwängler immer noch mit «my boy» an. Auch der Vater Sir Joseph kapitulierte schließlich vor der musikalischen Begeisterung des Sohnes, söhnte sich mit dem Schöpfer des «Beecham Symphony Orchestra» aus und verschaffte ihm mit Hilfe der Einkünfte aus den Beecham's Pills eine Saison am Opernhaus Covent Garden. Thomas Beecham gewann in dieser Saison sowohl Richard Strauss als auch Bruno Walter als Gastdirigenten und konnte sich am Ende der Spielzeit beinahe als etabliert betrachten.

1911 setzte er sich, begeisterungsfähig, wie er war, für die Balletts russes von Serge Diaghilew ein, denen er auch sein eigenes Orchester zur Verfügung stellte, woraus sich wieder die Gelegenheit ergab, mit diesem Orchester das Gastspiel Diaghilews in Berlin zu begleiten.

Thomas Beecham dirigierte damals bei jeder sich bietenden Gelegenheit, ob an Covent Garden oder im Drury Lane oder anderen Häusern. Mit dem ihm eigenen Elan setzte er sich für neue, in London noch unbekannte Opern ein und gründete 1915 schließlich die «Beecham Opera Company». Seine finanziellen Möglichkeiten verschafften ihm außerdem immer wieder Verbindungen zur Royal Philharmonic Society und zum Hallé Orchestra. Die «Beecham Opera Company» bestand aus einem Ensemble vorwiegend englischer Sänger, mit dem ihr Schöpfer und Ernährer nicht nur in London, sondern auch in der britischen Provinz gastierte und ein Repertoire vertrat, das eine Dramatisierung von Bachs «Phoebus und Pan»-Kantate ebenso einschloß wie Mozart-Opern und Werke heute längst vergessener englischer Komponisten, deren Aufführungen er besonders pflegte.

Sir Thomas Beecham gründete 1932 das London Philharmonic Orchestra.

1920 war allerdings dann doch seine finanzielle Kraft zunächst erschöpft. Die «Beecham Opera Company» wurde in eine British National Opera Company umgewandelt, und Thomas Beecham legte eine schöpferische Pause ein. Sie dauerte wenig mehr als zwei Jahre, und schon 1923 gründete er erneut ein Orchester, dessen Name bis heute einen guten Klang behalten hat: das «London Symphony Orchestra». Weniger glücklich war er mit dem Plan, eine «Imperial League of Opera» über einen privaten Spendenfonds zu finanzieren. Immerhin wurde er Leiter der Triennale in Leeds und des Festivals in Norwich und begann

Er legte Wert darauf immer nur die besten Musiker um sich zu haben.

nun auch, auf dem europäischen Kontinent und in den USA zu dirigieren. Allem Neuen aufgeschlossen, faszinierte ihn von Anfang an auch der Gedanke, Musik in höchster Qualität über das neue Medium Rundfunk zu verbreiten. Doch die Kooperationsversuche mit der BBC scheiterten schließlich doch, und sie rief ein eigenes Orchester ins Leben. Beecham beantwortete diese Herausforderung wiederum mit der Gründung eines eigenen Orchesters, diesmal des London Philharmonic Orchestra. Es bestand aus ausgesuchten Musikern und bot schon bei seiner Gründung 1932 die besten Voraussetzungen dafür, eines der europäischen Spitzenensembles zu werden. Im gleichen Jahr kehrte Beecham auch wieder an Covent Garden zurück, diesmal als dessen künstlerischer Direktor. Am Königlichen Opernhaus profilierte er sich nun als Interpret der Opern Mozarts, Verdis, Strauss' und Wagners und sorgte mit seinen zyklischen Aufführungen des «Ring des Nibelungen» für unbestrittene Höhepunkte im Londoner Musikleben der dreißiger Jahre. Gleichzeitig lud er immer wieder bedeutende Dirigenten, darunter Furtwängler, nach Covent Garden ein und begab sich selbst mit seinem Orchester auf Tournee. Als bedeutungsvollste Konzertreise dieser Jahre pflegte er immer wieder die durch Deutschland zu bezeichnen, die freilich in England selbst höchst umstritten war; immerhin führte Beecham bei diesen Konzerten auch verfehmte Musik auf, etwa die von Frederick Delius; außerdem ergriff er die Gelegenheit, gewissermaßen en passant bei BASF die erste Tonbandaufnahme eines Orchesterwerks zu produzieren.

Der Kriegsausbruch 1939 bereitete Beechams Tätigkeit als Operndirektor vorläufig ein Ende. Er verließ England, ging nach New York, dirigierte in Australien und Kanada und stand von 1941 bis 1943 an der Spitze eines Orchesters im Nordwesten der USA, des Seattle Symphony Orchestra.

Und dann gründete er noch einmal ein Orchester: das Royal Philharmonic Orchestra. Ihm blieb er denn auch treu bis zu seinem Tod am 8. März 1961. Es war wiederum aus exzellenten Musikern zusammengesetzt, die einerseits in der Lage waren, Beechams unkonventionelle Dirigierweise umzusetzen, und andererseits auch willens, sich seinen autokratischen Neigungen zu unterwerfen. Andererseits verstand es Beecham auch immer wieder, weniger hochklassige Orchester mit seiner Begeisterung mitzureißen und zu erstaunlichen Leistungen zu führen. Sein Geschmack war dabei manchmal so bizarr wie sein Leben. Mit der Musik Bachs konnte er nichts anfangen, was er auch freimütig eingestand. Mozart dirigierte er äußerst geistvoll und gleichzeitig mit einem eigenartigen Sinn für eher nebensächliche Effekte. Händels Musik führte er nie anders als in wirkungsvollen Bearbeitungen auf. Um die Ergebnisse musikwissenschaftlicher Forschung hat er sich nie gekümmert. Seine große Liebe galt Frederick Delius, dem er zwei aufsehenerregende Festivals widmete — das erste im Jahr 1929. Unermüdlich setzte er sich auch für Sibelius ein, für den er 1938 ein Festival arrangierte. Mit der Moderne eines Berg oder Schönberg oder Strawinsky konnte er nichts anfangen — seine Aperçus zu diesen Komponisten gehören zu den witzigsten Marginalien der Musikgeschichte, so sehr sie an der Bedeutung der Betroffenen vorbeigehen mögen.

Daß Beecham auswendig dirigierte, trug ihm den Ruf ein, er verfüge über ein untrügliches Gedächtnis, wiewohl belegt ist, daß ihn dieses Gedächtnis durchaus auch verlassen konnte, was bei den hervorragenden Orchestern, die er zumeist leitete, nicht sonderlich ins Gewicht fiel. Andererseits gehören seine Mozart-Aufführungen und vor allem auch die «Meistersinger«-Vorstellungen, die er in den fünfziger Jahren an Covent Garden leitete, zu den inspiriertesten, die man in England bis dahin erlebt hat.

Bis ins hohe Alter liebte er es, für Skandale zu sorgen. Seine Attacke gegen Rafael Kubelik ließ diesen in der Leitung von Covent Garden resignieren. Und als er an seinem siebzigsten Geburtstag gefragt wurde, was er denn für Pläne habe, antwortete er nur, er habe sich vorgenommen, auch die nächsten zwanzig Jahre ein öffentliches Ärgernis zu sein. Am Ende seines Lebens steht eine bescheidene Äußerung: Er habe immer nur die besten Musiker um sich versammelt und ihnen die Gelegenheit gegeben zu spielen. Vielleicht war Sir Thomas Beecham vor allem dies: ein Gentleman, der mit seinen Musikern Zweikämpfe ausfocht und ihnen stets eine faire Chance ließ, seine leidenschaftlichen und durchaus eleganten Ausfälle mit dem Taktstock durch eine ebenso leidenschaftliche Musik zu parieren. Und daß er, der beschlossen hatte, für die Kunst zu leben, dies vor allem dadurch zu verwirklichen suchte, daß er sich selbst als ein höchst lebendiges Kunstwerk stilisierte. Beecham starb nach schweren Herzattacken am 8. März 1961 in London. NE

Beier, Franz

* Berlin 18. 4. 1857, † Kassel 25. 6. 1914; deutscher Dirigent, promovierte 1883 in Rostock nach dem Studium am Kullakschen und Sternschen Konservatorium in Berlin. 1884 ging er als Chordirektor zum Aachener Theater, im folgenden Jahr in gleicher Stellung zum Theater nach Kassel, wo er 1899 Königlicher Hofkapellmeister wurde. 1884 hatte er auch kurze Zeit die Hofkapelle in Weimar geleitet.

Beinum, Eduard van

* Arnheim 3. 9. 1900, † Amsterdam 13. 4. 1959; holländischer Dirigent, studierte am Konservatorium in Amsterdam und übernahm 1921 die Chorleiterstelle des Toonkunst-Chors in Schiedam (bis 1930). Ab 1927 dirigierte er außerdem die Orchestervereinigung in Haarlem. 1938 stieg er zum 1. Dirigenten des Concertgebouw-Orkest in Amsterdam auf, wo er bereits seit 1931 als 2. Dirigent gewirkt hatte. Nach 1945 leitete er das Orchester als Chefdirigent, trat besonders mit seinen Bruckner-Interpretationen hervor und machte das holländische Publikum mit den Werken Bartóks und Schostakowitschs bekannt.

Beissel, Heribert

* Wesel/Niederrhein 27. 3. 1933; deutscher Dirigent, studierte an der Hochschule für Musik in Köln Piano, Komposition und Dirigieren. Nach dem Abschluß des Studiums war er als Dirigent am Bonner Stadttheater tätig und gab zahlreiche Gastspiele mit führenden deutschen Orchestern. 1972 wurde er zum Chefdirigenten des Hamburger Symphonie Orchesters berufen. Seit 1974 lehrt er an der Hamburger Hochschule für Musik. Er trat auch als Gastdirigent in Westeuropa und Japan auf.

Bellugi, Piero

* Florenz 14. 7. 1924; italienischer Dirigent, begann seine Ausbildung mit dem Studium der Komposition bei Luigi Dallapiccola und setzte es dann in Amerika am Berkshire Music Center fort. Danach war er von 1958—59 musikalischer Direktor des Oakland Symphony Orchestra, und bis 1961 des Portland Symphony Orchestra. Nach seiner Rückkehr nach Europa dirigierte er zahlreiche große Orchester und viele Opernaufführungen. Seit 1969 ist er Erster Dirigent des RAI-Orchesters in Turin.

Bělohlávek, Jiři

* Prag 24. 2. 1946; tschechischer Dirigent, studierte bei seinem Vater Klavier und am Prager Konservatorium Cello; außerdem besuchte er die Meisterklassen im Dirigieren Sergiu Celibidaches. 1970 gewann er den 1. Preis, der alljährlich an junge tschechische Dirigenten verliehen wird. 1970 bis 1972 assistierte er bei der Tschechischen Philharmonie; danach war er bis 1977 Dirigent an der Staatlichen Philharmonie in Brünn. Er gastierte erfolgreich in den USA. 1977 wurde er Chefdirigent der Prager Symphoniker. 1984 und 1985 trat er bei den Luzerner Festwochen auf.

Benda, Hans von

* 22. 11. 1888, † Berlin 13. 8. 1972; deutscher Dirigent, studierte am Stern'schen Konservatorium in Berlin und an der Berliner und Münchner Universität. Von 1926—33 war er musikalischer Direktor von Radio Berlin, anschließend Intendant der Berliner Philharmoniker. Nach 1939 baute er das Berliner Kammerorchester auf und unternahm mit ihm Tourneen durch ganz Europa, Südamerika und Fernost. Von 1954—58 war er musikalischer Direktor von Radio Freies Berlin.

Benzi, Roberto

* Marseilles 12. 12. 1937; französischer Dirigent, wirkte nach seiner Ausbildung an der Sorbonne als Dirigent bei regionalen Orchestern und Opernhäusern Frankreichs. 1973 wurde er zum musikalischen Direktor des städtischen Orchesters und der städtischen Oper von Bordeaux ernannt. Er wirkte auch als Gastdirigent in Philadelphia und Berlin.

Berens, Hermann

* Hamburg 7. 4. 1826, † Stockholm 9. 5. 1880; deutscher Kappellmeister, lernte von seinem Vater, Karl B., und bei Reissiger in Dresden, begleitete dann die Altistin Marietta Alboni und hielt sich ab 1847 einige Zeit in Stockholm auf. 1849 wurde er zum Musikdirektor in Örebro ernannt, 1860 zum Kapellmeister am Mindreatheater in Stockholm. Anschließend wirkte er dort als Hofkapellmeister.

Berglund, Paavo

* Helsinki 14. 4. 1929; finnischer Dirigent, studierte an der Sibelius Akademie seiner Heimatstadt. 1956 wurde er Kapellmeister beim Radio Sinfonieorchester Finnlands in Helsinki; 1962 wurde er dort 1. Dirigent. Von 1972 bis 1979 leitete er die Sinfoniker von Bournemouth/England; parallel dazu dirigierte er das Philharmonische Orchester Helsinki, und 1981 wurde er zum 1. Gastdirigenten des Scottish National Orchestra in Glasgow ernannt.

Bernet, Dietfried

* Wien 14. 5. 1940; österreichischer Dirigent; studierte an der Wiener Akademie bei Hans Swarowsky und Dimitri Mitropoulos Dirigieren. 1962 gewann er beim Internationalen Dirigentenwettbewerb in Liverpool den ersten Preis. Dann wurde er Dirigent an der Wiener Volksoper, trat aber auch bei der Wiener Staatsoper und bei den Berliner Philharmonikern auf. 1973

gab er beim Chicago Symphony Orchestra sein amerikanisches Debut. 1974 wurde er zum Generalmusikdirektor der Stadt Mainz berufen.

Bernstein, Leonard

Ein Umstrittener. Ein Abenteurer. Vergöttert von seinem Publikum, von den «Akademikern» in der Musik immer wieder angegriffen. Was hat er nicht schon alles gemacht? «The Infinite Variety of Music» überschrieb er sein zweites Buch; diese unendliche Vielfalt der Musik nicht nur zu wissen, sondern sie zu leben und zu verkörpern, hat er mitunter die tollsten Sprünge vollführt: ein Dirigent, der das Geschäft der Fernsehshow als ein Profi betreibt; ein Show Man, der äußerst ernsthaft — und viel zu wenig ernstgenommen — über Musik philosophiert; ein Musikdenker, der mitreißend Klavier spielt; ein Pianist, der mit unterschiedlichem Erfolg und auch mit unterschiedlichem Niveau komponiert; ein Komponist, der dirigiert. Was von alledem ist Leonard Bernstein am meisten?

Wohl doch: Komponist. Und zwar einer, der sein Leben komponiert, Thema mit Variationen, ein einziges großes, zusammenhängendes Opus, das von der musikalischen Existenz des Menschen erzählt; das voll Tiefe ist und auch voll Banalität. Alles, was Bernstein tat und tut, läßt sich zu einer Vita zusammenfassen, die, so sprunghaft sie im einzelnen erscheinen mag, doch als Ganzes ungewöhnlich geschlossen ist und deren einzelne Aspekte miteinander aufs engste verknüpft sind.

Zugleich ist dieses Leben ein deutliches Beispiel für jene anders gearteten Möglichkeiten, die die nordamerikanische Gesellschaft für den Künstler offenhält: keine ordentliche Laufbahn über Konservatorium, Hochschule, Stadttheater, Staatstheater geradewegs bis an die Spitze einer Hauptstadtbühne oder eines großen Orchesters, sondern eine persönliche Entwicklung, die sich diskontinuierlich vollzieht, immer wieder von privaten Institutionen, durch bestimmte Gesellschaftsschichten gefördert und auch kontrolliert wird, wobei informelle Kontakte und ein enges Zusammengehörigkeitsgefühl ethnischer Gruppen zwar eine bedeutende Rolle spielen, die eigene Initiative aber der entscheidende Impuls bleibt.

Leonard Bernstein wird am 25. August 1919 in Lawrence/Mass. geboren. Die Eltern sind ukrainisch-jüdische Auswanderer aus der Gegend von Rowno. Sie wohnen in Boston, wo der Vater einen bescheidenen Handel treibt. Die Musik spielt im Leben dieser kleinbürgerlichen Familie keine Rolle. Das ändert sich erst, als eine Tante, um Platz in ihrer Wohnung zu schaffen, ihr altes Klavier bei den Bernsteins unterstellt. Der zehnjährige Leonard fängt an, Melodien, die er irgendwann einmal gehört hat, quasi improvisierend zusammenzufingern, und dieses «quasi improvisando» soll von da an ein Leben lang seine musikalische Existenz bestimmen.

Serge Kussewitzky ist von dem Dirigiertalent Bernsteins beeindruckt und förderte ihn seit Tanglewood 1941.

Er erhält Unterricht, kommt nach ein paar Jahren zu Helen Coates, der Assistentin von Heinrich Gebhard. Daneben besucht Leonard Bernstein die Boston Latin School. Später belegt er an der Harvard Universität Musik, Sprachen und Philosophie; Walter Piston unterweist ihn in Komposition.

1939 verläßt Bernstein Cambridge mit einem Harvard-Diplom in der Tasche und setzt auf Empfehlung von Dimitri Mitropoulos seine Studien am Curtis Institute of Music in Philadelphia fort. Er wird dort Schüler von Fritz Reiner (Dirigieren), Isabelle Vengerova (Pianistik) und Randall Thompson (Komposition). Im Jahr darauf nimmt er in Tanglewood an einem Kurs Serge Kussewitzkys teil — eine schicksalhafte Begegnung, denn Kussewitzkys unkonventionelles Musikertum und seine leidenschaftliche Beredsamkeit des Dirigierens sollten auf den jungen Studenten einen nachhaltigen Einfluß ausüben.

Von Karriere kann freilich zunächst nicht die Rede sein. Bernstein schlägt sich mit musikalischer Gelegenheitsarbeit durch. Immerhin datiert aus diesen Jahren seine erste Symphonie «Jeremiah» für Altsolo und Orchester (1939/41, 1942) wie auch die Klarinettensonate «Parerga und Paralipomena», die auf eine leidenschaftliche Auseinandersetzung mit Arthur Schopenhauer verweist, und eine Reihe kleinerer, zum Teil ironischer Kompositionen. Das alles signalisiert, wie entschlossen der junge Leonard Bernstein war, das Brot des Komponisten zu essen. Im Herbst 1943 wird er Assistent des neuen Chefdirigenten des New York Philharmonic Orchestra, Artur Rodzinski. Am 14. November des gleichen Jahres springt er ohne Vorbereitungszeit für Bruno Walter ein, der ein Konzert mit den Philharmonikern abgesagt hat. Begeisterung in der Carnegie Hall; ein neuer Stern am Himmel der Maestri?

Zunächst einmal wird wenigstens Bernsteins 1. Symphonie uraufgeführt sowie das Ballett «Fancy Free» und das daraus entwickelte Musical «On The Town». 1945 erhält er die Möglichkeit, im Rahmen des New York City Center ein eigenes Orchester aufzubauen. Drei Jahre lang bleibt er dessen Chefdirigent, ein Selfmademan zwischen Mozart und Sponsoren.

Dann gerät wieder der Komponist in den Vordergrund. Bei der Uraufführung der 2. Symphonie «Age of Anxiety» mit dem Boston Symphony Orchestra unter Kussewitzky spielt Bernstein selbst das Klaviersolo. Von Dirigentenkarriere immer noch keine Spur. Mit 35 Jahren tritt er die Nachfolge Kussewitzkys als Leiter der Orchesterklasse beim Berkshire Music Center in Tanglewood an. Gleichzeitig erhält er eine Professur an der Brandeis Universität. Er komponiert seine erste Oper «Trouble in Tahiti». Rudolf Bing verschafft ihm zwei folgenlose Konzerte beim Glyndebourne Festival, und 1953 debütiert Leonard Bernstein sogar an der Mailänder Scala; er leitet ebenso folgenlos Cherubinis «Medea» mit Maria Callas in der Titelpartie. Europa hat offensichtlich nicht auf ihn gewartet.

Zwei Broadway-Premieren indes markieren die Zäsur im Leben des Enddreißigers. «Candide» (1956) wird ein Reinfall, «West Side Story» (1957) ein Welterfolg. Da war einer, der eine neue, heiße Sprache der Musik redete. Von «West Side Story», dem Musical der rebellischen New Yorker Jugend, läßt sich eine direkte Linie zur ersten wirklich bedeutenden Tätigkeit Bernsteins ziehen: 1957 wird er musikalischer Direktor der New York Philharmonic Young People's Concerts, die vom CBS-Fernsehen übertragen werden. Im Jahr darauf tritt Mitropoulos als Chefdirigent des New York Philharmonic Orchestra zurück. Bernstein wird sein Nachfolger.

Was das Fernsehen anging, so war Bernstein, den sie allmählich liebevoll «Lenny» zu nennen beginnen, schon ein erfahrener Showman, bevor er ein bedeutender Dirigent wurde. Denn schon Ende 1954 hatte er in einer eigenen TV-Serie «Omnibus» begonnen, inhaltsreich über Musik zu plaudern. Ein Teil der Manuskripte, die zwischen 1954 und 1958 entstanden waren, erschien 1959 in Bernsteins erstem Buch «The Joy of Music», dessen Titel in der Tat programmatisch war.

Die «New York Young People's Concerts» mit ihren TV-Übertragungen boten ihm nun eine weitere Gelegenheit, sein Showtalent an ein stetig wachsendes Publikum zu bringen, und nicht zuletzt der nunmehr beginnende Aufstieg als Dirigent hatte einerseits mit Bernsteins Beliebtheit im Fernsehen, andererseits mit seinen Showmaster-Qualitäten vor dem Orchester zu tun. Freilich ging es ihm von Beginn an nie um die Show an sich, sondern stets um Mitteilung und Rede, sei's im Konzertsaal, sei's im Fernsehstudio. Bernstein steht hier ganz in der Tradition des «Konzertredners» Hans von Bülow. Er dirigierte von Anfang an exzentrisch, stets ein Begeisterter, den es zwischen überschäumender Freude und Tränen hin- und herriß. Die phänomenale Kenntnis der Partituren, die der Dirigent Bernstein zuallererst dem Komponisten Bernstein verdankt, und wohl auch seine bedeutenden Fähigkeiten als ausübender Musiker gaben dieser Exzentrik indes einen Sinn, den das Orchester umzusetzen vermochte. Die Auslandstourneen, die er als neuer Chefdirigent der Philharmoniker nach Lateinamerika (1958), Europa und Nahost (1959) sowie nach Japan und Alaska (1961) unternahm, wurden für das Orchester und seinen Maestro zu wahren Triumphfahrten.

Im Frühjahr 1963 gab Leonard Bernstein schließlich sein Debüt an der Metropolitan Opera; er dirigierte Verdis «Falstaff» so virtuos und befeuernd neu, daß Rudolf Bing ihn sofort weiterzuverpflichten suchte. Ähnlich wie die New Yorker reagierten auch die Wiener auf das Staatsopern-Debüt, ebenfalls mit «Falstaff» (1966). Hier wie dort feierte man den Maestro der steten Emphase, den ersten genuin amerikanischen Dirigenten, in dessen Deutungen eben auch immer etwas vom Swingin' America vibrierte. Endgültig eroberte er Europa freilich erst 1968 mit der Wiener «Rosenkavalier»-Premiere.

Schon im Jahr darauf verabschiedete sich Bernstein von der Position als Chefdirigent des New York Philharmonic — seitdem ist er dessen Ehrendirigent auf Lebenszeit. Während er mit diesem Orchester bei so repräsentativen Anlässen wie der 200-Jahr-Feier der USA weiterhin Tourneen unternahm, entwickelte sich vor allem mit den Wiener Philharmonikern eine für beide Seiten außerordentlich fruchtbare Zusammenarbeit. Hatte Bernstein vom Beginn der sechziger Jahre an zusammen mit den New Yorkern immer wieder für exemplarische Mahler-Interpretationen gesorgt, sich für ameri-

Er ist neben Boulez und Sinopoli einer der wenigen Dirigenten, der auch als Komponist internationalen Ruf genießt.

Für den grossen Meister Böhm, mit Wärmen von Ihren Complimenten
Gott segne Sie –
Jan
1981

Treffen mit dem verehrten Karl Böhm 1981 (l.); Gala-Empfang für Fassbinders Film «Lili Marleen» 1981 (o.)

kanische Komponisten, ebenso für solche Außenseiter wie Berlioz eingesetzt, so drang er zusammen mit den Wienern in neue Bezirke der kantablen Rede vor, in neue Bereiche extrem langsamer Tempi — besonders im Adagio von Mahlers neunter Symphonie —, riskierte so groß angelegte und wichtige Experimente wie die Realisation einer Streichorchesterfassung von Beethovens cis-Moll-Quartett op. 131 und schuf mit seinen multimedialen Beethoven- und Brahmszyklen Anfang der achtziger Jahre Interpretationskomplexe, die weit über die Zeit hinausdeuten. Da waren seine Auftritte bei den Salzburger Festspielen längst nicht mehr nur künstlerische, sondern mindestens ebenso «gesellschaftliche» Ereignisse — die konzertante Aufzeichnung von Wagners «Tristan und Isolde» in drei Raten 1981 in München war vor allem wohl das letztere —, und trotzdem brach er erneut aus einer Rolle aus, diesmal aus der des arrivierten Stardirigenten, zum Beispiel als er sich 1981 mit einem Mozart'schen Klavierkonzert auf Tournee begab, vom Konzertflügel aus das in neuer Sitzordnung postierte Orchester leitete, dabei sozusagen handgreiflich anderen, bisher nicht realisierten Relationen zwischen dem Klavier und den einzelnen Instrumentengruppen nachsann und sich bei der Kritik einmal mehr den Vorwurf der Unprofessionalität einhandelte. Dies freilich war er immer und wird er wohl auch immer bleiben: ein Musiker rundum, der die Vereisungen des Professionalismus stets erneut mit hitzigem Temperament aufzutauen sucht. Pädagogisch wichtige Publikationen folgten.
NE

Bertini, Gary

* Briceni 1. 5. 1927; israelischer Dirigent und Komponist russischer Herkunft, kam als Kind nach Palästina, wo er in Tel Aviv Musik studierte. Danach setzte er sein Studium zuerst am Verdi-Konservatorium in Mailand fort und machte dann seinen Abschluß als Dirigent am Pariser Konservatorium (1953). Nach seiner Rückkehr nach Israel dirigierte er häufig das Israel Philharmonic Orchestra. Von 1978 bis 1981 war er musikalischer Direktor des Jerusalemer Symphonie Orchesters, anschließend musikalischer Berater der Detroiter Symphoniker. Seit 1983 ist er Chefdirigent am Kölner Symphonieorchester. Ab 1986 tritt er die Nachfolge Michael Gielens als Generalmusikdirektor der Oper der Städtischen Bühnen Frankfurt und der Museumskonzerte an.

Bierdiajew, Walerian

* Grodno 7. März 1885, † Warschau 28. 11. 1956; polnischer Dirigent, studierte am Leipziger Konservatorium Komposition bei Max Reger und Dirigieren bei Arthur Nikisch. Nach dem Beginn seiner Dirigentenlaufbahn 1906 wurde er 1908 ständiger Dirigent am Maryinsky Operntheater in St. Petersburg. In der Folge dirigierte er an russischen Opernhäusern, bevor er 1921 wieder nach Polen zurückkehrte. 1925—30 dirigierte er erneut in Rußland und in der Ukraine. 1930 wurde er zum Professor am Warschauer Konservatorium ernannt. Ab 1949 lehrte er am Konservatorium von Poznan und von 1954 bis zu seinem Tod am Warschauer Konservatorium.

Bigot, Eugène

* Rennes 28. 2. 1888, †Paris 17. 7. 1965; französischer Dirigent, studierte am Konservatorium von Rennes Violine und Klavier; danach in Paris. 1913 wurde er Leiter des Chores am Théâtre des Champs-Elysées. Von 1923 bis 1925 dirigierte er das Orchester des Konservatoriums; danach wurde er Direktor des Théâtre des Champs-Elysées; 1935 Präsident und Direktor der Concerts Lamoureux. Er behielt diese Position bis 1950. Etwa zur gleichen Zeit (1936—1947) war er Hauptdirigent an der Opéra Comique; von 1947 an bis zu seinem Tode Chefdirigent des Radioorchesters von Paris.

Bilse, Benjamin

* Liegnitz 17.8.1816, † Liegnitz 13.7. 1902; deutscher Dirigent und Komponist, wurde 1843 zum Stadtmusikus seiner Heimatstadt ernannt. Er leitete eine Kapelle, mit der er 1867 auf eigenes Risiko bei der Weltausstellung in Paris und in anderen Ländern auftrat. Nach 1868 richtete er im Berliner Konzerthaus die erfolgreichen Bilse-Konzerte ein, aus deren Orchester 1882 das Philharmonische Orchester entstand. Außerdem leitete er ab 1870 die Festmusiken der Hofkapelle. Ab 1884 lebte er wieder in Liegnitz.

Binicki, Stanislaw

* Jasika bei Kruševac 27. 7. 1872, † Belgrad 15. 2. 1942; jugoslawischer Komponist und Dirigent, studierte an der Universität von Belgrad; danach nahm er bei Rheinberger in München Kurse in Komposition. Nach seiner Rückkehr nach Belgrad baute er die Serbische Schule für Musik mit auf und war gleichzeitig aktiv als Operndirigent.

Bittner, Albert

* Nürnberg 27. 9. 1900, † Hamburg 7. 8. 1980; deutscher Dirigent, nach seinem Studium am Nürnberger Konservatorium war er in erster Linie als Theaterdirigent in Gera, Berlin, Graz (1923—33), Oldenburg (1933—36), Essen (1936—43), Hamburg (1943—45) und Braunschweig (1945—55) tätig. Danach wirkte er als Erster Dirigent an der Hamburgischen Staatsoper. 1965 wurde er zum Professor an der Hamburger Musikhochschule ernannt.

Björlin, Ulf

* 21. 5. 1933; schwedischer Dirigent und Komponist, studierte in Salzburg Dirigieren bei Igor Markevitch und in Paris bei Nadia Boulanger. Von 1963—1968 war er Direktor des Königlichen Dramatischen Theaters in Stockholm. Neben seiner Tätigkeit als Dirigent komponierte er vor allem Theatermusik.

Blech, Harry

* London 2. 3. 1910, englischer Dirigent und Violinist, Schüler des Trinity College of Music in London sowie des Royal College of Music in Manchester, wo er 1929/30 im Hallé-Orchester spielte. Dann gehörte er bis 1935 dem BBC Symphony Orchestra als Violinist an und leitete anschließend bis 1950 sein eigenes «Blech String Quartet». Ab 1942 dirigierte er das von ihm gegründete Ensemble »London Wind Players» und ab 1949 die «London Mozart Players». Letzteres war das erste Orchester in England, das sich besonders für die Wiener Klassik einsetzte (speziell Haydn und Mozart). Er gründete außerdem in London die «Haydn-Mozart-Society».

Blech, Leo

* Aachen 21. April 1871, † Berlin 25.8. 1958; deutscher Dirigent und Komponist, studierte in Berlin Klavier bei Rudorff und Komposition bei Bargiel und Humperdinck, 1893—99 Kapellmeister am Stadttheater in Aachen. Anschließend übernahm er die Stelle des 1. Kapellmeisters an der Deutschen Oper in Prag, wechselte dann 1906 an die Königliche Oper nach Berlin (bis 1923, ab 1913 GMD). Er blieb in Berlin, dirigierte 1923 an der Deutschen Oper, 1924 an der Großen Volksoper und ab 1926 an der Staatsoper (bis 1937). Dazwischen wirkte er 1925 an der Volksoper in Wien. Nach einem vierjährigen Aufenthalt in Riga erhielt er 1941 einen Dirigentenposten an der Königlichen Oper in Stockholm und kehrte 1949 als GMD an die Berliner Städtische Oper zurück (bis 1953).

Blomstedt, Herbert

* Springfield, Mass. 11. 7. 1927; in den USA geborener schwedischer Dirigent, wurde an der Königlichen Musikakademie in Stockholm und der Universität von Uppsala ausgebildet. Danach studierte er bei Igor Markevitch in Paris und bei Jean Morel und Leonard Bernstein in New York. 1954—1962 war er Musikdirektor des Norrköpinger Sinfonieorchester, dann von 1962—1968 des Philharmonischen Orchesters Oslo und von 1968—1977 Leiter des Dänischen Radio Sinfonieorchesters in Kopenhagen. Er setzte seine Karriere als Chefdirigent des Schwedischen Radio Sinfonieorchesters fort.
1975—83 war Blomstedt Chefdirigent der Staatskapelle Dresden und der Staatsoper. Seit 1985 ist er auch Chefdirigent des San Francisco Symphony Orchestra.

Bloomfield, Theodore

* Cleveland 14.6.1923; amerikanischer Dirigent, belegte nach seinem Piano-Studium am Oberlin Konservatorium an der Juilliard School in New York Kurse in Dirigieren; daneben studierte er weiter Piano bei Claudio Arrau und Dirigieren bei Pierre Monteux. Von 1946—47 ging er bei George Szell in Cleveland in die Dirigentenlehre. Anschließend dirigierte er die Kleine Symphonie von Cleveland und den Civic Opera Workshop (47—52). Danach wirkte er als musikalischer Direktor an der Portland Symphony und von 1959—63 an der Philharmonie von Rochester. Nach seiner Übersiedelung nach Deutschland war er bis 1966 Erster Dirigent der Hamburgischen Staatsoper und bis 1968 Generalmusikdirektor von Frankfurt. 1975 erhielt er die Stelle des Ersten Dirigenten des Westberliner Symphonie-Orchesters. Sein Ruf rührt vor allem von Aufführungen seltener alter und zeitgenössischer Stücke.

Blum, Robert

* Zürich 27. 11. 1900; Schweizer Dirigent und Komponist, 1920—23 Schüler Andreaes, Jarnachs, Voglers und Laquais in Zürich sowie 1924 Busonis in Berlin. 1925—50 dirigierte er in Baden im Aargau den Gemischten Chor und noch länger die Orchestergesellschaft. 1950—55 wirkte er außerdem als Dirigent der Zürcher Orchestergemeinschaft. Ab 1943 lehrte er an der dortigen Musikakademie Kontrapunkt und Komposition. Neben Opern, Symphonien und Kammermusik schrieb er Chorwerke und Filmmusiken.

Bodanzky, Artur

* Wien 16.12.1877, † New York 23.11. 1939; österreichischer Dirigent, studierte am Wiener Konservatorium und begann als Violinist im Orchester der Hofoper. Nach einer kurzen Zeit als Operettendirigent in Budweis wurde er 1903 unter Mahler Korrepetitor an der Wiener Hofoper und 1904 Operettenkapellmeister am Karltheater und am Theater an der Wien. 1906 wechselte er nach Berlin, wurde zum 1. Kapellmeister an der Lortzing-Oper ernannt und dirigierte im Jahr darauf am Deutschen Landestheater in Prag. Ab dem Herbst 1909 hatte er in Mann-

heim die Posten als 1. Kapellmeister des Hoftheaters sowie als Dirigent der Akademiekonzerte und des Musikvereins inne. Der Erfolg dort bescherte ihm die Nachfolge von A. Hertz als Kapellmeister an der Metropolitan Opera in New York (1915), wo er 1918—31 die Society of Friends of Music und ab 1919 das New Symphony Orchestra dirigierte.

Boehe, Ernst

* München 27. 12. 1880, † Ludwigshafen 14. 11. 1938; deutscher Kapellmeister, studierte bei Thuille und R. Louis in München. 1913 wurde er zum Hofkapellmeister in Oldenburg ernannt, blieb dort bis 1920 und wechselte anschließend als Chefdirigent des Pfälzischen Landes-Symphonie-Orchesters nach Ludwigshafen. Er schrieb außerdem einige Orchesterwerke.

Böhlke, Erich

* Stettin 9. 9. 1895; deutscher Dirigent, in Berlin Student der Musikhochschule bei Schreker und Juon und der Universität, wirkte 1924 als Kapellmeister an der Oper in Rudolstadt, wechselte 1926 nach Koblenz, wo er im Jahr darauf zum GMD ernannt wurde. 1928 dirigierte er in Wiesbaden, doch 1933 übernahm er den Posten als GMD und Intendant in Magdeburg (bis 1946). 1947—50 war er als Dirigent in Oldenburg, drei Jahre später als Gast bei den Berliner Philharmonikern. Seitdem hatte er weitere Engagements als Gastdirigent und war als Pianist und Pädagoge tätig.

Böhm, Karl

Eine wie hohe Wertschätzung die Musik und ihre großen Interpreten in Österreich besitzen, erhellt die Tatsache, daß zwei Dirigenten Titel zuerkannt wurden, die es eigentlich gar nicht geben kann, ja nicht einmal geben darf: Herbert von Karajan ist der einzige Österreicher, der sein Adelsprädikat noch tragen darf (im Sinne eines Künstlernamens), und Karl Böhm wurde 1964 als erster und bislang einziger mit dem Titel «Österreichischer Generalmusikdirektor» ausgezeichnet. Böhm und Karajan sind gleichwohl, der Grazer wie der Salzburger, in mancher Hinsicht kaum zu vergleichen. Als Böhm 1981 hochbetagt, fast schon siebenundachtzigjährig, starb, schrieb Rolf Liebermann, der in seiner Hamburger wie Pariser Intendantenzeit manche denkwürdige Produktion mit Böhm herausgebracht hatte, in einer kurzen Würdigung: «Seiner österreichischen Konzilianz stand eine bis zum Zorn sich steigernde Unnachgiebigkeit gegenüber, wenn es darum ging, seine musikalische Vorstellung zu realisieren — und dies ohne unnötige Gestik, ohne Theater, ohne das so beliebte Dirigenten-Ballett. Er war der letzte, der seinen Welterfolg nicht den Medien, der Publicity oder dem Jet-Set verdankte.»
Wie man auch immer zu Karajan oder Leonard Bernstein stehen mag, eines ist sicher, die Medien, die Publicity und der Jet-Set haben an ihren Erfolgen, ihrer Berühmtheit und deren Licht- und Schattenseiten keinen geringen Anteil. Das Medienzeitalter, das Jahrhundert der Optik und die gesamte Kulturindustrie mitsamt ihren Vermarktungsstrategien und dem dazugehörigen Reklamerummel, auch dem Bedürfnis, das unablässig Neue, jeweils «Allergrößte» zu produzieren, hat ins holde Reich der hohen Kunst tiefer eingegriffen, als mancher es noch immer wahrhaben will.
Die Laufbahn von Karl Böhm mutet demgegenüber geradezu unscheinbar an: Allzuviele spektakuläre Skandale ranken sich nicht um sie, als Komponist oder Instrumentalist ist er nicht hervorgetreten, inszeniert hat er auch nicht, Festivals oder Orchester hat er nicht gegründet, Intendant ist er nur ganz kurz gewesen, im Fernsehen ist er selten erschienen, auch nicht pädagogischer Talkmaster, ausgesprochenen Pionierruhm hat er sich wenig erworben, und auch von einem Dirigierlehrer Böhm hat man nichts vernommen. Dafür sind immerhin eine Autobiographie, herausgegeben von Hans Weigel, und eine lebensbeschreibende Bild-/Text-Biographie, herausgegeben von Stefan Jaeger, vorhanden. Kurzum: Es gibt nur wenige bedeutende Dirigenten, die mit dieser Berufsbezeichnung so vollständig beschrieben sind, wie eben Karl Böhm. Zeitlebens hat er sich in erster Linie nur als Musiker im Dienst der großen Komponisten empfunden.
Das Exzentrische, welcher Art auch immer, und das Grenzüberschreitende oder auch schlicht Spektakuläre schien nicht unbedingt Böhms Sache. Dieser Eindruck hat natürlich auch die Zweifler auf den Plan gerufen, die meinten, ein Interpret, der so ausschließlich Ausübender, bloß reproduzierender Künstler sei, könne kein ganz «Großer» sein. Zur überragenden Persönlichkeit gehöre nun einmal der utopische Überschwang, das Risiko, der Wille zur tiefgreifenden Veränderung. Lichtenbergs Aphorismus schien da nahezuliegen: Wer nur etwas von Chemie verstünde, der verstehe eben auch von Chemie nicht genug. In der Tat hat es manche Stimmen gegeben, die da meinten, einer der wirklich das Jahrhundert prägenden Interpreten sei Böhm wohl doch nicht gewesen. Aber auch, wer sich dieser Auffassung nicht anschließen will, wird immerhin die Behauptung nicht ganz abwegig finden, Böhm sei letztlich eine Art Spätentwickler gewesen, er habe die Höhe seiner Kunst, die nicht zu bestreiten ist, eigentlich erst in den späten fünfziger Jahren erreicht. In den fünfziger und frühen sechziger Jahren hat Böhm relativ häufig etwa in Frankfurt dirigiert. Und wenn die Erinnerung nicht trügt, empfand man seine Konzerte damals meist als «sehr gut», nicht aber unbedingt als außerordentlich, ja charismatisch.
Es wäre verfehlt, würde man mit Böhm partout Slogans wie «Magier des Taktstocks» assoziieren. Denn kaum ein anderer Dirigent dieser Größenordnung ist von den Exzessen der Pulttänzerei oder des Podium-Schamanentums so weit entfernt gewesen wie er. So ist es alles andere als ein Zufall, (ja, Böhm hat sich emphatisch dazu bekannt) daß er gerade deshalb so gerne in Bayreuth dirigierte, weil der Dirigent dort eben nicht zu sehen ist; während man bei anderen Stardirigenten den leisen Verdacht nicht los wurde, daß es sie aus genau demselben Grund nicht nach Bayreuth zog.
Aber daß Böhm kein Mann der eitlen Allüre und des subjektivistischen Exzesses war (obwohl es ihm an egozentrischem Selbstbewußtsein nicht mangelte), machte auch seine Größe aus, machte ihn zur Gegenfigur zum Imponier-Ballett manches berühmten Kollegen, zum Kult der primär «interessanten» Werkauffassungen — und somit zur Galionsfigur einer im besten Sinne «sachlichen» Dirigierweise.
Gläubige und weniger gläubige Bewunderer Böhms haben diesen Zug, die Abneigung gegen alles Außermusikalische beim Musikmachen mit seinem Charakter und seinen Vorbildern,

aber auch mit seiner früheren Laufbahn in Verbindung gebracht. Für Böhm, 1894 als Sohn eines Wagner-begeisterten Rechtsanwalts geboren, stand zwar frühzeitig fest, daß er Musiker werden wollte. Doch der Vater bestand auf dem Erlernen eines «richtigen» Berufes, und so studierte er denn auch folgsam Jura in Graz, wo er 1919 promovierte. Daneben studierte er Klavier, Theorie und in Wien Komposition. Aber als Dirigent war er letztlich Autodidakt, und nicht ohne Koketterie berief er sich auf die Formel des Wagner-, Bruckner- und Brahms-Apostels Hans Richter: «Man geht aufs Podium — und entweder man kann es oder man lernt es nie!»

Man stößt da auf die Pole von Böhms Künstlerexistenz: die spontan-vitale Selbstsicherheit und die Überlegenheit des hochtalentierten jungen Musikers und die weder zufällige noch folgenlose Juristenausbildung, der Schwung und die Genauigkeit, im Extremfall sogar Pedanterie.

Auf die frühere Juristenexistenz bedeutender Musiker stößt man mehrfach und wundert sich: Eine Kunst, die so sehr für Phantasie, Zauber und Rausch steht, und die trockene Welt der Paragraphen und Akten — wirken sie nicht förmlich wie Feuer und Wasser? Aber einen tiefreichenden Zusammenhang gibt es wohl doch: Musik wie Recht basieren auf einem System geschriebener Strukturen, die es in lebendige Realität zu übertragen und zu erwecken gilt. Buchstabentreue und humane Beseeltheit schließen sich also nicht nur aus, sondern haben auch sehr viel miteinander zu tun. In diesem Sinne muß man Böhm einen glänzenden Anwalt der großen Komponisten nennen: Mozart, Beethoven, Schubert, Wagner, Bruckner, Brahms, Strauss und Alban Berg.

Nimmt man diese Komponistennamen ernst, so könnte man erneut auf die am Ende sogar widersprüchliche Polarität Böhms stoßen. Denn bei einem Spezialisten für Bach oder Neue Musik vermag man sich eher vorzustellen, daß gewissenhafteste Akribie hier eine conditio sine qua non sinnvoller Interpretation ist. Aber beim «Figaro», beim «Tristan», der «Elektra» oder dem «Wozzeck» möchte man denn doch meinen, daß Pedanterie nun völlig fehl am Platz wäre. Doch es macht im Gegenteil Eigenart und Rang Böhms aus, ja vielleicht sogar sein Geheimnis: daß er bei diesen in jeder Hinsicht extremen Werken die vehementeste Intensität gerade durch äußerste Präzision, Deutlichkeit und Transparenz erzielte. Wer je einmal das Glück hatte, Karl Böhm auf einer Probe zu erleben (seiner Bayreuther «Tristan»-Produktion ist eine Probe zum Beginn des dritten Aktes beigefügt), wird die erstaunliche und wiederum auch keineswegs überraschende Erfahrung machen, daß interpretatorische Arbeit unendlich viel mit Begriffen wie zu hoch / zu tief, zu früh / zu spät, zu schnell / zu langsam / zu laut / zu leise zu tun hat — mit minutiösem Feilen an scheinbar simplen technischen Detailfragen, das mitunter manchem tatsächlich pedantisch erscheinen mag. Doch der Schein trügt.

Lange vor und ganz anders als Harnoncourt und Marriner hat Böhm einen «klassischen» Mozart-Stil geschaffen (o.); Proben in Bayreuth 1971 (r.)

Auch wenn Böhm unliebenswürdig-hartnäckig auf schweren Stellen «herumreiten» konnte, so hat er darüber doch kaum den großen, schwungvoll-beseelten Zusammenhang aus den Augen verloren. Und wenn eine Aufführung einmal technisch «stand», dann kritisierte er kaum noch Kleinigkeiten, dann vertraute er ganz auf die jeweils optimale Abendform der Musiker. Mag Böhm bei den Proben ein ewig unzufriedener «Grantler» gewesen sein, seine Aufführungen wirkten meist vital großzügig und lebhaft pulsierend. Dem entsprach auch sein Dirigieren: leicht vornübergebeugt, mit unaufwendigem, elastisch federndem Schlag, der im Alter, zumal für das Publikum, immer unscheinbarer wurde, den Blick oft leicht nach oben gewandt (nicht der Verzückung, sondern der besseren Klangkontrolle wegen), mit kleinen, bisweilen leicht absatzknallenden Luftsprüngen bei manchen Höhepunkten, so ist er in Erinnerung geblieben.

Hinter all dem steckte eine immense Erfahrung. Bei kaum einem anderen Musikerberuf ist diese so sehr vonnöten wie beim Kapellmeister. Denn alle Genialität und Dirigierperfektion können nicht ganz die Überlegenheit aus der Praxis heraus ersetzen: das Wissen etwa, wann Orchester und Chor «durcheinanderkommen» können oder wo ein Sänger eventuell «aussteigt» oder «schmeißt» — und wie man solche allfälligen Pannen blitzschnell, effektiv und unauffällig behebt. Etwas von dieser lebenslangen Theater-Routine im besten Sinne war Böhm stets anzumerken. Schließlich hat er insgesamt mehr als sechs Jahrzehnte als Dirigent gewirkt.

1917 hatte er am Opernhaus seiner Heimatstadt Graz angefangen. Doch schon 1921 holte ihn Bruno Walter nach München: Am 28. Januar dirigierte er auf Probe Puccinis «Madama Butterfly», — und am 2. Februar 1981 dirigierte er zum letzten Mal im Nationaltheater. Die Förderung durch Bruno Walter brachte ihm indes nicht nur erste Erfahrungen und Erfolge, sondern auch die intensive Beschäftigung mit einem der Fixpunkte seiner Künstlerexistenz: Mozart.

Heutzutage gilt Mozart als selbstverständlicher Bestandteil des Repertoires. Doch bis in die zwanziger Jahre hinein überdämonisierte man entweder den «Don Giovanni», oder man sprach vom ewig heiter lächelnden Götterjüngling und -liebling, romantisierte oder verzärtelte. Bruno Walter war einer der ersten, die sich um ein integrales, verantwortungsbewußtes Bild des Komponisten bemühten: ohne romantisierende Übergewichtigkeit, ohne Rokoko-Schnörkel und ohne sentimentale Nuancensucherei. Böhm hat sehr wohl gewußt, welche Einsichten und Anregungen er Bruno Walter zu verdanken hatte. Seit den fünfziger Jahren gelang es Böhm zunehmend, diese Impulse kritisch weiter zu entwickeln, der Walterschen Empfindungstiefe die Sachlichkeit der Struktur und die perfekte Balance aller Ele-

mente hinzuzufügen. Zudem entdeckte Böhm den ganzen Mozart, also auch die frühen Sinfonien, aber auch die innere Einheitlichkeit von Mozarts Komponieren. Dies vor allem ist eine Frage des Tempos. Auch wenn den Schlagworten von den «richtigen» oder gar «natürlichen» Zeitmaßen heftig mißtraut werden sollte; bei Böhm hatte man meist das Gefühl, der Puls «stimme». Darüberhinaus hat Böhm stärker als Walter (da liegt doch eine Generation und die Phase der «Neuen Sachlichkeit» dazwischen) auf der, obschon flexiblen, Stabilität der Tempi beharrt. Bei ihm gab es kaum den Automatismus, daß schöne, lyrische oder ausdrucksvolle Stellen — etwa zweite Themen im Sonatenhauptsatz — plötzlich langsamer wurden. Und wenn bei Aufnahmen unterbrochen wurde, so konnte man bei ihm sicher sein, daß er den nächsten «take» mit derselben Metronomzahl weiterdirigieren würde. Was immer er dirigierte, stets verstand er es, den Klang schlank zu halten, ohne daß er jemals dünn gewirkt hätte, und den Fluß energisch zu akzentuieren. Es ist gewiß nicht unsymptomatisch, daß Böhm den Werken, die am stärksten mit programmatischen Deutungen belastet sind, dem «Don Giovanni» und der «Zauberflöte», nicht so schlüssig begegnete wie denen, die in erster Linie nur Musiktheater sind: «Figaro» und «Così fan tutte». Von seiner Vorliebe gerade für «Così» zeugen nicht weniger als drei Schallplattenaufnahmen, von seiner Grundeinstellung als Mozart-Interpret folgendes Credo: «Ich habe mir Gedanken gemacht, wie ich Mozart zeit- und stilgerecht interpretieren kann, und bin zur Überzeugung gelangt, daß dieser Komponist, dem es gegeben war, die menschlichen Leidenschaften endgültig in Musik zu setzen, von der Dramatik des ‹Don Giovanni› über die Frivolitäten der Despina in ‹Così fan tutte› zur Leichtigkeit des ‹Figaro› nur eines nicht war, sentimental. Und ich bemühe mich daher, Mozart niemals sentimental zu dirigieren; mit Gefühl, mit innigstem Gefühl erfüllt, aber nicht sentimental.»
Gerne hat man Böhm — und derlei Typisierungen sind natürlich stets heikel — zum überragenden Mozart-, Wagner- und Strauss-Dirigenten emporstilisiert. Und so zentral diese drei Komponenten für Böhm tatsächlich gewesen sind, dies wäre nur die halbe Wahrheit. Denn auch wenn er eindeutige Vorlieben und ebensolche Abneigungen hatte, schwerlich auf den Pionier für die Moderne oder gar Avantgarde festzulegen war, so darf man dennoch nicht vergessen, daß Böhm in seiner Zeit als Darmstädter Generalmusikdirektor (1927-31) sich nachdrücklich für das zeitgenössische Musiktheater eingesetzt hat.
Vor allem hatte er eine intensive persönliche Beziehung zu Alban Berg gewonnen, während er für Schönberg und Webern geringere Sympathie empfand. Doch die beiden Opern Alban Bergs sind für ihn zu Schlüsselwerken geworden. Beide, den «Wozzeck» wie die «Lulu», besonders aber den «Wozzeck», hat er sogar für einige Länder regelrecht durchgesetzt — in

Berliner Festwochen 1977: «Così fan tutte». Musikalische Leitung: Karl Böhm; Regie: Otto Schenk; Bühnenbild: Jürgen Rose. Böhm dirigierte außerordentlich gerne an der Deutschen Oper.

Berlin, Wien und Salzburg, aber auch an der New Yorker Met und am Teatro Colón in Buenos Aires. Böhms musikalische Unbestechlichkeit und hohe kapellmeisterliche Souveränität war es nicht zuletzt zu verdanken, daß diese so überaus wichtigen Werke durch selbstverständliche dirigentische Autorität gegen das Vorurteil, bloß komplizierte Hirnmusik zu sein, gefeit wurden.
Böhm war gewiß ein überaus ehrgeiziger Dirigent; zur erfolgreichen Interpreten-Karriere scheint dies nun einmal dazuzugehören. Schon 1931 wurde er nach Hamburg berufen, wo er aber nur zwei Jahre blieb. 1934, kurz nachdem die Nazis den großen Fritz Busch aus Dresden vertrieben hatten, wurde er an die ruhmreiche Dresdner Staatsoper berufen. Daß Böhm sich der Gunst der NS-Machthaber erfreute, läßt sich kaum bestreiten. Schließlich wurde er sogar noch 1943-45 zum Direktor der Wiener Staatsoper ernannt. Einen Unliebsamen hätte man schwerlich mit diesen höchsten Ämtern betraut. Böhm hat sich, dies sei nicht verschwiegen, 1941 in einem Interview schon innigster Sympathien für Hitlers braune Mannen 1923 gerühmt. Gewiß, die erstaunlichen Karrieren von Böhm oder auch Karajan wären schwerlich ohne eminente dirigentische Begabung so erfolgreich verlaufen. Aber politische Anpassungsfähigkeit und das Fernbleiben und die Emigration von Musikern wie Toscanini, Klemperer, Bruno Walter, Erich

Kleiber und eben Fritz Busch haben da sicher auch den Weg geebnet. Daß Böhm nicht zum Oppositionellen, gar Märtyrer geschaffen war, auch nicht den Weg in die Emigration wählte, wird man ihm nicht unbedingt vorwerfen können. Und daß er seine Chancen zu nutzen verstand, ist immerhin verständlich. Weniger einleuchtend war da schon, daß er in seiner Autobiographie sich an manche Dinge gar nicht so genau erinnern wollte und letztlich so tat, als sei das Dritte Reich mehr oder minder ein Betriebsunfall der deutsch-österreichischen Geschichte gewesen, dessen für ihn entscheidende Negativ-Wirkung hauptsächlich in einem zweijährigen Auftrittsverbot

Während der «Elektra»-Proben in Wien 1981. Der sound-track zu Götz Friedrichs Film war eines der letzten Dirigate Böhms. Er verstand sich als einer der wenigen kompetenten R. Strauss-Dirigenten.

nach Kriegsende bestand. Aber die Berufung nach Dresden hatte für Böhm nicht nur massiv Karriere bedeutet, sondern auch die Entwicklung zum großen und authentischen Richard-Strauss-Dirigenten, auch die Freundschaft mit dem Komponisten, dessen «Ariadne auf Naxos» er zwischen 1916 und 1979 immer wieder mustergültig einstudiert hat. Schon Böhms Grazer Landsmann Ernst von Schuch hatte die Dresdener Hofoper und die Sächsische Staatskapelle zum Zentrum der Strauss-Pflege gemacht, «Feuersnot», «Salome», «Elektra» und «Rosenkavalier» uraufgeführt. Karl Böhm hat in Dresden «Die schweigsame Frau» und die ihm sogar eigens gewidmete «Daphne» herausgebracht. Strauss wußte, daß er in Böhm nicht nur einen treu ergebenen Interpreten hatte, sondern auch einen Dirigenten, dessen kapellmeisterliche Kompetenz das rein Handwerkliche um Entscheidendes transzendierte. Böhm verstand es exemplarisch (ganz im Sinne von Strauss), den Klang zu entfetten und aufzulichten, alles bloß Massige zu vermeiden, mit pulsierender Rhythmisierung das ja oft genug wahrlich üppige Liniengeflecht in Schwung zu versetzen, Finesse und Wucht dialektisch miteinander zu vermitteln. Gerade das Kammerstück «Ariadne», für Böhm Synthese von Mozart und Wagner, und das andere Extrem, die ausladend-bedeutungsschwangere «Frau ohne Schatten», gehörten für Jahrzehnte zu Karl Böhms dirigentischen Glanzleistungen, in Wien wie in Salzburg.

In Dresden hat sich Böhm auch zum überragenden Konzertdirigenten entwickelt und dabei nicht zuletzt Bruckner entdeckt: Seine Dresdener Plattenaufnahmen der vierten und fünften Sinfonie, noch dazu in den damals gänzlich sensationellen Originalfassungen, zählen zu den reifsten Bruckner-Einspielungen überhaupt.

Als Böhm 1954 erneut die Leitung der wiederaufgebauten Wiener Staatsoper, die er 1955 mit «Fidelio» eröffnete, übernahm, da geriet er bald in das Dilemma zwischen dem ehrgeizigen Streben nach internationaler Karriere und den Pflichten des ständigen Direktors. Er zog sich den Unmut von Presse und Publikum zu und demissionierte. Er erlebte da über den fundamentalen Konflikt hinaus den so traditionsreichen wie spezifischen Wiener Intrigenuntergrund, der vor ihm schon Gustav Mahler, dann seinen Nachfolger Karajan und noch Lorin Maazel zur Resignation brachte.

Böhms Rang als Dirigent ist grundsätzlich nie ernsthaft bestritten worden. Gleichwohl konnte man den Eindruck gewinnen, erst die neuerliche Auseinandersetzung mit dem gewaltigen Werk Wagners habe den entscheidenden, geradezu hitzigen Spätschub ausgelöst. Der Bayreuther «Tristan» in Wieland Wagners Inszenierung jedenfalls ließ einen neuen Böhm erkennen: voller Dynamik und Dramatik, glühend intensiv bei dennoch stets hellem, schlankem Klang und spürbar belebten Tempi. Ein neuartiger, geradezu sachlich anmutender, dabei vital mitreißender Wagner-Stil zeichnete sich da ab — ein Eindruck, der sich beim «Ring» wiederholte.

Der insgesamt sicher konservative Böhm war gewiß kein Freund bilderstürmerischer Experimente. Doch mit Wieland Wagner, Rennert, Ponnelle, Götz Friedrich und sogar Dieter Dorn (beim Münchener «Fidelio» zusammen mit dem avancierten Bühnenbildner Erich Wonder) hat Böhm mehrfach gemeinsam Produktionen herausgebracht, die behutsam auch visuell (obschon Böhms Sehkraft mehr und mehr nachließ) Neuland anvisierten.

Gerade Böhm, ein Musiker des Anti-Pathos, hat bekannt, daß ihn Werke wie «Tristan» und «Elektra» in den letzten Jahren bis an den Rand der psychisch-physischen Existenz erschüttert haben. Böhms Größe, in unzähligen Aufnahmen mit den Berliner wie Wiener Philharmonikern dokumentiert, war eher von der unscheinbar späten Art und darin nachhaltiger als die spektakuläre Karriere mancher schnellen Medienblüte. *GRK*

Boettcher, Wilfried

* Bremen 11. 8. 1929; deutscher Cellist und Dirigent, studierte Cello bei Arthur Troester in Hamburg und Pierre Fournier in Paris sowie bei Pablo Casals. Nach seinem Abschluß war er Erster Cellist an der Hannoveraner Oper (1956—58); 1958 wurde er zum Professor für Cello an der Wiener Musikakademie ernannt. Mit dem Kammerorchester «Die Wiener Solisten», das er 1956 gegründet hatte, unternahm er mehrere Tourneen durch Europa. 1965 wechselte er nach Hamburg über. Neben seiner Tätigkeit als Professor an der Hamburger Hochschule für Musik war er Erster Dirigent des Hamburger Symphonieorchesters (1967—71) und trat als Gastdirigent in Deutschland, Frankreich und England auf.

Bohnke, Emil

* Zdunska Wola (Polen) 11. 10. 1888, † bei Pasewalk 11. 5. 1928 (Autounfall); deutscher Komponist und Dirigent, studierte am Konservatorium in Leipzig bei Sitt und Krehl sowie bei Gernsheim in Berlin. Nachdem er als Lehrer am Sternschen Konservatorium und als Bratschist gewirkt hatte, war er als Komponist und Dirigent in Berlin tätig, lehrte dort auch an der Musikhochschule in einer Bratschen-Klasse und leitete kurze Zeit das Leipziger Symphonieorchester als 1. Dirigent. 1926 trat er die Nachfolge O. Frieds als Dirigent der Berliner Symphoniker an.

Bonaventura, Mario di

* Follansbee 20. 2. 1924; amerikanischer Dirigent, Lehrer und Musikverleger, studierte zuerst Violine und gewann 1941 auf dem Young Composers' Composition Competition an der New Yorker Philharmonie einen Preis. Nach dem Krieg ging er 1947 nach Paris, wo er bei Nadia Boulanger Komposition studierte; daneben belegte er am Pariser Konservatorium Kurse in Klavier-Begleitung. Danach studierte er zuerst am Mozarteum in Salzburg bei Igor Markevitch und später in Paris Komposition; seinen ersten Preis erhielt er 1952 auf dem internationalen Dirigentenwettbewerb in Besançon, 1953 gewann er den Lili Boulanger Memorial Preis für Komposition. Von 1954 bis 1956 wirkte er bei dem Pasdeloup Orchester in Paris als Pianist und machte Jazz-Arrangements für Django Reinhardt. Nach seiner Rückkehr in die USA dirigierte er die Fort Lauderdale Symphony (1959—62). Am Dartmouth College rief er 1963 eine erfolgreiche Reihe von Sommerfestivals unter dem Motto «Congregation of the Arts» ins Leben und förderte Werke zeitgenössischer Komponisten. Insgesamt wurden in sieben Sommern 389 Werke aufgeführt; darunter waren 38 Welturaufführungen. 1968 übernahm Bonaventura die Organisation und Leitung des 4. Internationalen Anton von Webern Festivals. Mit verschiedenen Orchestern ging er als Dirigent auf Europa-Tournee. 1979 zog er sich schließlich zurück und widmete sich nur noch seiner Lehrtätigkeit an der Universität.

Bongartz, Heinz

* Krefeld 31. 7. 1894, †Dresden 2. 5. 1978; deutscher Dirigent, studierte bei Elly Ney Klavier und bei Fritz Steinbach Dirigieren. Zeit seines Lebens bekleidete er wichtige Positionen als Dirigent: Berlin (1924—1926), Meiningen (1926 bis 1930), Gotha (1930 bis 1933), Kassel (1933—1937) und Saarbrücken (1937—1944). Bongartz lehrte von 1946—1974 an der Leipziger Musikhochschule, und er war von 1947 bis 1964 Chefdirigent der Dresdener Philharmonie.

Bonynge, Richard

* Sydney 29. 9. 1930; australischer Dirigent, studierte am New South Wales Konservatorium und begann seine Laufbahn als Pianist. Nach seiner Heirat mit der berühmten Sopranistin Joan Sutherland wechselte er zum Dirigierfach, um seine Frau besser unterstützen zu können. Sein Debut als Dirigent gab er 1962. 1977 wurde er zum musikalischen Direktor der Australischen Oper in Sydney ernannt. Unabhängig von Joan Sutherland machte er als Opernkapellmeister auf sich aufmerksam und dirigierte bemerkenswerte Schallplatteneinspielungen u. a. von Bellinis «Norma».

Bordes, Charles

* La-Roche-Corbon bei Vouvray (Indre-et-Loire) 12. 5. 1863, † Toulon 8. 11. 1909; französischer Komponist und Chordirigent, studierte bei C. Franck und wurde 1887 Kirchen-Kapellmeister in Nogent-sur-Marne (bis 1889). Im Jahr darauf übernahm er den Kapellmeisterposten an St. Gervais in Paris, wo er ab 1892 Vorstellungen alter Kirchenmusik gab. Gemeinsam mit Guilmant und d'Indy gründete 1894 die «Association des Chanteurs de St. Gervais» und vier Jahre später die «Schola Cantorum».

Boskovsky, Willi

* Wien 16. 6. 1909; österreichischer Violinist und Dirigent, Student der Wiener Akademie für Musik und darstellende Kunst, wo er ab 1935 Violine lehrte. 1932 wurde er Mitglied der Wiener Philharmoniker und 1939 dort Konzertmeister. Daneben leitete er das Orchester der Wiener Staatsoper, gründete 1948 das «Wiener Oktett», das ihn bekannt machte, leitete das «Wiener Mozartensemble». Seine Arbeit als Chefdirigent des Wiener Strauß-Orchesters (ab 1969) nahm ihn so stark in Anspruch, daß er 1971 seinen Posten bei den Wiener Philharmonikern niederlegte. Von 1955—1980 dirigiert er dort jedoch das Neujahrskonzert.

Bottesini, Giovanni

* Crema (Lombardei) 22. 12. 1821, † Parma 7. 7. 1889; italienischer Kontrabassist und Kapellmeister, ab 1837 Student des Mailänder Konservatoriums, wirkte 1840—46 als Kontrabassist in Italien und ab dem folgenden Jahr als Kapellmeister in Havanna. 1855 nahm er einen Kapellmeisterposten am Théâtre Italien in Paris an (bis 1857), 1861 am Teatro Bellini in Palermo, 1863 in Barcelona. In Florenz leitete er daraufhin die von ihm gegründete «Società del quartetto,» die sich der deutschen klassischen Musik annahm. 1871 ging er als Operndirektor an das Lyceum Theatre nach London und dirigierte dann die «Aida»-Uraufführung in Kairo. Wieder in Italien, wirkte er bis zu seinem Tod als Chef des Konservatoriums in Parma.
Verdi hat ihn als Dirigenten geschätzt. Ihm blieb noch Zeit für einige Opernkompositionen.

Boulez, Pierre

Ein Januskopf. Ein Musiker aus Feuer und Eis. Mitte der siebziger Jahre, als er Chefdirigent des New York Philharmonic Orchestra war, wurde Pierre Boulez in einem Interview darauf angesprochen, daß er sich als Komponist gebärde wie Robespierre, als Dirigent aber wie Napoleon. Boulez zögerte keinen Augenblick: «Das sind die Folgen der Revolution!» lautete seine Antwort.

Kein Zweifel: Dieser Pierre Boulez war einer der entschiedensten musikalischen Revolutionäre. Als zorniger junger Mann von Anfang Zwanzig stimmte er zusammen mit ein paar Freunden bei einer Aufführung in Paris ein Buh-Konzert an, das den neoklassizistischen Werken Strawinskys gewidmet war, Werken, die der junge Pierre Boulez als Kollaboration mit dem Geschmack des Publikums und als Verrat an der Neuen Musik empfand. Er war Revolutionär. Und er ist Napoleon. Seit 1977 herrscht er über das unterirdische Reich IRCAM, jenes «Institut de Recherche et de Coordination Acoustique-Musique», das ein wenig seitwärts des Centre Pompidou in hochmodernen, von allen äußeren Schalleinflüssen abgeschiedenen Katakomben untergebracht ist und wo er zusammen mit einem hochqualifizierten Stab aus Künstlern und Wissenschaftlern aller Disziplinen jene Gesetze des Akustisch-Musikalischen und Musikalisch-Ästhetischen zu fassen sucht, die möglicherweise das nächste Jahrhundert der Musik so bestimmen werden wie der Code Napoleon die folgenden zweihundert Jahre europäischer Zivilgesetzgebung definieren sollte.

Wie die meisten Revolutionäre stammt auch Pierre Louis Joseph Boulez aus großbürgerlicher Familie. Er wurde am 26. März 1925 in Montbrison an der Loire geboren. Das liegt zwischen Clermont-Ferrand und St. Etienne am Fuß des Pierre-sur-Haute, der sich zur imposanten Höhe von über 1600 Metern erhebt und in einer Landschaft steht, die nach Kohle und Stahl riecht: Montan-Land ist hier. Der Vater war Ingenieur und Stahlindustrieller. Sein Denken wurde beherrscht von jener konstruktiven Logik, die in den berechtigten Optimismus des Industriezeitalters mündete.

Kein Wunder, daß der Vater der festen Ansicht war, der hochintelligente Sohn werde ebenfalls Konstrukteur. Der Sohn wiederum hatte mit sieben Jahren den ersten Klavierunterricht erhalten, was zur Folge hatte, daß die Musik mehr und mehr in den Mittelpunkt seines Interesses rückte. Er bereitete sich zwar ebenso gewissenhaft auf Mathematik vor, aber gleichzeitig eben auch in St. Etienne auf ein weiterführendes musikalisches Studium. Auf Wunsch des Vaters besucht er 1941 in Lyon die Classe de mathématiques speciales, einen einjährigen Kurs, der auf die Écoles Polytechniques hinführt, und absolvierte ihn mit Auszeichnung. Doch das Jahr in Lyon wird sein Schicksalsjahr. Zwar lehnt das Konservatorium es ab, ihn in die

Pierre Boulez: seine Vorliebe am Dirigentenpult gilt Beethoven, Berlioz und Wagner.

Klavierklasse aufzunehmen, doch nimmt er privat Unterricht in Kontrapunkt und Harmonielehre. Im Zusammenhang mit seiner ersten Opernaufführung, dem «Boris Godunow», lernt er die Sängerin Ninon Vallin kennen, die ihm Mut macht, sich auf das Musikstudium zu verlegen. Es kommt unweigerlich zum Bruch mit dem Vater, und Pierre Boulez macht sich 1942 auf den Weg nach Paris.

Auch das Pariser Konservatorium lehnt ihn als Klavierstudenten ab. Doch Pierre Boulez gibt nicht auf, und er gibt sich vor allem nicht mit unwichtigen oder einflußlosen Leuten ab. Er erreicht, daß er in die Kontrapunktklasse von Andrée Vaurabourg aufgenommen wird; Andrée Vaurabourg ist die Frau von Arthur Honegger. 1944 geht er zusätzlich in die classe d'harmonie von Olivier Messiaen und erreicht außerdem, daß ihn Messiaen zu seinem kompositionsanalytischen Privatissimum zuläßt. Messiaen wird sein eigentlicher Lehrer, der später einmal bekennen soll, er habe nie einen begabteren Schüler gehabt. 1945 verläßt Pierre Boulez das Konservatorium mit dem Premier Prix d'harmonie in der Tasche; ein wahrhaft ausgezeichneter Theoretiker also.

Im Jahr darauf trifft er auf René Leibowitz und läßt sich von diesem in die Theorie und Praxis der Zwölftontechnik einführen. Er wird der zornige junge Mann, der gegen Strawinsky ebenso polemisiert wie gegen Berg und Schönberg, denen er Verrat an der Dodekaphonie vorwirft. Abends erwirbt er sich einige Praxis, indem er die Ondes Martenot, ein spezifisch französisches elektronisches Tasteninstrument, in den Folies-Bergères spielt.

Diese praktische Erfahrung kommt ihm zugute, als Madeleine Renaud und Jean-Louis Barrault für ihre neue Theatercompagnie im Théâtre Marigny einen Musiker suchen, der die Ondes Martenot spielen kann. Boulez wird akzeptiert und debütiert mit einer Schauspielmusik Honeggers zu «Hamlet». Von 1948 an ist er fast ein Jahrzehnt lang Musikalischer Direktor des Théâtre Marigny; Jean-Louis Barrault übernimmt beinahe ein wenig Vaterstelle bei ihm. Boulez ist auch auf allen Tourneen der bald weltberühmten Theatertruppe dabei. 1954 macht er sich, unterstützt von Barrault und der Renaud, daran, eine Konzertreihe für Neue Musik zu gründen. Barrault stellt ihm das Petit Marigny an der Rückseite des Theaters zur Verfügung. So entstehen die «Concerts du Petit-Marigny», die ab 1955 den später so bekannten Namen «Domaine musical» erhalten. Als Dirigenten bevorzugt Boulez Hermann Scherchen und Hans Rosbaud.

Boulez komponiert in diesen Jahren sehr viel, zunächst in Zwölftontechnik, dann in dem von ihm mitgeschaffenen seriellen Stil. Und die Notwendigkeit, die eigenen Werke adäquat aufgeführt zu sehen, zwingt ihn schließlich auch, sich mit dem Dirigieren zu befassen. Er ersetzt Rosbaud bei der Erstaufführung des «Marteau sans maître», Scherchen lädt ihn nach

Köln ein, die «Visage nuptial» zu dirigieren. 1958 bildet er zusammen mit Karlheinz Stockhausen und Bruno Maderna das Dirigenten-Trio, das Stockhausens revolutionäres Orchesterwerk «Gruppen für drei Orchester» aus der Taufe hebt. In Donaueschingen, wo er ebenso wie bei den Darmstädter Ferienkursen für Neue Musik bald zu den führenden Theoretikern der musikalischen Avantgarde zählt, springt er wieder für Rosbaud ein, und als er sich Ende der fünfziger Jahre mit den Pariser Kultusbehörden überwirft, zieht er nach Baden-Baden, wo ihm der Südwestfunk ein bescheidenes Grundgehalt bezahlt. Dadurch erwirbt er das Recht, alle Boulez-Uraufführungen zu senden.

Hier in Baden-Baden lernt Boulez bei Hans Rosbaud dirigieren. Immer wieder leitet der junge Komponist das Orchester des Südwestfunks, vor allem natürlich bei Aufführungen der musikalischen Avantgarde. Später bekennt Pierre Boulez einmal, das Dirigieren sei ein hervorragendes Training für das Komponieren und Instrumentieren, ebenso wie man umgekehrt beim Komponieren auch gewisse Grundsätze des Dirigierens erlernt: Analyse der Partitur, genauestes Hinhören, Akribie im Detail.

Die Bindung an Baden-Baden gibt Boulez nie mehr ganz auf. Noch heute besitzt er in der Stadt, in der sich einst Anton Rubinstein, Clara Schumann und Pauline Viardot-Garcia niederließen, ein Haus.

Zu Beginn der sechziger Jahre übernimmt er einen Lehrauftrag für Komposition an der Basler Musikakademie. 1963, als er für kurze Zeit als Visiting Lecturer nach Harvard geht, hat sich bereits herumgesprochen, daß er eine spezifische Dirigierbegabung ist — Otto Klemperer nannte ihn einmal in einem Gespräch mit Peter Heyworth den begabtesten Dirigenten seiner Generation. Pierre Boulez wird im gleichen Jahr 1963 eingeladen, «Le Sacre du printemps» mit dem Orchestre National in Paris aufzuführen. Der Abend ist eine Sensation. Und eine Sensation ist auch seine Einstudierung von Alban Bergs «Wozzeck» an der Pariser Oper, ebenfalls 1963; Jean-Louis Barrault führt Regie. 1964 dirigiert er erstmals das BBC Symphony Orchestra, 1965 leitet er diesen hochqualifizierten symphonischen Apparat beim Gastspiel in New York und gastiert selbst erstmals beim Cleveland Orchestra, dessen Chef George Szell dafür sorgt, daß Boulez nun in jeder Saison nach Cleveland kommt. Und ebenfalls 1965 geht er mit dem NDR-Sinfonieorchester zu den Festspielen nach Edinburgh. Schon im folgenden Jahr debütiert er in Bayreuth. Wieland Wagner hat ihn als Dirigenten für den «Parsifal» verpflichtet, und diese letzte Bayreuther Inszenierung des bedeutenden Reform-Regisseurs betreut er bis zum Jahr 1970. Das Royal Opera House Covent Garden holt ihn 1969 für eine Produktion von «Pelléas et Mélisande» nach London. Von ihr gibt es eine Schallplattenaufzeichnung, die immer noch Modellcharakter hat, so unübertrefflich genau trifft Boulez den Sprachklang der Musik Debussys.

1971 führt ihn seine Karriere zu zwei Spitzenpositionen der westlichen Musikwelt. Er wird Chefdirigent des BBC Symphony Orchestra und des New York Philharmonic Orchestra. In London ist er Nachfolger von Colin Davis, der die Leitung von Covent Garden übernimmt; in New York ersetzt er Leonard Bernstein.

In beiden Positionen hat er es freilich nicht leicht. In London ist es noch eher möglich, neue Vorstellungen vom Repertoire eines Orchesters zu realisieren. Boulez zeigt eine offene Vorliebe für Beethoven und Berlioz, die er als Neuerer ihrer Zeit ansieht. Ihm widerstreben aber konservative Symphoniker wie Brahms oder Strauss.

Seine Versuche, das Repertoire um wenig bekannte Werke zu erweitern, scheitern am Protest vor allem des New Yorker Publikums, das immer wieder das Altgewohnte hören will. Niemand freilich bestreitet, daß Pierre Boulez ein außerordentlicher und ein außerordentlich kompetenter Musiker ist. Sein konzentrierter, emotionslos auf äußerste Effektivität angelegter Probenstil bringt allerdings manchen Musiker zur Verzweiflung. Dieser Dirigent hört alles; jede leichte Bequemlichkeit, die sich die Musiker hier und da in der Partitur gönnen, korrigiert er.

Proben zu Wagners «Der Ring des Nibelungen», Bayreuth 1976. Patrice Chereau (r.) führte Regie. Gwyneth Jones sang u.a. die Sieglinde.

Er ist ein Fanatiker der Klangfarbe und der Transparenz der musikalischen Struktur.

Auf die Frage eines Journalisten, ob er denn überhaupt keine Empfindungen während einer Aufführung habe, antwortet Boulez: Er habe selbstverständlich Emotionen, und nicht wenige. Aber er sei nicht verpflichtet, seine Gefühle zu zeigen. Das ist der Gegensatz, der seine Konzerte so außerordentlich aufregend macht: Die Musik wirkt bei aller Analytik glühend; Boulez scheint bei aller Musikalität kühl. 1975 gibt er die Leitung der BBC Symphony auf. Im gleichen Jahr unternimmt er mit dem New York Philharmonic eine Tournee durch Europa; es wird ein Triumphzug, ähnlich wie jenes Konzert mit dem BBC Symphony Orchestra in Paris, wo die Zuschauer ihr «Boulez-à-Paris» skandieren. Doch noch einmal geht er ein Abenteuer ein, erprobt seine Widerstandsfähigkeit gegen versteckte und offene Feindschaft: 1976 erarbeitet er zusammen mit dem französischen Regisseur Patrice Chéreau jene Bayreuther «Ring»-Produktion, die inzwischen als Jahrhundert-«Ring» berühmt geworden ist. Die Ablehnung, auf die Patrice Chéreau bei einem Teil der Bayreuther Künstler stieß, beeinträchtigt anfangs das Verhältnis zwischen Boulez und dem Orchester. Erst allmählich nehmen die Spannungen ab, und nachdem sich, vor allem in den folgenden Jahren, der Erfolg dieser Produktion erwiesen hatte, ist auch dieses Abenteuer bestanden. Mit Chéreau zusammen produziert Boulez dann noch 1979 an der Pariser Oper die Uraufführung der dreiaktigen Fassung von Alban Bergs «Lulu» — auch dies ein herausragendes Ereignis der Musikgeschichte. Seitdem ist Pierre Boulez immer seltener in der Öffentlichkeit aufgetreten, auch als Komponist. 1977 gibt er sein Amt beim New York Philharmonic auf; 1978 übernimmt er die Leitung des IRCAM. *NE*

Boult, Sir Adrian

*Chester 8.4.1889, †Farnham 23.2. 1983; englischer Dirigent, Schüler der Westminster School und der Christ Church in Oxford, 1912—13 Student am Leipziger Konservatorium. 1914 gehörte er zum Personal des Covent Garden in London, während des Krieges dirigierte er Konzerte in Liverpool, und 1918 gab er die Uraufführung von Holsts «The Planets» in einem privat organisierten Konzert in der Londoner Queen's Hall. Es folgten Posten als Lehrer am Royal College of Music in London (1919—30), als Chefdirigent der Herbstsaison von Diaghilews Ballet Russe (1919), als Konzertdirigent an der Kingsway Hall (1920) und später am People's Palace. Opernerfahrungen sammelte er bei Vorstellungen mit der British National Opera Company und 1926 als assistierender Musikdirektor am Covent Garden sowie mit Kammeropern in Bristol, Birmingham und London. 1928—31 wirkte er als Musikdirektor des Bach-Chors dort, 1925—30 als Dirigent der Birmingham Festival Choral Society und des City of Birmingham Symphony Orchestra. 1930 übernahm er die für seine Laufbahn so wichtige Stelle als Musikdirektor der British Broadcasting Company, (bis 1942) deren Symphonieorchester er gleichzeitig bis 1950 dirigierte. Er erreichte nun rasch internationale Bekanntheit, trat als Gast in Wien (1933), Boston und Salzburg (1935), beim NBC Symphony Orchestra (1938) und beim New York Philharmonic Orchestra (1939) auf. Nach ausgedehnten Tourneen mit seinem BBC-Orchester wirkte er 1942—50 als beigeordneter Dirigent der Promenade Concerts in London, gab dann aber beide Posten auf, als er sein offizielles Ruhestandsalter erreicht hatte, um das Musikdirektorat beim London Philharmonic Orchestra anzutreten (bis 1957), mit dem er weitere Konzertreisen durch die Bundesrepublik (1951) und die UdSSR (1956) unternahm. Auch danach trat er vielfach als Gastdirigent in Erscheinung, war 1959—60 Musikdirektor des City of Birmingham Symphony Orchestra und lehrte 1962—66 am Royal College of Music. Ab 1977 gab er keine öffentlichen Konzerte mehr, machte aber noch einige Schallplattenaufnahmen (bis 1981).

Bour, Ernest

* Thionville 20. 4. 1913; französischer Dirigent, nahm Musikunterricht beim Vater, studierte an der Straßburger Universität und am Straßburger Konservatorium (1930—33) und belegte Dirigentenkurse bei Scherchen (1933/34). In den folgenden Jahren initiierte er Kammerkonzerte in Straßburg (gemeinsam mit dem Komponisten F. Adam). Nach Posten als Kapellmeister bei Radio Genf und Radio Straßburg (1935—39) und der Leitung verschiedener Chorvereinigungen lehrte er 1940—41 am Straßburger Konservatorium und wurde 1941 dort zum Dirigenten des Städtischen Orchesters ernannt (bis 1947). Ab 1945 leitete er außerdem das Konservatorium in Mühlhausen (Elsaß), agierte als Gastdirigent bei Radio Paris und bei den Festspielen in Straßburg und Aix-en-Provence, unternahm Konzertreisen durch Belgien, die Schweiz, Italien, Spanien und Deutschland. Ab 1950 dirigierte er das Städtische Orchester in Straßburg, ab 1955 auch an der dortigen Oper (Mitdirektor). 1964—80 war er dann Chefdirigent des Südwestfunk-Symphonieorchesters in Baden-Baden (als Nachfolger Rosbauds). Gastengagements hatte er an der Hamburgischen Staatsoper, an der Deutschen Oper in Berlin und im Februar 1984 beim Radio-Sinfonieorchester Stuttgart.

Braithwaite, Nicholas

* London 26. 8. 1939; englischer Dirigent, Sohn von Warwick Braithwaite, studierte nach seiner Ausbildung an der Royal Academy of Music in London und in Wien bei Hans Swarowsky. Er wirkte als stellvertretender Dirigent des Bournemouth Symphony Orchestra (1967—70) und als stellvertretender Erster Dirigent der Sadler's Wells Opera (1970—74). Von 1974—80 war er dann musikalischer Direktor der Glyndebourne Touring Opera. Als das London Philharmonic Orchestra 1980 eine Tournee durch Japan und Südkorea unternahm, wurde er zum Assistenten Sir George Soltis berufen. 1981 schließlich wurde er Chefdirigent der Story Theater Opera in Göteborg.

Braithwaite, Warwick

* Dunedin auf Neuseeland 9. 1. 1896, † London 18. 1. 1971; englischer Dirigent, studierte an der Royal Academy of Music in London. Seine Laufbahn als Dirigent begann bei der O'Mara Opera Corporation, dann dirigierte er die British National Opera Co. Danach ging er zur BBC, wo er zuerst die Stelle des stellvertretenden musikalischen Direktors und — nach seinem Wechsel ins Studio Cardiff der BBC — des musikalischen Direktors bekleidete. Dort dirigierte er auch die Cardiff Musical Society (1924—31). Er gründete das Welsh National Orchestra und dirigierte von 1932—1940 an der Sadler's Wells Opera. In der Folge leitete er das Scottish Orchestra in Glasgow (bis 1946), war dann als Ballettdirigent an der Royal Opera, Covent Garden und nach 1953 als Dirigent am National Orchestra of New Zealand und als künstlerischer Direktor der National Opera of Australia tätig. 1956 wechselte er wieder zur Welsh National Opera als musikalischer Direktor, 1960 bis 1968 als Dirigent an das Sadler's Wells.

Brecher, Gustav

* bei Teplitz 5. 2. 1879, † vor Ostende im Mai 1940; deutscher Dirigent, ging im Jahre 1889 mit seiner Familie nach Leipzig, wo er bei Jadassohn studierte. Sein Debut als Dirigent gab er 1897 beim Leipziger Liszt-Verein. Er dirigierte gelegentlich in Leipzig und Wien (1901) Oper und wirkte von 1902—1916 als Kapellmeister in Olmütz, Hamburg und Köln (ab 1911) sowie bis 1924 in Frankfurt und dann bis zur Machtergreifung Hitlers in Leipzig. Bei seiner Flucht vor den Nazis beging er zusammen mit seiner Frau vor der belgischen Küste Selbstmord.

Bree, Jean Bernard van

* Amsterdam 29. 1. 1801, † ebenda 14. 2. 1857; niederländischer Dirigent, Schüler von Bertelmann und ab 1829 beim Verein Felix meritis Dirigent. 1840 rief er in Amsterdam den Cecilien-Vereen ins Leben, dirigierte ihn bis zu seinem Tod und war außerdem Direktor der Musikschule der Maatschappij tot bevordering der Toonkunst. Er schrieb drei Opern, drei Messen für Männerchor und eine Cäcilienkantate.

Brott, Boris

* Montreal 14. 3. 1944; kanadischer Dirigent, erhielt seine Ausbildung an der McGill Universität und am Konservatorium von Montreal. Im Laufe der Zeit belegte er dazu noch Kurse in Dirigieren bei Pierre Monteux, Igor Markevitch und Leonard Bernstein. Er begann seine Laufbahn 1963 als stellvertretender Chefdirigent des Toronto Symphonic Orchestra; von 1964—68 dirigierte er die Northern Symphonia of England und wurde schließlich 1969 musikalischer Direktor der Philharmonie von Hamilton (Ontario).

Brown, Iona

* Salisbury, Siltshire 7. 1. 1941; englische Violinistin und Dirigentin, studierte schon als Kind Violine und trat 1955 dem National Youth Orchestra of Great Britain bei, dem sie 5 Jahre lang angehörte. Daneben studierte sie bei Hugh Maguire in London, Remy Principe in Rom und Henryk Szeryng in Paris und Nizza. Von 1963—66 spielte sie beim London Philharmonic Orchestra. 1964 wurde sie in die Academy of St. Martin-in-the Fields berufen, deren Dircktor sie 1974 wurde. Seit 1980 ist sie musikalischer Direktor des Norwegischen Kammerorchesters in Oslo. Sie ist, neben Neville Marriner, Leiterin der Academy of St. Martin-in-the-Fields.

Bruck, Charles

* Timisoara 2. 5. 1911; rumänischer Dirigent, studierte Komposition bei Nadia Boulanger in Paris und Dirigieren bei Pierre Monteux. 1949 wurde er als Dirigent an die Niederländische Oper nach Amsterdam berufen. Danach war er Dirigent beim Radioorchester Straßburg (1956—1965) und beim Französischen Radio- und Fernsehorchester (1965—1970).

Brückner-Rüggeberg, Wilhelm

* Stuttgart 15. 4. 1906, † Hamburg 1985; deutscher Dirigent, studierte in München bei August Schmid-Lindner und Siegmund von Hausegger. 1936/37 war er Gastdirigent an der Hamburgischen Staatsoper. Von 1938—1971 gehörte er ihr als Dirigent an. 1955 wurde er Professor an der Hochschule für Musik in Hamburg. Daneben leitete er vorzüglich Chöre.

Brun, Fritz

* Luzern 18. 8. 1878, † Großhöchstetten (bei Bern) 29. 11. 1959; Schweizer Dirigent und Komponist, 1896—1901 Schüler Sands und Wüllners am Kölner Konservatorium, lehrte im Jahr darauf Theorie und Klavier am Konservatorium in Dortmund und 1903 Klavier an der Musikschule in Bern. Dort leitete er von 1909—43 die Symphoniekonzerte der Musikgesellschaft (Nachfolger K. Munzingers), dirigierte den Cäcilienverein und die Berner Liedertafel. Außerdem unterrichtete er an der Berner Universität.

Brusilow, Anshel

* Philadelphia 14. 8. 1928; amerikanischer Dirigent, nach dem Abschluß seines Violinstudiums am Curtis Institute of Music wirkte er als Konzertmeister der New Orleans Symphony (1954—55) sowie als Stellvertretender Konzertmeister der Philadelphia Orchestra (bis 1959). Er gründete das Kammerorchester Philadelphia und das Symphonische Kammerorchester Philadelphia. Von 1970—73 war er Direktor und Dirigent des Symphonieorchesters von Dallas und trat schließlich 1973 der Fakultät der North Texas State University in Denton bei.

Buchkov, Semyon

* Leningrad 30. 11. 1952; amerikanischer Dirigent russischer Herkunft, in seiner Jugend besuchte er die Glinka Chorschule in Leningrad; nach dem Studium bei Ilya Musin am Konservatorium von Leningrad machte er 1974 seinen Abschluß. In die USA emigriert, erhielt er dort sein Diplom am Mannes College of Music (1976). 1980 wurde er Direktor des Symphonieorchesters von Grand Rapids; 1981 Erster Gastdirigent des Buffalo Philharmonic Orchestra. Er wirkte als Gastdirigent an vielen anderen Orchestern der USA, in England, Israel und Japan.

Buckley, Emerson

* New York 14. 4. 1916; amerikanischer Dirigent, studierte an der Columbia University und an der University of Denver. Sein Debut als Dirigent gab er 1936. Er wirkte bei zahlreichen Orchestern und wurde 1950 künstlerischer Leiter der Miami Opera Guild. Von 1956 bis 1969 war er dann Dirigent der Central City Opera; gleichzeitig seit 1963 als musikalischer Direktor des Fort Lauderdale Symphony Orchestra tätig.

Bülow, Hans von

Pianist, Musikschriftsteller, Dirigent, Pädagoge, Herausgeber, Komponist.
Hans von Bülow war wie sein Lehrer Franz Liszt von umfassender Vielseitigkeit. Einer Vielseitigkeit, die sich zu einem Ganzen formt, wendet man seine Aufmerksamkeit zwei Zügen seiner Persönlichkeit zu: seiner Unnachgiebigkeit und seinem erzieherischen Bewußtsein. Von diesen beiden Zügen war sein Handeln durchdrungen, das ganz dem einen Anliegen gehörte: der Musik.
Seine Überzeugungen, die er kompromißlos vertrat, konnten bei ihm, der sich zum Vermittler zwischen Werk und Publikum berufen fühlte, keine privaten bleiben.
Das geschriebene und das gesprochene Wort, seine Reden und seine zahlreichen Schriften, zu denen als drittes

seine Arbeit als Interpret am Klavier und mit dem Orchester trat, all das vollzog sich immer vor dem Hintergrund seiner Überzeugungen. Seine Arbeit galt der Musik. Sicher, die Absichten der Komponisten vollkommen verstanden zu haben, widmete Bülow sich ganz der Aufgabe, sein Wissen und seine Erkenntnisse weiterzugeben: das musikalische Werk in seiner Eigenart dem Publikum zu vermitteln und verständlich zu machen.
Hans von Bülow wurde am 8. Januar 1830 als Sohn des mit Ludwig Tieck befreundeten Novellendichters und Übersetzers Eduard von Bülow in Dresden geboren. In Dresden und dann in Leipzig erhielt er seine frühe musikalische Erziehung. Der Klavierunterricht bei Friedrich Wieck, dem Vater Clara Schumanns, verschaffte ihm eine solide Grundlage für seine spätere Pianistenlaufbahn. Von Max Eberwein und Moritz Hauptmann wurde er in Musiktheorie unterwiesen.
Musikalische Erziehung gehörte zur Allgemeinbildung; sie war ein selbstverständlicher Teil des Bildungsgutes seiner Umgebung, und so ist sein erster öffentlicher Auftritt als Pianist während der letzten Jahre seiner Schulzeit (1846-48 in Stuttgart) nicht als das Debut eines jungen Berufsmusikers zu werten. Es wurde viel und von vielen Musik gemacht. Neben den reisenden Virtuosen, deren Instrument vor allen anderen das Klavier war, standen die musizierenden Laien: Es war die Blütezeit der Hausmusik, der Chorvereine, und Bülow wuchs in dieser Welt auf. Seine rege Anteilnahme am musikalischen Zeitgeschehen konnte jedoch bei seinem Naturell und seiner Begabung nicht im Dilettantismus steckenbleiben. Nach dem Schulabschluß bezieht Bülow die Universität, um auf Wunsch seiner Eltern Rechtswissenschaften zu studieren, zunächst für ein Jahr in Leipzig, wo er seine Kontrapunktstudien bei Hauptmann fortsetzt, dann in Berlin.
Hier beginnt er, bald mehr vom politischen Zeitgeschehen als vom Studium in Anspruch genommen, seine ersten Artikel in dem demokratischen Blatt «Die Abendpost» zu veröffentlichen. Vormärz. Zu seiner politischen Überzeugung gesellt sich die musikalische: Bülow macht sich in seinen Artikeln zum Advokaten der «Neudeutschen Schule».
Schon in Stuttgart hatte er die Bekanntschaft Raffs gemacht, der zum Neudeutschen Kreis zählte. 1846 und 1849 lernte er Wagner und Liszt persönlich kennen.
Zwei musikalische Lager bildeten sich zu dieser Zeit: Zum einen der Kreis um Mendelssohn, der sich den Traditionen der Klassiker eng verbunden fühlte und zu deren Vorreiter später Brahms gemacht werden sollte; zum anderen der Weimarer Kreis um Franz Liszt und Wagner, die «Neudeutschen», deren Anliegen der musikalische Fortschritt war, das heißt Abkehr vom Alten, Schöpfung neuer Formen und einer neuen Tonsprache. Musikdrama und Symphonische Dichtung waren die neuen Gattungen, in denen sie ihre Ideen zum Klingen brachten.

Hofkapellmeister von Bülow (o.). Der Dirigent, Pianist und Komponist zusammen mit Tausig und Klindworth, 1868 (r.)

Die Kritik prägte das Wort von der «Zukunftsmusik». Polemisieren gegen den »Gegner« gehörte zum musikalischen Alltag.
Hans von Bülows frühe Artikel in der «Abendpost», in ihrer unmißverständlichen, ironisch-kecken Sprache, spiegeln den Tenor nicht nur seiner Auffassung, sondern auch seiner Persönlichkeit wider, seine harsche Art, mit Personen wie auch mit Themen umzugehen: auf das Ziel gerichtet.
Er bleibt nicht mehr bei der Rechtswissenschaft. Das Erlebnis der Uraufführung des Lohengrin unter Liszts Leitung in Weimar, Liszts Persönlichkeit und nicht zuletzt dessen Ermunterungen für den jungen Bülow bringen den Entschluß, sich ganz der Musik zuzuwenden.
Bülow besucht seinen inzwischen geschiedenen Vater in der Schweiz und nutzt die Gelegenheit, sich in Zürich an Wagner zu wenden. Gegen den Willen seiner Eltern, unterstützt durch Wagner und Liszt, die in Briefen die Mutter Bülows von der Richtigkeit und Notwendigkeit seiner Entscheidung zu überzeugen suchen, beginnt Bülow seine Lehrzeit bei Wagner. Wagner unterweist ihn im Dirigieren. Nach einem kurzen Zwischenspiel als Kapellmeister am Stadttheater in Zürich tritt er eine Stelle am Theater in Sankt Gallen an.
Diese Zeit wird ihm zur harten Schule. Bülow macht im Umgang mit diesem Laienorchester notwendige praktische Erfahrungen über die Behandlung eines Orchesters und Methoden der Einstudierung. Und er kommt bereits hier zu seiner Überzeugung, daß es erst dann möglich ist, «eine gute Oper, wo jede Note, jede Nuance, jedes Instrument seine besondere Bestimmung und Bedeutung hat, ... gut einzustudieren und zu dirigieren ..., wenn man nicht nötig hat, in die Partitur hineinzublicken».
Aus diesem engen und beengenden Wirkungskreis, nach Aussöhnung mit den Eltern, holt Liszt Bülow im Sommer 1851 nach Weimar und leitet persönlich dessen weitere Musikstudien. Er bestimmt Bülow, der sein Spiel selbst für dilettantisch erklärt, sich zum Virtuosen auszubilden, um so finanziell unabhängig zu werden.
Hatte Bülow in St. Gallen zehn Stunden täglich Proben gehalten, so sitzt er jetzt zehn Stunden am Klavier. Und wie er im Klavierunterricht seine Technik ausfeilen lernt, so erhält er im privaten Studium, im Umgang mit anderen Musikern und im Disput mit Liszts Gefährtin, der Fürstin Sayn-Wittgenstein, vielfältige Anregungen, seien sie literarischer, gesellschaftlicher oder ästhetischer Natur.
Und er schreibt wieder. Diesmal für die Leipziger «Neue Zeitschrift für Musik». Und mit so scharf geschliffener Feder, daß Redakteur Franz Brendel zögert, Bülows Artikel aufzunehmen. 1845 hatte Franz Brendel die Redaktion der 1834 von Robert Schumann gegründeten Zeitschrift übernommen. Sie wurde unter seiner Federführung bald zum Organ der Neudeutschen Schule. Als Bülow seine Artikel schreibt, steht sie jedoch noch weitgehend in der Schumannschen Tradition. 1853 erscheint Schumanns

überschwenglicher Artikel «Neue Bahnen» über den jungen, noch unbekannten Brahms. Ende der fünfziger Jahre treten die Fronten dann klar hervor, die NZM wird mit den «Zukunftsmusikern» identifiziert.
Mit seinem Artikel über die Sängerin Henriette Sontag ruft Bülow allgemein Empörung hervor, «macht Skandal», wie er selbst voraussagte. Sein Urteil bescheinigt ihr vollkommene Technik und Schönheit der Stimme, aber seelenlosen Gesang, der «jedes Funkens von Poesie und Passion ermangelt», kurz als Virtuosin «im Thalbergschen Sinn», technisch vollendet, aber keine Musikerin.
Sein dieser Kritik zugrundeliegendes Credo liest man in den letzten Sätzen des Artikels: «Sie singen zu hören, ist ein recht echt aristokratischer, luxuriöser Kunstgenuß, schon deshalb, weil er vom Geniessenden reine Passivität voraussetzt. Ein geistiger Genuß jedoch, bei dem der Genießende nicht auch zu einer gewissen selbständigen Tätigkeit beim Rezipieren veranlaßt wird, steht auf einem und demselben Niveau mit einem bloß materiellen.»
Nach Erscheinen des Artikels hat Bülow schwer mit den Nachwirkungen zu kämpfen, hofft aber, mit den geplanten Konzerten finanziell wieder auf die Beine zu kommen.
Diese erste Konzertreise tritt er im März 1853 an. Sie führt ihn über Wien, Pest, Dresden, Karlsruhe, Bremen und Hamburg bis nach Berlin. In Wien, ohne Namen und noch mit dem Etikett «Liszt-Schüler», erntet er Mißerfolg, in Pest großen Beifall; in Berlin und Hamburg hat er künstlerischen Erfolg, jedoch nicht den erwünschten Ausgleich in klingendem Lohn. Der empfindsame und leicht erregbare Debütant zweifelt an der Richtigkeit seiner Berufswahl.
Erst das Jahr 1855, nach einem Zwischenspiel als Musikhauslehrer auf einem Rittergut in Posen und einer zweiten Konzertreise, beendet vorläufig sein Reiseleben. A. B. Marx ruft ihn an das Stern-Marxsche Konservatorium zu Berlin, als Nachfolger Th. Kullaks. Bis 1864 ist Bülow dort tätig, gibt Unterricht, schreibt für Berliner Blätter, etabliert Trio-Soireen, Orchesterkonzerte, Solo-Abende für Klaviermusik, unternimmt Kunstreisen als Virtuose und als Dirigent.
Seine Konzertprogramme in Berlin sind denen seiner vorherigen Reisen als Klaviervirtuose in ihrer Vielfalt vergleichbar. Er vertritt mit Überzeugung die älteren Meister Bach, Beethoven, Mozart und schärft, ebenso überzeugt, die Feder für die Werke der Neudeutschen Schule. Diese Parteinahme zieht ihm erbitterte Gegner in der öffentlichen Presse zu, die ihn ungeachtet seiner Pflege älterer Musik «Mitglied der Neuweimarischen Räuberbande» und ähnlich titulieren.
Nach der Aufführung der Lisztschen Symphonischen Dichtung «Die Ideale» unter seiner Direktion wendet er sich an das Publikum und weist den Zischenden die Tür. Und plant schon kurze Zeit später eine Wiederholung der Aufführung, am selben Ort. In einem Brief heißt es: «. . . es ist noch so gewitterschwül, und ich muß bis ans Ende mutig oder frech bleiben. Ich gebe dem Pack Gelegenheit, sich zu rächen.»
Zu diesen aufreibenden Verhältnissen gesellen sich ermüdende Unterrichtsstunden am Konservatorium, die ihn zwar finanziell selbständig machen, aber viel Zeit und Nerven kosten. «Eine unproduktive Lektionsmaschine» nennt er sich selbst und verwünscht Philistropolis, wie er Berlin betitelt. Gleichwohl ist er ein aufmerksamer und anregender Lehrer und wirkt befruchtend und erfrischend auf das Berliner Konzertleben. Auf seinen Konzertreisen erntet er Erfolge und kann nun stolz von seinem Sieg in Wien berichten, in Erinnerung an seinen Einbruch dort sieben Jahre zuvor.
In seinen Schriften beginnen sich seine Erfahrungen als Dirigent und Lehrer widerzuspiegeln. Immer noch voller Ironie, oft bissiger, leidenschaftlicher Polemik, weist er sich jetzt auch als Lehrender aus! Als Musikkenner, der seine Begeisterung für ein Werk nicht mehr nur in Angriffe gegen die «Ignoranten und Philister» formt, sondern auf positivem Wege versucht, das Großartige eines Werkes zu erläutern.
Auch seine persönlichen Lebensverhältnisse ändern sich. Im August 1857 heiraten Bülow und Liszts Tochter Cosima.
Das Jahr 1864 spannt die Waffenbrüder Bülow und Wagner wieder zusammen. Bülow geht auf Wagners Wunsch und Fürsprache nach München und läßt sich dort ganz von der Sache des Musikdramatikers in Anspruch nehmen.
Von seinen Konzertreisen her kennt Bülow die Verhältnisse in Süddeutschland: «Hier (in Stuttgart und München) ist der Herd der Opposition zu suchen, hier thront die Stumpfheit in voller Maienblüte und bietet, sich mit gelegentlichem ⟨Nordlicht⟩ begnügend, Trutz der Intelligenz des musikalischen Norddeutschland.» (Aufsatz in der NZM vom November 1853) Und weiter: «Dieses glanzvolle Orchester (die Münchner Hofkapelle) wird lediglich dazu benutzt, alle Winter die bekannten Symphonien von Haydn, Mozart, Beethoven, mit Ausnahme der Neunten, abzuspielen . . . Schumann und Gade, Berlioz und Wagner existieren nicht für München.»
Trotz dieser Erfahrungen geht Bülow nach München und fungiert dort zunächst als Vorspieler des neunzehnjährigen Ludwig II.; tritt als solcher kaum ins Licht der dortigen Öffentlichkeit, sehr zu seiner eigenen Befriedung und Erholung, die er nach den Berliner Jahren dringend braucht und nutzt. Jedoch braucht er bald alle Zeit für die Vorbereitung der Aufführung des «Tristan».
Bülow kennt den «Tristan» seit dessen Vollendung 1859 und ist überzeugt, daß die «Situation der Neudeutschen Schule (damit) in eine ganz neue Phase» tritt: «Nach ⟨Tristan⟩ gibt es nur noch zwei Parteien — die Leute, die etwas gelernt und die, welche nichts gelernt haben. Wen diese Oper nicht bekehrt, der hat keine Musik im Leibe.»
Bülow gelingt die Einstudierung der bisher für unaufführbar gehaltenen Oper, und die Oper hat Erfolg. Er dirigiert Wagners Opern, obwohl Wagner anwesend und Franz Lachner Generalmusikdirektor ist, «und kein Mensch wundert sich darüber», wie Bülow selbst feststellt. Wagners Stellung als teures Protektionskind Ludwigs II. tut ein übriges, die Verhältnisse zu komplizieren: Gerüchte, Intrigen und Wagners Geschick, sich Feinde zu machen, beenden diese Periode. Ludwig II. verfügt Wagners Entfernung vom Hofe.
Auch Bülows Stellung ist beeinträchtigt und verschlechtert sich zusehends, so daß er ein neues Heim und eine neue Existenz in Basel, in Wagners Nähe, sucht. Trotz aller Anfechtungen, und während sich die Wendung seiner Frau zu Wagner abzuzeichnen beginnt — auch das wird Gegenstand öffentlichen Geredes —, sieht sich Bülow weiterhin als den «zur Ausführung von Wagners Kunst Berufenen».
Unterdessen glaubt Ludwig II. auf seinen Dirigenten und Organisator nicht

verzichten zu können und bietet schließlich Konditionen, die Bülow nach München zurückkehren lassen. Er wird zum Ersten Kapellmeister der Hof-Oper und -Konzerte und zum Direktor der neu zu organisierenden königlichen Musikschule ernannt, für die Bülow denn auch einen fruchtbringenden Organisationsentwurf liefert. Verschiedene Wechsel im Personal der Ministerien und des Theaters schaffen etwas bessere Arbeitsbedingungen als zuvor. Im Juni 1868 findet unter Bülows Leitung die deutsche Erstaufführung der «Meistersinger» statt.
Berufliche Überarbeitung und persönliche Belastung durch die endgültige Trennung von Cosima lassen Bülow in einem Nürnberger Benefiz-Konzert die Nerven versagen. Bülow bleibt nicht mehr zur «Rheingold»-Uraufführung in München, er nimmt seinen Abschied und geht nach Florenz.
Hier endlich, in räumlicher Trennung vom Vergangenen und weitgehender Freiheit, seine Tätigkeiten selbst zu suchen und auch zu beschränken, findet er Erholung. Bülow lernt Italienisch, übt Klavier, unterrichtet auch wieder, nimmt regen Anteil am politischen Geschehen (deutsch-französischer Krieg 1870/71), begeistert sich für das italienische Klima und italienische Lebensart. Im Sommer 1871 wird die Scheidung von Cosima vollzogen. Eine angebotene Rückkehr nach München lehnt er ab, zu krank, um sich «mit der angreifenden, aufreibenden Wagnerschen Musik» zu beschäftigen. Musikalisch wendet er sich besonders Beethoven zu und , veranstaltet mit der Neunten und der Ouverture «Die Weihe des Hauses» Konzerte.
Diese italienischen Jahre waren ihm fruchtbringende Zeit der Regeneration und Neuorientierung. Seine Überzeugung für Wagners Musik besteht noch, äußert sich jedoch weniger überschwenglich.
Bülow beginnt wieder zu reisen, nach Deutschland, England, Rußland, Amerika. Man feiert ihn als den großen Beethoven-Interpreten.
Über Bülow als Pianisten möge hier Eduard Hanslick, der Wiener Musikkritiker, zu Worte kommen: «Bülow spielt Kompositionen weit auseinanderliegender Epochen und verschiedensten Gepräges mit einer Durchdringung ihres Charakters, die man zugleich getreu und frei nennen muß. Jedes Motiv, jede Melodie gewinnt unter Bülows Händen eine charaktervolle, bewußte Haltung, ohne deshalb aus der Harmonie des Ganzen herauszutreten.»

Hans von Bülow: einer der großen Dirigenten der Musikgeschichte des 19. Jahrhunderts.

Bülow beweist in seinen Programmen wie in seiner Spielweise Individualität und sorgfältige Überlegung. In seinen frühen Jahren als Pianist entsprach sein Repertoire noch weitgehend dem Brauch der Zeit, nämlich sich selbst als Virtuosen vorzustellen, auch mit eigenen, für diesen Zweck geschriebenen Kompositionen. Sehr bald jedoch kehrt er dieser reinen Selbstdarstellung den Rücken und macht es sich zur Aufgabe, Werke älterer Meister von Scarlatti und Bach bis Beethoven und neueste Musik in sorgfältiger Auswahl vorzustellen. Er ist Interpret, nicht Virtuose, ein von der Musik Überzeugter, der es vorzieht, dem Publikum eines Komponisten Werk in dessen Besonderheit und Eigenart näherzubringen, selbst auf die Gefahr hin Langeweile, Ermüdung und sogar Mißfallensäußerungen zu ernten. An einem Abend spielt er nur Chopin; ein anderes Konzert ist ganz Liszt gewidmet; ein drittes überfordert selbst den aufnahmefähigsten Zuhörer mit den fünf letzten Beethovenschen Sonaten. Bülow versteht sich als Lehrer des Publikums.
In seinem Klavierunterricht kommen sein Interesse und Einfühlungsvermögen für den Komponisten weitreichender zum Tragen. Er regt seine Schüler zum Mitdenken an, zum Ergründen der Komposition, hält eingehende Analyse des vorzutragenden Werks für unerläßlich, ermuntert zu ausdrucksvoller Phrasierung und Differenzierung in der Darstellung. Und in den Vorworten zu verschiedenen Ausgaben älterer Musik, die er vorgenommen hat, sagt er deutlich, was er für seine Aufgabe ansieht: «Sorgfältige Auswahl», «Beschränkung auf Mitteilung derjenigen Werke der Meister, in welchen ihre Vorzüge und Eigentümlichkeiten am lebendigsten und gedrängtesten zur Anschauung kommen, um den Zweck: die öffentliche Aufmerksamkeit zu gewinnen, so vollständig als möglich zu erreichen». «Um die Unsterblichkeit dieser klassischen Meister (Haydn, Mozart) zu retten», werde man sich «zu einer Amputation der sterblichen, beziehungsweise bereits abgestorbenen Teile entschließen müssen».
Im August 1877 feiert Bülow seine «Resurrection» als Dirigent. Unter Hans von Bronsarts Intendanz debütiert Bülow in Hannover mit Beethovens Fidelio. Was ihn jedoch vor allem nach Hannover zieht, ist Bronsarts Zusage, 1878/79 Berlioz' «Benvenuto Cellini» herauszubringen.
Proben und Aufführung des «Lohengrin» in Hannover im September 1879 bringen Bülow wieder in Konflikte. Unzureichende Probenzeit, Solisten, die sich nicht an die Abmachungen der Klavierproben halten, namentlich des Tenors Anton Schott Leistungen, veranlassen Bülow, dem wie stets vor allem anderen eine dem Werk treubleibende Interpretation am Herzen liegt, sich von Hannover zu verabschieden.
Hingegen schreibt er begeistert über seine Erfahrungen mit dem Glasgower Orchester, das nach dreistündiger Konzertaufführung freiwillig noch von elf bis zwölf Uhr nachts unter Bülow für den nächsten Abend probt: «Das Orchester ist nun mein, ganz mein ... die unvorbereitetsten Rubati gelingen

am Abend, daß ich selbst Mund und Augen aufsperre ...»
Meiningen 1880—1885. Bülow ist Intendant und Kapellmeister der Hofkapelle. Nunmehr ein an Erfahrungen als Pianist, Lehrer, Dirigent und Musikschriftsteller reicher Musikkenner seltenen Formats, erzieht Hans von Bülow das vierzig bis fünfzig Mitglieder zählende Orchester zu einem Ensemble höchsten Ranges. Bülow studiert Beethoven-Symphonien ein, wendet sich mit der ihm eigenen Energie dem Brahmsschen Werk zu, unternimmt Reisen mit dem Orchester. 1882 heiratet er Marie Schanzer, ein Mitglied des Hoftheaters, die spätere Herausgeberin seiner Schriften und Briefe.
Nach 1885 geht er wieder auf Reisen, dirigiert in England, Rußland, Amerika; leitet in Hamburg die Symphoniekonzerte, begründet durch seine Arbeit mit den Berliner Philharmonikern deren hohe Qualität. Daneben unterrichtet er an Konservatorien in Frankfurt und Berlin. Schwer krank, seit langem unter Neuralgien, schwacher Lunge und angegriffenen Nieren leidend, sucht er Erholung im Wüstenklima Kairos, stirbt dort am 12. 2. 1894.
Hans von Bülow — der erste große Dirigent des modernen Typus, kenntnisreicher, erfahrener Orchestererzieher, reisender «Taktstockvirtuose».
Nach dem Auftreten Franz Liszts auf berühmten Musikfesten mit Werken fremder Komponisten ist Bülow der erste, der den Typus des ganz in den Dienst der Schöpfungen anderer Komponisten gestellten Dirigenten-Interpreten prägt. Aus der Schule Liszts und Wagners hervorgegangen, bald selbst Lehrer, führte Bülows Lebensweg über verschiedene Orchester von St. Gallen bis Hannover, schließlich nach Meiningen. Meiningen, bereits durch seine Schauspieltruppe berühmt, wird nun zum zweiten Mal zum Ausgangspunkt einer vielgerühmten Truppe, der Hofkapelle unter Hans von Bülow.
Die äußeren Umstände sind Bülows Absichten günstig, denn die kleine Residenz Meiningen hat keinen Opernbetrieb, und Bülow sorgt sogar dafür, daß dem Orchester das Spielen der Zwischenaktmusiken im Theater erlassen wird, — und hat damit den Freiraum, vollkommen die musikalische und technische Entwicklung des Orchesters zu bestimmen.
Bülows Wendung zur reinen Instrumentalmusik vollzieht sich hier; hatte er sich schon auf dem Klavier ganz Beethoven zugewandt, so werden nun die Beethovenschen Orchesterwerke für ein Quartal zum ausschließlichen Repertoire der Meininger Kapelle. Seine bereits in München in Ansätzen praktizierte Probentechnik führt er hier in verfeinerter Ausprägung fort: «Ich arbeite nach den Meininger Prinzipien. Separatproben von Bläsern und Streichern, letztere wieder subdividiert in 1. und 2. Geigen, Violen, Celli und Bässe. Jede dynamische Nuance wird studiert, jeder Bogenstrich, jedes Staccato genau gleichmäßig vorgezeichnet, musikalische Phrasierung und Interpunktion in jedem Detail probiert. Dieses seit dem 1. Okt. d. J. eifrigst befolgte System scheint sich zu bewähren; jedenfalls hoffe ich, künstlerischere Resultate zu erzielen, als irgendwo in Deutschland noch erzielt worden sind; ... Die sogenannten materiellen Mittel sind bescheiden. Qualität muß Quantität ersetzen ... Die Konzentration auf Beethoven ... schien mir notwendige Bedingung für das Experiment, die Gründung eines ‹Stiles› zu suchen, den Geschmack von Spielern und Hörern zu bilden. Was ich versuche — ob es glückt, bleibt der Zukunft vorbehalten.»
«Ästhetische Roßkur»? Für einen Meininger Konzertabend am 19. 12. 1880 setzt Bülow Beethovens Neunte Symphonie zweimal aufs Programm, mit halbstündiger Pause. Hanslicks Wort von der Roßkur ist nur eine von vielen Stimmen über dieses Unternehmen. Adolf Sandberger, Zeuge einer solchen doppelten Aufführung, berichtet, das Bild der Neunten habe sich ihm für sein ganzes Leben in die Seele geprägt und ihm unbefangenes Anhören anderer guter Aufführungen der Symphonie unmöglich gemacht. Bülow selbst begründet seine Tat so: «1. Mehr Zeit zu sorgfältigem Einstudieren und somit raffiniertere Aufführung; 2. leichtere Insinuation neuer Auffassung und Gewöhnung der Hörer daran.» Auf Unterschiede in den Tempi zwischen den beiden Aufführungen hin befragt, erwiderte Bülow, er wolle die zwei verschiedenen Auffassungen zur Diskussion stellen.
Bülow ist Gestalter, Interpret. Und geht in seiner Überzeugung, die Absichten des Komponisten vollständig und richtig erkannt zu haben, so weit, Änderungen in der Partitur vorzunehmen. Seine Änderungen an der Neunten setzen die Wagnerschen fort, begründet im Wissen um Beethovens Taubheit bei Niederschrift der Symphonie und die damalige Begrenztheit der Möglichkeiten auf instrumentaltechnischem Gebiet. Es sind Änderungen in Instrumentation und Ausführung, die dazu dienen sollen, die Struktur des Werks dem Zuhörer so deutlich wie möglich vorzuführen. Bülow, der große Erzieher, steht hart an der Grenze zwischen Interpretation und Bearbeitung.
Die musikalischen Meininger werden berühmt. Für ihre «unvergleichliche Accuratesse des Zusammenspiels» (Hanslick), wechselnde feinste Nuancen, volle Klarheit in der Wiedergabe der musikalischen Gedanken, Reinheit der Intonation. Bereits als Pianist nicht feuriger Virtuose sondern Zeichner klarer Strukturen, eher trocken als leidenschaftlich im Vortrag, überträgt Bülow dies auf das Orchester. Sie spielen stehend, eine Neuerung Bülows, wie auch die Einführung weiterer Instrumente: fünfsaitige Kontrabässe, sogenannte Rittersche Altviolen, die die Lücke zwischen Bratschen und Celli füllen sollten, chromatische Pauken.
Die Meininger sind von bewunderungswürdiger Disziplin. Bülows Gebaren als Dirigent? Er taktiert deutlich, bewegt sich sehr stark, Gestik und Mimik dienen gleichermaßen der Verdeutlichung seiner Absichten. Vielbesprochen werden seine Tempoänderungen während des Vortrages, seine Rubati, «sprechenden» Pausen, Fermaten; sie erfahren jedoch nur selten die Verurteilung als völlig unmotivierte Willkür.
Zum zweiten Schwerpunkt der Meininger Jahre wird Brahms. Bereits seit 1854 mit Brahms persönlich bekannt, setzt er sich nun ganz für dessen Werk ein, führt die 3. und die 4. Symphonie, wie schon Beethovens Neunte, doppelt auf, spielt beim d-Moll-Konzert den Klavierpart selbst und läßt das Orchester seinen Part ohne Dirigenten ausführen.
Der junge Richard Strauss lernt bei Bülow in Meiningen. In den Jahren nach Meiningen ändert sich dann auch Bülows Programmauswahl. Schon früher hatte er Berlioz, Saint-Saëns, Tschaikowsky und Glinka aufgeführt; nun sind es weitere Zeitgenossen wie d'Albert, Bauszern, Borodin, Draeseke, Goldmark, Grieg, Joachim, Paderewsky, Stanford.
Die Ausprägung seiner Methode der

Einstudierung und seines Dirigierstils zu höchster Vollendung geschieht in Bülows letzten Reisejahren. Das Wort, wichtiger Vermittler seiner Ansichten, entwickelt und ausgefeilt während der Arbeit als Musikschriftsteller, Lehrer und Orchestererzieher, dient ihm auch im direkten Umgang mit dem Publikum. Schon früher hatte er sich mit Ansprachen an die Zuhörerschaft gewendet. Nach der Berliner Aufführung der Eroica am 28. 3. 1892 hält er nun eine längere Rede über die Beethovenschen Symphonien: «. . . in ihnen hat uns Beethoven seine Biographie gegeben, nicht die Geschichte seiner irdischen Privatmisere, aber die Geschichte seiner Ideale. Wir sehen, wie sich aus diesen neun Symphonien diese neun Szenen und drei Akte eines Dramas aufbauen. Der erste Akt gipfelt in der heroischen Symphonie: der Held; der zweite — in der Pastoralsymphonie: die Natur, der dritte — in der neunten Symphonie: die Menschheit.»
Von seinen Ideen überzeugt, mit scharfem Verstand begabt, belesen und kenntnisreich, unterläßt er es selten, seine Ideen öffentlich mitzuteilen, sein streitbares Temperament und seine scharfgeschliffene Sprache tun ein übriges. Sensibel und leicht verletzlich, lange Zeit sich im Dienste anderer aufreibend, von Neuralgien geplagt, hatte er selten glückliche Zeiten. Daneben war er aufmerksamer, einfühlsamer und durchaus auch zugänglicher Freund, wußte man seinen steten Hang zur Selbstironisierung zu deuten.
Anregender Lehrer, großer Pianist, scharfzüngiger Musikschriftsteller, von seinem Dienst am Werk überzeugter Herausgeber und Dirigent. Hans von Bülow war eine der großen, prägenden Gestalten der Musikgeschichte des neunzehnten Jahrhunderts. *GRK*

Buketoff, Igor

*Hartford 29. 5. 1915; amerikanischer Dirigent, nach dem Abschluß seines Studiums an der Juillard School in New York begann er 1943 seine Laufbahn als Dirigent. Neben Auftritten als Gastdirigent in Amerika und Europa leitete er die Young People's Concerts an der New Yorker Philharmonie (1948—53) und wirkte als Direktor der Fort Wayne Philharmony (1948—66). 1964/65 dirigierte er das Isländische Symphonieorchester. Danach war er musikalischer Direktor der St. Paul Opera Association (1968—74). 1977—79 nahm er eine Gastprofessur an der University of Houston wahr.

Burco, Ferruccio

* Mailand 5. 4. 1939, † in der Nähe von Ostuni bei einem Autounfall 27. 4. 1965; italienischer Dirigent, sein phantastisches Talent wurde von seiner Mutter, einer Sängerin, nach Kräften gefördert — bereits im Alter von 4 Jahren dirigierte er 1943 in Mailand ein Orchester. Sein Vater stellte ihn in ganz Italien vor. 1948 unternahm er eine Tournee durch Amerika und dirigierte an der Carnegie Hall, in Detroit, Boston etc. Trotz seines phänomenalen Senkrechtstarts gelang es ihm nicht, seine Fähigkeiten entsprechend weiterzuentwickeln. Er starb als Dirigent einer italienischen Wandertruppe.

Busch, Fritz

Fritz Busch war der Anti-Star unter den Dirigenten. Keiner, der den Voyeuren im Publikum den Gefallen tat, auf dem Podium Tänze aufzuführen, auf daß sie sich das Hören ersparen konnten. Bei Busch mußte man immer in erster Linie zuhören; fürs Zuschauen gab er nichts her. Dies war einer der Gründe, warum er sich später, als er als Emigrant rastlos durch die Welt reiste, in New York so schwer damit tat, im Konzert zu reüssieren. In New York gehörte und gehört es zum guten Ton, daß der Dirigent etwas von der Show versteht. Fritz Busch dagegen lebte zu sehr in der abstrakten Welt der Töne; für ihn war stets das Wichtigste, den Sinn eines Werks zum Klingen zu bringen, und das erforderte ein solches Maß an Konzentration, daß er sich schon als junger Dirigent abgewöhnt hatte, Gedanken auf die choreographische Wirkung der eigenen Person zu verwenden. Fritz Busch war in allen diesen Dingen ein außerordentlich deutscher Dirigent — so wie sein Bruder Adolf Busch die Inkarnation des deutschen Geigers war, worüber nicht zuletzt Yehudi Menuhin, mehr noch Rudolf Serkin zu berichten wissen. Es war seine persönliche Tragik , daß dieser Dirigent ebenso wie sein Bruder schon kurz nach der Machtübernahme durch Adolf Hitler nicht mehr in Deutschland auftreten konnten, weil sie sich der nationalsozialistischen Rassenpolitik nicht beugten: Busch hielt als Generalmusikdirektor der Dresdner Staatsoper an seinen jüdischen Künstlern ebenso unerschütterlich fest wie sein Bruder Adolf an seinem genialen Klavierbegleiter und späteren Schwiegersohn Rudolf Serkin. «Klug und ehrlich — dann ist man kein Nazi», schrieb Fritz Buschs Frau Grete in den ersten Tagen des Exils aus Zürich. Klug und ehrlich — das blieb Fritz Busch ein Leben lang im persönlichen Umgang wie im Umgang mit Mozart und Strauss, mit Wagner und dem von ihm besonders geschätzten Max Reger.
Fritz Busch stammte aus eher bescheidenen Verhältnissen, jedoch aus einer Familie, in der die Musik das Lebenselixier war. Der Vater war Gelegenheitsmusiker und vor allem ein fanatischer Geigenbauer, dem hoffmannesken Rat Crespel nicht unähnlich. Die Mutter mußte mit einem kleinen Geschäft zusätzlich für den kargen Lebensunterhalt der Familie sorgen. Die musikalische Begabung trat vor allem bei den Söhnen Fritz und Adolf zutage, daneben auch bei dem jüngeren Hermann, der ein angesehener Cellist wurde und im Klaviertrio und im Streichquartett seines Bruders Adolf spielte.
Am 13. März 1890 in Siegen in Westfalen geboren, absolvierte Fritz Busch in seiner Heimatstadt die Volksschule und das Gymnasium. Er wies deutlich Züge eines Wunderkinds auf, doch standen die familiären Verhältnisse einer typischen Wunderkind-Karriere im Wege. Schon im Alter von sieben Jahren gab er seinen ersten Klavierabend in Siegen. Während der Schulzeit erlernte er als Autodidakt nahezu sämtliche Instrumente. Schließlich erhielt er am renommierten Kölner Konservatorium, wo schon sein Bruder Adolf studierte, eine Freistelle; sein wichtigster Lehrer wurde der Dirigent Fritz Steinbach. Das ständige Auftreten in der familiären Tanzkapelle — der Vater zog die Söhne von klein auf zu diesem zusätzlichen Broterwerb heran — hatte ihn schon in seiner Jugend zu einem hervorragenden Praktiker erzogen. Fritz Busch gehörte später zu den Dirigenten, die auch die kompliziertesten Partituren vom Blatt am Klavier realisieren konnten.
Mit einem Konzert im Sommer 1909 in Bad Pyrmont sicherte sich der Neunzehnjährige einen Dreijahresvertrag in dem Badeort. Während der Sommermonate war er als Fürstlicher Kapellmeister zuständig für die Kon-

zerte des Kurorchesters und außerdem verpflichtet, auch im Winter einige Hofkonzerte zu leiten. Bevor er im Sommer 1910 diese Stelle antrat, war er allerdings eine Saison lang in Riga als Kapellmeister tätig, wo er seine ersten Opern- und Operettenerfahrungen sammelte.
Neben der Tätigkeit als Dirigent der Bad Pyrmonter Kurkonzerte war er im Winter 1911/12 in Gotha als Musikdirektor des städtischen Musikvereins engagiert, wo er in nähere Beziehung zu Max Reger trat. 1912 wurde er in Aachen Städtischer Musikdirektor und mit der Leitung des Aachener Symphonieorchesters sowie des damals weithin bekannten Städtischen Gesangsvereins betraut. Bei Kriegsausbruch mußte auch Fritz Busch zum Militär. Er wurde sehr bald verwundet und kam nach Aachen zurück; doch gehörten die Erfahrungen des fürchterlichen Krieges zu den erschütterndsten seines Lebens und bestärkten ihn in einer tiefverwurzelten Abneigung gegen jedes falsche und sinnlose Heldentum, erst recht auch gegen eine Musik, die dieses zur Ideologie erhebt.
1918 errang Fritz Busch dann einen brillanten Erfolg beim Reger-Fest in Jena, wo er das Berliner Philharmonische Orchester dirigierte. Im gleichen Jahr wurde er der Nachfolger von Max von Schillings als Königlich Württembergischer Hofkapellmeister an der Stuttgarter Hofoper, die dann nach der Revolution Staatsoper hieß. Busch entwickelte sich im Lauf der nächsten Jahre zu einer der bedeutendsten musikalischen Persönlichkeiten des demokratischen Deutschland. Er war gewissermaßen von Haus aus Republikaner und von ausgesprochen sozialer Gesinnung, ohne daß er einer Partei besonders nahe gestanden hätte. Andererseits besaß er ein unerschütterliches Qualitätsbewußtsein und setzte sich, unbeeindruckt von Moden und Ideologien, stets für eine Musik ein, von deren künstlerischer Lauterkeit er überzeugt war. In Stuttgart führte er neben dem gängigen Repertoire Werke von Busoni, Schreker, Braunfels und Schoeck auf und setzte eine Produktion des «Boris Godunow» durch, auf der er dann später für die epochemachende Dresdner Einstudierung aufbauen konnte.
1922 wurde er von der Dresdner Staatskapelle zum Leiter der Symphoniekonzerte berufen. Ein Jahr darauf übernahm er als Nachfolger von Fritz Reiner die Position des Generalmusikdirektors der Dresdner Staatsoper. Es wurde dies die bedeutendste Ära des traditionsreichen Hauses in unserem Jahrhundert.
Schon bald erreichte er bei den Werken Mozarts und Wagners einen völlig neuen Aufführungsstandard; dies nicht zuletzt dadurch, daß er konsequent mit falschen Aufführungstraditionen und liebgewordenen Nachlässigkeiten brach und den musikalischen Text in den Mittelpunkt rückte, von dem aus sich auch die Szene zu erneuern hatte. Daneben erarbeitete er Uraufführungen, die Modellcharakter trugen, so von «Intermezzo» (1924), «Die ägyptische Helena» (1928), dem «Doktor Faust» von Busoni (1925), der «Penthesilea» von Othmar Schoeck (1927), Kaminskis «Jürg Jenatsch» (1929), Hindemiths «Cardillac» (1926) und Weills «Der Protagonist» (1926). Damit nicht genug, brachte er mit den musterhaften Produktionen von «Otello» und «Falstaff» sowie der «Macht des Schicksals» in einer freien Nachdichtung von Franz Werfel jene Verdi-Renaissance in Gang, die dann 1932 in einer aufsehenerregenden Berliner Premiere gipfelte: Zusammen mit dem Regisseur Carl Ebert und dem Bühnenbildner Caspar Neher hatte Busch für die Städtische Oper Charlottenburg eine Inszenierung von Verdis vernachlässigter Oper «Ein Maskenball» erarbeitet, die unmittelbar auf die Arbeiten von Walter Felsenstein in den fünfziger Jahren vorausweisen sollte.
Während Buschs Wagner-Interpretationen von einer gespannten Ruhe gekennzeichnet waren, über der der Notentext außerordentlich klar zum Vorschein kam, war seine Verdi-Deutung von einem knappen Brio, das in manchem an Toscanini gemahnte, mit dem ihn nahezu zwanzig Jahre lang ein fast freundschaftliches Verhältnis verband. Mozart jedoch blieb für ihn zeitlebens die höchste Vollendung in der Musik — er bekannte einmal, um Mozarts willen Dirigent geworden zu sein —, und seine Fähigkeit, jeder musikalischen Linie in dessen Opern zugleich Bedeutung wie eine spezifische Liebenswürdigkeit zu verleihen, auch seine Neigung, die tragischen Momente nachdrücklich hervortreten zu lassen, machten ihn zum herausragenden Interpreten dieser Musik in unserem Jahrhundert.
In Bayreuth dirigierte er bereits im Jahr 1924 während der ersten Festspiele nach dem Ersten Weltkrieg. Als man ihn 1925 wiederum für die «Meistersinger von Nürnberg» verpflichten wollte, lehnte er ab, weil man seinen Wünschen nach einer Verbesserung des Ensembles nicht nachkam. Ein enges Verhältnis entwickelte sich im Verlauf der Dresdner Zusammenarbeit zu Richard Strauss, obwohl Fritz Busch der Neigung dieses Komponisten zum Effekt zeitlebens kritisch gegenüberstand, wie er umgekehrt dessen Abneigung gegenüber Gustav Mahlers Symphonien nicht teilen mochte.
Im Frühjahr 1933 zwangen ihn die Nationalsozialisten, nachdem die SA in der Dresdner Staatsoper einen Skandal inszeniert hatte, seinen Posten als Generalmusikdirektor zu verlassen. Fritz Busch hatte sich geweigert, die jüdischen Künstler des Hauses zu entlassen. Zwar wurde ihm von Tietjen die musikalische Leitung der Bayreuther Festspiele angeboten, doch lehnte er auch diesen Kompromiß ab und kehrte Deutschland entschlossen den Rükken.
Über Zürich und Italien reiste er zunächst nach Buenos Aires, wo er am Teatro Colón die deutsche Saison während des Winters 1933/34 betreute. Im Frühjahr 1934 erreichte ihn dann das ungewöhnlichste Angebot seiner Dirigentenlaufbahn: John Christie lud ihn zusammen mit Carl Ebert und Rudolf Bing ein, in seinem Privattheater in Glyndebourne/Sussex ein Opernfestival zu etablieren. Christies ursprünglicher Gedanke, Wagner aufzuführen, schien freilich dem Team Ebert/Busch nicht sinnvoll. So entschied man sich dafür, Mozart-Opern aufzuführen. Busch und Ebert sahen eine einmalige Gelegenheit, basierend auf den Ideen Richard Wagners einerseits und Max Reinhardts andererseits, Produktionen zu erarbeiten, bei denen Musik und Szene gleichermaßen bis in das Detail hinein sorgfältig entwickelt werden konnten. Ende Mai 1934 fand die Premiere von «Le Nozze di Figaro» statt — mit John Christies Ehefrau Audrey Mildmay als Susanne —, und wenige Tage darauf war auch die Premiere der zweiten Produktion, «Così fan tutte». Beide Premieren sollten Musikgeschichte machen, und Buschs kraftvolle, im Grunde tiefernste Mozartinterpretationen mit dem kultivierten Orchester der Glyndebourne Festival Opera sollten die nächsten Jahrzehnte

über unübertroffen bleiben. Bis zum Ausbruch des Zweiten Weltkrieges war er regelmässig in Glyndebourne tätig und erweiterte das Repertoire dieser Sommerfestspiele zusammen mit Carl Ebert vor allem um weitere Werke von Mozart, später auch um «Don Pasquale» und «Macbeth» (beide 1938); nach dem Krieg kehrte er 1950 wieder nach Glyndebourne zurück; 1951 dirigierte er die epochemachende Aufführung des «Idomeneo» in der Fassung von Hans Gál, die dieses Werk wieder für das Repertoire zurückgewann.

Nach seinem ersten Glyndebourner Sommer im Jahr 1934 ließ sich Fritz Busch zunächst in Dänemark nieder, wo er die Leitung des Symphonieorchesters des Dänischen Staatsrundfunks übernahm. Diesem Orchester blieb er bis an sein Lebensende in besonders herzlicher Freundschaft verbunden. Daneben setzt er seine Tätigkeit in Buenos Aires fort, wo er 1934 die gesamtamerikanische Erstaufführung der «Matthäus-Passion» dirigierte und 1935 die lateinamerikanische Erstaufführung von Bachs «h-Moll-Messe». 1936 erwarb er die argentinische Staatsbürgerschaft.

Im gleichen Jahr erreichte ihn das Angebot, als Nachfolger Toscaninis die Leitung des New York Philharmonic Symphony Orchestra zu übernehmen. Fritz Busch hatte bereits Ende der zwanziger Jahre erste Kontakte zu New York gehabt. 1927 hatte er erstmals das New York Symphony Orchestra von Walter Damrosch dirigiert, das dann später im New York Philharmonic Symphony Orchestra, dem heutigen New York Philharmonic, aufging. In der Saison 1927/28 hatte er unter anderem in Carnegie Hall das sensationelle Debut des jungen Yehudi Menuhin mit Beethovens Violinkonzert dirigiert, den er dann auch nach Dresden geholt und seinem Bruder Adolf empfohlen hatte. Danach waren seine New Yorker Verbindungen allerdings lockerer geworden. Das Angebot, Toscaninis Nachfolger zu werden, lehnte er unter anderem deswegen ab, weil er sich doch in erster Linie in Europa heimisch fühlte. 1940 freilich mußte er auch Europa verlassen; nach dem Einmarsch der deutschen Truppen in Dänemark und Norwegen, der ihn in Stockholm überraschte, floh er über die Sowjetunion und Japan nach San Francisco und von dort über Chile nach Buenos Aires.

Anfang der vierziger Jahre intensivierte er dann seine New Yorker Aktivitäten. Zusammen mit seinem Sohn Hans Busch versuchte er, mit der New Opera Company Mozart-Aufführungen nach dem Modell der Festspiele in Glyndebourne herauszubringen, wobei die Qualität dieser Aufführungen die der Produktionen an der Metropolitan Opera auf Anhieb übertraf, nicht jedoch der wirtschaftliche Erfolg. 1942 dirigierte er, mit unterschiedlichem Echo, das New York Philharmonic Orchestra; in dieser Szenerie waren, wie gesagt, Künstler wie Stokowski, Kussewitzky oder auch Beecham eher zu-

Busch versuchte in Dresden Ähnliches zu erreichen, wie Mahler in Wien und Toscanini in Mailand: die Reorganisation einer historischen Opernstätte.

hause, und zumal Sir Thomas Beecham konnte seine Aversion gegen Fritz Busch nie ablegen — «Mozart doesn't need Busch» wurde sein geflügeltes Wort.

Vor allem die Arbeit in Buenos Aires fand ihren Fortgang, die er sich zeitweise mit Erich Kleiber teilte. Im Herbst 1945 dirigierte er zur Saisoneröffnung des Metropolitan Opera House den «Lohengrin»; es war dies

zugleich sein Debüt an der Met, die ihn in den folgenden Jahren immer wieder einlud, Werke des deutschen Repertoires zu leiten. Er wurde einer ihrer ständigen Dirigenten. Zugleich nutzte er ausgiebig die Möglichkeit, wieder in Europa arbeiten zu können, zunächst in Skandinavien, das ihm nach der Vertreibung aus Deutschland zur zweiten Heimat geworden war. Die neuen Aktivitäten bedingten 1947 den Abschied von Buenos Aires.
1948 übernahm er noch einmal eine neue Aufgabe: Man übertrug ihm die Leitung der Festspiele in Cincinnati. Im übrigen absolvierte er ein Reiseprogramm, das im Grunde nicht mehr zu bewältigen war. Er konnte sich noch nicht entschließen, in Deutschland zu dirigieren. 1949 kam er nach Winterthur, im Jahr darauf leitete er bei den Zürcher Juni-Festwochen zwei denkwürdige Aufführungen von «Le Nozze di Figaro». Fritz Busch dirigierte in seinen letzten Jahren mit einer völlig freien, unangestrengten Autorität; er war ohnehin immer von imponierender Erscheinung gewesen, groß und breitschultrig, mit einem sehr sachlichen und doch außerordentlich subtilen Schlag. Er verstand es damit, alle, das Orchester so gut wie die Solisten, zu einem ebenso intensiven wie frei sich entwickelnden Musizieren zu bewegen, das den Humor der Mozartschen Musik ebenso einfing wie die Melancholie, das Dämonische so wie das Sentimentalische. Nie jedoch wirkte er sentimental oder überfeinert oder auch angestrengt. Rezitative pflegte er selbst zu begleiten, wobei er ebenso freizügig wie geistvoll kadenzierte.
All das trat bei diesem «Figaro» in Zürich noch einmal zutage. Im Frühjahr 1951 war er dann doch nach Deutschland gekommen und leitete unter anderem in Köln eine Rundfunkproduktion von Verdis «Maskenball». Eine Einladung, Operndirektor in Mannheim zu werden, hatte er schon 1950 abgelehnt. Stattdessen konnte er noch einmal während zweier Sommer in Glyndebourne dirigieren. Im Theater an der Wien, der behelfsmäßigen Spielstätte der Staatsoper, leitete er Aufführungen von «Meistersinger», «Figaro» und «Otello», doch sein künstlerisches Vermächtnis wurde die Rehabilitation von Mozarts genialer Opera seria «Idomeneo» bei den Festspielen in Glyndebourne im Sommer 1951. Wenige Monate später, am 14. September 1951, starb er in London an den Folgen eines Herzanfalls, nachdem ihm schon seit 1943 zunehmend Herzbeschwerden zugesetzt hatten. In den Wochen davor hatte er noch mehr als ein Dutzend Vorstellungen von «Don Giovanni» und «La Forza del Destino» in Edinburgh dirigiert, rastlos einer Arbeit hingegeben, die ihm, dem Unbehausten, eine Art von zu Hause war, das freilich immer wieder aufs neue aufgebaut werden mußte. In seinem Gratulationsbrief zur Vierhundertjahrfeier der Dresdner Staatskapelle hatte er 1948 sein künstlerisches Credo gegen Unterdrückung, Krieg und Zerstörung formuliert: «Es ist das Wesen des Schönen, daß böse Mächte keine Gewalt darüber haben.» *DR*

Buschkötter, Wilhelm

* Höxter, Westfalen 27. 9. 1887, † Berlin 12. 5. 1967; deutscher Dirigent, studierte zuerst Medizin und spielte nebenbei Cello; dann belegte er bei W. Klatte und A. Kieffel Kurse in allgemeiner Musikkunde. 1912 habilitierte er sich und ging anschließend nach Davos, wo er eine Bühnenkapelle leitete. 1913 wechselte er nach Hamburg, 1920 nach Altona und schließlich 1923 nach Äbo. 1924—26 dirigierte er am Berliner Rundfunk; anschliessend ging er als Chefdirigent zum WDR in Köln. Ab 1936 war er dann als musikalischer Direktor am Stuttgarter Radio und von 1937—39 in Dortmund tätig. Nach dem Krieg übernahm er wieder seine alte Stelle beim WDR, wo er bis 1953 blieb. Später wirkte er noch bei verschiedenen Orchestern als Gastdirigent.

Caduff, Sylvia

* Chur 7. 1. 1937; Schweizer Dirigentin, schloß ihr Klavier-Studium am Konservatorium von Luzern 1961 mit Diplom ab. Dann begann sie bei Karajan am Berliner Konservatorium mit dem Dirigierstudium, das sie bei Kubelik in Luzern, Matačić in Salzburg und Otterloo in Hilversum fortsetzte. Ihr Debut als Dirigentin gab sie beim Tonhalle-Orchester in Zürich. Nachdem sie 1966 den 1. Preis im Dimitri Mitropoulos—Dirigentenwettbewerb in New York gewonnen hatte, berief sie Bernstein als stellvertretende Dirigentin an die New Yorker Philharmonie (1966/67). 1972—77 lehrte sie am Berner Konservatorium und war schließlich die erste Frau in Europa, die den Posten eines Generalmusikdirektors bekleidete (1977 in Solingen).

Caetani, Oleg

* Lausanne 5. 10. 1956; italienischer Dirigent mit Wohnsitz in Vevey, begann seine Ausbildung als Pianist und Dirigent bei Nadia Boulanger in Paris; seine Dirigierstudien absolvierte er bei seinem Vater Igor Markevitch, sowie bei Franco Ferrara in Rom, Kyrill Kondrashin in Moskau und Ilja Mussin in Leningrad, wo er 1981 sein Abschlußdiplom erhielt. Nach Seminaren in Weimar und Monte Carlo war Caetani zwei Jahre Assistent von Otmar Suitner an der Deutschen Staatsoper Berlin. Preisträger beim RAI-Wettbewerb 1979 in Turin und beim Karajan-Wettbewerb 1982 in Berlin. Seit 1984 ist Oleg Caetani Generalmusikdirektor für Oper und Konzert am Nationaltheater Weimar.

Caldwell, Sarah

* Maryville 6. 3. 1924; amerikanische Operndirigentin, lernte zuhause Violine und trat bereits als Kind auf örtlichen Veranstaltungen auf. An der University of Arkansas begann sie ein Psychologiestudium. Bei Richard Burgin am New York England Konservatorium in Boston studierte sie weiter Violine, bei Georges Fourel Viola. 1947 wurde sie Assistentin von Boris Goldovsky in die Abteilung Oper des New England Konservatoriums 1952 übernahm sie die Leitung des Opera Workshop der Boston University. Mit der Gründung ihrer eigenen Operntruppe in Boston, der Opera Group, begann 1957 eine außerordentliche Karriere. Mit bescheidenen musikalischen und finanziellen Reserven baute sie ein Opernunternehmen auf. 1965 änderte sie den Namen ihres Unternehmens in Opera Co. of Boston. Ihre Auftritte fanden in einem ehemaligen Variété-Theater statt. Bei den meisten Produktionen war sie als Produzent, Dirigent, Technischer Leiter, Bühnendirektor und Bühnenbildner tätig und übernahm auch noch die Öffentlichkeitsarbeit. Unter anderem produzierte sie «La Traviata» und «Falstaff» von Verdi, Werke von Berlioz, Massenet, Bellini, «War and Peace» von Prokofiev, «Moses und Aron» von Schönberg, Alban Berg u.a. Am 13. Januar 1976 dirigierte sie als erste Frau an der New Yorker Met.

Cambreling, Sylvain

* Amiens 2. 7. 1948; französischer Dirigent, erhielt nach seiner Musikausbildung am Konservatorium von Paris die Stelle eines stellvertretenden Dirigenten am Orchester von Lyon und dirigierte dort auch Oper. Seit der Spielzeit 79/80 dirigiert er regelmäßig an der Pariser Oper. 1981 wurde er zusammen mit John Pritchard als Direktor des Théâtre Royal de la Monnaie in Brüssel verpflichtet. Als Gastdirigent ist er an verschiedenen Häusern Europas erfolgreich, z. B. an der Frankfurter Oper, der Hamburgischen Staatsoper, an der Mailänder Scala, der USA und Kanadas.

Campanini, Cleofonte

*Parma 1.9.1860, †Chicago 19.12. 1919; italienischer Dirigent und Violinist; studierte in seiner Heimatstadt erst an der Regia Scuola di Musica (ab 1870) und dann bei Giovanni Rossi Harmonielehre und Kontrapunkt. Nach einer Zeit als Violinist bei der Società del Quartetto in Parma und in London vertrat er häufig Faccio, Usiglio und Mancinelli als Dirigent. Sein Erfolg mit »Carmen« am Teatro Regio in Parma (1882) bescherte ihm einen guten Ruf und weitere Engagements in Mailand und New York, wo er einige Premieren dirigierte. Zwei Spielzeiten lang leitete er das Orchester am Städtischen Theater in Nizza und später an der Oper in Buenos Aires, dirigierte weiterhin in Montevideo, Rio de Janeiro, Barcelona, Madrid, Lissabon und in den USA. Zuletzt leitete er die Chicago Opera Association.

Cantelli, Guido

* Novara 27. 4. 1920, † Paris (bei Orly, Flugzeugabsturz) 24. 11. 1956; italienischer Dirigent, studierte bei Ghedini und Pedrollo am Mailänder Konservatorium (bis 1942) und wurde 1943 Künstlerischer Direktor und Dirigent am Teatro Coccia in Novara. Nach einer Haft in einem deutschen Arbeitslager und später in einem deutschen Krankenhaus, aus dem er entkam, lebte er bis Kriegsende unter falschem Namen. Anschließend betätigte er sich als Dirigent an der Mailänder Scala und anderen italienischen Opernhäusern, bis er 1949 mit dem NBC Symphony Orchestra in New York auftrat. Ab 1951 leitete er das Philharmonia Orchester in London. Kurz bevor er ums leben kam, erhielt er für 1957 die Berufung zum 1. Dirigenten der Mailänder Scala.

Cape, Safford

*Denver 28.6.1906, †Brüssel 26.3. 1973; amerikanischer Dirigent und Komponist, studierte ab 1925 in Brüssel bei Moulaert (Komposition) und van den Borren (Musikgeschichte). Zwischen 1928 und 1933 komponierte er viel und leitete dann (bis auf eine Unterbrechung 1940—44) seine Gruppe »Pro Musica Antiqua«, mit der er Renaissance-Musik aufführte. Als Dirigent unternahm er mit dem Ensemble zahlreiche Tourneen durch Europa und beide Teile Amerikas. 1967 zog er sich wegen schlechter Gesundheit zurück.

Caplet, André

* Le Havre 23. 11. 1878, † Neuilly-sur-Seine 22. 4. 1925; französischer Dirigent und Komponist, studierte ab 1896 am Pariser Konservatorium und war gleichzeitig Dirigent bei den Concerts Colonne. 1899 wurde er zum Musikdirektor am Odéon ernannt, und 1910—14 dirigierte er die Boston Opera Company. Eine Gasvergiftung während des Militärdienstes zwang ihn zum Abbruch der Dirigentenlaufbahn, so daß er sich fortan nur noch der Komposition widmete. Seine Berufungen an der Opéra und bei den Konzerten von Lamoureux und Pasdeloup konnte er nicht mehr wahrnehmen.

Caridis, Miltiades

* Danzig 9. 5. 1923; griechischer Dirigent, nach seinem Studium am National-Konservatorium in Athen Schüler von Swarowsky an der Wiener Akademie für Musik und darstellende Kunst, außerdem in Kursen Karajans und Scherchens. In der folgenden Zeit dirigierte er am Landestheater in Bregenz (1947-48), an den Opern in Graz (1948-59) und Köln (1959-62). 1960-67 wirkte er als Chefdirigent der Philharmonia Hungarica in Marl (Westfalen), ab 1962 als Dirigent an der Wiener Staatsoper und als ständiger Dirigent bei Danmarks Radio-Symfoniorkester in Kopenhagen. 1969 übernahm er die künstlerische Leitung beim Filharmonisk Selskap Orkester in Oslo. Er wurde 1979 zum Chefdirigenten des Wiener Tonkünstlerorchesters ernannt.

Carner, Mosco

* Wien 15. 11. 1904; englischer Dirigent und Musikforscher, Student des Neuen Wiener Konservatoriums und Schüler Lachs und Adlers an der Wiener Universität (bis 1928). Er ging als Opernkapellmeister nach Troppau (1929 und 1930) und an das Danziger Staatstheater (1930 bis 1933). Anschließend übersiedelte er nach London, wo er Konzerte des BBC Symphony Orchestra, des Philharmonia Orchestra, des Royal Philharmonic Orchestra und des London Philharmonic Orchestra dirigierte. Daneben wirkte er als Musikschriftsteller und Musikkritiker.

Carvalho, Eleazar de

* Iguatu 28. 7. 1912; brasilianischer Dirigent und Komponist, studierte an der Apprentice Seaman's School und trat dann in Rio de Janeiro in die Marine ein, wo er im Musikkorps Tuba spielte. 1941 wurde er stellvertretender Chefdirigent des Brasilianischen Symphonieorchesters in Rio de Janeiro. Nach dem Krieg studierte er am Berkshire Music Center bei Kussevitzky Dirigieren. Bei einigen Konzerten des Boston Symphony Orchestra, das er auf Anregung von Kussevitzky dirigierte, bewies er außerordentliches Talent und eine außerordentliche Musikalität; alle Proben und Aufführungen leitete er ohne einen Blick in die Partitur. In den folgenden Jahren nahm er eine Anzahl von Gastdirigaten in Amerika und Europa wahr. Von 1963—68 dirigierte er das St. Louis Philharmonic Orchestra. Bis 1973 war er dann Dirigent am Hofstra University Orchestra in Hempstead; danach kehrte er nach Brasilien zurück.

Casadesus, Jean-Claude

* Paris 7. 12. 1935; französischer Dirigent, studierte zunächst am Pariser Konservatorium. 1959 begann er bei Dervaux an der Ecole Normale de Musique in Paris und bei Pierre Boulez in Basel Dirigieren zu studieren. 1969 wurde er ständiger Dirigent an der Pariser Oper und der Opera Comique; 1971 Assistent von Dervaux beim Orchestre Philharmonique des Pays de la Loire in Angers. 1976 gründete er das Philharmonische Orchester in Lille. Er ist Gastdirigent beim BBC-Orchestra in London, den Leningrader Philharmonikern, dem Scottich Na-

tional Orchestra, dem Royal Opera House Covent Garden, der English National Opera und anderen namhaften Orchestern und Opernhäusern in Europa. 1983 wurde er zum Generalsekretär des Französischen Musikrats in Paris ernannt.

Casella, Alfredo

* Turin 25. 7. 1883, † Rom 5. 3. 1947; italienischer Komponist, Pianist und Dirigent, studierte am Konservatorium in Paris. Neben seiner wichtigen Funktion als Komponist, die ihn zu einer einflußreichen Musikerpersönlichkeit Italiens zwischen den beiden Weltkriegen werden ließ, dirigierte er 1912 in Paris die Concerts Populaires im Trocadéro und war unter anderem in Amerika als Reisedirigent tätig. Als Lehrer bemühte er sich auch um die zeitgenössische Musik.

Cassuto, Alvaro

* Oporto 17. 11. 1938; portugiesischer Dirigent und Komponist, studierte schon als Kind Violine und Klavier; später nahm er bei Arthur Santos und Lopes Graça Unterricht in Komposition. 1960/61 lernte er bei Ligeti, Messiaen und Stockhausen in Darmstadt Neue Musik und belegte gleichzeitig bei Herbert von Karajan Kurse in Dirigieren. Sein weiteres Studium absolvierte er bei Pedro de Freitas Branco in Lissabonn und Franco Ferrara in Hilversum. Von 1965—68 war er am Gulbenkian Orchester in Lissabonn und dann bis 1970 am Little Orchestra in New York als stellvertretender Dirigent tätig. Nach Lissabonn zurückgekehrt, wurde er zunächst ständiger Dirigent (1970) und 1975 musikalischer Direktor des Nationalen Radioorchesters. 1974 berief man ihn als Musikdozent und Dirigent des Symphonieorchesters an die University of California in Irvine, wo er bis 1979 blieb. Daneben trat er bei zahlreichen Orchestern in Europa, Südamerika und den USA als Gastdirigent auf. 1969 erhielt er den Kussevitzky-Paris in Tanglewood.

Ceccato, Aldo

* Mailand 18. 2. 1934; italienischer Dirigent, erhielt seine Ausbildung am Konservatorium in Mailand und an der Berliner Musikakademie. 1969 gewann er den ersten Preis des Wettbewerbs junger Dirigenten der RAI. Sein Debut in Amerika gab er 1969 mit einem Auftritt an der Chicago Lyric Opera. Von 1973—77 dirigierte er das Detroit Symphony Orchestra. 1975 wurde er zum Generalmusikdirektor der Hamburger Philharmonie ernannt. Seit 1984 ist Ceccato Generalmusikdirektor in Bergen, Norwegen.

Celanský, Ludvik Vitezslav

* Wien 17. Juli 1870, † Prag 27. 10. 1931; tschechischer Dirigent und Komponist, studierte am Prager Konservatorium. Danach dirigierte er die Opernorchester von Pilsen und Zagreb. Zurück in Prag, formte er aus der Tschechischen Philharmonie ein selbständiges Orchester (1901) und leitete es in seiner ersten Konzertsaison und erneut 1918/19; er dirigierte auch Oper und Konzert im Ausland.

Celibidache, Sergiu

Wolfgang Stresemann, langjähriger Intendant des Berliner Philharmonischen Orchesters, schreibt in einer Geschichte des Orchesters 1882 bis 1982, anläßlich des Hundertjahr-Jubiläums, ausführlich über die prägenden Dirigenten von Bülow, Nikisch, Furtwängler und Karajan. Einem anderen aber, einem für die Philharmoniker-Entwicklung gewiß ebenfalls wichtigen Chefdirigenten, widmet Stresemann in der Festschrift gerade einen einzigen Satz: «Ende August 1945 übernahm mit dreiunddreißig Jahren der genialisch veranlagte Rumäne Sergiu Celibidache, der an der Berliner Hochschule für Musik studiert hatte, die Leitung und hat sich um Berlin und sein Spitzenorchester bis zur Rückkehr Furtwänglers große Verdienste erworben.» Gewiß, Celibidache ist in der Broschüre mit einem Photo in exzentrischer Pantomimenpose vertreten. Dennoch kommt man nicht umhin, eine Tendenz zu vermuten: Verdrängung.
Irgendetwas also muß an Celibidache nicht ganz geheuer sein — daß er im gegenwärtigen Musikbetrieb zum nicht geringen Teil immer wieder verdrängt, verketzert, ja regelrecht verteufelt wird. Eines fällt in diesem Zusammenhang immer wieder auf: Fast alle, die es innerhalb des Musikbetriebs, der ja zunehmend auch mit Musikindustrie und ihren entsprechenden Marktstrategien zu tun hat, als Manager, Musiker oder Kritiker zu den Parteigängern Herbert von Karajans gehören, lassen in ihren Äußerungen über Celibidache nicht selten ein Moment von Gereiztheit durchschimmern — einen Tonfall der Verärgerung und des Unmuts. Fast gewinnt man da den Eindruck, Celibidache müsse gleichsam abgewehrt werden, als purer Exzentriker, als schwarzes Schaf abgetan oder gar zum Pfahl im Fleische des Musiklebens dämonisiert werden. Allerdings hat er auch vierzig Jahre lang dazu beigetragen, dem Schlagwort vom enfant terrible fortwährend neue Nahrung zu geben.
Sergiu Celibidache wurde am 28. Juni 1912 in Roman (Rumänien) geboren. An der Universität Jassy studierte er Philosophie und Mathematik, wandte sich aber bald immer mehr der Musik zu — zunächst als Pianist einer Budapester Tanzschule. Das Musikstudium in Paris brachte ihm nach eigener Aussage nicht allzu viel. Um so wichtiger wurden für ihn die Berliner Lehrjahre: bei Heinz Thiessen (Komposition) und Walter Gmeindl (Dirigieren). Weiterhin beschäftigte er sich mit Philosophie (weltanschaulich tendiert er übrigens zum Buddhismus) und Mathematik, promovierte als Musikwissenschaftler schließlich sogar mit einer Dissertation über die Kompositionstechnik von Josquin Desprez.
Schon beim jungen Celibidache also muß ein ganz eigentümliches Widerspiel zu beobachten gewesen sein: zwischen südöstlichem Musiziertemperament, Lust an der effektvollen, gewiß auch eitlen Selbstdarstellung, am zirzensischen Schaugepränge — und dem Streben nach Vertiefung, fast weltabgewandtem Suchen nach Zusammenhängen, konstruktivem Hintergrund und geradezu metaphysischem Überbau. Daß ihn die deutsche und speziell die Berliner Musikkultur und -tradition tief geprägt haben, hat Celibidache mehrfach beteuert. Nach Kriegsende schlug Celibidaches große Stunde: Wilhelm Furtwängler durfte wegen seines Entnazifizierungsverfahrens die Leitung der Berliner Philharmoniker noch nicht wieder übernehmen. Die Interimswahl fiel auf Celibidache. Der Dreiunddreißigjährige wußte seine Chance zu nutzen, seine eminente Begabung, den nicht minder großen Ehrgeiz und die noch immer beeindruckende Orchestersubstanz zu koordinieren, Perfektion und klangsinnliche Suggestion in vorher unbekanntem Ausmaß zu steigern. Damals

galt er in erster Linie als frenetischer «Pultübermensch», von dem es hieß: «Dieser Mensch ist außer sich. Er ist von einem Dämon besessen. Wir wittern, daß in ihm Kräfte wirken, die stärker sind als er selbst. Was wir vor uns sehen, ist kein gewöhnlicher Mensch, sondern ein Künstler in Augenblicken höchster Ekstase.» Daß er da wohl von manchem gar als eine Art Nachfahr seines noch berühmteren rumänischen Landsmannes, des Grafen Dracula, empfunden wurde, ließ sich mittels eines Films immerhin erahnen: Celibidache dirigierte da vor einer Berliner Trümmerlandschaft Beethovens «Egmont» - Ouvertüre: ein enormes Dokument exzessiver Theatralik des Dirigenten, der da, heftig dunkle lange Korkenzieherlocken schleudernd, wirkte wie einer der visionären Rabbis Marc Chagalls oder der ekstatischen Mystiker und Märtyrer El Grecos.

Celibidache wirkte, und selbst bei späteren Begegnungen konnte man dies immer noch ahnen, fast wie ein pantomimischer Pulttänzer. Wenn Komponisten wie Mauricio Kagel und Dieter Schnebel als «visible music» Stücke nur für Dirigenten konzipierten, Kagel auch einen entsprechenden Film («Nostalgie») gedreht hat, so mochte man manchmal meinen, der junge Celibidache habe ihnen als Modell gedient. Aber bei aller Lust an Show und Glamour, am torerohaften Bewegungsritual durfte und darf man nicht vergessen, daß dem Konzert zahlreiche langwierige und minuziöse Proben vorangingen, daß präzisestes Studium und Kalkül die Basis für die Spontaneitätsfassade im abendlichen Saal waren. Nichts liegt diesem Dirigenten ferner als das improvisatorisch Ungefähre, das Vertrauen auf Routine und den sich am Abend halt ergebenden (oder auch nicht) inspirierenden Höhenflug. Celibidache hat als radikaler Ästhetizist und Technokrat begonnen und ist es auch geblieben. Für das Berliner Publikum brachte er denn auch etwas Neues: eine vorher in dieser Art unbekannte Instinktsicherheit und Eleganz der Dirigiertechnik wie -gestik, bestechende orchestrale Perfektion und dynamische wie klangfarbliche Verfeinerung, aber auch Drastik. Celibidache sorgte auch dafür, daß zu dem traditionellen deutschen Repertoire der Klassiker und Romantiker Novitäten und exotische Raritäten kamen: Russisches, Französisches, Amerikanisches, Spanisches und Lateinamerikanisches. Als Furtwängler 1952 wieder die Leitung der Berliner Philharmoniker übernehmen konnte, war das Orchester wieder in optimaler Verfassung. Ja mehr noch: Celibidache hatte es zum vielseitigen modernen Perfektionsinstrument trainiert, es also in eine Richtung entwickelt, die Karajan dann weiter verfolgen konnte.

Noch heute werden Legenden über die Untrüglichkeit von Celibidaches Gedächtnis kolportiert: Noch die unscheinbarsten Nebenstimmen selbst komplexester Partituren soll er in jedem Moment präsent gehabt haben. Und die Schärfe seines Gehörs soll ihn zu regelrechten Rekordleistungen befähigt haben. Nicht nur habe er die feinsten Tonhöhenschwebungen wahrgenommen, sondern auch sein Richtungshören sei ganz außerordentlich entwickelt gewesen. Hätten etwa im tosendsten fortissimo selbst des überdimensionalen Strauss-Orchesters dritter und vierter Hornist die Stimmen getauscht, wäre dies Celibidache nicht entgangen.

Dennoch: Als Furtwängler 1954 starb, da wurde als Nachfolger nicht Celibidache gewählt, sondern Karajan. Celibidache hat diesen Schlag bis heute nicht verwunden, und der Groll, ja die Galle, mit der er den gegenwärtigen Musikbetrieb bedenkt, läßt sich vermutlich nach wie vor auf diese elementare Enttäuschung zurückführen. Über die Gründe und vor allem Hintergründe dieser Entscheidung ist viel spekuliert worden. Eine Art Grauzone scheint dennoch bestanden zu haben. Und lange wurde noch, zumindest von Seiten der Anti-Karajanisten, gemunkelt, der wahrhaft genialische der beiden Dirigenten sei letztlich doch Celibidache gewesen. Aber er hat sich bei den Berliner Philharmonikern auch Feinde geschaffen. Als Attitüde des allmächtig-allwissenden und unfehlbaren Dompteurs, auch das sarkastisch-selbstgefällige Ausspielen der eigenen intellektuellen und nicht zuletzt auch rhetorischen Überlegenheit hat wohl manche Wunden hinterlassen. Hinzu kam, daß Karajan der weitaus vielseitigere Dirigent war; nicht nur des größeren Konzert-, sondern auch des Opernrepertoires wegen.

Celibidache hingegen hat, eigenem Bekenntnis nach, nur viermal Oper dirigiert — und der genüßlich selbstquälerische Schauder, den er kokett simuliert, wenn er sich an diese Horror-Erfahrungen zurückerinnert, verrät eini-

Sergiu Celibidache wurde am 1. Dezember 1945 zum ersten Lizenzträger der Berliner Philharmoniker ernannt. Er hat sie zum vielseitigen modernen Perfektionsinstrument trainiert.

ges von dem Charaktermaskenwechselspiel zwischen Heiligem und Exzentrikclown, mit dem er es manchmal seinen Anhängern schwer und seinen Gegnern leicht macht. Denn er ist ein Mann der extremen Ansichten, die er zudem auch gerne mit leid- und lustvoller Überschärfe formuliert. Aber Wahres und Falsches, Sinnvolles und Abstruses sind in seinen Meinungen mitunter seltsam vermengt. Wenn er etwa das ganze Genre Oper in Bausch und Bogen ablehnt, dann ausschließlich aus akustischen Gründen: Die Entfernungen auf der Bühne, zwischen Bühne, Orchester und Dirigent seien zu groß; hinzu kämen noch die Bewegungen auf der Bühne und zusätzliche akustische Veränderungen durch wechselnde Bühnenaufbauten. Natürlich ist an all dem etwas Wahres. Aber andere, wahrlich nicht geringere Dirigenten haben sehr wohl gelernt, mit dem Provisorium und Kompromiß Oper zurechtzukommen — die als solche ja auch etwas von der Faszination des fluktuierenden Lebens selber hat. Aber genau diesem Moment von Unberechenbarkeit mißtraut Celibidache. Ein anderer Grund für seine Abneigung gegen das Musiktheater dürfte im ersten Gebot zu finden sein: «Du sollst keine anderen Götter haben . . .» Die Vorstellung, sich auch nach Sängern, Regisseuren, Tänzern, Choreographen, Chordirektoren, Bühnenbildnern und Technikern richten zu müssen, ist ihm offenkundig ein Greuel. Dies mag auch erklären, warum Celibidache so extrem selten Solisten in seinen Konzerten auftreten läßt. Einzig den Pianisten Arturo Benedetti Michelangeli akzeptiert er bewundernd als wahlverwandt-charismatischen Musiker mit unbedingtem Vollkommenheitsanspruch.

Daß Celibidache als Furtwängler-Nachfolger keine reale Chance hatte, wohl überhaupt für eines der allerersten Orchester nicht in Frage käme, liegt in erster Linie in seiner Medienabstinenz, vor allem der Weigerung, Schallplatten zu machen — wofür er ebenfalls wieder akustische Argumente ins Feld führt: Tempo und Klang seien jeweils für eine bestimmte Aufführung in einem bestimmten Saal einmalig und unübertragbar konzipiert und fixiert. Die elektroakustische Wiedergabe könne da nur steril-absurde Verzerrungen bewirken. So triftig dies für sich genommen klingt: Widersprüche bleiben nicht aus.

Alle Orchester, die er dirigierte, bescheinigen ihm ungewöhnliche musikalische und pädagogische Fähigkeiten.

Denn schon allein der leere Saal bei der Probe klingt völlig anders als vollbesetzt. Und in zweierlei Hinsicht wäre Celibidache sogar der prototypische Dirigent des Medienzeitalters gewesen. Sein ausgeprägtes Showmantum hätte gerade ihn zum TV-Star prädestiniert. Und so wie Celibidaches Sinn für Musik im Raum, die Choreographie der Schallquellen, eine Opernaufführung unter ihm (am Ende gar des «Parsifal») erregend narkotische Erfahrungen versprochen hätten, so wäre er auch der ideale Studiodirigent: Denn das akribische Austüfteln von Klängen und Linien, die orchestrale Alchemie der Farben und Beleuchtungen — bei weitestgehender Ausschaltung des Zufalls — liefen doch eigentlich auf die Studioästhetik hinaus. Und, ein weite-

rer Widerspruch: Ausgerechnet Celibidache hat jahrelang hauptsächlich mit Rundfunkorchestern (Stockholm, Stuttgart) gearbeitet.
Nach 1955 hat er Deutschland gemieden, ein unstetes Reiseleben geführt, viel in England, Frankreich, Italien und Spanien, dann wieder in Süd- und Mittelamerika, dann wieder in Skandinavien dirigiert.
Celibidache, den es nicht zu den großen Festivals zieht, der stattdessen lieber Dirigierkurse gibt, ist ein Mann der eigenwilligen Ideen. So meint er etwa, bei einem hervorragenden Orchester brauche man mehr Probenzeit als bei einem mittelmäßigen. Denn gute Musiker könnten mehr Klang- und Phrasierungsmöglichkeiten anbieten, die zu kombinieren und auszubalancieren dann eben auch mehr Arbeit und natürlich auch Befriedigung bedeuten würde. Sein interpretatorisches Ideal ist es, «den vertikalen Druck, den Ausdruck des Augenblicks, mit dem horizontalen Druck, dem Verhältnis zwischen den Werten, in einer einmaligen erlebten Form darzubringen».
Einzig Furtwängler habe dies erreicht. Im übrigen läßt er milde allenfalls noch zwei andere, bezeichnenderweise sehr extreme Dirigenten Gnade finden: Leopold Stokowski und Rafael Kubelik. All die anderen Prominenten (Toscanini, de Sabata, Böhm, Karajan, Solti, Bernstein, Boulez, Sawallisch) werden mit vernichtenden, ätzend sarkastischen Urteilen bedacht: Dumme, bösartige, schlicht gemeingefährliche Ignoranten seien sie alle. Zum Heile der Musik hätte man sie schleunigst aus dem Verkehr ziehen sollen. Für das Unheil steht für ihn vor allem die Schallplatte, die originäre Erfahrungen verhindert, an das Publikum, aber auch etwa an die jungen Dirigenten nur sinnentleerte Hülsen aus zweiter, dritter und vierter Hand liefert. Deshalb klängen so viele Interpretationen auch so schlecht und überdies austauschbar uniformiert. Auch da hat er sicher in vielem recht.
Celibidache, dessen Repertoire eher schmal ist, hat sich legendären Ruf als Orchestererzieher erworben: In Berlin, Stockholm, Stuttgart und bei den Münchner Philharmonikern, deren Chefdirigent er 1979 wurde und die unter ihm denn auch eminente Fortschritte gemacht haben. Celibidache hat wohl die Fähigkeit, gerade leicht darniederliegende Orchester mit Zuckerbrot und Peitsche in relativ kurzer Zeit in Höchstform zu bringen. Es wird ihm allerdings auch nachgesagt, daß er, wenn er dieses jeweilig optimale Niveau erreicht, auch sein Repertoire annähernd erschöpft sei, er ein wenig die Lust verlöre — etwa auch an neuen Stücken tendiere er mehr und mehr dazu, über der klanglichen Feinstrukturierung die große Form zu vernachlässigen, «den Wald vor lauter Bäumen nicht mehr zu sehen». Der immer weiter getriebene sensualistische Klangfetischismus führe ihn manchmal dazu, seine Musiker eher so schön, ausdrucksvoll, virtuos und effektvoll spielen zu lassen, wie es ihnen individuell möglich sei — und weniger, wie es einem übergeordneten, aus der kompositorischen Idee abzuleitenden Tempo entspräche.
Das einst so erregende Widerspiel aus greller Exaltiertheit und immer sublimerer Statik scheint in den letzten Jahren zunehmend zum Stillstand zu kommen. Der einst so exhibitionistische Pulttänzer scheint zum Mystiker geworden zu sein, vielleicht aber auch nur müde. Aber immer noch haben Celibidache-Aufführungen in ihrem mittlerweile oft eigentümlich künstlich gedrosselt wirkenden Tempo, Klang und Gestus etwas seltsam Widerständiges. Der gedankenlosen Konvention, dem gängigen Mozart-, Beethoven-, Brahms-, Bruckner-, Tschaikowsky- und Strauss-Klischee wird man bei ihm kaum begegnen. Auch insofern bleibt er einer der großen Einzelgänger. Und deshalb sind Celibidache-Konzerte, zu derem zirzensischen Ritual stets das selbstgefällig inszenierte Applaus- und Einzellob-Défilé gehört, immer wieder doch spannend. Gewiß, die torerohaft-hüftkreiselnde Podiumspantomime, mit der er früher Ravels «Boléro» auch als dirigentisches Einmanntheater auskostete, ist reduziert; aber in seinen besten Momenten kann man in Celibidache-Konzerten betörende Erfahrungen von majestätischer Klangpracht und gleichsam nur farbig bewegter Klangluft machen, die verständlich werden lassen, worin die Größe dieses Dirigenten besteht, dessen Grenzen wohl auch in seinen eigenen Schwierigkeiten mit sich selbst liegen. Ende 1984, schwer erkrankt und mit ungewisser Zukunft, zerstreitet sich Celibidache mit den Kulturoberen Münchens, und es kommt fast zum Bruch mit den Philharmonikern, die er zu einem der ersten internationalen Orchester gemacht hat. *GRK*

Chailly, Riccardo

Als er die ersten Male in den großen Opernhäusern und Konzertsälen Europas und der Vereinigten Staaten auftrat, wurden noch Vergleiche herangezogen: Man sei an Victor de Sabata erinnert, gar an Toscanini oder an Karajan. Gewiß: Er schätzt Karajan, er bewundert Carlos Kleiber, und er zeigt gegenüber der Kunst Toscaninis eine gewisse, höchst respektvolle Distanz. Aber nichts an seinem Stil — und er besitzt schon im fast noch jugendlichen Alter von Anfang Dreißig durchaus einen ausgeprägten Personalstil — erinnert an irgendeinen Vorgänger.
Die biegsame, außerordentlich variantenreiche, ebenso ausdrucksvolle wie genaue Zeichengebung gehört nur ihm selbst. Sie legt dem Orchester gleichermaßen einen intensiven, fast immer weich formulierten Klang nahe, wie sie Handhabungen der Instrumente, spieltechnische Details suggeriert, und sie markiert dabei nicht so sehr den Takt als vielmehr den Rhythmus und die großen rhythmischen Zusammenhänge. Vielleicht ist an dieser Stelle dennoch einmal ein Vergleich angebracht: In der Fähigkeit, den großen Atem eines Stücks zu schlagen und den Bogen übergreifender Melodiekomplexe, kommt Chailly tatsächlich Dirigenten wie Nikisch oder Furtwängler oder eben auch Karajan nahe. Aber in diesem Punkt ist es denn doch weniger um einen Vergleich zu tun als um die grundsätzliche Frage, wie einer die einzelnen Teile eines Werks überschaut und zusammenzusetzen imstande ist, also die Komposition im strengen Sinn des Wortes nachvollziehen kann.
Geboren wurde Riccardo Chailly 1953 in Mailand. Der Vater Luciano Chailly ist Komponist — Schüler von Bossi und Hindemith — und arbeitet außerdem für die RAI, den italienischen Rundfunk. Später sollte er eine der einflußreichsten Persönlichkeiten innerhalb des Servizio Musica der römischen RAI-Zentrale werden und 1968 schließlich als Direktor in das Management des Teatro alla Scala eintreten. Als Komponist ist der Vater einem freien dodekaphonischen Stil verpflichtet, und es gehört zu den frühesten musikalischen Erinnerungen des Sohnes, Luciano Chailly die Nächte hindurch am Klavier komponieren gehört zu haben. Seine Träume, so berichtet er, seien erfüllt gewesen von

diesem oder jenem immer wieder aufs neue angeschlagenen und variierten Klang, vom langsamen Werden irgendeines Werkes. Immerhin hat der Vater eine Anzahl Opern geschrieben. Kindheitssehnsucht nach einem fernen Klang?
Als Riccardo Chailly acht Jahre alt war — die Familie war gerade nach Rom übersiedelt —, nahm ihn der Vater in ein Symphoniekonzert mit. Und hier ereignete sich für den Jungen das Unerhörte. Das Erlebnis der vielen Menschen, die einen neuen, bis dahin völlig unvorstellbaren Klangeindruck hervorriefen, war wie ein Schock für ihn und zugleich wie ein unbekanntes großes Glück; etwas, was ihn vollständig ausfüllte und was in ihm nur den einen Wunsch erzeugte, wieder und wieder in Konzerte zu gehen. Der Vater erfüllte diesen Wunsch, wann immer sich das machen ließ. Außerdem schickte er den Sohn zu einem guten Klavierlehrer.
Nach drei Jahren wurde Riccardo Chailly an der Accademia di Santa Cecilia angenommen und setzte dort seine musikalischen Studien mit noch mehr Ernst fort. Der Vater unterwies ihn zusätzlich in Harmonielehre, Generalbaß, Tonsatz und schließlich auch in Komposition. Riccardo Chailly entdeckt für sich das Vergnügen, Partituren zu studieren. Und er geht diesem Vergnügen überall nach, wo er nur kann, vorzugsweise jedoch in der Schule, wo er seine Aufmerksamkeit vom Lehrstoff ab- und den frühen Sinfonien Haydns oder den Brandenburgischen Konzerten Bachs zuwendet, die er als Taschenpartituren mitzuführen pflegt. Die Partituren entstammen selbstverständlich der väterlichen Bibliothek. In den Konzerten in Rom erlebt er zur gleichen Zeit die großen Dirigenten der frühen sechziger Jahre, Giulini, Celibidache, Karajan.
Vom Musikerberuf war indes nicht die Rede. So erlebt er zwischen dem dreizehnten und fünfzehnten Lebensjahr ein Intermezzo, das mit einer Katastrophe endet: Er geht, von den um seine Zukunft besorgten Eltern gedrängt, auf die Scuola Internazionale di Turismo in Rom, eine international orientierte Schule für Fremdenverkehr, mit der er nun überhaupt nichts anfangen kann, wo er immerhin Englisch, Französisch und Deutsch lernt. Ein Fachmann für Touristik ist freilich nicht aus ihm zu machen. Als es keinen Sinn mehr hat, weiterhin dieses Institut zu besuchen, wird das Studium an der Cäcilienakademie wieder intensiviert.
Für Riccardo Chailly ist in dieser Zeit Musik in jeder Form Lebensinhalt. Gerade die Musik der Beatles veranlaßt ihn, sich — unter anderem als Schlagzeuger — in Popgruppen zu engagieren. Dann kommt es zu der wohl alles entscheidenden Begegnung mit Piero Guarino am Konservatorium in Perugia. Riccardo Chailly besucht dieses Konservatorium ein Jahr lang, und Piero Guarino ist sofort davon überzeugt, einen geborenen Dirigenten vor sich zu haben. Guarino hatte Riccardo Chailly zu Hause gesehen, wie dieser ein improvisiertes Orchester von zwanzig Freunden bei einer Probe dirigierte. Er überzeugt schließlich auch den Vater von der ebenso spezifischen wie außerordentlichen Begabung des Sohnes.

Riccardo Chailly. Neben dem RSO Berlin wird er ab 1988 Chefdirigent des Concertgebouw Orkest in Amsterdam.

Bei Guarino studierte er nun wirklich Dirigieren, jene Kunst, die ihm schon vorschwebte, als er in Rom begann, zusammen mit dem Vater Konzert auf Konzert zu besuchen. Das Klavier wird mehr und mehr zur nützlichen Nebensache. Riccardo Chailly schließt jedes der drei Trimester dieses Jahres «cum laude» ab, und das größte Lob seines Lehrmeisters folgt nach dem Abschluß dieses Studiums: Guarino setzt sich für seinen Schüler bei seinem Freund Claudio Scimone ein, dem Leiter der Solisti Veneti. Scimone sieht Chailly dirigieren und lädt ihn ein, im folgenden Jahr mit den Solisti Veneti ein Konzert in Padua zu geben. Das Programm dieses ersten öffentlichen Konzertes seiner Karriere wird dem jungen Dirigenten immer in Erinnerung bleiben: Eines der zwölf Concerti da chiesa von Evaristo Felice dall'Abaco, ein Concerto grosso von Francesco Geminiani, die Trauermusik für Viola und Streichorchester von Paul Hindemith und das dritte Brandenburgische Konzert von Johann Sebastian Bach — kein beiläufiges Programm für einen Teenager, und schon gar keines, wo nur wildes Genie gefragt wäre, sondern ein Abend, bei dem es auf Kenntnisse, Disziplin und die detaillierten musikalischen Vorstellungen ankommt. Nicht von ungefähr, so möchte man meinem, bietet dieses Konzert eines erst fünfzehnjährigen Debütanten ein deutsch-italienisches Programm an, und die Trauermusik darin wirkt wie ein Omaggio an den Lehrer des Vaters, aber auch wie die programmatische Hinwendung zu jener neuen Musik, die das Melos als integralen Bestandteil nicht aufgegeben hat.
Im gleichen Jahr 1968 zieht die Familie wieder nach Mailand, wo Riccardo Chailly nun das Conservatorio Giuseppe Verdi besucht, jenes bedeutende Institut, aus dem schon Abbado und Muti hervorgegangen sind. Hier ergänzt Bruno Bettinelli den Kompositionsunterricht, den Riccardo Chailly beim Vater genossen hat — Bettinelli ist nicht nur als Komponist hervorgetreten, sondern mehr noch als Herausgeber alter Musik, als Theoretiker und Kritiker. Franco Caracciolo unterrichtet Dirigieren; er ist damals schon einige Jahre Chefdirigent des Mailänder RAI-Orchesters, ein außerordentlich erfahrener Dirigent und exzellenter Techniker, der das Handwerk virtuos beherrscht und hervorragend vermitteln kann.
Nach dem Schlußexamen am Verdi-Konservatorium folgt indes noch einmal ein überaus lehrreiches Studium, diesmal bei dem Musikdenker und Analytiker Franco Ferrara. Dessen Dirigierkurse waren deswegen so begehrt, weil man in ihnen weniger das Handwerk erlernen konnte — das wurde vorausgesetzt —, als vielmehr das Geistige und Konzeptionelle. Ihm, dem Mittelpunkt der Accademia Chigiana in Siena, verdankte der junge

Aus dem einstigen Assistenten Abbados wurde ein international angesehener Dirigent.

Chailly eine der größten und wichtigsten Erfahrungen. Er, noch keine zwanzig Jahr alt, lernte hier die Werke in ihrer Gesamtheit zu begreifen und in die Wirklichkeit umzusetzen. Auch in Siena bietet sich in dieser Zeit natürlich auch immer wieder die Gelegenheit, irgend ein kleineres Orchester zu dirigieren, und wie selbstverständlich führt Riccardo Chailly in dieser Zeit auch viel Barockmusik auf, von der er inzwischen, als einer Domäne der Spezialisten, weitgehend abgekommen ist.

Bei Franco Ferrara erhielt er auch schwarz auf weiß ein «diploma di merito», auf das Riccardo Chailly immer noch stolz ist. Dieses Diplom war eine nicht zu unterschätzende Empfehlung, und so kommt der junge Dirigent an das Teatro alla Scala in Mailand, wo sich Claudio Abbado seiner annimmt. Abbado machte ihn zu seinem Assistenten beim Symphonie-Orchester der Scala, und da bot sich dann die Gelegenheit, nicht nur von diesem so bedeutenden Interpreten und Orchestererzieher zu lernen, sondern auch in zahlreichen vorbereitenden Proben das Gelernte in der direkten Orchesterarbeit in eigene Erfahrung umzusetzen. Denn Abbado überließ schon bald einen erheblichen Teil der Proben seinem jungen Assistenten.

Für Riccardo Chailly bedeutete dies eine intensive Auseinandersetzung mit dem symphonischen Repertoire, und zwar besonders mit der Wiener Klassik und der deutschen Romantik sowie mit den französischen Impressionisten, denen Abbado ja außerordentlich nahe steht. Es bedeutete dies allerdings auch eine besondere Art der Vorbereitung auf die Tätigkeit eines Operndirigenten, und so kam Chailly in der Oper zustatten, daß er mit dem Symphonie-Orchester gelernt hatte, Partituren en detail zu erarbeiten.

Die Musik sehr durchsichtig und gleichsam sinfonisch sich entwickeln zu lassen, gehörte denn auch von Anfang an zu den besonderen Fähigkeiten Chaillys, und nicht zuletzt dies war es, was ihm nach seinem Debüt so rasch den Weg in die bedeutendsten Opernhäuser ebnete. Dieses Debüt fand 1972 an einem weniger wichtigen Haus statt, doch immerhin in Mailand: am Teatro Nuovo. Chailly dirigierte den «Werther» von Jules Massenet.

Er hat in den frühen siebziger Jahren nicht nur an bedeutenden Häusern gearbeitet, sondern nahm immer wieder auch Engagements bei mittelmäßigen Orchestern an. Aber dann holte ihn 1974, nach nur zweijähriger Assistentenzeit bei Abbado, die Lyric Opera Chicago zu einer Wiederaufnahme von Puccinis «Madama Butterfly». Das gleiche Haus engagierte ihn für 1976 wieder — diesmal dirigierte er «Rigo-

letto» — und vertraute ihm wiederum zwei Jahre später die Doppel-Produktion «Cav & Pag» («Cavalleria rusticana»/«I Pagliacci») an.
1977 gab er ein sensationelles Debüt an der San Francisco Opera, und zwar mit «Turandot». Regisseur war Jean-Pierre Ponnelle; die Hauptpartien wurden mit Montserrat Caballé und Luciano Pavarotti besetzt. Die Premiere war die Eröffnung der Saison, und einmal mehr bewährte sich der Spürsinn von Kurt Herbert Adler, der als Manager des War Memorial Opera House bereits manches bedeutende Talent ans Pult befördert hatte. Es gehörte schon viel Mut, aber auch viel Erfahrung dazu, einem gerade 24jährigen die Eröffnungspremiere anzuvertrauen. Ebenfalls mit Ponnelle produzierte Chailly vier Jahre später eine Fernsehaufzeichnung von «Rigoletto».
Neben diesen spektakulären Arbeiten liebte es Chailly immer wieder, Engagements bei kleineren Orchestern und Opernhäusern anzunehmen, so auch bei Hans Werner Henzes «Cantiere internazionale d'arte» in Montepulciano, wo er unter anderem Verdis «I Masnadieri» einstudierte.
Diese Oper war es auch, mit der er 1978 sein Debüt am Teatro alla Scala bestritt. Ein Debüt, das sehr sorgfältig vorbereitet war — für das Orchester gab es sechzehn Proben. Schon im folgenden Jahr ist er dann in London und leitet die «Don-Pasquale»-Produktion am Covent Garden; ebenfalls 1979 dirigierte er erstmals in Edinburgh.
Rund acht Jahre lang hat er vorwiegend Opern dirigiert. Seine Favoriten sind Verdi und Puccini, wobei er sich über «Rienzi» — in der Übersetzung Boitos — allmählich Wagner nähern will. Ende der siebziger Jahre geriet immer mehr der Symphoniker Chailly in den Vordergrund. 1980 steht er zum ersten Mal vor den Berliner Philharmonikern, und der Kontakt mit diesem gleichermaßen geschätzten wie gefürchteten Orchester stellt sich schon nach wenigen Minuten wie von selbst her.
In den folgenden Jahren hat er Berlin noch auf einem anderen Weg erobert. Zur Saison 1982/83 übernimmt er das Radio-Symphonie-Orchester Berlin, das, seit Jahren verwaist, auf einen Chefdirigenten hofft, der die Nachfolge Fricsays und Maazels antritt. Chailly findet ein Orchester vor, das, aus hervorragenden und technisch virtuosen Musikern bestehend, in den langen Jahren des Interregnums deutlich den Zusammenhalt verloren hat, auch seinen einstmals spezifischen, rassig-eleganten Klang. Und vielleicht macht nichts so sehr die Qualitäten dieses jungen Dirigenten deutlich wie die Tatsache, daß er innerhalb von zwei Jahren diesem Orchester wieder einen ausgesprochen exquisiten Charakter verleiht.
Dies geschieht in einer Art von Einverständnis zwischen Dirigent und Orchester, dem man gleichermaßen die wechselweise Herzlichkeit wie den wechselseitigen Respekt anmerkt. Chailly hält nichts von einem aggressiv-autoritären Probenstil. Er appelliert an die Intelligenz und das Selbstbewußtsein der Musiker. Kein Wunder, daß er, trotz der intensiven Arbeit mit dem RSO Berlin, die er noch mindestens bis 1987 fortsetzen will, längst bei anderen europäischen Spitzenorchestern wie dem Concertgebouw Orkest, dem Orchestre de Paris, den Wiener Philharmonikern oder dem London Philharmonic Orchestra, dessen Principal Guest Conductor er seit 1982 ist, gefragt ist. Manches spricht dafür, daß Riccardo Chailly zu den Allerersten seines Fachs gehört. Ab 1988 nun wird er Nachfolger von Bernhard Haitink beim Concertgebouw Orkest in Amsterdam *NE*

Chalabala, Zdenek

* Uherske Hradiste 18. 4. 1899, †Prag 4. 3. 1962; tschechischer Dirigent, studierte in Brno bei Frantisek Neumann und Janáček. 1925—1936 dirigierte er in Brno, bevor er sich in Prag niederließ. 1953 wurde er dort Chefdirigent des National Theaters. Neben bemerkenswerten Opernaufführungen machte er sich auch als Konzertdirigent einen Namen.

Chemin-Petit, Hans

* Rostock 12. 7. 1864, † Potsdam 11. 1. 1917; deutscher Kapellmeister, Sohn von Maurice Ch., wurde 1885 Nachfolger seines Vaters als Kapellmeister in Ulm. 1887-94 leitete er die Hofkapelle in Altenburg, wirkte dann als Musiklehrer in Potsdam und hatte dort ab 1900 eine eigene Schule.

Chemin-Petit, Hans Helmuth

* Potsdam 24. 7. 1902; deutscher Komponist und Kapellmeister, Sohn von Hans Ch., studierte 1920-26 an der Berliner Hochschule für Musik. Ab 1929 lehrte er Theorie an der Hochschule für Musik in Berlin-Charlottenburg (auch 1965—69). Ch. dirigierte 1939—43 als Direktor den Domchor und den Reblingischen Gesangsverein in Magdeburg, ab 1944 auch den Philharmonischen Chor in Berlin, 1945 bis 1948 außerdem die Städtischen Chöre in Potsdam.

Chemin-Petit, Maurice

* Leipzig 4. 3. 1832, † Ulm 3. 4. 1885; deutscher Kapellmeister, Thomasschüler in Leipzig, später Mathematikstudent. Ab 1856 hatte er Kapellmeisterposten in Halle, Rostock und bis zu seinem Tod in Ulm inne.

Chevillard, Camille

* Paris 14. 10. 1859, † Chatou (Seine-et-Oise) 30. 5. 1923; französischer Komponist und Dirigent, studierte Klavier bei Georges Mathias; in Komposition war er Autodidakt. 1897 wurde er Assistent bei den Konzerten Lamoureux und 1899 Nachfolger von Lamoureux als Dirigent, nachdem er dessen Tochter geheiratet hatte. Ab 1914 war er Kapellmeister an der Pariser Grand Opera.

Cleva, Fausto

* Triest 17. 5. 1902, † Athen 6. 8. 1971; amerikanischer Dirigent italienischer Geburt, studierte an den Konservatorien in Triest und Mailand, wo er am Teatro Carcano sein Dirigentendebüt mit »La Traviata« gab. 1920 emigrierte er in die USA, begann in New York an der Metropolitan Opera zuerst als Chorleiter und später als Dirigent des Orchesters (1920—42). Zwischen 1934 und 1963 leitete er gelegentlich Vorstellungen an der Summer Opera in Cincinnati, sowie 1942/43 an der Oper in San Francisco (auch 1949 und 1955). 1944—46 war er Künstlerischer Direktor der Chicago Opera Company und gab anschließend Gastspiele bei Operngesellschaften in Verona, Havanna, Toronto, Montreal und Stockholm. Außerdem trat er als Gastdirigent des Symphonieorchesters von San Antonio (Texas) auf, bis er 1950 an die Metropolitan Opera zurückkehrte. Dort dirigierte er bis 1971 mehr als 650 Vorstellungen.

Cluytens, André

«Es gibt eine schöne Anekdote von Ravel: Ein Dirigent bringt ‹La Valse›. Ravel sitzt im Publikum. Nach der Aufführung kommt er ins Dirigentenzimmer und sagt: Ich gratuliere, so habe ich ‹La Valse› nicht gemeint! Wenn ich das Werk das nächste Mal dirigiere, dann will ich es so tun, wie Sie es getan haben!»
So erzählte André Cluytens 1967 in einem Interview, und er mag mit «dem Dirigenten» durchaus sich selbst gemeint haben. Denn diese kleine Geschichte zeichnet nicht nur das Bild seines Freundes Ravel, dessen Offenheit und Respekt einem anderen, eigenständigen Musiker gegenüber. Sie erhellt auch Cluytens' Einstellung zur Aufgabe des Dirigenten: sein oberstes Gebot ist «Werktreue», neben die jedoch ganz selbstverständlich die eigene ausgeprägte Musikalität tritt, ohne ein Gegensatz zu sein. Denn gerade diese enge Verbindung, die für Cluytens keinen Widerspruch in sich barg, verlieh seinem Musizieren die Überzeugungskraft, die ohne jede Unsicherheit aus Eigenständigkeit und Einfühlungsvermögen gleichermaßen erwuchs.
André Cluytens wurde am 26. März 1905 in Antwerpen geboren. Er entstammte einer alten Musikerfamilie. Vater und Großvater waren in Antwerpen Dirigenten, die Mutter Sängerin, und so stand Cluytens' frühe musikalische Ausbildung ganz in der Tradition seiner Familie. Seine Ausbildung am Königlichen Konservatorium zu Antwerpen schien jedoch zunächst auf den Beruf des Pianisten zu weisen. Nachdem Cluytens mit sechzehn Jahren einen ersten Preis für Klavierspiel erhalten hatte, konzertierte er als junger Virtuose mit Werken Chopins und Liszts. Die Unsicherheit einer solchen Laufbahn aber bewog ihn, sich eine Stelle am Theater zu suchen. Er wurde Korrepetitor am Königlichen Theater in Antwerpen unter der Leitung seines Vaters. «Unsere Oper war recht gut und keineswegs provinziell, aber sie hatte wenig Geld. Ein Korrepetitor mußte deshalb alles tun: Er mußte Orgel und Celesta spielen, mußte den Chor einstudieren und dirigieren und natürlich auch mit den Sängern arbeiten und ihre Partien erlernen helfen ... Ich bedaure diese Zeit keineswegs, denn so machte ich eine richtige Lehrzeit durch, in deren Folge ich sehr viel lernte, so daß mich so schnell nichts mehr überraschen kann. Dabei dachte ich nur sehr beiläufig an meinen zukünftigen Beruf, den ich unvermutet eines Tages ergreifen sollte.»
Cluytens' Lehrzeit an der Antwerpener Oper währte fünf Jahre. 1927, mit 22 Jahren, dirigierte er an Stelle seines Vaters, der einen Kollegen vertreten mußte, Bizets «Perlenfischer». In der Antwerpener Presse hieß es danach: «Wenn der junge Cluytens kein Dirigent ist, dann wüßte ich nicht, wer einer sein sollte!» Cluytens hatte seine Laufbahn als Dirigent angetreten.
Während der fünf Jahre, die er noch in Antwerpen blieb, wuchs er ganz in den Aufgabenbereich eines Operndirigenten hinein, denn sein Vater zog sich bald vom öffentlichen Musikleben zurück. Prophet im eigenen Lande zu sein, war Cluytens' Sache jedoch nicht. Und sein Weg, der ihn über die Opernhäuser in Toulouse, Lyon und Bordeaux an die Pulte der großen Orchester führte, zeugt von der Richtigkeit seiner Entscheidung, die Heimatstadt zu verlassen. Drei Jahre war er in Toulouse, drei Jahre in Lyon und schließlich drei Jahre in Bordeaux und Vichy, wo sich ihm der andere Bereich des Dirigentenberufs öffnen sollte: das Konzertpodium.
Sein Intendant hatte anläßlich eines großen Beethovenfestes Josef Krips engagiert, der jedoch kurzfristig absagen mußte. Cluytens blieb eine Nacht Zeit, sich auf das Konzert vorzubereiten, auf dessen Programm nicht weniger als die Dritte Leonoren-Ouverture, die Vierte Symphonie, die Chorfantasie und die Neunte standen. «Ich hatte kurz vorher Toscanini mit der Vierten gehört, war begeistert und brannte darauf, sie zu dirigieren ... Ich hatte die Neunte noch nie dirigiert. In der Nacht vor der Aufführung studierte ich mit einem guten Freund dieses Riesenwerk ein ... — auf dem Podium hatte ich das Gefühl, ich sei ein ungelernter Seemann, der in See sticht und das andere Ufer nicht sieht.«
Dieses Unternehmen gehörte zu Cluytens' ersten Konzerterfahrungen ebenso wie die Leitung kleiner Orchesterkonzerte im sommerlichen Vichy. «Das Orchester war tadellos, spielte aber immer nur Werke aus seinem Repertoire. Neue Kompositionen gab es

In Deutschland heißt es, André Cluytens war ein Ravel-Dirigent, in Frankreich heißt es, Cluytens war ein Wagner-Dirigent. Welch großes Kompliment!

nicht. Sie wären zu gefährlich gewesen. Nur mit den Solisten gab es kurze Sitzproben. So habe ich in vier Monaten ein Riesenrepertoire dirigiert.» So sammelten sich Cluytens' Erfahrungen und Erfolge, die in den vierziger Jahren seine Pariser Engagements herbeiführten. Man rief ihn an die Grand Opéra, wenig später wurde er Musikalischer Direktor der Opéra Comique, er dirigierte das Orchestre National de la RTF und übernahm nach Charles Munchs Abschied die Leitung des Orchestre du Conservatoire. Ende der vierziger Jahre unternahm er die ersten Auslandstourneen. Einer Einladung der Wiener Philharmoniker folgten bald weitere anderer großer Orchester. «An diesem Weg war nichts sensationell. Im Gegenteil. Da mein erstes Auslandskonzert in Lausanne — mit dem dortigen Kammerorchester — knapp vor dem Krieg stattfand, bot die folgende Zäsur mir die Gelegenheit ruhigen Reifens. Ich bedaure das nicht, obwohl meine internationale Karriere dadurch erst begann, als ich bereits über vierzig war.» Cluytens dirigierte bei Festspielen in Montreux, Luzern, Besançon und schließlich Mitte der fünfziger Jahre in Bayreuth.

Dort hatten sich die Brüder Wieland und Wolfgang Wagner seit Kriegsende um die Wiederbelebung der Festspiele bemüht, so daß nach sechs Jahren Pause 1951 die ersten Bayreuther Festspiele der Nachkriegszeit stattfinden konnten. Wieland Wagners Arbeit galt allerdings nicht nur der Wiederaufnahme der Festspiele, sondern vielmehr einer Neuorientierung der Wagner-Interpretation, die auch in der Wahl der Dirigenten ihren Ausdruck fand. «Ziel der heutigen Wagner-Interpretation sollte sein: weniger Pedal, weniger Pathos, kein Schrei, Entfettung und subtile Klangmischung. Das gelingt lateinischen Dirigenten besonders gut. Auch Karl Böhm möchte ich zu dieser Gruppe Dirigenten zählen, die das dunkle Werk Wagners durch mittelmeerische Clarté des Geistes aufhellen», so Wieland Wagner. Zu diesen «lateinischen Dirigenten» sollte neben Toscanini, de Sabata und Boulez auch Cluytens zählen. Als Cluytens im Herbst 1954 im Capitol von Toulouse eine Festaufführung des «Tristan» mit Bayreuther Gästen dirigierte, war man von seinem Temperament und seiner Überlegenheit begeistert. «Mit Ihnen würde ich den ‹Siegfried› ohne Probe singen», versicherte ihm der Sänger Wolfgang Windgassen. Wieland Wagner, der Cluytens bereits von einer Aufführung der «Symphonie fantastique» von Hector Berlioz her kannte, hörte von der gelungenen Aufführung. Als Eugen Jochum für die Festspiele 1955 kurzfristig ausfiel, erinnerte man sich Cluytens', der nach nur zwei Proben die Aufführung des «Tannhäuser» mit großem Erfolg leitete. Wieland Wagner hatte ihn, ganz entgegen den negativen Berichten über den «Despoten», nachhaltigst unterstützt. Kritik und Publikum waren sich in ihrem Lob und ihrer Begeisterung über den ersten französischen Dirigenten der Bayreuther Festspiele

einig. Wieland Wagner schrieb: «Ich habe in Herrn Cluytens endlich den Dirigenten gefunden, den ich als ideale Ergänzung für meine szenische Arbeit gesucht habe — ich habe den Mann gefunden, von dem ich w e i ß, daß er die ‹Meistersinger› so dirigieren wird, wie ich es fühle ...» Nach den «Meistersingern» 1956, für die Cluytens 52 Proben hatte, hieß es bei Walter Panofsky in der Süddeutschen Zeitung: «André Cluytens hat diese Wagnersche Herzkammermusik von ihrem teutonischen Ballast befreit. Ein einziges großes Parlando durchzieht die drei Akte: nichts mehr von markiger Wucht, von allzu schmetterndem Fanfarenklang, nichts, was den Duft und die Poesie der Musik zerstören könnte ... Sie spielt zurück zu Bach und hinüber zum Rosenkavalier. Sie besitzt auf einmal eine geheimnisvolle Kraft des Magischen, einen Klangzauber, den man in dieser Form noch nie in ihr entdeckte.» Cluytens gehörte nun zum Kreis der Festspieldirigenten. Neben «Tannhäuser» und «Meistersinger» traten Aufführungen des «Parsifal» und des «Lohengrin».

Cluytens sagte über seine Neigung für Wagners Musik: «Ich liebe Wagner wie meine Augen. Aber ich liebe auch Richard Strauss, Debussy und Ravel wie meine Augen. In Frankreich sagt man: Cluytens ist d e r Wagnerdirigent. In Deutschland dagegen heißt es: Er ist d e r Raveldirigent.» Cluytens mochte sich nie als Spezialisten für die französischen Impressionisten, roman-

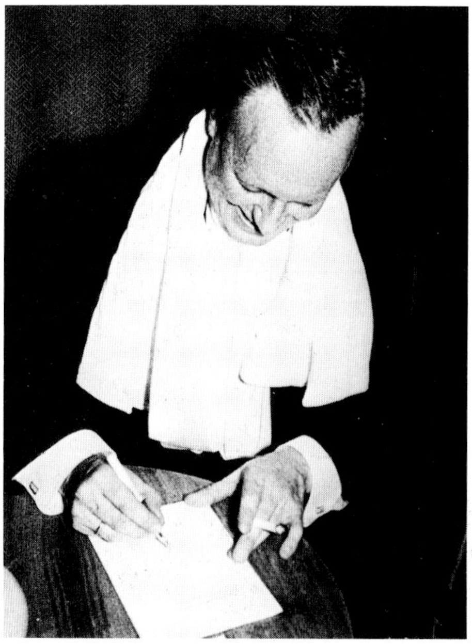

Als erster Dirigent klassischer Musik wurde Cluytens zum Schallplattenmillionär.

tische und spätromantische Oper bezeichnen lassen, wenngleich er sich für die Musik seiner Wahlheimat nachhaltig einsetzte. «Natürlich liegt mir diese Musik auch deshalb besonders, weil ich eben Franzose bin, was aber nicht heißen soll, daß mir andere, nicht-französische Werke nicht liegen und daß ich sie weniger gern dirigiere ... Ich wehre mich gegen die leider vielverbreitete Ansicht, Strauss müsse unbedingt von einem Deutschen und Ravel von einem Franzosen dirigiert werden, wenn sie gut werden sollen. Es ist falsch. Man nehme einmal Bruno Walter. Er dirigierte genauso schön und eindrucksvoll französische Werke

wie auch deutsche. Man sollte dieses Klischee vom ‹rein› französischen Dirigenten und vom ‹rein› deutschen Dirigenten endlich abschaffen.»
Auch Berlioz gehörte Cluytens' besondere Aufmerksamkeit: «Berlioz war ein Genie. In seinen Werken gibt es Inspiration und charakterbedingte, aber trotzdem geniale Unregelmäßigkeiten. Das fasziniert mich. Ich habe mich bis heute fast aller seiner Werke angenommen.» Auf die Frage, warum Mozart in seinem Repertoire fehle, antwortete er: «Um aufrichtig zu sein: Seit ich Bruno Walter hörte, habe ich keinen Mut mehr zu Mozart. Sollte ich mich einmal zu ihm entschließen, dann nur mit einer Neueinstudierung.»
Zu Cluytens' Arbeit als Opern- und Konzertdirigent gehörten bald auch in zunehmendem Maße Plattenaufnahmen. Seine Interpretation von Mussorgskys «Boris Godunow» ist die erste Stereo-Aufnahme dieser Oper. Sämtliche Beethoven-Sinfonien, die Orchesterwerke Ravels, Faurés Requiem, Berlioz-Ouvertüren, Debussy . . .: Cluytens wurde durch diese Arbeit als der erste Dirigent klassischer Musik zum Schallplattenmillionär.
Für Cluytens waren sowohl der Konzertsaal als auch die Schallplatte wichtige Bestandteile des Musiklebens. «Die Schallplatte wird dem wirklichen Musikfreund trotz aller Perfektion niemals den Konzertsaal voll ersetzen können . . . Als feste Institution hat sie das Musikverstehen und -verständnis enorm gefördert.»
Cluytens war Dirigent der Schallplatte, der Oper und des Konzerts. In seinen späteren Jahren widmete er sich jedoch neben der Schallplatte mehr dem Konzert, «weil ich da unabhängiger bin. Ich bin als Theatermensch geboren und auf dem Gebiet der Oper besonders kritisch. Wenn ich heute eine Oper mache, muß ich ganz genau wissen, wer singt und wieviele Proben ich habe. Wenn die Voraussetzungen gut sind, dann tue ich es gerne. Denn ich weiß, daß dann das wirkliche Konzertieren auch in der Oper gewährleistet ist und ich nicht nur die ‹Begleitung› beizusteuern habe.» Denn die Aufgabe des Dirigenten sieht Cluytens besonders darin, «ein wirkliches Ensemble zusammenzubekommen und zusammenzuhalten . . . Der Dirigent allein, und nur er, hat die ganze Verantwortung für eine Aufführung zu tragen. Er allein sagt: So will ich es, und sowohl Sänger und Solisten als auch das Orchester müssen sich ihm beugen, einfach um eine feste und einheitliche Position innerhalb eines Werkes zu bekommen.»
Cluytens besaß diese Autorität, die ihm Hand in Hand mit seinem mitreißenden Temperament, seiner Liebenswürdigkeit und Ungezwungenheit die Überzeugungskraft verlieh. Sänger wie Musiker arbeiteten gern unter ihm. Seine Anweisungen technischer und musikalischer Art waren so genau und deutlich wie die Gesten seines Dirigierens. Er verstand es, eine Atmosphäre vertrauter Zusammenarbeit zu schaffen, die auch bei konzentriertestem Proben durch die leichte Hand und das Lächeln des Dirigenten Cluytens eine Atmosphäre gelösten Musizierens blieb. Musizierfreude und Einfühlungsvermögen für die Musik und die Musiker machten Cluytens zu dem Dirigenten, den seine Musiker in Frankreich einfach «le patron» nannten, ein Titel, in dem sich ihre Zuneigung und ihr Respekt für Cluytens vereinen. Cluytens Fähigkeit, dem Orchester seine Vorstellungen über Musik zu vermitteln, mag sich in seiner langjährigen Opernerfahrung begründen, die ihn auch bei reiner Orchestermusik bildhafte Vorstellungen zu Hilfe nehmen hieß. «Ich spreche zu ihnen (den Musikern) auch von den Gefühlen, die diese und jene Stellen einer Symphonie in mir erwecken. Dieses Sprechen muß nicht immer an die Sprache gebunden sein, man kann sich auch mit den Augen, mit den Händen und schließlich mit dem ganzen Körper mitteilen . . . In dem Orchesterballett ‹Daphnis und Chloë› von Ravel muß an der Stelle, an der die liebende Chloë ihren Daphnis sucht und nicht findet, eine ängstliche Bewegung zu spüren sein, denn Chloë ist in Angst, ihren Geliebten verloren zu haben. Ravel hat diese ängstliche Getriebenheit in seiner Partitur nicht ausdrücklich vermerkt, aber man muß sie dem Orchester bildhaft vor Augen führen. Dann wird das Tempo auch nicht so gerade und gleichförmig, wie es scheinbar vorgezeichnet ist.»
Cluytens war ab Mitte der fünfziger Jahre viel auf Reisen. Er gastierte in Wien an der Staatsoper und an der Mailänder Scala, unternahm Tourneen durch die USA: 1956 mit den Wiener Philharmonikern, 1957 mit dem New Yorker Philharmonic Orchestra; er bereiste 1958 mit dem Orchestre du Conservatoire, 1959 mit den Münchener Philharmonikern, 1960 mit den Bamberger Symphonikern die Bundesrepublik Deutschland. Cluytens war Gast in Europa, Rußland, Japan und den USA. Mit dem Orchestre National de Belgique, dessen Musikalischer Direktor er 1960 geworden war, besuchte er noch 1967 Deutschland. Wenig später, am 3. Juni 1967, starb André Cluytens in Neuilly-sur-Seine.
Auf seinen Reisen hatte Cluytens immer Offenheit und Verständnis für die Musizierweise fremder Orchester bewiesen. So berichtete er über seine Zusammenarbeit mit den Berliner Philharmonikern, «die noch immer den Stempel Wilhelm Furtwänglers tragen: Ich bin glücklich, daß das so ist . . . Ich mache allerdings keinen Beethoven und keinen Wagner mit ihnen, sondern hauptsächlich französische Impressionisten . . . Und es ist für mich immer wieder eine Überraschung: Der eigene Klang, den sie haben, bleibt stehen, auch bei Debussy und Ravel, diese Klarheit und Transparenz, die ich an ihnen so schätze . . . Die Musiker des Conservatoire-Orchesters von Paris spielen ganz anders, sie haben eben einen französischen Klang, der das malerisch Verschwommene der Impressionisten unterstreicht, der aber auch eine eigenartige Wirkung bei den deutschen Klassikern hat. Man sollte von verschiedenen Orchestern nie das gleiche wollen. Man sollte, genauso wie bei den Komponisten, dem einen wie dem anderen dienen.» Cluytens schrieb im Juni 1955: «Um den ideellen Wert, den sie (die Musik) enthält, auszudrücken, bedient sich der Mensch der ihr eigenen Ausdrucksmittel; stets hegt er Zweifel, den Geist der Musik zu verraten. Welch herrliche Aufgabe des Interpreten, sich von ganzem Herzen zu bemühen, dem Genie des Schöpfers gerecht zu werden! Darum liebe ich meine Kunst, welcher ich mein Bestes gegeben habe.»
Dieses Verantwortungsbewußtsein gegenüber dem Werk des Komponisten gehörte ebenso zur Persönlichkeit des Dirigenten André Cluytens wie sein überschäumendes Temperament und seine unerschöpfliche Begeisterungsfähigkeit, die ein Musiker treffend beschrieb, als er über Cluytens sagte: «Am liebsten würde er drei Orchester auf einmal dirigieren!» *CS*

Coates, Albert

*St. Petersburg 11. (23.) 4. 1882, †Milnerton (bei Kapstadt) 11. 12. 1953; englischer Dirigent und Komponist, studierte ab 1902 am Leipziger Konservatorium bei Nikisch, unter dessen Leitung er Korrepetitor am Opernhaus wurde. 1906 ging er als Operndirigent nach Elberfeld, 1908 als Schuchs Assistent nach Dresden, zwei Jahre später nach Mannheim und 1911 nach St. Petersburg an das Marinsky-Theater, wo er fünf Jahre blieb. 1919 wurde er ständiger Dirigent am Covent Garden in London und leitete die Konzerte des Londoner Symphonieorchesters. 1922 und 1925 gab er Konzerte beim Leeds Festival, dazwischen war er als Musikdirektor des Rochester Philharmonieorchesters in New York tätig. Außerdem wirkte er häufig als Gastdirigent und ließ sich 1946 in Südafrika nieder.

Collins Anthony

*Hastings 3. 9. 1893, †Los Angeles 11. 12. 1963; englischer Dirigent, studierte am Royal College of Music in London Violine und Komposition. Danach war er zuerst Geiger im London Symphony Orchestra und im Royal Opera House, Covent Garden. 1939 schlug er die Dirigentenlaufbahn ein. Nach Auftritten bei der Carl Rosa Opera, der Sadler's Wells Opera und dem London Symphony Orchestra ging er 1939 nach Kalifornien, wo er in erster Linie als Komponist und Dirigent für Filmmusik wirkte.

Colonne, Edouard Judas

*Bordeaux 23. 7. 1838, †Paris 28. 3. 1910; französischer Dirigent und Violinist, Schüler von Girard und Sauzay (Violine) und Elwart und A. Thomas (Komposition) am Pariser Konservatorium (ab 1857). In der folgenden Zeit wirkte er als Violinist im Orchester der Opéra, im Lamoureux-Quartett sowie bei den Orchestern der Concerts Populaires und des Grand-Hôtel. Außerdem wird er als Dirigent eines Operettenensembles während einer Konzertreise durch Nord- und Südamerika genannt. 1873 gründete er das Concert National, das seine erste Vorstellung am 2. März gleichen Jahres im Théâtre de l'Odéon gab. 1874 entstand daraus die Association artistique, die später in Concerts Colonne umbenannt wurde und noch heute besteht. Er bevorzugte für seine Konzerte die Werke zeitgenössischer französischer Komponisten (Lalo, Massenet, C. Franck) und erreichte die komplette Aufführung der großen Werke von Berlioz. 1878 dirigierte er zehn Vorstellungen am Trocadéro, unternahm dann Tourneen durch Portugal und Spanien, später auch durch Deutschland, England und Rußland. Er stand in Konkurrenz zu Pasdeloups Concerts Populaires und übertraf dessen Erfolg schließlich.

Comissiona, Sergiu

*Bukarest 16. 6. 1928; rumänischer Dirigent, studierte in Bukarest Violine und Theorie sowie bei Constantin Silvestri Dirigieren. Er war einer der bedeutendsten Dirigenten der Rumänischen Staatsoper und der Bukarester Philharmonie. Nach der Übersiedelung nach Israel und der Annahme der israelischen Staatsbürgerschaft (1959) war er bis 1964 musikalischer Direktor der Philharmonie in Haifa; daneben wirkte er als Gastdirigent beim London Philharmonic Orchestra (1960—63), in Stockholm (1964—66), am Berliner Radio Symphonie Orchester (1965 bis 67) sowie bei einigen bedeutenden amerikanischen Orchestern. 1969 wurde er zum musikalischen Direktor und Dirigenten des Baltimore Orchestra ernannt (bis 1984). Danach war er von 1978—82 Erster Dirigent des American Symphonic Orchestra in New York. Darüberhinaus war er von 1980—84 für das Houston Symphonic Orchestra als künstlerischer Direktor und musikalischer Direktor tätig. Seit 1982 dirigiert er auch als Erster Gastdirigent am Radio Philharmonie Orchester in Hilversum.

Constant, Marius

*Bukarest 7. 2. 1925; in Rumänien geborener französischer Komponist und Dirigent, 1944 machte er am Bukarester Konservatorium sein Diplom und ging nach Paris, um bei Fournet Dirigieren und bei Messiaen, Nadia Boulanger und Honegger Komposition zu studieren (1945—1949). Danach avancierte er zum Direktor des Ballets de Paris von Roland Petit (1956—1966). Er gründete 1963 ein Ensemble für Neue Musik «Ars Nova», dessen Präsident, Musikdirektor und Dirigent er bis 1971 blieb. 1967 wurde er Gastdozent an der Universität von Stanford; 1970 gab er Unterricht in Hilversum.

Coppola, Piero

*Mailand 11.10.1888, †Lausanne 13. 3. 1971; italienischer Dirigent und Komponist, bis 1909 Student am Mailänder Konservatorium, dirigierte dann an der Scala und 1912—13 am Théâtre de la Monnaie in Brüssel. 1914 ging er nach London und verbrachte ab dem folgenden Jahr viel Zeit auf Konzertreisen durch Skandinavien. 1919 ließ sich er in Paris nieder, machte Schallplattenaufnahmen mit dem dortigen Konservatoriumsorchester und dem Londoner Symphonieorchester, dirigierte 1924 eigene Werke bei den Concerts Pasdeloup und trat noch oft als Gastdirigent in Erscheinung. Ab 1939 lebte er in Lausanne.

Corboz, Michel

* Fribourg 14. 2. 1934; Schweizer Dirigent, wurde nach seiner Ausbildung am Konservatorium Fribourg Direktor für Kirchenmusik an der Notre-Dame in Lausanne. Dort gründete er das Ensemble Vocal et Instrumental de Lausanne, mit dem er zahlreiche Vokal- und Instrumentalaufführungen von Barockmusik gab. Er hat einen Lehrauftrag für Kirchenmusik am Konservatorium von La Chaux-de-Fonds.

Cortolezis, Fritz

*Passau 21. 2. 1878, †Bad Aibling 13. 3. 1934, deutscher Komponist und Dirigent, studierte von 1899—1902 in München bei H. Bussmeyer Klavier und bei L. Thuille Komposition; in der Folge war er Repetitor an der Schweriner Oper (1903), Chormeister am Nationaltheater Berlin (1904) und schließlich Erster Dirigent in Regensburg und Nürnberg (1906). Auf Mottls Füsprache hin wurde er zum Dirigenten an der Münchner Hofoper ernannt. 1911 verpflichtete ihn Beecham zu Wagner- und Strauss-Aufführungen nach London; im Jahr darauf war er Erster Dirigent an der Kurfürstenoper in Berlin, wechselte dann nach Karlsruhe (1913—24) und zuletzt an die Breslauer Oper (bis 1928).

Costa, Sir Michel Andrew

*Neapel 4. 2. 1808, †Hove (England) 29. 4. 1884; englischer Dirigent und Komponist italienischer Geburt, erhielt Unterricht von seinem Vater, Pasquale C., dem Großvater Giacomo

Tritto, lernte weiterhin bei Zingarelli, Furno und Crescentini. Schon früh komponierte er, ging 1829 erst nach Birmingham und dann nach London, wo er im Jahr 1832 Musikdirektor am King's Theatre und ein Jahr später dort Direktor und Dirigent der italienischen Opern wurde. 1846—54 dirigierte er das Londoner Philharmonieorchester und gründete 1847 auch die Royal Italian Opera mit 53 von achtzig Mitgliedern aus dem King's Theatre, mit der er am Covent Garden auftrat und bis 1868 blieb. 1871—81 war er Musikdirektor bei Her Majesty's am Haymarket, 1848—82 außerdem Dirigent der Sacred Harmonic Society und 1847—80 Leiter der Händel-Feste am Crystal Palace. Weiterhin dirigierte er Chöre in Bradford (1853), Leeds (1874) und beim Birmingham Festival (1849—82).

Couraud, Marcel

* Limoges 20. 10. 1912; französischer Dirigent, studierte Orgel bei André Marchal und anschließend Musiktheorie an der Ecole Normale in Paris. Er lernte Komposition bei Nadia Boulanger und Dirigieren bei Charles Munch. 1945 gründete er sein Gesangsensemble Marcel Couraud, das er bis 1945 dirigierte. 1967 wurde er Künstlerischer Leiter des ORTF Chores in Paris.

Cowen, Sir Frederic

* Kingston (Jamaika) 29.1.1852, † London 6. 10. 1935; englischer Dirigent und Komponist, komponierte bereits mit acht Jahren eine Operette, trat ab 1863 öffentlich auf und studierte 1865—66 bei Hauptmann, Reinecke und E. F. Richter am Leipziger Konservatorium sowie 1867—68 in Berlin am Sternschen Konservatorium. Nachdem er einige Jahre als Pianist in London aufgetreten war, dirigierte er dort 1888—92 und 1900—07 die Philharmonic Society. Daneben leitete er. 1896—1913 den Chor und das Orchester in Bradford, 1896—99 das Hallé Orchestra in Manchester und die Philharmonic Society in Liverpool sowie ab 1900 das Scottish Orchestra in Glasgow und verschiedene Festspiele.

Craft, Robert

* Kingston, New York 20. 10. 1923; amerikanischer Dirigent und Musikpublizist, nach seinem Studium an der Juilliard School of Music und dem Berkshire Music Center nahm er bei Monteux Unterricht in Dirigieren. Während des 2. Weltkrieges diente er im Medical Corps der US Army. 1947 dirigierte er das New Yorker Brass and Woodwind Ensemble. Eine entscheidende Wendung erhielt seine Karriere durch die Begegnung mit Strawinsky. Dieser zeigte sich sehr beeindruckt von Crafts profunder Kenntnis seiner Werke; allmählich wurde er Strawinskys engster Vertrauter und nach dessen Tod sein Nachlaßverwalter.

Czyż, Henryk

* Grudziadz 16. 6. 1923; polnischer Dirigent und Komponist, studierte Rechtswissenschaften an der Torun Universität; dann ging er an die Musikakademie von Poznan, wo er bei Bierdiajew und Szeligowski Dirigieren und Komposition studierte. 1952 begann seine Laufbahn als Dirigent an der Oper von Poznan. Von 1953 bis 1956 leitete er das Polnische Radio Sinfonieorchester in Warschau; danach (1957—1960) wurde er Chefdirigent der Philharmoniker von Lodz; von 1964—1968 dirigierte er die Philharmoniker von Krakau; von 1971 bis 1974 war er Chefdirigent der Düsseldorfer Sinfoniker und (1972—1980) erneut bei der Philharmonie von Lodz. Mit dem Orchester von Minnesota debutierte er 1973 in den Vereinigten Staaten. 1980 wurde er zum Professor an der Warschauer Akademie für Musik berufen.

Damcke, Berthold

* Hannover 6. Februar 1812, † Paris 15. 2. 1875; deutscher Dirigent und Komponist, in Frankfurt Schüler von Schmitt und Ries, danach als Bratschist tätig. Ab 1834 dirigierte er den Musikverein und die Liedertafel in Kreuznach und übernahm drei Jahre später die Philharmonische Gesellschaft und den Gesangverein für Opernmusik in Potsdam, wo er 1840 sein Weihnachtsoratorium aufführte. 1841 wechselte Damcke als Dirigent nach Königsberg, 1845 als Klavierlehrer nach St. Petersburg, 1855 nach Brüssel und 1859 nach Paris. Mit Hector Berlioz war er eng befreundet; gemeinsam mit F. Pelletan gab er eine korrigierte Fassung von Glucks «Iphigenie auf Tauris» heraus.

Damrosch, Frank

* Breslau 22. 6. 1859, † New York 22. 10. 1937; amerikanischer Dirigent deutscher Geburt, Sohn von Leopold D., lernte schon als Kind Klavier und Komposition und war nach der Übersiedelung seiner Eltern in die USA Chormeister der Metropolitan Opera in New York (1885—91). Danach rief er Volks-Singklassen ins Leben, aus denen sich die People's Choral Union mit 1200 Mitgliedern entwickelte. 1893—1920 war er außerdem Dirigent der Musical Art Society, die sich besonders dem a-cappella-Gesang widmete. Weiterhin Dirigent der Oratorio Society (1898—1912) und ab 1905 Direktor des Institute of Musical Art in New York.

Damrosch, Leopold

* Posen 22.10.1832, † New York 15.2. 1885; deutscher Dirigent und Violinist, studierte bis 1854 in Berlin Medizin, wechselte dann zur Musik über und wurde 1855 Konzertmeister in Magdeburg. Ab 1857 war er Violinist an der Weimarer Hofkapelle, und im folgenden Jahr ging er als Dirigent zur Philharmonischen Gesellschaft nach Breslau (bis 1860). Nach Konzertreisen mit Bülow und Tausig gründete er 1862 den Orchesterverein in Breslau, den er bis 1871 leitete. Noch im gleichen Jahr übernahm er die Stelle als Dirigent des deutschen Männergesangvereins »Arion« in New York, gründete dort 1873 die Oratorio Society und 1878 die Symphony Society. 1884/85 leitete er die erste Saison der Deutschen Oper an der Metropolitan Opera. Außerdem unternahm er 1883 mit seinem Orchester eine gelungene Konzertreise durch die westlichen Staaten der USA.

Damrosch, Walter Johannes

* Breslau 30. 1. 1862, † New York 22. 12. 1950; amerikanischer Dirigent deutscher Geburt, Sohn von Leopold D. Nach dem Studium in Dresden, Frankfurt und New York hatte er 1884—94 und 1900—02 Kapellmeisterposten an der Metropolitan Opera in New York inne, zunächst als Assistent. Nachdem der Vater gestorben war, dirigierte er 1885—98 und 1917—21 die Oratorio Society sowie 1885—94 und 1903—28 die Symphony Society. 1894 organisierte er die

Damrosch Opera Company (bis 1899); 1902/03 dirigierte er bei der New York Philharmonic Society, und im folgenden Jahr begründete er die Symphony Society neu, mit der er im Sommer 1920 eine Konzertreise durch Europa unternahm. Später arbeitete er hauptsächlich für verschiedene Rundfunkprojekte.

Danon, Oskar

* Sarajewo 7. 2. 1913; jugoslawischer Dirigent und Komponist, erhielt seine musikalische Ausbildung am Konservatorium und an der Universität in Prag (bis 1938). Seit 1940 ist er Dirigent an der Oper in Belgrad. Als Gast gab er Opernvorstellungen und Symphoniekonzerte in zahlreichen Sälen Europas. Sein Spezialgebiet sind die modernen Bühnenwerke.

Davies, Dennis Russell

* Toledo (Ohio) 16. 4. 1944; amerikanischer Dirigent, studierte an der Juilliard School of Music in New York, unterrichtete dort 1968—71 und gründete gemeinsam mit Luciano Berio das Juilliard Ensemble. Zugleich leitete er als Musikdirektor das Norwalk Symphony Orchestra in Connecticut (1968—73). Ab 1972 wirkte er in gleicher Stellung beim St. Paul Chamber Orchestra (bis 1980). 1980 wurde er zum Generalmusikdirektor des Württembergischen Staatstheaters in Stuttgart ernannt. Gastspiele führten ihn an international renommierte Opernhäuser; ebenso auf die Konzertpodien. Er setzt sich für Moderne Musik ein und für die Verwirklichung eines echten Musiktheaters in der Oper.

Davis, Andrew

* Ashbridge 2. 2. 1944; englischer Dirigent, erhielt seine Ausbildung am King's College in Cambridge, an der Royal Academy of Music in London und danach in Rom, wo er bei Franco Ferrara an der Cäcilien-Akademie das Dirigieren erlernte. 1970—73 war er assistierender Dirigent des BBC Scottish Symphony Orchestra, später in gleicher Position beim New Philharmonia Orchestra in London. Das Toronto Symphony Orchestra berief ihn 1975 zum Musikdirektor. Als Gastdirigent unternahm er bereits eine Tournee durch die USA.

Davis, Sir Colin

Manche Dirigenten fallen durch die unauffällige Art auf, mit der sie ihr Handwerk beherrschen. Als Claudio Arrau im Frühjahr 1983 in Berlin aus Anlaß seines 75. Geburtstag ein Konzert gab, stand Sir Colin Davis am Pult der Berliner Philharmoniker. Und zusammen mit diesem exzellenten Orchester begleitete er den großen Klavierpoeten, dem es für Brahms' erstes Klavierkonzert denn doch schon ein wenig an der physischen Kraft gebrach, auf eine so geistvolle Weise, daß vielleicht nicht das Ungestüm des Romantikers und Nachfahren des Kapellmeisters Kreisler zutage trat, wohl aber der beinahe impressionistische Reflex romantischen Denkens entstand. Mit einer völlig unauffälligen Schlagtechnik dämpfte Colin Davis all jene Klangflächen ab, die das feine Lineament dieser Zeichnung hätten überdecken können, und bestätigte die alte Regel, wonach die Qualität eines Dirigenten auch danach zu bemessen ist, was er nicht aus einem Orchester herauszuholen beabsichtigt.
Colin Davis ist Dirigent von Grund auf, und wenn er heute als der legitime Nachfolger von Sir Thomas Beecham gilt, so hat er das einer außerordentlichen Beharrlichkeit und Zähigkeit zu verdanken.
Geboren wurde Colin Rex Davis am 25. September 1927 als Sohn einer kinderreichen Familie in Weybridge in der englischen Grafschaft Surrey. Seine Erziehung erhielt er an Christ's Hospital, wo er auch im Klarinettenspiel unterrichtet wurde und im Schulorchester spielte. Nach Beendigung seiner Schulzeit studierte er Klarinette am Royal College of Music; seinen Militärdienst leistete er als Musiker bei der Household-Kavallerie ab. Schon während des Studiums hatte er sich entschlossen, Dirigent zu werden, und so verlegte er sich nach Abschluß der Militärdienstzeit auf ein Selbststudium des Dirigierens. Er ist in dieser Hinsicht tatsächlich Autodidakt.
Natürlich gibt es Einflüsse. Großen Eindruck machte auf ihn Fritz Busch, unter dessen Leitung Colin Davis im Orchester des Glyndebourne Festival «Don Giovanni» und «Macbeth» spielte. Acht Jahre lang betätigte er sich dann als freier Dirigent, was freilich auch auf andere Weise gedeutet werden kann: Dem Autodidakten blieb so manche Tür verschlossen.
In dieser Zeit arbeitete er immer wieder mit freien Gruppen und Ensembles, die er zum Teil selbst gründete. So geht die Entstehung des Kalmar Orchestra 1949 auf ihn zurück. Ebenso war er 1950 an der Gründung der Chelsea Opera Group beteiligt, mit der er ein Werk aufführte, das er unter Fritz Busch kennengelernt hatte: «Don Giovanni». 1952 übernahm er die Leitung der Mozart Opera Group. Im gleichen Jahr engagierte ihn das Festival Ballet zu Aufführungen in der Royal Festival Hall, und allmählich interessierten sich auch die englischen Orchester für den jungen Dirigenten. 1956 stand er erstmals am Pult des London Philharmonic Orchestra, und

Sir Colin Davis gilt heute als legitimer Nachfolger Sir Thomas Beechams. Davis verstand es, auf eine ganz unauffällige Art Karriere zu machen, mit sehr britischem Understatement.

1957 erhielt er einen Zweijahresvertrag als stellvertretender Leiter des Scottish Symphony Orchestra, einer Einrichtung der BBC.
Im gleichen Jahr gab er auch in der Royal Festival Hall sein Debüt als Konzertdirigent, dieses Mal mit dem Royal Philharmonia Orchestra. Entscheidend für seine Laufbahn sollte indes der Ruf sein, den er sich schon in vergleichsweise jungen Jahren als Mozart-Dirigent erwarb. Und hier lieferte er 1958 ein wirklich aufsehenerregendes Debüt mit «Die Entführung aus dem Se-

rail» an der Sadler's Wells Opera. In diesem Jahr wurde man endgültig auf ihn aufmerksam, und so kam es, daß er, nachdem er im Frühjahr 1959 schon als Gastdirigent in Toronto erste Auslandserfahrungen hatte sammeln können, anstelle von Otto Klemperer in der Royal Festival Hall ein Mozart-Konzert leitete — wiederum mit dem Royal Philharmonia. Nach diesem Konzert erntete er enthusiastische Kritiken und ein erneutes Engagement als Stellvertreter für den erkrankten Klemperer im Herbst 1959, wo er dann eine konzertante Aufführung des «Don Giovanni» mit Elisabeth Schwarzkopf und Joan Sutherland dirigierte.

Überhaupt war 1959 sozusagen ein Mozart-Jahr für Colin Davis, denn schon vor dieser bemerkenswerten «Don-Giovanni» -Aufführung hatte er mit den London Mozart Players beim Edinburgh Festival Aufsehen erregt und mit einer außerordentlich beeindruckenden, ganz in der Tradition des energischen Fritz Busch stehenden Interpretation der Jupiter-Sinfonie weithin Anerkennung geerntet.

Zunächst setzte Colin Davis die Zusammenarbeit mit der Sadler's Wells Opera fort, trat 1959 deren Direktorium bei und wurde 1960 Chefdirigent. Wieder ein Jahr später war er musikalischer Direktor dieses Theaters, aus dem ja anderthalb Jahrzehnte später die English National Opera werden sollte. Das Sadler's Wells pflegte damals schon einen betont englischen Stil; fast alle Werke wurden in englischer Sprache aufgeführt und mit einheimischen Solisten, während Covent Garden ein Opernhaus internationalen Zuschnitts war, das freilich gerade dadurch nicht so ohne weiteres ein eigenes Profil zu entwickeln imstande war.

Die Berufung an das Sadler's Wells bedeutete für Colin Davis auch die Chance, die spezifisch britische Mozart-Kultur weiter zu entwickeln, selbst wenn die künstlerischen Möglichkeiten dieses Instituts enger begrenzt waren als die vieler kontinentaler Theater. Vor allem aber boten sich nun auch zunehmend Gelegenheiten, mit bedeutenden Orchestern zusammenzuarbeiten. So leitete er in den folgenden Jahren mehrfach das London Symphony Orchestra bei dessen Auslandstourneen. 1962 unternahm Davis eine Reise in die Sowjetunion und dirigierte bei dieser Gelegenheit das Staatliche Symphonie-Orchester und die Moskauer Philharmoniker.

In diesen Jahren kündigte sich eine weitere stilistische Entwicklung bei Colin Davis an, die ihn schließlich zu einem großen Berlioz-Dirigenten werden ließ. 1964 leitete er in St. Paul's Cathedral eine weithin beachtete Aufführung der «Grande Messe des Morts» von Hector Berlioz. In gleichem Maß erwartete man natürlich außerhalb Englands von einem so dezidiert britischen Dirigenten mustergültige Aufführungen englischer Musik, zumal Davis ebenfalls 1964 beim Edinburgh Festival die Erste Symphonie von Edward Elgar mit so viel konzentrierter Energie, aber auch bezwingender Klangkultur aufgeführt hatte, daß man auf dem europäischen Kontinent ebenso wie in den Vereinigten Staaten in ihm nun den berufenen Sachwalter der englischen Musik und schon damals eigentlich den Nachfolger von Sir Thomas Beecham sah.

1965 trennte er sich von den verantwortlichen Positionen am Sadler's Wells, blieb aber weiterhin dem Orchester als Dirigent verbunden. Es dauerte fast zwei Jahre, bevor Colin Davis wieder ein festes Engagement übernahm; diesmal holte ihn wieder die BBC, die ihn nun als Chefdirigenten ihres renommierten Symphony Orchestra verpflichtete, das unter Davis' Leitung seine Qualitäten noch erheblich steigerte und diese nicht zuletzt durch herausragende Schallplattenproduktionen international dokumentierte.

Im gleichen Jahr 1967 debütierte Colin Davis an der Metropolitan Opera, die ihn zunächst für eine Produktion von Benjamin Brittens Oper «Peter Grimes» engagierte und dann, als dieses Debüt wirklich glänzend ausfiel, auch für «Wozzeck» und «Pelléas et Mélisande» holte. Das Engagement für «Peter Grimes» hatte, wie in den Memoiren von Sir Rudolf Bing nachzulesen ist, eine gewisse Vorgeschichte. Denn Jon Vickers, der die Titelrolle sang, hatte jede Zusammenarbeit mit Georg Solti abgelehnt, der ursprünglich für die Einstudierung vorgesehen gewesen war, worauf sich Bing entschloß, offensichtlich ohne größeres Bedauern auf Solti zu verzichten und Davis zu engagieren, dem er dann auch den von ihm so sehr geliebten «Wozzeck» anvertraute. Dieses Werk, das ursprünglich von Karl Böhm einstudiert worden war, spielte der Metropolitan Opera zwar immer wieder große Verluste ein, wurde von Bing aber hartnäckig auf den Spielplan gesetzt. Die Besetzung, die Colin Davis vorfand — Hermann Uhde in der Titelpartie, Eleanor Steber

Davis gehört zu den wenigen Dirigenten, die sich mit großem Nachdruck für das Werk Hector Berlioz' eingesetzt haben. Er spielte auch alle seine Werke auf Schallplatte ein.

als Marie — war eine der besten, die es je für diese Oper gegeben hat, und Colin Davis schlug aus der Partitur jene Mischung aus intellektuellem Feuer und Klangsinnlichkeit, die seine Berg-Interpretationen immer wieder exemplarisch machen, setzen sie sich doch damit deutlich von der oftmals allzu analytischen Art der Realisation ab.
1971 wurde Colin Davis dann als Music Director an die Royal Opera Covent Garden berufen. Er übernahm das ehrwürdige Institut allerdings in einer äußerst schwierigen Situation, die mit den Umständen zusammenhing, unter denen Georg Solti sich von der Position des Chefdirigenten zurückzog, und die ferner wesentlich dadurch bedingt war, daß Peter Hall, der bereits als Chefregisseur verpflichtet worden war, von seinem Vertrag zurücktrat. Sowohl die allgemeine politische Situation als auch die von den Gewerkschaften dominierte arbeitsrechtliche Lage waren einem erfolgreichen Opernbetrieb nicht gerade förderlich. Colin Davis antwortete auf diese Herausforderung mit einer Art von Musiktheater, die den Covent Garden aus dem neunzehnten in das zwanzigste Jahrhundert beförderte. Schon vor seiner Amtsübernahme im Jahr 1969 hatte er das entscheidende Signal gesetzt, und zwar mit der sorgfältig vorbereiteten Uraufführung der integralen und ungekürzten «Troyens» von Hector Berlioz, die bis zu diesem Zeitpunkt nur fragmentarisch auf der Bühne zu sehen gewesen waren, wenn sie überhaupt einmal auf die Bühne fanden. Diese «Trojaner»-Produktion war durch die Zusammenarbeit mit Jon Vickers und mit der überragenden Josephine Veasey gekennzeichnet, die neben Janet Baker die bevorzugte Berlioz-Interpretin von Colin Davis blieb. Der Name Colin Davis wurde dann in den folgenden Jahren synonym für den Begriff der Berlioz-Renaissance. Davis war der erste, der wieder mit dem gebotenen Nachdruck auf die außerordentliche Bedeutung der Berliozschen Musik aufmerksam machte und in seinen Interpretationen verdeutlichte, daß die eigentlichen formalen Stärken dieser Musik eher in der Entwicklung der musikalischen Gestalt, denn in einer wie auch immer gearteten Struktur liegen. Getreu seinem Ausspruch «Die Partitur ist wie die Landkarte des Everest, nicht aber der Everest selbst» entwickelte er gerade an der Musik von Berlioz all das, was nicht in den Noten steht: Tempo, Spannung, überhitzten Intellekt und eine gewisse Atemlosigkeit der rhetorischen Entwürfe.

1977 dirigierte Davis erstmals in Bayreuth. Regisseur bei «Tannhäuser» war Götz Friedrich (r.). Colin Davis, Wolfgang Wagner, Gwyneth Jones (v. l.) Er lichtete den Wagner-Klang auf ohne ihn durch Schärfe zu zerstören.

Es wundert eigentlich nicht, daß diese Auseinandersetzung mit dem Feuerkopf der französischen Romantik nun auch in die Interpretation anderer Werke hineinwirkte, wobei schon Davis' Realisation von «Pelléas et Mélisande» an der Metropolitan Opera zuvor deutlich gemacht hatte, daß dieser Dirigent einer allzu subtilen und quasi parfümierten Präsentation französischer Musik eher mißtraute und stattdessen den rhythmischen Energien ebenso wie dem dramatischen Impuls von Harmonik und Instrumentation nachzugehen entschlossen war. Sein an Berlioz geschärfter Klangsinn betraf an Covent Garden denn auch Mozart, vor allem den «Idomeneo», den er für Mozarts bedeutendste Oper hält, nicht zuletzt deswegen, weil, seiner Meinung zufolge, der Komponist sich in keinem anderen Werk so mit den Charakteren identifiziert habe wie hier. «Idomeneo» wurde unter Colin Davis' Leitung eine dramatische Passion weitab von jener Starre, die man gemeinhin der «opera seria» vorzuwerfen bereit ist.
Die Erfahrungen mit Berlioz — und «experience — Erfahrung» ist eines der Schlüsselworte für Colin Davis und seinen musikalischen Stil — schlug sich aber ebenso in einer «Ring»-Produktion nieder, die der Londoner Opernchef zusammen mit seinem Chefregisseur Götz Friedrich erarbeitete und die im Jubiläumsjahr der Wagner-Tetralogie die einzige wirkliche Alternative zur Bayreuther Chéreau-Inszenierung blieb. Davis lichtete den Wagner-Klang deutlich auf, ohne ihn freilich durch Schärfe zu zerstören. In der Tat dürfte er heute auch zu den bedeutendsten Wagner-Dirigenten zählen, und sein Bayreuther Gastspiel 1977/78, bei dem er die Wiederaufnahme der «Tannhäuser»-Inszenierung, zufällig auch von Götz Friedrich, dirigierte, zeigte ihn als den einzigen britischen Dirigenten Neubayreuths, der auf Anhieb mit den Klangrelationen des Festspielhauses und den besonderen Gegebenheiten des Orchesters zurecht kommen konnte.
Sehr rasch nachdem Colin Davis die Arbeit an Covent Garden aufgenommen hatte, verpflichteten ihn bedeutende Orchester in aller Welt. 1972 berief ihn das Boston Symphony zum Principal Guest Conductor, während das BBC Symphony Orchestra sich schon im Jahr zuvor der weiteren Mit-

arbeit bei seinem ausscheidenden Chefdirigenten versichert hatte. Unter den weiteren großen Orchestern, mit denen er regelmäßig konzertiert, wären vor allem das Berliner Philharmonische Orchester, das Concertgebouw, die New Yorker Philharmoniker und das London Symphony Orchestra zu nennen, die allesamt nicht zuletzt von seiner äußerst rationellen und sachdienlichen Probenarbeit angetan sind — schon Rudolf Bing hatte Colin Davis attestiert, er sei einer der ganz wenigen Dirigenten, die präzise und verantwortlich zu arbeiten imstande seien. 1983 trat Sir Colin Davis — er wurde 1980 von der britischen Königin in den Adelsstand erhoben — die Nachfolge von Rafael Kubelik als Chefdirigent des Symphonieorchesters des Bayerischen Rundfunks in München an, dem man — nicht zuletzt dank Kubeliks Arbeit — nachsagt, es bilde zusammen mit den Berliner Philharmonikern und vielleicht noch der Dresdner Staatskapelle die schmale Spitzengruppe der deutschen Orchester. Schon die ersten gemeinsamen Arbeiten zeigten denn auch, daß Davis, sicher einer der profiliertesten Bewahrer einer spezifisch europäischen Klangkultur, diesem eher konservativen Orchester wesentliche neue Impulse gibt, ohne die bestehenden Qualitäten anzutasten. *NE*

Decker, Franz-Paul

* Köln 22. 6. 1923; deutscher Dirigent, studierte Dirigieren bei Papst und Komposition bei Jarnach an der Musikhochschule und Musikwissenschaft bei Fellerer und Bücken an der Universität seiner Heimatstadt. An der Kölner Oper und in Gießen begann er mit dem Dirigieren und wurde 1946 zum Städtischen Musikdirektor in Krefeld ernannt. 1950 wechselte er als 1. Kapellmeister an die Wiesbadener Oper, wo man ihn 1953 zum Städtischen Musikdirektor beförderte. 1956—64 war er Generalmusikdirektor in Bochum und leitete ab 1962 gleichzeitig das Philharmonieorchester in Rotterdam (bis 1968). Das Montreal Symphony Orchestra berief ihn 1967 zum Musikdirektor (bis 1975), anschließend wirkte er bis 1977 als ständiger Gastdirigent und Musikalischer Berater des Calgary Philharmonic Orchestra (Alberta). Seit 1981 ist er als Künstlerischer Berater des Winnipeg Symphony Orchestra tätig.

De Fabritiis, Oliviero

* Rom 13. 6. 1902, † Rom 12. 8. 1982; italienischer Dirigent, wurde bei Setaccioli und Refice ausgebildet und gab 1920 sein Dirigentendebüt am Teatro Adriano in Rom. 1934—61 wirkte er als Dirigent an der Oper in Rom, wo er 1943 zum Künstlerischen Leiter berufen wurde. Bei zahlreichen Theatern und in den USA trat er als Gast auf. Er war von seinem Lehrer Setaccioli beeinflußt, der Direktor des Cherubini Konservatoriums in Florenz war und diverse Opern schrieb.

Defauw, Désiré

*Gent 5.9.1885, †Gary, Ind., 25.7. 1960; amerikanischer Dirigent und Violinist belgischer Geburt, Violinschüler von J. Smit, erste Vorstellung 1910 in London. 1914 gründete er dort das Allied Quartet und kehrte nach dem Krieg nach Belgien zurück, wo er mit der Tradition brach, daß die Konzerte des Brüsseler Konservatoriums vom jeweiligen Direktor dirigiert werden sollten. D. übernahm diesen Posten 1926—40, lehrte dort ausserdem ab 1926 und trat 1938 als Gastdirigent des NBC Symphony Orchestra in New York auf. 1940 ging er als Dirigent der Societé des Concerts Symphoniques nach Montreal, wechselte drei Jahre später in gleicher Stellung zum Chicago Symphony Orchestra (bis 1947). 1950—58 schließlich leitete er das Symphonieorchester in Gary.

Defossez, René

* Spa 4. 10. 1905; belgischer Komponist und Dirigent, besuchte nach erstem Unterricht bei seinem Vater die Musikschule in Spa und das Konservatorium in Lüttich, gewann 1935 den belgischen Rom-Preis. 1936—59 dirigierte er am Théâtre Royal de la Monnaie in Brüssel, 1946 löste er Defauw als Dirigier-Professor am Brüsseler Konservatorium ab (bis 1971). Zugleich war er Inspektor der staatlich unterstützten Musikschulen. 1969 wurde er zum Miglied der Königlich Belgischen Akademie ernannt. Er schrieb u.a. Opern, Sinfonien, Klavierkonzerte und Fantasien: «Le Subterfuge improvisé» (1938); «A chacun son mensonge»; «Les Surprises de l'amour»; «A chacun sa vérite»; u.a. Seine Werke hat er zumeist selbst dirigiert; sie wurden auch international aufgeführt.

Delacôte, Jacques

* Remiremont (Vogesen) 16. 8. 1942; französischer Dirigent, studierte Dirigieren bei Hans Swarowsky an der Wiener Hochschule für Musik, gewann 1971 den Mitropoulos-Wettbewerb in New York und trat im folgenden Jahr als Dirigent mit dem New York Philharmonic Orchestra auf. Danach dirigierte er an der Hamburgischen Staatsoper, an der Düsseldorfer Oper, an der Opéra in Paris und an Covent Garden in London. Außerdem hatte er Verpflichtungen beim London Symphony Orchestra, beim Cleveland Orchestra und beim San Francisco Symphony Orchestra. Besonders seine Interpretationen französischer Opern finden großen Beifall.

Del Mar, Norman

* London 31. 7. 1919; englischer Dirigent, studierte Komposition bei R. O. Moriss und Vaughan Williams am Royal College of Music in London. Danach nahm er Dirigierunterricht bei Constant Lambert. Während des 2. Weltkriegs spielte er in einer Band der Royal Air Force Horn; zudem war er ein begabter Geiger. 1945 organisierte er das Sinfonieorchester von Chelsea. Er dirigierte 1948 das Sadler's Wells Ballet während einer Tournee durch Deutschland. Von 1949 bis 1955 war er Hauptdirigent der English Opera Group; dann Professor und Dirigent an der Guildhall School of Music (1953—1960). Danach dirigierte er bis 1965 das Scottish Symphony Orchestra der BBC, die Sinfoniker Göteborgs (1969 bis 1973) und das Kammerorchester der Königlichen Musikakademie (1973—1977). 1982 wurde er 1. Gastdirigent der Bournemouth Sinfonietta.

Delogu, Gaetano

* Messina 14. 4. 1934; italienischer Dirigent, lernte als Kind Violine, aber begann zunächst ein Jura-Studium, das er abbrach, um bei Franco Ferrara Unterricht im Dirigieren zu nehmen. In Florenz gewann er 1964 den 1. Preis eines Wettbewerbs junger Dirigenten und in New York 1968 den Mitropoulos-Wettbewerb. Fortan trat er bei vielen großen Orchestern Europas und der USA auf und wurde 1979 zum Musikdirektor des Denver Symphony Orchestra ernannt.

Denzler, Robert F.

* Zürich 19.3.1892, † Zürich 25.8. 1972; Schweizer Dirigent, studierte am Konservatorium seiner Heimatstadt Klavier und Violine und privat bei Andreae Komposition. 1911—12 setzte er seine Klavierstudien in Köln fort, wo er gleichzeitig als Korrepetitor an der Oper arbeitete. Nachdem er auch bei den Festspielen in Bayreuth als Korrepetitor gewirkt hatte, übernahm er 1912 die Stelle des städtischen Musikdirektors in Luzern (bis 1915), war dann Kapellmeister am Stadttheater Zürich und 1927—32 in gleicher Stellung an der Städtischen Oper in Berlin. 1934—47 kehrte er als Musikalischer Oberleiter an die Zürcher Oper zurück und dirigierte in der folgenden Zeit nur noch Konzerte. 1920—30 war er außerdem Gastdirigent beim Orchestre de la Suisse Romande.

Dervaux, Pierre

* Juvisy-sur-Orge (bei Paris) 3. 1. 1917, † Paris 14. 2. 1977; französischer Dirigent und Komponist, studierte bei I. Philipp und Y. Nat am Pariser Konservatorium sowie bei Jean und Noël Gallon und M. Samuel-Rousseau. Als Dirigent debütierte er 1947 bei den Concerts Pasdeloup, wo er 1949—55 Stellvertretender Direktor war. Bis 1954 dirigierte er auch an der Komischen Oper, 1956—70 wirkte er als 1. Dirigent, danach als Orchesterchef an der Pariser Opéra sowie als Musik-Direktor des Orchestre Philharmonique des Pays de la Loire seit seiner Gründung 1971. Daneben war er seit 1964 Künstlerischer Leiter und ständiger Chefdirigent des Symphonieorchester in Québec, ab dem gleichen Jahr Lehrer an der Ecole normale de musique in Paris sowie 1965—72 Lehrer am Konservatorium in Montreal. Weiterhin trat er oft als Gastdirigent in Erscheinung.

De Sabata, Victor

«Wenn er die großen Schiffe im Triestiner Hafen einziehen sah, wie riesige Vögel, die nach langen Streifzügen im Orient in ihr Nest zurückkehren, dann formten sich in der Phantasie des Kindes Victor de Sabata nicht Vorstellungen von märchenhaften Ländern und Menschen, sondern er dachte an die verborgene technische Vorrichtung in dem Kielraum der Schiffe, die sie auf das Kommando eines einzelnen Menschen hin sich leicht bewegen läßt ...» So beginnt Guido M. Gatti, Musikologe und Freund Victor de Sabatas, seine Erinnerung an den 1968 verstorbenen Dirigenten.

Technik und Mathematik auf der einen Seite und auf der anderen die Musik, — diese Interessen ließen de Sabata zu dem Dirigenten werden, der sich durch hohen Kunstverstand, Sensibilität für die lebendige Musik und eine unvergleichliche technische Meisterschaft auszeichnete.

Victor de Sabata wurde am 10. April 1892 in Triest geboren. Praxis und Theorie: Opernbetrieb und Konservatorium waren die Stätten seiner frühen musikalischen Entwicklung. Sein Vater war Chorleiter und Gesangsmeister an der Oper in Monte Carlò. Am Mailänder Konservatorium, in das de Sabata mit neun Jahren einzog, hatte er Klavier-, Geigen- und Cello-Unterricht, dazu lernte er aus eigenem Antrieb Horn, Oboe und Flöte; von Saladino wurde er in Kontrapunkt unterwiesen, später dann von Giacomo Orefice in Komposition.

Und wie er beim Studium die Klassiker kennen und schätzen lernt, so führen ihn seine langen Aufenthalte beim Vater in Monte Carlo auch in die neuere französische Musik ein, die die andere Seite seiner Natur, das sinnliche Element, anspricht und sein Interesse für die besonderen Probleme des Klangs und der Farbe anregt.

1910 verläßt er das Mailänder Konservatorium mit einem Abschlußdiplom für seine Suite für Orchester. De Sabata widmet sich zunächst ganz dem Komponieren. Seine Oper «Il Macigno» erlebt 1917 ihre Uraufführung an der Scala. Seine Symphonischen Dichtungen «Juventus» (1919), «La Notte di Platone» (1923) und «Gethsemani» (1925), von Toscanini und Richard Strauss uraufgeführt, werden mit Sympathie und Respekt für den jungen Komponisten aufgenommen.

Seine Verpflichtungen als Dirigent nehmen jedoch bald überhand. Erst in seinen späten Jahren, nachdem er Abschied vom Podium genommen hat, findet er wieder Muße, zu komponieren. Die Entscheidung, sich ganz dem Dirigieren zuzuwenden, fiel nicht leicht, äußere Umstände spielten eine Rolle, zu einer Zeit, da er wünschte, eher ein Komponist bescheidenen Ranges zu sein, als ein Interpret von höchstem Ansehen, — der er werden sollte. De Sabata beginnt zu dirigieren, er gibt Orchesterkonzerte in Italien und wird, nach einem Konzert im Augusteo in Rom, 1916 als musikalischer Leiter an die Oper in Monte Carlo gerufen.

Dieses Opernhaus hatte besonders um die Jahrhundertwende zahlreiche Erstaufführungen zu verzeichnen. 1893 erschien Berlioz' «La damnation de Faust» dort zum ersten Mal auf der Bühne, und in den folgenden Jahren wurden Francks «Hulda» (1894), Saint-Saëns' «Hélène» (1904) und «Láncêtre» (1906), Faurés «Pénélope» (1913) uraufgeführt.

De Sabata war zunächst ganz für das italienische Repertoire zuständig. Man wurde jedoch bald auf seine außergewöhnlichen Fähigkeiten aufmerksam. Nachdem er Puccinis «La Rondine» zur französischen Erstaufführung gebracht hatte, betraut man ihn 1925 mit der Uraufführung von Ravels «L'enfant et les sortilèges», auf des Komponisten Vorschlag hin. Und nicht nur das vielfältige Repertoire des Opernhauses, sondern auch die Zusammenarbeit mit den Sängern Schaljapin, Battistini, Caruso, Gigli, Schipa diente der Erweiterung und Fortentwicklung seiner Erfahrungen und Fähigkeiten.

Über zehn Jahre hatte er in Monte Carlo gearbeitet, als er 1929 Europa verließ, allerdings um nur für wenige Monate das Cincinnati Symphony Orchestra zu leiten. Denn zur gleichen Zeit verließ Toscanini Italien und folgte einem Ruf des Philharmonic Orchestra New York. La Scala war ohne Dirigenten. Man holt Victor de Sabata zunächst als Generaldirektor: Verwaltung, künstlerische und musikalische Leitung. Schon nach kurzer Zeit jedoch, nach ersten unerquicklichen Erfahrungen mit dem Verwaltungsbetrieb, stellt de Sabata den Verwaltungsrat vor die Alternative, entweder nur die Intendanz oder nur die musikalische Leitung zu übernehmen. Man bestimmt ihn daraufhin zum musikalischen Leiter der Scala.

De Sabata debütiert mit Puccinis «La fanciulla del West», und in der Spielzeit 1930/31 gelingt ihm der Durchbruch mit seiner Interpretation des «Tristan», jenem Wagnerschen Werk, mit dem er 1939 in Bayreuth Triumphe feiern sollte.

Bis 1939 ist er nun jede Saison an der Scala, dann wieder von 1941-43 und von 1947-53; von 1953 an ist er bis zu seinem Ausscheiden aus dem öffentlichen Musikleben 1957 künstlerischer Direktor des Opernhauses: Fast 30 Jahre war de Sabata für die Geschichte der Scala mitverantwortlich. Tourneen unter seiner Leitung führten das Ensemble 1937 nach Berlin und München und 1950 nach London.

Berlin kannte de Sabata seit seinem Debüt im Januar 1936 mit Respighi, Mozart, Strauss und Dvořák im Programm. Die Berliner Allgemeine Musikzeitung bescheinigt ihm «suggestive Herrschaft, die sich in einer Fülle lebhaftester, teils spitzer, teils hämmernder, teils kreisförmig großräumiger Ausdrucksbewegungen bedient», die «zu grandiosen Wirkungen» führt. An der Berliner Staatsoper dirigierte er 1937 und 1939 die Neuinszenierungen des «Otello» und der «Aida».

In seinem letzten Konzert mit den Philharmonikern im März 1939 ist es vor allem Brahms' 4. Symphonie, deren ganz eigene Interpretation er den an Furtwänglers Stil gewöhnten Berlinern — dem Orchester wie dem Publikum — nahezubringen versteht. Kein romantisch-verinnerlichter, melancholischer Brahms: der Konstruktivist Brahms kommt unter de Sabatas Händen zum Vorschein. Klare Linien, deutliche Einzelheiten, die sich gleichwohl zu Formen zusammenfügen, treten hervor, und de Sabatas Flexibilität und Einfühlungsvermögen für die innere Dynamik dieser Musik lassen ihn zu einem Dirigenten von großer suggestiver Kraft werden. — Daß ihm die Einstudierung mit den Berlinern gelang, ist de Sabatas Verdienst und das Verdienst des aufnahmebereiten, aufmerksamen Orchesters gleichermaßen.

Er ist Präzisionsfanatiker. In seiner Neigung für die Mathematik und ihre strengen Gesetze wurzelt sein Streben nach absoluter Genauigkeit. «La matematica mi ha invasato d'esattezza: il ritmo è per me una fondamentale condizione della musica», so sagte er einmal einem deutschen Musikologen.

Fünfzigmal soll er bei Beginn der Brahmsschen e-Moll-Symphonie angesetzt haben, um die zarte Kantilene ganz in seinem Sinne ausgeführt zu wissen.

Und die Musiker akzeptierten diese unermüdliche und unerbittliche Probenarbeit, da sie de Sabatas Exaktheit nicht als Selbstzweck deuteten.

Ein eiserner Rhythmiker. Im Liebestod des «Tristan» verschnellert sich sehr leicht das Tempo wegen des lange anwachsenden Crescendos: eine Angewohnheit von Dirigenten und Orchestermusikern, die Sabata nicht gelten läßt. Als ihm das Orchester davonläuft, bricht er ab: «Meine Herren! Nix partitura! Nix partitura — Taktstock!» Und hielt so eisern sein Tempo durch, daß mit dem Crescendo eine fast unerträgliche Spannung erwuchs. Ein Kritiker 1937: «Bei diesem genialen Musiker ist alles ... da: natürliches Musizieren aus dem Organismus des Melos und aus der Architektur der Form, überschwengliches Temperament, höchste rhythmische Präzision und höchste agogische Freiheit, glühende Innerlichkeit des Ausdrucks und Ablehnung alles Übertriebenen, schlichte, große Art der Dynamik und Fähigkeit zu den raffiniertesten Abtönungen und Unterteilungen.»

Er schafft einen lichten, hellen Orchesterklang von einer Durchsichtigkeit, in der nichts verfließt, ohne dabei an Gewichtigkeit zu verlieren. Und seine dynamischen Abstufungen vom zartesten pianissimo bis zum schärfsten fortissimo schaffen einen mitreißenden Spannungsreichtum, der besonders seine Verdi-Aufführungen zum Erlebnis werden läßt. «Erst wer de Sabata gehört hat, kann begreifen, warum Verdi gelegentlich ‚pppp' und ‚ffff' in seine Partitur geschrieben hat»; so Friedrich Herzfeld 1953. Einer seiner Orchestermusiker über de Sabata: «De Sabata hat schon von seiner äußeren Erscheinung her faszinierend gewirkt: Er hatte ein bleiches, fast weißes Gesicht mit kohlschwarzen Augen, die bei jedem Einsatz den betreffenden Orchestermusiker ansahen und ihm förmlich seinen Willen aufzwangen. De Sabata verlangte seinem Orchester das letzte ab. Er probierte bestimmte Stellen solange — zehn-, zwanzig-, fünfzigmal —, bis das Ergebnis so war, wie er es sich dachte. Was dabei herauskam, war fantastisch. Sabata unterstrich die Dynamik kolossal. Der Spannungsbogen innerhalb der dynamischen Zeichen war bei ihm sehr groß. Es gab dabei nichts, was er persönlich hinzufügte. Er übermittelte nur das, was die Partitur sagte. Insofern war er Toscanini schon sehr ähnlich, obwohl er sich nie dazu hat hinreißen lassen, Takstöcke zu zerbrechen oder mit Schimpfworten herumzuwerfen.» Und er gab nicht nur musikalische Anweisungen, sondern wußte infolge seiner vielfältigen Studien am Konservatorium den Musikern auch durch technische Hinweise, wie bestimmte Fingergriffe, die Ausführung schwieriger Stellen zu erläutern.

Mit seiner Interpretation jenes Wagnerschen Werkes, das seinen Erfolg an der Scala miteingeleitet hatte, dem

Zeitlebens hat sich de Sabata den Opern Giuseppe Verdis besonders gewidmet. Seine Interpretationen waren mustergültig.

«Tristan», feiert er 1939 in Bayreuth Triumphe. Ein Kritiker: «... wie seine Unruhe und Besessenheit in der leidenschaftlichen Hingabe an die Stimmung des Augenblicks niemals die strenge Hoheit einer werkdienenden Kunstgesinnung vergißt und unfehlbar den dramatischen Nerv trifft, das ist so groß und begeisternd, daß man sich widerstandslos mitreißen läßt. Die kristallene Durchsichtigkeit des Orchesters, das unbeschreiblich schön musizierte, war in intensiven Proben — 12 an der Zahl — erarbeitet. Und wie der Dirigent die Partitur wirklich auswendig beherrschte, so verlangte er auch von seinen Musikern die Unabhängigkeit vom Notenblatt. Jeder Wink seiner Hand wurde im Augenblick des Niederschlags lebendiger Klang.»

De Sabata ,wohnte' in der Scala. Tages- und oft auch Nachtstunden verbrachte er dort, zwischen Opern- und Orchesterpartituren, Büchern und Papieren, bei Unterredungen — oftmals Wortgefechten, häufig unterbrochen durch Mitarbeiter, die Rat und Anweisungen holten und denen de Sabata, der über alle Vorgänge im Haus informiert schien, mit Geduld und Freundlichkeit antwortete. De Sabata reiste mit der Scala 1937 nach München und Berlin, und zwar mit der gesamten Truppe, Orchester, Chor, Ballett, Solisten und Bühnenbild. Verdis Requiem, Puccinis «Bohème» und Verdis «Aida» stehen auf dem Programm.

Den Darbietungen wird überschwengliche Kritik zuteil. Man begeistert sich in Berlin über «die durch das nationale Temperament bedingte Steigerung aller dramatischen Möglichkeiten bis zur Grenze des Erreichbaren».

Das Beglückende an diesem Austauschgastspiel war die Tatsache, daß es das Unvergleichbare des italienischen und deutschen Aufführungsstils vor Augen führte und so das gegenseitige Verständnis wesentlich vertiefte. 1950 gastiert die Scala in London. London kannte den Dirigenten de Sabata bereits seit 1946 als Gast des London Philharmonic Orchestra. Die Scala kommt mit einem reinen Verdi-Programm: dem Requiem und den Spätwerken «Otello» und «Falstaff».

Hingabe an die Musik, Teamgeist, Klarheit, aber auch Spannungsreichtum, Ausgewogenheit, die nicht auf den Effekt bedacht ist, prägen die Aufführungen der Scala.

Wer die Oper besuchte, um berühmte Sänger zu hören und ihre Künste zu feiern, der wurde enttäuscht. Die Musik allein war Quelle und Maßstab. Und wie ein Kritiker in der englischen Zeitschrift «Opera» im Januar 1951 schreibt: «Die Bühne wurde von der Musik beherrscht und die Musik durch die magische Verbindung von Klang und Schauspiel, die sich zu mehr fügte als nur einer Kombination von beidem: zu Oper!»

Und wer an einen ,romantischen', süßlich-schwelgenden Verdi gewöhnt war, wurde gleichermaßen enttäuscht, fühlte sich gestört durch die Klarheit und Transparenz des Vortrags.

De Sabata war der Dirigent dramatischer Musik. Die Schallplatteneinspielungen mit der Callas belegen das auf eindrucksvolle Weise.

Das Gesamtergebnis mit dem Ziel einer getreuen Verwirklichung der Musik Verdis steht vor allem anderen im Vordergrund. Und daß die Holzbläser sich privat treffen, um in Stunden gemeinsamen Abspielens von Skalen sich aufeinander einzustimmen und somit größte Gemeinsamkeit der Intonation zu gewinnen, zeugt von der Hingabe der ganzen Truppe an die gemeinsame Arbeit. Das Orchester, von allen Kriti-

kern ob seiner Präzision, seinem Nuancenreichtum und seinem geschmeidigen Einfühlungsvermögen gelobt, ist das Orchester der Musiker, ,ihr' Orchester, für dessen Ruf und Erfolg sich alle mitverantwortlich fühlen. De Sabatas harte Probenarbeit ist nie Selbstzweck, er versteht es, seinen Musikern die Notwendigkeit genauesten Probierens nahezubringen. Und daß er sich privat dadurch auszeichnet, daß er nie ein abfälliges Wort über einen Musikerkollegen verliert, tut ein übriges, eine Atmosphäre vertrauter wie auch konzentrierter Zusammenarbeit zu schaffen.
In seiner Virtuosität unübertroffen, ein ,Vollblutmusiker', gleichwohl immer durch den Verstand kontrolliert, war de Sabata ,der' Dirigent dramatischer Musik, — seine Vorliebe und Bewunderung für Richard Strauss fügt sich in diese Charakterisierung. Seine Interpretationen Mozartscher und französischer Musik hingegen überzeugten weniger. Allzu große Hingabe an feinste Ausarbeitung des Details verliert leicht den Zusammenhang des Gesamtbildes, und bei den französischen Impressionisten vermißte man die leichte Hand für die Farbigkeit dieser Musik.
De Sabata war Gast in aller Welt, Berlin, Wien, Salzburg, London, Edinburgh, Chicago, New York, Philadelphia, Boston, Brüssel, Prag, Budapest, Warschau.
An Einspielungen hat er der musikalischen Welt nur wenig hinterlassen. Mit der Deutschen Grammophon machte er Aufnahmen von Werken Respighis, Kodálys, Strauss (Tod und Verklärung), Wagner (Tristan, Vorspiel und Liebestod), Mozart (Requiem), Verdi (Aida-Vorspiel) und Brahms (4. Symphonie). Es war das Zeitalter der Wachsmatrize, als Korrekturen nicht angebracht werden konnten. De Sabata wählte, wie man im Pressedienst der Deutschen Grammophon liest, zwischen den zwei Aufnahmen, die jeweils gemacht wurden, stets die durch größere künstlerische Einheit überzeugendere aus. Seine Einspielung der «Tosca» mit der Callas, Di Stefano und Gobbi und Chor und Orchester der Scala galt als eine der hervorragendsten Aufnahmen von Puccinis Oper.
De Sabata blieb bis 1957 dem Mailänder Opernhaus verbunden; er dirigierte nach 1953, von schwacher Gesundheit, nur noch selten, war bis 1957 künstlerischer Leiter und von da an künstlerischer Berater des Hauses. Sein letzter Auftritt als Dirigent galt seinem Vorgänger an der Scala, Toscanini; mit Beethovens Trauermarsch aus der «Eroica» verabschiedete er sich von seinem großen Kollegen und vom Podium. Er lebte zurückgezogen in seinem Heim in Bergamo, komponierte wieder und widmete sich seiner Leidenschaft für die höhere Mathematik.
Am 11. Dezember 1967 starb Victor de Sabata in Santa Margherita Ligure. *CS*

Desarzens, Victor

*Château-d'Oex 27.10.1908; Schweizer Dirigent und Violinist, Student des Konservatoriums in Lausanne. Während der folgenden Jahre wirkte er als Violinist beim Orchestre de La Suisse Romande, leitete einige Kammermusikvereinigungen, darunter ab 1940 das von ihm gegründete Orchestre de chambre de Lausanne, mit dem er bis 1953 Tourneen durch Deutschland, Italien, Frankreich und Polen unternahm. Ab 1950 dirigierte er in der Nachfolge Scherchens das Musikkollegium in Winterthur.

Desormière, Roger

*Vichy 13.9.1898, †Paris 25.10. 1963; französicher Dirigent und Komponist, studierte am Pariser Konservatorium und bei Koechlin, gab 1921 sein Dirigentendebüt bei den Concerts Pleyel. In der Saison 1924/25 war er Kapellmeister beim schwedischen Ballett in Paris, anschließend beim Diaghilew-Ballett, mit dem er in London, Mailand, Wien auftrat und ein breitgefächertes Programm dirigierte (bis 1929). Nach einer Phase als Gastdirigent in der Sowjetunion und in Europa wurde er. zum Direktor der Société de Musique d'Autrefois ernannt. 1937—44 wirkte er an der Opéra Comique in Paris, danach auch an der Großen Oper, wo er 1945—46 Mit-Direktor war. 1949 leitete er noch ein Konzert am Covent Garden in London, mußte aber im nächsten Jahr seine Laufbahn wegen Krankheit aufgeben.

Dessau, Paul

* Hamburg 19.12.1894, † Berlin 28. 6. 1979; deutscher Dirigent und Komponist, studierte ab 1910 am Klindworth-Scharwenka-Konservatorium in Berlin und ein Jahr bei Behm Komposition und Klavier, ging aber schon 1912 als Korrepetitor zum Hamburger Stadttheater, wo er bei Loewengard weiter Komposition erlernte. Nach seinem Militärdienst wirkte er 1918 als Dirigent und Komponist bei den Hamburger Kammerspielen, wechselte im folgenden Jahr erst als Korrepetitor, später als Kapellmeister an das Kölner Opernhaus (bis 1923). Anschließend war er ein Jahr lang in Mainz 1. Kapellmeister und 1925—33 Dirigent an der Städtischen Oper in Berlin. Er verließ Deutschland, wohnte ab 1939 erst in New York, dann in Hollywood, und ab 1948 in Ost-Berlin, wo er Mitglied der Deutschen Akademie der Künste wurde (seit 1959 Vizepräsident, 1968 Austritt).

Dessoff, Otto

* Leipzig 14. 1. 1835, † Frankfurt/Main 28. 10. 1892; deutscher Dirigent und Komponist, studierte bei Moscheles, Hauptmann und Rietz am Leipziger Konservatorium und übernahm 1854 bis 1960 Posten als Theaterkapellmeister in Chemnitz, Altenburg, Düsseldorf, Aachen und Magdeburg. Danach war er in Wien bis 1875 Hofopernkapellmeister, lehrte am Konservatorium der Gesellschaft der Musikfreunde und dirigierte die Philharmonischen Konzerte. Anschließend ging er als Kapellmeister an die Hofoper nach Karlsruhe und wechselte 1881 als 1. Kapellmeister an das Stadttheater nach Frankfurt/Main.

Dietsch, Pierre Louis Philippe

* Dijon 17. 3. 1808, † Paris 20. Februar 1865; französischer Dirigent, Organist und Komponist deutscher Abstammung mütterlicherseits, studierte bei Choron und am Pariser Conservatoire. Danach war er Kapellmeister an St.-Eustache, ab 1849 in gleicher Position an Ste.-Madeleine und wurde unter der Protektion Rossinis erst Chordirektor, 1860—63 Kapellmeister an der Pariser Opéra. Dort dirigierte er 1861 — fachlich inkompetent — die drei berühmt-berüchtigten Vorstellungen des «Tannhäuser». Wirbel gab es auch um seine Komposition, des «Fliegenden Holländers», die als «Le vaisseaufantôme» 1842 in Paris aufgeführt wurde. Richard Wagner hatte 1840 das Libretto verkaufen müssen. Jedoch Dietschs Version lehnte sich auch an andere Quellen an, als er die Musik dazu komponierte.

Dixon, Dean

* New York 10. 1. 1915, † Zug (Schweiz) 4. 11. 1976; amerikanischer Dirigent, studierte ab 1932 in der Geigenklasse der New Yorker Juilliard-School und 1936—39 Orchesterleitung bei Stoessel, schloß an der Columbia University in New York ab. Sein Dirigentendebüt gab er 1937 in der Town Hall in New York, wo er auch ein Kammerorchester gründete (1938). Als Gastdirigent trat er 1941 bei Toscaninis NBC Symphony Orchestra, im folgenden Jahr beim New Yorker Philharmonieorchester und 1943 beim Philadelphia Orchestra in Erscheinung. 1944 gründete er ein Liebhaber- und ein Jugendorchester und dirigierte erstmals mit dem Boston Symphony Orchestra. 1953 übernahm er den Dirigentenposten beim Symphonieorchester in Göteborg (bis 1960) und ließ sich anschließend in Frankfurt/Main nieder, wo er 1961—74 das Symphonieorchester des Hessischen Rundfunks leitete. 1964—67 war er außerdem Chefdirigent des Symphonieorchesters in Sydney. Als Gast leitete er ab 1970 noch einmal Orchester in New York, Philadelphia und St. Louis.

Dobrowen, Issai

* Nischnij Nowgorod 27. (15.) 2. 1891, † Oslo 9. 12. 1953; russischer Dirigent und Pianist, besuchte 1896—1900 das Konservatorium seiner Heimatstadt, später das in Moskau (Igumnow) und erhielt weiteren Unterricht bei Godowsky in Wien. Wieder in Moskau, lehrte er am Konservatorium (1917—21) und dirigierte ab 1919 am dortigen Großen Theater. 1923 leitete er in Dresden die deutsche Premiere von Mussorgskis «Boris Godunow», im Jahr darauf berief ihn dann die Berliner Große Volksoper zum 1. Kapellmeister. Zugleich leitete er die Philharmonischen Konzerte in Dresden, bis er in der Saison 1927/28 die Leitung der bulgarischen Staatsoper in Sofia übernahm. Nach Museumskonzerten in Frankfurt ging er nach Amerika und dirigierte dort das San Francisco Symphony Orchestra (1930—35). In der Folgezeit widmete er sich Gastauftritten in Minneapolis, New York, Venedig, Rom und Mailand, trat regelmäßig an der Budapester Oper auf und übersiedelte zum Kriegsbeginn nach Schweden, wo er als Dirigent der Göteborger Orchestervereinigung und der Stockholmer Oper seine größten Erfolge erlebte. 1948 dirigierte er an der Mailänder Scala. Neben einigen Klavierkonzerten ist die Märchenoper «1001 Nacht» seine wichtigste Komposition.

Dohnányi, Christoph von

Er gilt als der Alleskönner, und ein solcher Ruf kann unter gewöhnlichen Sterblichen gefährlich sein. Doch im Grunde kann er wirklich alles: Symphonien dirigieren und Opern, Mozart und Henze gleichermaßen modellhaft aufführen, Opernintendant sein und gleichzeitig Chefdirigent, ab und zu auch Regisseur, der sich an «Rheingold» wagt und sogar an den «Fidelio». Komponiert hat er auch schon, und in jungen Jahren war er ein brillanter Pianist. In seiner Universalität stellt Christoph von Dohnányi zweifellos eine Provokation für seine Umwelt dar, obwohl ihm selten daran liegt, seine Umwelt zu provozieren. Provokation dürfte freilich eine den meisten seiner Partner überlegene Intelligenz sein, die zu verbergen ihm selbst unter den besten Vorsätzen nicht gelingt. Wie sollte es auch, ist doch eine der am häufigsten von ihm zitierten Erkenntnisse die, daß der Mensch nachgewiesenermaßen nur einen verschwindend geringen Prozentsatz seines Gehirns aktiviert, es mithin doch nicht so schwer sein könne, wenigstens zwei oder drei Prozent mehr einzusetzen. In der Hoffnung auf diese Möglichkeit kann der Dirigent Christoph von Dohnányi dann freilich ungeduldig werden. Er liebt es nicht, Dinge zweimal sagen zu müssen. Am liebsten sind ihm Orchester wie die Berliner Philhamoniker. Mit ihnen probte er 1983 ein besonders schweres Programm. Am regulären Ende der Probe fragte er sie nur, ob sie der Meinung seien, sie hätten bereits das ihnen gemäße Niveau erreicht. Worauf die Berliner ohne weitere Diskussion noch eine Stunde weiterprobten und das Niveau stimmte.

Bei Christoph von Dohnányi hat man sich allenthalben so sehr an das Überraschende gewöhnt, daß es schon nicht mehr auffällt. So wird die Musikgeschichte wohl erst dann ein gerechtes Urteil über ihn zu fällen vermögen, wenn er in die Jahre gekommen ist und nicht mehr alles können kann, wenn sich das Lebenswerk so oder so einengt.

Dann dürfte auch zutage treten, daß es diesem Dirigenten nie um das Können an sich ging. Es war für ihn stets Voraussetzung, nie das Ziel, und vielleicht ist es deswegen so breit angelegt. Es war für ihn die Voraussetzung dafür, Musik als eine der vornehmsten Äußerungen des menschlichen Geistes und der menschlichen Zivilisation zu entwickeln und damit beizutragen, Ungeist und Unzivilisation in die Schranken zu weisen. Dohnányi betreibt Musik aus einer durchaus moralischen Idee heraus, was seine Gründe in erster Linie in seiner Herkunft und den Erlebnissen seiner Jugend hat.

Christoph von Dohnányi wurde am 8. September 1929 in Berlin als Sohn eines Juristen im Staatsdienst geboren. Der Vater Dr. Hans von Dohnányi war Reichsgerichtsrat, in der obersten Instanz der Judikative tätig, und gehörte während der Spätphase der nationalsozialistischen Herrschaft als enger Mitarbeiter von Canaris zum Widerstand gegen Hitler; er wurde 1945 im Konzentrationslager Oranienburg ermordet. Der Sohn, der schon mit sechzehn Jahren das Abitur bestanden hatte, wollte anfangs ebenfalls die juristische Laufbahn einschlagen — sein älterer Bruder Klaus von Dohnányi blieb dieser Familientradition treu und avancierte später erst zum Minister, dann zum Regierenden Bürgermeister von Hamburg. Doch das Studium der Rechte vermochte ihn während der vier Semester, die er ihm widmete, immer weniger zu fesseln. Pianistische Studien und Kompositionsversuche drängten mehr und mehr alles andere in den Hintergrund. 1948 wechselte Christoph von Dohnányi zur Münchner Musikhochschule über, die er 1951 als bester Absolvent der Dirigentenklasse verließ. Für sein brillantes Abschlußexamen wurde er mit dem Richard-Strauss-Preis der Stadt München ausgezeichnet, was ihm ein Weiterstudium in den USA ermöglichte. Er ging nach Tanglewood und lernte bei Leonard Bernstein; vor allem aber begab er sich bei seinem Großvater Ernst (Ernö) von Dohnányi in die Lehre, dem bedeutenden ungarischen Komponisten, Pianisten und Dirigenten, der damals, Anfang der fünfziger Jahre, noch herüberragte aus der Zeit eines Brahms und d'Albert. Ernst von Dohnányi hatte sich 1948 endgültig in den Vereinigten Staaten niedergelassen. Für den Enkel war er ein Lehrer, der, wenn er die Werke eines Beethoven, Brahms oder Dvořák erläuterte, mit aller Kenntnis eines bedeutenden

Komponisten über bewunderte Kollegen sprach. Bei ihm lernte man, Werke von innen zu erfahren, statt von außen zu analysieren. Christoph von Dohnányi bezeichnet dieses eine Jahr als die wichtigste Lehrzeit seines Lebens.
Zurück in Deutschland, lernte er in München Georg Solti kennen, der gerade dabei war, nach Frankfurt überzuwechseln. Solti lud den jungen Dirigenten ein, mit ihm an die Frankfurter Oper zu gehen und sich dort als Korrepetitor und Dritter Kapellmeister das unumgängliche Repertoire zu erarbeiten. Dohnányi nahm das Angebot an; er ist gleichwohl heute einer der wenigen ehemaligen Mitarbeiter Soltis, denen man die Lehrzeit bei diesem dominierenden ungarischen Dirigenten nicht anmerkt. Dohnányi hat ihn zu keiner Zeit kopiert, vielmehr eher einen entgegengesetzten Weg eingeschlagen, so wie man ihm, ganz im Gegensatz zu Solti, nie den ehemaligen Pianisten angemerkt hat.
In Frankfurt wuchs er nach und nach in das Repertoire hinein, führte unter anderem auch bei Gelegenheit ein von ihm selbst komponiertes Ballett auf und war sehr bald als ein außerordentlich brillanter Dirigent bekannt. 1957 wurde er nach Lübeck berufen und war mit 27 Jahren der jüngste Generalmusikdirektor der Bundesrepublik.
Schon 1963 holte man ihn an das Staatstheater in Kassel, ein Opernhaus, das traditionell als Sprungbrett für große Karrieren gilt, und ein Jahr später wurde er zusätzlich Chefdirigent des Radio-Sinfonieorchesters Köln. Die wachsenden Verpflichtungen — 1967 dirigierte er in Bayreuth den «Tannhäuser» — führten dazu, daß er 1966 die Position in Kassel aufgab. Zwei Jahre später war es wieder ein Opernhaus, das sich um ihn bewarb. Christoph von Dohnányi wurde Generalmusikdirektor der Städtischen Bühnen Frankfurt und 1972 ihr Operndirektor.
Die Frankfurter Oper hatte in den sechziger Jahren nach dem Weggang Soltis wenig Glück mit ihren Chefdirigenten gehabt; so erhoffte man sich von Dohnányi eine Renaissance jener Ära, der er selbst als Dritter Kapellmeister angehört hatte. Doch Christoph von Dohnányi erwies sich nicht nur als der ungleich sensitivere und kultiviertere Dirigent, der eine neue, eigene Ära begründete, er zeigte sich auch der musikalischen Moderne in viel stärkerem Maß aufgeschlossen und holte, als er 1972 auch Operndirektor geworden war, interessante und experimentierfreudige junge Regisseure an sein Theater: Hans Neuenfels etwa oder Volker Schlöndorff. Zu den international beachteten Produktionen dieser Jahre zählte etwa die «Lulu»-Inszenierung von Rudolf Noelte mit Anja Silja in der Titelpartie und mit Christoph von Dohnányi als Dirigenten, die Produktion von Prokofieffs «Der feurige Engel» durch Václav Kašlik und Dohnányi oder Dohnányis eigene der «Hochzeit des Figaro» und «Fidelio», zu der er Achim Freyer als Bühnenbildner einlud und die er selbstverständlich dirigierte.
Ebenfalls weite Beachtung fanden die Inszenierungen von Schönbergs «Moses und Aron» und «Die Erwartung», wie überhaupt das Werk Arnold Schönbergs (und Alban Bergs) für Christoph von Dohnányi offensichtlich eine Schlüsselfunktion einnimmt: 1973 dirigierte er «Moses und Aron» in Wien und setzte diese Kooperation 1977 in Mailand fort. 1983 dirigierte er schließlich in Hamburg die szenische Uraufführung der «Jakobsleiter».
Als Christoph von Dohnányi 1977 Frankfurt verließ, hatte dieses Opernhaus einen unverkennbaren Stil entwickelt. Er selbst war zu diesem Zeitpunkt schon ein vielbeschäftigter Gastdirigent. Sein US-Debüt an der Lyric Opera Chicago — mit «Der fliegende Holländer» — lag lange zurück. Die Wiener Philharmoniker luden ihn zusammen mit Karl Böhm 1977 ein, sie auf eine Tournee durch Japan zu begleiten — dem berühmten Orchester mit seinem unnachahmlichen Streicherklang hat er nach eigenen Worten viele Anregungen zu verdanken und entscheidende künstlerische Impulse. Bei den Salzburger Festspielen dirigierte er 1978 einen unsentimentalen «Rosenkavalier», und die Kontakte zur Metropolitan Opera wie zur Covent Garden Opera London waren gefestigt — in London hatte er 1974 mit «Salome» debütiert.
Dennoch ging er noch einmal eine feste Verpflichtung als Opernleiter ein, diesmal als Intendant der Hamburgischen Staatsoper als Nachfolger Rolf Liebermanns und August Everdings. Der Stil, den er in Hamburg als Intendant etablierte, unterschied sich deutlich von dem, den er in Frankfurt praktiziert hatte; die Unbekümmertheit des Wagnisses war an diesem bedeuten-

Christoph von Dohnányi wurde nach Georg Szell und Lorin Maazel 1984 zum Chefdirigenten des Cleveland Orchestra berufen. Anja Silja, seine Frau, gehört zu den bedeutendsten Sopranistinnen der Gegenwart (o.).
1982 wurde Dohnányi die Bartók-Medaille «für authentische und hochrangige Interpretationen» verliehen.

den Haus nicht mehr möglich. Die Eröffnungspremiere 1977 war «Die Frau ohne Schatten», die Christoph von Dohnányi zusammen mit dem Regisseur Kurt Horres herausbrachte und die ihn einmal mehr als einen singulären Strauss-Dirigenten erscheinen ließ. Herausragende Ereignisse der folgenden Jahre wurden die Produktionen des «Wozzeck» und der «Lulu», die übrigens nicht zuletzt durch die Interpretationen der weiblichen Hauptrollen durch Dohnányis langjährige Lebensgefährtin und spätere Gattin Anja Silja ihren außerordentlichen Rang erhielten. Beide Werke hat Dohnányi dann auch für die Schallplatte aufgenommen, wobei er sich kritisch gegenüber der dreiaktigen, posthum vollendeten Fassung der «Lulu» äußerte. Dohnányis Interpretation der Musik Bergs zeigte sich im übrigen in beiden Fällen als ein Paradigma für präzise formulierte Emotionen, wie dieser Dirigent überhaupt der musikalischen Moderne immer wieder ein hohes Maß an Sinnenfreude abzugewinnen versteht, ohne ihre Struktur zu unterschlagen.

Gerade in die Zeit seiner erneuten Auseinandersetzung mit der Musik Alban Bergs fiel indes auch ein heftiger Streit mit dem Philharmonischen Staatsorchester, das in Hamburg auch als Opernorchester seinen Dienst versieht. Obwohl diese Spannungen bis zum Ende der Ära Dohnányi nie mehr ganz beigelegt werden konnten, wurde das Orchester auch hier von den Klangvorstellungen seines Chefdirigenten immer nachhaltiger geprägt. Dohnányis Bevorzugung eines intensiven und weiträumig phrasierenden Streicherklangs, seine Vorliebe für ein helles und nie massiv klingendes Blech spiegeln sich in einer durchweg eleganten Zeichengebung, deren Ästhetik gleichwohl gelegentlichen Ausbrüchen nicht im Wege steht. Was bei Christoph von Dohnányi immer wieder zutage tritt, ist vor allem ein geistiges Konzept, und es kommt wohl nicht von ungefähr, daß er einerseits unter den Dirigenten der Vergangenheit so unterschiedliche, aber gerade vom Geistigen geprägte Künstler wie Furtwängler, Busch oder Rosbaud schätzt, und daß er andererseits selbst zu den wenigen Dirigenten gehört, deren Interpretationen neue und ungewöhnliche szenische Konzepte nicht nur aushalten können, sondern geradezu herausfordern.

Über der Arbeit des Opernintendanten und Operndirigenten mag dabei die Tätigkeit des Symphonikers für einige Jahre in den Hintergrund getreten sein. Doch hat Christoph von Dohnányi selbst da eine radikale Änderung herbeigeführt, als er sich Mitte des Jahres 1984 von seiner Position in Hamburg verabschiedete und die Nachfolge Lorin Maazels als Chefdirigent des Cleveland Orchestra und damit zugleich das Erbe George Szells antrat. Dohnányi hat nie ein Hehl daraus gemacht, daß ihm der Professionalismus und die konzentrierte Arbeitsweise der amerikanischen Musiker außerordentlich entgegenkommen. Zu seinen Träumen zählt nicht zuletzt — und auch dies dürfte man ihm leicht als Provokation auslegen können —, in Europa ähnliche Institutionen wie Tanglewood installieren zu können. *NE*

Dopper, Cornelis

* Stadskanaal (bei Groningen) 7. 2. 1870, † Amsterdam 18. 9. 1939; holländischer Komponist und Dirigent, Autodidakt und 1887—90 Student am Leipziger Konservatorium bei Jadassohn und Reinecke. 1896—1903 wirkte er als Repetitor und Dirigent an der Niederländischen Oper in Amsterdam und nach deren Auflösung bei der Savage Opera Company, die in Nordamerika auftrat. Anschließend löste er Heuckeroth als 2. Dirigent des Concertgebouw-Orkest in Amsterdam ab (1908—31) und organisierte die ersten Jugendkonzerte des Landes.

Dorati, Antal

Eine alte Weisheit: Es gibt keine schlechten Orchester — es gibt nur schlechte Dirigenten. Antal Dorati hat diese Regel immer wieder bestätigt und gezeigt, wie weniger bekannte und gute Orchester unter einem erstklassigen Dirigenten zu Rang und Namen kommen. Natürlich hat er oft genug auch mit wirklich bedeutenden symphonischen Ensembles zusammengearbeitet. Aber seine besonderen Fähigkeiten scheinen darin zu liegen, daß er aus mittelmäßigen Musikern sehr gute und aus guten Musikern exzellente zu formen vermag — eine Fähigkeit, die man schon Artur Nikisch nachsagte und die das Musikleben in seiner ganzen Breite befruchtet. Es ist gewiß ein spezifisches Charisma, das bessere Selbst in einem Instrumentalisten ans Tageslicht zu befördern, und es hängt nicht einmal so sehr von jenen Eigenschaften ab, die man gemeinhin als pädagogische bezeichnet: Geduld, Verständnis und Nachsicht. Antal Dorati galt nie als geduldiger Dirigent. Dagegen stand schon sein ungarisches Temperament.

Antal Dorati wurde am 9. Juni 1906 in Budapest geboren. Die Eltern waren beide hochmusikalisch. Der Vater spielte am königlichen Opernhaus Geige, die Mutter war Musiklehrerin. Yehudi Menuhin berichtet in seinen Erinnerungen über diese erstaunliche Mutter, sie habe sämtliche Stimmen der Beethovenschen Streichquartette im Kopf gehabt und auf Anhieb jede Stelle singen können. Als sie gegen Ende des Zweiten Weltkriegs von den nationalsozialistischen Besatzern ihrer jüdischen Herkunft wegen unter menschenunwürdigen Bedingungen in Half gehalten wurde, habe sie ihren Verstand dadurch behalten können, daß sie ständig dieses ganze Repertoire memorierte.

Es war in der Tat eine von Musik und von den Gedanken an Musik erfüllte Familie, in der Antal Dorati aufwuchs. Früh schon erkannten die Eltern das Talent des Sohnes. Er erhielt eine erste musikalische Ausbildung, und mit vierzehn Jahren immatrikulierte er sich an der Budapester Franz-Liszt-Akademie, einem zu Beginn der zwanziger Jahre berühmten und qualifizierten Institut. Antal Dorati studierte Klavier, Komposition und Dirigieren, und zu seinen Lehrern zählten die Budapester Zelebritäten Béla Bartók, Zoltán Kodály und Leo Weiner. Mit achtzehn Jahren beendete er seine Studien als jüngster Absolvent der Akademie.

Zunächst begann er 1924 in Wien ein Philosophiestudium. Gleichzeitig korrepetierte Antal Dorati an der Budapester Oper, und noch im selben Jahr debütierte er als Kapellmeister. Immerhin blieb er vier Jahre lang der Budapester Oper als Dirigent verbunden, bis er, um noch einmal zu lernen, zu Fritz Busch nach Dresden ging, der ihn zu seinem Assistenten machte. Die daraus erwachsende Freundschaft dauerte auch in den Jahren der Emigration an,

Antal Dorati formte während seiner Chefdirigentenzeit das Detroit Symphony Orchestra zu einem der besten Amerikas.

als Dorati seinen verehrten Lehrer Busch in den USA als Gastdirigenten verpflichtete. Nur fünf Jahre nämlich blieb er in Dresden. Schon 1929 ging er als Musikdirektor nach Münster. Drei Jahre hielt es ihn dort, bevor er in Frankreich und England zu dirigieren begann, unter anderem kurze Zeit beim französischen Rundfunk. Dann freilich spürte er seine zeitweilige Vorliebe als Ballett-Dirigent. Doratis spezifischer Sinn für das tänzerische Element ließ ihn als besonders geeignet erscheinen für dieses Genre, das zwischen den beiden Weltkriegen die viel-

leicht aufregendste dramatische Kunst war. Das Ballett stand damals in enger Verbindung zur musikalischen Moderne und auch zur zeitgenössischen bildenden Kunst, und Balletturaufführungen verursachten oft genug Skandale, in denen sich die Diskussionen zwischen progressiven und konservativen Geistern entzündeten.
Dorati war in guter Gesellschaft: Auch Ernest Ansermet und Pierre Monteux waren Matadore des damals zeitgenössischen Balletts gewesen oder waren es noch. Glücklich scheint Antal Dorati mit dieser Profession allerdings nie ganz geworden zu sein. Seine Proben waren immer wieder begleitet von seinen leidenschaftlichen Ausbrüchen. Er begriff ein wenig resigniert, daß der Bühnentanz keine musikalische Kunst ist und daß es unmöglich ist, Tänzer zu rhythmischer Genauigkeit im musikalischen Sinn zu erziehen.
Von 1934 bis 1941 war er, mit Unterbrechungen, in verantwortlicher Position zunächst für das «Ballet Russe de Monte Carlo», dann für das «Original Ballet Russe» in Paris tätig. Mit dem «Ballet Russe de Monte Carlo», einer Compagnie, die unter Fokine und Balanchine die Arbeit Diaghilews fortzusetzen versuchte, war er in der Saison 1939/40 in Australien, wo er als Gastdirigent in Symphoniekonzerten auftrat. In Sidney leitete er 1940 die Uraufführung eines der charmantesten Ballette der neueren Tanzgeschichte, «Graduation Ball (Kadettenball)» von David Lichine, zu dem er selbst die Musik von Johann Strauß zusammengestellt und bearbeitet hatte. Wie auch Balanchine und andere aus dem Umkreis der Ballettszene, ging Antal Dorati nach New York. Hier übernahm er die Funktion des Musikalischen Direktors des American Ballet Theatre, einer Compagnie, die sich nach der Auflösung des American Dance Theatre gebildet hatte und stark unter dem Einfluß der psychologisierenden Choreographien von Antony Tudor stand. Ab 1941 war er zudem kurz Direktor der New York Opera Company.
Es waren dies freilich allesamt keine ausgesprochen repräsentativen Aufgaben; eher haftete all dem ein wenig vom Parfum der Bohème an. Auch in New York arbeitete er weiter mit dem «Original Ballet Russe» zusammen, das der unermüdliche Oberst de Basil im Theater an der 51. Straße zu etablieren versuchte. Dorati leitete unter anderem Aufführungen von Balanchines «Cotillon» oder von einem Ausschnitt aus «Dornröschen», den Bronislawa Nijinska unter dem Titel «Auroras Hochzeit» nach der alten Choreographie von Petipa inszeniert hatte, wobei er einem so kritischen Geist wie Virgil Thomson auffiel. Thomson schrieb damals, das Orchester habe unter Doratis Leitung «außerordentlich gut» gespielt; er bestätigte damit einmal mehr, daß es keine schlechten Orchester gibt, nur schlechte Dirigenten ... In diese New Yorker Zeit fällt auch die Freundschaft zu Yehudi Menuhin, den er wiederum mit Béla Bartók bekanntmachte.
Erst 1945 verließ Antal Dorati das Ballett und wirkte nun überwiegend als Symphoniker. Zunächst reorganisierte er das Dallas Symphony Orchestra und blieb bis 1949 Chefdirigent dieses Orchesters, das unter den symphonischen Ensembles der USA sicher keine prominente Stelle einnimmt.
Dann bot man ihm die Nachfolge von Dimitri Mitropoulos in Minneapolis an. Mitropoulos, Busoni-Schüler, betrachtete die Musik als eine Art heiligen Dienst. Er pflegte sich wie ein Geistlicher zu kleiden und manchmal zu leben wie ein Mönch. Elf Jahre lang stand Doráti an der Spitze des Minneapolis Symphony Orchestra, mit dem er fast jedes Jahr eine Tournee durch die USA unternahm. Dorati war einer der ersten Dirigenten, die mit einem amerikanischen Orchester Europa und Asien bereisten, und seine Schallplattenaufnahmen mit dem Minneapolis sind so zahlreich, daß er heute zu den meistaufgenommenen Dirigenten überhaupt zählt. Doratis Einspielungen gehören zu den idealen Plattenaufnahmen, bei denen das Orchester dem neuen Medium in besonderer Weise angepaßt scheint.
1960 verließ Antal Dorati Minneapolis und kehrte, inzwischen berühmt und allerorten als Gastdirigent gern gesehen, nach Europa zurück. Ein Forschungsstipendium der Ford Foundation ermöglichte es ihm, in Italien die Musik des Barock und des Vorbarock zu studieren. Daneben gab er Konzerte in Wien, Hamburg, London und in Rom.

Einer von Doratis großen Verdiensten ist die Einspielung aller Haydn-Opern auf Schallplatte.

In Wien hatte er sich schon 1956 verdient gemacht, als er sich energisch dafür einsetzte, daß ein neues Orchester aus den aus Ungarn geflüchteten Musikern gebildet wurde: die «Philharmonia Hungarica», deren Ehrenpräsident Antal Dorati seit langem ist und die sich schließlich in der Bundesrepublik Deutschland niederließ. Mit der «Philharmonia Hungarica» hat Antal Dorati dann später sein größtes und bedeu-

tendstes Schallplattenprojekt verwirklicht, die Aufnahme sämtlicher einhundertvier Haydn-Symphonien.
1962 debütierte er am Royal Opera House Covent Garden mit Rimski-Korsakows Oper «Der goldene Hahn». Ein Jahr später wurde er Chefdirigent des BBC Symphony Orchestra, das er in den folgenden Jahren bis zu seinem Rücktritt 1967 zu einem brillanten und präzisen Orchester erzog. 1968 dirigierte er es bei dessen erster Tournee durch die Vereinigten Staaten.
Bereits 1965 hatte er zusätzlich die Position des Chefdirigenten des Stockholmer Philharmonischen Orchesters übernommen, wo er bis 1970 blieb. In dieser Zeit, zwischen 1963 und 1970, erwarb er sich endgültig den Ruf eines außerordentlich virtuosen Dirigenten der späten Romantik und der frühen Moderne, wobei vor allem immer wieder seine Deutungen der symphonischen Dichtungen von Richard Strauss für anhaltende Faszination sorgten.
1969 ging er wieder zurück in die USA, wo er musikalischer Leiter des National Symphony Orchestra in Washington D. C. wurde. 1975 nahm er zusätzlich die ehrenvolle Aufgabe des Principal Conductor des Royal Philharmonic Orchestra an, das ihn 1978 zum Conductor Laureate ernannte. Doch das eigentliche Alterswerk nahm Antal Doráti 1977 in Angriff. Als Musical Director des Detroit Symphony Orchestra ging er noch einmal ein Abenteuer ein.
Das Orchester der amerikanischen Auto-Metropole hat eine wechselvolle Geschichte hinter sich und lebt mit einer höchst abwechslungsreichen Gegenwart. Denn neben den sechzig regulären Abonnements-Konzerten im Ford-Auditorium, den acht «Young People's Concerts» und den zwölf «Pops Concerts» stehen die Verpflichtungen beim Meadow Brook Festival der Oakland University, bei den «In-School Concert Series» und den «Educational Concerts» sowie beim Upper Peninsula Summer Music Festival in den verschiedensten Städten von Michigan. Das Detroit Symphony Orchestra ist also nicht einfach ein Orchester, sondern eine kulturelle Institution von außerordentlicher Reichweite. Seit 1970 ist ihm überdies das «Detroit Symphony Youth Orchestra» angeschlossen, das die Funktion einer Orchesterakademie für den professionellen Nachwuchs hat. Noch einmal bewährte sich hier der große Orchestererzieher Antal Dorati, dessen rhythmische Präzision und dessen geschärfter Sinn für einen sehr präsenten Klang das Detroit Symphony in den letzten Jahren in eine Spitzenposition gebracht haben; es hat sich mehr und mehr als durchaus gleichberechtigt gegenüber den «big five» in Chicago, Philadelphia, Cleveland, New York und Boston erwiesen.
Zu Antal Doratis besonderen Qualitäten zählt nicht zuletzt, daß er das Handwerk des Komponierens erlernt und immer wieder ausgeübt hat. Eine ganze Reihe von Werken zeugt davon, wie virtuos er auch diese Kunst beherrscht, wobei sein Klavierkonzert, das er seiner Frau, der Pianistin Ilse von Alpenheim, widmete, vielleicht noch am ehesten davon Zeugnis ablegt, wie gekonnt der Musiker Dorati Esprit und Wirkung zu vereinen weiß.
So wie er Ungar geblieben ist, ist er trotz aller amerikanischen Verpflichtungen im Grunde weiterhin Europäer: einer der letzten, die die Tradition der Bartók und Kodály, der Strauss und Strawinsky noch aus dem Fundus der persönlichen Erinnerung aufrechtzuerhalten vermögen. *NE*

Doret, Gustave

* Aigle (Waadtland) 20. 9. 1866, † Lausanne 19. 4. 1943; Schweizer Dirigent und Komponist, studierte 1885—87 bei Joachim in Berlin, danach bei Massenet und Dubois am Pariser Konservatorium sowie bei Saint-Saëns. Von 1893 bis 95 wirkte er als 2. Dirigent bei den Concerts Harcourt und organisierte gleichzeitig mit Bordes historische Konzerte. In dieser Zeit wurde er auch als Nachfolger G. Maries zum Orchesterchef der Société Nationale de Musique ernannt, mit der er im Dezember 1894 die Uraufführung der »Prélude à l'après-midi d'un faune« seines Freundes Debussy gab. In Paris dirigierte er ab 1907 auch an der Komischen Oper, und 1914 unternahm er mit Debussy eine Konzertreise durch Holland. Ab dieser Zeit verbrachte er die Hälfte seiner Zeit in Paris, die andere in der Schweiz.

Dorn, Heinrich

* Königsberg 14. 11. 1800, † Berlin 10. 1. 1892; deutscher Dirigent, Komponist, Musikschriftsteller und Pädagoge, verlegte sich nach einem anfänglichen Jura-Studium stärker auf die Musik und erhielt in Berlin Unterricht von Berger (Klavier), Zelter und Klein. 1828 als Kapellmeister in Königsberg tätig, wechselte er im Jahr darauf als Musikdirektor an das Leipziger Hoftheater, unterrichtete dort Schumann und lernte Richard Wagner kennen. Es folgten eine kurze Zeit in Hamburg und 1831 der Posten des Musikdirektors an der St. Peter-Kathedrale in Riga (bis 1842). Danach war er Städtischer Musikdirektor und als Kapellmeister des Stadttheaters in Köln. Er gründete dort die Rheinische Musikschule (1845), aus der 1850 das Konservatorium hervorging. Von 1844—47 wirkte er als Dirigent bei den Niederrheinischen Musikfesten. In Berlin berief man ihn in der Nachfolge Nicolais zum Hofopernkapellmeister (1849 bis 69). Später wurde er Mitglied der Akademie der Künste.

Downes, Edward (Thomas)

* Aston (Birmingham) 17. 6. 1924; englischer Dirigent, studierte an der Universität seiner Heimatstadt und 1944—46 am Royal College of Music in London Horn, Theorie und Komposition. Mittels eines Carnegie-Stipendiums begann er 1948 einen Dirigierkurs bei Hermann Scherchen und ging 1950 an die Carl-Rosa-Oper. Ab 1952 dirigierte er ständig an Covent Garden in London, wo er das gesamte Repertoire, einschließlich des «Rings des Nibelungen», spielte. Ab 1969 verlegte er sich auf das symphonische Programm, nahm aber weiterhin Opernverpflichtungen wahr. 1972 berief ihn die Australian Opera zum Musikdirektor (bis 1976), 1980 übernahm er als Chefdirigent das Omroeporkest in Hilversum. Am 13. April 1970 leitete er die Uraufführung von Richard Rodney Bennetts Oper «Victory».

Dranischikow, Wladimir

* St. Petersburg 10. 6. (29. 5.) 1893, † Kiew 6. 2. 1939; russischer Dirigent, nach Unterricht in der Kaiserlichen Sängerkapelle (1903) Student des Konservatoriums in St. Petersburg (1909) bei A. N. Essipowa (Klavier), daneben Mathematikstudent an der Universität und Dirigierschüler von Tscherepnin. Als Korrepetitor begann er 1914 am St. Petersburger Marientheater, dem späteren Akademischen Opern- und Ballett-Theater S. M. Kirow, wo er 1918 zum Dirigenten, 1925 zum Chefdirigenten aufstieg.

Dort leitete er die russischen Premieren von Strauss' «Salome», Schrekers «Der ferne Klang» und Bergs «Wozzeck». 1930 wechselte er als Künstlerischer Leiter und Chefdirigent zum Opern- und Ballet-Theater Tschewtschenko in Kiew.

Drewanz, Hans

* Dresden 2. 12. 1929; deutscher Dirigent, Student der Frankfurter Musikhochschule. Bei den dortigen Städtischen Bühnen begann er 1950 als Korrepetitor und wurde drei Jahre später Assistent des Chefdirigenten Georg Solti (bis 1959). Anschließend wechselte er als Dirigent an die Wuppertaler Oper (bis 1963) und wurde dann in Darmstadt zum Generalmusikdirektor berufen. Gleichzeitig übernahm er dort die musikalische Leitung des Landestheaters.

Dshuraitis, Algis

* Litauen 1928; sowjetischer Dirigent, schloß seine Studien 1950 am Konservatorium von Wilna ab und dirigierte zunächst am dortigen Opernhaus. 1954—58 vertiefte er seine Dirigierstudien bei Nikolai Anosow am Moskauer Konservatorium, gleichzeitig arbeitete er dort schon mit dem Großen Rundfunk-Symphonieorchester, mit dem er auch Gastspielreisen unternahm. 1960 wurde Algis Dshuraitis an das Bolshoi-Theater berufen, wo er sich — zunächst im Ballettrepertoire, später vor allem in der italienischen Opernliteratur — seither zu einem der führenden Dirigenten des traditionsreichen Hauses profilierte. Dshuraitis ist mit der Sängerin Elena Obraszowa verheiratet.

Duchesne Cuzan, Manuel

* Havanna 10. 11. 1932; kubanischer Dirigent, studierte am Städtischen Konservatorium seiner Gebutsstadt sowie bei Markevitch und wurde 1955 Vizepräsident der Sociedad Cultural »Nuestro Tiempo« (bis 1959). Gleichzeitig hatte er ab 1956 die Stelle als Musikdirektor des kubanischen Nationalballets inne (bis 1961).
1960/67 leitete er dann als 1. Dirigent das Orquesta Sinfónica Nacional (1967 auch Generaldirektor). Danach war er bis 1970 Generaldirektor des Nationaltheaters für Ballett und Oper und wirkte weiterhin als Gastdirigent bei Konzertreisen durch Südamerika, Europa und China.

Ducloux, Walter

* Kriens 17. April 1913; schweizerisch-amerikanischer Dirigent, studierte an der Münchener Universität (1932—35) und an der Wiener Musikakademie (1935—37). In den folgenden zwei Jahren assistierte er Toscanini bei den Festspielen in Luzern und übersiedelte dann in die USA. In New York dirigierte er Opern (1940—42), wirkte bis 1946 als Kapellmeister in der Armee und wurde danach häufig an Opern in Kalifornien und Texas verpflichtet.

Dürrner, Johannes

* Ansbach 15. 7. 1810, † Edinburgh 10. 6. 1859; deutscher Dirigent und Komponist, ließ sich in Altdorf (bei Nürnberg) zum Lehrer ausbilden (1827—29), studierte dann bei Blumröder und Mainberger in Nürnberg Musik und wurde schließlich Schüler des Hofkapellmeisters F. Schneider in Dessau. Ab 1831 wirkte er als Stadtkantor in Ansbach und gründete dort einen schnell bekannt gewordenen Liederkranz. Ab 1840 erhielt er weiteren Unterricht in Leipzig (bis 1843), siedelte dann nach Edinburgh über. Dort wirkte er viele Jahre als Musiklehrer und Dirigent.

Dufallo, Richard

* East Chicago (Indiana) 30. 1. 1933; amerikanischer Klarinettist und Dirigent, begann in jungen Jahren als Klarinettist, studierte dann am American Conservatory of Music in Chicago, später bei Lukas Foss an der University of California in Los Angeles. Ab 1957 spielte er im Improvisation Chamber Ensemble, bis er 1962 als Dirigent zum Buffalo Philharmonic Orchestra ging (bis 1967). Weiterer Unterricht bei Steinberg und Boulez folgte. Er dirigierte das New York Philharmonic Orchestra 1967 auf einer Asien-Tournee. Nach seinem Debüt in Europa (Paris 1971) trat er 1972—74 an der Metropolitan Opera in New York auf. Weiterhin wirkte er als Direktor einer Serie von Veranstaltungen für Neue Musik der Juilliard School of Music sowie als Künstlerischer Direktor des Aspen-Festivals für zeitgenössische Musik (1970). Ab 1980 war er als Künstlerischer Berater des Het Gelders Orkest in Arnheim (Niederlande) tätig und trat als Gast in Amsterdam, London, Berlin, Pittsburgh und Philadelphia auf.

Dumbraveanu, Corneliu

* Cerneuti 26. 9. 1933; rumänischer Dirigent, studierte Kontrabaß und spielte in einigen Orchestern, bis er Dirigent des Staatlichen Philharmonieorchesters in Satu-Mare (1967) und Leiter des Staatlichen Philharmonieorchesters in Ploesti (1969—75) wurde, mit dem er Ungarn und die Sowjetunion bereiste. Nach der Übersiedlung in die Niederlande (1977) gab er 1978 sein Debüt mit dem Utrechter Symphonieorchester, zu dessen Chefdirigent er im folgenden Jahr berufen wurde.

Dupuis, Sylvain

* Lüttich 9. 10. 1856, † Brüssel 28. 9. 1931; belgischer Dirigent, besuchte das Konservatorium in Lüttich und gewann 1881 den belgischen Rompreis. Ab 1886 Lehrer für Theorie am Lütticher Konservatorium, dessen Direktor er 1911 wurde, rief er 1888 die «Nouveaux concerts symphoniques» ins Leben. Am Théatre de la Monnaie und bei den Concerts populaires in Brüssel dirigierte er 1900/11.

Dutoit, Charles

* Lausanne 7. 10. 1936; Schweizerischer Dirigent, lernte Violine, Viola, Klavier und Schlagzeug und brachte sich die Grundbegriffe des Dirigierens selbst bei, indem er Ansermet bei den Proben beobachtete. Dann studierte er am Konservatorium in Lausanne, an den Akademien in Genf und Siena, am Konservatorium in Venedig und besuchte Kurse am Berkshire Center in Tanglewood. Wieder in Lausanne, spielte er Viola im dortigen Kammerorchester und gab sein Dirigentendebüt 1963 beim Berner Symphonieorchester, wo er 1964, nach einer Aufführung von Strawinskys «Le Sacre du printemps» neben Paul Klecki zum ständigen Dirigenten und 1967 zum Chefdirigenten berufen wurde. Von 1969 an war er auch, neben Kempe, Chefdirigent des Tonhalle Orchesters Zürich und hatte einen ständigen Gastvertrag mit dem Radioorchester Beromünster. Nach Tourneen durch Südamerika, Australien, Japan, Israel

und Ägypten nahm er einen Posten als Künstlerischer Direktor beim Nationalorchester in Mexiko an und ging 1975 als Dirigent des Göteborger Symphonieorchesters nach Schweden. 1977 wurde er als Ständiger Dirigent und Musikdirektor beim Montreal Symphony Orchestra engagiert, dessen Repertoire er erheblich erweiterte. 1983 ernannte ihn das Minnesota Orchestra in Minneapolis zum Ständigen Gastdirigenten. In Montreal dirigierte er 25 Haydn-Sinfonien, viele Kompositionen von Mozart und Beethoven; auch französische Musik, Berlioz vor allem, Debussy und Ravel. Er förderte auch Werke kanadischer Komponisten. In 2. Ehe war er mit der Pianistin Martha Argerich verheiratet.

Ehrling, Sixten

* Malmö 3. 4. 1918; schwedischer Dirigent, studierte 1936—40 an der Musikhochschule in Stockholm. Eine kurze Lehrzeit bei Böhm in Dresden führte zur ersten Anstellung als Korrepetitor am Königlichen Opernhaus in Stockholm (1940), wo er im gleichen Jahr sein Dirigentendebüt gab, 1944 Kapellmeister und 1953 Musikalischer Leiter wurde (bis 1960). Seit 1942 hatte er bereits einen Dirigentenposten bei der Konzertvereinigung in Stockholm inne, und 1954 unterrichtete er eine Dirigentenklasse am Salzburger Mozarteum. Er übernahm 1903 den Posten als Chefdirigent des Detroit Symphony Orchestra, blieb dort zehn Jahre und trat dann die Leitung der Orchester- und Dirigentenabteilung an der Juilliard School of Music in New York an, außerdem ab Juli 1973 den Posten als Chefdirigent des Symphonieorchesters in Göteborg. Er zeichnet sich aus als vorzüglicher Interpret romantischer Musik und moderner Werke Skandinavischer Komponisten.

Eibenschütz, José

* Frankfurt/Main 8. 1. 1872, † Sülzhayn (Harz) 27. 11. 1952; deutscher Dirigent und Violinist, besuchte das Hochsche Konservatorium seiner Heimatstadt, wirkte 1894 bis 1905 als Dirigent in Åbo (Finnland) und wurde anschließend in Görlitz zum Musikdirektor ernannt (bis 1908). Danach dirigierte er bis 1921 das Philharmonische Orchester in Hamburg und die Hamburgischen Musikfreunde, wechselte für sechs Jahre zu den Philharmonikern nach Oslo und ging 1928 als Musikalischer Oberleiter zum Rundfunk nach Hamburg zurück (bis 1933). Sodann emigrierte er in die USA und dirigierte während des Krieges in Skandinavien und Rußland. 1946 kehrte er nach Deutschland zurück.

Eichhorn, Kurt

* München 4. 8. 1908; deutscher Dirigent, Meisterschüler von Hermann Zilcher am Würzburger Konservatorium, ab 1932 Kapellmeister und Chordirigent am Bielefelder Stadttheater, wurde 1938 in Teplitz-Schönau zum Musikalischen Leiter ernannt. 1940 in Karlsbad, wechselte er im Jahr darauf als Musikalischer Leiter der Städtischen Oper und als Ständiger Dirigent der Philharmonie nach Dresden. Bei Kriegsende übernahm er die Münchener Philharmoniker und dirigierte 1946 an der Staatsoper in München, wo er außerdem die Oper am Theater am Gärtnerplatz leitete und an der Musikhochschule unterrichtete (ab 1954 Professor, ab 1965 Honorarprofessor). 1956—1967 wirkte er als Chefdirigent des Gärtnerplatz-Theaters, 1967—1975 als Chefdirigent des Orchesters des Bayerischen Rundfunks in München.

Eisfeld, Theodor

* Wolfenbüttel 11. 4. 1816, † Wiesbaden 2. 9. 1882; deutscher Dirigent, wirkte 1839—43 an der Wiesbadener Hofoper, anschließend in Paris, wo er die Concerts Vivienne leitete. Nach Kursen bei Rossini in Bologna wurde er Mitglied der Accademia St. Cecilia. 1848—66 lebte er in New York, wo er oft die Philharmoniker und die Harmonic Society dirigierte. Mit Noll, Eichhorn und Reyer gründete er 1851 ein Quartett und wechselte sich bis 1865 mit Bergmann bei der Leitung der Philharmonischen Konzerte ab. Später kehrte er nach Wiesbaden zurück.

Elder, Mark

* Corbridge 2. 6. 1947; englischer Dirigent, studierte an der Universität in Cambridge. Nach dem Abschluß war er als Hilfsdirigent bei verschiedenen englischen Orchestern tätig und wirkte ab 1970 an Covent Garden und beim Glyndebourne Festival. Vier Jahre später wurde er Mitdirigent bei der English National Opera in London, 1979 deren Musikdirektor. 1980 erhielt er die Ernennung zum Ständigen Gastdirigenten beim Londoner Mozartensemble; 1981 trat er bei den Bayreuther Festspielen auf.

Elmendorff, Karl

* Düsseldorf 25. 10. 1891, † Hofheim am Taunus 21. 10. 1962; deutscher Dirigent, studierte erst Philologie und ab 1913 bei Steinbach und Abendroth am Kölner Konservatorium. 1916 gab er sein Dirigentendebüt in Düsserldorf, erhielt dann Kapellmeisterposten in Mainz, Hagen und Aachen (Musikalischer Oberleiter) und wirkte 1925—32 gleichzeitig als 1. Kapellmeister an den Staatsopern in Berlin und München. 1927—42 dirigierte er regelmäßig bei den Bayreuther Festspielen. Ab 1932 war er GMD der beiden Hessischen Staatstheater in Kassel und Wiesbaden und 1935—45 in einer ähnlichen Stellung am Mannheimer Nationaltheater und an der Dresdener Staatsoper. 1948—56 wirkte er wieder an den beiden Staatsopern in Hessen. Als Gastdirigent trat er in ganz Europa und in Südamerika in Erscheinung.

Entremont, Philippe

* Reims 6. 6. 1934; französischer Pianist und Dirigent, zunächst von seinem Vater, dem Dirigenten Jean Entremont, unterrichtet, besuchte er das Pariser Konservatorium und gewann in jungen Jahren einige Auszeichnungen. Nach zahlreichen Tourneen als Pianist wurde er 1976 zum Musikdirektor des Wiener Kammerorchesters ernannt. Als Musikalischer Berater und Ständiger Dirigent wechselte er 1980 zum New Orleans Philharmonic Orchestra, wo er 1981—84 als Musikdirektor tätig war. 1982 unternahm er mit dem Ensemble eine Europa-Tournee. Er ist einer der ganz wenigen Instrumentalisten, die auch als Dirigent Ruhm erlangen.

Erdélyi, Miklós

* Budapest 9. 2. 1928; ungarischer Dirigent, studierte 1946—50 an der Liszt-Musikakademie in Budapest und gab sein Dirigentendebüt dort 1947 an der Komischen Oper. Er wurde Direktor des Ungarischen Rundfunk-Chores und 1951 zum Dirigenten der Budapester Oper ernannt. Im März 1974 dirigierte er als Gast das Berliner Philhar-

monieorchester. Sein bevorzugtes Repertoire umfaßt Werke von Mozart, Haydn und Schubert. Auf Schallplatten hat er bisher die kompletten Orchesterwerke Bartóks aufgenommen.

Erede, Alberto

* Genua 8. 11. 1909; italienischer Dirigent, studierte Klavier, Cello und Theorie am Mailänder Konservatorium, später bei Weingartner in Basel Dirigieren. 1934—39 dirigierte er Opern in England, zum Beispiel in Glyndebourne, und in Salzburg, übernahm 1945 für eine Saison das Symphonieorchester des Senders Turin und ging danach als Dirigent der New London Opera Company zum Cambridge Theatre. 1951—55 wirkte er als Gastdirigent der Metropolitan Opera in New York, 1958 wurde ihm erst die Musikalische Leitung der Deutschen Oper am Rhein (Düsseldorf-Duisburg) übertragen. Später, bis 1962, war er dort als GMD tätig. Ab 1961 leitete er in Göteborg das Symphonieorchester. 1968 dirigierte er in Bayreuth den «Lohengrin». Er ist in Oper und Konzert gern gesehen und Ehrenmitglied der Deutschen Oper am Rhein.

Ericson, Eric

* Boras 26. 10. 1918; schwedischer Dirigent, wurde an der Musikakademie Stockholm ausgebildet. Danach war er Organist und Chorleiter an verschiedenen Kirchen Stockholms. 1945 kam er zur Stockholmer Musik Akademie, wo er 1968 Professor wurde. Als Gastdirigent ist er in Europa und den USA angesehen.

Erk, Ludwig

*Wetzlar 6.1.1807, †Berlin 25.11. 1883; deutscher Sammler und Herausgeber von etwa 20.000 Volksliedern, Chorleiter und Komponist, lernte bei seinem Vater, Adam Wilhelm E., in Dreieichenhain (bei Frankfurt) und Offenbach. Nach einer Tätigkeit als Seminarmusiklehrer in Mörs am Rhein (1826—35) ging er nach Berlin, wo er Musiklehrer am Seminar für Stadtschulen und 1836 Dirigent des liturgischen Chorgesangs in der Domkirche wurde. Bis 1838 gab er auch bei der Familie des Prinzen Karl Friedrich Musikunterricht. 1843 gründete er unter seinem Namen einen Männergesangverein, 1852 ebenfalls unter seinem Namen einen Gesangverein für gemischten Chor. Fünf Jahre später wurde er zum Königlichen Musikdirektor ernannt, ab 1876 war er auch Professor. Seine Volksliedsammlung befindet sich nun in der Deutschen Staatsbibliothek in Berlin.

Ermler, Mark

* Leningrad 5. 5. 1932; sowjetischer Dirigent, Sohn eines bedeutenden Filmregisseurs, studierte am Konservatorium seiner Heimatstadt und wurde von Boris Khaikin und P. Rabinovitch zum Dirigenten ausgebildet. Nach Abschluß seiner Studien wurde er 1956 an das Moskauer Bolshoi-Theater berufen, dem er noch heute als leitender Dirigent verbunden ist. Ermler arbeitet seit langem auch als Konzertdirigent, Gastspiele führten ihn nach Nordamerika, Japan und in viele Länder Europas.

Erös, Peter

* Budapest 22. 9. 1932; ungarischer Dirigent, studierte Klavier, Komposition (bei Kodály), Dirigieren (bei Somogyi) und Kammermusik. 1956 emigrierte er in die Niederlande, wo er 1958 Otto Klemperer beim Holland Festival assistierte. Anschließend assistierte er drei Jahre lang Ferenc Fricsay und arbeitete für die Deutsche Grammophon Gesellschaft. 1960—65 wirkte er als assistierender Dirigent beim Concertgebouw Orkest in Amsterdam, danach bis 1968 als Chefdirigent des Symphonieorchesters in Malmö, anschließend bis 1970 als Ständiger Gastdirigent des Melbourne Symphony Orchestra. 1972 ernannte ihn das San Diego Symphony Orchestra zum Musikdirektor und Dirigenten (bis 1980). Daneben dirigierte er das West Australian Symphony Orchestra der Australischen Rundfunk-Kommission. 1982 ging er als Dirigent zum Peabody Symphony Orchestra nach Baltimore.

Eschenbach, Christoph

* Breslau 20. 2. 1940; deutscher Pianist und Dirigent, erster Unterricht bei seiner Adoptivmutter Wallydore Eschenbach, später bei Eliza Hansen in Hamburg und Hans-Otto Schmidt in Köln. Nach zahlreichen Auszeichnungen für sein außergewöhnliches Klavierspiel und einigen Tourneen (auch in die USA), starkem Interesse für Neue Musik (Uraufführung von Henzes 2. Klavierkonzert 1969), wandte er sich dem Dirigieren zu und führte am 10. August 1976 ein Mozart-Programm in New York auf, das er vom Klavier aus leitete. Vier Jahre zuvor debütierte E. als Dirigent in der Hamburger Musikhalle mit Bruckners 3. Sinfonie. In nur kurzer Zeit wurde er zum international gefragten Dirigenten und leitete in Europa, Amerika und Japan viele renommierte Orchester. 1979 wurde er Chefdirigent der Staatsphilharmonie Rheinland-Pfalz; 1980 wählte ihn der Vorstand der Tonhalle-Gesellschaft Zürich nach Gerd Albrecht zum Chefdirigenten des Tonhalle Orchesters Zürich. 1982 wählte ihn das London Philharmonic Orchestra zum «Principal Guest Conductor». Klavierliteratur zu 4 Händen spielt er ausnahmslos mit seinem Partner Justus Frantz. 1986 gibt er seine Position in Zürich auf.

Esser, Heribert

* Rheinhausen 12. 1. 1929; deutscher Dirigent, studierte bei Pillney und Franck an der Hochschule für Musik und Musikwissenschaft an der Universität in Köln. Ab 1958 wirkte er als 1. Kapellmeister am Wiesbadener Opernhaus, assistierte dort auch Sawallisch. Danach wechselte er als Kapellmeister an die Kölner Oper und wurde 1961 am Staatstheater in Braunschweig zum GMD berufen, wo er noch heute diese Position inne hat.

Faccio, Franco

* Verona 8. 3. 1840, † bei Monza (Nervenheilanstalt) 21. 7. 1891; italienischer Komponist und Dirigent, erhielt den ersten Unterricht bei C. Bernasconi und besuchte 1855—64 das Mailänder Konservatorium, in dieser Zeit schon Kompositionstätigkeit. Seine Dirigentenlaufbahn begann 1866, als er eine lange Tournee durch Skandinavien unternahm und Symphonien aufführte. Ab 1868 unterrichtete er als Professor am Mailänder Konservatorium, 1871 löste er Terziani als Dirigent der Mailänder Scala ab, wo er am 25. April 1886 zum tausendsten Mal auftrat. 1887 leitete er dort die Uraufführung von Verdis «Otello», bereits 1872 die europäische Premiere der «Aida».

Faerber, Jörg

* Stuttgart 18. 6. 1929; deutscher Dirigent, studierte an der Hochschule für Musik seiner Heimatstadt und begann an der dortigen Oper seine Dirigentenlaufbahn. 1960 gründete er in Heilbronn das Württembergische Kammerorchester, das er zu einem hohen Leistungsniveau führte. Er gilt als hervorragender Dirigent von Barockmusik.

Farncombe, Charles

* London 29. 7. 1919; englischer Dirigent, besuchte nach einem Maschinenbaustudium und dem Militärdienst die Royal School of Church Music in Canterbury und die Royal Academy of Music in London. 1955 gründete er die Händel Opera Society und wirkte lange Zeit als deren Dirigent und Musikdirektor. 1970 wurde er in Drottningholm (Schweden) zum Dirigenten der Königlichen Hofoper berufen.

Fasano, Renato

* Neapel 21. 8. 1902, † August 1979; italienischer Dirigent, studierte bei Rossomandi und Savasta am Konservatorium seiner Geburtsstadt. 1931 wurde er zum Direktor des Konservatoriums in Cagliari ernannt (bis 1939), übernahm 1952 die gleiche Stellung in Venedig, anschließend 1960 in Rom (bis 1972). Danach war er vier Jahre lang Präsident der Accademia di Santa Cecilia in Rom, wo er 1944—47 bereits Künstlerischer Direktor gewesen war. 1948 gründete er und leitete viele Jahre das »Collegium Musicum Italicum«, das sich aufteilte in »I Virtuosi di Roma« (1952) und »Teatro dell' Opera de Camera« (1956). Während seiner Konzertreisen mit den Orchestern machte er das Publikum im In- und Ausland mit italienischen Werken des 18. Jahrhunderts bekannt, spielte auch Werke von Vivaldi sowie Venezianische und Neapolitanische Opern.

Fassbaender, Peter

* Aachen 28. 1. 1869, † Zürich 27. 2. 1920; deutscher Kapellmeister, Schüler von Jensen, Wüllner und Seiß am Kölner Konservatorium. 1890 übernahm er in Saarbrücken seine erste Dirigentenstelle; ging fünf Jahre später als Leiter der Symphoniekonzerte und der Städtischen Musikschule nach Luzern. Ab 1911 dirigierte er den Männerchor «Harmonie» sowie andere Chöre und war bis 1918 Leiter der Musikakademie.

Fedossejew, Wladimir

* Leningrad 5. 8. 1932; sowjetischer Dirigent, begann seine Ausbildung nach dem Krieg an der Mussorgsky-Musikschule seiner Heimatstadt und setzte seine Studien am Moskauer Gnessin-Institut und am Konservatorium fort. Noch während seiner Studienzeit hatte er — für den erkrankten Chefdirigenten einspringend — mit einer Aufführung von Schostakowitschs 5. Symphonie im Rundfunk sensationellen Erfolg. 1959-74 war er künstlerischer Leiter des russischen Folklore-Orchesters beim Moskauer Rundfunk, seither erschien er auch immer häufiger als Gastdirigent bei renommierten Bühnen und Orchestern in Ost und West. Seit 1974 ist Wladimir Fedossejew Chefdirigent des Großen Rundfunk-Symphonieorchesters der UdSSR.

Feldbrill, Victor

* Toronto 4. 4. 1924; kanadischer Dirigent, studierte Violine bei Kathleen Parlow und Dirigieren bei Pierre Monteux in Maine, später bei Otterloo in Hilversum und Zallinger in Salzburg. Er begann in der Saison 1956/57 als assistierender Dirigent beim Toronto Symphony Orchestra und war 1958 bis 1968 als Musikdirektor des Winnipeg Symphony Orchestra tätig. Danach übernahm er ein Lehramt an der Universität in Toronto, deren Symphonieorchester er dirigierte. 1979 und 1980 wirkte er auch bei den Symphonieorchestern in London und Ontario. Er gilt als guter Interpret zeitgenössischer kanadischer Komponisten.

Ferencsik, János

* Budapest 18. Januar 1907, † Budapest 12. 6. 1984; ungarischer Dirigent, studierte Orgel, Theorie und Komposition am Nationalkonservatorium seiner Geburtsstadt und wirkte ab 1927 als Korrepetitor und Chordirigent an der Ungarischen Staatsoper, wo er 1930 zum Kapellmeister aufstieg. Im selben und im nächsten Jahr assistierte er bei den Bayreuther Festspielen, dirigierte 1948—50 auch an der Wiener Staatsoper. 1957 stieg er zum Chefdirigenten an der Ungarischen Staatsoper auf (bis 1974), unternahm dann auch einige Tourneen durch Europa und in den USA (Festspiele in Salzburg, Wien und Edinburgh als Gast). 1951 und 1961 erhielt er den begehrten Kossuth-Preis.

Ferrara, Franco

* Palermo 4. 7. 1911, † Florenz 7. 9. 1985; italienischer Dirigent und Komponist, studierte Klavier, Violine, Orgel und Komposition an den Konservatorien in Palermo und Bologna. Trat als Pianist und Violinist auf, bis er 1938 in Florenz als Dirigent debütierte. Ab 1958 leitete er Dirigierkurse in Perugia, ab 1959 auch in Hilversum, sowie auch in Rom. Namhafte Dirigenten lernten bei ihm.

Ferrero, Willy

* Portland (Maine) 21. 5. 1906, † Rom 24. 3. 1954; italienischer Dirigent, kam in frühester Jugend nach Italien und erregte dort als Wunderkind Aufsehen. Mit sechs Jahren dirigierte er eine Vorstellung am Teatro Costanzi in Rom, mit acht Jahren sehr erfolgreich Symphoniekonzerte in mehreren europäischen Hauptstädten. Der Erste Weltkrieg unterbrach diese Karriere, denn danach dirigierte er zwar weiter Opern und Konzerte, konnte aber seine vielversprechende Laufbahn trotz einer guten Ausbildung in Wien nicht wieder aufnehmen.

Ferro, Gabriele

* Pescara 15. 11. 1937; italienischer Dirigent, studierte am Konservatorium Santa Cecilia in Rom bei Franco Ferrara. 1964 gewann er den RAI-Preis für junge Dirigenten, 1967 gründete er das Symphonieorchester von Bari. Seit 1974 dirigiert er regelmäßig Konzerte der Mailänder Scala, oft gastiert er auch bei den »Settimane Senensi«. Sein Amerika-Debut gab er 1978 mit dem Cleveland Orchestra. Ferro ist Chefdirigent des Sizilianischen Symphonieorchesters in Palermo.

Fiedler, Arthur

*Boston 17.12.1894, †Boston 10.7. 1979; amerikanischer Dirigent und Violinist, studierte an der Berliner Königlich Preußischen Musikakademie 1911—15 (Violine bei Hess, außerdem Kammermusikspiel und Orchesterleitung) und in Wien. Wieder in Boston, trat er als Geiger, später als Bratschist, in das Boston Symphony Orchestra ein (bis 1929). 1924 gründete er die Boston Sinfonietta, unternahm mit diesem Ensemble Konzertreisen durch Massachusetts und andere Bundesstaaten. 1929 initiierte er in Boston die Esplanade Concerts, was 1930 zu einer Anstellung als Dirigent bei dem volkstümlichen Boston Pops Orchestra führte. Es bestand aus Mitgliedern des Boston Symphony Orchestra, und er führte es bei zahlreichen Konzertreisen durch die USA und Kanada (Leitung mehr als vierzig Jahre). Daneben lehrte er als Gast an der Universität in Boston (ab 1950). Seine Popularität war grenzenlos. In einer Tafel an der nach ihm benannten Fußgängerbrücke in Bosten stehen die Noten des «Tristan»-Vorspiels A und F: Arthur Fiedler.

Fiedler, Max

* Zittau 31. 12. 1859, † Stockholm 1. 12. 1939; deutscher Dirigent und Komponist, lernte bei seinem Vater, Karl August F., Klavier und war 1877—80 Schüler des Leipziger Konservatoriums. 1882—1908 lehrte er am Hamburger Konservatorium (ab 1903 Direktor), dirigierte ab 1904 auch die Philharmonischen Konzerte in Hamburg und wechselte 1908 als Dirigent der Symphoniekonzerte nach Boston. 1912 gab er den Posten auf, ließ sich in Berlin nieder und übernahm 1916 in Essen die Stelle des Städtischen Musikdirektors (bis 1933). Danach arbeitete er wieder in Berlin, für den Rundfunk und als Gastdirigent des Philharmonischen Orchesters, lebte ab dieser Zeit teilweise in Stockholm.

Fielitz, Alexander von

* Leipzig 28. 12. 1860, † Bad Salzungen 29. 7. 1930; deutscher Dirigent teilweise slawischer Herkunft, studierte Klavier bei Schulhoff und Komposition bei Kretschmer in Dresden, lernte Dirigieren bei Nikisch. Als Opernkapellmeister wirkte er in Zürich, Lübeck und Leipzig, hielt sich wegen einer langwierigen Krankheit 1887—97 in Italien auf. Dann übersiedelte er nach Berlin, wo er am Sternschen Konservatorium unterrichtete. In Chicago lehrte er ab 1905 erneut und gründete 1906 ein Orchester, das er ein Jahr lang leitete. 1908 ging er an das Berliner Konservatorium zurück, dessen Leitung er 1916 in der Nachfolge Gustav Holländers übernahm.

Fischer, Ádám

* Budapest 9. 9. 1949; ungarischer Dirigent, studierte zunächst Klavier und Komposition am Béla Bartók-Konservatorium in Budapest, sein Dirigentenstudium absolvierte er anschließend bei Hans Swarowsky an der Wiener Musikakademie (Diplom 1971). In Italien nahm er 1970/71 zudem an den Meisterkursen von Franco Ferrara teil, 1973 erhielt er den 1. Preis beim Internationalen Cantelli-Wettbewerb in Mailand. Nach Engagements in Graz (1971/72), St. Pölten (1972/73) und an der Wiener Staatsoper (1973/74) wurde Fischer als 1. Kapellmeister an die Nationaloper Helsinki berufen, 1977—79 wirkte er danach in gleicher Position am Badischen Staatstheater Karlsruhe, 1980—84 war er Generalmusikdirektor in Freiburg. Mit Gastverträgen ist Ádám Fischer seit 1978 den Opernhäusern in München, Wien und Hamburg verbunden, zahlreiche Verpflichtungen bei bedeutenden Orchestern und Bühnen in Europa und Amerika haben ihn in den letzten Jahren als einen der wesentlichen Dirigenten der jüngeren Generation ausgewiesen.

Fischer, Ivan

* Budapest 20. Januar 1951; ungarischer Dirigent, studierte am Bartók-Konservatorium in Budapest 1965—70 Cello und Komposition, belegte dann Dirigierkurse bei Hans Swarowsky in Wien. Während der Saison 1975/76 dirigierte er Konzerte in Florenz, Mailand, Wien und Budapest und arbeitete ab 1976 mit dem BBC Symphony Orchestra in London zusammen. 1979 wurde er zum Musikdirektor des Northern Symphony Orchestra in Newcastle upon Tyne berufen (bis 1982). Im Jahr danach unternahm er eine Fernost-Tournee mit dem London Symphony Orchestra, trat beim Los Angeles Philharmonic Orchestra auf und wurde zum Musikdirektor der Kent Opera ernannt.

Fistoulari, Anatole

* Kiew 20. 8. 1907; englischer Dirigent russischer Geburt, lernte hauptsächlich bei seinem Vater, ebenfalls einem Dirigenten (Schüler A. Rubinsteins), später in Deutschland und Frankreich, trat bereits mit sieben Jahren als »dirigierendes Wunderkind« auf. Nach einem Engagement bei einem russischen Opernensemble (1929) dirigierte er 1933—36 an Schaljapins Grand Opéra Russe in Paris, 1937—39 bei Massines Ballets Russes in Monte Carlo und wirkte ab 1940 in London, wo er das London Symphony Orchestra dirigierte und 1943 Hauptdirigent des London Philharmonic Orchestra wurde. 1946 gründete er das London International Orchestra, das zahlreiche Konzertreisen unternahm. 1954—55 wirkte er als Gastdirigent des Royal Ballet, und 1956 leitete er das London Philharmonic Orchestra bei seinen Gastspielen in Moskau und Leningrad. Als Gastdirigent trat er u. a. auch in Israel (1953) und Neuseeland (1969) in Erscheinung.

Fitelberg, Grzegorz

* Dünaburg (Livland) 18. 10. 1879, † Kattowitz 10. 6. 1953; polnischer Dirigent und Komponist, studierte Komposition und Violine am Warschauer Konservatorium. Bis 1904 wirkte er als Violinist im Warschauer Philharmonieorchester und am Teatr Wielki, und in der darauffolgenden Saison gab er sein Dirigentendebüt. Mit dem Warschauer Philharmonieorchester, in dem er 1908 vom Konzertmeister zum Kapellmeister aufgestiegen war, besuchte er Wien, Berlin, Leipzig und Dresden. 1912 dirigierte er kurze Zeit an der Wiener Staatsoper, kehrte aber im nächsten Jahr nach Warschau auf seinen Posten zurück; wechselte 1914 als Opern- und Konzertdirigent nach St. Petersburg und Moskau, dirigierte auch Diaghilews Russisches Ballett in Westeuropa (bis 1921). Anschließend leitete er wieder als Kapellmeister die Warschauer Philharmonie (bis 1934) und organisierte 1935 das Polnische Radio-Symphonieorchester, das er bis 1939 leitete. Im Krieg wirkte er als Dirigent in Portugal und Amerika, bis er 1947 wieder zum Polnischen Radio-Symphonieorchester nach Kattowitz zurückkehrte.

Flipse, Eduard

* Wissekerke 26. 2. 1896, † Etten-Leur 11. 9. 1973; holländischer Dirigent, nach Unterricht bei seinem Vater (Orgel) und Otto Lies in Goes (Klavier und Theorie) Besuch der Konservatorien in Rotterdam (Klavier und Kom-

position) und Utrecht (Dirigieren), weitere Kurse in Paris. 1919 begann er als Chordirigent und Konzertpianist in Rotterdam, wurde 1927 zum 2. und 1930 zum 1. Dirigenten des Rotterdamer Philharmonischen Orchesters berufen, eine Stelle, die er bis 1965 besetzte. 1952 übernahm er dazu die Leitung des Holland-Festivals und 1961 das Chefdirigat beim Antwerpener Philharmonieorchester (bis zum Jahr 1970). Während Gastspielreisen besuchte er zahlreiche Konzertsäle in den Niederlanden und ganz Europa und trat dort vor allem für die Musik Gustav Mahlers und für die holländischen Komponisten ein.

Foch, Dirk

* Batavia 18. 6. 1886, † Locarno 24. 5. 1973; holländischer Dirigent und Komponist, leitete nach seinem Studium (Amsterdam und Berlin) die Orchestervereinigung in Göteborg (1913—15). Nach Gastengagements in Stockholm und beim Concertgebouw-Orkest in Amsterdam (1917—19) dirigierte er in New York (1919—24), wo er 1922 das City Symphony Orchestra gründete und wechselte dann als Dirigent des Konzertvereins und als Leiter der Dirigentenklasse an der Musikakademie nach Wein (bis 1928). Zwischen 1940 und 1948 lebte er in Amerika und seitdem im Ruhestand in Orselina (Tessin).

Foster, Lawrence

* Los Angeles 23. 10. 1941; amerikanischer Dirigent, trat erstmals 1960 als Dirigent beim Young Musicians Foundation Debut Orchestra auf und wirkte mit 24 Jahren als assistierender Dirigent des Los Angeles Philharmonic Orchestra. 1969 erhielt er die Ernennung zum «Chief Guest Conductor» beim Londoner Royal Philharmonic Orchestra (bis 1974), seit 1971 war er dazu «Conductor-in-Chief» beim Houston Symphony Orchestra (bis 1978). 1981 wurde er zum Städtischen GMD in Duisburg berufen. Bekanntheit erzielte er mit seinen präzisen und intelligenten Interpretationen moderner Musik, auch mit seinem klassischen und romantischen Repertoire.

Fourestier, Louis

* Montpellier 31. 5. 1892, † Boulogne-Billancourt 30. 9. 1976; französischer Dirigent und Komponist, studierte an den Konservatorien in Montpellier (Violoncello und Harmonielehre) und Paris (ab 1909 bei Leroux und Gédalge). 1927—32 hatte er eine Kapellmeisterstelle an der Komischen Oper in Paris, ab 1938 die gleiche Stellung an der Opéra inne, unternahm Konzertreisen durch Frankreich und im Ausland und dirigierte zwischen 1946 und 1948 an der Metropolitan Opera in New York. 1945—63 unterrichtete er außerdem eine Dirigentenklasse am Pariser Konservatorium.

Fournet, Jean

* Rouen 14. 4. 1913, französischer Dirigent, studierte 1930—36 bei Gaubert am Pariser Konservatorium und debütierte nach seinem Abschluß in Rouen, wo er 1938 seine erste feste Anstellung erhielt. Nach einem weiteren Dirigentenposten in Marseille (1940) wurde er Dirigent bei Radio Paris und nahm 1944 den Posten des Musikdirektors und Dirigenten bei der Opéra Comique in Paris an (bis 1956). Gleichzeitig lehrte er an der dortigen Ecole normale (bis 1962). Ab 1961 dirigierte er das Radio Filharmonisch Orkest in Hilversum, und 1968 wurde er zum Künstlerischen Direktor und Chefdirigenten des Filharmonisch Orkest in Rotterdam ernannt. Als Gast wirkte er bei vielen Orchestern in Europa (1980 Radio-Symphonieorchester Frankfurt/Main), Nord- und Südamerika, Israel und Japan. Er zeigt Vorlieben für die Werke Debussys, Ravels, Brahms' und Berlioz'.

Franci, Carlo

* Buenos Aires 18. 7. 1927; italienischer Dirigent, besuchte nach der Übersiedlung der Eltern nach Italien das Konservatorium Santa Cecilia in Rom, wo er Komposition und bei Previtali Dirigieren studierte (1952). Danach ging er nach Irland und leitete in Dublin das Radio Symphony Orchestra (1955—57). Wieder in Rom, wurde er 1961 zum Dirigenten des Orchestra Sinfonica della RAI berufen (bis 1963). Sechs Jahre später gab er sein amerikanisches Debüt als Gastdirigent der Metropolitan Opera in New York. F. hat bisher eine Oper und einige Orchester- und Kammermusikwerke komponiert. Als Gastdirigent besonders der Werke Bellinis, Verdis und Puccinis wird er geschätzt.

Frandsen, John

* Kopenhagen 10. 7. 1918; dänischer Dirigent, begann nach seinem Studium am Königlich Dänischen Musikkonservatorium seiner Geburtsstadt als Organist am Kopenhagener Dom (1938—53) und dirigierte ab 1940 die Jungen Tonkünstler. Zugleich betätigte er sich ab 1945/46 als Dirigent beim Dänischen Rundfunk, wo er den Chor und das Radio-Symphonieorchester leitete, und wirkte ab 1946 als Kapellmeister am Kongelige Teater in Kopenhagen. Auch mit dem Königlichen Dänischen Orchester trat er des öfteren auf. Mit dem Dänischen Radio-Symphonieorchester unternahm er 1958 eine Amerika-Tournee; 1980 wurde er zum Berater des Dänischen Rundfunks ernannt. Lange Zeit unterrichtete er am Kopenhagener Konservatorium.

Freeman, Paul

* Richmond (Virginia) 2. 2. 1936; amerikanischer Dirigent, lernte in seiner Jugend Klavier, Cello und Klarinette, studierte später an der Eastman School of Music in Rochester (N. Y.) und 1957—59 an der Berliner Hochschule für Musik. Danach belegte er, wieder in den USA, Dirigierkurse bei Richard Lert und Pierre Monteux. Seine Laufbahn begann 1961 beim Operntheater in Rochester (bis 1966), setzte sie bei zwei Orchestern in San Francisco fort, bis er 1968 als assistierender Dirigent zum Dallas Symphony Orchestra ging (bis 1970). Er wechselte als Ständiger Dirigent zum Detroit Symphony Orchestra (1970—79) und war während dieser Zeit (1974—76) 1. Gastdirigent des Philharmonieorchesters in Helsinki. 1979 erhielt er die Berufung zum Musikdirektor beim Victoria (British Columbia) Symphony Orchestra. Einen Schwerpunkt seines Repertoires bilden Werke farbiger Komponisten.

Freitas Branco, Frederico de

* Lissabon 15. 11. 1902, portugiesischer Dirigent und Komponist, erhielt seine musikalische Ausbildung am Konservatorium seiner Geburtsstadt (Violine, Klavier und Komposition) sowie in Frankreich und Deutschland. Er begann seine Laufbahn mit der Leitung eines Kammerorchesters, gründete und dirigierte 1940—47 die Chorgesellschaft in Lissabon (bis 1947) und

wechselte anschließend zum Symphonieorchester nach Porto. 1956 trat er den Dirigentenposten beim staatlichen Orquesta de Concierto an. Daneben war er Direktor des Verde-Gayo-Balletts.

Fremaux, Louis

* Aire-sur-la-Lys 13. 8. 1921; französischer Dirigent, besuchte das Konservatorium in Valenciennes. Seine Ausbildung wurde durch den 2. Weltkrieg unterbrochen, während dem er sich im Widerstand gegen die Nationalsozialisten befand. Danach studierte er am Pariser Konservatorium bei Louis Fourestier Dirigieren und machte sein Diplom mit Auszeichnung. Von 1956 bis 1966 war er Chefdirigent von Oper und Orchester Monte Carlos. 1968 gründete er das Orchester in Lyon und blieb dort Musikdirektor bis 1971. 1969—1978 war er Musikdirektor des City of Birmingham Symphony Orchestra. 1979 wurde er Chefdirigent des Symphony Orchestra in Sydney.

Fricke, Heinz

* Halberstadt 11. 2. 1927; deutscher Dirigent, erhielt seine musikalische Ausbildung bei Hermann Abendroth in Weimar und Erich Kleiber in Berlin. Insbesondere als Interpret der Werke Richard Wagners und Richard Strauss' hat er sich international einen Namen gemacht. Er dirigiert regelmäßig u.a. in Hamburg, München, Wien, Köln, Brüssel, in Spanien und Skandinavien, das Gewandhaus Orchester Leipzig und die Staatskapelle Berlin. Er ist Generalmusikdirektor der Deutschen Staatsoper Berlin (DDR).

Fricke, Richard

* Oschersleben (Sachsen) 21. 4. 1877, † Dresden 20. 8. 1957; deutscher Komponist und Dirigent, Schüler des Königlichen Akademischen Instituts für Kirchenmusik und an der Akademie der Künste (bei Humperdinck und Herzogenberg) in Berlin (1894—1904). Danach dirigierte er verschiedene Chöre in Insterburg und ließ sich 1914 in Dresden nieder. Bis 1941 wirkte er dort als Organist und Kantor der Martin-Luther-Kirche und dirigierte den Reichsbahnchor und das Kammerorchester Dresdener Künstlerinnen. Ab 1924 unterrichtete er auch an der Orchesterschule der Staatskapelle.

Fricker, Herbert

* Canterbury 12. 2. 1868, † Toronto 11. 11. 1943; englischer Organist und Chorleiter, war schon früh als Hilfsorganist der Holy Trinity Church in Folkstone tätig und ließ sich 1898 in Leeds nieder. Bis 1917 wirkte er dort erst als Stadtorganist, dann als Organist und Chorleiter der Musikfeste. F. gründete und dirigierte das Leeds Symphony Orchestra, war außerdem Dirigent der Chorvereine in Bradford, Halifax und Morley. 1917 übersiedelte er nach Toronto, war dort als Organist der Metropolitan Church und als Dirigent des Mendelssohn-Chores tätig.

Frickhoeffer, Otto

* Bad Langenschwalbach 29. 3. 1892, † Bad Schwalbach 9. 4. 1968; deutscher Komponist und Dirigent, studierte erst Medizin, ab 1913 dann Musik am Hochschen Konservatorium in Frankfurt/M., an der Hochschule in Mannheim sowie 1914 und 1918—20 an der Hochschule in Berlin. Dort wirkte er zunächst als Gastdirigent, wurde 1933 Leiter des Orchesters am Sender Berlin und 1936—45 Orchesterchef des Senders in Frankfurt.

Fricsay, Ferenc

Reproduzierende Musiker sind bis zu einem gewissen Grad Schauspieler. Sie schlüpfen in Rollen. Und je besser es ihnen gelingt — jenseits aller technischen Beherrschung des Metiers —, ihr eigenes Wesen gegenüber dem angenommenen vergessen zu lassen, desto erfolgreicher mögen sie sein. Aber das Publikum gibt sich mit solchem Spiel nicht immer zufrieden. Um wirklich bewegt zu werden, benötigt es nicht selten die Macht der Identität von wahrem Gesicht und Maske — selbst wenn sie nur auf einer Annahme beruht. Ferenc Friscay galt immer als bedeutender Mozart-Interpret und als kompetenter musikalischer Anwalt seines Landsmannes Béla Bartók. Vielleicht war da — über die geistige Verwandtschaft hinaus — eben auch die Gemeinsamkeit persönlicher Schicksale der vordergründig so unterschiedlichen Künstler spürbar.
In den letzten Lebensjahren hat Ferenc Fricsay Mozart etwa so interpretiert, wie er ihn in seinem brillanten Essay — über Mozart und Bartók — selbst beschrieben hat: »Die Zweideutigkeit des menschlichen Daseins wiederzugeben, ist nur ein Künstler imstande, der die Menschen gleichzeitig von ganz nah und mit Abstand sehen kann, der keine Illusionen hat, aber zugleich alles in dem herrlichen Strom des Schicksals verschönert sieht.» Und an einer anderen Stelle des Buches schrieb Friscay nicht minder eindrucksvoll über Mozarts Requiem, der Komponist habe hier nicht mehr über den Menschen gesungen, sondern seine Dialoge mit Gott geführt.
Bei Frühverstorbenen, die ihre künstlerischen Leistungen einer langen, schweren Krankheit abtrotzten, wird die Beurteilung nicht allein von Pietät bestimmt. Man meint gleichsam je-

Vor allem als Mozart- und Bartókinterpret ist Ferenc Fricsay noch heute, mehr als 20 Jahre nach seinem Tod, nicht vergessen.

mandem zu lauschen, der vom halb geschauten Paradies zurückkommt. Ungefähr in dem Sinne, in dem Ernst Bloch von Komponisten gesprochen hat, die eine zehnte Symphonie geschrieben haben. Sie seien «drüben» gewesen, aber sie konnten nicht mehr darüber berichten: Ihre Werke sind unvollendet geblieben und haben gerade deshalb die Aura jenseits konserviert. Eine Spekulation kommt noch hinzu: Was wäre gewesen, wenn er länger gelebt hätte? Ferenc Fricsay, mit

achtundvierzig Jahren gestorben, ist ein Altersgenosse von Georg Solti, er wurde wie dieser an der in den zwanziger und dreißiger Jahren wohl bedeutendsten europäischen Musikhochschule in Budapest unterrichtet, an der gleichzeitig Bartók, Kodály, Leo Weiner, Ernst von Dohnányi und Jenö Hubay gelehrt hatten. Die Frage aber, wo Fricsay heute stehen würde, wenn er noch lebte — unter, neben oder über Solti — ist so müßig, wie der Gedanke an eine künstlerische Rangliste überhaupt. Daß Fricsay zu früh gestorben ist, mag dem Musikhistoriker genügen.

Es gibt unter den Dirigenten wenige Künstler, deren Karriere so sorgfältig aufgebaut wurde, die so früh und so klug gefördert wurden, wie Ferenc Fricsay. Sein Vater, der noch unter Antonín Dvořák Geige gespielt hatte und aus Böhmen 1897 nach Ungarn gekommen war, um dort zum ersten Militärkapellmeister des Landes aufzusteigen, hat seinen am 9. August 1914 geborenen Sohn Ferenc mit sechs Jahren ans Klavier gesetzt und mit zehn Jahren auf der Musikhochschule in Budapest als Geigenschüler einschreiben lassen. Er hat noch mehr getan: Ferenc Fricsay mußte sukzessive Klarinette, Ventilposaune und Schlagzeug lernen und wurde im Alter von vierzehn Jahren als Ausnahmefall — denn Abitur war eigentlich Voraussetzung — Kompositionsschüler an der Budapester Musikakademie. Zwei Jahre zuvor hatte er schon die Nachwuchskräfte des väterlichen Orchesters, der Kapelle des 1. Budapester Honvéd-Infanterie-Regiments — in Ungarn zu jener Zeit eine respektable musikalische Vereinigung, die auch große Symponiekonzerte gab — dirigieren dürfen.

Ferenc Fricsay ist kein Klarinettist geworden und kein Schlagzeuger. Aber die Bekanntschaft mit den wichtigsten Typen von Orchesterinstrumenten, mit der Technik von Holz- und Blechbläsern, mit den Problemen von Streichern, aber auch mit Kompositionsmethoden — seine eigenen Werke bezeichnete er als «ziemlich unbedeutend» — haben es dem Dirigenten erleichtert, ein Orchester zu verstehen. Die Kompetenz Ferenc Fricsays, verbunden mit einem durch Charme gemilderten Durchsetzungsvermögen, das den Angehörigen seines Volkes schon immer bereitwillig attestiert wurde, sorgte dafür, daß Fricsay kaum Verständigungsschwierigkeiten im Umgang mit Orchestermusikern hatte. Und auch mit Sängern nicht: Denn Fricsay besaß selbst eine natürlichschöne Tenorstimme, mit der er Phrasierungen vorsang und seinen ausgeprägten Sinn für melodische Linien demonstrierte.

Nach seiner Abschlußprüfung an der Budapester Musikhochschule — er dirigierte Ausschnitte aus den «Meistersingern» und seine eigene Ouvertüre «Cyrano de Bergerac» — lehnte er die ihm angebotene Stelle eines Korrepetitors an der Budapester Oper ab, um den Posten eines Militärkapellmeisters in der ungarischen Provinz, in Szeged, zu übernehmen: eine kluge Entscheidung, lieber von Anfang an und mit einem entwicklungsfähigen Orchester zu dirigieren, als bei einem hochqualifizierten hauptstädtischen Ensemble in der Wartestellung zu verharren. Nicht lange nach seinem Engagement als Militärkapellmeister begann er ebenfalls Opernvorstellungen am Stadttheater zu leiten und übernahm schließlich noch das Szegeder Philharmonische Orchester, dessen Abonnentenzahl er von zweihundertsechzig in den zehn Jahren seiner Tätigkeit in der Stadt auf zweitausend steigern konnte. Daß man überhaupt von einer Orchesterkultur in der südungarischen Provinz sprechen konnte, ist nicht zuletzt der Orchesterarbeit Fricsays zu danken, der auch international bedeutende Dirigenten als Gäste nach Szeged verpflichtete.

Noch während des Krieges — Fricsay war ja als Militärmusiker offiziell Soldat im Range eines Hauptmannes, mußte aber nicht an die Front — kam er mit seiner Familie nach Budapest, wo er 1945 erstmals Verdis «La Traviata» an der Staatsoper dirigierte. 1946 wurde er außerdem mit dem Aufbau des hauptstädtischen Philharmonischen Orchesters betraut, mit dem er auch Gastspiele nach Wien unternahm, wo er zuvor schon an der Volksoper «Carmen» dirigiert hatte. Fricsay trat zum letzten Mal 1949 in Budapest auf. Danach begann seine internationale Karriere, für die er den Grundstein zwei Jahre zuvor gelegt hatte, als er für Otto Klemperer bei den Salzburger Festspielen die Uraufführung von Gottfried von Einems Oper «Dantons Tod» leitete.

Seine internationalen Verpflichtungen führten ihn 1950 zum ersten Mal nach Großbritannien, 1953 in die Vereinigten Staaten, wo er 1954 Dirigent des Houston Symphony Orchestra wurde, eine Position, die er schon nach einer Saison wegen musikpolitischer Differenzen wieder aufgab, um nach Europa zurückzukehren. Fricsay, der nicht nur als Probenfanatiker galt, sondern auch seine administrativen Aufgaben sehr ernst nahm, hatte sich mit dem Symphony Board in Houston überworfen, als er — in realistischer Einschätzung des Zusammenhangs von Leistung und Bezahlung — eine Anhebung der Orchestergehälter auf das Niveau der Ensembles in Chicago und Cleveland forderte, eine längere musikalische Saison vorschlug, doppelte Besetzung für die ersten Bläser haben wollte, für die Anschaffung erstklassiger Streichinstrumente plädierte und schließlich auch noch Kritik an der Akustik der städtischen Konzerthalle übte.

Fricsays eigentliches musikalisches Territorium wurde danach Deutschland. Nach zahlreichen Engagements in ganz Europa, die seinem spektakulären Einstand bei den Salzburger Festspielen im Jahr 1947 folgten, holte man ihn nach Berlin; als Generalmusikdirektor der Städtischen Oper (1949—1952) — Fricsay dirigierte «Don Giovanni» bei der Eröffnung der wiederaufgebauten Deutschen Oper im Jahre 1961 und blieb danach Dirigent und musikalischer Berater dieses Hauses — und als Leiter des RIAS-Symphonieorchesters, des späteren Radio-Symphonie-Orchesters, das er von 1948—1954 und noch einmal von 1960 bis zu seinem Tod am 20. Februar 1963 in Basel leitete. Der Abstecher an die Bayerische Staatsoper nach München im Jahre 1956, bei dem der böse Witz entstand, daß die Generalmusikdirektoren München früher verlassen, als das Publikum lernt, ihre Namen richtig auszusprechen, dieses kurze Engagement für zwei Spielzeiten war bereits überschattet von den Zeichen seines schweren Krebsleidens, das ihn mehr und mehr zwang, seine Dirigiertätigkeit einzuschränken oder zeitweilig, während längerer Krankenhausaufenthalte, ganz aufzugeben.

In Berlin, wo er häufig ohne Taktstock dirigierte und mit seiner klaren Schlagtechnik auch die Kritiker dieses Stils überzeugen konnte, hat Fricsay eminente Arbeit geleistet: nicht nur das Niveau des Orchesters verbessert, sondern auch in Verbindung mit der Deutschen Grammophon Gesellschaft technisch außerordentlich perfekte

Schallplattenaufnahmen produziert. Wie Herbert von Karajan war er sich des Einflusses technischer Medien — von Schallplatte und Fernsehen — auf die musikalische Praxis wohl bewußt und hat mit geradezu missionarischem Eifer ihre Möglichkeiten zu nutzen gewußt. Fricsay, ein detailbesessener Dirigent mit Begeisterung für Präzision, war nicht nur ein idealer Orchestererzieher; die Berliner Radio-Symphoniker hat er in kürzester Zeit zu einem hochgeschätzten Ensemble entwickelt. Er war auch ein idealer Plattendirigent, was auf annähernd einhundert Aufnahmen der Deutschen Grammophon dokumentiert ist. Fricsay war einer der wenigen Dirigenten, die in konzentrierten Proben pultweise und oft einzeln spielen ließen, und er besaß eine durch Orchestermitglieder verbürgte Fähigkeit, den richtigen Musiker an die richtige Stelle zu setzen. Ein Despot aber war er nie: «Muß ein Dirigent ein Diktator sein? Nein, keinesfalls! Wenn er ein Diktator ist, ereilt ihn das Schicksal wie jeden Diktator. Die hundertköpfige Gegnerschaft bringt ihn früher oder später um.»
Mit seinem Sinn für dramatischen Gestus, einer ausgesprochen phantasievollen Bildersprache und einem plastischen Dirigierstil war er schließlich ein ausgezeichnet wirkender Fernsehdirigent. Die Mitschnitte von Proben, die vom Fernsehen ausgestrahlt wurden, haben sicherlich nicht wenig zum Verständnis symphonischer Musik in breiten Bevölkerungsschichten beigetragen. Dennoch ist Fricsay, der oft Stunden im Abhörraum des Schallplattenstudios zubrachte, um ideale technische Voraussetzungen für Aufnahmen zu schaffen und zu erkunden, der Gefahr nie unterlegen, die Medien zu ungebührlicher Selbstdarstellung zu nutzen, sich selbst zum telegenen Stardirigenten zu stilisieren, wie er im übrigen auch kein Dirigent des Flugzeugzeitalters wurde. Für seine künstlerische Anschauung mag bezeichnend sein, was er über das Reisen sagte. Es könnte viele Dirigenten heute zur Besinnung bringen. Das Zitat dient gleichzeitig als bemerkenswertes subjektives Psychogramm jener Orche-

Beim RSO Berlin hat Fricsay eminente Arbeit geleistet, das Niveau des Orchesters verbessert und es durchaus vergleichbar mit den Berliner Philharmonikern gemacht.

ster, mit denen Fricsay seine großen künstlerischen Leistungen vollbringen konnte: «Reisen — ja oder nein? Zu viel reisen: Nein! Aber ohne Reisen geht es nicht. Reisen sind nicht notwendig, um vielerorts Erfolge zu haben. Aber die Einwirkungen des verschiedenen Publikums und besonders der Orchester ist unentbehrlich, um die eigenen Leistungen zu steigern. Welcher Dirigent könnte darauf verzichten, mit den Berliner und Wiener Philharmonikern und dem herrlichen Concert Gebouw Orchester zu arbeiten? Nein, das kann man aus unserem Leben nicht wegdenken: Die unsagbare und unausdrückbare Kantabilität und Explosionskraft des Scala-Orchesters, die geistige Wandlungsfähigkeit der Berliner Philharmoniker und ihre unvergleichliche Disziplin, die Samtweichheit der Wiener Philharmoniker mit ihren orgelartigen Baßgeigen und ihrem leichtschwebenden Klang, die kühle Intellektualität und dabei tiefe Musikalität und Virtuosität der Philharmonia of London, das frühere RIAS-Orchester — heute heißt es Radio-Symphonie-Orchester — mit der schönsten und besten Blechgruppe, die ich jemals gehabt habe, und seiner Attackierkraft, ohne grob zu werden. Ich muß gestehen, daß ich Bartók und Kodály am liebsten mit diesem Orchester spiele.» *WWS*

Fried, Oscar

* Berlin 1.8.1871, † Moskau 5. 7. 1941; deutscher Dirigent und Komponist, ging 1889 nach Frankfurt, wo er Hornspieler im Orchester des Opernhauses wurde, und erhielt dann in München weiteren Unterricht bei Wedekind und Hamsun. Wieder in Berlin, dirigierte er von 1904—10 den Sternschen Gesangverein, von 1907 ab auch die Gesellschaft der Musikfreunde und 1908 das Blüthner-Orchester sowie 1925/26 das Berliner Symphonie-Orchester. 1934 nach seiner Emigration wirkte er als Operndirigent in Tiflis.

Froment, Louis de

* Paris 5. 12. 1921; französischer Dirigent, studierte am Pariser Konservatorium, wo er den 1. Preis im Dirigieren gewann (1948); dirigierte das Orchestre Radiodiffusion Francaise und war zwischen 1950 und 1954 Musikdirektor der Kasinos von Cannes, Deauville und Vichy. Er dirigierte bei zahllosen Festivals in Frankreich und unternahm als Gastdirigent Tourneen durch Deutschland, England, Schweden, Niederlande, Spanien, Rußland und Süd-Amerika. 1958 wurde er zum Chefdirigenten von Radio Luxemburg ernannt.

Frühbeck de Burgos, Rafael

* Burgos 15. 9. 1933; spanischer Dirigent deutscher Herkunft, studierte an den Konservatorien in Bilbao und Madrid sowie an der Staatlichen Hochschule für Musik in München, wirkte 1951—53 als Kapellmeister an der Madrider Oper und 1953—55 als Militärkapellmeister in Spanien. Als er 1958 zum Chefdirigenten des Symphonieorchesters in Bilbao ernannt wurde (bis 1962), war er der jüngste Dirigent, der jemals eine solche Position besetzte. Ab 1962 dirigierte er als Chef das Spanische Nationalorchester in Madrid (bis 1977). Daneben wirkte er 1966 bis 70 als GMD der Stadt Düsseldorf und trat als Gastdirigent mit zahlreichen Orchestern in Europa und in den USA auf. 1975 wurde er Dirigent am Montreal Symphony Orchestra. 1980 ernannte ihn das National Symphony Orchestra in Washington zum ständigen Gastdirigenten.

Fuchs, Peter Paul

* Wien 30. 10. 1916; österreichischer Dirigent, studierte Klavier, Komposition und Dirigieren (bei Weingartner und Krips) und erhielt rasch Engagements an der Wiener Volksoper, sowie an der Deutschen Oper in Brünn. 1938 emigrierte er in die USA, diente in der Armee und wirkte als Begleiter bei der Oper in San Francisco und an der Metropolitan Opera in New York. Er gründete ein kleines Opernensemble «Opera for Everyone» und trat damit an Colleges und Musikschulen auf. 1950—76 lehrte er an der Lousiana State University in Baton Rouge, wo er gleichzeitig ab 1960 das Baton Rouge Symphony Orchestra dirigierte. Während einer ausgedehnten Europa-Tournee leitete er Opern in Rumänien, den Niederlanden, Griechenland, der Bundesrepublik und Österreich.

Fuerstner, Carl

* Straßburg 16. 6. 1912; deutsch-amerikanischer Pianist, Dirigent und Komponist, besuchte 1930—34 die Hochschule für Musik in Köln, wo unter anderen Hermann Abendroth, Walter Braunfels und Philipp Jarnach seine Lehrer waren. 1939 ging er als assistierender Dirigent der Operngesellschaft von San Francisco nach Amerika, lehrte an der Eastman School of Music in Rochester (N. Y.) und dirigierte das Rochester Civic Community Orchestra. Daneben begann er eine erfolgreiche Laufbahn als Konzertpianist und Begleiter und dirigierte als Gast verschiedene Opernorchester in den USA und in Europa. Seit 1973 unterrichtet er bei den Internationalen Sommerkursen des Salzburger Mozarteums.

Furtwängler, Wilhelm

Die musikalischen Meisterwerke «sind nur aus ihrem Werden heraus zu verstehen und tragen . . . stets die Spuren dieses Werdeprozesses an sich. Sie sind . . . ein verfestigtes, geformtes Werden und als solches recht eigentlich der natürliche Niederschlag eines improvisatorischen Vorgangs. Sie sind selber — 'Improvisation' . . . Das Gesetz der Improvisation, . . . als Voraussetzung aller echten Form von innen heraus, verlangt ein völliges Sich-Identifizieren des Künstlers mit dem Werk und dessen Werden. Läßt die Kraft zur echten Form, das allgegenwärtige Gefühl für sie nach, so ändert sich das sofort: Der Darstellende . . . lebt nicht mehr unmittelbar mit, sondern verhält sich in steigendem Maße kontrollierend, beobachtend, arrangierend . . . Das bedeutet aber, daß man das Gefühl dafür verliert, daß die Seele Form und die Form Seele sein muß; man verliert damit nichts weniger als das sichere Gefühl für Notwendigkeit und Wahrhaftigkeit des künstlerischen Ablaufs.»

Furtwänglers Begriff der Improvisation greift über ein «Sich-dem-Augenblick-Überlassen» hinaus. In ihm enthalten sind die Begriffe «Intuition» und «Inspiration», die Furtwänglers auf den ersten Blick etwas leichtfertig anmutendes Postulat von dem Gesetz der Improvisation vertiefen: frei werden in der Einheit von Führen und Geführtwerden, im schöpferischen Wechselspiel zwischen Dirigent, Musiker und Musik.

«Probleme des Taktierens: Es wird durch die ausgeschlagene Figur das Gefühl für die strömende Melodie zerstört.» Dieser kurze Satz Furtwänglers trägt das Glaubensbekenntnis des Dirigenten. Furtwängler hat Nikisch er-

lebt und war von der Klangschönheit des Orchesters sehr fasziniert. Das Geheimnis des Klangmagiers fand er in dessen Dirigierweise, die nicht forderte und festlegte: «taktierte», sondern mit der Musik mitlebte: «Nikisch vermochte es eben, ein Orchester singen zu machen ... es lag an der Art, wie Nikisch in den 'Klang' hineinschlug. ... Die Möglichkeit, einen Ton zu beeinflussen, liegt ... durchaus in der Vorbereitung des Schlages, nicht im Schlag selbst. Das ist in dem kleinen, oftmals winzig kleinen Moment des Niederschlags, bevor der Punkt des Zusammenklangs im Orchester erreicht ist. Wie dieser Niederschlag, wie diese Vorbereitung beschaffen ist, so wird der Klang kommen, und zwar mit einer absolut gesetzmäßigen Genauigkeit.»

Furtwänglers Dirigierweise stellte an die Eigenverantwortlichkeit der Orchestermusiker und ihre Bereitschaft zu selbständiger Mitarbeit sehr hohe Anforderungen: Aufmerksamkeit und Sensibilität für die feinen Nuancierungen in den Bewegungen Furtwänglers sowie «offene Ohren» für das Spiel der Kollegen. «Je weniger der einzelne Musiker selbsttätig einheitlich mitarbeitet, desto mehr müssen die vom Dirigenten intendierten pädagogischen, dynamischen Nuancen usw. entweder ganz unterbleiben oder auf gleichsam rein mechanischem Wege, d.h. durch viele Proben, durch endlosen Drill erreicht werden. Gerade das Wichtigste und Beste aber, nämlich jene unmerkbare Variabilität des Tempos, der Farben, gelingt auf mechanischem Wege und durch Proben überhaupt nicht ... Die übermäßige technische Kontrolle ... verhindert die geistige Bindung (der Einzelheiten) zum Ganzen. Der natürlich-produktive Weg, auf dem die Einzelheiten durch das Ganze gesehen und gedeutet werden, wird umgedreht. Das Improvisatorische geht seinem Wesen, ja seinem bloßen Begriff nach verloren; dies Improvisatorische, das nicht etwa ein bloßes Akzidens, eine Eigenschaft, die man haben kann oder nicht, darstellt, sondern schlechthin den Urquell alles großen, schöpferischen, notwendigen Musizierens.»

Furtwänglers Proben schufen ihm die Grundlage für die gestalterische Freiheit des Erlebens im Konzert. Er probte sorgfältig und genau, knapp in den Anweisungen, beschränkte sich aber nicht auf die technischen Details, sondern wußte das jeweilige Werk in seine besondere Atmosphäre zu kleiden, indem er zum Beispiel durch mehrmaliges Wiederholen der Anfangstakte — ohne weitere Zwischenbemerkungen — seinen Musikern und sich selbst Zeit ließ, sich sowohl auf die Musik als auch aufeinander einzustimmen. Dieses Nachspüren, besser: immer von neuem Erleben, das ihn gemeinsam mit seinen Musikern dem Werden der Musik folgen ließ, erhob Furtwänglers Interpretationen immer zu einem persönlichen Erlebnis, dessen Wirkung auf seine Hörer gerade wegen der ungebrochenen Subjektivität nie ausblieb. Überzeugungen, die nicht einem analytischen Denkvorgang entwuchsen, sondern sich in lan-

Wilhelm Furtwängler während einer Bootsfahrt auf dem Genfersee, ca. 1930.

Furtwängler im Alter von 13 Jahren (o.) und während einer Probe mit den Londoner Philharmonikern, 1948 (r.)

gen Zeiträumen, die die Generationen der Eltern und Großeltern miteinschließen mögen, entwickelt haben, wirken mit größter seelischer Kraft, wenn sie, wie bei Furtwängler, nicht überlebtes Erbe sind, sondern tief verwurzelte und gelebte Prinzipien.

Orientiert man sich über Furtwänglers Kindheit und Erziehung, so gewinnt man leicht Verständnis für die Überzeugungskraft seiner Interpretationen, die ihren Ursprung in seinem ungebrochenen Verhältnis zu den Traditionen eines humanistisch-idealistisch orientierten Bildungsbürgertums hat: Seine Naivität, die Unvermitteltheit seines Musizierens finden hier eine Erklärung. Der Glaube an die Vollkommenheit und Wahrheit der klassischen Werke war Furtwänglers Basis, erhielt jedoch durch seinen Lebensweg einen ganz persönlichen Charakter. Die Gegenströmungen seiner Entwicklung, die diese ungebrochene und unproblematische Traditionsverbundenheit relativierten, prägten zeit seines Lebens sein Musizieren. Es konnte für ihn nie «reine Gefühlssache» bleiben. Jedoch äußerte sich die Kraft seines Intellekts nicht in analysierenden, logischen Überlegungen, sondern zumeist in unproblematisierter Klarlegung der eigenen Gedanken. So war für ihn die «Werktreue»-Bewegung der zwanziger Jahre nie Gegenstand ernsthafter Auseinandersetzung. Dies gründet sich zum einen in Furtwänglers Ablehnung der Geschichtlichkeit musikalischer Kunstwerke, hat aber auch seinen Ursprung in Furtwänglers stetem Konflikt zwischen «Nachschaffen» und «Schaffen», in seinem Bedürfnis, schöpferisch tätig zu sein. Denn für Furtwängler war das Dirigieren zunächst nur Brotberuf, er wollte sich immer als dirigierender Komponist und nicht als komponierender Dirigent verstanden wissen. Jedoch gelang es ihm nicht, der eigenen überragenden Begabung zum Dirigieren zu entkommen. Die Zeit reagierte auf den Dirigenten, nicht den Komponisten Furtwängler, eine tragische Wendung für Furtwängler, vielleicht, und für die Musikwelt? Furtwängler war der große Vollender der Interpretengeneration des 19. Jahrhunderts, von nachhaltiger Wirkung auf ihm folgende Generationen, seien es Jünger, seien es Gegner. Die Geschichtsschreibung hat ihn zum Antipoden Toscaninis, zum verbindenden Vollender zwischen Bülow und Nikisch, seinen Vorgängern in Berlin, ernannt, — Etikette, die den Versuch, das Phänomen Furtwängler zu erfassen, illustrieren.

Und nicht nur das ist «Furtwängler», sondern auch ein Dirigent, der unter dem Regime der Nationalsozialisten weiterarbeitete, Staatsrat und Vizepräsident der Reichsmusikkammer war, nach dem «Fall Hindemith» 1934 kurzfristig zurücktrat, 1935 die Arbeit jedoch wieder aufnahm. Durchläuft man seinen Lebensweg und liest man in seinen Schriften, so erhellt sich dieses finstere Kapitel. Furtwängler glaubte an die Unberührbarkeit der Musik. Seine Naivität gegenüber den politischen Machthabern, die ihn zum Propagandisten gebrauchten, drückt sich überdeutlich in diesen Worten aus: «Ich wußte, daß eine einzige Aufführung eines großen deutschen Musikwerkes aus sich heraus eine stärkere und wesenhaftere Verneinung des Geistes von Auschwitz und Buchenwald war, als alle Worte es je hätten sein können.» Musik, — die klassische Musik — war ihm die Allesvermögende. Er hat dem gesellschaftlichen und politischen Alltag seines Lebens im Sinn einer aufmerksamen Auseinandersetzung damit nie nahegestanden. Lebensweg und Erziehung halfen, diese Weltfernheit auszuprägen.

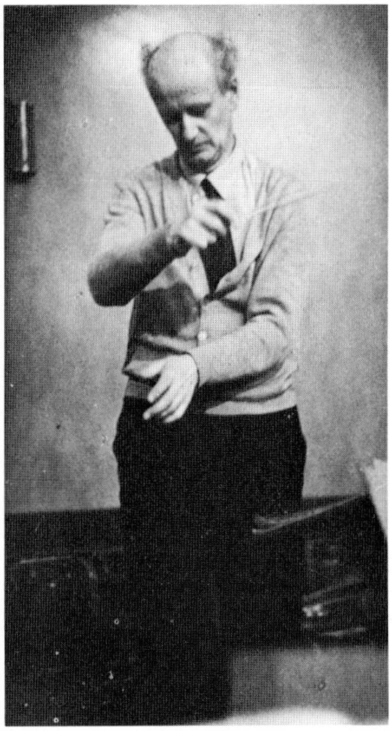

Wilhelm Furtwängler wurde am 25. Januar 1886 in Berlin geboren. Seine Jugendzeit verbrachte er bei München, wo sein Vater, ein bekannter Archäologe, seit 1894 eine Professur innehatte. Wissenschaft und Kunst, die Mutter war Malerin, prägten so die Atmosphäre seines Elternhauses. Seine Eltern erkannten früh die außergewöhnliche musikalische Begabung ihres Sohnes — er komponierte bereits mit zehn Jahren —, nahmen ihn auf den Rat befreundeter Musiker aus der Schule, um ihn seinem Talent entsprechend privat unterrichten zu lassen. Anton Beer-Walbrunn, Josef Rheinberger, Walter Riezler und der Archäologe Ludwig Curtius wurden so zu den frühen Mentoren Furtwänglers, denen sich später der Bildhauer Adolf Hildebrand, der Komponist Max von Schillings und der Pianist Conrad Ansorge zugesellten. Über den Unterricht bei Max von Schillings schreibt Furtwängler: «Ich war leidenschaftlicher 'absoluter' Musiker, kam aus der strengen Schule Rheinbergers, und ihm (Schillings), als neudeutschen Komponisten, Wagnerianer, mochte es oftmals nicht leicht werden, gegenüber den sehr dezidierten Anschauungen des jungen mit seiner reiferen Welt- und Kunsterfahrung durchzudringen.»
Furtwänglers 1. Sinfonie fiel bei ihrer Uraufführung 1904 in Breslau, unter Furtwänglers Onkel Georg Dohrn, durch. Sein Adagio, das er 1906 in München mit dem Kaim-Orchester selbst dirigierte, dazu Bruckners 9. Symphonie und Beethovens Ouverture «Die Weihe des Hauses», wurde besser aufgenommen. Bei diesem Konzert hatte sich Furtwänglers Begabung zum Dirigieren bewiesen, so daß Furtwängler sich nun diesem «Brotberuf» zuwandte. Während der Saison 1906/07 als Korrepetitor am Stadttheater in Breslau, dann als Chorleiter und Hilfskapellmeister am Stadttheater Zürich, wo er kleinere Opern und Operetten dirigierte sowie den kompletten «Ring» und Strauss' «Salome» einzustudieren hatte, in München unter Felix Mottl Korrepetitor an der Königlichen Oper, unter Pfitzner in Straßburg Dritter Kapellmeister, erhielt Furtwängler 1911 eine Anstellung als Dirigent des Vereins der Musikfreunde in Lübeck. Nach vier Jahren ruft man ihn an die Hofoper in Mannheim. Das Mannheimer Theater war durch die Arbeit seines Vorgängers Bodanzky zu hohem Ansehen gelangt. Bodanzky, disziplinierter Organisator, eher vom Typus Toscaninis, hinterließ Furtwängler ein trefflich geschultes Ensemble. Furtwängler studierte während seiner fünfjährigen Amtszeit 34 Opern ein, darunter vor allem Wagner und Mozart, und leitete daneben die Opernschule und die Akademie-Konzerte. Die vielen Unwägbarkeiten des Theaterbetriebs, denen oft nur mit größter Flexibilität und auch Lust am Wagnis zu begegnen ist, widerstrebten jedoch der Natur Furtwänglers. Er war nie Theatermensch. Ein Ausgleich während der Mannheimer Zeit war ihm die Zusammenarbeit mit den Wiener Tonkünstlern, der Berliner Staatskapelle und in der Saison 1918/19 den Berliner Philharmonikern. Mit den Jahren 1920-22, während derer er in Berlin die Opernhauskonzerte als Nachfolger Richard Strauss' und in Frankfurt die Museumskonzerte, als Nachfolger Mengelbergs, leitete, endete die Zeit des Wanderns und Lernens. Oper und Konzert waren ihm gleichermaßen vertraute Aufgabenbereiche geworden, als man ihn 1922, nach Ar-

thur Nikischs Scheiden, nach Leipzig an das Gewandhausorchester und nach Berlin zu den Philharmonikern ruft.

Furtwängler blieb den Berliner Philharmonikern bis zu seinem Tode am 30. November 1954 verbunden. Die Leitung der Gewandhauskonzerte legte er 1928 zugunsten der Wiener Philharmoniker nieder. Wien und Berlin, dazu Bayreuth und später London waren Furtwänglers feste Stationen, zu denen in zunehmendem Maße Gastdirigate in Europa, bis 1927 auch in den USA, und Tourneen mit seinen Orchestern traten.

In Leipzig wie in Berlin Nachfolger des legendären Arthur Nikisch, hatte Furtwängler nicht nur dieses Erbe zu verwalten, sondern es galt auch, den Rang und Standard der beiden Institutionen zu erhalten, in einer Zeit, die noch an den Folgen des 1. Weltkriegs trug. Zudem hatte hier ein junger und noch relativ unbekannter Dirigent die Leitung der zwei renommiertesten Orchester Deutschlands erhalten, als die großen Dirigenten der älteren Generation, Muck, Weingartner, Strauss, Walter, Busch, Knappertsbusch noch aktiv waren.

Beide Orchester hatten in ihrer Wahl eine glückliche Hand bewiesen. Furtwängler engagierte junge Solisten, erhielt das hohe Niveau der Orchester, die sich in den Zwanzigern durch den Generationswechsel erneuerten, und nahm aktiv am Musikleben teil, indem er Werke seiner Zeitgenossen Pfitzner, Strawinsky, Kodály, Bartók, Hindemith, Honegger, Prokofieff, Debussy, Schönberg erstaufführte. Furtwängler war mehr als sein Vorgänger Nikisch Musiker seiner Zeit, wenn er auch für die neuen Wege, die die «Zwölftöner» beschritten, kein Verständnis aufbringen konnte. Seine frühere Aufgeschlossenheit gegenüber dem Neuen in der Musik, eher geistiges Interesse als geistige Verwandtschaft, jedenfalls noch nicht durch eine längere Auseinandersetzung damit vertieft, verlor bald ihre Unmittelbarkeit und Unbefangenheit.

Furtwängler, bereits durch Rheinberger und Max von Schillings wie auch die «klassische» Atmosphäre seines Elternhauses zum Interpreten der klassischen und romantischen Musik prädestiniert, mußte durch die Lehre Heinrich Schenkers, mit dem er in Wien in Berührung kam, vollends zum Primat der tonalen, auf der funktionalen Harmonik beruhenden Musik «bekehrt» werden. Erinnert man sich zudem an Furtwänglers Ablehnung des «Historisierens», d. h. einer an der Geschichtlichkeit der Kunstwerke orientierten, ihre Bedeutung und Eigenart relativierenden Betrachtung, so wird verständlich, warum Schenkers Lehre von der klassischen Musik als dem absoluten Höhepunkt der gesamten Musik bei Furtwängler auf fruchtbarsten Boden fallen mußte. In Furtwänglers Rede anläßlich des Jubiläums der Berliner Philharmonie 1932 heißt es: «Man hat mir immer vorgeworfen, ich führte zu wenig Zeitgenössisches auf. Das ist nicht richtig, und wenn man genau zusieht, so wird man finden, daß es nicht viele

bedeutende Werke des modernen Konzertsaales gibt, die nicht durch meine Hände gegangen sind. Aber ich habe sie stets mit Auswahl gebracht, ihnen von Anfang an innerhalb des Ganzen meiner Programme den Platz angewiesen, der ihnen meiner Meinung nach zukommt.» ... Die Grundlagen «auf denen unser ganzes Musikleben ruht», sind «die immer noch unerschöpflich Leben und Kraft spendenden Werke der großen Meister ... Wenn ich hier von 'großen Werken' spreche, so meine ich nicht eine Vergötzung von abgeschlossenen Werken einer Vergangenheit, die ein für allemal vorbei ist ... Es handelt sich für mich bei diesen großen Werken nicht so sehr um sie selbst, als um das, von dem sie zeugen, um das, was hinter ihnen steht: um die Fähigkeit organischen Bildens gesamtmenschlicher Inhalte. Diese Werke sind mir Symbol für gestaltendes Musizieren überhaupt. Wenn wir sie wirklich gestalten — heute werden sie meistens bestenfalls 'referiert' —, dann werden sie auch wieder lebendig, dann werden sie unser, dann sind sie nicht nur 'Vorbilder', nicht nur 'Klassiker', das heißt, nicht nur Fremdkörper. Dann werden sie wieder das, was uns Sonne, Leben, Wärme bringt, werden sie wieder die Achse, das Zentrum unseres Musiklebens.» Die Zeit des Umbruchs wie auch Furtwänglers eigene Natur brachten es mit sich, daß er nicht mit der

Während eines Konzertes in Den Haag, 1932. Schon 1928 band sich Furtwängler neben den Berliner Philharmonikern fest an die Wiener Philharmoniker. Er gastierte in zunehmendem Maße in Europa und den USA.

Unkompliziertheit eines Nikisch sich dem reinen Musizieren überlassen konnte. Theodor W. Adorno, der Furtwängler und Toscanini erlebt hat, schrieb über Furtwängler: «Man sagt leichthin, das Dirigieren von Furtwängler sei subjektivistisch gewesen und meint das — gemessen an neusachlichen Vorstellungen — kritisch und herabsetzend. Nun war er sicherlich insofern subjektiv in seinem Musizieren, als jeder Takt, den er schlug, vermittelt war durch seine außerordentlich hochgesteigerte Sensibilität. Aber niemals hat bei ihm die Subjektivität sich um ihrer selbst willen bekundet, sondern war an der Darstellung der Sache diszipliniert. Ihm ging es darum, das subjektive Moment in den Texten zu erwecken, in denen es geronnen ist, nicht sich, sein zufällig individuelles Gefühl zu Gehör zu bringen. Trotz des Hanges von Furtwängler zur Romantik — zu seinen großartigsten Leistungen gehörte die C-Dur-Symphonie von Schubert, die Freischütz-Ouverture, vor allem auch Bruckner —, trotz dieses Hanges zur Romantik war er nicht das, wofür man ihn heute so gern hält, ein reiner Aus-

drucksmusiker, sondern er hat alle überhaupt sinnverleihenden Momente des musikalischen Zusammenhanges herausgearbeitet. Er hat, wie man das heute wohl nennen würde, musikalisch strukturell gedacht...

Wollte ich versuchen, mit einem Wort die Idee Furtwänglers — ich meine die objektive Idee, nicht das, was er wollte, sondern was durch ihn sich verwirklichte — zu formulieren, so müßte ich wohl sagen, es wäre ihm auf die Rettung eines bereits Verlorenen angekommen; darauf, dem Interpretieren das wiederzugewinnen, was es im Augenblick des Verblassens verbindlicher Tradition einzubüßen begann. Dies Rettende verlieh ihm etwas von der übermäßigen Anstrengung einer Beschwörung, der das, was sie sucht, rein unmittelbar schon nicht mehr gegenwärtig ist.»

Furtwängler begegnete in seinem Musizieren den Widerständen der sich ändernden Zeit, ein Konflikt, den er kraft seiner Persönlichkeit in seinen Interpretationen bewältigte, und zwar nicht, indem er mühelos musizierte. Die Auseinandersetzung mit seiner Zeit war nicht eine analytisch-logisch durchdachte, sie schlug sich vielmehr nieder in seinem Interpretieren, das ihm Geburtsakt war: Gestaltwerdung des Kunstwerks.

Einheit von beweglichem, freien Musizieren und drängendem Erarbeiten der Gestalt des Werks, Subjektivität vereint mit Demut vor dem Werk, Widerstreit von Verstand und Empfindung, die sich im Konzert zum unauflöslichen Ganzen finden: Das war Wilhelm Furtwänglers Musik. *CS*

Gabrilowitsch, Ossip

* St. Petersburg 7. 2. 1878, † Detroit 14. 9. 1936; amerikanischer Pianist und Dirigent russischer Geburt, studierte bei A. Rubinstein (Klavier) und Ljadow (Komposition) am Konservatorium in St. Petersburg (1888—94), ging dann für weitere Studien zwei Jahre nach Wien (Theorie bei Nawratil). Noch 1896 trat er in Berlin erstmals öffentlich auf, unternahm Konzertreisen durch Europa und ab 1900 in den USA. 1910—14 dirigierte er gelegentlich das Orchester des Münchener Konzertvereins, übersiedelte dann in die USA und gab 1917 in New York einige Vorstellungen. Im folgenden Jahr wurde er zum Dirigenten des Symphonieorchesters in Detroit berufen, wo er bis 1935 blieb. Seit 1909 war er mit der Tochter Mark Twains, Clara Clemens, verheiratet.

Gade, Niels Wilhelm

* Kopenhagen 22. 2. 1817, † Kopenhagen 21. 12. 1890; dänischer Komponist und Dirigent, halber Autodidakt, gab sein Debüt als Violinist 1833 und spielte im folgenden Jahr beim Königlichen Orchester in Kopenhagen. Unter seinem Freund Mendelssohn wurde er am Leipziger Gewandhaus 2. Dirigent und nach dessen Tod (4. 11. 1847) Chefdirigent. Schon im nächsten Jahr kehrte er wegen des Schleswig-Holsteinischen Krieges wieder nach Kopenhagen zurück, übernahm dort die Stelle als Direktor für die Konzerte des Musikvereins, die wegen des großen Erfolges bald in zwei Serien gegeben werden mußte. 1861 war er außerdem kurze Zeit Königlich-Dänischer Hofkapellmeister.

Galliera, Alceo

* Mailand 3. 5. 1910, italienischer Dirigent und Komponist, erhielt seine Ausbildung von seinem Vater am Konservatorium in Parma, später am Mailänder Konservatorium, wo er ab 1932 lehrte. 1941 debütierte er als Dirigent mit dem Orchestra di Santa Cecilia in Rom, hielt sich während des Zweiten Weltkriegs in der Schweiz auf und dirigierte 1945 und 1946 bei den Luzerner Festspielen. 1957—60 war er ständiger Dirigent des Teatro Carlo Felice in Genua, bis dahin hatte er als Gastdirigent in vielen Ländern sowie bei Tourneen durch Europa, Israel, Nord- und Südamerika, Südafrika und Australien gewirkt. Ab 1964 war er Künstlerischer Leiter und ständiger Dirigent des Städtischen Orchesters in Straßburg und trat bei vielen Schallplattenaufnahmen in Erscheinung (insbesondere mit Londoner Orchestern).

Gallignani, Giuseppe

* Faenza 9. 1. 1851, † Mailand 14. 12. 1923 (Selbstmord); italienischer Musiklehrer, Komponist und Dirigent, studierte am Mailänder Konservatorium und übernahm dort 1884 die Stelle des Domkapellmeisters, die er bis zu seinem Tod hielt. 1891—97 war er als Direktor des Konservatoriums in Parma tätig, danach in gleicher Stellung in Mailand. Außerdem gab er 1886—94 die Zeitschrift »Musica sacra« heraus.

Gamba, Piero

* Rom 16. 9. 1937; italienischer Dirigent, Pianist und Komponist, Schüler seines Vaters, trat im Alter von acht Jahren mit einem probenden Orchester am Opernhaus in Rom öffentlich auf und dirigierte erfolgreich Beethovens 1. Symphonie. Unter größerem Publikumszuspruch wiederholte er dies im Jahr darauf und begann dann als »Wunderkind« mit Konzertreisen durch Europa, Nord- und Südamerika. Sein Debüt in England fand 1948 mit

Werken Dvořáks und Beethovens in der Londoner Harringay Arena statt. 1952 ging er nach Madrid, nahm seine Laufbahn als Dirigent erst in den späten fünfziger Jahren wieder auf und trat 1959—63 als Gastdirigent in London in Erscheinung.

Ganz, Adolf

* Mainz 14. 10. 1796, † London 11. 1. 1870; deutscher Dirigent, wirkte von 1825 an als Großherzoglich Darmstädtischer Hofkapellmeister. Von 1840 bis 1942 trat er als Dirigent der Deutschen Oper in London in Erscheinung.

Ganz, Rudolph

* Zürich 24. 2. 1877, † Chicago 2. 8. 1972; amerikanischer Dirigent und Komponist schweizerischer Geburt, gab sein Debüt als Pianist und Komponist 1899/1900 in Berlin, nachdem er dort sowie in Zürich, Lausanne und Straßburg studiert hatte. Ab dem folgenden Jahr unterrichtete er Klavier am Musical College in Chicago (bis 1905) und unternahm dann bis 1915 Konzertreisen als Pianist (Europa, USA, Kanada und Kuba). 1921—27 dirigierte er das Symphonieorchester in St. Louis und wirkte gleichzeitig (bis 1953) als Gastdirigent in weiten Teilen der USA sowie in London, Paris, Toronto und Havanna. 1928 übernahm er außerdem die musikalische Leitung des Chicago Musical College (1933—54 Präsident).

Ganz, Wilhelm

* Mainz 6. 11. 1833, † London 12. 9. 1914; deutscher Pianist, Gesangslehrer und Dirigent. Er machte sich einen Namen als Begleiter der schwedischen Sopranistin Jenny Lind und dirigierte ab 1879 vorwiegend in London, wo er Uraufführungen von Werken Liszts und Berlioz' gab.

Garaguly, Carl

* Budapest 28. 12. 1900, schwedischer Dirigent und Violinist ungarischer Geburt, studierte in seiner Heimatstadt, in Berlin und in Lichtenberg. 1918 wirkte er bereits als Violinist bei den Berliner Philharmonikern, ab 1923 als Solist in Schweden. Bis 1930 dirigierte er das Symphonieorchester in Göteborg und außerdem beim Philharmonischen Orchester «Konsertfoereningen» in Stockholm, wo er 1941—53 ständiger Leiter war. 1952 übernahm er den Posten des Chefdirigenten bei der «Harmonien Society» in Bergen (Norwegen), ging danach (1959) in gleicher Stellung zum Het Gelders Orkest nach Arnheim sowie ab 1965 zusätzlich zum Symphonieorchester nach Sönderborg (Dänemark).

Gardelli, Lamberto

* Venedig 8. 11. 1915 schwedischer Dirigent und Komponist italienischer Geburt, Studium am Conservatorio di Musica G. Rossini in Pesaro sowie am Conservatorio di Musica Santa Cecilia in Rom. 1944 gab er sein Dirigentendebüt am Teatro Reale in Rom mit «La Traviata» und übernahm 1946 die Stelle des ständigen Dirigenten an der Königlichen Oper in Stockholm (bis 1955). Anschließend ging er als 1. Dirigent zum Orchester des Dänischen Rundfunks (bis 1960) und wirkte in der folgenden Zeit als Gastdirigent an der Budapester Oper (1959—65), an der Staatsoper Berlin (1964—65), an der Metropolitan Opera in New York (1967—69) sowie an der Covent Garden Opera in London (1968—70). Als Musikalischer Oberleiter wirkte er danach in Bern. 1980 machte er Schallplattenaufnahmen mit dem Budapester Symphonieorchester, mit dem Symphonieorchester des ORF und mit dem ORF-Chor.

Gardiner, John Eliot

* Springhead (Dorset) 20. 4. 1943; englischer Dirigent, ausgebildet am King's College in Cambridge, später bei Nadia Boulanger in Frankreich und am King's College in London. 1964 gründete er den Monteverdi-Chor, 1968 gab er seine erste große Vorstellung als Dirigent bei den Londoner Promenade Concerts, dirigierte an der Sadler's Wells Opera und an Covent Garden. Daneben gründete er die «English Baroque Soloists». 1980 wurde er zum 1. Dirigenten beim Rundfunkorchester der Canadian Broadcasting Corporation in Vancouver berufen, 1981 wirkte er als Musikdirektor bei den Händel-Festspielen in Göttingen.

Gatz, Felix Maria

* Berlin 15. 5. 1892, † Scranton (Pennsylvania) 20. 6. 1942; deutscher Dirigent, studierte an den Universitäten in Berlin, Heidelberg und Erlangen und Dirigieren bei Nikisch und P. Scheinpflug. 1922—23 dirigierte er an der Lübecker Städtischen Oper, danach bis 1933 die Bruckner-Gesellschaft, wo er mit den Berliner Philharmonikern zusammenarbeitete. 1925—34 unterrichtete er an der Wiener Musikakademie Ästhetik und übersiedelte anschließend in die USA. Er lehrte 1934—36 an der Duquesne University in Pittsburgh, 1936—37 an der Universität New York, ab 1937 an der Universität von Scranton. Dort gründete und leitete er das Scranton Orchestra (1938—39).

Gaubert, Philippe

* Cahors 3. 7. 1879, † Paris 8. 7. 1941; französischer Komponist, Flötist und Dirigent, studierte am Pariser Konservatorium und dirigierte 1905—38 deren Gesellschaftskonzerte. Ab 1905 gab er dort auch Flötenunterricht. Seit 1920 war er 1. Dirigent and der Pariser Opéra. Er schrieb eine Oper und zahlreiche Orchesterwerke.

Gauk, Alexander

* Odessa 15. August 1893, † Moskau 30. 3. 1963; russischer Dirigent, studierte am Konservatorium in St. Petersburg Dirigieren bei Tscherepnin (bis 1917). Anschließend dirigierte er dort an der Staatsoper und am Ballett (1920—31). 1930 wurde er zum Chefdirigenten des Leningrader Philharmonieorchesters ernannt (bis 1934) und leitete 1936 bis 41 das Staatliche Symphonieorchester der UdSSR in Moskau sowie ein Radio-Symphonieorchester in der sowjetischen Hauptstadt (1953 bis 63). Daneben lehrte er Dirigieren an den Konservatorien in Leningrad (1927—33), Tiflis (1941—43) und Moskau (1939—63). Außerdem komponierte er unter anderem eine Symphonie.

Gavazzeni, Gianandrea

* Bergamo 25. 7. 1909; italienischer Dirigent, Komponist und Musikschriftsteller, studierte 1921—24 an der Accademia di Santa Cecilia in Rom und 1925—31 am Verdi-Konservatorium in Mailand. Nachdem er als Pianist und Musikkritiker gearbeitet hatte, betätigte er sich zunehmend als Korrepetitor und später als Opern- und Konzertdirigent. Seit den fünfziger Jahren trat er regelmäßig an der Mailänder Scala auf,

deren Künstlerischer Direktor er 1965—67 war, sowie am Maggio Musicale in Florenz. 1957 gab er sein britisches Debüt beim Edinburgh Festival mit dem Ensemble der Piccola Scala, 1965 trat er auch in Glyndebourne auf. Gastengagements hatte er bereits an der Chicago Lyric Opera, an der Metropolitan Opera in New York und beim Bolschoi-Theater.

Gericke, Wilhelm

* Graz 18. April 1845, † Wien 27. 10. 1925; österreichischer Dirigent und Komponist, studierte 1862—65 am Konservatorium in Wien unter Dessoff, dirigierte dann Opern in Kleinstädten und am Städtischen Theater in Linz. 1874 wurde er auch assistierender Dirigent an der Wiener Hofoper, 1880—84 Dirigent der Gesellschaftskonzerte und anschließend bis 1889 und 1898—1906 Dirigent des Boston Symphony Orchestra. Wegen schlechter Gesundheit hatte er diese Aufgabe unterbrochen, leitete 1890—95 erneut die Wiener Gesellschaftskonzerte und lebte dort ab 1906 als freier Dirigent.

Gerschkowitsch, Jacques

* Irkutsk 3. 1. 1884 (?), † Sandy (Oregon) 12. 8. 1953; russischer Dirigent, studierte bei Tscherepnin und Rimskij-Korsakow am Konservatorium in St. Petersburg, später mit einem Stipendium bei Nikisch in Deutschland. Bei seiner Rückkehr nach Rußland übernahm er die Leitung des Konservatoriums in Irkutsk. Nach der Revolution und einem Engagement bei einer russischen Ballett-Tuppe, der er als Flötist angehörte und die ihn auch auf eine Tournee in den Orient mitnahm, ließ er sich in Tokio nieder. Dort veranstaltete er speziell für junges Publikum Konzerte. Nach dem Erdbeben 1923 ging er in die USA, wo er als Gast das San Francisco Symphony Orchestra dirigierte. Später gründete er in Portland (Oregon) ein Jugend-Symphonieorchester, das er dreißig Jahre lang, bis zu seinem Tod, leitete.

Ghione, Franco

* Acqui (Piemont) 28. 8 1886, † Rom 19. 1. 1964; italienischer Dirigent und Komponist, studierte am Konservatorium in Parma Violine, Klavier, Komposition und Gregorianik. Ab 1911 war er Dirigent der Italienischer Oper in Barcelona und wechselte 1921, dem Ruf Toscaninis folgend, an die Mailänder Scala (bis 1922 und 1929—36). Dazwischen dirigierte er an zahlreichen italienischen Bühnen. 1937 übernahm er eine Dirigentenstelle beim Detroit Symphony Orchestra (bis 1939). Außerdem gab er Gastspiele in Nord- und Südamerika, Australien und an vielen Theatern Europas.

Gibson, Alexander

* Motherwell 11. 2. 1926; schottischer Dirigent, belegte nach Studien an der Universität in Glasgow und am Royal College of Music in London Kurse am Salzburger Mozarteum und in Siena. Auf das Dirigentendebüt an der Sadler's Wells Opera in London (1951) folgte ein Dirigentenposten beim BBC Scottish Symphony Orchestra in Glasgow (1952—54). 1959 wurde er zum 1. Dirigenten des Scottish National Orchestra in Glasgow berufen, 1962 gründete er die Scottish Opera, deren 1. Musikdirektor er war. 1981 übernahm er die Stelle als 1. Gastdirigent beim Houston Symphony Orchestra. Er hat sich mit guten Interpretationen romantischer Werke einen Namen gemacht.

Gielen, Michael

1980 wurde er zum Chefdirigenten des Cincinnati Symphony Orchestra ernannt. Um sich vollständig auf die Arbeit mit dem Orchester des Südwestfunks und seine kompositorische Tätigkeit konzentrieren zu können, gibt er das Cincinnati Orchestra 1987 an Jesus López Cobos ab.

Michael Gielen ist der Philosoph unter den heute lebenden Dirigenten.

Nicht nur sein Philosophiestudium in Buenos Aires rechtfertigt diesen «Titel», sondern auch sein engagiertes Musizieren, das in einem solchen Maße mit Reflexion verbunden ist, wie es unter Dirigenten im 20. Jahrhundert kaum noch vorstellbar erscheint. Zu der Zeit Hans von Bülows, da die Ästhetik der Programmusik und Hanslicks Postulat der Musik als «tönend bewegter Form» miteinander rivalisierten, und Komponisten wie Wagner und Brahms die Philosophen ihrer Zeit wie selbstverständlich lasen, war die Auffassung der Musik als komponierter Philosophie auch den Dirigenten vertraut. Gustav Mahler, der in einem Brief bekannte, in jeder Sinfonie eine Welt gestalten zu wollen, vereinte noch, scheinbar natürlicherweise, eine ungeheure Belesenheit, scharfen Intellekt und einen analytisch-philosophischen Zugang zum eigenen und fremden Werk.

In unserem Jahrhundert blieb von dieser musikalischen Spielart der Philosophie wenig übrig, sie verkam zu einem gelegentlich auftretenden Mystizismus, dem selbst ein großer Geist wie Furtwängler sich nicht immer zu entziehen verstand.

Die große philosophische Tradition des 19. Jahrhunderts, an der Spitze die Geschichtsphilosophie Hegels, bestimmte bis zu Adorno, der sich zeitlebens weigerte, sich zwischen den Berufen des Philosophen und des Musikers zu entscheiden, die Musikästhetik und alle Entwürfe einer Entwicklungsgeschichte der Musik.

Adornos Wort, Musik sei «sedimentierter Geist», ein Wort, das die Tradition des komponierten Werkes auch mit den Ablagerungen geologischer Schichten im Erdboden vergleicht, ist die wohl bis heute gültige Auffassung der Musiker, die ihre Kunst als das Ergebnis des Prozesses einer geistigen Auseinandersetzung mit ihrer Zeit ansehen.

Für Michael Gielen ist das Verfahren der «Montage», das Zusammenfügen einander widersprechender oder fremder Teile, die zentrale Kompositionsmethode der Musik unseres Jahrhunderts. «Das Prinzip der ‹Montage›, so wissen wir jetzt gegen Ende des zwanzigsten Jahrhunderts, ist vielleicht das bestimmende Prinzip durch alle Künste. Das hängt gewiß damit zusammen, daß ein einheitlicher Stil, ein Zeitstil unmöglich geworden, daß unser Weltbild in lauter Teile, in Fragmente zerbrochen ist.»

Diese Aussage kommt einem künstlerischen Bekenntnis sehr nahe. Gielens Bestreben, in den Frankfurter Museumskonzerten Mahlers Sinfonien beim Publikum durchzusetzen, erscheint vor dieser Aussage in einem neuen Licht. Mahlers 9. Sinfonie, die in einer ungeheuren Konzentrierung die gesamte kompositorische Erfahrung der Übergangszeit zwischen den letzten Werken von Brahms und der Neuen Musik spiegelt, arbeitet im 2. und 3. Satz weitgehend mit der Montagetechnik.

Daß Gielen, der sich nach eigenem Bekunden jahrelang vergeblich nach einem neuen, noch nicht aufgeführten Werk des zeitgenössischen Musiktheaters umgesehen hat, sich schließlich für die Produktion einer Oper Hans Zenders nach James Joyce' Roman «Ulysses» entschied, hängt wohl auch mit der Faszination des Joyceschen Romanes zusammen, von dem der Schriftsteller in einem Brief vom 24. 6. 1921 an Harriet Shaw Weaver schreibt: «Die technische Aufgabe, die ich mir stellte, ein Buch von achtzehn verschiedenen Blickpunkten aus und in ebenso vielen Stilen zu schreiben, alle offenbar unbekannt oder unentdeckt von meinen Kollegen, das und der Charakter der gewählten Fabel dürften genügen, das geistige Gleichgewicht eines jeden zu stören.» Joyce übertrug das Verfahren der Montage im «Ulysses» demzufolge auf die höchste schöpferische Ebene: die des Stils.

Die Musik erreichte einen ähnlichen Bewußtseinsstand in den Werken Bernd Alois Zimmermanns, der Zitate aus der Musik verschiedener Epochen und Eigenes montageartig zu einem neuen Werk zusammenfügte. Zimmermann gehört zu den Komponisten, denen Hans Zender, der Komponist der «Ulysses»-Oper, nach eigenem Bekunden am meisten für sein Schaffen verdankt. Auch unter Verwendung der Montagetechnik entwickelte Gielen eine neue Konzertform.

Gielen führte im Gespräch mit Rudolf Lück dazu aus: «Vielleicht überrascht es Sie, wenn ich sage, daß ich kein Anhänger von ‹musica viva›-Reihen bin, weil immer dieselben Anhänger dorthingehen. Für viel wichtiger halte ich es, dem gutwilligen Publikum ständig Älteres und Neueres im selben Programm anzubieten. Dadurch wird ein Stück durch das andere beleuchtet. Zum Beispiel verbinde ich die ‹Fünfte› von Beethoven mit Schönbergs Violinkonzert; oder Beethovens Violinkonzert mit Schönbergs Orchestervariationen op. 31. In dieser Weise gibt es unzählige Querverbindungen wie Webern-Debussy, oder Webern-Schubert etc . . .».

«Ich versuche, die Musik durch Musik zu erklären, und ich mache deshalb manchmal Montagen, in denen ich Stücke aus Schuberts ‹Rosamunde› mit Weberns opus 6 abwechseln lasse. Der Hörer braucht nicht sehr viel spezialisierte Bildung, um zu hören, daß hier eine verwandte Sensibilität am Werke ist. Die Musik aus ‹Rosamunde› hat eine Webern verwandte Art der Introversion. Schubert ist ein stark introvertierter, also der Welt abgewandter, Künstler, ähnlich wie es Webern war. Er hat sich auch aus politischen Gründen von der politischen Konstellation seiner Zeit abgewandt . . . und nach innen gekehrt, und das ist eine starke Analogie zu Webern, die gerade den nur allgemein Gebildeten, . . ., den Zugang zu Webern erleichtern müßte . . .»

Gielen verfolgt mit seinen experimentellen Konzertprogrammen auch sich scheinbar ausschließende Ideen zu verbinden: Neue Musik zu spielen und ein breites Publikum anzusprechen. So verläßt Gielen die ausgetretenen Pfade des herkömmlichen Konzertlebens und verzichtet auf Programme des Typs: Ouvertüre (z. B. «Freischütz»), Solokonzert (z. B. 4. Klavierkonzert von Beethoven) und Sinfonie (z. B. Mozart: g-Moll KV 550).

Gielen verfolgt mit solchen experimentellen Konzertprogrammen auch pädagogische Absichten. Einer reinen Konsumhaltung des Publikums ohne gedankliche Aufarbeitung des Gehaltes des Kunstwerkes will er entgegenarbeiten. Sein künstlerischer Alptraum ist eine fade, durchschnittliche, rein repräsentative Aufführung, in deren geistiger Leere das Publikum die Monotonie seines Alltags wiederfindet.

«Die Hörer sollen sich nicht nur gewohnheitsmäßig berieseln lassen, sondern sollen geistig mitarbeiten, sie sollen erkennen, daß Kunst nicht nur Spaß, sondern auch Arbeit bedeutet. Das ist, glaube ich, eine entscheidende Schwierigkeit für alle Laien, die Kunst erleben . . . Der Besuch eines Konzertes, des Theaters, der Oper oder eines Museums wird immer auch mit Arbeit verbunden sein müssen. Doch es ist die befriedigendste Arbeit, die es gibt, und es ist ein großes Vergnügen, wenn es einem gelingt, in aktiven Kontakt mit der Kunst zu kommen.»

Gielens Engagement für die Musik des 20. Jahrhunderts erklärt sich aus seiner frühen Beschäftigung mit der Neuen Musik.

Michael Gielen wurde am 20. Juli 1927 in Dresden als Sohn des Regisseurs Josef Gielen und Neffe des Pianisten Eduard Steuermann geboren. Zu dieser Verwandtschaftsbeziehung und der Rolle der Neuen Musik in seiner Kindheit sagt Gielen selbst: «Seit meiner Kindheit habe ich keinen Unterschied zwischen ‹neuer› und ‹anderer› Musik gemacht. Ich erinnere mich noch, wie ich mich mit 11 Jahren herumplagte, Schönbergs op. 19 (sechs kleine Klavierstücke) zu entziffern. Allerdings möchte ich sagen, daß ich durch meinen Onkel, den Pianisten Eduard Steuermann, der ein Schönberg-Schüler war, erblich belastet bin. Dadurch war die Schönbergschule schon von Kindheit an in meiner Familie präsent. Meine Mutter, eine Schauspielerin, hatte in Dresden Schönbergs ‹Pierrot lunaire› gesprochen, und so gehörte die ‹Neue Wiener Schule› zu unserem täglichen Leben.» Die quasigenealogische Beziehung Gielens zur Wiener Schule geht noch weiter: Über seinen Kompositions- und Klavierlehrer Erwin Leuchter ist Gielen Enkelschüler Guido Adlers, bei dem Anton Webern über den «Choralis Constantinus» von Heinrich Isaac 1906 zum Doktor der Musikwissenschaft promoviert hatte.

Mit Leuchter studierte Gielen privat von 1942 bis 1949, und als Ergebnis dieses Unterrichtes debütierte er am 13. September 1949, Schönbergs 75. Geburtstag, mit einem Klavierabend, dessen Programm aus sämtlichen Klavierwerken Schönbergs bestand.

Allerdings strebte Gielen nie die Laufbahn eines Berufspianisten an. Mit 7 Jahren erhielt er ersten Klavierunterricht: «Aber ich habe nie geübt. Mit 13 fing ich dann in Argentinien an, etwas fleißiger zu üben. Viel interessierter war ich immer am Prima-vista-Spiel, am Durchspielen von Sinfonien, von Opern oder Konzerten. Das war wohl der Grund, warum aus dem Klavierspiel nichts Rechtes geworden ist.»

Charakteristisch für Gielen ist, daß er schon in seiner Kindheit mechanische und wenig fantasievolle Tätigkeiten, wie das stundenlange Üben desselben Klavierstücks, ablehnte. Als Gielen mit 19 Jahren anfing zu komponieren, verlor er nach eigenem Bekunden das Interesse am Klavierspiel. Als seine Klavierlehrerin ihm mit 14 Jahren vorschlug, Kapellmeister zu werden, setzte sich dieser Gedanke bei Gielen fest. «Ich habe später sehr darunter gelitten, daß ich erst mit 25 Jahren zum Dirigieren kam.»

Gielen erhielt nicht nur von seinen Lehrern, sondern auch von zuhause reiche künstlerische Anregungen. Sein Vater war Regisseur, erst in Dresden, dann in Berlin, «wo er entlassen wurde, weil er Antinazi war und meine Mutter Jüdin ist. So ging mein Vater

an das Wiener Burgtheater, aber auch von da mußte er 1938 aus dem gleichen Grund auf Wanderschaft gehen. Im Januar 1940 kamen wir nach Buenos Aires, wo mein Vater am Teatro Colón tätig war.» Die jüdische Mutter, von Beruf Schauspielerin, entstammte einer Künstlerfamilie. Die Emigration entwurzelte den Knaben Michael Gielen. Als Kind traf ihn das Schicksal des Exils besonders hart: «So hatte ich nirgendwo ein Zuhause gefunden, das Entwurzelte wurde mir zur zweiten Natur. Bedenken Sie: Ich hatte 11 verschiedene Schulen besucht und auf diese Weise auch nie einen echten Freund.»

Ab 1947 korrepetierte Gielen gewissenhaft am Teatro Colón in Buenos Aires und bereitete Opernaufführungen vor. Gielen erhielt entscheidende künstlerische Impulse durch das Wirken des emigrierten Erich Kleiber am Teatro Colón, der mit Mitropoulos, Serafin und Furtwängler zu den Dirigenten gehört, die Gielen am nachhaltigsten beeindruckten. Auf die Frage nach Vorbildern für sein eigenes Dirigieren nennt Gielen denn auch als ersten Erich Kleiber:

«Da möchte ich als an erster Stelle Erich Kleiber nennen, den ich bei vielen Proben und Aufführungen erlebt habe. Er ist mir Vorbild in der gleichmäßigen Beherrschung aller Stilarten, der überaus flexiblen Schlagtechnik, der Fähigkeit, die Musiker zu begeistern. Er war eigentlich völlig unintellektuell, besaß aber höchste Einsicht in die Struktur der Werke und die Wesensart der Komponisten.»

«Er (Erich Kleiber) war ebenso mitreißend bei der Wiener Klassik, bei Richard Strauss, Alban Bergs ⟨Wozzeck⟩ oder in Wagners ⟨Ring⟩. Sein Repertoire stellt die umfassendste Dirigierleistung dar, der ich jemals begegnet bin.»

Michael Gielen während einer Probe von Berlioz' «Die Trojaner» in Frankfurt/M, 1984. Diese Aufführung gehört zu den Höhepunkten der Gielen-Ära.

Wenn Gielen von Erich Kleiber spricht, hebt er auch das gute Verhältnis Kleibers zu den Musikern am Teatro Colón hervor, die ihn «geliebt haben, obwohl er sehr streng war». Gielens Zielvorstellung einer partnerschaftlichen Zusammenarbeit mit den Orchestermusikern, die keineswegs einen Verzicht auf die künstlerische Autorität des Dirigenten einschließt, zeigt seine Komposition «Mitbestimmungsmodell für Orchestermusiker und Dirigenten», in der er versucht, die Kreativität und Eigenverantwortung der Orchestermusiker zu fördern.

In seiner Frankfurter Zeit, die 1977 begann, gehörten Zimmermanns «Soldaten», deren Uraufführung Gielen 1965 in Köln geleitet hatte, Alban Bergs «Wozzeck» und «Lulu» sowie Strawinskys «Rake's Progress» und Schrekers «Die Gezeichneten» zu den Werken des Musiktheaters des 20. Jahrhunderts, die Gielen auf den Spielplan setzte.

Am 18. 6. 1981 fand die Premiere der Neuinszenierung der «Soldaten» mit Alfred Kirchner als Regisseur statt. Zimmermann, den der Stoff mit seinen «Zwangssituationen» faszinierte, die die Personen mehr unschuldig als schuldig zu Selbstmord, Vergewaltigung, Mord und «letzten Endes zur Vernichtung des Bestehenden» führen, realisierte die Partitur mit den Mitteln von Montage, Allintervallreihe und verschiedenen «Zeitschichten», die mit musikalischen Mitteln vergangener Epochen und Eigenem beschrieben werden.

Zimmermann versuchte so, sein Konzept einer «Kugelgestalt» der Zeit zu verwirklichen, ein Konzept, das von der gleichzeitigen geistigen Präsenz von Vergangenheit, Zukunft und Gegenwart ausgeht.

Michael Gielens ungewöhnliche musikalische Erfahrung ermöglicht es ihm, die Verständlichkeit einer so komplizierten Partitur hervorzuheben: «Während es aus allem Vorhergehenden hervorgeht, daß alles in der Klassischen Musik problematisch ist, wenn man sich einmal von traditionellen Klischees freimacht und versucht sinnvoll zu argumentieren, . . . so ist andererseits eine Musik wie die zu den ‹Soldaten›, von der die meisten glauben, sie sei voller Geheimnisse und besonders schwierig, viel einfacher zu verstehen, in dem Sinn, daß der Dirigent sich auf die Notation verlassen kann. Die Tempi sind angegeben mit Metronomzahlen, die niemand in Frage zu stellen wagt, die Dynamik ist mit viel größerer Differenzierung notiert und braucht nur befolgt zu werden. Vorausgesetzt, daß der Dirigent gut hört und sehr, sehr fleißig war, das Zeitmaß angibt, seinen Beruf beherrscht und bereit ist, ein großes Stück seines Lebens dranzugeben, weil er an das Werk glaubt, meine ich allen Ernstes, daß es leichter darzustellen ist als die traditionsbelastete Musik der Vergangenheit. Furtwängler hat einmal zu Recht gesagt, wenn man ehrlich wäre, müßte man zugeben, daß man im Grunde nicht wisse wie ‹Mozart geht›, geschweige denn Bach.»

Michael Gielens Laufbahn zeigt, wie falsch das Klischee des Spezialisten für Neue Musik, das oft kolportiert wurde, ist: Zwar debütierte Gielen, 1950 nach Europa zurückgekehrt, nach zweijähriger Repetitorentätigkeit an der Wiener Staatsoper mit Honeggers Oratorium «Jeanne d'Arc», eine Chance, die sich durch Clemens Krauss' Ablehnung dieses Dirigates ergab —, zwar lag der Schwerpunkt seiner Dirigiertätigkeit in Wien (1951 bis 1960) auf der zeitgenössischen Musik, aber Gielen dirigierte bereits während seiner 1954 einsetzenden Kapellmeisterzeit in Wien 20 Opern und 35 Ballette, die größtenteils dem Repertoire angehörten.

Ähnlich wie Hans Zender, mit dem ihn auch die Personalunion von Komponist und Dirigent verbindet, gibt es für Gielen nur eine Musik, ist die «Neue Musik» ohne die traditionelle nicht verständlich und kann umgekehrt traditionelle Musik ohne Erfahrung mit «Neuer Musik» nicht zeitgemäß interpretiert werden.

Von 1960 bis 1965 wirkte Gielen als Chefdirigent an der Königlichen Oper in Stockholm, wo sich ihm die Gelegenheit bot, sowohl das klassische Repertoire zu pflegen, als auch zeitgenössische Werke, «Wozzeck», Brittens «Sommernachtstraum» und, mit Ingmar Bergmann als Regisseur, Strawinskys «Rake's Progress» aufzuführen. 1969 wurde Gielen dann die Stelle des Chefdirigenten des Orchestre National de Belgique in Brüssel angetragen. Er wirkte dort erneut als Pionier der Neuen Musik und entwickelte sein Konzept des Montagekonzertes. Michael Gielen strebt eine Synthese von Konzert- und Operndirigent, Komponist und Interpret an: «Ich behaupte, daß man Musik überhaupt nur durch das Komponieren lernen kann, indem man selbst produziert, Musik macht.» Dirigieren und Komponieren sollen sich wechselseitig befruchten. Gielen strebt eine größtmögliche Spannweite des Repertoires an und weigert sich, die Oper aus seinem Wirken auszugrenzen: «Im 18. Jahrhundert, vor allem in der zweiten Hälfte des 19. Jahrhunderts hatte die Opernmusik einen größeren Anteil an der relevanten Musik überhaupt. Nur ganz wenige bedeutende Komponisten haben keine Opern geschrieben: Bach, Brahms und Webern. Aber zwei der bedeutendsten schrieben fast ausschließlich Opern, nämlich Wagner und Verdi. Damit ist die Frage nach Konzert- und Operndirigent eigentlich schon beantwortet. Die Musik, die unserer Zeit vorausgeht, die der zweiten Hälfte des 19. Jahrhunderts, wird ganz wesentlich durch Wagner und Verdi repräsentiert. Ein Dirigent, der keine Opern dirigiert, beraubt sich eines großen Teiles seiner Möglichkeiten, er amputiert sich mutwillig selbst.»

Gielens eigene Entwicklung läuft folgerichtig auf eine größtmögliche Synthese von Konzert und Operndirigent hin: 1973 verließ er Brüssel und arbeitete zwei Jahre an der Niederländischen Oper. Von 1978 bis 1980 bekleidete er das Amt des Principal Guest Conductor der BBC in London, und 1977 wurde Gielen zum Generalmusik- und Operndirektor der Städtischen Bühnen in Frankfurt am Main ernannt.

Die Frankfurter Zeit Gielens, die bis 1986 dauern wird, trägt, wie schon heute abzusehen ist, epochalen Charakter, nicht nur in der Geschichte dieses Opernhauses, sondern auch in der Geschichte des Musiktheaters im 20. Jahrhundert überhaupt. Gielen begann sein Wirken am 17. September 1977 mit einer «Don Giovanni»-Neueinstudierung, für die er eine zusammenhängende Tempokonzeption entwickelte, die die verschiedenen Tempovorschriften Mozarts auf einander bezieht, wobei Gielen dem 1. Finale, in dem drei Orchester drei verschiedene Tänze gleichzeitig spielen, eine Schlüsselrolle einräumt. Gielen erzielte in Frankfurt aufsehenerregende, teils hochgelobte, teils umstrittene Aufführungen, wie Verdis «Aida» und Busonis «Doktor Faust» in den Regien von Hans Neuenfels. Gielen gewann die Regisseure Ruth Berghaus und Volker Schlöndorff für die Inszenierungen von «Zauberflöte», «Entführung aus dem Serail», «Parsifal» und Berlioz' «Trojaner» und «La Bohème». Diese Produktionen rückten Ruth Berghaus in den Mittelpunkt des Interesses der Fachwelt am «Regietheater», wie auch «La Bohème», eine Oper, die Schlöndorff gegen die sentimentalen Klischees der Puccini-Tradition zu inszenieren versuchte. Im «Parsifal» kam es zu einer Synthese von Regie und Musik: Wagners Musik wurde in getragenen Tempi gespielt; der Hörer gewann den Eindruck einer Musik, die in sich kreist und sich quasi selbst zuhört. Ruth Berghaus betonte in ihrer Regiearbeit

durch räumliche Enge und düstere Farben die Abgründigkeit der Wagnerschen Gralswelt.
Gielen setzte in seiner Frankfurter Zeit auch Luigi Nonos Oper «Al gran sole» auf das Programm, ein Werk, das Gielen für einen der wichtigsten zeitgenössischen Beiträge zur Weiterentwicklung der Gattung Oper hält und dessen Vielschichtigkeit er bewundert. Es gelang freilich nicht, dieses Werk zum festen Bestandteil des Repertoires zu machen, da das Opernpublikum schon nach wenigen Aufführungen ausblieb.
Gielens Verdienst liegt darin, dieses Werk überhaupt vorgestellt zu haben, weil die wachsende Einengung herkömmlicher Spielpläne auf wenige Zugnummern die Chancen lebender Komponisten, ihre Opern aufgeführt zu sehen, immer mehr zu verschlechtern droht.
Michael Gielen machte natürlich auch im Konzertsaal von sich reden, wo er die Sinfonien Beethovens, vor allem die «Eroica», mit den ursprünglichen Metronomzahlen von Beethoven aufführte, die in dem Ruf stehen, unausführbar zu sein. Michael Gielen will sich künftig mehr dem Komponieren widmen. 1983 komponierte er ein Streichquartett, das neben seinem Hauptwerk «die glocken sind auf falscher spur» zu seinen wichtigsten Kompositionen zählt.
Beim Südwestfunk, dessen Sinfonieorchester er ab 1986 leiten wird, will sich Gielen noch mehr als bisher mit Neuer Musik auseinandersetzen. Er vereint philosophische Reflexion, Komponieren und Dirigieren zu einer geistigen Synthese, die sich der Geschichtlichkeit der Musik und des Musizierens bewußt ist. Die Idee Gielens ist es, im Konzertsaal und in der Oper die Dimension Geschichte erfahrbar zu machen.
RF

Gierster, Hans

* München 12. 1. 1925; deutscher Dirigent, studierte an der Hochschule für Musik in München und am Salzburger Mozarteum, war Schüler von Clemens Krauss. Nach einer Anstellung als Solorepetitor an der Münchener Staatsoper (1942) wechselte er als Kapellmeister an die Oper in Düsseldorf (1945—52) und in gleicher Stellung wieder an die Bayerische Staatsoper zurück (1952—56). Anschließend wurde er zum GMD in Freiburg ernannt, ab 1965 war er als GMD in Nürnberg tätig. Gastverpflichtungen hatte er unter anderem an den Staatsopern in München, Hamburg und Wien. Daneben arbeitete er auch mit den Wiener und den Berliner Philharmonikern und mit dem London Philharmonic Orchestra.

Giovaninetti, Reynald

* Sétif (Algerien) 11. 3. 1932; französischer Dirigent, ausgebildet in Bône (Algerien) sowie an den Konservatorien in Nantes und Paris (Musik), später in Rennes und an der Sorbonne-Universität (Mathematik und Physik). Nach ersten Tätigkeiten bei ORTF, dem französischen Rundfunk, wo er erstmals 1959 dirigierte und dann im Service de la Recherche (1960—61) und als Tonmeister und Dirigent wirkte (1961—62), erhielt er einen Posten als Musikdirektor an der Oper in Besançon (1962—63) und Mülhausen (1963—67), danach in gleicher Stellung in Marseille (1968—75). Daneben dirigierte er an der Pariser Opéra, an der Scala in Mailand, an der Wiener Staatsoper, bei der amerikanischen Operngesellschaft in New York, bei der Chicago Lyric Opera und an der Oper in San Francisco. Weiterhin dirigierte er Symphoniekonzerte in Europa und in Amerika und führte das Chicago Symphony Orchestra 1982 auf eine USA-Tournee.

Giulini, Carlo Maria

Mit poetischen Vergleichen sollte man vorsichtig sein; aber dieser Dirigent macht die Musik von innen her leuchten wie einen kostbaren Kristall. Es ist schwer, Carlo Maria Giulini in irgendeiner Tradition des «italienischen Maestro» anzusiedeln, so sehr er von der Zuordnung der Generationen her die Verbindung zwischen Toscanini und de Sabata einerseits und Abbado und Muti andererseits darzustellen scheint. Doch seinem Wesen nach ist er ein Interpret außerhalb dieser Traditionen, und wenn man ihn schon in Beziehung setzen möchte zu anderen bedeutenden Musikern seines Landes, dann vielleicht zu Arturo Benedetti-Michelangeli, mit dem zusammen er übrigens auch Sternstunden der Interpretation erlebte. Im Ernst, im unbedingten Willen zum Bedeutungsvollen gleicht er noch am ehesten ihm und etwa Ferruccio Busoni.
Geboren wurde er im Süden Italiens, in Barletta bei Bari, am 9. Mai 1914. Aber er ist deswegen noch lange nicht südlicher Herkunft. Die Eltern kamen beide aus Norditalien, und es gab familiäre Verbindungen zum alten Österreich. Wenige Wochen nach seiner Geburt bricht der Erste Weltkrieg aus, 1915 ziehen die Eltern wieder zurück in die norditalienische Heimat, wo der Vater als Holzkaufmann tätig ist. Die frühe Kindheit verbringt Carlo Maria Giulini in dörflicher Umgebung. Nach dem Krieg läßt sich die Familie in Bozen nieder, das gemäß den Friedensverträgen an Italien fällt. Das Leben normalisiert sich, und der fünfjährige Carlo Maria erhält Geigenunterricht, erst einmal provisorisch, dann aber bis zu seinem vierzehnten Lebensjahr systematisch bei einem guten Lehrer. Er entscheidet sich für den Musikerberuf. Die Familie zieht nach Rom, wo der Sohn erst Schüler am Cäcilienkonservatorium und dann, im Jahr 1930, Student an der Accademia di Santa Cecilia wird. Mit achtzehn Jahren bewirbt sich Carlo Maria Giulini um einen der begehrten Plätze im Augusteo-Orchester der Accademia di Santa Cecilia. Die Entscheidung fällt über einen Wettbewerb. Er wird aufgenommen und nimmt am sechsten Pult, als zwölfter Bratschist Platz. Zielstrebig arbeitet er sich in den folgenden Jahren Pult für Pult nach vorn, bis er Solobratschist ist. Chefdirigent dieses

Carlo Maria Giulini. Was auch immer er dirigiert, es werden Sternstunden der Interpretation.

hervorragenden Orchesters, das auch heute noch einen ausgezeichneten Ruf genießt, war damals übrigens sein Lehrer Bernardino Molinari.
Da lernt er nun wirklich die Musik von innen kennen, zwischen Geigen und Celli sitzend, hinter sich die Holzbläser. Es ist immer wieder bemerkenswert, wieviel Klangsinn einstige Bratschisten später als Komponisten oder als Dirigenten entwickeln, Hindemith zum Beispiel oder heute etwa Volker David Kirchner. Die Dirigenten, die mit dem Orchester der Akademie musizieren, tragen nicht selten prominente Namen, Richard Strauss, Felix von Weingartner, später Bruno Walter und Otto Klemperer, ebenso Furtwängler und Erich Kleiber. Er erfährt daß sich die Qualität eines Dirigenten unter anderem danach bemißt, ob und wie er die Mittelstimmen in die Gestaltung einer Komposition einzubeziehen versteht.
Fünf Jahre lang bleibt er im Orchester. Daneben spielt er in einem Streichquartett mit, das nicht nur das klassische Repertoire pflegt, sondern sich auch die zeitgenössischen Komponisten wie Hindemith oder Bartók erarbeitet. Im Rückblick sind für ihn gerade diese Jahre entscheidend, und gern redet er von der «moralischen Disziplin», derer der Kammermusiker bedarf, um der Verantwortung fürs Ganze gerecht zu werden.
Mit zwanzig Jahren hat er ein Schlüsselerlebnis. Er leitet ein Orchester aus Amateuren und Studienfreunden, spürt, daß dies seine wahre Bestimmung ist. Eine entscheidende Station auf dem weiteren Weg wird dabei der Besuch der Accademia Chigiana in Siena, wo Alfredo Casella auf seine unnachahmliche Weise lehrt und seinen Studenten die Zusammenhänge der Musik nahebringt. Drei Jahre lang studiert Giulini noch einmal in der Meisterklasse für Dirigenten an der Cäcilien-Akademie.
Wieder ist ein Krieg ausgebrochen. Carlo Maria Giulini leistet seinen Dienst als Offizier der italienischen Armee. Doch als die deutschen Truppen in das faschistische Italien eindringen, desertiert er und muß sich mehrere Monate lang verbergen: Giulini, ein überzeugter Pazifist, der es mit seiner Lebensauffassung nicht vereinen kann, bei dem wahnsinnigen Morden mitzumachen.
Erst mit der Niederlage des Faschismus kann er sich wieder an die Öffentlichkeit wagen. Sofort gibt er sein Debüt als Dirigent. Er leitet sein altes Orchester, das Augusteo, in einem Konzert, das der Feier der Befreiung Roms gilt. Das Programm enthält unter anderem die Vierte Symphonie von Johannes Brahms, und ihre ausgedehnte Final-Chaconne wird denn auch ein wenig die Schicksals-Symphonie Giulinis. Immer wieder hat er das Werk, das für ihn Bekenntnis-Charakter trägt, in den Mittelpunkt seiner Programme gerückt, ist der tiefen Weisheit, der geistigen Kraft und auch der noblen Resignation dieser Musik nachgegangen.

Sein Verhalten am Dirigentenpult ist frei von Exaltierheit und Theatralik, geprägt von echter Anteilnahme.

Noch im gleichen Jahr wird Carlo Maria Giulini Dirigent am Rundfunkorchester in Rom, dessen Chef Fernando Previtali ist. 1946 ist er dann selbst Chefdirigent, und zu seinen wesentlichen Erfolgen zählen Rundfunkproduktionen wenig bekannter Opern, von Alessandro Scarlatti etwa, von Malipiero oder von Humperdincks «Hänsel und Gretel». Im Grunde hat er also die Opernarbeit über die Arbeit vor dem Mikrophon kennengelernt, und längst ist sein Name den Rundfunkhörern des römischen Senders bekannt, als er sein eigentliches Operndebüt gibt: In Bergamo, wahrlich in keiner Hochburg des italienischen Opernlebens, dirigiert er «La Traviata». 1950, inzwischen 36 Jahre alt, gründet er zudem das Mailänder Rundfunkorchester, mit dem er im folgenden Jahr im Radio eine der unbekannten Opern von Joseph Haydn, «Die Welt auf dem Monde» aufführt. Durch diese Produktion werden zwei Persönlichkeiten auf ihn aufmerksam: Victor de Sabata, der Chefdirigent des Teatro alla Scala, und Arturo Toscanini. De Sabata holt ihn an die Scala.

Dort beginnt Carlo Maria Giulini 1952 mit seiner Arbeit. Als Spezialist für wenig bekannte Werke debütierte er mit «La vida breve» von Manuel de Falla. Zwei Jahre später tritt de Sabata zurück, und Giulini wird zu seinem Nachfolger bestimmt. Da studiert er so exquisite Stücke des Musiktheaters ein wie «Die Krönung der Poppea» von Claudio Monteverdi, «Herzog Blaubarts Burg» von Béla Bartók oder «Les Noces» von Igor Strawinsky — das letztere in der Choreographie von Tatjana Gsovsky.

Es ist dies auch die Zeit, in der er mit de Sabatas Liebling Maria Callas arbeitet: in «Alceste» und in «La Traviata», Produktionen, die längst Legende geworden sind, nicht zuletzt auch der Regisseure Visconti und Zeffirelli wegen.

Schließlich dirigiert er in diesen Jahren in Aix-en-Provence, beim Holland Festival und beim Maggio Musicale Fiorentino. Ebenso wird er in England zunächst über die Festspiele in Edinburgh bekannt, wo er 1955 mit der Glyndebourne Opera gastiert und Verdis «Falstaff» dirigiert. 1956 gibt er bereits wieder die Position des Chefdirigenten der Scala auf, um von da an vorwiegend als freier Dirigent ohne allzu enge Bindung zu arbeiten. 1958 kommt es zu einer aufsehenerregenden Produktion mit Luchino Visconti an Covent Garden: Zusammen bringen sie Verdis «Don Carlos» heraus.

Ab 1958 musiziert er regelmäßig mit dem Philharmonia Orchestra. Giulini kommt die spezifische Klangkultur dieses Orchesters besonders entgegen. 1962 realisisert er eine sensationelle Aufführung von Verdis «Requiem».

Bewußt nimmt er sich für den Aufbau seines Repertoires Zeit, um sich in die Werke immer mehr zu vertiefen. Er muß, wie er sagt, sie mit dem Herzen aufgenommen, sie ganz sich zu eigen gemacht haben, ehe er sie dirigiert. In einem Interview im Juli 1977 formuliert er es so: «Wenn man mit Genies umgeht, mit Mozart und Bach, mit Beethoven und Brahms — glauben Sie nicht auch, daß man da Zeit braucht? Wenn Sie nur die Partituren kennen — was diese Menschen dem Papier anvertraut haben, ist das wenigste. Was ist mit diesen graphischen Zeichen schon gesagt? Doch kaum etwas. Denn was bedeutet das schon: ‹Andante›, ‹Allegro› . . . ? Was heißt ‹diminuendo›? Das sind nur Worte. Und wir müssen versuchen, aus diesen Worten heraus zu begreifen, was diese großen Menschen wirklich haben sagen wollen . . . Und dafür, so meine ich, braucht man Zeit. Ich wenigstens brauche sie.»

Darum letzten Endes geht es ihm, als er sich 1967 nach einer «Traviata»-Produktion mit Visconti — wiederum an Covent Garden — entschließt, der Oper den Rücken zu kehren und sich nur noch der Symphonik und den großen Chorwerken zu widmen. An anderer Stelle bekennt er, daß er allein schon dafür immer wieder Ruhe und Zurückgezogenheit benötigt, um die emotionale Energie zu konzentrieren, die die Interpretation eines großen symphonischen Werkes von ihm erfordert und die er glaubt, diesem schuldig zu sein.

In diesen sechziger Jahren gewinnt er einen Ruf als bedeutender Mozart- und Verdi-Dirigent. Die siebziger Jahre ergänzen dieses Bild dahingehend, daß er nun auch als einer der berufensten Interpreten der Werke Brahms', Bruckners und Mahlers gilt. 1969 ist er zum Ständigen Gastdirigenten des Chicago Symphony Orchestra berufen worden. Unter Giulinis Leitung entwickelt es einen gerundeten und atmenden Klang, der den großen Symphonien Bruckners und Mahlers ein Leben verleiht, das von innen kommt. Kaum ein Dirigent versteht die gefürchteten Generalpausen bei Bruckner so mit Spannung zu erfüllen wie dieser Außenseiter des Jet-Set, der bis in die äußere Erscheinung sich als ein tief ästhetisch empfindender Mensch zu erkennen gibt.

Mit der Neuen Musik hat er zeitlebens wenig anfangen können. Sie widerspricht seinem Empfinden für einen schönen Instrumentalklang zu sehr, und das ihr häufig innewohnende aggressive Potential ist ihm fremd. Ihm ist in vier Jahrzehnten des Dirigierens nichts so sehr zuwider geblieben wie Routine und Mittelmaß.

Von 1973 bis 1976 leitet er die Wiener Symphoniker als deren Chefdirigent und macht sie zu einem den Philharmonikern gleichwertigen Orchester. In der Saison 1978/79 bindet er sich als Chefdirigent an das Los Angeles Philharmonic Orchestra, immer einem Grundsatz folgend, den er einmal so formuliert hat: «Ich mache Musik mit meinem ganzen Leben!» *NE*

Glover, Jane

* Helmsley (Yorkshire) 13. 5. 1949; englische Dirigentin und Musikwissenschaftlerin, studierte an der Universität in Oxford, wo sie 1978 mit einer Dissertation über Cavalli abschloß. 1975 debütierte sie als Dirigentin beim Wexford Festival, wo sie Cavallis «Eritrea» in einer eigenen Version aufführte. 1982 gab sie das gleiche Stück in London. Im britischen Fernsehen leitete sie Barockopern. Weiterhin dirigierte sie beim Glyndebourne-Festival, wo sie 1982 «Don Giovanni» aufführte.

Goehr, Walter

* Berlin 28. 5. 1903, † Sheffield 4. 12. 1960; britischer Dirigent deutscher Geburt, Schüler Schönbergs an der Preussischen Akademie der Künste in Berlin. In Deutschland wegen seines jüdischen Glaubens verfolgt, ging er nach London, wo er 1933—39 Musikdirektor der Columbia-Grammophon-Gesellschaft und ab 1943 bis zu seinem Tod Dirigent der Morley College Concerts war. 1945—48 dirigierte er auch das Theaterorchester der BBC. Bevor er Deutschland verließ, dirigierte er 1925—31 das Orchester des Berliner Rundfunks. Bis 1948 lebte er in England unter dem Namen George Walter.

Gönnenwein, Wolfgang

* Schwäbisch-Hall 29. 1. 1933; deutscher Dirigent, studierte in Stuttgart und wurde dort 1959 als Dirigent des Süddeutschen Madrigalchors angestellt. 1973 erhielt er die Ernennung zum Direktor der Hochschule für Musik und darstellende Kunst in Stuttgart. Einen Namen machte er sich mit seinen Dirigaten von Chorwerken Haydns, Bachs und Mozarts. Von der Spielzeit 1985/86 an wird G. Intendant der Württembergischen Staatstheater Stuttgart und GMD der Oper sein. International beachtet wurden seine Operndirigate während der Ludwigsburger Festspiele.

Gomez Martinez, Miguel

* Granada 17. 9. 1949; spanischer Dirigent, lernte bei seiner Mutter Klavier und studierte dann an den Konservatorien in Granada und Madrid. Später belegte er Kurse bei Leinsdorf und Boult in Tanglewood und studierte bei Markevitch in Madrid und Swarowsky in Wien. 1971 wurde er zum Musikdirektor des Stadttheaters St. Pölten ernannt (bis 1972), von dort wechselte er als Ständiger Dirigent zum Stadttheater nach Luzern (bis 1974). Nachdem er ab 1973 an der Deutschen Oper in Berlin dirigiert hatte, wurde er dort 1974 zum Ständigen Dirigenten berufen (bis 1977); die gleiche Stellung hatte er ab 1976 an der Wiener Staatsoper. Daneben dirigiert er u.a. in Berlin, München, Hamburg, London, Genf und Paris sowie an der Grand Opera in Houston.

Golovanov, Nicolai

* Moskau 21. 1. 1891, † ebenda 28. 8. 1953; russischer Dirigent, Komponist und Pädagoge, studierte Dirigieren — vor allem von Chören — bei Kastalsky an der Synodalschule in Moskau. 1909 Diplom. 1914 wurde er als Assistent des Chordirektors an das Bolshoi Theater verpflichtet und dort nach Kräften gefördert. Er wurde 1948 Chefdirigent. Er war auch Direktor der Theaterabteilung am Radio Moskau. 1935 wurde ihm der Orden »Rote Fahne« verliehen, und viermal erhielt er den Stalin-Preis (1946, 1948, 1950, 1951). Er schrieb eine Oper »Prinzessin Yurata«, eine Sinfonie, eine Sinfonische Dichtung »Salome« nach Oscar Wilde und verschiedene Klavierstücke und Lieder.

Golschmann, Vladimir

* Paris 16. 12. 1893, † New York 1. 3. 1972; amerikanischer Dirigent französischer Geburt und russischer Herkunft, studierte an der Schola Cantorum in Paris Harmonielehre, Kontrapunkt und Komposition. 1919 gründete er die Concerts Golschmann, und anschließend dirigierte er bei den Concerts Padeloup, bei Diaghilews Russischem Ballett, bei den Concerts Populaires in Brüssel und das Schwedische Ballett (1923). Als Musikdirektor am Bériza-Theater gab er Premieren von Werken Iberts und Milhauds. 1924 und 1925 wirkte er als Gastdirigent beim New Yorker Symphonieorchester, 1931 übernahm er als Chefdirigent das Saint Louis Symphony Orchestra, wo er 25 Jahre blieb. Musikdirektor war er 1958—61 beim Tulsa Symphony Orchestra und 1964—70 beim Denver Symphony Orchestra.

Goltermann, Georg

* Hannover 19. 8. 1824, † Frankfurt/Main 29. 12. 1898; deutscher Cellist, Dirigent und Komponist, erlernte die Komposition bei I. Lachner in München (1847—49) und wirkte in den folgenden drei Jahren als Cellosolist. 1852 ging er als Musikdirketor nach Würzburg, wechselte aber ein Jahr später als 2. Kapellmeister an das Stadttheater nach Frankfurt/Main, wo er 1874 zum 1. Kapellmeister aufstieg.

Goodall, Reginald

* Lincoln 13. 7. 1901; englischer Dirigent, studierte am Royal College of Music in London bei A. Benjamin und W. H. Reed. 1936—39 assistierte er an Covent Garden, danach bei den Berliner Philharmonikern (Furtwängler). Er leitete zahlreiche Opernvorstellungen, unter anderem den kompletten «Ring des Nibelungen» an der Sadler's Wells Opera in London (1973).

Goossens, Eugène G.

* Brügge 25. 2. 1845, † Liverpool 30. 12. 1906; englischer Dirigent belgischer Geburt, studierte an den Konservatorien in Brügge und Brüssel. 1873 ging er nach London, wo er zuerst Operetten dirigierte und 1883 erst 2. Dirigent und 1889 Chefdirigent bei der Carl-Rosa-Operngesellschaft wurde. 1893 ließ er sich in Liverpool nieder, schlug fehl bei dem Versuch, ein ständiges Orchester einzurichten und gründete schließlich unter seinem Namen einen Männerchor, der sich auf belgisches Repertoire spezialisierte.

Goossens, Eugène

* Bordeaux 28. 1. 1867, † London 31. 7. 1958, Violinist und Dirigent, Sohn von Eugène G., ausgebildet an den Konservatorien in Brügge und Brüssel (1883—86). Assistierte ab 1889 seinem Vater bei der Carl-Rosa-Operngesellschaft. Nach einem weiteren Studienjahr an der Royal Academy of Music in London (1891—92) dirigierte er einige reisende Operngesellschaften, kehrte aber 1899 als Chefdirigent zur Carl-Rosa-Operengesellschaft zurück (bis 1915). 1917 leitete er einen Teil der Opernsaison an Beecham's His Majesty's Theatre und ging schließlich 1926 als Dirigent zur British National Opera Company.

Goossens, Sir Eugène

* London 26. 5. 1893, † Hillingdon, Middlesex 13. 6. 1962; Dirigent und Komponist, Sohn von Eugène G. (†1958), studierte am Konservatorium in Brügge, ab 1904 am College of Music in Liverpool und ab 1907 am Royal College of Music in London (Violine bei Stanford). Nach mehreren Engagements als Violinist und der Gründung eines eigenen Philharmonischen Streichquartetts dirigierte er 1916—20 bei der Operngesellschaft von Sir Thomas Beecham, 1921 als Nachfolger von Williams bei der Händel-Vereinigung und 1922 bei der Carl-Rosa-Operngesellschaft am Covent Garden in London. Im folgenden Jahr trat er den Dirigentenposten beim neu formierten Rochester-Philharmonie-Orchester in den USA an, verbrachte die folgenden 23 Winter in Amerika, die Sommermonate in England. 1931—46 war er ständiger Dirigent des Cincinnati Symphony Orchestra, bis er 1947 die Dirigentenstelle beim Sydney Symphony Orchestra und das Direktorat am New South Wales Conservatorium übernahm (bis 1956).

Gotovac, Jakov

* Split 11. 10. 1895, jugoslawischer Komponist und Dirigent, begann seine musikalische Ausbildung neben dem Jurastudium an der Universität in Za-

greb und setzte sie bei Marx in Wien fort. 1922 hatte er für eine Saison den Kapellmeisterposten in Šibenik inne und wechselte dann als Dirigent an das Kroatische Nationaltheater nach Zagreb. Dort blieb er bis 1958 und schrieb daneben einige Opern und Orchesterwerke.

Graf, Hans

* Wien 1949; österreichischer Dirigent, studierte zwischen 1967 und 1971 an der Musikhochschule in Graz Klavier und Dirigieren bei Prof. Max Heider. Nach seinem Diplom mit Auszeichnung nahm er an internationalen Meisterkursen bei Franco Ferrara, Arvid Jansons und Sergiu Celibidache teil. 1972 Studium bei Arvid Jansons in Leningrad; danach Lehrer an der Musikhochschule Graz; 1975 Leiter des Iraqui National Symphony Orchestra; 1979 Erster Preis beim Karl Böhm-Dirigentenwettbewerb in Salzburg; seit 1984 musikalischer Leiter des Landestheaters Salzburg.

Graf, Peter-Lukas

* Zürich 5. 1. 1929; Schweizer Flötist und Dirigent, Schüler Jaunets in Zürich und Student des Pariser Konservatorium bei Moyse und Cortet (bis 1950). Anschließend wirkte er sechs Jahre lang als Soloflötist im Stadtorchester Winterthur und lehrte am Konservatorium. 1961—65 war er als Opernkapellmeister in Luzern tätig, seitdem arbeitet er als Flötist und Gastdirigent.

Graunke, Kurt

* Stettin 20. 9. 1915; deutscher Dirigent, studierte ab 1934 Violine in Berlin (bei Havemann) und Wien (bei Schneiderhan), wirkte als Solist und ab 1941 auch als Militärkapellmeister. Nach dem Krieg gründete er in München ein Streicherensemble, aus dem in kurzer Zeit das noch heute bestehende »Symphonie-Orchester Graunke« hervorging. Kurt Graunke veranstaltet seither mit seinem Orchester regelmäßige Abonnementkonzerte und machte das Ensemble zu einem bedeutenden Film- und Fernsehorchester. Zahlreiche Gastspielreisen mit vielseitigen Konzert- und Bühnenaufgaben haben den Dirigenten und das »Symphonie-Orchester Graunke« auch im Ausland populär gemacht.

Gregor, Bohumil

* Prag 14. 7. 1926; tschechischer Dirigent, ausgebildet am Prager Konservatorium, danach Dirigent in der tschechischen Hauptstadt (1947—49), in Brünn (1949 bis 51) und Ostrau (1958—62), wo er die Oper leitete. Ab 1963 wirkte er als Ständiger Dirigent am Prager Nationaltheater, ab 1965 als Ständiger Gastdirigent an der Königlichen Oper in Stockholm. Seit 1968 dirigierte er häufig das Residentie-Orkest in Den Haag und trat des öfteren an der Hamburger Staatsoper auf.

Grell, Eduard

* Berlin 6. November 1800, † Berlin 10. 8. 1886; deutscher Dirigent und Komponist, ausgebildet unter anderem bei seinem Vater und dem Organisten J. C. Kaufmann, sowie bei Zelter und Rungenhagen. 1817 wurde er Organist an der Nikolaikirche und Mitglied der Singakademie in Berlin, wo er 1851 Rungenhagen als 1. Dirigent ersetzte (bis 1875). 2. Dirigent war er bereits seit 1832. Daneben hatte er verschiedene Posten als Lehrer inne.

Grosbayne, Benjamin

* Boston 7. 4. 1893 † 24. 1. 1976 in Brookline, Mass.; amerikanischer Dirigent, studierte an der Harvard Universität und zugleich am New England Conservatorium Musik. Bei Monteux und Weingartner lernte er Dirigieren; Opernhäuser in den USA engagierten ihn als Geiger und Dirigenten; von 1931—38 war er Leiter der Musikabteilung des Brooklyn College.

Groves, Sir Charles

* London 10. 3. 1915; englischer Dirigent, 1932—37 ausgebildet am Londoner Royal College of Music, übernahm 1938 als Chorleiter bei der BBC die Music Productions Unit (bis 1941) und wurde danach assistierender Dirigent des BBC Theatre Orchestra (bis 1943). Weiterhin bei der BBC, dirigierte er 1943 bis 44 das Revue Orchestra und 1944 bis 51 das Northern Orchestra. 1951 bis 61 war er Musikdirektor des Bournemouth Symphony Orchestra, anschließend der Welsh National Opera (1961—63). 1967 wurde G. zum Musikdirektor des Royal Liverpool Philharmonic Orchestra berufen (bis 1977), danach in gleicher Position bei der English National Opera in London, wo er 1979 zurücktrat. Sein Spezialgebiet ist die Musik von Elgar und Delius und Symphonien von Sibelius.

Grüber, Arthur

* Essen 21. 8. 1910; deutscher Dirigent und Komponist, studierte an der Folkwangschule und an der Kölner Musikhochschule, wo er von H. Abendroth zum Dirigenten ausgebildet wurde. 1932 begann er als Korrepetitor an der Frankfurter Oper, 1934—38 wirkte er an diesem Institut als Kapellmeister. Nach einer Spielzeit als Operndirektor in Wuppertal wurde Grüber 1939 Erster Kapellmeister am Deutschen Opernhaus Berlin, 1944 Generalmusikdirektor in Halle. Nach Kriegsdienst und Gefangenschaft kam Grüber 1947 als musikalischer Oberleiter an die Hamburgische Staatsoper, 1951—55 dirigierte er an der Komischen Oper Berlin, 1955 folgte er einem Ruf als Generalmusikdirektor des Staatstheaters Braunschweig, 1962—77 wirkte er als Generalmusikdirektor am Badischen Staatstheater Karlsruhe sowie als Dozent der Hochschule für Musik. Zahlreiche Gastspiele hatten Grüber seit den 50er Jahren auch im Ausland bekannt gemacht.

Guadagno, Anton

* Castellammare del Golfo (Grapani) 2. 5. 1925; italienischer Dirigent, studierte an der Cäcilien-Akademie in Rom und am Mozarteum in Salzburg, wo seine Lehrer Ferrara, Molinari, Zecchi und Karajan waren. Nach Auftritten in zahlreichen kleineren Opernhäusern Italiens wurde er assistierender Dirigent an der Metropolitan Opera in New York (1958—59) und 1966 Verwaltungschef für Musik an der Philadelphia Lyric Opera (1972). Bei seiner Rückkehr nach Europa erhielt er die Ernennung zum Chefdirigenten an der Wiener Volksoper.

Guhr, Karl Wilhelm Ferdinand

* Militsch 30. 10. 1787, † Frankfurt/Main 22. 7. 1848; deutscher Kapellmeister und Komponist, studierte bei Janitschek und Schnabel in Breslau und hatte dann Kapellmeisterposten in Nürnberg, Wiesbaden, Kassel und Frankfurt (1821—48) inne. Außerdem schrieb er eine Symphonie, Konzerte, Quartette und Violinstücke.

Gui, Vittorio

* Rom 14. September 1885, † Florenz 17.10.1975; italienischer Dirigent und Komponist, studierte am Liceo musicale di Santa Cecilia in Rom bei Falchi und Setaccioli. Der Erfolg seines Dirigentendebüts beim Teatro Adriano (Dezember 1907) führte zu weiteren Engagements in Neapel und Turin. Auf Toscaninis Einladung eröffnete er 1923 als Dirigent die Saison der Mailänder Scala mit «Salome». 1928 gründete er das Orchestra Stabile in Florenz, aus dem sich 1933 das Maggio musicale fiorentino entwickelte, ein Musikfest, das er bis 1936 als Künstlerischer Direktor leitete. Während des Zweiten Weltkrieg trat er als Dirigent in Berlin und Wien in Erscheinung, 1958 auch in Japan. Weiterhin war er 1949—65 1. Direktor der Festspiele in Glyndebourne und Edinburgh, trat sogar nach seinem 86. Geburtstag noch als Dirigent auf.

Gurlitt, Manfred

* Berlin 6. 9. 1890, † Tokio 29. April 1973; deutscher Dirigent, ging in Berlin nach seiner Ausbildung bei Mayer-Mahr und Breithaupt (Klavier) sowie Kaun und Humperdinck (Komposition) als Korrepetitor an die Hofoper (1908—10). Danach assistierte er bei den Bayreuther Festspielen und übernahm Kapellmeisterposten an den Stadttheatern in Essen und Augsburg. 1914 ging er als 1. Kapellmeister und Opernleiter zum Stadttheater Bremen, gründete dort auch die Neue Musikgesellschaft. 1924 kehrte er als GMD und Gastdirigent nach Berlin an die Staatsoper zurück, lehrte an der dortigen Hochschule für Musik und hatte danach weitere Engagements bei verschiedenen europäischen Orchestern. 1939 siedelte er nach Japan über, leitete ein eigenes Opernunternehmen (ab 1953).

Guschlbauer, Theodor

* Wien 14. 4. 1939; österreichischer Dirigent, studierte an der Wiener Musikhochschule und dirigierte 1961—69 das Wiener Barock-Ensemble. Daneben war er 1966—68 Chefdirigent des Salzburger Landestheaters. Anschließend ging er als Operndirigent nach Lyon und wurde 1975 zum Chefdirigenten des Linzer Landestheaters ernannt. 1983 beriefen ihn die Straßburger Philharmoniker und die Oper am Rhein in Düsseldorf zum Chefdirigenten.

Habeneck, François Antoine

* Mézières 22. 1. 1781, † Paris 8. 2. 1849; französischer Violinist, Dirigent und Komponist, lernte bei seinem Vater Violine und studierte später am Pariser Konservatorium. Zwischen 1804 und 1806 war er Violinist an der Komischen Oper und wechselte schnell an die Große Oper. Danach wirkte er bis 1815 als Dirigent der Konservatoriumskonzerte und übernahm 1828 dessen Direktorat, wobei er den Standard der Konzerte enorm anhob. 1821—24 war er Direktor der Großen Oper, anschließend bis 1846 deren Kapellmeister (bis 1831 gemeinsam mit Valentino). Machte sich besonders um die Verbreitung von Beethovens Werk in Frankreich verdient.

Hadley, Henry

* Somerville, Massachusetts 20. 10. 1871, † New York 6. 9. 1937; amerikanischer Dirigent und Komponist, ausgebildet von seinem Vater, am New England Conservatory of Music und bei Eusebius Mandyczewski in Wien (1894—95). Als Organist kehrte er in die USA nach Garden City zurück (bis 1904), dirigierte dann bis 1909 in Europa (1908 Kapellmeister am Stadttheater in Mainz) und wird, wiederum in den USA, Leiter des Seattle Symphony Orchestra (bis 1911). Bis 1916 dirigierte er danach das neu formierte Symphonieorchester in San Francisco, und ab 1920 wirkte er als Dirigent bei dem New Yorker Philharmonieorchester. 1929 gründete das Manhattan Symphony Orchestra, um besonders amerikanische Komponisten zu fördern, und leitete es bis 1932.

Hagel, Richard

* Erfurt 7. 7. 1872, † Berlin 1. 5. 1941; deutscher Kapellmeister, erhielt den ersten Unterricht von seinem Vater, dem Kapellmeister Karl H., und studierte 1898—1900 am Konservatorium in Leipzig, wo er danach als 3. Kapellmeister am Stadttheater begann und 1902 zum 1. Kapellmeister aufstieg (bis 1910). Daneben hatte er 1906—09 die Leitung des Riedel-Vereins, anschließend gründete und leitete er den Philharmonischen Chor (bis 1913 und ab 1914). 1911—14 wirkte H. auch als Hofkapellmeister in Braunschweig, die folgenden vier Jahre war er als Opernleiter tätig. 1919—25 dirigierte er die Berliner Philharmoniker, 1926—29 einen Chor in Danzig. Daneben war er als Pädagoge in Berlin beschäftigt.

Hager, Leopold

* Salzburg 6. 10. 1935; österreichischer Dirigent, 1949—57 am Mozarteum in Salzburg bei Paumgartner ausgebildet, wirkte er ab 1957 erst als Korrepetitor, später als 1. Kapellmeister am Städtischen Theater in Mainz (bis 1962). Die gleiche Position hatte er 1962—64 am Linzer Landestheater und danach bis 1966 an der Kölner Oper inne. 1965 wurde er in Freiburg im Breisgau zum GMD ernannt (bis 1969), 1968 erhielt er am Salzburger Mozarteum die Ernennung zum Chefdirigenten des Orchesters (bis 1981). Ab 1967 dirigierte er als Gast an der Bayerischen Staatsoper in München, später auch in den USA. Heute ist er Chefdirigent des Orchesters von Luxemburg. Bemerkenswert sind seine Einspielungen aller unbekannten Opern Mozarts.

Hahn, Reynaldo

* Caracas 9. 8. 1875, † Paris 28. 1947; französischer Komponist und Dirigent venezolanischer Herkunft, studierte bei Massenet am Pariser Konservatorium. Neben seiner Tätigkeit als Komponist und Musikkritiker (1934) dirigierte er im Casino in Cannes und wurde 1945 Direktor der Pariser Opéra, wo er zahlreiche Werke von Mozart aufführte.

Haitink, Bernard

Er ist das Gegenteil von einem Showdirigenten. Von hinten erweckt Bernard Haitink den Eindruck von einer Mischung aus Zeremonienmeister und Parlamentspräsident, was vielleicht auch gewisse Rückschlüsse auf das tiefverwurzelte demokratische Selbstbewußtsein der Holländer zuläßt. Sachlichkeit und Würde sind es, die dieser Dirigent mit seiner rückwärtigen Ansicht ausstrahlt. Aus der Sicht des Orchestermusikers ist dieser Eindruck nicht einmal grundlegend anders, nur sehr viel intensiver. Da schaut einen die tiefe Einsicht in den Aufbau und in die Zusammenhänge

der Partitur an. Bernard Haitink dirigiert viel mit den Augen, was es gelegentlich mit sich bringt, daß er auch sehr unwillig dreinschauen kann. Sein Schlag dagegen ordnet die Musik wie selbstverständlich. Es ist ein völlig unspektakulärer, sachdienlicher Schlag, eine graphische Luft-Ordnung, in der jeder Taktteil seinen angemessenen Platz hat. Als Musiker braucht man bei Bernard Haitink kaum einmal vom Pult hochzuschauen; aus dem Augenwinkel sieht man stets, an welcher Wegmarke des Werks die Musik sich gerade befindet. Es ist schwer, unter Bernard Haitink falsch zu spielen.

Es ist noch viel schwerer, es ihm recht zu machen. Seine Vorstellungen von Klang, von Atmosphäre und gleichzeitiger Transparenz, von höchster Spielkultur und gleichzeitiger Kraftentfaltung erfordern, da selbst aus einer außergewöhnlichen Konzentration geboren, auch vom Musiker außergewöhnliche Konzentration. Entspannend ist dieser Dirigent nicht, weder für die Musiker noch für die Zuhörer. Er behandelt die musikalischen Werke als einen Teil der menschlichen Ordnung, und mit der ist er nicht geneigt zu spaßen. In diesen Punkten scheint Haitink eher gegen die Zeit zu stehen, gegen ihren atemlosen Ehrgeiz und ihre Neigung, auf alle Fälle den äußeren Hochglanz zu wahren. Gegen die Tendenz, den Schein, wenn nicht gar das Trugbild zur eigentlichen Wahrheit zu mystifizieren. Es gibt wenige Dirigenten, die sich so ernüchternd über das Dirigieren geäußert haben, überhaupt wenige, die so gründlich und so unbekümmert öffentlich über den Dirigenten und seine Funktion reflektiert haben. Dirigieren — das sei nichts Mystisches, hat Bernard Haitink ein ums andere Mal versichert. Das sei ein Job, eine Profession. Wenn freilich ein professioneller Dirigent wie Bernard Haitink sich ein ganzes Jahr Zeit nimmt, um eine Mahler-Symphonie vorzubereiten, dann erhält der Begriff des Professionellen einen anderen als den üblichen Sinn, und am Ende sind die Voraussetzungen für eine Aufführung geschaffen, über die sich nicht einfach in zwei Worten reden läßt.

Johann Herman Bernard Haitink wurde am 4. März 1929 in Amsterdam geboren. Der Vater war Direktor der Gas- und Elektrizitätswerke, und diese öffentliche Verantwortung brachte es während des Zweiten Weltkriegs mit sich, daß die Familie ständig unter der

Bernard Haitink ist der Symphoniker unter den Operndirigenten. Seine Liebe zu Mozart führt zu Musterinterpretationen, etwa in Glyndebourne.

Bedrohung durch die Polizeiadministration der deutschen Besatzung stand. Diese Jahre der persönlichen Gefährdung durch einen übermächtigen Apparat haben denn auch die Jugend Bernard Haitinks entscheidend geprägt und zu dem tiefen Ernst beigetragen, mit dem er sich der Verantwortung als Musiker stellt.

Als Bernard Haitink neun Jahre alt war, wollte er unbedingt Geige spielen. Die Eltern, in allen Dingen auf Solidität und Gründlichkeit bedacht, besorgten nicht nur ein gutes Instrument, sondern sorgten auch für einen grundsoliden Lehrer, einen Geiger des Concertgebouw Orkest. Unvergeßlich blieben für den jungen Geigenschüler die Konzerte dieses bedeutenden und traditionsreichen Orchesters unter Willem Mengelberg, dem großen Bruckner- und Mahlerdirigenten.

Als Haitink dann die Streicherausbildung am Amsterdamer Konservatorium fortsetzte, kam noch der Besuch einer Dirigentenklasse bei Felix Hupka hinzu, der freilich weniger dem Erlernen technischer Fertigkeiten dienlich wa, als vielmehr dem Begreifen musikalischer und vor allem aber auch musikalisch-instrumentaler Zusammenhänge galt. Hupka bildete keine Dirigenten aus. Er suchte aus seinen Schülern Musiker von umfassenderem Wissen zu formen.

Als Bernard Haitink das Amsterdamer Konservatorium verließ, war er weder ein brillanter Geiger noch ein handwerklich hinreichend geschulter Dirigent. Immerhin spielte er an einem der hinteren Pulte die Zweite Violine beim Philharmonischen Orchesters des niederländischen Rundfunks. Sehr viel

weiter nach vorn hätte er sich, wie er selbst freimütig zugibt, kaum vorarbeiten können. Die Geige war ihm nun einmal nicht in die Wiege gelegt worden. Immerhin erlebte er nun bedeutende Dirigenten Auge in Auge; und es waren so verschiedenartige Temperamente darunter wie Eduard van Beinum, Ferdinand Leitner oder Hans Rosbaud. Ein knappes Jahr, während der Saison 1954/55, blieb Bernard Haitink in dieser Position eines Tutti-Geigers, aber es war auch dieses Jahr, das über seinen künftigen Lebensweg entschied.

Er besuchte in dieser Zeit zweimal die alljährlich stattfindenden Dirigierkurse des Niederländischen Rundfunks in Hilversum. Sie wurden von Ferdinand Leitner abgehalten, der damals Generalmusikdirektor der Württembergischen Staatsoper war. Haitink schien, bei seinem Mangel an systematischer technischer Ausbildung, kaum zum Dirigenten geeignet. Doch Leitner spürte das herausragende Talent in diesem jungen holländischen Musiker von gerade fünfundzwanzig Jahren. Er schlug ihm vor, mit nach Stuttgart zu kommen und dort als Assistent des Generalmusikdirektors das Handwerk des Dirigenten zu erlernen — natürlich in erster Linie das Handwerk des Opernkapellmeisters, das schließlich seit eh und je als beste Voraussetzung für eine Dirigentenlaufbahn gilt. Haitink zog es vor, ein Angebot aus Holland anzunehmen. Er wurde 1955 Zweiter Dirigent bei der niederländischen Radio-Union und schlug damit den Weg des Symphonikers ein. Und ein Symphoniker sollte er dann sein weiteres Leben lang bleiben, selbst als er schließlich begann, Opern zu dirigieren.

Zunächst einmal war er ein durchaus nachgeordneter Kapellmeister, der einen wesentlichen Teil der freibleibenden Energien darauf verwandte, die Werke über das Studium der Partituren so genau wie möglich kennenzulernen. Im folgenden Jahr sollte sich dieser Ernst des Studiums auszahlen. Carlo Maria Giulini mußte krankheitshalber im letzten Augenblick eine Aufführung des «Requiem« von Hector Berlioz absagen. Eduard van Beinum suchte nach Ersatz, und die Wahl fiel auf Haitink, der dieses Werk bereits für sich erarbeitet hatte. Das Konzert wurde eine Sensation. Das Concertgebouw Orkest schloß auf Anhieb Freundschaft mit dem ruhigen und freundlichen Dirigenten, der seiner Sache so erstaunlich sicher war. Man lud Bernard Haitink zu weiteren Konzerten ein, und am Ende sollte daraus eine der dauerhaftesten Verbindungen werden, die die neuere Musikgeschichte kennt.

Noch im gleichen Jahr wurde Haitink zunächst einmal Chefdirigent der niederländischen Radio-Philharmoniker, und aus dieser Zeit Ende der fünfziger Jahre ist er dem mitteleuropäischen Rundfunkhörer auch nachhaltig in Erinnerung, denn Radio Hilversum war unter den Musikliebhabern stets ein Geheimtip von besonderer Qualität. Die ersten Einladungen ins Ausland konnten nicht ausbleiben — 1958 gab Haitink sein Debüt beim Los Angeles Philharmonic Orchestra. 1959 begann seine Zusammenarbeit mit einem bedeutenden holländischen Phono-Konzern.

1961 ging es darum, die Position des Chefdirigenten beim Concertgebouw Orkest neu zu besetzen — zwei Jahre zuvor war Eduard van Beinum gestorben, der nach dem Krieg Willem Mengelberg abgelöst hatte. Mengelberg, der in der Schweiz starb, hatte sich durch seine Kollaboration mit der deutschen Besatzung kompromittiert. Das Orchester, gleichermaßen geprägt von Mengelbergs ekstatischem Klangempfinden und von Beinums unsentimentaler Sachlichkeit, war damals schon eines der führenden der Welt. Das Concertgebouw selbst zählt zu den Sälen mit der schönsten Akustik. Man entschied sich zunächst für zwei Chefdirigenten, für Eugen Jochum und für Bernard Haitink, beide Vertreter einer durchaus konservativen Auffassung von Musik und beide bemerkenswerte Organisatoren der Großwerke der Symphonik. Als Jochum 1964 ausschied, wurde Haitink alleiniger Chef.

Man hat ihm in der Folgezeit mehr als einmal vorgeworfen, daß er zur musikalischen Avantgarde ein zumindest eher gebrochenes Verhältnis hat und manchmal gar offene Ablehnung an den Tag legte. Doch Haitink blieb unerschütterlich der Dirigent der Klassik und der Romantik. Bach und Händel überließ und überläßt er ebenso den Spezialisten wie die Moderne. Dafür kultivierte er unermüdlich seine und des Orchesters Klangvorstellungen von der Symphonie, die ja schließlich auch erst mit Haydn einsetzt und mit Mahler und Schostakowitsch an ihr vorläufiges Ende gekommen zu sein scheint, auch wenn spätere Komponisten noch den Begriff der Symphonie gelegentlich anzuwenden versuchten.
Haitinks Anstrengungen galten einem noch reicheren Streicherklang — die Qualität der Streicher des Concertgebouw Orkest hatte schon vor ihm stets einen hohen Stand —, und einer steten Verbesserung bei den Blechbläsern und namentlich bei den Holzbläsern. So entwickelte er beharrlich ein Orchester, das sein Bestes bei Bruckner und Mahler zu leisten vermochte. Bei deren großdimensionierten Werken zeigte es sich sehr bald in der Lage, sich selbst zuzuhören und einen geschlossenen und zugleich durchsichtigen Klang von außerordentlicher Kultur zu entwickeln. Eine von Haitinks Leistungen war dabei, daß er seine eigene Fähigkeit, seinen Musikern ernsthaft zuhören zu können, auf diese und ihr Verhältnis untereinander zu übertragen vermochte.
Selbst wenn nach wie vor gilt, daß man das Concertgebouw Orkest am schönsten in seinem eigenen Konzertsaal hört, so vermochten das Orchester und sein Dirigent seitdem immer wieder ihre besonderen Qualitäten auch bei zahlreichen Auslandstourneen sinnfällig zu machen. Für Bernard Haitink kam jedoch wenige Jahre später eine weitere und in diesem Fall ebenso ideale Aufgabe hinzu. 1967 wurde er Chefdirigent und künstlerischer Berater des London Philharmonic Orchestra, 1970 auch dessen künstlerischer Direktor. Und in den dreizehn Jahren dieser Zusammenarbeit zahlten sich erneut das Verantwortungsbewußtsein und die Solidität dieses Dirigenten aus, der vom ständigen Reisen und Gastieren und vom Starruhm wenig hält. Haitink beschränkt sich im wesentlichen darauf, in jeder Saison etwa fünfundzwanzig Konzerte mit seinem Londoner Orchester und rund fünfzig Konzerte in Amsterdam zu erarbeiten. Das London Philharmonic mit seiner rascheren und gewissermaßen professionelleren Art mag dabei auch auf Haitinks eignen Interpretationsstil eingewirkt haben; im Laufe der Jahre fand er, der anfangs eigentlich immer zu breiten Tempi und zu einem sehr ausführlichen Musizieren geneigt hatte, bisweilen zu einer rascheren Gangart.
Bernard Haitink erweist sich insgesamt als ein Dirigent, der bedeutende Traditionen fortzusetzen imstande ist. So war es auch 1972, als er erstmals in Glyndebourne dirigierte und sehr bald die Erinnerung an den ebenso liebenswürdigen wie unsentimentalen Fritz Busch hervorrief. Sein Debüt gab er mit «Die Entführung aus dem Serail«, der 1973 eine «Zauberflöte» folgte und in den folgenden Jahren nahezu das gesamte Repertoire an Mozart-Opern. Zu seinen aufsehenerregenden Glyndebourner Produktionen zählen indes auch «Pelléas et Mélisande», «Fidelio» und «The Rake's Progress». 1977 wurde Haitink musikalischer Leiter von Glyndebourne und trat damit die Nachfolge von John Pritchard an. Zugute kam ihm bei alledem natürlich, daß das London Philharmonic Orchestra ohnehin auch das Orchester der Glyndebourne Festival Opera ist. Im gleichen Jahr 1977 gab er sein Debüt an Covent Garden mit «Don Giovanni», und die darauf folgende enge Zusammenarbeit mit der Londoner Königlichen Oper führte schließlich 1983 dazu, daß ihm die Leitung dieses Instituts und damit die Nachfolge von Sir Colin Davis angetragen wurde. Doch blieb Bernard Haitink, der inzwischen auch am Teatro alla Scala und an der Metropolitan Opera dirigiert, im Orchestergraben der Symphoniker, der die Werke mit aller Akribie auf die Nuancen der Partitur hin ausleuchtet und dem alles al-fresco-Musizieren des typischen Opernkapellmeisters zuwider ist. Dies schlägt sich nicht zuletzt auch in der Wahl der Regisseure nieder, mit denen er zusammenarbeitet. Er gibt einer geschmackvollen, aber geistreichen Szene durchaus den Vorzug vor jenem heftigen und mitunter schockierenden Musiktheater, das die großen Matadore der Regie zu inszenieren pflegen. Auch hier also schlägt sich — im Positiven wie im Negativen — Haitinks Abneigung gegen jene Vorliebe unserer Zeit nieder, aus allem und jedem eine Szene zu machen. *NE*

Bernard Haitink ist auch ein vielbeschäftigter Schallplatten-Dirigent. Seit 1983 leitet er die Covent Garden Opera London.

Halász, László

* Debrecen 6. 6. 1905; amerikanischer Dirigent ungarischer Herkunft, erhielt seine Ausbildung (Klavier, Theorie und Dirigieren) am Königlichen Konservatorium in Budapest, begann seine Laufbahn als Pianist und verlegte sich als Hilfskapellmeister an der Königlichen Oper in Budapest auf das Dirigieren (1929/30). Nach einem ähnlichen Posten in Prag (1930—32) wirkte er als Dirigent der Wiener Volksoper (bis 1936) und emigrierte dann in die USA. 1939—43 dirigierte er an der St. Louis Grand Opera und wurde danach als Musikdirektor und Dirigent an die New York City Opera berufen (Rücktritt 1951). Ab 1949 war H. als Künstlerischer Direktor der Chicago Opera Company tätig (bis 1952), später als Musikalischer Direktor bei Remington Records, als Musikdirektor am Teatro Liceo in Barcelona für das deutsche Repertoire, als Künstlerischer und Musikalischer Leiter am Peabody Art Theatre in Baltimore, beim Empire State Music Festival in New York sowie beim Music Festival in Long Island. Das Eastman Philharmonic Orchestra in Rochester (N. Y.) dirigierte er 1965—68, anschließend wurde er Musikdirektor am Music College von Old Westbury der State University New York (bis 1971), und ab 1971 war er als Programmdirektor der State New York University (Stony Brook) beschäftigt.

Halffter, Cristóbal

* Madrid 24. 3. 1930; spanischer Komponist und Dirigent, Neffe von Ernesto H., studierte 1947—51 am Real Conservatorio Superior de Música in Madrid, wo er ab 1960 lehrte und von 1964—66 Direktor war. Nach einer Anstellung beim spanischen Rundfunk dirigierte er 1955—63 das «de Falla-Orchester«. In den letzten Jahren arbeitete er als Gastdirigent mit vielen Orchestern zusammen, mit denen er vor allem seine eigenen Werke aufführte.

Halffter, Ernesto

* Madrid 16. 1. 1905; spanischer Komponist und Dirigent, Schüler de Fallas, zu dem sich eine enge Verbindung entwickelte. Dank dessen Vermittlung erhielt H. 1924 den Dirigentenposten beim Orquesta Bética de Cámara, mit dem er Konzertreisen unternahm. Außerdem dirigierte er das Orchester des Konservatoriums in Sevilla, das er 1934—36 leitete. Anschließend lebte er bis 1960 in Lissabon und danach in Madrid, wo er als Musikalischer Berater des spanischen Fernsehens wirkte. Gelegentlich trat er noch als Gastdirigent in Erscheinung.

Hallé, Sir Charles

* Hagen (Westfalen) 11. 4. 1819, † Manchester 25. 10. 1895; englischer Pianist und Dirigent deutscher Geburt, lernte bei seinem Vater, einem Organisten, dann in Darmstadt bei Rinck und war ab 1836 als Klavierlehrer in Paris tätig. Dort veranstaltete er mit Franchomme und Alard Kammermusiksoiréen. 1849 übernahm er in Manchester die Leitung der traditionsreichen »Gentlemen's Concerts» und 1852 der Cecilia Society. Ab 1858 dirigierte er seine eigenen Konzerte, die in Manchester zu einem zentralen Ereignis des Musiklebens wurden. Er leitete sie 37 Jahre lang, gründete außerdem das Royal Music College of Manchester (1893).

Hallén, Andreas

* Göteborg 22. 12. 1846, † Stockholm 11. 3. 1925; schwedischer Dirigent und Komponist, studierte am Leipziger Konservatorium bei Reinecke, Hauptmann und Richter (1866—68), in München bei Rheinsberger (1869) und in Dresden bei Rietz (1870/71). Wieder in Göteborg, dirigierte er die Musikvereinskonzerte (1872—78 und dann erneut 1883—84) und lebte dazwischen als Gesangslehrer in Berlin (1879—83) und Leipzig. Von 1885—95 leitete er in Stockholm die Konzerte der Filharmoniska Sällskapet sowie vorrangig der Königlichen Oper (1892—97). 1902—07 dirigierte er die von ihm gegründete Sydsvenska Filharmoniska Sällskapet in Malmö und lehrte 1909—19 Komposition am Stockholmer Konservatorium.

Halsey, Louis

* London 19. 3. 1922; englischer Chordirigent, studierte in Cambridge, war Chorschüler des King's College und gründete 1953 in London die Elizabethan Singers, einen gemischten Chor mit über dreißig Stimmen, der bei den Promenade Concerts und bei hochklassigen Festspielen auftrat und Schallplatten aufnahm (bis 1966). Danach gründete er, ebenfalls mit Amateuren, die Louis Halsey Singers, die ein breites Repertoire aufführten. Schon seit 1964 leitete er den von ihm gegründeten Thames Chamber Choir, ein professionelles Ensemble. 1966 dirigierte er als Gast den Chor des Niederländischen Rundfunks und 1973 zahlreiche Chöre in den USA und Kanada, wo er auch an Seminaren lehrte.

Halvorsen, Johan

* Drammen (Norwegen) 15. 3. 1864, † Oslo 4. 12. 1935; norwegischer Dirigent, Violinist und Komponist, Schüler Böhns in Oslo (1881—83), Lindbergs und Nordqvists am Konservatorium in Stockholm (1883/84) und Brodskys in Leipzig (1886/87). Nach Konzertreisen als Violinist wirkte er 1892—98 als Theaterkapellmeister und 1893—98 als Dirigent der Symphoniekonzerte der «Harmonie» in Bergen. Anschließend ging er als Dirigent an das Nationaltheater nach Oslo, wo er bis 1929 blieb, Konzerte gab und mehr als 25 Opern aufführte.

Harnoncourt, Nikolaus

«In den zwanziger und dreißiger Jahren unseres Jahrhunderts kam der Begriff der Werktreue auf. Zuerst als typische Reaktion auf die Romantisierungen jeder Musik: Werktreue ist gleich objektive Notentreue ... was der Komponist geschrieben hatte, mußte exakt wiedergegeben werden ... Tatsächlich hat man in der ersten Begeisterung vergessen, daß die echte Emotion des Interpreten ebenso zur Werktreue gehört wie die korrekte Wiedergabe, daß es eine objektiv darzustellende Musik ja gar nicht geben kann und nie gegeben hat, waren doch die Menschen und besonders die Künstler jeder Zeit blutvoll und leidenschaftlich, niemals objektiv ... Auch Notentreue kann in härtesten Widerspruch zur Werktreue geraten, wenn sie als Selbstzweck verstanden wird (wie leider heute noch oft), gilt es doch, die Noten so zu lesen, wie sie gemeint sind und von den Musikern zur Zeit ihrer Niederschrift verstanden wurden, und nicht, wie sie ein heutiger Musiker liest... Werktreue ist also die lebendige und überzeugende Wiedergabe eines Kunstwerkes im Sinne des Komponisten.»

Dies schrieb Harnoncourt 1969, im gleichen Jahr, da er sich entschied, sei-

ne Stelle bei den Wiener Symphonikern aufzugeben und sich ganz der selbstgestellten Aufgabe zu widmen: die «Alte» Musik neu entdecken und sie wiedererwecken.
Seine Erfahrungen mit Interpretationen Alter Musik, die er als Schüler an der Wiener Musikakademie und später bei den Wiener Symphonikern als Cellist machte, und wo es neben den beiden Extremen «langweilig-objektiv» und «romantisierend-anachronistisch» keine neuen Ansätze zu geben schien, bewogen ihn, sich der Alten Musik aus ihrer Zeit heraus zu nähern. Fragen hatten sich genug gestellt, und die Antworten wußte sich Harnoncourt durch intensive Forschungsarbeit, Recherchen in Archiven und Museen, zeitgenössischen Schriften und Lehrbüchern zu beschaffen. Bereits im Jahr seines Eintritts bei den Wiener Symphonikern, 1952, formierte sich durch Harnoncourts Initiative ein kleiner privater Kreis von Musikerkollegen, die gemeinsam Entdeckungsreisen in die Welt der Alten Musik unternahmen. 1953 erhielt das Ensemble seinen Namen: Concentus musicus Wien.
Nikolaus Harnoncourt, geboren am 6. Dezember 1929 in Berlin, aufgewachsen in Graz, hatte in seinem musikalischen Elternhaus früh Umgang mit Musik und gemeinsamem Musizieren. Mit zehn Jahren erhielt er Cello-Unterricht. Erst Mitte der vierziger Jahre reifte sein Entschluß, die Musik zu seinem Beruf zu machen, angeregt durch das Vorbild seines damaligen Lehrers Paul Grümmer, Cellist und Gambist, Solocellist beim Konzertverein und an der Oper in Wien, Gründungsmitglied des Busch-Quartetts, Leiter eines Kammerorchesters, Lehrer in Köln, Berlin, Wien und Zürich.
Mit 23 Jahren wurde Harnoncourt Cellist bei den Wiener Symphonikern. Wie andere Orchestermusiker in der Kammermusik ihre schöpferischen Kräfte entfalten und sich von der Routine des Orchesterdienstes freispielen, so entwickelte sich der Concentus musicus zu Harnoncourts musikalischer Heimstätte. «Mir ging es darum, klarzustellen, daß Alte Musik nicht veraltet ist und daß die Wirkung dieser Musik in ihrer originalen Klanggestalt keineswegs trockenesoterisch sein muß ... Wir waren am Anfang selbst überrascht und beglückt, festzustellen, daß mit dem alten Instrumentarium und der originalen Artikulation Aufführungen möglich waren, die einfach weit über das hinausgingen, was mit modernen Instrumenten erreicht werden konnte.»
Harnoncourts Anspruch erforderte nicht nur genaue Erforschung der alten Spielpraktiken und Aufführungsweisen, sondern auch lange, sorgfältige Probenarbeit, da man sich mit den alten Instrumenten und ihren besonderen Spieltechniken vertraut machen mußte. Nach einer fünf Jahre währenden Vorbereitungszeit konnte 1957 das erste öffentliche Konzert stattfinden, dessen großer Erfolg schon 1958 zur Einrichtung einer jährlichen Konzertreihe im Wiener Palais Schwarzenberg führte. Anfang der sechziger Jahre begann der Concentus musicus sich durch Tourneen und erste Plattenaufnahmen einer breiteren Öffentlichkeit vorzustellen. Der Klang und die Interpretationsweise des Ensembles, beide ungewohnt und fremd für das Publikum, sorgten für Kritiken, die von Ablehnung dieses «akademischen Purismus» über «interessant und kühn» bis zu «überzeugend und schön» reichten.
Alte Musik in ihrer originalen Klanggestalt aufzuführen, war weitgehend Neuland. Die barocken Streichinstrumente, von zartem und reichem Klang, aber weniger volltönend als die modernen, und die alten Blasinstrumente, individuell in ihrem Charakter und noch nicht dem runden Klang des romantischen Symphonieorchesters angepaßt, erzielten zusammen mit der barocken Spielweise, die durch Akzentuierung und feingliedrige Artikulation die Musik «reden» läßt, vor allem das Eine: Durchhörbarkeit. Die Vielheit der einzelnen Stimmen, die zueinander kommend die Musik werden lassen, wurde plötzlich hörbar. Harnoncourt und sein Concentus musicus hatten der Glätte und Verschwommenheit einer romantischen Interpretation und dem ungegliederten motorischen Abspielen barocker Musik, dem «Nähmaschinen-Bach», ihre eigene Interpretation gegenübergestellt.
Trockenheit, Manierismus, Überakzentuierung und Sprödigkeit: diese Kritik an Harnoncourts Musizieren resultierte in den überkommenen Hörerwartungen, mit denen man Barock-Musik begegnete. Eine Kritik, die von Harnoncourt — neben dem begeisterten Lob der «Offenbarung», die Harnoncourts Musizieren biete — auf ihre Weise als Erfolg seiner Arbeit verbucht werden kann. Denn seine Absicht ist es, seine Interpretationen der allgemeinen Konsumhaltung des «Schöne Musik genießen Wollen» entgegenzusetzen: «Man kann die 'Alte' Musik so 'sprechend' spielen, daß sie den kulinarischen Nerv nicht trifft. Die Hauptaussage ist ja nicht das Gefühl. Ich muß also diese Musik nicht primär vom Gefühl her spielen oder aufnehmen. Ich muß vom Harmonischen, Melodischen und Rhythmischen her die originale 'Sprache' wieder herstellen, die musikalische Sprache, die musikalische Spannung und Entspannung ... Der Hörer der romantischen und modernen Musik will aber nur Wiederholung oder Bestätigung seiner Gefühle ... Wenn die alte Methode vom Musiker heute neu geboten wird, ist der Hörer entweder abgestoßen — wenn er darauf besteht, in der Art des 19. Jahrhunderts weiterhören zu wollen — oder gezwungen, erstmals seit 150 Jahren wieder zuzuhören.»
Der Diskussion um die «Authentizität» seiner Wiedergaben stellt sich Harnoncourt als Musiker, nicht als Musikwissenschaftler. Es geht ihm nicht um historisch getreue Rekonstruktion der Alten Musik, zumal die Quellenlage kaum jemals so eindeutig ist, daß sie eine historisch absolut «richtige» Wiedergabe ermöglichte. Immer bleiben Fragen offen, die es dem Gespür und der Musikalität des Ausführenden anheimstellen, sie auf die eine oder andere Weise für sich persönlich zu beantworten. Zum anderen läßt sich die Unschuld unserer Ohren nicht wieder herstellen. Hörerfahrungen, die über Brahms und Schönberg bis Nono reichen, beeinflußen notwendigerweise die Rezeption älterer Musik.
Harnoncourt sieht sich als Musiker des 20. Jahrhunderts, und seine Wiederbelebung, nicht Rekonstruktion alter Musik ist ein Produkt seiner Zeit. Sie ist, wie Mozarts Händelbearbeitungen oder Weberns Bach, Reaktion auf die Herausforderung, die die Musik an uns stellt, bei Harnoncourt von dem Wunsch getragen, der aus dem 19. Jahrhundert überkommenen Tradition, auf Alte Musik zu reagieren, entgegenzuwirken und Alte Musik als charakteristischen Ausdruck ihrer Zeit dem heutigen Hörer wieder verständlich zu machen.
Harnoncourts Maßstab ist «Werktreue», d. h. Aufspüren der Intention des Komponisten, und nicht «Notentreue», die den überlieferten Ausgaben Alter Musik folgt, ohne sich mit der

besonderen Orthographie früherer Notationsweisen auseinanderzusetzen. So resultieren Harnoncourts Interpretationen Bachscher Musik in der Zusammenarbeit mit dem Leiter der Neuen Bach-Ausgabe, Professor Dürr, kontrapunktiert von Gegenveröffentlichungen anderer Bachspezialisten und eigener Forschung. «Wenn überhaupt ein musikalisches Werk nach den Intentionen des Komponisten aufgeführt werden soll, dann kann kein Teilgebiet ausgeklammert werden: Tempi, Besetzungsstärken, Akustik der Säle, der Klang der Instrumente sind so ineinander verzahnt, bedingen einander so sehr, daß die Forderung 'alles oder nichts' heißen muß.»

So schreibt Harnoncourt über die Einspielung der h-Moll-Messe Bachs durch den Concentus musicus mit den Wiener Sängerknaben und dem Chorus viennensis 1968, wo man versuchte, die ursprüngliche Klanggestalt wiederherzustellen: «Es hat alle Beteiligten auf das höchste überrascht, daß es auf diese Weise bei dem komplizierten Werk praktisch keine Balanceprobleme gab ... Die Naturtrompeten übertönten nicht die Traversflöten, das Orchester nicht den Chor und der Chor nicht das Orchester ... Die Knabenstimmen in kleinster Besetzung und das Orchester, das ausschließlich Originalinstrumente verwendete und genau in den Besetzungsverhältnissen der Bach-Zeit musizierte, brachten gleichsam von selbst die Lösung aller Probleme der Durchhörbarkeit. Dabei bestand niemals die Absicht, eine Aufführung der Bach-Zeit gleichsam keimfrei in unsere Zeit zu übertragen, als kolossale Fleißaufgabe praktischer Musikwissenschaft — vielmehr hatte langjährige Beschäftigung mit der Musik Bachs zur Überzeugung, geführt, daß sie auf diese Weise, mit den originalen Instrumenten und mit den Knabenstimmen, wirklich besser, überzeugender dargestellt werden kann als mit dem heute üblichen Apparat.»

Das Werk Bachs bildet einen der Schwerpunkte der Arbeit des Concentus musicus. Nach der Einspielung der Brandenburgischen Konzerte 1962 folgten 1966 Johannespassion, 1968 h-Moll-Messe und 1971 Matthäuspassion. Anfang der 70er Jahre begann man mit dem Projekt einer Gesamteinspielung aller Bach-Kantaten gemeinsam mit dem Leonhardt-Consort.

Die Arbeit im Aufnahmestudio gewann in zunehmendem Maße an Bedeutung für den Concentus musicus, denn es galt auch, der Routine des Konzertbetriebes entgegenzuwirken. Der Concentus musicus hatte seit Anfang der sechziger Jahre zahlreiche Tourneen unternommen, 1971 bereiste man zum dritten Mal die USA, Tourneen, die das Ensemble vor nicht geringe Probleme stellten, da ein wiederholt gespieltes Programm das freie, improvisatorische Ausmusizieren der Vorlagen auch bei größter Spielfreudigkeit leicht zur Routine werden läßt. Wenn auch eine Einspielung diesem improvisatorischen Element widerspricht, da sie es «einfriert», so widersteht die Arbeit im Aufnahmestudio eher der Routine; solch langwährende Projekte wie die Gesamteinspielung der Bach-Kantaten mögen eine Ausnahme sein. Jedenfalls dient die Platte dem Wunsch, die eigene Interpretation einer breiteren Öffentlichkeit vorzustellen, ein Wunsch, der um so verständlicher wird, vergegenwärtigt man sich, daß Harnoncourt 17 Jahre Mitglied der Wiener Symphoniker war und als solcher unter anderem mehrmals unter Karl Richter die Matthäuspassion mitspielte.

Harnoncourt ist immer mehr selbst zum Dirigenten geworden. Über diese Entwicklung berichtet er: «... schon als Student war ich daran interessiert, die Interpretation zu bestimmen. Es hat sich einfach von selbst ergeben, daß ich in einem Streichquartett oder einem Kammerensemble den Ausschlag gegeben habe für die Interpretation.» Ein Ensemble von 12 Musikern leitet er vom Cello aus. «Ich finde jede Zwischenschaltung eine Verschlechterung der Möglichkeiten. Wenn ich am Cello sitze und spiele, kann ich meinen Impuls unmittelbar umsetzen, etwa durch einen Blick übertragen. Ab einer gewissen Größe, auch etwa wenn ein Chor dabei ist, kann man das Können und die Möglichkeiten der einzelnen Musiker nicht mehr mit einer solchen Genauigkeit kennen, muß man während des Spielens dauernd deutlich machen, was man will.» Über seine Dirigiertechnik befragt, berichtet Harnoncourt von seinen ersten Erfahrungen als Orchestermusiker. Sein Cellolehrer schickte ihn als seinen Vertreter zu einer Aufführung von «Salome» in der Wiener Staatsoper. «Ich habe zu keinem einzigen Zeitpunkt gewußt, wann die Eins in einem Takt ist.» Bei späteren Aufführungen des

«Mozart ist für mich der größte romantische Komponist überhaupt.» Mozarts-Opern-Zyklus in Zürich machte, wie schon seine Monteverdi-Interpretationen, Musikgeschichte.

Werks unter demselben Dirigenten habe er dann gemerkt, «daß er die Musik dirigiert, aber nicht den Takt schlägt ... Es gibt ebensoviele Dirigiertechniken als es Dirigenten gibt.» Über sich selbst sagt Harnoncourt: «Ich habe Dirigieren nicht gelernt; mir kommt es darauf an, eine bestimmte Wirkung zu erzielen und daß die Musiker verstehen, was ich meine.» Und über seine Funktion: «Ich kann mir keine Interpretation vorstellen, die aus dem Kollektiv kommt. Aus dem Kollektiv kommen Ideen, aber die Koordination der Ideen muß Sache einer Person sein ... Was mich interessiert, ist nicht, den Musikern zu sagen, sie sollen es so spielen, sondern ihnen zu erklären, warum sie es so spielen sollen; ... sie spielen ja viel besser, wenn sie wissen, was sie machen und es mit vollem Bewußtsein machen, als wenn sie nur eine Ausführung angesagt bekommen.»
Diese Einstellung zum gemeinsamen Musizieren kam der Zusammenarbeit Harnoncourts mit anderen Ensembles und Orchestern zugute, eine fruchtbare, wirksame Arbeitsweise, die besonders solche Unternehmen wie den Zürcher Monteverdi-Zyklus zum Erfolg führte. Der Direktor des Zürcher Opernhauses, Claus Helmut Drese, hatte Harnoncourt in Amsterdam gehört und ihn daraufhin zusammen mit dem Regisseur Jean-Pierre Ponnelle für sein Vorhaben, Monteverdi dem Theater wiederzugeben, engagiert. Harnoncourt hatte sich seit einer Orfeo-Aufführung durch Paul Hindemith während der Wiener Festwochen 1954 für Monteverdi interessiert. Der Schritt ins Neuland «Oper», den Harnoncourt mit der Übernahme des Zürcher Engagements 1975 vollzog, war in seiner Auffassung der Barock-Musik als «Klangrede», als Dialogisieren artikulatorisch fein differenzierter Stimmen, schon angelegt. Oper, das hieß Ausübung des lange Praktizierten «auf dem Theater». Zudem kam die neue Aufgabe Harnoncourts Forscherdrang sehr entgegen. Die zur Verfügung stehenden Quellen erfordern beim Frühwerk «Orfeo» wie bei den späten, «Il ritorno d'Ulisse in patria» und «L'incoronazione di Poppea», ein wohlbedachtes Ausfüllen des Gerüstes, welches das vorhandene Notenmaterial liefert. Besetzung und Ausführung des Baßfundamentes, Einfügen der weiteren Stimmen in die nur im Außenstimmensatz notierten «Partituren» der Poppea und des Ulisse, variierende Instrumentierung: All dies gehörte zur musikalischen Einrichtung der Opern, um ihren wechselnden dramatischen Situationen zu entsprechen.

Harnoncourt und seine Musiker wußten den Spielraum, den Monteverdis Notationsweise gewährt, ebenso überzeugend auszufüllen, wie auch Ponnelles Bühnenbild und Regie mit der Musik zusammenstimmten. Sie ernteten dafür begeistertes Lob über dieses gelungene Unternehmen, die geglückte Verbindung von historischer Treue und Gegenwartsnähe.
Diese positiven Zürcher Erfahrungen fanden eine Fortsetzung in den Frankfurter Inszenierungen von Händels «Giulio Cesare» 1978 und Rameaus «Castor und Pollux» 1980. Wie Harnoncourt sich Monteverdis späte Opern durchaus mit modernen Instrumenten gespielt vorstellen kann, so steht bei Händel für ihn im Vordergrund, «daß ein temperamentsprühender Mann wie Händel mit einer ungeheuren melodischen Phantasie Werke schrieb, die große dramatische Durchschlagskraft haben. Die Spielweise dieser Werke ist primär mit den heute üblichen Instrumenten genauso zu realisieren wie mit den alten.» Die Zusammenarbeit zwischen dem Barockspezialisten Harnoncourt und den Frankfurter Opernmusikern erwies sich für beide Seiten als gewinnbringend. Fern von aller Angestrengtheit und zeitweisen «Sterilität», die bei Harnoncourts früherer Einspielung des «Castor und Pollux» 1972 mit dem Concentus musicus anklingen, erweckte man Händels und Rameaus Musik zu neuem Leben, geschmeidig und voller Vitalität, ohne an Klarheit und rhythmischer Prägnanz zu verlieren.
Nach Bach und Monteverdi wurde Mozart zu einem weiteren Schwerpunkt von Harnoncourts musikalischer Arbeit. Bereits Anfang der siebziger Jahre hatte sich der Concentus musicus mit Mozarts Kammermusik befaßt. Nach der Einspielung der vier Hornkonzerte mit Hermann Baumann folgten Anfang der achtziger Jahre Symphonien sowie die frühen Opern «Idomeneo» und «Lucio Silla», die Harnoncourt an den Anfang eines Mozart-Zyklus in Zürich stellte, in dem Bewußtsein, daß bei seiner Art, Mozart zu interpretieren, diese weniger bekannten Werke eher ein unbefangenes, aufmerksames Zuhören erwarten lassen als die gängigen Opern Mozarts. «Mozart ist für mich der größte romantische Komponist überhaupt ... Mozart schrieb noch dialogisch. Es ging bei ihm immer um eine dramatische Auseinandersetzung.» Jede Sinfo-

nie, Sonate sei eine Oper und Mozarts Musik nicht von dem schönen Gleichmaß, mit dem sie üblicherweise in eins gesetzt wird. Aggressiv, ungeschönt, dramatisch, von verblüffender Elementarität, kontrastreich, auch rauh und hart: eine Seite Mozartscher Musik, die unter Harnoncourt deutlich zum Vorschein kommt.
Harnoncourt beschränkt sich nicht auf Mitteilung seiner musikalischen Überzeugungen durch Konzert und Platte, sondern hat auch in zahlreichen Interviews, in Aufsätzen und Vorträgen dem Ausdruck zu verleihen gesucht, was an Beweggründen und Überlegungen seinen Weg als Musiker gezeichnet hat. Von dem Bewußtsein, stets ein Suchender und Lernender zu sein, wird auch seine Tätigkeit als Lehrender an der Salzburger Universität, seit 1972, und am Mozarteum, seit 1973, getragen. Im Unterricht aufscheinende Fragen und Ideen fordern Auseinandersetzung mit den eigenen Überzeugungen heraus, eine anregende Arbeit, wie Harnoncourt berichtet.
So bleibt Harnoncourt in seiner Auseinandersetzung mit Musik nicht bei Mozart stehen, Schubert, später auch Beethoven und Brahms sollen folgen. Und in einem Interview aus dem Jahr 1978 heißt es: «Mich interessiert die Entdeckung und nicht die Wiederholung. Und solange es auf dem Gebiet der Musik etwas zu entdecken gibt, werde ich mich dort finden, wo etwas zu entdecken ist. Ich kann Ihnen nicht versprechen, ob ich nicht eines Tages ganz neue Musik machen werde, weil ich mich einfach als Musiker unserer Zeit sehe.» *CS*

Harty, Sir Hamilton

* Hillsborough (Irland) 4. 12. 1879, † Brighton 19. 2. 1941; irischer Komponist, Dirigent und Pianist, lernte Viola, Klavier und Kontrapunkt bei seinem Vater, wirkte ab seinem zwölften Lebensjahr als Organist in Magheracoll, Belfast und Bray, ließ sich 1900 in England nieder. Während des Ersten Weltkriegs dirigierte er beim Londoner Symphonieorchester und gelegentlich bei den Hallé-Concerts in Manchester, deren ständiger Dirigent er 1920—33 war und sie zu musikalischer Blüte emporhob. Ausserdem leitete er in dieser Zeit das Orchester der British National Opera Company. Danach war er als Dirigent bei verschiedenen Londoner Orchestern tätig und unternahm Reisen nach Amerika, Spanien und Australien.

Hasse, Johann Adolf

getauft in Bergedorf (bei Hamburg) 25. 3. 1699, † Venedig 16. 12. 1783; deutscher Komponist, erhielt seine Ausbildung zum Teil bei Scarlatti und Porpora in Neapel (ab 1722). Vorher hatte er bereits als Tenor in Hamburg und Braunschweig gewirkt, wo 1719 seine erste Oper aufgeführt wurde. 1727 ging er als Kapellmeister an das Ospedaletto degli Incurabili nach Venedig und wechselte 1730 nach Dresden, wohin er nach einem erfolgreichen Aufenthalt in Italien 1734 wieder zurückkehrte. Im Dienst des sächsischen Hofes komponierte und dirigierte er viele Jahre an der wiedereröffneten Italienischen Oper, aber auch in London (1734), München (1746) und Paris (1750). In Dresden wurde er im gleichen Jahr zur Oberkapellmeister ernannt und 1763 nach dem Tod Friedrich Augustus II. entlassen. Nach einem Aufenthalt in Wien zog er sich nach Venedig zurück.

Haug, Hans

* Basel 27. 7. 1900, † Lausanne 15. 9. 1967; Schweizer Dirigent und Komponist, studierte am Konservatorium in Basel und bei Courvoisier an der Akademie der Tonkunst in München. Wieder in der Schweiz, leitete er Chöre in Grenchen und Solothurn und wurde 1928 zum Chorleiter und 2. Kapellmeister am Stadttheater in Basel ernannt (bis 1934). Anschließend dirigierte er am Kursaal in Interlaken und beim Schweizer Rundfunk in Lausanne, bis er 1938 die Leitung des Radioorchesters Beromünster übernahm (bis 1943). In der folgenden Zeit wirkte er als Gastdirigent, auch im Ausland, und unterrichtete ab 1947 Theorie am Konservatorium in Lausanne.

Hausegger, Siegmund von

* Graz 16. 8. 1872, † München 10. 10. 1948; österreichischer Komponist und Dirigent, lernte bei seinem Vater, dem Musikschriftsteller Fr. v. H., sowie bei Degner und Pohlig an der Grazer Universität. Als Gastdirigent wirkte er in der Saison 1895/96 an der Oper seiner Geburtsstadt und erhielt seine ersten festen Posten 1899 mit der Direktion der Volks-Symphoniekonzerte beim Münchener Kaim-Orchester und 1903—06 in gleicher Stellung bei den Museumskonzerten in Frankfurt/M. Danach dirigierte er die Philharmonischen Konzerte in Hamburg und gleichzeitig die Symphoniekonzerte des Blüthner-Orchesters in Berlin. 1920 übernahm er das Direktorat an der Akademie der Tonkunst in München (bis 1934) und wurde daneben Dirigent der dortigen Abonnementskonzerte des Konzertvereins (bis 1938). Außerdem stand er dem «Allgemeinen Deutschen Musikverein» vor.

Hegar, Friedrich

* Basel 11. 10. 1841, † Zürich 2. 6. 1927; Schweizer Dirigent und Komponist, studierte erst in Basel und 1857—79 am Leipziger Konservatorium bei Hauptmann, Rietz und David. Nach einer kurzen Phase als 1. Violinist in Warschau bei Bilses Kapelle (1860) dirigierte er in Gebweiler (Elsaß) den Chor und das Orchester (1861). Bereits im folgenden Jahr ließ er sich dann in Zürich nieder, war dort Konzertmeister des Orchestervereins, ab 1865 Dirigent der Abonnementskonzerte und Chef des Tonhalleorchesters (1868—1906). 1865—1901 leitete er außerdem den Gemischten Chor Zürich sowie 1875—78 und 1886/87 den Männergesangverein «Harmonie». Weiterhin gehörte er 1876 zu den Gründern des Züricher Konservatoriums dessen Direktor er bis 1914 war. Belegt sind 101 Konzerte mit Werken von Brahms, 115 Konzerte mit Werken Wagners sowie 57 Konzerte mit Werken Bachs.

Heger, Robert

* Straßburg 19. 8. 1886, † München 14. 1. 1978; deutscher Dirigent und Komponist, studierte bei F. Stockhausen in Straßburg, später bei Kempter in Zürich und Schillings in München. Als Theaterkapellmeister wirkte er in Straßburg (1907), Ulm (1908), Barmen (1909), an der Wiener Volksoper (1911) und in Nürnberg (1913). Dort dirigierte er außerdem die Philharmonischen Konzerte. 1920 wechselte er nach München an die Staatsoper und fünf Jahre später an die Staatsoper nach Wien, wo er als Konzertdirektor auch die Gesellschaft der Musikfreunde leitete. Ab 1933 war er gleichzeitig Dirigent an der Berliner Staatsoper, am

Staatstheater in Kassel und an der Waldoper in Zoppot. Nach dem Krieg ging er als Dirigent und stellvertretender Intendant an die Städtische Oper nach Berlin, übernahm aber 1950 das Präsidentenamt an der Münchener Musikhochschule (bis 1954) und die Stelle als 1. Staatskapellmeister an der Bayerischen Staatsoper. Am Covent Garden dirigierte er als ständiger Gast 1925—33, 1935 und 1953.

Heinze, Sir Bernard

* Shepparton (bei Melbourne) 1. Juli 1894, † Sidney 9. 6. 1982; australischer Dirigent und Musikpädagoge, studierte am Konservatorium der Universität in Melbourne und am Royal College of Music in London, später Schüler der Schola Cantorum in Paris und Violinstunden bei Willy Hess in Berlin. Nach dem Militärdienst in der englischen Armee im Ersten Weltkrieg lehrte er ab 1924 an der Universität in Melbourne (bis 1956), veranstaltete dort auch ab 1925 Abonnements- und Jugendkonzerte. 1956—66 war er Direktor des New South Wales Conservatory, 1933—49 dirigierte er das Melbourne Symphony Orchestra, später das Victoria Symphony Orchestra.

Hellmesberger, Ferdinand

* Wien 24.1.1863, † Wien 15.3.1940; Cellist und Dirigent, Sohn von Joseph H., studierte am Wiener Konservatorium. Nach aktivem Spiel in der Hofkapelle, im Quartett seines Vaters und an der Hofoper sowie einem Lehramt am Konservatorium wurde er ab 1902 als Kapellmeister an der Wiener Volksoper und später als Ballettdirigent an der Berliner Hofoper tätig. Kurkapellen leitete er in Abbazia, Wien, Marienbad und Karlsbad.

Hellmesberger, Georg

* Wien 24. 4. 1800, † Neuwaldegg (bei Wien) 16. 8. 1873; österreichischer Violinist und Dirigent, studierte bei Böhm am Konservatorium der Musikfreunde, wurde dort auch Hilfslehrer (1821), Titularprofessor (1826) und wirklicher Professor (1833). Ab 1830 dirigierte er an der Hofoper, spielte in der Hofkapelle und gründete 1842 die Philharmoniekonzerte, die er ebenfalls dirigierte.

Hellmesberger, Joseph

* Wien 3.11.1828, † Wien 24.10.1893; Violinist und Dirigent, Sohn von Georg H., studierte bei seinem Vater am Wiener Konservatorium Violine. 1851—59 war er Dirigent und Direktor bei der Gesellschaft der Musikfreunde und übernahm anschließend das Direktorat des Konservatoriums, wo er 1871—77 Violinunterricht gab. 1849 gründete er ein anerkanntes Streichquartett, mit dem er bis 1891 spielte. Ab 1860 war er außerdem Konzertmeister am Hofopernorchester und ab 1877 Hofkapellmeister sowie ab 1879 Direktor des Singvereins bei der Gesellschaft der Musikfreunde.

Hellmesberger, Joseph

* Wien 9. 4. 1855, † Wien 26. 4. 1907; Violinist und Dirigent, Sohn von Joseph H., ab 1870 Mitglied in dessen Streichquartett und ab 1878 in der Hofkapelle. Nachdem er zwei Jahre lang Konzertmeister und Leiter der Ballettmusik an der Hofoper gewesen war, nahm er 1886 dort das Amt des Hofkapellmeisters für Ballett und Konzert an und stieg bis 1890 zum 1. Hofkapellmeister auf. 1900—03 leitete er in Wien die Philharmonischen Konzerte und war 1904/05 Hofkapellmeister in Stuttgart.

Hemberg, Eskil

* Stockholm 19. 1. 1938; schwedischer Dirigent und Komponist, studierte in Stockholm und nahm weiteren Unterricht im Dirigieren bei Herbert Blomstedt. Während einer ausgedehnten Tournee durch Europa und Amerika dirigierte er den Chor der Stockholmer Universität. Er hat zahlreiche Chorstücke und Orchesterwerke geschrieben.

Henneberg, Richard

* Berlin 5. August 1853, † Malmö 19. 10. 1925; schwedischer Dirigent, studierte Klavier bei Liszt und reiste zunächst als Pianist. Ab 1873 dirigierte er die «Harmonie» Bergen, fünf Jahre später war er als Kapellmeister am Stockholmer Mindre Teater tätig, ab 1879 am Nya Teater. 1885 wechselte er zum Stockholmer Hoftheater (bis 1907). Von 1912 an wirkte er als Leiter der Orchestervereinigung in Malmö (bis 1920). 1876 führte er in Stockholm erstmals Wagners «Tannhäuser» auf und produzierte 1907 die erste vollständige Aufführung des «Rings des Nibelungen» für Schweden. Seine wichtigste Komposition ist die Oper «Drottningens Vallfart» (1882).

Henschel, Sir George

* Breslau 18.2.1850, † Aviemore 10.9. 1934; deutscher Konzertsänger (Bariton), Dirigent und Komponist, studierte 1867—70 am Leipziger Konservatorium, danach am Konservatorium in Berlin und wurde nach Erfolgen als Sänger 1881 Dirigent des Bostoner Symphonieorchesters (bis 1884). Ab dem folgenden Jahr lebte er in London und etablierte 1886 die London Symphony Concerts, die große Bedeutung in der Stadt erhielten. 1891 nahm er einen Chor zu den Konzerten hinzu, wechselte dann nach Glasgow und leitete dort 1893—95 das Scottish Orchestra. 1914 zog er sich von der Bühne zurück.

Herbeck, Johann Franz Ritter von

* Wien 25.12.1831, † Wien 28.10. 1877; österreichischer Dirigent und Komponist, weitgehend Autodidakt, begann seine musikalische Laufbahn 1852 als Chorleiter and der Piaristenkirche in Wien (bis 1854). Zwei Jahre später übernahm er die Chormeisterstelle beim Wiener Männergesangverein und lehrte ab 1858 auch am Konservatorium. Außerdem leitete er in dieser Zeit die Chorvereinigung der Gesellschaft der Musikfreunde (bis 1870) und, als Johannes Brahms' Nachfolger, 1875—77. 1866, als er die Position beim Männergesangverein aufgab, wurde er 1. Hofkapellmeister (ab 1863 bereits Stellvertreter). Ab 1870 hatte er fünf Jahre lang die Stelle als Direktor der Wiener Hofoper inne, wo er ab 1869 schon 1. Kapellmeister war. Ein Angebot, ab 1877 an der Dresdener Hofoper zu dirigieren, lehnte er ab.

Herbig, Günther

* Usti-nad-Labem, Tschechoslowakai 30. 11. 1931; deutscher Dirigent, studierte Dirigieren bei H. Abendroth an der Franz Liszt-Hochschule in Weimar. Danach arbeitete er mit Scherchen, Yansons und Karajan. 1956 dirigierte er am Stadttheater von Erfurt.

Von 1957—1962 war er Dirigent am Nationaltheater in Weimar. Dann übernahm er den Posten eines Musikdirektors des Hans Otto-Theaters in Potsdam (1962—1966). Von 1966 bis 1972 leitete er das Sinfonieorchester von Ost-Berlin; 1970 wurde er außerdem Generalmusikdirektor der Dresdener Philharmoniker; 1977 Chefdirigent der Ost-Berliner Sinfoniker. Von 1979—1981 war er Gastdirigent beim Sinfonieorchester von Dallas. 1984 wurde er Musikdirektor des Detroit Symphony Orchestra.

Hertog, Johannes den

* Amsterdam 20. Jan. 1904; holländischer Dirigent und Komponist, studierte erst Jura und bildete sich in Privatunterricht bei seinem Vater und Cornelis Dopper musikalisch aus (Klavier, Flöte, Cembalo, Komposition und Dirigieren). 1925 begann er seine Laufbahn als Pianist und Cembalist, leitete dann Opernklassen der Konservatorien in Rotterdam und Amsterdam, leitete und dirigierte daneben die Wagner-Gesellschaft in Amsterdam. Beim dortigen Concertgebouw Orkest wirkte er 1938—41 als assistierender Dirigent und wurde 1948 zum GMD der Königlich Flämischen Oper in Antwerpen ernannt (bis 1958). Zwei Jahre darauf berief ihn die Nederlandse Opera in Amsterdam zum Musikdirektor. Er schrieb den Einakter «Pygmalion», das Musikschauspiel «Pandora», Lieder und Orchesterstücke.

Hertz, Alfred

* Frankfurt/Main 15. Juli 1872, † San Francisco 17. 4. 1942; amerikanischer Dirigent deutscher Geburt, studierte 1883—1891 am Frankfurter Raff-Konservatorium. Anschließend übernahm er den Kapellmeisterposten in Halle (1891—92), Altenburg (1892—95) und Barmen-Elberfeld (1895—99). Nach einigen Konzerten in London (1899) wechselte er im gleichen Jahr an die Breslauer Oper, blieb dort drei Jahre und war danach 1. Dirigent für die deutschen Opern an der Metropolitan Opera in New York (bis 1915), wo er sein Debüt mit «Lohengrin» gab. 1903 leitete er dort auch die erste Aufführung des «Parsifal» außerhalb Bayreuths. 1915 übernahm er als Dirigent das San Francisco Symphony Orchestra (bis 1930), weihte 1922 die Konzerte der Hollywood Bowl ein und war außerdem der erste Dirigent in den USA, der regelmäßig Radiokonzerte gab. Nach 1930 leitete er noch das San Francisco Federal Symphony Orchestra.

Hildebrand, Camillo,

* Prag 31. 1. 1876, † Sondershausen 13. 10. 1953; deutscher Kapellmeister, studierte am Prager Konservatorium und unterrichtete am Hochschen Konservatorium in Frankfurt/Main eine Opernklasse. Nach Anstellungen an den Theatern in Heidelberg, Mainz, Aachen und Mannheim ging er 1912 als Dirigent an die Berliner Philharmonie, wechselte 1919 als Operndirektor nach Freiburg im Breisgau und ging anschließend 1921, wiederum als Dirigent, zum Blüthner-Orchester nach Berlin, wo er bis 1924 blieb.

Hiller, Ferdinand

* Frankfurt/Main 24. 10. 1811, † Köln 11. 5. 1885; deutscher Dirigent und Komponist, erst Klavierschüler von A. Schmitt in Frankfurt, 1825—27 bei Hummel in Weimar. Nach einem Aufenthalt in Paris (1828—35) vertrat er Schelble als Dirigent des Cäcilienvereins in Frankfurt und unternahm ab 1839 Reisen nach Italien und Leipzig. 1843—44 übernahm er dort für Mendelssohn das Direktorat der Gewandhauskonzerte und 1847 den Posten des Städtischen Kapellmeisters in Düsseldorf. Die gleiche Stellung hatte er 1850 in Köln inne, wo er das Konservatorium nach dem Leipziger Modell organisierte sowie die Gesellschaftskonzerte und den Konzertchor dirigierte. 1851—52 war er Leiter der Italienischen Oper in Paris, ging dann aber nach Köln zurück. Dort trat er oft als Dirigent der Gürzenich-Konzerte auf und unternahm noch mehrere Konzertreisen durch Europa.

Hiller, Friedrich Adam

* Leipzig 1767, † Königsberg 23. November 1812; deutscher Dirigent, Komponist, Sänger und Violinist, Sohn des Komponisten Johann Adam H., Schüler seines Vaters. Ab 1783 gab er zahlreiche Kirchen- und Kammermusikkonzerte. 1790 übernahm er den Posten als Theaterkapellmeister in Schwerin, wechselte in gleicher Stellung 1796 nach Altona und 1799 nach Königsberg, wo er bis zu seinem Tod blieb.

Hillis, Margaret

* Kokomo (Indiana) 1. 10. 1921; amerikanische Chordirigentin, lernte als Kind Klavier, spielte in Schulorchestern Tuba und Kontrabaß, studierte nach dem Zweiten Weltkrieg an der Universität in Indiana, an der Juilliard School of Music in New York und nahm weiteren Unterricht bei Robert Shaw. 1952 wurde sie Chordirigentin bei der American Opera Society (New York) und blieb dort bis 1968. Beim Chicago Symphony Orchestra gründete sie 1957 einen Chor. Daneben wirkte sie als Chorlehrerin an der Juilliard School of Music (1951—53) und als Musikdirektorin beim Kenosha Orchestra in Wisconsin (1961—68). Anschließend war sie Direktorin des Chors des Cleveland Orchestra von 1969 bis 71, Ständige Dirigentin des Chicago Civic Orchestra (ab 1967), Chordirektorin der Northwestern University of Chicago (1970—77), Musikdirektorin des Elgin Symphony Orchestra (Illinois) ab 1971. An der Indiana University School of Music in Bloomington war sie ab 1978 Gastprofessorin für Dirigieren. Seit 1982 ist sie Chordirektorin beim San Francisco Symphony Orchestra.

Hoesslin, Franz von

* München 31. 12. 1885, † bei Sète in Südfrankreich bei einem Flugzeugunglück 28. 9. 1946; deutscher Dirigent, erhielt seine Ausbildung bei Mottl und Reger, besetzte die ersten Posten seiner Laufbahn als Opernkapellmeister in Danzig und St. Gallen (1907—11). In den folgenden drei Jahren wirkte er als Konzertdirigent in Riga, während der Saison 1919/20 in Lübeck. Dann anschließend ging er als Kapellmeister an das Nationaltheater nach Mannheim und wechselte 1922 als 1. Kapellmeister an die Berliner Volksoper. Zum GMD wurde er 1923 am Friedrichstheater in Dessau und 1926 in Barmen-Elberfeld ernannt. Ab 1932 hatte er vier Jahre lang die musikalische Leitung der Oper in Breslau inne; danach lebte er in Florenz. Außerdem war er sechs Jahre als Dirigent in Bayreuth tätig.

Hogwood, Christopher

* Nottingham 10. 9. 1941; englischer Cembalist, Musikwissenschaftler und Dirigent, studierte an den Universitä-

ten in Cambridge und Prag, gründete 1967 mit David Munrow das Early Music Consort für mittelalterliche Musik. 1973 gründete er die Akademie für alte Musik für originalgetreue Wiedergaben von Barockwerken. Nach intensiven Mozart-Studien unternahm er 1974 eine Tournee durch die USA. 1979 ging er als Professor an die Universität in Sidney (Australien). Er ist Herausgeber der Werke von Johann Christian Bach, Henry Purcell und William Croft.

Hollreiser, Heinrich

* München 24. 6. 1913; deutscher Dirigent, Privatschüler K. Elmendorffs und Student an der Münchener Akademie der Tonkunst. Ab 1932 dirigierte er an den Opern in Wiesbaden, Darmstadt, Mannheim (1938 1. Kapellmeister) und Duisburg. 1942 hatte er eine Dirigentenposition an der Münchener Staatsoper, 1945—52 wurde er Städtischer GMD für Oper und Konzert in Düsseldorf. Anschließend war er neun Jahre lang 1. Kapellmeister an der Wiener Staatsoper, 1961—64 Musikalischer Oberleiter an der Deutschen Oper in Berlin. Seit 1964 wirkt er als Gastdirigent an der Deutsche Oper Berlin, der Bayerische Staatsoper München, der Staatsoper in Wien, außerdem in Italien, der Schweiz, Südamerika, Kanada, Japan und 1973—75 bei den Festspielen in Bayreuth. Er hat sich in Europa einen sehr guten Ruf als solider und zuverlässiger Kapellmeister geschaffen.

Hoogstraten, Willem van

*Utrecht 18.3.1884, †Tutzing 11.9. 1965; holländischer Dirigent, Violinschüler an den Konservatorien in Köln und Prag, spielte dann Kammermusik und begann seine Dirigentenlaufbahn in Hamburg. Bevor er 1920 beim Salzburger Mozartfest dirigierte, gastierte er in Oslo, Berlin und München. Das Städtische Orchester in Krefeld leitete er 1914—18; zwei Jahre später übernahm er in New York das Philharmonic Symphony Orchestra (bis 1936) und ab 1934 leitete er gleichzeitig das Symphony Orchestra in Portland (Oregon). Zurück in Europa dirigierte er 1938—45 das Orchester des Mozarteums in Salzburg sowie 1948—55 die Philharmoniker in Stuttgart und wirkte danach noch als Gastdirigent.

Horenstein, Jascha

*Kiew 24.4.(6.5.)1898, †London 2.4. 1973; russisch-österreichischer Dirigent mit amerikanischer Staatsbürgerschaft, studierte an der Wiener Universität ab 1918 Philosophie und ab 1917 an der dortigen Akademie bei Schreker (Komposition) und Marx (Theorie). In Berlin dirigierte er 1922 den Schubert-Chor, 1923 einen gemischten Chor und assistierte Furtwängler. Im gleichen Jahr noch debütierte er als Orchesterdirgent bei den Wiener Symphonikern und leitete zwischen 1925 und 1928 die Berliner Philharmoniker und das Blüthner-Orchester als Gastdirigent. Als Musikalischer Oberleiter ging er 1928 an die Düsseldorfer Oper, wo er zunächst Chefdirigent und später Musikdirektor wurde. Als die Nationalsozialisten ihn 1933 zur Ausreise zwangen, betätigte er sich bis 1938 als Gastdirigent in Frankreich, Belgien, Polen, der UdSSR, Neuseeland, Skandinavien und Palästina. 1940 ließ er sich in den USA nieder, dirigierte das New Yorker Philharmonieorchester und unterrichtete an der dortigen New School for Social Research. Sein Interesse galt vor allem den Werken Bruckners und Mahlers.

Horvat, Milan

* Pakrac (Kroatien) 28. 7. 1919; jugoslawischer Dirigent, studierte Klavier und Dirigieren an der Akademie in Zagreb. 1945 übernahm er dort die Leitung des Rundfunkorchesters, 1946 wurde er Dirigent des Philharmonischen Orchesters in Zagreb und stieg 1958 zum Chefdirigenten auf (bis 1969). Gleichzeitig war er Chef der Oper in Zagreb, ab 1953 auch Chefdirigent des Rundfunk-Symphonieorchesters Dublin. 1969 wurde er zum Leiter des Österreichischen Rundfunk-Symphonieorchesters in Wien ernannt. Gastverpflichtungen führten ihn in viele Opernhäuser und Konzertsäle Europas, der USA und Japans.

Howarth, Elgar

* Cannock (Staffordshire) 4. 11. 1935; englischer Trompeter und Dirigent, studierte in Manchester an der Universität und am Royal College of Music. Er begann als Trompeter an der Königlichen Oper Covent Garden in London, beim Royal Philharmonic Orchestra und anderen Londoner Orchestern. 1969 verlegte er sich auf das Dirigieren und übernahm 1973 die London Sinfonietta, zu deren Musikdirektor er ernannt wurde.

Hughes, Owain Arwel

* Cardiff 21. 3. 1942; walisischer Dirigent, Sohn des Dirigenten Arwel Hughes, studierte zunächst an der Universität in Cardiff, 1964—66 am Royal College of Music in London bei Adrian Boult und Harvey Philips, später bei Kempe in London und Haitink in Amsterdam. Nach seinem Londoner Debüt 1968 folgten zahlreiche Gastauftritte mit führenden englischen Orchestern. Daneben dirigierte er die Walisische und die Englische Nationaloper. 1977 wurde er zum Musikdirektor der Royal National Eisteddfod of Wales berufen.

Hupperts, Paul

* Gulpen 1. 1. 1919; holländischer Dirigent, studierte Musik in Utrecht. Danach reiste er als Gastdirigent durch die Niederlande. 1945 wurde er zum Dirigenten des Limburg-Orchesters in Maastricht ernannt. Von 1949—1977 war er Chefdirigent des Sinfonieorchesters von Utrecht. Er setzte sich sehr für die Werke moderner holländischer Komponisten ein.

Hurst, George

* Edinburgh 20. 5. 1926; englischer Dirigent rumänisch-russischer Herkunft, studierte zunächst Klavier bei Isserlis, dann am Royal Conservatory of Music in Toronto (Dirigieren und Komposition), später Dirigieren bei Monteux. 1947—55 lehrte und dirigierte er am Peabody Conservatory of Music in Baltimore, danach wirkte er drei Jahre lang als assistierender Dirigent beim London Philharmonic Orchestra, anschließend in gleicher Position beim BBC Northern Symphony Orchestra in Manchester (bis 1968). Daneben hatte er den Posten des Künstlerischen Direktors bei der Bournemouth Sinfonietta. Nach 1978 trat er als Gast bei zahlreichen europäischen Orchestern auf.

Husa, Karel

* Prag 7. 8. 1921; amerikanischer Dirigent, Komponist und Musikpädagoge tschechischer Herkunft, lernte in sei-

ner Jugend Violine und Klavier, begann dann ein Ingenieur-Studium und besuchte ab 1941 das Prager Konservatorium. Nach Gastauftritten als Dirigent beim Prager Rundfunk 1945/46 erhielt er weiteren Unterricht in Paris (Komposition bei N. Boulanger und A. Honegger, Dirigieren bei J. Fournet und A. Cluytens). 1954 emigrierte er in die USA, lehrte an der Cornell University in Ithaca (New York) und dirigierte das Studentenorchester. Er trat vielfach als Gastdirigent in den Vereinigten Staaten auf. Bei seinen Kompositionen ging er von der modernen tschechischen Schule aus, wandte sich dann aber immer stärker der Neuen Musik zu, in die er Stilmittel der Romantik hineinarbeitet.

Hutschenruijter, Wouter

* Rotterdam 28. 12. 1796, † Rotterdam 18. 11. 1878; holländischer Dirigent und Komponist, gründete 1821 nach Violin- und Hornspiel das Musikkorps der Bürgergarde, das er gleichzeitig dirigierte. 1826 gründete er einen der bedeutendsten holländsischen Musikvereine, den Eruditio musica, war Lehrer an der Musikschule des Vereins zur Förderung der Tonkunst und Musikdirektor Rotterdams. Außerdem dirigierte er mehrere Musikvereinigungen.

Huybrechts, François

* Antwerpen 15. 6. 1946; belgischer Dirigent, studierte in Belgien, Frankreich und am Salzburger Mozarteum, nahm weiteren Unterricht bei Bruno Maderna. 1968 erhielt er den 1. Preis beim Mitropoulos-Dirigenten-Wettbewerb in New York. Danach assistierte er als Dirigent beim New York Philharmonic Orchestra. 1972—77 wirkte er als Musikdirektor des Wichita Symphony Orchestra. 1979/80 war er Musikdirektor des San Antonio Symphony Orchestra.

Inbal, Eliahu

* Jerusalem 16. 2. 1936; israelischer Dirigent, in Jerusalem Student am Konservatorium für Musik (1948 bis 1952) und an der Musikakademie (1952—56). Bereits kurz nach Beginn seiner Ausbildung wirkte er als Konzertmeister und Gastdirigent verschiedener israelischer Orchester (bis 1960), erlernte daneben 1957—60 Komposition bei Ben-Haim. Danach ging er für weitere Studien an das Konservatorium nach Paris und dann von 1960—63 an die Accademia Musicale Chigiana nach Siena. Es folgten zahlreiche Engagements als Gast bei namhaften Orchestern, bis er im September 1974 den Posten als Chefdirigent beim Symfonie-Orchester des Hessischen Rundfunks in Frankfurt/Main übernahm (voraussichtlich bis Sommer 1988). Er ist regelmäßig Gast u. a. am Teatro La Fenice in Venedig. Das Frankfurter Radio-Sinfonie-Orchester entwickelte er zu einem der führenden Orchester in Europa und unternahm mit ihm weltweit Tourneen. 1985/86 wird er eine vor Erscheinen schon gelobte Schallplattenedition aller Mahler-Sinfonien herausgeben.

Inghelbrecht, Désiré-Emile

* Paris 17. 9. 1880, † Paris 14. 2. 1965; französischer Dirigent und Komponist, studierte am Pariser Konservatorium bei Taudou und spielte Violine in einem Orchester. Nach seinem Dirigentendebüt am Théâtre des Arts (1908) leitete er ab 1913 als Dirigent und Musikdirektor das Théâtre des Champs Elysées und wechselte 1920 zu den Ballets Suédois (bis 1923). Anschließend bekleidete er Dirigentenposten bei der Opéra Comique (1924—25 und 1932—33), bei den Pasdeloup-Konzerten (1928—32), an der Algiers Opéra und schließlich an der Großen Oper in Paris (1945—50). 1934 gründete er das Orchestre National de la Radiodiffusion Française. Er hatte enge Verbindung zu Debussy in dessen letzten Lebensjahren.

Irving, Robert (Augustine)

* Winchester 28. 8. 1913; englischer Dirigent, besuchte nacheinander das Winchester College, das New College in Oxford und das Royal College of Music in London und begann seine Laufbahn 1936 als Korrepetitor an der Londoner Royal Opera Covent Garden. Nach dem Zweiten Weltkrieg dirigierte er beim BBC Scottish Orchestra in Glasgow (1945—48), anschließend bis 1958 an der Sadler's Wells Opera und beim Royal Ballet in Covent Garden. 1958 wurde er zum Chefdirigenten des New York City Ballet berufen. Daneben erfüllte er zahlreiche Gastverpflichtungen bei Orchestern in Europa und Amerika.

Iturbi, José

* Valencia 28. 11. 1895, † Hollywood 28. 6. 1980; spanischer Pianist, Dirigent und Komponist, Schüler an den Konservatorien in Valencia, Barcelona und Paris, lehrte 1918—22 am Genfer Konservatorium. Danach begann er ausgedehnte Tourneen als Pianist, zuerst in den USA, wo er sich 1928 niederließ (1930 während einer Konzertreise 77 Vorstellungen, auf dem Höhepunkt seiner Laufbahn bis zu 190 Konzerte jährlich, 1977—78 immer noch etwa 40). Ab 1933 dirigierte er auch, übernahm 1936 das Rochester Philharmonic Orchestra und 1956 das Städtische Orchester in Valencia.

Iwaki, Hiroyuki

* Tokio 6. 9. 1932; japanischer Dirigent, wurde an der Staatlichen Hochschule für Musik und bildende Künste in Tokio ausgebildet, trat erstmals beim NHK-Rundfunkorchester auf und unternahm ab 1960 mit diesem Ensemble Tourneen durch Europa, die USA, Südostasien und Australien. Ab 1969 wurde er dessen Chefdirigent. Zwischen 1957 und 1960 dirigierte er zahlreiche Uraufführungen und japanische Premieren, später trat er des öfteren als Gast bei europäischen Orchestern auf. 1965 wurde er zum Musikalischen Direktor und Chefdirigenten der Fujiwara Opera Company berufen (bis 1967). Neben seiner Tätigkeit beim NHK-Rundfunkorchester übernahm er 1974 die Stelle des Chefdirigenten beim Melbourne Symphony Orchestra. Zugleich war er Ständiger Gastdirigent beim Atlanta Symphony Orchestra und kam als Gast auch zu den Berliner und Wiener Philharmonikern.

Jacchia, Agide

* Lugo 5. Januar 1875, † Siena 29. 11. 1932; italienischer Dirigent, studierte am Konservatorium in Parma und am Liceo Musicale in Pesaro, gab sein Dirigentendebüt nach dem Gewinn einiger Preise am 26. 12. 1898 in Brescia. Fortan dirigierte er an zahlreichen italienischen Theatern und begleitete 1902 Mascagni auf einer Amerika-Tournee. 1907-09 führte er das Opernorchester der Mailänder Scala auf eine weitere Amerika-Tournee und wurde im Jahr darauf Dirigent der Montreal Opera Company (bis 1913). Die gleiche Position hatte er 1915—16

an der Boston National Opera. 1918—26 dirigierte er die Boston Pops und kehrte nach Italien zurück.

Jacquillat, Jean-Pierre

* Versailles 13. 7. 1935; französischer Dirigent, gewann nach seiner Ausbildung am Pariser Konservatorium 1. Preise für Harmonielehre, Schlagzeug und Klavier und begann 1967 als assistierender Dirigent beim Orchestre de Paris, stieg dort ein Jahr später zum Dirigenten auf und unternahm Tourneen durch die Sowjetunion, die USA, Kanada und Mexiko. 1970 wurde er zum Ständigen Dirigenten und Musikdirektor des Angers Philharmonic Orchestra berufen. Ab 1971 war er Dirigent der Oper in Lyon und des Philharmonieorchesters Rhône-Alpes, ab 1975 Ständiger Dirigent und Musikalischer Berater beim Orchestre Lamoureux in Paris (bis 1978). Daneben wirkte er bei Festspielen und an verschiedenen Opernhäusern.

Järnefelt, Edvard Armas

* Viipuri (Finnland) 14. August 1869, † Stockholm 23. 6. 1958; schwedischer Dirigent und Komponist finnischer Geburt, bei Wegelius und Busoni am Musikinstitut in Helsinki (1887—90) sowie bei Becker in Berlin (1890) und Massenet in Paris (1893—94) ausgebildet. Nach Korrepetitorenposten in Magdeburg (1896) und Düsseldorf (1897) leitete er 1898—1903 das Städtische Orchester in Viipuri. Es folgten Gastengagements in Helsinki und Stockholm sowie ein Jahr als Direktor des Musikinstituts in Helsinki, bis er sich 1907 als Kapellmeister der Königlichen Oper in Stockholm niederließ. Dieses Amt hatte er bis 1932 inne; daneben war er seit 1911 Hofkapellmeister an der Hofoper. An der Königlichen Oper stieg er 1923 zum 1. Dirigenten auf. 1932 kehrte er nach Finnland zurück, wo er das Direktorat der Finnischen Nationaloper (bis 1936) und später den Dirigentenposten bei der Philharmonie in Helsinki übernahm (1942—43).

Järvi, Neeme

* Tallin (Estland) 7. Juni 1937; sowjetisch-estnischer Dirigent, studierte an der Musikschule in Tallin Schlagzeug und Chor-Dirigieren, später bei Mrawinskij am Leningrader Konservato-1984 wurde er zum 1. Dirigenten und nischen Rundfunk- und Fernsehorchesters und Chefdirigent der Estnischen Oper. Auf seinen 1. Preis bei einem Dirigentenwettbewerb der Cäcilien-Akademie in Rom hin berief ihn das Staatliche Estnische Symphonieorchester zum Chefdirigenten. Nach zahlreichen Tourneen mit diesem Ensemble durch die Sowjetunion, Europa und Japan emigrierte er 1980 in die USA, wo er sich als Gastdirigent beim New York Philharmonic Orchestra, dem Boston Symphony Orchestra, dem Philadelphia Orchestra, dem San Francisco Symphony Orchestra, dem National Symphony Orchestra und dem Indianapolis Symphony Orchestra betätigte. 1984 wurde er zum 1. Dirigenten und Musikdirektor des Scottish National Orchestra in Glasgow ernannt.

Janigro, Antonio

* Mailand 21. 1. 1918; italienischer Violoncellist und Dirigent, ausgebildet am Mailänder Konservatorium und in Paris, begann seine Laufbahn als Cellist und trat solistisch an vielen Orten Europas, Amerikas und Indonesiens auf. 1939—1954 unterrichtete er am Konservatorium in Zagreb, wo er 1950 das Ensemble I Solisti di Zagreb gründete und viele Konzertreisen unternahm. Ab 1947 überwiegend als Dirigent tätig, leitete er von 1953 an das Kammerorchester des Senders Zagreb, 1965—67 das Mailänder Orchester Angelicum und ab 1968 das Kammerorchester des Saarländischen Rundfunks, das er wiederum auf zahlreiche Konzertreisen führte (Amerika 1969 und 1971). 1965 wurde er zum Professor für Cellospiel am Schumann-Konservatorium in Düsseldorf ernannt.

Janowski, Marek

* Warschau 18. Feb. 1939; polnischer Dirigent, kam als Kind nach Deutschland, studierte erst Mathematik und Musik an der Kölner Universität und später Musik in Wien. Er begann seine Laufbahn als Operndirigent in Aachen und Köln und wurde 1964 zum 1. Dirigenten der Düsseldorfer Oper ernannt (bis 1969). Nach einem Dirigentenposten an der Hamburgischen Staatsoper war er 1975—79 GMD in Dortmund. Daneben entfaltete er eine vielseitige Tätigkeit als Gastdirigent, unter anderem an den Opern in München, Berlin, London, Paris und Buenos Aires sowie mit den Berliner Philharmonikern, der Dresdener Staatskapelle, dem Residentie Orkest in Den Haag und beim Bayerischen Radio-Symphonieorchester.

Janssen, Werner

* New York 1. 6. 1899; amerikanischer Dirigent und Komponist, studierte Musiktheorie bei Frederick Converse in Boston und Dirigieren bei Felix Weingartner in Basel und Hermann Scherchen in Straßburg (1921—1925). 1930 gewann er den Prix de Rome der American Academy. Er debütierte auch als Dirigent in Rom. 1934 gab er ein Sibelius-Konzert in Helsinki und wurde von dem Komponisten selbst belobigt. 1934 debütierte er bei den New Yorker Philharmonikern. Von 1937—1939 leitete er das Sinfonieorchester von Baltimore. Danach ging er nach Hollywood, wo er das Janssen-Sinfonieorchester organisierte. Er vergab Werkaufträge an amerikanische Komponisten. Seine weiteren Stationen als Dirigent: Utah Symphony Orchestra in Salt Lake City (1946/47); Portland Orchestra (1947—1949); San Diego Symphony (1952—1954). Janssen folgte als Komponist der Kunst literarischer Bildsprache.

Jauner, Franz, Ritter von

* Wien 14. 11. 1832, † Wien 23. 2. 1900; österreichischer Dirigent, ab 1871 am Wiener Carl-Theater und ab 1872 dessen Direktor. 1875—80 wirkte er in gleicher Stellung am kaiserlich-königlichen Hofoperntheater und danach für einige Monate, ebenfalls als Direktor, am Ringtheater.

Jenkins, Newall

* New Haven (Connecticut) 8. 2. 1915; amerikanischer Dirigent und Musikwissenschaftler, studierte an der Orchesterschule der Sächsischen Staatskapelle in Dresden und am Städtischen Musikseminar in Freiburg, später in Kursen bei Willibald Gurlitt in Freiburg und Carl Orff in München. Wieder in den USA, wirkte er mit Leon Barzin in New York an der National Orchestra Association. Nach dem Zweiten Weltkrieg studierte er in Italien weiter und gründete dann in New York die Clarion Music Society, mit der er selten gespielte Barockwerke aufführte. Als Gastdirigent trat er in Mailand, Neapel, Turin, Florenz, Hil-

versum, Stockholm, London und auch Stuttgart auf. 1964—74 lehrte er an der New Yorker Universität, 1971—79 an der kalifornischen Irvine-University. In Venedig gründete er 1975 die Festspiele für venezianische Musik des 17. und 18. Jahrhunderts.

Jensen, Thomas Johannes

* Kopenhagen 25. 10. 1898, † Kopenhagen 13. 11. 1963; dänischer Dirigent, am Musikkonservatorium in Kopenhagen sowie in Deutschland und Frankreich ausgebildet. Ab 1927 dirigierte er das Orchester der Philharmonischen Gesellschaft in Aarhus. Dort initiierte er 1935 die Gründung eines Städtischen Orchesters. In den Jahren 1936 bis 1948 leitete er zusätzlich in Kopenhagen das Tivoli-Symphonieorchester und ab 1953 auch das Dänische Rundfunk-Symphonieorchester in Kopenhagen.

Jeremiáš, Otakar

* Pisek 17. 10. 1892, † Prag 5. 3. 1962; tschechischer Komponist und Dirigent, studierte ab 1907 am Prager Konservatorium und privat bei Novák und Burian. Nach Konzertreisen als Cellist übernahm er als Direktor eine Musikschule in Budweis (1918) und dirigierte dort nebenher Chor- und Orchesterkonzerte sowie an der Oper. 1929—45 wechselte er als Dirigent zum Prager Rundfunkorchester und danach als Direktor an die Oper des Nationaltheaters in Prag (bis 1951).

Jílek, František

* Brünn 22. 5. 1913; tschechischer Dirigent, erhielt seine musikalische Ausbildung bei Kvapil in Brünn und bei Novák in Prag (Komposition), weiterhin bei Chalabala und Balatka (Dirigieren). Stellen als Operndirigent besetzte er 1939—48 in Ostrau und anschließend bis 1952 in seiner Geburtsstadt. Nach vielen Jahren als Opernchef übernahm er dort den Posten als Chefdirigent des staatlichen Philharmonieorchesters (bis März 1982).

Jirák, Karel Boleslav

* Prag 28. 1. 1891, † Chicago 30. 1. 1972; tschechischer Komponist und Dirigent, studierte Komposition privat bei Novák (1909—11) und Foerster (1911/12) in Prag. Nach einer kurzen Anstellung als Opernchorleiter am Vinohrady-Theater in Prag wirkte er 1915—18 als Kapellmeister an der Hamburger Oper, war anschließend bis 1920 Direktor an den Opern in Brünn und Mährisch-Ostrau und übernahm 1920—21 den Dirigentenposten beim Prager Chor Hlahol sowie das Amt des 2. Dirigenten beim Tschechischen Philharmonieorchester. In den zwanziger Jahren lehrte er Komposition am Prager Konservatorium und unternahm zahlreiche Konzertreisen. 1930—45 war er Musikleiter und 1. Dirigent beim tschechischen Rundfunk und wanderte danach in die USA aus. Dort lehrte er ab 1947 bis zu seinem Tod an den Konservatorien in Chicago.

Jochum, Eugen

Nach der Pariser Erstaufführung der 5. Symphonie Anton Bruckners im Oktober 1969 mit dem Orchestre National unter Eugen Jochum hieß es in der Presse, daß Jochums Autorität überwältigend sei, «denn um die monumentale 5. Symphonie Bruckners durchzuhalten, bedarf es einer ungewöhnlichen Beschwörungskunst». Jochum habe sie «mit leidenschaftlicher Liebe, mit kraftvoller Überzeugung» dirigiert und die Musikliebhaber begeistert. Und abschließend im «Figaro littéraire»: «Besser spät als nie. Mahler hat unser Land vor kurzem erobert. Aber es schien, daß Bruckner noch lange auf geheimnisvolle Widerstände stieß: Man hat den Eindruck, daß diese plötzlich gefallen sind. Denn der gewaltigen, wunderbaren, aber sehr gewichtigen 5. Symphonie haben die frivolen Pariser eine Ovation bereitet.»
Nur wenige Jahre früher hatte die Pariser Presse für Bruckners Symphonien nur verurteilende Worte wie langweilig, riesenhaft, zyklopisch, endlos gefunden. Daß es Jochum gelang, diesem Publikum Bruckner nahezubringen, mag vielleicht mehr als alle begeisterten deutschen Kritiken über den Bruckner-Interpreten Jochum die Überzeugungskraft seines Musizierens veranschaulichen.
Eugen Jochum war nicht nur der erste, der die Symphonien Nr. 1 bis 9 Bruckners der Öffentlichkeit in einer Gesamteinspielung vorstellte, sondern er widmete sich auch als einer der ersten den «Originalfassungen» des österreichischen Meisters: «Nachdem ich durch Siegmund von Hausegger, dessen Schüler ich war, die als erste im Druck erschienene Originalfassung der 9. Symphonie kennengelernt hatte, wurde mir sofort klar, daß die Brucknerschen Symphonien nur in der ursprünglichen Form möglich sind. Sie wissen vielleicht, wie es zu den verfälschenden Bearbeitungen gekommen ist: Bruckner konnte sich zu seiner Zeit nur schwer durchsetzen. Man sah in ihm einen Wagnerianer, der er, was seine Verehrung für Richard Wagner betraf, auch war. Aber er war es nicht in seiner Musik. Das wurde verkannt, selbst von seinen Schülern Franz Schalk und Ferdinand Löwe, die ausgezeichnete Dirigenten waren und Bruckner dadurch zu helfen glaubten, daß sie seine Werke im Sinn der Wagnerschen Instrumentation uminstrumentierten, kürzten und in manchem sogar änderten»... Bruckners «Gedanken aber reichen von der frühgotischen Mystik über die Welt Palestrinas hinein in die Naturverbundenheit des 19. Jahrhunderts». Bruckner ist «erfüllt von der Wärme und Lebendigkeit der österreichischen Landschaft und der österreichischen Folklore. Doch hinter seinem Musizieren steht eine Frömmigkeit und geradezu mystische Gottverbundenheit, wie sie in der europäischen Musik nur noch bei Johann Sebastian Bach zu finden ist.»
Eugen Jochums Brucknerinterpretationen gelten noch heute als Maßstab, auch wenn jüngere Dirigenten inzwischen andere Akzente setzen, indem sie weniger die Vertikale, den Klang, als vielmehr die Strukturierung hervorzuheben suchen. Jochums Affinität zu Bruckner rührt nicht nur von den Anregungen her, die er im Unterricht bei von Hausegger empfing, auch seine Jugendzeit, die in vielem der Anton Bruckners gleicht, scheint ihn zum Brucknerinterpreten vorbestimmt zu haben. Wie Bruckner in einem katholischen Haus erzogen, Sohn eines Lehrers und Organisten, früh mit der Orgel vertraut — «mit acht oder neun Jahren war ich soweit, daß man mich in der ganzen Gegend herumreichen konnte, wenn in den vielen Kirchen um Babenhausen herum ein Organist zur Aushilfe gebraucht wurde», so erzählt Jochum — , war für Jochum der Weg zu Bruckner nicht weit.
Eugen Jochum, am 1. November 1902 in Babenhausen bei Augsburg geboren, bewies früh eine außerordentliche Musikalität, die sich vor allem in der Mühelosigkeit zeigte, mit der er die

Orgel spielen und auf ihr improvisieren lernte. Während seiner Schuljahre am humanistischen Gymnasium St. Stephan in Augsburg erhielt er Klavier- und Orgelunterricht an der dortigen Musikschule, dem heutigen Konservatorium. 1922 begann er seine Ausbildung an der Münchner Akademie für Tonkunst, zunächst noch mit den Schwerpunkten Komposition (Kirchenmusik) und Orgelspiel, die jedoch in dem Maße, wie seine Begabung zum Dirigieren zutage trat, dieser Berufung weichen mußten.

Im München der zwanziger Jahre zu studieren, das hieß mit der Wagnertradition der Stadt aufwachsen, der die Musik Anton Bruckners nicht fernstand, sei es «wagnerscher», sei es «religiöser» Bruckner, da auch die Pflege katholischer Kirchenmusik ein fester Bestandteil des städtischen Musiklebens war. Namen wie Felix Mottl, der bei Bruckner studiert und sich als Wagnerdirigent einen Namen gemacht hatte, Joseph Rheinberger, dem Komponisten, Franz Wüllner, dem romantischen Chordirigenten, verbinden sich mit der Akademie für Tonkunst, die Ende der sechziger Jahre des 19. Jahrhunderts von Hans von Bülow neuorganisiert und geleitet worden war, zu der Zeit, als unter dem Mäzenat Ludwigs II. Wagners «Tristan» und «Meistersinger» von Bülow zur Aufführung gebracht wurden.

Eugen Jochums Lehrer, neben dem Organisten und Musikologen Emanuel Gatscher, dem Komponisten und Musikschriftsteller Hermann von Waltershausen besonders Siegmund von Hausegger, Komponist und Dirigent, standen in der Tradition der Akademie; unter Hausegger wurden die Münchner Philharmoniker in den zwanziger Jahren zu einem berühmten Bruckner-Orchester.

Jochum arbeitete bereits während seines Studiums als Korrepetitor am Münchner Nationaltheater und in Mönchen-Gladbach. Sein erfolgreiches Debüt als Konzertdirigent mit Bruckners 7. Symphonie in der Münchner Tonhalle mit den Münchner Philharmonikern führte zu seiner ersten festen Anstellung. Von 1927—29 war er an der Kieler Oper und beim Chorverein in Kiel tätig. Ein Repertoire von mehr als 50 Opern verschaffte ihm reiche Erfahrung als Operndirigent, wie auch die Leitung der Symphoniekonzerte des Vereins der Musikfreunde in Lübeck, wo Abendroth und Furtwängler unter seinen Vorgängern gewesen waren, ihn mit der Arbeit als Konzertdirigent vertraut werden ließ. Diese Erfahrungen konnte Jochum während einer Saison an der Mannheimer Oper und zwei Jahre als Generalmusikdirektor in Duisburg erweitern, bis sich ihm durch seine Aufführung der 5. Symphonie Bruckners im Juni 1932 der Weg nach Berlin öffnete, dem er bis heute verbunden geblieben ist. Jochum wurde zum musikalischen Leiter der Sendung «Funkstunde», dirigierte als Gast die Berliner Philharmoniker und war für zwei Jahre Generalmusikdirektor der Städtischen Oper Berlin. Oper und Konzert vereinten sich auch wieder während der 15 Jahre von 1934—49, die er in Hamburg als Chefdirigent der Hamburger Philharmoniker und der Staatsoper arbeitete. Beide Orchester, die unter Jochums Führung zum Philharmonischen Staatsorchester Hamburg fusionierten, konnten auf eine lange Tradition zurückblicken. Das Philharmonische Orchester hatte unter Dirigenten wie Hans von Bülow, Levi, Mottl, Mahler, Max Fiedler, Jochums Lehrer Siegmund von Hausegger, der sich besonders Bruckner widmete, und Karl Muck, dem letzten Dirigenten aus dem Umkreis Wagners, musiziert. An der Oper reihten sich unter Jochums Vorgänger Weingartner, Klemperer und Karl Böhm. Eugen Jochum debütierte in Hamburg mit Bruckners 5. Symphonie und Wagners «Lohengrin». Während dieser Jahre gelang es ihm vielfach, dem politischen Druck des Regimes der Nationalsozialisten zu entgehen; Jochum war einer der wenigen, die weiterhin Bartók, Hindemith und Strawinsky zur Aufführung brachten. Die Stadt dankte ihm 1938 seine Arbeit mit der Verleihung der Brahms-Medaille, deren erster Träger Karl Muck gewesen war.

Während der Zeit des Wiederaufbaus übernahm Jochum in München das Sinfonieorchester des Bayerischen Rundfunks, das sich unter seiner Leitung neu formierte und internationalen Ruf gewann. Diese zehn Jahre gemeinsamer Arbeit, bis 1960, ermöglichten es dem Orchester und seinem Dirigenten, sich ganz aufeinander einzustimmen; und da das Orchester nicht nur im Tonstudio arbeitete, sondern alljährlich mit einem Konzertzyklus öffentlich auftrat, behielt ihr Musizieren die Lebendigkeit und Verbundenheit mit dem Musikleben, die für jeden Musiker Lebenselement ist. Zudem trug diese Konzertreihe, als «Musica viva» 1946 von K. A. Hartmann

Eugen Jochums internationale Anerkennung beruht auf seiner einfühlsamen Orchesterpädagogik und besonders auf seinen Bruckner- Dirigaten.

gegründet und zur Pflege der zeitgenössischen Musik bestimmt, wesentlich zum Wiederaufbau des Konzertwesens bei. Rundfunk und Konzert waren einander eine wichtige Ergänzung. Denn neben das lebendige Musizieren im Konzert trat die disziplinierte und konzentrierte, auf das Detail gerichtete Arbeit im Aufnahmestudio, eine Schule, deren Erfolg sich zum einen in der wachsenden Anerkennung des Orchesters, die es besonders auf seinen Tourneen mit Jochum erfuhr, zeigte und zum andern bei seinem Dirigenten. Bei einem Münchner Kritiker heißt es: «Von seiner Neigung zu einem naiv-freudigen, expressiven Al-fresco-Musizieren war nichts mehr

zu spüren. Selbst seine Dirigiertechnik war wie umgewandelt. Die kleinen, klaren, vergeistigten Bewegungen dominierten.»

Gleichwohl war die Rundfunkarbeit für Jochum nie Lebensaufgabe. Seine in den fünfziger Jahren zunehmende Tätigkeit als Gastdirigent illustriert Jochums Einstellung zu seinem Beruf. Ende der sechziger Jahre sagt er in einem Interview: «Ich bin auch aus künstlerischen Gründen froh darüber (nurmehr zu gastieren), weil ich jetzt all das machen kann, was mir Freude macht. Ich kann zum Beispiel jetzt wieder sehr viel mehr in der Oper dirigieren, als etwa zu der Zeit, als ich Chef des Bayerischen Rundfunksinfonieorchesters war... Da ging es um größte Genauigkeit, denn in einer Konserve, die soundso oft gesendet wird, dürfen keine Unebenheiten enthalten sein. Das Improvisatorische, das nun einmal zum Musizieren gehört, mußte notwendigerweise etwas hintanstehen. Mit dem Improvisatorischen meine ich vor allem auch das Improvisatorische beim Operndirigieren. Da spielt es eine noch größere Rolle als im Konzertsaal. In der Oper muß man, abgesehen von kurzen Proben mit den Sängern, oft Vorstellungen übernehmen, für die man keine Orchesterproben hat. Das hat einen besonderen Reiz, denn dabei kann und muß man sich als Musikant erweisen. Man gibt vom Pult aus Anregungen, von denen man, weil es ja nicht geprobt wurde, im vorhinein nicht genau weiß, wie sie aufgenommen werden. Man spielt den Orchestermusikern und den Sängern auf der Bühne Bälle zu und wartet, wie sie zurückkommen, um sie selbst entsprechend aufzufangen und wieder zuzuspielen.»

In die fünfziger Jahre fallen auch Jochums erste Dirigate in Bayreuth, 1953 «Tristan», den er mit 14 Jahren «entdeckt» hatte — damals ein Gegenpol zur damaligen christlich-humanistischen Schulausbildung —, 1954 «Lohengrin» und «Tannhäuser», 1971—73 «Parsifal». Im Vergleich mit Bruckner sagt Jochum über Wagner: «Richard Wagner dagegen war der große Klangzauberer, der seine instrumentalen Farben durch raffinierte Mischungen der verschiedenen Instrumente erreichte.» Wagners Werk bringe «die ganze nervöse Sensibilität seiner Zeit zum Ausdruck und ist, verbunden mit einer grandiosen Naturschau, erfüllt von glühender Erotik und schrankenloser Subjektivität. Bruckner ist frei von dieser sensualistischen Erotik...»

Nach München übernahm Jochum nur noch zweimal, jeweils für wenige Jahre, als Chefdirigent die Leitung eines Orchesters; 1961—64 teilte er sich mit Bernhard Haitink die Führung des Concertgebouw Orchesters, 1969—73 stand er den Bamberger Sinfonikern vor, mit denen er als deren Ehrendirigent noch heute Tourneen unternimmt. Für das Amsterdamer Orchester waren zwei Chefdirigenten kein Novum. Marius Flothuis schreibt 1960 über das Verhältnis zwischen Haitink und Jochum: «Sie ergänzen einander auf nahezu ideale Art durch die Verschiedenheit ihres Naturells, während sie andererseits genügend Berührungspunkte haben, um nicht miteinander in Konflikt zu geraten. Sie treffen sich in ihrem Respekt für die Partitur und ihrer gemeinsamen Vorliebe für Bruckner, Schubert, Haydn und Mozart.» Und sie divergieren in ihrem Interesse für ältere Musik, der Jochum mehr zugetan ist, und neuer, für die sich Haitink mehr einsetzt, was nicht heiße, daß Jochum sich der neueren Musik ganz versperrt. Immerhin kann Jochum den Werken der experimentellen Avantgarde das Wort «Kunstwerk» nicht geben, wie in einem Interview aus dem Jahr 1972 zu lesen ist: «... Stockhausen und Kagel: Das widerspricht allen meinen Vorstellungen von Musik... Ich bin im Grunde dafür, daß die Komponisten heute experimentieren... Aber es soll doch niemand so tun, als sei das, was man dann als Ergebnis des Experimentierens zu hören bekommt, a priori ein großes Kunstwerk... Bartók und Hindemith, Strawinsky und Honegger waren alles noch sehr passable Leute, von Strauss ganz zu schweigen. Ich mag auch Henze, obwohl ich nicht alles von ihm gut finde... Wir sollten sehen..., daß wir zur Zeit in einem Tal angekommen sind und daß es vielleicht sogar 50 oder 100 Jahre dauert, bis wieder etwas Relevantes und hoch

Schöpferisches kommt.» Somit sieht Jochum seine Hauptaufgabe darin, die Musik, die er als schöpferisches Kunstwerk anerkennt, zu bewahren und lebendig zu erhalten, aber: «wir sollen ... (auch) immer offenbleiben für neue Wege.»
Jochum hat sich während seiner nunmehr sechzigjährigen Laufbahn als Dirigent den Werken der deutschen Klassiker und Romantiker gewidmet, zu denen von den älteren Meistern besonders Bach trat, unter den jüngeren finden sich Sibelius, Reger und Orff. Jochums Brahms erinnert in der Klangpathetik an Bruckner, zu dem er vorauszuweisen scheint, wie er zurückblickt zu Schubert und Beethoven, dramatisch im Sinne von spannungsvoll, mit Liebe für den Klang; Jochums «Detailverletzungen», seine leichten Temposchwankungen treten zurück vor dem überzeugenden Ganzen. Über sein Interesse an Reger sagt Jochum in einem Interview 1972: «... ich meine, daß Regers Zeit gekommen ist ... Es ist ja phantastisch, was dieser Mann alles gemacht hat. Es ist so gekonnt, und er stieß mit seiner Musik in echtes Neuland vor. Diese farbliche Palette zum Beispiel in seinen langsamen Variationen ... Was ich tun kann, um die Kenntnis Regers zu befördern, das werde ich tun.»
Trotzdem Jochum während der Jahre beim Bayerischen Rundfunk das Improvisatorische, das lebendige Konzertieren in der auf Perfektion bedachten Rundfunkarbeit vermißte, hat er sich dem Medium Schallplatte nicht verschlossen, denn: «Bei diesen Aufnahmen geht es mir darum, ganze musikalische Komplexe vorzustellen. Ein Komplex ist zum Beispiel die geistliche Chormusik der Passionen und des Weihnachtsoratoriums von Bach, der 'Missa Solemnis' von Beethoven und der Haydnschen 'Schöpfung'. Ein anderer Komplex sind die Symphonien von Beethoven, ein dritter einige Werke von Carl Orff und ein vierter eine Gruppe von Haydnsymphonien.»
Über Jochums Wiedergabe der Bachschen Passionsmusiken schreibt Kurt Blaukopf: «... stärker noch als in der epischen Matthäuspassion kommt der Maler Jochum in den dramatischen Szenen der Johannespassion zur Geltung. Er weiß, daß das Schwergewicht dieses Werks in den geradezu agierenden Chören liegt. Bei ihm wird das Publikum zur 'Gemeinde', die Chronik der Leidensgeschichte zum erlebten Drama, das im Schlußchor 'den Himmel aufmacht und die Hölle schließt'. Die machtvolle Wirkung geht vom Chor aus, der nicht nur zu singen hat, sondern auch alle farbigen Nuancen der Lobpreisung, des Drohens, der Ergebenheit, der Todesnot und der Erlösung wiedergibt.» Ein live-Mitschnitt einer Konzertaufführung der Bachschen h-Moll-Messe aus dem Jahr 1957 mit dem Sinfonieorchester und dem Chor des Bayerischen Rundfunks in Ottobeuren bezeugt Jochums interpretatorischen Zugang zu Bach in der geistlich-religiösen Dramatik, die er durch genaue Unterscheidung und Herausarbeitung der einzelnen Meßteil-Charaktere zum Inhalt der Messe macht. A. Köberle schreibt 1952, zum 50. Geburtstag Eugen Jochums, im Rheinischen Merkur: «Eugen Jochum aber hat den Schritt vom Religiösen zum Christlichen in voller Klarheit für sein Leben getan. Sein Künstlertum hat sich dadurch nicht verengt, es hat vielmehr durch den Anschluß an den christlichen Universalismus Freiheit und Fülle, Ganzheit und nie versagende Frische bekommen.» Über sich selbst sagt Jochum: «Meine musikalische Begabung betrachte ich als Geschenk von oben. Ich möchte, daß sie nie Selbstzweck werde, und ich glaube, daß ich die Aufgabe habe zu dienen — Medium zu sein für die Gedanken der großen Meister, die ihrerseits Gedanken des höchsten Wesens aussprechen.» *CS*

Jochum, Georg Ludwig

* Babenhausen 10. 12. 1909, † Mülheim an der Ruhr 1. 11. 1970; deutscher Dirigent, Bruder von Eugen und Otto J., studierte am Konservatorium in Augsburg und an der Musikakademie in München (Dirigieren bei Hausegger). 1932 wurde er in Münster (Westfalen) zum Musikdirektor ernannt (bis 1934), anschließend wirkte er als Kapellmeister der Oper und der Museumskonzerte in Frankfurt/Main (bis 1937) und in gleicher Stellung in Plauen (bis 1940). Posten als GMD hatte er 1940—45 für die Oper und das Bruckner-Orchester St. Florian in Linz an der Donau, 1946—48 für die Konzerte in Duisburg inne, wo er auch das Konservatorium leitete (bis 1958). Daneben dirigierte er 1948—50 die Bamberger Symphoniker und trat als Gastdirigent in Europa, Südamerika und Japan in Erscheinung.

Jochum, Otto

* Babenhausen 18. 3. 1898, † Bad Reichenhall 24. 10. 1969; deutscher Chorleiter und Komponist, Bruder von Georg Ludwig und Eugen J., studierte Komposition, Klavier und Dirigieren an der Münchener Universität (1922—28). Ab 1932 leitete er in Augsburg die Städtische Singschule, nach dem Krieg für kurze Zeit den «Jochum-Chor» in Augsburg. Nach 1951 konzentrierte sich er hauptsächlich auf die Komposition.

Johnson, Thor

* Wisconsin Rapids im Staat Wisconsin 10. 6. 1913, † Nashville (Tennessee) 16. 1. 1975; amerikanischer Dirigent norwegischer Herkunft, erhielt seine musikalische Ausbildung zunächst an den Universitäten von North Carolina und Michigan, gründete an der letzteren das «Little Symphony Orchestra» und unternahm mit ihm 1935—36 und 1937—41 Konzertreisen durch die USA. Dazwischen studierte er Dirigieren am Leipziger Konservatorium und am Salzburger Mozarteum bei Weingartner und Bruno Walter. Bei Kussewitzky am Berkshire Music Center belegte er zusätzliche Kurse und dirigierte 1940—42 das Grand Rapids Symphony Orchestra in Michigan. Daneben war er Gastdirigent des Philadelphia Orchestra. 1947 ernannte ihn das Cincinnati Symphony Orchestra zum Chefdirigenten (bis 1958), anschließend lehrte er Dirigieren an der Northwestern University in Chicago. Von 1967 bis zu seinem Tod leitete er die Nashville Orchestra Association.

Jones, Geraint

* Porth 16. 5. 1917; walisischer Dirigent und Organist, Student der Royal Academy of Music in London, war bis 1950 hauptsächlich als Organist tätig, wobei er sich einen guten Namen als Bach-Interpret machte. Danach wirkte er erst als Dirigent am Mermaid Theatre in London. Aus den Musikern, die an der dortigen Produktion von Purcells «Dido and Aeneas» mitwirkten, bildete er seine «Geraint Jones Singers and Orchestra«, die zahlreiche Konzerte gaben und Schallplattenaufnahmen machten. 1960 lancierte er das jährlich stattfindende Lake District Festival, leitete außerdem die Kirkman Concert Society (ab 1963) und das Salesbury Festival (ab 1973).

Jorda, Enrique

* San Sebastian 24. 3. 1911; amerikanischer Dirigent spanischer Geburt, studierte in San Sebastian, Madrid und in Paris, wo er 1937 sein Dirigentendebüt gab. Es folgten Dirigentenposten bei den Symphonieorchestern in Madrid (1940—45), Kapstadt (1948—54) und San Francisco (1954—63) sowie in gleicher Stellung beim Philharmonieorchester in Antwerpen (ab 1970). Als Gastdirigent trat er mit dem BBC Symphony Orchestra und mit dem London Symphony Orchestra auf, aber auch in Südamerika und Australien. In den fünfziger Jahren nahm er einige Schallplatten auf.

Jürgens, Jürgen

* Frankfurt/Main 5. 10. 1925; deutscher Dirigent, studierte bei Kurt Thomas in Frankfurt Dirigieren und leitete ab 1955 den Monteverdi-Chor in Hamburg, mit dem er Tourneen durch Europa, Amerika und den Fernen Osten unternahm. 1960 wurde er zum Direktor der Akademischen Musikpflege ernannt und lehrte an der Universität in Hamburg. Jürgens ist ein vielseitiger Dirigent, der neben seinem Hauptinteresse Barockmusik auch Neue Musik zu interpretieren weiß. Er gab Werke von Monteverdi und Scarlatti heraus.

Jullien, Louis Antoine

* Sisteron 23. April 1812, † Paris 14. 3. 1860; französischer Dirigent, studierte 1833—36 ohne Abschluß bei Le Carpentier und Halévy in Paris und dirigierte anschließend Tanzmusik im Jardin Turc. Verschuldet verließ er 1838 Frankreich und dirigierte ab 1840 am Drury Lane Theatre in London. Bei seinen «Society concerts» führte er große Chorwerke auf, verschuldete sich 1848 erneut und versuchte es draufhin mit drei «concerts monstres», die vierhundert Instrumentalisten, drei Chöre und drei Militärkapellen bestritten. Nach der Produktion einer eigenen Oper an Covent Garden (1852) veranstaltete er eine Konzertreihe in den USA, die großes Interesse fand, und kehrte 1854 nach London zurück, betätigte sich erfolglos als Manager und wurde 1859 wegen seiner Schulden in Frankreich verhaftet. Er starb einige Monate nach seiner Entlassung in armseligen Verhältnissen.

Kabasta, Oswald

* Mistelbach (Österreich) 29. 12. 1896, † Kufstein 6. 2. 1946 (Freitod); österreichischer Dirigent, wurde an den Akademien in Wien und Klosterneuburg ausgebildet, wirkte als Chordirigent in Florisdorf und als Musiklehrer in Wien. 1924 übernahm er einen Kapellmeisterposten am Stadttheater in Baden (Wiener Neustadt) und wurde 1926 zum GMD in Graz ernannt (bis 1931). Daneben dirigierte er die Wiener Gesellschaft der Musikfreunde und erhielt 1931 die Berufung zum Musikdirektor beim Wiener Rundfunk, mit dessen Orchester er Konzertreisen nach London, Berlin, Warschau und Budapest unternahm. Weiterhin war er als Gastdirigent der Gesellschaft der Musikfreunde in Wien tätig und löste 1938 von Hausegger als Dirigent der Münchener Philharmoniker ab. 1936 und 1937 dirigierte er bei den Linzer Bruckner-Festspielen. Er hatte eng mit den österreichischen Nationalsozialisten zusammengearbeitet und beging deshalb einige Monate nach Kriegsende Selbstmord.

Kajanus, Robert

* Helsinki 2. 12. 1856, † Helsinki 6. Juni 1933; finnischer Dirigent und Komponist, studierte in Helsinki bei Faltin und Niemann, am Leipziger Konservatorium (1877—79) bei Reinecke und Richter und in Paris (1879/80) bei Svendsen. 1882 gründete und dirigierte er in Helsinki das erste komplette Symphonieorchester, aus dem die Philharmonische Gesellschaft und 1914 das Stadtorchester wurden. Er leitete das Ensemble bis 1932, unternahm nach der Jahrhundertwende auch Konzertreisen durch Nordeuropa, Deutschland, Holland und zur Weltausstellung nach Paris. 1897 bis 1926 war er Musikdirektor an der Universität in Helsinki.

Kamu, Okko

* Helsinki 7. 3. 1946, finnischer Dirigent, studierte zunächst Violine, wurde 2. Konzertmeister des Philharmonischen Orchesters Helsinki und 1966 Konzertmeister der Finnischen Nationaloper. Ein Jahr später begann er an diesem Institut — nach Dirigierstudien bei Tauno Hannikainen und Simon Parmet — als Kapellmeister. 1969 wirkte Kamu als Gastdirigent bei der Schwedischen Königlichen Oper, im gleichen Jahr gewann er den Karajan-Wettbewerb in Berlin. Seither führten ihn Gastverpflichtungen in viele Länder West- und Osteuropas, nach Nordamerika und Fernost. 1971—77 wirkte Okko Kamu als Chefdirigent des Finnischen Rundfunk-Symphonieorchesters, 1975—79 in gleicher Position beim Philharmonischen Orchester Oslo. Seit 1981 ist er Musikalischer Oberleiter des Philharmonischen Orchesters Helsinki.

Kapp, Richard

* Chicago 9. 10. 1936; amerikanischer Dirigent, schloß 1957 sein Studium an der Johns Hopkins University ab und belegte dann Kurse für Dirigieren, Komposition und Klavier an der Staatlichen Hochschule für Musik in Stuttgart. Bis 1966 studierte er in New York Jura und nahm Privatstunden bei Rosbaud und Halász (Dirigieren), Simon (Klavier) und Marlowe (Cembalo). 1960—62 wirkte er als Korrepetitor am Basler Stadttheater und wurde anschließend zum Musikdirektor des Operntheaters an der Manhattan School of Music (New York) ernannt (bis 1965). 1968 gab er in New York ein Konzert mit Musikern des New York Philharmonic Orchestra und absolvierte danach Tourneen mit einem Repertoire, das von Alter Musik bis Jazz reichte.

Karajan, Herbert von

Sein Name hat sich längst von seiner Person gelöst. Herbert von Karajan ist zum Synonym seines Berufsstandes geworden. Er hat damit eine Art Über-Existenz erhalten, die jede künstlerische Handlung des Dirigenten wie nebensächlich erscheinen läßt. Der Begriff Herbert von Karajan ist nicht mehr an den musikalischen Leistungen des Künstlers Herbert von Karajan meßbar. Denn Symbole besitzen keine faßliche Realität. Sie stehen für etwas, sie weisen über sich selbst hinaus.
Seriöse Abhandlungen fühlen sich der Kolportage, der Parodie und dem Witz gegenüber meist erhaben. Sie sollten es nicht a priori sein. Denn oft verraten solche Formen der Darstellung mehr vom Wesen ihres Subjekts als peinlich genaue Psychologie: und sei es nur, daß sie die Diskrepanz zwi-

schen dem aufzeigen, was die Experten meinen und dem, was die Öffentlichkeit sich als Bild vorstellt.
Leonard Bernstein, Herbert von Karajan, Sir Georg Solti und Seiji Ozawa — die Namen sind bis auf den Herbert von Karajans auch austauschbar — lassen sich in einen gemeinsamen Disput ein, wer denn nun wirklich jetzt und für alle Zeiten der größte Dirigent sei. Seiji Ozawa führt für sich an, er dirigiere nicht nur ein hervorragendes Orchester, die Bostoner; er sei in Japan auch so etwas wie eine Trademark. Nikon, Honda, Ozawa, das liege vom Popularitätsgrad her auf der gleichen Linie. Solti erwidert, er sei für seine musikalischen Verdienste geadelt worden, und er dirigiere obendrein mit dem Chicago Symphony Orchestra das nach Strawinskys Worten beste Orchester der Welt. Darauf meint Leonard Bernstein schon siegesgewiß, er sei als Komponist und Dirigent gleichermaßen bedeutend. Und zur Komposition seiner Messe habe ihn der liebe Gott persönlich angeregt. Herbert von Karajans Selbstdarstellung fällt kurz und kühl aus: «Das habe ich nicht getan.»
Karikaturen sind Teil ritueller Geisterbeschwörungen. Die Mächtigen müssen es hinnehmen, daß man sie in solch' erfundenen Geschichten bannt. Nur dadurch lassen sie sich überhaupt ertragen. Herbert von Karajan ist unter den Dirigenten der Gegenwart sicherlich der Mächtigste. Er ist es nicht seiner immanent musikalischen Leistung wegen. Das würde auch schlecht zu einem Dirigenten passen, dem man das Attribut eines Künstlers der Gegenwart zugesteht. Herbert von Karajan ist die Inkarnation musikalischer Allmacht vor allem deshalb, weil er nicht nur in musikalischen Kategorien denkt.
Vielleicht war Carl Maria von Weber, ein Künstler, der als Kapellmeister und Komponist, als reisender Virtuose und Operndirektor von der Sitzordnung des Orchesters bis zu den schriftlichen Werkseinführungen für ein breites, unwissendes Publikum — das gesamte Musikleben kontrollierte, jedes Detail seines musikalischen Amtes mitbedachte und die Bedingungen einer sich erst in jener Zeit bildenden musikalischen Öffentlichkeit genau kalkulierte, vielleicht war dieser Vorläufer des heutigen Generalmusikdirektors der erste moderne Dirigent gewesen. Und vielleicht ist Herbert von Karajan die klassische Erscheinung des modernen Künstlertyps überhaupt: der alles entscheidende, alles in Händen haltende, über alle Medien verfügende Musiker, der neue Techniken der musikalischen Vermittlung nicht nur schlicht benutzt, der sie durch sein Ansehen und seine prominente Stellung im Musikbetrieb auch durchzusetzen vermag.
Herbert von Karajan hat sich als Künstler gleichzeitig mit neuen Formen musikalischer Produktion und mit neuen, über die Möglichkeiten des Konzertsaals hinausgehenden Verwertungsformen von Musik in den technischen Medien entwickelt. Von einem bestimmten Zeitpunkt seiner Karriere an läßt sich nicht mehr feststellen, ob das moderne Musikleben ihn oder er das moderne Musikleben geprägt hat. Herbert von Karajan ist — daran besteht selbstverständlich kein Zweifel — ein bedeutender Dirigent und Künstler. Identifiziert aber wird er längst nicht mehr primär an der Fähigkeit, mit der er seine Orchester leitet, sondern durch die Virtuosität, mit der er im Musikbetrieb wirkt.
In den zahlreichen Biographien und biographischen Notizen über Herbert von Karajan wird immer wieder — und wohl mit Recht — behauptet, die traditionelle Kapellmeisterlaufbahn, die einst in der Provinz begann und erst nach etwa zehn Jahren zu festen Engagements auf musikalischen Positionen von Rang führten, sei für Karajan im Grunde ein Glück gewesen. Hier habe er die solide Basis seines musikalischen Handwerks erworben, hier habe er unschätzbare Erfahrungen sammeln können, die jüngeren, gleichfalls hochbegabten, aber unvermittelt zu Ansehen gelangten Dirigenten wie etwa Lorin Maazel oder Claudio Abbado fehlten. Die Überlegung scheint einer Ergänzung wert zu sein. Man hat den Eindruck, als habe gerade diese Zeit des «musikalischen Klinkenputzens» und der aufreibenden Tätigkeit unter weniger idealen künstlerischen Voraussetzungen auch die klassische Haltung des Aufsteigers provoziert; den musikalisch — nicht unbedingt materiell — zu verstehenden Gestus des «Nie-wieder-arm» meint man jedenfalls als Motivation der Karajanschen Betriebsamkeit und des multimedialen Dauereinsatzes gelegentlich spüren zu können.
Der Umstand, daß Herbert von Karajan der prominenteste und vielleicht auch der einzige wirklich weltweit bekannte Interpret sogenannter ernster

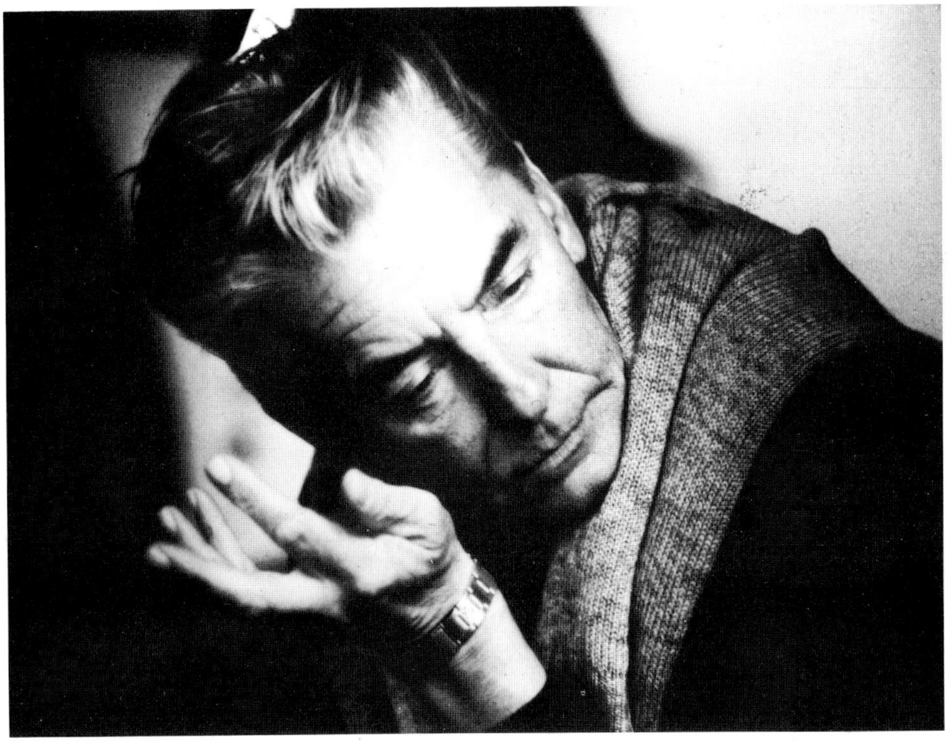

Herbert von Karajan bei einer Probe mit dem Orchester der Deutschen Staatsoper, Berlin, 1939 (l.). Etwa 30 Jahre später im Studio (o.).

abendländischer Musik ist, dessen Namen auch diejenigen kennen, die mit Komponisten wie Wagner und Verdi nicht unbedingt konkrete Klangvorstellungen verbinden, dieser Umstand täuscht gelegentlich über die relative Bodenständigkeit des Dirigenten hinweg. Herbert von Karajan, am 5. April 1908 als Sohn eines Arztes in Salzburg geboren, ist nicht nur im wesentlichen ein «europäischer Dirigent» geblieben, er ließe sich — wenn man Konzertreisen und Gastspiele in der ganzen Welt und das zeitweilige Engagement für das Philharmonia Orchestra London und das Orchestre de Paris einmal großzügig vernachlässigt — mit Fug und Recht als ein im österreichisch-deutschen Kulturkreis fest verwurzelter Dirigent charakterisieren und nicht als jener internationale Interpret, als den man ihn und als der er sich selbst wohl gerne sieht. Die Topographie seiner Kunst verzeichnet drei Hauptstädte: Berlin, Wien und Salzburg. Dort hat sich der Musiker Karajan verwirklicht, und dort hat der Medienapologet Karajan die Schaltstationen seines musikalischen Verwertungssystems installiert, an das die Welt angeschlossen ist.

Karajan erhielt früh Klavierunterricht, er galt als pianistisches Wunderkind, nachdem er mit viereinhalb Jahren zum ersten Mal öffentlich aufgetreten war. Aber in einer Stadt wie Salzburg besagen solche Merkmale einer musikalischen Ausnahmeerscheinung offenbar wenig. Herbert von Karajan mag in Salzburg verspürt haben, wie belastend Tradition nicht selten wirkt. Sehr bald wechselte er vom Klavierstudium am Salzburger Mozarteum zu den Fächern Musikwissenschaft und Dirigieren — unter anderem bei Franz Schalk in Wien und bei Bernhard Paumgartner. Er debütierte als Dirigent mit «Fidelio» 1927 in Salzburg und verdingte sich anschließend bis 1934 als Korrepetitor, Kapellmeister und zuletzt Operndirektor in Ulm, um danach an das Stadttheater von Aachen zu gehen, wo er ein Jahr später am Pult von Fritz Busch zum damals jüngsten Generalmusikdirektor in Deutschland avancierte.

Aachen wurde Karajans Gesellenzeit. Von hier holte man ihn zu Gastspielen an die Staatsoper Berlin, wo er «Fidelio», «Elektra», «Tristan», «Meistersinger» und «Zauberflöte» in der Inszenierung von Gustav Gründgens mit großem Erfolg dirigierte, in dieser Zeit schloß er auch seinen ersten Schallplattenvertrag, und in Aachen legte er gewissermaßen auch seine musikalische Meisterprüfung ab: den «Falstaff» mit Walter Felsenstein als Regisseur.

Bei der Arbeit mit seinem Berliner Philharmonischen Orchester und beim Abhören einer «Parsifal»-Schallplattenproduktion mit Peter Hofmann (l.) und Kurt Moll (r.)

In die unmittelbare Vorkriegszeit fallen auch die ersten Kontakte Herbert von Karajans mit dem Berliner Philharmonischen Orchester, die sich trotz der Attacken Wilhelm Furtwänglers immer weiter entwickelten. Nach dem Krieg wurde Karajan als ehemaliges Mitglied der Nationalsozialistischen Partei — wie viele deutsche und österreichische Künstler — mit einem Auftrittsverbot durch die Alliierten belegt,

das — nicht zuletzt durch die versöhnliche Geste Bruno Walters beeinflußt — im Oktober 1947 wieder aufgehoben wurde. Zuvor hatte Karajan allerdings schon die Leitung des von Walter Legge vor allem für Schallplattenaufnahmen gegründeten Philharmonia Orchestra London übernommen. Seine Mitgliedschaft in der NSDAP hat im übrigen bis heute ein Gastspiel Herbert von Karajans mit den Berliner Philharmonikern in Israel verhindert.
War Herbert von Karajans musikalischer Wirkungskreis bis zu diesem Zeitpunkt — nicht zuletzt durch Kriegsumstände — vor allem auf Deutschland und Österreich beschränkt gewesen, so begann nun ob 1947 der internationale Teil seiner Karriere: Auftritte an der Mailänder Scala, an Covent Garden, in Buenos Aires, bei den Festspielen in Edinburgh, Salzburg, Bayreuth und Luzern festigten schnell seinen Ruf als überaus präziser Interpret des klassisch-romantischen Konzert- und Opernrepertoires. Mit dem Posten eines Kapellmeisters an der Berliner Staatsoper und Leiters der Symphoniekonzerte der Staatskapelle hatte Herbert von Karajan 1941 zum ersten Mal eine Institution von hohem Rang übernommen. Als eine Verbindung von weit größerer künstlerischer Bedeutung erwies sich die ihm — nach dem Tod Wilhelm Furtwänglers — übertragene Position eines Dirigenten auf Lebenszeit des Berliner Philharmonischen Orchesters, ein Amt, das zu einem Fixpunkt seiner Karriere wurde. Mit dem Berliner Philharmonischen Orchester hat Herbert von Karajan in den drei Jahrzehnten bis 1985 ganz alleine einen repräsentativen Katalog klassisch-romantischer Musik auf Schallplatten erstellt, mit ihm hat er in zahllosen Tourneen, in Film- und Fernsehproduktionen seinen Ruf als exzeptioneller Orchesterleiter begründet.
Der andere Teil seiner extensiven musikalischen Arbeit blieb auf Salzburg und Wien konzentriert: 1949 Ernennung zum Konzertdirektor der Wiener Gesellschaft der Musikfreunde auf Lebenszeit; rege Dirigiertätigkeit mit den Symphonikern und den Philharmonikern aus Wien; 1956 bis 1960 künstlerischer Oberleiter der Salzburger Festspiele; 1957 als Nachfolger Karl Böhms Leiter der Wiener Staatsoper, eine Position, die er bis 1964 innehatte; Mitglied des Direktoriums der Salzburger Festspiele wieder ab 1964; 1967 Etablierung der Salzburger Osterfestspiele; 1973 dann die Einrichtung der Salzburger Pfingstkonzerte; 1968 Gründung der «Herbert-von-Karajan-Stiftung» für Forschungen im Grenzbereich zwischen Musik und Naturwissenschaften; Aufbau von Film- und Fernsehproduktionsfirmen; Dirigier- und Orchesterwettbewerbe als Nachwuchsförderung, wie die «Orchester-Akademie des Berliner Philharmonischen Orchesters e. V.»; seit 1977 wieder Opernproduktionen in Wien, wobei schon von der Aachener Zeit an der Regisseur Herbert von Karajan den Dirigenten Karajan häufig ergänzte.
Vermutlich hat es in der Musikgeschichte keinen zweiten Interpreten gegeben — und den ebenfalls medienbewußten, seine künstlerischen Interessen aber zwischen Dirigieren und Komponieren aufteilenden Leonard Bernstein muß man hier ausnehmen —, der kulturelle Machtfülle in solcher Weise verkörperte wie Herbert von Karajan, der so zum Sinnbild eines Interpreten im Zeitalter der technischen Reproduzierbarkeit von Musik geworden ist, der den Zusammenhang von musikalisch-künstlerischem und ökonomischem Status sinnfälliger demonstrierte — Adorno hat in Karajan den «Genius des Wirtschaftswunders» erblickt —, oder der — um es schlichter zum formulieren — musikalische Arbeit und musikpolitische Ämter in einem solchen Ausmaß auf sich vereinte.
Wenn man schon vom «Wunder Karajan» spricht, ein fatales Wort, das die Karriere dieses Musikers nun schon fast ein halbes Jahrhundert begleitet, so wäre es am ehesten wohl darin zu sehen, daß die manische Betriebsamkeit Herbert von Karajans nicht zu deutlicherem musikalischen Substanzverlust geführt hat. Der größte Vorbehalt gegenüber dem Künstler Karajan aber wird weniger von dem wohlfeilen Argument der musikalischen Überproduktivität genährt. Er verdankt sich eher der von Herbert von Karajan vertretenen Ästhetik des Wohlklangs, die in Verbindung mit dem großen Interesse an perfekter Klangwiedergabe, vor allem auf Tonträgern, bisweilen fast zum Substitut für die Musik selbst geworden ist.
Es gehört zu den prophetischen Gaben Herbert von Karajans, daß er schon in den dreißiger Jahren das Medium Schallplatte als die eigentliche kommunikative Instanz von Musik gesehen hat; er war auch einer der ersten Künstler von Rang, der die Macht des Fernsehens und der Videoaufzeichnung für das breite klassische Musikrepertoire erkannte. Und es gehört, pathetisch gesagt, zur Tragik des Künstlers Karajan, daß er über den Tüfteleien mit Aufnahmemöglichkeiten und am technisch möglichst perfekt reproduzierbaren Klang die Differenzierung der musikalischen Faktur vernachlässigte. *WWS*

Katlewicz, Jerzy

* Bochnia 2. 4. 1927; polnischer Dirigent, studierte an der Staatlichen Musikakademie in Krakau und wurde 1952 zum Künstlerischen Direktor der Krakauer Oper und zum Dirigenten des dortigen Philharmonieorchesters ernannt. 1955 gewann er den 1. Preis eines Dirigentenwettbewerbs im französischen Besançon. 1958 übernahm er den Posten des Künstlerischen Direktors der Philharmoniker in Poznan (Posen), drei Jahre später das Amt des Musikdirektors beim Philharmonischen Orchester und an der Oper in Gdansk. 1968 wurde er Musikdirektor bei den Krakauer Philharmonikern und führte dieses Orchester auf Tourneen durch Europa. Ab 1972 lehrte er an der Staatlichen Musikakademie in Krakau, 1979 übernahm er zu seinem Amt bei den dortigen Philharmonikern noch den Posten als Dirigent beim Nordholländischen Philharmonischen Orchester in Haarlem.

Kazandžiev, Vasil

* Ruse 10. 9. 1934; bulgarischer Komponist und Dirigent, ausgebildet von Iliev in Komposition und am bulgarischen Staatskonservatorium (Dirigieren bei Simeonov), dirigierte ab 1957 am Nationaltheater in Sofia. Ab 1964 lehrte er am Staatskonservatorium, 1979 wurde er zum Chefdirigenten des Bulgarischen Radio-Symphonieorchesters ernannt.

Keene, Christopher

* Berkeley (Kalifornien) 21. 12. 1946; amerikanischer Dirigent, studierte an der University of California in Berkeley und gründete während dieser Zeit eine Operngesellschaft, mit der er zahlreiche moderne Opern aufführte. Neben Gastauftritten bei den Festspie-

len in Spoleto (1968, 1969 und 1971) wirkte er als Direktor der American Ballet Company, dirigierte ab 1970 auch an der New York City Opera, wo er 1971 die Uraufführung von Menottis «The Most Important Man» gab. Im gleichen Jahr folgte eine gefeierte Vorstellung von «La Traviata». Später dirigierte er an der New Yorker Metropolitan Opera. Er, der niemals einen Dirigierkurs besucht hat, wurde 1975 zum Musikdirektor des Syracuse Symphony Orchestra in New York ernannt. Daneben war er 1977 als Musikdirektor bei den Festspielen in Spoleto und ab 1979 in gleicher Position beim Long Island Philharmonic Orchestra tätig. 1982 wurde er zum Künstlerischen Inspektor der New York City Opera berufen.

Kegel, Herbert

* Dresden 29. 7. 1920; deutscher Dirigent, besuchte 1935—40 das Dresdener Konservatorium (Blacher und Böhm) und wurde 1946 Dirigent an der Oper in Rostock. Ab 1949 leitete er den Rundfunkchor und das Große Rundfunkorchester in Leipzig, ab 1953 dirigierte er das dortige Rundfunk-Sinfonie-Orchester (GMD 1958, Chefdirigent 1960). 1975—78 lehrte er an der Leipziger Hochschule für Musik, danach an der Dresdener Hochschule für Musik. 1977 übernahm er den Posten des Chefdirigenten bei den Dresdener Philharmonikern. Er gilt als einer der besten Dirigenten der DDR.

Kehr, Günter

* Darmstadt 16. März 1920; deutscher Violinist und Dirigent, studierte in Frankfurt (bei Moodie), Köln (bei Zitzmann) und an der Berliner Universität. Unter eigenem Namen gründete er 1949 ein Streichtrio, gab deutsche Premieren von Werken Hindemiths und Bartóks und wandte sich dann dem Dirigieren zu. In Mainz gründete er 1955 ein Kammerorchester, mit dem er zahlreiche Konzertreisen unternahm.
1953—61 war er Direktor des Mainzer Peter-Cornelius-Konservatoriums, ab 1959 lehrte er an der Kölner Hochschule für Musik (ab 1961 Professor).
Daneben arbeitet Kehr auch musikwissenschaftlich. So edierte er den Urtext der Violinsonaten von J. S. Bach und Brahms; außerdem veranlaßte er Ausgaben der Orchesterwerke von Albinoni, Rameau und Telemann.

Keilberth, Joseph

Gewiß kann, ja muß man von der Vorstellung ausgehen, daß Musik bei all ihren nationalen Spezifika eine Kunst ist, die die engen Grenzen der Nationalität bei weitem übersteigt. Dies gilt in kaum geringerem Maß auch für die Interpreten. Zumindest will es einem nicht selbstverständlich erscheinen, daß ein «typisch» deutscher, französischer, russischer oder amerikanischer Musiker tatsächlich internationale Bedeutung erlangen könnte. Dafür gibt es sogar epochale Interpreten, die in vieler Hinsicht sehr deutsch waren und sind — obwohl sie seit den dreißiger Jahren in Amerika oder England wirkten: Dirigenten wie Bruno Walter und Otto Klemperer, Pianisten wie Artur Schnabel oder Rudolf Serkin.
Trotzdem gibt es einen Musikertypus, der bei allen internationalen Erfolgen doch stets stärker als andere deutscher Tradition den deutschen Komponisten und dem deutschen Musikbetrieb verhaftet schien — ja bis in die physische Erscheinung nationale Zugehörigkeit suggerierten. Zumindest standen sie kaum für ein dezidiert kosmopolitisches Künstlerideal, wie es ja auf seine Weise etwa Wilhelm Furtwängler verkörperte.
Ein Dirigent wie Joseph Keilberth hingegen ließ sich schon eher auf den Begriff des deutschen Kapellmeisters bringen: ein Musiker, in Oper wie Konzert gleichermaßen engagiert, ein Mann von unbeirrbarer und unbestechlicher handwerklicher Kompetenz und Erfahrung, der sich primär als Diener der Musik und der großen Komponisten verstand, dem nichts Elegantes und Zirzensisches anhaftete und der auch nicht durch irgendwelche Affären und Skandale von sich reden machte, sich nur äußerst maßvoll ins Medienzeitalter schickte.
Seine Devise als Interpret lautete lapidar: «Das Dirigieren ist nur ein Hilfsmittel, nie Selbstzweck. Musizieren ist alles — und je unauffälliger dabei dirigiert wird, desto schöner wird die Musik gestaltet sein und so unsere Seele berühren. Das mag der heutigen Mode widersprechen — eine ästhetische Wahrheit bleibt dies trotzdem.»
Das Zitat steht indes nicht nur für ein interpretatorisches Programm, sondern es verrät auch noch etwas anderes: fast eine Art trutziges Bekenntnis zum Unzeitgemäßen. Denn in mehrfacher Hinsicht war Keilberth ein Konservativer. Als Dirigent entsprach er in keiner Weise dem Typus des ewig jugendlich sich gerierenden, eleganten Pulttänzers und glamourösen Showmans. Sein Dirigierstil entsprach seiner Erscheinung: kräftig, gedrungen, voll geballter Energie, mit knappen, mitunter fast auffällig kleinen, sparsamen Gesten, die sich selten zu breiten seitlichen Streich- oder Hiebbewegungen steigerten, die dann aber Wucht verrieten und diese auch erzeugten. Früh ergraut, mit seinem breiten Schädel, dem fast viereckigen Gesicht mit dem kantigen Kinn, strahlte er Ruhe und Sicherheit aus. Die Musiker fühlten sich wohl unter seiner Obhut, spürten, daß er die Partituren genau kannte, stets über der Sache stand und gewissermaßen einer von ihnen war. Er wurde von den Orchestern als «Mann vom Bau» in der Regel bereitwillig akzeptiert.
Zufällig war dies nicht: 1908 in Karlsruhe als Sohn eines aus München stammenden Orchestercellisten geboren, fing er dort ebenfalls ein Cellostudium an und begann seine Laufbahn als Korrepetitor am Badischen Staatstheater, wo er — sensationell — schon 1935 zum Generalmusikdirektor berufen wurde.
Seine schon früh erworbene außerordentliche Erfahrung als Kapellmeister und wohl nicht zuletzt auch die besondere Akzentuierung des hauptsächlich deutschen Repertoires brachten ihm 1940 eine sowohl für ihn ehrenvolle als auch prekäre Aufgabe ein: Wilhelm Furtwängler nämlich empfahl Keilberth für die Leitung der «Deutschen Philharmoniker» in Prag, die es im Sinne der nationalsozialistischen Kulturpolitik als Gegengewicht zur ruhmreichen «Tschechischen Philharmonie» unter Václav Talich aufzuwerten galt. Keilberth hat seine primär musikalische Mission wohl glänzend erfüllt, das Orchester zu hohem Leistungsstand entwickelt. Angriffe wegen dieser hochoffiziellen Funktion in Prag sind Keilberth nach 1945 nicht erspart geblieben. Er hat sie wohl nicht ganz verstehen können oder auch wollen. Unpolitisch, wie er letztlich wohl war, glaubte er an das Schopenhauer-Motto, das sein Idol Hans Pfitzner seinem Hauptwerk «Palestrina» vorangestellt hatte: «. . . und neben der Weltgeschichte geht schuldlos und nicht blutbefleckt die Geschichte der Philosophie, der Wissenschaft und der Künstler.»

Nach Kriegsende leitete er bis 1951 die Sächsische Staatskapelle und die Dresdner Staatsoper; sein Prager Orchester formierte sich in der Bundesrepublik neu als Bamberger Symphoniker, die er ebenfalls oft dirigiert hat. 1951 wurde er zum Chefdirigenten des Hamburger Philharmonischen Orchesters ernannt, dirigierte seitdem auch mehrfach in Bayreuth. Bezeichnend für seine uneitle Musikermentalität war, daß er etwa bei einem Bayreuther «Parsifal» unter Hans Knappertsbusch sich ins Orchester setzte, um eine Trompetenstimme zu spielen. Als er 1959 zum Generalmusikdirektor der Bayerischen Staatsoper berufen wurde, da dürfte dies für ihn so etwas wie die Erfüllung seiner Musikerexistenz gewesen sein: Ein Haus mit großer Tradition, vorzüglichem Ensemble, Orchester und Chor und mit Mozart, Wagner, Strauss und Pfitzner gleichsam als Hausgöttern war wohl vom Nimbus, Format und spezifischen Repertoire her das richtige Betätigungsfeld für ihn.

Aber kurz nach seinem sechzigsten Geburtstag ereilte ihn sein Geschick: Während einer Festspielaufführung von «Tristan und Isolde» erlitt er im zweiten Akt einen Herzinfarkt, dem er kurz darauf erlag. Schon einer seiner großen Amtsvorgänger war am selben Ort und beim gleichen Stück auf gleiche Weise vom Tod ereilt worden: 1911 Felix Mottl. Auch nach Keilberths Tod wurde viel darüber spekuliert, ob es da nicht doch einen geheimnisvollen Zusammenhang gebe zwischen dem in eben diesem Hause uraufgeführten Werk im Zeichen von Todessehnsucht und Todestrunkenheit, des Abschieds von der Erde und dem am Ende gar beglückend-erlösenden Ende zweier bedeutender Dirigenten.

Zumal Keilberth, obschon nicht gerade der Typus des modernen intellektuellen Musikers, sich dieser Geistes- wie Geisterwelt der deutschen Romantik verbunden, ja verpflichtet fühlte. Mit der Gedankenwelt Schopenhauers, die für Wagner und besonders den «Tristan» so wesentlich ist, war er vertraut — und auch den ganz im Banne dieser Sphäre stehenden Thomas Mann hatte er gelesen.

Gewiß hat auch Keilberth immer wieder Verdi, Dvořák und Smetana dirigiert. Aber seine eigentliche Domäne blieb das deutsche Repertoire des neunzehnten und frühen zwanzigsten Jahrhunderts. Und obwohl ihm großartige Mozart- und Haydn-Aufführungen gelangen, hatte man das Gefühl, daß die Welt zwischen Beethoven und Hindemith seinem musikalischen Weltbild, seinem Temperament und Können, seinen ästhetischen Wertbegriffen am deutlichsten entsprach: Musik als eine ernste und schwere Kunst, in der Experimente, ja selbst unorthodoxe Raritäten wenig zu suchen hatten, in der es um «die Sache» zu gehen hatte und nicht um subjektive Facetten in der Werkauswahl, in der Werkauffassung und in der Arbeit am Pult. Keilberth verstand es, einem Orchester die Vorstellung gemeinsamen wichtigen Tuns zu vermitteln, unerschütterlicher Sicherheit der Leitung und trotzdem das Gefühl, sich frei ausspielen zu können. Die Autorität und die Dompteursattitüde lagen bei Keilberth weit auseinander. Seine in München und Salzburg gespielten unvergleichlichen Aufführungen von Richard Strauss' «Arabella» mit Lisa della Casa als Arabella, Anneliese Rothenberger als Zdenka und Dietrich Fischer-Dieskau als Mandrika, in einer Inszenierung von Rudolf Hartmann, gelten noch heute als mustergültige Interpretationen.

Natürlich hatte Keilberths eigentlich schwerblütiger, manchmal ja sogar schlicht schwerfälliger Konservativismus auch seine Grenzen, vor allem hinsichtlich des Repertoires. Zur neuen Musik jenseits der festgefügten Tonalitätsbarrieren hatte er keine Beziehung; selbst zur Welt des französischen Impressionismus nicht. Gleichwohl war er keineswegs ein verstockter Reaktionär. So hat er sich beispielsweise immer wieder für Hindemith und dessen «Cardillac» (zumal in der radikalen Frühfassung) eingesetzt. In dem eingangs zitierten dirigentischen Credo von Joseph Keilberth schien so etwas wie der Trotz des Unzeitgemäßen mitzuschwingen. In der Tat hat er den von ihm einmal anerkannten Göttern die Treue gehalten, sich für sie stark gemacht, auch als dies nicht mehr unbedingt dem Zug der Zeit entsprach, andere Komponisten mit gutem Grund stärker in den Vordergrund gerückt waren.

Joseph Keilberth mit André Cluytens (r.) und Hans Knappertsbusch (m.). — Bei der Arbeit mit dem Orchester der Bayreuther Festspiele. Er dirigierte dort mehrfach seit 1951 (S. 192 o.).

Nachsehen in der Partitur (S. 192 u.)

Hans Pfitzner etwa gehörte Keilberths

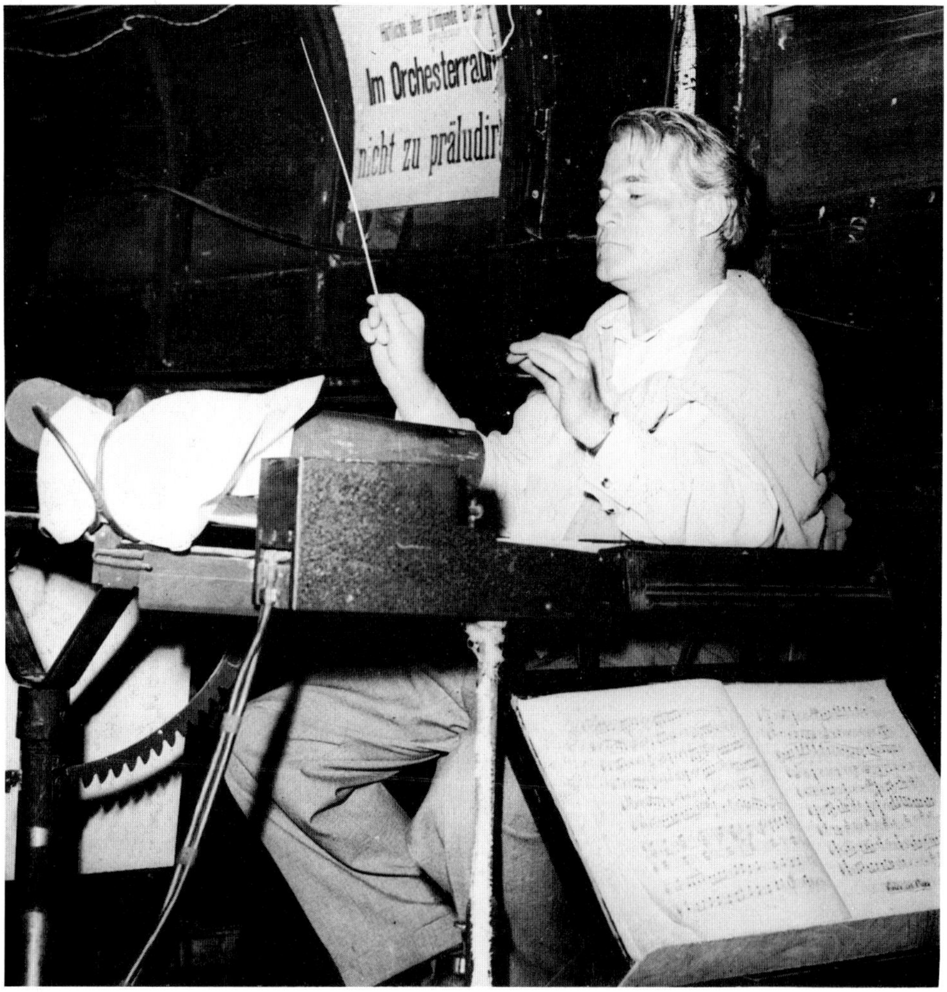

besondere Zuneigung. Sie schlug sich in hervorragenden Aufführungen des «Palestrina» und der Eichendorff-Kantate mit dem prekären Titel «Von deutscher Seele» nieder: Interpretationen, die in ihrer unverwechselbaren Mischung aus Souveränität und Inspiriertheit, ja identifikatorischem Impuls immerhin geeignet waren, das Bild Pfitzners als eines wütenden Reaktionärs, finster-völkischen Nationalkonservativen und querulantenhaften Antimodernisten zu mildern und die von Pfitzners Ideologie abweichenden, mitunter kühnen kompositorischen Qualitäten in ein entschieden besseres Licht zu rücken. Bei den Spätromantikern wie Strauss, Reger und Pfitzner, auch einem Neo-Altmeister wie Hindemith fühlte sich Keilberth in doppelter Weise herausgefordert: durch die Gelegenheit, die Botschaft dieser Komponisten so überzeugend wie möglich zu vermitteln wie durch die Schwierigkeiten im Umgang mit dem oft großen Apparat von Solisten, Chor und Orchester. Wie man große Entwicklungen, Steigerungen und Höhepunkte grandios, ja überwältigend organisierte, den Klang zu mächtiger Fülle entwickelte und trotzdem für elastischen Rhythmus und Transparenz des Stimmengeflechts sorgte — dies war bei Keilberth zu bewundern und zu lernen. Ein Tüftler oder Differenzierungsartist war er nicht unbedingt — zumal in seinen letzten Jahren der Hang zum Schweren und Breiten eher zunahm.

Ein spektakulärer, besonders «interessanter» Dirigent ist Keilberth selten gewesen, obschon er immer wieder Sinn für Raritäten bewies — Marschners «Hans Heiling» etwa. In seinen besten Momenten jedoch stand er eindrucksvoll für eine in mancher Weise sehr «deutsche» Tradition der Musik — und etwas vom Pathos des neunzehnten Jahrhunderts als eines Jahrhunderts großer Musik schwang in seinen Interpretationen mit. Keilberths Verantwortlichkeit als Orchesterleiter mag mitunter größer als seine Inspiriertheit und sensitive Differenziertheit gewesen sein. Zu den ganz großen Dirigenten des zwanzigsten Jahrhunderts wird man ihn nicht ohne jeglichen Vorbehalt zählen wollen. Aber im Zeitalter der flott-schneidigen Jet-Set-Senkrechtstarter steht der Name Keilberth für ein musikalisches Programm, das Respekt und Sympathie abnötigt. *GRK*

Kempe, Rudolf

Den Sachsen unterstellt man oft ein gewisses unbegründbares Reisefieber, auch einen kaum zu bremsenden Betätigungsdrang, dessen Auswüchse die verständnislose Umwelt in nervöse Spannung oder anerkennende Bewunderung zu versetzen vermag. Was die erste Eigenart betrifft, so repräsentierte Rudolf Kempe seinen Volksstamm besonders in der zweiten Lebenshälfte, als er zu seinen festen Verträgen noch mehrere Gastverpflichtungen erfüllte. Es hielt ihn selten lange an einem Fleck, doch wo er arbeitete — und er arbeitete hart —, erregte er schnell Aufsehen. Rudolf Kempe versammelte in sich die beiden sagenhaften Eigenschaften auf eine angenehm positive Manier, und dies mit erstaunlichem Elan gerade dann, als er nicht mehr in Sachsen lebte. Entweder liegt hier ein Paradoxon, oder die Mentalität war so tief verwurzelt, daß sie die Trennung von der Heimat leicht verkraftete.
Auf jeden Fall gehörte Rudolf Kempe nicht zu jener Gruppe von Dirigenten, die von Beginn an ganz genau wissen, welchen Weg sie einschlagen werden. Geboren am 14. Juni 1910 in dem kleinen Ort Niederpoyritz, der heute zu Dresden zählt, begann er schon früh mit dem Klavierspiel, lernte dann auch Oboe und Geige. Doch seine Eltern, die dem wirtschaftlichen Nutzen des Musizierens nicht recht zu trauen schienen, schickten den Jungen erst einmal an die Dresdener Handelshochschule. Ob er ein guter Kaufmann geworden wäre, können wir heute — zum Glück — nicht mehr sagen: Die Orchesterschule der damaligen Sächsischen Staatskapelle zog Rudolf Kempe stärker an. Bis 1928 erhielt er dort Unterricht von Kurt Striegler (Komposition und Dirigieren), dem gebürtigen Dresdener, Walther Bachmann (Klavier) sowie Johannes König (Oboe).
Nicht lange nach dem Abschluß an der Orchesterschule erwartete den erst Achtzehnjährigen bereits das Engagement als 1. Oboist in Dortmund. Obwohl es nur zwei Monate dauerte, hatte Rudolf Kempe die Liebe zum Orchesterspiel entdeckt. Für einen späteren Dirigenten konnte dies kein Fehler sein, denn es erweitert das Repertoire und die Praxis, schärft zudem auch den Klangsinn. Während der vier folgenden Jahre als 1. Oboist im Orchester des Leipziger Gewandhauses sammelte Rudolf Kempe nicht nur reichhaltige Erfahrung, sondern gelangte auch zum Ruf eines hervorragenden Instrumentalisten. Daneben ließ er sein Klavierspiel nicht schleifen, bestritt in Leipzig zahlreiche Kammermusik- und Lieberabende.
Gerade wegen seines großen Erfolges in dem angesehenen Orchester erschien 1933 sein Wechsel aus dem Lager der Spielenden in jenes der Leitenden zumindest überraschend, aber bei näherem Hinsehen folgerichtig: Rudolf

Kempe kannte seine Begabung als Dirigent, und womöglich wußte er um die neuen, weiterreichenden Chancen des Gestaltens. Dazu bestärkte ihn das Interesse am Theater, den Korrepetitorenposten an der Leipziger Städtischen Oper anzunehmen. Auch hier machte er schnell erstaunliche Fortschritte; sein weiterer Weg war nun vorgezeichnet.
Stetigkeit führte Rudolf Kempe an das nächste Ziel, das er 1935 mit dem Dirigentendebüt an der Städtischen Oper erreichte. Gespielt wurde Albert Lortzings «Wildschütz», keine ganz leichte Aufgabe für einen Neuling, aber seinerseits so gut gelöst, daß er fortan weitere Vorstellungen leitete und 1936 dort ein Dirigentenamt erhielt. Er blieb bis zu seiner Militärzeit in Leipzig und erhielt 1942 eine Kapellmeisterstelle am Stadttheater in Chemnitz, dem heutigen Karl-Marx-Stadt. Wegen des Krieges wurde es kein langes Engagement für Rudolf Kempe, doch schon 1946 kehrte er wieder dorthin zurück, diesmal als Dirigent und Generalmusikdirektor. Bis zu seinem Ausscheiden 1948 stieg er zum Chefdirigenten auf, arbeitete sich eine umfangreiche Kenntnis des Opernrepertoires und das Handwerkszeug für eine geschickte Opernleitung an, Erfahrungen, die ihm später sehr zustatten kamen. Die Phase in Chemnitz darf getrost als das Ende der «Lehrzeit» gewertet werden, wenngleich die Tätigkeit dort bereits ein hohes Maß an Verantwortung voraussetzte.
In der folgenden Saison, 1948/49, tat Rudolf Kempe einen weiteren Schritt vorwärts: Das Deutsche Nationaltheater in Weimar berief ihn zum Generalmusikdirektor, jene Oper, an der Hermann Abendroth die Musikalische Oberleitung hatte. Doch es zog ihn zurück nach Dresden, wo sein Einfluß auf das musikalische Leben noch wuchs. Joseph Keilberth, der vier Jahre zuvor gekommen war und nun als ständiger Gastdirigent an die Berliner Staatsoper wechseln wollte, übertrug ihm die Nachfolge des Operndirektors für die Dresdener Staatsoper und des Generalmusikdirektors für die Sächsische Staatskapelle.
Rudolf Kempe hatte damit einen Höhepunkt seiner beachtlichen Laufbahn erreicht. Zum einen nämlich führte er mit der Staatskapelle, die seit mehr als vierhundert Jahren bestand, eines der bedeutendsten Orchester Deutschlands. Zum anderen war die jüngere Tradition des Ensembles von überragenden Namen gekennzeichnet: Ernst Schuch (ab 1882), Fritz Busch (1922 bis 1933) und Karl Böhm (1934—1943) hinterließen dort nachhaltigen Eindruck. Von einer «Kempe-Ära» in Dresden zu sprechen wäre sicherlich falsch; allein die Zeit bis 1952 reichte nicht aus, nach Karl Böhm einen weiteren Meilenstein zu setzen. Aber er versteckte sich auch nicht, unternahm zahlreiche Gastspiele und erntete dafür gute Kritiken. Gerade seine vielbeachtete Saisoneröffnung 1951/52 bei der Wiener Staatsoper half ihm einen internationalen Ruf zu erlangen.
Seine Präzision, die Willenskraft, die ihm seine Zeitgenossen bescheinigten, weckten das Interesse anderer Opernhäuser. In Berlin an der Komischen Oper sowie an der Staatsoper, ja selbst in Italien und Spanien rief man nach Rudolf Kempe, doch nach einigen Gastspielen in München entschloß er sich 1952, den Posten als Generalmusikdirektor und Musikalischer Oberleiter an der Bayerischen Staatsoper an-

zunehmen. Die Doppelverpflichtung — während dieses Jahres war er noch an Dresden gebunden — entbehrte nicht eines gewissen Reizes, war es doch Georg Solti, den er in der süddeutschen Metropole ablöste. Seine Reisetätigkeit wurde mit dem Münchener Ensemble, einem ausgezeichnet eingespielten Orchester, noch intensiver. Im September 1953 gab er mit Richard Strauss' «Arabella» sein Debüt an der Covent Garden Opera in London, und einen Monat später dirigierte er deren Orchester bei R. Strauss' «Salome».

Schon 1954 verließ er die Bayerische Staatsoper, doch eine schwere Krankheit hinderte Rudolf Kempe daran, sich sofort verstärkt um seine neue Tätigkeit an Covent Garden zu kümmern. Wie sehr sich die Londoner Opernleitung auch um ein festes Engagement für ihn bemühte: Mehr als ein häufiges Auftreten als Gast lehnte der schwer zu überredende Dirigent ab. Neben seinem gelegentlichen Wirken an der Metropolitan Opera in New York (ab 1954) entwickelte er vielmehr eine Vorliebe für die Arbeit bei Festspielen. Zwischen 1956 und 1960 reiste er — hier trat das sächsische Gemüt mit aller Kraft zutage — unter anderem nach Edinburgh, Salzburg, München und Bayreuth. Des weiteren übernahm er Aufträge als ständiger Gast beim BBC Symphony Orchestra, bei den Berliner und Bamberger Symphonikern, außerdem beim Orchester der RAI, ein Pensum, das Kraft ebenso wie Ausdauer verlangte. Rudolf Kempe besaß beides.

Sir Thomas Beecham bewirkte schließlich, daß er 1961 dennoch in London seßhaft wurde, zumindest für eine Weile. Nachdem er im Jahr zuvor Kempe bereits als Mitdirigenten für das Royal Philharmonic Orchestra herangezogen hatte, übernahm er nach dessen Tod die Stelle des Orchesterchefs. Rudolf Kempe hielt diesen Posten bis 1963, dirigierte in dieser Zeit auch Konzerte beim Delius Centenary Festival in Bradford, eine Aufgabe, die er mit bemerkenswerter Individualität anging. Die umorganisierte Verwaltung des Royal Philharmonic Orchestra schaffte es, Kempe nach seinem Rücktritt vom Amt des Chefdirigenten dennoch zum Bleiben zu bewegen. Als Künstlerischer Direktor schloß er einen neuen Vertrag ab, der ihn bis 1965 band, und 1970 wurde er sogar zum «Dirigenten auf Lebenszeit» ernannt.

Persönliche Gründe drängten ihn jedoch dazu, diesen Posten im Juli 1975 zurückzugeben.

Rudolf Kempe hatte unterdessen weitere Verpflichtungen auf dem Festland übernommen, die Leitung des Zürcher Tonhalle-Orchesters nämlich (1965—1972) und daneben ab 1967 den Posten des Generalmusikdirektors bei den Münchener Philharmonikern. Er war ein Mann, der für die Musik lebte und nicht an einen eventuellen Ruhestand dachte. Noch im September 1975, ein Dreivierteljahr vor seinem Tod in Zürich am 12. Mai 1976, nahm er die Stelle als Chefdirigent beim Symphonieorchester der BBC London an. Rudolf Kempe war wohl ein echter Sachse und nicht zu bremsen.

Von 1965—1972 war Rudolf Kempe Chefdirigent des Tonhalle Orchesters Zürich, das er zu einem international beachteten Ensemble formte.

In seiner Art der Interpretation mag er zuweilen kühl und distanziert gewirkt haben, doch dieser Eindruck täuschte sicherlich. Im Gegenteil: Ausdrucksstarke Werke von hoher Dramatik wie die «Elektra» von Richard Strauss oder die Symphonien Dvořáks und Tschaikowskys kamen Rudolf Kempes Charakter entgegen. Was ihm den Ruf der Kühle einbrachte, gehörte zu der Anspannung, die ihn innerlich bewegte. Schon als er 1952 nach München kam, stand er in dem Ruf, «alles andere als ein Schaudirigent» zu sein. Zu große Gesten verwirren auch ein ohnehin peinlich genaues Orchester, und dies erkannte Rudolf Kempe ganz genau. Was er seinem Ensemble abverlangte, nahm er auch für sich selbst in Anspruch: ein Höchstmaß an Konzentration. Sie verband sich mit seinem Wesen — und mit seinem Erfolg.

Den guten Dirigenten zeichnet ein persönlicher Stil ebenso aus wie der Hang zur Perfektion, zur höchstmöglichen Genauigkeit, und Rudolf Kempe begann mit der Arbeit vor allem bei sich selbst. Im Lauf der Zeit eignete er sich immer mehr eine sparsame Schlagtechnik an, die so präzise und exakt war, daß sie ihresgleichen lange suchen muß. Klarheit in der Phrasierung und im Rhythmus trafen sich dabei mit einem subtilen, zurückhaltenden Ausdruck, der die Spannung durch Beherrschtheit und Selbstzügelung erzeugt, überschwengliche Gestik dagegen verabscheut wie die Ekstase. Er hatte sie niemals nötig.

Der Erfolg gab Rudolf Kempes Technik recht, auch seine offene Abneigung gegenüber Kompromissen. Sein unbedingtes Bestreben galt der Werktreue, und er besaß ein sicheres Gespür für die Balance innerhalb eines Orchesters. Überaus sensibel erzeugte er die unterschiedlichsten Farbtupfer wie auch großflächige Strukturen von hoher Transparenz. In diesem Sinn gelang es ihm, ein Ensemble zu prägen, ohne seinen Charakter zu zerstören. Hinzu kam sein für die Oper so wichtiges gutes Verständnis mit den Sängern: Er selbst war mit der Sopranistin Elisabeth Lindermeier verheiratet.

Bei aller Strenge und differenzierten Klarheit, die den eigenwilligen Stil Rudolf Kempes ausmachten, erzielte er eine bewundernswert lebendige Art der Interpretation. Besonderes Lob ernteten seine erfolgreichen jährlichen Aufführungen von Richard Wagners «Ring des Nibelungen» bis 1960 in

London. Ersthörer sollen später gesagt haben, sie schätzten sich glücklich, den «Ring» einmal unter Rudolf Kempe erlebt zu haben. Von einer Kühle war dabei keine Rede mehr, vielmehr von einer warmen, weiträumigen und hochgradig sicheren Interpretation, die ihnen unvergeßlich geblieben sei.
Die zahlreichen Schallplattenaufnahmen, die er mit unterschiedlichen Orchestern fertigte, hinterlassen einen guten Eindruck von der Schaffensbreite dieses eindrucksvollen Künstlers. Sie umfassen unter anderem mehrere Versionen von Richard Wagners «Lohengrin», seine «Meistersinger von Nürnberg», Richard Strauss' «Ariadne auf Naxos», seine Orchesterwerke mit der Dresdner Staatskapelle, Beethovens 9 Sinfonien mit den Münchner Philharmonikern; alles herausragende Produktionen. *DR*

Kempen, Paul van

* Zoeterwoude (bei Leiden) 16.5.1893, † Amsterdam 8.12.1955; holländischer Dirigent, Violinschüler am Amsterdamer Konservatorium und schon sehr früh Konzertmeister des Concertgebouw-Orchesters. Nach Konzertmeisterposten ab 1916 in Posen, Bad Nauheim und Dortmund gab er 1932 als Musikdirektor in Oberhausen sein Dirigentdebüt. 1933—34 dirigierte er an der Deutschen Musikbühne in Dortmund und wechselte dann bis 1942 als Chefdirigent zum Dresdener Philharmonieorchester. Anschließend löste er Karajan als GMD in Aachen ab (bis 1944), veranstaltete ab 1945 Dirigentenkurse an der Accademia Chigiana in Siena und war 1949—53 Chefdirigent des Philharmonieorchesters in Hilversum. Danach wirkte er als GMD in Bremen.

Kempter, Lothar

* Lauingen (Bayern) 5. 2. 1844, † Vitznau (Kanton Luzern) 14. 7. 1918; deutscher Kapellmeister, erhielt seine musikalische Ausbildung nach Beginn des Jurastudiums bei Bülow, Rheinberger, Wüllner und Bärmann in München (ab 1868). Nach Engagements in Magdeburg und Straßburg wirkte er ab 1875 als Theaterkapellmeister in Zürich, wo er vier Jahre später auch Tonhalle-Konzerte leitete. Außerdem lehrte er ab 1886 Komposition am Zürcher Konservatorium.

Kertész, István

* Budapest 28. 8. 1929, † Kfar Saba (Israel) 16. 4. 1973; deutscher Dirigent ungarischer Herkunft, ab 1947 Student der Liszt F. Zeneművészeti Főiskola in Budapest (Violine und Komposition bei Weiner und Kodály), 1949—53 Schüler Somogyis (Dirigieren) und später Previtalis an der Accademia Nazionale di Santa Cecilia in Rom. 1953—57 dirigierte er an der Budapester Staatsoper und übersiedelte dann nach Deutschland, wo er Posten als GMD an den Städtischen Bühnen in Augsburg (1958) und an der Kölner Oper (ab 1964) annahm. Als Gast trat er mit den Berliner und Wiener Philharmonikern, dem Orchestre de la Suisse Romande, dem Concertgebouw-Orkest in Amsterdam, in den USA mit dem Detroit Symphony Orchestra und dem New York Philharmonic Orchestra, sowie in London, Japan, Kanada, Buenos Aires und bei Festspielen in Salzburg, Luzern, Spoleto, Edinburgh und Montreux auf.

Kes, Willem

* Dordrecht, 16. 2. 1856, † München 22. 2. 1934; holländischer Dirigent und Violinist, studierte nach erstem Unterricht in seiner Heimatstadt in Leipzig (1871), Brüssel (1873) und Berlin (1875). Schon im folgenden Jahr trat er eine Stelle als Konzertmeister beim Park-Orkest in Amsterdam an (bis 1883) und dirigierte ab 1877 gleichzeitig einen gemischten Chor und an der Musikschule in Dordrecht (bis 1888), wo er ab 1884 auch Direktor war. Bis 1895 hatte er dann die Stelle als 1. Dirigent des Concertgebouw-Orchesters in Amsterdam inne und wechselte anschließend als Dirigent zum Schottischen Orchester nach Glasgow. 1898 ging er von dort nach Moskau, um bis 1900 die Konzerte der Philharmonischen Gesellschaft zu leiten. 1901—04 war er Direktor der dortigen Musikschule und leitete deren Symphoniekonzerte. Danach übernahm er bis 1926 die Leitung des Musikvereins und des Musikinstituts in Koblenz.

Keußler, Gerhard von

* Schwanenburg (Livland) 23. 6. (5. 7.) 1874, † Niederwartha (bei Dresden) 21. 8. 1949; deutscher Dirigent und Komponist, studierte erst Biologie, ab 1900 am Leipziger Konservatorium bei Reinecke und Jadassohn und dann an der Universität bei Kretzschmar und Riemann (bis 1902). In Prag dirigierte er 1906—18 zwei deutsche Gesangvereine sowie die Symphoniekonzerte des Musikerverbandes. Danach wurde er in Hamburg Direktor der Singakademie und leitete die Philharmonischen Konzerte als Nachfolger Hauseggers (1918—21). In Prag gründete er 1926 die Keußler-Gesellschaft, und 1932—36 dirigierte er in Melbourne und Sydney. Wieder in Berlin, übernahm er die Leitung einer Meisterklasse an der Akademie der Künste und zog sich 1945 zurück.

Khaikin, Boris

* Minsk 26. 10. 1904, † Moskau 10. 5. 1978; russischer Dirigent, studierte Klavier und Dirigieren am Moskauer Konservatorium bei Goedicke und Saradzhev. Von 1928—1935 war er Dirigent am Moskauer Stanislawski-Theater; 1936—1943 Erster Dirigent am Malyi Theater in Leningrad; 1944 bis 1953 dirigierte er am Leningrader Theater vor allem Oper und Ballett. Von 1954 an bis zu seinem Tode gehörte er als Dirigent dem Bolschoi Theater an; erstmalig stellte er einige Werke russischer Opernliteratur vor.

Kindler, Hans

* Berlin 20. 11. 1908; deutscher Dirigent, studierte in seiner Geburtsstadt an der Hochschule für Musik. Danach trat er eine Stelle als Opernkapellmeister in Rostock an, wechselte 1935 in gleicher Stellung nach Essen (bis 1946) und anschließend als Stellvertretender Operndirektor nach Bremen (bis 1948). Als Städtischer Musikdirektor ging er nach Bremerhaven, wo er zum Generalmusikdirektor ernannt wurde.

Kitayenko, Dimitri

* Leningrad 18. 8. 1940; sowjetischer Dirigent, studierte Chor-Dirigieren an den Konservatorien in Leningrad und Moskau, 1966—67 an der Wiener Musikakademie. Anschließend wirkte er als Operndirigent am Moskauer Nemirowitsch-Dantschenko-Theater, wo er 1970 zum Chefdirigenten ernannt wurde. Daneben trat er mit zumeist russischen Programmen als Gastdirigent in Westeuropa auf und begleitete die Moskauer Philharmoniker 1975 als

assistierender Dirigent auf eine USA-Tournee. 1976 wurde er zum Chefdirigenten dieses Orchesters berufen.

Kittel, Bruno

* Forsthaus Entenbruch (Posen) 26. Mai 1870, † Wasserberg (Rheinland) 10. 3. 1948; deutscher Chordirigent, wirkte nach seinem Studium als Violinist der Königlichen Hofkapelle in Berlin (1896—1901). Anschließend dirigierte er sechs Jahre am Berliner Königlichen Theater und war gleichzeitig bis 1914 Direktor des Brandenburgischen Konservatoriums. In gleicher Stellung war Bruno Kittel am ehemaligen Sternschen Konservatorium tätig (1936—45). Seit 1902 leitete er seinen eigenen, «Bruno Kittelschen Chor», der es sehr schnell zu hohem Ansehen brachte.

Kitzinger, Fritz

* München 27. 1. 1904, † New York 23. 5. 1947; deutscher Dirigent, studierte in München am Konservatorium und an der Universität (bis 1924). 1925—27 dirigierte er an der Dortmunder Oper, 1927—30 an der Berliner Staatsoper, danach an der Oper in Chemnitz. Als Konzertdirigent unternahm er Tourneen nach Japan und China. 1934 übersiedelte er nach New York.

Klecki, Paul

* Lodz 21. 3. 1900, † Liverpool 5. 3. 1973; Schweizer Dirigent und Komponist polnischer Geburt, 1914—19 Violinist im Philharmonischen Orchester Lodz, anschließend Studium an der Warschauer Universität und dem Konservatorium, ab 1921 an der Hochschule für Musik in Berlin (bei Fr. E. Koch). Bis 1933 wohnte er in Berlin, dirigierte seine eigenen Werke und unterrichtete 1935—37 Komposition an der Scuola Superiore di Musica in Mailand. Nach einem Jahr als Musikdirektor beim Philharmonieorchester in Charkow (UdSSR) (1937—38) lebte er in der Schweiz, reiste nach dem Krieg oft als Gastdirigent und leitete ab 1954 das Philharmonieorchester in Liverpool (bis 1955). 1960—63 war er Musikdirektor des Symphonieorchesters in Dallas, anschließend (bis 1966) in Bern. Sein letztes ständiges Engagement hatte er als Leiter des Orchestre de la Suisse Romande (1967—70).

Klee, Bernhard

* Schleiz (Thüringen) 19. 4. 1936; deutscher Dirigent und Pianist, 1948—55 Mitglied des Leipziger Thomanerchors, studierte an der Kölner Musikhochschule und am Leipziger Konservatorium, wirkte 1957 als Solorepetitor an der Kölner Oper und 1958 am Stadttheater in Bern. Anschließend ging er zurück nach Köln, wo er an der Oper Sawallisch assistierte und dann Kapellmeister wurde. 1962—63 war er 1. Kapellmeister in Salzburg, 1963—65 in Oberhausen und 1965—66 in Hannover. 1966 wurde er zum GMD und Operndirektor der Bühnen der Hansestadt Lübeck berufen und leitete dort auch die Symphoniekonzerte. 1974 trat er als Gast beim New York Philharmonic Orchestra auf. Zwei Jahre später ernannte ihn das Rundfunkorchester in Hannover zum Chefdirigenten (bis 1979). Daneben folgte 1977 die Berufung zum GMD bei den Düsseldorfer Philharmonikern.

Kleiber, Carlos

Wer die ersten Takte der «Freischütz»-Ouvertüre in der Schallplatteneinspielung durch die Dresdner Staatskapelle unter Leitung von Carlos Kleiber gehört hat, versteht die Faszination, die dieser Dirigent auf alle Orchestermusiker ausübt, die mit ihm gearbeitet haben. Das crescendo der ersten Takte wächst aus dem Nichts heraus zu elementarer Klanggewalt. Dieser dynamische Effekt wird von Kleiber radikaler dargestellt als von den meisten seiner Kollegen. Kleiber beweist immer wieder eine enorme Klangphantasie. Passagen, die dem Hörer längst vertraut scheinen, modelliert er deutlicher heraus; die Konturen werden schärfer. Bei Beethovens 4. Sinfonie erlebt der Hörer eine rhythmische Intensität und die Ausgeklügeltheit, in der durchweg alle Beethovenschen Metronomzahlen sehr ernst genommen werden. Das Resultat ist von so bestürzender Neuheit, daß der Hörer glaubt, erst jetzt kenne er die Sinfonie so, wie sie Beethoven sich gedacht habe.

Franz Willnauer, der für die Württembergischen Staatstheater mit Carlos Kleiber über einen Vertragsabschluß verhandeln sollte, nennt Carlos Kleiber «die Wiedergeburt des Mahlerschen Ideals. Ohne ein Komponist zu sein, hat er die Gabe eines Komponisten, Klang visuell erfahrbar zu machen. Nachdem er sein Bild eines Werkes gewonnen hat, organisiert er seine Proben wie ein General, der seine Taktik plant, nachdem er sich für eine grundlegende Strategie entschieden hat . . .». Helena Matheopoulos beschreibt in ihrem Buch «Maestro — Encounters with Conductors of Today» Kleibers Akribie, die sich schon während seiner Korrepetitorenzeit an der Deutschen Oper am Rhein, 1956—58, zeigte: «Richard Trimborn, Studienleiter der Deutschen Oper am Rhein, war ein Repetitorenkollege zu dieser Zeit und gedenkt Carlos Kleibers mit viel Zuneigung: 'Er war kein guter Pianist, obwohl er einen guten Sinn für Rhythmus hatte, aber ein ganz brillanter Korrepetitor. Sein Instinkt für Musik war immer sicher, und seine Vorstellungsgabe und Intuition halfen ihm, die Musik zu verstehen und exakt zu interpretieren. Er war sehr freundlich, ehrlich, direkt und natürlich und arbeitete sehr hart: Er studierte nicht nur den Klavierpart, sondern auch die ganze Orchesterpartitur gründlich.'»

Carlos Kleiber, der am 30. Juli 1930 in Berlin als Sohn des Dirigenten Erich Kleiber und der Amerikanerin Ruth Kleiber geboren wurde, mußte sich den Weg an das Dirigentenpult gegen das Widerstreben seines Vaters freikämpfen, der verhindern wollte, daß sein Sohn Musiker würde. Carlos Kleiber wuchs nach der Emigration seiner Eltern in Buenos Aires auf, wo sein Vater am Teatro Colón wirkte. Trotz Carlos Debut am Theater von La Plata erzwang der Vater nach der Rückkehr nach Europa die Aufnahme eines Chemiestudiums. 1953 konnte Carlos seinem Vater das Zugeständnis abringen, in München am Gärtnerplatztheater ein Volontariat anzutreten.

Carlos Kleiber zeigt sich fasziniert vom Dirigieren seines Vaters: «Auf der einen Seite wollte er immer zeigen, daß Dirigieren hauptsächlich auf harter Arbeit und der Geschicklichkeit eines Handwerkers beruhe, aber andererseits leugnete er nicht die Inspiration. Er sprach nie viel davon, aber ich beobachtete oft, insbesondere einmal, während einer 'Elektra' - Probe in München, daß gegen Mitte der Vorstellung er so sichtbar von dem Werk bewegt wurde, daß seine Arme länger und länger zu werden schienen, und das war eine sehr fremde, mysteriöse, einzigartige Geste, die unmöglich beschrieben werden kann.»

1954 durfte Carlos Kleiber zum ersten Mal eine Aufführung dirigieren. Die Wahl des Vaters fiel auf Potsdam und die Operette «Gasparone» von Karl Millöcker. Die Wahl einer Operette dürfte sich durch Kleibers Überzeugung erklären, daß eine Operette besonders schwierig zu dirigieren ist, weil die Fähigkeit des Dirigenten zur Gestaltung sich besonders deutlich zeigt. Jener Abend war der Wendepunkt in der Beziehung zwischen Vater und Sohn, weil Erich Kleiber von nun an den Widerstand gegen die Berufswahl seines Sohnes aufgab.
Carlos Kleiber gewann viel aus der Beobachtung des Wirkens seines Vaters für das eigene Dirigieren. So benutzt er häufig die Partituren seines Vaters, etwa die der Uraufführung von Albans Bergs «Wozzeck», und übernahm Erich Kleibers Angewohnheit, Wünsche und Danksagungen an die Musiker zu richten. Diese persönliche Ansprache des einzelnen Musikers dürfte wesentlich zu Kleibers Beliebtheit bei den Orchestermusikern beitragen.
Von 1956 bis 1964 wirkte er an der Deutschen Oper am Rhein in Düsseldorf. In diesen Jahren entwickelte er seine Dirigiertechnik und erwarb sich eine reiche Repertoirekenntnis, die neben den bekannten Werken des 18. und 19. Jahrhunderts auch Operetten wie «Die schöne Helena» einschließt. Helena Matheopoulos beschreibt Carlos Kleibers ständige Beschäftigung mit musikalischen Grundfragen so: «Der Bariton Carlos Alexander, der Jago und Sharpless unter ihm (Kleiber) sang, erinnert sich, daß er erstaunlich bestrebt war zu lernen, immer fragte und alles absorbierte wie ein Schwamm. Er hörte so viele Proben von Erede wie er konnte ... und diskutierte immer tempi, tempi, tempi, sogar im Auto auf dem Weg zu dem zweiten Haus der Deutschen Oper in Duisburg ... Ich hatte den Eindruck, daß er noch am Pult tempi und Ideen ausprobierte. Zwei Jahre später, als ich ihn in Stuttgart wiedertraf, schien er alles ausgearbeitet zu haben, er war todsicher, und er war viel mehr mit Charakterzeichnung beschäftigt.» Kleibers Vorbereitung auf eine Aufführung beschreibt Matheopoulos so: «Er begann immer damit, alle verfügbare Literatur über den Komponisten zu lesen und alle Schallplattenaufnahmen zu hören, die er finden konnte, um zu sehen, wie die verschiedenen Dirigenten die Partitur interpretierten. Dann, nach der Entscheidung, welche Edition er benützen würde, markierte er die Stimmen persönlich: Jede Note wurde überprüft, jeder Einsatz notiert und die Bogenstricharten eingetragen.»
Carlos Kleibers Stuttgarter Generalmusikdirektorzeit, die von 1966—1972 dauerte, bescherte der Stuttgarter Oper eine Glanzzeit mit Aufführungen von Weltgeltung: «Wozzeck», «Elektra», «Rosenkavalier», «Carmen», «Freischütz» und «Tristan». Unstimmigkeiten, die in einer Absage Kleibers während eines Gastspiels der Stuttgarter Oper in Edinburgh kulminierten, führten zu Kleibers Rücktritt. Das Ende seiner Stuttgarter Tätigkeit dokumentiert exemplarisch sein gespanntes Verhältnis zum Routinebetrieb des Repertoiretheaters. Rainer Rüß beschrieb dies 1975 mit den Worten: «Nun haben aber gerade die letzten Aufführungen Kleibers nicht unter einem günstigen Stern gestanden. Entweder gab es für das Orchester keine Proben, und der Dirigent war dann nüchtern genug zuzugeben, die Musiker seien überfordert und eine Höchstleistung könne man ihm nicht zumuten. Oder aber die Sänger hatten nicht gerade erstklassiges Format und gingen auf die äußerst differenzierten Wünsche des Dirigenten nicht ein, so daß eben die für Kleiber völlig unverzichtbare völlige Kongruenz zwischen Bühne und Orchestergraben nicht zustande kommen konnte. Jedenfalls merkte man beim letzten 'Otello' und bei der jüngsten Aufführung des 'Rosenkavalier' deutlich, wie der Dirigent durch mangelhafte künstlerische Leistung frustriert und über das gewollte, jedoch nicht erreichbare hohe künstlerische Niveau zutiefst unglücklich war. Ein Musiker, der sich bei jeder Vorstellung total verausgabt, wie Kleiber das tut, muß sich dann doch fragen, wieviel sein persönlicher Einsatz überhaupt wert ist. Kleiber hat dem Theater in Stuttgart die Antwort gegeben. Wozu er deutlich nein gesagt hat, ist die ihm zugemutete Mesalliance zwischen der eigenen Leistung und der des Ensembles. Man kann ihm die Absage nicht verdenken. Schließlich soll man von niemandem erwarten, daß er sich unter Wert 'verkauft'. Daß Kleibers 'Hier stehe ich, ich kann nicht anders' nicht nur dem Stuttgarter Opernbetrieb gilt, sondern dem künstlerischen Arbeitsprinzip, das wird aus seinem Angebot deutlich, er werde eine Neueinstudierung oder Neuinszenierung übernehmen, sofern sie ihm angeboten wird. Dieses Angebot müßte dann konsequenterweise alle jene Dinge mitmeinen, die nach Kleibers Auffassung dazugehören: ausreichende Proben, festes Ensemble bei Sängern und Musikern, alle Aufführungen unter demselben Dirigenten. Unter solchen Vorzeichen ist Kleiber in Wien und Bayreuth zu Tristan angetreten, in München zu 'Fledermaus', 'Rosenkavalier' und 'La Traviata'. Warum sollte der eindeutige Erfolg dort sich in Stuttgart nicht wiederholen lassen? Die Frage, ob man den Taktstockvirtuosen Kleiber an ein bestimmtes Opernhaus binden könne, ist nicht eine Frage nach der Höhe der Gage. Solche Argumentation kann nur bei Ahnungslosen verfangen. Sondern es ist zuerst und zuletzt eine Frage nach den Arbeitsbedingungen, vorab nach der grundsätzlichen Entscheidung eines Theaters, neben dem Repertoirebetrieb mit seinen vielen Imponderabilien und seinen zwangsläufig zu Qualitätseinbußen führenden ewigen Improvisationen und Konzessionen auch einmal beispielhaftes Musiktheater zu machen, bei dem dann eine Aufführung wie die andere auf demselben hohen Niveau steht, sich alle Beteiligten von Anfang an kennen und als Gemeinschaft verstehen, die zu höchsten Leistungen willens und dann auch fähig ist. Es läßt sich denken, daß eine in vielwöchigen Proben erarbeitete Auf-

Carlos Kleiber ist ein Musikfanatiker, ein in gewissem Sinne genialer Dirigent ohne Musikbetriebsallüren.

führung einen Dirigenten doch mehr befriedigt als ein gelegentliches, völlig unvorbereitetes Erscheinen am Pult, wo man dann das Unmögliche von ihm erwartet: jene musikalische Einheit zu zaubern, die für eine gute Aufführung unverzichtbar ist, die aber niemals das Produkt der Zufälligkeiten eines Abends sein kann. Eine durch und durch homogene Aufführung samt den unbestreitbar starken Wirkungen, die von ihr auf das Publikum ausgehen, ist eben nur denkbar, wenn ein Maximum an gemeinsamen Voraussetzungen bei allen Beteiligten vorhanden ist und der Dirigent seine Aufgabe darin sehen kann, Sänger und Musiker an bereits Gewußtes zu erinnern, darüberhinaus aber ausreichend Spielraum hat, um die inspirierende Gunst des Augenblickes zu nutzen.»
Seit 1968 dirigiert Carlos Kleiber regelmäßig an der Bayerischen Staatsoper in München. Die Zusammenarbeit mit Kleiber in München beschreibt der Geiger Erich Gergele so: «Ich bewundere, daß er sich weigert, sich herumstoßen zu lassen, Dinge zu tun, die er nicht will. Das Wichtigste für ihn ist nicht, Geld zu machen, sondern seine Vision eines Werkes zu erfüllen, und in technischen Fragen ist das Bedeutendste für ihn nicht gerade die Präzision des Rhythmus oder der Intonation, aber die Realisation einer musikalischen Idee. Sein Genie liegt darin, daß er in einem Ausmaß arbeitet, daß er sogar das lesen kann, was nicht notiert ist — weil in der Musik nur wenige Dinge notiert werden können, eine Note, eine halbe Note, und diese können in dutzend, hundert verschiedenen Arten interpretiert werden. Aber er weiß, er hört in seiner Vorstellung, welchen Klang der Komponist hörte. Und, anders als die meisten anderen Dirigenten, ist er unfähig, 'grauen' Klang zu produzieren. Die Musik, die er macht, ist immer 'blau', 'rot', 'grün', niemals 'grau' . . .».
Im Juli 1974 dirigierte Kleiber in Bayreuth «Tristan und Isolde». Die Vorstellung war so erfolgreich, daß Kleiber in den nächsten Jahren zu «Tristan» nach Bayreuth eingeladen wurde und er auch den Auftrag erhielt, «Tristan» 1978 an der Mailänder Scala zu dirigieren.
Kleibers musikdramatisches Talent offenbart sich während seiner Proben mit Sängern. Brigitte Faßbaender, die unter Kleiber den Octavian sang, beschreibt seine Proben so: «Von der allerersten Probe an war er anwesend. Und er hatte viel zu sagen. Manchmal stoppte er uns nach dem dritten Wort oder der dritten Note und zwang uns zu wiederholen, wiederholen, wiederholen: dieselben Worte und Phrasen für möglicherweise eine Stunde, und immer mit neuen Ideen zu jedem Wort! Er kannte nicht nur Strauss' Partitur und Hofmannsthals Text rückwärts, sondern auch ihre Mentalität, und er ist ein wundervoller Schauspieler, er sang unsere Partien und zeigte uns genau, wie wir alles machen sollten. Er war wie ein Produzent, außer daß alle seine Ideen und Einsichten immer aus der Einheit von Musik und Wort kamen . . . Er ist ein Fanatiker!

Man muß ihn einen ekstatischen Dirigenten nennen, enorm konzentriert und präzise. Das Wichtigste für Carlos Kleiber ist es, die Vision eines Werkes zu erfüllen.

Aber er sieht nicht nur auf die Perfektion des Klanges; er erlaubt seinem Werk zu atmen und seine dramatische Essenz zu entfalten.»
Und einer der Orchesterspieler, Harold Mash, notierte diesen grundlegenden Zug in Kleibers Zugang: «Einige Dirigenten streben immer nach Schönklang. Aber nicht Kleiber. Manchmal verlangt er ganz häßliche Klänge, manchmal übertriebene Klänge und Effekte. Sein Zugang ist viel

dramatischer als der der meisten Dirigenten. Als wir 'Otello' probten, stoppte er in der Mitte eines der herrlichen Rubato-Takte und sagte, er wolle 'einen verrückten Takt' — sehr schnell, viel schneller als das Tempo, sehr laut, fast grob. Wir versuchten es einige Male, aber er sagte, daß wir es immer noch zu hübsch spielten. Dann fügte er hinzu: 'Um diese Oper richtig zu spielen, müssen Sie ein bißchen verrückt sein. Hassen Sie mich nicht? Warum hassen Sie mich nicht? Hassen Sie mich, hassen Sie mich. . . .' und das interessante ist, daß wir das Ergebnis erreichten, was er wollte, als wir an die schlechteren Dirigenten dachten, die wir wirklich haßten!»

Kleiber hat sich nach seinem Weggang aus Stuttgart nicht mehr fest an eine Stellung gebunden. Seit 1985 hat er einen Fünfjahresvertrag für Gastdirigate an der Wiener Staatsoper, neben seinen «lebenslangen» Münchner Staatsopern-Verpflichtungen.

K. H. Ruppel porträtierte Carlos Kleibers eigenwillige Persönlichkeit so: «Nein, er ist keine Sensation. Er haßt dieses Wort, das in keiner Weise seinem künstlerischen Charakter entspricht. Denn Sensationsdirigenten sind extrovertiert, lieben die große Pultpantomime, das choreographische Zurschaustellen ihrer Inspiration, wobei — das sei gar nicht bestritten — durchaus Faszinierendes in der interpretatorischen Leistung herauskommen kann, wie bei Leonard Bernstein. Carlos Kleiber aber ist ein introvertierter Typus in unablässigem Ringen mit sich selbst um das Werk, das er zu interpretieren hat. Und die Magie, die von seinem Dirigieren ausgeht, kommt nicht zuletzt daher, daß man dabei gleichsam den Akt des Aufsprengens, der jähen Entriegelung jener Verschlossenheit spürt, in die er sich während der langen, zuweilen überlangen Vorbereitungszeit des Partiturstudiums, der inneren Aneignung der Werksubstanz zurückgezogen hat . . . Man hat die Frage aufgeworfen, ob er ein exaltierter Dirigent sei. Nun, das ist er, wenn er ein exaltiertes Werk dirigiert, wie beispielsweise den 'Tristan'. Doch sollte man ihn zutreffenderweise einen ekstatischen Dirigenten nennen, in dem Sinn, wie es Furtwängler war. Indessen verbindet er mit seiner Ekstatik eine enorme Konzentration und Präzision. Darin tritt wohl am deutlichsten das Erbe seines Vaters zutage. Am ehesten läßt Carlos Kleiber sich vielleicht vergleichen, wenn man ihn einem der führenden Repräsentanten der Generation vor ihm gegenüberstellt, mit Victor de Sabata. Er hat den gleichen elementaren Musikfuror in sich und die gleiche geistige Souveränität, den gleichen inspirativen Impetus und den gleichen Sinn für konstruktive Transparenz, der den großen verstorbenen Italiener auszeichnete.

Ein Wort, das man von Kleiber immer wieder hört, ist 'ins reine kommen'. Es ist der Ausdruck seiner Gewissenhaftigkeit, seiner Skrupel, die zuweilen fast bestürzend von ihm Besitz ergreifen. Obwohl ihm jede Aufführung, die er dirigiert (und das gilt auch von seinem spärlichen Erscheinen auf dem Konzertpodium) einen Beifallsorkan einbringt, obgleich ihm die Kritik in seltener Einmütigkeit das Exzeptionelle und Phänomenale seiner künstlerischen Erscheinung bestätigt, befällt ihn immer wieder die Gewissensangst, mit seinem Tun noch nicht 'ins reine' gekommen zu sein, d. h. das Werk, mit dem er sich gerade beschäftigt, nicht völlig seinem Inbild entsprechend zu klingender Erscheinung bringen zu können. Daraus resultieren dann wohl, wenn es an die praktische Arbeit geht, jene 'Schwierigkeiten', die man Carlos Kleiber nachsagt, im Umgang mit Sängern und Musikern. Nun, es sind immer Künstler singulären Ranges, die im Ruf besonderer Kompliziertheit stehen, der Schauspielregisseur Rudolf Noelte etwa oder der Pianist Arturo Benedetti-Michelangeli. Sie sind unbequem, keinem Kompromiß zugänglich, geben nicht den 'Umständen' nach, sondern bestimmen von sich aus die Umstände: Bedingungen, unter denen sie zu arbeiten gewillt sind, denn sie wissen, daß nur unter diesen Bedingungen ihre gestalterische Potenz sich optimal entfaltet. Diplomatie ist Carlos Kleibers Sache nicht. Er kann, wenn ihm in der von allen Beteiligten vollen Einsatz fordernden Probenarbeit etwas quer kommt, scharf und sarkastisch werden. Auch das gehört zu seiner väterlichen Erbmasse, doch hat er es offenbar noch nicht gelernt, seinen Sarkasmus, wie es Erich Kleiber auch erst in späteren Jahren konnte, durch schlagfertige Selbstironie zu entschärfen, oder wie es bei Bruno Walter der Fall war, kritische Situationen mit weltmännischer Liebenswürdigkeit zu überspielen. In solchen Situationen geht es bei Carlos Kleiber hart auf hart her. Doch alles das ist vergessen, wenn er am Abend den Taktstock hebt und Bühne, Orchester und Publikum in einen musikalischen Furor ohnegleichen hineinreißt.» *RF*

Kleiber, Erich

Auf dem Höhepunkt seiner Laufbahn, in seiner Zeit als Berliner Generalmusikdirektor, die 1923 begann und über die unruhigen Jahre der Weimarer Republik bis ein Jahr nach der Machtergreifung Hitlers andauerte, war Erich Kleiber ein äußerst umstrittener Künstler. Adolf Weissmann, der damals einer der führenden Musikkritiker Deutschlands war, schrieb 1925 in seinem Buch «Der Dirigent im 20. Jahrhundert» über Erich Kleiber: «Die Staatsoper, die diesen Menschen als Generalmusikdirektor hat, besitzt in ihm zwar eine ungewöhnliche Kraft, muß aber auch die Erfahrung machen, daß sie dem maßlosen Ehrgeiz eines Halbreifen, innerlich ganz Unausgeglichenen, im allerhöchsten Sinne Kleinen preisgegeben ist. Ein solcher Fall war noch nicht dagewesen. Das Chaotische der Zeit spiegelt sich in diesem jungen Generalmusikdirektor, der die Besessenheit eines Gustav Mahler, freilich nicht seinen Idealismus noch seine schöpferische Persönlichkeit hat, aber von den Gliedern des Staatsorchesters alles verlangen darf. (. . .) Kleiber ist ein Tyrann, aber auch schlau im Umgang mit Untergebenen. (. . .) Die Laufbahn Erich Kleibers ist noch nicht abgeschlossen, seine Entwicklung nebelhaft. Ob dieser chaotische Mensch in seinem beispiellos raschen Aufstieg zur Vollendung gelangt, ist ungewiß.(. . .) Vielleicht verkörpert er nur die höchste Selbstüberschätzung selbstherrlichen Dirigententums.»

Dieser polemische Aufsatz wurde nur zwei Jahre nach Kleibers Debut an der Berliner Staatsoper geschrieben. Die kurze Zeit in Berlin genügte, um Kleibers Wirken zur Zielscheibe eines solchen Angriffs werden zu lassen. Was war geschehen?

Kleiber hatte 1923, aus der Provinz kommend, eine der Stellen erlangt, die im Zentrum der musikalischen Welt Europas der zwanziger Jahre lag: den Posten des Generalmusikdirektors an der Berliner Staatsoper. Kleiber gab aus Protest gegen die Kulturpolitik der Nationalsozialisten am 4. Dezember

1934 sein Amt auf. Sein Einsatz für die Neue Musik zeigt sein mutiges Eintreten für seine künstlerischen Überzeugungen. Die von ihm als zukunftsträchtig erkannten Werke propagierte er, ohne auf seine persönlichen Belange Rücksicht zu nehmen. In den folgenden Jahren zog sich Kleiber mehr und mehr aus Deutschland zurück. Seinen Wirkungskreis verlagerte er nach Südamerika, und in Buenos Aires fand er zwar ein Domizil, aber keine Heimat. Kleiber wurde durch die Machtübernahme der Nazis entwurzelt. Ratlosigkeit kennzeichnet sein Leben während der Kriegsjahre. Er eilte von Konzert zu Konzert und von Opernaufführung zu Opernaufführung durch ein halbes Dutzend südamerikanischer Länder. Sein Wirken am Teatro Colón in Buenos Aires wurde aufmerksam vom jungen Michael Gielen verfolgt. Nach dem Kriege wandte sich Kleiber wieder Europa zu. Seine Kunst an der Londoner Covent Garden Opera und bei den Wiener Festwochen festigte seinen Ruhm. Kleibers Sehnsucht aber galt nur einem Ziel: wieder an der Staatsoper in Berlin tätig sein zu können. Eine erste Fühlungnahme führte nicht zum Vertragsabschluß, da Kleiber mit Hinweis auf politisch motivierte Entlassungen unter dem Opernpersonal absagte. 1954 wurde er dann, zum zweiten Mal in seinem Leben, Generalmusikdirektor der Berliner Staatsoper, die, nun im Ostteil der Stadt, der sowjetischen Oberhoheit unterstand. Schon 1955 trat Kleiber von der Leitung des Instituts zurück. Der von ihm angegebene Grund, die Entfernung der Inschrift «Fridericus rex apollini et musis», ist wohl kaum eine hinreichende Erklärung für seinen Schritt.

Der «beispiellos rasche Aufstieg» Kleibers war ein mühsamer Weg gewesen. Am 5. August 1890 im Wien der Jahrhundertwende geboren, fiel Kleibers Jugend, die er in Wien und Prag zubrachte, in eine Zeit künstlerischen Umbruchs. Als Brahms starb, war Kleiber gerade sieben Jahre alt, und im selben Jahr, 1897, übernahm Mahler die Direktion der Wiener Staatsoper. Kleiber besuchte in den letzten Jahren der Ära Mahler die Aufführungen an der Wiener Staatsoper. Mit Gustav Mahler verband Erich Kleiber eine Wesensverwandtschaft. Mahlers Feststellung «Was ihr eure Tradition nennt, ist bloß Schlamperei», mit dem Mahler den Opernbetrieb seiner Zeit kommentierte, findet in Kleibers von allen Zeugen berichteter Neigung zu langen Proben und seiner Abneigung gegen improvisierte Aufführungen seine Entsprechung.

Kleiber war wie Mahler kein Nur-Musiker. Sein geisteswissenschaftliches Engagement zeigte sich in seinen Prager Jahren, als er parallel zur Ausbildung am Konservatorium in den Fächern Klavier, Orgel, Schlagzeug und Dirigieren Vorlesungen über Geschichte, Philosophie und Kunstgeschichte an der Prager Universität hörte. Die Interpretationen Mahlers in Wien, den sogar der alte Brahms anläßlich einer Budapester «Don Giovanni»-Aufführung beglückwünschte, waren die wichtigsten musikalischen Eindrücke in Kleibers Jugend.

Manche Operninterpretation Erich Kleibers ist noch heute nahezu unübertroffen: sein «Wozzeck» von Berg, sein «Rosenkavalier» von Richard Strauss und seine «Hochzeit des Figaro» von Mozart zum Beispiel.

Von der Oper kam Erich Kleiber nun nicht mehr los. Seine berufliche Laufbahn, die er von Prag, wo er Korrepetitor, Chordirigent und Dirigent der Schauspielmusiken war, über sein achtjähriges Wirken als 3. und 2. Kapellmeister in Darmstadt und eine Stellung als Operndirektor in Düsseldorf 1921, 1922 nach Mannheim führte, stand ganz im Zeichen des Musiktheaters. Seine Tätigkeit als Konzertdirigent in Barmen Elberfeld 1919 bis 1921 war nur ein Intermezzo. 1923 wurde das entscheidende Jahr in Kleibers Leben. Nach seinem Debut in Berlin mit einer «Fidelio»-Aufführung, in der Frieda Leider und Friedrich Schnorr die Hauptrollen sangen, wurde er bereits wenige Tage später zum Generalmusikdirektor der Berliner Staatsoper ernannt.

Kleiber brachte aber schon nach zwei Jahren seine neue Position dadurch in Gefahr, daß er am 14. Dezember 1925 Alban Bergs Oper «Wozzeck» uraufführte. Die Zeit vor und nach der Premiere war durch eine Pressekampagne gekennzeichnet, die sich u.a. im Artikel «Atonales Opernschaffen» in der führenden deutschen Musikzeitung «Die Musik» niederschlug. Die Generalprobe für die «Wozzeck»-Uraufführung, bei der Stuckenschmidt und Adorno nebst dem Schönberg-Schülerkreis anwesend waren, endete mit einem Tumult. Die angeheizte Stimmung spiegelte sich in Bergs Aussage in einem Brief an seine Frau: «Kleiber steht oder fällt mit dem Ergebnis der Premiere.» Berg, der nicht mit der Annahme seiner Oper gerechnet hatte, lobte Kleiber in einem Brief: «Ich habe nie geträumt, daß ich einen so verständnisvollen Musiker und Dramatiker wie Kleiber finden könnte ... Ich kann alles Kleiber überlassen.» Die Premiere verlief so erfolgreich, daß sich in derselben Spielzeit noch zehn weitere Aufführungen anschlossen. Im Januar 1927 und im Oktober 1928 wurde «Wozzeck» wieder aufgenommen. Anläßlich der Neueinstudierung der Oper 1932 schrieb Alban Berg an Kleiber: «Mit Deinen überaus lieben Worten zu 'Wozzeck' hast Du mich sehr glücklich gemacht. Bedenke, daß Du mir nicht in diesem Sinne, vielleicht nicht annähernd günstig geschrieben hättest und ich in der Einbildung hätte leben können, daß Dich das neuerliche Studium mehr oder minder enttäuscht hätte ... Bedenke, wie mich das hätte traurig stimmen müssen.» Kleiber war auch der Dirigent der New Yorker Erstaufführung 1931 und der Londoner Erstaufführung 1952.

Die Berliner Staatsoper wurde während der Ära Kleiber ein Zentrum des zeitgenössischen Musiktheaters: 1924 stand «Jenůfa» auf dem Spielplan, 1928 folgte Kreneks «Die Zwingburg»,

1928 Schrekers «Der singende Teufel». 1930 hatte Darius Milhauds «Christophe Colombe» Premiere. Stuckenschmidt gibt in seinen Erinnerungen ein lebendiges Bild dieser Uraufführung: «Musikalisch war 1930 ein aufregendes Jahr. Anfang Mai brachte die Staatsoper Unter den Linden die Uraufführung von Darius Milhauds 'Christophe Colombe' in einer phantastischen Wiedergabe, die Franz Ludwig Hörth inszenierte. Der Text von Paul Claudel war mit neuen Mitteln realisiert; fast eine dreiviertel Stunde der dreistündigen Aufführung wurde durch Filme begleitet. Der Chor, wichtiger Kommentator der Handlung, stand auf einem Vorbau im Zuschauerraum. In einem grandiosen Tauziehen der aztekischen Götter wurde der Ozean zur Raserei entfesselt: unvergeßlichstes der Bilder von Panos Araventinos. Kleiber dirigierte ... Nach dem sehr erfolgreichen ersten Teil nahm Milhaud den starken Beifall entgegen. Im Parkett und auf den Rängen saß Berlins künstlerische und gesellschaftliche Elite. Gegen Schluß des Abends wurde das Publikum unruhig. Dann brach der Sturm los. Pfeifend und johlend suchte die Opposition sich durchzusetzen. Doch in einem viertelstündigen Kampf der Meinungen siegte der Beifall. Als die Kritiken erschienen, gab es keinen Zweifel mehr, wer protestiert hatte. Die chauvinistische und völkische Presse hetzte gegen den Juden Milhaud, den katholischen Franzosen Claudel und vor allem gegen Kleiber, der in monatelanger Arbeit die Aufführung vorbereitet hatte.» Kleiber führte im selben Jahr auch Schrekers Orchesterlieder nach Texten Walt Whitmans auf und am 30. 11. 1934, trotz erheblicher politischer Widerstände, Alban Bergs «5 Sinfonische Sätze» aus der Oper «Lulu». Die Vorstellung war erfolgreich, aber die Presse griff Kleiber erneut an. Stuckenschmidt, der in der «Berliner Zeitung» eine positive Kritik veröffentlichte, erhielt Schreibverbot.

1954 engagierte ihn, wie gesagt, die Berliner Staatsoper erneut, und er wurde ihr Chefdirigent. Bald aber gab es Auseinandersetzungen mit den Offiziellen der Deutschen Demokratischen Republik und Kleiber suchte ein «Alibi» um zu demissionieren, enttäuscht und resigniert.

In einem Brief an den Intendanten Max Burghardt schrieb Kleiber: «Mein Entschluß, die Bindung mit der Staatsoper aufzugeben, steht fest. Ich habe ihn schweren Herzens gefaßt. Ich wollte dem Institut die Treue halten, habe aber einsehen müssen, daß zur Zeit der Geist der alten Staatsoper im neuen Hause nicht regieren kann.»

Die Entfernung der Inschrift «Fridericus rex apollini et musis» wertete Kleiber erneut als Indiz dafür, «daß wie im Jahre 1934 Politik und Propaganda vor der Türe des Tempels nicht halt machen werden». Der «Tagesspiegel» veröffentlichte Max Burghardts Antwortschreiben: In diesem Schreiben wirft Burghardt Kleiber die Nichtigkeit seiner Begründung vor. «Sie haben keine Veranlassung, zu behaupten, daß Ihre 'bisher völlig ungestörte Kunstausübung' in Zukunft gestört werden

Er gehört zu den bedeutendsten Dirigenten des 20. Jahrhunderts nicht nur weil er Alban Bergs Werke den Weg in das Opernrepertoire gewiesen hat.

dürfte. Das Gegenteil ist der Fall. Von allen Seiten wurde Ihnen Liebe und Hochachtung entgegengebracht. Das gesamte Personal der Staatsoper hat, trotz mancher von Ihnen gemachten Schwierigkeiten, sich Ihnen als Künstler anvertraut. Sie haben sich in der nächsten Spielzeit auf ca. 8 Monate der Staatsoper verpflichtet und sich mit verschiedenen Neueinstudierungen im Repertoire verankert: 'Wozzeck', 'Walküre', 'Parsifal', und 'Bohème' ... Das alles wollen Sie nun in 'wilder' Tat zerreißen und begründen

Ihren Schritt noch dazu irrtümlich mit 'Abreißen' einer zweihundert Jahre alten Inschrift und rufen den 'Alten Fritz' zur Hilfe, der ganz andere Dinge getan hat, als Freund einer nationalen deutschen Kultur zu sein. Diese Begründung kann ich Ihnen nicht glauben. Keiner tut das! . . .»
Kleiber verließ Ost-Berlin. Eine Tätigkeit im Westteil der Stadt, die ihm von Westberliner Seite durch Tiburtius angetragen wurde, lehnte er mit dem Hinweis auf die ablehnende Haltung der Verantwortlichen in der Frage einer kulturellen Zusammenarbeit zwischen dem West- und dem Ostteil der Stadt ab, die er in seiner Zeit als Operndirektor in Ost-Berlin erfahren habe. Die Presse meldete, daß das Verhältnis Kleibers zu den Behörden Ost-Berlins schon vor dem Rücktritt nicht spannungslos gewesen sei: So habe Kleiber, als er die Skulpturen der politischen Führung in einer Pause im Zuschauerraum erblickt habe, auf deren Entfernung bestanden. Die von Max Burghardt angedeuteten künstlerischen Differenzen Kleibers mit Personal und Intendanz haben zu Kleibers Rücktritt beigetragen. Burghardt erwähnte, daß Ost-Berlin seinen Wunsch, nur Künstler sein zu wollen, respektieren werde. Aber in einer politisch so bewegten Zeit war dieser Anspruch utopisch. Hatte Kleiber nicht in den dreißiger Jahren erfahren müssen, daß gerade sein Eintreten für die Kunst, ohne politische Motive, zur Konfrontation mit den Machthabern führte? Die Inschrift «Fridericus rex apollini et musis» bedeutete für Kleiber ein äußerliches Symbol der künstlerischen Kontinuität. Burghardts Brief mit seiner Passage über Friedrich den Großen zeigte dagegen einen angestrebten Bruch mit der Vergangenheit. Friedrich war kein Ideal der Kommunisten. Gewiß ist die Frage der Entfernung dieser Inschrift vorgeschoben, aber die verschiedenen Einstellungen Burghardts und Kleibers zeigen voneinander soweit entfernte künstlerische Grundhaltungen an, daß es zum Bruch kommen mußte.

Kleiber opferte der Tagespolitik niemals seine künstlerischen Ideale. Sah er 1955 nicht die Gefahr, mit seinem Ostberliner Engagement eine Bindung eingegangen zu sein, die ihn in Konflikte zwischen seiner künstlerischen Anschauung und der offiziellen Kulturpolitik bringen mußte? Seine Erwähnung von 1934 in seinem Kündigungsbrief deutet darauf hin. Kleiber schließt diesen Brief mit resignativen Worten: «Früher oder später müßte ich dann doch ein zweites Mal Abschied nehmen von dem Hause, nach dem ich mich zwanzig Jahre lang gesehnt habe.» Schon eine Jahr später, am 22. Januar 1956, starb Kleiber in einem Zürcher Hotel.
Kleibers Persönlichkeit strahlte Willenskraft aus. Weissmann beschreibt Kleibers Dirigieren so: «Kleiber ist zwar der körperlich kleinste, aber ein sehr suggestiver Orchesterführer. Stirn eines Hochintellektuellen, scharf hervorspringende Nase und Kinn ergeben eine fesselnde Silhouette. Die erregten Augen hinter den Brillengläsern schleudern Blitze. Diese im rhythmischen Grundakzent so bestimmte Dirigiertechnik hat eine außerordentliche innere Vielfältigkeit, Lebendigkeit, Abgestuftheit. Sie wird gefördert durch eine rein körperliche Akrobatik, die ihresgleichen sucht . . .»
Ein wichtiges Merkmal des Kleiberschen Dirigierens ist in dieser Beschreibung genannt: Kleibers Dirigat ist rhythmisch scharf akzentuiert. Die Klarheit des rhythmischen Verlaufs verbindet sich mit vielfach neuen Tempokonzeptionen, die von den Zeitgenossen vielfach als irritierend empfunden wurden. Seine Aufnahmen Beethovenscher Sinfonien sind hierfür beispielhaft. Kleiber probte viel. An seine Probenzahl knüpfen sich Legenden: Die Fama sprach von 150 Proben für die «Wozzeck»-Uraufführung, in Wirklichkeit waren es 34 Orchester- und 14 Gesangsproben. Die vielen Proben zeigen Kleibers Sinn für Detailstudien. Ein ähnliches Perfektionsideal entwickelt sein Sohn Carlos. Kleibers Dirigate Neuer Musik waren ebenso berühmt wie seine Wagnerinterpretationen. Der Schwerpunkt seines Wirkens lag auf der Musik der Klassik, Romantik und des 20. Jahrhunderts. Sein Wiener «Rosenkavalier» verschaffte ihm den Ruf, der beste Dirigent des Werkes zu sein. Kleiber betrieb als einer der ersten Autographenstudien und war vorwiegend Musikdramatiker. Künstlerisch blieb Erich Kleiber nichts versagt, sein Leben aber war ein Leidensweg. Seine hohen Ideale brachten ihn in Konflikt mit der harten Realität. Kleiber opferte seinen persönlichen Erfolg seinem künstlerischen Ideal. 1934 und 1955 gab er Lebensstellungen in Berlin auf. Erich Kleiber ist einer der bedeutendsten Dirigenten unseres Jahrhunderts, und nicht nur sein mutiges Engagement für die Musik Bergs machte Musikgeschichte. *RF*

Klemperer, Otto

Was Otto Klemperer künstlerisch gewollt hat und was er erreichen konnte, das zeigt eindrucksvoll ein Vergleich einer Aussage Klemperers aus einem «Gespräch über neue Musik», das im März 1928 in der Berliner Zeitschrift «Schallkiste» abgedruckt wurde, mit der Würdigung Klemperers in Form einer Schallplattenkritik, die Renate Freyse zu Klemperers 80. Geburtstag 1965 publizierte.
«Die Musik ist die metaphysischste alle Künste. Was sie ausdrückt, können wir nicht in Begriffe fassen. Wir können es nicht mit Worten benennen, denn das Element der Musik setzt eben da ein wo das Wort aufhört, wo der Begriff nicht mehr hingelangt. Da aber das Wort Medium der Wertung ist, unterliegt eine Substanz, die sich dem Worte entzieht, in diesem Sinne auch nicht mehr menschlicher Wertung. Alles rein Artistische läßt sich, auch in der Musik, beweisen. Der musikalische Gehalt aber, der erst den absoluten Wert eines Musikwerkes ausmacht, läßt sich mit Worten nicht dartun. Er ist aus der vorbegrifflichen Sphäre der menschlichen Vorstellung. Wir können ihn nur fühlen. Wir lieben Mozart nicht deswegen, weil er Terzen, Quarten und Dominanten geschrieben hat, und Schönbergs tiefe, menschliche Wirkung beruht nicht auf dem atonalen Prinzip, in dem er sein Thema vorträgt. Für die Wirkung eines Kunstwerkes kommt es nicht darauf an, wie einer etwas sagt, sondern auf das, was er zu sagen hat, und dieses 'Was' können wir, wie gesagt, nur fühlen oder, vielleicht ist es der richtigere Ausdruck, ahnen, aber sicher wird es sich allen denen erschließen, die einem Kunstwerk ohne vorgefaßtes Meinen nahen, die guten Willens sind.»
«Seine (Klemperers) Aufführungen sind frei von jeder Eitelkeit, enthalten nichts aufgesetzt 'Persönliches', gelten nur der musikalischen Struktur und sind gerade darum meist von bezwingender Größe. Auf klangliche Glätte gibt Klemperer nicht eben viel, wie er auch — ganz anders als etwa Herbert

von Karajan — die Aufnahmetechnik kaum zu kontrollieren scheint. Er ist auf plastische Herausarbeitung der musikalischen Zusammenhänge aus, auf einzelne Linien, Rhythmen, Farben, Kontraste, die dennoch stets nur als momentaner Bestandteil eines übergeordneten formalen Ganzen gezeigt werden. Aus dem gleichen Grunde gibt es bei ihm keine Orchestervirtuosität als Selbstzweck, keine Brillanz, die auch nur ein Quentchen über das von der Komposition geforderte Maß hinausginge. Ein unbeugsamer Wille, der allen Mitwirkenden stets das Äußerste an Hingabe ans Werk und Intensität des Spiels abfordert, steht hinter alledem.»

Klemperers Wunsch, die Musik für sich selbst sprechen zu lassen, bestätigt auf eindrucksvolle Weise Renate Freyses Beschreibung seines Wirkens. Klemperer zeigt sich in seiner philosophischen Musikauffassung verwandt mit Gustav Mahler, in dessen zweiter Sinfonie er 1905 das Fernorchester dirigieren durfte. Klemperer schildert in seinem 1960 erschienen Buch «Meine Erinnerungen an Gustav Mahler» dieses Ereignis so: «Der Dirigent Oskar Fried führte 1905 in Berlin Mahlers zweite Sinfonie auf... Oskar Fried war der Dirigent des Sternschen Gesangsvereins, und ich war sein Klavierbegleiter (sogar gelegentlich sein Vertreter)... Das zweite Werk, das er aufführte, war die zweite Mahler-Sinfonie. Ich hatte die Ehre, das Fernorchester darin zu dirigieren. Diese Stelle ist sehr schwierig, sie verlangt größte Aufmerksamkeit auf den ständigen Taktwechsel. Mahler war bei der Generalprobe zugegen. Ich lief zu ihm und fragte ihn, ob das Fernorchester richtig gewesen sei. Er antwortete: 'Nein, es war schrecklich. Viel zu laut!' Ich erlaubte mir zu sagen, da stände doch: 'Sehr schmetternd'. 'Ja', antwortete er, 'aber in allergrößter Entfernung'. Ich ließ mir das gesagt sein und veranlaßte die Musiker, in der Aufführung ganz leise zu spielen (da wir viel zu nahe standen). Wie gesagt, der Erfolg war beispiellos. Mahler mußte sich unzählige Male verneigen und kam endlich ins Künstlerzimmer herunter. Als er mich dort sah, gab er mir sofort die Hand und sagte: 'Sehr gut'. Ich war überglücklich.»

Klemperers künstlerische Grundhaltung, die von Eitelkeit und Narzißmus frei war, zeigt sich in seinen Äußerungen zu der Frage des Auswendig-Dirigierens von 1964: «Einige Dirigenten sind der Meinung, daß sie sich ohne Partitur besser und freier fühlen. Natürlich muß jeder Dirigent die Partitur auswendig kennen. Ist es aber nötig, dem Publikum diese Tatsache zu zeigen? Das ist doch bloße Eitelkeit. Mahler und Strauss, die nicht nur große Komponisten, sondern auch hervorragende Dirigenten waren, haben niemals auf die Partitur verzichtet. Sie waren erklärte Gegner dieser Methode. Die Partitur ist sowohl eine Hilfe als auch ein guter Freund, der zu vollkommener Freiheit führt. Der Dirigent darf auf keinen Fall Sklave seines Gedächtnisses werden.»

Klemperer in Leningrad 1925 (o.) und mit Strawinsky in der Krolloper, Berlin 1928. Noch heute gilt die Klemperer-Zeit dort als eine der künstlerisch produktivsten in der Operngeschichte.

Otto Klemperer wurde am 14. Mai 1885 in Breslau geboren. Nachdem er das Realgymnasium in Hamburg absolviert hatte, begann er sein Musikstudium in den Fächern Klavier und Theorie 1901 am Hochschen Konservatorium in Frankfurt am Main bei den Lehrern Prof. James Kwast, der seine Schülerin Frieda Hodapp heiratete, die Regers f-moll Klavierkonzert op. 114 uraufführte, und Prof. Iwan

Knorr, der seit 1883 am Hochschen Konservatorium Theorie und Komposition unterrichtete und der eine Reihe musiktheoretischer Werke publizierte. Klemperer beschreibt seine künstlerischen Eindrücke in Frankfurt mit den Worten: «Ich hörte dort zum ersten Mal den ganzen Ring von Wagner mit bleibendem Eindruck. Ebenso ist mir ein Opernhauskonzert mit Beethovens Es-Dur-Konzert, das Eugen D'Albert meisterhaft spielte, in stärkster Erinnerung.»

1902 folgte Klemperer seinem Klavierlehrer Prof. Kwast an das Klindworth-Scharwenka-Konservatorium in Berlin, wo Klemperer Theorie bei Phillip Scharwenka und Partiturspiel bei Wilhelm Berger studierte. Letzterer wurde in Berlin Kompositionsschüler Hans Pfitzners am Sternschen Konservatorium.

1906 bot sich Klemperer durch die Erkrankung des Dirigenten Oskar Fried die Chance, Max Reinhardts Produktion der Offenbach-Operette «Orpheus in der Unterwelt» zu dirigieren. «Nach dem Zerwürfnis zwischen Reinhardt und Fried dirigierte ich den 'Orpheus' etwa fünfzigmal.»

Für Klemperers persönliche Entwicklung wurde der Kontakt mit Gustav Mahler entscheidend: «In diesem Winter (1907) machte ich eine kleine Konzerttournee mit dem Cellisten Jaques van Lier. Ich begleitete ihn am Klavier und spielte auch solo. Diese Tournee führte mich dreimal nach Wien. Oskar Fried sagte mir, ich sollte unbedingt Mahler aufsuchen, er würde sich freuen. Ich ging also zu ihm. Er forderte mich sogleich auf, am Abend in die von ihm dirigierte 'Walküre' zu gehen. Leider hatte ich selber Konzert, konnte aber doch noch den zweiten und dritten Akt der 'Walküre' hören. Es war unbeschreiblich. Mahler, der selbst Regie führte, beherrschte alles. Nie hatte ich den Schluß des zweiten Aktes so klar auf der Bühne gesehen. Die Triller der Holzbläser, die den dritten Akt einleiten, waren von einer Heftigkeit, an die ich nie geglaubt hätte. Bei der großen c-Moll-Episode 'Nach dem Tann lenkt sie das taumelnde Roß' verschwand das Orchester beinahe. Bei dem Schluß des Feuerzaubers schien der Dirigent über sich selbst hinauszuwachsen ... Mein dritter Besuch in Wien brachte die Entscheidung für mich. Ich ging zu Mahler, bewaffnet mit meinem Klavierauszug der Zweiten Sinfonie. Ich spielte ihm das 'Scherzo' daraus auswendig vor. Als ich fertig war, sagte er: 'Wozu wollen Sie Dirigent werden? Sie sind doch ein fertiger Pianist.' Ich gestand ihm meinen unerschütterlichen Wunsch, Dirigent zu werden. Ich bat ihn um eine Empfehlung. Er lehnte ab und sagte: 'So eine Empfehlung kann gefälscht sein. Aber gehen Sie morgen früh zu Rainer-Simons, dem Direktor der Volksoper, und sagen Sie ihm, ich schickte Sie.' Ich tat es ohne jeden Erfolg. Ich ging zurück zu Mahler und sagte ihm: 'Es geht nicht ohne Empfehlung.' Er zog eine Visitenkarte von sich aus der Tasche und schrieb darauf

Bei der Probe zu einem Open-Air-Konzert in Los Angeles 1936. Klemperer emigrierte 1933 in die USA und leitete bis 1939 die Philharmoniker.

eine Empfehlung, die ich noch heute besitze und die mir alle Türen öffnete. Sie lautet: 'Gustav Mahler empfiehlt Herrn Klemperer als einen hervorragend guten und trotz seiner Jugend schon sehr routinierten Musiker, der zur Dirigentenlaufbahn prädestiniert ist. — Er verbürgt sich für den guten Ausfall eines Versuches mit ihm als Kappellmeister und ist gerne bereit, persönliche Auskunft über ihn zu erteilen.' ...

Ich schickte diese Empfehlung als Photostat an alle grösseren Theater Deutschlands; doch die meisten antworteten überhaupt nicht, einige wenige schrieben, daß nur eine Volontärstellung in Frage käme, die ich aus naheliegenden Gründen nicht annehmen konnte. Nur in Wien bei Mahler hätte ich dies unter allen Umständen ermöglicht, doch die Hofoper nahm keine Volontäre. Mit Hilfe der Empfehlung Mahlers kam es schließlich doch zu meinem ersten Engagement, und ich wurde von 1907—1910 bei Angelo Neumann in Prag als Chordirektor und Kapellmeister engagiert.»

1907 debütierte Klemperer in Prag mit Webers «Freischütz». Klemperers Laufbahn gleicht bis zu Beginn seiner Tätigkeit als Direktor der Krolloper 1927 der Karriere eines jeden jungen Kapellmeisters, der sich — wie auch Mahler — mühsam in leitende Positionen vorarbeiten muß: auf Prag (1907—1910) folgten Hamburg (1910—1912), eine Stellung als 1. Kapellmeister in Barmen (1913/14), Engagements in Straßburg (1914—1917) und Generalmusikdirektorstellen in Köln (1917—1924) und Wiesbaden (1924—1927). Für Klemperer brachten diese Jahre zwischen 1907 und 1927 Begegnungen mit großen Künstlern wie dem Pianisten Artur Schnabel, dem genialen Komponisten, Pianisten und Lehrer Ferrucio Busoni und dem Sängerstar Enrico Caruso, dessen Auftritte in «Rigoletto», «Carmen» und «Martha» 1910 in Hamburg Klemperer dirigierte, sowie der Erwerb einer fundierten Repertoirekenntnis und Theatererfahrung, deren Früchte das wegweisende Konzept der Berliner Krolloper wurden.

Die Idee der Krolloper, modernes Theater mit den bühnenbildnerischen Mitteln des Bauhauses und neuen Regiekonzepten zu einem erschwinglichen Preis für breite Volksschichten zu machen, spiegelt gleich die Auseinandersetzung um die erste Vorstellung der Krolloper, «Fidelio» am 19. November 1927, wider. Der Kritiker Adolf Weißmann schrieb in der Zeitschrift «Die Musik»: «Der Geist der französischen Revolution wurde gewaltsam in den 'Fidelio' hineingedeutet, der doch schließlich nicht nur eine Weltanschauung, sondern auch ein Einzelschicksal darstellen will. Der Rationalismus, der sich am Schauspiel befruchtet, will in der Oper siegen ... Klemperers Ubertreibungen beruhen auf völliger Verkennung der Oper als Gattung, die ja nun einmal am Reiz der menschlichen Stimme hängt.»

Die Presseangriffe gegen die Produktionen der Krolloper hielten unvermindert bis zu ihrer Schließung an und wiederholten den Vorwurf der Verfälschung der Meisterwerke und der Gewaltsamkeit der Interpretation. Klemperer beschreibt die Faszination des Konzepts der Krolloper, Serien desselben Werkes zu produzieren, im Berliner Tageblatt von 27. Januar 1931 so: «Mein erstes öffentliches Auftreten als Dirigent geschah unter der Ägide Max Reinhardts, der mir im Jahre 1906 vertretungsweise (für Oskar Fried) die Direktion von Offenbachs 'Orpheus' anvertraute. Im Mai und Juni dieses Jahres dirigierte ich im Neuen Theater . . . etwa fünfzig Aufführungen dieses Werkes als Serie. Mein erster Eindruck des musikalischen Theaters war somit der einer bis ins kleinste musikalisch und szenisch vorbereiteten und ausgearbeiteten Vorstellung, die organisatorisch serienweise genutzt wurde. Der große praktische Sinn der Serie wurde mir damals schon eindeutig klar. Mein Weg führte mich an das Opernrepertoiretheater — schärfster Gegensatz zum Serientheater — wo alljährlich etwa 40—60 'stehende' Werke, das heißt nahezu problemlos gegebene Stücke, aufgeführt wurden, gemeinhin unterbrochen von einer Reihe sorgfältig vorbereiteter Premieren. Prag, Hamburg, Köln, Straßburg, Wiesbaden — 20 Jahre Erfahrung als Operndirigent lehrten mich, daß dieser Typus des Repertoire- und Betriebstheaters unmöglich als Ganzes bejaht werden kann. Daß es unmöglich verantwortet werden kann, drei bis vier qualitativ hochstehende Aufführungen im Jahr zu machen und das übrige, die überwältigende Mehrzahl der Abende, dem 'grauen' Alltag auszuliefern. Wo war der Ausweg? Wesentliche Verminderung der Spieltage? Aber das ging aus finanziellen Gründen nicht. Da trat 1927 der preußische Kulturminister Dr. Becker mit dem Auftrag an mich heran, Kroll zu übernehmen. Dieses Haus war als eine Art 'Serientheater' gedacht. Die Organisation des 'Verbandstheaters' (im Gegensatz zum Abonnementstheater) ermöglichte die weit häufigere Wiederholung desselben Werkes. Wenn irgendwo, mußte es hier möglich sein, meine Idee der Oper zu verwirklichen. Die Idee der 'Oper für alle Tage', die Idee der All-Tags-Oper. Aber die Mittel waren sehr gering. Man mußte geeignete Mitarbeiter finden, die diese 'Ökonomie' künstlerisch ausnutzen konnten. Es gelang. Meine Kollegen Zemlinsky aus Prag, Zweig von der Städtischen Oper, der Maler Dülberg von der Weimarer Kunstschule, der Kunsthistoriker Curjel vom Karlsruher Museum fanden sich mit mir in derselben Idee. Hierzu traten später u. a. als Regisseure Legal, Fehling, Gründgens, Rabenalt, für die Bühnenbildner Neher, Moholy-Nagy, Schlemmer, Reinking und Otto . . . Nie gaben wir mehr als zehn bis zwölf Opern gleichzeitig. Jedes Werk wurde vollständig neu einstudiert und neu ausgestattet. Das schreckliche Leitmotiv des deutschen Operntheaters: 'wir haben nicht genug Zeit', war in unserem Haus endlich überwunden.

So konnten wir jeder Inszenierung die Festigkeit geben, die ihr selbst im Alltag und gerade bei der naturgemäß sehr zahlreichen Wiederholung blieb. Diese wirkten sich auch in bezug auf das künstlerische Gesicht des Spielplanes fruchtbar aus. Welches Theater konnte sich eine solche Anzahl Repetitionen von Hauptwerken der Opernliteratur erlauben?

Wir haben seit unserer Eröffnung (November 1927) 'Freischütz' 78mal, 'Carmen' 75mal, 'Fledermaus' 70mal, 'Giovanni' 56mal, 'Holländer' 56mal, 'Hoffmanns Erzählungen' 55mal, 'Salome' 63mal, 'Fidelio' 58 mal. Diese Aufstellung widerlegt auch alle die Angriffe, die uns als 'zu experimentell' charakterisiert haben. Wir gaben Strawinskys 'Oedipus' 11mal, Hindemiths 'Cardillac' 19mal, Schönbergs Opern 4mal. Jedes Provinztheater räumt der 'Moderne' ebenso bescheidenen Raum ein. — Nichts liegt mir ferner, als von der künstlerischen Qualität unserer Aufführungen ein Wort zu sagen. Es steht mir nicht zu. Nur eines wäre noch zu sagen: Schon 1927 haben wir ein Theater aufgerichtet, das sich aus künstlerischer Einsicht mit den ökonomischen

Er war ein Riese, überragend in seiner äußeren Erscheinung und in seiner künstlerischen Macht. Dem Musikleben gab er entscheidende Impulse.

Prinzipien der Zeit deckte. Wir kannten keine Stargagen und keine 'Prunk- und Rauschoper'. Wir strebten nach einer 'Spiritualisierung' der Oper, nach einer 'Neuen Romantik', wie sie die Zeit geistig verlangte und ökonomisch diktierte . . . Aber — wann auch immer diese Idee von der Oper wieder aufgenommen werden wird, man wird dort anknüpfen müssen, wo wir nun aufhören sollen. Man kann unser Theater schließen, aber die Idee kann man

nicht töten. Die Idee von der Überwindung des Opernrepertoiretheaters durch die Aufrichtung der Oper für alle Tage, der All-Tags-Oper.»
Die Krolloper trat auch mit phantasievollen Programmgestaltungen hervor: Unter anderem wurde ein Abend mit Einaktern von Krenek, einer mit Einaktern der französischen Komponisten Ravel, Ibert und Milhaud (Gründgens/Neher) und ein weiterer Abend mit «Erwartung» und «Glücklicher Hand» von Schönberg produziert. Für die Aufführung des «Fliegenden Holländer» benutzte Klamperer die Dresdner Urfassung, die in Partitur und Stimmaterial der Aufführung vom 8. 1. 1844 im Berliner Schauspielhaus unter Wagners Leitung erhalten war. Diese Aufführung betrachtet Peter Heyworth im «Grove»-Artikel als «entschiedenen Vorläufer der Innovationen Wieland Wagners nach der Neueröffnung in Bayreuth 1951».
Die Krolloperzeit 1927—1931 war eine zentrale Epoche im Leben Klemperers, deren verbindliche Leistung heute von jüngeren Dirigenten, die einen Ausweg aus der permanenten Opernkrise suchen, neu gewürdigt wird. Stephan Stompor schreibt über die Leistung der Krolloper: «Die Krolloper hat im Zentrum des deutschen Theaterlebens mit ihren weithin beachteten und anerkannten Aufführungen den Beweis erbracht, daß auch die Oper zu den die Menschen unmittelbar bewegenden Fragen Stellung nehmen kann, daß ihre Darbietung zum Ausgangspunkt fruchtbarer geistiger Auseinandersetzung werden kann — wenn sie aus den Fesseln einer gedankenlosen, lebensfremden Tradition befreit wird. Mag im einzelnen den Aufführungen, hauptsächlich ihrer äußeren Gestalt, viel Zeitgebundenes angehaftet haben — allein die Tatsache, daß sich Klemperer und sein Ensemble konsequent der gängigen Opernwiedergabe entgegenzustellen wagten und diesen Weg bis zum bitteren Ende gingen, verdient uneingeschränkte Bewunderung.
Die führenden Komponisten der Zeit vor 1933, Strawinsky, Schönberg, Hindemith, Krenek, fühlten sich diesem Theater eng verbunden. Wertvolle Anregungen für die Arbeit ergaben sich aus dem engeren Kontakt mit den damals neuen Strömungen in der bildenden Kunst und durch die Heranziehung bedeutender Bauhaus-Künstler (Oskar Schlemmer, Laszlo Moholy-Nagy, Edwald Dülberg) für die Bühnengestaltung. Es wurde eine Vielfalt von Möglichkeiten erprobt, von abstrakten kubistisch-konstruktiven Raumgestaltungen («Fidelio», «Zauberflöte») bis zu malerisch-poesievollen Lösungen («Aus einem Totenhaus»). Die von den Bauhaus-Ideen beeinflußten Bühnengestaltungen waren vor allem Ausdruck des Protestes gegen den Kulissenzauber der Repräsentationsbühnen; aber sie führten oft auch zu einer Überbetonung formaler Prinzipien. Obwohl ein Zusammenwirken der verschiedenen Künste, eine Totalität des Theatereindrucks, erstrebt wurde, entsprach die Bühnengestaltung nicht immer dem Werkinhalt. Unumstritten war aber die dramatische Intensität, die Klarheit des Musizierens, wie sie Klemperer sowohl bei den Sängern als auch beim Orchester erreichte. Hier wurden fortwirkende Maßstäbe und Vorbilder geschaffen.»
Der wachsende politische Druck von rechts erzwang 1931 die Schließung der Krolloper. Nach deren Schließung konnte Klemperer seine Tätigkeit in Berlin bis 1933 an der Berliner Staatsoper fortsetzen.
1933 emigrierte Klemperer in die USA, wo er von 1933 bis 1939 das Los Angeles Philharmonic Orchestra leitete.
Klemperers Lebensweg wurde immer wieder von schweren Erkrankungen gezeichnet, denen zum Trotz er seine Arbeit bis ins hohe Alter fortsetzte: 1939 mußte er sich in Boston einer Krebsoperation unterziehen, ein Sturz 1951 führte dazu, daß er jahrelang nur im Sitzen dirigieren konnte, 1958 zog er sich durch Rauchen im Bett schwere Verbrennungen zu.
In Amerika dirigierte Klemperer neben dem Los Angeles Philharmonic Orchestra das New York Philharmonic Orchestra und das Philadelphia Orchestra.
Nach dem Krieg nahm er 1946 die Stelle eines Oberspielleiters der Staatsoper in Budapest an, die er 1950 wegen politischer Unstimmigkeiten verließ. Seitdem war Klemperer nur noch als Gastdirigent tätig.
Die entscheidende Leistung seiner letzten Lebensepoche war die Dokumentation der großen Werke der klassisch-romantischen Tradition auf Schallplatte. Die meisten dieser Aufnahmen entstanden in Zusammenarbeit mit dem New Philharmonia Orchestra London.
Am 6. Juli 1973 starb Klemperer achtundachtzigjährig in Zürich. *RF*

Klenau, Paul von

* Kopenhagen 11. 2. 1883, † Kopenhagen 31. 8. 1946; dänischer Komponist und Dirigent, studierte 1902—04 an der Berliner Hochschule für Musik und dann privat bei Thuille in München; nach dessen Tod ging er als Kapellmeister an die Freiburger Oper (1907). In gleicher Stellung wechselte er nach Stuttgart an die Hofoper und erhielt weiteren Unterricht bei von Schillings (1908). 1912 nahm er die Dirigentenstelle bei der Frankfurter Bach-Gesellschaft an, kehrte aber 1914 wieder als 1. Kapellmeister nach Freiburg im Breisgau zurück. Ab 1920 dirigierte er die Philharmonischen Gesellschaftskonzerte in Kopenhagen, wo er nach einer letzten kurzen Studienzeit bei Schönberg (1918) vielfach Neue Musik aufführte (bis 1926). Gleichzeitig hatte er ein Engagement als Dirigent der Wiener Konzerthausgesellschaft (bis 1930). Bis 1940 lebte er in Wien, danach in Kopenhagen.

Klenowskij, Nikolaj S.

* Odessa 1857, † Petrograd 6. 7. 1915; russischer Dirigent und Komponist, schloß 1879 seine Ausbildung am Konservatorium in Moskau ab (Komposition bei Tschaikowsky) und assistierte im gleichen Jahr Nikolaj Rubinstein als Theaterdirigent. 1883—93 dirigierte er am Kaiserlichen Theater und leitete das Orchester der Moskauer Universität (1889—93). Dann ging er nach Tiflis, wo er die beiden Symphonieorchester der Stadt dirigierte und Direktor der Musikschule der Kaiserlich Russischen Musikgesellschaft wurde. Zwischen 1902 und 1906 war er stellvertretender Direktor er Kaiserlichen Hofsängerkapelle in St. Petersburg.

Klobučar, Berislav

* Zagreb 28. 8. 1924; jugoslawischer Dirigent, ausgebildet an der Musikakademie in Zagreb sowie im Dirigieren von Clemens Krauss und Lovro von Matačić. 1941—51 dirigierte er am Nationaltheater in Zagreb, danach hatte er des öfteren Verpflichtungen an der Wiener Staatsoper. 1961 wurde er zum Chefdirigenten des Philharmonischen Orchesters und der Oper in Graz berufen. Bei den Bayreuther Festspielen 1964 dirigierte er den «Ring des Nibelungen».

Klughardt, August

* Köthen 30. 11. 1847, † Dessau 3. November 1902; deutscher Kapellmeister, in Köthen, Dessau und später in Dresden ausgebildet. Er dirigierte an den Theatern in Posen (1867—68), Neustrelitz (1869—69) und in Lübeck (Sommer 1869). Noch im gleichen Jahr ging er nach Weimar, wo er zum Großherzoglichen Musikdirektor ernannt wurde. 1873 kehrte er, ebenfalls als Musikdirektor, nach Neustrelitz zurück und blieb dort neun Jahre, bis er in gleicher Stellung seinen Lehrer Thiele in Dessau ablöste. 1892 und 1893 führte er mit diesem Ensemble den «Ring»-Zyklus auf.

Knappertsbusch, Hans

Menschen mit einem kurzen Draht zwischen Herz und Zunge haben es selten leicht im Leben. Kaum ein Fettnäpfchen, das sie zu umgehen bereit wären, kaum ein Fremder, den sie nicht verblüffen könnten. Wer Hans Knappertsbusch kannte, schätzte diese Eigenart an ihm, denn mit gleicher Spontaneität, wie er unversehens Leute vor den Kopf stieß und sich durch Unnachgiebigkeit Ärger einhandelte, erfreute er seine Umgebung mit trokkenem Witz fast klassisch-englischer Güte, den man bei einem Rheinländer kaum vermutet hätte. Schlagfertig reagierte er auf die Frage, warum er nicht wie Toscanini ohne Partitur dirigiere: «Ich kann ja Noten lesen.»
Das Publikum verehrte Hans Knappertsbusch mitsamt seiner zeitweiligen Bärbeißigkeit, weil er Autorität und Bescheidenheit gleichzeitig ausstrahlte. Die Beifallsstürme, die sein Kommen und Gehen im Konzertsaal begleiteten, schienen ihm ein Greuel zu sein. Kaum daß er sich tief verbeugt hatte, hob er den Taktstock und erstickte so jeden weiteren Applaus. Wenn die Operngäste viel Glück hatten, ließ sich «Kna», wie er liebevoll genannt wurde, nach dem Schlußakkord noch zweimal auf der Bühne sehen. War es eine Vorstellung in München, soll man den Beifall sogar noch gehört haben, wenn der Feinschmekker Hans Knappertsbusch schon im Restaurant «Vier Jahreszeiten» saß. Nicht Arroganz sprach aus diesem Verhalten, vielmehr eine Art allgemeine Menschenscheu. Er liebte es, allein durch München zu spazieren: An den Handschuhen, dem Stock und dem unvermeidlichen Kalabreser, einem breitkrempigen Hut, der gar nicht so vornehm wirkte, war er schon von weitem zu erkennen.
Hans Knappertsbusch hatte um seine Musikerlaufbahn kämpfen müssen, denn seine Eltern, eine altbergische Fabrikantenfamilie, planten für ihren Sohn eigentlich die standesgemäße Karriere eines Geschäftsmannes. Daß der zwölfjährige Bub, am 12. März 1888 in Elberfeld geboren, mit großem Geschick ein Kinderorchester und kurz vor dem Abitur ein Schülerorchester dirigierte, nahmen sie ja immerhin mit Stolz zur Kenntnis. Als er aber schließlich auch noch Musik studieren wollte, hielten dies die Altvorderen für

Hans Knappertsbusch: als Künstler und Dirigent eine eigenwillige, unbequeme aber bei Musikern und Publikum beliebte Persönlichkeit.

eine «völlig indiskutable Zukunft». Seinen Hang zum Piston, einem Ventilkornett, hatten sie — wenngleich mißbilligend — geduldet.
Als der Vater starb, konnte Hans Knappertsbuschs Mutter dem festen Entschluß ihres Sohnes nichts mehr entgegensetzen: In Bonn schrieb er sich für Philosophie und Musikgeschichte ein, während er gleichzeitig ab 1908 am Kölner Konservatorium seine praktische Ausbildung erhielt. Fritz Steinbach, der Kapellmeister des Gürzenich-Orchesters, äußerte mehrmals Zweifel an der Begabung seines Schülers, doch dieser ließ sich wieder einmal nicht beirren. Sein heftiges Interesse für die Opern Richard Wagners war nun geweckt, und seine Dissertation «Über das Wesen der Kundry in Wagners Parsifal» wurde eingereicht und angenommen.
Zur mündlichen Prüfung kam es indes nicht mehr, weil sich Hans Knappertsbusch für die Praxis entschied. Nach ersten Engagements als Theaterkapellmeister in Mülheim an der Ruhr und Bochum (1909 bis 1912), zwei kleinen Unternehmen, die sich die meiste Zeit mit Geldsorgen plagten, dirigierte er am Kölner Stadt-Theater, bis ihn das Opernhaus seines Geburtsortes als Kapellmeister verpflichtete. Bereits wenige Monate später, noch im Jahr 1913, stieg der junge Dirigent in Elberfeld zum Operndirektor auf, ein Amt, das er während des ganzen Ersten Weltkriegs behielt. Der gelungene Einstand mit dem «Glöckchen des Eremiten» und das Vertrauen des Intendanten von Gerlach, nach den geglückten Vorstellungen der «Meistersinger von Nürnberg» und des dritten Akts des «Parsifal», führten zu einem wichtigen Auftrag: Er erhielt die Musikalische Leitung der Wagner-Festspiele in Holland, wo er als erster deutscher Dirigent 1914 den «Parsifal» komplett gab. Erst ein Jahr zuvor war das Werk schließlich von Bayreuth für fremde Inszenierungen freigegeben worden. Später lehnte es Hans Knappertsbusch konsequent ab, die Oper anderswo aufzuführen, weil dies Wagners testamentarischem Wunsch widerspräche.
Dieser Entschluß zeigt deutlich, wieviel ihm Richard Wagner tatsächlich bedeutete, und es scheint offenkundig, daß ihn die sechs Jahre in Elberfeld weniger für seine Zukunft prägten als die Eindrücke vorher. Zwischen 1909 und 1912 durfte er Hans Richter, dem ersten Dirigenten des «Ring», und Siegfried Wagner in Bayreuth assistieren. Noch viele Jahre später erzählte er von Hans Richter als von seinem einzigen großen Vorbild, dem er bei den Festspielen stets zu Füßen gesessen habe.
Nach einem kurzen Intermezzo als 1. Kapellmeister in Leipzig trat Hans Knappertsbusch 1919 die Nachfolge Franz Mikoreys an, der nach Helsinki wechselte, und wurde Direktor des Friedrich-Theaters in Dessau, wo er ab 1920 als damals jüngster Generalmusikdirektor Deutschlands wirkte. Schon zwei Jahre später zog ihn jedoch die Oper in München in ihren Bann. Das Dessauer Theater war abge-

brannt und Bruno Walters Stelle freigeworden, ein glücklicher Zufall, der Hans Knappertsbusch erst einige Gastverpflichtungen, im Oktober 1922 schließlich den Posten des Chefdirigenten einbrachte. Er fühlte sich wohl dort, gab seinen Einstand mit Wagners «Tristan und Isolde» und leitete zusätzlich auch die Odeons-Konzerte. Anfängliche Schwierigkeiten, selbst einige Prozesse, die er durchzustehen hatte, wichen nach der Ernennung zum Generalmusikdirektor und zum Professor (1923) rasch einer ungeheuren Popularität bei Publikum und Orchester. Mehrfach soll er zum Termin einer festgesetzten Probe vor seine Musiker getreten sein und gesagt haben: «Sie können das Werk, und ich kann es auch, wir sehen uns am Abend.» Dieses saloppe Auftreten, das von Sicherheit, Vertrauen und einer entschiedenen Abneigung gegen überflüssige Proben zeugte, machte schnell die Runde in der Isar-Metropole. Das Mißtrauen gegen den Preußen Knappertsbusch sank so weit, daß seine Posten «auf Lebenszeit» verlängert wurden. Mit Hitlers Machtübernahme zerplatzte dieser schöne Traum hingegen erst einmal wie eine Seifenblase. Wie so oft, konnte der wortgewandte Dirigent seinen Mund nicht halten — Impulsivität gehörte zu ihm wie die Willenskraft —, und so enthob man ihn nicht nur seines hohen Amtes als Generalmusikdirektor, sondern belegte ihn zusätzlich mit einem Dirigierverbot, das allerdings einige Zeit später aufgehoben wurde. Trotzdem mußte Hans Knappertsbusch sein geliebtes München verlassen und ging nach Wien, wo er als ständiger Gast an der Oper und im Konzert engen Kontakt zu den Philharmonikern knüpfte, die ihn zum Ehrenmitglied ernannten. Außerdem dirigierte er öfter Wagner-Opern in London und unternahm Konzertreisen mit den Berliner Philharmonikern. Seine Rückkehr nach München bald nach Kriegsende stand unter keinem guten Stern: Eine Kette von Mißverständnissen bei den Alliierten hatte im Winter 1945 ein erneutes Dirigierverbot zur Folge, ein Schlag, von dem sich Hans Knappertsbusch nur schwer erholte. Trotzig verzichtete er auf jede Mühe um seine Rehabilitation; traurig und enttäuscht zog er sich zunächst zurück und wartete — mit Erfolg, aber weniger mit Gelassenheit — die «Entschuldigung für das bedauerliche Versehen» ab.

Nicht arbeiten zu dürfen, mußte für ihn die schlimmste Strafe überhaupt bedeuten, und während dieser Zeit befiel ihn auch eine gewisse Bitterkeit, die sich in zunehmender Menschenscheu bemerkbar machte. Die ersten Konzerte leitete Hans Knappertsbusch in Bamberg und Berlin, und bevor er nach dreizehn Jahren — mittlerweile sechzig Jahre alt — 1948 mit der stürmisch gefeierten «Walküre» vor das Publikum der Münchener Staatsoper trat, dirigierte er ein Festkonzert der dortigen Philharmonie zum fünfzigsten Todestag von Johannes Brahms. Ein festes Amt nahm er hingegen nicht mehr an; die vielen Engagements als Gast an allen führenden Opernhäusern Europas gaben ihm Freiheit und befriedigende Arbeit genug.
Neben seinem häufigen Auftreten an der Münchener Staatsoper — weit über tausend Vorstellungen gab er dort — erfüllte sich 1951 endlich Hans Knappertsbuschs letzter großer Traum. Gemeinsam mit Herbert von Karajan berief man ihn zum Dirigenten der wiedereröffneten Bayreuther Festspiele, wobei er dem «Parsifal», den er bis 1964 beinahe jedes Jahr aufführte, eine neue, eigene Prägung verlieh. Ohnehin stellte das Werk Richard Wagners das Zentrum seines Schaffens dar. Obwohl sein Repertoire alle Standardwerke umfaßte, fand er zur Neuen Musik kein rechtes Verhältnis.

Gewiß: In den späten zwanziger Jahren dirigierte er bei den Münchener Akademiekonzerten auch einmal Strawinskys «Le sacre du printemps» sowie Orchesterstücke von Hindemith oder Honegger. Doch mit zunehmendem Alter beschränkte er sich mehr und mehr auf die Tradition, die in seiner Begriffswelt von den frühen Romantikern bis zu Richard Strauss reichte. Auch Beethoven, Bruckner und Brahms gehörten in seine Welt, während er Rossini und die französischen Impressionisten ignorierte. Ähnlich wie Furtwängler war er sich seiner musikalischen Herkunft bewußt, machte auch keinen Hehl daraus. Der Ausdruck «Liebe» traf tatsächlich

Im Gespräch mit Hans Beirer (l.) und Wolfgang Wagner. 1951 berief man Knappertsbusch neben Karajan zum Dirigenten der wiedereröffneten Bayreuther Festspiele.

die Art, wie Hans Knappertsbusch an ein von ihm geschätztes Werk heranging. Abseits aller zeitlichen Grenzen, die er sich mit seinem Repertoire selbst setzte, befaßte er sich gleichermaßen intensiv mit einer Wagner-Oper wie mit der «Nußknacker-Suite» Tschaikowskys oder den Walzern von Johann Strauß und Karl Komzák. Geradezu hingerissen schien er bei letzterem von den «Bad'ner Mad'ln», die er einzigartig lebensfroh zu interpretie-

ren verstand. Es interessierte ihn nicht, ob ein Stück den Musikern höchste Virtuosität abverlangte; vielmehr kam es ihm auf den Charakter eines Werkes an, auf die ihm eigene Faszination. Die Sicherheit bei der Auswahl von Orchesterstücken für einen Abend zeitigte oft überaus individuelle Konstellationen, vor denen sich andere Dirigenten entschieden gesträubt hätten. Bei Hans Knappertsbusch regierte vor allem das Lustprinzip — das selbst vor seinen Gagen nicht halt gemacht haben soll —, doch Können, gepaart mit Risikobereitschaft, schützte ihn vor Fehlschlägen: «Ich bin gespannt, was heute abend auf der Bühne wieder passiert.» Neben seiner generellen Abneigung den Proben gegenüber, die er stets als ein «notwendiges Übel» empfand, besaß er ein besonderes Verständnis von Werktreue, mit dem er seine Musiker erst anfreunden mußte. Daß sie selbst die schwierigsten Passagen einwandfrei beherrschen sollten, setzte der Dirigent voraus, wie er ebenso erwartete, daß sie sein spontanes Gestalten akzeptierten, selbst wenn die Ergebnisse noch so individuell erscheinen sollten. Hans Knappertsbuschs Technik und seine Art der Interpretation beruhten zwar stets auf der unbedingten Treue zur Partitur, doch gelang es ihm vortrefflich, aus der momentanen Gefühlsstimmung heraus zu schöpfen. So verständigte er sich mit seinem Orchester in der Hauptsache über wenige spezielle Fragen zu den einzelnen Werken. Er vertraute auf sein Geschick und erreichte in dieser virtuosen Form des Improvisierens öfter mehr Frische und Ausdruckskraft als viele seiner Kollegen, die stundenlang ein und dieselbe Passage paukten.

Unter diesem Gesichtspunkt entsteht aus der Tatsache, daß die Aufführungen gleicher Werke bei Hans Knappertsbusch fast nie gleich klangen, kein Widerspruch zu der festen Überzeugung, daß die Interpretationen trotzdem stets «richtig» waren. Auch wenn ihm an zwei aufeinanderfolgenden Abenden der Sinn danach stand, völlig andere Details zu betonen; ja sogar, wenn die Dauer der Aufführungen um bis zu zwanzig Minuten differierte: Nie verlor er den Überblick, und er schaffte es, sein Publikum mit dieser offensichtlichen Subjektivität zu fesseln, die Dramatik zu erhalten. Dieser Stil rückte ihn in die Nähe zu Hans von Bülow und Artur Nikisch.

Für einen Zuschauer muß die Art, wie Hans Knappertsbusch ein Orchester führte, nicht recht nachvollziehbar gewesen sein, denn seine ohnehin sparsame Gestik verflüchtigte sich oft in ein Heben der Augenbrauen oder in einen kaum wahrnehmbaren Fingerzeig. Charakteristisch drückte dies sein Kollege Erich Kleiber aus, der respektvoll bemerkte, das «bloße Heben seines Manschettenknopfes» könne «ein Pianissimo in ein Fortissimo verwandeln». Sein Verständnis mit den Musikern wurde oft mit Telepathie verglichen: Damit hatte es nun freilich nichts zu tun, denn die Bewegungen, nicht nur mit dem stets leicht federnden Schlag aus dem Handgelenk her-

Nach einem Konzert mit dem Sinfonieorchester des Hessischen Rundfunks in Frankfurt 1962

aus, sondern auch mit dem Kopf oder dem ganzen Körper, der sich im Takt wiegte, waren bei aller Knappheit doch immer präzise und eindeutig. Auch hier bestimmte die jeweilige Laune das Temperament des Dirigenten. Wo er einmal weit ausholte, musikalische Linien am eigenen Körper umsetzte, genügte ihm bei der nächsten Gelegenheit ein kurzes Kopfnicken, ein Zwinkern vielleicht auch nur.

So laut und gewaltig Hans Knappertsbusch sein konnte, so verborgen blieb seine innere Erregung, wenn er am Orchestergraben stand. Oft genug verzichtete er überhaupt darauf, den Takt zu schlagen; der Stock sank dann hinunter, und es genügte der Blick, um das Tempo zu halten. Mit steigendem Alter verknappte sich die Gestik immer weiter, und wenn seine Interpretationen auch naturgemäß ein wenig an Impulsivität verloren, so litten sie doch niemals an einem schwächer werdenden Ausdruck. Bis zuletzt wehrte er sich gegen starre Formen, wahrte seine Autorität und blieb — was das Wichtigste war — allein vom Höreindruck von seinen Kollegen unterscheidbar.

Hans Knappertsbusch dirigierte unermüdlich, doch ein Beinbruch setzte seiner Laufbahn ein jähes Ende. In München, wo er 1948 zum Ehrenmitglied der Bayerischen Staatsoper und 1963 zum Ehrenbürger ernannt worden war, stürzte er in seiner Wohnung im Frühjahr 1965 so schwer, daß er sich nicht mehr erholte. Er konnte sein Heim nicht mehr verlassen, sandte jedoch noch ein Telegramm nach Bayreuth, in dem er sich wünschte, im Sommer 1966 dort wieder den «Parsifal» dirigieren zu können. Die Hoffnung erfüllte sich leider nicht: Hans Knappertsbusch starb am 25. Oktober 1965 an Kreislaufschwäche. *DR*

Kniese, Julius

* Roda (heute Stadtroda, Thüringen) 21. 12. 1848, † Dresden 22. 4. 1905; deutscher Kapellmeister und Chordirigent, studierte unter Brendel und Riedel 1868—70 am Leipziger Konservatorium. 1871—76 leitete er die Singakademie in Glogau, dirigierte anschließend den Rühlschen Gesangverein und den Wagner-Verein in Frankfurt/Main und wurde 1884 Städtischer Musikdirektor in Aachen. Nach einem Aufenthalt in Breslau (1887—89) leitete er mit C. Wagner die Stilbildungsschule in Bayreuth, wo er ab 1882 bereits Chormeister der Festspiele war.

Knoch, Ernst

* Karlsruhe 1. 8. 1875, † New York 20. 3. 1959; deutscher Dirigent, stu-

dierte am Karlsruher Konservatorium und belegte später einen Dirigierkurs bei Felix Mottl, dessen Assistent an der Karlsruher Oper er wurde (von 1898 bis 1901). Sein Debüt gab er 1901 in Straßburg, wo er einen Posten erhielt (bis 1907). Danach wirkte er in Essen (1907—09) und Köln (1909—12) und unternahm anschließend als Wagner-Dirigent eine Welttournee mit der Thomas Quinlan Company. In Melbourne gab er die australische Premiere von «Tristan und Isolde» (1912), in Elberfeld zwanzig Vorstellungen des «Parsifal» (1913—14). Ab 1914 lebte er in den USA, dirigierte Opern in Chicago, New York und Cleveland, wohnte dann in New York, wo er an der Oper und 1938 als Lehrer arbeitete.

Koch, Helmut

* (Wuppertal)-Barmen 5. April 1908, † Berlin 26. 1. 1975; deutscher Dirigent, Student der Rheinischen Musikschule in Köln, der Folkwang-Schule in Essen und Schüler Scherchens. Ab 1931 dirigierte er Arbeiterchöre, bis er 1938 zum Aufnahmeleiter der Carl-Lindström-Aufnahmegesellschaft ernannt wurde. Ab 1945 wirkte er viele Jahre als Dirigent der von ihm gegründeten Solistenvereinigung und ab 1948 auch des Großen Chors beim Ost-Berliner Rundfunk. Daneben war er seit 1963 als GMD und seit 1960 als ständiger Gastdirigent der Berliner Staatsoper tätig. Außerdem leitete er das Kammerorchester Berlin und lehrte an der dortigen Hochschule für Musik.

Koetsier, Jan

* Amsterdam 14. 8. 1911; niederländischer Dirigent und Komponist, studierte in Berlin am Sternschen Konservatorium (1924—26) und an der Musikhochschule (1927—34). Danach besetzte er Kapellmeisterposten in Lübeck, Berlin und 1941/42 beim Philharmonieorchester im Haag und schließlich die Stelle als 2. Dirigent beim Concertgebouw-Orchester in Amsterdam (1942—49). In der folgenden Saison dirigierte er das Residentie-Orchester im Haag und wurde anschließend zum 1. Dirigenten des Bayerischen Rundfunks in München ernannt. 1966 übernahm er die Leitung einer Dirigierklasse und des Orchesters an der Staatlichen Hochschule für Musik in München.

Kogel, Gustav

* Leipzig 16. 1. 1849, † Frankfurt/Main 13. 11. 1921; deutscher Dirigent, war nach seinem Studium am Leipziger Konservatorium als Herausgeber für den Verlag C.F. Peters tätig (1870 bis 74), wirkte zu dieser Zeit als Musiklehrer im Elsaß und dirigierte ab 1874 an den Opern in Nürnberg, Dortmund, Gent, Aachen, Köln und Leipzig. 1887 wurde er Kapellmeister bei den Berliner Philharmonikern, 1891—1903 leitete er die Museumskonzerte in Frankfurt/Main. Danach übernahm er zahlreiche Gastverpflichtungen in Rußland, Spanien und bei den New Yorker Philharmonikern (1906). Seit 1908 dirigierte er den Cäcilienverein in Wiesbaden.

Koizumi, Kazuhiro

* Kyoto 16. 10. 1949; japanischer Dirigent, studierte an der Kunstakademie in Tokio, später an der Berliner Hochschule für Musik. 1970 gewann er den 1. Preis in einem japanischen Dirigierwettbewerb und assistierte Ozawa beim Japanischen Philharmonischen Orchester. 1973 siegte er bei Karajans Internationalem Dirigierwettbewerb, und zwei Jahre später ernannte ihn das Neue Japanische Philharmonieorchester zu seinem Musikdirektor. Als Gastdirigent trat er bereits vielfach in Europa und Amerika auf.

Kolchinskaja, Camilla

* Moskau (?) 1940; sowjetische Dirigentin, lernte als Kind Klavier und wurde mit sechs Jahren an der Moskauer Schule für musikalisch begabte Kinder aufgenommen, wo sie bereits Chorproben dirigierte. Später spielte sie Violine im Orchester der Moskauer Filmstudios. Nach mehreren Jahren als Gastdirigentin in sowjetischen kleinen Orchestern, besonders in Sibirien, wurde sie 1975 Gastdirigentin des Staatlichen Symphonieorchesters der UdSSR in Moskau. Am 12. 1. 1977 trat sie als Gast bei den Israelischen Philharmonikern in Tel Aviv auf.

Kondraschin, Kirill

* Moskau 6. 3. (21. 2.) 1914, † Amsterdam 7. 3. 1981; russisch-sowjetischer Dirigent, studierte zunächst Klavier und Theorie an einer Moskauer Musikschule, danach bis 1937 bei Chajkin am Moskauer Konservatorium. Ab 1934 dirigierte er bereits am Nemirowitsch-Dantschenko-Theater in Moskau, anschließend an der Malyi-Oper in Leningrad (bis 1942) und dann am Bolschoj-Theater in Moskau, wo er sich ein großes Repertoire aneignete. 1958 trat er als erster sowjetischer Dirigent in den USA auf, wo er bis 1981 zahlreiche Konzerte gab. 1960 berief ihn das Staatliche Philharmonische Symphonieorchester in Moskau zum Chefdirigenten, wo er unter anderem Schostakowitschs 13. Symphonie uraufführte. Nach 1975 hatte er zahlreiche Gastverpflichtungen im Ausland, lehrte bis dahin am Moskauer Konservatorium (seit 1972, vorher bereits 1950—53) und emigrierte 1978 aus der Sowjetunion. Ab 1979 war er Ständiger Dirigent beim Concertgebouw Orkest in Amsterdam. Er starb kurz nach einem Konzert an einem Herzanfall.

Konoye, Hidemaro

* Tokio 18. November 1898, † Tokio 2. 6. 1973; japanischer Dirigent und Komponist, gründete 1951 in Tokio das «Nya Symphonieorchester», das dem japanischen Rundfunk beigeordnet wurde. 1957 unternahm er mit diesem Ensemble eine Konzertreise durch die USA, 1960 auch durch Europa. Er wurde Mitglied der Japanischen Akademie der Künste.

Konrath, Anton

* Innsbruck 14. Mai 1888; österreichischer Komponist und Dirigent, Schüler J. Pembaurs sen. und F. Marschners. 1913—27 wirkte er als Leiter des Wiener Tonkünstlerorchesters, anschließend als Dirigent des Wiener Konzertvereins und der Singakademie. 1947 dirigierte er in Linz die Konzertvereinigung und zog sich bald darauf in den Ruhestand nach Steeg (am Hallstädter See) zurück.

Konwitschny, Franz

* Fulnek (Nordmähren) 14. 8. 1901, † Belgrad 28. 7. 1962; deutscher Dirigent, erhielt seine Ausbildung an der Deutschen Musikvereinsschule in Brünn (1921—23) und anschließend am Leipziger Konservatorium (bis 1925). Nach zwei Jahren als Violinist, Bratschist und Lehrer entschloß er sich zu einer Kapellmeisterlaufbahn und stieg in Stuttgart bis 1930 vom Repeti-

tor zum 1. Dirigenten am Staatstheater auf. Posten als GMD hatte er ab 1933 in Freiburg im Breisgau, ab 1938 in Frankfurt/Main und ab 1945 in Hannover inne. Seit 1949 wirkte er in Leipzig als Kapellmeister am Gewandhaus, war außerdem von 1953—55 GMD an der Dresdener Staatsoper und ab 1955 GMD an der Staatsoper in Berlin. Dies rückte ihn an die vorderste Stelle der Dirigenten in der DDR. 1959 führte er am Covent Garden in London den «Ring-Zyklus» auf, reiste mit seinen Orchestern durch die UdSSR, Polen, Österreich, England, Japan und die Bundesrepublik. Er starb während einer Konzertreise durch Jugoslawien.

Kord, Kazimierz

* Pogórze 18. 11. 1930; polnischer Dirigent, studierte zunächst am Leningrader Konservatorium, danach Dirigieren und Komposition an der Krakauer Musikakademie. 1960—62 dirigierte er an der Warschauer Oper und wurde 1962 zum Künstlerischen Direktor der Krakauer Oper berufen. 1968—73 war er als Chefdirigent und Künstlerischer Direktor beim Symphonieorchester des Polnischen Rundfunks und Fernsehens in Kattowitz beschäftigt. Zwischen 1972 und 1978 hatte er zahlreiche Gastaufträge an der Metropolitan Opera in New York, an den Opern in San Francisco, Kopenhagen, Amsterdam und London zu erfüllen, dirigierte auch Konzerte in Moskau, Leningrad, New York, Cleveland, Chicago und London. 1977 wurde er zum Chefdirigenten und Künstlerischen Direktor des Staatlichen Philharmonieorchesters in Warschau berufen. 1980 ernannte ihn das Symphonieorchester des Südwestfunks in Baden-Baden zum Chefdirigenten. Daneben wirkte er 1980—82 als 1. Gastdirigent des Cincinnati Symphony Orchestra.

Kórodi, András

* Budapest 24. 5. 1922; ungarischer Dirigent, studierte an der Franz-Liszt-Musikakademie in Budapest bei János Ferencsik Dirigieren und dem Komponisten Lászlo Lajthen Komposition; arbeitete seit 1946 an der Budapester Oper, wo er 1963 zum 1. Dirigenten aufstieg. 1967 ernannte ihn das Budapester Philharmonische Orchester zum Chefdirigenten. Daneben lehrte er Dirigieren an der Liszt-Akademie.

Košler, Zdeněk

* Prag 3. 3. 1928; tschechischer Dirigent, begann nach seiner Ausbildung an der Prager Musikakademie als Korrepetitor beim Prager Nationaltheater (1952), wo er bald zum Dirigenten aufstieg. 1956 gewann er den Dirigierwettbewerb im französischen Besancon, zwei Jahre später ernannte ihn die Oper in Olmütz zum Chefdirigenten. In New York gewann er 1963 den Mitropoulos-Dirigierwettbewerb, und im gleichen Jahr wechselte er als Chefdirigent zur Oper nach Ostrau. 1965—68 wirkte er als GMD der Komischen Oper in Ost-Berlin, daneben ab 1966 als Chefdirigent der Prager Symphoniker. Die gleiche Position erhielt er 1971 beim Slowakischen Nationaltheater in Bratislava (Preßburg). 1980 wurde er zum Chefdirigenten des Prager Nationaltheaters ernannt.

Kostelanetz, André

* St. Petersburg 22. 12. 1901, † Haiti 13. 1. 1980; amerikanischer Dirigent und Arrangeur russischer Geburt, betrieb 1920—22 Studien an der Musikhochschule in Petrograd, war dort schon Kapellmeister an der Oper und siedelte 1922 in die USA über (1928 amerikanischer Staatsbürger). Ab 1930 dirigierte er bei der CBS-Rundfunkanstalt und ab 1954 als Gast die Philharmoniker in New York. Schließlich wurde er Chefdirigent bei den «Promenade Concerts» der New Yorker Philharmonie. Außerdem schrieb er Filmmusiken und Arrangements.

Krasnapolskij, Juri

* New York 24. 11. 1934; amerikanischer Dirigent, studierte am Curtis Institute of Music in Philadelphia, belegte Kurse bei Leonard Bernstein und später an der Juilliard School of Music in New York. Er begann 1962—63 als assistierender Dirigent unter Bernstein bei den New Yorker Philharmonikern, wirkte dann als Ständiger Gastdirigent beim Florida Symphony Orchestra und als Musikdirektor beim Omaha Symphony Orchestra. 1974 wechselte er als Musikdirektor zum Des Moines Symphony Orchestra und trat als Gast beim Philadelphia Orchestra sowie bei den Symphonieorchestern in Detroit, Baltimore und New Jersey auf. Daneben dirigierte er als Gast in Europa und bei Tourneen in der Sowjetunion.

Kraus, Richard

* Berlin-Charlottenburg 16. 11. 1902, † Walchstadt (Bayern) 11. 4. 1978; deutscher Dirigent, Sohn des bedeutenden Tenors Ernst Kraus (1863—1941), war — nach Abschluß seiner Studien an der Berliner Musikhochschule — 1923—27 Korrepetitor an der Berliner Staatsoper und Assistent von Erich Kleiber, 1927/28 wirkte er als Kapellmeister in Kassel, 1928—33 in Hannover, 1933—37 als 1. Kapellmeister in Stuttgart, 1937—44 als Generalmusikdirektor in Halle. Nach dem Krieg begann Richard Kraus in Düsseldorf, 1948—53 stand er als Generalmusikdirektor der Kölner Oper vor. In den folgenden Jahren war er — neben vielen Gastverpflichtungen im In- und Ausland — ständiger Dirigent an der Deutschen Oper Berlin sowie Professor an der Musikhochschule. Seine letzte Position bekleidete Richard Kraus als Generalmusikdirektor der Nordwestdeutschen Philharmonie 1963 bis 1969 in Herford.

Krauss, Clemens

Um ein komplettes Bild von Clemens Krauss zu zeichnen, braucht man eigentlich nur eine weitere Person, einen Ort und eine musikalische Gattung. Seine zwei Jahrzehnte dauernde Freundschaft mit Richard Strauss, die Geburt und die vielfältige Arbeit in Wien, sein Leben für die Oper: Diese Konstellation charakterisiert den Dirigenten, weil sie ihn prägte.

Was Clemens Krauss anging, so überstieg sein Verhältnis zu Richard Strauss und dessen Werk bei weitem das, was der Begriff Vorliebe gemeinhin bezeichnet. Sie mündete vielmehr in ein gemeinsames Wirken, exemplarisch bei der Oper «Capriccio». Der Dirigent leitete hierfür nicht nur am 28. Oktober 1942 im Münchener Nationaltheater die Uraufführung, er verfasste auch nach der Vorlage von Jean Battista de Casti, einem Zeitgenossen Mozarts, das Libretto.

Den Dirigenten nach einem einzigen Libretto in die Rolle des Dichters zu drängen, ginge wohl zu weit. Es wurde tatsächlich aber oft betont, Clemens Krauss hätte eine Art Nachfolge für Hugo von Hofmannsthal angetreten. Um gleichzuziehen, wären noch vier weitere Textbücher erforderlich gewesen; eine schier unlösbare Aufgabe, die zudem keineswegs im Sinne des

Vollblutmusikers sein konnte. Die beiden Freunde arbeiteten überaus produktiv miteinander, wenn es um Fragen der Gestaltung ging. Sie besprachen Uraufführungen oder Neuinszenierungen bis ins kleinste Detail, Richard Strauss änderte sogar für die «Frau ohne Schatten» das Arrangement einer Szene, um die Texte verständlicher werden zu lassen. Clemens Krauss gab immer wieder Anstöße, äußerte gleichermaßen Bedenken oder Beifall, war schlicht eine wertvolle Stütze in den letzten Schaffensjahren des Komponisten.
Doch er nahm eine völlig andere Stelle ein als Hofmannsthal. Der Austausch fand nämlich in überwiegendem Maße auf rein musikalischem Terrain statt, schweifte nur gelegentlich zu den Libretti ab und führte deshalb weniger zur befruchtenden Auseinandersetzung als zur kräftigenden Seelsorge. In dem interessanten, als Buch veröffentlichten Briefwechsel wurde dies deutlich: Clemens Krauss verfügte nicht über ein meisterhaftes schriftstellerisches Talent. Sein Stil war oft gedrechselt, überraschte selten mit Wortwitz und türmte oftmals Floskeln aufeinander: «Mit den herzlichsten Wünschen für Ihr Wohlergehen und ergebensten Handküssen an Ihre verehrte Frau Gemahlin bin ich in aufrichtiger Verehrung Ihr treu ergebener Clemens Krauss.» (Berlin, 28. Januar 1935) Das ist selbst für einen Wiener starker Tobak.
Und Clemens Krauss war Wiener durch und durch. Am 31. März 1893 als Sohn von Hector Graf Baltazzi und Clementine Krauss, der dramatischen Sängerin und späteren Spielleiterin der Volksoper, geboren, erbte er von seinem Vater offenbar die habsburgische Würde, von seiner Mutter die musikalische Ader. Bereits mit neun Jahren sang er in der Hofkapelle, und der spätere Weg schien durch die Jugend als Sängerknabe schon bestimmt. Ganz programmgemäß schloß er 1912 sein Studium am Konservatorium der Heimatstadt ab und übernahm anschließend — erst neunzehn Jahre alt — einen Posten als Chordirektor in Brünn. Bald darauf dirigierte er dort seine erste Oper, fand in diesem Metier schon nach kurzer Suche eine Lebensaufgabe. Als Kapellmeister wechselte Clemens Krauss für zwei Jahre an das kleine Opernhaus nach Riga, einer Durchgangsstation von hohem Rang für Dirigenten wie für Instrumentalisten seit der Zeit, als Richard Wagner an diesem Ort gewirkt hatte (Herbst 1837 bis 1839). Die nächste Station in Nürnberg (1915 bis 1916) diente eher der Erweiterung seiner Erfahrung, weil hier mit geringen Mitteln und noch dazu in Kriegszeiten gearbeitet werden mußte: Der «Parsifal» wurde manchmal, so schrieb Friedrich Herzfeld, «mit einem einzigen Violoncello» aufgeführt. Die Zeit an der Oper in Stettin (1916 bis 1921) bot wenigstens die Gelegenheit, hin und wieder Nikisch in Berlin zu hören.
Wieder zurück in Österreich, erwarteten den jungen Dirigenten größere Herausforderungen. Einige Monate verbrachte Clemens Krauss in Graz, wo er neben zahlreichen Vorstellungen an der Oper auch mehrere Symphoniekonzerte leitete. Das war klug, denn er erkannte sehr wohl die Gefahr der Eingleisigkeit. 1922 folgte er dem Ruf nach Wien und besetzte gleich zwei Stellen auf einmal, einen Dirigentenposten an der Staatsoper sowie das Amt des Leiters der Kapellmeisterschule an der Staatsakademie für Musik und darstellende Kunst. Von diesem Augenblick an schienen ihm die Erfolge nur so zuzufliegen. Im folgenden Jahr übernahm er von Wilhelm Furtwängler die Leitung der Tonkünstler-Konzerte. Jetzt wurde man auch im Ausland auf Clemens Krauss aufmerksam und berief ihn in Frankfurt am Main zum Intendanten der Oper, daneben zum Leiter der Museumskonzerte. Bis 1929 erfüllte er all diese Funktionen gleichzeitig, um sie dann für eine neue — überaus begehrte — aufzugeben. Die Heimatstadt beanspruchte Clemens Krauss nun mit aller Entschiedenheit ganz ausschließlich. Seit einem Jahr bereits drängte ihn Richard Strauss, als Direktor an die Staatsoper zu kommen. Am 12. Februar 1928 sandte er ihm erst ein Telegramm: «Beschwöre Sie, sofort ohne Bedenken anzunehmen, vertrauen Sie auf sich und mich, es ist der entscheidende Augenblick.» Und dann folgte noch ein Eilbrief, der einem Flehen, ja fast einer sanften Nötigung gleichkam: «... Wenn Sie absagen, muß automatisch 'der Andere' kommen, und (ich) habe vor Zeugen keinen Zweifel darüber gelassen, daß ich eine künstlerische Mitarbeit mit demselben auf das strikteste ablehne und selbst zum längsten in Wien gewesen bin. Ein Vertrag ist schließlich ein Fetzen Papier und das allein Entscheidende —

Clemens Krauss und Richard Strauss (l.), 1937. Wie Karl Böhm war Krauss einer der Lieblingsdirigenten von Richard Strauss.

die Persönlichkeit und das Können! ... Im Namen der hilfsbedürftigen Oper, im Namen Wiens — unterschreiben Sie und kommen Sie!»
Clemens Krauss kam, und die eigenen Bedenken erwiesen sich rasch als unbegründet. Das Repertoire erfuhr einige wesentliche Aufstockungen, zum Beispiel durch Alban Bergs «Wozzeck» (1930), doch weitaus wichtiger schien, daß auch das leicht angestaubte Äußere der Oper neuen Glanz erhielt. Der Nachfolger Franz Schalks studierte in Windeseile die «Meistersinger von Nürnberg», «Così fan tutte» und den «Rosenkavalier» ein, engagierte eine Vielzahl guter neuer Sängerinnen, von denen er eine — Viorica Ursuleac — später heiratete. Typisch wienerisch sozusagen in seinem Temperament, übertrug sich diese innere Haltung auf die Arbeitstechnik und das gesamte Flair. Helmut A. Fiechtner leitete dies in einem Nachruf einmal exemplarisch von der Auswahl der Sängerinnen her, die zum großen Teil aus den angrenzenden slawischen und romanischen Ländern stammten. Durch sie sei betont worden, was das musikalische Wesen des Operndirektors ausmachte: «Krauss war weniger der Meister der symphonischen Architektur und Gestaltung oder der strengen Durchführung, als vielmehr der Farbe und des tänzerischen Rhythmus, mit einer besonderen Vorliebe für burleske und lustspielhaft-ironische Züge. So wurde er Richard-Strauss-Dirigent par excellence.» Tatsächlich intensivierte sich das Verhältnis zwischen dem Komponisten und dem beseelt Nachschaffenden in dieser Phase besonders, was neben der erwähnten Sympathie füreinander allerdings auch andere Ursachen hatte. Diese wiederum waren politischer Natur: Fritz Busch, bis 1933 Operndirektor in Dresden, galt viele Jahre lang als großartiger Strauss-Dirigent, mußte aber nach Hitlers Machtübernahme ins Ausland flüchten. Am Teatro Colón in Buenos Aires empfing man ihn mit offenen Armen. Clemens Krauss hatte von der neuen Konstellation indes wenig zu befürchten, übernahm sogar in Dresden für Busch die Erstaufführung der «Arabella». War es nun eine gewisse Blauäugigkeit, eine durch das Theaterwesen romantischverklärte Sichtweise der Dinge oder eine wirkliche Affinität zur neuen Herrschaft: Der Dirigent verhielt sich nicht aufmüpfig, solange man ihn nur in Ruhe arbeiten ließ.

Diese Unempfindlichkeit besaßen andere Dirigenten nicht. Erich Kleiber zum Beispiel verließ 1935 die Berliner Staatsoper, wo er seit 1923 als GMD gewirkt hatte. Für ihn kam, mit einem Teil des Wiener Ensembles, Clemens Krauss. Auf dem alten Posten sorgten seit geraumer Zeit Reibereien für Unruhe, weil es Einschränkungen oder Zugeständnisse im Repertoire gab. In der deutschen Hauptstadt mußte er damit natürlich auch rechnen, doch er arrangierte sich. Allerdings muß zu seiner Ehre gesagt werden, daß er insgeheim verfolgten jüdischen Künstlern half.
Auch an der Staatsoper in München löste er mit Hans Knappertsbusch einen Kollegen ab, dem ein Dirigierverbot auferlegt worden war. 1936 übernahm Clemens Krauss zunächst die Stelle des Operndirektors, im Jahr darauf die des Intendanten. Es war der Höhepunkt seiner Laufbahn, denn er stand sieben Jahre lang einem ausgezeichneten Orchester vor. Zahlreiche Uraufführungen schmückten wieder die Programmzettel. Clemens Krauss schien für die Arbeit an der Spitze einer Oper geradezu prädestiniert. Mehr vom Wert des Gesamtrepertoires als von einigen wenigen Glanzleistungen überzeugt, legte er seine organisatorische Kraft aufs neue in jede einzelne Aufführung und erlangte so den hohen Standard, den er sich wünschte.
In München flossen die vielschichtigen Erfahrungen der Jahre davor zusammen. Dreimal hintereinander eine Staatsoper zu leiten: Wer überbot diesen Rekord? Der singende Schauspieler stand für ihn im Zentrum, um das sich alle Gedanken über eine Inszenierung zu drehen hatten. Joachim Herrmann schrieb 1955: «Nach dem vorhandenen Stimmaterial richtete sich zunächst der Aufbau des Spielplanes, denn keinem Sänger wurden Aufgaben zugemutet, für die er keine stimmliche Eignung besaß. So war es für Krauss unumstößlicher Grundsatz, mit der Einstudierung von besonders anspruchsvollen Werken so lange zu warten, bis ihm das geeignete Ensemble zur Verfügung stand, das er sich gleichsam selbst heranbildete ... So teilte er seine 'Spielschar' in drei Generationen ein, die einander ablösen und ergänzen sollten. Der Kern stand auf der Höhe der Leistungsfähigkeit, die ältere repräsentierte die künstlerische Erfahrung und Tradition, und die jün-

Mit den Wiener Philharmonikern war er besonders eng verbunden. Seine Beliebtheit war außerordentlich, und er war aus dem Wiener Musikleben nicht wegzudenken.

gere endlich bildete die Nachwuchsreserve.»
Daß Clemens Krauss München verließ, war höhere Gewalt. Das Nationaltheater wurde in der Nacht vom 2. auf den 3. Oktober 1943 ausgebombt. Hatte er schon während des Krieges bei den Salzburger Festspielen und am dortigen Mozarteum gewirkt, so zog es ihn nun vollends zurück nach Österreich. Mit den Wiener Philharmonikern betätigte er sich bis zum Kriegsende vor allem bei Rundfunkkonzerten. Sie zeigten, daß der Dirigent bei weitem nicht nur am Opernpult und mit Partituren von Richard Strauss sein Handwerk verstand.
Nach der Kapitulation ereilte Clemens Krauss das Schicksal einiger seiner Vorgänger: Nun hatte er selbst unter dem Dirigierverbot zu leiden, das erst 1947 aufgehoben wurde. Es bedeutete für ihn gleichzeitig das Ende seiner Laufbahn, denn er beteiligte sich nicht mehr am Wiederaufbau des Opernbetriebs, nahm lediglich noch einige Gastverpflichtungen, unter anderem in Südamerika, 1953 mit «Parsifal» bei den Bayreuther Festspielen und vor allem in Salzburg wahr, wo er am 14. August 1952, drei Jahre nach dem Tod von Richard Strauss, die Uraufführung von «Die Liebe der Danae» leitete. Am 16. Mai 1954 starb Clemens Krauss in der Nacht nach einem Gastauftritt in Mexiko-Stadt völlig überraschend. *DR*

Krenz, Jan

* Wloclawek 14. Juli 1926; polnischer Dirigent und Komponist, studierte nach dem Zweiten Weltkrieg an den Musikhochschulen in Warschau und Lodz (Klavier, Dirigieren und Komposition), nahm drei Jahre nach seinem Debüt (1945) einen Dirigentenposten bei den Posener Philharmonikern und der dortigen Oper an und wurde 1950 zum 2. Dirigenten beim Staatlichen Polnischen Radio-Symphonieorchester in Kattowitz ernannt. Dort stieg er 1953 als Nachfolger Fitelbergs zum 1. Dirigenten auf und führte das Orchester auf Tourneen durch Europa, die Sowjetunion, Japan, China, Australien und zu den Festspielen nach Prag, Edinburgh, Bergen und Osaka (bis 1967). Anschließend wurde er Chefdirigent und Künstlerischer Direktor an der Warschauer Nationaloper (bis 1973). Danach verließ er Polen und erhielt 1979 eine Anstellung als GMD in Bonn, wo er bis 1983 wirkte.

Krips, Henry

* Wien 10. 2. 1912, australischer Dirigent österreichischer Geburt, studierte in Wien am Konservatorium und an der Universität und gab dort 1932 sein Debüt am Burgtheater. 1935 wirkte er als Musikalischer Assistent am Stadttheater Innsbruck, anschließend 1936 bis 1937 als Musikdirektor am Stadttheater Salzburg und in der folgenden Saison am Stadttheater und an der Volksoper in Wien. 1939 übersiedelte er nach Australien, wo er die «Krips-de Vries-Operngesellschaft» gründete und ab 1941 als Musikdirektor des «Kirsowa-Balletts» wirkte sowie Kammer- und Chorkonzerte dirigierte. Ab 1947 arbeitete er auch für die Australische Rundfunk-Kommission und übernahm dann als Dirigent das West Australia Symphony Orchestra in Perth (1948) sowie das South Australia Symphony Orchestra in Adelaide (1949). 1972 gab er seine australischen Posten auf und zog nach London, wo er seit 1967 gelegentlich Konzerte und an der Sadler's Wells Opera dirigierte. 1969 leitete er Konzerte in Wien, 1970 auch bei den Bregenzer Festspielen.

Krips, Josef

* Wien 8. 4. 1902, † Genf 13. 10. 1974; österreichischer Dirigent, Bruder von Henry K., studierte bei Weingartner und Mandyczewski an der Wiener Musikakademie, wirkte erst als Violinist und dann 1921—24 als Korrepetitor und Chordirektor an der Wiener Volksoper, wo er zuletzt Kapellmeister war. Anschließend wechselte er an das Stadttheater nach Aussig an der Elbe, von 1924—25 als Chef der Oper nach Dortmund (1925/26) und schließlich nach Karlsruhe, wo er 1926—33 Generalmusikdirektor war. In den folgenden fünf Jahren dirigierte er an der Wiener Staatsoper, 1938—39 auch als Gast an der Belgrader Oper und beim Philharmonieorchester. Während des Kriegs hatte er in Österreich Berufsverbot, doch 1945 schon wurde er erneut zum Dirigenten der Wiener Staatsoper ernannt, leitete auch die Hofmusikkapelle und Mozart-Aufführungen bei den Salzburger Festspielen. Nach Konzertreisen mit der Staatsoper nahm er 1950 den Posten des Chefdirigenten beim London Symphony Orchestra an (bis 1954), wechselte in gleicher Stellung zum Buffalo Philharmonic Orchestra (bis 1963) und zum San Francisco Symphony Orchestra (bis 1970). Ab 1970 war er Hauptdirigent der Wiener Symphoniker (in Nachfolge von Sawallisch). Als Gast leitete er zahlreiche namhafte Orchester in der ganzen Welt, sowie 1954—60 Aufführungen beim Cincinnati May Festival und 1962 bei den Bayreuther Festspielen.

Krombholc, Jaroslav

* Prag 30. 1. 1918, † Prag 16. 7. 1982; tschechischer Dirigent, studierte 1937—42 bei Novák und Talich am Prager Konservatorium und an der Meisterschule sowie bei Hába und an der Prager Universität. 1940 ging er an das Prager Nationaltheater, wo ihn Talich 1942 mit der Premiere von Bořkovecs »Satyr« betraute. Nach kurzer Amtszeit mit dem Tschechischen Philharmonieorchester wurde er 1944 zum Opernchef in Ostrau ernannt, kehrte aber 1945 an das Nationaltheater zurück. Dort übernahm er als Dirigent auch Aufgaben der Opernleitung und ab 1968 den Posten des Chefdirigenten. Ab 1973 war er außerdem Chefdirigent des Tschechischen Radiosymphonieorchesters. Neben zahlreichen Schallplattenaufnahmen hatte er viele Verpflichtungen als Gastdirigent (1959 erstmals an der Wiener Staatsoper, außerdem am Covent Garden, in Budapest, Stuttgart sowie bei den Festspielen in Holland und Edinburgh). Mit dem Nationaltheater unternahm er u. a. Tourneen durch Italien, Deutschland, Südamerika und die UdSSR.

Krueger, Karl

* Atchison (Kansas) 19. Januar 1894, amerikanischer Dirigent, Student an der University of Kansas (Lawrence), ausserdem in Heidelberg und Wien (bei R. Fuchs), weiterhin Schüler Chadwicks und Goodrichs in Boston und Widors in Paris und auch Weingartners, Schalks und Nikischs in Dirigieren. 1919 ging er als Kapellmeister an die Wiener Staatsoper (bis 1924), danach als Dirigent zum Seattle Symphony Orchestra (bis 1932). In den folgenden Jahren wirkte er als Leiter des Kansas City Philharmonic Orchestra (1933 bis 1943) und des Detroit Symphony Orchestra (1943—50). Bis er 1958 seine «Society for the Preservation of the American Music Heritage, Inc.» gründete, dirigierte er das Arts Orchestra in New York.

Kruse, Georg Richard

* Greiffenberg (Schlesien) 17. 1. 1856, † Berlin 23. 2. 1944; deutscher Dirigent und Musikschriftsteller, studierte an der Universität Bern und in Leipzig, begann anschließend in Deutschland und Amerika als Opernkapellmeister und wurde 1896 am Berner Stadttheater zum Operndirektor ernannt (bis 1900). Daneben war er in gleicher Stellung in St. Gallen und in Ulm tätig. Danach gab er bis 1909 die «Deutsche Bühnengenossenschaft» heraus, gründete und leitete ab 1906 das Berliner Lessing-Museum, gründete 1908 die Lessing-Gesellschaft und die «Musik-Volksbibliothek des Tonkünstlervereins». Außerdem gab er im Jahre 1899 die erste relevante Lortzing-Biographie heraus.

Kubelik, Rafael

Es ist wohl nicht einfach, der Sohn eines berühmten Künstlers sein zu müssen. Rafael Kubelik war das sechste Kind des großen böhmischen Geigers Jan Kubelik, eines der bedeutendsten Virtuosen seiner Zeit und Besitzers der berühmten «Emperor»-Stradivari. Und vielleicht spricht nichts so sehr für die integre Musikerpersönlichkeit des Sohnes wie der Umstand, daß die jüngeren Musikliebhaber meist eher zufällig auf die verwandtschaftlichen Beziehungen zwischen dem älteren und dem jüngeren Kubelik aufmerksam werden. Rafael Kubelik hat aus dem Vater-Sohn-Verhältnis keine öffentliche Sache gemacht; weder hat er damit kokettiert, noch hat er jene besonderen Phobien entwickelt, die sonst die Beziehungen berühmter Söhne zu berühmten Vätern zu kennzeichnen pflegen.

Jeronym Rafael Kubelik wurde am 29. Juni 1914 in Bychory bei Kolin geboren. In der Familie ging es keineswegs, wie man vermuten könnte, nur um Musik, so sehr natürlich das Leben durch die Virtuosenlaufbahn des Vaters bestimmt war; die Mutter, aus altem ungarischem Adel stammend, war hier ein überaus wirksames Korrektiv, denn sie brachte ihre leidenschaftliche Liebe zur Literatur, zur Kunst und zum philosophischen Denken in das Familienleben ein und nicht zuletzt ein hohes Maß an Wissen, eine umfassende literarische Bildung. In dieser kunstsinnigen Atmosphäre wuchs der junge Rafael Kubelik gleichwohl zum Musiker heran. Beim Vater erlernte er wie selbstverständlich das Violinspiel und erwarb sich ein umfangreiches Konzertrepertoire. Von 1928 an studierte er fünf Jahre lang am Prager Konservatorium Komposition und Dirigieren und bildete sich zusätzlich zu einem bemerkenswert stilsicheren Pianisten heran. Noch in späteren Jahren übte er immer wieder gerne diese Kunst aus und war den wenigen »Privilegierten«, die mit ihm musizieren durften, ein genialer Begleiter, der dem Flügel einen Klangreichtum zu entlocken verstand, der normalerweise dem Orchester vorbehalten ist.

Das Examen am Prager Konservatorium spiegelt vielleicht doch etwas von jenem Anspruch wider, den der Sohn eines bedeutenden Virtuosen an sich selbst stellen mußte: Der Neunzehnjährige komponierte eine Phantasie für Violine und Orchester, spielte ein Violinkonzert von Paganini und dirigierte eine Symphonie von Dvořák. Hinter einem solchen Programm verbergen sich Ernst, Fleiß, eine tiefe und umfassende Musikalität und ein spezifisch künstlerisches Pflichtgefühl, das diesen Musiker nie verlassen hat.

Mit Aufführungen der Werke von Schumann, Berlioz, Dvořák oder Janáček brilliert Rafael Kubelik überall.

Fast zwei Jahre lang wird Rafael Kubelik noch als Sohn in die Pflicht genommen; er begleitet den Vater auf dessen Tourneen durch Europa und die Vereinigten Staaten am Klavier. Sein Debüt als Dirigent der Tschechischen Philharmonie hat er zu diesem Zeitpunkt bereits hinter sich. Dann, nach zweijährigem Reisen in familiärem Duo, wird er 1936 Dirigent an der Tschechischen Philharmonie und bleibt in dieser Position bis zum Jahr 1939. Schon 1937 geht er mit dem Orchester auf eine Tournee nach Belgien und nach England. 1939 dirigierte er es an jenen zehn Abenden, an denen sein Vater in einem gigantischen Zyklus dreißig Violinkonzerte aufführte. Zu diesem Zeitpunkt war Rafael Kubelik übrigens schon musikalischer Leiter des mährischen Nationaltheaters in Brünn, wo er bis 1941 blieb. Während dieses Opernengagements führte er eines seiner Lieblingswerke auf, die «Trojaner» von Hector Berlioz — mitten im Krieg und in der mährischen Hauptstadt, weit ab also von den eigentlichen Zentren des Musiklebens.

Danach folgten sieben Jahre an der Spitze des Tschechischen Philharmonischen Orchesters, Jahre auch, in denen Rafael Kubelik standhaft jede Art der Kollaboration mit der deutschen Okkupation verweigerte. So konnte er denn auch nach dem Ende des Zweiten Weltkriegs in dieser verantwortungsvollen Position verbleiben und sofort am erneuten Aufbau des tschechischen Kulturlebens mitarbeiten.

1946/47 unternahm er mit der Tschechischen Philharmonie wieder Auslandsreisen, diesmal nach Paris, Zürich und Genf. 1948 dirigierte er das Ensemble des Glyndebourne Festival anläßlich eines «Don-Giovanni»-Gastspiels in Edinburgh bei den dortigen Festspielen. In dieser Zeit wurde das Schicksal der jungen tschechoslowakischen Demokratie besiegelt; gestützt auf die sowjetische Armee übernahmen die Kommunisten die Macht. Kubelik blieb in England und teilte von nun an das Schicksal so vieler bedeutender Musiker des zwanzigsten Jahrhunderts: Er wurde Emigrant. Längst war er nicht mehr nur der Sohn des großen Geigers Jan Kubelik — der berühmte Vater starb schon 1940. Man weiß um Rafael Kubelik als um einen Vertreter jener Kultur des beinahe selbstverständlichen und doch tiefgeistigen Musizierens, die seit Jahrhunderten immer wieder von Böhmen aus Europa, vor allem Mitteleuropa, so nachhaltig befruchtet hat. Dieser Dirigent repräsentiert noch durchaus etwas von der Welt der Dvořák und Smetana, wenn nicht gar der Reicha, Benda und Biber. Er dirigierte zunächst in England, ließ sich in London nieder. Dann folgten Gastspiele in Mexico und in Lateinamerika, und es begann in dieser Zeit die lange und herzliche Verbindung zum Concertgebouw Orkest in Amsterdam. Schließlich ließ sich Kubelik in der Schweiz nieder.

Von 1950 bis 1953 stand er immer wieder am Pult des Chicago Symphony Orchestra, das er bei seinem ersten Engagement 1949 so sehr begeistert hat, daß man den 36jährigen zum Music Director wählte. Wieder freilich ist er in seiner Geradheit und Lauterkeit sehr bald Gegenstand von Kontroversen und Anfeindungen. Daß er so viele Werke der musikalischen Moderne aufführte — darunter die siebente Sinfonie von Roy Harris und die «Suite hébraique» von Ernest Bloch (1953) —, hätte man ihm vielleicht noch verziehen, ebenso, daß sein gesamtes Repertoire dem amerikanischen Publikum relativ schmal erschien und sehr von rein künstlerischer Verantwortung geprägt war.Aber daß er anfing, farbige Solisten zu engagieren, das war zu Beginn der fünfziger Jahre denn doch zu viel.

Kubelik resignierte, und erst bei einer konzertanten Aufführung des «Parsifal» kam so etwas wie eine Aussöhnung zustande — ein geringer Trost für einen, der so zäh und entschlossen gegen Vorurteile aller Art anging und der immer wieder erfahren mußte, daß man damit blinde Feindschaft heraufbeschwört, die auch durch die verbindlichste Humanität nicht aus der Welt zu schaffen ist. 1954 war er wieder in London und dirigierte an Sadler's Wells eine atemberaubend brillante «Katja Kabanowa», eine Wiederaufnahme der Janáček-Oper. Ein Jahr darauf erhielt Kubelik eine der verantwortungsvollsten Positionen im europäischen Opernleben: Er wurde musikalischer Leiter des Royal Opera House Covent Garden. Freilich stieß er auch hier wieder auf Widerstand, denn er bemühte sich, weniger bekannte Werke in englischer Sprache aufzuführen. Covent Garden war denn doch zu sehr eine Grand Opéra. In Kubeliks Amtszeit fallen indes so bedeutende Ereignisse wie die Londoner Erstaufführung von Janáčeks «Jenufa» (1956) und einmal mehr eine Produktion von Berlioz' Oper «Die Trojaner» (1957), deren zwei Teile Kubelik als erster Dirigent an einem einzigen Abend zu spielen wagte, allerdings noch mit einer spürbaren Kürzung — erst Colin Davis setzte zwölf Jahre später am gleichen Ort die ungekürzte Version von «Les Troyens» durch. Desungeachtet sah sich Kubelik gerade auch seiner Sympathien für ein englisch orientiertes Ensemble wegen zunehmender Kritik ausgesetzt, und als Sir Thomas Beecham ihn öffentlich angriff, zog er sich tief gekränkt 1958 von der Leitung des Covent Garden zurück.

Schon längst hatte er damals Kontakt mit den besten Orchestern der Welt. Im Herbst 1953 dirigierte er in Zürich ein Konzert der Wiener Philharmoniker und fand mit diesem Orchester sofort einen so guten Kontakt, daß man ihn immer wieder einlud. Auch dies war übrigens einer der Gründe dafür, daß er die sich so schwierig gestaltende Verbindung zum Chicago Symphony Orchestra aufgab. Von 1955 an hatte er seine Tätigkeit im wesentlichen auf Wien und London aufgeteilt, und 1957/58 dirigierte er verschiedentlich das New York Philharmonic Orchestra. Eine enge Verbindung ergab sich auch zum Israel Philharmonic Orchestra.

1961 wurde er Chefdirigent des Symphonieorchesters des Bayerischen Rundfunks, und er blieb in dieser Position, bis ihn 1983 Colin Davis ablöste, weil sich Kubelik denn doch von der ständigen Leitung eines Orchesters zurückziehen wollte. Es war dies nicht nur eine der beständigsten, sondern auch eine der glücklichsten Verbindungen; Kubelik erzog dieses Orchester so, daß dessen technisches Vermögen nie zum Selbstzweck wurde. Immer ging es ihm um Vollendung; nie um Perfektion. Er gehört zu jenen seltenen Dirigenten, die ihren Musikern nicht nur mit der freundschaftlichsten Aufmerksamkeit zuhören können, sondern die in ihnen dabei auch Fähigkeiten herausbilden, die die Musiker selbst sich womöglich gar nicht zugetraut hätten. Dazu paßt Ku-

Im Gespräch mit dem Pianisten Wilhelm Backhaus anläßlich eines gemeinsamen Konzerts in Zürich, ca. 1960.

beliks Fähigkeit, große kompositorische Komplexe als eine organische Einheit darzustellen, die voller Leben ist, voll Wärme und Impulsivität. Das kam von Anfang an seiner Mahler-Interpretation zugute, nicht zuletzt, weil sie dem vorherrschenden Trend zum analytischen Zergliedern der Mahler-Partituren entgegengesetzt blieb. Mahlers Musik kam auch Kubeliks humanistischem Anspruch an Musik überhaupt entgegen, denn sie ist, wie er einmal definierte, für ihn jene dramatische und höchst beredte musikalische Äußerung, die in der Lage ist, im Zuhörer den Wunsch zu wecken, ein besserer Mensch zu werden. Nicht nur in seinem Sendungsbewußtsein erinnert Rafael Kubelik an Furtwängler, sondern auch in der unorthodoxen Schlagtechnik, die mehr das Zusammenfallen von geistigem Konzept und musikalischer Empfindung repräsentiert als eine metronomische Geschäftsordnung. Schließlich ist er, wie Furtwängler auch, immer wieder als Komponist hervorgetreten, so mit den Opern «Veronica» (Brünn 1947) oder «Cornelia Faroli», einem Werk über das Leben Tizians, das 1972 in Augsburg aufgeführt wurde. Neben mehreren weiteren Bühnenwerken stehen drei Requiems, auch Streichquartette, Violinkonzerte, ein Cellokonzert und drei Symphonien. 1975 dirigierte er in Luzern die Uraufführung des Orchesterwerks «Sequenzen», und immer wieder, wenn er während des Dirigierens schöpferisch pausierte, setzte er das Komponieren fort.

Noch einmal hatte er sich übrigens in den siebziger Jahren als musikalischer Leiter eines Opernhauses versucht. Göran Gentele, der Nachfolger von Sir Rudolf Bing im Generalmanagement des Metropolitan Opera House in New York, hatte Kubelik zum Generalmusikdirektor dieses Hauses berufen. Doch diesmal überschattete Tragik dieses Engagement. Gentele verunglückte tödlich, noch bevor Kubelik seine erste Produktion hatte vollenden können: Wieder sollten es übrigens «Les Troyens» von Hector Berlioz sein, dieses immense Werk, das nur durch den weiten Atem eines großen Dirigenten eine Einheit werden kann. Nach wenigen Monaten in New York resignierte Kubelik, nicht zuletzt, weil er einsehen mußte, daß er über der Arbeit an der Met sein Münchner Orchester hätte vernachlässigen müssen. Dieses blieb schließlich sein wirkliches Instrument, mit dem er immer wieder auch die Musik zu formen imstande war, die ihm außerhalb des üblichen Repertoires am Herzen lag: Britten etwa und Schönberg und schließlich jener Komponist, der die Sprache von Kubeliks Heimat hatte Klang werden lassen, Leoš Janáček. Hört man Janáček von Kubelik dirigiert, begreift man, was dieser Musiker unter den Dirigenten unter Musik als einer Sprache des Humanen versteht: den Reichtum der Empfindungen in die Proportionen des Geistes bringen. *NE*

Seine Leidenschaft und Hingabe gilt auch dem Werk Gustav Mahlers.

Kuhn, Gustav

* Turrach (Österreich) 28. 8. 1947; österreichischer Dirigent, studierte am Salzburger Mozarteum und bei Hans Swarowsky an der Wiener Hochschule für Musik, nahm weiteren Unterricht bei Bruno Maderna und Herbert von Karajan. Er begann als Dirigent bei der Oper in Istanbul (1970—73) und wirkte 1975—77 als Dirigent am Dortmunder Stadttheater, 1978 in gleicher Position an der Wiener Staatsoper, von 1979 bis 81 als Chefdirigent des Berner Symphonieorchesters und als Musikdirektor an der Berner Oper. Bei den Festspielen in Glyndebourne und Salzburg dirigierte er 1980. 1983 wurde er zum GMD in Bonn ernannt, sowohl dem Orchester des Stadttheaters als auch dem Orchester der Beethovenhalle vorstehend, und 1985 aus seinem Vertrag entlassen.

Kulka, János

* Budapest 11. 12. 1929; ungarischer Dirigent, studierte Dirigieren bei Ferencsik und Somogyi und Komposition bei Kodály. 1950 dirigierte er an der Ungarischen Staatsoper; 1957 in Wien; 1959 wurde er zum 1. Dirigenten an die Württembergischen Staatstheater Stuttgart berufen. Von 1964 bis 1976 war er Generalmusikdirektor in Wuppertal.

Kunwald, Ernst

* Wien 14. April 1868, † Wien 12. 12. 1939; österreichischer Dirigent, begann nach seinen Studien in Wien (Jura und Musik) sowie am Leipziger Konservatorium als Kapellmeister in Rostock (1895—97), setzte diese Laufbahn an den Opern in Sondershausen (1897—98), Essen (1898—1900), Halle (1900—01), Madrid (1901—02) und Frankfurt/Main (1902—05) fort. Anschließend dirigierte er an der Berliner Kroll-Oper (1905—06) und wirkte als 2. Dirigent beim Berliner Philharmonischen Orchester (1907—12). Nachdem er 1906 als Gast bei der New York Philharmonic Society aufgetreten war, wurde er 1912 als Dirigent beim Cincinnati Symphony Orchestra verpflichtet und ab 1914 auch bei den Mai-Festspielen. 1917 wurde er als Angehöriger einer verfeindeten Nation verhaftet, dann gegen Kaution freigelassen. 1919 kehrte er nach Deutschland zu-

rück, dirigierte in Königsberg Symphoniekonzerte (1920—27). In den folgenden vier Jahren wirkte er als Dirigent der Berliner Philharmoniker und lebte anschließend bis zu seinem Tod in Wien.

Kunz, Ernst

* Zimmerwald (bei Bern) 2. 6. 1891; Schweizer Komponist und Dirigent, studierte nach seiner Lehrerausbildung 1912—14 an der Münchener Akademie bei Klose, Kellermann und Schwickerath. Nach Posten als Musikdirektor in Lenzburg und als Theaterkapellmeister in Rostock arbeitete er 1917 unter B. Walter an der Münchener Hofoper und kehrte im Jahr darauf in die Schweiz zurück, wo er Musikdirektor in Olten wurde. Später leitete er verschiedene Chor- und Orchestervereinigungen.

Kurtz, Efrem

* Petersburg 7. 11. 1900; russisch-amerikanischer Dirigent, studierte zunächst an der Universität von Riga, bevor er nach Berlin ging, um dort am Stern'schen Konservatorium Musik zu studieren. Er machte 1922 sein Diplom; danach wollte er zunächst unbedingt nur Ballette dirigieren. 1943 emigrierte er in die USA und wurde zunächst Dirigent bei dem Philharmonischen Orchester von Kansas (1943 bis 1948) und später, bis 1954, Dirigent beim Houston Symphony Orchestra. 1966 dirigierte er einige Konzerte in Moskau und Leningrad. Bis zu seinem Japan-Debut in Tokyo 1977, gastierte er in Europa und Amerika; festere Bindungen ging er mit dem Philharmonischen Orchester von Kansas und dem Tonhalle Orchester Zürich ein; er lebt heute in der Schweiz.

Kussewitzky, Sergej

Die Frage provoziert: Was wäre aus dem amerikanischen Musikleben geworden, hätten nicht zahlreiche Dirigenten aus dem Ausland für immer neue programmatische Umwälzungen gesorgt? Der Grieche Dimitri Mitropoulos, der Italiener Arturo Toscanini, der polenstämmige Leopold Stokowski und nicht zuletzt der Deutsche Bruno Walter nahmen über viele Jahre Einfluß auf das Repertoire und auf das Musikverständnis eines insgesamt eher konservativen Publikums. Ein breites Feld von Möglichkeiten eröffnete sich jenseits des Atlantiks wohl jedem tatenfreudigen Dirigenten, wenn er sich durch die Zähflüssigkeit des Betriebes nicht einschüchtern ließ. Schließlich wurden Ideen und Impulse, zum Beispiel im Bereich der Neuen Musik, dankbar angenommen, ebenso wie der Versuch, durch Kurse und Festivals eine größere Breitenwirkung zu erzielen. Der in der ersten Hälfte dieses Jahrhunderts künstlerisch noch nicht autarke amerikanische Markt, sein im Gegenteil ausgeprägtes Bedürfnis nach Anstößen von außen — weil eigene «alte Meister» fehlten —, bot ungewöhnlich großen Freiraum.
Einer, der ihn produktiv und zweckdienlich nutzte, war der Russe Sergej Kussewitzky. Obwohl in seiner Arbeitsweise umstritten, rückte er während eines Vierteljahrhunderts an der Spitze des Boston Symphony Orchestra in die Phalanx Toscaninis und Stokowskis auf, weil er gleichzeitig Mut, Einfallsreichtum — und Geld besaß. Verknüpft mit immensem Fleiß, bildeten diese drei Faktoren eine Idealkonstellation. Auf kaum einem anderen Terrain als in den USA ließ sich um diese Zeit, zwischen 1924 und 1949, eine Position so konsequent ausbauen; während es in Europa brodelte, arbeitete Sergej Kussewitzky in Boston nahezu unbehelligt. Er hatte Glück gehabt, wie oft in seinem Leben. Nahe Moskau, im kleinen Ort Wischnij-Wolotschok im Gouvernement Twer, wurde Sergej Alexandrowitsch Kussewitzky am 26. Juli 1874 (nach dem alten Kalender am 14. Juli) geboren. Die Eltern, ein Geiger und eine Pianistin, die früh starb, unterrichteten den begabten Sohn bereits als Kind im Klavierspiel, auf der Violine und auf dem Violoncello, konnten ihm aber keine erstklassige Ausbildung ermöglichen. Mit drei Rubel in der Tasche sei er 1891 nach Moskau gereist, wo er sich für ein Freistudium des Kontrabasses an der Musikalisch-dramatischen Schule der Philharmonischen Gesellschaft entschied; die Kosten für den Unterricht am Konservatorium konnte er nicht aufbringen. Unter Josef Rambušek, dem Lehrer aus Prag, steigerte er seine instrumentalen Fähigkeiten binnen drei Jahren so weit, daß er als Kontrabassist in das Orchester des Bolschoi-Operntheaters aufgenommen wurde.
In den folgenden Jahren gab Sergej Kussewitzky eigene Konzerte, bei denen er häufig die Cello-Partien auf dem Kontrabaß spielte, unterrichtete ab 1901 selbst bei der Philharmonischen Gesellschaft und absolvierte virtuose Auftritte in Berlin. 1905 heiratete er Natalie Uschkowa, die Tochter eines reichen Teehändlers, der ihn überaus großzügig unterstützte. Der Umzug in die deutsche Hauptstadt brachte die Bekanntschaft zu Richard Strauss, Ferruccio Busoni und vor allem zu Arthur Nikisch mit sich, auch den Wunsch, den Bogen mit dem Taktstock zu vertauschen. Angeregt durch die Arbeit Busonis, organisierte Sergej Kussewitzky sein Dirigentendebüt mit einem Programm russischer Musik bei den Berliner Philharmonikern am 23. Januar 1908. Das Außergewöhnliche lag ihm am Herzen, nicht das Allerweltsrepertoire.
Um die zeitgenössischen Werke seiner Heimat weiter zu verbreiten, gründete er 1909 mit einem Kapital von 500 000 Rubel — das waren damals zwei Millionen Mark — einen Russischen Musikverlag, der Partituren von Skrjabin, Strawinsky, («Petruschka», «Le Sacre du Printemps»), Rachmaninoff und Prokofieff veröffentlichte. Später kaufte er auch den Moskauer Gutheil-Verlag auf, dessen finanzielle Nöte zu groß geworden waren. Seit 1909 lebte Sergej Kussewitzky wieder in Rußland, und erneut half der Schwiegervater, ein ehrgeiziges Projekt in die Tat umzusetzen: Einen erheblichen Betrag steuerte er bei, als der unter Nikisch gereifte Dirigent zahlreiche gute Musiker zu einem Orchester unter eigenem Namen zusammenstellte. Erhielten die Konzerte schon allseits gute Kritiken, so erregte Sergej Kussewitzky besonderes Aufsehen, als er 1910 ein Dampfschiff mietete und das Ensemble in neunzehn Orten an der Wolga spielen ließ. Er wiederholte diese Reisen 1912 und 1914, mußte das Orchester jedoch dann auflösen, weil zahlreiche Mitglieder zum Militär eingezogen wurden. Immerhin ermöglichten diese Tourneen auf einer Strecke von über tausend Meilen eine beachtliche Breitenwirkung.
Ab 1917, nach der Revolution, dirigierte er bis 1920 das Staatliche Symphonieorchester, das ehemalige Hoforchester St. Petersburg, und übersiedelte schließlich nach einem Jahr in Berlin in die französische Hauptstadt. Dort gründete er — wieder unter eigenem Namen — die «Concerts Symphoni-

ques». Seine Wirkung in Paris wurde mit der rührigen Arbeit Diaghilews verglichen: Ravel orchestrierte für ihn Mussorgskys «Bilder einer Ausstellung», Uraufführungen moderner russischer und französischer Komponisten folgten (unter anderem Werke von Strawinsky und Prokofieff sowie 1923 Arthur Honeggers symphonischer Satz «Pacific 231»).

Der Ruf Sergej Kussewitzkys als eines Dirigenten der abgerundeten Klangstrukturen mit einem Talent, auch in der Musik der Romantik die kulinarischen Effekte der Partituren auszukosten, indem er das Tempo an gefühlsintensiven Stellen verlangsamte — ein beliebter Kunstgriff —, drang 1924 über den Atlantik. Das Boston Symphony Orchestra suchte zu dieser Zeit einen Nachfolger für den amtsmüden Chef Pierre Monteux, und so übernahm Sergej Kussewitzky dieses Amt, das er mit Argusaugen über ein Vierteljahrhundert hütete: Kaum ein Gastdirigent störte die weitgeschwungenen Kreise jener Ära; der Kritiker Harold S. Schonberg schrieb, die Anzahl der Solisten sei gering gewesen.

Die Ansichten des Publikums und der Musiker über Repertoire und Probentechnik des neuen Mannes teilten sich zunächst beträchtlich, während Sergej Kussewitzky ein Türchen für den Rückzug offenhielt und bis 1928 seine Pariser Konzerte weiterlaufen ließ. Fanden sich die konservativen Konzertgänger in Boston nach einer Weile mit dem neuen Wind ab, der ihnen in den Programmen von Werken Strawinskys, Skrjabins und Rachmaninoffs entgegenschlug, so bot er mißgünstigen Kollegen und erfahrenen Orchestermitgliedern stets breite Angriffsflächen. Daß er die englische Sprache verunstaltete, schien bei weitem nicht das größte Unglück, doch daß er nie Klavierspielen gelernt hatte, geriet ihm zum ernsten Handikap. Arthur Lourié schrieb: «Hatte er eine Partitur auswendig gelernt, ließ er sie sich von einem Pianisten vorspielen, so wie er sie zu dirigieren beabsichtigte. Während der Pianist spielte, dirigierte Kussewitzky und ließ sich das Werk so lange wiederholen, bis er die Technik seiner Zeichengebung gemeistert hatte.» Das Boston Symphony Orchestra habe unter der mangelnden Präzision gelitten, und böse Zungen behaupteten sogar, es sei unter Sergej Kussewitzky zu einem «prachtvollen dirigentenlosen Ensemble» gereift.

Wie auch immer: Das Ergebnis zählt, und die Fortschritte, die Intensität der Interpretationen, gaben dem Dirigenten auf die Dauer seines Engagements recht. An einige Schrullen — zum Beispiel ein Cape, das Sergej Kussewitzky stets während der Proben trug — gewöhnten sich die Musiker, zeigten Bereitschaft, an einem gemeinsamen Strang zu ziehen. Vortreffliche russische Violinisten und Cellisten, auch einige französische Holzbläser verstärkten das Orchester; der Hang seines Chefs zur Akribie und zur Perfektion tat ein übriges.

Weit mehr als die spürbare Disziplin und die überzeugende Elastizität seiner Interpretationen führten dazu, daß der Dirigent seine Kritiker verstummen ließ. Sergej Kussewitzky ließ die Finger von Dingen, zu denen er keinen Bezug hatte: Kaum eine Oper leitete er, und der Zwölftonmusik — sie erlebte ihren Durchbruch in Amerika ohnehin erst nach dem Zweiten Weltkrieg — konnte er ebenfalls nichts abgewinnen. Daß er dennoch mit Leopold Stokowski verglichen wurde, lag wohl in einem ähnlichen Naturtalent, seine Musik (und seine Ideen) zu popularisieren. Unter großem Aufwand förderte er die zeitgenössischen Komponisten seiner neuen Heimat, gab ihnen Aufträge und führte deren Werke auf (zum Beispiel Leonard Bernstein, Samuel Barber, Aaron Copland, Roy Harris, Walter Piston und Howard Hanson).

Sergej Kussewitzky war ein fähiger Kontrabaßspieler. Er steigerte seine instrumentalen Fähigkeiten so sehr, daß er in das Orchester des Bolschoi-Operntheaters aufgenommen werden konnte. Foto ca. 1914

Der Erfolg dieser Arbeit bestärkte Sergej Kussewitzky in der Organisation eines anderen großen Projekts. Seit 1935 veranstaltete er jedes Jahr in Tanglewood (Massachusetts) Sommerkonzerte unter freiem Himmel. Am gleichen Ort etablierte er 1940 das Berkshire Music Center, das den Studenten die Möglichkeit bot, bei zahlreichen namhaften Gastlehrern (unter anderen Hindemith, Honegger und Messiaen) ihren musikalischen Blickwinkel zu vergrößern. Nach Sergej Kussewitzkys Tod in Boston am 4. Juni 1951 übernahm Leonard Bernstein die Dirigentenklasse. Noch heute steht das Berkshire Music Center für eine der angesehensten Sommerschulen in den USA.

Nicht zuletzt die reichhaltigen Schallplattenaufnahmen mit dem Boston Symphony Orchestra bewahren den Namen des Dirigenten im Gedächtnis. Die «Natalie Koussewitzky Foundation», 1942 als bleibende Erinnerung an die gestorbene Frau gegründet und später unter der verkürzten Bezeichnung «Koussewitzky Foundation» der Kongreß-Bibliothek in Washington angeschlossen, finanziert jedes Jahr Aufträge an hochrangige Komponisten in den Vereinigten Staaten und im Ausland. Benjamin Britten war einer der ersten, die in den Genuß von Geldern dieser Stiftung gelangten: «Peter Grimes» (1945) entstand als erste Oper mit Hilfe dieser Subventionen.

So schillernd also die Persönlichkeit Sergej Kussewitzkys im Zentrum des amerikanischen Musiklebens stand, so reichhaltigen Stoff er auch für die Titelseiten der Boulevardblätter bot (zum Beispiel durch die Hochzeit mit Olga Naoumoff 1947, einer Nichte seiner früheren Frau), so sehr er zum Beginn seiner Arbeit in Boston als egozentrischer Bluffer tituliert wurde: Ohne ihn und seinen verbissenen Eifer wäre die künstlerische Landschaft der USA um einiges karger gewesen. Klappern gehört zum Geschäft. *DR*

Kuula, Toivo

* Vaasa 7. 7. 1883, † Viipuri 18. Mai 1915; finnischer Komponist und Dirigent, studierte am Musikinstitut in Helsinki bei Nováček, Wegelius und Järnefelt, später in Bologna (bei Bossi), Leipzig (bei Sitt), Paris (1908—10 bei Labey) und Berlin (1911—12). Von 1903—05 wirkte er als Lehrer und Dirigent in Vaasa und war Dirigent des Orchesters in Oulu (1910—11). Anschließend leitete er zwei Jahre lang das Heimatorchester in Helsinki und übernahm dann die Stelle als Hilfsdirigent des Philharmonischen Orchesters (1913/14—16). Bis zu seinem frühen Tod durch die Unruhen in Finnland dirigierte er das Orchester der Musikfreunde in Viipuri.

Kuyper, Elisabeth

* Amsterdam 13. 9. 1877, † Lugano 26. Februar 1953; holländische Dirigentin und Komponistin, studierte bei Bruch und Barth an der Berliner Hochschule für Musik, wo sie 1908—20 Theorie und Komposition lehrte. Ab 1908 gründete und leitete sie das Berliner Tonkünstlerinnen-Orchester, dirigierte die Sängerinnen-Vereinigung des Deutschen Lyzeumsklubs. 1922 gab sie einige Konzerte mit dem London Women's Symphony Orchestra und ein Jahr später beim New York Women's Symphony Orchestra.

Labey, Marcel

* Le Vésinet 6. 8. 1875, † Nancy 25. 11. 1968; französischer Komponist und Dirigent, begann nach dem Jurastudium mit seiner musikalischen Ausbildung bei d'Indy an der Schola Cantorum (1898—1907), lehrte anschließend dort (bis 1914) Klavier und Orchesterspiel. Zusammen mit d'Indy dirigierte er auch die Konzerte der Schola, um 1924 in Vernon eine eigene Musikschule zu eröffnen. 1931 übernahm er die Leitung der Schola Cantorum. Außerdem stand er der Ecole César Franck vor (ab 1935).

Labitzky, August

* Petschau (Böhmen) 22. 10. 1832, † Reichenhall 28. 8. 1903; tschechischer Violinist, Dirigent und Komponist, Sohn von Joseph L., studierte an den Konservatorien in Prag und Leipzig. Bald trat er in das Orchester seines Vaters in Karlsbad ein und übernahm 1868 schließlich dessen Leitung.

Labitzky, Joseph

* Schönfeld (bei Eger) 5. 7. 1802, † Karlsbad 19. 8. 1881; österreichischer Violinist, Dirigent und Tanzkomponist, spielte ab seinem vierzehnten Lebensjahr als Violinist in einem Reise-Orchester sowie ab 1820 in Marienbad und München. 1825 gründete er sein eigenes Orchester, besuchte in den folgenden Jahren Wien und Warschau und nahm 1835 eine Dirigentenstelle beim Kurorchester in Karlsbad an, wo er sein eigenes Ensemble weiter ausbaute und Konzertreisen nach St. Petersburg und London unternahm.

Lachner, Franz Paul

* Rain am Lech 2. 4. 1803, † München 20. 1. 1890; deutscher Komponist und Dirigent, arbeitete zuerst als Organist in München, bildete sich musikalisch bei Sechter und Stadler in Wien weiter. 1826 wurde er 2., zwei Jahre später 1. Kapellmeister am Kärntnertor-Theater und ging 1834—36 als Hofkapellmeister nach Mannheim. Wieder in München, wirkte er in gleicher Stellung in München, dirigierte dort auch die Hofoper, die kirchlichen Konzerte der Hofkapelle und der Musikalischen Akademie. Musikfeste leitete er in München 1855 und 1863, in Salzburg 1855 sowie in Aachen 1861 und 1870. Zwar war er ab 1852 in München GMD, doch verlor er durch die Anwesenheit Wagners an Einfluß. 1868 wurde er endgültig pensioniert.

Lachner, Ignaz

* Rain am Lech 11. 9. 1807, † Hannover 24. 2. 1895; deutscher Komponist und Dirigent, Bruder von Franz Paul L., erhielt die erste musikalische Ausbildung in Augsburg und München. 1824 folgte er seinem Bruder nach Wien, wurde Repetitor und 2. Kapellmeister am Kärntnertor-Theater und wechselte 1831 nach Stuttgart, wo er das Amt des Hofmusikdirektors annahm. 1836 ging er in gleicher Stellung nach München, war dort ab 1842 auch 2. Kapellmeister an der Hofoper (gemeinsam mit seinem Bruder).
1853—55 wirkte er als 1. Kapellmeister am Hamburger Theater, folgte dann aber dem Ruf aus Stockholm und war dort Hofkapellmeister. 1861-75 schließlich hatte er den Posten des 1. Kapellmeisters in Frankfurt/Main inne.

Lahusen, Christian

* Buenos Aires 12. 4. 1886; deutscher Komponist und Chorleiter, besuchte 1905 in Leipzig das Konservatorium und die Universität, war bis 1907 Privatschüler Riemanns (Theorie). 1914 ging er als Repetitor an die Charlottenburger Oper, 1918—20 als Kapellmeister an die Münchener Kammerspiele. Danach war er überwiegend als Lehrer an Tanz- und Gymnastikschulen tätig, leitete aber nebenbei einen Frauenchor sowie einige Singwochen.

Lambert, Constant

* London 23. 8. 1905, † London 21. 8. 1951; englischer Komponist, Dirigent und Musikschriftsteller, studierte unter Morris und Vaughan Williams am Londoner Royal College of Music. 1930—47 dirigierte er die neu gegründete Camargo Society (später Vic-Wells Ballet Company) und trat danach dort gelegentlich als Gastdirigent in Erscheinung. 1949 nahm er auch an der Amerikareise der Balletgesellschaft teil und wirkte als Gastdirigent anderer Orchester im In- und Ausland.

Lambert, Juan Bautista

* Barcelona 1884, † Barcelona 4. Mai 1945; spanischer Dirigent und Komponist, Schüler Pedrells, Moreras, Pellicers und Malats' an der Städtischen Musikschule in Barcelona. Dort dirigierte er ab 1928 die Orchester der Schule, der Mozos de Escuadra und der Casa de Caridad. Außerdem war er Chorleiter und Organist verschiedener Kirchen und Kollegien. Er schrieb eine beträchtliche Anzahl von Kirchenwerken.

Lamoureux, Charles

* Bordeaux 28. September 1834, † Paris 21. 12. 1899; französischer Dirigent und Violinist, studierte unter Girard, Tolbecque, Leborne und Chauvet am Konservatorium in Paris. Mit Colonne, Adam und Pilet gründete er 1860 den Kammermusikverein 'Séances Populaires', der zahlreiche Konzerte mit wechselnden Besetzungen gab und hoch angesehen war. Seit 26. 5. 1872 war er 2.

Dirigent bei der Société des Concerts du Conservatoire. Gleichfalls großen Erfolg hatte er ab 1874 mit seiner eigenen Société de Musique sacrée, die Oratorienkonzerte aufführte. Wegen Geldmangel brach diese Organisation auseinander, und so ging er erst an die Komische Oper, kurz darauf als 2. und ab 1878 als 1. Dirigent an die Opéra, wo er Deldevez ablöste. 1872—78 dirigierte er außerdem die Konservatoriumskonzerte. 1881 initiierte er die 'Nouveaux Concerts', die später seinen Namen trugen und große Bedeutung für das musikalische Leben in Paris erreichten. Außerdem leitete er 1875 in Rouen die Boieldieu-Jubiläumskonzerte und am 3. 5. 1887 in Paris die einzige Vorstellung des «Lohengrin» am Eden-Théâtre.

Lanchberry, John

* London 15. 5. 1923; englischer Dirigent, nach Abschluß seines Studiums an der Royal Academy of Music in London war er musikalischer Direktor des Metropolitan Ballet (1948—50) und des Sadler's Wells Theatre Ballet (bis 1960); danach bekleidete er eine ähnliche Stellung beim Royal Ballet Covent Garden (1960—72). 1972 wurde er zum musikalischen Direktor des Australian Ballet ernannt.

Lane, Louis

* 25. Dez. 1923; amerikanischer Dirigent, studierte an der University of Texas, an der Eastman School of Music in Rochester und an der Berkshire University am Music Center in Tanglewood. 1947 gewann er den Wettbewerb um eine Lehrstelle bei George Szell, der damals musikalischer Direktor des Cleveland Orchestra war. 1956 wurde er von Szell zum stellvertretenden Dirigenten ernannt. 1959 wurde er ständiger Dirigent des Akron Symphonic Orchestra in Ohio und trat gleichzeitig als Gastdirigent mit den Chicagoer Philharmonikern und dem Detroit Symphony Orchestra auf. Während seiner Tournee durch Europa und die Sowjetunion 1965 dirigierte er mehrere Male das Cleveland Symphony Orchestra. Von 1968—73 war er stellvertretender Direktor der Blossom Festival School; seit 1970 auch ständiger Dirigent des Cleveland Orchesters. 1973 wurde er dessen Erster Gastdirigent, und ein Jahr später bekleidete er eine der beiden Stellen als Erster Dirigient am Dallas Symphony Orchestra. 1971 erhielt er die Gustav Mahler-Medaille. Seit 1983 ist er Erster Dirigent des Nationalen Symphonieorchesters des Südafrikanischen Rundfunks und Erster Gastdirigent des Atlanta Symphony Orchestra.

Laugs, Robert

* Saarbrücken 21. 2. 1875, † Kassel 9. 1. 1942; deutscher Dirigent, studierte 1892—96 am Kölner Konservatorium und wurde nach einer Lehrtätigkeit in Krefeld Dirigent der Konzertgesellschaft in Hagen in Westfalen (1903), wo er eine Musikschule gründete. Ab 1907 dirigierte er Konzerte bei der Königlichen Kapelle in Berlin und übernahm 1913 den Posten als Kapellmeister am dortigen Königlichen Opernhaus sowie ein Jahr später am Theater der Stadt Kassel. Außerdem leitete er 1922—33 den «Kasseler a cappella-Chor» und dirigierte zahlreiche Orchesterkonzerte am Hessischen Staatstheater (bis 1941).

Layer, Friedemann

* Wien 1947; österreichischer Dirigent, studierte an der Wiener Musikakademie Komposition, Klavier und Orchesterinstrumente, schließlich Dirigieren bei Hans Swarowsky. Nach dem Abitur und Abschluß seines Musikstudiums Assistent und Repetitor bei den Sommer- und Osterfestspielen in Salzburg vor allem bei Karajan und Böhm; 1974 Erster Kapellmeister an der Deutschen Oper am Rhein. Regelmäßig dirigiert er im In- und Ausland Opern und Konzerte, in Wien, Salzburg, Bordeaux, Paris, Brüssel; in Paris dirigierte er die französische Erstaufführung von A. Reimanns «Lear».

Ledger, Philip

* Bexhill-on-Sea (Sussex) 12. 12. 1937; englischer Dirigent, Organist, Cembalist, Pianist, Herausgeber und Arrangeur, nach seiner Ausbildung am King's College in Cambridge und am Royal College of Music in London war er zuerst Master of the Music an der Kathedrale von Chelmsford (von 1962 bis 1965), er ging dann als musikalischer Direktor an die University of East Anglia (bis 1973). Daneben wirkte er von 1968—71 als Dekan an der School of Fine Arts and Music. 1968 wurde er auch zum künstlerischen Direktor des Aldeburgh Festival ernannt. Später (1973) dirigierte er die Cambridge University Musical Society und wurde 1974 musikalischer Direktor und Organist am King's College. Seit 1982 ist er Leiter der Royal Scottish Academy of Music in Glasgow.

Lehel, György

* Budapest 10. 2. 1926; ungarischer Dirigent, wurde an der Musikakademie von Budapest ausgebildet. 1946 debütierte er als Dirigent. 1950 begann eine lange Zusammenarbeit mit dem Ungarischen Radio; 1962 wurde er zum Chefdirigenten des Radio- und Fernseh-Sinfonieorchesters ernannt; er setzt sich für Werke zeitgenössischer ungarischer Komponisten ein.

Lehmann, Berthold

* Kiel 6. 1. 1908; deutscher Dirigent, studierte bei Mayer-Mahr und Leichtentritt in Berlin (1925—27), trat Korrepetitorenstellen in Wiesbaden (1927 bis 1928) und Kiel (1928—34) an und wirkte dann bis 1939 als 1. Kapellmeister in Duisburg. 1939—41 war er Stellvertretender GMD in Aachen und wechselte als Musik- und Operndirektor nach Lübeck (bis 1947). In der Saison 1947/48 übernahm er die musikalische Oberleitung an der Komischen Oper in Berlin, trat als Gastdirigent in Erscheinung und wurde 1949 GMD in Hagen (bis 1971). Er hat als Gast namhafte deutsche Orchester geleitet (Berliner Philharmoniker u. a.) und widmete sich mit Vorliebe zeitgenössischen Werken.

Lehmann, Fritz

* Mannheim 17. Mai 1904, † München 30. 3. 1956; deutscher Dirigent; absolvierte sein Studium in Heidelberg und Göttingen. Von 1923—27 war er dort als Dirigent tätig; danach ging er als Lehrer an die Folkwangschule in Essen (bis 1929). In dieser Zeit dirigierte er auch noch in Hildesheim und Hannover. Nach einem Engagement als Dirigent beim Händel-Festival in Göttingen (1934) war er Generalmusikdirektor in Bad Pyrmont (bis 1938), in Wuppertal (bis 1947) und an der Göttinger Oper. Seit 1950 unterrichtete er an der Münchner Hochschule für Musik. Lehmann trat besonders als Interpret von Barockmusik hervor.

Leibowitz, René

* Warschau 17. 2. 1913, † Paris 28. 8. 1972; französischer Komponist, Dirigent und Musikschriftsteller polnischer Abstammung, begann als Violinist, studierte aber 1930—33 bei Schönberg und Webern in Berlin und Wien, 1933 bei Ravel Orchestration in Paris. Nach seinem Debüt 1937 trat er, besonders nach dem Zweiten Weltkrieg, als Dirigent des Kammerensembles aus dem Orchestre National de la RTF in Erscheinung. Mit diesem Rundfunkensemble unternahm er Konzertreisen durch Europa und in die USA. 1947 gründete er das Internationale Festival der Kammermusik, wo einige Werke Schönbergs, Weberns und Bergs erstmals in Paris aufgeführt wurden. Kompositorisch befaßte er sich mit der Zwölftonmusik.

Leinsdorf, Erich

«Die Oper erinnert mich an einen ständig kränkelnden Menschen, dem es trotz aller Beschwerden gelingt, vielen Beerdigungen weit kräftigerer Zeitgenossen beizuwohnen. Pessimisten sehen immer das Ende der Oper voraus, dann aber kommt durch bedeutende Persönlichkeiten und ein paar unvergeßliche Aufführungen neue Lebenskraft in die alte Bude.» Erich Leinsdorf, der dies 1972 in einem Beitrag für die englische Zeitschrift «Opera» schrieb, hat Blüten und Krisen des Musiktheaters miterlebt. Er betrachtet die Situation nüchtern, kritisch, allem Anschein nach realistisch, und trotzdem kehrt er immer wieder ans Opernpult zurück: Liebe ist nur möglich, wenn man die Fehler des «Partners» nicht verteufelt, sondern einen konstruktiven Weg zum beiderseitigen Glück sucht. Sich in ein Schicksal zu fügen, ist dabei ebensowenig nützlich wie ein Rückzug aus der Affäre.
Erich Leinsdorf streut gewiß einigen Sand in das Rattergetriebe gerade des amerikanischen Musiklebens, doch er verbindet dies mit Denkanstößen, trennt sich so von den ewigen Nörglern ab, die keine besseren Ideen zu bieten haben. Für die Not der Oper in den USA — und hier gibt es Parallelen zu vielen Ländern der westlichen Welt — sieht der Dirigent zwei Ursachen: ständige Geldsorgen und das bürgerliche Publikum. Weil staatliche Subventionen knapp bemessen werden, muß das Programm ein volles Haus garantieren. Die Intendanten verlassen sich also auf die «sechzig bis siebzig altbewährten Kassenschlager» und verhindern mit dieser Abkehr vom Risiko den so wichtigen Erneuerungsprozeß. «Kein künstlerischer Plan ist vor dem Veto des Fiskus sicher. Der schwindelerregende Preisanstieg der Theaterkarten hat für alle, die nicht vermögend sind, Opernbesuche unerschwinglich gemacht. Nun sind aber die Reichen sicherlich das reaktionärste Element in Fragen des Geschmacks. Sie wünschen nicht nur eine beschränkte Anzahl bekanntester Repertoirestücke, sondern bestehen auch auf internationalen Stars, die den Glanz verbreiten, in dem sich der Reichtum selbst spiegeln kann. Dies ist weder neu noch typisch amerikanisch, da die Spitzen der Gesellschaft von jeher nur oberflächlich an Geistigem teilhaben.»
Weil Erich Leinsdorf auch dem wohlhabenden Abonnenten Untreue bescheinigt, falls dieser in finanzielle Schwierigkeiten gerät, hält er die bisherige Konstruktion für wackelig, den Niedergang der schwerfälligen Metropolitan Opera auf Dauer für wahrscheinlicher als jenen der New York City Opera, die «die intellektuelle Neugier der Leute, die mehr wollen als das sattsam Bekannte», besser befriedigen kann. Einen Lichtschimmer für die Met (und alle großen Bühnen) sieht er in der Fortführung einer Idee Karajans, nämlich «die enorme Arbeit einer Einstudierung für mehrere Orte nutzbar zu machen», das Ensemble auf Festspiele und Tourneen zu schicken und damit das Niveau auf gleicher Höhe zu halten wie bei der Premiere. Kleineren Theatern empfiehlt Erich Leinsdorf den Mut zu konzertanten Aufführungen, bei denen «ein Mitglied des Ensembles als Erzähler fungiert, der die Handlung und Situation erläutert». Und schließlich: «Eine Anzahl von Sinfonieorchestern könnte die einstudierten Sänger und Dirigenten engagieren, um mit ihnen die Konzertfassung einer hörenswerten Partitur aufzuführen.»
«Die Oper überlebt alles», meint Erich Leinsdorf, und er begründet seinen Optimismus so: «Die Vitalität ist da. Das Publikum existiert, aber wir brauchen mehr Phantasie, weniger verkrampften Intellekt, größere Achtung vor den genialen Werken und das felsenfeste Vertrauen, daß die Oper von der Musik lebt und erst in zweiter Linie von der Regie.»
Dreizehn Jahre alt sind diese Gedanken, doch von ihrer Gültigkeit haben sie nichts verloren, ja sie scheinen heute sogar noch wichtiger zu sein. Auch Erich Leinsdorf hat nicht resigniert, wenngleich er sich wie der Rufer in der Wüste vorkommen muß. Zu sehr liebt er sein Metier, als daß er sich gänzlich vom Dreh- und Angelpunkt seiner Laufbahn, der Metropolitan Opera in New York, zurückziehen würde. Gleich zweimal band er sich fest an dieses Haus, das unbestreitbar

Erich Leinsdorf ist das, was er in seinem Buch über Dirigieren über den idealen Dirigenten formuliert: «... er muß nur der Anwalt des Komponisten sein» ...

zu den drei angesehensten in den USA gehört, und auch danach führten ihn viele Gastspiele dorthin. Im Bewußtsein aller Probleme, die seine Arbeit in diesem Mammutbetrieb belasteten, zog er nie die Konsequenz seines Vorgängers und Lehrers Arturo Toscanini, der nach sieben Spielzeiten plötzlich mit der «Met» gebrochen hatte. In der Mentalität war der cholerische Toscanini von Erich Leinsdorf sehr verschieden, doch er vererbte ihm seine Dirigierauffassung und seinen Stil. Die Verbindung zwischen beiden entstand eher zufällig, denn Erich Leinsdorf schien anfangs fest in seiner Heimat verwurzelt. Am 4. Februar 1912 wurde er in Wien geboren, lernte dort ab dem fünften Lebensjahr das Klavierspiel, ging dort zur Schule und begann seine Dirigierausbildung 1930 an der Wiener Universität und an der Akademie für Kunst, wo er 1933 das Staatsdiplom erhielt. Zur gleichen Zeit wirkte er schon als Pianist sowie als Chor- und Orchesterdirigent. Rasche Fortschritte, gepaart mit einem offensichtlich großen Talent, ermöglichten schon im selben Jahr, daß Bruno Walter ihn als Assistenten zu den Salzburger Festspielen rief. Die Stuttgarter Zeitung schrieb zu Erich Leinsdorfs siebzigstem Geburtstag übrigens, er sei damals hundertfünfzig Kilometer von Wien nach Salzburg gelaufen, um Bruno Walter bei einer Probe zuzuschauen. Wie auch immer: 1934 bis 1937 verpflichtete ihn Arturo Toscanini bei den Salzburger Festspielen zum Hauptassistenten; wie sehr er ihn förderte und auch prägte, zeigte sich allerdings erst wesentlich später.

Der noch recht junge Dirigent hatte inzwischen einige Erfahrung gesammelt. Auftritte in Florenz, Bologna, Triest und San Remo folgten, und ohne daß Erich Leinsdorf bis da einen festen Posten innegehabt hätte, vermittelte ihn Toscanini noch 1937 an die «Met», wo er mit der «Walküre» debütierte. Sah es zunächst so aus, als würde er dort lediglich Artur Bodansky zur Seite gestellt, der mit harter Hand über das deutsche Repertoire regierte, wurde Erich Leinsdorf nach dessen Tod 1939 zum Chefdirigenten für diese Aufgabe ernannt. Obwohl es für den Siebenundzwanzigjährigen eine hohe Auszeichnung bedeutete, blieb er nur vier weitere Spielzeiten, ließ den Despotismus seines Vorgängers während dieser Zeit aber gründlich vergessen.

Ein Posten beim Cleveland Orchestra war freigeworden, und da es Erich Leinsdorf ohnehin von der Oper zum Konzert zog, griff er zu, als man ihm 1943 die Leitung des hochklassigen Ensembles anbot. Die Wahl schien vortrefflich, das Annehmen der amerikanischen Staatsbürgerschaft hingegen etwas zu früh: Die USA traten in den Krieg ein und holten ihn wenige Monate nach dem Beginn seiner Tätigkeit in Cleveland zum Militärdienst, wo er zum Glück nur kurze Zeit absolvieren mußte. Er nahm seinen alten Posten wieder an, wechselte jedoch 1947 zur Philharmonie nach Rochester, die ihm bis 1956 einen Vertrag als Dirigent und Musikdirektor gab und damit die längste Stellung seiner Laufbahn überhaupt. Nach einer kurzen Episode bei der New York City Opera Company kehrte er schließlich als Dirigent und Musikalischer Berater an die Metropolitan Opera zurück (bis 1962).

Sieben Jahre als Chefdirigent beim Boston Symphony Orchestra (bis 1969) in der Nachfolge von Charles Munch bildeten den vorläufigen Abschluß der langen Reihe hochkarätiger Ämter: Aus den gelegentlichen Gastverpflichtungen (Saint Louis Symphony, Los Angeles Philharmony) gedieh nun eine regelrechte Reiselust, die sich immer weiter verstärkte. Erich Leinsdorf dirigierte bei den Festspielen in Ravinia Park in Chicago, in Detroit und London, bei der Niederländischen Philharmonie, bei Residentie Orkest in Den Haag, in San Francisco, Pittsburgh und Philadelphia, des weiteren das Concertgebouw Orkest in Amsterdam und in Israel. Hinzu kamen einige Auftritte in der Bundesrepublik, unter anderem bei den Bayreuther Festspielen 1959, wo er für den kranken Otto Klemperer die «Meistersinger» übernahm, und 1972 («Tannhäuser»), bei den Frankfurter Museumskonzerten und beim Hessischen Rundfunk sowie bei den Bamberger Symphonikern 1976. Als Chefdirigent des Berliner Radio-Symphonieorchesters band er sich 1978 sogar für drei Jahre an ein deutsches Ensemble; in dieser Zeit gab er auch einige Gastspiele an der Berliner Oper und bei den Philharmonikern. In seine Wiener Heimat kehrt er seit kurzer Zeit wieder häufiger zurück, und an der Metropolitan Opera dirigiert er weiterhin mit großem Erfolg.

Seine Schallplatteneinspielung von Korngolds «Die tote Stadt» löste eine Neuentdeckung der Werke dieses Komponisten aus.

Erich Leinsdorfs Arbeitspensum war und ist immens, doch es gab für ihn auch Momente, da er den Druck als zu stark empfand. Sein Amt in Boston gab er beispielsweise auf, weil er durch die Anzahl von hundert Konzerten im Jahr die Qualität der einzelnen Aufführungen gefährdet sah. Nicht

nur die Leitung der Abonnementskonzerte oblag ihm, sondern zusätzlich ein Großteil des Programms beim «Berkshire Music Festival» in Tanglewood, außerdem die häufigen Gastspiele in New York, Washington und Philadelphia. Weil der Vorstand des Orchesters diese Last nicht verringerte und die Zahl der Auftrittsorte nicht vergrößern wollte, kündigte Erich Leinsdorf kurzerhand.
«Dirigieren bedeutet für ihn eine Nutzanwendung auf das Lesen, auf das penible Studium der Partituren», schrieb 1982 ein Kritiker der Süddeutschen Zeitung. Andere Journalisten formulierten es schärfer, meinten, er «fasse eine Partitur eher als eine Reihe

von Problemen auf, die zu lösen seien, als eine Reihe von Emotionen, die es zu übermitteln gelte», wie es Harold S. Schonberg zitierte. Tatsächlich scheinen diese Vorwürfe ungerechtfertigt, denn er verwechselt die sichere Analyse nie mit blinder Technokratie. Erich Leinsdorf, der sich in keine stilistische Ecke drängen läßt, der gleichermaßen Mozart und Mahler, Johann Strauß und Strawinsky dirigieren kann, vermag sich exzellent in ein Werk hineinzudenken. Er arbeitet unprätentiös, vermeidet die auf Effekte abzielenden Tempo-Rubati und harte Kontraste. Seine Interpretationen wirken straff, im Ausdruck souverän, selbst wenn die Armbewegungen von ihrer nüchtern-schlichten Präzision abweichen.

Für die Konzerte gilt das gleiche wie für die große Anzahl von Schallplatteneinspielungen: Über hundert sind es bisher, wobei das Repertoire einen gelungenen Querschnitt zwischen ausgesprochener Hausmannskost und seltenen Leckerbissen darstellt. Fast vergessene Werke wie «Die tote Stadt» von Erich Wolfgang Korngold hob er mit dem Münchener Rundfunk-Orchester zum zweiten Mal aus der Taufe. Begeistert setzt er sich für kaum gespielte Stücke ein, schafft gedankliche Zusammenhänge, indem er zum Beispiel Beethovens Neunte Symphonie mit Schönbergs «Überlebendem aus Warschau« oder Mahlers Sechste mit Bergs «Wein»-Arie auf einer Schallplatte kombiniert. Große Zustimmung erhielt er in den sechziger Jahren, als er die «Faust-Szenen» von Schumann aufführte. Es bedeutete schon dadurch ein Wagnis, daß nur sechshundert von elftausend Versen vertont wurden und die sieben Szenen nicht im Kontext stehen.
«Er ist kein Dompteur, kein Seiltänzer, kein Urviech, sondern ein Gentleman, der zum Manager wurde», schrieb 1982 die Zeitschrift «Christ und Welt» über Erich Leinsdorf. Zugleich ist er selbst jener «Composer's Advocate», jener Anwalt des Komponisten, den er sich in seinem Buch mit demselben Titel unter dem idealen Dirigenten vorstellt. *DR*

Leitner, Ferdinand

Es ist Ferdinand Leitners künstlerisches Grundprinzip, «beim Alten Neues zu gewinnen». Dies zeigt sich nicht nur in seinen Bemühungen, vergessenen Werken des Musiktheaters des 19. Jahrhunderts, so etwa Marschners «Hans Heiling», wieder einen Platz im Repertoire zu verschaffen, es zeigt sich noch viel deutlicher in seinen immer wiederkehrenden Aufführungen von Werken des zeitgenössischen Musiktheaters und der Zwanziger Jahre. Mit der Neuen Musik verbindet Leitner nicht zuletzt auch sein Kompositionsstudium bei Franz Schreker.
Sein künstlerisches Wirken in Stuttgart beendete er 1969, als er spürte, daß sich die Arbeitsbedingungen veränderten. Leitner arbeitet gern im Team, er fühlt sich wohl, wenn er den Eindruck gewinnt, daß alle Künstler wie in einer Familie zusammenwirken. Seine Liebe zur Oper verhindert nicht, daß er sich kritische Gedanken über den Opernbetrieb unserer Tage macht: «Im allgemeinen», so sagte er in einem Interview, «gehen ja die Menschen immer mehr in Aufführungen und nicht in Stücke. Wir sind als ganz junge Leute noch ins Theater gegangen, um Stücke kennenzulernen, selbst wenn wir wußten, daß die Aufführung nicht besonders gut wird. Das ist heute anders. Man geht heute zu Sängern, Regisseuren, manchmal sogar zu Dirigenten. Wir leben im Zeitalter des Sehens, der visuellen Reize. In früheren Zeiten waren die Zuschauer nicht beleidigt, wenn sie eine Oper in traditioneller Regie sahen, ohne besondere Gags. Ich kann die Regisseure nur bedauern, die sich jedes Jahr nun überlegen müssen: Wie mache ich es anders als alle anderen. Ich rede damit keineswegs gegen die neuen Gedankengänge in der Regie, denn selbstverständlich muß sich die Szene stets erneuern. Nur die Absicht, es von vorneherein anders machen zu wollen, stört mich oft.» Leitner kann auf eine lange Theatererfahrung zurückblicken: Als er 1931 Hauskomponist am Berliner Staatstheater wurde, für das er die Schauspielmusiken komponierte, arbeitete er mit Max Reinhardt und Gustav Gründgens zusammen.
Ferdinand Leitner wurde am 4. März 1912 in Berlin geboren. Er studierte an der Hochschule für Musik Komposition bei Schreker und Dirigieren bei Julius Prüwel, einem Schüler von

Brahms und Hans Richter. Später setzte Leitner seine Studien bei Karl Muck fort. Im Klavierspiel unterrichtete ihn der Pianist Artur Schnabel, der als Interpret Beethovenscher Klaviersonaten Weltruhm genoß und der erste Pianist war, der Schuberts Klaviersonaten der Vergessenheit entriß und einige davon auf Schallplatte einspielte.
Leitner trat zuerst als Pianist öffentlich auf. Er begleitete Kulenkampff, Hoelscher, Erna Berger, Margarete Klose, Martha Rohs, Emmy Leisner und Walther Ludwig. Als Kammermusikspieler und Liedbegleiter war er, ähnlich Wolfgang Sawallisch, ein gesuchter Partner. Diese pianistische Tätigkeit kann für Leitners Entwicklung als Dirigent gar nicht hoch genug veranschlagt werden. Wenn die Kritik heute immer wieder seine Fähigkeit hervorhebt, bei Wagners «Ring» die Sänger so diskret zu begleiten, daß die Stimme mit dem Orchesterklang verschmilzt und nicht in ihm untergeht, so ist das auf seine Erfahrung als Klavierbegleiter zurückzuführen. Die künstlerische Atmosphäre Berlins, das die Gegensätze eines blühenden kulturellen Lebens und wachsender politischer Unruhen vereinte, barg für das Fortkommen eines jungen Dirigenten auch Gefahren. Leitner kam nach der Machtübernahme der Nationalsozialisten mit der offiziellen Kulturpolitik in Konflikt. Die Aufführung seiner Bühnenmusik zu Kokoschkas «Geh, mach die Tür zu, es zieht» brachte ihm die Beschränkung seiner Tätigkeit auf das Dirigieren von Arbeiterchören ein. Seine Auftritte als Klavierbegleiter konnten ihn nicht für den Verlust des Dirigierens entschädigen, und so ging er ins Ausland. 1935 assistierte er Fritz Busch in Glyndebourne.
Leitner blieb das Schicksal nicht erspart, Soldat in der deutschen Wehrmacht werden zu müssen. Für eine Befreiung vom Militärdienst war er damals noch nicht bekannt genug. 1945 wurde er von Eugen Jochum als 1. Kapellmeister nach Hamburg berufen. Schon 1946 verließ er Hamburg wieder, um die Stelle des Operndirektors in München anzutreten. Der Bayerischen Staatsoper blieb er auch in der Folgezeit als Gastdirigent verbunden.
Wichtigste Station seiner damaligen Laufbahn wurde sein Engagement in Stuttgart, das von 1947 bis 1969 dauerte. Leitner war hier zunächst Opernchef und wurde 1950 Generalmusikdirektor.

Im Rückblick sagt er über seine Stuttgarter Zeit: «Wir hatten in Stuttgart das Glück, ein Team, eine Familie zu bilden, ich meine damit alle am Gelingen Beteiligten. Die Arbeit war damals noch unkomplizierter, viel unbürokratischer und dadurch elastischer. Diese Aufbauleistung des Neubeginns ist dann durch Fleiß, Verständnis und Sachkenntnis wahrscheinlich zu einer außergewöhnlichen Sache geworden. So denke ich sehr gerne an die ersten fünfzehn Jahre in Stuttgart zurück. Wenn Sie verwundert sind, warum ich nicht zwanzig sage, möchte ich dazu bemerken, daß ich schon nach etwa fünfzehn Jahren das Gefühl hatte, mit Schwierigkeiten und Problemen konfrontiert zu werden, die mir die Arbeit sehr erschwerten. Ich rede nur von den künstlerischen Dingen. In der Zusammenarbeit mit Dr. Schäfer entstand viel Neues. Wir hatten Glück, mit Regisseuren wie Wieland Wagner und Günther Rennert ständig zusammenzuarbeiten, die Zeit und die Möglichkeit, Neues zu versuchen. Inzwischen hat sich die Zeit geändert, und ich glaube, wenn man in dem Sinne arbeiten möchte, wie ich es gewohnt bin, ist man in Zürich wohl geborgen.» Mit dem Ensemble der Stuttgarter Oper reiste Leitner zu den ersten deutschen Nachkriegs-Operngastspielen nach Rom und Paris. 1961 dirigierte er in Venedig die Uraufführung der Strawinsky-Oper «The Rake's Progress», die ihn international bekannt machte.

Ferdinand Leitner hat sich für das Werk Carl Orffs besonders eingesetzt; bereits während seiner Stuttgarter Zeit und zuletzt 1983 in Zürich mit «Antigonae».

Vielen seiner Stuttgarter Produktionen, so den 13 Inszenierungen Wieland Wagners, wurde Modellcharakter zugestanden. 1966 brachte Wieland Wagner dort als seine letzte Inszenierung Alban Bergs «Lulu» mit ihm heraus. In Stuttgart studierte Leitner auch viele Bühnenwerke Carl Orffs ein, so 1969 die Uraufführung von «Oedipus der Tyrann» und 1968 die Erstaufführung von «Prometheus». Daneben zeichnete er sich vor allem als Dirigent der Bühnenwerke von Strauss und Wagner aus.
Als sein Vertragsabschluß mit Zürich bekannt wurde, war das Presseecho nicht nur freundlich. Die Stuttgarter Zeitung warf Leitner seine lange Abwesenheit für auswärtige Gastspiele vor. Dieser Vorwurf zeigt ein Problem des Dirigententums im 20. Jahrhundert. Viele Dirigenten versuchen zwei einander widersprechende Tätigkeitsfelder miteinander zu vereinbaren: Ortstreue, die sich in der vertraglichen Bindung an eine Stadt spiegelt, und Gastdirigate im Ausland. Die Gastspiele fördern das Renommee des Dirigenten, gefährden aber durch lange Abwesenheit die Pflege des Repertoires an dem Ort, an den er sich vertraglich gebunden hat. Leitner strebte zunehmend eine größtmögliche persönliche Freiheit von Verpflichtungen an, die ihn nur an ein Haus binden. In dieser grösseren Freiheit, die ihm das Opernhaus in Zürich einräumte, liegt zweifellos ein Grund für den Wechsel Leitners nach Zürich, wo er 1984 seine Tätigkeit als musikalischer Oberleiter beendet hat, sich zukünftig aber noch als Gastdirigent betätigt. Leitners Zürcher Zeit begann 1969. Hier hat er, mit Ausnahme des «Ring», alle Opern von Wagner, einige von Strauss, «Fidelio», «Freischütz», und «Pelléas» dirigiert, vor allem aber die grossen musikdramatischen Werke Mozarts, zusammen mit Leopold Lindtberg als Regisseur. Der «Zauberflöte» gilt seine besondere Liebe: Mit diesem Werk, das er für das bedeutendste musikdramatische Werk des Ancien Régime hält und für das er schon mit vierzehn Jahren ein

Regiebuch schrieb, stellte er sich 1968 in Zürich vor.
Ganz besonders aber hat Leitner sich immer wieder um zeitgenössische musikdramatische Werke bemüht. So brachte er allein in Zürich folgende Opern heraus: Kreneks «Karl V.», Ginasteras «Bomarzo», von Einems «Besuch der alten Dame», Busonis «Doktor Faust», Fortners «Elisabeth Tudor» und «Bluthochzeit», Reimanns «Melusine», Klebes «Figaro lässt sich scheiden» und «Ein wahrer Held», Orffs «Die Bernauerin» und «Die Kluge», Hindemiths «Cardillac», Kelterborns «Ein Engel kommt nach Babylon», Honeggers «Johanna auf dem Scheiterhaufen». Auch Alban Bergs «Lulu» und dessen «Wozzeck», beide in der Regie von Götz Friedrich, führte er in Zürich auf, wobei besonders die «Lulu»- Einstudierung, die am Ort der Uraufführung von 1937 die von Cerha vervollständigte dreiaktige Fassung brachte, Aufsehen erregte. Als drittes Opernhaus überhaupt produzierte Zürich diese Fassung. Zu Carl Orffs 85. Geburtstag dirigierte Leitner 1980 in München die Griechendramen «Antigonae», «Oedipus der Tyrann» und «Prometheus» konzertant, zu Hermann Reutters 80. Geburtstag im selben Jahr in Stuttgart dessen «Hamlet».
Ferdinand Leitner ist aber nicht nur ein Mann des Musiktheaters, sondern auch ein hervorragender Konzertdirigent. Die Sinfonien Bruckners und Karl Amadeus Hartmanns setzt er immer wieder auf seine Programme, ebenso die Orchesterwerke von Richard Strauss. In einem Stuttgarter Sinfoniekonzert führte er 1980 Bernd-Alois Zimmermanns «Ekklesiastische Aktion» auf, die er mit Beethovens 5. Sinfonie koppelte — eine charakteristische Zusammenstellung, die Leitners Verbindungslogik von traditionellem mit modernem Repertoire zeigt. Zimmermanns Werk, das als Abschied vom Leben konzipiert wurde, erzielte unter Leitner eine erschütternde Wirkung. Die Spannweite seines Repertoires zeigen auch Aufführungen so verschiedener Werke wie der Offenbach-Operette «Die Herzogin von Gerolstein» 1968 in Stuttgart und Marschners «Hans Heiling» in Zürich 1980.

In seiner Opernarbeit versuchte Ferdinand Leitner immer eine Synthese von zeitgenössischem und Repertoiretheater herzustellen. Er erwies sicher als überaus geschickter Spielplangestalter.

Als Leitner im Mai 1980 während einer «Fidelio»-Aufführung in Zürich am Pult zusammenbrach, erschrak die Musikwelt. Er genas und dirigiert wieder wie zuvor, so Ende 1984 zur Wiedereröffnung des Zürcher Opernhauses Richard Wagners «Meistersinger». Für die Spielzeit 1985/86 ist Hindemiths «Mathis der Maler» vorgesehen.
Etwa 300 Schallplattenaufnahmen dokumentieren Leitners Wirken, darunter vollständige Einspielungen von Busonis «Doktor Faust», und Orffs «Antigonae» und «Prometheus».
Leitner bezeichnet es als Ziel seines Dirigierens, das Publikum dahinzuführen, mitzumachen. Anhängern des Dirigententypus, der das Dirigieren als Personality-Show ansieht, bietet er nichts. Sein Dirigieren vermeidet, um mit Wolfram Schwinger zu reden, den «emotionalen Exzeß». Sein Klangideal ist einer vielschichtigen, sinfonischen, facettenreichen Darstellungsweise verpflichtet. Sein Zusammenwirken mit Sängern wird wegen der Integration der Singstimme in das Gewebe des Orchesterklangs gerühmt.
Leitners Synthese von zeitgenössischem und Repertoiretheater ist zukunftsweisend. Sein Bestreben, den Spielplan durch vergessene Werke des 19. Jahrhunderts anzureichern, führt ihn über die engen Grenzen des herkömmlichen Spielplans hinaus. Diese Bestrebungen tragen dazu bei, dem Musiktheater eine Zukunft zu sichern.

RF

Lendvai, Erwin

* Budapest 4. 6. 1882, † Epsom, Surrey 31. 3. 1949; Ungarischer Dirigent und Komponist studierte zunächst bei Hans Koessler Komposition in seiner Heimatstadt; später ging er zum Weiterstudium nach Mailand u.a. zu Puccini. 1913/14 lehrte er am Jaques Dalcroze-Institut für Eurhythmie in Paris; danach wurde er Lehrbeauftragter für dramatische Komposition am Hoch'schen Konservatorium in Frankfurt/M; später, 1919—22, am Klindworth-Scharwenka-Konservatorium in Berlin. Er war Lehrer an der Volksmusikschule in Hamburg (1923—25) und Chordirigent in Koblenz (1926/27), dann in München und Erfurth. 1938 emigrierte er in die Schweiz und später nach London, wo er bis zu seinem Tod lebte. Neben seinen Dirigaten von Kammerorchestern und Chören komponierte er u.a. eine Symphonie (1909), Tänze, Suiten, Chorstücke, Klaviertrios, andere Kammermusik und 1916 eine Oper «Elga».

Leppard, Raymond

* London 2. 8. 1927; englischer Dirigent und Cembalist, studierte am Trinity College in Cambridge und war Musikdozent an der dortigen Universität (1958—1968). 1963 organisierte

er das English Chamber Orchestra. 1973 wurde er Hauptdirigent des Northern Symphony Orchestra; 1980 trat er zurück und lebte in New York. 1978 war er Gastdirigent der New Yorker Philharmoniker; 1983 wurde er mit dem Orden «Commander of the Order of the British Empire» ausgezeichnet; 1984 wurde er Haupt-Gastdirigent beim St. Louis Orchestra; er hat ein besonderes Interesse für frühe Barockmusik und gibt regelmäßig Cembalo-Abende.

Lert, Richard Johanes

* Wien 19. 9. 1885, † Los Angeles 25. 4. 1980; österreichischer Dirigent, nach seinem Studium bei Heuberger wirkte er als Dirigent in Düsseldorf, Darmstadt, Frankfurt, Hannover und Mannheim; später als Gastdirigent in Berlin. Nach der Machtergreifung der Nazis emigrierte er in die USA und ließ sich in Kalifornien nieder. Noch nach seinem 90. Geburtstag 1975 war er weiterhin als Lehrer und Dirigent aktiv.

Levi, Hermann

*Gießen 7.11.1839, †München 13.5. 1900; deutscher Dirigent, 1855—58 Student am Leipziger Konservatorium. Schon 1859—61 war er Musikdirektor in Saarbrücken, wechselte anschließend als Kapellmeister an die Deutsche Oper nach Rotterdam (1861—64) und trat danach eine Stelle als Hofkapellmeister in Karlsruhe an. Den größten Erfolg seiner Laufbahn hatte er in gleicher Stellung 1872—96 in München (ab 1894 GMD). Als erster Dirigent leitete er 1882 die Aufführung des «Parsifal» in Bayreuth (außerdem 1889—94).

Levine, James

Er solle doch lieber die Kassenreporte und nicht die Kritiken studieren, hatte Giuseppe Verdi seinem an ihm zweifelnden Verleger in einem Brief nahegelegt: «Kassenreporte erlauben keine Diskussion.» James Levine, seit 1976 musikalischer Direktor und seit 1983 künstlerischer Leiter der Metropolitan Opera in New York, bezeichnet sich selbst als «Verdi-madman», als Verdi-Verrückten. Aber die Briefstelle seines verehrten Meisters scheint er nicht zu kennen oder gelegentlich zu ignorieren. Wie wäre sonst zu erklären, daß James Levine an der Met, dem unregierbaren Opernhaus einer unregierbaren Stadt, in dem man nicht nur Musik im Ohr, sondern auch noch die Belange von siebzehn verschiedenen Gewerkschaften im Auge haben muß, offenbar erst an die Kunst und dann an die Kasse denkt. Die schwierige Saison 1980/1981, die nach mehrmonatigem Arbeitskampf schon ganz abgesagt worden war, eröffnete er dann ausgerechnet mit Alban Bergs «Lulu», in der ergänzten Fassung von Friedrich Cerha.
In der Met, in der Rudolf Bing zwanzig Jahre mit einem erzkonservativen Programm eine konstant schlechte Presse und ebenso regelmäßig volle

James Levine, Generalmusikdirektor der Metropolitan Opera New York, wo er 1971 sein Debüt gab.

Vorstellungen erreicht hatte, in der Met, in der man bei Neuer Musik getrost Steine in den Zuschauerraum werfen konnte, ohne Gefahr zu laufen, jemanden zu treffen, in diesem auf Kulinarisches fixierten Opernhaus war auf einmal alles möglich, selbst moderne Musik. Und dies, weil ein junger Mann sich unbekümmert über alle ehernen Erfolgsrezepte hinwegsetzte. Nonchalance scheint der eine Teil von James Levines künstlerischer Persönlichkeit zu sein, selbstverständliche Musikalität der andere. James Levine, kraftstrotzend und geradezu enervierend Optimismus ausstrahlend, hat man mit den Allergrößten seiner Zunft verglichen. Bruno Walters, Otto Klemperers und Arturo Toscaninis Genius soll in ihm wohlgerundete Gestalt angenommen haben. Musikalisches Talent allein hat aber noch nie genügt für den härtesten Job, den man im amerikanischen Musikleben übernehmen kann. So verdankt die über hundertjährige Institution Metropolitan Opera ihren künstlerischen Aufschwung nicht nur den musikalischen Qualitäten ihres künstlerischen Leiters, sondern auch seinem taktischen Geschick im Umgang mit Starsängern, seinem Mut und seinem Durchsetzungsvermögen, seinem Weitblick und seiner fanatischen Arbeitswut.
James Levine ist in vergleichsweise jungen Jahren in eine bedeutende künstlerische Position gelangt. Überrascht davon zeigt sich nur die Öffentlichkeit. Er selbst sieht seine Karriere weniger sprunghaft, eher als eine konsequente Entwicklung. Den Widerspruch zwischen öffentlicher Meinung und persönlicher Einschätzung erklärt er an einem Beispiel: «Als ich an der Met zum ersten Mal 'La Traviata' dirigierte, kannte ich das Werk schon fünfundzwanzig Jahre. Ich habe es als Korrepetitor mit vielen Sängern studiert, Aufführungen an der Met, der Scala und sonstwo erlebt, Bänder von alten Inszenierungen abgehört, Diskussionen geführt und schließlich selbst zwei konzertante Aufführungen dirigiert. Außerdem gehört zu meinem musikalischen Ensemble hier an der Met ein alter Herr, der alle amerikanischen Opernaufführungen für Toscanini vorbereitet hat. Ich will damit sagen, die Leute machen zu viel Aufhebens von dem, was sie 'das erste Mal' nennen. Sie verstehen einfach nicht, daß die Hauptarbeit schon geleistet ist, wenn das Werk auf die Bühne kommt. Achtzig Prozent der Energie wird auf Studium, Absorbieren von Aufnahmen und Aufführungen, geistige Annäherung an die Komposition und auf Proben verwendet. Das Dirigieren selbst ist dann nur noch Nebensache. Von Mozart weiß man, daß er mit der Komposition fertig war, wenn sie in seinem Kopf vollständig existierte. Das Aufschreiben war nur noch Routine. Ich kann das sehr gut verstehen.»
James Levine wurde 1943 in Cincinnati als Sohn eines begüterten Kleiderfabrikanten geboren. Er muß gute Klavierlehrer gehabt haben, denn im Alter von zehn Jahren — begonnen hatte er

mit fünf — debütierte er als Solist mit Mendelssohns zweitem Klavierkonzert in seiner Heimatstadt. Studien bei Rosina Lhevinne und Rudolf Serkin schlossen sich an. Die Pianistenkarriere schien vorgezeichnet, aber als er im zweiten Anlauf mit achtzehn Jahren von der Juilliard School in New York als Schüler angenommen wurde, hatte sich seine musikalische Präferenz gewandelt. Schon während der Sommerkurse bei Rudolf Serkin in Marlboro, Vermont, mußte er feststellen, daß ihn die ganze extrovertierte Bravour-Literatur für Klavier nicht interessierte, weil er spürte, daß er sich damit von der musikalischen Gemeinschaft eher isolierte, als daß er von ihr aufgenommen würde. Musik, bei der mehr als ein Interpret mitwirkte, übte weit größere Faszination auf ihn aus.
So begann James Levine zusätzlich Dirigieren zu studieren. Georg Szell wurde wenig später als Jurymitglied des «American Conductors Project», einer Einrichtung der Ford Foundation zur Förderung des amerikanischen Dirigentennachwuchses, auf den knapp Einundzwanzigjährigen aufmerksam und holte ihn als seinen Assistenten an das Cleveland Orchestra. Bei Szell blieb Levine fast sechs Jahre: eine gründliche Studienzeit in der lebendigen Praxis mit einem erstklassigen Orchester unter einem exzellenten Dirigenten. Vielleicht hat Levine bei Szell aufbauende Arbeit, Kontinuität, langfristige Bindung an einen Klangkörper schätzen gelernt. Seßhaftigkeit und Ausdauer gehören jedenfalls seither zu seinen bemerkenswerten Eigenschaften, die ihn vielleicht auch künftig davor bewahren werden, sich im modernen Dirigenten-Jet-set vorzeitig zu verschleißen. Wer genauer hinsieht, der entdeckt auch im Met-Engagement von James Levine jene Grundzüge von Beharrungsvermögen.
Seinen ersten Auftritt an der Metropolitan Opera absolvierte er 1971, zwei Jahre später wurde er dort «Principal Conductor», weitere drei Jahre danach Musikdirektor. 1983 unterschrieb er einen Vertrag, der ihn als künstlerischen Leiter bis zur Saison 1990/1991 an die New Yorker Oper bindet. Auf zwanzig Jahre Met-Erfahrung wird er zurückschauen können, wenn dieser Vertrag ausläuft. Dann ist er achtundvierzig Jahre alt: kein Alter für einen Dirigenten mit einer solch enormen und vor allem konstanten Erfahrung. Unter diesem Blickwinkel sieht er auch sein tägliches Arbeitspensum an der Met, an der er nahezu achtzig von insgesamt zweihundertzehn Aufführungen selbst dirigiert und der er acht Monate im Jahr zur Verfügung steht; ein Engagement, für das er allerdings nicht nur Lob von der Kritik erntete.
Vieldirigiererei wurde ihm schon mehr als einmal vorgeworfen. Levine verteidigte sich immer geschickt: «Es war für mich klar, und zwar vom ersten Tag an, daß man — falls ich als Musikdirektor immer wieder abwesend wäre — beim kleinsten Problem fragen würde: Wo ist er? Und würde ich bleiben und dirigieren, dann würde prompt folgen: Warum dirigiert er so viel? Ich dirigiere ein Drittel des Repertoires, für Mozart, Wagner, Verdi oder Puccini zu erarbeiten. Wenn ein Gastdirigent kommt und eine Neuinszenierung vom Maskenball vorhat, dann kann es durchaus sein, daß er von diesem Hausstil abweichen will. Wichtig scheint mir aber, daß es überhaupt etwas gibt, von dem er abweichen kann. Es ist gut, einen Stil zu haben.»
Außerhalb der Metropolitan Opera arbeitet James Levine nur mit wenigen Orchestern ständig zusammen, dem Chicago Symphony Orchestra beim Ravinia Park Festival, dem Philadelphia Orchestra, dem London Symphony Orchestra sowie den Wiener Philharmonikern in Salzburg (seit 1975) und — seit 1982 — mit dem Orchester

Mit wenigen und nur hochqualifizierten Orchestern arbeitet Levine zusammen: mit denen in Chicago, London und den Wiener Philharmonikern.

acht Opern von insgesamt vierundzwanzig. Was ist das richtige Maß für einen Musikdirektor? Weniger? Wie kann man weniger machen und eine Art von Kontinuität des Ensembles erreichen? Daß ich meinen Job als Musikdirektor so ernst nehme, und zwar nicht nur in der Planung und der Administration, sondern gerade in der täglichen Proben- und Dirigiertätigkeit, erlaubt es uns, eine Art Hausstil

der Bayreuther Festspiele, das den im Umgang legeren, in der musikalischen Auffassung nie dogmatischen Dirigenten geradezu liebt. Einen langfristigen Schallplattenvertrag hat er nicht mit den zwei, drei Giganten geschlossen, sondern — wohlüberlegt — mit RCA: «Alles, was mich aufzunehmen interessiert hätte, hatten die großen Firmen schon im Repertoire. Bei RCA konnte ich meine Wünsche realisieren. Außerdem gab es einige Künstler, die ich sehr schätze und die dort exklusiv vertreten wurden. Ich finde, das ist eine angenehme Umgebung.»
Kein renommierter Dirigent kann der

Versuchung der Schallplattenfirmen widerstehen, seine Beethoven-Symphonien, seinen Brahms und seinen Mahler-Zyklus auf den Markt zu bringen. Levine bildet da keine Ausnahme, auch wenn er klug genug ist zu wissen, daß die Präsenz auf Schallplatten und in den Medien inflationär wirken kann. Wenn man herausfinden will, wie Toscanini Otello interpretiert hat, dann kann man nur die Aufnahme mit dem NBC Symphony Orchestra heranziehen. Will dagegen heute jemand wissen, was Levine zu Otello zu sagen hat, dann hat er die Auswahl zwischen der Schallplatte, zwei Fernsehaufzeichnungen in verschiedenen Besetzungen und drei Rundfunkproduktionen: sechs verschiedene Otellos. Da fällt die Einschätzung bedeutend schwerer, auch dem Dirigenten selbst: «Vielleicht klingt es defensiv, aber ich würde eigentlich jede Schallplatte, die ich aufgenommen habe, gleich noch mal aufnehmen. Ich werde immer etwas entdecken, was ich vorher nicht gehört habe. Aber ich bin auch der Meinung, man sollte nichts aufnehmen oder aufführen, wozu man keine Beziehung entwickelt hat. Andererseits kann man wiederum die Beziehung zu einer Komposition nur verbessern, wenn man sie interpretiert.»

Das Beste, was er selbst bisher zu eigenen Aufführungen sagen konnte, war, daß der Komponist es womöglich «pretty good» gefunden hätte. Und im Verhältnis zu den Komponisten erweist sich eigentlich erst die Bedeutung eines Dirigenten: «Da spielt man eine Mozart-Komposition vor einem Publikum, das größtenteils aus Leuten besteht, die keine professionellen Musiker sind und die keine Ahnung haben, ob man etwas macht, was in der Partitur steht oder nicht und ob das nun der richtige Stil für Mozart ist. Aber irgendwie muß Mozart, so genial wie er war, doch die Vorstellung besessen haben, daß dieses Werk auch zu solchen Menschen in Kommunikation treten kann. Es müßte also möglich sein, eine solche Aufführung zu kreieren. Das ist es, was ich ständig versuche. Wenn ich sage, daß ich mir eine Aufführung wünsche, mit der Mozart selbst zufrieden wäre, dann meine ich damit, daß er heute damit zufrieden sein müßte. Aber die Sache hat einen Haken. Nicht jeder kann die Idee des Komponisten für die Menschen von heute transformieren. Auf der anderen Seite können Interpreten, die glauben, immer näher an die Intention des Werkes heranzukommen, zu Dogmatikern werden. Das eine kann so falsch sein wie das andere. Ein Freund hat mir einmal gesagt, er könne Bach nicht in Holland spielen, weil man dort ein Vorurteil gegenüber Bach auf dem Hammerklavier habe. Da sagte ich ihm: Siehst du, da hast du genau den Mißbrauch des Prinzips von Werktreue. Das einzige, was wir wirklich mit Sicherheit sagen können, ist, daß die Wahl des Instruments für Bach weniger wichtig gewesen ist. Wie hätte er sonst Transkriptionen von Violinwerken für Cembalo anfertigen können? Seine Idee von Polyphonie und Kontrapunkt besaß absoluten Vorrang, und seine Vorstellung von Klang bezog sich auf das Verhältnis von Instrumenten zueinander, nicht aber auf das Instrument selbst.»

Seßhaftigkeit und Ausdauer gehören zu seinen vorzüglichen Eigenschaften. Noch ist er kein Jet-Set-Dirigent.

Levine besitzt hohen Respekt vor den Vorstellungen eines Komponisten. Schließlich interpretiert er dessen Musik. Er meint, ein Dirigent sollte nie das Gefühl haben, seine Vorstellung von dem Werk sei richtiger als die des Komponisten: «Der Komponist darf seine eigenen Fehler machen. Niemand ist perfekt, jeder macht Fehler. Aber ich möchte die Fehler des Komponisten machen und nicht meine eigenen. Die stellen sich ohnehin von selbst ein.» Solche pragmatischen Erkenntnisse, dieses «nobody is perfect» so formuliert, erinnert an den Satz des Revolutionärs unter den zeitgenössischen Komponisten, an John Cages «Laßt uns ein für allemal anerkennen, daß die Linien, welche wir ziehen, nicht gerade sind.» Es ist das Recht John Cages, auf seine krummen Kompositionslinien zu pochen. Ein Nachschöpfer aber muß versuchen, diesen krummen Linien zu folgen: so exakt wie möglich. Und wenn er die Krümmungen der Komposition trotz guten Willens nicht trifft, dann ist es das Recht eines James Levine. *WWS*

Lewis, Henry

* Los Angeles 16. 10. 1932; amerikanischer Dirigent, lernte bereits als Kind Klavier und einige Zupfinstrumente. Mit 16 Jahren verpflichtete ihn das Los Angeles Philharmonic Orchestra als Kontrabaßist. Während seiner Militärzeit 1955—59 war er im Symphonie-Orchester der 7. Armee auch als Dirigent tätig. Nach seiner Rückkehr in die USA gründete er das Kammerorchester Los Angeles, mit dem er unter der Schirmherrschaft des State Department auf Europatournee ging. Von 1968—76 war er Dirigent und musikalischer Direktor des New Jersey Sym-

phony Orchestra in Newark; später wirkte er als Gastdirigent an verschiedenen Opern und Orchestern.

Lipkin, Seymour

* 14. 5. 1927; amerikanischer Dirigent und Pianist, studierte zuerst bei Rudolf Serkin und Mieczyslaw Horszowski am Curtis Institute of Music in Philadelphia Klavier und anschließend bei Sergej Kussewitzky in Tanglewood Dirigieren. 1959/60 wirkte er als stellvertretender Dirigent bei den New Yorker Philharmonikern; danach ging er als musikalischer Berater und Dirigent zum Joffrey Ballet nach New York. Gleichzeitig gab er am Curtis Institute Unterricht in der Klavier-Klasse.

Lockhart, James

* Edinburgh 16. 10. 1930; schottischer Dirigent, nach Abschluß seines Studiums an der Universität von Edinburgh und am Londoner Royal College of Music wirkte er zuerst als Dirigent am Yorkshire Symphony Orchestra (1954/55); kam in der folgenden Spielzeit als Dirigent und Repetitor nach Münster, dann nach München, Glyndebourne und schließlich zur Covent Garden Opera in London. Dort blieb er von 1959—68. Daneben war er noch als Direktor des Opera Workshop der University of Texas in Austin (1957—59) und als Dirigent des Scottish Symphony Orchestra der BBC (1960/61) tätig. Nach seinem Weggang von der Covent Garden Opera war er musikalischer Direktor der Welsh National Opera. 1972 berief ihn die Stadt Kassel zum Generalmusikdirektor; in gleicher Position ist er seit 1981 für die Rheinische Philharmonie und die Oper in Koblenz tätig. Daneben auch Gastdirigent bei verschiedenen englischen Orchestern.

Löwe, Ferdinand

* Wien 19. 2. 1865, † Wien 6. 1. 1925; österreichischer Dirigent, studierte am Wiener Konservatorium bei Dachs, Krenn und Bruckner; später unterrichtete er dort Klavier und Chorgesang (1883—96). Seine Laufbahn als Dirigent führte ihn vom Kaim Orchester in München (1897) über die Wiener Hofoper (1898—1900) und die Gesellschaftskonzerte (1900—1904) zum neugegründeten Orchester des Wiener Konzertvereins, das unter ihm zu einem der berühmtesten Orchester Europas wurde. Nach 6 Jahren in München, wo er bis 1914 den Konzertverein dirigierte, wirkte er in Budapest und Berlin. Nach dem Krieg war er bis 1922 Leiter der Wiener Staatsakademie für Musik. Er war ein Freund und Vertrauter Bruckners und gab schon zu dessen Lebzeiten einige seiner Werke heraus und führte 1903 Bruckners unvollendete 9. Symphonie auf. Dabei fügte er den von Bruckner noch vollendeten Sätzen anstelle des unvollendeten Finales das «Te Deum» Bruckners an.

Löwlein, Hans

* Ingolstadt 24. 6. 1909; deutscher Dirigent, nach seiner Ausbildung an der Münchner Musikakademie war er zuerst als Repetitor an der Bayrischen Staatsoper tätig. Danach dirigierte er am Theater in Stettin; 1946 bis 1949 als Erster Dirigent an der Dresdner Staatsoper. 1949/50 dirigierte er an der Komischen Oper in Ostberlin und war in der folgenden Spielzeit Dirigent an der Ostberliner Staatsoper. Er übersiedelte dann in den Westen, wo er zuerst als Generalmusikdirektor an der Frankfurter Staatsoper (1960/61) und dann als Chefdirigent am Baseler Stadttheater tätig war. Löwlein dirigierte auch Oper und Konzerte in Japan.

Lohse, Otto

* Dresden 21. 9. 1858, † Baden-Baden 5. 5. 1925; deutscher Dirigent und Komponist, nahm am Dresdner Konservatorium Unterricht in Klavier bei H. Richter, in Cello bei Grützmacher und in Komposition bei Draeseke und Wüllner. Von 1880—1893 war er als Theaterdirigent in Riga tätig. 1893 kehrte er nach Deutschland zurück und wirkte in Hamburg. Nach der Heirat mit der berühmten Sängerin Katherina Klafsky wechselten beide zur Damrosch-Oper nach New York, wo Lohse eine Dirigentenstelle übernahm (1896). Im folgenden Jahr kehrte er wieder nach Europa zurück und dirigierte in Straßburg (bis 1904), Köln (bis 1911), am Théatre de la Monnaie in Brüssel (1911/12) und am Leipziger Stadttheater. Neben seiner Tätigkeit als Dirigent komponierte er eine Oper («Der Prinz wider Willen») und schrieb verschiedene Lieder.

Lombard, Alain

* Paris 4. 10. 1940; französischer Dirigent, studierte in Paris bei Gaston Poulet und bei Suzanne Desmarques. 1961 dirigierte er an der Lyoner Oper. 1966 verpflichtete ihn das Miami Philharmonic Orchestra als Dirigent und musikalischen Direktor. Er blieb dort bis 1974. Bereits 1971 wurde er zum Chefdirigenten des Philharmonieorchesters von Straßburg ernannt; von diesem Posten trat er 1983 zurück.

López-Cobos, Jesús

* Toro 25. 2. 1940; spanischer Dirigent, belegte bereits während seines Philosophiestudiums in Madrid Musikvorlesungen; danach studierte er in Wien bei Hans Swarowsky Dirigieren. 1969 gewann er beim Internationalen Dirigentenwettbewerb in Besançon den ersten Preis. Sein Debut in den USA gab er 1972 an der Oper von San Francisco. 1980 wurde er zum GMD an der Deutschen Oper in Berlin ernannt. 1987 wird er auch Chefdirigent des Cincinnati Symphony Orchestra.

Loughran, James

* Glasgow 30. 6. 1931; schottischer Dirigent, begann seine Laufbahn als Dirigent an der Bonner Oper. Nach Engagements in Amsterdam, Mailand und Bournemouth wurde er 1965 zum Ersten Dirigenten der Scottish Symphony der BBC in Glasgow ernannt. 1971 übernahm er am Hallé Orchester in Manchester die Nachfolge von Sir John Barbirolli. 1979 schließlich wurde er Chefdirigent der Bamberger Symphoniker.

Lualdi, Adriano

* Larino (Campobasso) 22. März 1885, † Mailand am 8. 1. 1971; italienischer Komponist, Dirigent und Musikkritiker, studierte bei Falchi in Rom und Wolf-Ferrari in Venedig. Zwischen 1908 und 1915 wirkte er als Opernkapellmeister, dann vor allem als Musikkritiker und Komponist. In Neapel leitete er ab 1936 das Conservatorio Musicale di San Pietro a Maiella und dann bis 1955 in Florenz das Conservatorio Musicale 'Luigi Cherubini'. Zwischen 1930 und 1934 organisierte er mit Alfredo Casella die ersten Festspiele in Venedig.

Ludwig, Leopold

* Witkowitz (bei Mährisch-Ostrau) 12. 1. 1908, † Lüneburg 24. 4. 1979; deutscher Dirigent, studierte am Wiener Konservatorium unter Emil Paur Klavier und dirigierte zuerst in Süddeutschland und Brünn. 1936 ging er als GMD an die Oldenburger Staatsoper. Drei Jahre später folgte er als 1. Dirigent dem Ruf an die Wiener Staatsoper und wechselte in gleicher Stellung 1943 an die Städtische Oper nach Berlin, wo er bis 1950 auch noch an der Staatsoper und an der Deutschen Oper dirigierte. Den größten Erfolg hatte er jedoch als GMD der Hamburgischen Staatsoper (1950—70). Er gab Uraufführungen vieler neuer Werke, nahm das Ensemble zu Tourneen mit ins Ausland (Edinburgh Festival 1952, Lincoln Center Festival in New York 1967). Außerdem trat er als Gastdirigent führender Orchester in London, Paris und Amsterdam in Erscheinung.

Ludwig, Max

* Glauchau 25.10.1882, † Leipzig 1945; deutscher Dirigent und Komponist, begann als Lehrer in Gesau und Glauchau und studierte 1908—10 am Leipziger Konservatorium bei Busoni, Reger, Reisenauer und Teichmüller. Er blieb in Leipzig und wurde am Landeskonservatorium stellvertretender Direktor und Dirigent des Riedel-Vereins sowie der Neuen Leipziger Männerchorvereinigung. Auch wirkte er als Kantor und Organist an St. Peter.

Ludwig, Otto

* Glauchau 1. 9. 1874, † Leipzig 1922; deutscher Dirigent und Komponist, Bruder von Max L., war wie sein Bruder Lehrer, bevor er am Leipziger Konservatorium bei Nikisch und Reger studierte. Ab 1901 war er Kantor in Hohndorf und gleichzeitig auch Chorleiter der Glauchauer Lehrerchorvereinigung. 1904 ging er als Kantor nach Wurzen, kam aber später nach Leipzig zurück, um die Männerchorvereinigung zu dirigieren.

Lunssens, Martin

* Malenbeek-Saint-Jean 16. 4. 1871, † Etterbeek 1. 2. 1941; belgischer Dirigent und Komponist, nach seinem Studium bei Gevaert, Jehin und Kufferath am Brüsseler Konservatorium gewann er 1895 mit seiner Kantate «Callirhoé» den ersten belgischen «Prix de Rome». In der Folge war er Direktor der Musikakademie von Courtrai (1905—16), von Charleroi (bis 1921), des Konservatoriums von Louvain (bis 1924) und in Gent (ab 1924). Sein herausragendes Talent als Dirigent zeigte er bei vielen Aufführungen der Flämischen Oper in Antwerpen, an der er auch Wagner-Opern dirigierte.

Maag, Peter

* St. Gallen 10. 5. 1919; Schweizer Dirigent, besuchte die Universitäten in Zürich, Basel und Genf und studierte bei Marek Theorie und Klavier. Von 1942—46 an stieg er am Städtebundtheater in Biel-Solothurn vom Korrepetitor zum 2. Kapellmeister auf und war dort 1949—51 Musikalischer Oberleiter. Dazwischen assistierte er Ansermet, bei dem er das Dirigieren erlernt hatte, am Orchestre de La Suisse Romande. 1952—54 wirkte er als Erster Kapellmeister am Düsseldorfer Opernhaus, anschließend bis 1959 als GMD und Operndirektor in Bonn, wo er weitgehend unbekannte Werke von Schumann und Cavalieri sowie zeitgenössische Opern aufführte. Danach machte er sich einen Namen als Gastdirigent großer Orchester, gab 1959 seine Debüts am Covent Garden in London und in Glyndebourne sowie beim Minneapolis Symphony Orchestra. 1964—68 war er Chefdirigent der Wiener Volksoper, 1972 trat er erstmals an der Metropolitan Opera in New York auf und erhielt im gleichen Jahr die Stellung als Künstlerischer Leiter am Teatro Regio in Parma, 1974 den gleichen Posten am Teatro Regio in Turin und GMD in Parma. In der Saison 1981/82 wirkte er am Teatro La Fenice, und seit Juli 1984 ist er Chefdirigent des Berner Symphonieorchesters. Weiterhin dirigierte er bisher an der Mailänder Scala, der Wiener Staatsoper, am Teatro Colón in Buenos Aires, bei den Berliner Philharmonikern, am Leipziger Gewandhausorchester, bei der Tschechischen Philharmonie sowie beim Holland Festival, beim Prager Frühling und bei den Festspielen in Salzburg, Luzern und Aix-en-Provence. 1968—69 lehrte er an der Accademia musicale Chigiana in Siena und 1972 an der Juilliard School of Music in New York.

Maasz, Gerhard

* Hamburg 9. 2. 1906; deutscher Dirigent und Komponist, Schüler seines Vaters, ansonsten weitgehend Autodidakt, spielte 1922/23 im Kurorchester Arosa und war danach bis 1926 als Hauskomponist, Kapellmeister und Schauspieler der Haas-Berkow-Spiele tätig. Anschließend nahm er Kapellmeisterposten in Osnabrück und Braunschweig, 1929—36 beim Norddeutschen Rundfunk und 1938—44 beim Württembergischen Landesorchester in Stuttgart an. Ab 1951 arbeitete er beim Fernsehen des NDR und lebte ab 1965 als freischaffender Komponist und Gastdirigent in Ronco (Tessin).

Maazel, Lorin

Die Zeiten, da ein Dirigent seinem Orchester oder ein Opernhaus seinem Chef über lange Etappen die Treue hielt, scheinen mit der unbarmherzigen Suche nach dem schnellen Geld, einer chronischen Krankheit der Moderne, ein für allemal vorbei zu sein. Gewiß sorgen rasche Wechsel für Frische im Musikbetrieb, doch verhindert das sich zunehmend schneller drehende Personalkarussell auch eine kontinuierliche Arbeit und damit einen Erfolg, der nach dem Sich-Verstehen beider Parteien erst zum Höhepunkt heranreifen könnte.
Kein Wunder, daß im Begriff «Ära» inzwischen etwas Altmodisches mitschwingt, wenn er kaum noch anwendbar scheint. Über Persönlichkeiten wie Sergej Kussewitzky, der fünfundzwanzig Jahre dem Symphonieorchester in Boston vorstand, staunt man heute wie über goldene Kälber, während langfristige Bindungen wie jene zwischen Herbert von Karajan und den Berliner Philharmonikern als Ausnahmen von der Regel dienen. Der Amerikaner Lorin Maazel hat die Mühlen des Musikbetriebs so genau studiert, daß er den größtmöglichen Pragmatismus anwendet, um in ihrem Räderwerk nicht zermahlen zu werden. Er gilt als Kosmopolit und in diesem Sinn als «moderner» Dirigent, der die berühmtesten Orchester geleitet hat. Überaus reiselustig, hat er den Genuß des Augenblicks in jüngster Zeit der Stetigkeit oft vorgezogen, und selbst feste Engagements hielten Lorin Maazel nicht davon ab, gelegentlich in die Ferne zu schweifen. Daß dies überall möglich ist außer in Wien, wo es

«das liebste Spiel der Österreicher ist, den Staatsoperndirektor zu vergraulen» (Die Welt), mußte er 1984 erfahren: Nach zwei Jahren löste er seinen Vertrag, der doppelt so lange halten sollte, und schloß sich damit jenen bekannten Vorgängern an, denen es an der Donau ebenfalls schlecht erging: Auch Gustav Mahler, Karl Böhm und Herbert von Karajan zählen zu den Opfern dieses heiklen Postens.
Daß die Institution Wiener Staatsoper und Lorin Maazel es nicht lange miteinander ertrugen und die Trennung dicht an einem Skandal vorbeiging, schien eher das Ende einer langen Kette von Mißverständnissen als einen plötzlichen Schicksalsschlag zu bedeuten. So verworren die Ereignisse bis zum Schluß blieben, so wenig konnten beide Parteien die Unschuld für sich beanspruchen: Der Zündstoff war bereits gelegt, als der Dirigent sein Amt noch nicht angetreten hatte. Lorin Maazel handelte damals, 1979, eine sechsmonatige Anwesenheitspflicht für jede Spielzeit aus, um noch genügend Zeit für Gastaufträge zu behalten, und dies für eine schwindelerregende Gage. Darauf reagierte das Publikum bei der ersten Premiere mit der auf Flugblättern geäußerten Forderung «Musik statt Maazel!».
Politische Indiskretionen, Pannenpech an vielen Abenden und ein offenbar für den Wiener Geschmack zu großes Selbstbewußtsein — zum Ende der ersten Saison sagte er über Wien: «Dies ist eine musik- und opernverrückte Stadt, und ich bin der Papst hier.» — verschlechterten das Klima sofort. Hinzu kam, daß sein Blocksystem beim Wiener Publikum nicht den großen Anklang fand, den er sich gewünscht hatte. Das Ziel, die Qualität der Aufführungen mit diesem Mittel zwischen Repertoire- und Stagione-Theater durch längere Probenzeiten zu verbessern, wurde weitgehend verfehlt, das Versprechen, «jeden Abend eine Gala» zu bieten, nicht eingelöst. Außerdem verprellte der Opernchef mit den häufigen Wiederholungen eines Werkes, dem an sich sinnvollen Blocksystem, in kurzem Zeitraum seine Stammkundschaft auf den Stehplätzen. Lange hatte sie zu ihm gehalten, selbst als der Streit mit Politikern und der Presse schon brodelte; nur sein Fernbleiben vom Opernball erschien schließlich als unverzeihlicher Affront. So entwickelte sich dieses Engagement nicht zum Höhepunkt in Lorin Maazels Karriere, vielmehr zu einer — wenn auch wichtigen — Zwischenstation. Die bösartigen Kritiken vor allem der Wiener Presse betrafen nämlich ausschließlich den administrativen Teil der Arbeit, für den Lorin Maazel wenig Geschick mitbrachte, bei dem er allerdings auch vom Pech verfolgt schien. Pannen wurden, auch wenn ihn keine Schuld traf, mit Flugblatt-Parolen quittiert, und da spielte es auch keine Rolle mehr, daß er Kollegen wie Abbado, Solti, Mehta oder Ozawa verpflichten konnte und in seiner eigenen Arbeit als Dirigent im Haus am Ring über jeden Zweifel an seiner Ausdrucksstärke erhaben blieb. Rezensionen ausländischer Zeitungen, zum

Lorin Maazel wird oft auch von den Orchestermusikern als der genialste aller Dirigenten bezeichnet. Musikalisch-analytisches Denken und dirigentische Eleganz zeichnen ihn aus.

Beispiel für «Turandot» oder seine letzte Premiere «Aida», trennten das unterschiedliche Talent in beiden Bereichen deutlicher, kamen damit wohl der Wahrheit am nächsten. Es half nichts: Mit der rhetorisch geschickten Formulierung «Ein Gast muß wissen, wann er die Koffer zu packen und zu gehen hat», die andeutete, daß er sich in Wien nicht zu Hause fühlte, löste Lorin Maazel seinen Vertrag und kehrte in die Vereinigten Staaten zurück, wo seine Laufbahn so unüblich begonnen hatte.
Zwei Jahre nach Lorin Varencove Maazels Geburt am 6. März 1930 in Neuilly-sur-Seine bei Paris zog es seine Eltern, den Tenor und Schauspieler Lincoln Maazel sowie eine Amateurpianistin, in die amerikanische Heimat. Beide hatten in der französischen Hauptstadt Musik studiert und förderten früh das Talent ihres Sohnes: Mit fünf Jahren lernte dieser bereits Violine und ab 1937 bei Fanchon Armitage Klavier. Obwohl er während seiner Arbeit an dem Roman «The last Wunderkind» (1983) die autobiographischen Züge abstritt, meinte er sich zweifellos damit. Wladimir Bakaleinikoff, der stellvertretende Dirigent des Los Angeles Symphony Orchestra, unterrichtete den Jungen mit dem absoluten Gehör und dem «fotografischen Gedächtnis», ermöglichte ihm 1938 auch das Debüt beim Universitätsorchester in Moscow/Idaho. Auf der New Yorker Weltausstellung 1939 dirigierte er ein Mendelssohn-Stück, kurz darauf in der Hollywood Bowl das Los Angeles Philharmonic Orchestra und das New York Philharmonic Symphony Orchestra. Höhepunkt dieser Jugendkarriere waren jedoch die Konzerte mit Arturo Toscaninis NBC-Orchestra 1941, und noch heute geht zuweilen die Anekdote um, wie der kleine Lorin Maazel den spöttisch Eis schleckenden Musikern bei den Proben die Leviten las.
Als der Rummel nachließ, begann er Philosophie, Sprachen und Mathematik in Pittsburgh zu studieren, wo er 1946 bis 1950 sein „Fine Arts String Quartet“ leitete und als Zweiter Kapellmeister das dortige Symphonieorchester dirigierte. Ein Harvard-Stipendium lehnte er ab, um in Rom Barockmusik zu studieren. Nach seinem Operndebüt am Teatro Bellini in Catania auf Sizilien (1953) baute er rasch eine außerordentlich lebhafte Tätigkeit als Gastdirigent bei vielen führenden Orchestern der Welt auf. Auftritte an der Mailänder Scala (1955) und mit den Wiener Symphonikern (1956), eine Südamerika-Tournee im selben Jahr, acht Vorstellungen des «Lohengrin» als erster Amerikaner und einer der jüngsten Dirigenten bei den Bayreuther Festspielen (1960) sowie zahlreiche umjubelte Konzerte in Berlin und mit dem französischen Orchestre

National in den USA festigten Lorin Maazels Ruf, ohne daß er in dieser Zeit einen festen Posten gehabt hätte. Dies geschah erst im Sommer 1965, nach weiteren Erfolgen an der Metropolitan Opera in New York und bei den Salzburger Festspielen. Hatte Lorin Maazel seit 1957 des öfteren das Berliner Radio-Symphonieorchester dirigiert, das aus dem RIAS-Orchester hervorgegangen war, traf er 1963 bei einer «Figaro»-Wiederaufnahme in Salzburg den Berliner Intendanten Gustav Rudolf Sellner. Von ihm wurde er schließlich überredet, als GMD der Deutschen Oper und gleichzeitig als Chefdirigent des Radio-Symphonieorchesters an die Spree zu kommen. In einem späteren Interview der «Österreichischen Musik-Zeitschrift» sagte Lorin Maazel, er habe sich damals bestenfalls als «Opernliebhaber» gefühlt; die Professionalität sei erst in diesem Amt gewachsen. Fünfzehn Premieren dirigierte er bis 1971 an der Deutschen Oper, darunter die Uraufführung von Dallapiccolas «Odysseus», die «Elektra» und «Manon Lescaut». Zu Ferenc Fricsay, seinem Vorgänger auf beiden Posten, hatte er kaum noch Kontakt knüpfen können, doch er verwaltete dessen reiches künstlerisches Erbe behutsam, übernahm zum Beispiel dessen «Tristan» und erweiterte das Repertoire. Mit dem Radio-Symphonieorchester, das Fricsay vortrefflich herangebildet hatte, empfand Lorin Maazel bis zu seinem Abtritt 1975 vor allem den Bach-Zyklus aus Brandenburgischen Konzerten, der h-Moll-Messe, dem Osteroratorium und den Suiten als Höhepunkt.

Schon die wenigen genannten Titel zeigen die große stilistische Spannweite des Dirigenten. Nach einer Saison als assoziierter Chefdirigent beim New Philharmonia Orchestra in London, das er neben Otto Klemperer leitete, übernahm er 1972 die Chefposition beim Cleveland Orchestra, die nach dem Tod George Szells 1970 unbesetzt geblieben war. Nicht nur, daß er auch dort das Repertoire erheblich vergrößerte — er spielte Werke von insgesamt 137 Komponisten —; Lorin Maazel reicherte ab 1974 das Orchesterprogramm auch mit Bühnenwerken an, ging mit dem Ensemble auf Tourneen durch Australien, den Fernen Osten, Europa und Lateinamerika. Daneben erfüllte er seine Pflichten in Berlin und trat als Gast bei vielen anderen Orchestern auf. Hier fiel sein «Otello» im August 1975 in Rom besonders ins Gewicht. Das Orchestre National de France berief ihn im folgenden Jahr zum Chefdirigenten, beim Londoner New Philharmonia Orchestra wurde er zum Ersten Gastdirigenten ernannt. Die Berliner und Wiener Philharmoniker dirigierte er sowieso.

All diese Aufgaben bis auf die Zusammenarbeit mit Wiens Philharmonikern schränkte Lorin Maazel zum Beginn seiner Tätigkeit an der Wiener Staatsoper weitgehend ein, wenn er auch nicht ganz auf einen Freiraum verzichten wollte. Hier lag das Problem: Lorin Maazel weckte bei den Österreichern — «ein Volk von 7,5 Millionen Staatsoperndirektoren» (Rheinischer Merkur) — zu viele Hoffnungen, die er nur künstlerisch erfüllen konnte. Andererseits: Sie hätten es ahnen müssen, wenn sie sich die bisherige Laufbahn ihres Auserwählten genauer angesehen hätten. So aber kam es wohl zwangsläufig zum Konflikt, den der Dirigent bei Interviews charmant herunterspielte, wenn er sagte: «Diese zwei Jahre waren ein fabelhaftes Erlebnis, ich habe mich ungeheuer gefreut . . . Mein Weggehen ist sehr sanitär und gesund gewesen für das Musikleben in Wien. Man muß jetzt dort überlegen, wie man in Zukunft alles führen wird.» (Abendzeitung, München)

Dieses Verhalten entspricht Lorin Maazels Mentalität, einer ausgeprägten Fähigkeit zum analytischen Denken, die sich immer wieder in seinen Konzerten und Opernaufführungen spiegelt. Mit enormer Sicherheit arbeitet er alles Wesentliche aus einer Partitur heraus und vermag gleichzeitig den Spannungsbogen über den gesamten Abend hinweg zu halten. Temperament schließt bei ihm das großflächige Malen poetischer Klangbilder nicht aus, stets bemüht er sich um straffe, packende Wiedergaben. Dabei erstaunt es um so mehr, daß Lorin Maazel, «der im Gegensatz zur Szene unpathetisch zu musizieren versteht, der mit harter Hand jede Unregelmässigkeit ausschließt, mit aufreizendem Klang durchaus Konflikte darzustellen vermag» (so der Kölner Stadtanzeiger über seine «Turandot», den Einstieg in Wien), auf so vielen unterschiedlichen Gebieten zu Hause ist. In der orchestralen Musik reicht sein Spektrum vom Barock bis zur Neuen Musik, an die er mit einiger Vorsicht, auch Skepsis herangeht. Auf die Frage, wie er sich damit auseinandersetze, antwortete er in einem Interview mit Arnold Werner-Jensen: «Es ist nutzlos, mich zu diesem Thema allgemein zu äußern. Wir können höchstens das Thema von Fall zu Fall analysieren. Man muß einen Komponisten und seine Musik in Frage stellen und dann, um näher zu kommen, jedes seiner Werke studieren und beurteilen. Zum Beispiel hat die Verwendung der Elektro-

Hörprobe im Aufnahmestudio nach der Einspielung der 9 Beethoven Sinfonien mit dem Cleveland Orchestra.

nik in der Musik nur eine Bedeutung, wenn die entstandene Musik von einem begabten Komponisten geschrieben ist. Um sich mit ihr auseinanderzusetzen, ist das Wiederhören und immer Wiederhören von großer Wichtigkeit. . . . Ich halte sehr viel von Hindemith. Ich habe sehr oft seine Musik dirigiert (und als Geiger gespielt!). Prokofieff, Bartók, Strawinsky, Webern, Dallapiccola, Dutilleux und viele andere sind alle moderne Klassiker, die ich selbstverständlich sehr schätze.»
Und dennoch: Lorin Maazel läßt sich nicht festlegen, wenn es um seine Vorlieben geht. Gewiß liegt sein Schwerpunkt derzeit auf klassischem und romantischem Repertoire, doch dies war sicherlich auch ein Zugeständnis an das traditionell eingestellte Wiener Publikum. In Wirklichkeit ist er ein Universaldirigent, ein allerdings genialer und dabei sorgfältiger Alleskönner. «Bei Proben», so berichtete einmal ein langjähriges Mitglied des Wiener Staatsopernorchesters, «sagt er nichts Überflüssiges. Er besitzt ein phantastisches Gedächtnis, ein unfehlbares Gehör und eine ökonomische Technik mit dem Taktstock. Er ist immer präzise. Wenn wir eine komplizierte Partitur erarbeiten, würde er nicht stöhnen: ‚Das war nicht, wie ich es wollte; wir versuchen es noch einmal', sondern sagen: ‚Die zweite Trompete sollte ein C spielen — sie war einen Halbton daneben.'»
Weit mehr als fünftausend Konzerte und Opernvorstellungen hat Lorin Maazel bislang geleitet, deren Qualitätsstandard ihn in die erste Reihe der besten lebenden Dirigenten der Welt rückt. Hinzu kommt, daß er seine Karriere multimedial angelegt hat. Der Träger unzähliger «Grand Prix du Disque» steht bei mehreren Schallplattenfirmen unter Vetrag, erreicht dadurch ein breit gefächertes Programm aus

Lorin Maazel ist der nach wie vor erwünschte und beliebte «Chefdirigent» der Wiener Philharmoniker.

kommerziellen Aufnahmen wie aus selten gespielten Spezialitäten. Gleichzeitig ermöglicht diese wirtschaftliche Aufteilung das mehrgleisige Arbeiten mit den unterschiedlichsten Orchestern und außerdem die Wahl unter mehreren Aufnahmetechniken. Auch hier wieder die offensichtliche Abneigung gegenüber einer Spezialisierung, allenfalls ein leichtes Übergewicht bei Puccini. Lorin Maazels Perfektionismus reicht bis zur Abrundung seines Schallplattenrepertoires, das sich inzwischen über Bach, Beethoven, Berlioz und Mahler, über Brahms, Haydn und Mozart, über Tschaikowsky, Mussorgsky, Schostakowitsch und Strawinsky bis zu Gershwin erstreckt und eines der größten dieser Schallplattenwelt ist. Darüberhinaus faßt er

seit einigen Jahren auch in der Filmbranche Fuß; kein Wunder, da die Visualisierung von Opern auf der Leinwand in jüngster Zeit stark zunimmt. 1978 arbeitete Lorin Maazel als Dirigent an Loseys vortrefflicher Verfilmung von Mozarts «Don Giovanni», 1982 wirkte er als Produzent von «Regine», und 1984 kam schließlich mit Francesco Rosis Version die vierte Adaption von Bizets «Carmen» in die Kinos, an andalusischen Schauplätzen gespielt und gesungen von Julia Migenes-Johnson und Placido Domingo, den der Dirigent Lorin Maazel für die Aufnahmen von seinen Wiener Verpflichtungen entband — ein Vorgehen, das ihm dort verübelt wurde. Zu diesem Film entstand ein speziell abgemischter «Soundtrack» — ebenfalls große Mode in der Plattenbranche —, bei dem die Nebengeräusche abgeschwächt erhalten blieben.
Lorin Maazel hüllt sich bislang in Schweigen, welchen Weg er nach seinem Rücktritt in Wien anstrebt, ob er überhaupt in nächster Zeit feste Bindungen eingehen will. Beim Symphonieorchester in Pittsburgh, wo er studiert hatte, löste er als «Konsulent» den scheidenden André Previn ab, der als Musikdirektor zum Philharmonieorchester nach Los Angeles wechselte. Immer wieder betonte er jedoch, er sei «kein Kandidat für die Nachfolge Previns». Aktiv wie eh und je, ging Lorin Maazel bald von seiner Berater-Tätigkeit ab, dirigierte das Orchester zwei Wochen lang in Pittsburgh, um dann bereits eine Tournee an die amerikanische Ostküste zu unternehmen. Einige Stationen: Das Kennedy Center in Washington, das Lincoln Center, die Carnegie Hall und der Sitzungssaal der Vereinten Nationen in New York. Der Kontakt zu Europa ist unterdessen nicht abgerissen, und wenn man den Gerüchten glauben will, denkt Lorin Maazel über einen erneuten Versuch diesseits des Atlantiks nach. Wohl nicht nur eine Episode wird Lorin Maazels Zusammenarbeit mit den Münchener Philharmonikern bleiben. Sowohl als Musikalischer Leiter der Salzburger Festspiele wie auch als Nachfolger Herbert von Karajans bei den Berliner Philharmonikern ist er im Gespräch. Das deutsche Starorchester leitete er während des Konflikts mit seinem Chefdirigenten im Sommer 1984 verdächtig oft; insofern scheint ein solches Engagement durchaus möglich. *DR*

Mabellini, Teodulo

*Pistoia 2.4.1817, †Florenz 10.3. 1897; italienischer Komponist und Dirigent, lernte erst in Pistoia und 1833—36 am Istituto Musicale in Florenz, später unter Mercadante in Novara. In Florenz wurde er Direktor des Orchesters der Società Filarmonica und leitete dort mit einem hundertköpfigen Ensemble die Concerti Popolari. Er stellte zahlreiche deutsche und österreichische Symphonien vor, bis er 1847 als Maestro di cappella an den Großherzoglichen Hof ging und ein Jahr darauf Dirigent am Teatro della Pergola wurde. Von 1860 bis zu seinem Todesjahr besetzte er einen Lehrstuhl für Komposition am Istituto Reale Musicale 'Luigi Cherubini'.

Macal, Zdenek

*Brno 8. 1. 1936; tschechischer Dirigent, wurde am Konservatorium von Brno und der Janáček Akademie für Musik ausgebildet. 1963 debütierte er in Olmütz; 1966 gewann er den 1. Preis im Mitropoulos Dirigenten-Wettbewerb in New York. 1970—1974 war er Chefdirigent des Rundfunkorchesters des Westdeutschen Rundfunks; 1980 wurde er zum Chefdirigenten des NDR-Orchesters Hannover gewählt. Er ist ein gern gesehener Dirigent in Europa und den USA.

Mackenzie, Sir Alexander

*Edinburgh 22.8.1847, †London 28.4. 1935; schottischer Komponist und Dirigent, Schüler von Ulrich und Stein in Schwarzburg-Sondershausen (Violine und Theorie) und später an der Royal Academy of Music in London bei Lucas, Sainton und Jewson. 1870 wurde er an der St. George's Church in Edinburgh Kantor und drei Jahre später Dirigent der Scottish Vocal Music Association. Nach einem längeren Aufenthalt in Florenz, wo er viel komponierte, ging er 1885 nach London zurück. Dort wurde eines seiner Oratorien nach der Aufführung durch die Novello Oratiorio Concerts so gefeiert, daß er zum Dirigenten dieser Konzerte ernannt wurde. 1888—1924 leitete er die Royal Academy of Music und war 1892—99 auch Dirigent der Philharmonic Society sowie auch Vorsitzender der Internationalen Musikgesellschaft (1908—12). Auch dirigierte er die Royal Choral Society.

Mackerras, Sir Charles

*Schenectady (N. Y.) 17.11.1925; englischer Dirigent und Oboist australischer Herkunft, studierte am New South Wales Conservatorium in Sydney und wurde 1945 1. Oboist beim dortigen Symphonieorchester (bis 1947). Danach erhielt er in Prag Dirigierunterricht bei Talich (bis 1948) und ging anschließend als Dirigent an die Sadler's Wells Opera nach London (bis 1954) und zum BBC Concert Orchestra (1954—56). Bis er wieder ein festes Engagement als 1. Kapellmeister an der Hamburgischen Staatsoper annahm (1966—69), war er als Gastdirigent in Europa, Kanada, Australien und Südafrika tätig. Als Musikalischer Direktor wechselte er an die Sadler's Wells Opera (jetzt English National Opera), blieb dort bis 1977 und war danach zwei Jahre lang ständiger Gastdirigent des BBC Symphony Orchestra. Seit 1969 wirkt er regelmäßig in Boston, Chicago und bei anderen amerikanischen Orchestern.

Maclean, Alick

*Eton 20.7.1872, †London 18.5.1936; englischer Komponist und Dirigent, in Eton musikalisch ausgebildet. Neben seiner kompositorischen Arbeit war er ab 1899 Musikdirektor bei Charles Wyndham und 1911 bei der Spa Company in Scarborough. Weiterhin dirigierte er zwischen 1915 und 1923 die Chappell's Ballad Concerts in der Londoner Queen's Hall.

MacMillan, Sir Ernest

*Mimico (Ontario) 18.8.1893, †Toronto 6.5.1973; kanadischer Dirigent, Komponist und Organist, studierte Musik in Toronto und später bei Niecks (Theorie) in Edinburgh, weiterhin 1911—14 in Toronto Geschichte. Nach der Internierung in Ruhleben bei Berlin — er hatte 1914 die Bayreuther Festspiele besucht und war dort verhaftet worden (Kriegsbeginn) — kehrte er 1919 nach Toronto zurück und wurde Organist und Chorleiter an der Timothy Eaton Memorial Church.
1931—56 dirigierte er das Symphonieorchester in Toronto, wo er von 1942—57 auch den Mendelssohn Choir leitete. Als Gast dirigierte er in sehr vielen amerikanischen Städte, in Australien (1945) und Brasilien (1946).

Auch durch seine Arbeit im Canadian Music Council (1948—69) machte er sich um die Erweiterung des musikalischen Lebens in Kanada verdient.

Maderna, Bruno

* Venedig 21. April 1920, † Darmstadt 13. 11. 1973; italienischer Komponist und Dirigent, studierte an den Konservatorien in Rom und Venedig, wo er zwischen 1947 und 1950 Komposition lehrte. Kompositorisch beschäftigte er sich selbst häufig mit der Zwölftontechnik. Sein Dirigentendebüt gab er 1950 in München, 1958—67 leitete er das Internationale Kammerensemble in Darmstadt und war ab 1972 Chefdirigent des Symphonieorchesters der RAI in Mailand. Weiterhin trat er öfters als Gastdirigent europäischer und amerikanischer Orchester in Erscheinung und arbeitete seit 1956 beim elektronischen Studio di Fonologia Musicale (RAI) mit.

Märzendorfer, Ernst

* Oberndorf 26. 5. 1921; österreichischer Dirigent, nach dem Studium in Graz dirigierte er an der dortigen Oper. 1953 wechselte er zum Salzburger Mozarteum, und 5 Jahre später an die Berliner Stadtoper. 1966 wurde er Dirigent an der Wiener Staatsoper; seit 1971 ist er zudem ständiger Dirigent an der Wiener Volksoper. Seit seinem amerikanischen Debut 1965 dirigierte er auch regelmäßig in den USA.

Mága, Otmar

* Brno 30. 6. 1929; tschechoslowakischer Dirigent, Sohn deutsch-ungarischer Eltern. Mit 16 Jahren ging er mit ihnen nach Deutschland, wo er an der Stuttgarter Hochschule für Musik und an der Tübinger Universität studierte. Danach studierte er in Siena bei Paul van Kempen und Sergiu Celibidache Dirigieren; anschließend setzte er sein Dirigier-Studium bei Ferdinand Leitner in Stuttgart fort. 1963 wurde er zum Chefdirigenten der Göttinger Symphonie ernannt, 1967 übernahm er den gleichen Posten in Nürnberg. Von 1970—82 war er schließlich Generalmusikdirektor der Bochumer Symphoniker. Mága trat auch als Gastdirigent bei verschiedenen Orchestern in Italien und Frankreich auf und war ständiger Gastdirigent am NHK Symphonie Orchester in Tokio.

Mahler, Fritz

* Wien 16. 7. 1901, † Winston-Salem 18. 6. 1973; österreichisch-amerikanischer Dirigent, Neffe von Gustav Mahler, studierte in Wien bei Schönberg, Anton von Webern und Alban Berg Komposition, bei Guido Adler an der Wiener Universität Musiktheorie (1920—24) und bei Leopold Reichwein Dirigieren. Er dirigierte Sommerorchester in Bad Hall (1924—26) und auch Operette an der Wiener Volksoper; 1930—35 das Radioorchester in Kopenhagen. Nach seiner Emigration in die USA 1936 unterrichtete er an der Juilliard Summer School. Nach dem Krieg dirigierte er das Erie Philharmonic Orchestra und schließlich von 1953—64 das Hartford Symphonic Orchestra.

Mahler, Gustav

* 7. Juli 1860 Kalischt (Böhmen), † 18. 5. 1911 in Wien; österreichischer Komponist und Dirigent, lernt 1866 Klavier spielen; 1868 Musikunterricht. Kennt angeblich 200 Volkslieder. Entscheidende Eindrücke durch die nahe Kaserne (Märsche, Trompetensignale); 1870—1875 Gymnasium in Iglau; 1871 Aufenthalt in Prag; 1875 Konservatorium in Wien. Freundschaft mit Hugo Wolf; 1876 Komponiert u. a. «Klavierquartett», «Violinsonate»; 1878 Abschluß mit Preisen für Klavier und Komposition. Abitur in Iglau. Universität in Wien. Harmonielehre, Vorlesungen bei Bruckner. Beginnt «Das klagende Lied»; Klavierauszug der «Dritten Symphonie» Bruckners; 1879 Iglau, Wien, Ungarn (Klavierlehrer auf einem Gut). Beginnt Märchenoper: «Rübezahl»; 1880 reicht «Das klagende Lied» zum Beethoven-Preis der Wiener «Gesellschaft der Musikfreunde» ein: abgelehnt. Sommer: Kurkapellmeister in Bad Hall (Oberösterreich). Plant Oper: «Die Argonauten». Fünf «Lieder und Gesänge aus der Jugendzeit» (bis 1883); 1881—1882 Theaterkapellmeister in Laibach; 1882 Wien. Arbeit an «Nordische Symphonie», «Rübezahl»; 1883 Kapellmeister in Olmütz. April: Chordirigent am Wiener Carltheater (italienische Stagione). Fahrt nach Bayreuth («Parsifal»). Ab Juni: Kapellmeister in Kassel. «Lieder eines fahrenden Gesellen» (bis 1885); 1884 «Erste Symphonie» (bis 1888). Musik zu Scheffels «Trompeter von Säckinger»; 1885: dirigiert Mendelssohn-Bartholdys «Paulus» bei Musikfest. August: Zweiter Kapellmeister in Prag (Direktor: Angelo Neumann); 1886 Zweiter Kapellmeister in Leipzig (neben Arthur Nikisch); 1887 Bearbeitung der unvollendeten Weber-Oper «Die drei Pintos». «Zweite Symphonie» (1887—94);1888 Oktober: Direktor der kgl. ungarischen Oper in Budapest. Neun «Lieder und Gesänge aus der Jugendzeit» (bis 1892, aus «Des Knaben Wunderhorn«); 1889 Tod der Eltern. Muß für Geschwister aufkommen. Uraufführung der «Ersten Symphonie» in Budapest am 20. November; 1890 Reise mit der Schwester Justine nach Italien; 1891 Rücktritt in Budapest. Ab 1. April: Erster Kapell-

«. . . Ganz anders wird uns bei Mahler zumute, diesem heftigen, strengen, jüdischen Mann. Noch immer reichen die Ohren nicht aus, um mit diesem

meister am Stadttheater in Hamburg (Direktor: Bernhard Pollini). Hans von Bülow ehrt ihn; 1892 Juni: dirigiert Opernstagione des Hamburger Theaters in London («Fidelio», «Tristan und Isolde», «Der Ring des Nibelungen»). Freundschaft mit Bruno Walter. Zwölf Lieder aus «Des Knaben Wunderhorn» (bis 1895); 1893: verbringt bis 1896 seine Ferien am österreichischen Attersee («Ferienkomponist»); schreibt dort in den nächsten Jahren seine «Zweite» und «Dritte Symphonie»; 1894 Bülow stirbt; Mahler übernimmt dessen philharmonische Konzerte. Begegnung mit Brahms in Bad Ischl (ebenso 1896). Aufführung der «Ersten Symphonie»in Weimar (auf Initiative von Richard Strauss). Abermals nach Bayreuth; 1895 Hamburg, 13. Dezember: Uraufführung der «Zweiten Symphonie» in Berlin. «Dritte Symphonie» (1895 bis 1896); 1896 Arthur Nikisch, Weingartner und Schuch setzen einzelne Symphoniesätze Mahlers auf ihre Programme; 1897 Konzerttournee nach Rußland und Polen. März: Drei Sätze der «Dritten Symphonie» aufgeführt. April: Mahler verläßt Hamburg. Übertritt zum Katholizismus. 11. Mai: Dirigiert zum erstenmal an der Wiener Hofoper («Lohengrin»). 8. Oktober:

Großen zu fühlen und ihn zu verstehen . . .» Ernst Bloch, 1917 in «Geist der Utopie». — «In ihm ist Liebe.» Hans Pfitzner, 1910.

Direktor der Wiener Hofoper; 1898 Dirigent der Philharmonischen Abonnementskonzerte (bis 1901). «Das klagende Lied» (2. Fassung, ohne das Waldmärchen); 1899: erwirbt Grundstück in Maiernigg (Wörthersee). Dirigiert «Erste» und «Zweite Symphonie» in Frankfurt und Wien. Zwei Lieder aus «Des Knaben Wunderhorn» («Der Tamboursg'sell, Revelge.») «Vierte Symphonie» (1899—1900); 1900 Reise mit den Wiener Philharmonikern nach Paris. «Zweite Symphonie» in München; 1901 Schwere Krankheit. Uraufführungen von «Das klagende Lied» (Wien) und der «Vierten Symphonie» (München). Rücktritt von der Leitung der Philharmonischen Abonnementskonzerte. Sommermonate in Maiernigg am Wörthersee (bis 1907). November: Begegnung mit Alma Schindler. «Fünf Rückert-Lieder» (bis 1904). «Fünfte Symphonie» (1901—02). «Kindertotenlieder» (bis 1904); 1902, 9. März: heiratet Alma Schindler in Wien. Uraufführung der «Dritten Symphonie» (Krefeld). Geburt der Tochter Maria Anna. Verbindung zu Künstlern der «Secession» (Klimt, Moser, Hoffmann); 1903 Konzertreisen nach Wiesbaden, Basel, Amsterdam (erste Begegnung mit Mengelberg), Lemberg. «Sechste Symphonie» (1903—04). Beginn der Zusammenarbeit mit Alfred Roller. Hugo Wolf stirbt; 1904 Konzerte in Köln (Uraufführung der «Fünften Symphonie»), Mannheim, Weimar, Frankfurt, Amsterdam, Den Haag und Leipzig. Geburt der Tochter Anna Justina. «Siebente Symphonie» (1904—05); 1905 Aufführungen der «Fünften Symphonie» in Straßburg, Wien, Mainz. Konzerte in Triest, Berlin, Hamburg, Breslau. Uraufführung der «Kindertotenlieder» (Wien). Mit Strauss bei der «Salome»-Erstaufführung in Graz. Bekanntschaft mit Pfitzner (Aufführung der «Rose vom Liebesgarten»); 1906 Uraufführung der «Sechsten Symphonie» (Essen). Konzertreise nach Antwerpen und Amsterdam. Juli: dirigiert «Figaros Hochzeit» bei Mozart-Fest in Salzburg. «Achte Symphonie» (1906—07); 1907 Januar: Konzerte in Berlin, Frankfurt. März: Konzerte in Rom, Brünn, St. Petersburg. Krise in Wien (Pressekampagne). Oktober bis November: Konzerte in Wiesbaden, St. Petersburg, Helsinki. 5. Juli: Tod der Tochter Maria Anna. Herzkrankheit festgestellt. Schwere Krise. 15. Oktober: Dirigiert zum letztenmal an der Hofoper («Fidelio»). Lösung des Vertrags mit der Wiener Oper. Abreise aus Wien am 9. Dezember. Einladung und Reise nach Amerika; 1908 Dirigent der Metropolitan Opera Company. Konzerte in Philadelphia und Boston. Aufführung der «Zweiten Symphonie». Mai: Europa (Konzert in Wiesbaden). Sommermonate in Toblach (bis 1910). September: Uraufführung der «Siebenten Symphonie» (Prag). Oktober—November: Konzerte in München, Berlin, Hamburg, Amsterdam und Paris. Rückkehr nach Amerika (Metropolitan Opera und Konzerte). «Das Lied von der Erde», «Neunte Symphonie» (1908—09); 1909 Frühjahr: Konzerte in Paris (Rodin modelliert Mahler-Büste), Amsterdam. Sommer: Dritte Amerika-Reise. Dirigient der New Yorker Philharmoniker. Dirigiert zahlreiche Konzerte in New York, Buffalo, Philadelphia, Springfield, Brooklyn. Bearbeitung von Bach-Suiten, Beethoven- und Schumann-Symphonien. Arbeit an der «Zehnten Symphonie» (Adagio-Satz 1910 vollendet); 1910 April: Rückkehr nach Europa. «Zweite Symphonie» in Paris. Mai: Konzert in Rom. Vertrag mit der Universal-Edition in Wien. Erwirbt Grundstück am Semmering. Sommer: Krise um Alma. Konsultation Sigmund Freuds in Leiden. 12. September: Uraufführung der «Achten Symphonie» in München. Fieberanfälle. Konzerte in Leipzig, Köln. November: vierte Überfahrt nach Amerika. Dirigiert 48 Konzerte; 21. Februar 1911: letztes Konzert Mahlers. April: Rückkehr des Todkranken nach Europa. In Paris ergebnislose Behandlung des Leidens. Mai: Rückkehr nach Wien. 18. Mai: Tod Gustav Mahlers.

Malko, Nikolaj

* Brailow (Podolien) 22. April 1883, † Sydney 23. 6. 1961; russischer Dirigent, studierte in St. Petersburg an der Universität Philologie und am Konservatorium bei Rimskij-Korsakow, Ljadow und Tscherepnin, Schüler Mottls in München. Neben seiner Lehrtätigkeit an den Konservatorien in Moskau und Leningrad wirkte er als Operndirigent und ab 1926 als Dirigent der Leningrader Philharmonie. 1928—32 leitete er Rundfunkkonzerte in Kopenhagen, ab 1938 wirkte er als Dirigent in den USA und 1954—56 in Leeds. Dann übernahm er in Sydney das Symphonieorchester.

Maksymink, Jerzy

* Grodno 9. 4. 1936; polnischer Dirigent, studierte am Warschauer Konservatorium Komposition und Dirigieren und gewann mehrere Preise für seine Kompositionen. Seine Laufbahn als Dirigent begann beim Polnischen Nationalen Radiosymphonieorchester in Katowice. Mit dem von ihm 1972 gegründeten Polnischen Kammerorchester Warschau unternahm er mehrere Tourneen. Seit seiner Ernennung zum Ersten Dirigenten des Schottischen Symphonieorchesters der BBC in Glasgow pendelt er zwischen Polen und Großbritannien hin und her.

Mancinelli, Luigi

* Orvieto 5. 2. 1848, † Rom 2. 2. 1921; italienischer Dirigent und Komponist, kam eher zufällig 1874 nach einem Engagement als Cellist und Konzertmeister am Teatro Morlacchi als Dirigent an das Teatro Apollo nach Rom. In Bologna war M. anschließend (1881—86) Direktor des Liceo musicale, Kapellmeister am Teatro Communale und an San Petronio. Zwischen 1886 und 1888 leitete er Konzerte am Drury Lane Theatre in London und hielt 1888—1905 den Posten als Chefdirigent am Covent Garden. In dieser Zeit dirigierte er auch lange Zeit an der Madrider Oper und erhielt 1893 (bis 1902) noch den Titel des Chefdirigenten an der Metropolitan Opera in New York, was nur möglich war, weil sich die Spielzeiten nicht überschnitten (New York im Winter). 1906—12 ging er als Hauptdirigent an das neueröffnete Teatro Cólon nach Buenos Aires.

Manns, Sir August Friedrich

* Stolzenberg (Pommern) 12. 3. 1825, † Norwood (London) 1. 3. 1907; deutscher Dirigent, begann nach dem Klarinettenspiel in einer Danziger Militärkapelle (1848 auch Posen) seine Dirigentenlaufbahn als Kapellmeister bei Kroll in Berlin (1849—51), woraufhin er in Köln und Königsberg wieder Militärkapellen leitete und Konzerte «á la Strauss» dirigierte (mit Streichern). Nach diesen Jahren beim 33. Preußischen Regiment wechselte er für kurze Zeit als assistierender Dirigent an den Crystal Palace nach London (1854). Ein Jahr darauf leitete er dort die Samstagskonzerte (bis 1901) mit einer großen Besetzung, die ihm guten Erfolg bescherten, denn es standen zahlreiche Erstaufführungen und selten gespielte Werke Haydns, Mozarts und Beethovens auf dem Programm sowie chronologische Zirkel der Schubert- und Schumann-Symphonien. Wichtigstes Engagement außerhalb seiner Arbeit am Crystal Palace waren seine Konzerte mit dem Glasgow Choral Union Orchestra (1879—87).

Mannstädt, Franz

* Hagen 8. 7. 1852, † Wiesbaden 18. 1. 1932; deutscher Dirigent, nach seinem Studium am Sternschen Konservatorium in Berlin fungierte er als Hans von Bülows stellvertretender Dirigent in Meiningen und dirigierte einige Konzerte der Berliner Philharmoniker. Mit ihnen ging er auch 1885 auf eine größere Tournee. Danach nahm er in Wiesbaden die Stelle eines Hofdirigenten an; 1924 trat er zurück.

Marinuzzi, Gino

* Palermo 24.3.1882, † Mailand 17.8. 1945 (ermordet); italienischer Dirigent und Komponist, studierte am Konservatorium seiner Heimatstadt und machte sich am Teatro Massimo in Catania mit seinen Wagner- und Strauss-Aufführungen schnell einen Namen als Dirigent. Bis 1914, als er sein Debüt an der Mailänder Scala gab, dirigierte er in Mantua, Palermo, Madrid und Paris sowie 1913 am Teatro Colón in Buenos Aires den «Parsifal». 1915—18 war er Direktor des Liceo musicale in Bologna, gab 1917 die Uraufführung von Puccinis «Rondine» in Monte Carlo und wurde 1919 zum Künstlerischen Direktor der Chicago Opera Association ernannt (bis 1921). Danach wirkte er wieder als Dirigent in Rom (1928—34), unternahm 1940 eine Konzertreise mit dem Orchester Maggio Musicale, Florenz, durch Deutschland und gab seine letzte Vorstellung 1944 an der Mailänder Scala.

Marinuzzi, Gino

* New York 7. 4. 1920, italienischer Komponist und Dirigent, Sohn von Gino M., studierte am Konservatorium in Mailand (bis 1941) und erhielt 1946 eine Anstellung als assistierender Dirigent am Teatro dell'Opera in Rom (bis 1951). Mit der Ballett-Abteilung der Römischen Oper gab er während einer Spanien-Tournee 1947 sein Debüt als Dirigent. In der Folgezeit befaßte er sich vorwiegend mit der Komposition und als einer der ersten Musiker in Italien mit den Möglichkeiten elektronischer Musik.

Markevitch, Igor

Er war ein Mann der klaren Entscheidung. Er brauchte sie, denn sie gehörte zu seinem Wesen, und er fällte sie, bevor er dazu gezwungen wurde. In seinen Lebenserinnerungen vermittelt Igor Markevitch dem Leser das Bild einer faszinierenden, starken Persönlichkeit, der die erstaunlichen frühen Erfolge beinahe von allein zuzufallen schienen. Die Memoiren, vor allem die beiden Bände «Made in Italy» (1946) und «Être et avoir été» (1980), offenbarten gewiß auch innere Kämpfe und Zerreißproben.

Igor Markevitch war mit einer doppelten, ja sogar mit einer dreifachen Begabung gesegnet, rechnet man sein lite-

rarisches Talent hinzu. Die Tür zur Komponistenkarriere stand ihm von Anfang an offen; seine ersten Kompositionen waren mehr als Frühwerke, denen der jugendliche Elan zu einigen Glückstreffern verholfen hatte.
Siebzehn Jahre alt, arbeitete er an «L'Habit du Roi», einem Ballettwerk, das ein Vierteljahrhundert vor John Cage das Zufallsprinzip einbezog. 1929, nach dem Tod des Förderers Diaghilew, wurde das Konzept leider verworfen. Drei Jahre später verwendete er für sein «L'Envol d'Icare» Vierteltonstrukturen, was ebenfalls noch von echtem Pioniergeist zeugte. An Ideen mangelte es also nicht, als Igor Markevitch 1944 das Komponieren völlig aufgab, und sein Dirigierlehrer Hermann Scherchen äußerte den Verdruß darüber besonders unverhohlen: Er hielt seinen Schüler für den bedeutendsten Komponisten der Gegenwart, der sich «dummerweise darauf kapriziere, nur noch Dirigent zu sein». Lange Zeit gab es Diskussionen über die Gründe für dieses scheinbar irrationale Brachlegen einer vielversprechenden Gabe. Vor allem, weil dies mit einer solchen Konsequenz geschah, daß er sich lange Zeit sogar weigerte, eigene Werke überhaupt aufzuführen. Man muß sich diesen Vorgang etwa so vorstellen, als hätte beispielsweise Gustav Mahler nach der Premiere seiner Vierten Symphonie erklärt, er wolle sich fortan nur noch dem Nachschaffen widmen. Gleichermaßen bedauerlich erscheint uns heute der Rückzug Igor Markevitchs, den Josef Heinzelmann 1982 so umschrieb: «Sein Scheitern ist ... epochal. Sollte er eine Welt, die sich im Wahn selber zerstörte, anders als körperlich überleben? Die seine Botschaft, die Besinnung auf die höhere Bestimmung des Menschen (dies Inhalt der Botschaft und ihre Form zugleich) nicht hören wollte? Welche Abdankung des Künstlers, für seine Ideale in der Untergrundbewegung (wenn auch kaum mit der Waffe in der Hand) kämpfen zu müssen, auch welche Radikalität des Denkens, das geliebte und erfolgreiche Beschäftigungen einfach aus dem eigenen Leben verbannt! In einem Maße, daß Markevitch seine frühere Existenz zwar nie verleugnet, aber doch erst an einem Zeitpunkt sich wieder mit ihr beschäftigt hat, wo er seine anderen 'Aufgaben' abgeschlossen hatte.»
Der Musikkritiker Harold S. Schonberg wies nach, daß es in Rußland um das internationale Renommee der Dirigenten nicht gut bestellt war. Neben Kussewitzky, Horenstein, Kondraschin und Mrawinsky stach bisher kein Name besonders hervor, und eigentlich gehörte Igor Markevitch nicht einmal in diese Kategorie. Die Heimat Kiew nämlich, wo er am 27. Juli 1912 (nach dem Julianischen Kalender am 14. Juli) geboren wurde, verließen die Eltern bei Kriegsbeginn, übersiedelten erst nach Paris und zwei Jahre später in die Schweiz, weil der Vater hoffte, dort seine Tuberkulose-Krankheit auskurieren zu können. Boris Nikolaiewitsch Markevitch starb 1923, doch der Pianist hatte pädagogisches Talent besessen und seinem Sohn durch sehr frühen Unterricht bereits den Zugang zum Klavierspiel ermöglicht. Paul Loyonnet und E. R. Blanchet setzten das Werk des Vaters fort, bis Alfred Cortot den jungen Igor Markevitch 1926 an die Ecole Normale de Musique nach Paris holte. Die Komponistin Nadia Boulanger und er selbst äußerten sich mehrmals erstaunt über die rasche Auffassungsgabe ihres Schülers; Neid und Respekt vor dem «Wunderkind» hätten sich in der Klasse die Waage gehalten.
Das dreisätzige Klavierwerk «Noces» bildete 1927, zwei Jahre nach seinem Entstehen und ein Jahr vor dem Diplom an der Ecole Normale, den Ausgangspunkt in der Reihe der etwa fünfundzwanzig Kompositionen. Besonders die Freundschaft zu dem Choreographen Sergej Diaghilew — die man sich etwa so vorzustellen hat wie die Beziehung eines Sohnes zu seinem Vater — nahm großen Einfluß auf das Vorwärtsstreben des jungen Komponi-

Igor Markevitch wirkte auf Orchester und Publikum durch die faszinierende optische und geistige Ausstrahlung seiner Persönlichkeit.

sten. Ein in der Londoner «Times» veröffentlichter Brief Diaghilews feierte Markevitch als «Überwinder einer skandalösen Periode», als «unzweifelhafte Geburt einer Generation, die gegen die Pariser Orgien protestieren kann». Gemeinsame Reisen mit dem Protektor führten ihn noch 1929 nach Baden-Baden, München, wo er Richard Strauss kennenlernte, und nach Salzburg. Diaghilew sorgte noch kurz vor seinem Tod für einen europaweiten Ruf des Schützlings.
Zahlreiche Ur- und Erstaufführungen folgten in den nächsten Jahren («Cantata» am 4. Juni 1930 unter Desormière in Paris, «Concerto Grosso» am 8. Dezember 1930, die Erstaufführung desselben Werkes und des «Klavierkonzertes» am 22. April 1931 unter Hans Rosbaud in Frankfurt, die konzertante Uraufführung des «Rébus» am 15. Dezember 1931 mit dem Orchestre Symphonique de Paris).
«Rébus» entstand als Ballettkomposition auf ein Bilderrätsel zu dem Sprichwort «Pauvreté n'est pas vice» (Armut schändet nicht). Es wurde nie getanzt, war aber für ihn der Einstand in den zweiten Teil seiner Laufbahn, weil er damit als Dirigent debütierte. Zunehmend verlangsamte sich das Tempo seiner kompositorischen Tätigkeit; deren Höhepunkt 1933 bereits überschritten war. Gerade bei «L'Envol d'Icare» kämpfte er mit großen Schwierigkeiten, die nicht nur mit der Umsetzung der Thematik zu tun hatten: Allein der starke Wille befreite Igor Markevitch von der Gefahr, in eine Opium-Abhängigkeit zu geraten.
Nachdem er einige Tage dem Rückfall widerstanden hatte, schrieb er: «Der . . . durchgestandene Kampf bewirkte jetzt eine lebhafte moralische Exaltation. Daß ich durch die gewaltsame Seite der Erfahrung immunisiert worden war, trieb mich dazu, eine ebenso harmonische Aufteilung meiner Energie zu wünschen, ohne künstliche Hilfe . . . Eine wachsende Intimität mit der Natur sollte mir helfen, über die Opiumentwöhnung hinaus, durch eine tiefe Verfeinerung die Tonfiguren als Ausdruck einer Welt zu begreifen, in der nicht nur der Himmel in die Erde eindrang, sondern diese ihm die Arme entgegenstreckte.» Igor Markevitch erkannte das Wesen der Obertöne, ihre Wichtigkeit für die Charakteristik eines Klanges und entschloß sich in der Arbeit am «Icare» dazu, «eine Instrumentengruppe in meinem Orchester einzuführen, die anders gestimmt sein sollte als das übrige Ensemble und deren einzige Funktion es war, das zu korrigieren, was das Ohr verfälscht, die Akkorde zu entfalten, als Feder oder Stütze zu dienen. Diejenigen, die 'Icare' mochten, fanden seine Sonorität 'magisch'. Ich glaube, daß diese Magie nichts anderes als 'Richtigkeit' war, aber es stimmt, daß nichts magischer erscheint als eine unerwartete Richtigkeit.» Das Prinzip der Vierteltonstrukturen war gefunden, wenn Igor Markevitch es auch danach nicht mehr anwendete und sogar erklärte: «Aus Neigung zur Genauigkeit muß ich hinzufügen, daß ich, als ich einige Jahre später die Partitur überarbeitete, die kleine Familie der Richtigsteller (Violinen) wegfallen ließ, da ich inzwischen in den Instrumenten selbst die besonderen Noten gefunden hatte, die ich brauchte.» Der Freund Jean Cocteau nannte den «Icare» 1935 «ein erstaunliches Werk, stumm, lärmend, jungfräulich, imstande, die Nerven des Zuhörers anzuspannen bis zum Verbrechen, bis zu jener schrecklichen Beklemmung, die uns mitten im Publikum einsam macht und die uns den Auftritt des Engels des Neuen verkündigt».
Bis zum Eintritt Italiens in den Zweiten Weltkrieg (1940) intensivierte sich die Kompositionsarbeit Igor Markevitchs noch einmal. Neben dem Oratorium «Le Paradis perdu» (1935) stellte er die «Sinfonia Concertante» 'Le Nouvel Age' (1937) fertig, die er im Jahr darauf auch in der Fassung für zwei Klaviere erarbeitete. Das Dirigieren jedoch nahm nun immer breiteren Raum ein. Nach einer Vorstellung mit dem Concertgebouw Orkest in Amsterdam belegte er 1934 bei Hermann Scherchen mehrere Kurse und leitete 1938 in Warschau sein erstes vollständiges Konzertprogramm. «Le Nouvel Age» war ohnehin vom Publikum nicht gerade bejubelt worden, zwei schwere Krankheiten hinderten ihn an der Arbeit, und während des Krieges wirkte er aktiv im italienischen Kommitee der Nationalen Befreiung (CLN), komponierte eine Partisanenhymne und schrieb Aufrufe zur Sabotage des faschistischen Regimes.

Markevitch war ein großer Pädagoge, der u. a. am Mozarteum in Salzburg, in Mexiko und am Moskauer Konservatorium unterrichtete.

Noch 1944, kurz nach der Befreiung Italiens, beauftragte die Leitung der britischen Armee Igor Markevitch, den Florentiner Maggio Musicale zu reorganisieren, und dieser Posten als Musikdirektor war nach einigen Gastspielen in den Jahren zuvor der eigentliche Ausgangspunkt für die zweite Karrie-

re. Als Dirigent bei Konzerten in Mailand, Rom und Venedig half er beim Wiederaufbau des Musiklebens, zog aber schon 1946 seine Kreise weiter bis Belgien, Portugal und Spanien. Rasch festigte sich auf diesem Gebiet sein Ruf, so daß er bald eine ganze Reihe wichtiger Positionen angeboten bekam. Als Chef stand er nach- und nebeneinander folgenden Orchestern vor: dem Filharmoniska Orkester in Stockholm (1952 bis 1955), dem Orchestre symphonique de Montréal (1956 bis 1960), dem Philharmonischen Orchester in Havanna (1957 bis 1958), dem Orchestre Lamoureux in Paris (1957 bis 1961) und dem spanischen Rundfunk- und Fernsehorchester in Madrid (1965 bis 1969). Außerdem leitete er 1968 bis 1973 als Künstlerischer Direktor die Oper und das Symphonieorchester in Monte Carlo und ab 1973 in der Nachfolge Previtalis den Chor und das Orchester der Accademia Nazionale di Santa Cecilia in Rom. Daß er erst 1978 in Brüssel wieder den «Icare» und «Le Paradis perdu» dirigierte, zeigt, wie sehr er die Vergangenheit in den Hintergrund drängte.

Der Erfolg des Dirigenten Igor Markevitch konnte angesichts seiner enormen Ausdrucksfähigkeit nicht verwundern. Sensibel, aber nicht sentimental, elegant, doch nicht pathetisch, gestaltete der hochgewachsene schlanke Mann seine Interpretationen. Präzise bis ins kleinste Detail, maß er jedem Ton der Partitur Bedeutung zu, verlor dabei nie den übergreifenden Kontext aus den Augen. Rhythmisch federnd und dynamisch ausgewogen schuf er klare, unprätentiöse Strukturen und vermittelte dem Hörer — hierin lag vielleicht die größte Kunst — auf gleichem Wege den Eindruck, daß der Dirigent mit dem Werk und dem Komponisten in einer seelischen Verwandtschaft stehen müsse. Zu Cristóbal Halffter, Darius Milhaud oder Luigi Dallapiccola, besonders auch zu Peter Tschaikowsky und Igor Strawinsky empfand er diese Nähe. Kaum zufällig besaß Strawinskys «Sacre», jenes Werk, das eine ganze Publikumsgeneration kurzzeitig in Aufruhr versetzte, eine so große Bedeutung für diesen Dirigenten. Vergleicht man verschiedene Schallplatteneinspielungen, so zeigt sich, daß kein anderer Kollege, nicht einmal der Komponist selbst, das Orchester für das «Sacre» so zu beflügeln vermochte.

Igor Markevitch dirigierte körperlich gelassen, predigte immer wieder: «Es gibt ein striktes Verbot, auf dem Podium zu schwitzen; der Schweiß ist unnötig, veraltet, fast mittelalterlich.» Ergriffenheit und Erregung übertrugen sich auf beinahe suggestive Weise auf die Musiker. Ein klares ästhetisches Verständnis sorgte für die straffe Form. Friedrich Herzfeld schrieb: «Der Wille zum Objektiven stammt hier nicht aus einem unbeteiligten Beiseitestehen, sondern im Gegenteil aus einem dämonischen Zwang zum Erkennen, Erfassen und Gestalten der Werkgegebenheiten. Alle subjektiven Kräfte der Dirigentenpersönlichket verbrennen sich im Zug zum Objektiven.»

Während zahlreicher Kurse und Vorträge gab Igor Markevitch seine Erfahrung weiter. Am Salzburger Mozarteum und in Mexiko unterrichtete er, 1963 schließlich auch in Moskau, wo ihm eigens ein Lehrstuhl am Konservatorium eingerichtet wurde. Erst ab 1960 übrigens trat er in der Sowjetunion bei Konzerten auf. Seinen Schülern verstand er einfache, doch wichtige Regeln mit auf den Weg zu geben: «Seien Sie sich klar bis zum Schluß, daß es gewisse Augenblicke gibt, wo das Orchester aus Gewohnheit oder Begnadung allein spielt. Hier ist es klug, sich nicht einzumischen. Seien Sie dann nur wachsamer Zeuge dieses Wunders, das sich vor Ihnen vollzieht.» Sein jüngster Sohn Oleg, der als Künstlernamen den seiner Mutter Topazia Caetani wählte, hat den Unterricht des Vaters zu einer ebenfalls vielversprechenden Dirigentenlaufbahn genutzt.

Als Igor Markevitch sich Mitte der siebziger Jahre wegen einer chronischen Krankheit, die den Gehör- und Gleichgewichtssinn störte, immer mehr vom Pult zurückzog, widmete er sich einem schon 1969 begonnenen Projekt mit ganzer Kraft: einer enzyklopädischen Edition aller neun Beethoven-Symphonien. Siebzigtausend Korrekturen gegenüber den früheren Ausgaben, dazu Analysen und Kommentierungen, sollte dieses Werk umfassen, das er leider nicht mehr ganz zu Ende führen konnte. Eine letzte Konzertreise durch Japan und die Sowjetunion hatte zuviel Kraft gekostet. Am 7. März 1983 starb Igor Markevitch an akutem Herzversagen in einem Krankenhaus im südfranzösischen Antibes, in der Nähe seines Refugiums St. Cézaire. *DR*

Markowski, Andrzej

* Lublin 22. 8. 1924; polnischer Dirigent, studierte 1939—41 bei A. Malawski in Lublin. Nach seiner Beteiligung am Warschauer Aufstand 1944 deportiert, konnte er erst 1946 am Londoner Trinity College seine Arbeit fortsetzen, 1947—55 studierte er Dirigieren bei W. Rowicki an der Warschauer Musikhochschule. Sein erstes Engagement führte ihn 1949 an das Stettiner Stadttheater, 1954/55 dirigierte er die Philharmonie in Posen, 1955 bis 59 das Symphonieorchester von Kattowitz. 1959—64 wirkte Markowski als Leiter der Krakauer Philharmonie, 1965—68 als Chefdirigent in Breslau; seit 1968 ist er der National-Philharmonie in Warschau als ständiger Dirigent verbunden. Markowski, dessen Einsatz für das Schaffen zeitgenössischer Komponisten besonders hervorzuheben ist, hat in vielen Ländern der Welt gastiert.

Marriner, Neville

Er ist ohne Zweifel eine Ausnahme unter den bedeutenden Dirigenten der Gegenwart, ein Sonderfall, was die Kontinuität seiner Arbeit betrifft, gleichzeitig ein Vorbild für Bescheidenheit, wie sie in diesem Beruf nicht eben häufig vorkommt. Seine englischen Landsleute nennen es «Understatement», wenn jemand die eigene Leistung untertreibt, doch Neville Marriner nimmt seiner Zurückhaltung den Ruch des Selbstzwecks. «Wir beschlossen», sagte er 1974, als er schon fünfzehn Jahre lang seine Academy of St. Martin-in-the-Fields geleitet hatte, «wie ein autonomes Ensemble zu spielen, in dem wir ein Repertoire pflegen, das wir physisch ohne Hilfe eines ‹menschlichen Metronoms› bewältigen können. Wir proben wie jede andere Kammermusikgruppe und stehen zu unserer Auffassung, ohne daraus eine sakrosankte Gültigkeit ableiten zu wollen.»

So sehr er sich dagegen sträuben mag und welche Posten er in Zukunft auch annehmen wird: Sein Name bleibt mit der Academy of St. Martin-in-the-Fields verbunden; er hat dieses Spitzenorchester aufgebaut und bis 1980 zu weltweiter Berühmtheit geführt. Der musikalische Standard war von Beginn an vortrefflich, und die Stilsicherheit entwickelte sich bei der Interpretation von Barockwerken sogar beispielhaft. Dies sowie das expansive Vorgehen des Ensembles, die ständig steigende Popularität auf dem europäischen Kontinent, mußten erstaunen, denn das Konzept hatte zunächst ganz anders ausgesehen. Weil nämlich in der Londoner Kirche St. Martin-in-the-Fields — und eigentlich nur dort — Konzerte stattfinden sollten, beauftragte 1959 eine Stiftung der Gemeinde den Geiger Neville Marriner, ein kleines Streichorchester zusammenzustellen.

Zu dieser Zeit war noch nicht an eine Dirigentenkarriere zu denken. Neville Marriner, der am 15. April 1924 im englischen Lincoln geboren wurde, steckte mitten in einer hoffnungsvollen Laufbahn als Violinist. Nach den Studien am Royal College of Music in London und am Pariser Konservatorium unterrichtete er ab 1947 am Eton College und ab 1952 am Royal College of Music. Daneben forcierte er sein Orchesterspiel im Martin String Quartet (1946 bis 1953), im Virtuoso String Trio (ab 1950) und im von ihm mitgegründeten Jacobean Ensemble (ab 1952). Seit 1956 wirkte Neville Marriner außerdem als Stimmführer der 2. Violinen im London Symphony Orchestra, und dort zeigten schließlich einige Kollegen die spontane Bereitschaft, ein Kammerensemble für die Londoner Kirche zu bilden.

Neville Marriner ist einer der erfolgreichsten Dirigenten der Gegenwart und das nicht nur wegen seiner unzähligen Schallplatteneinspielungen; und er ist dabei bescheiden geblieben.

Fünfzehn Streicher — zehn Violinen, je zwei Bratschen und Celli sowie ein Kontrabaß — formten das Rückgrat der Academy of St. Martin-in-the-Fields. Sie probten anfangs im Haus ihres Konzertmeisters Neville Marriner, um sonntags abends nach dem Gottesdienst zu spielen, doch schon bald erwuchs aus dem Provisorium eine feste Institution: nicht nur, daß das Orchester um sieben Holzbläser, vier Blechbläser und einen Paukisten erweitert wurde, die das Repertoire erheblich vergrößen halfen. Der französische Dirigent Pierre Monteux riet dem Konzertmeister obendrein zum Umsatteln ans Pult, und so nahm Neville Marriner Unterricht bei dem damaligen Chef des London Symphony Orchestra. Erst später zeigte sich, welche Möglichkeiten ihm dieser Schritt eröffnete.

Die «Academy», bei der höchstens der Name den Verdacht des Elitären wekken könnte, verschaffte sich schnell Respekt, besonders was den Interpretationsstil anlangte. Nicht mit historischen Instrumenten, wie es zur Zeit die Mode ist, wollte sie den ursprünglichen Charakter der Werke reproduzieren, sondern indem sie die Besetzung nach originalem Vorbild klein hielt. Der Vorteil dieser schlanken Eleganz lag (und liegt) vor allem in der feinen Transparenz des Klangbilds, die wiederum dem heutigen musikästhetischen Ideal entspricht. Hans Heinz Stuckenschmidt, der Berliner Musikkritiker, hat sich in der «Frankfurter Allgemeinen Zeitung» (14. 1. 1975) mit dem Problem der Werktreue des Ensembles am Beispiel der h-Moll-Messe von Johann Sebastian Bach beschäftigt, speziell mit dem Fehlen dynamischer Angaben in den Partituren. «Sicher ist nur», schrieb er, «daß Übertreibungen der Stärkegrade nach oben wie nach unten eher ein Merkmal des romantischen Geistes und demnach des 19. Jahrhunderts sind als eine Gepflogenheit des klassischen und vorklassischen Musizierens.» In der «antiromantischen und antipathetischen Bewegung der zwanziger Jahre» sei jedoch der Bach-Wiedergabe jeglicher

Ausdruck genommen worden: «Die Aufführungen ... waren so keimfrei und unschmackhaft wie destilliertes Wasser.»
Neville Marriner ging schon damals einen goldenen Mittelweg zwischen beiden Extremen und näherte sich offenbar dem historischen Original durch den Verzicht auf «donnernde Fortissimo-Wirkungen» weiter an. Dies geschah sicherlich auch zwangsläufig wegen des eingeschränkten Klangvolumens des kleinen Orchesters, aber man hatte sich ohnehin «Transparenz und Leichtgewicht» (Stuckenschmidt) auf die Fahnen geschrieben. Daß die Spannung dabei erhalten blieb, beruhte auf dem hohen technischen Niveau und dem Stilgefühl aller Musiker. Als der Academy of St. Martin-in-the-Fields ein für das Ensemble relativ großer Chor mit 26 Sopranen, 20 Alten, 12 Tenören und 14 Bässen angeschlossen wurde — handverlesenen Sängern übrigens aus den Konzertchören der englischen Hauptstadt — kam der Dirigierkunst Neville Marriners noch stärkere Bedeutung zu, einem Talent, das eher zufällig zutage getreten war.
Innerhalb kürzester Frist perfektionierte jener Kapellmeister, der so außergewöhnlich spät zu seiner Passion fand, das Handwerk; eine vollkommene Präzision kennzeichnet seine gesamte Takt- und Zeichengebung, das langjährige Orchesterspiel bewirkte gerade mit der «Academy» ein nahezu blindes Verständnis. Der Eindruck einer allzu großen Glätte, einer überfeinerten Kultiviertheit entstand zum Glück nur selten. Dann bemängelten einige Kritiker, Neville Marriner neige zum Beispiel in der Wiedergabe langsamer Sätze aus den Haydn-Symphonien zum bloßen Schönspielen: «Haydns so häufig durchschlagender Humor geht in Marriners Eilfertigkeit eines brillanten Funktionierens ab und an unter.» («Frankfurter Allgemeine Zeitung» vom 17. 4. 1980)
Aber dennoch: In keinem Fall stellten die «Mängellisten» den positiven Gesamteindruck eines Konzerts oder einer der über zweihundert Schallplattenaufnahmen in Frage, schon weil sie oftmals in einem individuellen Geschmackssinn wurzelten. Das außerordentliche Temperament erfreute ebenso wie die erstaunliche Flexibilität, mit der die «Academy» zunehmend mutiger an die unterschiedlichsten Epochen heranging und schließlich auch Werke von Strawinsky stilsicher interpretierte. In den einundzwanzig Jahren des Zusammenwirkens von Dirigent und Orchester entwickelte sich aus dem fest umrissenen Konzept ein Experimentierfeld. Noch nach dem Abschied Neville Marriners erschloß man gemeinsam neues Terrain und legte zum Beispiel 1984 mit der Gesamtaufnahme von Rossinis «Barbier von Sevilla» ein als sensationell eingestuftes Operndebüt vor. Es übertraf die von Claudio Abbado eingespielte Fassung, das bisherige Optimum, an instrumentaltechnischer Brillanz und sogar in den wichtigsten Vokalpartien. Den Figaro sang hier Thomas Allen, die Rosina Agnes Baltsa, den Grafen Francisco Araiza.
Auch nachdem die bisherige Konzertmeisterin Yona Brown das Amt Neville Marriners übernommen hat, besteht ein enger Kontakt zwischen der «Academy» und deren Gründer: Viele Tourneen wurden auch in jüngster Zeit dem Charakter eines gemeinsamen «Markenzeichens» gerecht. Der Wirkungsbereich des Dirigenten hat sich indes um ein Vielfaches vergrößert. Neben zahlreichen Gastauftritten bei den drei großen Londoner Orchestern, dem Orchestre de Paris, dem Amsterdamer Concertgebouw Orkest, der Tschechischen Philharmonie und der Staatskapelle Dresden sowie den führenden amerikanischen Orchestern (in Chicago, Boston, Cleveland und New York) zeichnete sich zunächst eine Mehrgleisigkeit ab. 1969 bis 1978 leitete er zusätzlich zur Academy of St. Martin-in-the-Fields das Los Angeles Chamber Orchestra und wirkte 1971 bis 1973 als Zweiter Dirigent beim Northern Symphony Orchestra in Newcastle. Mit dem Beginn der Saison 1979/80 trat Neville Marriner die Stelle als Musikdirektor beim Minnesota Orchestra, dem früheren Minneapolis Symphony Orchestra, an und löste dort Stanislaw Skrowaczewski ab, der das Ensemble neunzehn Jahre lang geleitet hatte. Zugleich wurde er zum Künstlerischen Direktor beim Meadow Brook Festival des Detroit Symphony Orchestra ernannt.
Schon mit der «Academy» hatte der vielgereiste Dirigent zahlreiche Gastauftritte in der Bundesrepublik absolviert, doch es überraschte, daß er zum Anfang der achtziger Jahre immer stärkere Bindungen an ein nicht englischsprachiges Land knüpfte: 1980/81 war er ständiger Gastdirigent des Radio-Sinfonie-Orchesters Berlin, wo er unter anderem mit seinem Osterkonzert, einer Aufführung von Bachs h-Moll-

Bei einer Probe mit dem Pianisten Alfred Brendel (l.) und der Sopranistin Jessye Norman (r.)

Messe mit dem kleinen Chor des Norddeutschen Rundfunks Hamburg, einen triumphalen Erfolg hatte. In der darauffolgenden Saison besetzte Neville Marriner die Position des «Principal Guest Conductor» beim Radio-Sinfonieorchester Stuttgart und wurde am 1. September 1983 als Nachfolger des verstorbenen Hans Müller-Kray dessen Chefdirigent.
Dieses Amt, das ihn bis 1987 bindet und vertraglich die Leitung von vier der acht Abonnementskonzerte vorsieht, wirkt nur vordergründig wie ein Bruch in der Laufbahn. In der Hauptsache bietet es dem Engländer nämlich die Chance, sein Repertoire zu erweitern, «im Hinblick auf die von ihm bisher nur sehr am Rande praktizierte Auseinandersetzung mit der Moderne, die er sich in der Geborgenheit einer öffentlichen Rundfunkanstalt natürlich sehr viel eher leisten kann denn als Leiter eines von privaten Geldgebern abhängigen Orchesters» («Stuttgarter Zeitung» vom 27. 5. 1983). Dies war schließlich eine Tendenz Neville Marriners, die sich schon früh abzeichnete, auch wenn sie kaum jemals einen echten Schwerpunkt bilden wird. Nicht zuletzt bietet das Engagement die Möglichkeit des kreativen Formens, eher vielleicht als bei den amerikanischen Spitzenorchestern. *DR*

Martinon, Jean

* Lyon 10. 1. 1910, † Paris 1. 3. 1976; französischer Dirigent und Komponist, betrieb Studien am Lyoner und Pariser Konservatorium. Er komponierte auch während der Kriegsgefangenschaft, in die er 1940 geriet; er nahm ab 1946 wieder am musikalischen Leben in Frankreich teil und dirigierte die Konzerte des Pariser Konservatoriums und des Symphonieorchesters in Bordeaux. Ab 1947 war er ständiger Gastdirigent des Londoner Philharmonieorchesters (bis 1949), leitete dann (1951—57) die Concerts Lamoureux in Paris, anschließend das Israel Philharmonic Orchestra in Tel Aviv (bis 1959) und die Symphoniekonzerte in Düsseldorf (1959—63). In den folgenden fünf Jahren war er Chefdirigent beim Chicago Symphony Orchestra und wechselte 1968 zum French National Radio Orchestra. Ab 1974 hatte er ein Engagement als Dirigent beim Het Residentie Orkest in Den Haag. Er zeigte in seinem Repertoire stets eine Vorliebe für die französischen Komponisten sowie für Bartók und Prokofjew.

Martucci, Giuseppe

* Capua 6. 1. 1856, † Neapel 1. 6. 1909; italienischer Dirigent und Komponist, besuchte 1867—72 das Konservatorium in Neapel und war nach einer Laufbahn als Pianist und Klavierlehrer (ab 1880) Direktor des Liceo Musicale in Bologna (1886—1902). Anschließend wechselte er in gleicher Stellung an das Mailänder Konservatorium, wo er bis zu seinem Tod blieb. In dieser Zeit dirigierte er zahlreiche Konzerte, unter anderem die italienische Premiere von «Tristan und Isolde» (Bologna, 2. 6. 1888) und als letztes Konzert in Neapel das «Prélude à l'après-midi d'un faune» im Mai 1908, zu einer Zeit, als Debussy in Italien weitgehend unbekannt war.

Mascagni, Pietro

* Livorno 7. 12. 1863, † Rom 2. 8. 1945; italienischer Komponist und Dirigent, erst Musikstudent in Livorno und später, von Baron de Landarel gefördert, am Konservatorium in Mailand. Ab 1884 dirigierte er die Wanderbühne einer Operettengesellschaft. In Cerignola heiratete er, komponierte fleißig und war Kapellmeister der Banda municipale. Dort schrieb er auch seine «Cavalleria rusticana». 1895 bis 1902 leitete er in Pesaro das Liceo Musicale, unternahm Konzertreisen als Dirigent in Wien (1891) und England (1893), in den USA (1902—03) und in Südamerika (1911). Außerdem war er in Rom Direktor der Scuola Nazionale di Musica. 1929 löste er Toscanini als Direktor der Mailänder Scala ab, wo man ihm eine Neigung zum faschistischen Regime Mussolinis vorwarf, wovon er sich auch mit seinen Memoiren nicht rehabilitieren konnte. Desillusioniert soll er in einem schäbigen römischen Hotel gestorben sein.

Mascheroni, Edoardo

* Mailand 4. 9. 1852, † Ghirla (Como) 4. 3. 1941; italienischer Dirigent und Komponist, hatte Privatunterricht bei dem Kapellmeister Boucheron. Nachdem er eine Zeitlang in der Provinz als Dirigent tätig war, ging er an das Teatro Brunetti nach Bologna und ab 1884 für zwölf Jahre nach Rom, wo er am Teatro Argentina und am Teatro Apollo dirigierte (dort 1886 die italienische Premiere von «Fidelio«). Anschließend wechselte er an das Teatro Regio nach Turin und 1891—94, von Verdi gefördert, als Chefdirigent an die Mailänder Scala. Unter anderem leitete er dort 1893 die Uraufführung von «Falstaff». Danach unternahm er zahlreiche Tourneen und Gastspiele in Spanien und Portugal, Deutschland und Österreich und weihte auch das Teatro Adriano in Rom ein (1898). Außerdem hielt er sich längere Zeit als Dirigent in Südamerika auf und leitete zwischen 1887 und 1922 viele Opernpremieren. 1925 zog er sich zurück.

Masson, Diego

* Tossa 21. 6. 1935; französischer Dirigent spanischer Abstammung, studierte 1953—59 am Pariser Conservatoire Schlagzeug, Kammermusik und Theorie (bei René Leibowitz). Bruno Maderna und Pierre Boulez führten ihn Mitte der 60er Jahre in die Welt der Neuen Musik und ihre speziellen Dirigiertechniken ein, zugleich wirkte er als Schlagzeuger beim Ensemble »Domaine Musical« in Paris. 1966 gründete Masson sein »Ensemble Musique Vivante«, das sich ausschließlich dem Schaffen zeitgenössischer Komponisten widmete. Später übernahm Masson die musikalische Leitung der Oper von Marseille, arbeitete mit dem Ballet Théâtre contemporaine d'Amiens und (1971—73) mit der Balletttruppe von Sadler's Wells in London.

Matačić, Lovro von

Er gehörte zur alten Garde der Dirigenten, zu denen, die das interpretatorische Erbe der Vergangenheit bis in die jüngste Zeit bewahrten. Nicht etwa, weil er verbohrt gewesen wäre, hielt er sich an die Tradition, sondern weil er in der geistigen und musikalischen Landschaft der Jahrhundertwende verwurzelt war. Ohne Zweifel gab es bei Lovro von Matačić eine gewisse Seelenverwandtschaft zu dem elf Jahre älteren Kollegen Hans Knappertsbusch, den man ja wegen seines Richard-Wagner-Verständnisses den «Großsiegelbewahrer» nannte. Beide hatten mit stundenlangen Orchesterproben wenig im Sinn, beide pflegten einen polternden Umgangston, und beide bestanden hartnäckig auf der

Werktreue. Gemeinsam beharrten sie auf den mittlerweile überholten Schalk-Löwe-Fassungen der Bruckner-Symphonien mit ihren geradezu unendlich langsamen Zeitmaßen. Beruhend auf der Annahme, Bruckner habe absichtlich langsamer metronomisiert, weil er für die Zukunft eine «Verhetzung» befürchtete, beschleunigte Franz Schalk die Tempi geringfügig, doch diese Versionen halten keinen Vergleich mit der heute üblichen Rasanz aus.

Lovro von Matačić pflegte also einen Stil, der ihm vertraut war, eine gefühlsintensive Breite des Ausdrucks. Die Windschnittigkeit der modernen Interpretationen lag ihm weniger, eher schon das kräftige Farbenspiel seines al fresco. Bis ins hohe Alter erhielt er sich ein gewaltiges Temperament, das vor dem Pult nicht haltmachte und die Musiker inspirieren, mitreißen wollte. Dabei kann die außergewöhnliche Vitalität des Dirigenten kaum verwundern, denn ihn prägte das lebendige Vielvölkergemisch der k. und k. Donaumonarchie. In Sušak, der kroatischen Hafenstadt, die heute Rijeka heißt, wurde Lovro von Matačić am 14. Februar 1899 als Sohn eines Bezirkshauptmanns geboren. Die Eltern zogen bald nach Wien, wo der Junge das Gymnasium besuchte und als Sängerknabe in der Wiener Hofkapelle den Grundstein für die musikalische Ausbildung legte. Hauptsächlich bei Herbst und Oskar Nedbal studierte er dann an der Staatlichen Hochschule für Musik: Klavier, Orgel, Komposition und Dirigieren.

Während des Krieges, 1916, ergänzte Lovro von Matačić sein Studium in Köln und trat dort eine Korrepetitorenstelle am Opernhaus an, eine gute Ausgangsposition für die weitere Laufbahn, wie sich zeigte. Im gleichen Jahr führte Bernhard Paumgartner mit dem Wiener Tonkünstlerorchester eine «Orchesterfantasie» des jungen Kroaten auf. Später folgten einige Kammermusikwerke und Bühnenmusiken, mit denen er recht guten Erfolg erzielte. Doch den meisten Elan verwendete er auf das Dirigieren, das er, wie er selbst sagte, «von der Pike auf» gelernt hatte.

Als Jugoslawien 1919 seine Selbständigkeit erhielt, kehrte Lovro von Matačić in die Heimat zurück. Eine Saison lang arbeitete er als Kapellmeister in Osijek, anschließend bis 1922 in Novi Sad. Von dort wurde er für einen ersten verantwortungsvollen Posten nach Ljubljana (Laibach) verpflichtet, an dessen Oper er Leoš Janáčeks «Jenůfa» einstudierte. Mit diesem zweijährigen Engagement war die Lehrzeit wohl endgültig vorüber. Der sprunghafte Aufstieg setzte sich am Opernhaus in Belgrad fort, und 1932 ernannte man ihn an der Oper in Zagreb zum 1. Dirigenten. Den vorläufigen Höhepunkt seiner Karriere erreichte Lovro von Matačić 1938, als ihn die Belgrader Bühnen zum Generalmusikdirektor beriefen und er gleichzeitig das Philharmonische Orchester als Chef betreute. Doch die Freude war nur kurz, denn der Zweite Weltkrieg sorgte für einen tiefen Einschnitt. Zwar arbeitete er während der letzten Kriegsjahre gelegentlich wieder in Zagreb und als Operndirigent in Wien. Außerdem trat er als Gast in einigen europäischen Städten auf. Aber in Jugoslawien verdächtigte man ihn der Kollaboration mit den Deutschen. Lovro von Matačić wurde verhaftet, mit einem Dirigierverbot belegt und von einem Gericht zum Tode verurteilt. Zwei Jahre lang war er in einem Lager interniert, bis ihn Tito 1948 begnadigte.

Kaum entlassen, begann Lovro von Matačić mit dem Wiederaufbau des jugoslawischen Musiklebens. Bis zur Mitte der fünfziger Jahre arbeitete er vor allem als Generalmusikdirektor in Skopje, wo er den Opernbetrieb organisierte. Daneben beschäftigten ihn vor allem die Festspiele in Dubrovnik und Split, die er kurze Zeit nach dem Krieg aus der Taufe hob. Das starke Engagement darf sicherlich nicht als Versuch einer Rehabilitation verstanden werden; es zeigte vielmehr eine große Liebe zur Heimat, die durch «Mißverständnisse» nicht gestört werden konnte. Auch späterhin riß die Verbindung niemals völlig ab.

Als sich die Verhältnisse in Europa normalisiert hatten, nahm Lovro von Matačić den verlorenen Faden wieder auf und entfaltete eine enorme Aktivität. Immer mehr stellte sich heraus, daß er eigentlich zum Reisedirigenten geboren war, dem feste Posten eher hinderlich zu sein schienen. Nur selten hielt es ihn länger als fünf Jahre auf einem Fleck. 1954 unterschrieb er einen Vertrag mit der englischen Schallplattenfirma «Columbia», bei der ein hörenswerter Querschnitt aus Richard Strauss' Oper «Arabella» entstand. Etwa zur gleichen Zeit verpflichtete ihn die Bayerische Staatsoper in München als Gastdirigenten. Dort leitete er auch einige Akademiekonzerte.

Nach Aufführungen in Dresden bot ihm die Sächsische Staatskapelle 1956 das Amt des Generalmusikdirektors an, einen Posten, der Lovro von Matačić trotz seiner großen Bedeutung in der Musikwelt nur zwei Spielzeiten halten konnte. Selbst in Verbindung mit einer anderen Würde, der gleichen Stellung an der Ost-Berliner Staatsoper, gewann sein ruheloser Geist die Oberhand: Zusätzlich band er sich — nunmehr auf dem Höhepunkt seiner Laufbahn — als ständiger Gast an die Wiener Staatsoper, wo er innerhalb einer Saison bis zu dreißig Aufführungen dirigierte. Dazu kamen drei Premieren an der Mailänder Scala (Händels «Herakles», Smetanas «Verkaufte Braut» und Glucks «Orpheus und Euridike») sowie zahlreiche Symphoniekonzerte mit dem Orchester der Scala. Turbulente Jahre folgten nach dem Abschied von Dresden und Ost-Berlin: Der Wiener Gastvertrag lief bis 1964 weiter, daneben gab er bei den Bayreuther Festspielen den «Lohengrin» (1959) und schaffte schließlich den Sprung nach Amerika. In Chicago folgten 1960 die Premieren von Giordanos «Fedora», Wagners «Walküre» und Bizets «Carmen». Kurz darauf machte er in Italien Furore mit Mozarts «Zauberflöte» und Verdis «Macht des Schicksals» (Palermo), mit Wagners «Parsifal» und «Götterdämmerung» (Neapel) sowie mit «Der Ring des Nibelungen» (Rom). Große Begeisterung fand 1961 zudem die Urfassung von Mussorgskys «Boris Godunow» in russischer Sprache bei den Wiener Festwochen.

Am 29. September 1961 begann ein neuer Abschnitt in Lovro von Matačićs Leben: Die Premiere von Janáčeks «Jenůfa» eröffnete eine fünfjährige Tätigkeit als Generalmusikdirektor in Frankfurt/Main, die außerdem die Leitung der dortigen Museumskonzerte einschloß. Er trat damit die Nachfolge von Georg Solti an, der an den Covent Garden nach London berufen worden war. Matačić ahnte die Entwicklung des Opernbetriebs richtig voraus, indem er sagte: «Das Ensemble-Theater hat seit der Erfindung der modernen Verkehrsmaschinen aufgehört zu bestehen. Jedes große Theater ist heute mehr oder weniger ein Taubenschlag. Überall in der Welt trifft man die soge-

nannte 'große Garnitur' auf Reisen. Künstler wie Hans Hotter, Maria Callas, Giuseppe di Stefano sind heute internationaler Beliebtheit sicher.»
In Frankfurt gelang dem mittlerweile Zweiundsechzigjährigen, was ihm lange nicht mehr geglückt war, eine gewisse Kontinuität nämlich. Von Anfang an bemühte er sich um weiträumige Planung, um ein Repertoire, das über Jahre Bestand haben sollte. Er inszenierte die «Zauberflöte», führte Gespräche mit dem Publikum und scheute als Opernchef nicht davor zurück, «in's Repertoire einzusteigen» oder einem Gastdirigenten eine Premiere anzuvertrauen. Bei einigen Auftritten während der Museumskonzerte der siebziger Jahre zeigten ihm die Zuhörer immer wieder große Sympathie.
Schon 1966 hatte Lovro von Matačić erneut die Reiselust gepackt, und er verzichtete auf eine Vertragsverlängerung in Frankfurt. Höhepunkt der Folgezeit war 1969 die musikalische Leitung für den «Ring des Nibelungen» an der Bayerischen Staatsoper, eine Neuinszenierung Günther Rennerts. Die Kritik an dieser Aufführung der Tetralogie traf nicht nur die szenischen Ungereimtheiten, sondern auch den Dirigenten, weil an zwei der vier Premierenabende zahlreiche Pannen und Unsauberkeiten im Orchester passierten: «Schwerfälliges Grau in Grau dominiert» schrieb die «Frankfurter Allgemeine Zeitung».
Bald darauf kehrte Lovro von Matačić zum Ausgangspunkt seiner Karriere zurück und übernahm im Herbst 1970 von Milan Horvat das Amt der Orchesterchefs bei den Philharmonikern in Zagreb. Bereits bei den Sommer-Festspielen in Dubrovnik hatte er Beethovens «Fidelio» inszeniert und dirigiert. Bis ins hohe Alter aktiv, bereiste er weiterhin viele Musikzentren Europas, trat beim Festival von Aix auf und wurde 1974 zum ständigen Chefdirigenten des Orchestre National de l'Opéra de Monte Carlo berufen, ein Ensemble, das vor ihm zum Beispiel de Sabata, Tomasi und Markevitch leiteten.
Lovro von Matačić, der am 4. Januar 1985 in Zagreb starb, liebte die Musik der Hoch- und Spätromantik, womit er die ausdrucksvollsten Ergebnisse erzielte. Wagners und Bruckners Werke gehörten zu den Domänen dieses auf die Spontaneität vertrauenden Künstlers. Auch Verdis Requiem, der «Lustigen Witwe» von Lehár und dem klassischen Repertoire konnte er einiges abgewinnen, während ihm die ältere und die Neue Musik offenbar weniger lagen. «Die Welt» charakterisierte 1984 Lovro von Matačić so: «Ein Grandseigneur, ein Causeur der Musik, ein sinfonischer Großgrundbesitzer.» Und der Dirigent, nach seinen Vorlieben gefragt, meinte: «Ich weiß nur, daß die letzten Takte Musik, die ich hören werde, nur von Mozart sein dürfen.«

DR

Lovro von Matačićs Dirigentenleben liest sich beeindruckend: Studium an der Wiener Musikakademie — Assistent bei den Salzburger Festspielen — Chefdirigent der Belgrader Oper und des dortigen Orchester — Generalmusikdirektor der Deutschen Oper Berlin und Chefdirigent der Dresdner Philharmoniker — Generalmusikdirektor in Frankfurt/M — Chefdirigent der Philharmoniker von Zagreb.

Matzerath, Paul Otto

* Düsseldorf 26. 10. 1914, † Zama (Japan) 21. 11. 1963; deutscher Dirigent, Schüler von Bram Elderling (Violine), König (Klavier) und Neyses (Theorie) am Düsseldorfer Konservatorium. Nach einer autodidaktischen Ausbildung als Dirigent war er 1935 Korrepetitor an den Städtischen Bühnen in Mönchengladbach-Rheydt und anschließend Operettenkapellmeister in Krefeld (1936—38). Er wechselte als Musikalischer Leiter an die Würzburger Oper (1938—40) und war 1940 bis 1955 GMD am Badischen Staatstheater in Karlsruhe. Es folgten sechs Jahre als Chefdirigent des Symphonieorchesters beim Hessischen Rundfunk in Frankfurt und ab 1962 ein einjähriges Engagement in Ankara, wo er das türkische Staatsorchester leitete. Kurz vor seinem Tod trat er noch die Leitung des Yomiuri-Nippon-Symphonieorchesters in Tokio an.

Mauceri, John

* New York 12. 9. 1945; amerikanischer Dirigent, nach dem Studium in Yale unternahm er als Dirigent des Yale Symphony Orchestra (1968—74) Tourneen durch Frankreich und Österreich; 1976/77 mit den Israelischen Philharmonikern eine Tournee durch Deutschland und Österreich, er gab auch Vorstellungen in Tel Aviv und Jerusalem. Als Gastdirigent trat er bei zahlreichen Orchestern in Erscheinung, z. B. beim Los Angeles Philharmonic Orchestra (1974), bei dem San Francisco Philharmonic Orchestra (1974), beim National Symphonic Orchestra im Wolf Trap Farm Park (1975), beim Orchestre National de France in Paris (1975) und beim National Scottish Orchestra (1976).

Mauersberger Rudolf

* Mauersberg 29. 1. 1889 † 22. 2. 1971 in Dresden; deutscher Chordirigent, studierte Klavier und Orgel am Leipziger Konservatorium; 1914 gewann er den Nikisch Preis für Komposition; 1919 — 25 war er Organist und Chorleiter in Aachen und von 1925—30 verantwortlich für Kirchenmusik in Thüringen; danach wurde er Chorleiter an der Kreuzkirche in Dresden; er komponierte auch Chorwerke u. a. ein »Dresdner Requiem« (1948).

Megerle, Abraham

* Wasserburg am Inn 9. 2. 1607, † Altötting 29. 5. 1680; deutscher Kirchenmusiker, wurde 1634 Domkapellmeister in Konstanz. 1640 bis 51 ging er als Hofkapellmeister nach Salzburg und wirkte weiterhin in seiner Laufbahn als Organist, Diskantist sowie als Kanonikus in Altötting.

Mehta, Zubin

Man sollte meinen, er sei allein schon seiner Herkunft wegen ein Wanderer zwischen den Welten. Doch wo auch immer Zubin Mehta auftritt, ob in New York oder in Jerusalem oder in Berlin, da scheint es so, als gäbe es nur eine einzige, umfassende Welt. Noch immer hat er seinen indischen Paß, obwohl er seine Heimat selten genug sieht. In Tel Aviv und in Montreal hat man ihm den Ehrendoktor verliehen. Und ob er nun in Berlin Strauss dirigiert oder in New York Mahler oder in Jerusalem Beethoven — stets scheint diese Musik nicht mehr einem spezifischen Kulturkreis anzugehören, sondern von den Ängsten wie von den Hoffnungen der ganzen Menschheit zu reden. Mehta ist vielleicht der Dirigent der Gegenwart, der am stärksten den kosmopolitischen Aspekt in der Musik herausarbeitet, weswegen er auch bevorzugt Musik interpretiert, die im Zentrum der sich überschneidenden Kulturen entstanden ist: die Wiener Klassik und die deutsch-österreichische Romantik, die ja nichts weniger sind als Zeugnisse nationaler Kultur.
Zubin Mehta wurde in Bombay geboren, am 29. April 1936, und schon an seiner Wiege stehen die verschiedensten Traditionen Pate. Indien steht damals unter englischer Herrschaft. Die Familie Mehta aber ist wiederum nicht indischer Herkunft, sondern sie zählt zu jenen etwa 150.000 Parsi, die, Anhänger der Lehre des Zoroaster (Zarathustra), zwölf Jahrhunderte zuvor Persien vor dem Ansturm des Islam verlassen mußten und in Bombay und Umgebung Zuflucht gefunden haben. Zubin ist ein altpersischer Name und bedeutet «mächtiges Schwert».
Der Vater Melin Mehta hatte, so streng er sich an die parsische religiöse Tradition hielt, sein Interesse ganz der Musik Europas zugewandt. Er war ein angesehener Konzertgeiger, der sogar einmal in Europa als Solist aufgetreten war: mit dem Hallé-Orchester unter John Barbirolli. In Bombay genoß er einen außerordentlichen Ruf als Violinpädagoge. Er hatte das Bombay Symphony Orchestra gegründet, das er selbst auch leitete, und mit dem Bombay String Quartet widmete er sich hingebungsvoll der europäischen Kammermusik.
Zubin Mehta wuchs also in einer Atmosphäre auf, die erfüllt war von den Gegensätzen zwischen okzidentaler Musik, uraltem orientalischen Glauben, indischer Umgebung und britischer Kolonialadministration. Da lernt man wohl doch schnell, daß die Ängste wie die Hoffnungen der Menschen überall gleich sind.
Schon in jungen Jahren lernte Zubin Mehta Klavier und Violine und interessierte sich schon als Kind für den Beruf des Dirigenten. Er ist gerade sechzehn, da leitet er, seinen Vater vertretend, erstmals das Bombay Symphony Orchestra, das damals zusammen mit Yehudi Menuhin Wohltätigkeitskonzerte für die Opfer der großen Hungersnot gab. Und schon beim ersten Zusammenwirken erkannten Orchester und Zuhörer, daß man es hier mit einer außergewöhnlichen Dirigierbegabung zu tun habe.
Auf Anraten der Familie widmete sich Zubin Mehta vorerst dem Studium der Medizin. Doch das Erlebnis, ein Orchester dirigiert und dabei gespürt zu haben, wie bereitwillig es sich führen und formen ließ, wirkte nachhaltig fort. Nach zwei Jahren erklärten sich die Eltern schließlich bereit, den Sohn nach Wien zu schicken.
Dort beginnt der junge Student 1954 an der Musikakademie die Fächer Klavier, Kontrabaß und Komposition zu studieren — den Kontrabaß spielt er während seiner ganzen Studienzeit auch im Wiener Kammerorchester, daneben aushilfsweise bei den Tonkünstlern, wie das andere auch machen. 1955 wird er in die Dirigentenklasse von Hans Swarowsky aufgenommen, der sofort von der Begabung seines neuen Studenten überzeugt ist. Swarowsky, dieser bedeutende Pädagoge, erkannte die große suggestive Kraft, die von Mehta ausging, und legte den Grundstein dazu, daß diese außerordentliche Energie in die Disziplin der musikalischen Analyse und der bewußten musikalischen Arbeit genommen wurde. Mehta gründete schon bald sein eigenes Kammerorchester, das vorwiegend aus Studenten be-

stand, und spielte mit diesem während der Ungarn-Krise des Jahres 1956 in einem Flüchtlingslager bei Wien — immer wieder hat er sich für die, die unter Krieg und Gewalt leiden müssen, leidenschaftlich eingesetzt.
Zu denen, die mit ihm zusammen bei Hans Swarowsky studierten, gehörte auch Claudio Abbado, den er bei einem Sommerkurs in Italien kennengelernt hatte. Zusammen sangen sie bei den großen Aufführungen des Wiener Singvereins mit und lernten dabei die bedeutenden Symphoniker unter den Dirigenten — Walter, Karajan, Böhm — aus der Chor- und Orchesterperspektive kennen.
Zubin Mehta absolvierte 1958 sein Examen in Wien und nahm noch im gleichen Jahr am Internationalen Dirigentenwettbewerb in Liverpool teil. Er gewann der Ersten Preis und wurde sofort als Assistant Conductor des Royal Liverpool Philharmonic Orchestra verpflichtet, dessen Chefdirigent damals John Pritchard war. Vierzehn Konzerte hatte er in Liverpool und in der englischen Provinz zu dirigieren, eine harte Zeit für einen, dessen Repertoire schließlich noch recht begrenzt war. Im Sommer des gleichen Jahres ging er außerdem noch an die Academia Chigiani in Siena, wo Carlo Zecchi lehrte, und nahm an einem weiteren Dirigentenwettbewerb teil, diesmal in Tanglewood. Zwar gewann er nur den 2. Preis — Kussewitzky-Preisträger wurde sein Freund Claudio Abbado —, aber er hatte das Glück, daß Charles Munch auf ihn aufmerksam wurde und sich mit seinen Verbindungen für ihn einsetzte. Mehta erhielt wenig später mehrere Angebote aus Europa, darunter solche für Konzerte in Brüssel und Belgrad.
In Nordamerika wurde er als erstes vom Orchester des kanadischen Rundfunks in Toronto verpflichtet und wurde dann, nachdem dieses Konzert bravourös verlaufen war, vom Philadelphia Orchestra engagiert sowie von den Philharmonikern in New York, wo ihn die Kritik allerdings nicht sehr wohlwollend behandelte und wo sich auch gewisse Probleme in der Zusammenarbeit mit dem Orchester ergeben hatten. Dann suchte das Montreal Symphony Orchestra einen Dirigenten, der 1960 eine Saison lang für den erkrankten Igor Markevitch einspringen konnte. Man verpflichtete Mehta, und aus der ersten Begegnung wurde eine ständige Verbindung. Zubin Mehta wurde für die darauf folgende Saison als Chefdirigent angestellt und verblieb in dieser Position bis 1967.
Er hatte gerade den Vertrag in Montreal unterschrieben, da bot sich ihm die Möglichkeit, Assistent beim Los Angeles Philharmonic Orchestra zu werden. Dort wollte gerade Georg Solti seine Arbeit als Chefdirigent aufnehmen. Doch aus der Assistentenstelle sollte nichts mehr werden. Vom ersten Aufritt an war man von dem jungen indischen Dirigenten so spontan begeistert, daß man ihn als Ersatz für den erkrankten Fritz Reiner engagierte, der Anfang Januar 1961 vier Konzerte hätte leiten sollen. Dieser Vertrag zwischen dem Management des Los Angeles Philharmonic und Zubin Mehta kam ohne Mitwirkung Soltis zustande, der daraufhin unter öffentlichem Protest von seinem Posten als Chefdirigent des Orchesters zurücktrat, noch bevor er überhaupt das erste Konzert geleitet hatte. Sofort bot das Management Zubin Mehta diese Position an, und so war er von 1962 an Chefdirigent zweier amerikanischer Orchester und der jüngste Künstler in der Geschichte Nordamerikas, der überhaupt jemals eine derartige Verantwortung übernommen hatte.
So wundert es nicht, daß sich auch Europa sehr schnell überzeugen ließ, daß da ein ganz außergewöhnlicher Dirigent heranreifte. 1961 leitete er als einer der jüngsten, die jemals auf den Podien in Wien und Berlin dirigiert hatten, die beiden besten kontinentaleuropäischen Orchester, die Wiener und die Berliner Philharmoniker. Im gleichen Jahr lud ihn auch das Royal Philharmonic Orchestra zu einem Konzert ein, und insgesamt konnte sich diese Ausbeute an herausragenden Klangkörpern sehen lassen.

Der Inder Zubin Metha studierte in Wien bei Hans Swarowsky und machte 1958 sein Examen.

Doch seine eigentliche Leidenschaft sollte die stete Arbeit werden, wobei sich zusätzlich zu den Kontakten mit Los Angeles und Montreal eine weitere Verbindung ergab, die ihm in der Folgezeit sehr ans Herz wachsen sollte: Für die Saison 1962 lud ihn das Israel Philharmonic Orchestra ein, den erkrankten Eugene Ormandy zu vertreten, und Zubin Mehta freundete sich auf Anhieb mit diesem schwierigen, mitunter außerordentlich undisziplinierten, aber hoch befähigten Apparat so sehr an und lernte auch Israel so sehr schätzen, daß er von da an regelmäßig mit diesem gewiß einzigartigen Orchester zusammenarbeitete. Diese Aufgabe nahm er sehr ernst. Er reiste während des israelisch-arabischen Konflikts 1967 sofort in das bedrohte Land, um dort Konzerte zu geben. Mehta hatte das Israel Philharmonic schon 1966 auf einer Tournee geleitet, und als er 1969 eine feste Bindung als beratender Dirigent übernahm, ging er wiederum auf Tournee mit diesem Orchester, diesmal nach Mitteleuropa.
Seine ganze Anstrengung jedoch galt dem Los Angeles Philharmonic, das, als er es übernahm, doch deutlich vernachlässigt wirkte. Mehta ging mit Feuereifer an die schwere Arbeit, das Los Angeles Philharmonic zu einem Orchester zu formen, das sich im amerikanischen Konzert hören lassen konnte. Er konnte nun ein Orchester nach seinen Klangvorstellungen formen, und er gehörte ja schon von Beginn seiner Tätigkeit an zu jenen Dirigenten, die außerordentlich sensibel gegenüber Klangfarben und Klangentwicklungen sind. So wurde das Los Angeles Philharmonic unter Mehtas Händen ein rasch reagierendes Orchester mit einer deutlichen Neigung zum Rauschhaften und Theatralischen, ja auch zu einem überhitzten Melos — Eigenschaften, die allesamt ein hohes Maß an Virtuosität vom einzelnen Musiker verlangen. Für Mehta wurde es das Orchester, mit dem er die Symphonien von Brahms oder Mahler in einem Atem spielen konnte, ohne daß jemals die Spannung nachließ. Und

wenn er sich später in Europa gelegentlich mit Wagner etwas schwer tat, so wohl auch deshalb, weil die Orchester, mit denen er zusammenarbeitete, nicht in dem Maße zu einem überhitzten Temperament neigten, wie er es bis dahin gewohnt war.
Bei der Arbeit mit dem Los Angeles Philharmonic trat noch ein weiterer entscheidender Grundzug Mehtas zutage: Er plant sein Leben auf lange Zeiträume, so wie er auch die Musik, die er interpretiert, auf weite Zeiträume zu disponieren pflegt — gerade bei den Werken Mahlers wird dieser Charakterzug immer wieder deutlich, ebenso bei Wagners «Ring des Nibelungen». Mehta blieb Chefdirigent des Los Angeles Philharmonic bis zum Jahr 1978, also siebzehn Jahre lang. In dieser Zeit formte er es allerdings auch zu einem der besten Orchester der Vereinigten Staaten. 1967, in dem Jahr, in dem er sich vom Montreal Symphony Orchestra verabschiedete, dirigierte er beide Orchester zusammen in einem Konzert, wobei er anläßlich der Weltausstellung in Montreal die «Symphonie fantastique» aufführte und für diese Realisation mit einer Besetzung aufwartete, die den Idealvorstellungen Berlioz' erstaunlich nahe kam. Auch in dieser Aufführung lag ein Hinweis auf die Klangvorstellungen Mehtas verborgen: jener irisierende Glanz, der nur von einer Überzahl hochnervöser Streicher hervorgerufen werden kann und der tatsächlich den Vorstellungen von Hector Berlioz entsprochen haben muß.
1968 gab es ein eigenartiges, in seiner Besonderheit wieder typisch amerikanisches Intermezzo. Beim New York Philharmonic Orchestra hatte man schon im Jahr zuvor begonnen, nach einem Nachfolger für Leonard Bernstein Ausschau zu halten. Auch Mehta wurde gefragt, ob er Interesse habe. Doch lehnte er ab. Und seiner Begründung glaubte man in New York entnehmen zu können, daß er sein eigenes Orchester in Los Angeles für besser hielt als die Philharmoniker in New York. Dort kolportierte man sogar Äußerungen Mehtas, die geeignet schienen, das Ansehen der New Yorker Philharmoniker zu untergraben. Mehta wurde deswegen vor die American Federation of Musicians zitiert und mußte sich dieser Äußerungen wegen verantworten. In der Verhandlung wurde zwar der Streit beigelegt, doch die für die folgende Saison geplanten Konzerte Mehtas mit den New Yorkern fielen erst einmal aus. 1978 holte ihn das Orchester dann doch, und zwar endgültig. Mehta wurde Nachfolger von Pierre Boulez und damit Chefdirigent eines Klangkörpers, dem immerhin schon Toscanini, Bruno Walter und Leonard Bernstein in der gleichen Position vorgestanden hatten.
An New York hatte Zubin Mehta nach seinen Debüt von 1960, das nicht allzu glücklich verlaufen war, zunächst keine so besonders guten Erinnerungen. So war er naturgemäß erst einmal skeptisch, als er 1965 eingeladen wurde, sein Debüt an der Metropolitan Opera zu geben, und zwar ausgerechnet mit einer so orientalischen Oper

Mit dem Israel Philharmonic Orchestra verbindet Metha ein enges Verhältnis. In Israel setzt er sich immer wieder für die Rehabilitierung der Musik Wagners ein.

wie «Aida». Ohnehin lag es damals erst ein Jahr zurück, daß Mehta überhaupt zum ersten Mal in seinem Leben Oper dirigiert hatte: «Tosca» in Montreal, wovon wiederum Rudolf Bing begeistert gewesen war. Mit «Aida» stieß Mehta nun auf einen solchen Enthusiasmus sowohl seitens des Publikums wie seitens der Kritik, daß er nun regelmäßig an der Met gastierte: mit «Otello», «Carmen», «Turandot» und auch «Salome», um nur einige der Werke zu nennen, mit denen ihn Rudolf Bing in der Folgezeit betraute.
Noch bevor er an der Metropolitan Opera dirigierte, gab er sein Debüt am Teatro alla Scala in Mailand. Auch hier stellte er sich mit «Salome» vor. 1965 konnte er, noch keine dreißig Jahre alt, in Salzburg bei den Festspielen Mozarts «Die Entführung aus dem Serail» leiten. Doch so interessant und aufschlußreich seine Auseinandersetzung mit Mozart war und weiterhin wäre — Zubin Mehta gilt nun einmal nicht als der berufene Mozart-Dirigent, vielmehr als abonniert auf die Großwerke der Romantik, in denen das sinfonische Element sich stärker ausbreitet.
So leitete er denn auch 1973 an der Wiener Staatsoper den «Lohengrin», und gegen Ende der siebziger Jahre erarbeitete er für den Maggio Musicale Fiorentino den «Ring des Nibelungen» von Richard Wagner. Sein Debüt an der Covent Garden Opera London galt 1977 dem «Otello»; ebenso dirigierte er dort «Tristan und Isolde», «La fanciulla del West» und wiederum «Salome» und als eine der geistvollsten und gewissermaßen wienerischsten Inszenierungen die «Fledermaus»-Produktion von Leopold Lindtberg.
Trotz einer imponierenden Anzahl von Operndirektionen an den bedeutenden Häusern ist Zubin Mehta dennoch kein typischer Operndirigent. Sein Zentrum ist zu sehr der Konzertsaal, und seine Konzentration gilt vielleich auch zu sehr dem Orchester und seinem Klang, als daß er willens sein könnte, diesen Fixpunkt seines künstlerischen Schaffens zugunsten der Stimme und gar zugunsten jenes dramatischen Gesangs aufzugeben, der überall dort gefordert ist, wo das zeitgenössische Regietheater die Ausdrucksform der Oper bestimmt. Letzten Endes ist er wohl auch selbst zu involviert in die Musik, die er interpretiert, so daß bisweilen das Dirigentenpodium zur Bühne wird und das Orchester zum imaginären Theater. *NE*

Melichar, Alois

* Wien 18. 4. 1896, † München 9. 4. 1976; österreichischer Komponist und Dirigent, Student der Staatsakademie für Musik und darstellende Kunst in Wien (1917—20), anschließend bis 1923 an der Hochschule für Musik in Berlin. 1923—26 war er Musiklehrer und Gesangslehrer an der deutschen Oberrealschule in Helenendorf (Aserbeidschan). Nach einem Posten als Musikreferent der Deutschen Allgemeinen Zeitung in Berlin (1926—27) ging er als Hausdirigent und Musikalischer Beirat zur Deutschen Grammophon-Gesellschaft (1927—33), arbeitete als Filmkomponist und war 1946—49 in Wien Leiter des Studios für moderne Musik am Sender Rot-Weiß-Rot. Danach lebte er als freischaffender Künstler in München, komponierte zahlreiche Werke und schrieb einige Bücher.

Melles, Carl

* Budapest 15. 7. 1926; ungarischer Dirigent, erhielt seine Musikausbildung in Budapest. Dort übernahm er auch 1951 die Dirigentenstelle am Ungarischen Staatsorchester und am ungarischen Radio und Fernsehen. Von 1954 lehrte er als Professor an der Budapester Musikakademie. Nach dem Aufstand von 1956 ging er in den Westen. Dort leitete er zuerst das Luxemburger Radioorchester; später dirigierte er auch in Bayreuth und Salzburg. Er ließ sich schließlich in Wien nieder, wo er ständiger Dirigent der Wiener Symphoniker und des österreichischen Radios wurde.

Mengelberg, Willem

Josef Willem Mengelberg wurde am 28. März 1871 in Utrecht geboren. Nachdem er bei Richard Hol und H. W. Petri in Utrecht ersten Musikunterricht erhalten hatte, veranlaßte sein Vater die Fortführung der Musikstudien in Köln.
Mengelberg lernte dort unter anderem bei dem damaligen Direktor des Konservatoriums, Franz Wüllner, dem bekannten Chorerzieher und Dirigenten, und bei Gustav Jensen, dem Geiger und Komponisten.
Die Laufbahn als Pianist, die er 1890 mit seinem Debüt in Utrecht begonnen hatte, brach er ab und bewarb sich erfolgreich in Luzern um einen Dirigentenposten.
1895, wenige Tage nachdem er als Solist mit Liszts Es-Dur Klavierkonzert im Concertgebouw debütiert hatte, wird Willem Mengelberg als Nachfolger Willem Kes' Dirigent des Amsterdamer Concertgebouw Orkest, einem Orchester, das er zu Weltruhm führte.
Das Concertgebouw Orkest entstand anläßlich der Einweihung des »Concert Gebouw«, dessen Bau die Amsterdamer Bürgerschaft 1882 beschloß, um einen Konzertsaal für große Aufführungen zu haben. Nach der Einweihung 1888 wurde ein junges Orchester aus den besten Instrumentalisten Amsterdams gebildet, dessen Leitung man Willem Kes übertrug. Kes gelang es mit großer Energie und Sachkenntnis, sein Orchester zu einem entwicklungsfähigen Ensemble zu erziehen. Diese Arbeit sowie das wachsende Repertoire des Orchesters waren für Mengelbergs Wirken ein fruchtbarer Boden.
Mit einem so jungen Orchester hatte er die Ruhe, sich ganz einer zielgerichteten Entwicklungsarbeit zu widmen, denn es fehlte die bei renommierten Orchestern übliche starke Belastung durch Termine, Reisen und Gastdirigate, die eine planmäßige, fortschreitende Arbeit behindert und das Musizieren leicht zur bloßen Routine werden läßt.
Genaueste Arbeit am Detail und sorgfältige Einfügung der gewonnenen Feinheiten in das Gesamtbild des Werks prägten seinen Probenstil. Jeder Akzent, jede dynamische Abstufung, jede ganz besondere Vortragsweise wie staccato, portamento, legato und selbstverständlich die Anweisungen für die Bogenführung bei den Streichern wurden in die Noten eingezeichnet. Und er gab technische Hinweise, um die gewünschte Tonqualität zu erreichen: «Hörner, Schalltrichter hoch! Pauke, mehr am Rand schlagen. Trommel, versuchen Sie es mal mit der anderen Seite der Stöcke. Streicher, kein geschlepptes te-de, sondern deutlich getrennt ta-ta. Die Bläser müssen etwas antizipieren, sonst klingt der Ton eine Idee zu spät im Saal. Bei meinem Auftakt müssen Sie sich schon vorbereiten, und der Ton soll genau da sein, wenn mein Taktstock stillsteht. Überhaupt müssen Sie viel mehr aufeinander lauschen, es kommt mir vor, als hätten Sie Hornhaut auf dem Trommelfell.»
Berühmt und berüchtigt war Mengelberg für das lange Stimmen und seine langen Reden. Das Stimmen soll oft eine halbe Stunde gedauert haben. Seine Reden an das Orchester waren oft noch viel länger: «Musik ist eine Sprache. Sie müssen immer etwas damit erzählen, ein Musiker muß sich in jede Situation versetzen und alle Gemütszustände nachfühlen können.» Und er schilderte seinem Orchester, was für ihn in der Musik enthalten ist.
Auch dem Amsterdamer Publikum, das bis dahin musikalisch nicht allzu verwöhnt worden war, hatte er Neues zu bieten: Debussy, Reger, Ravel, Strawinsky, Strauss und Mahler.
Zudem entwickelte sich zwischen dem Orchester, dem Chorverein «Toonkunst», den Mengelberg 1898 übernommen hatte, und der «Wagner-Vereinigung» eine Zusammenarbeit, die sich vor allem durch die zahlreichen Musikfeste äußerst befruchtend auf das kulturelle Leben auswirkte. Diese Feste galten besonders der zeitgenössischen Musik, unter anderem dem Werk Mahlers und Strauss'.
Die Arbeit mit dem Concertgebouw Orkest blieb bis 1945 Mengelbergs Hauptaufgabe.
Dazu trat 1907 sein 13 Jahre währendes Engagement beim Museumsorchester Frankfurt, dem 1908 auch die Leitung des Cäcilien-Vereins folgte.
Rufe zahlreicher Orchester führten ihn nach Großbritannien, Italien, Frankreich, Norwegen und Rußland.
Zwischen 1921-29 dirigierte er alljährlich in New York. Dort hatten sich gerade das National Philharmonic Orchestra und das New York Symphony Orchestra zu einem Orchester vereinigt, dessen Konzerttermine so sehr angewachsen waren, daß man übereinkam, mindestens zwei Erste Dirigenten und außerdem verschiedene Gäste zu berufen. Diese Einrichtung sollte für Mengelbergs Abschied von New York mitverantwortlich werden. Denn mit der Saison 1928/29 trat Toscanini beim Philharmonic Orchestra an, das damit zwei Erste Dirigenten hatte, die sich gegenseitig vorwarfen, das Orchester zu ruinieren. Laut Winthrop Sargeant, dem Kritiker, hat Mengelberg das Orchester zu einem vollkommen disziplinierten Ensemble erzogen. Toscanini war anderer Meinung, er schlug Mengelbergs Prinzipien in den Wind, reagierte (nach Sargeant) auf Fehler nicht mit theoretischen Erläuterungen, sondern indem er Taktstöcke zerbrach:

Mengelberg «auf der einen Seite war der Mann mit Prinzipien und Tradition, der für eine musikalische Moral kämpfte, die er für wichtiger hielt als sich selbst. Auf der anderen Seite schob ein unnachgiebiges, autokratisches Genie alles, was ihm in den Weg kam, beiseite und verlangte bedingungslose Unterwerfung — nicht unter Gesetz und Ordnung, sondern unter Maßstäbe, die einzig von seinem eigenen instinktiven Geschmack diktiert wurden».

Mengelbergs Tätigkeit als Dirigent endete mit dem Zweiten Weltkrieg, 1945. Während des Krieges hatte er mehrfach Einladungen, in Deutschland zu dirigieren, angenommen. Seine unverbindliche Haltung zum politischen Geschehen wurde in Anbetracht seiner Leistungen und seines hohen Rufes um so übler aufgenommen. Seine Verteidigung: «Ich habe mich niemals mit Politik befaßt. Meine Kunst war und ist öffentliches Eigentum; ich konnte sie keinem Volk vorenthalten», konnte ihm nicht helfen. Man verbot ihm, fürderhin in den Niederlanden zu dirigieren.

Man nennt ihn danach den «Pétain des musikalischen Marschallstabes» und den «Hamsun der Musik».

Mengelberg zieht sich verbittert in die Schweiz zurück. Die durch die Fürsprache seiner alten Orchestermusiker erreichte Aufhebung des Verbots ab dem Sommer 1951 kommt zu spät. Am 22. 3. 1951 stirbt der fast Achtzigjährige in Sent im Kanton Graubünden.

Fünfzig Jahre hatte Mengelberg die Geschicke des Orchesters geleitet. Zahlreiche Dirigenten waren Gast beim Concertgebouw Orkest gewesen, so Monteux, Busch, Strauss, Walter, Beecham, Kleiber, Boult und Strawinsky.

Er hatte mit dem Orchester eine Weltreise unternommen.

Grieg, der sich um die Belebung des norwegischen Musiklebens bemühte, hatte ihn mit seinem Orchester zum Norwegischen Musikfest in Bergen 1898 eingeladen. Seine Heimatstadt Utrecht ehrte ihn mit der Berufung zum außerordentlichen Professor für Musikinterpretation. Mengelberg hielt dort jedoch nach seiner Antrittsrede keine weiteren Vorlesungen.

Mengelberg war unerbittlich. Ein Feldherr, der, mit der Partitur, ihren technischen Besonderheiten und ihren vielfältigen Wandlungen und Verzweigungen völlig vertraut, diese Kenntnis in der Ausführung durch das Orchester vollkommen verwirklicht sehen wollte. Und er erwartete von seinen Musikern, daß sie all ihr technisches und musikalisches Können in seinem Sinn konzentriert einsetzten. Viel Zeit verwandte er auch dafür, die Gesten seiner linken Hand dem Orchester zu erläutern. «Mit der rechten Hand schlage ich den Takt, mit der linken rede ich.» Und er verfiel nie in Routine, arbeitete an Werken, die das Orchester «im Schlaf» konnte, trotzdem noch ausführlich, selbst wenn dann die Zeit für andere Werke knapp wurde. «Die Noten kennen die Herren alle, aber es handelt sich um die Präzision.»

Willem Mengelberg war Freund und Förderer Gustav Mahlers.

Mengelberg erarbeitete ein Werk nicht von der technisch-musikalischen Seite her, sondern er ging von Ideen und programmatischen Vorstellungen aus, die er, nachdem das Orchester ein neues Werk durch einmaliges Durchspielen ansatzweise kennengelernt hatte, genau erläuterte. Und er ließ nicht nach, bis er seinen Musikern seine Auffassung so übertragen hatte, daß ihr Spiel genau seinen Vorstellungen entsprach.

Diese Vorgehensweise, sowie seine eigenwilligen Interpretationen und seine Retuschen am Werk weisen Mengelberg als späten Wagner-Nachfolger aus. Und er ist in seiner Einstellung zum Werk und als Dirigent des jungen Concertgebouw Orkest, wo er ganz seinen Plänen entsprechend arbeiten konnte, dem Wagnerschüler Bülow und dessen «Meiningern» durchaus ähnlich gewesen. Aus der Wagnerschule rühren Mengelbergs Tempomodifikationen her — das Langsamerwerden zwischen kontrastierenden Passagen, die Rubati —, er verdoppelte durch seine Interpretation nocheinmal das, was seinen Vorstellungen vom Werk entsprach. Und überließ damit dem Zuhörer kaum Freiraum, sich selbständig in das Werk hineinzudenken. Der Dirigent als Erzieher des Publikums.

Die Wagnerschule findet man auch in Mengelbergs Umgang mit der Partitur. Er scheute sich nicht, dort Änderungen vorzunehmen, wo er glaubte, die Absichten des Komponisten besser verdeutlichen zu können, als es der Komponist selbst getan hatte. Mengelberg hatte unter anderem bei Franz Wüllner, dem romantischen Dirigenten und Schüler des Beethoven-Adlatus Schindler, gelernt, der —laut Mengelberg — keine Bedenken trug, des tauben Beethoven Partituren zu retuschieren. Mengelberg sagte selbst einmal gegenüber dem BBC Symphony Orchestra: «Beethoven machte wie viele andere Komponisten Änderungen an seinen Partituren, selbst nach deren Veröffentlichung, und zudem war er taub. Warum also soll das nicht auch der Dirigent tun, der oft viel klarer sieht als der Komponist?»

Mengelberg traf sich hierin mit seinem Freund Gustav Mahler, wie auch beide Dirigenten sich in ihrem ausgeprägten Willen zu technischer Vollendung, zu genauester Verdeutlichung des Werkes begegneten. Weissmann berichtet darüber «Da Mahlers Werk dem, der höchste Deutlichkeit erstrebt, durch die transparente Vielheit singender Stimmen entgegenkommt und ihn durch seine Forderungen an Instrumentaltechnik und dynamische Abstufungen reizt, so ist einem Mann wie Mengelberg hier der Weg zu einer Auswertung seiner Dirigenteneigenschaften wie kaum je gegeben.

Die symphonische Kunst schließlich ist mit der Entwicklung des Individuums und deren Endergebnis: dem großen demokratischen Leben unserer Zeit eng verbunden.

Im Gegensatz zu dem rein ästhetisch orientierten Geschmack des Rokoko erstand in Beethoven der kämpferische

Geist der großen Französischen Revolution. Im Verlauf des 19. Jahrhunderts jedoch verlor der Individualismus mehr und mehr seinen kämpferischen Charakter.
Träumerische und romantische Töne (Mendelssohn, Schumann) erwachten, gefolgt von beschaulichen und schließlich melancholischen, pessimistischen Stimmungen (Brahms, Tschaikowsky). Dann erwuchs aus diesem Pessimismus heraus ein großes Sehnen und Sich-Bemühen um ein neues Ideal: hin zu einer Gemeinschaft, die das Individuelle überragt.
Diese Neigung ist im Werk Gustav Mahlers verkörpert, der in einem gewissen Sinn die Volksmusik unserer Zeit geschaffen hat und der damit unserer symphonischen Musik einen neuen und größeren Wert verliehen hat.» (Mengelberg in seiner Rede anläßlich der Verleihung der Ehrendoktorwürde der Columbia University New York 1928)
Im Mai 1920 feierte Mengelberg sein 25-jähriges Jubiläum als Dirigent des Concertgebouw Orkest mit einem zwei Wochen währenden Musikfest, das ausschließlich dem Werk seines Freundes Gustav Mahler gewidmet war.
Zwischen Mengelberg und Mahler hatte sich seit Mengelbergs erster Bekanntschaft mit Mahlerscher Musik im Jahr 1902 eine persönliche und künstlerische Freundschaft entwickelt, die Amsterdam Mahler zu einer zweiten Heimat, zu seinem «Bayreuth», werden ließ. 1903 erklangen die 1. und 3. Sinfonie, 1904 die 2. und 4. Die Vierte wurde doppelt aufgeführt, am selben Abend, von einer Pause unterbrochen, und zwar einmal von Mahler und das zweite Mal von Mengelberg dirigiert. Man erinnert sich an Bülows doppelte Beethoven- und Brahms-Aufführungen. Im März 1906 folgten die 5. Sinfonie, die «Kindertotenlieder» und das «Klagende Lied», unter Mahlers Direktion und bei seinem letzten Amsterdamer Aufenthalt die 7. Sinfonie. Nach Mahlers Tod fanden regelmäßig Mahler-Konzerte unter Mengelberg statt, die gekrönt wurden durch das große Mahlerfest 1920.
Die langwährende Mahlerpflege trägt nun ihre Früchte. Orchester und Dirigent, seit langem aufeinander eingespielt — «man hat das Gefühl von einer höheren Einheit, zu der Dirigent und Orchester bei der Aufführung verwachsen» (Egon Wellesz, Wien) und mit Mahlers Werk völlig vertraut, schaffen «unvergleichlich vollkommene Darbietungen» (Bernet-Kempers, Amsterdam).
Und man rühmt Mengelberg als denjenigen, «der vielleicht der einzige in Europa war, der während des Krieges den Geist der Internationalität der Musik bewahrt hat».
Amsterdam ist durch Mengelberg zu einer Musikmetropole geworden. Nicht nur Mahler ließ er seine Pflege angedeihen. Sein Repertoire umfaßte ältere Musik von Bach bis Beethoven, Berlioz, Sain-Saëns, Brahms und Bruckner, Dvořák und Grieg, französische Musik: Debussy, Ravel, Roussel, Milhaud, russische Musik: Strawinsky, Tschaikowsky, Skrjabin; Kodály und Bartók, Casella, Elgar, Reger, Schillings und Strauss. Und in nicht geringerem Maße widmete Mengelberg sich seinen Landsleuten Diepenbrock, Wagenaar, Zweers, Doppers, Badings und Pijper.
Mengelbergs Interpretation der Bachschen Matthäuspassion stand ganz in der Tradition des Romantisierens. Sein Beethoven blieb, «so leidenschaftlich er ihn auch zur Erscheinung bringt», ohne Hintergrund, ohne Tiefe, so Weissmann. «Bei Tschaikowskys Kosakenmarsch stand er da wie ein Römer beim Wagenrennen, der — trotz aller Wucht und Energie — die Zügel fest in der Hand hielt, damit die Rassepferde nicht durchbrannten.» (E. B. Heemskerk, der unter Mengelberg spielte.) Und Hamel schrieb in der Zeitschrift «Musica» 1951: «Virtuos aber war er wirklich, am allermeisten nach der Seite der Klangentfaltung, die ihre größten Triumphe feierte, wenn er die kompakten Ölfarben Tschaikowskys auftrug. Von hier an aufwärts war ihm kein Orchester-Aufgebot zu groß, keine Partitur zu kompliziert. So wurde er ... Wegbereiter auch der Musik ... von Strauss, der wohl wußte, was er tat, als er dem jungen Mengelberg eine seiner zeilenreichsten und pathetischsten Partituren widmete, das ‹Heldenleben›.» Strauss bekannte, die Tondichtung nie wieder so farbig und spannungsvoll gehört zu haben wie unter Mengelberg.
Und genau das waren wohl Mengelbergs besondere Stärken: Farbigkeit und eine Intensität, die er seinen Musikern so dicht zu übertragen wußte, daß sie «fff fühlten und dabei ppp spielten» (Heemskerk).
Mengelberg hat sich auf der Konzertsaal beschränkt. Mahlers sprechende Musik, Tschaikowskys breite, bilderreiche Werke, Strauss' pathetische Schöpfungen — das waren Mengelbergs «Opern», die er spannungsreich und lebendig darzustellen wußte.
«Music discloses to us a reality above the senses; it is the spiritual world in which our better ego dwells. While philosophy seeks to solve the higher law from and by means of life, music reveals that in life itself. Philosophy is the highest aspiration of man; music is the most human revelation of God.»
Willem Mengelberg war ein großer Meister des Pathos. *CS*

Messager, André

* Montlucon 30. 12. 1853, † Paris 24. 2. 1929; französischer Komponist, Schüler der Niedermeyerschen Kirchenmusikschule in Paris und Student bei Saint-Saëns. Neben seiner Tätigkeit als Organist und Komponist wirkte er 1880 als Kapellmeister an Saint-Sulpice in Paris, 1898—1903 als Musikdirektor der Komischen Oper (1902 dirigierte er dort die Uraufführung von Debussys «Pelléas et Mélisande») und 1901—06 als künstlerischer Direktor am Covent Garden in London. Danach leitete er bis 1913 gemeinsam mit Broussan die Opéra in Paris, dirigierte ab 1908 auch die Konzerte des Konservatoriums und übernahm in der Saison 1919/20 den Kapellmeisterposten an der Komischen Oper.

Mester, Jorge

* Mexiko City 10. 4. 1935; amerikanischer Dirigent, Sohn ungarischer Eltern. Bereits in seiner Jugend spielte er Violine und Viola. Nach dem Besuch der Amerikanischen Schule in Mexiko City und der Militärakademie in Hollywood schrieb er sich 1952 an der Juilliard School of Music in New York ein. Dort nahm er Unterricht in Dirigieren bei Jean Morel. Während seiner Studienzeit in New York besuchte er auch Kurse bei Leonard Bernstein in Tanglewood. Bereits 1955 gab er in Mexiko City sein Debut als Orchesterdirigent. Nach seinem Abschluß unterrichtete er bis 1967 an der Juilliard School Dirigieren. 1967 wurde er zum Dirigenten und musikalischen Direktor des Orchesters von Louisville ernannt. Diese Stellung behielt er bis 1979. Er wirkte zudem noch als Erster Dirigent der Kansas City Philharmony

(1971—74) und seit 1970 als musikalischer Direktor des Aspen Music Festival; 1980 reorganisierte er das Casals Festival in Puerto Rico. Seine Lehrtätigkeit an der Juilliard School nahm er 1982 wieder auf.

Meyer-Schoellkopf, Ulrich

* Zürich 27. 5. 1935; Schweizer Dirigent, erhielt seine musikalische Ausbildung in Paris und schloß seine Studien am Conservatoire National mit zwei ersten Preisen (1957/58) ab. Anschließend Schüler und Assistent von Josef Krips in Wien; ab 1961 Dirigent des Buffalo Philharmonic Orchestra. Seit 1967 Verpflichtungen als Gastdirigent in der Schweiz, in Deutschland, Frankreich, Holland und in den USA. 1972 Berufung zum Chefdirigenten des Luzerner Orchesters und zum Direktor des Stadttheaters Luzern (bis 1982). 1981 ist er zum Künstlerischen Leiter der Internationalen Musikfestwochen Luzern ernannt worden. Daneben Konzerttätigkeit in Europa und in den USA.

Michalak, Thomas

* Krakau 21. 12. 1940; polnischer Dirigent, nach dem Studium in Warschau gab er mit 16 sein Debut als Solist beim Warschauer Philharmonieorchester. Sein Debut als Dirigent folgte 1964 bei einer Amerika-Tournee des Ballet Russe von Monte Carlo. 1967 trat er der Musikfakultät des Ithaca College bei. 1972 gewann er den 1. Preis des Kussewitzky-Wettbewerbs am Berkshire Music Center. Er dirigierte das Pittsburgh Symphony Orchestra (1974), war dann musikalischer Direktor des Canton Symphony Orchestra (Ohio) und schließlich von 1977—83 musikalischer Direktor des New Jersey Symphonic Orchestra of Newark; dazu war er 1981/82 als musikalischer Berater der Philharmonie von Kansas City tätig.

Miedél, Rainer

* Regensburg 1.6.1937, † Seattle am 25. März 1983; deutsch-amerikanischer Dirigent, neben seinem Cello-Studium bei André Navarra und seinem Dirigierstudium bei Istvan Kertesz und Carl Mellisz in Paris nahm er Dirigier-Unterricht bei Franco Ferrara. 1965 ging er als Cellist zum Stockholmer Philharmonie Orchester; dort absolvierte er auch sein Debut als Dirigent (1967). Von 1969—76 war er musikalischer Direktor des Gavleborgs Orchesters; gleichzeitig stellvertretender Dirigent des Baltimore Symphony Orchestra (1969—73). 1976 wurde er zum musikalischen Direktor und Dirigenten des Seattle Symphony Orchestra ernannt, mit dem er 1980 die erste Europa-Tournee unternahm. 1980—82 war er Interimsdirektor der Philharmonie von Florida; während seiner gesamten Laufbahn übernahm er Gastengagements in der ganzen Welt.

Mihály, András

* Budapest 7. 11. 1917; ungarischer Dirigent und Komponist, studierte Cello bei Schiffer, Kammermusik bei Weiner und Waldbauer an der Budapester Musikakademie (1934 — 38); daneben nahm er Kompositionsunterricht bei Kodosa und Strasser; 1942 ging er in den Widerstand gegen die Nazi-Faschisten; 1944 wurde er verhaftet. Nach dem Krieg spielte er Cello an der Budapester Oper; 1950 ernannte man ihn zum Professor an der Musikakademie und 1962 zum Musikberater des Ungarischen Rundfunks; 1968 stellte er ein Kammerensemble zusammen und dirigierte vor allem zeitgenössische Musik; seine Kompositionen werden international aufgeführt; seine Passion gilt dem Dirigieren Neuer Musik.

Mitropoulos, Dimitri

In der Lebensgeschichte des Dimitri Mitropoulos offenbart sich vieles, was zum Entstehen von Legenden geradezu prädestiniert scheint. Sie ist wundersam, wunderlich und wundervoll zugleich, rätselhaft und durchsichtig, ebenso verblüffend wie ergreifend in ihrem schnurgeraden Verlauf. Eine Vielzahl anderer Dirigenten hatte wesentlich länger Zeit, die Laufbahn schlüssig zu vollenden: Leopold Stokowski zum Beispiel — kurzfristig ein direkter Kollege von Mitropoulos in New York — erreichte das spektakuläre Pensum von sieben Jahrzehnten, die er vor Orchestern stand; sie bedeuteten ganze drei Dekaden mehr Spielraum, eine gewünschte Entwicklung zu fördern oder erst einzuleiten und den eigenen Namen im Gedächtnis des Publikums zu verwurzeln. In dreißig Jahren hätten noch manch ein neuer Posten, hier und da ein Gastauftritt und vielleicht einige Dutzend Schallplattendokumente den Karrierenkatalog erweitert, doch dies war eben das Unwichtigste für Dimitri Mitropoulos überhaupt.

Jahreszahlen und Statistiken nützen aus zweierlei Gründen wenig bei dem Unterfangen, ein anschauliches Bild zu zeichnen. Die wenigen Stationen und Daten verraten zum einen nichts über den ausgeprägten Idealismus des Dirigenten, seinen kompromißlosen Einsatz für eine Musik, selbst wenn sie ihm nicht gefallen sollte. Daß er ein Werk für eine gute Komposition hielt, war ihm Grund genug, es erstmals aufzuführen. Zum anderen arbeitete Dimitri Mitropoulos außergewöhnlich viel und unverhältnismäßig intensiv. Eine Symphonie bereits auswendig zu proben, stellt allein ein kleines Kunststück dar, das sogar erfahrenen Kollegen arge Probleme bereiten kann. Um wieviel schwieriger mußte es jedoch sein, auch noch die Nummern- und Buchstabeneinteilung der Partitur präzise zu behalten. Er besaß eine Vorliebe für solche Akrobatik, weil sie ihm offenbar Spaß machte, wie Harold C. Schonberg meinte: «Ein Blick auf die Partitur, und er hatte sie für immer präsent. Je komplizierter sie war, um so besser gefiel sie ihm. Er war ein Typ, der stärker auf Kompliziertheit als auf Einfachheit reagierte.» Dimitri Mitropoulos erklärte es so: «Ich würde es auch nicht mögen, wenn ein Schauspieler den 'Hamlet' aus einem Buch vorläse. Deshalb lerne ich die Musik.»

Auch wenn keine Hexenkräfte diese Leistung ermöglichten, wie es einige Kritiker mißtrauisch vermuteten: Eine gewisse wunderliche Besessenheit begleitete seinen Eifer. Dimitri Mitropoulos ruhte in sich selbst und gönnte sich — außer der Musik — nur ein Minimum an Vergnügungen. Als passionierter Bergsteiger erkletterte er dann die höchsten Gipfel seiner griechischen Heimat. Gelegentlich bereitete es ihm auch Freude, zwei- oder dreimal an einem Tag ins Kino zu gehen, wo er sich Krimis und Science-Fiction-Filme anschaute. Falls ihn ein Freund begleitete, pflegte er anschließend mit ihm zu diskutieren, was an der Regie und der Hintergrundmusik hätte verbessert werden müssen.

Dimitri Mitropoulos konnte seine Bekannten mit ausgefallenem Humor überraschen. George Seferis erzählte dazu von einem angeregten Gespräch in einem Lokal, das eine leicht beschwipste Dame mit der Bitte um ein Taschentuch unterbrach. Der Dirigent soll, nachdem er ihr das Tuch gereicht

hatte, sofort vom Tisch aufgesprungen sein und erst auf der Strasse seinem Ärger Luft gemacht haben: «Es störte mich keinesfalls ihr Wunsch, sondern nur die Tatsache, daß sie meine Geschichte ruinierte.» Diese Art Witz entsprach der Lebensweise, spiegelte den Charakter. Gewiß hatte Dimitri Mitropoulos auch triviale Bedürfnisse, doch sie spielten in seinem Leben eine stark untergeordnete Rolle. Ihre Erfüllung diente dazu, den Geist auszuruhen.

Das Einhalten strikter Prinzipien erbte er von seinem Vater, einem Athener Kaufmann. Geboren am 1. März 1896 (nach dem Julianischen Kalender am 18. Februar) in einer strenggläubigen Familie ohne jegliches Verhältnis zur Musik, stand der junge Dimitri Mitropoulos bald im Zwiespalt zwischen Kunst und Kirche, denn die griechisch-orthodoxe Religion untersagte orchestrale oder instrumentale Musik in ihren Bräuchen. Komponieren bedeutete ein Sakrileg, doch der Vater zeigte zum Glück Verständnis und Bereitschaft, das Talent des Sohnes zu unterstützen. Nach bemerkenswerten Fortschritten auf dem Klavier, die schon damals das kolossale Gedächtnis offenbarten — mit zehn Jahren spielte Dimitri den «Rigoletto» auswendig —, erhielt er die Erlaubnis, am Konservatorium in Athen zu studieren. Dem Glauben blieb er trotzdem sein Leben lang treu.

Sein Klavierlehrer Ludwig von Wassenhoven und sein Kompositionslehrer am Odeion-Konservatorium Armand Marsick waren gleichermaßen überwältigt. Noch während der Ausbildung schrieb Dimitri Mitropoulos eine ganze Reihe Klavierstücke, Kammermusik, Lieder und vor allem die abendfüllende Oper «Soeur Béatrice» auf einen Text von Maurice Maeterlinck. Nach der Goldmedaille des Instituts für Klavierspiel (1918) war die Uraufführung dieser Oper 1920 der zweite Erfolg. Ein wundersamer Zufall wollte es, daß der französische Komponist Camille Saint-Saëns im Zuschauerraum saß und dem jungen «Kollegen» weitere Studien in Paris vorschlug. Die Idee gefiel Mitropoules, der Ort indes nicht: Gemeinsam mit Emmanuel Benakis zog es ihn nach Brüssel zu Gilson und Desmet und ein Jahr später weiter nach Berlin, wo er 1921 bis 1924 Schüler in Ferruccio Busonis Meisterklasse für Klavier an der Hochschule für Musik war.

Busoni machte ihn mit der Orchesterleitung vertraut, und von diesem Moment an sah Dimitri Mitropoulos seine Zukunft vorgezeichnet. Obgleich er bis 1938 noch gelegentlich komponierte, ließ er dieses offenkundig große Talent und das Klavierspiel immer mehr verkümmern. Der Dirigentenlaufbahn hatte er sich verschrieben. Neben seinen Studien wirkte er zunächst als Korrepetitor, dann als 2. Kapellmeister an der Berliner Oper «Unter den Linden», doch der Tod Busonis trieb ihn zur Rückkehr nach Athen, wo er einen glanzvollen Aufstieg erlebte. Weiterhin eng mit dem Konservatorium verbunden, dirigierte er zunächst dessen Orchester, teilte sich mit Jean Boutnikoff die Musikdirektion und wurde 1930 dort zum Professor für Komposition ernannt. Aus dem Konservatoriumsorchester ging übrigens später das Staatssymphonieorchester hervor. Bis zur Auflösung der Athener Konzertgesellschaft 1927 leitete er auch deren Ensemble. Dimitri Mitropoulos leistete unbezahlbare Arbeit für das griechische Musikleben. Nicht nur, daß er den orchestralen Standard um ein beträchtliches Maß anhob; äußerlich gefühlvoll, aber innerlich verbissen, kämpfte er darum, das Repertoire ständig zu erweitern. Eine große Anzahl neuer, alter und unbekannter Werke ergänzte nun die über die Landesgrenzen hinaus aufsehenerregenden Programme. Eine zufällige Chance indes verhalf ihm zu noch größerer Bekanntheit: Als sich der Dirigent 1930 gerade in Berlin aufhielt, um ein Gastengagement bei den Philharmonikern zu erfüllen, verpaßte der Pianist Egon Petri eines Abends den Konzertbeginn. Dimitri Mitropoulos setzte sich kurzerhand an den Flügel und sorgte als Dirigent und Pianist in Personalunion für eine gelungene Interpretation von Prokofieffs Drittem Klavierkonzert. Während folgender Tourneen durch Europa und die Sowjetunion wiederholte er gern diesen Konzentrationsakt, zu dem der Komponist, der in Paris einmal im Zuschauerraum saß, neidlos bekannte, Mitropoulos spiele das Werk besser als er selbst.

Dimitri Mitropoulos probte gründlich und ausgiebig. Mit Inge Borkh während einer Probe in Salzburg.

Einer Einladung in die USA folgte der Dirigent erst 1936, als Serge Kussewitzky ihn um einen Auftritt mit dem Bostoner Symphonieorchester bat. Die Bekanntschaft mit der «Neuen Welt» entwickelte sich zu einer Freundschaft auf Lebenszeit. Die Weite dieses Landes faszinierte ihn, und da der Boden in Europa durch die politische Entwicklung immer heißer wurde, entschloß sich Dimitri Mitropoulos überzusiedeln. 1937 löste er Eugene Ormandy als Dirigent des Symphonieorchesters in Minneapolis ab, wo er zwölf Jahre blieb. Es zeigt die Bestän-

digkeit dieses Mannes, daß er die zweite Hälfte seiner großen Wirkungszeit auf lediglich zwei festen Posten bestritt.
Das zweite Amt, die Stelle des Chefdirigenten bei den New Yorker Philharmonikern, war das wichtigere. Schon 1941 hatte Dimitri Mitropoulos dort Beifallsstürme hervorgerufen — zehnmal soll das Publikum ihn nach einem Konzert auf das Podium zurückapplaudiert haben —, doch über gelegentliche Gastspiele und eine vergebliche Bewerbung ging die Beziehung zu dem Orchester vorerst nicht hinaus. 1949 schließlich schaffte er den Sprung, gegen zahlreiche Mitinteressenten, ohne Protektion, ohne Eigenwerbung. In New York, dem kraftvoll pulsierenden Herzstück des amerikanischen Musikbetriebs, erreichte er den End- und Höhepunkt seiner Laufbahn. Nachdem Leopold Stokowski ihm allein das Feld überlassen hatte, baute er seinen Einfluß ähnlich weit aus wie in Minneapolis, doch hier wurde das auch für Außenstehende spürbar.
Was Dimitri Mitropoulos tat, nannten die Geldgeber der Philharmonie anfangs Geschäftsschädigung, die wohlwollenden Kritiker dagegen eine längst fällige «Entschlackung». Wie schon früher in Griechenland krempelte er auch in New York die Konzertprogramme gründlich um, was insbesondere der bis dato wenig beachteten Neuen Musik zugute kam: Alban Bergs »Wozzeck«, Ferruccio Busonis «Arlecchino», Arnold Schönbergs «Erwartung», Darius Milhauds «Choéphores» oder die »Elektra« von Richard Strauss sollte das eher konservative Publikum plötzlich verstehen lernen. Für Gustav Mahler, dessen Sechste Symphonie er erstmals in den Vereinigten Staaten aufführte, setzte er sich mit besonderem Eifer ein, so daß tatsächlich die amerikanische Wiederentdeckung dieses Komponisten seinem Konto gutgeschrieben werden darf. Bereits 1940 erhielt er dafür die Medaille der Mahler-Gesellschaft. Zahlreiche Opern, auch die genannten, präsentierte er in konzertanten Versionen. Sie machten es den Ersthörern möglicherweise etwas einfacher.
Bis Dimitri Mitropoulos die zweite Bastion des New Yorker Musiklebens, die Metropolitan Opera, einnahm, vergingen noch fünf Jahre. Ab 1954, seit er mit Richard Strauss' «Salome» debütiert hatte, kehrte er in jeder Saison bis zu seinem Tod stets dort ein, selbst wenn er dreimal am Tag dirigieren mußte — in der Probe, bei den Philharmonikern und an der Oper. 1958 leitete er dort die Uraufführung von Samuel Barbers «Vanessa», die er außerdem kurz darauf bei den Salzburger Festspielen vorstellte. Trotz aller Gastverpflichtungen und den damit verbundenen Reisen zu zahlreichen amerikanischen Konzerthallen, nach Südamerika und wieder verstärkt nach Europa (unter anderem zu Auftritten in München, bei den Festspielen in Edinburgh und mit den Wiener Philharmonikern), fühlte er sich am engsten mit seinem eigenen Orchester verwachsen, das ihn oft auf den Tourneen begleitete.

«An der Spitze eines wundervollen Orchesters zu stehen, ist ein Privileg und ein großes Glück . . .»

Unermüdlich arbeitete er mit den New Yorker Philharmonikern, probte lange und intensiv und schob alle früheren Bedenken der Finanzkommandanten beiseite. Schließlich bestand er ja nicht ausschließlich auf seinen avantgardistischen Ideen, sondern war sich durchaus des vitalen Verhältnisses zwischen Standardwerken, einem «Muß», und Neuer Musik, einem «Soll», bewußt. Dimitri Mitropoulos verstand es, ohne Peitsche zu erziehen und dabei wundervolle Ergebnisse zu erzielen, wenngleich der gutmütige Charakter hin und wieder einige Mängel in der Disziplin der Musiker provoziert haben mag. Wie ein sprichwörtlich schweizerisches Präzisionsuhrwerk funktionierte der Grieche, der 1946 Amerikaner geworden war, tatsächlich nicht. Seine Aufführungen lebten meistens von der gefühlsstarken Leidenschaft und dem rhythmischen Schwung, von der überaus vielseitigen Ausdruckskraft während eines Konzerts. Weil er ein wenig holperig und nicht mit fanatischer Genauigkeit dirigierte, konnte es vorkommen, daß ein Stück während der Probe anders klang als am Tag der Aufführung. Schließlich unterstreicht dieses Phänomen jedoch nur die Tatsache, daß ein Orchester wirklich einen Dirigenten braucht. Dimitri Mitropoulos vollzog die Schöpfung eines Werkes jedesmal neu, und er durfte von der Richtigkeit seiner Interpretation jedesmal überzeugt sein, weil sie aus dem Herzen in die Hände übersprang.
Den ruhenden Pol seines letzten stürmischen Jahrzehnts, das wegen zusätzlichen Engagements bei Schallplattenaufnahmen (oft in Köln) noch aufregender wurde, bildete seine Dachwohnung in einem New Yorker Hotel nahe der Carnegie Hall. Er lebte dort still, ja eremitenhaft, umgeben von einer vorzüglichen Bibliothek, die eine gründliche klassische Bildung verriet. Lange Zeit hielt sich auch das Gerücht, er wolle Mönch werden, weil er niemals heiratete, stets ein stilisiertes Kreuz um den Hals trug, von dem gesagt wurde, es enthielte einen Holzsplitter vom echten Kreuz Jesu, weil er oft nach heimatlichem Brauch einen Rosenkranz durch die Finger gleiten ließ und schließlich weil man in seinem Mantel ein Bildnis der Jungfrau Maria eingenäht fand. Dimitri Mitropoulos machte sich nie die Mühe zu dementieren.
Aber noch einmal: Der Glauben prägte ihn und sein Verhältnis zu den Musikerkollegen. Nur böswillige Lästerer unterstellten ihm Geiz, weil sie aus der Bescheidenheit des Dirigenten selbst auf sein allgemeines Wesen schlossen. Richtig war vielmehr, daß er, ohne es an die große Glocke zu hängen, begabte junge Musiker unterstützte, aus eigener Tasche Instrumente kaufte und tatsächlich kein Vermögen hinterließ: Seine Verehrung galt Franz von Assisi. Einmal sagte er: »An der Spitze eines wundervollen Orchesters zu stehen, ist ein Privileg und ein grosses Glück,

für das es wert wäre zu bezahlen — und doch werde ich bezahlt!»
Wie in Minneapolis, trat Dimitri Mitropoulos von seinem Posten bei den New Yorker Philharmonikern 1958 selbst zurück und wurde dort von Leonard Bernstein abgelöst. Ein schwerer Herzanfall, dem im Januar 1959 ein zweiter folgte, bremste seine Energie. Es war klar: Wenn er leben wollte, mußte er das Dirigieren aufgeben. Doch diese Wahl leuchtete ihm nicht ein, weil ihm die Musik und das Leben eins waren. In diesem Bewußtsein begann er im Juli 1959 wieder mit vollem Einsatz bei den Salzburger Festspielen, kaum daß er sich erholt hatte. Dimitri Mitropoulos starb, wie er es sich in der Zeit der Krankheit wohl oftmals wünschte — mitten in der Arbeit. Auf dem Podium der Mailänder Scala, während einer Orchesterprobe für Mahlers Dritte Symphonie, traf ihn am 2. November 1960 der tödliche Herzschlag. Seine Urne wurde in Griechenland, acht Kilometer von Vitina auf dem Peloponnes entfernt, beigesetzt. In Amerika erinnern Stiftungen, Dirigierwettbewerbe und Konzerte an ihn — und ein Baum, der im Namen des Dirigenten vor der Carnegie Hall gepflanzt wurde. *DR*

Molinari, Bernardino

* Rom 11. 4. 1880, † Rom 25. 12. 1958; italienischer Dirigent, Schüler des Liceo di S. Cecilia in Rom bei Renzi und Falchi (bis 1902). Ab 1912 bis zu seinem Rücktritt 1943 war er ständiger Dirigent des Augusteo-Orchesters in Rom. Er unternahm mit diesem Ensemble Tourneen in Italien und außerhalb und regte 1929 populäre Freiluft-Sommerkonzerte an. Gelegentlich auch wirkte er als Gastdirigent in Rom, Florenz, Buenos Aires, Wien und Prag.

Molinari-Pradelli, Francesco

* Bologna 4. 4. 1911; italienischer Dirigent, studierte in Bologna und Rom. Nach dem Krieg dirigierte er an der Scala in Mailand (1946). 1951 war er Gastdirigent in London und dirigierte am Opernhaus in Neapel. Nach 1957 leitete er erfolgreiche Opernaufführungen in San Francisco und Los Angeles. Bekannt wurde er vor allem durch seine Wagner- und Puccini-Interpretationen.

Monteux, Pierre

29. Mai 1913 in Paris: Uraufführung des «Sacre du printemps» von Igor Strawinsky.
«Wir hörten dieses Geschichte machende Werk inmitten eines solchen Tumults, daß die Tänzer das Orchester nicht mehr hörten und dem Rhythmus folgen mußten, den ihnen der stampfende und schreiende Nijinsky in den Kulissen schlug ... Das Publikum spielte die ihm zugedachte Rolle, es empörte sich sofort. Man lachte, spuckte, pfiff, ahmte Tierlaute nach, und vielleicht hätte man es schon nach einiger Zeit aufgegeben, wenn nicht die Menge der Ästheten und einige Musiker in ihrem Übereifer das Publikum in ihren Logen beschimpft und sogar geschubst hätte. Der Lärm degenerierte zum Handgemenge ...» (Jean Cocteau).
«Das Bild von Monteux's Rücken ist mir lebendiger in Erinnerung geblieben als das Bühnenbild. Er stand dort scheinbar unzugänglich und ohne Nerven wie ein Krokodil. Es ist für mich immer noch fast unglaublich, daß er das Orchester wirklich bis zum Ende durchbrachte ...» (Igor Strawinsky)
«Er (Monteux) war ein Meister seines Handwerks, und da er das Milieu sehr gut kannte, weil er selbst aus ihm hervorgegangen war, verstand er sich mit den Musikern ausgezeichnet, was für einen Kapellmeister sehr wichtig ist. Er gab meine Partitur mit vollendeter Präzision wieder. Ich verlange nichts weiter von einem Dirigenten, denn alles, was darüber hinausgeht, führt zur ‚Auslegung', und die verabscheue ich, denn leider denkt der, der etwas auslegt, nur an seine eigene Auslegung und nicht an das Werk.» (Strawinsky in seinen «Erinnerungen»)
Pierre Monteux wurde am 4. April 1875 im alten Künstlerzentrum von Paris, der Rue Ordener, geboren.
Bereits als Knabe arbeitete er als Geiger im «Café-Concert La Cigale». Mit neun Jahren trat er in das Pariser Conservatoire ein, wo seine Mutter Klavierunterricht gab und wo Thibaud, Cortot, Capet, Henri Casadesus und Pablo Casals seine Mitschüler und Freunde waren. Der damalige Leiter der Kompositionsklasse, Jules Massenet, zählte daneben auch Charpentier, Chausson und Debussy zu seinen Schülern. Maurin und dann Berthelier unterrichteten Monteux im Violinspiel, Lavignac und Leneveu in Musiktheorie. Monteux beendete 1896 sein Studium mit dem Premier Prix für Violine. Bereits während seines Studiums hatte er Erfahrungen als Orchestermusiker gesammelt. An der Opéra Comique bei der Premiere von Debussys «Pelléas et Mélisande» war er Stimmführer der Bratschen und bei «Manon» bat ihn Massenet, für den erkrankten Solobratscher einzuspringen. Die Pariser Aufführungen von «Tristan» und «Götterdämmerung» unter Hans Richter und Felix Mottl erlebte er als Musiker im Orchestergraben mit. Als Bratschist im «Quatuor Geloso», einem Streichquartett, das er mit seinem Mitschüler Capet gegründet hatte, war er an der Aufführung eines Streichquartetts von Brahms in des Komponisten Gegenwart beteiligt. 1894 erhielt Monteux mit der Berufung zum Zweiten Dirigenten und Chorleiter der «Concerts Colonne» seine erste Anstellung. Diese Concerts hatten sich nach ihrer Gründung 1874 durch die organisatorische und künstlerische Leistung Edouard Colonnes als fester Bestandteil des Pariser Musiklebens etabliert und gewannen bald, neben den beliebten «Concerts Populaires» Pasdeloups Beachtung und Ansehen. Denn Colonne widmete sich, um gegenüber den «Concerts Populaires» ein eigenes Profil zu gewinnen, besonders dem Werk zeitgenössischer französischer Komponisten. Und sein Unternehmen, das Berliozsche Werk in seiner Gesamtheit aufzuführen, brachte ihm durchschlagenden Erfolg. Die «Concerts Berlioz», die Monteux 1911 gründete und leitete, sollten ihm zu einer Anstellung verhelfen, die richtungsweisend für seine spätere Laufbahn wurde. Der russiche Impresario Sergej Diaghilew, der seit 1907 Aufführungen russischer Musik, so Mussorgsky («Boris Godunov») und Rimsky-Korssakov, in Paris veranstaltete, suchte einen musikalischen Leiter für seine Ballets russes. Und Pierné, der Chef des Colonne-Orchesters, empfahl seinen ehemaligen Bratschisten.
Monteux hatte nicht nur seine Erfolge mit den Concerts Berlioz vorzuweisen, sondern auch eine mehrjährige Dirigentenpraxis beim Orchestre du Casino in Dieppe, 1908 bis 1914, wo er während seiner Sommerferien arbeitete. Er entwickelte sich dort zu dem umfassend ausgebildeten Musiker, als der er sich später stets bewies. Das dortige Programm reichte von Sym-

phonischer Musik über Operette und Ballett bis zum Varieté. Musik war vor allem ‚Divertissement'.
Musik ist Ergebnis konzentrierter Arbeit und sie verlangt Spielfreudigkeit: Monteuxs Erfahrungsbereiche, das Künstlerviertel, in dem er aufwuchs, und das Konservatorium, wo er ausgebildet wurde, trafen sich in Dieppe. Seine Achtung vor dem Handwerk, sein Musikertum und seine Künstlerschaft, die ihn als Dirigenten immer hinter das Werk zurücktreten ließen, formten Monteux zu dem Dirigenten, als der er berühmt und geliebt wurde. Diese Eigenschaften waren es auch, die ihn, als er für den erkrankten Leiter der Ballets russes, Tscherepnin, 1911 die Proben zu «Petrouchka» führte, Strawinsky empfahlen. Strawinsky übertrug ihm daraufhin auch die Leitung der Uraufführung, womit eine Zusammenarbeit begann, durch die Strawinskys Musik Eingang in das damalige Repertoire fand und Monteux sich einen Namen als Dirigent zeitgenössischer Kompositionen machen sollte.
Neben «Petrouchka» waren es «Rossignol» und «Sacre du printemps» von Strawinsky, Debussys «Jeux» und Ravels «Daphnis et Chloé», die Monteux als Dirigent der Ballets russes zur Uraufführung brachte. Die Zusammenarbeit zwischen Diaghilew, Strawinsky und Monteux zeitigte nicht stets solche Früchte wie den Skandal bei der Uraufführung des Sacre. «Rossignol» hatte Erfolg, «Petrouchka» erntete bei der Generalprobe lobende Kritiken durch Künstler und Journalisten. Eine konzertante Aufführung des «Sacre» im April 1914 unter Monteux wurde dem Werk zur «glänzenden Rehabilitierung»: «Das Publikum, das nicht durch szenische Bilder abgelenkt wurde, hörte mein Werk mit konzentrierter Aufmerksamkeit an und nahm es mit einer Begeisterung auf, die mich sehr rührte und die ich nicht im entferntesten erwartet hatte.» (Strawinsky in seinen «Erinnerungen»)
Strawinsky hatte in Monteux ‚seinen' Dirigenten gefunden. Und Monteux begründete seinen Ruf als Dirigent mit der Direktion von Balletten; einer neuerstandenen Kunstgattung, der allerdings nicht mehr der Taktschläger am Dirigentenpult genügte. Sie erforderte vielmehr die bewegliche Hand eines rhythmisch äußerst versierten Dirigenten. Monteux war hier ein idealer Interpret und nie auf Effekt bedacht.
«Die meisten Dirigenten — mit ganz wenigen Ausnahmen wie Monteux und Ansermet — setzen sich über die metrischen Schwierigkeiten dieser Partitur (des ⟨Sacre⟩) allzu leichtfertig hinweg. Einige befürchten, sie könnten bei einer Folge von Zeitmaßen so verschiedenen Werts einen Fehler machen, und sie erleichtern sich die Aufgabe dadurch, daß sie das ganze Stück im gleichen Zeitmaß dirigieren . . . Andere Dirigenten wiederum machen gar nicht erst den Versuch, das Problem zu lösen, sie verwandeln die Musik einfach in einen sinnlosen Wirrwarr und suchen diesen Mangel hinter wilden Gestikulationen zu verbergen. Wenn man solche künstlerischen

Pierre Monteux feierte seinen 88. Geburtstag im Kreise der Musiker des London Symphony Orchestra.

‚Auslegungen' erlebt, beginnt man, den anständigen Beruf des Handwerkers hoch zu achten.» (Strawinsky)
Genau ein halbes Jahrhundert später dirigierte Monteux, nunmehr achtundachtzigjährig, wieder «Sacre», am 29. Mai 1963 in London, und mit derselben Ruhe und Klarheit, durch die er sich auch während der Uraufführung ausgezeichnet hatte. Strawinsky ist wiederum anwesend: «Monteux, almost alone amongst conductors, has never cheapened ‚Le Sacre' or looked for his own glory in it; he has continued to play it all his life with the greatest fidelity.»
Monteux blieb den Ballets russes Diaghilews zunächst noch verbunden. Nach zweijährigem Kriegsdienst sandte man ihn mit Diaghilews Ballett als Boten französischer Kultur in die Vereinigten Staaten. Dort dirigierte er für zwei Jahre an der New Yorker Metropolitan Opera. Hatte er sich in seinen Pariser Konzerten, den «Concerts Monteux», besonders der neuen französischen und russischen Musik gewidmet, so war er in New York ganz für das französische Repertoire verantwortlich.
Mit dem Jahr 1919 ist Monteuxs Bindung an Diaghilews Ballett beendet. Man ruft ihn nach Boston. Strawinsky und Diaghilew finden in Ernest Ansermet einen Nachfolger für Monteux.
Das Boston Symphony Orchestra, das 1881 von dem Bankier H. L. Higginson gegründet wurde und durch großzügige Stiftung in der Lage war, «best music in the best way» (Higginson) zu spielen und dabei nur geringen Eintritt zu fordern, war seit seiner Gründung von deutschen und österreichisch-ungarischen Dirigenten geführt worden. Diese Tradition endete 1918 mit der Internierung Karl Mucks, wegen vorgeblichen Deutsch-Nationalistentums. Im gleichen Jahr trat Higginson, der die Geschäfte des Orchesters geleitet hatte, zurück. Henri Rabaud übernahm für eine Saison die musikalische Leitung. Das Orchester drohte zu zerfallen.
Monteux mußte fast ein ganz neues Ensemble aufbauen, was ihm während seiner fünfjährigen Tätigkeit wohlgelang. Er verhalf dem einstmals so berühmten Orchester wieder zu hohem Ruf. Nachdem er es 1924, um wieder nach Europa zu gehen, verlassen hatte, sah ihn das Orchester erst in den fünfziger Jahren wieder. 1956 ging Monteux mit den Bostonern auf Europa-Tournee.
Seinem Ruf als Spezialist für moderne Musik war er auch in Amerika gerecht geworden. Neben französischen Kompositionen wie Debussy, Chausson, Milhaud, Honegger hatte er Strawinsky, Vaughan Williams, Respighi, Malipiero, Bliss, Bridge, Falla, Schreker und Szymanowsky zur Aufführung gebracht.
Zehn Jahre lang leitete Monteux als zweiter Dirigent neben Mengelberg zahlreiche Konzerte des Amsterdamer Concertgebouw Orkest, daneben auch den Chorverein «Toonkunst» und die Konzerte der Wagner-Vereinigung.
In Paris gründete er 1929 das Orchestre Symphonique de Paris. Und wird

während der neun Jahre als Leiter dieses Orchesters wieder für zahlreiche Uraufführungen verantwortlich, so von Prokofjews 3. Symphonie und Arthur Honeggers Cello-Konzert.
Im Jahr 1935 geht Monteux wieder nach Amerika, um dort von 1936 bis 1952 das San Francisco Symphony Orchestra, das unter ihm internationales Niveau gewinnt, zu leiten. 1937 läßt er sich ganz in San Francisco nieder, wird 1942 amerikanischer Staatsbürger. Er unternimmt Tourneen nach Südamerika und Europa.
1961 wird er an das London Symphony Orchestra gerufen und erhält den Titel des «Ersten Dirigenten», den, nachdem Hans Richter den Anfang gemacht hatte, nur wenige während der nunmehr achtzigjährigen Geschichte dieses Orchesters innehatten. Am 50. Jahrestag der Pariser Uraufführung dirigiert Monteux wiederum Strawinskys «Sacre du printemps», das seine Laufbahn als Dirigent umrahmt. Pierre Monteux starb am 1. Juli 1964 in Hancock im Staate Maine.
«Monteux (ist) am wenigsten an Dirigier-Schaustellungen zur Unterhaltung des Publikums interessiert gewesen und am meisten darauf bedacht, dem Orchester deutliche Zeichen zu geben», sagte Igor Strawinsky über Pierre Monteux. Klarheit, Präzision und Flexibilität zeichneten diesen Dirigenten und Interpreten aus. Vor seinen Musikern eine Autorität ohne despotisch zu sein, selbst lange Zeit in ihren Reihen, gelang die musikalische Zusammenarbeit stets. In seinen Regeln für Dirigenten spiegeln sich Monteuxs Erfahrungen: «Nicht übertreiben beim Dirigieren; keine unnötigen Geräusche oder Bewegungen; Soloinstrumente in Solopassagen nicht mitdirigieren; die Spieler nicht erschrecken oder ärgern, indem man sie bei schwierigen Passagen scharf ansieht; bei falschen Tönen, die offensichtliche Versehen sind, nicht abklopfen.»
Wie sich Monteux in seinem Repertoire besonders der Gegenwart widmete, so blickte er als Lehrer in die Zukunft. Bereits 1932 gründete er in Verbindung mit seinem Orchestre Symphonique de Paris seine Ecole Monteux, die erste wirkliche Pariser Dirigentenschule, deren Schüler zwischen 1934 und 1937 aus zahlreichen Ländern kamen. 1941 verlegte er sie an seinen amerikanischen Wohnsitz in Maine. Unter seinen Schülern waren Neville Marriner und André Previn.
Mit der Benennung «Apòstel der Neuen Musik» wird man Monteux nicht ganz gerecht. Denn so, wie sein Repertoire auch die klassischen Werke der Orchestermusik einschloß, enthielt es andererseits nicht die Werke der Wiener Schule, von Schönberg, Berg und Webern.
Als Orchestermusiker hatte Monteux unter Levi, Muck und Nikisch gespielt, eine Schule, die seine Auffassung des klassischen Repertoires prägte. Seine langjährige Arbeit mit zeitgenössischer Musik lehrte ihn, auch kompliziertestе Partituren durchschaubar zu machen. Mit Transparenz, Deutlichkeit und Genauigkeit diente er den Werken seiner Zeitgenossen. Die gleichen Eigenschaften prägten die Aufführungen seiner letzten Jahre, die er besonders Wagner, Brahms und Beethoven widmete. Kein Romantisieren, keine Retuschen, sondern klare Realisation der Partitur.
Als Dirigent stand er fast unbeweglich auf dem Podium. Transparenz und Heiterkeit, «sprechende» Interpretationen, Spannkraft und Klarheit zeichneten den Dirigenten Pierre Monteux aus.

DR

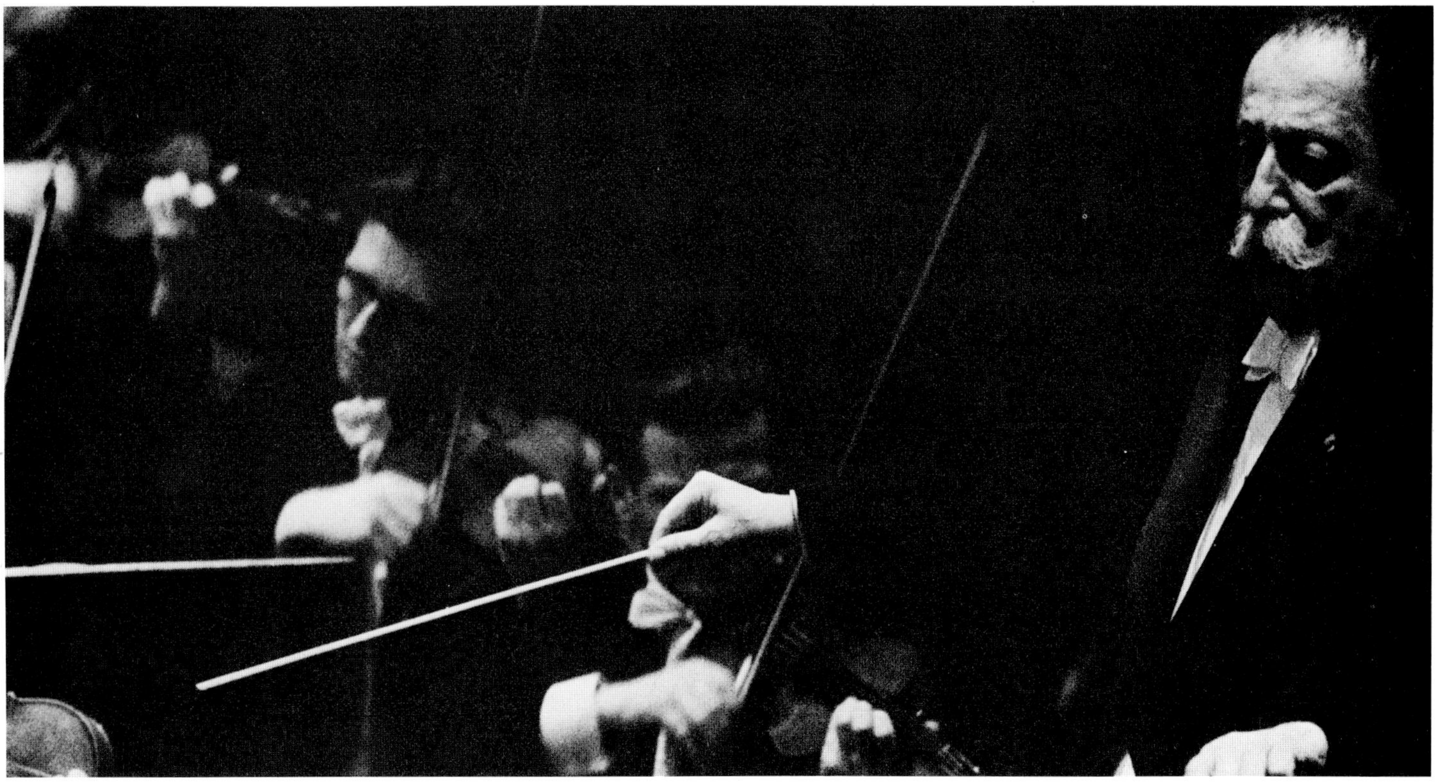

Pierre Monteux war es gewohnt, sich nicht enden wollenden Ovationen des Publikums stellen zu müssen (l.) — während eines Konzerts in Frankfurt/M (o.).

Montgomery, Kenneth

* Belfast 28. 10. 1943; englischer Dirigent, nach gründlicher musikalischer Grundausbildung am Royal College in London setzte er sein Studium in Siena bei Sergiu Celibidache und in London bei Sir Adrian Boult fort. Dazu nahm er auch noch Unterricht bei John Pritchard und Hans Schmidt-Isserstedt. Seine Laufbahn als Dirigent begann mit einer Dirigentenstelle am Glyndebourne Festival 1964. Zwei Jahre später dirigierte er an der Sadler's Wells Oper; von 1970—73 an der Western Orchestra Society in Bournemouth. Anschließend wechselte er als musikalischer Direktor zur Bournemouth Sinfonietta. 1975/76 war er dann musikalischer Direktor der Glyndebourne Touring Opera und Erster Dirigent des Niederländischen Radios (1976—80). Ab 1981 wirkte er dort als Chefdirigent des Groot Omroep Koor.

Moralt, Rudolf

* München 26. 2. 1902, † Wien 16. 12. 1958; deutscher Dirigent, Neffe von R. Strauss, studierte an der Münchener Universität und an der Musikakademie bei W. Courvoisier und Schmid-Lindner. 1919 ging er als Korrepetitor an die Münchener Staatsoper (bis 1923) und war anschließend Dirigent an der Städtischen Oper in Kaiserslautern (bis 1928 und 1932—34). Dazwischen hatte er das Direktorat an den Deutschen Bühnen in Brünn inne. 1934—36 dirigierte er in Braunschweig und 1937—40 in Graz, bevor er 1. Dirigent an der Wiener Staatsoper wurde. Diesen Posten besetzte er bis zu seinem Tod. 1952 gab er Vorstellungen bei den Salzburger Festspielen und war weiterhin Gastdirigent bei vielen europäischen Orchestern und in Südamerika.

Morel, Jean

* Abbéville 10. 1. 1903; † New York 14. 4. 1975; französischer Dirigent, studierte bei Isidor Philipp Klavier, bei Noel Gallon und Maurice Emmanuel Musiktheorie, bei Reynaldo Hahn Dirigieren und bei Pierné Komposition. Nach seiner Ausbildung unterrichtete er zuerst am amerikanischen Konservatorium in Fontainebleau (1921—36); nach Kriegsausbruch emigrierte er in die USA und unterrichtete dort von 1940—43 am Brooklyn College. Anschließend dirigierte er in Brasilien und Mexiko Oper. Nach dem Krieg wurde er an die Fakultät der Juilliard School berufen (1949) und dirigierte auch das dortige Orchester. Später dirigierte er auch an der Metropolitan Opera, New York (1956—62, 1967/68, 1969—71).

Mottl, Felix

* Unter-St. Veit (bei Wien) 24. 8. 1856, † München 2. 7. 1911; österreichischer Dirigent und Komponist, studierte am Wiener Konservatorium (bei Bruckner Theorie) und wurde bald Korrepetitor am Wiener Opernhaus. 1876 leitete er den Akademischen Wagner-Verein (auch die «Nibelungen-Kanzlei» genannt) und wurde 1881 Hofkapellmeister in Karlsruhe (ab 1893 GMD) und Dirigent des Philharmonischen Chors (bis 1892). 1886 dirigierte er erstmals in Bayreuth und am 17. 4. 1894 sein erstes von vielen Konzerten in England, eine Wagner-Aufführung in der Londoner Queen's Hall. 1898 und 1900 gab er jeweils den kompletten «Ring-Zyklus» am Covent Garden. An der Metropolitan Opera in New York bereitete er in der Saison 1903/04 mehrere Wagner-Opern vor. 1903 übernahm er den Posten des GMD in München und wurde im Jahr darauf Direktor der Königlichen Akademie der Tonkunst, außerdem 1907 Direktor der Münchener Hofoper.

Mrawinskij, Jewgenij

* Petersburg 4. 6. 1903; russischer Dirigent, studierte Biologie an der Universität von St. Petersburg; dort wechselte er zum Königlichen Ballett als Pantomime und Korrepetitor. 1924 immatrikulierte er sich am Leningrader Konservatorium, wo er bei Gauk Dirigieren studierte; 1932—1938 dirigierte er am Leningrader Theater Oper und Ballett; 1938 wurde er 1. Dirigent der Leningrader Philharmoniker. Er repräsentierte die russische Dirigentenschule aufs allerbeste; insbesondere waren seine Aufführungen von Tschaikowskys Opern jeweils Musterinterpretationen; er leitete Uraufführungen von Werken Prokofiews und Schostakowitschs, ebenso liebte er die Musik Bartóks und Strawinskys. Unermüdlich hat er sich für seinen Freund Schostakowitsch eingesetzt. Er leitete die russischen Erstaufführungen von Bartóks «Musik für Saiteninstrumente», Hindemiths Sinfonie «Harmonie der Welt» und Honeggers «Dritte Sinfonie».

Muck, Carl

* Darmstadt 22. 10. 1859, † Stuttgart 3. 3. 1940; deutscher Dirigent, debütierte als Pianist am Gewandhaus in Leipzig, wo er das Konservatorium und die Universität (klass. Philologie) besucht hatte. Ohne jemals eine Dirigentenausbildung beendet zu haben, arbeitete er sich bis zum Operndirigenten hoch, erhielt Anstellungen als Theaterkapellmeister in Zürich, Salzburg, Brünn, Graz und wurde 1866 1. Kapellmeister am Deuschen Landestheater in Prag. 1889 führte er in gleicher Stellung den «Nibelungen-Ring» in St. Petersburg und Moskau auf. Drei Jahre später wechselte er als Kapellmeister der Königlichen Oper nach Berlin, wo er bis 1912 blieb und 1908 GMD wurde. Als Gastdirigent leitete er 1894—1911 die Schlesischen Musikfeste in Görlitz, Wagner-Aufführungen am Covent Garden in London (1899) und die «Parsifal»-Vorstellung in Bayreuth (1901—30). Zwischen 1903 und 1906 wechselte er sich mit Felix Mottl als Dirigent der Philharmonischen Konzerte beim Hofopernorchester in Wien ab und wurde 1912 Direktor des Boston Symphony Orchestra (bis 1918). Während des Krieges in den USA interniert, kehrte er 1919 zunächst als Gastdirigent nach Europa zurück und dirigierte schließlich 1922—33 das Philharmonieorchester in Hamburg.

Müller-Kray, Hans

* Essen 13. Oktober 1908, † Stuttgart 30. 5. 1969; deutscher Dirigent, studierte in seiner Heimatstadt Klavier, Cello und Musiktheorie und dirigierte anschließend am Theater dort; von 1934—41 in München, dann in Frankfurt (bis 1945) und Wiesbaden (bis 1948). Danach dirigierte er bis zu seinem Tod das Stuttgarter Radio Symphonie Orchester.

Münchinger, Karl

* Stuttgart 29. 5. 1915; deutscher Dirigent, studierte an der Musikhochschule seiner Geburtsstadt und bei Abendroth am Leipziger Konservatorium, war in dieser Zeit bereits Chorleiter und Organist (Stuttgart) und hatte sei-

ne erste Dirigentenstelle beim Niedersächsischen Symphonieorchester in Hannover (1941—43). Kurz nach dem Krieg gründete er das Stuttgarter Kammerorchester, gab das erste Konzert am 18. 9. 1945 im Stuttgarter Furtbachhaus und unternahm erfolgreiche Konzertreisen nach Madrid, Paris und London (1949), Mittel- und Südamerika (1952), USA (1954), Japan (1955) und UdSSR (1959). 1966 gründete er mit 45 Mitgliedern seine Stuttgarter Klassische Philharmonie, und ab 1970 gibt er regelmäßig Konzerte mit dem Südfunk-Sinfonieorchester des Süddeutschen Rundfunks Stuttgart. Als Gast dirigierte er oftmals mit großen europäischen und amerikanischen Orchestern.

Mugnone, Leopoldo

* Neapel 29. 9. 1858, † Capodichino 22. 12. 1941; italienischer Dirigent und Komponist, Schüler am Konservatorium in Neapel, gab sein Dirigentendebüt 1874 am Teatro La Fenice, ebenfalls in Neapel. Im folgenden Jahr dirigierte er den Chor am Teatro Costanzi in Rom (als Direktor) und ab 1877 in gleicher Stellung am Teatro dei Fiorentini. Danach ergaben sich zahlreiche Engagements an großen Opernhäusern (Rom 1890, Paris 1889, London 1905—06). Außerdem wirkte er als Gastdirigent in Nord- und Südamerika, gab zahlreiche Premieren und wurde von Beecham als der beste italienische Dirigent seiner Zeit betrachtet.

Munch, Charles

Munch war Elsässer. Er stammte aus dem Gebiet zwischen Vogesenkamm und Oberrhein, Jura und Pfälzerwald, das geschichtlich manch deutsch-französisches Wechselbad erfuhr. 1871 wurde das Elsaß mit Ausnahme des Territoire de Belfort Bestandteil des deutschen Reiches Elsaß-Lothringen. In seiner Hauptstadt Straßburg wurde Charles Munch am 26. September 1891 geboren. Die richtige Aussprache seines Namens lautet eigentlich «Münch». Der Vater Ernst Münch leitete vorzüglich Chöre, während der Sohn zunächst am Konservatorium seiner Geburtstadt Violine studierte. Erstaunlich viele französische Dirigenten haben als Streicher begonnen: Habeneck, Colonne, Lamoureux, Charles Straram und auch Monteux. Munch folgte dieser französischen Tradition, studierte bei Lucien Capet in Paris und vollendete seine Ausbildung bei Carl Flesch in Berlin. Fortan dachten seine Lehrer und Freunde, denen er vorspielte, an einen großen Geiger Charles Munch. Wilhelm Furtwängler jedoch, dieser so enorm begabte junge Dirigent, faszinierte Munch dermaßen, daß er den Bogen mit dem Taktstock vertauschte. Anders als bei dem Geiger Colonne spürten Orchestermusiker sehr bald Munchs großes Talent. Colonne ein so schlechter Techniker, jedoch elastisch und inspiriert, vermochte seine Musiker, die er als persönlichen Besitz betrachtete, zu ungewöhnlichen Leistungen zu motivieren. Lamoureux, der Violinvirtuose, dirigierte präziser, aber wie so viele hervorragende Techniker auch kälter. Munch lernte von beiden. Sein Geigenpädagoge Flesch spielte im Orchester Lamoureux und sprach von diesem als «... unser allmächtiger Herrscher... ein dicklicher, untersetzter, energischer und glühend temperamentvoller Herr». Gerade Flesch hat in Munch dagegen nicht nur den begnadeten Geiger sondern auch den kommenden Dirigenten gesehen.
Der 1. Weltkrieg beendete erst einmal Munchs Karriereträume. Als Feldwebel der Deutschen Armee wurde er bei einem Gasangriff auf Peronne und Verdun schwer verwundet. Nach verlorenem Krieg fiel das Elsaß an Frankreich, und der Deutsche Münch wurde zum Franzosen Munch, der fortan bis 1926 Konzertmeister des Straßburger Orchesters war, bevor er in gleicher Funktion an das berühmte Gewandhausorchester nach Leipzig wechselte. Mit den Maestri J. A. Hiller, Felix Mendelssohn-Bartholdy, Arthur Nikisch, Furtwängler und Bruno Walter war dies seit 1871 ein über die Grenzen hinaus bedeutender Klangkörper, und war zu seiner Zeit den Wiener und Berliner Philharmonikern mindestens gleichwertig einzustufen. Wieder war es Wilhelm Furtwängler, der Munch faszinierte. In Paris 1932, im Alter von 41 Jahren, debütierte Munch als Dirigent eines Symphoniekonzerts mit dem Straram Orchester. Seinen späten Start als Dirigent erklärte Munch später damit, daß es viel leichter sei, sein Brot als Geiger zu verdienen. Er war kein so vielseitig ausgeprägter Dirigent wie etwa Pierre Monteux. Munch hat niemals Oper dirigiert, und die meisten Musiker — und Kritiker — stimmten darin überein, daß zweifellos seine Spezialität die Musik der französischen Schule war, deren Kompositionen er mit Autorität und Brillanz interpretierte. Wenn man von französischer Schule spricht, denkt man sofort an Grazie und Eleganz; an Logik mehr als an starke Gefühlsbetontheit, an brillantes Passagenwerk im Spiel des legendären Pianisten Cortot z. B. oder an die feine, geschmeidige und elegante Wiedergabe auch der Violinkonzerte Mozarts bei Grumiaux; man denkt an Objektivität und an die romanische Ablehnung, in die mystischen Elemente der Musik einzutauchen, wie es deutsch nun einmal ist; man glaubt an eine Art Distanz, an die gefühlsmäßige Identifizierung mit allem Französischen, die das meiste übrige ausschließt. Ein «französischer» Wagner klingt eben anders als ein «deutscher» Wagner, es sei denn Cluytens oder Boulez dirigierten in Bayreuth. Munch wirkte bei seinen Wiedergaben deutscher Musik eher ungeduldig, seine Tempi neigten hier zu großer Schnelligkeit mit oberflächlichem Ausdruck. Diese Charakteristika waren bei Martinon und Parey ähnlich auszumachen.
Munch nahm, um seine Dirigiertechnik zu verbessern, Unterricht bei dem ungarischen Dirigenten Alfred Szendrei, der von 1933 bis 1940 im Exil in Paris lebte. Das Paris, in dem Munch weiterlernte galt mit Einschränkungen als Exilzentrum deutscher Kultur.
Der elsässische Franzose Munch gründete dort sein eigenes Orchester, das der Philharmonischen Gesellschaft, und führte mit ihm zwischen 1935 und 1938 vor allem französische Werke auf, z. B. die Kompositionen von Hector Berlioz, dessen Bemerkungen über das Dirigieren nachhaltigen Eindruck auf Munch machten: «... Der Dirigent muß sehen und hören können; er muß geistesgegenwärtig und energisch veranlagt sein. Er muß die Kompositionslehre, die klangliche Natur, den Umfang der Instrumente kennen. Er muß Partitur zu lesen verstehen und, ganz abgesehen von der besonderen Direktionsbegabung, ... auch andere, fast unerklärbare Gaben besitzen, ohne die jenes unsichtbare Band zwischen ihm und seinen Untergebenen nicht geknüpft werden kann; fehlen sie ihm, so besitzt er auch nicht die Fähigkeit, diesen seine Auffassung aufzuzwingen, und dann mangelt es ihm völlig an Macht, Herrschaft und Sicherheit im Dirigieren. Ein solcher Mann ist

nicht mehr ein Oberhaupt, ein Führer, sondern ein bloßer Taktschläger, vorausgesetzt, daß er schließlich den Takt richtig zu schlagen und einzuteilen versteht . . .». Alle Forderungen Berlioz' traf man bei Munch. Und noch eine: zugleich Macht ausüben und dienen. «Wir wollen nie vergessen», sagte Munch, «daß wir Diener der Musik sind. Wie kann man nur von Dirigenten sprechen, die mehr oder weniger ‚sehenswert' sind? Der Dirigent ist nicht dazu da, dem Publikum ein Schauspiel zu bieten. Ein Dirigent, der diesen Namen verdient, ist viel zu sehr beschäftigt, das wiederzugeben, was er fühlt, als daß er sich um den Eindruck kümmern könnte, den sein Profil oder sein Gebaren auf die hinter ihm Sitzenden macht. Er muß immer genau wissen, was er tut, damit die Musiker genau wissen, was sie zu tun haben.»

1938 bat man Charles Munch, die Nachfolge von Philippe Gaubert anzutreten, das Orchester des Pariser Konservatoriums zu leiten. Zur gleichen Zeit sah es Munchs Vorbild Wilhelm Furtwängler als seine künstlerische und moralische Pflicht an, «die deutsche Musik in ihrem Bestand zu erhalten, mit deutschen Musikern für deutsche Menschen Musik zu machen», wie er sagte. Die «Hauptstadt der Bewegung» nahm für Furtwägler abstoßende und zwanghafte Züge an, und mehr als nur einmal liebäugelte auch er, wider seine Natur, mit Exil — auch mit Paris. Dort musizierte Munch mit dem Orchester des Konservatoriums während der schwierigen Besatzungszeit durch die Deutschen. 1945 wurde er mit dem Orden der französischen Fremdenlegion ausgezeichnet.

Nur 2 Jahre später debütierte Munch beim Boston Symphony Orchestra. Bis zu dem eigenbrötlerischen Russen Kussewitzky hatte sich Munchs Musizierweise herumgesprochen. Unter Kussewitzkys Leitung erklomm das Bostoner Orchester unangefochten Rang eins der amerikanischen Orchester. Er, der niemals Opern dirigierte, Gastdirigate und Dirigenten mied, sagte: «Mir ist es lieber, wenn wir keinen Toscanini, Beecham oder Walter haben und statt dessen Richard Burgin, unser eigener Konzertmeister dirigiert. Denn er tut es in meinem Sinn, ich spüre, daß mein Orchester die gleiche künstlerische Disziplin behält.» Er muß Munch gemocht haben, dieser Kussewitzky, der zu seiner Zeit neben Toscanini und Stokowski einer der drei großen amerikanischen Dirigenten war. Vielleicht einte die beiden ihre gemeinsame Liebe zur französischen Musik insbesondere zu Debussy. «Daphnis und Chloë» und «La Mer» mochten beide besonders. Munchs Debüt geriet zu einem großen Erfolg. Nachdem er 1948 mit dem Orchester des französischen Rundfunks eine USA-Tournee absolviert hatte, erreichte ihn die Einladung, ab 1949 ständiger Dirigent der Bostoner und Nachfolger Kussewitzkys zu werden. Diese Chefposition versprach Kontinuität, und genau dies brauchte und suchte Charles Munch. Seine Mentalität zeigte stets wenig Bereitschaft, sich in musikalischer Routine einzukapseln. Wohl auch deshalb reizte ihn die Aufgabe in Massachusetts. Während der extrovertierte und gefühlsbetonte Russe mit dem Orchester nicht sogleich gut Freund war, verstand es Munch auf Anhieb. Trotzdem, wenn man heute von den Bostonern spricht, assoziiert man sie eher mit dem «russischen Nikisch» Kussewitzky als mit dem «Herren» Munch, der in seinem Musizieren manchmal an Knappertsbusch erinnerte: Er liebte die Improvisation und probierte nicht viel und nicht gerne.

Neben Kussewitzky, Monteux und heute Ozawa war Munch der prägende Dirigent des Boston Symphony Orchestra.

Munch war eher ein «impressionistisch» zu nennender Dirigent, der Debussy, Ravel, de Falla, Roussel, Fauré und Chabrier besonders liebte; und Berlioz natürlich. Geradezu exzeptionell ist Munchs Schallplatteneinspielung von Berlioz' «Tanz der Irrlichter», diesmal mit dem Philadelphia Orchestra. Munch sah in diesen Komponisten die Vollender der klassischen und romantischen Musik, die entscheidend zur Fortentwicklung nachromantischer Harmonik beigetragen haben. Schönberg hingegen, der das Tor zu einer radikalen neuen Klangsprache auftat, mochte Munch nie, obwohl Debussy wie Schönberg geistige Tendenzen aus der Malerei auf die Musik zu übertragen versuchten. Der Impressionist Debuss und der Expressionist Schönberg istfür ihn ein Gegensatzpaar.

1956 bereisten Munch und seine Bostoner Europa, besuchten auch die UdSSR. Er wechselte sich bei den Dirigaten mit Pierre Monteux ab, der vor nahezu vierzig Jahren, nach einem Gewerkschaftsstreik, das Boston Symphony Orchestra neu autgebaut hatte. 1962 zog sich Charles Munch aus Boston zurück, übersiedelte wieder nach Paris und leitete dort das Orchestre de Paris. Das französische Kultusministerium wollte endlich ein Orchester schaffen, das es mit international erfolgreichen Spitzenensembles aufnehmen konnte. Zu dieser Zeit war die französische Orchesterkultur auf einem Tiefpunkt angelangt, und der damalige Kultusminister André Malraux beschloß, Abhilfe zu schaffen und wählte Munch für diese Aufgabe. Er ging mit Beharrlichkeit und Ausdauer ans Werk. Während einer Amerika-Tournee mit dem Orchester brach er am 6. November 1968 in Richmond/Virginia zusammen und starb.

Der «Orchesterchef» Munch, wie er sich selbst nannte, der nicht genialische aber herausragende Dirigent, an dessen Nachkriegskonzerte mit den Wiener Philharmonikern in Wien und Salzburg man sich gerne erinnert — Munch dirigierte dort neben Ansermet, Barbirolli und Schuricht —, setzte in seinen Interpretationen klassischer Werke die deutsche Schule fort. Sie besaßen eine ausgeprägte Präzision und Werktreue und erlaubten sich keine romantischen Anleihen. Munch wechselte seinen Interpretationsstil bei französischen Komponisten radikal, und Debussy und Ravel, die einen ersten Stellenwert in seinen Programmen einnahmen, belegen Munchs Faible für das Impressionistische. So wie das Elsaß einmal deutsch, einmal französisch war, so scheint es, verhält es sich mit Munchs Vorlieben und Ausdeutungen der Musik. Viele neue Kompositionen brachte Munch zur Uraufführung, Werke von d'Albert, Roussel, Milhaud oder Honegger. *SJ*

Munzinger, Karl

* Balsthal (Kanton Solothurn) 23. 9. 1842, † Bern 16. 8. 1911; Schweizer Dirigent und Komponist, studierte erst in Basel (1859—60), später am Leipziger Konservatorium (1860—63) bei Hauptmann, Reinecke, E. F. Richter und Moscheles. 1866 wurde er Direktor der Solothurner Liedertafel und des Cäcilienvereins. Durch seine Arbeit als Dirigent der Konzerte der Musikgesellschaft in Bern hatte er großen Einfluß auf das musikalische Leben der Stadt. Er stellte dort Werke von Brahms, Wagner, Berlioz und Bach vor.

Muti, Riccardo

«Nostro Riccardo» nennen ihn die Florentiner noch heute; die Musikenthusiasten in Philadelphia, London, Mailand und Wien inzwischen ebenfalls. Spätestens seit seiner ungewöhnlichen und Karl Böhm ebenbürtig gefeierten Interpretation von Mozarts «Così fan tutte» in Salzburg 1983, muß auch der größte Muti-Skeptiker anerkennen, daß hier ein Mann am Dirigentenpult wirkt, der auffällig die Wesenszüge Toscaninis und Furtwänglers, der beiden großen Musikerpersönlichkeiten der ersten Hälfte dieses Jahrhunderts, in seiner Person vereint: Südländisches und Preußisches. Wenn man ihm Glauben schenken darf, hat Muti niemals Karriere heischend nach vorne geblickt. Eigentlich wollte er gar kein Musiker werden — und ist Musiker geworden; er wollte auch nicht Dirigent werden — und ist Dirigent geworden, 1969 dann musikalischer Direktor in Florenz. Ein Konzert beim Maggio Musicale Fiorentino mit Swjatoslaw Richter wurde enthusiastisch gefeiert. Nach einer Verständigungsprobe, bei der auch Muti am Piano seine Vorstellungen spielte, lobte Richter den Dirigierjüngling mit den Worten: «Wenn Sie dirigieren, wie Sie Klavier spielen, bin ich zufrieden.» Danach verlieh man Muti den klangvollen Titel des «Direttore stabile d'orchestra» des

Teatro Comunale von Florenz. Dasselbe widerfuhr ihm 1972 in London, als er sein erstes Konzert mit dem Philharmonia Orchestra gab, nicht ahnend, daß das Orchester Ausschau nach einem jungen Dirigenten als Nachfolger für Otto Klemperer hielt. «Nostro Riccardo» wurde sein Nachfolger, so, wie er 1980 Nachfolger von Eugene Ormandy beim Philadelphia Orchestra wurde. Wohl gemerkt: auf Wunsch des Orchesters. Heute ist er glücklich, zwei Orchester dieses Standards zu dirigieren. Er genießt es, nur das Beste vom Besten an Orchestern, Opernhäusern, Solisten auswählen zu können.
Am 28. Juli 1941 wurde Muti als Sohn eines Arztes in Neapel geboren. In der Nähe von Bari wuchs er auf und besuchte die Gymnasialschule bis zum Abitur. Nebenbei studierte er dann am Konservatorium Klavier und Geige und dachte eigentlich an eine Pianistenkarriere. Bei Nino Rota und Jacopo Napoli nahm er mit Erfolg Kompositions- und Dirigierunterricht. Bei dem jährlichen Konservatoriumskonzert dirigierte Muti ein Bachkonzert und, weil es den Verantwortlichen überaus gut gefiel, noch ein Programm mit Werken von Vivaldi, Beethoven, Martucci und Pizzetti. Er spürte zwei Dinge, die für sein Gefühl so bedeutend sein sollten: das Orchester folgte seinen Anweisungen und Vorstellungen genau. Nachdem Muti auch «nebenbei» sein Philosophiestudium an der Universität von Neapel mit Auszeichnung abgeschlossen hatte, übersiedelte er nach Mailand, um am G. Verdi-Konservatorium bei Bruno Bettinelli Komposition und bei Antonio Votto, dem einstmals vertrautesten Mitarbeiter Toscaninis, Dirigieren weiterzustudieren. Seine Operndebüt, ein uninteressantes und unbekanntes Werk von Paisiello, gab Muti 1966. Bald darauf folgten allerdings Werke von Scarlatti und Cimarosa. Noch fehlte ihm ein Preis in einem Dirigentenwettbewerb der jungen Musikern allemal den Weg ebnet. Er gewann den Cantelli-Wettbewerb. Muti war der erste Italiener, der diesen begehrten Preis gewann. Dies ist nunmehr fast zwanzig Jahre her, und man kann feststellen, daß er sich, obschon wie sein Landsmann Abbado im Fluge Weltkarriere machend, mit großer Geradlinigkeit und Konsequenz, die auch sein Musizieren prägen, erfolgreich gegen alle Gefahren einer raschen «Vermarktung» gewehrt hat. Lieber hat Muti den Ruf eines Un-

bequemen und Unzufriedenen auf sich genommen, weil ihn nichts dazu bringen konnte, von seinem selbstgesetzten Anspruch auch nur um Millimeterbreite abzurücken. Diese Überlegenheit fand ihren Ausdruck auch in der Überlegung, daß eine solide und dauerhafte Entwicklung einen festen Boden braucht. Die Musikstadt Florenz bildete diese Basis. Er nutzte hier am Teatro Comunale die Möglichkeit, bekannte und weniger bekannte Stükke vorzubereiten. Muti ist ein Fanatiker von Authentizität. Späte Bearbeitungen Dritter an Originalpartituren sind ihm, ebensko wie Partiturstriche, verhaßt.

Neben der winterlichen Stille am Teatro Comunale wurde Florenz aber auch zum weltoffenen Forum, sobald der Maggio Musicale begann. Hier traf Muti jenen Swjatoslav Richter und sein Hauptinteresse galt von nun an dem Dirigieren: «Mit dem Klavier ist man allein; ein Orchester dirigieren ist Begegnung mit Menschen: hundert Menschen, die man verwandelt in Medien der eigenen musikalischen Idee. Taktschlagen kann auch ein Verkehrspolizist gut erlernen», sagte er. Bequem war der Weg beileibe nicht, den Muti fortan einzuschlagen gedachte. Um integrale Wiedergaben kämpfend, sich Musikern, Publikum und Kritik zu stellen, um das Original das vom Komponisten Niedergeschriebene einzutreten, auch bei Standardwerken der Opernliteratur, so bei Verdis «Aida», «Maskenball» oder bei «Die Macht des Schicksals» ist nicht einfach, erfordert Überzeugung und besonderen Ehrgeiz. In diesem Kontext ist auch sein Bestreben zu sehen, geringer Geschätztes neu zur Diskussion zu stellen: Bellinis «I Puritani», Rossinis «Guglielmo Tell», Meyerbeers «L'Africana» vor allem aber auch jenen unbekannten Verdi, dessen Stücke so unbedeutend wahrlich nicht sind: «Attila» oder «I Masnadieri». Für Muti bedeutet Studium ein so tiefes Sichhineinleben in die Partitur, daß sich daraus «wie von selbst» die gliedernde und führende Gestik ergibt, eine Einheit aus seinem Temperament, seiner Bewegung und Mentalität. Es ist eine neapolitanische Mentalität und Musikalität, Freude an der Vorstellung und ein apulischer Sinn, vom Vater ererbt, für rationelle Klarheit, Ordnung und Präzision in der Arbeit.

Riccardo Muti: «Ich verwende immer die authentische Version einer Partitur.. Noten... die der Komponist tatsächlich geschrieben hat...». — Ihn verbindet mit Toscanini die Art und Weise an ein bestimmtes Werk heranzugehen. Auch er setzte sich mit jeder Partitur akribisch auseinander.

Daß Muti 1971 auf dem richtigen Weg war, als sich die Angebote aus aller Welt häuften und die Süddeutsche Zeitung über seinen «Don Pasquale» anläßlich der Salzburger Festspiele schrieb: «Die Entdeckung des Abends hieß Riccardo Muti», wurde über Nacht allen Musikliebhabern klar: Hier dirigiert ein Charismatiker von hohen intellektuellen Graden, ein ungewöhnlich begabter Musiker und Arbeiter, der sich niemals im Räderwerk von Kunst und Kultur verfängt. So konnte er sich folgerichtig die Intendanz eines Opernhauses nicht vorstellen: «Um die Gewerkschaftsangelegenheit sollen sich andere kümmern, mich geht nur die künstlerische Seite an.» Und da er stets über gute Kontakte zu den Musikern verfügte, war eine rasche Verständigung und Umsetzung dessen, was er verlangte, kein schwieriges Problem. Wo Orchestermitglieder um 12 Uhr mittags auf die Uhr schauen und mitten im Takt den Bogen sinken lassen, probiert man bei Muti gerne und konzentriert weiter. Die Koordination künstlerischer und gewerkschaftlicher Forderungen klappt auch heute nahtlos. Welchem Maestro gelingt dies noch? Wo dies nicht geht, stellt Muti einfach die Alternative, wie z. B. während einer Aufzeichnung von Verdis «Attila» bei einer RAI-Produktion in Rom. Der Ablauf der Proben wurde andauernd durch Streiks empfindlich gestört. Muti, wie immer die Ruhe und Überlegung selbst, sagte: «Meine Herren, entscheidet, was ihr zu tun gedenkt. Wenn ernsthaft gearbeitet wird, gut, wenn nicht, sterbe ich nicht, wenn ich diese Oper nicht dirigiere.» Er zog seine Jacke an und ging. Diese Konsequenz ist nicht Ausnahme geblieben. Selbst bei seinem geplanten Debüt an der Mailänder Scala, wo er in der Spielzeit 1969/70 Bellinis «Puritaner» dirigieren sollte, gab er aus ähnlichen Gründen seinen Vertrag zurück. Bei Muti muß allgegenwärtig das Werk allein der Gewinner sein. «Nicht der Sänger, der Solist soll am Ende der Sieger sein, sondern das Konzert, die Oper, das Werk und alle Interpreten gemeinsam. Daß uns so etwas z. B. mit dem 'Wilhelm Tell' gelang, bezeugte,

als Nicolai Gedda für eine Aufführung indisponiert war und ein junger Tenor einsprang: Das Publikum ging bis zum letzten Ton der sechsstündigen Oper mit derselben Intensität mit, und der Erfolg der Oper war der gleiche wie bei der Premiere. Wenn die italienischen Opernhäuser und die Gestaltung der Programme wieder in die Hände der Musiker zurückgegeben, die bürokratische Administration, die alles viel zu sehr kompliziert, auf das Notwendigste beschränkt würde, könnte das künstlerische Prinzip auch bei uns endlich einmal wieder überwiegen.» Muti sagte dies 1972. Das gilt für den europäischen und amerikanischen Opernbetrieb auch noch.

Ist Riccardo Muti ein hochbegabter Maestro mit einer speziellen Neigung für die Zeit des Belcanto? Er ist es, keine Frage, und eine gewisse Ähnlichkeit mit seinem amerikanischen Generationskollegen James Levine ist unverkennbar. Muti wird oft in einem Atemzug mit Claudio Abbado genannt und nicht nur, weil auch er eminent begabt ist und in puncto Opern- und Konzerterneuerung die gleichen Ziele verfolgt, sondern weil beide Repräsentanten einer jungen Dirigentengeneration sind und fähig, vor allem die italienische Oper essentiell zu rehabilitieren und, wie Giovanna Kessler sagte, zum ersten Mal der italienischen Genialität Rossinis, Bellinis, Donizettis und auch Verdis gerecht zu werden. «Muti hat wie Abbado eine 'direkte' d. h. nicht vom Intellekt bestimmte oder erworbene 'Leitung' zum Komponisten; bei dem Süditaliener Muti ist dieser Direktkontakt fast noch stärker, in gewissem Sinne archaischer. Wer einmal wirkliche italienische Volksmusik aus dem 12. bis 15. Jahrhundert gehört hat, in der man mit geradezu ungeheuerlicher Realität alle menschlichen, psychologischen und sozialen Probleme auffinden kann, wundert sich nicht mehr, wieso Muti mit der ungekürzten 'Tell'-Fassung sechs Stunden in Atem zu halten vermag . . . Im Grunde dürfte keiner, der die italienische Volksmusik nicht kennt oder sie mit nordischen Intentionen angeht, die Opern besonders der vier italienischen Großen des vorigen Jahrhunderts interpretieren. Muti aber ist noch, wie sie, gespeist aus jenen Wurzeln: Er macht mit der Sensibilität des gegenwartsbezogenen Künstlers die 'ungeheuerliche Realität', mit der im 'Tell' oder im 'Don Pasquale' oder im 'Maskenball' formuliert und rebelliert wird, deutlich.» Natürlich, Muti ist verliebt in Belcanto. Aber genauso hat er sich intensiv mit dem Konzertrepertoire auseinandergesetzt, zumal mit der italienischen Vorklassik, mit Mozart, der deutschen Romantik und der gemäßigten Moderne. Vivaldi, Mendelssohn, Brahms, Bruckner, Prokofieff und Strawinsky wird man immer wieder auf seinen Konzertprogrammen finden. Dabei kann es sein, daß Muti gelegentlich Fehlinterpretationen und Ausrutscher passieren. Aber Muti scheitert immer spannend und eröffnet noch bei zweifelhaften Ausdeutungen Perspektiven. Ein Musikkritiker des Londoner «Guardian» formulierte es einmal so: «Muti wird immer größer. Nicht nur sein weltweites Ansehen wächst, sondern auch seine musikalische Einsicht.» Dies kann man allerdings nicht von allen Dirigenten behaupten.

Eingangs war von dem südländischen Habitus Toscaninis und dem preußischen von Furtwängler die Rede. Beide sind für Muti die größten Dirigenten der Vergangenheit aus verschiedenen Gründen und für ganz andere Qualitäten. Neben ihnen spielen nach Mutis Meinung z. B. Bruno Walter vor allem für seine Mahler- und Knappertsbusch für seine Wagner-Interpretationen eine die Interpretationsgeschichte prägende Rolle. Alle haben sie eines gemeinsam, so auch heute Karajan, Bernstein und Maazel: Sie haben einen spezifischen «Sound» entwickelt. Toscanini ist für Muti eine Art «Gott» und in diesem Sinne nicht nachahmbar. Was ihn mit Toscanini verbindet, ist die Art und Weise, an ein musikalisches Werk heranzugehen. Toscanini wie Muti setzten und setzen sich mit einer Partitur redlich auseinander. Wozu diese Akribie? «Ich verwende die authentische Version», sagt Muti, «nicht weil ich ein Pedant bin, sondern weil ich davon überzeugt bin, daß ein Dirigent den dramatischen Ausdruck in den Noten finden sollte, die der Komponist tatsächlich geschrieben hat. Einige Beispiele: In Leoncavallos 'Bajazzo', dessen Originalpartitur ich übrigens erst nach langem Suchen in Washington entdeckte, singt Tonio am Ende des Bajazzo-Prologs auf dem Wort 'beginnen' üblicherweise einen hohen Ton. Der aber ist von Leoncavallo nie geschrieben worden. Eine ähnliche Ungenauigkeit findet sich in Bellinis 'Puritanern': In der Arie des Arturo 'A te, o cara' wird gewöhnlich das hohe Cis bis zum Schluß gehalten. Das ist zugegebenermaßen sehr wirkungsvoll, verzerrt aber die musikalische Linie. Ein Geiger könnte eine Fermate ja auch nicht über Gebühr in die Länge ziehen.» Auch Toscanini war entschlossen, Kompromisse zu vermeiden. Muti sieht seine Aufgabe als Dirigent darin, den Komponisten, sein Werk vor der Manipulation zu bewahren und dies unverfälscht dem Publikum zu Gehör zu bringen. Er verabscheut die Manipulation der Oper durch die Regisseure, das Einmischen der Sänger, die vereint die Musik entstellen und um des persönlichen Effekts willen einfach die Partitur verändern.

Muti muß nicht darauf bedacht sein, in bestimmter Weise Musik zu interpretieren. Er musiziert intuitiv und instinktiv mit dem unfehlbaren Gespür des geborenen Musikers. Darum wird ihm noch sehr viel selbst Musikkenner Verblüffendes gelingen. Verblüfft hat er schon: Im Jahre 1977 wurde er zum Principal Guest Conductor des Philadelphia Orchestra ernannt und 1980 als Nachfolger Ormandys zum Musikdirektor berufen. Seither sind die Subskriptionskonzerte des Orchesters ausverkauft — als einziges amerikanisches Orchester genießt das Philadelphia Orchestra solches Ansehen. Wie schon in Florenz und in London mit dem Philharmonia Orchestra hat Muti die Tradition der Vielseitigkeit wiederbelebt, indem er neue Musik aus allen Epochen dem Publikum in Philadelphia vorstellte. Er öffnete die Generalproben für Highschool-Studenten und erntete auch hier begeisterte Zustimmung. Neue Kompositionen für das Orchester wurden von ihm in Auftrag gegeben. Muti belebte auch die Praxis der Opernaufführung mit einer außerordentlich bemerkenswerten Aufführung von Verdis «Macbeth» in vollständiger Konzertfassung. Es war zugleich Mutis Operneinstand in den Vereinigten Staaten. USA-, Japan- und Europatourneen und Erfolge mit dem Orchester haben dazu beigetragen, daß Muti einen neuen Vertrag mit dem Orchester bis 1988 geschlossen hat. Es versteht sich von selbst, daß er ständig mit den Wiener und Berliner Philharmonikern und anderen Spitzenorchestern der Welt konzertiert. Er ist aber auch Gast an den Opernhäusern in London, München, Wien, Mailand und nach wie vor Florenz. Muti ist Mitglied der Royal Academy of Music in London, Ehrendoktor der Warwick

University von Coventry, Accademico der Accademia Santa Cecilia in Rom und der Accademia Luigi Cherubini in Florenz. Vor wenigen Jahren wurde Muti nach einem Konzert mit den Berliner Philharmonikern gefragt, ob er sich vorstellen könne, einmal Karajans Erbe anzutreten. Er verneinte die Frage nicht und verlängerte erst einmal in Philadelphia. Joseph Hellmesberger, einer der liebenswürdigsten Käuze seiner Zeit, behält im Falle Muti mit seiner unvergänglichen Formel, «je preiser einer gekrönt werde, desto durcher falle er», wohl nicht recht. Muti machte als junger Künstler Furore und macht es erwachsen geworden erst recht. *SJ*

Napravnik, Eduard

* Byst (Böhmen) 24. 8. 1839, † St. Petersburg 23. 11. 1916; russischer Dirigent tschechischer Herkunft, nach seiner musikalischen Ausbildung in Byst und Prag (bei J. B. Kittl) übernahm er 1861 die Leitung des Privatorchesters des russischen Fürsten Yussupov in St. Petersburg. 1863 wurde er Repetitor an der kaiserlichen Oper; dort war er dann ab 1867 Zweiter und ab 1869 bis zu seinem Tod Erster Dirigent. In dieser Stellung wurde er berühmt als Vollblutmusiker mit einem angeborenen Sinn für Rhythmus und Takt; bei den Musikern genoß er große Autorität. Sein Einfluß in russischen Opernkreisen war so groß, daß Dostojewsky in einer seiner Novellen eine Titelfigur nach ihm benannte.

Naylor, Bernard

* Cambridge 22. 11. 1907; kanadischer Dirigent und Komponist englischer Herkunft, nach seinem Studium der Komposition bei Vaughan Williams, Holst und Ireland am Royal College of Music in London dirigierte er von 1927—31 den Oxford University Opera Club. 1932 ging er zum ersten Mal nach Kanada, wo er das Winnipeg Symphony Orchestra dirigierte. 1936 kehrte er wieder nach England zurück und war bis zum Kriegsausbruch als Organist und musikalischer Direktor am Queen's College in Oxford tätig; darauf wirkte er wieder in Kanada, wo er das Little Symphonic Orchestra von Montreal leitete (1942—47). Für 12 Jahre ging er wieder nach England zurück und lehrte in Oxford (1950—52) und an der Reading University (1952—59).

Nedbal, Karel

* Königinhof an der Elbe 28. 10. 1888, † Prag 20. 3 1964; tschechischer Dirigent und Komponist, Neffe von Oskar N. Er erhielt seine Ausbildung bei V. Novák in Prag und bei J. B. Foerster in Wien, wurde dann Kapellmeister am Theater in Ostrau und kurze Zeit darauf Chor- und Theaterdirigent in Prag. Weiterhin war en Operndirektor in Olmütz (1921), Preßburg (1928), Brünn (1938) und Operndirektor und Dirigent beim Rundfunk in Prag (1940 bis 1945). Anschließend wechselte er in gleicher Stellung an das Prager Nationaltheater.

Nedbal, Oskar

* Tábor (Südböhmen) 26. 3. 1874, † Zagreb 24. 12. 1930 (Selbstmord); tschechischer Komponist, Dirigent und Bratschist, 1885—92 Student am Prager Konservatorium, wo er einer der erfolgreichsten Schüler Dvořáks war. Ab 1891 spielte er Bratsche im Böhmischen Streichquartett, einem Ensemble, das die tschechische Kammermusik auf internationales Niveau hob (bis 1906). Zwischen 1896 und 1906 dirigierte er außerdem die Böhmische Philharmonie in Prag. Danach ging er als Leiter des Tonkünstlerorchesters nach Wien (bis 1919), wo er kurze Zeit auch Kapellmeister an der Volksoper war. Nach der Gründung der tschechischen Republik kehrte er nach Prag zurück, dirigierte 1920—21 das Šak Philharmonieorchester; er wurde dann 1923 in Preßburg Direktor des Slowakischen Nationaltheaters, der Oper und des Rundfunksenders.

Neel, Boyd

* Blackheath, Kent 19. 7. 1905; englischer Dirigent, studierte in Cambridge und London Medizin und daneben an der Guildhall School of Music. 1932 gründete er sein «Boyd Neel Orchestra», das am 22. 6. 1933 in der Aeolian Hall in London debütierte und schnell einen eigenständigen Stil entwickelte. 1937 trat es bei den Salzburger Festspielen auf, machte Schallplattenaufnahmen von Werken Elgars, Brittens, Griegs, Tschaikowskys und Strawinskys. In der Folgezeit unternahm das Orchester Konzertreisen durch England, Europa, Australien, Neuseeland, Skandinavien, Kanada und USA. 1945—46 dirigierte er auch die Sadler's Wells Opera, die D'Oyly Carte Opera (1948—49) und bei den Robert Mayer Children's Concerts (1946—52). 1953 gründete er das kanadische Gegenstück zu seinem englischen Orchester, das «Hart House Orchestra», mit dem er Konzertreisen durch Nordamerika unternahm, beim Stratford Festival in Ontario (1955), bei der Brüsseler Weltausstellung (1958) und beim Aldeburgh Festival in England (1966). Nach 1970 dirigierte er in Südafrika und Kanada, wirkte weiter als Musikdirektor des «Hart House Orchestra» und als Direktor des Light Opera Festival in Sarnia (Ontario).

Negri, Vittorio

* Mailand 16. 10. 1923; italienischer Dirigent, schloß seine Ausbildung am Mailänder Konservatorium in Komposition und Dirigieren 1946 ab. Seine Laufbahn als Dirigent begann er am Salzburger Mozarteum unter Bernhard Paumgartner, in der Folge wirkte er als Gastdirigent am Orchester des Teatro alla Scala in Mailand, am Orchestre National de France in Paris, der Dresdner Staatskapelle, und dem Boston Symphony Orchestra; daneben trat er auf zahlreichen renommierten Festivals auf.

Neithardt, August Heinrich

* Schleiz 10. August 1793, † Berlin 18. 4. 1861; deutscher Chordirigent und Komponist, ab 1816 nach den Befreiungskriegen Musikmeister im Gardejägerbataillon und anschließend 1822—40 Musikmeister des Franz-Regiments. Ab 1845 dirigierte er den Domchor in Berlin, wo er ab 1843 bereits Gesangslehrer war. Während zahlreicher Tourneen, die er auch zur Weiterbildung nutzte (St. Petersburg 1846, Rom 1857, London 1850 und zwischen 1852 und 1856 durch viele deutsche Städte), führte er den Chor zu großer Reife und machte ihn mit zahlreichen Stilrichtungen vertraut.

Nelsson, Woldemar

* Kiew 4. 4. 1938; deutscher Dirigent sowjetischer Herkunft, begann als Geiger, seine Dirigentenausbildung beendete er 1970 am Konservatorium von Novosibirsk. Nach einem 1. Preis im Moskauer Allunions-Wettbewerb 1971 wurde er für drei Jahre Assistent von Kyrill Kondrashin an der Moskau-

er Philharmonie und gastierte bei vielen Orchestern der Sowjetunion. 1977 emigrierte Nelsson nach Hamburg und stand zunächst am Pult verschiedener deutscher Orchester. 1979 dirigierte er in Stuttgart die Uraufführung von Henzes »Orpheus«-Ballett, die gleiche Einstudierung leitete er auch bei Gastspielen in Washington und in der New Yorker Metropolitan Opera. Seit 1980 ist Woldemar Nelsson Generalmusikdirektor des Staatstheaters Kassel; zahlreiche Gastverpflichtungen habe ihn als Konzert- und Operndirigent bekannt gemacht, so in München, Wien, Berlin, Paris, Nordamerika, bei den Bayreuther Festspielen (1980—82, 1984), sowie bei Gastspielen der Hamburgischen Staatsoper 1984 in verschiedenen Städten Japans.

Neuendorff, Adolf

* Hamburg 13. 6. 1843, † New York 4. 12. 1897; deutscher Dirigent, siedelte mit 11 Jahren nach Amerika über und studierte bei Matzka und Weinlich Violine und bei Schilling Klavier. Zunächst trat er sowohl als Geiger als auch als Pianist auf. 1863 wurde er Direktor des Deutschen Theaters in Milwaukee, das damals das deutsche Musikzentrum in den USA war. Dann wechselte er nach New York, wo er deutsche Opern dirigierte, darunter die Erstaufführungen von «Lohengrin» (1871) und «Walküre» (1877). 1884 wurde er Erster Dirigent der Music Hall Promenade Concerts in Boston. Nach einem kurzen Zwischenaufenthalt in Wien (1893—95) kehrte er wieder nach New York zurück und übernahm die Stelle des Dirigenten des Metropolitan Permanent Orchestra (1897).

Neukomm, Sigismund

* Salzburg 10. 7. 1778, † Paris 3. 4. 1858; österreichischer Dirigent und Komponist, studierte bei M. Haydn in Salzburg und J. Haydn in Wien und wurde 1806 Kapellmeister am Deutschen Theater in St. Petersburg. Als Pianist begleitete er Talleyrand auf den Wiener Kongreß und den Herzog von Luxemburg nach Rio de Janeiro, wo er als Hofkapellmeister beim Kaiser von Brasilien wirkte (1816—21). Als dort die Revolution ausbrach, kehrte er über Lissabon zu Talleyrand zurück. Insgesamt hat er ungefähr tausend Musikwerke geschrieben.

Neumann, Václav

Auch musikalische Interpreten können bisweilen besser durch Charaktereigenschaften beschrieben werden, die sie nicht besitzen, als durch Wesenszüge und gestalterische Fähigkeiten, die ihnen eigen sind. Der tschechische Dirigent Václav Neumann scheint nicht eitel zu sein und nicht zu musikalischen Extremen zu neigen; er wirkt in seinem Interpretationsstil unaufdringlich, die Werke seiner tschechischen Heimat, die er vornehmlich spielt, erklingen nicht in musikantischer Unbekümmertheit oder instrumentaler Seligkeit. Nichts Hektisches und Aufgeregtes, keine verklärende Jenseitigkeit wird in seinen Wiedergaben spürbar, aus dem Orchesterklang ragt keine Gruppe hervor, alles erscheint ausgewogen. Klänge ereignen sich eher, als daß sie mit viel Aufhebens produziert würden. Üppigkeit ist ihnen ebenso fremd wie eine manierierte Vitalität, Überschwang so sehr wie technisches Raffinement und Effekthascherei.
Fast möchte man das schöne Bild des tschechischen Schriftstellers Ján Svoboda auf Václav Neumann übertragen und den Dirigenten unter die steinernen Heiligen einreihen, die auf der Karlsbrücke in Prag stehen und die in jahrhundertelanger Erstarrtheit das Geheimnis der Geduld entziffert haben. Das Mißverständnis, es solle mit dieser Charakteristik zum Ausdruck gebracht werden, daß es Václav Neumann an musikalischem Temperament mangele, kann man ruhig wagen. Ein solches Urteil zeigt nur um so deutlicher, wie sehr die Vorstellung eines großen Dirigenten von der Aura des Aufsehenerregenden, von den Extrovertiertheiten seiner Persönlichkeit und den Reizwerten eines außergewöhnlichen Interpretationsstils abhängig ist und nicht so sehr von der Schlüssigkeit seiner Klangauslegungen: Große Dirigenten dürfen nicht normal sein.
Ein Mann der musikalischen Mitte ist Václav Neumann freilich nicht. Er hält sich nur fern vom übertriebenen Glamour des Berufsstandes, er bleibt gerade in jenen musikalischen Augenblicken im wahrsten Sinne des Wortes sachlich, in denen andere Dirigenten ihre mangelnde Vertrautheit mit dem Wesen einer Stilrichtung oder eines nationalen Charakters emotional überkompensieren: so im slawischen Repertoire etwa, das in Václav Neumann eine Autorität von unanfechtbarem Rang besitzt. Der slawische Zungenschlag in den Werken von Antonín Dvořák und Bedřich Smetana, von Leoš Janáček und — wenn man will — auch von Gustav Mahler hat nichts mit jenem Klischee gemein, das Smetana beispielsweise ironisch-distanzierend für sein eigenes Werk mit «böhmischen Hopsereien» umschrieben hat, nichts mit romantischem Folklorismus und auch nichts mit naivem Gefühlsausbruch, in dem die Tschechen auf ein Kollektiv besinnungslos fiedelnder Musikanten reduziert werden.
Es ist gerade die selbstverständliche Musikalität, die Souveränität der Emotionen, die idiomatische Sicherheit, durch die Václav Neumanns Interpretationen, vor allem wenn er mit der Tschechischen Philharmonie musiziert, so überzeugend wirken. Würde der große Ton der Streicher mit dem sonst üblichen Maß an Vibrato daherkommen und die Bläser sich in technische Brillanz kleiden, es entstünde nicht der Klangcharakter, der den Kompositionen Janáčeks oder Dvořáks jene eigenartige Farbe von Kunstwerken verleiht, die aus dem Boden zu wachsen scheinen. Und daß die Tschechische Philharmonie, die im Jahre 1896 gegründet wurde, sich bis heute unter verschiedenen Dirigenten wie Václav Talich, Rafael Kubelik, Karel Ančerl und schließlich Václav Neumann als ein traditionsreiches und hochangesehenes Orchester eine so ausgeprägt natürliche Klangsinnlichkeit und eine solch schnörkellose, aber keineswegs primitive Aussagekraft bewahren konnte, zeigt nur um so deutlicher, wie sehr diese Interpreten — Orchestermusiker und Dirigenten gleichermaßen — ihre Ohren auf den Ton der Kompositionen eingestellt haben und nicht auf den Tonfall, der ihnen irgendwie vorschwebt. Man kann diese künstlerische Haltung benennen: Sie lautet Authentizität.
Václav Neumann dirigiert mit Vorliebe tschechische Musik, Werke von Smetana, Dvořák, Janáček und Bohuslav Martinů, Kompositionen von Generationsgenossen wie Jiři Pauer, Ján Tausinger, Ján Cikkers Oper «Spiel von Liebe und Tod» oder Vladimir Sommers Vokalsymphonie auf Texte von Kafka, Dostojewsky und Pavese, aber auch Musik von Repräsentanten der Mannheimer Schule, von Franz Xaver Richter und Johann Stamitz, die — aus

Böhmen stammend — im achtzehnten Jahrhundert einen deutlich auf Mozart hinweisenden Instrumentalstil entwikkelt haben. Vielleicht ist Neumann unter den europäischen Orchesterleitern von Rang überhaupt derjenige, der sich am hartnäckigsten als musikalischer Botschafter seiner Nation versteht, mehr noch als der Ungar János Ferencsik oder der Russe Jewgenij Mrawinskij.

Dieser kulturpolitische Aspekt im Wirken von Václav Neumann läßt seine Reaktion im Jahre 1968 zusätzlich plausibel erscheinen, als er — zu jener Zeit Kapellmeister des Leipziger Gewandhauses und Musikalischer Direktor der Leipziger Oper — nach dem Einmarsch von Truppen der fünf Warschauer-Pakt-Länder in die Tschechoslowakei seine Position in der DDR aufgab und in seine Heimat zurückkehrte, um gleich darauf in einem fast schon symbolischen Akt die Tschechische Philharmonie zu übernehmen. Wie Neumann reagierten im übrigen auch andere Künstler der Tschechoslowakei, die in der DDR engagiert waren und nach den Vorfällen im August 1968 ihren Vertrag kündigten oder sich weigerten, weiterhin aufzutreten: Zdenek Košler, musikalischer Oberspielleiter und Jaroslav Kachel, Tenor an der Komischen Oper in Berlin sowie einige tschechoslowakische Mitglieder des Ensembles der Staatsoper Berlin. Václav Neumann hatte nach dem Einmarsch noch eine einzige Aufführung der Oper «Jenůfa» von Leoš Janáček in Leipzig dirigiert und unmittelbar danach seinen Posten zur Verfügung gestellt. Die halbstündige Ovation, die seinem letzten Auftritt in Leipzig folgte, wurde zum unbewußten Abschiedsgeschenk.

Die Position eines Gewandhauskapellmeisters in Leipzig — im Frühjahr 1963 hatte Václav Neumann bei der Einstudierung von Janáčeks «Katja Kabanova» in der Inszenierung von Joachim Herz am Leipziger Opernhaus erstmals Kontakt mit dem Gewandhausorchester — war sein zweites festes Engagement außerhalb der Tschechoslowakei. Sie schloß sich im Jahre 1964 unmittelbar an Neumanns Tätigkeit an der Komischen Oper in Berlin an, die höchst erfolgreich mit einer Neuproduktion von Janáčeks Oper «Das schlaue Füchslein» in der Bearbeitung Walter Felsensteins auf Grundlage der Übersetzung von Max Brod begonnen hatte; eine Inszenierung, die in Berlin und auf Gastspielreisen in Wiesbaden und Paris insgesamt immerhin 215 Aufführungen erlebte.

Neumann blieb acht Jahre — teilweise als Chefdirigent — an der Komischen Oper, leitete daneben aber auch noch das Prager Symphonieorchester FOK. Eine ähnliche Doppelposition hatte er in seiner Gewandhauszeit inne, als er von 1964—1968 gleichzeitig zweiter Dirigent der Tschechischen Philharmonie war. Die dritte Doppelfunktion, als Chefdirigent und Nachfolger Karel Ančerls bei der Tschechischen Philharmonie und als Generalmusikdirektor und Leiter der Sinfoniekonzerte der Württembergischen Staatsoper in Stuttgart ab 1970 erwies sich trotz einiger bemerkenswerter Inszenierungen mit Günther Rennert, unter anderem der Janáček-Opern «Die Sache Makropoulos» und «Katja Kabanova», aber auch von Mozarts «Don Giovanni» und Smetanas «Die verkaufte Braut», als weniger glücklich. Neumann stellte sein Stuttgarter Amt schon 1972 zur Verfügung.

Seit dieser Zeit ist Václav Neumann wieder vorwiegend auf seinem hauptamtlichen Posten als Chefdirigent der Tschechischen Philharmonie tätig, die unter seiner kontinuierlichen Stabführung seit 1968 noch an fragloser Musikalität gewonnen hat. Die ersten Kontakte zwischen ihm und diesem mittlerweile als europäisches Eliteensemble eingestuften Orchester gehen allerdings schon auf das Jahr 1943 zurück, als der am 29. September 1920 in Prag geborene Neumann, der am Konservatorium seiner Heimatstadt unter Josef Micka zunächst als Violinist ausgebildet worden war, mit dem Cellisten Antonín Kohout das Smetana-Quartett gründete und zwei Jahre später selbst Orchestermitglied in der Bratschengruppe der Tschechischen Philharmonie wurde. Sein Debut als Dirigent gab er mit dem Orchester dann 1948, nach dem Ausscheiden von Rafael Kubelik, dessen Position er bis 1950 innehatte. Chefdirigent des Symphonieorchesters von Karlsbad (1951—1954) und der Philharmonie in Brünn (1954—1956) waren Neumanns nächste Anstellungen. In Brünn lernte er auch Walter

Mit dem Gewandhaus-Orchester Leipzig auf Tournee durch die Bundesrepublik. Hier 1967 in München

Felsenstein kennen, der ihn an die Komische Oper nach Berlin holte.

Vergleicht man Karriere und musikalische Wirkung von Václav Neumann mit der anderer Dirigenten seines Alters und seiner Statur, so muß man feststellen, daß er jenen seltener gewordenen Künstlertyp vertritt, der über ein außergewöhnlich spezialisiertes Repertoire verfügt, das er vorwiegend mit einem einzigen Orchester interpretiert: eine Beschränkung, die man eher positiv sehen muß. Es gibt kaum einen Dirigenten, der sich für die tschechische Musik praktisch eines jeden Jahrhunderts als so kompetent erweist, wie Václav Neumann. Wie

kein anderer vertritt er eine gewachsene europäische Musiziertradition, die handwerkliche Solidität, gestalterische Logik und musikantische Verve zu verbinden weiß.
Das sind Eigenschaften, die auch den Werken Gustav Mahlers in der Interpretation von Václav Neumann zugute kommen: weil sie nicht in Gefahr geraten, Bekenner-Posen einzunehmen. Neumanns Mahler-Wiedergaben, vor allem der ersten, fünften und sechsten Symphonien, kennen kein klangauskostendes Verweilen und auch keine psychologisierenden Brechungen. Musikalisches Engagement entsteht aus Einsicht in die Zusammenhänge der Partitur, aus der stets präsenten Detailkenntnis erwächst die Melancholie des Schmerzensmannes Gustav Mahler ganz zwangsläufig. Mag sein, daß bestimmte Wesenszüge Mahlers — seine Ironie und sein Hang zum Grotesken — in Neumanns Lesart zu kurz kommen. Bei den vielen «interessanten» Mahler-Interpretationen heute, die gerade jene musikalischen Details betonen, wirkt Neumanns Ästhetik der Sachlichkeit aber geradezu wie ein notwendiges Korrektiv. Vielleicht hat das Plädoyer, man möge unter die steinernen Heiligen auf der Prager Karlsbrükke auch eine Statue von Václav Neumann aufnehmen, doch etwas für sich.
WWS

Nicodé, Jean Louis

* Jerczik (bei Posen) 12. 8. 1853, † Langebrück (bei Dresden) 5. 10. 1919; deutscher Pianist, Dirigent und Komponist, möglicherweise französischer Abstammung, ab 1856 Schüler seines Vaters und Hartkäss', studierte ab 1869 an der Berliner Neuen Akademie der Tonkunst. Von 1878 bis 1885 lehrte er Klavier am Dresdener Konservatorium, leitete dann die Philharmonischen Konzerte (bis 1888) und zog sich anschließend als Komponist zurück. 1893—1900 dirigierte er Konzerte unter seinem eigenen Namen. Außerdem leitete er in Dresden den Neustädtischen Chorgesangverein (1896—1900).

Nikisch, Arthur

«... das ganze Orchester erscheint plötzlich wie ein sinnberauschendes Aufglühen vieler, deutlich voneinander unterschiedener Lichter, deren verwirrender, einander widersprechender Glanz durch die Persönlichkeit Nikischs wie in einem Spiegel aufgefangen und — wie auf einen Grundton — auf sein Gefühl abgestimmt wird. Hier ist das Geheimnis der Sinnlichkeit des Nikisch-Orchesters, seines betörenden, umschmeichelnden Klanges; hier ist auch das Eigentümliche seiner Begabung, in dem kein Dirigent ihm gleichkommt.» (Hermann Scherchen)
Nikischs Charisma. Er verzauberte Musik, Musiker und Zuhörer. Mochte man auch mit seiner Interpretation nicht einverstanden sein, so nahm sein Musizieren doch immer gefangen.
Nikisch war weder von Hans Richters bodenständigem Musikantentum, noch von Bülows verstandesbestimmtem, durchdachten Musizieren. Zeitgenossen versuchten, mit ‚Eurythmie' seine

In sparsamen Gesten lagen Nikischs subjektive Kraft und sein Ausdrucksreichtum.

Geste begrifflich zu fassen. Er sprach Musiker und Publikum gleichermaßen an und erreichte eine Übereinstimmung mit der Musik, dem Musizieren und den Musikern, die von mitreißender Überzeugungskraft war. «Poesie der Musik»: Dies Wort wurde bei Nikisch lebendig.
Nikisch besaß in einem außerordentlich hohen Maß Sinn für den Atem der Musik, ihr ‚Melos' und für den Klangreichtum des Orchesters. Dies und sein feines Gespür für die Individualität seiner Orchestermusiker, sein Einfühlungsvermögen für die Musik und den Musiker, der unter ihm eigenständig und gleichzeitig mitverantwortlich war, schufen Nikischs 'zauberhafte' Interpretationen.
Er musizierte gemeinsam mit dem Orchester, regte an und ließ sich anregen vom Spiel der Musiker. Eine Art der Zusammenarbeit, bei der ihm besonders seine eigene Erfahrung als Orchestermusiker dienlich war. Er wußte sich mit den Musikern zu verständigen. Er philosophierte, ästhetisierte und dozierte nicht, sondern gab knappe Anweisungen, die er durch bildhafte Anspielungen bereicherte und verdeutlichte. Während der Probe unterbrach er nur selten mitten in einem Satz, womit er den Musikern ermöglichte, sich vor allem von neuen Werken ein Gesamtbild zu verschaffen.
Schwierige Stellen probte er gesondert und überließ es dann der Verantwortlichkeit seiner Musiker, das Gelernte auf vergleichbare Abschnitte zu übertragen.
«Es kann ohne Zögern behauptet werden, daß in einem erstrangigen Orchesterkörper ein j e d e s Mitglied die Bezeichnung ‚Künstler' verdient», so Nikisch in einem Schreiben an die Leipziger Stadtverwaltung. Diese Überzeugung konnte ihn der beseelten Ausführung eines Themas durch den Oboisten lauschen lassen, um dann diese Eigenregung des Musikers aufzugreifen und dadurch bereichert den weiteren Verlauf zu gestalten.
Nikischs Lebensweg führte über alle Stationen: privaten Musikunterricht, Konservatorium, Orchestermusiker, Chormeister und Korrepetitor, Dirigent des Leipziger Gewandhausorchester und der Berliner Philharmoniker.
Arthur Nikisch wurde am 12. Okt. 1855 im ungarischen Lébényi Szent Miklos geboren. Mit sechs Jahren erhielt er auf eigenen Wunsch ersten Klavier- und Theorieunterricht. Mit sieben Jahren beweist er ein außerordentliches musikalisches Gedächtnis, indem er nach einmaligem Anhören auf dem Orchestrion die Ouverturen von Rossinis «Barbier von Sevilla» und «Wilhelm Tell» aufschreibt.
Die Klugheit seines Vaters bewahrt ihn davor, zum Wunderkind gemacht zu werden. Er immatrikuliert ihn am Wiener Konservatorium, wo der Elfjährige nach der Aufnahmeprüfung gleich in die oberste Klasse, zu den Achtzehn- und Zwanzigjährigen, eintritt. Nikisch erhält dort Klavierunterricht bei Schenner, Kompositionsunterricht bei Otto Dessoff, dem Kapellmeister des Hofopernorchesters, und wird von Josef Hellmesberger, Konzertmeister und Sologeiger an der

Hofoper, im Geigenspiel unterwiesen. Hatte er schon im elterlichen Haus durch die dort gepflegte Kammermusik musikalische Anregungen gewonnen, so blieb auch am Konservatorium der Kammermusik ein großer Teil seiner Zeit vorbehalten. Wohl hat diese Schule des Musizierens, da vom einzelnen Eigenständigkeit und Einfühlungsvermögen gleichermaßen gefordert werden, wesentlich Nikischs Einstellung gegenüber dem Musikmachen und den Musikern mitbestimmt. Mit achtzehn Jahren verläßt Nikisch das Konservatorium und tritt mit dem Jahr 1874 als beamtetes Mitglied in das Hofopernorchester ein.
Noch als Schüler durfte er durch Hellmesbergers Vermittlung im Erkrankungsfall eines Mitglieds des Orchesters dort 'substituieren', eine große Bereicherung für den jungen Musiker: «Ich war sehr beglückt, dadurch auf bequemere Art die großen Meisterwerke kennenzulernen ... Nach Veranlagung und durch strenge häusliche Zucht bis dahin mehr dem Konservativismus in der Musik hinneigend, hat Wagners Musik nun einen revolutionierenden Einfluß auf mich ausgeübt.» So lernt er Wagnerschen Beethoven kennen, als er an Proben und Aufführung der Neunten unter Wagner zur Feier der Grundsteinlegung des Bayreuther Festspielhauses im Mai 1872 teilnimmt. «Ich kann sagen, daß Wagners Eroica in Wien und dann die Neunte in Bayreuth für meine ganze Beethoven-Auffassung, ja, für meine Orchester-Interpretation überhaupt entscheidend geworden ist. Wagner war gewiß nicht, was man einen ‚routinierten Kapellmeister' nennt; aber seine ‚Geste' allein war schon Musik.»
Neben Wagner gehörten zu den Dirigenten, die Nikisch als Geiger an der Hofoper miterlebte, Johann Herbeck, Otto Dessoff, Franz Liszt, Anton Rubinstein und Johannes Brahms, und 1875 Verdi, der an der Hofoper seine «Aida» aufführte, wobei Nikisch Eindrücke empfing, die ihm seinen Ruf als dem einzigen authentischen Aida-Dirigenten einbrachten.
Trotz seiner kompositorischen Erfolge am Konservatorium entscheidet Nikisch sich noch als Schüler für den Dirigentenberuf. Jahre später sagt er dazu «... ich bin Dirigent. Ich habe alle Musik, von Bach angefangen, bis auf die jüngste Gegenwart, im Kopf. Wenn ich nun komponierte, was würde anderes dabei herauskommen als Kapellmeistermusik! Und von der gibt es schon genug.»

Arthur Nikisch verzauberte Musik, Musiker und Zuhörer gleichermaßen.

Nikisch bleibt nur für vier Jahre im Hofopernorchester. Er erhält im Januar 1878 durch Dessoffs Vermittlung eine Stelle als Chormeister am Leipziger Stadttheater. Und der Direktor der Oper, Angelo Neumann, kann bald über seinen jungen Gesangsmeister berichten: «Sobald Sucher (der Erste Kapellmeister) durch die sehr anstrengenden Proben mit dem Orchester daran verhindert war, die Soli- und Ensembleproben am Klavier abzuhalten, war es geradezu eine Freude, wie lebhaft dann die Künstler das Verlangen aussprachen, mit diesem jungen Mann studieren zu dürfen.»
Im Februar des gleichen Jahres debütiert Nikisch erfolgreich als Dirigent von Paul Lacomes Operette «Jeanne, Jeannette, Jeannetton», woraufhin ihm Neumann die Stelle des Zweiten Kapellmeisters überträgt. Angelo Neumann verdankte man die 3. Gesamtaufführung des Wagnerschen «Ring», und Nikisch, nach Suchers Abschied Erster Kapellmeister, bemühte sich, das Leipziger Repertoire sowohl mit neuen Werken, als auch mit älteren, der Vergessenheit anheimgefallenen, zu beleben.
Leipzigs musikalischer Konservativismus verlor an Starrheit durch Nikischs Tätigkeit. Nikisch beteiligte sich an der Gründung des Liszt-Vereins, führte Liszts Faust- und Dante-Symphonie auf, dirigierte bei den Tonkünstlerfesten des Allgemeinen Deutschen Musikvereins und wird dort durch Franz Liszts Trinkspruch geehrt: «Auf den Auserwählten unter den Auserwählten!» Im Dezember 1884 macht sich Nikisch durch die Uraufführung der 7. Symphonie um Bruckner verdient.
Zu dieser Zeit, die Nikischs Namen über Leipzig hinaus bekannt werden ließ, gehören auch die zwei Jahre, da Mahler neben Nikisch an der Leipziger Oper als Dirigent wirkte. Mahler litt unter Nikischs Ruf, seiner Faszination, die vielbesprochen und gerühmt wurde. Es entstanden zudem Zwistigkeiten um die Frage, wer den «Ring» dirigieren werde. Mahler, nachdem er, durch eine längere Krankheit Nikischs begünstigt, dem Leipziger Publikum sein Können unter Beweis gestellt hatte, verließ Leipzig nach zwei Jahren. Ein Jahr später, im Sommer 1889, folgte Nikisch dem Ruf des Boston Symphony Orchestra nach Amerika.
Weite, anstrengende Reisen führten Nikisch mit diesem Orchester durch Nordamerika: ein aufreibendes, ruheloses Leben, das ihn schließlich trotz aller Triumphe, die er feierte, veranlaßte, ein Angebot der Oper in Budapest anzunehmen.
1893 begann er dort seine Tätigkeit als Operndirektor und leitender Kapellmeister, eine Aufgabe von weitreichender künstlerischer Bedeutung, die ihm durch unerquickliche Verhältnisse jedoch bald verleidet wurde. «Die unglücklichste Zeit meines Lebens», sagte er später.
Als Nikisch im Sommer 1895 als Gastdirigent in London weilte, erreichte

ihn der Ruf des Leipziger Gewandhausorchesters. Er sagte hocherfreut zu, und es gelang ihm, den Vertrag mit Budapest vorzeitig zu lösen, so daß er kurz darauf sein neues Amt übernehmen konnte. Wenig später folgte der Ruf des Berliner Philharmonischen Orchesters.

Berlin und Leipzig waren die letzten Stationen Arthur Nikischs. Über 25 Jahre — bis zu seinem Tode am 23. Januar 1922 — leitete Nikisch die beiden berühmten Orchester, in Leipzig als Nachfolger des konservativen Carl Reinecke; in Berlin war Hans von Bülow sein großer Vorgänger gewesen. Der Ruf beider Orchester wandelte sich unter Nikischs einzigartiger musikalischer Begabung. Die Orchester gewannen Weltgeltung.

Das Leipziger Gewandhausorchester blickte auf eine lange Tradition zurück, als Nikisch die Leitung übernahm. Unter Hiller, der 1781 das erste Gewandhauskonzert leitete, noch weitgehend ein Laienunternehmen, formierte sich das Orchester unter Mendelssohns energischer Führung zu einem der besten Deutschlands. Auf den Mendelssohnianer Julius Rietz folgte Carl Reinecke, unter dessen über dreißigjähriger Leitung die Tradition eines weitgespannten Repertoires allmählich schwand. Die Werke der Neudeutschen Schule lagen außerhalb von Reineckes musikalischer Welt. Immerhin dirigierte er Brahms' Deutsches Requiem bei der Uraufführung 1869, wenn auch später berichtet wird, Reineckes Abschied von Leipzig begründe sich in Brahms' Weigerung, ihm seine Werke zur Aufführung anzuvertrauen. Jedenfalls wies Leipzigs Musikleben einen großen Nachholbedarf an zeitgenössischer Musik auf, als Nikisch die Leitung der Gewandhauskonzerte übernahm.

Nikisch, der sich ja bereits während seiner ersten Leipziger Periode um neue Musik verdient gemacht hatte, schien ein Geschenk des Schicksals an die Leipziger, denn unter seinen Händen wurde diese Musik lebendig und gewann eine Ursprünglichkeit und Aussagekraft, die Musiker und Publikum unweigerlich mitriß.

Nikisch war nie ‚Musikpolitiker'. Setzte er sich für ein unbekanntes Werk ein, sei es ein vergessenes, sei es ein neues, noch nicht akzeptiertes, so geschah dies aus seiner ganz privaten Überzeugung heraus. Er wählte die Musik, die ihn ansprach und die seiner romantisierenden, oft improvisatorisch anmutenden Interpretations- und Dirigierweise den gewünschten Freiraum ließ.

So gelangen ihm die sinfonischen Dichtungen Liszts, die satten Farben Tschaikowskys, die breiten Brucknerschen Epen und besonders Wagners «Tristan». Brahms' Werk verlor an Sprödigkeit, so daß Brahms selbst überrascht reagierte: «Habe ich denn wirklich das komponiert? . . . Sie haben ja alles ganz anders gemacht; aber Sie haben recht — so muß es sein!»

Über Nikischs «Tristan» berichtet sein Kollege Erich Kleiber: «Nikisch dirigierte eine ‹Tristan›-Orchesterprobe . . . Was er an Ekstase, an Leidenschaftlichkeit und Klangschönheit in einer einzigen Orchesterprobe da hervorzauberte, war mir und allen Zuhörern unfaßbar. Immer klangen die Partituren bei ihm so, wie man es sich manchmal im einsamen Arbeitszimmer bei intensivstem Studium träumen läßt. Geradezu unheimlich waren seine gewaltigen Crescendi; wo andere mit beiden Armen turnen mußten, hob Nikisch die linke Hand langsam hoch, und das Orchester brauste wie ein Meer auf.»

Seine Pionierarbeit für den noch Mitte der achtziger Jahre vielfach abgelehnten Bruckner krönte Nikisch in der Saison 1919/20 mit einem kompletten Bruckner-Zyklus. Auch Richard Strauss widmete er einen Konzertwinter; dem Brahmsschen Werk gehörten zwei Zyklen.

Basis seiner Programme blieben die Klassiker, zu denen sich neuere Werke gesellten; allerdings in seinen späteren Jahren nicht in dem Ausmaß, wie allgemein gewünscht wurde. Nikisch blieb weitgehend so modern wie er es in seiner Jugend gewesen war. Für die neue Entwicklung um 1910, Strawinsky und die zweite Wiener Schule etwa, hatte er wenig Sinn.

In seiner Rede zu seinem 25-jährigen Jubiläum als Gewandhauskapellmeister erläuterte Nikisch, was er für seine Aufgabe ansah: «Für die(se) heranwachsende Generation sind die Symphonien von Haydn, Mozart, Beethoven nicht neu; aber ihr Geschmack muß an ihnen gebildet werden. Für diese Jüngeren müssen die Meisterwerke unserer großen Klassiker möglichst häufig und vollendet zur Darstellung kommen. Ihnen muß die Erkenntnis der Größe unserer Kunst in die Seele gebrannt werden . . .»

Ältere Musik hingegen, vor allem das Bachsche Werk, blieben dem romantisierenden Melodiker Nikisch fremd. Die Herbheit Bachs, seine Klarheit und Genauigkeit fordernde Polyphonie fanden in Nikischs klangorientiertem Ohr wenig Widerhall.

Nikisch brauchte den Klang des Orchesters, um die Partitur in seinem Kopf zu lebendiger Musik werden zu lassen. In seinen späteren Jahren neigte er sogar dazu, das «Trockenstudium» der Partituren ganz sein zu lassen und erst gemeinsam mit dem Orchester das Werk durchzulesen, denn seinem ausgezeichneten Gedächtnis genügte eine einmalige Durchsicht der Partitur.

Und wie er sich durch den Orchesterklang anregen ließ, so wußte er sich auch auf die Besonderheiten der verschiedenen Instrumente einzustellen. Ein Beispiel dazu, in einem Aufsatz Hermann Scherchens: «. . . Die Posaunen haben ein melodisch bedeutsames Motiv; solange sie es der rhythmischen Gliederung angepaßt blasen, wie die Partitur sie zeigt und der Streichkörper sie in Klang umsetzt, bleibt ihre Bewegung starr, ungeschickt, militärmusikartig. Der Charakter dieses Instruments bedingt eben eine Ausführung, die nur dann die Stelle wiedergibt, wie der Komponist sie gehört hat, wenn das ganze übrige Orchesterbild hier den Posaunen angepaßt wird. Da fängt Nikisch an, unmerklich im Tempo zu rücken, den Posaunen in dem rhythmischen Verlauf gewissermaßen ‚Raum' zu schaffen, und plötzlich ‚klingt' ihr Solo, scheint alles Gezwungene, Mühevolle hinweggenommen.»

Nikischs langsame Tempi, die eine reiche Klangentfaltung ermöglichten, das Rhapsodische, Improvisatorische seiner Interpretationen, die Tempoverzögerungen, Dehnungen, Fermaten und Beschleunigungen und nicht zuletzt seine Technik, vorauszuschlagen, wodurch er rauhe Ansätze vermied und das Orchester einen weichen Klang gewann: All dies ist Ausdruck von Nikischs Prinzip der Bewegungsfreiheit. Er ließ seinen Musikern wie auch sich selbst einen Freiraum, in dem sich das Besondere seiner Interpretationen entwickeln konnte: ihre Unmittelbarkeit und Überzeugungskraft.

Und so fügt sich auch Nikischs Dirigierweise mit ein, die wegen der Sparsamkeit der Geste, ja, ihrer ‚Unsichtbarkeit' viel besprochen wurde. Ausla-

dende, heftige Bewegungen hätten die Spannung und enge Verbindung zwischen Dirigent und Orchester und Dirigent und Publikum zerstört. Nikisch lenkte mit den Augen, taktierte mit der Rechten, wobei er dazu neigte, eher Phrasen als Takte zu dirigieren und sich bei größeren Takten (9/4 etwa) durch Unterteilungen des Schlags größeren agogischen Spielraum verschaffte. Die Linke, nie spiegelbildlich zur Rechten, diente dem Ausdruck. Er stand ruhig, fast unbeweglich auf dem Podium, und seine Hände bewegten sich kaum einmal über die Höhe seiner Augen hinaus. Er schlug mit dem Handgelenk und den Fingern, selten mit dem Arm.
In diesen sparsamen Gesten lagen Nikischs suggestive Kraft und sein Ausdrucksreichtum. Zudem begründete sich der besondere Klang des Nikisch-Orchesters in seinem Kunstgriff, vom ‚piano' als der Grundstufe seiner dynamischen Steigerungen auszugehen: das ‚forte' war nie hart und rauh, sondern immer noch klangreich und voller Glanz.
Nikisch selbst wußte seine Kunst nicht zu erklären: «Man fragt mich, wie ich mein Fühlen meinen Musikern mitteile; ich tue es einfach, ohne daß ich es weiß wie. Wenn ich eine Komposition dirigiere, so ist es die erregende Macht der Musik, die mich fortreißt, ich folge durchaus keinen bestimmten und festen Regeln der Interpretation ... so wechselt denn meine Interpretation in Einzelheiten fast bei jedem Konzert in Übereinstimmung mit den Mächten des Gefühls, die in mir besonders stark erregt wurden ...»
Wegen dieses ‚Mangels' an rationalem Bewußtsein über das eigene Vermögen, — dem Mangel, der Nikischs Einzigartigkeit ausmacht, — konnte er für seine Schüler nur Vorbild, kaum aber Lehrer sein. 1905/06 war er Direktor des Leipziger Konservatoriums und als solcher auch Leiter der Dirigentenklasse. Er legte großen Wert auf Deutlichkeit des Schlages, und seine Lehre war: «Eine Stimmung zu schaffen ist wohl mit die wichtigste Aufgabe des Dirigenten. Und wenn man eine Symphonie noch so schön dirigiert und in den Pausen zwischen den verschiedenen Sätzen nicht schon die Atmosphäre für den nächsten Teil schafft, dann hat man nicht das Höchste erreicht.»
Nikischs Flexibilität und Einfühlungsvermögen machten ihn zum geborenen Gastdirigenten. Er beging nicht den Fehler, dem fremden Orchester seine Interpretation etwa aufzuzwingen, sondern er wußte dessen Eigenart behutsam in seine Richtung zu lenken. Und er reiste auch mit seinen Orchestern, wie schon Bülow, Nikischs berühmter Vorgänger bei den Berliner Philharmonikern.
Bülow, der große Erzieher, hatte durch seine ausgefeilten, sorgfältigst geprobten, «gezeichneten» Interpretationen ganz persönliche Maßstäbe gesetzt. Als Nikisch die Philharmoniker übernahm, hatte das Orchester ein Jahr mit Gastdirigenten, unter ihnen Richter, Mottl, Levi und Richard Strauss, hinter sich. Nach Nikischs erstem Konzert schreibt Adolf Weissmann: «Es ist sofort klar: Der hier ist nicht vom Stamme der Bülows. Er wird nicht eifernd, hartnäckig, nervös für Grundsätze agitieren und als sarkastischer Sprecher dem Publikum eine Lektion erteilen, wenn ihm die musikalische Tat allein nicht zu genügen scheint.»
Die Berliner Musikkritik konnte sich nur langsam an den Neuen gewöhnen. Tschaikowsky und Wagner mochte man ihm überlassen, denn hierfür galt er als Spezialist, aber bei Beethoven und Brahms, Bülows Herrschaftsbereich, zögerte man, sich in den Nikisch-Stil einzuhören. Diese Vorbehalte verloren sich jedoch bald. Die Nikisch-Konzerte wurden zu einem Mittelpunkt des Berliner Musiklebens, nicht zuletzt durch den Erfolg des Orchesters bei seinem Pariser Konzert im Jahr 1897.
Wohl war es gerade der große Gegensatz zwischen Bülow und Nikisch, der den Versuch, Nikisch an die Spitze der Philharmoniker zu stellen, vom Erfolg gekrönt sein ließ. Denn Nikischs intuitives, lebenswarmes Musizieren konnte man mit Bülows analysierenden Interpretationen im Grunde nicht vergleichen.
Wenngleich sie beide Wagner-Schüler waren und vor Retuschen am Werk nicht zurückscheuten. Nikisch: «Der moderne Dirigent (ist) berechtigt, ja gehalten, in bezug auf Tempo und Ausdruck oft von den Angaben Beethovens abzuweichen, um die eigentlichen Intentionen des Meisters zu verwirklichen ... Der moderne Dirigent ist ein Neuschöpfer ...; das Publikum begreift es, daß die ganze moderne Instrumentalmusik erst durch die Individualität des Dirigenten Leben gewinnt.»
Individualität und Lebendigkeit der Interpretation konnte man dem Poeten und Magier unter den Dirigenten sicher nicht absprechen. «Das Orchester klingt bei ihm schon anders, bevor er zu dirigieren anfängt», so hieß es. *CS*

Nobel, Felix de

* Haarlem 27. 5. 1907, niederländischer Dirigent und Pianist, 1925—30 Student des Amsterdamer Konservatoriums, wirkte dann als Pianist, begleitete dabei Schwarzkopf, Patzak, Bernac und El. Schumann. 1937 wurde er Dirigent eines Chors, der ursprünglich nur gegründet worken war, um im Rundfunk Bach-Kantaten zu singen, aber zusammenblieb und zum «Nederlands Kamerkoor» wurde. Bis er 1972 aufgelöst wurde, tat er viel dafür, Komponisten wie Monteverdi und Schütz in den Niederlanden zu fördern und andere erst bekannt zu machen (Werke von F. Martin, Poulenc u. a.). Tourneen in Amerika und Europa sowie Auftritte bei Festspielen verschafften dem Chor und seinem Dirigenten einen guten Ruf. Außerdem leitete er eine Klasse für Klavierbegleitung und Liedinterpretation am Amsterdamer Konservatorium.

Nussio, Otmar

* Grosseto 23. 10. 1902; Schweizer Dirigent, Komponist und Flötist, ausgebildet am Mailänder Konservatorium und in Rom bei Respighi. 1935 ging er nach Zürich, wo er Flöte am Konservatorium lehrte und drei Jahre später Erster Dirigent und Musikalischer Leiter beim Studio Lugano des Senders Monte Ceneri wurde. 1953 gründete er die Concerti di Lugano, die er bis 1966 leitete.

Ochs, Siegfried

* Frankfurt/Main 19. 4. 1858, † Berlin 5. 2. 1929; deutscher Chordirigent und Komponist, studierte erst in Heidelberg Chemie, lernte dort auch Klavier und wechselte 1877 an die Königliche Hochschule für Musik nach Berlin, wo er anschließend Privatunterricht bei Friedrich Kiel (Theorie) und Heinrich Urban nahm. 1882 gründete er mit elf Mitgliedern den «Siegfried Ochs'schen Gesangverein» in Berlin, der in der Saison 1887—78 als der Philharmonische Chor bekannt wurde und auf über 400 Mitglieder anwuchs. 1920 löste er sich wegen finanzieller Schwierigkeiten auf, wurde aber weitgehend

in den Chor der Hochschule integriert, wo er Direktor der Oratorien-Abteilung geworden war.

Ötvös, Gabor

* Budapest 21. 9. 1935; ungarischer Dirigent, erhielt seine musikalische Ausbildung an der Franz Liszt Akademie in Budapest. Nach dem gescheiterten Aufstand verließ er 1956 Ungarn und ließ sich in Italien nieder. Er dirigierte in Venedig und Triest, ging dann nach Westdeutschland und wurde 1967 Erster Dirigent an der Frankfurter Oper. Sein Debut in Amerika gab er 1971 an der Metropolitan Opera. Daneben dirigierte er auch andere Orchester in den USA. 1972 wurde er GMD in Augsburg, bis er 1981 zum Chefdirigenten an der Königlich Dänischen Oper in Kopenhagen ernannt wurde.

Okiyama, Kazuyoshi

* Tokio 2. 2. 1941; japanischer Dirigent, besuchte die Tho-Musikschule, wo er Dirigieren bei Hideo Saito studierte. 1964 wurde er Dirigent des Tokyo Symphonic Orchestra. Seine sonstigen Engagements: Erster Gastdirigent des New Japan Philharmonic Orchestra, Tokyo; Erster Dirigent der Osaka Philharmony; ständiger Dirigent und musikalischer Direktor des Vancouver Symphony Orchestra und musikalischer Direktor des American Symphonic Orchestra in New York (von 1973—1978).

Ormandy, Eugene

Die stereotypen Anfänge von Künstlerkarrieren — sein Vater unterrichtete ihn schon mit fünf im Klavierspiel, seine Mutter besaß eine schöne Sopranstimme und sang im Kirchenchor, sein erster Auftritt erregte die Aufmerksamkeit des Dirigenten Stockmann und so weiter — müßten gelegentlich umgeschrieben werden, damit sie wirklich zum spektakulären Ruhm eines gefeierten Musikers beizutragen vermögen. Bei Eugene Ormandy sind solche Retuschen an seiner Biographie unnötig. Er war gewissermaßen schon ein amerikanischer Künstler, als er noch ein ungarischer Künstler war. Man kann es auch anders formulieren: Höchstleistungen und Rekorde — amerikanische Ingredienzien einer erfolgreichen Laufbahn, auf welchem Gebiet auch immer — sind die Wegmarken seiner Karriere schon von Anfang an in Budapest gewesen, als er noch unter dem Namen Jenö Blau Geige spielte. Und sie sind es bis 1980 geblieben, als der Dirigent Eugene Ormandy den Posten eines Musikdirektors und Chefdirigenten des Philadelphia Orchestra an seinen Nachfolger Riccardo Muti abgab, womit er — im Alter von einundachtzig Jahren — beileibe nicht das Dirigieren aufgegeben hat.

Ormandys Lebenslauf gehört zu jenem Genre von Künstlerbiographien, aus dem findige (amerikanische) Regisseure Filme zu drehen pflegen. Daß es bisher noch nicht geschehen ist und vielleicht auch nicht mehr geschehen wird, hängt unter anderem mit Ormandys physischer Erscheinung zusammen: Er ist nie besonders attraktiv gewesen, er war kein Glenn Miller der Klassischen Musik, obwohl man ihn immerhin einmal als Pult-Rubens bezeichnet hat — was allerdings eher auf die Opulenz seines Orchesterklangs gemünzt war. Daß er sich dieses eigentlich erfolgsmindernden außermusikalischen Umstandes bewußt gewesen ist, war paradoxerweise Teil seines musikalischen Erfolgsgeheimnisses: Auf die Frage, weshalb er die unkonventionellen, mit Neuer Musik angefüllten, irritierenden und gerade deshalb bemerkenswerten Konzertprogramme seines Vorgängers in Philadelphia, Leopold Stokowski, nicht fortgesetzt habe und dafür lieber die Schlachtrösser des romantischen Repertoires vorgezogen habe, meinte der listige Ormandy, Stokowskis Art des Dirigierens, seine ganze Persönlichkeit habe auf die Frauen ungemein gewirkt. Er habe damit immer seine starke Gemeinde besessen und konnte sich musikalische Extravaganzen erlauben. So etwas sei bei ihm — Ormandy — unmöglich. Seine Wirkung müsse aus der Musik kommen, aus Stücken, die sozusagen fähig seien, das apollinische Defizit des Dirigenten auszugleichen. Eine zumindest originelle Ausrede.

Eugene Ormandy wurde am 18. November 1899 als Sohn eines Zahnarztes in Budapest geboren, und er begann mit drei Jahren Geige zu spielen: nichts Außergewöhnliches. Man denke an Mozart. Als er aber mit fünf Jahren an die Musikakademie seiner Vaterstadt kam, begann seine Laufbahn interessant zu werden: Er ist bis heute der jüngste Student geblieben, den die ehrwürdige, noch von Franz Liszt gegründete Musikhochschule aufgenommen hat. Als Schüler des legendären Jenö Hubay muß Eugene Ormandy bei seinem Examen im Jahre 1912 — mit elf Jahren — fast besser gewesen sein als sein Lehrer. Jedenfalls war er Bester der Meisterklasse, begann eine rege Konzerttätigkeit in Europa und kehrte im Alter von siebzehn Jahren als Professor an seine alte Musikhochschule zurück. Ob er der jüngste akademische Lehrer des Instituts gewesen ist, konnte nicht zweifelsfrei ermittelt werden.

Zur gleichen Zeit wurde Ormandy Konzertmeister des Blüthner-Orchesters in Berlin, studierte außerdem an der Budapester Universität und kam schließlich im Jahre 1921 nach Amerika, für eine Konzerttournee, die nie stattfand, da seine Impresarios offenbar Betrüger oder aber hoffnungslose Amateure gewesen waren. In einer prototypischen amerikanischen Geschichte sind solche zufälligen Begebenheiten essentiell wichtig: Sie besitzen als Tellerwäscher-Segment der Erfolgsstory ihre obligate Funktion. Eugene Ormandy erhielt auf Vermittlung eines ungarischen Landsmannes eine Anstellung im größten New Yorker Stummfilmorchester des Capitol Theatre, wo er schon bald vom letzten Pult zum Konzertmeister und schließlich zum Kapellmeister aufstieg. Das war im Jahre 1924. Drei Jahre später erhielt er die amerikanische Staatsbürgerschaft und wurde Dirigent sogenannter leichter Musik im amerikanischen Rundfunk. Gelegentlich leitete er auch Sommerprogramme mit Sinfonieorchestern, die ihm immerhin einige Konzerte in Philadelphia als Stellvertreter Arturo Toscaninis einbrachten.

1931 erhielt er schließlich eine feste Anstellung am Sinfonieorchester in Minneapolis, einem amerikanischen Provinzensemble, das er in der Zeit seines Wirkens bis 1936 zu einem bemerkenswerten Niveau führte und dessen erste Schallplatten er auch einspielte. 1936 kam er auf Empfehlung von Sergej Rachmaninow und Fritz Kreisler als zweiter Dirigent neben Leopold Stokowski ans Philadelphia Orchester zurück, das er zwei Jahre später im Rang eines Chefdirigenten übernahm und bis 1980 nicht mehr aus den Händen gab. Es wurde die längste Verbindung eines Dirigenten mit einem prominenten Orchester in

der amerikanischen Musikgeschichte überhaupt. Und nicht nur das: Mit dem Philadelphia Orchestra wurde Ormandy meistproduzierender Schallplattendirigent, sein Orchester das meistaufgenommene Ensemble in diesem erst knapp hundertjährigen Medium.
Vielleicht ist Eugene Ormandy unter den Dirigenten des zwanzigsten Jahrhunderts auch der schnellste «Notist». Um die Orchesterpartitur komplizierter Werke auswendig zu lernen, benötigte er bisweilen nicht mehr als eine Stunde: ein Eidetiker, wie er noch nicht einmal im Buche steht. Ein paar weitere Rekorde seien zur Komplettierung des Bildes aufgeführt: Ormandy hat als erster die späten Sinfonien von Dmitrij Schostakowitsch im Westen aufgeführt, sein Orchester entwickelte sich zum «biggest money-making orchestra» in Amerika — drei Schallplatten mit klassischer Musik des Orchesters erreichten je einen Umsatz von mehr als einer Million Dollar. 1948 hat Ormandy mit seinem Orchester das erste Sinfoniekonzert dirigiert, das vom amerikanischen Fernsehen übertragen wurde, womit er Arturo Toscanini auf einem rivalisierenden Kanal um eineinhalb Stunden schlug. Ormandys Ensemble in Philadelphia war auch das erste amerikanische Orchester, das — 1973 — in die Volksrepublik China reisen durfte. Mit seinen Musikern in Philadelphia hat der auch für technische Neuerungen stets aufgeschlossene Ormandy 1979 eine der ersten Digitalaufnahmen «ernster» Musik für die Schallplatte eingespielt: Béla Bartóks spätes «Konzert für Orchester». Schließlich: dreiundzwanzig Ehrendoktortitel hat Eugene Ormandy erhalten.
Wo man auch ansetzt: Eugene Ormandy scheint immer der erste oder der beste, der jüngste oder der ausdauerndste, der erfolgreichste oder der schnellste, der beweglichste oder der prachtvollste Dirigent für irgendetwas gewesen zu sein. Nur beim Geigenspiel wurde er auf die Plätze verwiesen: Er selbst meinte einmal, er sei nur der drittbeste Geiger der Welt gewesen — nach Fritz Kreisler und Jascha Heifetz. Man liegt jedenfalls bei einigen Aspekten seines langen künstlerischen Wirkens nicht vollständig schief, die Musikanalyse durch eine Marktanalyse zu ersetzen. Und in disem Sinne hat man ihm — vor allem in Europa — auch gelegentlich vorgeworfen, er habe sich hemmungslos dem amerikanischen Kulturbetrieb angepaßt. Nur wird ihm dies als bestimmende Einschätzung seiner künstlerischen Persönlichkeit sicher ebensowenig gerecht, wie das von Harold Schonberg zitierte Bonmot, Ormandy sei der beste unter den Dirigenten zweiten Ranges, oder gar Igor Strawinskys bissige Bemerkung, er sei der ideale Johann-Strauß-Dirigent.
Eugene Ormandy ist ein pragmatischer Dirigent in einem Land, das die Pragmatiker schon immer favorisiert hat, ein Künstler für die Realitäten in einem irrealen Metier, ein professioneller Dirigent, der in den Grenzen, die er sich selbst gesteckt hat, in dem

ästhetischen Rahmen, der ihm gemäß ist, die Leistungsspitze erklommen hat. Charakteristisch, was er über Konzertprogramme mit zeitgenössischer Musik sagt: »Bei der Wahl neuer Werke muß ein Auge immer auf die Theaterkasse gerichtet sein und das andere auf die Kunst. Das 'Theaterkassenauge' muß sehen, daß neue Werke, die extrem schwierig sind, zusätzliche Probenzeit erfordern — und diese Zeit ist sehr teuer. Die großzügigsten finanziellen Unterstützer eines lokalen Sinfonieorchesters sind meist reifere Semester mit einem musikalischen Geschmack, der schon ein paar Jahre alt ist. Sie erwarten Musik zu hören, die sie mögen, und sie tolerieren nur ein geringes Maß an sogenannter 'dissonanter' Musik; im Gegensatz zur jüngeren Generation, die vielleicht sensibler und mit mehr Sympathie auf die Klänge der Zeit reagiert, die aber weniger einflußreich ist. Das 'Künstlerauge' muß also ständig für den goldenen Mittelweg kämpfen. Es muß fühlen, erkennen und schließlich vorsichtig auswählen, was jedermanns Geschmack trifft. Gelegentlich aber wird jeder Dirigent mit Rücksicht auf die Entwicklung der Kunst die Zuhörer vor den Kopf stoßen müssen.
Nach dieser Devise hat Eugene Ormandy immer gehandelt: abgewogen zwischen dem, was er für nötig hielt, und dem, was von ihm erwartet wurde. Mit dem Philadelphia Orchestra, das in seiner achtzigjährigen Geschichte bis zum Ausscheiden des Chefdirigenten Ormandy überhaupt nur vier

Eugene Ormandy. Er schien immer der erste, beste, jüngste, ausdauerndste und erfolgreichste Dirigent gewesen zu sein.

Orchesterleiter besessen hat — wobei die Amtszeit von Ormandy länger war, als die der anderen drei zusammen —, hat er hauptsächlich romantische symphonische Musik und die frühe Moderne interpretiert — zur Opernbühne hat es ihn überhaupt nicht hingezogen: ein beschränktes Repertoire, das von Ormandy wie kostbares Tafelsilber immer und immer wieder zum Glänzen gebracht worden ist.
Unter Stokowski und Ormandy ist das Philadelphia Orchestra zu einem der fünf amerikanischen Spitzenorchester geformt worden, zu einem Orchester, das für seine Klangpracht, seine Virtuosität und seine Perfektion berühmt

geworden ist — Eigenschaften, die eben auch durch die konstante Zusammenarbeit mit Dirigenten und ein konservatives wie konservierendes Programm gefördert wurden. Als Riccardo Muti zum Nachfolger Eugene Ormandys ernannt worden war und die Garderobe seines Vorgängers bezog, hat er das Namensschild an der Tür nicht austauschen lassen: eine noble Geste, die der Italiener mit den Worten unterstrich, nach zweiundvierzig Jahren der Zusammenarbeit sei das Philadelphia Orchestra noch immer das Orchester Eugene Ormandys. Er habe den spezifischen brillanten Klang des Orchesters, diese Homogenität und Kantabilität der Streicher erarbeitet. Vielleicht ist mit der Verbindung zwischen Ormandy und dem Orchester aus Philadelphia eine Epoche unwiderruflich zu Ende gegangen, die Epoche der musikalischen Monogamie und des absolutistischen Herrschers am Dirigentenpult. Eugene Ormandy war sich seines Status wohl bewußt. Vor Jahren schon sagte er: «The Philadelphia sound — c'est moi!» Am 12. März 1985 ist Eugene Ormandy gestorben. *WWS*

Ostrčil, Otakar

* Smichov (Prag) 25. 2. 1879, † ebenda 20. 8. 1935; tschechischer Dirigent und Komponist, studierte zunächst Sprachen an der Prager Universität. Bis 1920 war er Lehrer; zur gleichen Zeit (1893—1895) nahm er Klavierunterricht bei Adolf Mikes und studierte privat Komposition bei Fibich. Von 1909 bis 1922 dirigierte er in Prag ein Amateurorchester; zwischen 1914 und 1919 Oper; 1920 folgte er Karel Kovařovic als 1. Dirigent beim Prager National Theater.

Otescu, Ion Nonna

* Bukarest 3. (15.) 12. 1888, † Bukarest 25. 3. 1940; rumänischer Komponist und Dirigent, studierte am Bukarester und am Pariser Konservatorium sowie an der Schola Cantorum in Paris (bis 1911). Wieder in Bukarest, lehrte er 1913 bis 1940 am Konservatorium und wurde 1918 dessen Direktor. 1916 gründete er die Muzica mit, außerdem die «Rumänische Oper» und die Rumänische Komponistenvereinigung. Ab 1927 war er ständiger Dirigent des Bukarester Philharmonieorchesters.

Otterloo, Willem van

* Winterswijk 27. 12. 1907, † Melbourne 28. 7. 1978; holländischer Dirigent und Komponist, nach dem Medizinstudium in Utrecht Schüler von Orobio da Castro (Cello) und Sem Dresden (Komposition) am Konservatorium in Amsterdam (ab 1928). Nachdem er im Otrechtsch Stedelijk Orkestra kurz als Cellist tätig war, wurde er 1933 dessen 2. und ab 1937 1. Kapellmeister. Als Chefdirigent kam er 1949 an das Residentie-Orkest nach den Haag, wo er bis 1972 blieb. 1972 nahm er eine Stelle als Dirigent des Philharmonieorchesters in Melbourne an und wurde schließlich 1974 GMD in Düsseldorf bei den Symphonikern. Außerdem leitete er zahlreiche Konzerte in Europa als Gastdirigent.

Otto, Ernst Julius

* Königstein (Sachsen) 1. 9. 1804, † Dresden 5. 3. 1877; deutscher Männerchorkomponist und Chordirigent, Schüler der Dresdener Kreuzschule (bei Weinlig) und 1822—25 bei Schicht in Leipzig. Wieder in Dresden, wirkte er 1830—75 als Kantor der Kreuzschule und dirigierte die «Liedertafel».

Ozawa, Seiji

Wo immer er in den siebziger Jahren auftauchte, schien er der Dirigent der Pop-Generation zu sein: Seiji Ozawa trug die Haare bis auf die Schultern, kleidete sich extravagant in einem Stil «East-meets-West» und ließ die Vermutung zu, er sei in San Franciscos Chinatown und in der Popmusik der West Coast mehr zu Hause als im Konzertsaal des San Francisco Symphony Orchestra. Die Vermutung war und ist nicht einmal so falsch, und die Frage, wo Seiji Ozawa nun wirklich zu Hause ist, beinhaltet auch, daß man sich eine Biographie zu vergegenwärtigen hat, die immer wieder den Begriff des «Zu-Hause-Seins» in Frage stellt.
Seiji Ozawa wurde am 1. September 1935 in Shenyang (Mukden) in der chinesischen Provinz Liaoning geboren, die damals unter japanischer Herrschaft stand und zum Kaiserreich Mandschukuo (Mandschurei) gehörte. Ozawas Eltern waren Japaner, die sich in dieser umstrittenen Provinz niedergelassen hatten. Der Vater, der dem buddhistischen Glauben angehörte, war ursprünglich Zahnarzt gewesen, trat dann aber in die Dienste der japanischen Regierungspropaganda ein. Die Mutter war getauft und sorgte für eine christliche Erziehung der Kinder. Die Familie zog wenig später nach Peking, und hier kam Seiji Ozawa auch zunehmend mit der westlichen Kultur in Berührung, wobei der kirchliche Hintergrund eine gewisse Rolle spielte. Gleichzeitig lernte er indes auch die Musik Chinas und Japans kennen, die ihn freilich, bei aller Intensität späterer Studien, nie so faszinieren sollte wie die Musik Europas.
Als der Krieg ausbrach, mußte die Familie Peking so schnell wie möglich verlassen und nach Japan zurückkehren. Hier begann Seiji im Alter von sieben Jahren mit dem Klavierunterricht. Mit dem Ende des Krieges kam ein weiterer durchgreifender Wandel im Leben der Familie Ozawa. Die amerikanischen Sieger verboten dem Vater jegliche Betätigung im öffentlichen Dienst, und die Eltern mußten sich mit ihren Kindern mehr schlecht als recht durchs Leben schlagen.
Im Alter von zwölf Jahren kam Seiji Ozawa zu dem exzellenten Pianisten und Bach-Spezialisten Toyomasu. Zu den Passionen Ozawas in diesen Jahren gehörte auch das Rugby-Spiel, das zwar seinem Ehrgeiz entgegenkommen mochte, nicht aber seinen pianistischen Ambitionen. Er brach sich beide Zeigefinger, und die Folgen dieser Verletzung waren derart, daß kaum noch Hoffnung auf eine Virtuosenkarriere bestehen konnte.
Auf den Rat Toyomasus hin faßte Seiji Ozawa daraufhin eine Ausbildung zum Dirigenten ins Auge, eine Überlegung, die damals erhebliche Risiken in sich barg, denn das japanische Musikleben wurde doch gar zu deutlich von Ausländern dominiert. Mit sechzehn Jahren nahm ihn die Toho School of Music in Tokyo auf, wo er dem Komponisten und Dirigenten Hideo Saito durch seine außerordentlich rasche Auffassungsgabe und das versierte prima-vista-Spiel der schwierigsten Partituren auffiel. Saito war ursprünglich Cellist gewesen, hatte in Leipzig bei Julius Klengel und in Berlin bei Emanuel Feuermann studiert und übte später entscheidenden Einfluß auf den Aufbau eines europäisch orientierten Musiklebens in Japan aus. Er gehörte zu den Mitbegründern der Toho-School und war auch als Dirigent hervorgetreten, so daß sich der junge Stu-

dent kaum einen berufeneren und kenntnisreicheren Lehrer hätte wünschen können. Sieben Jahre studierte Ozawa bei Saito und war schließlich dessen Assistent; in dieser Zeit führte er eigene Kompositionen und Bearbeitungen mit dem Orchester der Akademie auf, so daß er am Ende eine doch bemerkenswert gründliche Ausbildung vorweisen konnte.
Gegen Ende des Studiums erhielt er mehrmals Gelegenheit, das NHK Symphony Orchestra und das Japan Philharmonic Orchestra zu dirigieren. Doch dann ergab sich die zwingende Notwendigkeit, zur weiteren Ausbildung nach Europa zu gehen. Ozawa erreichte, daß sich ein bedeutender japanischer Motorradhersteller für ihn interessierte und ihm die Europareise finanzierte. Als Gegenleistung fuhr Ozawa in Europa auf einem Motorroller dieser Firma Reklame — das war im Jahr 1959 eine durchaus originelle Methode, sich ein Stipendium zu verschaffen, und der einzige Weg für Ozawa, dessen Familie über keinerlei Mittel verfügte, den Sohn zu unterstützen.
So kreuzte er im Herbst 1959 mit seinem Public-Relation-Motorroller und ohne ein Wort Französisch in Besançon auf, beteiligte sich am dortigen Dirigentenwettbewerb und gewann ihn. Wieder war es Charles Munch, der — wie auch im Fall Zubin Mehta — zum selbstlosen Förderer wurde. Munch war Mitglied der Jury und erreichte, daß Ozawa im Berkshire Music Center in Tanglewood weiterstudieren konnte. Ozawa setzte also seine Weltreise fort, lernte wie besessen in Tanglewood und gewann im Jahr darauf den begehrten Kussewitzky-Preis. Damit waren die Kreuzfahrten über den Erdball freilich noch nicht beendet, denn wenig später wartete ein Stipendium auf ihn, das es ihm ermöglichte, bei Herbert von Karajan in Berlin zu studieren. Zuvor aber war schon Leonard Bernstein auf ihn aufmerksam geworden und hatte ihn eingeladen, bei der Japan-Tournee des New York Philharmonic Orchestra dabei zu sein und anschliessend während der Saison 1961/62 bei ihm in New York Assistent zu werden. Tokyo, Besançon, Tanglewood, Berlin, New York — Ozawa darf sich rühmen, das Ping-Pong-Studium exerziert zu haben. So viel Karajan für ihn bedeutete, so sehr wurde doch Leonard Bernstein die zweite prägende Künstlerfigur im Leben Ozawas nach dessen Lehrer Saito. Er wurde dies so sehr, daß die Kritiker später Vermutungen äußerten, Ozawa bemühe sich nach Kräften, eine vollendete Kopie seines Lehrmeisters zu werden.
Zunächst gab es indes ein kurzes und im Grunde nicht erfreuliches Intermezzo in Japan. Man berief ihn zum Chefdirigenten des NHK Symphony Orchestra, aber Ozawas sehr amerikanisch beeinflußter Stil und wohl auch seine geringen Erfahrungen widersprachen so sehr den Erwartungen und Usancen des Orchesters, daß er die Position sehr schnell wieder verlassen mußte. Dafür ließ sich allmählich eine Karriere in den Vereinigten Staaten ab-

Seiji Ozawa hat nie ein Hehl aus seiner Begeisterung für Jazz und Popmusik gemacht.

sehen. Schon im Januar 1962 hatte Ozawa sein erstes großes Konzert in den USA mit dem San Francisco Symphony Orchestra gegeben. 1963 holte man ihn nach Chicago, wo er die dortigen Symphoniker bei ihren Sommerkonzerten im Ravinia Park dirigierte. 1964 bis 1968 war er dann musikalischer Leiter des alljährlichen Ravinia-Festivals. Ebenso leitete er 1963 das Lewisohn Stadium Orchestra in New York und — während dessen Aufenthalt in New York — das Toho String Orchestra, das Kammerorchester seiner alten Tokyoter Musikakademie.
All das waren natürlich im Grunde nur musikalische Gelegenheitsarbeiten, vermittelt durch ein mächtiges Management, das zielstrebig in die Zukunft Ozawas investierte und von der Begabung wie auch von den Show-Qualitäten dieses jungen japanischen Dirigenten überzeugt war. Unter diesem Gesichtspunkt war es eine außerordentliche Chance, die sich ihm 1965 bot: Man lud ihn ein, die Position des Chefdirigenten des Toronto Symphony Orchestra zu übernehmen. Ozawa war für diese Tätigkeit kaum hinreichend vorbereitet. Aber er akzeptierte und nutzte die folgenden vier Jahre aus, um vor allem einmal weiter zu lernen. Man kann eigentlich nicht sagen, daß er in dieser Zeit von 1965 bis 1968 das Orchester in irgendeiner Weise geformt habe. Er erarbeitete sich mit ihm ein Repertoire, das vor allem die Standardwerke der klassischen, romantischen Literatur und die der klassischen Moderne umfaßte. Zu Gastspielen bei anderen Orchestern gab es während dieser vier Jahre wenig Gelegenheit, doch unternahm das Toronto Symphony selbst einige Tourneen in die Vereinigten Staaten, nach Frankreich und nach England. In England kannte man ihn übrigens schon von einem Konzert mit dem London Symphony Orchestra im Herbst 1964. Nebenbei übte Ozawa noch die Funktion eines Musikdirektors am Nissei-Theater in Tokyo aus.
Alle diese Tätigkeiten hatten etwas Provinzielles. Doch Ozawa bewältigte damals ein gewaltiges Arbeitspensum, nicht zuletzt, um sich auf eine wirklich große Karriere intensiv vorzubereiten. Diese Karriere deutete sich bereits an, als er 1968 erstmal in Boston auftrat und die dortigen Symphoniker auf beeindruckende Weise dirigierte.
1970 wurde das entscheidende Jahr für ihn. Das San Francisco Symphony Orchestra, das ihn noch von seinem ersten Konzert im Jahr 1962 in guter Erinnerung hatte, suchte einen neuen Chefdirigenten und fragte bei Seiji Ozawa an. Er sagte zu und übernahm gleichzeitig zusammen mit Gunter Schuller, dem amerikanischen Komponisten, die künstlerische Leitung in Tanglewood.
Das bedeutete, daß er auch die meisten Konzerte des Boston Symphony

Orchestra während des sommerlichen Berkshire Festival zu dirigieren hatte. Aus dieser Zusammenarbeit mit dem einstigen Orchester von Charles Münch sollte wenig später dann die künstlerisch bedeutsamste Verbindung entstehen; 1973 übernahm Ozawa das Boston Symphony als Chefdirigent, wobei er die gleiche Position beim San Francisco Symphony Orchestra noch weitere zwei Jahre behielt, um sich dann ganz dem traditionsreichen und renommierten Orchester Bostons zu widmen.

Das Boston Symphony wurde unter Ozawas Leitung sehr bald wieder ein besonders kultiviertes und präzises Orchester. Ozawas Stärken entwickelten sich dabei vor allem in der Literatur des späten neunzehnten und des zwanzigsten Jahrhunderts, vor allem auch in den überdimensionierten Werken der Moderne. Sein Vergnügen an einer Musik, deren tiefster Sinn zu sein scheint, problemlos zu funktionieren, macht ihn gleichzeitig empfindlich gegenüber gelegentlichen Fragen von Journalisten, warum er überhaupt Musik mache. Andererseits ist er bei den Spitzenorchestern rund um die Welt in hohem Maß beliebt, und zwar gerade wegen seiner Professionalität: Proben und Konzerte laufen bei diesem schlagtechnisch höchst virtuosen Dirigenten wie eine bestens geölte Maschinerie.

Der Höhepunkt in der Bostoner Laufbahn Ozawas war bis dahin zweifellos die Jahrhundertfeier des Orchesters im Jahr 1981, in deren Verlauf er unter anderem Beethovens 9. Symphonie in einem Open-Air-Concert vor etwa hunderttausend Zuschauern dirigierte. Auch für so gigantische Unternehmen hat Ozawa zweifellos einen spezifischen Nerv, so wie er andererseits sich nicht nur engagiert für die Neue Musik einsetzt — das Boston Symphony vergab zu seinem Jubiläum zwölf Kompositionsaufträge —, sondern auch immer wieder Verknüpfungen zwischen Klassik, Semi-Klassik und populärer Musik sucht. Aus seiner Begeisterung für bestimmte Arten der Pop-Musik hat Ozawa schließlich nie einen Hehl gemacht; vielmehr trug und trägt er sie nicht zuletzt durch seine äußere Erscheinung unbekümmert zur Schau, was ihm namentlich in den USA viel Sympathie eingebracht hat. Übrigens ist auch hier eine gewisse Verwandtschaft zur Art Leonard Bernsteins kaum zu übersehen, dessen ekstatischem Dirigierstil Ozawas fulminante Schlagtechnik ja auch am meisten ähnelt.

Das Operndebüt Ozawas fand, von einer umfassenden PR-Kampagne unterstützt, 1969 bei den Salzburger Festspielen statt, wo er «Così fan tutte» aufführte. 1974 dirigierte er dann «Eugen Onegin» am Covent Garden Opera House in London, und stets hatten alle diese Auftritte schon im vorhinein den Charakter einer Sensation. An der Pariser Oper leitete er Aufführungen von Ravels «L'Enfant et les sortilèges» und des «Oedipus Rex» von Igor Strawinsky, später auch «Turandot» (1981) sowie «Tosca», «Fidelio» und «Falstaff» (1982). Ganz zweifellos ein bedeutender künstlerischer wie persönlicher Erfolg wurde die Leitung der

Ozawa dirigiert das Tonhalle Orchester, Zürich. Mit den Bostonern gastierte er 1979 in China (r.).

Uraufführung von Olivier Messiaens erster Oper «Saint François d'Assise» vor Weihnachten 1983 in Paris. Hier bewährte sich Ozawas an den französischen Impressionisten geschulter Klangsinn, seine große Erfahrung im Umgang mit den kompliziertesten Partituren und die Fähigkeit, diese dann in aller Klarheit auszubreiten. Diese Fähigkeit vor allem macht ihn auch zu einem der profiliertesten Orchesterleiter in jenem Zeitalter der Mikro-Chips und der Kopfhörer, in dem die Musik zu einem integrierten elektronischen Bauteil der postindustriellen Gesellschaft geworden ist. *NE*

Paillard, Jean-François

* Vitry-le-François 18. 4. 1928; französischer Dirigent, erhielt seine musikalische Ausbildung am Pariser Konservatorium; später besuchte er Dirigierkurse bei Igor Markevitch am Salzburger Mozarteum. 1953 gründete er das François Paillard-Kammerorchester mit dem er große Tourneen unternahm; in Europa und Amerika schätzt man ihn als Gastdirigenten. Mehr und mehr widmet er sich der Barockmusik: Corelli, Torelli und Delalande vor allem.

Pallo, Imre

* Budapest 15. Mai 1941; ungarischer Dirigent, belegte nach seinem Studium am Budapester Konservatorium (bei Kodály) Dirigierkurse bei Hans Swarowsky an der Wiener Musikakademie. Er wirkte dann als musikalischer Assistent von Herbert von Karajan und Karl Böhm bei den Wiener Festwochen und Salzburger Festspielen (1962—64) und dirigierte das Orchester der Wiener Akademie. Sein amerikanisches Debut gab er 1973 mit dem National Symphonic Orchestra in Washington. Dann verpflichtete ihn die New York City Opera als ständigen Dirigenten. Daneben wirkte er noch als musikalischer Direktor des Hudson Valley Philharmonic Orchestra in Poughkeepsie (1976) und dirigierte in Washington, Philadelphia und Cincinnati.

Panizza, Ettore

* Buenos Aires 12. 8. 1875, † Mailand 27. 11. 1967; argentinischer Dirigent und Komponist italienischer Abstammung, graduierte 1898 am Mailänder Konservatorium mit Auszeichnung in Klavier und Komposition. Seine Laufbahn als Operndirigent begann 1899 und dauerte über ein halbes Jahrhundert. 1907—14 dirigierte er am Covent Garden in London italienische Opern; 1916 bis 1926 wechselte er an die Scala in Mailand. Von 1934 bis 1942 dirigierte er an der Met.

Panufnik, Andrzej

* Warschau 24. 9. 1914; polnischer Komponist und Dirigent, englische Staatsbürgerschaft seit 1961, studierte 1932—36 am Warschauer Konservatorium, 1937—38 an der Wiener Akademie (bei Weingartner), später in London und Paris. Nach seinem Dirigentendebüt mit dem Warschauer Symphonieorchester und einer Phase als Pianist übernahm er 1945—46 eine Dirigentenstelle beim Krakauer Philharmonischen Orchester und 1946/47 beim Warschauer Philharmonieorchester. Er trat als Gastdirigent bei den Philharmonieorchestern in Berlin und London in Erscheinung. 1954 ging er nach England, wurde 1957 Dirigent des City of Birmingham Symphony Orchestra (bis 1959) und konzentrierte sich danach hauptsächlich auf sein kompositorisches Schaffen das vornehmlich Orchesterstücke umfaßt.

Panzner, Karl

* Teplitz Böhmen 2. 3. 1866, † Düsseldorf 17. 12. 1923; deutscher Dirigent, studierte am Dresdner Konservatorium Klavier und Komposition. Obwohl ihm Anton Rubinstein, bei dem er anschließend Privatunterricht nahm, zur Laufbahn eines Konzertpianisten riet, wurde er Operndirigent. 1893 trat er die Nachfolge von E. Paur als Kapellmeister am Leipziger Stadttheater an. 1899 wurde er nach Bremen berufen, wo er zuerst die Philharmonie und später auch den Lehrer-Gesangsverein (1904) leitete, mit dem er auch einige erfolgreiche Tourneen — z. B. nach Frankreich — unternahm. Von 1907—09 war er als Gastdirigent in zahlreichen europäischen Städten tätig, in Barcelona, Paris, St. Petersburg, Moskau und Rom sowie in New York. Ab 1909 wirkte er als städtischer Musikdirektor in Düsseldorf und als Dirigent der Konzerte der Philharmonischen Gesellschaft in Hamburg.

Papandopulo, Boris

* Bad Honnef 25. 2. 1906; jugoslawischer Komponist und Dirigent, studierte an der Musikakademie in Zagreb und am Neuen Wiener Konservatorium, ging dann als Dirigent nach Zagreb zurück und wurde 1945 als Chefdirigent nach Rijeka berufen, wo er 1953—59 Operndirektor war. Dazwischen wirkte er ab 1948 als Dirigent an der Nationaloper und an der Philharmonie in Sarajewo. Wieder in Zagreb, wurde er 1959 1. Kapellmeister und 1963 Chefdirigent des Nationaltheaters, danach wirkte er in gleicher Stellung in Split und wieder in Rijeka (1964—68).

Papst, Eugen

* Oberammergau 24. 12. 1886, † ebenda 2. 1. 1956; deutscher Dirigent, erhielt seine musikalische Ausbildung bei Mottl. Das Städtische Orchester in Bern dirigierte er 1910—21, das Philharmonische Orchester und die Hamburger Singakademie ab 1922, den dortigen Lehrergesangverein zusätzlich ab 1925. 1936 wechselte er als Städtischer GMD und Leiter der Gürzenich-Konzerte nach Köln (bis 1944). Ab dem folgenden Jahr wirkte er an der Nordwestdeutschen Musikakademie in Detmold. Daneben schrieb er für die Oberammergauer Passionsspiele.

Paray, Paul

* Le Tréport 24. 5. 1886, † Monte Carlo 10. 10. 1979; französischer Dirigent und Komponist, erhielt ersten Unterricht bei seinem Vater und studierte von 1904 an am Pariser Konservatorium. Nachdem er im Krieg in Gefangenschaft geraten war, aus der erst 1918 wiederkehrte, assistierte er ab 1921 bei den Concerts Lamoureux und wurde 1923 deren 1. Dirigent. Fünf Jahre später erhielt er ein Engagement, die Symphoniekonzerte in Monte Carlo zu dirigieren, und wechselte 1933 als 1. Dirigent zu den Concerts Colonne nach Paris, die er nach dem Krieg reorganisierte. Dazwischen hatte er Anstellungen in Marseille (1940) und wieder Monte Carlo (1942). 1952 übersiedelte er nach Detroit, um dort das Symphonieorchester zu leiten (bis 1963).

Parott, Andrew

* Walsall 10. 3. 1947; englischer Dirigent, widmete sich während seines Studiums an der Oxford University vor allem der Erforschung der Aufführungstechniken der Musik des 16. und 17. Jahrhunderts. 1973 gründete er den Taverner Chor und die Taverner Consort and Players. Bei den Londoner Promenade Concerts dirigierte er 1977 Monteverdis «Vesper»; er leitete die Londoner Uraufführung von Bachs Messe in h-Moll mit zeitgenössischen Instrumenten sowie die Matthäus-Passion und die Brandenburgischen Konzerte in der ursprünglichen Fassung. Er wirkte auch als Gastdirigent am Englischen Kammerorchester, am Londoner Bach-Orchester und am Concerto Amsterdam.

Pasdeloup, Jules-Etienne

* Paris 15. 9. 1819, † Fontainebleau 13. 8. 1887; französischer Dirigent, ab 1829 Schüler am Pariser Konservatorium bei P. J. G. Zimmermann. Nach zehn Jahren Lehrtätigkeit hatte er seinen ersten Erfolg als Dirigent, als er 1851 eine symphonische Gesellschaft gründete, die das Ziel hatte, junge Komponisten zu fördern. Diese Société des Jeunes Artistes leitete ab 1856 der Konservatoriumsdirektor Auber, der die Gesellschaft umbenannte in Société des Jeunes Artistes du Conservatoire Impérial de Musique. Dies gestattete die kostenlose Benutzung von Hörsälen und Instrumenten. 1861 entstanden aus diesem Unternehmen die Concerts Populaires de Musique Classique, die nach finanziellen Mißerfolgen endlich einen enormen Besucherstrom anlockten, bis sie 1884 schließlich wegen der Konkurrenz von Colonne und Lamoureux eingestellt wurden. Seit 1920 sind die Concerts Pasdeloup eine feste Einrichtung.

Patané, Giuseppe

* Neapel 1. 1. 1932; italienischer Dirigent, Sohn von Franco Patanè (1908 bis 1968). Er studierte am Konservatorium von San Pietro a Majella in Neapel. Bereits im Alter von 19 Jahren gab er mit einer Aufführung von «La Traviata» am Teatro Mercadante in Neapel sein Debut als Dirigent. In der Folge wirkte er als Zweiter Dirigent am Teatro San Carlo in Neapel (1951 bis 1956), Erster Dirigent an der Linzer Oper (1961) und dann bis 1968 Dirigent an der Deutschen Oper in Berlin. Er dirigierte in dieser Zeit oftmals an der Scala in Mailand, an der Wiener Staatsoper und in Kopenhagen und feierte dort triumphale Erfolge. Er dirigierte auch das Berliner Radio Sinfonie Orchester und das Orchestre de la Suisse Romande; 1978 brillierte er an der Met mit italienischer Oper; von 1982 bis 1984 war er einer der beiden Ersten Dirigenten der American Symphony in New York.

Paulmüller, Alexander

* Innsbruck 4. März 1912; österreichischer Dirigent, studierte bei Lach und Orel Musikwissenschaft und an der Wiener Musikakademie Klavier, Komposition und Dirigieren. Unter Bruno Walter wirkte er dann als Repetitor an der Wiener Staatsoper. Später dirigierte er an verschiedenen kleineren Bühnen Deutschlands und Österreichs und war Erster Dirigent der Frankfurter Oper. Von 1964—1972 war er Chefdirigent der Stuttgarter Philharmoniker, ein Jahr später Gastdirigent am Salzburger Landestheater.

Paumgartner, Bernhard

* Wien 14. 11. 1887, † Salzburg 27. 7. 1971; österreichischer Dirigent, Komponist und Musikforscher, studierte in Wien erst Jura (bis 1911), dann Musik und Musikgeschichte. 1911—12 war er als Repetitor an der Wiener Oper tätig, und während des Ersten Weltkriegs sammelte er die Lieder von Soldaten in seiner «Musikhistorischen Zentrale». 1917—38 und 1945—49 hatte er das Direktorat am Salzburger Mozarteum, gründete 1920 die Salzburger Festspiele mit und übernahm 1922 die Orchesterleitung am Mozarteum. Während seiner Zeit als Direktor entwickelte sich das Mozarteum 1922 zu einer staatlichen Akademie und 1953 zu einer Hochschule. Außerdem gründete er die Camerata academica, ein Orchester aus Lehrern und Schülern, mit dem er zahlreiche Konzertreisen unternahm. Ab 1960 auch Präsident der Salzburger Festspiele.

Paur, Emil

* Czernowitz (Bukowina) 29. August 1855, † Mistek (Tschechoslowakei) 7. 6. 1932; österreichischer Dirigent, Schüler seines Vaters, dem Direktor des Wiener Musikvereins, studierte ab 1866 am Wiener Konservatorium bei Dessoff und Hellmesberger. Ab 1870 spielte er in der Hofkapelle, und 1876 begann er seine Dirigentenlaufbahn als Kapellmeister in Kassel. Dann wechselte er in gleicher Stellung nach Königsberg und 1880 nach Mannheim, wo er zum Hofkapellmeister ernannt wurde. 1891 dirigierte er am Leipziger Stadttheater und übernahm 1893 von Nikisch die Leitung des Bostoner Symphonieorchesters. Fünf Jahre später löste er in New York A. Seidl als Leiter der Philharmonischen Konzerte und 1899 Dvořák als Direktor des Nationalkonservatoriums ab. Nachdem er am Covent Garden in London deutsche Opern (1900) sowie in Madrid und Berlin Konzerte dirigiert hatte (1903), übernahm er 1904 das Symphonieorchester in Pittsburgh (bis 1910) und wechselte schließlich erneut nach Berlin, wo er 1912/13 Kapellmeister der Königlichen Oper und anschließend Konzertdirigent war.

Peress, Maurice

* New York 18. März 1930; amerikanischer Dirigent, nach Abschluß seines Studiums an der Universität von New York (1951) und am Mannes College of Music in New York (1955-57) trat er der Fakultät der Universität von New York bei. 1961 verließ er die Universität und wechselte zu den New Yorker Philharmonikern, wo er als stellvertretender Dirigent wirkte. Ab 1962 war er musikalischer Direktor des Corpus Christi Symphonic Orchestra in Texas (bis 1975) und von 1970—73 noch musikalischer Direktor der Philharmonie von Austin. In gleicher Stellung war er 1974—80 an der Kansas City Philharmonie tätig. 1981 wurde er Präsident der Conductor's Guild of the American Symphonic Orchestra League. 1971 dirigierte er im Kennedy-Center in Washington die Welturaufführung von Leonard Bernsteins «Mass» und 1981 die europäische Erstaufführung des Werkes an der Wiener Staatsoper.

Perlea, Jonel

* Ograda 13. 12. 1900, † New York 29. 7. 1970; rumänisch-amerikanischer Dirigent und Komponist, studierte nach dem I. Weltkrieg in München Klavier und Komposition und danach in Leipzig Dirigieren (1920—23). Bereits 1919 gab er in Bukarest sein Debut als Dirigent und war in der Folge in Leipzig (1922—23) und Rostock (1923—25) als Dirigent tätig. Nach seiner Rückkehr nach Rumänien dirigierte er an der Bukarester Oper (1929 bis 1932 und 1934 bis 1936) und leitete dann das Bukarester Radioorchester (1936—44), das er gegründet hatte. Außerdem gab er am Bukarester Konservatorium Unterricht in Dirigieren (1941—44). Das letzte Kriegsjahr verbrachte er in einem deutschen KZ. Nach dem Krieg dirigierte er zuerst in Rom (bis 1947) und später an der Mailänder Scala (1950). Sein Debut in den USA gab er 1949 an der Met. In der Folge wirkte er an der San Francisco Opera und an der Lyric Opera of Chicago. Seit 1952 bis kurz vor seinem Tod unterrichtete er an der Manhattan School of Music; seit 1955 dirigierte er das Connecticut Symphony Orchestra.

Pesko, Zoltan

* 15. 2. 1937; ungarischer Dirigent, im Anschluß an sein Studium an der Franz Liszt Akademie in Budapest nahm er Unterricht im Dirigieren bei Sergiu Celibidache, Franco Ferrara und Pierre Boulez. Später berief ihn Lorin Maazel als Stellvertreter an die Deutsche Oper in Westberlin; von 1969 bis 1972 wirkte er dort auch an der Hochschule für Musik. 1974 wurde er Chefdirigent am Teatro Comunale in Bologna, auch dirigierte er an der Mailänder Scala.

Peters, Reinhard

* Magdeburg 2. 4. 1926; deutscher Dirigent, neben seinem Violin-Studium bei Georges Enesco und Jacques Thibaud in Paris nahm er bei Alfred Cortot Klavier-Unterricht. Nach einer Dirigentenstelle an der Berliner Oper (ab 1952) wurde er dann 1957 auch Mitglied der Düsseldorfer Oper; anschließend wirkte er als Generalmusikdirektor in Münster (1961—70) und als Chefdirigent der Philharmonia Hungarica in Marl (1975—79).

Pflüger, Gerhard

* Dresden 9. 4. 1907; deutscher Dirigent, nach seinem Dirigierstudium bei Kurt Striegler und Fritz Busch an der Dresdner Staatskapelle dirigierte er zuerst in Tilsit (1927 bis 1930) und danach in Stralsund (bis 1932), Gotha-Sondershausen (bis 1935) und Altenburg (1938 bis 1940). Später war er Generalmusikdirektor in Meiningen (bis 1944), nach dem Krieg das gleiche in Rostock. 1949 übernahm er die Stelle des Chefdirigenten am Leipziger Radio Symphonie Orchester. Er ging nach Weimar, wo er neben seiner Tätigkeit als Generalmusikdirektor des Nationaltheaters (1957—73) auch an der Hochschule für Musik unterrichtete.

Pitt, Percy

* London 4. 1. 1870, † London 23. 11. 1932; englischer Dirigent und Komponist, studierte bei Jadassohn und Reinecke am Leipziger Konservatorium und bei Rheinsberger an der Münchner Akademie der Tonkunst. Nach seiner Rückkehr nach England 1893 wirkte er in erster Linie als Operndirigent; während des Krieges dirigierte er an der Beecham Opera Corporation, war dann künstlerischer Direktor der British National Opera Corporation (1920—24) und seit 1922 musikalischer Direktor der BBC.

Pitz, Wilhelm

* Breinig 25. August 1897, † Aachen 21. 11. 1973; deutscher Dirigent, trat 1913 nach seinem Violinstudium in das Städtische Orchester von Aachen ein; 1933 wurde er zum Chorleiter des Aachener Stadttheaters ernannt, wo er von 1947—60 auch als 1. Kapellmeister tätig war. Seit 1951 war er Chorleiter bei den Bayreuther Festspielen, und seit 1957 leitete er den Philharmonia Chorus in London.

Plasson, Michel

* Paris 2. 10. 1933; französischer Dirigent, erhielt seine musikalische Ausbildung bei Bigot am Pariser Konservatorium. 1962 gewann er den Ersten Preis beim Internationalen Dirigentenwettbewerb in Besançon. Danach setzte er sein Studium bei Charles Munch, Leopold Stokowski, Leonard Bernstein und Erich Leinsdorf fort. 1968 wurde er zum musikalischen Direktor des Théâtre du Capitole in Toulouse ernannt. Im Laufe der Zeit gab er zahlreiche Gastspiele an vielen großen internationalen Opernhäusern, dirigierte an den Festspielen u. a. von Aix en Provence und Verona und machte bedeutende Schallplattenaufnahmen.

Polacco, Giorgio

* Venedig 12. 4. 1873, † New York 30. 4. 1960; italienischer Dirigent, begann sein Studium in St. Petersburg, setzte es am Liceo B. Marcello in Venedig fort und machte seinen Abschluß am Konservatorium G. Verdi in Mailand. Nach Dirigentenstellen in verschiedenen italienischen Städten ging er nach Südamerika. Dort dirigierte er zunächst 4 Jahre lang am Teatro Colón in Buenos Aires, danach 7 Jahre in Rio de Janeiro. 1912 gab er sein Debut an der Metropolitan Opera in New York und dirigierte dort nach Toscaninis Rücktritt 1915 als 1. Kapellmeister italienische, russische und französische Werke. Von 1918—1930 war er an der Chicago Opera verantwortlicher Dirigent für das italienische Repertoire.

Pollack, Egon

* Prag 3. 5. 1873, † Prag 14. 6.1933; österreichischer Operndirigent tschechischer Herkunft, nach dem Studium am Prager Konservatorium bei Knittl begann er 1901 seine Karriere als Operndirigent an der Prager Oper als Assistent von Leo Blech. 1905 ging er als 1. Kapellmeister an die Bremer Oper (bis 1910) anschließend an die Leipziger Oper (bis 1912) und 1912 an die Frankfurter Oper. Im Sommer 1914 dirigierte er in Paris und London Wagner; 1915—17 führte er an der Chicago Lyric Opera den kompletten Zyklus des «Ring des Nibelungen» auf. Bis 1931 war er Generalmusikdirektor in Hamburg. In dieser Zeit dirigierte er auch in Rio und am Teatro Colón in Buenos Aires (1928) und wieder zwei Spielzeiten in Chicago (1929—32). Im Winter 1932 nahm er Engagements in Rußland wahr. Im folgenden Jahr dirigierte er in Kairo und Alexandria das Ensemble der Wiener Staatsoper. Seine letzte Vorstellung gab er während des «Prager Frühlings» 1933. Bei einer «Fidelio»-Aufführung erlitt er einen Herzinfarkt und starb noch während der Vorstellung.

Ponc, Miroslav

* Vysoké Mýto 2. 12. 1902, † Prag 1. 4. 1976; tschechischer Dirigent, Geiger und Komponist, studierte am Prager Konservatorium von 1920—22 bei Wiedermann Orgel und bei Alois Hába 1/4-Ton-Komposition, danach bei Schönberg in Berlin und nach seiner Rückkehr nach Prag bei Josef Suk Violine; 1930 erhielt er sein Diplom. Bis 1933 nahm er anschließend bei Scherchen in Straßburg Unterricht im Dirigieren. Nach dem Krieg wirkte er vor allem in Prag als Operndirigent.

Poulet, Gaston

* Paris 10. 4. 1892, † Draveil 14. 4. 1974; französischer Dirigent und Violinist, schloß das Violinstudium am Pariser Konservatorium mit dem 1. Preis ab. Von 1927—36 dirigierte er in Paris die Concerts Poulet und am Sarah-Bernhardt-Theater und unterrichtete am Konservatorium. Von 1932 bis 1944 war er Direktor des Konservatoriums von Bordeaux und dirigierte das dortige Philharmonie-Orchester, von 1940—45 die Concerts Colonne in Paris. Nach dem Krieg wirkte er als Gast-

dirigent beim London Symphony Orchestra (1947), in Deutschland und Südamerika. Von 1944—62 war er Professor für Kammermusik am Pariser Konservatorium; die berühmten Festspiele von Besançon wurden 1948 von ihm gegründet.

Praetorius, Ernst

* Berlin 20. 9. 1880, † Ankara 27. 3. 1946; deutscher Musikforscher und Dirigent, wurde nach dem Studium in Berlin (bis 1905) Direktor des Heyerschen Museums in Köln (ab 1906). Dort arbeitete er ab 1909 auch als Korrepetitor und später als Kapellmeister am Opernhaus. Es folgten weitere Kapellmeisterposten in Bochum (1912), Leipzig (1913), Lübeck (1914), Breslau (1915) und Berlin (1922). Von 1924 bis 1933 war er in Weimar GMD, und im Jahr darauf siedelte er in die Türkei über.

Prêtre, Georges

* Waziers 14. August 1924; französischer Dirigent, wechselte nach dem Musikstudium am Konservatorium von Douai ans Pariser Konservatorium und nahm gleichzeitig bei André Cluytens Unterricht im Dirigieren. Sein Debut als Dirigent gab er 1976 an der Oper von Marseille; in den folgenden Jahren war er als Gastdirigent in zahlreichen Städten Frankreichs tätig, z. B in Lille und Toulouse. Ab 1955 dirigierte er an der Komischen Oper Paris und trat 1959 der Pariser Oper bei. Sein Debut in den USA gab er 1959 an der Chicago Lyric Opera, an der Metropolitan Opera 1964. Während seiner Laufbahn dirigierte er beinahe an allen großen Häusern Europas und auch bei den Salzburger Festspielen. An der Scala in Mailand ist er ebenso beliebt, wie an der Wiener Staatsoper.

Previn, André

«Ich könnte mir nicht vorstellen, weniger zu arbeiten», sinnierte er Ende 1983 gegenüber Norman Lebrecht, einem Journalisten der «Times». «Ich bin verrückt nach meinem Beruf; wenn mir jemand zwei Wochen in Amsterdam oder Boston anbietet, habe ich 'ja' gesagt, bevor ich überhaupt weiß, was ich gesagt habe.» Und als seine Frau einen Urlaub auf den Bermudas vorschlug, soll er sogar erwidert haben: «Warum die Bermudas? Es gibt kein Orchester in der Karibik.» Der Hang, mit einem Höchstmaß an Terminen die eigene Belastbarkeit zu prüfen, entspringt bei André Previn einem Bedürfnis, «vergeudete Jahre aufzuholen». Sein Arbeitseifer ist deshalb auch ein Kampf mit der Vergangenheit, vor allem mit einem «zweifelhaften Ruf», von dem er noch immer glaubt, er müsse ihn abschütteln.

Die fragwürdige, wenngleich weiterhin vorhandene Trennlinie zwischen Ernster Musik und der Unterhaltungsbranche trägt dazu bei, daß sich André Previn heute als einen Spätstarter bezeichnet, obwohl dies nur die halbe Wahrheit ist. Das eingefleischte Konzertpublikum belächelte ihn lange Zeit, nahm ihm übel, daß er seine Karriere bei dem Filmriesen Metro-Goldwyn-Mayer begann und dabei in jungen Jahren auch noch überaus erfolgreich war. Mißtrauisch verfolgte es seinen Aufstieg diesseits und jenseits des Atlantiks, während es dem angeseheneren Kollegen Leonard Bernstein inzwischen lebhaft applaudiert, wenn er bei einer Cocktailparty einen Boogie am Klavier zum besten gibt. Es fragt nicht nach den Hintergründen dieser ungewöhnlichen Laufbahn, noch nach der Qualität der geleisteten Arbeit.

Schließlich gehören ja auch zu diesem sogenannten «leichten Handwerk» einiger Fleiß und — will man es gut machen — ein beträchtliches Maß Talent und Können. Außerdem: André Previn gehorchte als Immigrantensohn eher der Not als dem eigenen Triebe, denn die frühen Musikstunden hatten in ihm von Beginn an ein stärkeres Interesse für die «seriöse» Kunst geweckt. Geboren am 6. April 1929 in Berlin, erhielt er dort bereits mit sechs Jahren Unterricht am Konservatorium, von dem er jedoch wegen seines jüdischen Glaubens 1938 ausgeschlossen wurde. Die Eltern — der Rechtsanwalt Jacob Previn und seine Frau Charlotte — flüchteten zuerst nach Paris, wo der junge André George für kurze Zeit das Conservatoire besuchte, und 1939 in die Vereinigten Staaten.

Von da an ging alles erstaunlich schnell: Zum einen vervollständigte André Previn bei guten Lehrern seine Klavierausbildung und nahm daneben Kompositionsunterricht bei Joseph Achron und Mario Castelnuovo-Tedesco. Zum anderen knüpfte er Kontakt in der Jazzszene der amerikanischen Westküste, was ihm wiederum den Weg zu den Filmstudios in Hollywood bahnte. Gerade sechzehn Jahre alt, schrieb er einen Titel für den Pianisten und Dirigenten José Iturbi, den dieser in dem Streifen «Holiday in Mexico» verwendete. Metro-Goldwyn-Mayer bot ihm daraufhin einen Komponistenvertrag an, so daß André Previn auf seine «Gelegenheitsjobs» in der California Youth Symphony und als Arrangeur für die Konzerte an der Beverly High School verzichten konnte.

Weil er 1943 die amerikanische Staatsbürgerschaft angenommen hatte, rief ihn das Militär 1950 zu einem zweijährigen Dienst, doch auch aus dieser Last machte André Previn eine Tugend: In San Francisco stationiert, erhielt er immer häufiger Aufträge, Stükke für die «Sixth Army Band» zu schreiben. Wieder bei MGM, begann für den gefragten Komponisten das erste große Geschäft. Für etwa fünfzig Filme lieferte er die Begleitmusik, für seine Versionen der Musicals «Gigi», «Irma la Douce», «My Fair Lady» und «Porgy and Bess» gewann er jeweils einen «Oscar». Daneben veröffentlichte er Schallplatten mit einer eigenen Jazz-Combo oder anderen bekannten Interpreten wie Benny Goodman, J. J. Johnson und Benny Carter. Obendrein komponierte er für die Sängerinnen Judy Garland und Doris Day und konnte sich über mangelnden Erfolg in dieser Phase nicht beklagen.

Trotzdem kündigte André Previn 1960 seinen Vertrag bei Metro-Goldwyn-Mayer, den die «Times» im nachhinein als eine «Jugendsünde» bezeichnete. Daß der Entschluß richtig war, zeigte sich erst wesentlich später, denn dem Sprung ins kalte Naß folgt zunächst einmal ein Verschwinden von der Wasseroberfläche. Die Auftritte im Fernsehen wurden seltener, und die Publizität ließ deutlich nach, obwohl einige Arbeiten noch bis 1965 Preise erhielten. André Previn schrieb weiterhin Musik in den folgenden Jahren, doch waren dies Werke, die man aus seiner Feder nicht gewohnt war, die es in der Öffentlichkeit also schwerer hatten: eine Symphonie für Streicher (1962), die «Overture to a Comedy» (1963), ein Flötenquartett und eine Violinsonate (1964), ein Konzert für Violoncello und Orchester sowie eine Elegie für Oboe und Streicher (1967), weiterhin Lieder und ein Konzert für Horn und Orchester (1968).

Entweder war dieser plötzliche «Gesin-

nungswechsel» eine Ursache oder eine Folge des Dirigierunterrichts bei Pierre Monteux, der bis 1952 das San Francisco Symphony Orchestra geleitet hatte. Vielleicht war es auch das Einhergehen von Massenproduktion und Qualitätsschwund in Hollywoods Traumfabrik, das André Previn zunehmend störte. Jedenfalls gestaltete sich der Abschied von der Filmmaschinerie überaus langwierig, und er erzählte später: «Etwa acht Jahre lang hüpfte ich in den Vereinigten Staaten umher, begann 1960 mit wirklichen Provinzorchestern, von denen ich vorher nicht einmal wußte, daß sie existieren, und meine Gage deckte mehr oder weniger die Flugkosten. Aber immerhin war es ein gutes Training, und ich bin dankbar dafür. Dann wurden die Orchester besser und die Engagements häufiger. Ich hatte Glück.»
Der Posten als «Conductor-in-Chief» und Musikdirektor beim Houston Symphony Orchestra kam im Oktober 1967 auch für André Previn überraschend, denn er trat dort die Nachfolge keines Geringeren als Sir John Barbirolli an. Nach gelegentlichen Gastauftritten bei diesem Ensemble war solch ein Sprung noch nicht zu erwarten gewesen. Ein halbes Jahr darauf sorgte dann das Angebot des London Symphony Orchestra, er könne den scheidenden István Kertész ablösen, für erneute «größte Verblüffung» bei Previn, Presse und Publikum. So pendelte der plötzlich mit Zutrauen und Verantwortung beladene Dirigent ein gutes Jahr lang regelmäßig über den Atlantik, bis ihm die «moralsauren Texaner» (so André Previn in der Zeitschrift «Stern» vom 28. April 1977) den Vertrag kündigten. Sein in den Boulevardblättern ausposauntes Verhältnis zu der viel jüngeren Schauspielerin Mia Farrow hatte Mißfallen erregt. Sie heirateten 1970, sind aber inzwischen wieder geschieden.
Die Arbeit mit dem London Symphony Orchestra, dessen Konkurrenz zu den drei anderen bedeutenden Orchestern der englischen Metropole offensichtlich große Kräfte freisetzt, weitete sich bis September 1979 zum uneingeschränkten Höhepunkt in der Karriere des Dirigenten aus. Sechzehn Tourneen, unter anderem mehrmals in die USA, in die Sowjetunion und in den Orient, weit über hundert Schallplatteneinspielungen und eine beliebte Fernsehserie ergänzten das straffe Konzertprogramm von hundert Aufführungen im Jahr. Dazu übernahm er zahlreiche Gastverpflichtungen, in Deutschland zum Beispiel 1974 beim Kölner Gürzenich-Orchester, und trat am Covent Garden Opera House auf (Debüt 1974 mit William Waltons «Troilus and Cressida»).

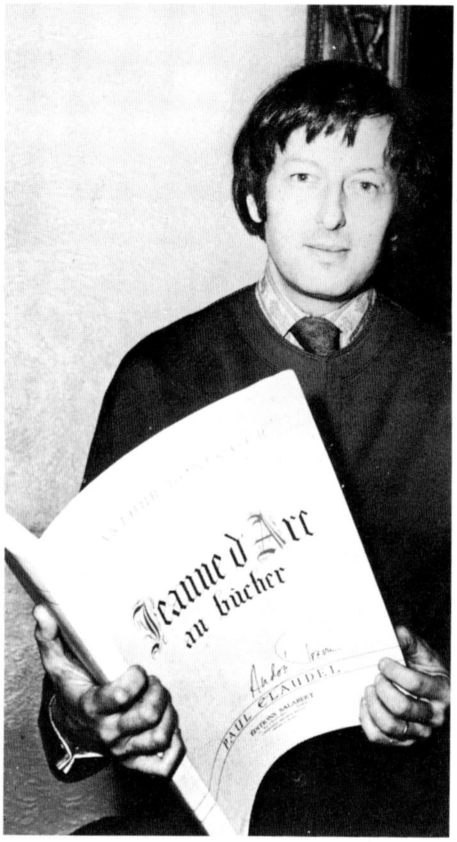

André Previn ist einer der universellsten Konzertdirigierten der Gegenwart.

«Was das Repertoire betrifft, erwies sich das Orchester als sehr kooperativ», sagte André Previn einmal und spielte dabei auf seine beiden Steckenpferde, die Werke der englischen Komponisten und die zeitgenössische Musik, an. Stücke von Walton und Britten nahm er sogar in das Programm seiner UdSSR-Tournee 1970, wo außerdem seine Interpretationen von Prokofieffs, Schostakowitschs und Rachmaninoffs Werken den besten Eindruck hinterließen. Die Terminhetze in London erforderte stets die Meisterschaft in der Koordination, zu der als Kniff gehörte, die für Plattenaufnahmen vorgesehenen Kompositionen zuerst im Konzert zu verwerten. Damit umging André Previn zusätzliche Proben. Sein Repertoire erreichte dennoch erstaunliche Ausmaße.
Oft — und nicht ohne Understatement — sprach er gegenüber Journalisten von den «Lücken, die sich auftun, je älter man wird. Es gab eine Zeit, da schien es mir, als spielten sämtliche Gastdirigenten und alle anderen Orchester diese 'Riesen-Totschläger', die Mahler-Symphonien, mit einer geradezu betäubenden Regelmäßigkeit. Also mied ich sie oder führte sie anderswo auf, und nun bereue ich es.» Geriet das Manko in diesem Bereich verhältnismäßig gering, so offenbarte sich im Lauf der Jahre ein Defizit bei einem ganzen Genre: André Previn gab unumwunden zu, daß er mit der Oper als Dirigent wenig anzufangen weiß. «Ich liebe das Musikdrama», sagte er 1978, «aber ich arbeite immer noch lieber mit einem Symphonieorchester. Wagner hat mich niemals überwältigt; ich höre seine erstaunliche Genialität, doch über lange Passagen hinweg schweifen meine Gedanken ab. . . . Die Philosophie hinter den Libretti interessiert mich nicht, und dies ist eines der Musikgebiete, für die mein Intellekt nicht ausreicht. Sein Handwerk in einem provinziellen Opernhaus zu lernen, ist eine wundervolle Sache, doch diesen Hintergrund habe ich nicht.»
Immerhin nutzte André Previn diese Selbsterkenntnis nach seiner Londoner Zeit, um sich wenigstens durch einige Aufführungen und Schallplattenein-

spielungen — etwa 1982 Ravels «L'Enfant et les Sortilèges» — an das unbekannte Wesen Oper heranzutasten.
Schon zur Mitte der siebziger Jahre bahnte sich ein Umschwung anderer Art an: Mit dem Management des London Symphony Orchestra entstand ein Konflikt, weil der Dirigent seinen offenen Vertrag zu weiträumig auslege und sich angeblich dem deutschen Repertoire zu wenig widme. Als neuen Chef des Ensembles habe man Eugen Jochum vorgesehen. André Previn konterte, dies sei wie ein «Scheidungsverlangen bei guter Ehe» («Die Welt» vom 27. August 1975), und weil er gut mit dem Orchester harmonierte, das Publikum und die BBC ihn ebenfalls mochten, wurde kurzerhand der Manager entlassen. Trotzdem suchte und fand der Maestro ein zweites Standbein, nämlich als Chefdirigent und Musikdirektor des Pittsburgh Symphony Orchestra, «weil es schön ist, beidseits des Atlantiks ein Engagement zu haben.»
So löste er also 1976 William Steinberg ab, der die Pittsburgher fünfundzwanzig Jahre lang geleitet hatte. Dessen Vorgänger waren übrigens Fritz Reiner und Otto Klemperer, und schon deshalb kann André Previns Anschluß an diese Reihe hochkarätiger Namen als ein weiterer Schritt nach vorn gewertet werden. Die Zusammenarbeit entwickelte sich ähnlich mehrgleisig wie in London, wo nach 1979 Claudio Abbado die Führung übernahm: zahlreiche Konzerte in Pittsburgh, dazu wieder Tourneen (schon 1978 kam er zu fünfzehn gefeierten Konzerten nach Europa), Schallplatten (auch in jüngster Zeit rief er das London Symphony Orchestra ins Studio), und schließlich sein Fernsehprogramm «Previn and the Pittsburgh» erregten einiges Aufsehen. Die Serie wurde zweimal für den Emmy-Award, die höchste Auszeichnung für TV-Sendungen in den Vereinigten Staaten, nominiert.
Darüberhinaus hat André Previn seine Liebe zur «leichten Muse» nicht ganz aufgegeben. Neben seinen anderen Verpflichtungen schrieb er die Musik zu zwei Musicals, «die beide einen achtbaren Erfolg erzielten», 1969 «Coco» für den Broadway und Katherine Hepburn, 1974 «The Good Companions» mit einem Text von J. B. Priestley. «Sie waren weder eine Sensation», sagte er 1978, «noch ein Fehlschlag.» Anders verhielt es sich bei dem wirkungs- und anspruchsvolleren Projekt «Every Good Boy Deserves A Favour», in England schnodderig «EGBDF» abgekürzt. Das «Stück für Schauspieler und Orchester», das nach der Uraufführung 1977 mit dem London Symphony Orchestra auch in New York, Paris, Kanada, Holland, Australien und schließlich in Wien gezeigt wurde, bewirkte zahlreiche positive Kritiken und — ein Einreiseverbot für die DDR und die Sowjetunion. Die Handlung, erdacht von Tom Stoppard, spielt in einer russischen Irrenanstalt, wo sich ein Kranker, der mit einem Dissidenten eine Zelle teilt, einbildet, ein Symphonieorchester zu leiten. «Die Allegorie ist: Wenn man in so ein Orchester gerät, muß man mitspielen. Das gilt in Rußland noch mehr als anderswo.» (André Previn 1981 in der Wiener «Presse»)
Der Musikjournalist Joachim Matzner hat vor zehn Jahren in der «Frankfurter Allgemeinen Zeitung» anhand verschiedener Beethoven-Interpretationen eine moderne Dirigententypologie erstellt. In eine Reihe mit André Previn rückte er dabei den Italiener Riccardo Muti: «Sie halten es im klassischen Bereich weder mit der Exerzierstrenge noch mit der Empfindsamkeit, sondern mit einem wohl nicht allzu ambitionierten Die-Musik-Laufenlassen.» Während er die «pathetische Dramatik» in der Opernwiedergabe Mutis oft als «pauschal» und «kompakt» empfand, schrieb er über den Amerikaner: «Pathos gestattet André Previn sich nur da, wo es faustdick und entsprechend eindeutig legitimiert erscheint: in der Sinfonik von Rachmaninoff, Prokofieff oder Schostakowitsch. Previns Aufnahmen solcher Musik sind ausgezeichnet. Sein Beethoven jedoch klingt sicher sympathisch unprätentiös, freundlich und organisch. Aber ein Schicksal, dem es in den Rachen zu greifen gälte, ist nicht zu hören.» («F. A. Z.» vom 20. Dezember 1975)
Dieser Eindruck hat sich bis heute zumindest zum Teil bestätigt. Vergleicht man beispielsweise die Aufnahme der «Schwanensee»-Suite von Muti und dem Philadelphia Orchestra (1984) mit der Gesamteinspielung des Balletts von Previn und dem London Symphony Orchestra (1976), so zeigt sich bei Muti zwar eine größere Kraftfülle, gepaart mit wesentlich schnelleren Tempi, doch die Aufnahme Previns besitzt auch ihren eigenen Reiz: Sie steigert die Dramatik langsam, aber stetig, spielt besser die dynamischen Möglichkeiten aus und erhält auf diese Weise eine immense Spannung. Auch mit gewaltigen Klangmassen kommt er gut zurecht, wie seine Wiedergabe des Berlioz-Requiems («Grande Messe des morts» op. 5) beweist (1980). Sicher in der dramaturgischen Linienführung, steuert er hier das London Philharmonic Orchestra über die düsteren Wogen und erzielt bei allem Bombast, den der Komponist in diesem Werk auftürmt, eine erstaunliche Durchsichtigkeit. Großes Fingerspitzengefühl läßt er immer wieder bei Stücken erkennen, die an der Schwelle zur Neuen Musik stehen, etwa Ravels «Daphnis et Chloë» (1982) oder Debussys «La Mer» und «Nocturnes» (1984), alle drei mit dem London Symphony Orchestra.
André Previn ist ein Energiebündel — auch wenn er von sich behauptet, etwas ruhiger geworden zu sein; lediglich am Pult wird dies spürbar, weil er inzwischen weniger mächtige Gesten bevorzugt. Als nahezu universeller Musiker, als Mann, der auch gerne mit dem Showgeschäft lebt, liebt er die Abwechslung. Zwei neue Engagements stehen ihm schon bald bevor: In Pittsburgh, wo sein Vertrag bis 1986 läuft, bat er um eine vorzeitige Freigabe, da er zum Beginn des Jahres Carlo Maria Giulini als Musikdirektor des Los Angeles Philharmonic Orchestra ablösen möchte. Geplant sind dort eine dreimonatige Anwesenheit im Winter sowie bei den Hollywood-Bowl-Festspielen im Sommer. In Pittsburgh steht Lorin Maazel als «Konsulent» zur Verfügung. Schon im Juni 1985 beginnt André Previns lange vorher arrangierte Tätigkeit als Musikdirektor des Londoner Royal Philharmonia Orchestra. Mit größeren Kompetenzen gegenüber seinem ersten Amt in der Hauptstadt Englands ausgestattet, verspricht er, während der drei Jahre neue Programmschwerpunkte zu setzen, vor allem, dem «wilden Konservatismus» der anderen Londoner Orchester ein Gegengewicht zu bieten. Die Reaktionen des Publikums fürchtet André Previn nicht, denn eigentlich hat der Dirigent nur vor einem einzigen Unglück Angst, das er einmal drastisch schilderte: «Ich habe einen absoluten Horror und eine alptraumartige Panik davor, mitten in einer Probe zu bemerken, daß ich nicht gut vorbeitet bin.» Doch das ist ihm noch nie passiert.

DR

Previtali, Fernando

* Adria 16. 2. 1907; italienischer Dirigent und Komponist, studierte bei Alfano, Matthey und Grossi am Konservatorium in Turin, wo er als Cellist beim Teatro Regio begann. 1928—36 half er Gui, das Maggio Musicale Fiorentino in Florenz zu etablieren, dirigierte später dort auch viele Premieren und wurde 1936 Chefdirigent des Römischen Radiosymphonieorchesters (bis 1953, außer 1943—45) und 1953 Künstlerischer Direktor der Accademia nazionale di Santa Cecilia in Rom, mit deren Orchester er zahlreiche Konzertreisen durch Europa und die USA unternahm. Seit 1959 dirigierte er regelmäßig in Buenos Aires, und 1972 wurde er zum Chefdirigenten des Teatro San Carlo in Neapel sowie zum Musikalischen Direktor des Teatro Regio und des Teatro Comunale in Turin ernannt. Sein amerikanisches Operndebüt gab er 1975 in Dallas.

Prick, Christof

* Hamburg 1946; deutscher Dirigient, studierte in Hamburg Musik bei Prof. W. Brückner-Rüggeberg; sein erstes Engagement war eine Assistentenstelle an der Hamburgischen Staatsoper. Von 1970—72 lebte er in Trier als Kapellmeister und Chordirektor der Städtischen Bühnen; 1972—74 war er 1. Kapellmeister am Staatstheater Darmstadt; 1974—77 Operndirektor und Generalmusikdirektor in Saarbrücken und ab 1977 Opernchef am Staatstheater Karlsruhe und ebenfalls Generalmusikdirektor der Badischen Staatskapelle; ab August 1985 ist er Staatskapellmeister der Deutschen Oper Berlin. Er ist Gast an großen Opernhäusern und bei namhaften Orchestern der Welt.

Priestman, Brian

* Birmingham 10. 2. 1927; englischer Dirigent, nach dem Studium an der Universität von Birmingham (bis 1952) war er musikalischer Direktor des Royal Shakespeare Theaters in Stratford-upon-Avon (1960—63). 1964 ging er nach Amerika, wo er zuerst das Symphony Orchestra von Edmonton in Alberta, Kanada (1964—68) und im folgenden Jahr die Symphoniker von Baltimore dirigierte. 1970 verpflichtete ihn das Denver Symphony Orchestra als musikalischen Direktor (bis 1978). Daneben wirkte er drei Jahre lang am New Zealand National Orchestra (1973—76). Auch war er drei Jahre lang musikalischer Direktor der Philharmonie von Florida. Er siedelte nach Südafrika über und wirkt dort seit 1980 als musikalischer Berater des Cape Town Symphonic Orchestra, als Professor an der Universität von Kapstadt und Direktor des South African College of Music.

Pringsheim, Klaus

* Feldafing bei München 24. 7. 1883, † Tokio 7. 12. 1972; deutscher Dirigent und Komponist, studierte zuerst an der Münchner Universität bei seinem Vater Mathematik, und bei Röntgen Physik. Während des Studiums nahm er bei Bernhard Stavenhagen, einem Schüler von Franz Liszt, Unterricht in Klavier und bei Ludwig Thuille Unterricht in Komposition. 1906 ging er als stellvertretender Dirigent zu Mahler an die Wiener Oper; bei ihm nahm er auch weiteren Unterricht in Komposition und Dirigieren. Auf Empfehlung Mahlers verpflichtete ihn die Prager Oper als Dirigenten (1909 bis 1914). Dann wirkte er bis zum Ende des 1. Weltkriegs an der Bremer Oper als Generalmusikdirektor. Danach wechselte er zum Theater Max Reinhardts in Berlin, wieder als GMD (bis 1925). In der Spielzeit 1923/24 dirigierte er in Berlin einen Mahler-Zyklus. Ab 1927 schrieb er für den «Vorwärts» Musikkritiken. Eine Wendung erfuhr seine Laufbahn 1931, als ihm die Kaiserliche Musikakademie in Tokio einen Lehrstuhl für Musik anbot. Sein weiteres Wirken spielte sich von nun an vor allem in Aszen ab. Nach dem Krieg (ab 1946) wirkte er einige Zeit in Kalifornien, bevor er 1951 wieder nach Japan zurückkehrte. Er leitete dort die Musashino Musikakademie und war weiterhin als Dirigent tätig.

Pritchard, Sir John

* 5. 2. 1921; englischer Dirigent, nahm Privatunterricht im Dirigieren; nach einer langen und fruchtbaren Zusammenarbeit mit der Glyndebourne Festival Opera trat er dort die Nachfolge von Vittorio Gui als musikalischer Direktor an (1969—77). Vorher war er zuerst Chefdirigent des Royal Liverpool Symphonic Orchestra (1957 bis 1963); er leitete ab 1962 das London Philharmonic Orchestra (bis 1966), mit dem er Tourneen durch Deutschland, Österreich und Frankreich (1966/67) und Japan (1969/70) unternahm. Sein Debut in Amerika gab er 1971 an der Met; auch war er Gastdirigent am Pittsburgh Symphony Orchestra. 1978 ernannte ihn die Kölner Oper zum Chefdirigenten, ein Jahr später das BBC Symphonieorchester zum Ersten Gastdirigenten. 1981 wurde er zusammen mit Sylvain Cambreling zum musikalischen Direktor des Théâtre Royal de la Monnaie in Brüssel ernannt. 1983 wurde er in den Adelsstand erhoben.

Prohaska, Felix

* Wien 16. Mai 1912; österreichischer Dirigent, Sohn von Carl Prohaska, erhielt die erste musikalische Ausbildung durch seinen Vater; später studierte er Klavier bei Steuermann und Theorie bei Egon Kornauth und Hans Gál. Von 1936—39 leitete er den Chor der Grazer Oper; danach dirigierte er Oper in Düsseldorf (1939—41) und Straßburg (bis 1943). Nach dem Krieg wirkte er als 1. Kapellmeister an der Wiener Staatsoper (1945—55) und von 1955 bis 1961 an der Frankfurter Oper. Später dirigierte er wieder in Wien (1964—67) und Hannover (1965—74). Von 1961 bis 1975 war er Direktor der Hochschule für Musik in Hannover; anschließend dirigierte er in Kiel und war auch als Gastdirigent in Europa und Südamerika tätig.

Prüwer, Julius

* Wien 20. 2. 1874, † New York 8. 7. 1943; österreichischer Dirigent, studierte Klavier bei Friedheim und Moriz Rosenthal, Theorie bei R. Fuchs und Krenn und Dirigieren bei Hans Richter; auch seine enge Verbundenheit mit Brahms übte großen Einfluß auf sein weiteres Wirken aus. Nach Abschluß seines Studiums dirigierte er von 1894—96 an der Kölner Oper und dann am Stadttheater Breslau (1896 bis 1923). Durch die Aufführung zahlreicher Werke Neuer Musik wurde er in dieser Zeit weithin bekannt. Bevor er 1933 aufgrund der Rassengesetze Deutschland verlassen mußte, dirigierte er an der Berliner Philharmonie volkstümliche Konzerte. Nach 1933 gastierte er in der Sowjetunion und Österreich und ließ sich schließlich in New York nieder.

Quadri, Argeo

* Como 23. März 1911; italienischer Dirigent, studierte am Mailänder Konservatorium Klavier, Komposition und Dirigieren, danach dirigierte er an zahlreichen italienischen Bühnen Oper. Nach seiner Berufung an die Londoner Covent Garden Opera (1956) dirigierte er ab 1957 an der Wiener Staatsoper.

Raabe, Felix

* Amsterdam 26. 7. 1900; deutscher Dirigent und Musikforscher, Sohn von Peter R., studierte in München bei Pembaur, Klatte und Weingartner (bis 1926) und wurde nach seinem Abschluß Dirigent der Städtischen Musikakademie in Frankfurt/Oder. Ab 1930 wirkte er als Kapellmeister in Wuppertal, Stendal, Remscheid und Hildesheim und 1946—53 als GMD in Aachen. Danach lehrte er, wie sein Vater, an der dortigen Technischen Hochschule und zog sich im Ruhestand nach Breitbrunn (am Chiemsee) zurück.

Raabe, Peter

* Frankfurt/Oder 27. 11. 1872, † Weimar 12. 4. 1945; deutscher Dirigent und Musikforscher, Schüler von Bargiel an der Berliner Hochschule für Musik, wurde 1907 1. Hofkapellmeister in Weimar und dort 1910 auch Kustos des Liszt-Museums. 1920—33 wirkte er als GMD in Aachen und wurde 1935 Nachfolger von Richard Strauss als Präsident der Reichsmusikkammer. Wichtigstes Werk ist seine Monographie über Franz Liszt.

Rabaud, Henri

* Paris 10. 11. 1873, † Paris 11. 9. 1949; französischer Dirigent und Komponist, erhielt seine Ausbildung am Konservatorium in Paris. Dort dirigierte er 1908 bis 1918 an der Opéra, leitete danach als Nachfolger Mucks das Symphony Orchestra in Boston (bis 1919) und wurde im Jahr darauf Direktor des Pariser Konservatoriums (bis 1940).

Ramin, Günther

* Karlsruhe 15. 10. 1898, † Leipzig 27. 2. 1956; deutscher Organist, Chordirigent und Komponist, sang als Junge im Thomanerchor in Leipzig, studierte dort am Konservatorium ab 1914 Orgel bei Straube, Klavier bei Teichmüller und Komposition bei Krehl. Nachdem er an der Thomaskirche und am Gewandhaus in Leipzig als Organist gearbeitet hatte, leitete er den Leipziger Lehrergesangverein (ab 1922 bis 1935), den Gewandhauschor (1933—34 und 1945—51) und den Philharmonischen Chor Berlin (1935—43) sowie zahlreiche Orchesterkonzerte. 1940 löste er Straube als Kantor der Thomaskirche ab. Seine Hauptsorge nach der Gründung der Deutschen Demokratischen Republik galt der Beibehaltung des internationalen Rufs des Thomanerchores, der sich bis heute wie kein anderer dem Werk Johann Sebastian Bachs gewidmet hat. Er unternahm mit dem Chor viele Tourneen, zum Beispiel 1953 durch die Sowjetunion und Südamerika (1955). Außerdem leitete er 1950, 1953 und 1955 die Bach-Feste in Leipzig. Er komponierte vor allem Orgelmusik («Orgelchoral-Suite»), Kammermusik und Lieder. Er gab verschiedene Sammlungen der Orgelliteratur neu heraus und publizierte das Werk «Gedanken zur Klärung des Orgelproblems» (1929, Neuausgabe 1955) und seine Essays über Bach (Hrsg. D. Hellmann, 1973).

Rangström, Ture

* Stockholm 30. 11. 1884, † Stockholm 11. 5. 1947; schwedischer Komponist, Dirigent und Musikkritiker, Schüler Lindegrens in Stockholm (1903—04 Komposition), danach bei Hey und Pfitzner in Berlin (1905—06 Gesang, Komposition und Instrumentation) und in München (1906—07). Nachdem er schon als Musik-Kritiker bei schwedischen Zeitungen gearbeitet hatte (1907—42), dirigierte er 1922 bis 1925 den Orchesterverein in Göteborg und als Gast bei anderen Orchestern. 1930—36 ging er als Pressereferent an das Königliche Theater nach Stockholm. 1918 gründete er die Vereinigung schwedischer Komponisten.

Rankl, Karl Franz

* Gaaden (bei Wien) 1. 10. 1898, † Salzburg 6. 9. 1968; britisch-österreichischer Dirigent und Komponist, in Wien Privatschüler von Schönberg und Webern. 1927 dirigierte er in Königsberg, die drei folgenden Jahre an der Krolloper in Berlin, in der Saison 1931/32 in Wiesbaden, und war von 1933 bis 1937 Direktor der Oper in Graz. Anschließend (bis 1938) übernahm er das gleiche Amt an der deutschen Oper in Prag, wo er die erste Aufführung von Kreneks «Karl V.» dirigierte. Mit dem Kriegsbeginn ging R. nach England, wo er erst Konzertdirigent und ab 1946 Musikdirektor am Covent Garden wurde (bis 1951). Er trat zurück, weil er seine Grenzen erreicht sah, und wechselte auf den Dirigentenposten beim Schottischen Nationalorchester in Glasgow. 1968 sollte er Direktor der Oper in Sydney werden, doch da das Opernhaus nicht rechtzeitig fertiggebaut wurde, hatte er keine Gelegenheit mehr, diesen Posten zu bekleiden.

Ratjen, Hans-Georg

* Berlin 26. 5. 1909; deutscher Dirigent, studierte in Berlin und Köln, begann an der Krolloper als Korrepetitor, desgleichen später an der Staatsoper in Berlin. 1933-36 war er Assistent bei den Bayreuther Festspielen. 1935—39 wirkte er am Stadttheater Würzburg (ab 1936 als musikalischer Oberleiter), 1939—44 als Chefdirigent für Oper und Konzert in Innsbruck. 1945—50 war Ratjen 1. Kapellmeister der Staatsoper München, 1950—55 Generalmusikdirektor am Staatstheater Oldenburg, in den Jahren 1955-64 war er als Musikalischer Oberleiter und Chefdirigent in Wuppertal tätig, anschließend als ständiger Dirigent der Deutschen Oper am Rhein in Düsseldorf/Duisburg. Bis in die 70er Jahre wirkte Hans-Georg Ratjen zudem als Gast führender Bühnen in Deutschland und Westeuropa.

Rattle, Simon

* Liverpool 19. 1. 1955; englischer Dirigent, studierte Klavier und spielte gelegentlich beim Royal Liverpool Philharmonic Orchestra Schlagzeug; später nahm er Dirigierunterricht bei Pierre Boulez und spielte Schlagzeug im National Youth Orchestra; im Jahre 1971 gewann er ein Stipendium für die Royal Academy of Music, wo er Dirigieren und Klavier studierte. Mit 19 Jahren gewann er den 1. Preis beim Internationalen Bournemouth 'John-Player'-Wettbewerb für Dirigenten. Unmittelbar anschließend dirigierte er das English Chamber Orchestra, die Northern Sinfonia, das BBC Scottish Symphony Orchestra, das Bourne-

mouth Symphony Orchestra und die Bournemouth Sinfonietta sowie das Royal Liverpool Philharmonic Orchestra; 1976 debütierte er in der Royal Festival Hall in London mit dem New Philharmonia Orchestra; zu ihm hat er seither eine enge Beziehung als ständiger Gastdirigent. Heute ist er Chefdirigent und künstlerischer Berater des City of Birmingham Symphony Orchestra und gleichzeitig Chefdirigent der London Choral Society; mit Wirkung ab 1. 8. 1981 wurde er daneben für 3 Jahre zum künstlerischen Berater des South Bank Summer Festivals berufen; ebenfalls 1981 ernannte ihn das Los Angeles Symphony Orchestra zum 1. Gastdirigenten.

Razsnyai, Zoltán

* Budapest 19. 1. 1927; ungarischer Dirigent, nahm Unterricht an der Franz Liszt Musikakademie bei Bartók, Kodály und Dohnányi; daneben studierte er an der Technischen Universität und an der Naturwissenschaftlichen Universität Pazmany Peter in Budapest; er beendete seine Musikausbildung an der Wiener Universität. Nach dem Krieg dirigierte er auch das Philharmonieorchester von Miskolc (1948—50) und in der Folge verschiedene andere ungarische Orchester. Nach dem gescheiterten Aufstand 1956 siedelte er in die USA über. 1957 gründete er die Philharmonia Hungarica und ging mit ihr 1958 auf Tournee. Später war er Dirigent an der New Yorker Philharmonie (1962/63) und musikalischer Direktor an der Philharmonie von Cleveland (1965—68) und am San Diego Symphony Orchestra (1967—71). 1976 verpflichtete ihn die Golden State Opera Corporation in Los Angeles, 1978 das Knoxville Orchestra als musikalischen Direktor.

Redel, Kurt

* Breslau 8. 10. 1918; deutscher Dirigent, studierte in seiner Heimatstadt erst Violine bei Kolassa, 1936—38 in der Flöten- und Dirigentenklasse der Schlesischen Landesmusikschule und bei C. Krauss. 1938 gab er sein Debüt als Soloflötist und Dirigent in Breslau, wechselte im folgenden Jahr nach Salzburg, wo er am Mozarteum lehrte und in dessen Orchester spielte. Nach Anstellungen in München (als Flötist) sowie einem Lehramt an der Detmolder Musikakademie (1946—53) dirigierte er beim Festival de Royaumont und bei den Semaines Musicales de Paris. In München gründete er sein Orchester «Pro Arte», das er ebenso leitet wie das Mozart-Kammerorchester in Salzburg. Mit «Pro Arte» hat er zahlreiche Konzertreisen unternommen; weiterhin betätigt er sich als Gastdirigent im In- und Ausland sowie als Gastdozent und weiter als Flötist. Er hat sich auf Bach und seine Zeitgenossen spezialisiert.

Reinecke, Carl

* Altona 23. 6. 1824, † Leipzig 10. 3. 1910; deutscher Komponist, Pianist und Dirigent, Schüler seines Vaters Rudolf R. (1795—1883), später in Leipzig. Neben seiner breiten Aktivität als Konzertpianist war er ab 1851 Lehrer an der Rheinischen Musikschule in Köln, wurde 1854 Musikdirektor in Barmen (bis 1859) und leitete anschließend für zehn Monate die Singakademie in Breslau. Dort war er auch Musikdirektor der Universität. 1860 löste er J. Rietz als Kapellmeister der Gewandhauskonzerte in Leipzig ab und war Lehrer für Komposition und Klavier am Konservatorium. 1895 trat Arthur Nikisch die Nachfolge von Reinecke am Gewandhaus an.

Reiner, Fritz

* Budapest 19. 12. 1888, † New York 15. 11. 1963; amerikanischer Dirigent ungarischer Geburt, studierte an der Liszt-Musikakademie in Budapest und an der Universität (Jura). An der Komischen Oper in Budapest begann er 1909 als Korrepetitor, gab dort auch sein Dirigentendebüt, wechselte im folgenden Jahr als Kapellmeister nach Laibach und ging 1911—14 an die Volksoper nach Budapest. Von 1914 bis 1921 war er Dirigent an der Dresdener Hofoper und gleichzeitig Gastdirigent in Hamburg, Berlin und Wien. Nach kurzen Aufenthalten in Barcelona, Rom, Buenos Aires und anderswo siedelte er in die USA über und leitete ab 1922 das Cincinnati Symphony Orchestra. In der folgenden Zeit (bis 1938) lehrte er am Curtis Institute of Music in Philadelphia, wo Leonard Bernstein einer seiner Schüler war. Zwischen 1938 und 1948 dirigierte er das Pittsburgh Symphony Orchestra und dann an der Metropolitan Opera in New York (1948—53). Das letzte feste Engagement hatte er beim Chicago Symphony Orchestra, von dem Strawinsky sagte, es sei «mit ihm das präziseste und flexibelste Orchester der Welt» geworden.

Reinhardt, Rolf

* Heidelberg 3. 2. 1927; deutscher Dirigent, studierte bei Fortner in Heidelberg, wo er 1945 erstmals an den Städtischen Bühnen dirigierte. Nach Kapellmeisterposten an der Stuttgarter und Darmstädter Oper wirkte er 1954—57 bei den Bayreuther Festspielen und übernahm 1958 die Stelle des GMD beim Pfalztheater in Kaiserslautern. Danach wurde er Chefdirigent beim Theater der Stadt Trier (1959 bis 68), anschließend Leiter der Opernabteilung an der Frankfurter Hochschule für Musik. Außerdem ist er ständiger Dirigent des Kölner Bachvereins und des Kammerorchesters «Collegium aureum» bei der Plattenfirma «harmonia mundi».

Reinshagen, Victor

* Riga 22. 5. 1908; Schweizer Dirigent, studierte in seiner Heimatstadt und übernahm 1927 eine Stelle als Kapellmeister am Städtebundtheater in Solothurn-Biel. 1929 ging er nach Zürich zurück, wurde Kapellmeister am Stadttheater und 1942—55 1. leitender Kapellmeister an diesem Theater 1933—36 und 1956—58 dirigierte er das Radioorchester Beromünster, übernahm dazwischen und danach Engagements als Gastdirigent bei den Staatsopern in München und Wien sowie bei den Maifestspielen in Wiesbaden. 1963 bis 1968 war er Dirigent an der Opéra in Marseille, danach bis 1973 Künstlerischer Direktor der Hamburger Staatsoper.

Rezniček, Emil Nikolaus von

* Wien 4. 5. 1860, † Berlin 2. 8. 1945; österreichischer Komponist und Dirigent, war nach dem Jurastudium in Graz Schüler von Wilhelm Mayer (W. A. Remy) und vollendete seine Musikausbildung 1881—84 am Leipziger Konservatorium bei Reinecke und Jadassohn. Nach einem Kapellmeisterposten in Graz übernahm er Stellen als Theaterdirigent in Zürich, Mainz, Stettin, Berlin, Jena und Bochum und war dann von 1887 bis 1894 Militärkapellmeister in Prag. 1896 ging er für eine kurze Zeit als Hofkapellmeister nach

Weimar, wechselte aber im gleichen Jahr (bis 1899) nach Mannheim, wo er neben dem Amt des Hofkapellmeisters auch Akademiekonzerte leitete. In Berlin richtete er 1902 die Orchester-Kammerkonzerte ein, lehrte 1906 am Klindworth-Scharwenka-Konservatorium Theorie, dirigierte von Dezember 1906 bis 1909 an der Warschauer Oper und beim Philharmonieorchester und gab in dieser Zeit auch Konzerte in London, wo er seine Symphonie in B-Dur vorstellte. 1909—11 dirigierte er an der Komischen Oper in Berlin und leitete bis 1912 die Italienischen Spielzeiten unter Hermann Gura, nach denen er sich weitgehend auf die Komposition verlegte. 1919 wurde er Mitglied der Berliner Akademie der Künste und unterrichtete von 1920—26 Komposition und Instrumentation an der Berliner Hochschule für Musik.

Ribera, Antonio

* Barcelona 3. Mai 1873, † Madrid 4. 3. 1956; spanischer Dirigent, studierte bei Riemann und Mottl in Leipzig und München; von 1901—04 dirigierte er das Orchester Wagner-Gesellschaft in Barcelona. Ein Jahr später wurde er Dirigent in Lemberg (bis 1912), dann wieder in Barcelona (bis 1925) und schließlich in Madrid.

Richter, Hans

Chorknabe, Konservatoriumsschüler, Orchestermusiker, Gehilfe Wagners bei der Druckvorbereitung der «Meistersinger», Chorleiter und Repetitor in München unter Bülow, Dirigent in Pest, Wien, Bayreuth, London und Manchester.

Hans Richter war ein Musiker, der seinen Beruf von Grund auf gelernt hatte; ein Musikant, der, in der Praxis aufgewachsen, mit feinem Gespür für die Musik und ihre lebendige Interpretation begabt, seine reichen Erfahrungen bei seiner Tätigkeit als Dirigent nutzbringend anzuwenden wußte.

Hans Richter wurde am 4. April 1843 in Raab in Ungarn geboren. Sein Vater Anton Richter, Kapellmeister an der Kathedrale zu Raab, ließ ihn früh am musikalischen Leben teilnehmen, als Chorsänger, Organist oder, bei einer Aufführung von Haydns C-Dur-Messe, im Orchester an der Pauke. Seiner Mutter Tätigkeit als Sängerin und Gesangslehrerin half ihm früh sein Empfinden für musikalische Phrasierung und Deklamation zu entwickeln; daneben lernte er durch sie Wagnersche Musik kennen und schätzen. Nach dem Tode des Vaters 1853 wurde er Zögling am Löwenburg-Konvikt in Wien, währenddessen auch Chorknabe und Mitglied des Soloquartetts des Chores an der Hofkapelle. Von 1860 an studierte Richter am Konservatorium Klavier, Geige und Waldhorn, hatte Theorieunterricht bei Simon Sechter und machte bald erste praktische Erfahrungen als Hornist an verschiedenen Wiener Theatern, zuletzt an der Hofoper. Die Dirigier-Prüfung bei Heinrich Esser, dem Hofkapellmeister, und Franz Lachner bestand er mit Auszeichnung.

Als Wagner einen Kopisten für seine «Meistersinger»-Partitur sucht, empfiehlt ihm Esser den 23jährigen Richter, in dem Wagner seinen zukünftigen «Gesellen» fand.

Während dieses Jahres lernt Richter durch seine Arbeit Wagners neues Werk gründlich kennen und weist sich bald als umfassend gebildeter Musiker aus. Wagner schickt ihn mit der fertiggestellten Kopie nach München, um ihn dort unter Bülow als Chorleiter und Repetitor für die Vorbereitung der «Meistersinger»-Aufführung einzusetzen. Als die Oper dann im Juni 1868 über die Bühne ging, hatte Richters musterhafte Einstudierung der Solopartien und der Chöre nicht unwesentlichen Anteil an ihrem Erfolg.

Richter erhielt den Titel «Hofmusikdirektor» und, nachdem Bülow für München verloren war, den Auftrag, «Rheingold» zur Aufführung zu bringen. Nach der Hauptprobe sah Richter sich genötigt, an Wagner zu telegraphieren, daß der musikalische Teil zwar «zur möglichst vollkommenen Geltung gebracht», eine Aufführung vor dem Publikum jedoch «wegen Scenerie» unmöglich sei. In der festen Überzeugung, diese Inszenierung werde dem Wagnerschen Werk keinesfalls gerecht, weigerte sich der junge Dirigent, die Aufführung zu leiten, und bat um seine Entlassung, riskierte Titel und Aufstiegschancen aus Treue zu Wagners Werk. Der König war empört ob der «Unverschämtheit». Wagner, der seine Bedingungen für eine Aufführung nicht erfüllt sah, dankte Richter. «Rheingold» kam, gegen den Willen Wagners, wenige Tage später als geplant unter Franz Wüllner zur Uraufführung.

Nach einem kurzen Aufenthalt in Paris und einem denkwürdigen «Lohengrin» im März 1870 unter seiner Leitung findet sich Richter wieder in Tribschen bei Wagner ein, um als Kopist des «Siegfried» zu arbeiten. Das Zusammenleben war diesmal nicht nur auf die Fertigstellung der Partitur beschränkt. Wagner und Richter spielten vierhändig Bach. Bei Quartettabenden mit Beethovenschen Werken gibt Wagner den Spielern wertvolle Hinweise zu Phrasierung und Nuancierung im Vortrag.

Im April 1871 wurde Richter auf Liszts Empfehlung Kapellmeister am Ungarischen Nationaltheater zu Pest. Er gründete die «Philharmonischen Konzerte» und dirigierte Liszts «Christus» bei der Erstaufführung 1873. Der Opernbetrieb mit den notwendigen Verwaltungsgeschäften und der erforderlichen Überwachung des Bühnengeschehens sagte Richters musikalischer Natur allerdings wenig zu. Es ist die Beschränkung auf die rein musikalische Arbeit, die seine besondere Vollkommenheit als Dirigent ausmachte und die der späteren Zusammenarbeit mit Wagner in Bayreuth zugute kam.

Die Verbindung mit Wagner riß während der Pester Jahre nicht ab. Richter nahm an der Einweihung des Festspielhauses zu Bayreuth teil, erfuhr durch Wagners Interpretation der Neunten Beethovens wesentliche musikalische Bereicherung, griff bei der Probe selbst zur Trompete, um den Musikern von Wagner eingeführte Neuerungen verständlich zu machen, und übernahm in der Aufführung den Part des Paukisten. Ein großes Orchesterkonzert zugunsten des Bayreuther Festspielhauses im Januar 1875 wurde Richter zum erfolgreichen Debüt in Wien. Ein Erfolg, der seine Früchte trug in der Berufung zum Kapellmeister an die Wiener Hofoper (Nachfolge O. Dessoff) wenige Monate danach und zum Leiter der Philharmonischen Konzerte.

Bereits im Sommer des gleichen Jahres begannen die Vorproben zum Ringfestspiel. Zwei Konzerte mit «Tannhäuser» und «Lohengrin» in Wien werden künstlerisch und organisatorisch eine Art weitere Vorprobe zum Unternehmen «Ring», der ersten Gesamtaufführung der Tetralogie in Bayreuth. Wagner und Richter teilten sich dort in die Arbeit. Richter lieferte mit sorgfältigen Proben und seinem Können

Hans Richter

als Dirigent die musikalische Grundlage, Wagner übernahm die Bühne; — eine Art der Arbeitsteilung, die bei Wagners Natur, seinen Willen stets durchzusetzen, eigentlich keine war, die jedenfalls Reibungen nahezu herausforderte. Denn Richter war keineswegs nur gehorsamer Erfüllungsgehilfe.
Seine Beschränkung auf das Musikalische führte zu Differenzen zwischen dem Dramatiker Wagner und dem Musiker Richter. So berichten Briefe Wagners über seine Unzufriedenheit mit den Richterschen Tempi, die nicht den gewollten und verabredeten entsprächen. Vermutlich rügte er diese Tempi besonders deshalb, weil Richter sie aus der Musik und nicht aus dem dramatischen Verlauf ableitete.
Richter über seine arbeitsreiche Zeit in Bayreuth: «Ich probte jeden Morgen zwischen vier und fünf Stunden mit dem Orchester (während der zwei Monate der eigentlichen Proben; zeitweise Bläser und Streicher getrennt je zwei Stunden), und ebensolang am Nachmittag vom Klavier aus mit den Sängern. Die Musik war, für die einen wie für die anderen, eine absolute Neuheit, so sehr, daß das Lernen eine enorme Schwierigkeit bereitete; besonders was das Orchester betraf. Es war zum größten Teil aus dem Meininger Orchester zusammengestellt; obwohl es außerordentliche Kräfte besaß, ignorierte dieses Orchester vollkommen das, was die dramatische Musik ausmacht und mehr als einmal zweifelte ich am Gelingen des Unternehmens.»
Richters umfassende Ausbildung kam ihm hier sehr zustatten, denn er war mit allen Instrumenten des Orchesters so vertraut, daß er jedem Musiker fachmännischen Rat über Spieltechniken geben konnte und nötigenfalls dem Musiker die Stelle selbst vorspielte. Nach dem Festspieljahr 1876 blieb Richter zwar Wagner-Dirigent, trat aber erst im Jahr 1888, mit den «Meistersingern» wieder in Bayreuth auf. Auf Wagners Bitten hin reiste Richter 1877 nach England, um ihn bei den Konzerten des Wagner-Festivals zu unterstützen. Richter meisterte seine Aufgabe, die schwierigen, den englischen Musikern bis dahin unbekannten Werke, einzustudieren und aufzuführen mit einem Erfolg, der es ihm erlaubte, den Wunsch auszusprechen, in London Beethoven-Symphonien zu dirigieren. Richters Freund Franke arrangierte daraufhin für den Mai 1879 die ersten «Orchestral Festival Concerts» in London, die bald unter dem Namen «Richter Concerts» berühmt und viel besucht waren. Richter debütierte mit einem Programm, das charakteristisch war für sein Geschick, dem Publikum Neues vorzustellen und es gleichzeitig mit Altem zu erfreuen: Wagners «Kaisermarsch», die Einleitung zum dritten Akt der «Meistersinger», Schumanns «Manfred-Ouverture», Beethovens Siebte Symphonie. Ein englischer Musikkritiker schrieb begeistert von «Richters supreme mastery, and the confidence with which he must inspire his followers». Richter gebe den englischen Musikern

Hans Richters Ruf gründete sich vor allem auf seinem Einsatz für die Musik Richard Wagners.

ein Beispiel. Und Hanslick berichtete nach einem Besuch Londons: «Was die Persönlichkeit eines solchen Dirigenten (Richter) vermag, zeigte uns der Vergleich der Philharmonischen (Londons) mit den Richterkonzerten in London; beide bestehen zum allergrößten Teil aus den selben Musikern. Man beobachte aber, wie Richter dieses Orchester mit seiner Hand, seinem Auge lenkt und anfeuert. Richters Konzerte gehören ... zu den unentbehrlichen und anerkanntesten Faktoren des Londoner Musiklebens.»
Die nachhaltige Belebung des englischen Musiklebens durch Richters Tätigkeit wurde ihm mit der Verleihung der Ehrendoktorwürde der Universität Oxford gedankt, und man wählte ihn zum Leiter der Birmingham-Musikfeste, eine besondere Auszeichnung für den Nicht-Engländer.
Was ihm in England Erfolg und Popularität gebracht hatte, diente ihm auch während seiner Arbeit in Wien: reiches Können als Dirigent und Instrumentalist, sorgfältige Probenarbeit mit den Musikern und vor allem seine urwüchsige Musikalität, die ihn Wagner, Brahms und Bruckner gleichermaßen aufführen ließ, ohne damit Musikpolitik treiben zu wollen.
Nach dem Wagner-Konzert im Januar 1875, bei dem die Philharmoniker mitwirkten, wählten sie ihn zu ihrem Dirigenten. Richter war dem Musikleben Wiens eng verbunden durch seine Lehrzeit und die Jahre, da er als Hornist in Orchestern verschiedener Theater Wiens und schließlich im Hoforchester mitwirkte. Die Philharmoniker erwählten nicht den Wagnerianer, sondern den Wiener Musiker. Dem neuen Mann gegenüber mißtrauische und bedenkliche Abonnenten wußte Richter bald durch die Ausgewogenheit seiner Programme für sich zu gewinnen. Bach, Händel, Gluck, Haydn, Mozart, Weber, Beethoven, Spohr, Mendelssohn, Schumann bildeten den Grundstock, zu dem Werke von Brahms, Bruckner (UA der Achten Bruckners, Dezember 1892; UA der Dritten Brahms', Dezember 1883) und Dvořák neben Berlioz, Raff, Heinrich Hofmann, Goldmark traten.
Diese Wiener Jahre bis in das letzte Jahrzehnt des 19. Jahrhunderts, in denen Jahn die Oper musikalisch führte und Richter neben den Philharmonikern auch noch die Konzerte der Gesellschaft der Musikfreunde übernahm, wurden zu einer goldenen Zeit des musikalischen Wien. Jahn hielt die Oper dem Neuen, Modernen des Musikmarktes offen. Richter widmete sich, der Tradition der Orchester verbunden, weniger der neuen Musik als vielmehr neuen Darstellungsweisen des klassischen Repertoires. Trotzdem ging er an den Neuschöpfungen der Zeit nicht blicklos vorbei.
Einen besonderen Ansporn erhielten die Wiener Orchestermusiker durch den Besuch der Meininger Kapelle unter Bülow in Wien, einer Kapelle, die für ihre ausgefeilten Einstudierungen berühmt war. Die Philharmoniker konnten dem Vergleich mit den Meiningern durchaus standhalten. Hanslick schreibt 1884: «Worin die Meininger sich mit Wiens Philharmonikern

nicht messen können, das ist die sinnliche Schönheit und Fülle des Klanges, die Blutwärme, das Temperament des Vortrages, endlich der Glanz der Massenwirkung.»
Richter nahm am 27. März 1898 Abschied von den Philharmonikern, mit Brahms, Richard Strauss und Beethoven im Programm seines letzten Konzerts. Er blieb den Wiener Musikern Zeit seines Lebens verbunden und schrieb noch im Jahr 1916 an sie: «... vom Wiener Orchester als Dirigent viel gelernt ... ein gutes Orchester kann auch auf den Kapellmeister einen guten Einfluß ausüben!»
Seit 1897 hatte Richter seinen Wohnsitz in Manchester, wo er zum zweiten Mal im englischen Musikleben wirksam wurde: als Dirigent des Hallé-Orchestra, außerdem als Dirigent des neugegründeten London Symphony Orchestra, als Dirigent Deutscher Opern in London, als Initiator der ersten englisch-sprachigen Aufführung des «Ring» in Covent Garden 1908.
Hans Richters Manchester-Programme gründeten sich auf Beethoven, Wagner und Brahms; daneben bevorzugte er Strauss, auch Sibelius und Bartók, besonders aber Edward Elgar, dessen Erste Symphonie er am 3. Dezember 1908 uraufführte. Elgar dankte dem Dirigenten mit der Widmung der Symphonie für «Hans Richter, true artist and true friend».
Einem Teil seines Publikums war Richter nicht unternehmend genug bei seiner Programmwahl, man vermißte Debussy, Delius, Franck. Und man war auch nicht allzu glücklich über Richters Engagement in London, beim London Symphony Orchestra und in Covent Garden. Gleichwohl blieb er Dirigent in Manchester, bis er sich 1911 vom öffentlichen Musikleben zurückzog.
In London machten Richter und der englische Dirigent Percy Pitt Geschichte durch die erste englisch-sprachige Aufführung des «Ring» im Januar 1908, die künstlerisch, musikalisch und finanziell ein großer Erfolg wurde.
Das London Symphony Orchestra hatte sich 1904 aus Mitgliedern des Queens Hall Orchestra als ein selbständiger Verein gegründet. Zum Eröffnungskonzert lud man Hans Richter ein, der bald darauf den Titel des «Ersten Dirigenten» erhielt und dort bis 1911 tätig war. Bei seinem Weggang verabschiedete man ihn als den «grand old man of music».
Während seiner englischen Jahre war Richter weiterhin Festspieldirigent in Bayreuth, sechsmal mit den «Meistersingern», siebenmal als Dirigent des «Ring». Mit den «Meistersingern», die seit 1866 sein Leben begleitet hatten, beschließt Richter die Zeit seines öffentlichen Auftretens im Jahre 1912 mit einer Aufführung des Wagnerschen Werks, die noch lange gerühmt wurde.
Seine letzten Jahre verlebte Richter zurückgezogen in Bayreuth, wo er am 5. Dezember 1916 starb.
Am Dirigenten Richter zeigt sich deutlich die in der Musikgeschichte sich vollziehende Wende vom taktschlagenden Kapellmeister zum selbstbestimmten, schöpferischen Dirigenten. Als Wagnerdirigent stand Richter in seinen Anfangsjahren bis zur Ring-Aufführung 1876 im Spannungsfeld zwischen eigener musikalischer Überzeugung und Wagners Forderungen. In Budapest und dann Wien bereits selbständiger, schaffender Dirigent, an den sich Komponisten mit der Bitte um Aufführung ihrer Werke wenden, war er in Bayreuth in Wagners Augen immer noch Gefolgsmann, der sich nach des Meisters Wünschen zu richten hatte.
Richter gehört der ersten Generation des modernen Dirigententypus an, deren großer Anführer Hans von Bülow war. Hans von Bülow und Hans Richter waren beide Schüler Richard Wagners, als Persönlichkeiten aber von großer Gegensätzlichkeit. Bülow — der intellektuelle, scharfzüngige und reizbare große Erzieher, Richter — der bodenständige, durch Ruhe und Unbeirrtheit sich auszeichnende, aus der Praxis kommende, geborene Musiker.
CS

Die Karikatur Richters möchte ihn als «vielseitigen» Dirigenten zeigen.

Richter, Karl

* Plauen (Vogtland) 15. 10. 1926, † München 15. 2. 1981; deutscher Organist, Chorleiter, Dirigent studierte 1946—49 am Kirchenmusikalischen Institut in Leipzig, wurde 1946 Chorleiter an der Christuskirche und ein Jahr später Organist an der Thomaskirche in Leipzig. 1951 wechselte er als Lehrer an die Hochschule für Musik nach München, wo er als Organist der Markuskirche agierte. Dort gründete er den Bach-Chor und das Münchener Bach-Orchester, mit denen er als Dirigent zahlreiche Tourneen unternahm (USA, UdSSR, Frankreich, Italien, Holland und Schweiz). Daneben dirigierte er als Gast auch bei Symphonieorchestern. Ab Herbst 1979 bis zu seinem Tod leitete er zehn Aufführungen von Glucks «Iphigenie auf Tauris» am Münchener Nationaltheater.

Rickenbacher, Karl Anton

* Basel 20. 5. 1940; Schweizer Dirigent, nach dem Studium am Städtischen Konservatorium in Westberlin verpflichtete ihn die Zürcher Oper als Kapellmeister (1966—69). Nach einer Dirigentenstelle in Freiburg (1969—74) wurde er 1976 GMD am Westfälischen Symphonieorchester. Von 1977 bis 1980 war er in ähnlicher Stellung für das Scottish Symphonic Orchestra der BBC tätig.

Rieger, Fritz

* Oberaltstadt (Tschechoslowakei) 28. 6. 1910, † Bonn 30. 9. 1978; deutscher Dirigent, studierte bei Langer, Finke und Szell an der Prager Musikakademie und wurde 1931 in Prag Kapellmeister am Deutschen Theater (bis 1938). 1939—41 war er Opernchef am Stadttheater Außig, anschließend vier Jahre lang Operndirektor am Staatstheater in Bremen und 1947—49 Opernchef des Nationaltheaters in Mannheim. Danach übernahm er die Stelle als Künstlerischer Leiter der Münchener Philharmoniker und als GMD der Stadt München (bis 1967),

wirkte gleichzeitig als ständiger Gastdirigent an der Bayerischen Staatsoper in München, später auch am Teatro S. Carlo in Neapel und am Teatro dell' Opera in Rom. 1972 trat er die Nachfolge van Otterloos als Chefdirigent des Symphonieorchesters in Melbourne an.

Rietz, Julius

* Berlin 28. 12. 1812, † Dresden 12. 9. 1877; Bruder von Eduard R., deutscher Violoncellist, Dirigent und Komponist. Er begann seine Dirigentenlaufbahn 1834 nominell als 2. Dirigent am Immermannschen Theater in Düsseldorf unter Mendelssohn, leitete de facto aber die meisten Vorstellungen. Nach Mendelssohns Weggang wurde er 1. Dirigent (1835) und im Jahr darauf Städtischer Musikdirektor. 1847 ging er nach Leipzig und wurde dort Theaterkapellmeister (bis 1854), leitete außerdem bis 1851 die Singakademie, trat 1848 die Nachfolge Gades als Dirigent der Gewandhauskonzerte an und war Kompositionslehrer am Konservatorium. 1860 wechselte er in das Amt des Hofkapellmeisters nach Dresden, übernahm dort auch die künstlerische Leitung des Konservatoriums (1870). 1874 wurde er Generalmusikdirektor.

Rignold, Hugo

* Kingston-on Thames 15. Mai 1905, † London 30. 5. 1976; englischer Dirigent, stammte aus einer musikalischen Familie — sein Vater war Operndirigent, seine Mutter Opernsängerin. Als Kind ging er mit seinen Eltern nach Kanada und studierte in Winnipeg Violine. Mit einem Stipendium für die Royal Academy of Music kehrte er 1920 nach England zurück. Während des II. Weltkrieges war er in Kairo stationiert; er übte dort mit einem Radiosinfonieorchester. Nach Kriegsende wirkte er als Ballettdirigent am Covent Garden (1947) und danach bis 1954 als Dirigent an der Liverpooler Philharmonie. 1957—60 verpflichtete ihn das Royal Ballet als musikalischen Direktor; ab 1960 war er in gleicher Stellung für das Birmingham Symphony Orchestra tätig (bis 1968).

Rilling, Helmuth

Um eine der Leistungen von Helmuth Rilling zu würdigen, muß man sich einer Metapher aus dem anglo-amerikanischen Sprachraum bedienen: Er hat Gächingen auf die Landkarte gesetzt. Auf der Deutschlandkarte stand der Ort auf der Schwäbischen Alb schon immer, der imaginäre Atlas der Musikwelt hatte ihn nicht verzeichnet — bis Rilling 1954 die Gächinger Kantorei gründete, die heute als ein internationaler Maßstab für mustergültiges Chorsingen gilt. Der vitale Stuttgarter des nicht gerade glücklichen Jahrgangs 1933 hat in den Jahren, die seit seinem Kirchenmusikexamen vergangen sind, den deutschen Chorgesang fast schon zu einem Exportartikel gemacht. In Eugene (Oregon) wo Helmuth Rilling 1970 eine mittlerweile renommierte Sommerakademie gegründet hat, dürfte die deutsche Kantorentradition — von Bach bis Rilling — jedenfalls selbstverständlich und ungebrochen sein.

Rillings Ruhm gründet sich sozusagen auf die Solidität seines Hand- und Mundwerks. An vielen seiner Interpretationen, vor allem der Werke Johann Sebastian Bachs, besticht die Art, wie er der Linearität oder auch Kargheit, um nicht zu sagen Biederkeit des historisierenden Kantoren-Ideals mit einer Mischung aus affektbezogener Ausdruckskunst und analytischer Bloßlegung der polyphonen Struktur begegnet. Man hat Rilling deshalb auch als Bach-Gegenpapst bezeichnet. Ganz wird der plakative Begriff aber weder ihm noch dem Bach-Papst Nikolaus Harnoncourt gerecht. Harnoncourts puristisches Originalklang-Ideal war bis zu einem gewissen Grad ein notwendiges, zumindest aber ungemein anregendes Gestaltungsextrem. Wenn schon päpstlicher Harnoncourt, dann wäre der musikalische Antipode eher in den monumentalen Bach-Interpretationen Otto Klemperers oder Karajans zu finden.

Helmuth Rilling ist nie extrem, nie spektakulär und schon gar nicht revolutionär. So ist «das größte musikalische Kunstwerk aller Zeiten und Völker», als das die Bachsche h-Moll-Messe in euro-zentrischer Übersteigerung im neunzehnten Jahrhundert apostrophiert wurde, von Rilling ohne Effekte, unpathetisch, fast abgeklärt gedeutet worden: musikalische Präsenz ohne Aufdringlichkeit. Solche Interpretationen sind das Ergebnis einer konzentrierten, sachlichen und gleichzeitig aufgeklärten Probenarbeit, deren Beschreibung sich lohnt:

Elf Uhr vormittags im Gemeindehaus der Stuttgarter Gedächtniskirche. Erste Probe für Schallplattenaufnahmen der Geistlichen Chormusik von Johannes Brahms. Ohne besondere Eile zitiert Helmuth Rilling zur Einstimmung Passagen aus der Brahms-Literatur. Dann greift er eine Stelle aus der Vertonung des dreizehnten Psalms heraus, weist auf die rhythmischen Schwierigkeiten hin, wenn zwei gegen drei Noten gesungen werden müssen (« . . . diese typische Brahms-Geschichte»), macht auf Zäsuren aufmerksam, läßt die gut dreißig Sängerinnen — die Elite der Gächinger Kantorei — den Text rhythmisch sprechen (« . . . als Etüde der Chortechnik»). Die Anweisungen kommen mit leiser Stimme, ohne Nachdruck, immer anschaulich: «Können Sie die Stelle 'Mein Herz freut . . .' noch bewußter singen, damit diese Konsonanten rz-fr nicht zu spät kommen. Konsonanten brauchen Zeit.» «Könnte der zweite Sopran etwas deutlicher und auch schneller sein? Das schleicht sich so einzeln rein, ist aber kein Chorklang.» «Lassen Sie den Schluß ein bißchen auslaufen, retardieren . . . Das muß Atmosphäre haben.»

Die zwei Probenstunden vergehen spielerisch, kein Werk wird durchgesungen, keine Stimme probt für sich. Am selben Tag, um fünfzehn Uhr, beginnt die Schallplattenaufnahme. Was vormittags noch als musikalischer Spaß erschien, eine zweistündige Spielerei, der konzentriertes Üben erst noch folgen soll, ist bereits die Probe aufs Exempel gewesen, war die ganze Arbeit, ebenso unauffällig wie planmäßig. Das hängt mit Rillings Arbeitsstrategie zusammen: «Wenn man so arbeiten will, braucht man gute Leute. Und dann ist es die Frage einer ganz genauen Probendisposition. Die Kunst des Dirigierens besteht auch darin, das Ensemble sofort richtig einschätzen zu können, zu wissen, wozu es fähig sein wird und wozu nicht. Wenn man vor ein Orchester oder einen Chor tritt und probt die schweren Stellen wenig, die leichten Stellen viel, wird man das Ensemble im Nu gegen sich haben. Die Musiker studieren ihre Noten durch und sagen, das und das ist leicht, das können wir auch vom Blatt spielen. Und dann kommen ein paar schwere Stellen, die muß man üben. Das ist keine künstlerische Leistung, vielmehr eine organisatorische Fähigkeit. Glauben Sie nur nicht, daß das alles im Moment entsteht. Das wird vorher am Schreibtisch festgelegt.»

Die Erklärung Helmuth Rillings entspricht seinem Probenstil. Es steckt mehr dahinter, als die lapidare Logik der Formulierungen verrät. Um ein Psychogramm des Musikers Helmuth Rilling zu entwerfen, kommen die Worte von Karl Kraus gerade recht: «Er beherrscht die deutsche Sprache — das gilt vom Kommiß. Der Künstler ist ein Diener am Wort.» Helmuth Rilling ist ein Mann ohne Posen, ein Dirigent, der zeigt, daß die Führung einer musikalischen Gruppe nichts mit militärischem Drill zu tun haben muß, Disziplin und Konzentration auch durch künstlerische Kompetenz sich einstellen kann; selbstverständlich mit einer persönlichen Aura, die sich bei Helmuth Rilling aus seiner Musikanschauung und seinem Arbeitsethos ableiten läßt.

Die Gächinger Kantorei, eines der renommiertesten Chorensembles überhaupt, wurde von ihm 1954 ins Leben gerufen. Vor fünfzehn Jahren hat er von Kurt Thomas zusätzlich die Frankfurter Kantorei übernommen, einen hochqualifizierten Konzertchor, mit dem er unter anderem auf Tournee in Israel war. An der Sommerakademie der Universität des Staates Oregon verhilft er dem amerikanischen Chordirigentennachwuchs zur Reife. In Japan führte er als Gastdirigent die Matthäus-Passion mit einheimischen Ensembles auf.

Zu Hause, in Stuttgart, jedoch ist er — wie zu Beginn seiner Karriere — noch immer Kantor der Gedächtniskirche. Wie sich diese Kirchenmusikertätigkeit aber verwandelte, das ist bezeichnend für den vitalen Musiker Rilling. Den Kirchenchor, Relikt einer überkommenen Musizierpraxis, der mehr schlecht als recht allwöchentlich vor sich hinsang, hat er schon bald durch freie Ensembles für Kantatenkonzerte ersetzt. Zehnmal im Jahr kommen Sangeswillige ohne Auswahl und Fähigkeitsnachweis in der Gedächtniskirche zusammen, um samstags jeweils eine Bach-Kantate oder ein anderes Kirchenmusikwerk einzustudieren und tags darauf im Gottesdienst aufzuführen: «Ich finde diese direkte Verbindung zum nichtprofessionellen Musiker, zum Enthusiasmus des Laien ganz wichtig. Wenn diese Seite des Musikmachens verlorengeht — und in vielen professionellen Ensembles, in denen ein Dienst absolviert wird, ist das schon der Fall —, dann haben wir das Entscheidende verloren.»

Daß eine solche Haltung einer konsequenten Ästhetik entspringt, die die Vergangenheit lebendig halten, nicht museal bewahren möchte, wird auch bei Betrachtung der Rillingschen Aufführungspraxis bewußt. Rilling mißtraut dem Exotismus alter Instrumente, den von Knaben gesungenen Sopran-Partien, den dynamikarmen Fistelstimmen — mit einem Wort, dem Fetisch «Authentizität» —, weil damit im Glücksfall zwar historisch getreue Klänge produziert werden, nicht aber der Hörapparat des Publikums umgepolt werden kann. Eine Dissonanz für den Hörer der Bach-Zeit, der den Pferdefuß seines «Diabolus in musica», das berüchtigte Tritonus-Intervall, aus jeder Stimme hervorlugen sieht, hat mit der Dissonanz einer mit atonaler Musik, den Geräuschsinfonien konkreter Musik und den «dirty tones» des Jazz aufgewachsenen Generation allenfalls die Terminologie gemein. Deshalb lautet die Frage nach Werktreue in Rillings Diktion so: «Es muß für jeden aufführenden Musiker von hohem Interesse sein, die Aufführungspraxis einer vergangenen Zeit so genau wie möglich zu studieren, also zu wissen, welche Stücke vom Komponisten für welche Besetzung, für welchen Raum, welches Publikum gedacht waren, zu wissen, welche Klangvorstellungen ein Komponist hatte. Die Schwierigkeit allerdings beginnt beim passiven Teil, dem Hörer, der sich völlig verändert hat, und zwar sowohl in seinem allgemeinen Bewußtsein, das im Denken der Zeit verankert ist, als auch in seiner Hörfähigkeit. Darum spreche ich von einem Übersetzungsvorgang. Ich muß nicht fragen, wie hat das authentisch geklungen, sondern was ist der Sinn hinter der Musik eines Komponisten, was ist seine Grundidee. Diesen Sinn muß ich versuchen zu verdeutlichen, und zwar für den Hörer von heute. Und da muß ich unter Umständen Entscheidungen treffen, die vom historischen Detail abweichen, weil sonst Mißverständisse entstehen. Wir können heute die Bach-Kantaten nicht mehr so verstehen, wie sie zur Zeit Bachs selbstverständlich angenommen wurden. Aber wir können wenigstens versuchen, diesen Werken einen Teilaspekt, eine Vitalität im eigentlichen Sinne des Wortes zurückzugewinnen, die das Werk nicht im Museum verkümmern läßt.»

Helmuth Rilling ist niemals extrem, niemals spektakulär und schon gar nicht revolutionär.

Diese undogmatische Haltung dem Kunstwerk gegenüber erinnert an die Anschauung Walter Benjamins von der Übersetzbarkeit sprachlicher Kunst-

werke. Übersetzung gehe aus dem Original hervor, aber nicht aus seinem Leben, vielmehr aus seinem Überleben. Denn die Übersetzung folgt dem eigentlichen Werk nach und bezeichnet so das Stadium seines Fortwirkens. Noch ein anderes, eher psychologisches Phänomen berücksichtigt die Rillingsche Großflächenästhetik, die das historische Detail erkennt, aber nicht überstrapaziert. Je näher man ein Wort ansieht, desto ferner sieht es zurück; das gilt auch für die musikalische Syntax. Helmuth Rilling schaut auf Bach, Mozart und Brahms durch die Sphäre von ein bis zwei Jahrhunderten Rezeptionsgeschichte und bleibt ihnen damit nahe.
Allerdings muß der vitale Rilling aufpassen, daß seine plausible Ästhetik nicht zum Vorwand für einen vergröbernden Al-fresco-Chorstil wird, der sich eher aus der Akkumulation von musikalischer Aktivität ergibt. Kantor

Seine Deutungen vor allem des Bach-Werkes sind immer ohne Effekte, unpathetisch und fast abgeklärt gedeutet worden: musikalische Präsenz ohne Aufdringlichkeit.

der Gedächtniskirche in Stuttgart, Leiter der Gächinger Kantorei, des Stuttgarter Figuralchors und des Stuttgarter Bach-Emsembles, Professor für Chordirigieren in Frankfurt, Leiter der Sommerakademie in Eugene und der Sommerakademie Johann Sebastian Bach in Stuttgart, die mittlerweile zu einem Ganzjahresunternehmen angewachsen ist, rege Konzerttätigkeit und unermüdliche Schallplatteneinspielungen, darunter bis 1985 sämtliche zweihundert Kantaten Johann Sebastian Bachs: Solch ein Arbeitspensum können eigentlich nur musikalische Roßnaturen ohne Substanzverlust durchstehen. Helmuth Rilling wirkt nicht so, aber vielleicht ist er so. *WWS*

Ristenpart, Karl

* Kiel 26. Januar 1900, † Lissabon 24. 12. 1967; deutscher Dirigent, studierte in Wien und Berlin. 1932 wurde er Dirigent des Berliner Kammerorchesters; er dirigierte auch das Radioorchester Berlin. Nach dem Krieg übernahm er die Dirigentenstelle am Kammerorchester des RIAS Berlin. Von 1953 an bis zu seinem Tod leitete er das Saarländische Kammerorchester, mit dem er Tourneen unternahm und zahlreiche Plattenaufnahmen hinterließ.

Robinson, Stanford

* Leeds 3. 7. 1904; englischer Dirigent, spielte einige Zeit in Hotelorchestern in London Klavier; dann studierte er am Royal College of Music in London bei Sir Adrian Boult Dirigieren. 1924 gründete er für die BBC den London Wireless Chorus. Auch seine weitere Laufbahn ist eng mit der BBC verbunden: Von 1932—36 war er Dirigent des Orchesters der BBC und darauf Direktor für Musikproduktion; nach dem Krieg dirigierte er das Symphonie Orchester der BBC (1946—49); bis 1966 wirkte er als Dirigent für die BBC.

Rodan, Mendi

* Isai 17. 4. 1929; israelischer Dirigent rumänischer Obstammung, nach dem Violin- und Dirigierstudium an der Bukarester Musikakademie leitete er verschiedene rumänische Orchester, bevor er 1961 nach Israel auswanderte. Dort wurde er 1963 Chefdirigent am Israelischen Rundfunk Symphonie Orchester in Jerusalem (bis 1972). Mit dem von ihm 1965 gegründeten Jerusalemer Kammerorchester ging er auf Tournee durch Europa, die USA und den Fernen Osten. 1962 trat er der Fakultät der Rubin-Universität in Jerusalem bei, die ihm 1973 zum Professor ernannte.

Rodzinski, Artur

* Split 1. 1. 1892, † Boston 27. 11. 1958; amerikanischer Dirigent polnischer Abstammung, studierte in Wien Komposition (bei Marx und Schreker), Dirigieren (bei Schalk) und Klavier (bei Sauer und Lalewicz). Nach dem Militärdienst wirkte er in Lemberg erst als Chordirigent, dann ab 1920 an der Oper. Ab 1921 war er auch Operndiri-

gent in Warschau und leitete die Warschauer Philharmoniker. 1926—29 assistierte er Stokowski beim Philadelphia Orchestra und am Curtis Institute of Music, war anschließend Chefdirigent des Philharmonic Orchestra in Los Angeles und ab 1933 für zehn Jahre Leiter des Cleveland Orchestra. 1937 beauftragte ihn Toscanini, das Symphonieorchester der National Broadcasting Company zusammenzustellen und mit ihm zu proben. Zwischen 1943 und 1947 leitete er (nach längeren Machtkämpfen mit dem Management) das New Yorker Philharmonieorchester, wechselte dann zum Symphonieorchester nach Chicago und übersiedelte schon nach einer Saison nach Rom; unternahm in Europa und Mittelamerika Konzertreisen als Gastdirigent und gab zuletzt Aufführungen an der Lyric Opera in Chicago.

Romansky, Ljubomir

* Sofia 8. (21.) 1. 1912; deutscher Dirigent bulgarischer Geburt, Student der Slawistik, Musik und Musikwissenschaft in Sofia und Berlin. Als Kapellmeister ging er 1940 an die Oper nach Frankfurt/M., als Musikalischer Oberleiter 1946 an das Staatstheater nach Wiesbaden. Zugleich dirigierte er ab 1946 die Frankfurter Singakademie und 1948 das Symphonieorchester des Nordwestdeutschen Rundfunks in Köln. 1950 wechselte er als Chefdirigent an die Städtischen Bühnen nach Gelsenkirchen, wo er 1968 zum GMD ernannt wurde. Er behielt dennoch seine Position als ständiger Dirigent der Frankfurter Singakademie.

Ronald, Sir Landon

* London 7. Juni 1873, † London 14. 8. 1938; englischer Dirigent, Sohn des Komponisten Henry Russel. Am Royal College of Music studierte er Komposition bei Sir Charles Perry, bei Sir Charles Stanford und Sir Walter Parratt. Nach einigen Auftritten als Konzertpianist wandte er sich zunächst dem Dirigieren von Operetten und Sommer-Symphoniekonzerten zu. 1909 wurde er Dirigent am New Symphonic Orchestra in London, dem späteren Royal Albert Hall Orchestra. Von 1910 bis zu seinem Tod war er Direktor der Guildhall School of Music. 1922 wurde er in den Adelsstand erhoben. Neben seiner Tätigkeit als Dirigent war er als Komponist aktiv (eine Operette, ein Ballett, ein szenisches Spektakel und über 300 Lieder).

Ronnefeld, Peter

* Dresden 26. 1. 1935, † Kiel 6. 8. 1965; deutscher Dirigent und Komponist, studierte bei Blacher in Berlin und Messiaen in Paris; 1958—1961 war er Chordirigent an der Wiener Staatsoper. 1961—1963 dirigierte er am Theater der Stadt Bonn; von 1963 bis zu seinem Tode war er Generalmusikdirektor in Kiel. Er setzte sich zeitlebens für Moderne Musik ein. Er komponierte eine Oper «Die Ameise» und schrieb u. a. die «Sinfonie '52», ein «Rondo» für Orchester und das Ballett «Die Spirale».

Rosbaud, Hans

* Graz 22. 7. 1895, † Lugano 29. 12. 1962; österreichischer Dirigent, Schüler Alfred Hoehns (Klavier) und Bernhard Sekles' (Komposition) am Hochschen Konservatorium in Frankfurt/Main. Ab 1921 war er Direktor der Städtischen Musikhochschule und Dirigent der städtischen Symphoniekonzerte in Mainz, leitete 1928—37 die Musikabteilung beim Frankfurter Rundfunk und war dort gleichzeitig 1. Kapellmeister und Dirigent des Orchestervereins (Museumsgesellschaft). Er hatte in dieser Zeit Verbindung zu Schönberg, Berg und Webern, Bartók, Strawinsky und anderen. Das Amt des GMD hatte er 1937—41 für Oper und Konzert in Münster, 1941—44 in Straßburg und 1945—48 für die Philharmoniker in München inne. Danach war er Chefdirigent des Großen Orchesters beim Südwestfunk in Baden-Baden, gleichzeitig ab 1950 Dirigent der Zürcher Tonhalle, wo er 1957 musikalischer Oberleiter wurde, und bis 1958 Dirigent am Zürcher Stadttheater. 1958 dirigierte er beim Holland-Festival Schönbergs «Erwartung» und «Von heute auf morgen», war weiterhin an zahlreichen Orchestern Gastdirigent und hat sich besonders um die Neue Musik verdient gemach.

Rosenstock, Joseph

* Krakau 27. 1. 1895, † New York 17. 10. 1985, amerikanischer Dirigent und Komponist, studierte in Krakau am Konservatorium und in Wien an der Musikakademie, nahm 1922 einen Posten in Darmstadt an, wo er 1925 GMD wurde. Die gleiche Stellung hatte er 1927—29 am Staatstheater in Wiesbaden inne. Nach einem Jahr als 1. Kapellmeister an der Metropolitan Opera in New York wurde er am Nationaltheater in Mannheim zum GDM ernannt (bis 1933). Anschließend war er drei Jahre lang Musikalischer Leiter des Jüdischen Kulturbundes in Berlin, dirigierte 1936—41 und 1945—46 das Neue Symphonie-Orchester in Tokio. Danach wirkte er wieder als Kapellmeister an der New York City Opera Company und übernahm 1952 dort den Posten als Generaldirektor (bis 1956). 1949—53 war er Musikdirektor des Aspen Festival, ab 1958 für zwei Jahre Musikalischer Oberleiter an der Kölner Oper und ab 1961 Dirigent an der Metropolitan Opera.

Roshdestwenskij, Gennadij

Gennadij Roshdestwenskij wurde am 4. Mai 1931 in Moskau geboren. Seine Mutter Natalia P. Roshdestwenskaja genoß als Opernsängerin sowie als Oratorien- und Liedinterpretin des Moskauer Rundfunks bedeutenden Ruf, auch als gesuchte Pädagogin war sie lange Zeit tätig. Der Vater Nikolai P. Anosow (1900—1962) gehörte seit den Zwanzigerjahren zu den wesentlichen Dirigenten seines Heimatlandes, vor allem als Leiter des Moskauer Symphonieorchesters, dem er bis 1949 verbunden war.
Von 1940 bis zu seinem Tode 1962 unterwies Anosow in seiner Dirigentenklasse am Moskauer Konservatorium eine große Zahl von Schülern, darunter auch seinen Sohn. Gennadij Roshdestwenskij begann im Alter von sechs Jahren mit dem Klavierspiel, hier wurde Elena Gnessina am Moskauer Gnessin-Institut seine erste wichtige Lehrerin. Mit vierzehn Jahren trat er — als Klavierbegleiter seiner Mutter — erstmals öffentlich auf, doch entschied er sich schon bald für das Berufsziel eines Dirigenten. Nach dem Besuch der Moskauer Zentralen Musikschule — eine Art Musikgymnasium für begabte Kinder und Jugendliche vor der Hochschulreife — kam Gennadij Roshdestwenskij an das Konservatorium, wo er sich von seinem Vater zum Dirigenten ausbilden ließ. Seine pianistischen Studien setzte er weiter fort, zunächst bei Altmeister Konstantin N. Igumnow (1873—1948), später bei Lev Oborin (1907—1974). Das Jahr 1951 wurde für die Dirigen-

tenlaufbahn Roshdestwenskijs entscheidend: Der zwanzigjährige Konservatoriumsstudent debutiert am Pult der Moskauer Philharmonie (mit Beethovens Egmont-Musik). Kurz darauf dirigiert er ein Tschaikowsky-Programm mit der Leningrader Philharmonie. Zur gleichen Zeit wird ihm eine Assistentenstelle am Moskauer Bolshoi-Theater zugesprochen, wo er mit Tschaikowskys «Dornröschen» sein Bühnendebut gibt. Achtzehn Jahre lang war Roshdestwenskij — mit Unterbrechungen — dem weltberühmten Musiktheater verbunden, zuerst als Leiter des Bühnenorchesters und der Ballettproben, später als Hauptdirigent des Balletts, 1965—69 schließlich

als musikalischer Oberleiter und Chefdirigent. 1974—1983 stand Roshdestwenskij der «Moskauer Kammeroper» vor, einem Ensemble, das auf vielen Tourneen weltweites Aufsehen erregt hat. Seit 1978 gastierte Roshdestwenskij auch wieder regelmäßig am Bolshoi-Theater. — Parallel zur steilen Karriere des Ballett- und Opernleiters verlief die Dirigentenlaufbahn Roshdestwenskijs im Konzertsaal. Schon in jungen Jahren leitete er die führenden Orchester der Sowjetunion und kam auch bald zu Gastspielen in das Ausland. 1961 wurde er als Nachfolger von Alexander Gauk an die Spitze des Großen Rundfunk-Symphonieorchesters der UdSSR berufen, eine Position, die er 12 Jahre lang bekleidete. Seit rund 30 Jahren gastiert Gennadij Roshdestwenskij — heute neben dem greisen Jewgeni Mrawinski der bedeutendste Dirigent der Sowjetunion — in aller Welt, anfanges in Ost- und Westeuropa, bald darauf in Amerika, Israel und Japan. 1974—77 leitete er neben seinen zahlreichen internationalen Gastverpflichtungen das Philharmonische Orchester Stockholm, in der

Gennadij Roshdestwenskij hat nahezu alle Spitzenorchester auch der westlichen Welt dirigiert und dabei immer wieder die Werke der großem russischen Meister.

darauffolgenden Saison das Cleveland Symphony Orchestra. 1978—81 stand Roshdestwenskij als Nachfolger von Rudolf Kempe an der Spitze des BBC Symphony Orchestra London, wo er erstmals 1969 zusammen mit seiner Frau, der Pianistin Victoria Postnikowa, gastiert hatte. 1982—83 stand Roshdestwenskij an der Spitze der Wiener Symphoniker. 1983 wurde er mit der Leitung des Staatlichen Symphonieorchesters des Kulturministeriums der UdSSR betraut, einem Ensemble, das er in kurzer Zeit zu einem Spitzenorchester seiner Heimat machte.

Erheblichen Raum im Repertoire von Gennadij Roshdestwenskij beansprucht seit langem das Schaffen zeitgenössischer Komponisten. Auch hier ist er durchaus weltoffen orientiert, zeitlebens hat er sich — neben Werken seiner Landsleute wie Schtschedrin, Schnittke oder Denissow — für die internationale Avantgarde nachdrücklich eingesetzt.

Nahezu unüberschaubar ist die Zahl der Schallplattenaufnahmen, die Roshdestwenskij seit den späten fünfziger Jahren mit verschiedensten Spitzenorchestern und -Solisten der Sowjetunion und des Auslandes gemacht hat. Schwerpunkte sind auch hier Romantik und die vielfältige Literatur des 20. Jahrhunderts (Auf einigen wenigen Schallplatten ist übrigens auch das exzellente Spiel des Pianisten Roshdestwenskij dokumentiert).

Als Dirigent verfügt Roshdestwenskij über eine große Palette der Zeichengebung, sie reicht von fast tänzerischer Körpersprache mit weit ausholenden Gesten bis hin zu präzisem Taktschlagen, wobei er zuweilen die Linke wie ein Feldherr gegen die Hüfte stemmt. Eine weitere Eigenart Roshdestwenskijs ist bei Orchestern durchaus willkommen und doch manchmal gefürchtet (und darin ähnelt er in gewisser Weise Hans Knappertsbusch): Er probt oft weniger, als ihm «zusteht», und mißtraut überlanger Perfektionsarbeit vor einem Konzert. «Ein kleiner Rest von Unsicherheit erhöht die Konzentration, das Orchester wird mir bei der Aufführung sehr aufmerksam folgen, und die daraus resultierende künstlerische Spontaneität ist mir lieber als eingeübte und somit in ihrer Erlebniskraft verbrauchte Routine.» — Es steht hierzu in keinem Widerspruch, daß Roshdestwenskij seine Produktionen sehr sorgfältig vorbereitet. Hierzu gehört intensives analytisches Partiturstudium ebenso wie das von ihm vor und während der Probenarbeit geführte «Dirigierbüchlein», in dem neben rein technischen Anmer-

kungen viele musikgeschichtliche und philosophische Gedanken notiert werden. Auch verschmäht er es nicht, sich zuweilen die künstlerischen Ergebnisse anderer Interpreten auf Schallplatten anzuhören, wobei er sich allerdings kaum beeinflussen läßt. Aus seiner Erfahrung, auch beim Hören eigener, lange zurückliegender Aufnahmen, sagt er hierzu: «Ich finde oft mehr Interesse am Vergleich zweier Aufnahmen des gleichen Werkes von einem Interpreten zu verschiedenen Zeiten, als an Aufnahmen des gleichen Werkes von verschiedenen Interpreten».

Gennadij Roshdestwenskij hat nahezu alle Spitzenorchester der Welt dirigiert. Immer wieder und selbstverständlich hat er dabei die großen Werke russischer Meister auf dem Programm, wobei er in den verschiedenen Ländern recht unterschiedliche Erfahrungen sammeln konnte: «Die russischen Orchester unterscheiden sich von anderen vor allem durch die Eigenart der Streicher, die auf gewisse Art 'singen'. Die Ursache dafür ist vielleicht in der sowjetischen Geigerschule zu finden, die bekanntlich eine lange Tradition hat. Russische Musik im Ausland zu interpretieren ist meist viel schwieriger als in Moskau, trotz eines untadeligen technischen Niveaus. Es ist etwa zu vergleichen mit jemandem, der perfekt eine Fremdsprache spricht. Ich brauche vielleicht in Moskau sogar noch mehr Proben als in London oder Chicago; aber diesen ganz speziellen Klang eines russischen Orchesters dort wiederfinden zu wollen, ist sehr schwierig und vielleicht unrealisierbar — und gegen die Natur. Es ist, als ob man von einem russischen Varieté-Orchester verlangen würde, genauso zu spielen wie die Band von Duke Ellington.»

Gennadij Roshdestwenskij ist eine faszinierende Persönlichkeit. Der in seinem Habitus bescheidene und uneitle Mann besticht bei näherem Kennenlernen durch brillante Intelligenz und Schlagfertigkeit, glückhaft ergänzt durch Charme und viel Sinn für Humor. Immer wieder erstaunt er durch eine profunde und stets präsente Allgemeinbildung von höchstem Niveau auf allen Gebieten der Kunst und Literatur. Sein aus phänomenaler Gedächtniskraft resultierendes, umfassendes Wissen um die Musik — seien es geschichtliche Zusammenhänge oder ästhetische Interpretationsfragen — haben ihn zu einem Großmeister seiner Zunft gemacht. Der nachschöpferische Musiker Roshdestwenskij verfügt über ein enormes Repertoire, dessen Schwerpunkte auf Werken der Spätromantik und des 20. Jahrhunderts liegen. Die Namen Tschaikowsky, Bruckner (den er schon früh für sich und sein Publikum entdeckte), Sibelius, Debussy und Ravel tauchen in seinen Programmen immer wieder auf, desgleichen Hauptwerke von Strawinsky, Hindemith, Britten und solche der Wiener Schule. Besondere Liebe gilt dem Oeuvre von Prokofieff und Schostakowitsch, mit dem er eng befreundet war. Als Uraufführungsdirigent der späten Werke dieses Komponisten

Werke von Prokofieff und Schostakowitsch hat er uraufgeführt.

spielte er eine erhebliche Rolle. Beispielhaft für die künstlerisch so fruchtbare Affinität sind die international beachteten Aufführungen der Moskauer Kammeroper von Schostakowitschs «Die Nase» oder die jüngste Schallplatten-Gesamtaufnahme von dessen 15 Symphonien. Immer wieder ist Roshdestwenskij auf der Suche nach Neuem, Unbekanntem und Ausgefallenem, das er im Studio oder öffentlichen Konzert ausprobiert, seien es Bach-Bearbeitungen von Gustav Mahler, Strauß-Arrangements der Wiener Schule oder unveröffentlichte Manuskripte von Schostakowitsch. *JP*

Ros-Marbá, Antonio

* Barcelona 2. 4. 1937; spanischer Dirigent, nach seiner Ausbildung am Konservatorium in Barcelona setzte er sein Studium bei Sergiu Celibidache in Siena fort. Er dirigierte in Europa, Israel und Mexiko. 1977 wurde er zum Chefdirigenten des Orquesta Nacional de Espana in Madrid ernannt; dazu übernahm er 1979 die Stelle des Ersten Dirigenten am Niederländischen Kammerorchester.

Rossi, Mario

* Rom 29. 3. 1902; italienischer Dirigent, studierte an der Santa Cecilia Akademie in Rom und unterrichtete dort nach seinem Abschluß Dirigieren (1931—36). Anschließend leitete er bis 1944 Aufführungen beim Mai-Festival von Florenz. Nach dem Krieg berief ihn das RAI-Orchester in Turin zum Chefdirigenten. Daneben trat er als Gastdirigent bei den Berliner Philharmonikern, den Wiener Philharmonikern, am Concertgebouw Orchester und anderen großen Orchestern auf. Er beendete seine Laufbahn 1969.

Rostropovitsch, Mstislav

* Baku 27. 3. 1927; russischer Cellist und Dirigent, nahm ersten Unterricht bei seinem Vater, einem Cellisten. Ab 1937 studierte er am Moskauer Konservatorium bei Kozolupov und nahm bei Shebalin Unterricht in Komposition. Nach seinem Abschluß 1948 trat er der Fakultät des Moskauer Konservatoriums bei und lehrte gelegentlich auch am Leningrader Konservatorium. 1950 gewann er den Internationalen Cellisten-Wettbewerb in Prag. Damit begann seine außergewöhnliche Karriere als Cellist, den man in einem Atemzug mit dem berühmten Pablo Casals nennen muß. Er ist auch ein hervorragender Pianist und Dirigent. 1963 gewann er den Leninpreis für Dirigieren. Trotz aller offiziellen Ehrungen geriet er immer mehr in offene Opposition zum sowjetischen System. 1974 wanderte er schließlich in die USA aus und begann dort eine erfolgreiche Karriere als Dirigent. Er wurde zum National Symphonic Orchestra in Washington berufen und gab dort sein Debut am 5. März 1975. 1981 organisierte er den 1. Internationalen Rostropovitsch Cello Wettbewerb in Paris. Mehr und mehr gilt seine Passion dem Dirigieren.

Rother, Arthur

* Stettin 12. 10. 1885, † Aschau/Chiemsee 22. 9. 1972; deutscher Dirigent, studierte Klavier und Orgel bei seinem Vater und besuchte die Universitäten von Tübingen und Berlin. Er dirigierte in Wiesbaden; 1907—1914 assistierte er auch bei den Bayreuther Festspielen; 1927—1934 war er Generalmusikdirektor in Dessau; 1938 ging er an die Deutsche Oper nach Berlin, wo er bis 1958 engagiert blieb.

Rothwell, Walter Henry

* London 22. 9. 1872, † Santa Monica, Kalifornien; britisch-amerikanischer Dirigent, studierte zuerst am Wiener Konservatorium Klavier bei J. Epstein, Theorie bei R. Fuchs und Komposition bei Bruckner; in München studierte er bei Thuille und Schillings. 1895 berief ihn Mahler als Dirigenten an die Hamburger Oper. Von 1903—04 dirigierte er die Deutsche Oper in Amsterdam und ging dann nach Amerika. Bei der Savage Opera Corporation, die er von 1904—08 dirigierte, gab er Vorstellungen des «Parsifal» auf englisch. Danach dirigierte er das St. Paul Symphonic Orchestra (bis 1914). In den Kriegsjahren gab er in New York Unterricht. Von 1919 bis zu seinem Tod dirigierte er das Los Angeles Philharmonic Orchestra.

Rowicki, Witold

* Taganrog 26. 2. 1914; polnischer Dirigent und Komponist russischer Herkunft, sein Violin- und Kompositionsstudium am Krakauer Konservatorium schloß er 1938 ab; die Kriegsjahre verbrachte er in Deutschland und nahm dort bei Rudolf Hindemith (dem Bruder Paul Hindemiths) Privatunterricht im Dirigieren (1942—44). Nach dem Krieg gründete er das Radiosymphonieorchester von Kattowitz, an dem er bis 1950 wirkte, und die Warschauer Philharmonie (1950 bis 1955), zu deren musikalischen Direktor er 1958 ernannt wurde. Später dirigierte er am Wielki Theater- und Opernzentrum in Warschau (1965—70). Er machte sich vor allem einen Namen durch die Förderung moderner polnischer Musik; daneben war er auch als Komponist aktiv. Seine Werke umfassen eine Sinfonie (1957) und ein «Warschau Konzert» für Orchester (1976).

Rubinstein, Anton G.

* Wychwatinez bei Balta (Podolien), 16. (28). 11. 1829, † Peterhof bei St. Petersburg, 8. (20.) 11. 1894; russischer Pianist, Komponist und Dirigent, Schüler A. Viollings. Nach weiterem Unterricht in Paris (1840), wo er von Liszt beraten wurde, unternahm er Konzertreisen quer durch Deutschland, England, Skandinavien und Holland und studierte ab 1844 in Berlin mit seinem Bruder Nikolaj Komposition bei Dehn. 1848 kehrte er, nach Aufenthalten in Wien und Preßburg, nach St. Petersburg zurück, wo er mehrere Opern schrieb. 1858 folgte die Ernennung zum Hofpianisten und Dirigenten der Hofkapelle, und ein Jahr später schon leitete er die Petersburger Russische Musikgesellschaft. 1862 gründete er das Kaiserliche Konservatorium von St. Petersburg, dessen Direktor er bis zu neuen Konzertreisen (1867) war. Dieses Amt bekleidete er noch einmal in den Jahren 1887 bis 1890.

Rubinstein, Nikolaj G.

* Moskau, 2. (oder 14.) 6. 1835, † Paris, 23. 3. 1881; russischer Pianist und Dirigent, Bruder von Anton R. In Berlin erhielt er zwischen 1844 und 1846 Unterricht von Kullak (Klavier) und Dehn (Harmonielehre sowie Kontrapunkt). Wieder in Moskau, hatte er Klavierstunden bei Violling, der mit dem musikalischen Wunderkind Rußland bereiste. In der Saison 1859—60 gründete er die Moskauer Russische Musikgesellschaft und leitete auch bis zu seinem Tod das 1866 errichtete Moskauer Konservatorium, für das er den jungen Peter Tschaikowsky als Harmonielehrer engagierte, ihn auch wohlwollender förderte als sein Bruder Anton. Ab 1860 dirigierte er Konzerte der Musikgesellschaft und in St. Petersburg sowie 1878 in Paris.

Rudel, Julius

* Wien 6. 3. 1921; österreichisch-amerikanischer Dirigent, emigrierte 1938 nach seinem Musikstudium an der Wiener Akademie in die USA. Dort setzte er sein Studium an der Mannes School of Music fort. Sein amerikanisches Debut als Dirigent gab er 1944 an der New York City Opera, die ihn 1957 zum musikalischen Direktor ernannte. Daneben wirkte er als Gastdirigent am Philadelphia Orchestra und bei zahlreichen Opernhäusern und Orchestern und erhielt zahlreiche Auszeichnungen: 1961 die Ehrenmedaille für Kunst und Wissenschaft der österreichischen Regierung. Er war ein meisterhafter Interpret und Förderer der amerikanischen Oper und dirigierte zahlreiche Uraufführungen moderner amerikanischer Bühnenwerke. 1979 trat er von seiner Stelle an der New York City Opera zurück und ist seitdem musikalischer Direktor des Buffalo Philharmonic Orchestra und gefragter Operndirigent in Europa u.a. an der Wiener Staatsoper oder den Opern Hamburgs und Münchens.

Rudolf, Max

* Frankfurt/Main 15. 6. 1902; amerikanischer Dirigent deutscher Geburt, studierte 1914—21 Komposition bei B. Sekles und in den folgenden zwei Jahren am Hochschen Konservatorium in Frankfurt. 1923 gab er sein Dirigentendebüt in Freiburg, nahm dann Posten am dortigen Städtischen Theater und am Landestheater in Darmstadt an und wirkte 1929—35 als 1. Dirigent der Deutschen Oper in Prag. Daneben trat er als Gastdirigent beim Berliner Philharmonieorchester in Erscheinung, leitete in Göteborg den Konserthuskören und übersiedelte 1940 in die USA. Nach einer Lehrtätigkeit in Chicago dirigierte er die New Opera Company. Ab 1945 wirkte er vierzehn Spielzeiten lang an der Metropolitan Opera in New York als Dirigent und 1950—58 als assistierenden Manager. 1958—70 war er Musikdirektor des Cincinnati Symphony Orchestra, mit dem er 1966 eine Welttournee, 1969 eine Europatournee unternahm. 1970 übernahm er die Leitung der Dirigier- und Opernklasse am Curtis Institute of Music in Philadelphia (bis 1973), danach wirkte er als Gastdirigent der Metropolitan Opera.

Rungenhagen, Carl Friedrich

* Berlin 27. 9. 1778, † Berlin 21. 12. 1851; deutscher Chordirigent und Komponist, ernährte nach dem Tod des Vaters die Familie durch Musikunterricht (1796). 1815 war er 2. und ab 1833 1. Dirigent der Berliner Singakademie, wurde auch Mitglied der Akademie der Künste. Neben zahlreichen Liedern schrieb er u. a. vier Opern und drei Oratorien.

Sacher, Paul

* Basel 28. 4. 1906; Schweizer Dirigent, Schüler von Moser und Weingartner (Konservatorium) sowie von K. Nef (Universität) in seiner Geburtsstadt. 1926 gründete er das Basler Kammerorchester, das sich Alter und Neuer Musik widmet. Zwei Jahre später wurde ihm ein Kammerchor angeschlossen. 1933 folgte die Gründung der Schola Cantorum Basiliensis, einem Forschungsinstitut für Alte Musik, und seit 1941 leitet er das von ihm mitgegründete «Collegium Musicum» Zürich. Er unternahm zahlreiche Konzertreisen, dirigierte in vielen Ländern Europas und bei Musikfestspielen in Luzern, Glyndebourne und Edinburgh. 1954 wurde die Schola Cantorum mit Konservatorium und Musikschule zur Musikakademie Basel zusammengeschlossen, die er bis 1969 leitete. Danach gründete er die Maja-Sacher-Stiftung zur Förderung des Musikernachwuchses. Außerdem war er 1946—55 Präsident des Schweizerischen Tonkünstlervereins und ist seitdem dessen Ehrenpräsident, seit 1971 Ehrenmitglied der Internationalen Gesellschaft für Neue Musik. Für etwa 80 Werke gab er Anregungen oder leitete die Uraufführung (Bartók, Honegger, Ibert, Hindemith, Martinů, Strauss, Strawinsky und andere). Er hat sich dadurch besonders um die zeitgenössische Musik verdient gemacht.

Safonow, Wassili Iljitsch

* Staniza Ischtscherskaja 25. 1. (6. 2.) 1852, † Kislowodsk 27. 2. 1918; russischer Dirigent, Pianist und Musikpädagoge, schloß 1880 seine musikalische Ausbildung am St. Petersburger Konservatorium ab. Bis 1885 lehrte er dann am St. Petersburger Konservatorium und in Moskau, wo er von 1889 bis 1905 Direktor war. Hatte er schon während dieser Zeit in vielen europäischen Konzertsälen dirigiert (ab 1904 auch in den USA), leitete er 1906—09 die New Yorker Philharmonie und war Direktor des National Conservatory of Music. Wieder in St. Petersburg, übernahm er das Amt des ständigen Dirigenten der Kaiserlich Russischen Musikgesellschaft (1909—11). Zu seinen Schülern gehörte Alexander Skrjabin. Safonow veröffentlichte auch eine Schule für Klavierlehrer und -studenten.

Saito, Hideo

* Tokio 23. Mai 1902, † Tokio 18. 9. 1974; japanischer Cellist, Dirigent und Musikerzieher, absolvierte sein Musikstudium in Deutschland. Von 1923—1927 studierte er bei Julius Klengel in Leipzig und dann bei Feuermann (1930) in Berlin Cello. Nach seiner Rückkehr nach Japan spielte er im Nihon Symphonie Orchester Cello und studierte dort bei Rosenstock Dirigieren. Später unterrichte er an der Toho Musikschule in Tokio, die er mitgegründet hat.

Salonen, Esa-Pekka

* Helsinki 30. 6. 1958, finnischer Dirigent und Komponist, studierte Horn und spielte von 1973—77 an der Sibelius Akademie in Helsinki, nahm dann Dirigierunterricht bei Panula und gleichzeitig Kompositionskurse bei Rautavaara; 1979 reiste er nach Italien und studierte bei Donatoni in Siena und Castiglioni in Mailand. 1979 gab Salonen sein Debüt als Dirigent. Seither dirigiert er Orchester in Finnland, Dänemark, Norwegen und Schweden. Von der Finnischen Nationaloper in Helsinki wurde er ab 1981 als Gastdirigent verpflichtet, Das «Helsinki Festival» 1984 machte ihn auch international bekannt, und die Interpretation der «Faust-Sinfonie» von Liszt und die Uraufführung des 1. Cellokonzerts des finnischen Komponisten Kalvi Aho erregte Aufsehen.

Samosud, Samuil

* Odessa 14. 5. 1884, † Moskau 6. 3. 1964; russischer Operndirigent, dirigierte zwischen 1917 und 1936 an der Leningrader Oper und dann zwischen 1936 und 1943 am Bolshoi Theater in Moskau und von 1943—1950 am Stanislawsky Musik-Theater. Er trat auch als Konzertdirigent hervor.

Samuel, Gerhard

* Bonn 20. 4. 1924; deutsch-amerikanischer Dirigent und Komponist, studierte bereits als Kind Violine; nachdem er sich mit verschiedenen Gelegenheitsarbeiten wie Tellerwäscher, Schuhverkäufer u. ä. durchgeschlagen hatte, erhielt er ein Stipendium der Eastman School of Music in Rochester. Bereits während seines Studiums (Dirigieren bei Hermann Gerhard und Komposition bei Howard Henson), das er 1945 abschloß, spielte er Violine an der Philharmonie von Rochester (1941—45). Danach studierte er bei Hindemith in Yale Komposition (bis 1947) und bei Kussewitzky in Tanglewood Dirigieren. Von 1949—59 wirkte er am Minneapolis Symphony Orchestra als Dirigent und Geiger. Von 1959 bis 1970 dirigierte er das Oakland Symphony Orchestra; anschließend das Los Angeles Philharmonic Orchestra. 1976 trat er der Fakultät des Cincinnati College bei.

Sanderling, Kurt

* Arys 9. 9. 1912; deutscher Dirigent, emigrierte am Vorabend der Machtergreifung durch die Nazis in die Sowjetunion und dirigierte dort am Moskauer Rundfunk (1936—41) und danach an der Leningrader Philharmonie (1941—60). Schließlich ernannte ihn das Ostberliner Symphonieorchester zu seinem Chefdirigenten (1960—77). Von 1964—67 war er auch Chefdirigent an der Dresdner Staatsoper und gab zahlreiche Gastspiele in Westeuropa und Amerika.

Santi, Nello

* Adria (Venetien) 22. 9. 1931; italienischer Dirigent, Kompositionsstudium in Padua (bis 1956), wo er zunächst als Orchestermusiker tätig war und 1951 als Dirigent debütierte. 1958 wurde er zum Kapellmeister am Zürcher Stadttheater ernannt; 1960 trat er erstmals an der Covent Garden Opera in London und bei den Salzburger Festspielen auf, 1962 an der Metropolitan Opera in New York. Auch als ständiger Gastdirigent wirkt er an der Wiener Staatsoper (seit 1960), an der Hamburger Staatsoper (seit 1966), an der Bayerischen Staatsoper in München (seit 1969), am Opernhaus in Köln, weiterhin an der Deutschen Oper in Berlin (1980). 1984 verpflichtete ihn James Levine wieder an die Metropolitan Opera und ab 1985/86 Rolf Liebermann nach Hamburg.

Santi, Pietro

* Mailand 20. 1. 1923; italienischer Dirigent und Musikkritiker, studierte in Mailand an der Universität und am Conservatorio di Musica G. Verdi sowie an der Accademia Nazionale di Santa Cecilia in Rom und bei van Kempen. Neben Lehrämtern in Florenz (1965) und Turin (1969) war er 1967

bis 1969 Künstlerischer Koordinator der Piccola Scala in Mailand. Außerdem dirigierte er bisher in zahlreichen italienischen Städten Opern und Konzerte.

Santini, Gabriele

* Perugia 20. 1. 1886, † Rom 13. 11. 1964; italienischer Dirigent, Studium in Perugia und Bologna. S. dirigierte seit 1906, ging für acht Jahre an das Teatro Colón nach Buenos Aires, arbeitete auch in Rio de Janeiro, Chicago und New York und folgte dann dem Ruf Toscaninis an die Mailänder Scala (1925—29 und ab 1933). Dazwischen dirigierte er an der Oper in Rom, wo er 1944—47 künstlerischer Leiter war. Danach wirkte er als Dirigent am Teatro S. Carlo in Neapel, an der Opéra in Paris (1951), am Maggio Musicale Fiorentino und von 1960 bis 1964 nochmals an der Scala in Mailand.

Sanzogno, Nino

* Venedig 13. 4. 1911; italienischer Dirigent und Komponist, bis 1932 Schüler des Liceo musicale in seiner Geburtsstadt, 1935 bei Scherchen (Dirigieren) und Malipiero (Komposition). In der folgenden Zeit übernahm er am Teatro La Fenice in Venedig die musikalische Leitung, dirigierte das Rundfunkorchester und an der Scala in Mailand, deren Orchesterchef er 1962 nach zahlreichen Gastengagements wurde (bis 1965). In Darmstadt unterrichtete er Orchesterdirigieren. Er wurde hauptsächlich durch die Aufführungen zeitgenössischer Opern in Italien bekannt.

Sargent, Sir Malcolm

* Ashford, Kent 29. 4. 1895, † London 3. 10. 1967; englischer Dirigent, gab sein Debüt nach der Ausbildung am Royal College of Organists in London und mehreren Organistenposten 1921, als er eine Einladung annahm, mit Henry Woods Queen's Hall Orchestra seine «Impressions on a Windy Day» zu dirigieren. 1924 wurde er Chefdirigent von Robert Mayers Kinderkonzerten und 1929 Musikdirektor der Courtauld-Sargent-Konzerte. Außerdem war er Kapellmeister bei der D'Orly Carte Opera Company, Leiter des Llandudno Orchestra (1926—28) sowie anschließend Dirigent bei Diaghilews Ballets Russes (bis 1930). Eine Krankheit zwang ihn 1933—34 zum Aussetzen, doch hatte er schon Anteil am Aufbau des 1932 gegründeten Londoner Philharmonieorchesters. Von 1939 bis 1942 war er Chefdirigent des Hallé Orchestra und danach für sechs Jahre des Liverpooler Philharmonieorchesters. Ab 1948 bis zu seinem Tod war er weiterhin Chefdirigent der Promenade Concerts. Daneben dirigierte er für ein knappes Vierteljahrhundert die Royal Choral Society und noch länger die Huddersfield Choral Society. Seine Arbeit mit großen Chören ist auf zahlreichen Schallplatten dokumentiert. Während seiner vielen Tourneen errang er den Ruf eines «Botschafters der Musik».

Sawallisch, Wolfgang

Sollte jemand das Paradigma für einen Generalmusikdirektor suchen: Hier ist es. Wolfgang Sawallisch ist der GMD par excellence. Einer aus der Reihe der Leo Blech, Bruno Walter und Clemens Krauss, Leuten also, nach denen später eine ganze Ära benannt wurde. Die Merkmale, die dazu gehören, sind unter anderem eine gewisse selbstgelebte stabilitas loci, also der Anflug eines durchaus monastischen Ideals, ferner umfassende handwerkliche Fertigkeiten und schließlich sehr viel mehr Künstlerschaft als die örtliche Kritik oft festzustellen glaubt — sonst wird am Ende nämlich keine Ära daraus. Die Ära Sawallisch ist jetzt schon eine.
Sicher gehört auch ein gewisser Mangel an Eitelkeit dazu, denn der wahre Generalmusikdirektor ist imstande, Solisten selbstlos zu begleiten und daraus eine Tugend zu machen. Andererseits wäre auch eine gewisse höhere Eitelkeit einzurechnen, die einer aufbringen muß, will er lieber einem ganzen Theater über Jahrzehnte hinweg das Gepräge geben, statt nur dem einen oder anderen Abend, und sei dieser noch so aufregend und herausragend. Arbeit über Jahrzehnte hinweg — das heißt, ein Ensemble aufbauen und kultivieren, von dem die gastierenden Kollegen ebenso profitieren wie die Nachfolger. Das Entscheidende aber ist letzten Endes, daß der Generalmusikdirektor par excellence nie unter jenem Niveau dirigiert, das durch die besten unter den gastierenden Konkurrenten bestimmt ist. Und in München haben sie die Besten. Wolfgang Sawallisch haben sie immer. Und das wiederum ist die Kehrseite der Medaille, für den Künstler wie für sein Publikum. Der wahre Generalmusikdirektor ist ein Star für alle Tage und damit ein Ideal, für das man schon sehr konservativ sein muß, um es durchhalten zu können.
Nun, der Münchner Generalmusikdirektor pflegt die konservativen Tugenden; er verbindet Geist und Humanität, Können und Geschmack miteinander. Sein Orchester ist möglicherweise das kultivierteste Opernorchester dieser Zeit.
Sawallisch wurde in München geboren, am 23. August 1923. Den Weg zur Musik ging er beinahe selbstverständlich. Mit fünf Jahren beginnt er mit dem Klavierspielen. Wie viele andere Kinder geht auch er in der Weihnachtszeit in eine Aufführung von «Hänsel und Gretel», und diese Begegnung mit dem Phänomen Oper weckt in ihm den Wunsch, Dirigent zu werden. Mit elf Jahren beginnt er neben der Schule eine komplette Klavierausbildung. Seine Lehrer sind die Komponisten Joseph Haas und Hans Sachsse. 1942 macht er das Abitur, wird eingezogen und gerät schließlich in Italien in Kriegsgefangenschaft. Im Herbst 1945 kommt er zurück und absolviert wenig später das Examen an der Hochschule für Musik in München.
Obwohl seine Dirigierbegabung außer Zweifel steht, ist er zu diesem Zeitpunkt vor allem ein versierter Pianist. 1947 engagieren ihn die Städtischen Bühnen Augsburg als Solorepetitor. Bald darf er seine erste Operette dirigieren, und im Dezember des gleichen Jahres debütiert er als Opernkapellmeister — mit «Hänsel und Gretel». Es folgt die übliche Lehrzeit dessen, der sich mit Fleiß und Ausdauer das Repertoire erwerben muß. Unterbrochen wird diese Zeit 1949 durch die Teilnahme am «Concours International d'Exécution Musicale» in Genf, wo er zusammen mit dem Geiger Gerhard Seitz als Sieger aus dem Kammermusikwettbewerb hervorgeht. Mit Seitz zusammen führt er später, im Jahr 1952, eine Tournee durch die Bundesrepublik Deutschland durch.
Zunächst aber profiliert er sich in Augsburg auch als Dirigent von Sinfoniekonzerten und als Solist Mozartscher Klavierkonzerte. Der Dirigent zieht zunehmend die Aufmerksamkeit auch der Münchner Kritik auf sich, die sehr bald in Wolfgang Sawallisch einen der kommenden Pultstars zu erkennen glaubt.

Wolfgang Sawallisch aber zieht erst einmal um in eine ganz andere Ecke Deutschlands: nach Aachen. Hier wird er, gerade dreißig Jahre alt, Generalmusikdirektor und damit Nachfolger solcher Zelebritäten wie Fritz Busch oder Herbert von Karajan. Im gleichen Jahr gibt er bereits sein erstes Konzert mit dem Berliner Philharmonischen Orchester, das damals noch im Titania-Palast spielt. Und er leitet eine eigene Dirigentenklasse bei den Salzburger Festspielen. Schon damals hat er den Ruf, über ein untrügliches Stilgefühl zu verfügen, und die Aachener müssen sich damit abfinden, daß ihr Chefdirigent immer mehr ehrenvolle Einladungen in alle Teile Europas erhält.

Im Grunde sah damals alles nach einer Blitzkarriere aus. Schon in seinem zweiten Aachener Jahr debütierte Wolfgang Sawallisch bei den Münchner Philharmonikern, und im Herbst 1954 dirigierte er in seiner Vaterstadt die Premiere von Verdis «Simon Boccanegra» mit so viel Erfolg, daß Rudolf Hartmann, der damalige Intendant, mit ihm bereits über die Position des Generalmusikdirektors an der Bayerischen Staatsoper verhandelte. Sawallisch fühlte sich damals noch zu jung und unerfahren. Immerhin leitete er im Jahr darauf einen Orff-Abend mit «Carmina burana» und der Märchenkomödie «Die Kluge».

Ein halbes Jahrzehnt blieb er in Aachen, dann unternahm er den nächsten Schritt auf der Karriereleiter, und wieder war es eher ein Schritt denn ein Sprung oder gar ein Flug: Wolfgang Sawallisch wurde 1958 Generalmusikdirektor des Staatstheaters in Wiesbaden. In Wiesbaden gab es immerhin internationale Festspiele, und die Orchesterkultur der Stadt zehrte vom Erbe eines Elmendorff und Schuricht. Das Ensemble war qualifiziert genug, um 1959 den «Ring des Nibelungen» aufzuführen. Sawallisch galt damals bereits als einer der kommenden Wagner-Dirigenten; schon 1957 hatte er bei den Bayreuther Festspielen debütiert, und er blieb Neubayreuth bis zum Jahr 1961 verbunden. Ebenfalls 1957 begleitete er in London Elisabeth Schwarzkopf bei einem Abend mit Wolf-Liedern am Klavier, dann stand er am Pult des Philharmonia Orchestra. Im gleichen Jahr gastierte er erstmals an der Scala, der er seitdem immer wieder als Dirigent zur Verfügung steht.

So ist sein künstlerischer Lebensweg durch eine eigentümliche Spannung gekennzeichnet: Auf der einen Seite tritt Wolfgang Sawallisch als der alles überfliegende Pultstar auf, auf der anderen Seite leistet er eine grundsolide Arbeit als verantwortlicher Chefdirigent relativ kleiner Bühnen. Es ist dies ein Stil, dem er im wesentlichen treu geblieben ist: Wolfgang Sawallisch sieht, wo immer er Musik macht, auf Qualität, und der äußere Rahmen hat auf diesen inneren Grundsatz wenig Einfluß.

Der äußere Rahmen sollte sich dann freilich doch sehr schnell erweitern. Schon 1960 wurde er Chefdirigent der Wiener Symphoniker und gleichzeitig

Sawallisch ist ein Generalmusikdirektor par excellence wie vor ihm nur Bruno Walter oder Clemens Krauss.

Generalmusikdirektor der Städtischen Bühnen Köln. Im Jahr darauf nimmt er eine weitere bedeutende Position an: Als Hamburgischer Generalmusikdirektor steht er an der Spitze des Philharmonischen Staatsorchesters und leitet dessen Konzertreihen. In Köln blieb er bis 1964. Den Wiener Symphonikern blieb er ein Jahrzehnt treu — die freundschaftliche Verbindung sollte nie mehr abreißen —, und die Hamburger Position behielt er gar zwölf Jahre lang. 1964 kam die für ihn außerordentlich wertvolle Verbindung zum NHK-Orchester in Tokio hinzu. Im gleichen Jahr unternahm er zusammen mit den Wiener Symphonikern eine Tournee durch die USA, die insgesamt 32 Konzerte umfaßte.

Wieder vier Jahre später — Wolfgang Sawallisch war inzwischen zum Ehrendirigenten des NHK Symphony Orchestra ernannt worden — brauchte München erneut einen Generalmusikdirektor. Joseph Keilberth war während einer Aufführung von «Tristan und Isolde» am Pult gestorben. Und dieses Mal gab es beiderseits kein Zögern und keine Zweifel. Wolfgang Sawallisch unterschrieb 1969 einen Vertrag, mit dem er sich selbst für den bedeutendsten Teil seines Lebens festlegte, und noch im gleichen Jahr dirigierte er bei den Münchner Festspielen «Ariadne auf Naxos» und verneigte sich damit gleichermaßen vor Richard Strauss und vor dem großen Vorbild Clemens Krauss. 1971 trat er sein Amt an, diesmal mit einer Neuinszenierung von Richard Wagners «Lohengrin». Damit festigte er noch einmal den Ruf der Bayerischen Staatsoper als den eines Wagner- und Strauss-Theaters. Folgerichtig wählte ihn auch 1977 die Richard Strauss-Gesellschaft zu ihrem Präsidenten. Wolfgang Sawallisch verband von Beginn seiner Dirigentenkarriere an seine Wagner- und Strauss-Interpretationen mit Vorstellungen von einer besonderen Klangkultur. Seine Neigung zu einem ganz homogenen und feinnervigen Streicherklang, zu außerordentlich durchsichtigem Musizieren und zu einer spezifischen Art von energischem Esprit stand immer schon eher im Gegensatz zum herrschenden Trend. Hinzu kommt, daß Sawallisch seine Sänger gewissermaßen auf Händen zu tragen pflegt — er ist einer der ganz wenigen Dirigenten, die mit dem Sänger zu atmen verstehen — und daß er so der Überforderung der Stimmen wirkungsvoll entgegenarbeitet. Darüber etablierte er einen Stil, der die musikalische Rede und die gesungene Linie an die Stelle des heute oft üblichen Kraftgesangs setzt.

Wolfgang Sawallisch macht sich um die Entwicklung und Pflege junger Stimmen dadurch verdient, daß er junge Sänger in einem der Bayerischen Staatsoper angeschlossenen Studio sorgfältig vorbereiten läßt.

Über dem Operndirigenten ist der Symphoniker zwar ein wenig in den Hintergrund getreten, doch sind Sawallischs Konzerte stets von einem besonderen Zuschnitt geblieben: Es

scheint, als trete dem Zuhörer aus ihnen ein tiefes und breit gefächertes Wissen um die Traditionen der europäischen Kultur entgegen. In Japan beispielsweise genießt Wolfgang Sawallisch als Exponent Europas einen ganz außerordentlichen Ruf, und bei den Salzburger Festspielen waren gerade seine Bruckner-Interpretationen von nachhaltiger Wirkung; es waren dies Interpretationen, in denen vor allem die geistige Kraft der Kompositionen zutage trat, weniger das massierte Material. Von 1973 bis 1980 leitete er außerdem in Genf das Orchestre de la Suisse Romande.
Nach wie vor bleibt Wolfgang Sawallisch auch einer alten Vorliebe treu, die er seit seinen Anfängen als Musiker pflegt: Er spielt als ausgezeichneter Pianist Kammermusik und tritt als Liedbegleiter auf. Ein kristallklarer Anschlag und eine intelligente Technik machen ihn zum idealen Partner von Streichern und von Sängern. Unter den Sängern sind es einerseits Stars wie einst Elisabeth Schwarzkopf, später dann Dietrich Fischer-Dieskau, Hermann Prey und schließlich Peter Schreier, Edith Mathis, Lucia Popp, und vor allem Brigitte Fassbaender, die mit ihm aufsehenerregende Recitals bestreiten. Andererseits hilft er immer wieder jungen und noch unbekannten Sängern aus seinem Münchner Ensemble bei den ersten Schritten auf das so schwierige Podium des Liedersängers. Gelegentlich tritt er außerdem noch als Solist in Mozart-Konzerten, in den frühen Beethoven-Konzerten und in der Chorfantasie auf, wobei er dann vom Flügel aus zu dirigieren pflegt.
Seit 1981 hat er zusätzlich die Position des Operndirektors der Bayerischen Staatsoper übernommen. Als Operndirektor vertritt er die Auffassung, daß die Regisseure in erster Linie ein genaues Gespür für die Erfordernisse der Partitur entwickeln sollten, bevor sie ihrer optisch-szenischen Phantasie nachgeben. Auch diese Haltung ist sicher aus dem eher konservativen Zuschnitt des Musikers Wolfgang Sawallisch zu erklären. *NE*

Schalk, Franz

* Wien 27. 5. 1863, † Edlach 3. 9. 1931; österreichischer Dirigent, ein Schüler Bruckners am Wiener Konservatorium. Kapellmeisterposten bekleidete er 1888 in Reichenberg (Böhmen), 1890—95 in Graz und bis 1898 in Prag. 1898 ging er als Gastdirigent an den Covent Garden nach London (auch 1907 und 1911) und dirigierte in der Spielzeit 1898/99 an der Metropolitan Opera in New York, wo er A. Seidl ablöste. 1900 übernahm Schalk von H. Richter das Amt des 1. Kapellmeisters an der Wiener Hofoper, dirigierte von 1904 bis 1921 die Konzerte der Gesellschaft der Musikfreunde und leitete eine Dirigentenschule an der Akademie der Tonkunst. Außerdem leitete er ab 15. 10. 1918 die Wiener Staatsoper, dann für fünf Jahre gemeinsam mit R. Strauss und bis Ende August 1929 wieder allein. Er trat vor allem als wichtiger Interpret Bruckners hervor.

Scheel, Fritz

* Lübeck 7. 11. 1852, † Philadelphia 13. 3. 1907; deutscher Violinist und Dirigent, studierte in Leipzig. Anschließend wirkte er als Konzertmeister in Bremerhaven und Chemnitz und leitete 1890—93 die Orchesterkonzerte in Hamburg. Nach seiner Übersiedlung in die USA und Konzerten in New York dirigierte er 1894 die Trocadero Concerts in Chicago und gründete im Jahr darauf das Symphony Orchestra in San Francisco (Leitung bis 1899). Ab 1900 bis zu seinem Tod stand er dem Philadelphia Orchestra vor.

Scheinpflug, Paul

* Loschwitz (bei Dresden) 10. 9. 1875, † Memel 11. 3. 1937; deutscher Dirigent und Komponist, studierte Musik am Dresdener Konservatorium (1890 bis 1894), trat in Bremen 1898 das Amt des Konzertmeisters der Philharmonie und eines Vereinsdirigenten an, dirigierte ab 1909 den Musikverein und das Orchester der Musikalischen Akademie in Königsberg, leitete ab 1914 das Blüthner-Orchester in Berlin und war von 1920 bis 1928 in Duisburg Städtischer Musikdirektor (ab 1921 auch GMD). 1929—33 leitete er die Dresdener Philharmonie.

Schelble, Johann Nepomuk

* Hüfingen (Baar) 16. 5. 1789, † Hüfingen 6. 8. 1837; deutscher Sänger, Dirigent und Musikpädagoge. Als Opernsänger (Tenor und Bariton) war er denn wenig erfolgreich. Sein Hauptverdienst liegt vielmehr in der Gründung des Frankfurter Cäcilienvereins (1818), der diesen Namen allerdings erst 1821 erhielt. Der Verein fand große Beachtung durch die Aufführung von Chorwerken Mozarts, Händels, Palestrinas und Scarlattis. Er dirigierte dort am 2. Mai 1829 Johann Sebastian Bachs Matthäus-Passion und trug überhaupt zu einer neuen Beliebtheit Bachs bei. Bis zum Jahr seines Todes dirigierte er den Cäcilienverein.

Scherchen, Hermann

Ungewöhnliche Probleme verlangen nach unkonventionellen Lösungen, doch Hermann Scherchen fand überraschende Wege auch in alltäglichen Situationen. Als er einmal eine Aufnahme des Radio-Orchesters Beromünster dirigierte und der Oboist seinen Einsatz verpaßte, folgte nicht etwa der erwartete Abbruch, sondern ein atemberaubendes Kunststück für das gesamte Orchester: Ohne Partitur pfiff Hermann Scherchen die fehlende Stimme selbst, dirigierte dabei weiter und gab auch noch die einzelnen Einsätze für eine überaus schwierige Fuge. Zudem gelang es ihm, die Klangfarbe des Instruments so gut nachzuahmen, daß sie beim Abhören des Bandes kaum von einer echten Oboe zu unterscheiden war.
Die kleine Anekdote zeichnet das Wesen dieses bedeutenden Musikers besser nach, als es auf den ersten Blick den Anschein haben mag, denn sie offenbart gleichzeitig die beiden Hauptmerkmale seiner Arbeit, die eindrucksvolle technische Sicherheit nämlich und die so eigenwillige Impulsivität. Doch Hermann Scherchen begleitete noch ein anderer Ruf, der des unberechenbaren, willensstarken, ja oft sogar tyrannischen Dirigenten. Haß und Liebe vereinigte er gleichermaßen auf sich, weil er durchaus in der Lage war, ein lammfrommes Orchester zu quälen. Annähernd dreißig Proben soll er einmal dem Ars-Viva-Ensemble für Mahlers Neunte Symphonie zugemutet haben, bis er endlich mit dem Ergebnis zufrieden war. Genauso wie er Leistung forderte und verletzend sein konnte, wenn ihm etwas nicht gefiel, legte er seine eigene Kraft vorbehaltlos in ein Projekt, verausgabte sich und zeigte hin und wieder — zur allgemeinen Verblüffung — Herzenswärme und spontane Großzügigkeit. Mit Tadel ging er generell freigiebiger um als

mit Dankbarkeit und Lob. Daß ein Musiker oder Schüler sein Bestes gab, nahm Hermann Scherchen für selbstverständlich. Der Erfolg seiner Methode «rauh, aber weniger herzlich» heiligte ausgefallene Mittel. Sein einzigartiger Verdienst um die Neue Musik schließlich kann selbst von den schärfsten Kritikern nicht angezweifelt werden.

Ein halbes Jahrhundert lang beeinflußte Hermann Scherchen die Entwicklung der Neuen Musik wie kein anderer deutscher Dirigent. Mehr als fünfzig Uraufführungen von Werken teils sehr junger Komponisten leitete er selbst; viele der heute bedeutenden Dirigenten absolvierten seine harte Schule, und einige Fortschritte auf dem Gebiet der Aufnahmetechnik gehen auf das Konto seines hartnäckigen Engagements. Hermann Scherchen war ausgesprochen fleißig, belebte offenbar als verbissener Frühaufsteher die langen Tage mit ungewöhnlichem Arbeitseifer. Die ersten Verabredungen traf er — so erzählten mehrere seiner Schüler — gelegentlich schon für fünf Uhr morgens.

Der Berliner Gastwirtssohn wurde am 21. Juni 1891 geboren und fand in seiner Jugend nicht gerade ideale Voraussetzungen für eine hochqualifizierte Ausbildung vor. Immerhin lernte er schon mit fünf Jahren Violine, doch dieser Unterricht blieb dann auch der einzig nennenswerte. Lediglich mit einem enormen Talent ausgestattet, übte Hermann Scherchen allein, spielte dann zunehmed besser Bratsche und brachte es als extremer Autodidakt 1907 auf diesem Instrument zu einem festen Sitz im Blüthner-Orchester und bei den Berliner Philharmonikern. Dabei hatte er noch mit dem Nachteil zu kämpfen, daß er nicht Klavier gelernt hatte. Zumindest für die Dirigentenlaufbahn schien ihm dies zunächst den Weg zu versperren, weil er als Korrepetitor eigentlich darauf angewiesen war.

Das Orchesterspiel und die glückliche Begegnung mit Arnold Schönberg glichen einiges aus: Hermann Scherchen erhielt seine Chance, und er nutzte sie gut. Der Komponist gab in der deutschen Hauptstadt die Erstaufführung seines «Pierrot Lunaire», und während der folgenden Tournee 1911 debütierte der junge Dirigent mit beachtlichem Erfolg. Gerade zwanzig Jahre alt, übertrug ihm der avantgardistische Meister sogar die Uraufführung seiner Kammersymphonie, und schon 1912 leitete er einige Orchesterkonzerte der Berliner Philharmoniker. Der erste Schritt war geschafft, und Hermann Scherchen hatte vollends seine große Leidenschaft für die zeitgenössische Musik gefunden, hatte er dieses Ziel doch anfangs gar nicht für so wesentlich erachtet. Gewiß: Daß er Dirigent werden wollte, wußte er längst, doch suchte er seinen Weg ähnlich wie Furtwängler zu gehen mit Werken von Beethoven, Mahler und Mozart. Daß dies nicht den gleichen Erfolg zeigte wie bei seinem Kollegen, bestärkte ihn, es auf einem Gebiet zu versuchen, das für den anderen weniger zugänglich schien.

Hermann Scherchen beeinflußte und förderte die Neue Musik wie kaum ein anderer deutscher Dirigent.

Ein Kapellmeisterposten in Riga kurz vor Ausbruch des Ersten Weltkriegs geriet Hermann Scherchen zum Verhängnis und zum Wegweiser in einem. Als Zivilist bis 1918 in Rußland interniert, erlebte er aus nächster Nähe die Revolution, die ihn für die Zukunft mit der Arbeiterbewegung verband. Vom Kommunismus zumindest stark angezogen, beschäftigte er sich nach seiner Rückkehr in Berlin mit der musikalischen Laienbildung, dirigierte Arbeiterchöre und brachte ihnen so manches Lied bei, das er zuerst in Rußland gehört hatte: «Brüder, zur Sonne, zur Freiheit» beispielsweise, das bis heute seinen Symbolwert erhalten hat. Später revidierte er zum Teil seine Meinung vom Wert einer solchen «Erziehung von oben», weil es ihm fraglich schien, ob die «Gegensätze zwischen den Klassen» dadurch ausgeräumt werden könnten. Seine sozialistische Weltanschauung verlor Hermann Scherchen zwar nicht, doch sein Engagement schwand — besonders nach dem Zweiten Weltkrieg — auf diesem Gebiet beträchtlich.

Kaum zu bremsender Elan und eine glückliche Hand auf unbekanntem Terrain erweiterten indes nach 1918 rasch den nationalen und internationalen Bekanntheitsgrad Hermann Scherchens. Seine Kompositionen — Kammermusik, eine Klaviersonate und Gesangsstücke — erregten dabei weniger Aufsehen als die Gründung seiner halbmonatlich erscheinenden Zeitschrift «Melos». Das ambitionierte Blatt widmete sich von Beginn an der Neuen Musik als «Kampforgan» für die noch nicht etablierte Atonalität. Wahrscheinlich von den Wiener «Musikblättern des Anbruch» angeregt, sagten die Autoren des Berliner Blatts den Durchbruch der Zwölftonmusik voraus, denn sie begriffen die Tonalität mit ihren «pseudoarchitektonischen Strukturen» lediglich als das «beherrschende Prinzip einer musikalischen Entwicklungsstufe».

Zugleich sahen sie in der Oper eine überkommene Gattung, hielten überhaupt «das Verhältnis von Ton und Wort» in der Musik für problematisch und wollten dagegen die «Berührung mit anderen Künsten», die Verknüpfungen zwischen auditiven und visuellen Eindrücken weiter fördern. Ausserdem befaßte sich »Melos» regelmäßig mit dem sogenannten «soziologischen Unterbau der Musik», der Verquickung zwischen Kunst und Wirtschaft. Hält man sich vor Augen, welche Wichtigkeit heute der Musiksoziologie beigemessen wird, kann die Pioniertat Hermann Scherchens erst richtig gewürdigt werden. Schon der erste Jahrgang enthielt Aufsätze so großer Persönlichkeiten wie Bartók, Busoni und Schönberg und entwickelte sich zu einem Forum wissenschaftlicher Diskussionen. Die Qualität des «Melos» kann kaum zu hoch eingeschätzt werden, wenngleich die wirtschaftliche Situation bis 1926 so schlecht aussah, daß das Projekt an einen anderen Verlag abgegeben werden mußte.

Ebenfalls in Berlin gründete Hermann Scherchen die erste von mehreren «Gesellschaften für Neue Musik». Weitere dieser verdienstvollen Ein-

richtungen folgten später auch in Belgien, Frankreich, Österreich und der Schweiz. Außerdem unterrichtete er an der Berliner Musikhochschule und leitete sein eigenes Streichquartett, bis er 1922 gleich zwei neue Verpflichtungen übernahm: In Frankfurt löste er Wilhelm Furtwängler als Dirigent der Museumskonzerte ab, während er in Winterthur seine lange Tätigkeit beim Musikkollegium begann. Dort hatte er praktisch jede Möglichkeit zum Experimentieren, und Hermann Scherchen nutzte sie für eine ungewöhnlich hohe Anzahl von Uraufführungen. Sowohl das Orchester wie auch das Publikum akzeptierten seine Eskapaden; im In- und Ausland — Paris, Stockholm, Moskau und London — verstärkte sich der Ruf nach dem mutigen Pionier.

Das aufstrebende Medium Rundfunk weckte das Interesse des Dirigenten am meisten, und so trat er 1928 als GMD und Orchesterchef beim Ostfunk in Königsberg an. Währenddessen schrieb Hermann Scherchen an einem Buch, das zu einem Standardwerk der Ausbildung avancierte und in mehreren Sprachen erschien. Sein «Lehrbuch des Dirigierens» (Leipzig 1929, Mainz 1956) wies den Schüler in eine stark ausgefeilte Schlagtechnik ein, die — so bemängelten Kritiker — kaum Freiraum für eigenes Bewegungsgefühl ließ. Der Autor vertrat den sicherlich richtigen Standpunkt, daß jede noch so kleine Geste, jedes unbewußte Schulterheben, eine Reaktion des Orchesters auslösen würde. Dementsprechend hielt er die Kontrolle über den Körper für eine grundsätzliche Voraussetzung guter Ergebnisse. Wenn also die Ansprüche Hermann Scherchens, Hände und Arme gleichermaßen als Instrument einzusetzen wie ein Violinist seinen Bogen, oftmals sehr rationalistisch klangen: Seine eigenen Orchesterproben verliefen ebenso intensiv, und der Erfolg dieser Technik gab ihm recht. Was jeder Schüler aus diesen Anleitungen für Nutzen zog, welchen Stil er selbst entwickelte, blieb ihm schließlich selbst überlassen. Hermann Scherchens spätere Bücher «Vom Wesen der Musik» (1946) und «Musik für Jedermann» (1950) waren übrigens für einen breiteren Leserkreis konzipiert und besaßen weniger didaktischen Charakter.

Wie so viele seiner Kollegen ging auch Hermann Scherchen nach Hitlers Machtübernahme in die Emigration, zunächst nach Brüssel, wo er bis 1936 die Zeitschrift «Musica viva» herausgab. Daneben wirkte er in vielen Ländern als Gastdirigent und nahm seine Tätigkeit in der Schweiz wieder auf. Mit seinem «Ars-Viva-Orchester» in Wien hatte es indes eine besondere Bewandtnis: Hermann Scherchen sah hier die Möglichkeit, arbeitslosen, vor allem auch jüdischen Musikern eine Stellung anzubieten. Er wählte sie so gerecht aus, wie es nur ging, gab jedem, der sich vorstellte, eine Nummer und entschied dann nach dem Probespiel, ohne daß er die betreffenden Künstler kannte, ob sie dem Orchester angehören sollten oder nicht. Auf diese Weise erhielt er ein Ensemble höchster Qualität, das es durch Fleiß und Können fertigbrachte, selbst fremde oder überaus schwere Stücke innerhalb von zwei Tagen zur Aufführungsreife zu bringen.

Während des Krieges entfaltete Hermann Scherchen eine immer breitere Tätigkeit in der Schweiz. Nicht nur das Winterthurer Stadtorchester leitete er nach längerer Unterbrechung erneut, er dirigierte nun auch das Radio-Orchester Beromünster. Daneben trat er schon 1945 wieder in Berlin mit den Philharmonikern auf, und zwei Jahre später unterrichtete er bei den Ferienkursen für Neue Musik in Darmstadt, wo er Werke von Henze, Luigi Nono und Stockhausen erstmals aufführte. Auch hier waren seine pädagogischen Methoden wenig zartfühlend. Hermann Scherchen verlangte genauestes Auswendiglernen bestimmter Stücke, die er für beispielhaft zum Erlernen der Technik erachtete. Viele seiner Schüler bestätigten später den Nutzen einer solch harten Ausbildung, lernten wie Pierre Boulez sogar das Proben ohne Partitur.

Der Dirigent kümmerte sich kaum — für Außenstehende jedenfalls nicht sichtbar — um die Kritik, die ihn zuweilen traf. Sein Schüler Helmut Koch berichtete zum Beispiel eine Anekdote, die sich während eines Experimentalkonzerts mit hundert Posaunisten in der Berliner Philharmonie zutrug: «Scherchen reagierte auf Pfiffe ruhig und überlegen, indem er folgende Worte an das Publikum richtete: 'Da einige unter Ihnen das Werk noch nicht verstanden haben, spielen wir es gleich noch einmal.' Und so geschah es. Diesmal allerdings mit dem Beifall vieler Konzertbesucher.» Auch die Angriffe aus der Presse, die er wegen seiner Engagements während des «Kalten Krieges» in der DDR und der Tschechoslowakei zu erdulden hatte, quittierte er ohne größeren Kommentar mit der Kündigung seiner Ämter in Winterthur und bei Radio Beromünster.

Hermann Scherchen hatte bei Radio Beromünster wegbereitende Arbeit geleistet. Seine Freude am Tüfteln mit einem kleinen Orchester, aber vielen Mikrophonen zeitigte geradezu phänomenale Ergebnisse, auch wenn es waghalsig erscheinen mußte, eine Beethoven-Symphonie mit dem kompletten Bläsersatz und einem Streichquartett zu spielen. Die Arbeit an Dirigenten- und Mischpult faszinierte ihn so stark, daß er in Gravesano bei Lugano ein eigenes Tonstudio errichten ließ, um seine elektroakustischen Experimente zu intensivieren. Viele namhafte Wissenschaftler und Interessierte kamen ab 1954 dorthin, erzielten neue Erkenntnisse über Klangerzeugung und -aufteilung und machten das Studio zu einem wahrhaft tonangebenden Mittelpunkt der aufnahmetechnischen Entwicklung.

Die Resultate dieser Experimente und der zahlreichen Kongresse in dem kleinen Ort veröffentlichte Hermann Scherchen in seinen vierteljährlich erscheinenden «Gravesaner Blättern». Sie wurden oft mit der «reihe», einem Wiener Organ, verglichen, doch waren die Studien der «Gravesaner Blätter» noch wesentlich spezieller abgefaßt. Das Studio genoß die Unterstützung des Internationalen Musikrats, einer Organisation der UNESCO, erhielt sich aber die von Hermann Scherchen stets erstrebte Unabhängigkeit. Weder in das Konzept der Organisation, noch in Fragen der Forschungsziele wurde ihm hineingeredet. Er sagte selbst: «Es ist nur mein ganz primitiver Lebenswunsch, da drin so intensiv als möglich den Moment auszufüllen. Und dazu gehört alles, was lebendig ist, ganz gleich, wie es mir gegenübertritt ... Gravesano ist vollständig privat, eine Heimstätte für wirkenwollende und wirkenkönnende Geister.»

Die Liste der Erfolge und innovativen Leistungen wird ergänzt durch Hermann Scherchens zweite internationale Dirigentenlaufbahn, die ihn nach Paris, an die Mailänder Scala und 1964 erstmals nach Amerika führte, sein Engagement in der Internationalen Gesellschaft für Neue Musik, seine vortreffliche Arbeit als Chefdirigent der Nordwestdeutschen Philharmonie in Herford und die Gründung des Musikverlags «Ars viva» in Zürich (1950). Vor allem erregte er starkes Aufsehen durch etwa 140 Schallplattenaufnahmen. Angesichts dieser enormen Anzahl erscheint es unbegreiflich, daß bis auf Schönberg «Erwartung» keine einzige mehr in Deutschland erhältlich ist. Die Gründe? Zum einen liegen sie im wirtschaftlichen Debakel der amerikanischen Schallplattenfirma, zum anderen im (unberechtigterweise schlechten) Ruf der Preß- und Aufnahmequalität, der sich mit der ersten Auflage erhalten hat. Von den amerikanischen Pressungen, die wesentlich besser gewesen sein sollen, nahm man dagegen in Deutschland nur kurz Notiz.

Daß Hermann Scherchen ein Protagonist in Sachen Neue Musik war, ist richtig; daß er nur auf dieses Gebiet spezialisiert war, ist falsch. Als Lieblingsstück gab er sogar Mozarts Symphonie in C-Dur an. Sein Spektrum ging weit über Neue Musik hinaus, bis zur Vorklassik zurück, nur wurde dies kaum beachtet, ebenso wie seine Opernaufführungen hinter seinen Konzert-Interpretationen zurücktraten. Er beschäftigte sich mit italienischer und französischer Musik, mit Bach und Beethoven oft ebenso gern wie mit der Vierteltontechnik.

Wie gesagt: Was er von seinen Schülern erwartete, leistete er selbst. Klar, aber sehr sparsam in der Gestik und meist ohne Taktstock, erarbeitete er Details. Was ihm am Herzen lag, war die Organik, das «Atmen» eines Ensembles, und er besaß eine individuelle Vorstellung von der Wirkung, die Musik erzielen sollte: «Musik 'verschönert' nicht, doch muß sie immer 'enthusiasmieren' — das heißt den Hörer über sich selbst hinaussteigern. Das Wesen der Musik ist immer positiv.»

Hermann Scherchen starb, wie er es sich gewünscht hatte: mitten in der Arbeit. Während der Pause einer Aufführung der «L'Orfeide» von Malipiero am Teatro della Pergola in Florenz am 7. Juni 1966 wurde er ohnmächtig, dirigierte aber wenig später weiter, mit überwältigendem Erfolg sogar. Von dem erlittenen Herzanfall konnte er sich jedoch nicht mehr erholen. Kurz vor seinem 75. Geburtstag, am 12. Juni 1966, hinderte ihn der plötzliche Tod daran, am nächsten Tag wieder auf der Bühne zu stehen. *DR*

Scherman, Thomas K.

* New York 12. 2. 1917, † New York 14. 5. 1979; amerikanischer Dirigent, nach dem Besuch der Columbia University (1937) studierte er bei Isabelle Vengerova Klavier, bei Hans Weisse Theorie und bei Carl Bamberger, Max Rudolf und Otto Klemperer Dirigieren. Klemperer berief ihn auch zum Assistenten an ein Kammerorchester europäischer Flüchtlinge an der New School in New York (1939—41). 1947 gründete er die Little Orchestra Society in New York, die es sich zur Aufgabe machte, neue Werke aufzuführen, von denen einige eigens in Auftrag gegeben wurden, und alte Werke wiederzubeleben. 1975 stellte er die Konzerte der Little Orchestra Society ein, gründete allerdings daraufhin die New Little Orchestra Society, die Kinderkonzerte aufführte; er leitete sie bis zu seinem Tod.

Schillings, Max von

* Düren 19. 4. 1868, † Berlin 24. Juli 1933; deutscher Komponist und Dirigent, studierte in Bonn bei dem Gürzenicher Konzertmeister O. von Königslöw Violine sowie Theorie und Klavier bei K. J. Brambach. Die Kompositionen aus dieser Zeit dirigierte er selbst. Nachdem er in München Strauss kennengelernt hatte, brach er sein Jurastudium ab und richtete sein musikalisches Interesse vorwiegend auf die Oper; 1892 nahm er eine Assistentenstelle als Dirigent in Bayreuth an, wo er 1902 Chorleiter wurde. Nach einer Periode als Dirigent und Lehrer in München (Schüler u.a.v. Furtwängler) wurde er 1908—18 GMD in Stuttgart (45 Uraufführungen), war 1919—25 Intendant der Preußischen Staatsoper in Berlin, leitete ab 1926 die Zoppoter Waldfestspiele und wurde 1933 Generalintendant der Städtischen Oper Berlin. Daneben stand er 1910—20 dem Allgemeinen Deutschen Musikverein vor und war ab 1932 Präsident der Preußischen Akademie der Künste.

Schippers, Thomas

* Kalamazoo, Michigan 9. März 1930, † New York 16. 12. 1977; amerikanischer Dirigent, Studium am Curtis Institute of Music in Philadelphia, an der Yale University, an der Juilliard School of Music, in Tanglewood und privat bei Olga Samaroff. Er gewann den Zweiten Preis bei einem Wettbewerb junger Dirigenten, der vom Philadelphia Orchestra unterstützt wurde (1948), gab sein professionelles Debut als Dirigent bei der Lemonade Opera Company in New York (1948) und dirigierte 1950 Menottis »The Consul«, hatte Gastspiele als Dirigent in Paris und London. 1951 ging er zur New York City Opera Company, dirigierte 1955 erstmals die New Yorker Philharmoniker, an der Mailänder Scala und an der Metropolitan Opera in New York. 1963 dirigierte er eine Neuproduktion der »Meistersinger« in Bayreuth und etablierte sich als ein junger Dirigent internationalen Formats. Ab dessen Gründung (1958) war er außerdem Dirigent beim Festival of Two Worlds in Spoleto. Als die Metropolitan Opera 1966 ihr neues Haus im Lincoln Center bezog, dirigierte er die Premiere von Barbers »Anthony and Cleopatra«.

Schira, Francesco

* Malta 21. 8. 1809, * London 15. 10. 1883; italienischer Dirigent, Komponist und Musikpädagoge. Studium am Mailänder Konservatorium. Bereits mit 23 Jahren wurde er beauftragt, eine Oper für die Mailänder Scala zu schreiben (»Elena e Malvina«). Acht Jahre lang war er Musikdirektor am S. Carlos Theater in Lissabon. 1842 ging er nach London, war dort Musikdirektor am neu eröffneten Princess's Theatre, das Jahr darauf dirigierte er am Covent Garden. Bis 1947 war er dann als Dirigent am Drury Lane. Nach einer erneuten kurzen Saison am Covent Garden (1848) dirigierte er 1852 noch eine Saison lang am Drury Lane. In der folgenden Zeit beschäftigte er sich hauptsächlich mit Komponieren.

Schmeidel, Hermann

* Graz 20. 6. 1894, † Graz 10. 10. 1953; österreichischer Dirigent, studierte am Grazer Konservatorium und an der Universität, an der Wiener Musikakademie und auch an der dortigen Universität. 1915 gründete und leitete er den Wiener Frauenchor und dirigierte die Gesellschaft der Musikfreunde, ab 1920 den Wiener Schubertbund, 1921 die Konzertgesellschaft in Elberfeld und 1924 den Düsseldorfer Lehrergesangverein. Ab 1925 leitete er die Dirigentenklasse am Hochschen Konservatorium in Frankfurt/Main und war

1926 Dirigent des Prager Deutschen Singvereins. Ab dem folgenden Jahr leitete er die Orchesterschule sowie die Chor- und Dirigentenklassen der deutschen Musikakademie in Prag, war dann Chordirigent in Frankfurt und von 1930 bis 1933 der Mainzer Liedertafel, bis 1938 schließlich Dirigent des Steiermärkischen Musikvereins Graz (Landesmusikdirektor 1935 bis 1938). Danach ging er als musikalischer Berater zur türkischen Regierung nach Ankara, dirigierte ab 1946 am Mozarteum in Salzburg und arbeitete 1951—52 als Gastprofessor in Boston.

Schmidt-Isserstedt, Hans

* Berlin 5. 5. 1900, † Holm (bei Hamburg) 28. 5. 1973; deutscher Dirigent und Komponist, studierte an der Musikhochschule in Berlin, weiterhin in Heidelberg und Münster. Kapellmeisterämter bekleidete er in Wuppertal (bis 1928), Rostock (1928—31) und Darmstadt (1931—33). Er war von 1935 bis 1942 Erster Dirigent an der Staatsoper in Hamburg und 1942 bis 1945 Operndirektor am Deutschen Opernhaus Berlin. Von 1945 bis 1971 leitete er als Chefdirigent das von ihm reorganisierte Symphonieorchester des Norddeutschen Rundfunks in Hamburg, leitete auch eine Dirigentenklasse an der Staatlichen Musikhochschule Hamburg und ging mit seinem Orchester nach Paris, Edinburgh, in die Sowjetunion und in die USA. Von 1955 bis 1964 war er außerdem Chefdirigent des Stockholmer Philharmonieorchesters und trat als Gastdirigent von mehr als 120 Orchestern in allen großen Musikzentren der Welt auf. 1958 dirigierte er »Die Hochzeit des Figaro« in Glyndebourne und 1962 «Tristan und Isolde» am Covent Garden.

Schneider, Peter

* Wien 26. 3. 1939; österreichischer Dirigent, 1957 machte er sein Abitur und studierte noch während der Schulzeit an der Akademie für Musik und Darstellende Kunst Dirigieren bei Hans Swarowsky und Komposition bei Schieske. 1959 Studienleiter in Salzburg; 1961 1. Kapellmeister in Heidelberg; 1968 1. Kapellmeister an der Deutschen Oper am Rhein; 1978 dann Generalmusikdirektor in Bremen; Gastspiele in Danzig, Warschau, Hamburg, Berlin, San Francisco, Wien und bei den Festspielen in Bayreuth und Edinburgh sowie beim Maggio Musicale Florenz.

Schneidt, Hans-Martin

* Kitzingen 6. 12. 1930; deutscher Organist und Dirigent, studierte bei Günther Ramin an der Leipziger Thomasschule und in München Chormusik und war gleichzeitig als Organist tätig. 1955 wurde er Direktor der Kirchenmusikschule in Berlin; gleichzeitig dirigierte er das Bach-Kollegium, den Chor und war Kantor und Organist der St. Johannes-Kirche. 1971 wurde er Professor für Dirigieren an der Hochschule für Musik in Hamburg, 1975 Generalmusikdirektor in Wuppertal. Er verfaßte auch eine Anzahl von Chorwerken.

Schönzeler, Hans Hubert

* Leipzig 22. 6. 1925; deutscher Dirigent und Musikwissenschaftler, ging als Jugendlicher nach Australien und studierte bei Eugen Goossens am New South Wales Conservatory of Sydney Dirigieren. Später reiste er nach Europa, wo er seine weitere Ausbildung bei Rafael Kubelik, bei Carlo Zecchi in Hilversum und bei Paul van Kempen in Siena erhielt. Schließlich ließ er sich in London nieder, wo er das 20th Century Ensemble übernahm (1957—62). 1967 wurde er zum stellvertretenden Chefdirigenten des West Australian Symphonic Orchestra in Perth ernannt, trat aber weiterhin als Gastdirigent in Westeuropa auf.

Schuch, Ernst von

* Graz 23. 11. 1846, † Kötzschenbroda (bei Dresden) 10. 5. 1914; österreichischer Dirigent, studierte bei Eduard Stolz in Graz Musik und leitete dort den Musikverein. Später studierte er in Wien, nahm 1867 die Stelle als Musikdirektor bei Lobes Theater in Breslau an, ging dann nach Würzburg (1868—79), wieder zurück nach Graz (1870—71) und Basel (1871). Das Jahr darauf engagierte ihn Pollini als Operndirigent in Dresden. Er wechselte dann an die dortige Hofoper und wurde 1873 zum Königlichen Kapellmeister ernannt. 1882 erhielt er auch die Operndirektion und wurde ab 1889 Generalmusikdirektor.

Schüchter, Wilhelm

* Bonn 15. 12. 1911, †Dortmund 27. 5. 1974; deutscher Dirigent, studierte an der Kölner Hochschule für Musik bei Hermann Abendroth Dirigieren und bei Philipp Jarnach Komposition. Von 1937—40 dirigierte er an der Würzburger Oper, bevor ihn Karajan als Assistenten nach Aachen berief (1940 bis 1942); im folgenden Jahr dirigierte er an der Städtischen Oper Berlin. 1947 wurde er Erster Dirigent des NDR Symphonie Orchesters in Hamburg. 1958 übernahm er die Stelle des Chefdirigenten am NHK (Japanischer Rundfunk). Nach seiner Rückkehr nach Deutschland war er ab 1962 GMD in Dortmund.

Schüler, Johannes

* Vietz (Neumark) 21. 6. 1894, † Berlin 3. 10. 1966; deutscher Dirigent, nach seinem Studium an der Berliner Hochschule für Musik dirigierte er Oper in Gleiwitz (1920—22), Königsberg (1922 bis 1924) und Hannover (1924—28). Bis 1932 war er musikalischer Direktor in Oldenburg und dirigierte in Halle/Saale. Von 1933 bis 1936 war er musikalischer Direktor an der Oper in Essen. 1936 ging er an die Berliner Staatsoper. Nach dem Krieg war er Generalmusikdirektor von Hannover (1949—60).

Schuller, Gunther

* New York 22. 11. 1925; amerikanischer Dirigent, Komponist und Lehrer, studierte Komposition, Flöte und Horn an der St. Thomas Chor Schule (1938—42); er spielte Horn bei den New Yorker Philharmonikern und ab 1943 in Cincinnati, wo er sich für Jazz zu interessieren begann. Er musizierte mit Miles Davis und komponierte Jazzstücke; 1950—63 lehrte er Horn an der Manhattan School of Music; 1966—77 war er Präsident des New England Konservatoriums, Boston; 1969 wurde er zudem Direktor in Tanglewood; Seine Bearbeitungen von Scott Joplins Piano Rags führten zur Wiedergeburt des Ragtime. Als Komponist sieht er seine Aufgabe darin Brücken zwischen klassischer Musik und Jazz zu schlagen; seine Kompositionen umfassen Filmmusiken, eine Kinderoper, verschiedene Orchesterstücke, Ensemble- und Instrumentalmusik und Lieder.

Schulz-Dornburg, Rudolf

* Würzburg 31. 3. 1891, † Gmund am Tegernsee 16. 8. 1949; deutscher Dirigent, studierte in Köln, wo er auch Chordirektor wurde. Danach dirigierte er in Mannheim, Münster und Essen; 1934 ging er als Radio-Dirigent nach Berlin. Von 1945—1948 war er Generalmusikdirektor in Lübeck.

Schuricht, Carl

«Die neuen Dirigenten tun mir leid. Sie treten viel zu schnell ins Rampenlicht, sie haben Talent und machen Karriere und haben gar keine Zeit, sich wirklich umfassend auszubilden. Vor ein paar Jahren gab ich einem jungen Dirigenten, der mich fragte, wie er nun nach Beendigung seiner Ausbildung am besten beginnen solle, den Rat, zunächst sechs Jahre Operette zu dirigieren. Er sah mich an, wie wenn ich nicht ganz richtig wäre. Und doch gibt es nichts, wobei man soviel lernt, wie ein Operettentheater; allerdings gibt es heute nicht mehr so viele wie zu meiner Zeit.» Nicht lange vor seinem Tod, am 7. Januar 1967 starb er im Alter von 86 Jahren in seinem Schweizer Domizil Corseaux bei Vevey am Genfersee, sagte Schuricht diesen Satz, ein Dirigent, der zu den bedeutendsten Künstlerpersönlichkeiten am Pult zu zählen ist. Über den Antistar Schuricht, dem Starrummel und fade Publicity ein Greuel waren, gibt es vor allem eines zu berichten, das auf so viele Dirigierkollegen leichtfertig angewandt wird, aber, anders als bei Schuricht, nicht zutrifft: Wirken und Musizieren des statürlich kleinen Mannes waren von einer künstlerischen Bescheidenheit geprägt, die ihn ganz vor dem Werk eines Komponisten zurücktreten ließ. Sein Musizierstil zeugte von so tiefem Ernst, von solcher interpretatorischer Lauterkeit, daß es uns heute noch erregen muß, — wenn man eine seiner Schallplatteneinspielungen hört — wie dem inneren Gehalt eines Werkes nachgespürt wird.

Wer Carl Schuricht in seinen Konzerten erlebte, so wird es überliefert, wurde immer wieder gepackt von der Klarheit des Musizierens, der, auch noch im hohen Alter, geistigen Lebendigkeit, die Schuricht ausstrahlte und die ihn in jedem Werk das Wesentliche empfinden und herausarbeiten ließ. Wenn Schuricht Mozart dirigierte, verspürte man seine Vorliebe für Klarheit und musikalische Struktur, eine völlige Harmonie von Musik und Geist, die im Werk Mozarts Ereignis geworden ist. Hört man heute Schurichts Beethoven-Interpretation, zum Beispiel die auf Schallplatte neu aufgelegten Sinfonie Nr. 9 mit dem Conservatoire-Orchester Paris, so erfährt man trotz des starken emotionell-menschlichen Gehalts des Werkes auch das Ringen, das der große Sinfoniker um die Klarheit der klassischen Form führte. Wie verwandt ist Schuricht hier doch Erich Kleiber. Und wenn Schuricht Bruckner-Sinfonien aufführte, für den er sich neben Mahler sein Leben lang so vehement einsetzte, lange ehe es zur Mahler-Renaissance kam, so wird auch hier Schurichts hohe ordnende Kraft bewußt, mit der er Bruckners mächtige Klangvisionen zu bewältigen suchte. Auch für Schuricht könnte, im übertragenen Sinne, ein Ausspruch Friedrich Kloses gelten, den er über seinen Lehrmeister Bruckner gesagt hat: «Nur aus seinen Werken kann man Bruckners wahre Persönlichkeit erkennen. Gegenüber seinen Schöpfungen ist alles andere unwichtig und bringt außerdem die Gefahr mit sich, daß er vor einem Publikum, das seine Größe nicht völlig erkannt hat, in einem falschen Lichte erscheint.» Bescheidenheit, Klarheit und Ordnung waren die wesentlichen Charaktereigenschaften, die an Schuricht faszinierten. Seine klugen und lebendigen Augen und das entschiedene Gesicht, seine Lebhaftigkeit und Souveränität, seine ausdrucksvollen Hände, seine Sparsamkeit dirigentischer Bewegungen: All dies mußte wohl einen tiefen Eindruck auf seine Umwelt gemacht haben.

Schuricht stammte aus Danzig, wo er am 3. Juli 1880 geboren wurde; ein Jahr vor Pablo Picasso und zwei Jahre vor Igor Strawinsky. 1880 starb Jacques Offenbach, 1883 Richard Wagner und Karl Marx. Schuricht hat zeit seines Lebens Danzig als eine der schönsten Städte der Welt in Erinnerung behalten. Die Schurichts lebten dort seit Generationen und waren als Orgelbauer weithin berühmt. Der junge Carl wuchs in einer Atmosphäre von Musik und Handwerk auf. Es ist nicht verwunderlich, daß diese Verbindung von Kunst und Handwerk, von höchster geistiger Konzentration und dem Bewußtsein, daß auch der größte Dirigent «im besten Fall ein guter Musiker ist», bewirkte, daß Schuricht ein Leben lang nahezu immer das Richtige machte. Wie Wilhelm Furtwängler, der am Beginn seiner Dirigierlaufbahn in Zürich einmal sechs Wochen lang en

Carl Schurichts Vorliebe galt unter anderem Beethoven und Bruckner.

suite «Die Lustige Witwe» dirigierte, hat auch Schuricht sozusagen von der Pike auf gelernt. Von seiner Mutter, einer bekannten Oratoriensängerin ermuntert, begann der Knabe mit sechs Jahren Violine und Klavier zu spielen, mit elf Jahren zu komponieren und im Alter von fünfzehn seine Ausbildung bei dem damals berühmten und ob seiner pädagogischen Fähigkeiten hoch geschätzten Pianisten und Dirigenten Franz von Mannstaedt aufzubauen. Inzwischen waren die Schurichts über Berlin, wo er seine Jugend verlebte, nach Wiesbaden gezogen. Gegenüber, in Mainz, wird Schuricht an der Oper Korrepetitor. 1902 gewinnt er einen Kompositionspreis der Kuszynski-Stiftung und ein Stipendium bei Franz von Mendelssohn, einem Neffen des berühmten Komponisten. Schuricht studiert bei Engelbert Humperdinck und später in Leipzig bei Max Reger. Zahlreiche Orchester- und Kammermusikwerke entstehen und beginnen den Namen Schuricht bekannt zu machen. Doch das Komponieren füllt ihn nicht aus und nährt vor allem keinen Mann, und so wendet er sich mehr und mehr dem Dirigieren zu, das ihn unwiderstehlich anzieht. In Zwickau beginnt Schuricht als Operettendirigent, und er dirigiert und lernt alles, was er in die Hände bekommt. Sogar als Kurorchester-Dirigent profilierte er sich, was andere nun als gänzlich deplaziert empfinden. Nach zehn Wanderjahren wird Schuricht 1912 Kapellmeister in Wiesbaden und später Generalmusikdirektor dieser Kur- und Badestadt. Das Musikleben dort entwickelte sich unter Schurichts Leitung zur höchsten Blüte. Musikfeste mit moderner Musik, ebenso zyklische Aufführungen großer klassischer Werke, Beethoven, Brahms, Bruckner und Mahler, Gastkonzerte großer international bekannter Solisten und Dirigenten — die Leitung des Brahms-Festes 1921 teilte sich Schuricht mit Furtwängler — lassen Wiesbadens Geltung als Musikstadt international werden. Schuricht blieb Wiesbaden treu, auch als er zwischen 1930 und 1939 die sommerlichen Sinfoniekonzerte des Residenzorchesters Den Haag in Scheveningen leitete und überhaupt in allen großen Musikzentren und als Leiter der berühmtesten Orchester auftrat. Inzwischen war in Deutschland die Nazi-Herrschaft angebrochen, und Carl Schuricht mußte mit ansehen, wie die Kulturpolitik politisch gleichgeschaltet wurde und sah seine besten Freunde Deutschland verlassen — bis auf Wilhelm Furtwängler. Ohne zunächst zu müssen, zog er sich allmählich aus der Öffentlichkeit zurück. Er gedachte in Deutschland zu bleiben, um bescheiden und dem Kulturbetrieb entzogen das Ende des Dritten Reiches abzuwarten. 1944 kam es dann doch so weit, daß Schuricht in ein Lager eingeliefert werden sollte. Ein Schurichts Kunst liebender Gestapo-Mann warnte ihn rechtzeitig und verhalf ihm zur Flucht in die den Emigranten gegenüber unfreundliche Schweiz, die sich allein Künstlerschicksalen gegenüber aufnahmebereit und tolerant und lebensrettend verhielt. Die Schweiz wurde Schurichts neue Heimat. Von hier aus konnte er, von seinem Freund Ernest Ansermet unterstützt, bald nach dem Krieg wieder seine internationale Dirigiertätigkeit aufnehmen. Der Schweiz erwies er bis zu seinem Tode seine Referenz und dirigierte stets in allen größeren Städten. 1946 berief man Schuricht zu den ersten Nachkriegsfestspielen nach Salzburg; er eroberte im Sturm Frankreich und England und wurde bald auch in Deutschland zu einem der gesuchtesten und beliebtesten Gastdirigenten. Vor allem mit den Wiener Philharmonikern konzertierte er auch für die Schallplatte. Die Philharmoniker und das Wiener Publikum mochten Schuricht ganz offensichtlich. Durch Schuricht lernten die Wiener ein überaus hörenswertes Stück aus der deutschen Barockmusik kennen, ein prächtiges Concerto grosso von Gottfried Heinrich Stölzel, einem Zeitgenossen von Johann Sebastian Bach. Schuricht brachte auch Wilhelm Backhaus mit nach Wien. Es war so, als wäre die Welt, und insbesondere das sich selbstmordende und verkleinernde Deutschland, eben dem Chaos entronnen, doppelt empfänglich für die Klarheit und Geradlinigkeit von Schurichts Kunst. Die Beziehung zu den Wiener Philharmonikern festigten gemeinsame Konzerte in Wien und Salzburg, aber auch große Tourneen. Schuricht dirigierte regelmäßig Konzerte des London Symphony Orchestra. Schuricht emfand es immer als großes Geschenk, Musik machen zu dürfen, und für sich persönlich empfand er den immer hektischer und unpersönlicher werdenden Kulturbetrieb nicht mehr als störend. Für ihn gab es nur zwei wirklich große Komponisten: Bach und Mozart. Und doch würde man ihm Unrecht tun, leugnete man sein Faible und sein Partiturinteresse an der Neuen Musik. Noch in Wiesbaden tätig, stand er völlig im Banne von Gustav Mahler, und immerhin wagte er schon während des 1. Weltkriegs im großen Saal des Wiesbadener Kurhauses einen Mahler-Zyklus, der die meisten Sinfonien enthielt. Schuricht erlebte hier den ersten Höhepunkt seiner Dirigierkunst. Der Musikschriftsteller und Journalist Hans Heinz Stuckenschmidt verdankt viele Anregungen und Einsichten Carl Schuricht. In seinen Erinnerungen «Zum Hören geboren» schreibt er: «Durch Freunde meiner Mutter wurde ich dem kultivierten, glänzend aussehenden Manne vorgestellt. Er forderte mich auf, die Harmonielehre-Kurse zu besuchen, die er jeden Montagvormittag in einem kleinen Saal hielt. Es waren Stunden, die weit über das Gebiet der Harmonielehre hinaus in Fragen der Form, der Orchestrierung und der gesamtkulturellen Zusammenhänge führten und denen ich viel von meiner künstlerischen Einsicht verdanke.» Und weiter schreibt Stuckenschmidt: «Ich fragte Schuricht, ob er etwas von Schönberg wisse. Ja, gewiß, das sei einer der umstrittensten und kühnsten Wiener Komponisten. Am darauffolgenden Tag brachte er in seinen Kurs ein großes Buch mit, aus dem er einige Ab-

Im Gespräch mit dem Pianisten Robert Casadesus, mit dem er großartig die Klavierkonzerte Mozarts musizierte.

schnitte vorlas. Es war Schönbergs ‹Harmonielehre› mit der Widmung an Gustav Mahler. (. . .) Von Schuricht beraten, las ich damals viele musik-theoretische Bücher und arbeitete danach.» Am Ende seines Lebens, das so glücklich disponiert war, wurden Schuricht Ehrungen aus aller Welt zuteil. In einem wunderschönen Haus oberhalb Veveys am Genfersee lebte Carl Schuricht. Bis zuletzt stand der große Künstler, der große Mensch Carl Schuricht am Pult. Seinen jugendlichen Elan und seine Klarheit des Dirigierens bewahrte er bis ins hohe Alter. Wenn Schuricht dirigierte, war in seinen Bach-, Beethoven-, Brahms- oder Mahler-Interpretationen immer nur das Werk da und immer so, als wäre es zum ersten Mal erklungen. *SJ*

Schurmann, Gerard

*Kerstosono/Java 23. 01. 1924; Dirigent und Komponist holländisch-ungarischer Abstammung und indonesischer Geburt. Seine Verwandschaft väterlicherseits reicht ins 18. Jahrhundert zurück, zu dem deutschen Komponisten Georg Caspar Schürmann, der auch an der Hamburger Oper Alt-Falsett-Partien sang und am Hof des Herzogs von Braunschweig, als Kapellmeister diente. Sein Vater war Zuckerfabrikant in Java; seine Mutter Pianistin, die bei Béla Bartók an der Budapester Musikakademie studierte. 1937 ging er nach England, machte Abitur und verpflichtete sich bei der Royal Air Force. Er gab Klavierabende, studierte bei Kathleen Long Klavier und bei Alan Rawsthorne Komposition. In Italien nahm er Dirigierunterricht bei Franco Ferrara. Später arbeitet er in den Niederlanden für Radio Hilversum. Bereits in London begann seine Karriere als Pianist, Dirigent, Komponist. 1981 entschied er sich dafür in die USA auszuwandern und sich in Hollywood niederzulassen. Heute komponiert und arrangiert er vor allem Filmmusik. Daneben dirigiert er in aller Welt. Sein Repertoire reicht von Mozart bis Bartók, von Haydn zu Schönberg und Webern von Tschaikowsky zu Schostakowitsch.

Schwarz, Boris

* St. Petersburg 26. 03. 1906, † New York 31. 12. 1983; amerikanischer Dirigent, Violinist, und Musiklehrer, zog von seiner Geburtsstadt im Kindersalter nach Berlin; im Alter von 14 Jahren debutierte er als Violinvirtuose in Hannover. Er studierte bei Carl Flesch in Berlin, bei Jacques Thibaud und Lucien Capet in Paris; außerdem Musikwissenschaften bei Sachs, Schering und Wolf an der Berliner Universität. 1936 ließ er sich in den USA nieder und wurde Konzertmeister des Indianapolis Symphony Orchestra (1937/38); später war er in gleicher Position beim NBC Symphony Orchestra unter Toscanini. Seine musikalischen Studien an der Columbia University schloß er 1950 mit Prädikat ab. Von 1941—1976 organisierte und dirigiert er die Queens College Orchestra Society der City Universität von New York. Er dirigiert Konzerte und Chormusik. 1962 wurde er im Austausch Musikprofessor in Moskau. Seither dirigiert er kaum noch; er schreibt dafür in Russisch, Deutsch und Englisch Kritiken vor allem über Russische Musik.

Schwarz, Gerard

* Weehawken/New York 19. 07. 1947; amerikanischer Dirigent und Trompeter. Er studierte an der Hochschule für Musik und Kunst und an der Juilliard Musikschule; danach spielte er erst einmal Trompete im American Brass Quintet und bei den New Yorker Philharmonikern; im Dirigieren ist er Autodidakt. 1978 wurde er Musikdirektor des Los Angeles Chamber Orchestra.

Schwarz, Rudolf

* Wien 29. 4. 1905; Österreichischer Dirigent, nach seinem Studium (Klavier und Violine) spielte er bei den Wiener Philharmonikern Viola; danach dirigierte er in Düsseldorf und Karlsruhe Oper. Unter den Nazis bekam er Berufsverbot und wurde musikalischer Direktor des jüdischen Kulturbundes in Berlin. Er überlebte einige Jahre im KZ Bergen-Belsen. Nach der Befreiung ließ er sich in England nieder. Dort dirigierte er das Städtische Orchester von Bournemouth (1947—50), das Birmingham Orchestra (1950—57) und danach das Symphonie-Orchester der BBC (bis 1962). Von 1964—67 war er Erster Dirigent des Northern Sinfonia Orchestra in Newcastle-upon-Tyne, wo er dann bis 1973 als künstlerischer Direktor tätig war.

Scimone, Claudio

* Padua 23. 12. 1934; italienischer Dirigent und Musikwissenschaftler, studierte Dirigieren bei Mitropoulos und Ferrara; 1959 gründete er das weltbekannte Kammerorchester «I Solisti Veneti». Mit ihm erarbeitete er sich Werke des Barock bis zur Avantgarde und erzielte damit aufregende Aufführungen. 1974 wurde er Direktor des Konservatoriums von Padua. Er konzentrierte sich außerdem auf die Herausgabe der Editionen der Werke Tartinis und Rossinis, 1985 spielte er mit dem Philharmonia Orchester London u.a. erstmals die Rossini-Oper «Maometto II» (1820) ein.

Seaman, Christopher

* Faversham, Kent 7. März 1942; englischer Dirigent, erhielt seine erste Ausbildung am King's College in Cambridge; danach studierte er an der Guildhall School of Music in London. 1964 ging er als Paukist zu den Londoner Philharmonikern. 1968 wurde er stellvertretender Chefdirigent am Schottischen Symphonieorchester der BBC in Glasgow; von 1971—77 war er deren Chefdirigent. Von 1974—77 war er noch dazu künstlerischer Direktor des Northern Sinfonia Orchestra in Newcastle. 1979 ernannte ihn das Utrechter Symphonie Orchester zum Ersten Gastdirigenten und 1980 das Gelders Orchester in Arnheim.

Sebastian, Georges

* Budapest 17. 8. 1903; ungarischer Dirigent, schloß 1921 sein Kompositionsstudium bei Leo Weiner und Kodály an der Staatlichen Musikakademie in Budapest ab; danach nahm er bei Bruno Walter in München Privatunterricht im Dirigieren (1922/23). Anschließend wirkte er als Opernrepetitor an der Münchner Staatsoper, an der Metropolitan Opera in New York, an der Hamburger Städtischen Oper sowie in Leipzig und Berlin. 1931 ging er in die Sowjetunion und dirigierte am Moskauer Rundfunk. 1938 siedelte er in die USA über, wo er das Scranton Philharmonic Orchestra dirigierte. Nach dem Krieg kehrte er nach Europa zurück und lebte vor allem in Paris und dirigierte Oper und Sinfonie-Konzerte.

Segal, Uri

* Jerusalem 7. 3. 1944; israelischer Dirigent studierte dort Geige; danach immatrikulierte er sich an der Guildhall School of Music in London, bevor er Dirigieren in Siena studierte. 1969 gewann er den 1. Preis des Mitropoulos-Wettbewerbs in New York; in den folgenden zwei Jahren war er der Assistent Leonard Bernsteins. Später dirigierte er die führenden Orchester Europas und Amerikas; 1980 wurde er 1. Dirigent des Symphony Orchestra Bournemouth.

Segerstam, Leif

* Vaasa 2. 3. 1944; finnischer Dirigent und Komponist, studierte in Helsinki Komposition bei Fougstedt, Kokkonen und Englund sowie an der Sibelius Akademie in Helsinki Violine, Piano und Dirigieren. Nach seinem Abschluß 1963 ging er in die USA. An der Juilliard-School studierte er bei Louis Persinger Violine, bei Hal Overton und Vincent Persichetti Komposition und bei Jean Morel Dirigieren (1963—65); im Sommer 1964 besuchte er noch einen Sommer-Kurs in Dirigieren in Aspen (bei Walter Susskind). Nach seiner Rückkehr nach Europa dirigierte er von 1965—68 die Finnische Nationaloper und das Nationalballett, im folgenden Jahr an der Königlichen Oper in Stockholm. 1972 wurde er Dirigent an der Deutschen Oper in Westberlin. Von 1975—82 war er Erster Dirigent des Österreichischen Rundfunkorchesters und gleichzeitig Chefdirigent des Radioorchesters von Finnland.

Seidl, Anton

* Pest 7. 5. 1850, † New York 28. 3. 1898; ungarischer Dirigent, nach seinem Studium am Leipziger Konservatorium holte ihn Hans Richter als Chorleiter an die Wiener Oper; dieser empfahl ihn auch Wagner als Assistenten bei der Vorbereitung des «Ring» für die Bayreuther Festspiele. In Bayreuth arbeitete er dann bis 1879 und ging anschließend als Dirigent an die Leipziger Oper. 1882 verpflichtete ihn der Impresario Angelo Neumann für eine große Wagner-Tournee. Nach Wagners Tod 1883 dirigierte er an der Bremer Oper; 1885 übernahm er die Leitung des deutschen Opernrepertoires an der Metropolitan Opera in New York. Sein amerikanisches Debut gab er am 23. November 1885 mit «Lohengrin»; er dirigierte auch die amerikanischen Premieren der «Meistersinger» und von «Tristan und Isolde» (beide 1886). Vom 4.—11. März 1889 führte er den kompletten «Ring des Nibelungen» auf. 1891 ging er als ständiger Dirigent zu den New Yorker Philharmonikern, die er bis zu seinem überraschenden Tod leitete.

Šejna, Karel

* Zalezly 1. 11. 1896; tschechischer Dirigent, studierte 1914—20 am Prager Konservatorium und dirigierte ab 1922 gelegentlich das Tschechische Philharmonieorchester. Auf Talichs Rat widmete er sich dann auch den Amateuren, zum Beispiel dem Eisenbahner-Symphonieorchester (1932—35) und als Chorleiter der Vinohrady Hlahol (1929—36). Ab 1935 dirigierte er Abonnementskonzerte der Tschechischen Philharmonie, deren 2. Dirigent er 1937 wurde. 1949 wirkte er dort zeitweise als Künstlerischer Direktor und 1950—65 wieder als 2. Dirigent des Tschechischen Philharmonieorchester (neben Ančerl). Nach seinem Rücktritt trat er dort noch zeitweise als Gastdirigent in Erscheinung.

Semkow, Jerzy

* Radomsko 12. 10. 1928; polnischer Dirigent, studierte zuerst am Krakauer Konservatorium und ging am 1950 bei Eugene Mrawinsky an der Leningrader Philharmonie in die «Lehre» und dirigierte am Bolshoi-Theater in Moskau. Er studierte weiterhin Dirigieren bei Tullio Serafin in Rom und Bruno Walter in Wien. Danach dirigierte er an der Polnischen Oper in Warschau und schließlich am Königlichen Opernhaus in Kopenhagen. Dazwischen nahm er zahlreiche Verpflichtungen als Gastdirigent in ganz Europa wahr und unternahm mit dem London Philharmonic Orchestra eine Japantournee. 1968 gab er mit der Boston Symphony sein amerikanisches Debut und trat anschließend mit namhaften amerikanischen Orchestern auf. 1976 wurde er zum musikalischen Direktor des St. Louis Symphony Orchestra ernannt, wo er bis zu seiner Ernennung als Künstlerischer Direktor des Orchestra Sinfonica di Roma della Radiotelevisione Italiana im Jahre 1979 blieb.

Serafin, Tullio

Maestro concertatore e direttore — Kapellmeister und Dirigent. Sein Lebenselement war das Musiktheater.

Szene, Orchester, Sänger — allen Bereichen der Theaterarbeit galt sein Interesse. Seine besondere Aufmerksamkeit jedoch gehörte den Sängern.

Unschätzbarer Wegbereiter und Führer junger Talente und von einem nie fehlenden Urteilsvermögen für junge Stimmen, war seine Karriere stets eng verbunden mit den Karrieren berühmter Sänger, unter ihnen Maria Callas, Joan Sutherland, Rosa Ponselle und Tito Gobbi. Ihr Erfolg war der seine. Enthusiastischer Applaus, mit dem man die großen Sänger feierte, war gleichwohl auch Triumph für Serafin, dem das Theater — als einer lebendigen, vom Applaus lebenden Welt — vor allem anderen am Herzen lag.

Er wurde am 1. September 1878 in Rottanova di Cavarzere in Venetien geboren.

Seine Laufbahn begann mit Musikstudien in Mailand, wohin er später, nach seinen Wanderjahren als junger Dirigent, zurückkehren wird, um das Orchester des berühmten Mailänder Opernhauses, der «Scala», zu leiten.

Am Mailänder Konservatorium studierte Serafin bei De Angelis und setzte, nachdem er an einer Tournee des Orchesters des Teatro alla Scala als Violinist teilgenommen hatte, seine Ausbildung bei Saladino und Coronaro fort.

Zwanzigjährig, debütierte er am damals hundert Jahre alten Teatro

Comunale in Ferrara mit Donizettis «L'Elisir d'amore». Dem italienischen Brauch entsprechend, reiste Serafin als junger Dirigent durch Italien, trat in Turin, Venedig, Palermo und Florenz, auch im Mailänder Teatro Dal Verme und in Rom im «Augusteo» auf. 1907 debütierte Serafin in Covent Garden und dirigierte dort während der Herbstsaison Puccinis «La Bohème» und «Tosca» und Bizets «Carmen». Zwei Jahre später war Serafin Chefdirigent an der Scala, bis 1914, und dann wieder für die Saison 1917/18. Er verantwortet dort zahlreiche italienische Erstaufführungen, so 1911 Strauss' «Rosenkavalier», Dukas' «Ariane et Barbe-Bleu» und Humperdincks «Königskinder», 1912 Strauss' «Feuersnot» und Webers «Oberon» und 1913 die Uraufführung von Italo Montemezzis «L'Amore dei tre re».

Von 1924 an war Serafin für zehn Jahre an der Metropolitan Opera in New York, wo Giulio Gatti-Casazza, der 1908 mit Toscanini zusammen engagiert worden war, als Generalmanager dem Haus seinen großzügigen und leistungsfähigen Rahmen geschaffen hatte. Unter Gatti-Casazza wurde es üblich, Opern in ihrer Originalsprache aufzuführen. Tullio Serafin war in New York nicht nur für das italienische Reportoire verantwortlich, sondern dirigierte auch zahlreiche Erstaufführungen amerikanischer Werke, so Deems Taylors «The Kings Henchman» und «Peter Ibbetson» und Gruenbergs «The Emperor Jones». Wieder in Italien, wurde Serafin 1935 künstlerischer Direktor des Teatro dell' Opera in Rom. Dieses Theater war 1880 als «Teatro Costanzi», benannt nach seinem Erbauer, eröffnet worden und zeichnete sich schon damals durch Aufführungen italienischer Musik aus.

Serafin setzte als Direktor des Teatro und der Caracalla-Thermen die Tradition fort, die ganz seinen eigenen Ideen entsprach: nämlich nicht im Herkömmlichen steckenzubleiben, sondern das Theater als einen lebendigen Organismus dem Neuen stets offenzuhalten. Pizettis «L'Orseolo» und Alfanos «Cyrano de Bergerac» gehören zu seinen dortigen Erstaufführungen, daneben Wagners «Ring des Nibelungen» auf italienisch, und 1942, während der Besetzung Roms durch die Deutschen, widmete er eine ganze Saison der zeitgenössischen Oper. Italien erlebte seine Premiere des »Wozzeck«. In der ersten Nachkriegssaison war es Brittens «Peter Grimes», den er zum ersten Mal dem italienischen Publikum vorstellte. Ganz in Serafins Sinn waren auch die Programme des Maggio Musicale Fiorentino, des großen Florentiner Musikfests, dessen musikalische Bestrebungen der Aufführung seltener Werke aller Jahrhunderte, auch zeitgenössischer Komponisten galten. Florenz, Mailand und Rom waren Serafins musikalische Heimstätten. Zwei Jahre, von 1956 bis 1958, dirigierte er auch an der Oper in Chicago, Reisen führten ihn nach Buenos Aires, Madrid, Paris und London, wo er 1959, bereits einundachtzigjährig, bei Joan Sutherlands großem Triumph in Donizettis «Lucia di Lammermoor» die musikalische Leitung innehatte.

Tullio Serafins Passion galt der Oper und weniger dem Konzertsaal. Seine Arbeit widmete er Musikern und Sängern, die er kongenial durch Opernpartituren zu führen verstand.

Serafin blieb bis in das hohe Alter hinein tätig; noch 1962 wurde er künstlerischer Berater der Oper in Rom und dirigierte dort Rossinis «Otello». Zahlreiche Erstaufführungen zeitgenössischer Werke, Belebung der italienischen Oper des 19. Jahrhunderts, Verbreitung italienischer Musik über die Landesgrenzen hinaus: Dieses Erbe verdanken Italien und die übrige Musikwelt dem Dirigenten Tullio Serafin. Er verstarb, fast neunzigjährig, am 2. Februar 1968 in Rom.

Serafins musikalische Welt war die Oper, und den Sängern galt seine besondere Liebe. Joan Sutherland sagte einmal: «I had my first international success with Maestro Serafin and I adored him from our first meeting. He was the last of the great Italian conductors who truly loved, understood, and helped singers.» (Ich feierte meinen ersten internationalen Erfolg mit Maestro Serafin, und ich bewunderte ihn seither. Er war der letzte der großen italienischen Dirigenten, die Sänger wirklich liebten, verstanden und ihnen halfen.)

Sein Mitarbeiter Bruno Bartoletti schreibt über Serafins Einstellung zu Sängern: »Er betrachtete sie als Sachen ‹come cose›, als Kinder, als unsterbliche Seelen. Er wählte sie mit peinlichster Sorgfalt aus, instruierte sie sehr genau, war während der Proben sehr beharrlich ‹insistente›, ernst, manchmal hart, wünschte Disziplin und Konzentration. . .» «Drei Dinge zerstören die Stimme des Solisten: Weinen, Lachen und Reden», sagte er seinen Sängern.

Und wie Serafin bereits beim Studium des Werks das Bühnengeschehen bis hin zur Mimik und Gestik der Sänger genau im Kopf hatte — was oftmals zu lautstarken Auseinandersetzungen mit Regisseuren, die eigene Vorstellungen entwickelten, führte —, so gab er dann in den Proben neben den musikalischen auch szenische Anweisungen. Komparsen, Chor, Sänger und der Regisseur unterstanden gleichermaßen seiner Autorität, die immens war.

Sorgfalt bewies Serafin in seiner musikalischen Arbeit. Während der Probe zu Rossinis «Armide» stellte sich heraus, daß das Orchestermaterial voller Fehler war. Serafin schickte das Orchester heim und überprüfte und verbesserte drei Tage lang mit seinem Assistenten Bartoletti die Orchesterstimmen, bis Rossinis Musik zum Vorschein kam, «glänzend wie ein Perle».

Mit seinen vielen Erstaufführungen bewies Serafin nicht nur sein immer lebendiges Interesse am musikalischen Zeitgeschehen, sondern auch, wie im Falle des ersten italienischen «Wozzeck», großen Mut nicht nur was Bergs Musik betraf, die damals noch mehr Bestürzung und Verwirrung hervorrief als Verständnis. Auch mit der Wahl des jungen Tito Gobbi für die Ti-

telrolle zeigte er seine Unabhängigkeit, die sich auf seinem eigenen sicheren Urteil gründete.
Serafins Arbeit diente dem Theater. Und er lehrte Musiker wie Sänger, daß der Erfolg der Aufführung das Wichtigste ist, hinter den alles Persönliche zurückzutreten hat. Gelegentliche scharfe Worte in der Probe blieben immer «in der Familie», wie Tito Gobbi berichtet. Und während der Aufführung bewies Serafin als Orchesterleiter stets, daß ihm Selbstdarstellung nichts bedeutete. Er begleitete seine Sänger, nahm das Orchester stark zurück und wußte mit den Kräften der Solisten hauszuhalten. Serafin war als alter Theatermann überzeugt, daß die Bühne, auf der die Augen des Publikums ruhen, das Wichtigste ist und daß Applaus für die Sänger auch Applaus für diejenigen ist, die den Erfolg der Solisten möglich machten, letzten Endes auch «un trionfo per il teatro», «ein Triumph des Theaters» ist.
Applaus gehört zum Theaterleben. Als der künstlerische Direktor des Theaters in Turin nach der Generalprobe von Cimarosas «Matrimonio segreto» die Oper als zwar schön, aber etwas kalt und 'komponiert' bezeichnete, antwortete Serafin: «Sicher, denn heute fehlte eine sehr wichtige Sache: der Applaus. In einer solchen Oper, die aus abgeschlossenen Nummern besteht, ist der Applaus des Publikums ein Teil des Schauspiels. Er ist ein weiterer Klang ‹suono›, ergänzend und notwendig.» Stets mit neuen Werken konfrontiert, mit jungen Sängern, Musikern, Choreographen, Produzenten und Technikern bei der Arbeit, gehörte Serafin ganz der Gegenwart und der Zukunft an. Als William Weaver ihn 1966 in Rom besuchte, mußte er feststellen, daß Serafin keinerlei Presseberichte, Photos oder alte Programme gesammelt hatte. Und auch die Musik, die ihn schon lange begleitete, war immer noch Gegenstand erneuten Studiums Sie war für ihn nie erschöpfend zu erfassen, bot immer wieder Neues: «In ogni caso, siamo noi che cambiano» — jedenfalls sind wir es, die sich ändern.
Die Kritik rühmte Serafin als einen Dirigenten, der in der besten italienischen Tradition verwurzelt ist: Mag er Mascagnis «Cavalleria Rusticana» auch etwas langsam nehmen, so sollten doch die Dirigenten der neuen Generation von ihm lernen, wie man vermeidet, daß diese Oper vulgär klingt (Zeitschrift «Opera» 1954). Die Einspielung der «Lucia di Lammermoor» mit der Callas ist «dramatisch, aufregend, hat Momente großer Schönheit». Serafins Hinwendung zu den Sängern bedeutete gleichwohl nicht, daß Oper für ihn nichts weiter war als eine große Sänger-Schau, die die Künste der Solisten beleuchtete.
Die Kritik verglich Serafin oft mit seinen Zeitgenossen: Puccini, «La Bohème»: weniger gefühlvoll als Beechams, weniger vital als Toscaninis, lebendiger als Vottos «Bohème». Verdi, «Requiem»: Serafins warme und liebevolle Direktion schließt solch heftige Ausbrüche, wie sie Toscaninis und de Sabatas Aufführungen charakterisieren, aus, und sie hat auch nicht die «brennende Intensität», die wir von Giulini hören. Verdis «Die Macht des Schicksals»: Nach der Callas, ist Serafin der wahre Held dieser Aufnahme: « . . . für mich ist er immer noch der größte der italienischen Operndirigenten, dessen Respekt für die Musik und Tradition wiederum unseren Respekt verdient und dessen Interpretation dieser oft lieblichen Musik beides: feurig und schön ist, wie es der Anlaß erfordert.» (Opera 1955) *CS*

Sevitzky, Fabien

* Wischnij Wolotschok 17. (29.) 9. 1891, † Athen 3. 2. 1967; amerikanischer Dirigent russischer Geburt, studierte Kontrabaß in St. Petersburg, hatte auf seinen Tourneen auch als Solist große Erfolge. 1923 ging er in die USA, war Mitglied des Philadelphia Orchestra, gründete (1925) und leitete die Philadelphia String Chamber Sinfonietta, dirigierte 1937—55 das Indianapolis Symphony Orchestra und zeigte sich weiterhin oftmals als Gastdirigent namhafter Orchester in Nord- und Südamerika sowie in Europa. Zudem war er 1959—65 musikalischer Leiter des Symphonieorchesters der University of Miami und 1965—66 der Greater Miami Philharmonic. Er dirigierte bis zu seinem Tod.

Shallon, David

* Tel Aviv 1950; israelischer Dirigent, er studierte Violine, Viola und Horn und bei Noam Sheriff Komposition und Dirigieren; danach ging er zu Swarowsky nach Wien. 1980 dirigierte er bereits die Wiener Symphoniker; sein USA-Debut gab er 1981 mit einem Konzert des San Francisco Symphony Orchestra und Isaac Stern als Solisten. Mit dem Israel Philharmonic Orchestra arbeitet er seit 1978 regelmäßig zusammen. So dirigierte er «Fidelio» an der Wiener Staatsoper und die Welturaufführung von Gottfried von Einems Oper «Jesu Hochzeit» (1980); er war mehrere Jahre Assistent Leonard Bernsteins bei Konzerten und Fernsehproduktionen; seither ist er bei allen großen Orchestern der Welt zu Hause.

Shaw, Robert

* Red Bluff (Kalifornien) 30. 4. 1916; amerikanischer Dirigent, Schüler des Pomona College in Claremount und 1941 Gründer der Collegiate Chorale in New York, die er bis 1954 leitete. 1942—45 dirigierte er den Chor am Berkshire Music Center in Tanglewood und in den folgenden drei Jahren an der Juilliard School of Music. Daneben gab er 1946 sein Debüt mit dem NBC Symphony Orchestra, für dessen Vorstellungen unter Toscanini er oft den Chor vorbereitet hatte. 1949 gründete er seine Robert Shaw Chorale, mit der er bis zur Auflösung 1966 zahlreiche Konzertreisen unternahm und Schallplattenaufnahmen machte. Außerdem dirigierte er bei den Symphonieorchestern in San Diego (1953 bis 1957) und bei Szell in Cleveland (1956—67), wo er das Orchester mit einem Chor ergänzte. 1967 übernahm er den Posten als Musikalischer Leiter und Chefdirigent beim Atlanta Symphony Orchestra. Als Gast trat er mit dem Philharmonic Orchestra in New York sowie mit dem Boston Symphony Orchestra auf.

Schostakowitsch, Maxim

* Leningrad 10. 5. 1938; russischer Dirigent, Sohn von Dmitri Schostakowitsch, studierte am Moskauer Konservatorium Klavier bei Yakov Flier und Dirigieren bei Gauk und Roshdestwenskij. 1963 wurde er stellvertretender Dirigent des Moskauer Symphonieorchesters und drei Jahre später des Staatsorchesters der UdSSR. Von 1971 bis 1981 war er Erster Dirigent und künstlerischer Direktor des Staatlichen Radioorchesters der UdSSR. Er gab viele Gastspiele in der SU und in Europa und unternahm Tourneen durch Japan, Mexiko und Kanada. 1969 trat er als Dirigent des Staatsorchesters der

UdSSR in den USA auf. Bekannt wurde er vor allem durch seine authentischen Interpretationen der Werke seines Vaters. Bei einer Tournee mit dem Staatlichen Radioorchester der UdSSR durch die BRD gab er bekannt, daß er nicht mehr in die UdSSR zurückkehren werde. Er ließ sich mit seinem Sohn in den USA nieder.

Sidlin, Murry

* Baltimore 6. 5. 1940; amerikanischer Dirigent, Sohn russisch-lettischer Eltern, studierte am Peabody Konservatorium in Baltimore bei Elliott Galkin und Louis Cheslock Theorie und bei Harold Rherig Trompete; 1961 und 1962 bei Sergiu Celibidache in Siena an der Accademia Chigiana Dirigieren. Nach seiner Rückkehr in die USA nahm er Unterricht bei Donald Grout und Karel Husa an der Cornell University (1963—65). Nach Beendigung seines Universitätsstudiums widmete er sich in erster Linie dem Dirigieren. Von 1971—73 wirkte er als stellvertretender Dirigent des Baltimore Symphony Orchestra, danach war er bis 1977 ständiger Dirigent am National Symphonic Orchestra in Washington. 1977 verpflichtete ihn das New Haven Symphony Orchestra als musikalischen Direktor. 1980 ging er als Dirigent an das Long Beach Symphony Orchestra.

Silvestri, Constantin

* Bukarest 13. 6. 1913, † London 23. 2. 1969; rumänischer Dirigent und Komponist, studierte bei Jora am Budapester Konservatorium Komposition; von 1925—46 wirkte er als Konzertpianist. Danach verpflichtete ihn die Bukarester Philharmonie als Dirigenten (bis 1955). In der Folge dirigierte er an der Bukarester Oper (bis 1957) und das Rumänische Radioorchester (1958 bis 1959) und gab am Bukarester Konservatorium Vorlesungen in Dirigieren (1948 bis 1959). 1969 siedelte er nach England über, wo er bis zu seinem Tod Erster Dirigent des Bournemouth Symphony Orchestra war.

Simonow, Jurij

* Saratow 4. 3. 1941; sowjetischer Dirigent, wurde in seiner Heimatstadt zunächst als Streicher ausgebildet, am Konservatorium von Leningrad wurde er dann Dirigierschüler von Kramorow (ab 1956) und N. Rabinovitch (1962—68). 1965 dirigiert er am Pult des Opernstudios des Leningrader Konservatoriums und ein Jahr später gewinnt er im Allunions-Wettbewerb Moskau. 1967 wird er zum Dirigenten der Philharmonie von Kislowodsk berufen. 1968 gewinnt Simonow den Dirigentenwettbewerb der Accademia Santa Cecilia in Rom. 1969 debutiert er am Moskauer Bolschoi-Theater, dessen Chefdirigent er nun seit 1970 ist.

Sinopoli, Giuseppe

Zu den seit Menschengedenken sich wiederholenden Klagen gehören die über die angeblich nachlassende Kreativität, das Ausbleiben großer Begabungen oder deren zu geringe Effektivität. Natürlich haben solche Kassandra-Rufe oft auch irgendetwas Wahres an sich; meist aber entstammen sie reaktionärem Ressentiment, Vorurteilen und Unkenntnis; Nostalgie ist allemal eine bequeme Zuflucht vor den Schwierigkeiten der Gegenwart. Was die musikalischen Interpreten betrifft, so gibt es eigentlich wenig wirklich triftige Gründe für die Annahme, die Talente seien geringer geworden. Die Ausbildung dürfte sogar in einigen Punkten mitunter besser geworden sein. Dafür allerdings ist die Gefahr des raschen Verschlissenwerdens durch einen immer erbarmungsloseren, zunehmend von den Medien beherrschten internationalen Musikbetrieb gewachsen: Die Karriere kann zur Bedrohung werden. Zeit — ein ohnehin immer kostbareres Gut — wird den jungen Musikern selten noch gewährt. Die «Senkrechtstarter» und «Jahrhundertbegabungen», die da in unablässiger Folge, zumal von der Schallplattenindustrie, aufgebaut werden, um dann, nach erfolgter Ausbeutung, mutmaßlich rasch wieder fallengelassen zu werden, bekommen in der Regel nicht die Reifezeit zugestanden, die sie bräuchten, um wirklich überragende Künstler zu werden.
Auch in Italien hört man natürlich allenthalben immer wieder das Lamento, die große Musiknation sei bald am Ende: Die Opernhäuser und Orchester siechten dahin, und der hochqualifizierte Nachwuchs bliebe aus. Trotzdem gibt es immerhin eine ganze Reihe italienischer Dirigenten, die zur internationalen Elite zählen, marktbeherrschend sind oder zumindest sehr hoch gehandelt werden (die quasi kommerzielle Sprache verrät schon einiges von der potentiellen Gefährdung durch den Betrieb): Claudio Abbado, Riccardo Muti, Riccardo Chailly, Giuseppe Sinopoli und neuerdings Gianluigi Gelmetti. Der hohe Rang vor allem Abbados, aber auch des jüngeren, übrigens konservativeren Muti ist unumstritten. Besonders Abbado gilt bei Rossini wie Verdi, bei Mussorgski, Mahler wie Nono als selbstverständliche Autorität.
Giuseppe Sinopoli hingegen zählt noch zu den «Aufsteigern»; und er erfährt auch immer wieder einmal recht kontroverse Beurteilungen. Hinzu kommt, daß er nicht wie die anderen von Anfang an primär als Dirigent hervorgetreten ist. Sinopoli kam zum Dirigieren als Außenseiter — überdies gleich über zwei Etappen: die des Arztes und Psychologen — und die des Komponisten. Seine Kenntnisse, Erfahrungen, Interessen und Utopien gehen also nicht nur über die des Kapellmeisters hinaus, sondern auch über die des Nur-Musikers: Sinopoli ist Komponist und Dirigent — und außerdem vielseitig bewanderter, theoretisch, ja sogar spekulativ engagierter Intellektueller. Das Dirigieren ist für ihn eine, obschon besonders effektive und spektakuläre Form, sich auszudrücken, darzustellen und zu verwirklichen, die ihre Kraft aber auch aus den anderen Sphären seiner Existenz bezieht.
Nun war die Personalunion von Komponist und Interpret bis in die Anfänge unseres Jahrhunderts hinein mehr oder minder selbstverständlich. Aber die Akzente und Proportionen haben sich in Vergangenheit und Gegenwart gewandelt. Bis in die Mitte des neunzehnten Jahrhunderts war es weitgehend üblich, daß die Komponisten ihre eigenen Werke aufführten. Aber die Romantik hatte mit ihren Tendenzen zur Beschwörung der Vergangenheit auch das Interesse an älterer Musik geweckt: Mendelssohn, Berlioz, Liszt und Wagner, Mahler, Strauss, Pfitzner und noch Hindemith — sie alle dirigierten eigene Kompositionen, die der ihnen nahestehenden Zeitgenossen, aber auch solche älterer Epochen.
Doch nach 1945 setzte eine neue Entwicklung ein, die sich in mancher Hinsicht mit der Situation vor etwa 1820 berührte: Komponisten neigten dazu, sich in erster Linie für das eigene Schaffen einzusetzen oder für ihre Avantgarde-Kollegen. Sehr viele Werke waren in mehrfacher Hinsicht so

kompliziert geworden, daß sie diese den herkömmlichen Interpreten nicht mehr überantworten konnten oder wollten. Analog dazu bildete sich ein Interpretentypus heraus, der sich hauptsächlich auf die Neue Musik konzentrierte, der Spezialist: Dirigierender Komponist und komponierender Dirigent bildeten so fast eine Art avantgardistischer Selbsthilfeorganisation.

Auch Giuseppe Sinopoli hat unter diesem Aspekt seine Laufbahn begonnen, bald aber — wie viele andere — die Wonnen des traditionellen Repertoires entdeckt. Selbst Pierre Boulez, der einst gefordert hatte: «Sprengt die Opernhäuser in die Luft!», dirigierte Oper in Paris, Frankfurt, London und Bayreuth, war sogar Chefdirigent der New Yorker Philharmoniker — als Nachfolger des dirigierenden Komponisten Leonard Bernstein. Michael Gielen wurde zum vielbestaunten Operndirektor in Frankfurt, Hans Zender Generalmusikdirektor der Hamburgischen Staatsoper. Sinopoli gar hat eine besonders steile Karriere im Musik-Establishment durchlaufen: Innerhalb weniger Jahre schaffte er es, sich in Hamburg, Berlin und Wien als Verdi-Dirigent zu profilieren, einen Exklusiv-Vertrag mit der Deutschen Grammophon Gesellschaft auszuhandeln und als Nachfolger so bedeutsamer Interpreten wie Otto Klemperer und Riccardo Muti Chefdirigent des ruhmreichen Londoner Philharmonia Orchestra und sogar auch noch der römischen Accademia di Santa Cecilia zu werden. Und 1985 wird er auch schon mit dem «Tannhäuser» (ungewöhnlicherweise in der Dresdner Frühfassung) sein Bayreuth-Debüt geben.

Giuseppe Sinopoli wurde am 1. Dezember 1946 in Venedig geboren, verbrachte seine Kindheit jedoch in Sizilien. In Messina erhielt er seit seinem zwölften Lebensjahr Unterricht in Harmonielehre und Orgel. Ab 1965 lebte er wieder in Venedig, wo er am Conservatorio Benedetto Marcello weiter Musik studierte. Auf dringenden Wunsch seines Vaters jedoch absolvierte er gleichzeitig in Padua ein Studium der Medizin, das er 1971 mit einer Doktorarbeit im Grenzbereich zwischen Medizin, Kriminologie, Antroposophie und Psychiatrie abschloß. Gleichzeitig hatte er bei Franco Donatoni Komposition studiert. Die Interessen des Komponisten, ausübenden Musikers, Theoretikers, Arztes und Psychologen haben sich für Sinopoli rasch gebündelt zur Konzentration auch auf die Zusammenhänge von Musik und Seelenleben, auf die Fragen: Was eigentlich ist musikalischer Ausdruck, welche Funktion hat der Klang für die Psyche, wie erlebt man Musik? Solcherart Beschäftigung mit den Hintergründen der Musik ist nicht unbedingt typisch für den italienischen Musikbegriff wie auch -betrieb. (Womit nicht gesagt werden soll, daß dies in Deutschland etwa sehr viel anders wäre.) Aber Sinopoli, den Musiker aus Venedig, der Stadt, in der sich Italien, Mitteleuropa und der Orient auf so vielfältige Weise durchdrungen haben, ein Ort großer manieristisch-labyrinthischer Traditionen also, zog es nach Wien, die Stadt Hugo von Hofmannsthals und Gustav Mahlers, Freuds, Schönbergs, Bergs und Weberns. 1972 begann er in Wien ein Dirigierstudium bei dem legendären Hans Swarowsky, der als pädagogische Autorität einen vergleichbaren Rang besaß wie für die Pianisten einst Heinrich Neuhaus in Moskau, Bruno Seidelhofer in Wien oder für die Geiger Ivan Galamian in New York — also nicht nur technische Fertigkeiten vermittelte, sondern auch tiefere Einsichten in die Musik. Bei Swarowsky, dessen prominenteste Schüler Claudio Abbado und Zubin Mehta sind, drang Sinopoli tief in die Musik- und Geisteswelt der Zweiten Wiener Schule ein. Wie die beiden anderen großen venezianischen Musiker der Nachkriegszeit, Bruno Maderna und Luigi Nono, zog es ihn nach Deutschland: In Darmstadt hatte er noch bei Maderna seit 1968 Anregungen als Komponist und Dirigent erfahren. So ist es auch kein Zufall, daß Sinopolis erste Oper im Mai 1981 an der Bayerischen Staatsoper unter seiner Leitung uraufgeführt, von einer Schlüsselfigur der deutschen Geistesgeschichte handelt: «Lou Salomé».

In den siebziger Jahren hatte sich Sinopoli noch in erster Linie als Komponist verstanden, der zwar sowohl durch die Wiener als auch durch die Darmstädter Schule geprägt worden war, bald aber (wie Maderna, Berio, Bussotti auch) der Dogmen überdrüssig wurde und den üppig nostalgischen Wohllaut nicht mehr prüde vermied. Stücktitel wie «Symphonie imaginaire», «Souvenirs à la mémoire», «Pour un livre à Venise», «Requiem Hashshirim», «Tombeau d'Amour» verraten einiges von der manieristischen Lust an Anspielungs- und Beziehungsreichtum und an auch tonalen, ja fast schon wieder tonalitätssüchtigen Momenten (vor allem in «Lou Salomé»).

Giuseppe Sinopoli dirigierte 1985 in Bayreuth erstmals Richard Wagner, den «Tannhäuser».

Hatte es noch 1978 in einer Sinopoli-Biographie lakonisch geheißen: «Wiederholt als Dirigent hervorgetreten», so bezog sich dies hauptsächlich auf sein Engagement für die Neue Musik. Damals dirigierte er noch weitgehend eigene Werke, oder er setzte sich (auch auf Schallplatten) für die Kompositionen von Bruno Maderna und Sylvano Bussotti sowie auch für die spröderen Giacomo Manzonis ein. Ja, im Konzert dirigierte er etwa Boulez' «Rituel» und sogar so entlegene wie bedeutende Werke wie die sechs kurzen Orchesterstücke op. 4 Theodor W. Adornos aus dem Jahre 1929.

Aber ab 1980 änderte sich die Situation, begann seine internationale Dirigentenkarriere, die mancher in diesem Ausmaß vorher kaum erwartet hatte: Konzerte und Schallplattenaufnahmen mit den Berliner und Wiener Philharmonikern, das Debüt mit den New Yorker Philharmonikern, Puccinis «Manon Lescaut» an der Londoner Covent Garden Oper, eine Kassette mit dem Chorwerk von Johannes Brahms im Rahmen der Brahms-Edition der Deutschen Grammophon Gesellschaft zeugten von zunehmender und stilistisch variabler Aktivität — wobei sich als Repertoire-Pole Verdi und Puccini einerseits und die deutsche Romantik andererseits immer deutlicher herauskristallisierten: Schubert, Schumann, Mendelssohn, Brahms und Mahler.

An der Hamburgischen Staatsoper, wo er mit Verdis «Aida» und «Luisa Miller» Triumphe gefeiert hat, sollte er 1985 Strauss' «Salome» in der Inszenierung Herbert Wernickes dirigieren, sagte jedoch ab — vielleicht, weil ihm irgendwelche Produktionsbedingungen nicht zusagten, vielleicht aber auch, weil er nicht unbedingt ein Freund experimenteller Inszenierungen ist. Mit Entschiedenheit hat er jedenfalls bekannt, daß er niemals eine auch noch so aufregende Theatertat wie Hans Neuenfels' Frankfurter «Aida» dirigieren würde. Sinopoli, der einstige Avantgarde-Komponist und aufsteigende Pult-Star, hat also durchaus seine allerdings hochreflektierten ästhetischen Grenzen. Und trotz der gewiß hervorragenden, in vieler Hinsicht sogar exemplarischen Schulung durch Hans Swarowsky hat es mehrfach kritische Stimmen (auch aus Kreisen der Orchestermusiker) gegeben, die da meinten: Musikalische Bildung, Vielseitigkeit, reges Interesse und suggestive Überzeugungskraft seien unbestreitbar immens — doch mit der rein dirigentischen Erfahrung und Perfektion hapere es einstweilen noch ab und zu ein wenig. Aber man kennt auch die Neigung von Orchestermusikern zu reaktionärem Ressentiment und ihren bisweilen eklatanten Wankelmut in ihrer Einstellung Dirigenten gegenüber. Und darüber, was eigentlich unter «rein dirigentischer Perfektion» zu verstehen sei, gehen die Meinungen ebenfalls recht weit auseinander.

Wichtig an Sinopolis Arbeit jedenfalls ist sein fortwährendes Streben nach Genauigkeit, das Verlangen, den Dingen auf den Grund zu gehen: So ließ er sich tagelang im Archivkeller, dem Allerheiligsten des Mailänder Musikverlags Ricordi, einschließen, um sich mit den Autographen Verdis zu beschäftigen, um dann herauszufinden, daß die offiziellen Editionen unzählige Fehler enthalten, die Generationen von Dirigenten, Sängern, Orchestern und Musikwissenschaftlern, ja sogar Verdi-Experten unhinterfragt tradiert haben. Sinopoli nimmt Verdi und Puccini (bei dem er es bedauert, daß sich unter den Stardirigenten eigentlich nur Karajan und Maazel intensiv für ihn engagieren) sehr ernst. Gerade dem frühen Verdi will er Gerechtigkeit zuteil werden lassen: «Nabucco», «Macbeth», «Luisa Miller», «Attila». Gerechtigkeit heißt hier allerdings alles andere als bloß philologisch prüde «Werktreue», sondern: loderndes Feuer und äußerste Subtilität gleichermaßen. Für ihn sind etwa die Verdischen Rezitative gerade nicht mehr oder minder fade Überleitungen von Arie zu Arie, sondern das genaue Gegenteil: fulminante «Aktionsmusik». Und in den manchmal so simpel-mechanisch anmutenden Begleitrhythmen und -figuren sieht Sinopoli die packende musikalische Darstellung psychischer Erregungszustände — eine Art musikalisch-seelischen Vibrierens. In diesem Zusammenhang ist für ihn auch die Spreizung der Dynamik wichtig geworden — bis in die schier manieristische Extremisierung hauchender pianissimi und krachender fortissimi. Sinopolis Berliner «Nabucco»-Aufnahme kommt einer Ehrenrettung des Stücks gleich.

Diese Tendenz zur ins Äußerste getriebenen Auffächerung der Stärkegrade kann auch zur Gefahr werden: zum statischen Nebeneinander grellen Effekts und cäcilianischen Gesäusels. So richtig es etwa bei Brahms' «Ein Deutsches Requiem» an sich ist, die unzähligen pianissimo-Vorschriften im Chor ernst und wörtlich zu nehmen, so heikel wirkt sich diese permanente Tendenz zur dynamischen Absenkung auch für den Formzusammenhang aus. Genauigkeit bedeutet für Sinopoli aber auch das Ergründenwollen der psychischen, psychosozialen und geschichtlichen Dimensionen einer Komposition. So hat er seiner grandiosen Wiener Schumann-Platte «Einige Bemerkungen über Gesundheit und Krankheit in Schumanns Erfindungskraft, betreffend die 2. Sinfonie» beigefügt, einen höchst anregend-instruktiven, bilderreich formulierten musikliterarischen Essay aus der Sicht des dirigierenden Komponisten wie aus der des zeitgeschichtlich operierenden Psychiaters und Psychologen. Da läßt sich auch vom geschriebenen Wort her begreifen, warum einem die Sinfonie in dieser Interpretation so suggestiv naherückt.

Noch hat Sinopoli den festen Vorsatz, nicht zuviel zu dirigieren — vor allem nicht unablässig dieselben Werke. Es bleibt nur zu hoffen, daß dieser Wille, sich durch den immer hektischer werdenden internationalen Musikbetrieb nicht korrumpieren und verschleißen zu lassen, sich für ihn in der Praxis durchhalten läßt. *GRK*

Slatkin, Leonard

* Los Angeles 1. 9. 1944; amerikanischer Dirigent, stammte aus einer musikalischen Familie und spielte schon als Kind Geige; in seiner Jugend kam dann noch Viola und später Klavier dazu. Bei Castelnuovo-Tedesco in Los Angeles studierte er Komposition. Mit 19 Jahren gab er auf dem Aspen-Festival sein Debut als Dirigent; danach studierte er bei Jean Morel an der Juilliard School of Music Dirigieren. Nach seinem Abschluß im Jahre 1968 dirigierte er das St. Louis Orchestra und war Erster Gastdirigent des Minnesota Symphony Orchestra. Darüberhinaus dirigierte er als Gast die New Yorker Philharmonie, das Chicago Symphony Orchestra, das Philadelphia Orchestra und zahlreiche europäische Orchester wie z. B. das Londoner Symphony Orchestra und dem Concertgebouw Orchester in Holland. 1977—79 war er schließlich Dirigent der Philharmonie von New Orleans und in der folgen-

den Spielzeit am St. Louis Symphony Orchestra.

Smetáček, Václav

* Brünn 30. 9. 1906; tschechischer Dirigent und Oboist, studierte 1922—30 am Prager Konservatorium Komposition und Orchesterleitung sowie Musikwissenschaft, Philosophie und Ästhetik an der Prager Universität (Abschluß 1933). 1928—55 spielte er Oboe in dem von ihm gegründeten Prager Bläserquintett, 1930—33 bei der Tschechischen Philharmonie und arbeitete in den folgenden neun Jahren als Dirigent beim Prager Rundfunkorchester. 1934—46 dirigierte er außerdem den Chor Hlahol und übernahm 1943 die Leitung des Prager Symphonieorchesters FOK, wo er später zum Chefdirigenten ernannt wurde. Als Gast dirigierte er u. a. an der Mailänder Scala sowie am Teatro Colón in Buenos Aires. 1945—66 lehrte er an der Prager Universität und am Konservatorium. Seine Vorliebe galt der tschechischen Musik des 19. Jahrhunderts und der zeitgenössischen Musik.

Sokoloff, Nicolai

* Kiew 28. 5. 1886, † La Jolla, Kalifornien 25. 9. 1965; amerikanischer Dirigent, ging als Kind mit seinen Eltern nach Amerika und studierte dort bei Loeffler in Boston Violine; danach spielte er Violine im Boston Symphony Orchestra und dirigierte verschiedene Symphonieorchester. 1918 wurde er Dirigent des neugegründeten Cleveland Orchestra. Nachdem er von diesem Posten zurückgetreten war (1933), wirkte er als musikalischer Direktor des Federal Music Project (1935—38), dirigierte danach zwei Jahre das Seattle Symphony Orchestra (bis 1940) und zog sich dann nach La Jolla zurück.

Soltesz, Stefan

* Ungarn 6. 1. 1949; ungarischer Dirigent, erhielt im Alter von 4 Jahren ersten Klavierunterricht; von 1959 bis 1963 war er Solist der Wiener Sängerknaben; nach dem Abitur 1967 studierte er an der Hochschule für Musik und darstellende Kunst in Wien; zwischen 1968 und 1972 erhielt er seine Dirigentenausbildung bei den Professoren Hans Swarowsky, Reinhold Schmidt und bei Dr. Friedrich Cerha; nach einer Korrepetitorentätigkeit bei der Gesellschaft der Musikfreunde und beim ORF in Wien wurde er 1970 Chefdirigent des Wiener Kammerchores (bis 1972), danach Studienleiter und Dirigent am Theater an der Wien; von 1972—1974 assistierte er Prof. Carl Melles während der Internationalen Sommerakademie am Mozarteum in Salzburg; gab 1973 sein Dirigentendebüt an der Wiener Staatsoper, wo er seither Solokorrepetitor und Dirigent ist; assistierte 1978 und 1979 Karl Böhm und Christoph von Dohnányi bei den Salzburger Festspielen; 1979 bis 1981 Gastvertrag mit dem Grazer Opernhaus und seit Herbst 1983 mit der Hamburgischen Staatsoper.

Somogi, Judith

* New York 13. 5. 1937; amerikanische Dirigentin, studierte an der Juilliard School of Music Violine, Klavier und Orgel; danach setzte sie ihr Studium am Berkshire Music Center in Tanglewood fort. Nach ihrem Abschluß wirkte sie als musikalische Assistentin an der New York City Opera, bevor sie als Assistentin zu Thomas Schippers ans Spoleto Festival und zu Leopold Stokowski an das American Symphonic Orchestra in New York ging. 1974 dirigierte sie erfolgreich an der New York City Opera, in San Francisco, San Diego, San Antonio und Pittsburgh. Ihr europäisches Debut gab sie 1979 in Saarbrücken. Nach einer erfolgreichen Saison an der Frankfurter Oper (1982) wurde sie dort Stellvertreterin von Michael Gielen. Sie ist begehrte Gastdirigentin an europäischen und amerikanischen Opernhäusern.

Solti, Sir Georg

Eine Laune der musikalischen Zeitgeschichte: Der nach Meinung vieler Kritiker bedeutendste lebende Wagner-Dirigent, der Interpret, der als erster fast das gesamte Werk des Meisters auf Schallplatten eingespielt hat, ist 1983 im Alter von einundsiebzig Jahren — zum ersten und leider auch einzigen Mal in Bayreuth gewesen, um den «Ring des Nibelungen» zu dirigieren. Ein spätes Debüt, wie es viele späte Auftritte in der Karriere von Georg Solti gibt, der unter den Dirigenten ersten Ranges als der zäheste Arbeiter und der sachlichste Anwalt der Komponisten gilt; und nicht zuletzt auch als ein Künstler ohne Affären. Über Georg Solti — im Gegensatz zu manchem großen Kollegen — wird fast ausschließlich im Kulturteil von Tageszeitungen berichtet.

Solti ist nur vier Jahre jünger als Herbert von Karajan. Aber diese Spanne hat offensichtlich genügt, den Beginn seiner internationalen Dirigentenlaufbahn in einer Zeit hinauszuzögern, die in Europa wesentlich durch die Ereignisse des Zweiten Weltkrieges bestimmt wurde. Hätte Georg Solti schon 1933 Kontakt mit Toscanini bekommen und um vier Jahre früher ins Ausland reisen können, vielleicht wäre sein Ansehen als Dirigent bis zum Jahre 1939 schon so groß gewesen, daß er seine Tätigkeit, mit einem amerikanischen Orchester etwa, nahtlos hätte fortsetzen können. So aber wurde durch den Ausbruch des Krieges und den Anschluß Österreichs an das Deutsche Reich die gerade im Entstehen begriffene Dirigierlaufbahn abrupt beendet.

Solti emigrierte in die Schweiz und war — nicht zuletzt auf Grund der Schweizer Arbeitsgesetze — gezwungen, sich wieder als Pianist zu betätigen. Und als er 1946 — mit vierunddreißig Jahren — endlich die Möglichkeit erhielt, wieder vor einem Orchester zu stehen, da hatte er sieben Jahre dieses Amt praktisch nicht mehr ausgeübt. Er besaß kein Repertoire und keine Routine. Denn daß er 1937 und 1938 in Salzburg als Assistent Arturo Toscaninis den «Falstaff» und das Requiem von Verdi, die «Meistersinger», «Fidelio» und die «Zauberflöte» einstudiert hatte, daß er am Budapester Opernhaus 1938 Mozarts «Figaro» leiten konnte, zählte wenig für einen Dirigenten, der mit Unterstützung der amerikanischen Militärregierung 1946 die künstlerische Oberleitung der Bayerischen Staatsoper in München übernehmen sollte. Nach seinem Selbstzeugnis hat Solti den Umstand seiner musikalischen Unerfahrenheit dem Münchener Publikum sieben Jahre lang erfolgreich verheimlichen können: eine charmante Untertreibung, die davon ablenkt, wie hart Georg Solti sich seine Position und sein Repertoire erarbeiten mußte, wie solide aber andererseits wohl auch sein musikalisches Talent und nicht zuletzt das Fundament seiner Ausbildung gewesen sein muß.

Gutbürgerlich ungarisch-jüdische Familie als äußere, das absolute Gehör und Neigung zur Musik als innere Voraussetzungen waren kein schlechtes Startkapital für Georg Solti, der am 21. Oktober 1912 in Budapest geboren wurde. Erstes öffentliches Klavierkonzert mit zwölf, siebenjähriges Studium an der Budapester Musikhochschule (Klavier, Komposition, Dirigieren), anschließend von 1930 bis 1939 Korrepetitor an der Budapester Oper: Georg Solti hat hier zumindest Repertoirekenntnisse erworben. Und er hat auch noch in der Schweiz, wo er 1942 den Pianistenwettbewerb in Genf gewann, seine Partiturstudien — wenn auch in dieser Form unfreiwillig — als Klavierpartner eines Wagnersängers fortsetzen können.

Als Georg Solti 1952 München verließ, um in Frankfurt am Main als Generalmusikdirektor das neueröffnete Opernhaus zu leiten und die Museumskonzerte des Städtischen Orchesters zu dirigieren, hatte er sich bereits ein stattliches Opernrepertoire geschaffen, das die Merkmale seiner späteren musikalischen Vorlieben schon stark reflektierte: Mozart, Richard Strauss, Wagner.

Hatte Georg Solti in München nicht nur an sich selbst, sondern vor allem am Opernhaus eine enorme Aufbauleistung vollbracht, so verschaffte der vitale Dirigent durch zähe Orchestererziehung und systematische Ensemblearbeit der Frankfurter Oper unter anderem bei Gastspielen in Glyndebourne und Paris internationale Reputation und einen musikalischen Standard, auf den sich — und das erscheint kaum übertrieben — noch Soltis Nachfolger Lovro von Matačić, Christoph von Dohnányi und Michael Gielen stützen konnten.

Solti war Lehrling in Budapest, Geselle in München und Meister in Frankfurt gewesen. Zum dirigierenden Mythos wurde er für die Deutschen erst, als er Frankfurt 1961 verließ, um im «Land ohne Musik» das «beste Opernhaus der Welt» zu errichten. Reibungslos verlief die erste Zeit in London allerdings nicht. Die historische Situation des Jahres Null am Royal Opera House Covent Garden hat Solti selbst eindrucksvoll beschrieben: «Als ich nach England kam, kannte ich die Engländer nicht, und ich wollte genau so arbeiten wie in Deutschland. Aber das geht nicht. Ich war zum Beispiel morgens und abends Proben gewöhnt. Ich bin nach Hause gegangen, habe zu Mittag gegessen, mich hingelegt und bin abends wieder zurück zum Proben bis zehn Uhr. Das kann man in London nicht machen. Das erste, was ich in London aufführte, war 'A Midsummer Night's Dream' von Benjamin Britten. Da haben wir morgens geprobt, und dann habe ich gesagt, wir machen am Abend um sieben Uhr weiter. Was für lange Gesichter die Sänger gemacht haben! Ein paar Tage später hat dann David Webster, der damalige Intendant, gefragt, ob ich mir vorstellen könnte, gleich nach dem Essen weiter zu machen. Da habe ich gesagt, das kann ich einfach nicht, ich muß mich hinlegen, ich bin müde. Ja, sagte er, aber haben Sie einmal daran gedacht, daß die meisten Leute außerhalb wohnen, daß sie nicht wissen, was sie mit ihrer Zeit bis sieben Uhr anfangen sollen? Nein, das hatte ich nicht überlegt. In Deutschland geht jeder zum Mittagessen nach Hause, da ist alles so nah. Aber in London kann man das nicht machen. Also habe ich angefangen mit einer Stunde Mittagspause, was für Deutschland oder Frankreich oder gar Ungarn ganz unmöglich wäre. Das würde nämlich bedeuten, daß man einen Sandwich essen und einen Tee trinken kann und basta. Das sind ganz andere Bedingungen. In Amerika auch. Dort gibt es Doppelproben, von zehn Uhr bis halbeins und von zwei bis vier. Ich hasse das, ich hasse Doppelproben sowieso. Ich kann drei Stunden intensiv arbeiten, aber dann kann ich nicht mehr. Und tausend solche Dinge gab es. Ich wollte reformieren wie ein Preuße. Das ist sehr lustig, ein ungarischer Jude wird als Preuße bezeichnet. Aber es war so, und die Engländer mochten das natürlich nicht. Das dauerte lange, bis ich sie und sie mich verstanden haben. Die

Georg Solti zählt zu den von der Schallplattenindustrie privilegierten Dirigenten. Seine Einspielungen gehören zu den am meisten prämierten.

haben gedacht, der ist eitel, der will für sich persönlich etwas durchsetzen. Ich wollte nur ein gutes Opernhaus, und dazu muß man arbeiten. Der tech-

nische Direktor hat mich gehaßt wie die Pest, und er nannte mich auch die ungarische Pest. Nach einem Jahr hat er seinen Rücktritt erklärt.»
Solti hat auch seinen Rücktritt erklärt, aber dann seinem Naturell entsprechend durchgehalten. Und am Ende seiner zehnjährigen Tätigkeit in London stand tatsächlich ein wieder weltweit konkurrenzfähiges Opernhaus, mit einem Sängerensemble, von dessen Fähigkeiten nicht nur die britischen Inseln lange profitierten. Mit dem englischen Adelstitel Sir verließ Georg Solti Covent Garden, nicht um in Chicago das beste Orchester der Welt zu machen, sondern zu übernehmen. Ob das Chicago Symphony Orchestra wirklich so gut war, wie Igor Strawinsky behauptet hatte, erscheint gar nicht als so wichtig. Soltis Tätigkeit hat diesem Ruf, den es vor allem der Arbeit von Soltis Landsmann Fritz Reiner verdankt, sicherlich nicht geschadet. Er hat das Erbe nicht nur verwaltet, er hat es auch vermehrt. Und wieder hat er dabei in einem Alter, in dem andere Dirigenten ihre Erfahrungen schon gemacht oder sogar ihren künstlerischen Höhepunkt überschritten haben, etwas Neues begonnen: Das Chicago Symphony Orchestra war Soltis erstes reines Symphonie-Orchester, und er übernahm es, als er fast schon sechzig Jahre alt war.
Das Chicago Symphony Orchestra, an das er vertraglich noch bis 1990 gebunden ist, wurde Georg Soltis Präzisionsinstrument, dem Berliner Philharmonischen Orchester Herbert von Karajans vergleichbar; ein Instrument, das er gerne mit einem Steinway vergleicht und das er souverän beherrscht, ohne bei aller technischen Perfektion sich im Detail der Notentextausdeutung zu verlieren: «Von Toscanini habe ich Disziplin gelernt und von Furtwängler, sie wieder zu vergessen.» Solti braucht offenbar festen Boden unter den Füßen, um musikalisch schweben zu können. Von seinem musikalischen Temperament her steht Solti, bis 1946 ungarischer Staatsbürger, danach bis 1972 Besitzer eines deutschen Passes und seitdem britischer Staatsangehöriger mit Wohnsitz in London, dem Italiener Toscanini freilich näher.
Arturo Toscanini muß sich in seinen zwei letzten Lebensjahren, als er sich schon ganz vom öffentlichen Leben zurückgezogen hatte, wie ein King Lear der Musik gebärdet haben. Den

Bei seinem Bayreuth-Debüt 1983 scheiterte Georg Solti beinahe mit dem «Ring des Nibelungen».

ganzen Tag über hörte er nur seine eigenen Schallplatten an, mit ungeheurer Lautstärke, dabei heftig schimpfend über die miserablen musikalischen Leistungen und mit dem festen Vorsatz, alles noch einmal und dann viel besser aufzunehmen. Solti kann das sehr gut verstehen: «Ich möchte eigentlich auch alles noch einmal machen — vielleicht bis auf das Repertoire der letzten zehn bis fünfzehn Jahre. Was ich früher gemacht habe, finde ich überholt. Werke von Bartók beispielsweise habe ich zu viele zu früh eingespielt. Das sind alles alte Platten, die ich zu Beginn meiner Karriere aufgenommen habe, als meine Schallplattenfirma angenommen hat, als Ungar müßte ich wohl am besten ungarische Musik interpretieren. Man möchte immer einen Spezialisten aus einem machen.»
Ganz so schrecklich können seine alten Aufnahmen aber nun doch nicht sein, wenn Solti auch mit ihnen zum meistdekorierten Schallplatteninterpreten werden konnte. Aber die selbstkritische Haltung entspricht dem Charakter Soltis, der die Hauptschwierigkeit seines Interpretendaseins darin sieht, sich selbst zu entsprechen. Ein Konzert zu dirigieren, das unter dem einmal erreichten Niveau stehen könnte, das möchte er weder dem Komponisten noch sich selbst antun. Und deshalb wird der Hochleistungssport Dirigieren — «mein tägliches Jogging, das mich jung hält» — auch nicht einfacher: «Wenn jemand sagt, daß ihm etwas leichtfällt, dann stimmt etwas nicht. Das ist verdächtig. Je älter ich werde, um so mehr Probleme finde ich in der Musik. Nicht technische, aber interpretatorische. Da gibt es keine Lösungen wie in der Mathematik: Zwei mal zwei ist vier! Nein, in der Musik kommt dabei auch manchmal fünf heraus. Man hat Selbstverantwortung gegenüber der Musik. Sie wächst mit dem Alter, und es wachsen die Ansprüche und der Geschmack. Mein Geschmack wächst nahezu schneller als mein Verstand. Das ist an sich ein gefährliches Paradoxon. Nichts fällt mir leicht.»
Und weil ihm selbst nichts leichtfällt, erwartet er wohl auch von seinem Publikum, daß es etwas in die Kunst investiere. Die provozierend-hinterlistige Forderung Rolf Liebermanns, Kultur müsse zu hundert Prozent subventioniert werden, damit man sie — die wahre demokratische Kunst — dem Publikum zum Nulltarif anbieten könne, hält er für völlig falsch. Wer in die Oper will, der soll nach Soltis Meinung auch dafür arbeiten, so wie die Künstler arbeiten: zahlen, Schlange stehen, kämpfen. Nur so werde man Befriedigung durch die Kunst erlangen. Für die Musik arbeiten: Von seinen Orchestermitgliedern erwartet Solti die Erfüllung eines Übersolls. Im Konzert müssen sie wohlvorbereitet, eingestimmt, topfit sein. Sie müssen — wie er das einmal formuliert hat — «schon anfangen, bevor sie überhaupt den ersten Ton spielen». Vielleicht sind sie deshalb so gut, und vielleicht unterscheidet sie das von so manchen anderen Orchestermusikern, die noch spielen, obwohl sie schon zu musizieren aufgehört haben. *WWS*

Stein, Horst

* Elberfeld 2. 5. 1928; deutscher Dirigent, studierte in Köln an der Staatlichen Hochschule für Musik, hatte sein erstes Engagement 1947 bei den Städtischen Bühnen in Wuppertal. Als Kapellmeister wechselte er 1951 an die Staatsoper nach Hamburg (bis 1955), als Staatskapellmeister an die Berliner Staatsoper (bis 1961) und als Stellvertretender GMD wieder zurück nach Hamburg (bis 1963). Die gleiche Stellung hatte er anschließend bis 1970, gemeinsam mit dem Posten als Operndirektor, am Nationaltheater in Mannheim inne. Danach wirkte er als 1. Dirigent der Wiener Staatsoper und 1973—76 als GMD erneut an der Staatsoper in Hamburg. Es folgten vier Jahre, während denen er Gastdirigent an der Deutschen Oper in Berlin (1977—78), bei den Wiener Symphonikern (1978) und Lehrer an der Hamburger Musikhochschule war. 1980 übernahm er das Künstlerische Direktorat und den Posten als 1. Dirigent beim Orchestre de la Suisse Romande in Genf. Nach Vertragsende zum Sommer 1985 ist er ab Oktober 1985 zum Chefdirigenten der Bamberger Symphoniker und des Basler Symphonieorchesters berufen.

Steinberg, William

* Köln 1. 8. 1899, † New York 16. 5. 1978; amerikanischer Dirigent deutscher Geburt, studierte in Köln und dirigierte bereits mit 13 Jahren seine Sätze für Chor und Orchester für Ovids «Metamorphosis». An der Kölner Oper war er zunächst Klemperers Assistent, 1924 1. Dirigent, in gleicher Stellung ab 1925 am Deutschen Landestheater in Prag, dort auch Operndirektor. Er war von 1929—33 GMD der Oper und Leiter der Museumskonzerte in Frankfurt/Main. Außerdem dirigierte er regelmäßig an der Berliner Staatsoper. 1936 mußte er nach Palästina emigrieren, wo er mit Hubermann das Palestine Orchestra (später Israelisches Philharmonieorchester) gründete, das er bis 1938 leitete. Anschließend ging er in die USA (auf Einladung Toscaninis) und war dort Dirigent des New Yorker NBC Symphony Orchestra (1938—41). Es folgten Verpflichtungen als Dirigent des Philharmonic Orchestra in Buffalo (1945—52), als Musikdirektor des Symphonieorchesters in Pittsburgh und als ständiger Dirigent beim Londoner Philharmonieorchester (1958 bis 1960). Zwischen 1966 und 1968 dirigierte er als Gast das New Yorker Philharmonieorchester, und er war 1969—72 Musikdirektor des Bostoner Symphonieorchesters. In den siebziger Jahren wurde seine Gesundheit zunehmend schlechter, so daß seine ohnehin sparsamen Gesten auf ein Minimum reduziert wurden.

Stiedry, Fritz

* Wien 11. 10. 1883, † Zürich 9. 8. 1968; amerikanischer Dirigent österreichischer Geburt, Schüler des Wiener Konservatoriums. Nach einer kurzen Phase als Adlatus bei Ernst von Schuch in Dresden (1907—08) übernahm er Stellen als Theaterkapellmeister in Teplitz, Posen und Prag, erhielt dann leitende Positionen in Nürnberg und Kassel und wurde schließlich 1914 1. Kapellmeister an der Berliner Staatsoper, eine Stellung, die er wegen des Krieges erst 1916 antrat und bis 1923 innehatte. Ein Jahr später ging er als Direktor an die Wiener Volksoper (bis 1925), war dann Konzertdirigent und ab 1928 erst Gast, ab 1929 1. Dirigent der Städtischen Oper in Berlin, wo er 1932 die Uraufführung von Weills «Bürgschaft» gab. 1933 mußte er Deutschland verlassen. Er leitete von 1933—37 die Leningrader Philharmonie und siedelte 1938 in die USA um. In New York dirigierte er das neugegründete New Friends of Music Orchestra, in Chicago die Civic Opera (1945—46) und regelmäßig auch an der New Yorker Metropolitan Opera (1946—58). Seine Vorstellungen wurden oftmals als unsauber kritisiert, doch insgesamt stand er wohl in der besten Tradition der in Österreich geschulten Musiker.

Stock, Frederick A.

* Jülich 11. 11. 1872, † Chicago 20. 10. 1942; deutschamerikanischer Dirigent, zunächst studierte er Musik bei seinem Vater, einem Bandleader; danach Violine bei G. Japha und Komposition bei Wüllner, Zöllner und Humperdinck am Kölner Konservatorium (1886—1891); danach spielte er im Städtischen Orchester Kölns Geige (1891—1895). 1895 wurde er 1. Bratschist beim neu gegründeten Thomas Symphony Orchestra in Chicago; nach dem Tod Thomas «erbte» er das Orchester. 1919 wurde er US-Bürger. Er liebte romantische Musik, die Richard Wagners. Er setzte sich für amerikanische Musik ein; den späteren Erfolg Fritz Reiners und Georg Soltis mit dem Chicago Symphony Orchestra half er vorbereiten. Stock komponierte u. a. ein vielbeachtetes Violinkonzert, das 1915 uraufgeführt wurde.

Stockhausen, Franz

* Gebweiler 30. 1. 1839, † Straßburg 4. 1. 1926; Bruder von Julius S., deutscher Dirigent, Schüler von Alkan in Paris, studierte am Leipziger Konservatorium (1860—62). Von 1863—66 war er Musikdirektor in Thann (Elsaß), zwei Jahre später Dirigent der Société de chant sacré (bis 1879) und Musikdirektor am Münster in Straßburg. Weiterhin dirigierte er zwischen 1871 und 1908 die städtischen Konzerte und war Direktor des Straßburger Konservatoriums, das unter seiner seiner Leitung gute Fortschritte machte.

Stokowski, Leopold

Einmal angenommen, in den vierziger Jahren hätte ein amerikanisches Magazin jene Persönlichkeit porträtieren wollen, die sich am besten ins rechte Licht zu rücken versteht, am hellsten strahlt und den meisten Wirbel verursacht: Leopold Stokowski wäre gewiß in den engsten Kreis der Aspiranten gezogen worden. Zweifelsohne besaß er ein außergewöhnliches Schautalent, und kaum ein Dirigent vereinigte deshalb soviel Beifall wie Kritik auf sich. Das «rechte Licht» bedeutete für ihn, daß er mit einer gewissen Kaltschnäuzigkeit den ganzen Konzertsaal verdunkeln ließ und lediglich seine Hände oder sein Kopf angestrahlt wurden. Gern umgab er sich mit dem Glanz des Geheimnisvollen, spielte er mit Sensationen, gab er Anschauungsunterricht in Sachen Taktik. Leopold Stokowski schien sich wohlzufühlen im Mittelpunkt des Interesses oder in den Schlagzeilen der Boulevardblätter. Ein Gerücht übertraf das andere, was zum Beispiel seine Beziehung zu Greta Garbo anging, und sein lakonischer Kommentar — «Die Öffentlichkeit interessiert mich nicht» — brachte den Kessel nur erneut zum Brodeln.
Stokowski und Starrummel wurden in den USA lange Zeit als Synonyme gehandelt, doch hinter der schillernden Fassade verbarg sich eben mehr, das

Vermögen nämlich, Musik zu popularisieren. Während sich die Kritik auf Äußerliches stürzte und zu Beginn glaubte, Leopold Stokowski würde der Kunst durch das beharrliche Rütteln am Elfenbeinturm einen Bärendienst erweisen, wandelte der Dirigent auf neuen Pfaden, leitete die immense Anzahl von zweitausend Ur- und Erstaufführungen, setzte sich für die Neue Musik ein und leistete Beachtliches für den Fortschritt der Aufnahmetechnik im Bereich von Schallplatten. Man kann es nicht wissen: Vielleicht lachte er im stillen über das Image, das er der Öffentlichkeit bot.

Der Spaß am Schabernack begann bei Leopold Stokowski bereits dann, wenn er nach seinem Geburtsdatum gefragt wurde. Die Version «London, 18. April 1882» stellte sich als richtig heraus, so oft er auch behauptete, fünf Jahre später in Krakau zur Welt gekommen zu sein. Die Mutter war auch keine Irin, sondern Schottin, der Vater dagegen stets Pole. Andererseits hieß er nicht Lionel Stokes, sondern mit vollem Namen Leopold Antonin Stanislaw Boleslawowicz Stokowski — oder Leopold Anthony, was als letzte Variante einen ebenso hohen Wahrscheinlichkeitswert besitzt. Aber wer möchte bei diesem glänzend inszenierten Durcheinander schon etwas beschwören.

Seine Liebe zur Musik jedenfalls offenbarte sich bereits in früher Jugend, und er lernte mit so großem Eifer Geige, Klavier und Orgel, daß er mit dreizehn Jahren als jüngster Student an das Royal College of Music in London aufgenommen wurde. Bei Walford Davies, Parry und Stanford erhielt er Unterricht auf drei Instrumenten sowie im Dirigieren, bildete sich aber noch am Queen's College in Oxford weiter, wo er 1903 mit dem Titel Bachelor of Music abschloß. In dieser Zeit wirkte Leopold Stokowski schon als Organist und Chorleiter an St. James in London, setzte diese Laufbahn für kurze Zeit in New York fort und ergänzte seine Ausbildung in Berlin, München und Paris.

Die Orgel und das Dirigieren; zwei Dinge, die zunächst einmal wenig miteinander zu tun haben, für Leopold Stokowski jedoch aufs engste verwoben waren. Der breitflächige Klang der Orgel, die Vielzahl der möglichen Effekte und das weite Spektrum zwischen feinnerviger und schwülstiger Charakteristik faszinierten ihn. Es hieß sogar, der Dirigent habe sein Orchester wie eine «überdimensionale Orgel betrachtet», er habe «zeitlebens Orgel gespielt», oder aber, wie es Harold C. Schonberg ausdrückte: «Stokowski holte mehr Klang aus der Musik als andere. Die übrigen großen Dirigenten holten mehr Musik aus der Musik heraus.» Er ging wahrhaftig nicht gerade behutsam mit den Werken um.

Das zeigte sich bereits bei seinem ersten bedeutenden Engagement zwischen 1909 und 1912 beim Cincinnati Symphony Orchestra. Keine Frage: Leopold Stokowski brachte als Musikalischer Leiter Leben in die Stadt, indem er das Orchester umbesetzte und überaus eigenwillige Interpretationen ablieferte. Die Zeitungen hielten ihm dies zum Ende der Amtszeit vor.

Leopold Stokowski, der individualistische Exzentriker und «Showdirigent».

Die Orchester-Gesellschaft behauptete, Leopold Stokowski entlassen zu haben; der Dirigent äußerte heftig das Gegenteil, und die Journalisten verabschiedeten ihn so: «Er verhunzte Beethoven, machte Brahms zur süßlichen Gefühlsduselei, ließ Strauss in grelleren, aggressiveren Farben glühen, als es sich dieser je hätte träumen lassen; und er stokowskisierte jeden Komponisten, den er in seine gebieterischen Hände bekam. Er ballte die Fäuste, schleuderte die Arme in die Luft und verrenkte seinen Körper, um harmlose und unüberzeugende Effekte zu erzielen.»

Freudig-erregt bis skeptisch-zurückhaltend erwartete ihn deshalb auch das Publikum in Philadelphia, wo er bis 1936 — also fast ein Vierteljahrhundert — einem der besten amerikanischen Orchester vorstand. Nach anfänglich eher verhaltener Betriebsamkeit, die überrascht zur Kenntnis genommen wurde, festigte Leopold Stokowski seine Position und erweiterte gleichzeitig seinen Spielraum. Er gewöhnte die Konzertbesucher an immer wagemutigere Experimente, stellte seine Programme nach eigenem, extravagantem Gusto zusammen, mischte amerikanische und europäische Musik und probierte neue Instrumente wie das Clavilux und das Hammond-Klavier aus.

Es begann eine aufregende Zeit für das Philadelphia Orchestra. Mahlers Achte Symphonie wurde erstmals in den USA aufgeführt, ebenso wie Strawinskys «Le Sacre du printemps» und Bergs «Wozzeck». Das harte, ja strenge Proben mit dem auf Flexibilität getrimmten Ensemble zeitigte vortreffliche Ergebnisse. Leopold Stokowski schickte Musiker, die nicht seinen Maßstäben entsprachen, einfach fort, war selten freundlich oder gar lustig, verlegte seine Schau ausschließlich in den Konzertsaal. Oft ließ er zwischen sich und die Zuhörer Vorhänge ziehen, auf die Farbspiele projiziert wurden; dann wieder hielt er Ansprachen, teilte Tadel aus, wenn jemand zu spät kam oder früher ging, ließ die «Internationale» singen oder geriet in — wohlkalkulierte — Wutausbrüche, wenn ein Gast im Konzert einen Hustenanfall nicht unterdrücken konnte. Sein Ideenpotential schien dabei unbegrenzt.

Mit der Werktreue nahm es Leopold Stokowski ebenfalls nicht so genau. Er verehrte Bach über alles, doch seine Orchester-Transkriptionen der Orgelwerke, insbesondere der Toccata in d-Moll, waren geliebt und wurden abgelehnt, weil zwar die Klangwirkung enorm war, aber die Wünsche des Komponisten unberücksichtigt blieben. Ohne Ehrfurcht strich und bastelte er auch an anderen Partituren herum, änderte die Instrumentierung, begründete dies damit, daß «Beethoven und Brahms nichts von Instrumenten verstanden». Andere Dirigenten waren da durchaus anderer Meinung.

Gleichwohl gab es neben den erwähnten Tiefschlägen phänomenale Resultate. Leopold Stokowski tüftelte, bis es seinem Ideal entsprach, auch an der Sitzordnung des Orchesters herum. Er

machte sie von den Werken abhängig, bestand darauf, daß sie im Lauf der Musikgeschichte mehrfach Wandlungen unterworfen gewesen sei und deshalb ebensogut nachvollzogen oder verändert werden dürfe. Oft dauerte es Stunden, bis er in einer für ihn neuen Halle die optimale Aufstellung gefunden hatte; oder besser gesagt jene, die ihm persönlich am besten gefiel. Er schob die Bläser von hinten nach vorne und wieder zurück in die Mitte, teilte die Streicher, zog sie weit in die Breite oder setzte sie dicht hintereinander. Der Erfolg dieser «Umbauaktionen» lag vor allem darin, daß Leopold Stokowski mit seinem ausgeprägten Klangsinn Schwächen in der vorgegebenen Akustik spielend ausgleichen konnte, große Fülle wie auf einem Samtteppich präsentierte. Diese Charakteristik machte ihn und sein Philadelphia Orchestra berühmt, und er wollte diesen Klang auch mit anderen Orchestern erreichen. Zugleich faszinierte er durch eine ausserordentliche Präzision.

Das Zusammenspiel dieser Komponenten bewirkte einerseits, daß die Beliebtheit Leopold Stokowskis auf die Höhen Arturo Toscaninis anstieg. Zum anderen gab Stokowski die Virtuosität ein besonderes Einfühlungsvermögen für die modernen Kompositionen. Orchesterwerke Schönbergs führte er erstmals in den USA auf (die «Gurrelieder»), Arbeiten von Rachmaninow und Varèse sowie sehr viele neue Stücke junger amerikanischer Komponisten. Gerade in ihren Partituren strich er häufig herum.

Leopold Stokowski zog sich behutsamer aus Philadelphia zurück, als er es in Cincinnati getan hatte. Zwei Jahre lang, bis 1938, leitete er das Orchester gemeinsam mit Eugene Ormandy, bevor er sich endgültig anderen Zielen zuwandte. Eines davon war das umstrittenste seiner Laufbahn: der Film. Der auf Zelluloid gebannte Süßstoff «Hundred Men and a Girl» wies ihn dabei lediglich als einen Mann aus, der keine Eskapaden scheute. Heißer verliefen die Diskussionen um seine Zusammenarbeit mit Walt Disney. Neben einem Dialog zwischen ihm und Mickey Mouse, den kein Dirigent nach ihm mehr gewagt hat, lieferte Leopold Stokowski für «Fantasia» (1940) die Bearbeitungen von Mussorgskis «Nacht auf dem kahlen Berge» und Strawinskys «Sacre». Natürlich ging er dabei wieder mal gnadenlos vor, die Werke wurden amputiert, doch die bildliche Umsetzung in diesem Zeichentrickfilm nötigte auch heftigen Kritikern einigen Respekt ab. Ein Feuerwerk aus Farbe und Klängen entfaltete sich da und erregte zusätzliches Aufsehen durch die neue, mehrkanalige Tontechnik. Mit über dreißig Mikrophonen nahm er die acht Stimmen des Orchesters auf acht Spuren auf und leitete damit die für die damalige Zeit sensationelle Multiphonie ein.

Schon 1917 hatte Leopold Stokowski seine erste Schallplatte mit dem Philadelphia Orchestra eingespielt. Sein Betreiben ging in den folgenden sechzig Jahren immer dahin, die Wiedergabequalität zu verbessern. Vom Erfolg der Stereophonie war er früh überzeugt, wie sein Buch «Music for All of Us» (1943) zeigt. Es enthält sicherlich einige Gemeinplätze, und Musikwissenschaftler wiesen sogar grundsätzlich falsche Passagen nach, die lediglich eine grobe Vereinfachung zum Zweck der Popularisierung darstellten. Einige Gedanken Leopold Stokowskis haben sich jedoch inzwischen als richtig erwiesen: Den Synthesizer ahnte er ebenso wie die Entwicklung der Quadrophonie und den teilweisen Verzicht auf die Notenschrift. Außerdem war er sich schnell im klaren darüber, daß es nicht ausreichen würde, den Frequenzgang der Schallplatten nur dem menschlichen Hörvermögen anzupassen, weil zur optimalen Wiedergabe das Einbeziehen der Obertöne der einzelnen Instrumente gehört. Der zähe Einsatz für die neue Technik erforderte manch hartes Ringen mit den Plattenfirmen.

Nach der langen Zeit in Philadelphia strebte Leopold Stokowski die Unabhängigkeit an. Seit 1933 hatte er Jugendkonzerte lanciert, und dies brachte ihn 1940 auf den Gedanken, sein All American Youth Orchestra zu gründen, das er drei Jahre lang leitete und auf eine Konzertreise nach Südamerika führte. Danach war er oft als Gastdirigent beim NBC-Orchestra, bei der New York City Opera und einmal an der Metropolitan Opera («Turandot») tätig, bis er erneut eigene Projekte anging. 1944 hob er das New York Symphony Orchestra und ein Jahr später das Hollywood Bowl Symphony Orchestra aus der Taufe. Nun sah ihn auch nach langer Zeit das europäische Publikum wieder; 1951 gab Leopold Stokowski, der 1915 die amerikanische Staatsbürgerschaft angenommen hatte, sein erstes Londoner Konzert seit 1912.

Ruhestand blieb für den agilen Mann bis kurz vor seinem Lebensende ein Fremdwort. Gerade im Alter entfesselte er noch einmal erstaunliche Energien. Neben Dimitri Mitropoulos leitete er 1949 für kurze Zeit das New York Philharmonic Symphony Orchestra, das Mitropoulos dann allein weiterführte. Daß er zwischen 1955 und 1960 die Verpflichtung als Chefdirigent des Symphonieorchesters in Houston übernahm, genügte ihm nicht, denn kurz darauf rief er, mittlerweile neunundsiebzigjährig, mit dem American Symphony Orchestra ein neues eigenes Ensemble ins Leben, dessen Konzertreihen ab 1962 den Dirigenten in einem anderen Licht zeigten. Je älter er wurde, desto stärker prägte eine kraftvolle Ruhe seine Aufführungen. Noch immer ungemein füllig, wirkte der Klang nun weniger prätentiös und bombastisch als früher. Bis zuletzt erhielt sich Leopold Stokowski seine eigenständige, abgerundetglänzende Interpretationsweise.

Gerade in den sechziger Jahren und zu Beginn der siebziger Jahre fügte er seinem Schaffen einige weitere Höhepunkte hinzu. Er dirigierte 1965 die Uraufführung von Charles Ives' Vierter Symphonie, 1968 die amerikanische Premiere von Khatschaturians Dritter Symphonie, gab 1970 die Uraufführung von Menottis «Triplo concerto a tre» und wiederholte 1972 mit dem London Symphony Orchestra zweimal das gleiche Programm, das er schon 1912 gegeben hatte. Auch hier wird deutlich: Selbst der Neunzigjährige blieb für Überraschungen und Effekte gut. Die Dauer seiner Karriere schließlich war sensationell. Angefangen von seinem Debüt 1908 über den letzten öffentlichen Auftritt bei französischen Festspielen im Juli 1975 bis hin zu seiner letzten Schallplattenaufnahme 1977 stand Leopold Stokowski neunundsechzig Jahre lang am Pult.

Er bot dort eine imposante Erscheinung. Seit 1929 dirigierte er stablos, was möglicherweise mit seiner Erfahrung als Chorleiter zusammenhängt, oder er wollte tatsächlich, daß das Publikum seine Hände stärker beachtete, diese Hände, die wie Kultgegenstände fotografiert wurden. Das zuletzt schneeweiße Haar über der hohen, leicht fliehenden Stirn ließ Leopold Stokowski in den siebziger Jahren bis auf die Schultern herab wachsen. Er

gewährte sich damit eine Art persönlicher Freiheit, wie er sie — auf andere Weise natürlich — seinen Streichern abverlangte: Er forderte von ihnen ein «vegetatives Wuchern», ließ sie den Bogen nicht gleichmäßig, sondern selbständig bemessend führen. Die Einsätze der Violinisten wirkten dadurch zwar gelegentlich ungenau, doch erreichte Leopold Stokowski mit diesem Mittel die von ihm idealisierte Breitenwirkung.
Leopold Stokowski, dessen Freunde und Kritiker sich die Waage hielten, der durch seine Eigenwilligkeit vor dem Orchester und außerhalb der Konzertsäle — erwähnt seien nur noch seine drei aufsehenerregenden Hochzeiten, unter anderem mit der Millionenerbin Gloria Vanderbilt di Cicco — die Zeitungsspalten füllte, hat zweifellos großen Einfluß auf das amerikanische Musikleben ausgeübt. Es war für ihn von enormem Vorteil, daß er auf kein Gebiet ausdrücklich spezialisiert war. Seine starke Persönlichkeit gestattete es ihm, den Blick eines großen Publikums auf das Unbekannte, scheinbar Kleine und bis dato Unpopuläre zu lenken. Optimistisch bis zuletzt, schloß der Dirigent, den der amerikanische Präsident Harry S. Truman ein «Monument» nannte, «das Amerikas Musikleben zusammengeschweißt» habe, im Alter von fünfundneunzig Jahren einen neuen Fünfjahresvertrag mit seiner Schallplattenfirma ab. Er konnte ihn nicht mehr erfüllen: Nach einer Viruserkrankung starb Leopold Stokowski am 13. September 1977 in Nether Wallop in der englischen Grafschaft Hampshire an Herzversagen.
Sein Verständnis von Musik, wie er es 1943 äußerte, war von Idealismus geprägt: «Ich glaube daß Musik eine inspiratorische Kraft für unser aller Leben sein kann — daß ihre Beredsamkeit und die Tiefe ihrer Bedeutung wesentlich, daß alle persönlichen Ansichten über Musiker und das Publikum vergleichsweise unwesentlich sind — daß Musik von Herzen kommt und zu Herzen geht — daß Musik ein spontaner, impulsiver Ausdruck ist (...) daß Musik immer weiter wachsen wird — und daß Musik ein Element sein kann, das uns dabei hilft, eine neue Lebenskonzeption zu entwickeln, in der die Verrücktheit und Grausamkeit von Kriegen durch ein einfaches Begreifen der Brüderlichkeit unter den Menschen ersetzet wird.» *DR*

Stoutz, Edmond de

* Zürich 18. 12. 1920; Schweizer Dirigent, studierte an der Zürcher Universität erst Jura, dann an der dortigen Musikhochschule Klavier, Violoncello, Oboe, Schlagzeug und Komposition, später noch in Salzburg und Wien. Nach einem Engagement als Cellist und Schlagzeuger beim Tonhalle-Orchester in Zürich (1952—54), gründete er das Zürcher Kammerorchester und übernahm dessen künstlerische Leitung. Außerdem leitet er den Zürcher Konzertchor, den er 1962 gründete. In seinen Konzertprogrammen stellt er immer wieder zeitgenössische Musik vor.

Stransky, Josef

* Humpoletz (bei Deutschbrod) 9. 9. 1872, † New York 6. 3. 1936; böhmischer Dirigent, bereits während seines Medizinstudiums an der Prager Universität, das er 1896 mit dem Dr. med. abschloß, studierte er in Leipzig bei Jadassohn und in Wien bei R. Fuchs, Bruckner und Dvorák Musik. 1898 verpflichtete ihn A. Neumann als 1. Kapellmeister ans Prager Landestheater; 1903 übernahm er eine ähnliche Aufgabe am Stadttheater Hamburg und dirigierte an der Hamburger Oper; 1910 verließ er die Oper, um sich mehr um Konzertaufführungen zu kümmern. Ende 1911 trat er die Nachfolge Mahlers bei der New York Philharmonic Society an und blieb dort bis 1923. Nachdem J. Pulitzer dem Orchester 1912 eine Million Dollar hinterlassen hatte, konnte Stransky erfolgreich die weitreichenden Reformen durchführen, die sein berühmter Vorgänger eingeleitet hatte.

Straram, Walther

* London 9. 7. 1876, † Paris 24. 11. 1933; französischer Dirigent, erhielt seine Ausbildung in Paris und spielte Violine in Pariser Orchestern; dann war er Leiter des Chores an der Opera Comique. Er reiste als Assistent von André Caplet mit der Boston Opera Company durch Amerika. Zurück in Paris, gründete er die Staram-Konzerte, die einen hervorragenden Ruf beim Publikum und den namhaftesten Dirigenten genossen; er dirigierte die Uraufführung von Maurice Ravels «Bolero» für Ida Rubinstein (22. November 1928).

Strauß, Eduard

*Wien 24. 3. 1910, † Wien 6. 4. 1969; österreichischer Dirigent, Neffe von Johann S. (1866—1939). Nachdem er die Operettenklasse des Neuen Wiener Konservatoriums geleitet hatte, gab er 1949 sein erstes öffentliches Konzert als Dirigent unter der Schirmherrschaft der Wiener Johann-Strauß-Gesellschaft. Er trat mit dem Wiener Stadtorchester auf und dirigierte bei Schallplattenaufnahmen das Wiener Symphonieorchester. Auf Tourneen mit dem Wiener Johann-Strauß-Orchester und als Gastdirigent anderer Orchester machte er sich um die Familientradition verdient.

Strauss, Richard

* München 11. 6. 1864 † 8. 9. 1949 in Garmisch; deutscher Komponist und Dirigent, erhält 1868 ersten Klavierunterricht bei August Tombo; 1870 Besuch der Grundschule in München. Erste Kompositionsversuche, die auch schon Erfindungsgabe und Formgefühl zeigen; 1871 Aufführungen des «Freischütz» und der «Zauberflöte»; es sind die frühesten Eindrücke einer Welt, in der Richard später wie kaum ein zweiter zu Hause sein wird. Vater Franz wird Akademieprofessor; 1872 Violinunterricht beim Vetter Benno Walter; 1874 Richard geht jetzt auf das Kgl. Ludwigs-Gymnasium. Hugo von Hofmannsthal ist im Februar geboren; 1875: Richard ist ein guter Schüler, komponiert fleißig, erhält aber, neben weiteren Klavierstudien bei C. Niest, nun auch Unterricht in Theorie, Komposition und Instrumentation; 1882: Ein 1876 komponierter «Festmarsch für großes Orchester» wird vom Verlag Joseph Aibl verlegt und bildet op. 1 des späteren Gesamtwerkes. In Richards Vaterstadt führt Hermann Levi außerdem eine (ungedruckt bleibende) Symphonie in d-Moll des noch nicht Siebzehnjährigen auf; 1882 ist das Abitur bestanden, an der Universität beginnt er mit Studien in Philosophie, in Ästhetik und Kunstgeschichte, allerdings nicht für lange Zeit, denn sehr bald ist die Musikerlaufbahn beschlossene Sache. Dazu verhelfen ein Bayreuth-Besuch mit dem Vater (der das Studium lieber fortgesetzt sähe), die Uraufführung der Bläserserenade op. 7 durch Franz Wüllner in Dresden und das Violinkonzert op. 8, das sein Lehrer Benno Walter in Wien aus der Taufe

hebt, der auch schon ein Streichquartett des Vierzehnjährigen uraufgeführt hatte; 1883: Aus Venedig kommt, am 13. Februar, die Kunde von Wagners Tod. Reiseziele des jungen Musikers, der nach dem Bayreuther Meister einer der größten Opernkomponisten seiner Zeit werden wird, sind Berlin und Dresden (Cellosonate op. 6 aufgeführt). Ein Winter in Berlin, mit neuen Kontakten: 1884 zum erstenmal öffentlich am Dirigentenpult mit der im Auftrag Hans von Bülows, des älteren Freundes aus jüngster Zeit, geschriebenen Bläsersuite op. 4. In New York hört man eine Symphonie op. 12 in f-Moll von einem zwanzigjährigen Deutschen, der sich Richard Strauss bestrittenen Virtuosen der Instrumentierung. Er dirigiert zum erstenmal die Berliner Philharmoniker; 1892: nach wiederholter schwerer Erkrankung Reise nach Griechenland und Ägypten, wo er seine erste Oper «Guntram» konzipiert; 1894: Bülow stirbt im Februar. Verlobung mit Pauline de Ahna, die als Freihild bei der Uraufführung des «Guntram» in Weimar mitwirkt. Wider Hofkapellmeister in München, leitet er auch die dortigen Odeon-Konzerte und die Berliner Philharmoniker. Heirat mit Pauline de Ahna; 1895 Uraufführung des «Till Eulenspiegel» in Köln; 1896 »Also sprach Zarathustra» in Frankfurt uraufgeführt. Reisen nach Rußland, Belgien. Hermann Levi tritt rika, wo er in einer Reihe von 35 Konzerten (z. T. unter Mitwirkung von Frau Pauline) auch seine «Sinfonia domestica» uraufführt. Weitere Reisen in Europa; 1905 Vater Franz Joseph Strauss stirbt. Uraufführung der «Salome» in Dresden; 1907 Offizier der Ehrenlegion, nachdem er in Paris sechsmal die «Salome» dirigert hat; 1908 Leitung jetzt auch der Konzerte der Berliner Hofkapelle. Am 2. Oktober wird Strauss Generalmusikdirektor der Hofoper. Villa in Garmisch; 1909 Dritte Strauss-Opern-Uraufführung in Dresden: «Elektra»; 1910 Opernvertrag mit Berlin gelöst, nur noch Gastdirigent, weil anderweitige Verpflichtungen wachsen. Maximilian-Orden;

nennt; 1885: als Musikdirektor nach Meiningen. Neue Freundschaft: Alexander Ritter, der ihn mit dem Schaffen und den Gedanken von Liszt und Wagner bekannt macht. Klavierquartett op. 13 preisgekrönt, erste Begegnung mit Brahms; 1886: Dritter Kapellmeister in München (Hofoper). Erste Reise nach Italien; 1887 Uraufführung des op. 16 «Aus Italien» in München. Begegnung mit Gustav Mahler in Leipzig. Zweite Italien-Reise; 1889: Neue Wirkungsstätte ist Weimar, wo er die symphonische Dichtung «Don Juan» uraufführt. Musikalische Assistenz für «Parsifal» in Bayreuth; 1890 Eugène d'Albert kreiert die «Burleske» für Klavier und Orchester. Die symphonischen Dichtungen «Ton und Verklärung» und «Macbeth» sind zum erstenmal zu hören und zeigen Strauss als un- als Erster Kapellmeister zurück, Strauss rückt an seine Stelle auf; 1897: Reisen nach Holland, Spanien, Belgien, England, Frankreich. Strauss ist jetzt ein begehrter Dirigent. Sohn Franz geboren; 1898 Uraufführung des «Don Quixote» in Köln. Reisen. Neues Amt: Erster Kgl. Preußischer Hofkapellmeister an der Berliner Hofoper; 1899 «Ein Heldenleben» in Frankfurt uraufgeführt. Strauss beginnt mit umfangreicher organisatorischer Tätigkeit an prominentester Stelle auf urheberrechtlichem Gebiet; 1900 Erste Begegnung mit Hugo von Hofmannsthal in Paris; 1901 Die (zweite) Oper «Feuersnot» wird in Dresden uraufgeführt. Viele Reisen, Strauss-Wochen und -Feste; 1903 Ehrendoktor der Universität Heidelberg; 1904 Erste Reise nach Nordame-

Richard Strauss war auch als Dirigent vor allem der Werke Mozarts herausragend.

1911 «Der Rosenkavalier» in Dresden. Max Steinitzer publiziert die erste Strauss-Biographie; 1912 Umständehalber diesmal in Stuttgart: Uraufführung der «Ariadne auf Naxos»; 1914 Der Dirigent Ernst von Schuch, der Dresdner Interpret aller bisherigen Strauss-Uraufführungen dort, stirbt. In Paris führt das Diaghilew-Ballett die «Josephslegende» von Harry Graf Kessler und Hugo von Hofmannsthal mit der Musik von Richard Strauss auf. Kriegsausbruch. 50. Geburtstag: München ehrt den Komponisten mit Gedenktafel am Geburtshaus und einer «Strauss-Straße». Oxford verleiht ihm die Ehrendoktorwürde; 1915 Uraufführung der «Alpensinfonie» in Berlin. Gründung der urheberrechtlich tätigen GEMA; 1916 In Wien: 2. Fassung der «Ariadne auf Naxos»; 1917 Strauss begründet die Festspielgemeinde in Salzburg mit. Leiter einer Kompositions-Meisterklasse in Berlin. Dresden: 100. «Rosenkavalier-» Aufführung; 1918 Der Berliner Intendant von Hülsen-Haeseler findet, daß Strauss mehr unterwegs ist, als daß er an der Oper dirigiert. Strauss geht, übernimmt aber nach Haeselers durch die Revolution bedingtem Rücktritt die vorläufige Leitung der Hofoper; 1919 Mit Franz Schalk Direktor der Wiener Staatsoper. Hier am 10. Oktober: «Die Frau ohne Schatten» uraufgeführt; 1920 Erste Südamerika-Reise mit Schalk und dem Orchester der Wiener Philharmoniker; 1922 Salzburger Festspiele (Mozart). Zweite Nordamerika-Reise; 1923 Ehrenmitglied der Wiener Philharmoniker, ebenso der Salzburger Festspielgemeinde; 1924 Wien feiert «seinen» Sechzigjährigen mit der Uraufführung seines Balletts «Schlagobers». Viele weitere Ehrungen. Auch Mitdirektor Schalk findet, daß Strauss zu wenig für das Opernhaus tut. Strauss geht und bezieht sein Belvedere-Schlößl. Reisen, und immer wieder Reisen, gelegentlich Kuraufenthalte; 1927 Wien, nach Aussöhnung: «Intermezzo». Erster Enkel Richard wird geboren (Dr. Franz Strauss hat Frau Alice im Januar 1924 geheiratet); 1928 «Die ägyptische Helena» in Dresden, dann in Wien und Breslau; 1929 Freund und Dichter Hugo von Hofmannsthal stirbt; 1933 Uraufführung der «Arabella» am 1. Juli in Dresden unter der neuen Konstellation der braunen Machthaber in Deutschland, denen er sich im November als Präsident der etablierten Reichsmusikkammer zur Verfügung stellt. Weiteres Wirken, weitere Ehrungen. Der Österreicher Stefan Zweig schreibt das Libretto zur Oper «Die schweigsame Frau», es wird noch Ärger darum geben; 1934 Präsident des neugegründeten «Ständigen Rats für die internationale Zusammenarbeit der Komponisten». Zahlreiche Ehrungen und Aufführungen seiner Werke zum 70. Geburtstag; 1935 Krach mit der NS-Führung wegen eines Briefs an Zweig. Strauss tritt als Reichsmusikkammer-Präsident zurück. Uraufführung der «Schweigsamen Frau» in Dresden gerade noch erlaubt, aber nach drei Vorstellungen abgesetzt. Joseph Gregor übernimmt nach und nach die Arbeit an den Libretto-Plänen; 1936 Zur Eröffnung der XI. Olympischen Spiele in Berlin erklingt die «Olympische Hymne» von Richard Strauss. Mit der Dresdner Staatsoper nach London («Ariadne» und ein Konzert). Verleihung der Goldenen Medaille der Royal Philharmonic Society; 1938 Uraufführung der Opern «Friedenstag» (München) und «Daphne» (Dresden); 1939 Zum 75. Geburtstag veranstaltet unter anderem Dresden einen Strauss-Zyklus mit neun Opern und zwei Balletten. Bei Ausbruch des Zweiten Weltkriegs ist Strauss zur Kur in Baden bei Zürich. Paris: zum hundertstenmal «Salome»; 1940 Neufassung des Guntram in Weimar aufgeführt. Am 11. Dezember hört Strauss seine «Japanische Festmusik» zur Feier des zweitausendsechshundertjährigen Bestehens des Kaiserreichs Japan in Tokio; 1942 Stefan Zweig begeht in der brasilianischen Emigration Selbstmord. Am 28. Oktober wird in München das Konversationsstück für Musik «Capriccio» uraufgeführt (Text von Clemens Krauss und Richard Strauss); 1944 Strauss wird 80 Jahre alt. Denkwürdige Generalprobe zur Oper «Die Liebe der Danae», dann werden wegen des «totalen Krieges» alle Theater geschlossen. 1945 Kriegsende. Strauss zieht in die Schweiz, wo er ein halbes Jahr später am Blinddarm operiert wird; 1947 Konzertreise nach England. Beginnendes Blasenleiden; 1948 Auf den Salzburger Festspielen werden die «Metamorphosen» für Streichorchester aufgeführt. Im Dezember muß sich der Komponist in Lausanne einer Blasenoperation unterziehen; 1949 Nach scheinbarer Gesundung kehrt Strauss im Mai mit seiner Frau nach Garmisch zurück. Am 85. Geburtstag die letzten Ehrungen. Im Münchner Prinzregenten-Theater hat er am Tag zuvor auf der Generalprobe zum «Rosenkavalier» das Walzerfinale des zweiten und den Schluß des dritten Aktes dirigiert. Zu einem Strauss-Film werden, mit dem Komponisten am Pult, Aufnahmen gemacht. Im Rundfunkhaus seiner Vaterstadt greift er zum letztenmal zum Taktstock: Er dirigiert die Mondscheinmusik aus «Capriccio». Am 8. September kurz nach 14 Uhr stirbt Richard Strauss nach schwerer Erkrankung in seinem Garmischer Landhaus.

Suitner, Otmar

* Innsbruck 16. Mai 1922; österreichischer Dirigent, studierte am Konservatorium von Innsbruck Klavier und bei Clemens Krauss am Salzburger Mozarteum Dirigieren. Unmittelbar nach dem Krieg übernahm er die Dirigentenstelle am Innsbrucker Landestheater. Von 1952—57 wirkte er als musikalischer Direktor in Remscheid und danach als Generalmusikdirektor in Ludwigshafen (bis 1960). Als nächstes war er dann GMD der Dresdner Staatsoper und des Dresdner Staatsorchesters; 1964 wechselte er als Dirigent zur Ostberliner Staatsoper, die ihn 1974 zum Generalmusikdirektor ernannte. Als Gastdirigent ist er in der UdSSR, USA, Südamerika, in Skandinavien, Italien, Japan und der Bundesrepublik gern gesehen. International erstmals beachtet wurden seine Bayreuth-Dirigate «Der fliegende Holländer», «Tannhäuser» und «Der Ring des Nibelungen». Er ist Inhaber des Nationalpreises der DDR und neben Bloomstedt, Masur und Fricke der bedeutendste Dirigent der DDR.

Susskind, Walter

* Prag 1. 5. 1913, † Berkeley 25. 3. 1980; britischer Dirigent tschechischer Herkunft, Schüler von Josef Suk und Hába (Komposition) und von Karel Hoffmeister (Klavier) am Prager Konservatorium, sowie ebenfalls in Prag an der deutschen Musikakademie bei G. Szell (Dirigieren). 1934 wurde er Szells Assistent an der deutschen Oper in Prag und gab sein Dirigentendebüt mit «La Traviata». Nach der Schließung der deutschen Oper (1938) ging er nach England, bevor er 1941 seine Dirigentenlaufbahn wieder aufnahm und dann Musikdirektor der Carlo-Rosa-Operngesellschaft wurde (1943—45). Sein Orchesterdebüt fand 1945 mit dem Liverpooler Philharmonieorchester statt. Zwischen 1946 und 1952 war er 1. Dirigent des Scottish National Orchestra, dann (bis 1955) Leiter des Victoria Symphony Orchestra in Melbourne, und er benutzte Australien als Ausgangspunkt für zahlreiche Fernost- und Amerikatourneen. 1956 trat er das Amt des Musikdirektors beim Symphonieorchester Toronto an, erweiterte das Programm wesentlich und leitete die ersten Aufführungen von Bruckner- und Mahler-Symphonien in Kanada. Von 1962—68

leitete er das Aspen Festival und wurde schließlich von 1968—75 Musikdirektor des Symphonieorchesters von St. Louis. Das Mississippi River Festival stand seit 1969 ebenfalls unter seiner Leitung.

Suter, Hermann

* Kaiserstuhl (Aargau) 28. 4. 1870, † Basel 22. 6. 1926; Schweizer Dirigent und Komponist, Schüler seines Vaters, eines Organisten, und dann in Basel und Stuttgart unter Faisst und später noch am Leipziger Konservatorium. 1892 wurde er Dirigent eines Männerchors, übernahm 1893 die Stelle für männliche Chöre in Schaffhausen und 1894 in Wiedikon. Zwei Jahre später wurde er Professor am Zürcher Konservatorium und 1897 Dirigent der Städtischen Chorgesellschaft in Winterthur, schließlich 1901 des gemischten Chores in Zürich. 1902 zog er nach Basel und übernahm das Dirigentenamt beim Basler Gesangverein, der Basler Liedertafel und für die Symphoniekonzerte der Allgemeinen Musikgesellschaft. Im folgenden Jahr kam er als Dirigent beim Festival der Allgemeinen Deutschen Musikgesellschaft in Basel zu internationalem Ansehen. Von 1918—21 leitete er die Basler Musikschule und das Konservatorium. Eine Krankheit zwang ihn 1925 zur Aufgabe seiner Ämter als Chordirigent, doch bis zu seinem Tod dirigierte er weiter Symphoniekonzerte.

Swarowsky, Hans

* Budapest 16. 9. 1899, † Salzburg 10. 9. 1975; österreichischer Dirigent, studierte ab 1920 Theorie bei Schönberg und Webern (bis 1927) und Dirigieren bei Weingartner und R. Strauss. Es folgten ein Kapellmeisteramt in Stuttgart, Hamburg (1932) und an der Staatsoper Berlin (1934). Zwischen 1936 und 1944 durfte er in Deutschland nicht dirigieren, und so arbeitete er schließlich als Dirigent am Opernhaus in Zürich und in der Saison 1944—45 als Leiter der Krakauer Philharmonie. Von 1945—47 war er Chefdirigent der Wiener Symphoniker, anschließend bis 1950 Leiter des Opernhauses in Graz. Zwischen 1957 und 1959 war er Chefdirigent des Scottish National Orchestra in Glasgow. 1959 berief ihn Karajan zum Dirigenten an die Wiener Staatsoper. Daneben war er ab 1946 bis kurz vor seinem Tod Lehrer der Dirigentenklasse an der Wiener Musikakademie. Zu seinen Schülern zählten Abbado und Mehta. Er gilt als einer der größten Dirigentenerzieher unserer Zeit. Dies ist seine bleibende Leistung.

Swetlanow, Jewgenij

* Moskau 6. 9. 1928; sowjetischer Dirigent, wollte ursprünglich Schauspieler werden, studierte bis 1951 am Moskauer Gnessin-Institut, anschließend bis 1955 am Moskauer Konservatorium Klavier bei Heinrich Neuhaus, Komposition bei Jurij Shaporin und Dirigieren bei Alexander Gauk. Nachdem er schon während seiner Studienzeit regelmäßig das Moskauer Rundfunk-Symphonieorchester dirigiert hatte, wurde er 1955 an das Bolshoi-Theater berufen, wo er innerhalb von zehn Jahren vom Korrepetitor zum Chefdirigenten avancierte. Seit 1965 ist Jewgenij Swetlanow Chefdirigent des Staatlichen Symphonieorchesters der UdSSR. Mit diesem zu den führenden Orchestern der Sowjetunion zählenden Ensemble hat er zahlreiche Gastspiele im In- und Ausland unternommen. Swetlanow ist zudem ein vielseitiger Komponist.

Szell, Georg

«Szell never sells» — das ist fürwahr kein freundlicher Slogan, erst recht nicht, wenn er aus den oberen Etagen einer Schallplattengesellschaft kommt, die ja verkaufen will. Georg Szell verkaufte sich bei weitem nicht so, wie seine Produzenten gehofft hatten. Und ob es je besser werden wird, steht in den Sternen. Dieser Dirigent war und bleibt der Heros der Insider, und es mag etwas Wahres an dem sein, was sein langjähriger Produktionsleiter einmal gesagt haben soll: Georg Szell habe einfach immer unterstellt, daß sein Publikum die Werke ebenso gut kenne wie er selbst und daß es deswegen ausreichen müsse, diese Werke so genau wie möglich und ohne jede interpretatorische Zutat einfach vorzuführen.
Wobei hinter diesem «einfach Vorführen» freilich die Energie eines ganzen Lebenswerkes stand.
Georg (György) Szell erlebte seine Kindheit in der Metropole der Klassik, in Wien. Geboren worden war er freilich ein wenig donauabwärts, in Budapest, am 7. Juni 1897. Der Vater war Jurist und hatte sich dem Beruf eines Kaufmanns zugewandt, den er recht erfolgreich ausübte. Georg Szell erinnerte sich später, daß in seiner Familie nicht mehr Musik betrieben wurde als in anderen gutbürgerlichen Häusern auch.
Doch da zeichnet sich plötzlich eine außergewöhnliche musikalische Begabung ab. Mit fünf Jahren kommt Georg Szell zu Professor Richard Robert, einem anerkannten Klavierpädagogen. Drei Jahre später erfolgt der erste öffentliche Auftritt des Wunderkindes. Mit zwölf Jahren wirkt er als Pianist in einem Orchesterkonzert mit, und bei diesem Konzert werden sogar ein paar Orchesterpiècen aus der Feder des jungen Wundermusikers aufgeführt. Wenig später führt man in London eine von ihm komponierte Ouvertüre auf, und selbstverständlich ist auch diesmal der junge Pianist dabei und spielt ein Klavierkonzert von Mendelssohn, was die Assoziationsbegierde des Publikums beflügelt.
Doch die Eltern bestehen auf gründlichen Studien, die erst in Wien bei Eusebius Mandyczewsky, dem Brahms-Freund, absolviert werden und dann sogar kurze Zeit bei Max Reger in Leipzig.
Sein Debüt als Dirigent gibt Georg Szell allerdings in den Ferien, in Bad Kissingen, wo das Wiener Konzertvereinsorchester regelmäßig Gastspiele gibt. Bei einem dieser Konzerte ist der Dirigent durch einen leichten Unfall verhindert, und der junge Georg Szell springt am gleichen Abend ohne Probe ein. Die Familie Szell war übrigens mit dem Dirigenten befreundet, und es gibt in der Musikgeschichte schon eine erstaunliche Anzahl solcher und ähnlicher Zufälle, deren Ursachen vom verstauchten Knöchel des verantwortlichen Dirigenten bis zu einer venezianischen Grippe desselben reichen und jeweils, angesichts der Plötzlichkeit des Ereignisses, keine andere Lösung mehr zulassen als eine Notlösung, die sich vor dem Hintergrund der späteren Karriere dann als eine glückliche erweist.
Georg Szell ist fünfzehn Jahre alt, da tritt er mit den Berliner Philharmonikern auf, wiederum als Pianist und als Komponist, aber auch schon als Dirigent. Leo Blech hört ihn bei irgend einer Gelegenheit am Klavier und bietet ihm eine Volontärsstelle an der Staatsoper Berlin an, deren Generalmusikdi-

rektor Blech war. 1915, mit achtzehn Jahren, beginnt Szell mit einer systematischen Lehrzeit an der Staatsoper und erweckt sehr bald das Interesse des Blech koordinierten Zweiten Generalmusikdirektors Richard Strauss. Mit Strauss verstand sich der junge ungarische Wiener mit der blitzenden Intelligenz offenbar auf Anhieb. Der gefeierte und ungemein erfahrene Komponist und Dirigent hatte wohl sehr schnell begriffen, mit welch raschem und überhellem Kopf er es hier zu tun hatte, und mochte durchschauen, daß in diesem Fall die pianistische Virtuosität in erster Linie Produkt eines hoch entwickelbaren Intellekts war, der, gestützt auf ein absolutes Gehör, sich die kompliziertesten Partituren in erstaunlicher Schnelle erarbeitete. Ein nicht geringes Vergnügen scheint Strauss schließlich an der ebenso geistreichen wie halsbrecherischen Klavierfassung des «Till Eulenspiegel» gefunden zu haben, die der junge Korrepetitor und angehende Kapellmeister ausgearbeitet hatte und die er mit Verve und Effekt spielte, wo immer sich in einem seiner Solo-Abende eine Gelegenheit dazu bot.

Auf der anderen Seite bestärkte Strauss seinen Assistenten von Anfang an in der Neigung, Dirigent werden zu wollen, und verschaffte ihm über seine weitreichenden Verbindungen sehr bald eine Position, die für einen Zwanzigjährigen durchaus ungewöhnlich war: Georg Szell wurde 1917 Musikdirektor am Stadttheater Straßburg und nahm damit eine Stellung ein, die vor ihm der zwölf Jahre ältere Otto Klemperer bekleidet hatte. Klemperer und sein Intendant Hans Pflitzner verließen damals das Stadttheater in Straßburg. Mit dem Wechsel der politischen Verhältnisse — das Elsaß wurde 1919 wieder französisches Territorium — ging der junge Kapellmeister erst einmal an das Deutsche Landestheater in Prag, an dem damals Alexander von Zemlinsky wirkte, der Lehrer und Schwiegervater Schönbergs. 1921/22 folgte dann ein kurzes Engagement in Darmstadt, und von 1922 bis 1924 fand sich Georg Szell bereits in Düsseldorf. Das alles war das, was man im deutschsprachigen Raum die «Ochsentour» nennt. Dennoch: Einer war auf den ehrgeizigen Kapellmeister aufmerksam geworden: Erich Kleiber, der gerade von Max von Schillings zum Generalmusikdirektor der Staatsoper Berlin bestellt worden war. Er holte Georg Szell mit dem Beginn seiner Amtszeit 1924 nach Berlin an ein Opernhaus, das mit seinem dem zeitgenössischen Musiktheater zugeneigten Spielplan das repräsentative Haus der jungen deutschen Republik wurde. Berlin selbst war damals eine Musikhauptstadt besonderen Zuschnitts und eine Art Dirigenten-Republik, und es mag eine ähnliche Ansammlung von herausragenden jüngeren Orchesterleitern weder zuvor noch später irgendwo gegeben haben.

Szell profilierte sich in dieser aufregenden und turbulenten Szene, in der Musik sehr rasch ein Politikum wurde, als ein Meister der neuen und unerhörten Werke. Ebenfalls ab 1924 dirigierte er das Orchester des Berliner Rundfunks und war damit schon als 27jähriger dem neuen elektroakustischen Medium verbunden. 1927 wird er an die Hochschule für Musik berufen, deren Direktor Franz Schreker ist. Schon 1929 übernimmt er indes die erste Chefposition, diesmal wieder am Deutschen Landestheater in Prag, das unter Dirigenten wie eben Alexander von Zemlinsky und ebenso Wilhelm (William) Steinberg seinen Rang als eine der besten deutschsprachigen Bühnen hat bewahren können. Mit dieser Position ist auch die Leitung der Symphoniekonzerte der Deutschen Philharmonie verbunden. Ebenso lehrt Szell an der Deutschen Musikakademie in Prag, und nicht zuletzt mag ihm zugute kommen, daß seine Mutter slowakischer Abstammung ist, was denn doch wohl mildernd auf das angespannte Verhältnis zwischen dem Deutschen Landestheater und dem Tschechischen Nationaltheater, zwischen Deutscher Philharmonie und Tschechischer Philharmonie wirkt. Die letztere, seit 1919 unter der Leitung des genialen Václav Talich, lädt Szell wiederholt ein, Konzerte bei ihr zu dirigieren.

Mit dem Beginn der dreißiger Jahre setzt dann eine internationale Tätigkeit ein, die George Szell auch schon in die USA führt, nach St. Louis. Eine wesentliche Rolle spielt Artur Schnabel, der Georg Szell in Prag kennenlernt und seinen Einfluß in England für ihn verwendet. Szell gibt 1933 ein vielbeachtetes Debüt in London, dirigiert daraufhin immer häufiger in England und übernimmt 1937 das Scottish Orchestra. Fast gleichzeitig wird er Chefdirigent des Residentie Orkest in Den Haag.

Der Kriegsausbruch überraschte ihn auf einer Tournee außerhalb Europas, und er läßt sich in den Vereinigten Staaten nieder. Zunächst muß er die

Georg Szell hat das Cleveland Orchestra zu einem der besten der Welt gemacht. Noch heute lebt es von seiner Intelligenz, Probenpräzision und Musikalität.

verschiedensten Angebote annehmen und unterrichtet an der Mannes School. Dann jedoch kommt er dem Mann nahe, der noch immer, auch für den inzwischen über vierzigjährigen Georg Szell, das große Vorbild ist: Arturo Toscanini. Mehrmals dirigiert er des Maestro NBC Symphony, und nun erweist New York diesem so konzentriert wirkenden, amerikanisch-professionellen Europäer zunehmend die Reverenz. Von 1942 bis 1946 dirigiert er regelmäßig am Metropolitan Opera House; 1943 beginnt eine langjährige Verbindung mit dem New York Philharmonic Orchestra, dessen Chefdirigent damals Artur Rodzinski war. Eigentlich scheint es so, als habe Amerika auf diese Meister der Sorgfalt und des präzisen Klangs gewartet, den ein so kenntnisreicher Musikliterat wie Adolf Weissmann noch 1925 als einen «unweigerlichen Musikanten» bezeichnet hatte und der auch jetzt, wo das analytische Verständnis der Partitur mehr und mehr die Oberhand gewinnt, daraus außerordentliche, wenn auch stets kontrollierte Energien zu schlagen versteht. Szell erscheint wie das symphonische Pendant zu dem stets hochdramatischen Toscanini. Gefragt, warum er Mozart vergleichsweise trocken und distanziert spielen lasse, antwortet er, er könne nun einmal keine Schokoladensauce über Spargel gießen.

Szell pflegte auch zu sagen, der Komponist habe immer recht. Und nicht nur in diesem Punkt war er ein Künstler, der zu Konzessionen nicht bereit war. Auch sonst hielt er mit seiner Meinung weder gegenüber der Öffentlichkeit und den Kulturgewaltigen noch gegenüber seinen Orchestermusikern hinter dem Berg, und nie war man sicher, ob er sich nicht aus irgendeiner Verstimmung heraus von einem Projekt abwandte. Die Berichte der Zeitgenossen über ihn sind eher karg; über persönliche Kontakte zu anderen Musikern läßt sich wenig erfahren. Bing überlieferte einen eigenen Ausspruch, der die Gegensätze zwischen diesen beiden Geistern, dem rigorosen Künstler und dem konzilianten Generalmanager der Metropolitan, vielleicht am treffendsten kennzeichnet: Nachdem Szell erneut in der Ära Bing ein Projekt hatte platzen lassen, meinte jemand zu Sir Rudolf Bing, Georg Szell sei wohl sich selbst der größte Feind, worauf Bing beschied: «Nicht, solange ich lebe . . . » Sehr spät haben die beiden sich wieder ausgesöhnt.

Er war bei seinen Orchestermusikern wegen seiner Kühle und seinem Probenrigorismus nicht immer beliebt. Er pflegte sich mit ruhiger Authorität durchzusetzen.

Zu diesem Zeitpunkt hatte Szell freilich schon ein Instrument zur Verfügung, das seitdem mit seinem Namen verbunden ist: das Cleveland Orchestra. 1946 übernahm er die Leitung des Cleveland und blieb dessen Chefdirigent bis zu seinem Tod 1970. In diesen beiden Jahrzehnten schuf er einen spezifischen Stil, der dies Orchester unverkennbar machte und unter allen anderen heraushob. Bestimmt war dieser Stil durch die Verbindung von amerikanischer Präzision und europäischer Klangkultur — vor allem Kultur der Streicher. Szell forderte vom Cleveland eine Reaktionsbereitschaft, wie sie bis dahin eigentlich nur in Kammerensembles erreichbar war, und er regte — gelegentlich auch mit leichtem Nachdruck — seine Musiker immer aufs neue an, auch selbst Kammermusik zu spielen, um eine sorgfältige Technik, ein genaues Hinhören und eine außergewöhnliche Reaktionsbereitschaft zu trainieren.

So gewannen gerade die Werke der Wiener Klassik eine unübertroffene Klarheit, wobei Georg Szell auch rasche Passagen mit einer vergleichsweise trockenen Diktion, vor allem einem virtuosen Nonlegato der Streicher spielen ließ. Da spürte man denn doch den einstigen Pianisten und dessen Abneigung gegen jedes Verschwimmen der Kontur. Natürlich hatte dieser Klang etwas Kühles an sich; er ging nicht unmittelbar zu Herzen. Und ein Bonmot wollte, daß Szell, der ungemein sorgfältig probte, auch die Inspiration mit seinen Musikern zu üben pflegte. Aber dieser Klang faszinierte und fasziniert auch heute noch in den unzähligen Tondokumenten, die Georg Szell zusammen mit dem Cleveland erarbeitet hat. Von den fünfziger Jahren an repräsentierte dieses Orchester einen Standard, der von keinem anderen Apparat in Europa oder in den USA übertroffen wurde. Zu den Momenten größter Faszination gehörte sicher, daß Szell mitunter rasche Tempi keineswegs durch die reine Geschwindigkeit zu realisieren suchte, sondern eher durch eine atemberaubende Virtuosität der Distinktion. Das bedeutete einen Stil, der nicht nur der Wiener Klassik eine spezifische Farbe verlieh, sondern ebenso einer unsentimental gesehenen Romantik, den Symphonien Schumanns etwa oder schon gar den überdimensionierten Werken Bruckners und Mahlers, die bei Szell eine überraschende und auch überzeugende Klarheit des Gesamtaufbaus gewannen.

1949/50 dirigierte er übrigens wieder in Wien, und zwar ausgerechnet den «Rosenkavalier», wobei sich das Verhältnis zu den Philharmonikern nicht ganz ohne Schwierigkeiten entwickelte. Und doch holte man ihn immer wieder, angezogen von dem Rigorismus dieses Dirigenten und seiner Fähigkeit, jedes Werk zu einer bestimmten Art von apollinischer Schönheit zu entwickeln. Im Mozartjahr 1956 leitete er die Aufführungen der «Entführung aus dem Serail» bei den Salzburger Festspielen. 1959 studierte er am gleichen Ort die «Zauberflöte» ein und entdeckte bei dieser Gelegenheit einen Fehler in den Orchesterstimmen — sein Gehör wie sein Gedächtnis trugen nicht wenig zur Legendenbildung bei.
Vor allem aber war er in Salzburg der gefeierte Dirigent von Uraufführungen. 1954 hob er die «Penelope» von Rolf Liebermann aus der Taufe. Im Jahr darauf holte man ihn für die Uraufführung der «Irischen Legende» von Werner Egk, wobei sich Egk später erinnert, er habe Georg Szell beschworen, das Schlagzeug nicht so laut spielen zu lassen, was Szell jedoch ebenso ungerührt gelassen habe wie des Komponisten gelegentliche Einwände gegen sehr rasche Tempi. Man darf das ruhig als eine Marginalie zu Szells eigenem Motto betrachten, der Komponist habe immer recht . . .
1957 sorgte Szell dann dafür, daß Liebermanns «Schule der Frauen» bei der Uraufführung der erweiterten Fassung — ebenfalls in Salzburg — ein Feuerwerk aus wirklich Molière'schem Witz wurde. Daß Szell trotz all dieser Aktivitäten und trotz einer geradezu atemberaubenden Zahl von Schallplatten, die er mit dem Cleveland Orchestra einspielte, noch mit anderen Orchestern zusammenarbeitete, verwundert nur auf den ersten Blick. Szell arbeitete ungemein konzentriert; wo immer er ans Pult trat, hatte er ganz klare Vorstellungen von dem, was zu erarbeiten er beabsichtigte.Und er pflegte es mit ruhiger, wenn auch völlig unnachgiebiger Autorität durchzusetzen. Die engste Zusammenarbeit außerhalb Clevelands kam übrigens Ende der fünfziger Jahre mit dem Concertgebouw Orkest zustande.
Georg Szell, der 1946 die amerikanische Staatsbürgerschaft annahm — die amerikanische Schreibweise seines Namens ist George Szell —, starb am 30. Juli 1970 in Cleveland. Er wurde zum erklärten Vorbild unzähliger Studenten, die davon träumen, Dirigenten zu werden. Die vor allem davon träumen, jene Präzision zu erreichen, die auf Szells Schallplatten festgehalten ist und für die die Schallplatte letzten Endes auch das bestgeeignete Medium war, ungeachtet der kaufmännischen Bilanz, wonach Szell «never sells».
Aber da muß noch etwas mehr sein als nur die Präzision, etwas, was einen Arthur Rubinstein zu dem Bekenntnis verleitete, er höre wieder und wieder die Schallplatten dieses großen Dirigenten. Dieses Etwas waren wohl Szells überragende Intelligenz und der Mut zur Genauigkeit und der lange Gedanken- und Leidensweg dorthin. Präzision, wie Georg Szell sie erprobte und erarbeitete, war eine Tat, und das ist es, was seinen Interpretationen Faszinationen verlieh und heute verleiht. Nach Georg Szell präzise wie Georg Szell sein zu wollen, erfordert weder Mut, noch ist es eine Tat. *NE*

Szenkar, Alexander Michael

* Budapest 24. 10. 1896, † Buenos Aires 27. 8. 1971; argentinischer Dirigent ungarischer Herkunft. Studierte an der Budapester Königlichen Musikakademie und dirigierte bereits mit 19 Jahren. Nach Tätigkeiten in Stettin, Saarbrücken, Detmold und an der Deutschen Oper in Mährisch-Ostrau und Gera-Allenburg trat er 1930 als Nachfolger von Cl. Krauss das Amt des GMD in Graz an. Von 1936—38 leitete er die Philharmonie in Charkow und dirigierte die Moskauer Philharmonie, bevor er 1938 nach Argentinien ging. In Buenos Aires gründete und leitete er die Camerata Academica. 1959 und 1960 dirigierte er das Symphonieorchester des uruguayischen Rundfunks in Montevideo.

Szenkar, Eugen

* Budapest 9. 4. 1891; brasilianischer Dirigent ungarischer Geburt, Bruder von Alexander S., nahm 1941 in der Emigration die brasilianische Staatsbürgerschaft an. 1911 war er Korrepetitor an der Budapester Oper, dann Kapellmeister in Prag, Budapest, Salzburg, Altenburg und Frankfurt/Main; 1923 war er GMD an der Volksoper in Berlin, 1924 in Köln, 1934—37 künstlerischer Leiter der Staatlichen Philharmonie in Moskau; 1939—49 Chefdirigent des von ihm gegründeten Brasilianischen Symphonieorchesters und Dirigent am Teatro Municipal in Rio de Janeiro. Von 1950—52 war Szenkar als GMD am Nationaltheater in Mannheim tätig, leitete dort und in Köln Symphoniekonzerte. Von 1952—60 war er GMD und bis 1956 Operndirektor in Düsseldorf und seitdem Gastdirigent in zahlreichen Musikzentren in aller Welt (auch wieder Budapest).

Tabachnik, Michel

* Genf 10. 11. 1942; Schweizer Dirigent und Komponist russischer Abstammung, studierte am Genfer Konservatorium und vervollständigte seine Ausbildung in Kursen über Moderne Musik von Boulez, Pousseur und Stockhausen bei den Darmstädter Musiktagen. 1973—1975 war er 1. Dirigent der Gulbenkian Stiftung in Lissabon; 1975 wurde er 1. Dirigent des Orchesters in Nancy; viele Gastengagements in Europa. Er komponierte u.a. «Mondes» für Orchester, 1972; «Movimenti», 1973 und «Les Imaginaires» für Orchester, 1974.

Takeda, Yoshima

* Yokohama 3. 2. 1933; japanischer Dirigent, nach seiner Ausbildung an der Tokio Kunsthochschule ging er mit einem Stipendium zu George Szell an das Cleveland Orchestra. 1964 wurde er Dirigent der Symphonie von Honolulu. 1970 verpflichtete ihn das Albuquerque Symphony Orchestra — das heutige New Mexico Symphony Orchestra — als musikalischen Direktor, ebenso 1974 auch das Kalamazoo Symphony Orchestra. Gelegentliche Gastspielreisen führten ihn nach Detroit, Phoenix, San Diego und Chicago.

Talich, Václav

«Václav Talich gehört zu den größten Dirigenten, denen ich je begegnet bin», bemerkt H. H. Stuckenschmidt in seinen Lebenserinnerungen «Zum Hören geboren». Das Urteil dieses international höchst erfahrenen Publizisten erscheint zweifellos berechtigt, wenn es auch erstaunen mag in unserer Zeit, da der Name Talich außerhalb seiner tschechischen Heimat eigentlich nur noch Fachleuten ein Begriff ist. Dabei gehörte Talich jahrzehntelang neben Dirigentenpersönlichkeiten wie Toscanini, Furtwängler, Klemperer oder Bruno Walter zu den Fixsternen erster Ordnung unter den Großmeistern seiner Zunft. Aus seinem Lebensweg und seinem fast ausschließlich der engeren Heimat gewidmeten Schaffen kann das Fehlen seines Namens in der Galerie erlauchter Pultstars im Bewußtsein der musikalischen Öffentlichkeit allerdings teilweise seine Erklärung finden. Václav Talich kam in Kroměříž (Kremsier) zur Welt, jenem altehrwürdigen mährischen Städtchen, das als Residenz der Bischöfe von Olmütz einst auch in der Musikgeschichte des 17. und 18. Jahrhunderts eine bedeutende Rolle gespielt hat. Biber und Vejvanovský hatten hier gewirkt, und noch heute gilt die Handschriftensammlung von Schloß Kremsier als eine der kostbarsten Schatztruhen barocker und vorklassischer Musik. Hier wurde Václav Talich am 28. Mai 1883 als Sohn des Musikers und Komponisten Jan Talich (1851—1915) geboren — wenige Wochen nach dem Tod Richard Wagners und rund ein Jahr vor dem Ableben von Bedřich Smetana. Schon früh begann der Hochbegabte mit dem Geigenspiel, schon als Zehnjähriger trat er als Solist auf und spielte in der Domkapelle seines Vaters, der von 1887—97 im südböhmischen Klatový wirkte. Im Jahre 1897 kam Talich an das Prager Konservatorium, wo er zunächst von J. Marák, später von Otakar Sevčik, einem der bedeutendsten Pädagogen seiner Zeit, zum Geiger ausgebildet wurde. Nach Abschluß seiner Studien wird Talich 1903 von Arthur Nikisch zum Konzertmeister der Berliner Philharmoniker berufen. Hier sammelt der gerade Zwanzigjährige wichtige Erfahrungen, hier reift auch sein Entschluß, die Laufbahn eines Dirigenten einzuschlagen. In seinen «Erinnerungen» (1925) berichtet Václav Talich über diese Wende seines Werdegangs: «In Berlin kam es zu einer Wandlung hinsichtlich des Zieles meiner bisherigen künstlerischen Bemühungen. Die Krise begann sich bereits etwas früher anzukündigen. In jenen Jahren quälten wir uns mit besonderer Vorliebe mit der Frage nach Beendigung des Konservatoriums. «Ich fühlte plötzlich, daß ich überhaupt nicht glücklich werden könnte, wenn meine Tätigkeit als Geiger den Sinn meines Lebens bedeuten sollte. Ich war mir damals schon dessen bewußt, daß ich zu einem Musiker geboren bin. Die Frage lautete lediglich, ob das Instrument, dem ich so viel Zeit, Fleiß und Lust widmete, tatsächlich jenes Instrument sei, mit dem ich meine musikalischen Fähigkeiten am besten auszudrücken imstande wäre. Mit dieser unbeantworteten Frage fuhr ich im Herbst 1903 nach Berlin, und bereits in der ersten Probe — als sich Nikisch am Dirigentenpult zeigte — wurde die Finsternis dieses Zweifels durch die plötzliche Erleuchtung meines Entschlusses, Dirigent zu werden, durchbrochen.»

Es sollte noch einige Zeit verstreichen, bis Talich dieses so lohnende Ziel uneingeschränkt verwirklichen konnte. Nach einer Saison in Berlin geht Talich 1904 — im Todesjahr Dvořáks — als Konzertmeister nach Odessa, wo ihn zudem kleine Aufgaben als Dirigent erwarten. Die Spielzeiten 1905—07 verbringt er als Violinlehrer und Kapellmeister in Tiflis, schließlich wird er — nach einer Saison als Chorleiter und Kapellmeister des Prager Orchestervereins — 1908 zum Chefdirigenten der neugegründeten Slowenischen Philharmonie in Laibach (Ljubljana) berufen. Weit davon entfernt, die dem nun Arrivierten offenstehende Karriere auszuschreiten, entschließt sich der Vielbeschäftigte, alle freie Zeit für weitere Studien zu nutzen: So reist Talich in jenen Jahren regelmäßig nach Leipzig, um sich bei Hans Sitt in Instrumentation, bei Max Reger in Theorie und Tonsatz sowie beim verehrten Arthur Nikisch in der Praxis des Dirigierens weiterzubilden. In Laibach übernimmt Talich im letzten Jahr seiner dortigen Tätigkeit auch die Leitung des Opernhauses. 1912 wird er zum Opernchef nach Pilsen berufen, wo er — auch als Dirigent von Orchesterkonzerten — bis zum Ende des 1. Weltkrieges eine in seiner Heimat damals wesentliche Position innehat.

Im November 1917 leitet Václav Talich als Gast erstmals ein Konzert der Tschechischen Philharmonie mit Werken von Novák, Ostrčil und Dvořák; im Jahr darauf dirigiert er die denkwürdige Uraufführung der Symphonie «Zráni» (Lebensreifen) von Josef Suk, mit dem ihn eine lebenslange Freundschaft verband. Aufgrund seines außerordentlichen Erfolges wird Václav Talich noch im gleichen Jahr 1918 zum Stellvertreter des Orchesterchefs Čelanský gewählt, ein Jahr darauf schon zum Chefdirigenten der Tschechischen Philharmonie.

Václav Talich stand — ausgenommen die Spielzeiten 1931—33, die er in Stockholm verbrachte — bis 1941 an der Spitze des führenden Orchesters seiner Heimat, und man kann zurecht sagen, daß er «seine» Tschechische Philharmonie zum Weltruhm geführt hat. In den Jahren 1932—45 war Talich auch Professor am Prager Konservatorium, schließlich wirkte er zudem als Nachfolger von Otakar Ostrčil an der Oper des Prager Nationaltheaters, dessen künstlerische Gesamtleitung er nach Aufgabe seiner Position an der Tschechischen Philharmonie 1941 bis zum Kriegsende innehatte. Aus jener Zeit berichtet Stuckenschmidt, der seit 1937 mit seiner Frau in Prag lebte: «Wir lernten ihn als Menschen von hoher universeller Bildung und vornehmer Moral kennen. Seine Aufführungen von 'Don Giovanni' im alten Ständetheater (wo einst Mozart die Premiere geleitet hatte), Smetanas 'Verkaufter Braut' im Nationaltheater, Dvořáks 'Slawischen Tänzen' mit der Tschechischen Philharmonie sind unvergeßlich und an geistigem Rang nicht überbietbar ... Talich und ich hatten viele Kunstgespräche. Moderne Musik machte ihm Schwierigkeiten, aber er rang um Bartók und Strawinsky, dirigierte die frühen Werke Schönbergs und hatte in Stockholm 1934 die Erstaufführung des Schönbergschen Konzertes für Streichquartett und Orchester nach Händels Concerto grosso mit dem Kolisch-Ensemble geleitet ... Als nationaler Tscheche haßte er Hitler und die nationalsozialistischen Machthaber. Man zwang ihn, zu Hitlers Geburtstag im April 1940 'Lohengrin' im Nationaltheater anzusetzen. Er sollte dirigieren. Zwei Tage vorher ging er in die chirurgische Klinik der Universität und ließ sich einen harmlosen Bruch operieren; den 'Lohengrin' dirigierte ein anderer ... Trotz seiner einwandfreien Haltung wurde er nach 1945 als Kollaborateur behandelt, durfte in Prag nicht mehr dirigieren und mußte seine eminente Kunst auf Schallplattenproduktion einschränken.»

Die ersten Jahre nach dem Krieg stehen für Talich im Schatten politisch motivierter Vorwürfe und Mißverständnisse. Die ihm auferlegten Arbeitsbeschränkungen erlauben immerhin den Aufbau eines exzellenten Kammerorchesters und pädagogische Tätigkeit. 1949 wird er zum Chefdirigenten der Slowakischen Philharmonie in Bratislava berufen, 1952 kehrt der

nun bald Siebzigjährige nach Prag zurück, wo er beim Rundfunk und als Gast der Tschechischen Philharmonie arbeitet. 1954 tritt er zum letzten Mal öffentlich auf, zwei weitere Jahre noch kann er im Studio die Summe seiner Erfahrungen in einer Serie fulminanter Schallplattenproduktionen festhalten, bis zunehmende Sklerose auch dies unmöglich macht. Am 16. März 1961 stirbt Václav Talich, 78 Jahre alt, in seinem böhmischen Wohnort Beroun nahe der Hauptstadt Prag.

Die Daten des Lebens und Wirkens von Václav Talich ähneln in mancherlei Beziehung denen des um drei Jahre jüngeren Furtwängler, der 1954, im Jahr von Talichs letztem öffentlichen Auftritt, starb. Der Beginn beider Karrieren ist von der Mentorgestalt Arthur Nikisch stark beeinflusst, die Erfahrungen in Oper und Konzert zeigen viele Parallelen auf, in ihrer handwerklichen und geistig-musikalischen Potenz erscheinen sie auf jeden Fall ebenbürtig. Doch im Gegensatz zum international aufstrebenden Furtwängler zielt Talich bei aller Breite des Repertoires auf eine deutlich domestizierte Orchesterarbeit und Programmgestaltung ab. Als allein reisender Gastdirigent tritt Talich kaum in Erscheinung, die relativ wenigen Tourneen macht er nur mit seiner Tschechischen Philharmonie. Im Mittelpunkt stehen immer wieder die Werke seiner Landsleute Bedřich Smetana, Antonín Dvořák und Leoš Janáček, dem er in dessen letzten Lebensjahren herzlich befreundet war und dessen «Sinfonietta» er 1926 uraufführte. Besonders zugetan war Talich auch seinen Zeitgenossen Vítězlav Novák und Josef Suk, dem Schüler und Schwiegersohn Dvořáks, für dessen Schaffen er sich zeitlebens einsetzte. Ein seltsam anmutendes Schicksal hat es gefügt, daß am Beginn und am Ende von Talichs Arbeit mit der Tschechischen Philharmonie das nämliche Werk von Josef Suk stand: 1918 die Uraufführung und 1956 die letzte Schallplattenaufnahme der Symphonie «Lebensreifen». (Die erste Plattenaufnahme Talichs und der Tschechischen Philharmonie entstand übrigens 1929 und war Smetanas Zyklus «Mein Vaterland» gewidmet).

Václav Talich war ein strenger Orchestererzieher. Sehr lange und genau bereitete er seine Partituren vor, kompromißlos und unerbittlich war sein Kampf in den Proben, wo er Musikern und Sängern das Äußerste abverlangte. Talich selbst hat seine Maximen in einem Brief aus dem Jahre 1943 formuliert: «Mein ganzes Leben als Künstler habe ich mich nur um eines bemüht: zu dienen und wieder zu dienen. Wenn mich böse Zungen mit dem Ausdruck Virtuose bedachten, ließen sie sich wahrscheinlich von der resultierenden scheinbaren Leichtigkeit verführen, ohne sich bewußt zu sein, daß diese durch ungewöhnlichen Fleiß, erschöpfende Aufmerksamkeit für jedes Detail der Zeichnung, und harte Unnachgiebigkeit beim Durchsetzen der erkannten Wahrheit erkauft ist. Die Virtuosität ist an sich nicht der Zweck, sondern das gesetzmäßige Überwinden der Stofflichkeit der musikalischen Mittel, ohne das man nicht zum Geist des Werkes vordringen kann. Nein, ich bin kein Virtuose, ich bin ein ehrlicher Arbeiter und ein tschechischer Künstler . . .»

Diese Einstellung Talichs wird noch heute bestätigt durch Václav Neumann, der dessen Aufführungen ab 1937 aufmerksam verfolgte und der seit 1969 Talichs Nachfahre als Chefdirigent der Tschechischen Philharmonie ist: «Unsere Musik hat Talich unendlich viel zu verdanken. Obwohl seine Probenarbeit recht hart und zuweilen von dramatischen Szenen begleitet war, das künstlerische Ergebnis war immer überzeugend und beeindruckend. Nie mehr habe ich beispielsweise bei Opernsängern eine derart genaue Aussprache erlebt, man verstand wirklich jedes Wort. Dieser eher schwere Mann war durchaus kein besonders virtuoser Taktschläger, vielmehr modellierte er das Melos mit seinen Händen auf eine ganz besondere Art, die mir unvergeßlich ist. Václav Talich hat den unverwechselbaren Stil der Tschechischen Philharmonie nachhaltig geprägt, und auch ich bin — hoffentlich! — noch immer stark beeinflusst durch seine so unermüdliche Arbeit.» *JP*

Talmi, Yoav

* Kibbutz Merhavia 28. 4. 1943; israelischer Dirigent, studierte an der Rubin Musikakademie in Tel Aviv und an der Juilliard School of Music in New York. 1969 gewann er den Kussewitzky Dirigenten-Wettbewerb. Von 1968—70 dirigierte er am Louisville Orchester, war von 1969—71 musikalischer Direktor des Kentucky Chamber Orchestra und dirigierte von 1970—72 das Israelische Kammerorchester. 1974 berief ihn das Het Gelders Orchester in Arnhem (Niederlande) zum künstlerischen Direktor, 1979 ernannten ihn die Münchener Philharmoniker zum Ersten Gastdirigenten.

Tate, Geffrey

* Salisbury/Wiltshire 1943; englischer Dirigent, studierte an der Universität von Cambridge und an der St. Thomas Medical School Medizin, promovierte als Doktor der Medizin, bevor er sich entschloß, die Musik zu seinem Beruf zu machen. 1971 ging er als Korrepetitor an das Royal Opera House, Covent Garden; 1982 trat er dort das erste Mal als Dirigent auf. Von 1976 bis 1980 war er Assistent von Pierre Boulez in Bayreuth; mit Karajan arbeitete er in Salzburg, mit Levine an der MET. Er hat bei Georg Solti, Rudolf Kempe, Carlos Kleiber und Colin Davis «gelernt». Der Weg seiner Karriere ist ein Ausnahmefall. Er dirigiert in New York, Hamburg, London, Paris, Wien, Salzburg, Genf und Köln. Ab 1986/87 wird er 1. Dirigent am Royal Opera House Covent Garden.

Taubmann, Otto

* Hamburg 8. 3. 1859, † Berlin 4. 7. 1929; deutscher Dirigent und Komponist, studierte am Dresdner Konservatorium bei Wüllner, Rischbieter, Nicodé und Blassmann Musik. Nach 3 Jahren als Direktor des Wiesbadener Konservatoriums (1886—89) ging er als Dirigent nach St. Petersburg (1891/92), dirigierte dann den Cäcilienverein in Ludwigshafen (bis 1895) und ließ sich schließlich in Berlin nieder. Dort arbeitete er seit 1898 als Musikkritiker für den «Börsen-Courier».

Tchakarov, Emil

* Burgas 29. 6. 1948; bulgarischer Dirigent, bereits während seines Studiums am Staatlichen Konservatorium von Sofia dirigierte er das Jugendorchester (1965—72), danach das Kammerorchester des Bulgarischen Fernsehens (bis 1970). 1971 gewann er den 3. Preis des Internationalen Dirigentenwettbewerbs der Herbert von Karajan Stiftung. 1972 studierte er bei Franco Ferrara und 1974 bei Eugen Jochum Dirigieren. Bereits vor seinem 30. Lebensjahr wirkte er als Gastdirigent in aller Welt: bei den Berliner Philharmo-

nikern, beim Orchester des österreichischen Rundfunks, beim San Francisco Symphony Orchestra sowie bei zahlreichen Orchestern in Frankreich, England, Kanada, Australien, Japan und der UdSSR. 1974 ernannte ihn die Staatliche Philharmonie in Plovdiv zum ständigen Dirigenten. Sein Debut an der Met gab er 1979.

Temirkanov, Yuri

* Nalchik im Kaukasus 10. 12. 1938; russischer Dirigent, nach seinem Studium am Leningrader Konservatorium gab er 1965 sein Debut als Dirigent an der Leningrader Oper. 1966 gewann er den Ersten Preis des wichtigsten Dirigentenwettbewerbs der UdSSR. Von 1968—76 dirigierte er die Leningrader Philharmoniker und war — ebenfalls in Leningrad — Chefdirigent der Kirov-Oper und des Balletts. Auf einer Amerika-Tournee dirigierte er in Philadelphia, Cincinnati, San Francisco und Minneapolis und ständig in Europa.

Tennstedt, Klaus

An Klaus Tennstedt scheiden sich die Geister. Obwohl kein Prophet der musikalischen Erneuerung, eher ein Protektor der Zweiten Wiener Schule, der Klassik und der Romantik, gilt er «nirgends weniger denn in seinem Vaterlande». Gewiß: Auch in Deutschland hat sein Name inzwischen einen guten Klang, aber legt man ein Bündel amerikanischer oder englischer Konzertkritiken neben einen Stapel aus einheimischen Blättern, könnte das unterschiedliche Gewicht an Lob und Tadel kaum frappierender sein. Der Bonus des «Made in Germany» wiegt dabei das staunenswerte Mißverhältnis allerhöchstens zur Hälfte auf. Vielmehr scheint eine andersgeartete Hörgewohnheit jenseits des Atlantiks die Herzen der Rezensenten schneller schlagen zu lassen. Was hier mißbilligend vermerkt wird, erhält dort einen Unterton anerkennenden Respekts. «Eine steife Figur, gebogen in den Knien, zuckend und winkend, bebend vor Gefühl», beschrieb ihn 1980 der amerikanische Journalist Joseph Horowitz. «Mr. Tennstedt ist am Pult ein unschöner Anblick. Es ist nicht übertrieben, wenn man sagt, er dirigiere wie ein Besessener. Er scheint nicht so sehr im Dienst der Musik wie in ihrer Gewalt zu stehen.»
Die breite Front des Wohlwollens, die Klaus Tennstedt während seiner vielen Gastspiele in den USA traf und weiterhin trifft, kann ihm selbst eigentlich nicht ganz geheuer sein, ebenso wie der hinkende Vergleich mit Otto Klemperer. Den Ruf als Nachfolger in der Position des «erstrangigen Hüters der klassischen deutschen Symphonien-Tradition» hat er bei allem Widerwillen gegen avantgardistische Scharlatanerien nicht angestrebt, denn sein Repertoire geht weit über die Evergreens vieler Konzertsäle hinaus. Allenfalls Mahler und Bruckner gilt seine besondere Vorliebe. Obendrein müßte es ihn verwundern, wenn eine überwiegend negativ-kritische Rezension mit der wirklich irrationalen Be-

Klaus Tennstedt gilt im eigenen Lande nicht so viel wie in Amerika.

merkung schließt: «Er ist ein erstaunlicher Künstler.»
Was also verbirgt sich hinter dieser außergewöhnlichen Meinungsvielfalt? Zum Beispiel, daß Klaus Tennstedt, noch nicht einmal sechzig Jahre alt, bereits zwei Karrieren hinter sich hat und auf dem Höhepunkt einer dritten steht, als Nachfolger Sir Georg Soltis an der Spitze des London Philharmonic Orchestra. Vorher war er in seiner Heimat, der heutigen DDR, dann in der Bundesrepublik und schließlich zur allgemeinen Verblüffung in Amerika tätig, wo sich sein Ruf überhaupt erst festigte und den westdeutschen Kritikern Probleme bereitete. Die Wirkungskreise des Klaus Tennstedt haben also nur wenige Berührungspunkte; seine Laufbahn offenbart Brüche: Abbrüche und Aufbrüche. Die große Linie und die feste Entschlossenheit beispielsweise eines Hermann Scherchen fehlen. Leider? Nein. Sie hätten die Sache nur ein wenig vereinfacht.
Klaus Tennstedt wollte eigentlich Soloviolinist werden, das Erbe seines Vaters, eines Orchestermusikers, übernehmen. Am 6. Juni 1926 in Merseburg an der Saale geboren, erhielt er seine Ausbildung am Leipziger Konservatorium bei Rhoden (Klavier) und Davisson (Violine). Auch nach dem Abschluß kam ihm noch nicht der Gedanke, Dirigent zu werden, denn er trat im Alter von zweiundzwanzig Jahren die Stelle des Konzertmeisters in Halle an der Saale an, das frühere Amt seines Vaters. Er wäre sicher länger als bis 1951 auf diesem Posten geblieben, hätte ihm nicht eine inoperable Sehnenscheidenentzündung an der linken Hand diesen Weg versperrt. Mit dem Violinspiel war es vorbei, doch Klaus Tennstedt verlegte sich schnell auf die Arbeit am Klavier, wirkte fortan bei den Städtischen Bühnen in Halle als Korrepetitor und kurze Zeit später bereits am gleichen Ort als Kapellmeister. Wie so oft, wurde auch hier das Talent durch Zufall entdeckt: Klaus Tennstedt erhielt seine Chance, weil ein Kollege während der Aufführung von Wagner-Régenys «Der Günstling» plötzlich erkrankte.
Der Aufstieg gestaltete sich mit dem Taktstock rascher und vor allem auffälliger, als er mit dem Violinbogen je hätte erreicht werden können. Die Städtischen Bühnen in Karl-Marx-Stadt (Chemnitz) verpflichteten Klaus Tennstedt 1954 bis 1957 als 1. Kapellmeister, die Landesoper in Dresden ernannte ihn für die folgenden fünf Jahre zum Generalmusikdirektor, und das gleiche Amt besetzte er 1962 bis 1971 am Mecklenburgischen Staatstheater in Schwerin. Während dieser Zeit wuchs sein Einfluß mit einem Gastvertrag bei der Komischen Oper Berlin und in vielen Konzertsälen der DDR, in Moskau und anderen Ostblockländern. Der Durchbruch war geschafft, aber der Dirigent entschloß sich trotzdem von vorn zu beginnen.
Im Osten Deutschlands weitgehend festgelegt auf ein Programm der Klassik und Romantik, nutzte er 1971 ein Gastspiel in Göteborg zur Ausreise. «Mit nur wenig mehr als einer Zahnbürste» traf Klaus Tennstedt in Kiel ein, wo er 1972 zum Generalmusikdi-

rektor der Oper berufen wurde. In der Nachfolge Hans Zenders erweiterte er das Programm um Werke wie Wagners «Parsifal», Strauss' «Elektra» und Dessaus «Verurteilung des Lukullus», verbesserte auch den für ein Opernhaus dieser Größe verhältnismäßig guten Präzisionsstand des Orchesters. Außerdem unternahm er einige Gastspielreisen, unter anderem an die Bayerische Staatsoper nach München, und bereitete mit den Kielern einen Mozart-Zyklus vor.

Der Vertrag mit dem Opernhaus band Klaus Tennstedt bis 1976, doch schon 1974 bahnte sich eine erneute Wende an: Zwei stürmisch gefeierte Auftritte bei den Symphonieorchestern in Toronto und Boston legten nah, wohin es den Dirigenten treiben würde, gerade weil er in der Bundesrepublik allenfalls Kritiken erhielt, die besagten, wie unterrepräsentiert er doch eigentlich sei. In den USA hörten sich die Überschriften dagegen so an: «Bruckner, Tennstedt, das Boston Symphony Orchestra, einmal im Leben!» Nach weiteren Konzerten in vielen amerikanischen Musikmetropolen erklärte ihn die «New York Times» sogar zum «meistumworbenen Gastdirigenten der USA». Während dieser Zeit wandelte sich das zuvor so schiefe Verhältnis zwischen der leicht bevorzugten Oper und dem Konzert zu einem ungefähren Gleichstand. Später drehte es sich soweit um, daß Klaus Tennstedt die Oper etwas zu vermissen begann.

Er entwickelte nach dem Schlußstrich in Kiel eine ausgedehnte Reisetätigkeit zu zahlreichen bedeutenden Orchestern. Neben dem Philadelphia und dem Cleveland Orchestra, für dessen Chefposten er kurzfristig gehandelt wurde, dem Chicago Symphony und dem New York Philharmonic Orchestra verlangten auch die Berliner Philharmoniker, das Orchestre de Paris, das Concertgebouw Orkest in Amsterdam sowie das Israel Philharmonic und das London Symphony Orchestra nach ihm. Mit dem London Philharmonic Orchestra begann er mit 1977 Schallplattenaufnahmen aller Mahler-Symphonien und diverser Klavierkonzerte von Schumann, Grieg und Brahms. Gerade die Mahler-Einspielungen erhielten in der Bundesrepublik wieder schlechtere Rezensionen als im Ausland. Bemängelt wurden eine «verwaschene Artikulation», «Willkür in der Phrasierung» und «Spannungsarmut». Anstatt sein Heil vollends in der Neuen Welt oder in England zu suchen, reizte Klaus Tennstedt 1979 das Amt des Chefdirigenten beim Sinfonieorchester des Norddeutschen Rundfunks in Hamburg. Rasch kam es jedoch dort zu Spannungen, die ihn 1981 nach einem mißglückten Auftritt in Paris bewogen, vorzeitig von dem Posten zurückzutreten. In einem Interview sagte er einmal dazu: «Das NDR-Sinfonieorchester kann phantastisch spielen. Tatsache ist aber auch: Am nächsten oder übernächsten Tag kann es plötzlich versagen — nicht komplett, aber mit einigen solistischen Positionen, die eine Aufführung so in den Sand setzen können, wie es eben einige Male und beispielsweise ausgerechnet in Paris geschah, groteskerweise zu einem Zeitpunkt, als das Orchester und ich uns im Zuge der von mir geplanten Aufbauarbeit praktisch schon zusammengerauft hatten. Ich bin aber heute nur noch imstande, mit einem Orchester arbeiten zu wollen, in dem ein absoluter Professionalismus herrscht. ... Ein Orchester wie das in Hamburg, das ich keinesfalls nun nachträglich diskreditieren will, ist wohl zuwenig international gefordert.» (Süddeutsche Zeitung 14. Januar 1982)

Die Musikwelt war gespannt auf Tennstedts Salzburg-Debüt mit Richard Strauss' «Capriccio», aber er sagte ab.

Klaus Tennstedt übernahm fortan in Deutschland lediglich einige Gastverpflichtungen, unter anderem bei den Berliner Philharmonikern, deren Chef Herbert von Karajan ihn sogar als einen, wenn nicht den potentiellen Nachfolger vorschlug. Der Respekt voreinander ist gegenseitig, denn Klaus Tennstedt hält die Berliner unter Karajan für das beste Orchester der Welt, spielt mit ihnen als einer der wenigen Privilegierten Schallplatten ein. Ob aus der verhältnismäßig engen Bindung einmal ein fester Vertrag entstehen wird, muß allerdings wegen der breiten Skepsis des deutschen Musikbetriebs ihm gegenüber bezweifelt werden. Klaus Tennstedt ist schließlich auch zur Zeit in festen, guten Händen. Im September 1983 trat er als erster Deutscher in der Nachfolge von Sir Georg Solti die Nachfolge des Chefdirigenten beim London Philharmonic Orchestra an, dessen «Principal Guest Conductor» er seit 1980 war. Zum Abschied des einen wie zum Einstand des anderen führte sie eine Tournee erneut in die Bundesrepublik, und wieder zeigte sich das gleiche Bild: Großes Lob für Solti, Vorbehalte bei Tennstedt, der wegen gelegentlicher Unsauberkeiten, speziell einer Annäherung unterschiedlicher Tempi und wegen seines unpräzisen, weit ausholenden Dirigierstils schlechter abschnitt als sein Vorgänger.

Es scheint also beinahe schicksalhaft: Klaus Tennstedt kann sich in der Bundesrepublik nicht recht in Szene setzen, und in New York ruft man ihn für Aufführungen in der Jubiläumsspielzeit 1983/84 an die Metropolitan Opera. Vielleicht fehlt ihm in der Heimat nur das Glück des Tüchtigen. *DR*

Thomas, Kurt

* Tönning 25. 5. 1904, † Bad Oeynhausen (Schleswig) 31. 3. 1973; deutscher Chordirigent und Komponist, studierte Kirchenmusik in Leipzig unter Straube und Grabner und Komposition in Darmstadt unter Arnold Mendelssohn. Er war ab 1928 Leiter der Kantorei des Kirchenmusikalischen Instituts Leipzig, 1934—39 Professor der Hochschule für Musik in Berlin, leitete 1913—45 das Musische Gymnasium in Frankfurt/Main; er wirkte dort anschließend bis 1956 als Kantor der Dreikönigskirche, 1947—55 auch als Professor an der Detmolder Nordwestdeutschen Musikakademie und war von 1957—60 Thomaskantor in Leipzig. Dann ging er plötzlich in die Bundesrepublik und wurde Dirigent der Kölner Bach-Gesellschaft und wieder eines Chores in Frankfurt. Sein «Lehrbuch der Chorleitung» (Leipzig 1935) ist weiterhin ein grundlegendes Werk seiner Art. Seine Liebe für die Jugendarbeit machte ihn manchmal unbesonnen für die politischen Zusammenhänge, und nach seiner letzten Rückkehr aus Leipzig hatte er keinen großen Einfluß auf das musikalische Leben in Deutschland mehr.

Thomas, Michael Tilson

* Hollywood 21. 12. 1944; amerikanischer Dirigent, Schüler von I. Dahl, J. Crown und A. Ehlers an der University of Southern California in Los Angeles, betätigte sich daneben als Dirigent des Young Musicians Foundation Debut Orchestra sowie als Pianist und Dirigent der Monday Evening Concerts. 1966 assistierte er Boulez als Dirigent bei Wagners «Parsifal» bei den Bayreuther Festspielen, ein Jahr später beim Ojai Music Festival, wo er selbst 1968, 1969 und 1973 dirigierte. 1969 wirkte er erst als Gast, 1970 als assistierender Dirigent und seit 1972 als ständiger Gastdirigent beim Boston Symphony Orchestra. Während seiner ersten Saison in Boston machte er sich als Pianist der Symphony Chamber Players einen Namen. Weiterhin ist er als Gastdirigent bei vielen Orchestern in den USA und in Europa tätig (erstes Konzert mit dem London Symphony Orchestra 1970, außerdem u. a. Israel 1975, Frankfurt/Main 1971, Berlin 1980, New York 1976/77, 1981 und 1984) und bei Schallplattenaufnahmen. 1981 wurde er zusammen mit Simon Rattle 1. Gastdirigent des Los Angeles Philharmonic Orchestra.

Tietjen, Heinz

* Tangier 24. 6. 1881, † Baden-Baden 30. 11. 1967; deutscher Dirigent und Opernproduzent, nach seinem Dirigierstudium bei Nikisch wirkte er als Opernregisseur in Trier (1904—22). Danach war er Künstlerischer Betriebsdirektor der Berliner Oper (1925 bis 1927); von 1931—44 Künstlerischer Direktor der Bayreuther Festspiele, bei denen er auch dirigierte. 1948—55 bekleidete er wieder sein altes Amt an der Berliner Oper und die gleiche Position an der Hamburgischen Staatsoper (1956—59). Nach seinem Rücktritt lebte er in Baden-Baden.

Toscanini, Arturo

Arturo Toscanini ist neben Wilhelm Furtwängler der berühmteste Dirigent, dessen Name auch Menschen geläufig ist, die sich sonst nicht mit Musik beschäftigen. Es erscheint heute schwer, den Mythos Toscanini vom Bild des Menschen Toscanini zu trennen.
Toscaninis Leistung wird durch die Beschreibung seiner Probenarbeit erkennbar, um die sich zahllose Anekdoten von zerbrochenen Uhren, zerrissenen Partituren und zerstörten Taktstöcken ranken, die Opfer der Wut des dirigierenden Autokraten über die Unzulänglichkeit der Musiker wurden.
Harvey Sachs zitiert in seiner Toscanini-Biographie einen Zeitungsartikel von Max Smith, der Toscaninis Probenarbeit beschreibt:
«Toscaninis Arbeitsweise ist die folgende: Zunächst setzt er sich ans Klavier und spielt die Partitur mit aller Gründlichkeit durch, die extrem kurzsichtigen Augen ganz dicht auf die Seiten geheftet. Auf diese Weise ergänzt und schärft er sein photographisch genaues Gedächtnis durch sein untrügliches Ohr. Später studiert er die Partitur dann ohne Klavier, wobei er sich nur gelegentlich des Instruments als Hilfsmittel bedient. Entspannt aufs Bett hingestreckt oder bequem in einem Sessel ruhend, gibt er sich so manchmal stundenlang mit seinen Bänden ab und verbringt sogar ganze Nächte bei der Arbeit... Toscanini schenkt jedem seiner Solisten seine persönliche Aufmerksamkeit, besucht sie manchmal zu Hause und begleitet sie sogar selbst, bevor er mit ihnen zu einer Gemeinschaftsprobe zusammentrifft. Es ist interessant, ihn in dieser Phase zu beobachten, wenn er in einiger Entfernung vom Klavier dasitzt, das von einem seiner Assistenten gespielt wird, und die Hände rhythmisch bewegt, dabei häufig unisono mit seinen Schützlingen singt, seine Anweisungen ruft, diesen oder jenen Vorschlag macht, kritisiert, ermutigt, tadelt, mißbilligt — und das alles ohne jeden Blick in die Partitur.
Der nächste Schritt... ist die Bühnenprobe mit Klavierbegleitung. Bei solchen Gelegenheiten sieht man die Regisseure und stellvertretenden Kapellmeister unter den Sängern herumhasten und Hinweise, Hilfen und Ratschläge geben. Man findet den Souffleur in seinem Stuhl..., der den Klavierauszug verfolgt und die ersten Worte jeder Textzeile laut vorspricht. Schließlich ist auch der Dirigent in Reichweite, nicht nur, um seine Sänger innerhalb der von ihm gesetzten rhythmischen Grenzen zu führen, sondern auch, um mit den Leuten zusammenzuarbeiten, deren unmittelbare Aufgabe es ist, das dramaturgische Grundgesetz des Stücks herauszupräparieren und den Darstellern beizubringen..., wie sie sich zu bewegen haben und mit welchen Gebärden sie ihre Gefühle zum Ausdruck bringen müssen... Manchmal kommt es vor, daß er eine ganze Szene vorspielt, um seine Intentionen anschaulich zu vermitteln... Erhellender noch sind seine verbalen Kommentare und Einwände, die aus seiner eindringlichen Kenntnis der ineinandergreifenden — dramatischen, poetischen und musikalischen — Dimensionen hervorgehen.
... Bei den meisten musikalischen Leitern... ist die erste Gesamtprobe durch viele Unterbrechungen charakterisiert. Die Sänger stehen untätig herum, während das Orchester eine Stelle der Partitur probt, die doch nicht so gut klappt, wie es sein sollte...
Wenn Toscanini seine Kräfte sammelt, ist das nicht der Fall. Die früheren Vorbereitungen... sind mit derart gründlicher Sorgfalt ausgeführt worden, ... daß, wenn alle Mitwirkenden schließlich zur Gesamtprobe versammelt werden, jedes Teilstück der komplizierten Opernmaschinerie genau an seinen besonderen und vorherbestimmten Platz paßt. Natürlich können sogar unter Toscaninis Leitung gelegentlich Unterbrechungen und Wiederholungen vorkommen, und wehe

dem, der die Verantwortung dafür zu übernehmen hat! Aber das sind Ausnahmen, nicht die Regel.»
Toscaninis Verdienst, den Starallüren der Sänger gegenüber nur das Notierte zu vertreten, Wiederholungen einer Arie, die vom Publikum gefordert wurden, aus Gründen der dramatischen Einheit der Oper nicht zuzulassen, seinem Bestreben, eine kontinuierliche Probenarbeit gegen den Opernschlendrian durchzuhalten, steht seine einseitige Betonung des Rhythmischen gegenüber, die Adorno veranlaßte, vom Mechanischen in Toscaninis Interpretationen zu sprechen, das dazu führe, daß ein Stück nur noch «abschnurrt» — die erforderlichen Nuancen fehlen. Gerhard R. Koch faßt die Zweifel, die uns heute — neben der Bewunderung der Leistung Toscaninis — bewegen, so zusammen:
«Toscanini war als einer der ersten ausschließlich Interpret und Dirigieren für ihn die zentrale Lebensaufgabe. Eigenes Komponieren bedeutete ihm nichts, das Werk anderer Komponisten alles. Wer auch immer heute von 'Werktreue' spricht, bezieht sich dabei auf Toscanini — oder kommt in diesem Zusammenhang um die Auseinandersetzung mit Toscanini nicht herum. Seit ihm begegnet man der subjektiven Darstellung und der angeblich fesselnden Eigenwilligkeit des Starinterpreten mit Skepsis. Maßstab der Interpretation wird der Wille des Komponisten, wie er sich in der Partitur kodifiziert findet, deren Angaben zur allein verbindlichen Richtschnur erklärt werden. Grundvoraussetzung für die exakte Realisation des Notentextes wird das präzise Funktionieren des Aufführungsapparates. Toscanini ist der moderne orchestrale Perfektionismus zu verdanken, die Fähigkeit, jede Stelle der Komposition mit der erforderlichen und sei es extremen Geschwindigkeit, intonatorischen und rhythmischen Präzision, Transparenz, spezifischen Farbgebung und dynamischen Spannweite und Schattierung zu spielen. Abweichungen vom grundsätzlich stabilen, linear gestrafften und auf authentischen Metronomisierungen basierenden Hauptzeitmaß sind einzig durch die Partiturangaben motivierbar, auf keinen Fall aus spieltechnischen Rücksichten oder privaten Emotionen des Interpreten. Traditionelle Lösungen haben dementsprechend kaum mehr Signifikanz, sei es als Vorbild, sei es als Ausrede für Unzulänglichkeiten oder Willkür. Der Dirigent wird damit zum Perfektionisten und Technokraten, der seine charismatische Legitimation aus der strikten Unterwerfung unter die im ideellen wie im buchstäblichen Sinne sakrosankte Partitur erfährt. Die Unerbittlichkeit beim Vollzug des Werkes erweist sich somit als moralische Kategorie. In der Kunst sind keine Konzessionen erlaubt.»

Arturo Toscanini gilt, neben Wilhelm Furtwängler, als der größte Dirigent aller Zeiten. Seinen Sängern war er ein guter Repetitor.

Arturo Toscanini wurde am 25. März 1867 in Parma als Sohn eines Schneiders geboren, der während des Risorgimento unter Garibaldi gekämpft hatte. Im Alter von neun Jahren begann er seine musikalische Ausbildung in den Fächern Cello, Klavier und Komposition am Konservatorium in Parma, das er 1885 mit Auszeichnung in diesen drei Fächern verließ. Schon in der Studienzeit spielte er Cello im Teatro Regio in Parma, und diesen Beruf ergriff er auch nach dem Abschluß seiner Studien. 1886 nahm Toscanini als Cellist an einer Südamerikatournee einer italienischen Operntruppe teil, während der sich für ihn durch eine Reihe von Zwischenfällen am 30. Juni 1886 die Gelegenheit ergab, «Aida» zu dirigieren. Der Erfolg Toscaninis führte dazu, daß der Impresario Rossi ihm die Leitung aller Vorstellungen der Tournee übertrug: «Aida», «La Traviata», «Rigoletto», «Il Trovatore», «Marion Delorme» und «La Gioconda» von Ponchielli, Donizettis «La Favorita», Thomas' «Hamlet», «Die Hugenotten», «Faust» von Gounod, «Ines» von Salvator Rosa und ein Werk des portugiesischen Komponisten Machado. In der Folgezeit wechselte Toscanini zwischen dem Dirigentenpult und dem Cellospiel hin und her. Ein großes Erlebnis war für ihn die «Otello»-Uraufführung 1887 in der Mailänder Scala, bei der er die persönliche Bekanntschaft Verdis machte. Toscanini dirigierte am 4. 11. 1886 die Uraufführung der Oper «Edmea» von Alfredo Catalani, mit dem ihn in der Folgezeit eine innige Freundschaft verband, in Casale Monferrato Meyerbeers «Afrikanerin», erneut «La Gioconda» und Verdis «I Lombardi» und am Teatro dal Verme in Mailand «Die Macht des Schicksals», Ponchiellis «I promessi sposi» und Antonio Cagnonis «Francesca da Rimini».
Toscanini verschaffte sich auf diese Weise wachsende Anerkennung als Nachwuchsdirigent. Er leitete 1892 in Mailand die Weltpremiere von Leoncavallos «I Pagliacci» und 1896 in Turin die Uraufführung von Puccinis «La Bohème». 1895 wurde Toscanini zum musikalischen Direktor des Teatro Regio in Turin ernannt. 1898 dirigierte er seine erste große Serie von 44 Konzerten in Turin, deren Programme wichtige Werke des klassisch-romantischen Repertoires zwischen Beethoven und Verdi enthielten. Im selben Jahr wurde Toscanini von Gatti-Casazza, dem neuen Manager des Theaters, zum künstlerischen Leiter der Mailänder Scala berufen, die ein Jahr von der Stadtver-

waltung geschlossen worden war und nur durch eine Privatinitiative meist adeliger Sponsoren nun wiedereröffnet wurde. Toscanini war den Mailändern kein Unbekannter: In vier Konzerten mit dem Scalaorchester hatte er sich im April und Mai desselben Jahres dem Publikum vorgestellt. Mit der Eröffnungsveranstaltung, den «Meistersingern von Nürnberg» am 26. 12. 1898, begann für Toscanini der wichtigste Abschnitt seines Lebens. Die Wahl des Stückes war Ausdruck seines leidenschaftlichen Einsatzes für das Werk Wagners.

Annibale Ponchielli schrieb in der Zeitung «Sera» nach der Premiere: «Toscanini war glanzvoll ... Selten habe ich das Glück gehabt, ein derart groß besetztes Orchester so homogen und klangrein spielen zu hören ... Die Interpretation war wirklich hervorragend. Von seinem Gedächtnis einmal abgesehen, das schlechthin unglaublich ist, widmete er sich jedem Detail mit einem Höchstmaß an Präzision und verstand sich darauf, an den entscheidenden Höhepunkten die gewünschten Effekte zu erzielen, ohne je zu übertreiben. Er erwies sich als äußerst feinsinniger Künstler.»

Claudio Sartori schreibt in seinem Essay «The Scala under Toscanini», die Zusammenarbeit Toscaninis mit der Scala könne als eine «Serie von melodramatischen Ankünften und stürmischen Abreisen, verärgerten Abbrüchen und Versöhnungen» beschrieben werden.

Die erste Phase der Zusammenarbeit, die von 1898 bis 1903 dauerte, begann mit öffentlicher Anerkennung der Leistung des Dirigenten. Aber Toscaninis Bestreben, seine künstlerischen Absichten zugunsten der Werke gegen den Opernbetrieb durchzusetzen, führten zum Konflikt, als Toscanini eine geplante «Norma»-Premiere wegen künstlerischer Unzulänglichkeit absagte.

Claudio Sartori beschreibt die erste Epoche der Arbeit Toscaninis an der Scala, die 1903 mit dem Weggang Toscaninis während einer «Maskenball»-Aufführung und seiner Einschiffung nach Buenos Aires dramatisch endete, so: «Tatsache war, daß Toscanini 1899 gezeigt hatte, was durch Kooperation aller Betroffenen zugunsten des besseren Zustandes des Opernhauses getan werden konnte, und jedermann hatte ihn gepriesen und ermutigt. Aber als er, von 1899—1903, vorbrachte, daß alle durch ein gleiches Maß an Anstrengung und Opfer zum Werk der Wiederherstellung beitragen sollten, die Öffentlichkeit eingeschlossen, verließen ihn nach und nach diejenigen, die unverzichtbare Mitarbeiter in seiner Reform waren und wandten sich ab, erschrocken über die erforderliche Anstrengung ...»

Toscanini forderte — nach Sartori — strikte Beachtung der Partituren, die durch unzulängliche Editionen verstümmelt waren, Übereinstimmung von Handlung und Bühnengestaltung, vollständige Dunkelheit im Zuschauerraum während der Vorstellung, Verzicht der Sänger auf traditionelle Auszierungen ihres Gesangsparts, Ächtung des da Capos und Pünktlichkeit der Besucher. Bald regten sich Proteste der Sänger, die auf ihre Vorrechte verzichten mußten, der Orchesterspieler, die sich gekränkt fühlten, und der Verleger, die um ihre materiellen Interessen fürchteten.

Toscanini dirigierte 1930 und 1931 in Bayreuth.

Toscanini kämpfte während der drei Epochen, die er an der Scala wirkte, um die Durchsetzung des Repertoiretheaters, das die Produktion einer größeren Zahl von Opern mit Abend für Abend wechselnden Vorstellungen pro Spielzeit ermöglichte.

Die zweite Epoche der Zusammenarbeit Toscaninis mit der Scala begann 1907 und scheiterte, da — nach Sartori — sich die Voraussetzungen weder auf der Seite des Dirigenten noch auf der des Theaters verändert hatten, schon 1908, als sich Toscanini die Gelegenheit zum Vertragsabschluß mit der New Yorker Metropolitan Opera bot. Toscanini nahm in dieser Spielzeit eine bauliche Veränderung vor: Das Orchester sollte niedriger postiert werden nach dem Vorbild der Orchestergräben in den deutschen Theatern.

Erst 1921 konnte Toscanini wieder für ein Wirken an der Mailänder Scala gewonnen werden.

Sartori betont, daß Toscanini die langen Vorbereitungszeiten für Opernvorstellungen störten. Den Ausweg sah Toscanini im Repertoiretheater, das eine schnell wachsende Zahl von Opernvorstellungen, die vorher vorbereitet wurden, ermöglichte. Wiederaufnahmen lag die ursprüngliche Gestalt der Aufführung zugrunde. Toscanini schuf damit einen Theatertyp, der noch heute weitgehend Gültigkeit hat und der im scharfen Gegensatz zu den Bestrebungen Otto Klemperers steht, mit dem Experiment Krolloper Serien desselben Werkes zu produzieren. Eine wichtige Voraussetzung für den Erfolg Toscaninis an der Mailänder Scala war die Schaffung eines Sängertypus, der auf den Interpretationsstil des Maestro zugeschnitten war. Mit Sängern wie Mariano Stabile, mit denen Toscanini selbst probte und vielen Mitwirkenden in Nebenrollen, die ebenfalls persönlich von ihm geschult wurden, führte Toscanini die Scala in den Jahren 1921—1929 zu Weltruhm.

Schwerpunkte des Repertoires der Mailänder Scala unter Toscanini waren die italienischen Opern des 19. und frühen 20. Jahrhunderts, besonders Verdi und Puccini, sowie das Werk Wagners.

Nachdem Toscanini sich 1903 zum ersten Mal von der Scala abgewandt hatte, dirigierte er in Buenos Aires, Bologna und Turin und machte eine Italientournee mit dem Turiner Orchester, während der er die italienischen Erstaufführungen von Werken Richard Strauss' und Debussys dirigierte. 1908 unterzeichnete er — nach dem zweiten Zerwürfnis mit der Scala — einen Vertrag mit der New Yorker Metropolitan Opera. Toscaninis Wirken an der Metropolitan Opera fiel in eine Glanzzeit sängerischer Leistungen mit Stars wie Caruso, Scotti, Farrar, Destinn und Martinelli. Die durchwegs positive Kritik läßt sich mit einer Besprechung der «Tristan»-Aufführung vom 27. 11. 1909 belegen, die die dramatische Intensität des Dirigenten Toscanini lobte: «Die hiesige Darbietung rechtfertigte die Begeisterung in Italien und das herzliche Lob, das ihr deutsche Kritiker entgegenbrachten, in jeder Weise. Toscaninis Interpretation des ersten Aktes war unerwartet gemäßigt und schien, wenn auch musikalisch vollendet, die Erfüllung des Verlangens nach vitaler Emotion für den weiteren Verlauf der Vorstellung zu versprechen. Es wurde jedoch offenkundig, daß der verdiente Dirigent den ersten Akt mit zurückgenommener Intensität bot und sich den 'Ausbruch bebender Leidenschaft' für den zweiten Akt aufsparte. Hier erhoben sich die Wogen turbulenter Orchestrierung dann allerdings zu inspirierter Größe. Bis zum Ende des Aktes war die Musik von emotionaler Glut durchbebt, und die majestätischen Höhepunkte wurden mit großartiger Kraft herausgearbeitet, ohne doch die Grenzen musikalischer Schönheit auch nur geringfügig zu überschreiten. Toscanini ... nahm seine Position als einer der interessantesten diesem Publikum bekannten Wagner-Dirigenten zu Recht ein.»

Toscanini erneuerte 1910 seine Bekanntschaft mit Puccini, der zur Uraufführung seiner Oper «La Fanciulla del West», in der Caruso sang, nach New York kam. Auf der Rückfahrt nach Europa schrieb Puccini einen Brief an Toscaninis Frau Carla: «Sie sind so gütig und freundlich zu mir gewesen, so zart und aufmerksam; Toscanini so geduldig und mir so herzlich zugetan! ... Traurigerweise fühle ich mich allein in der Welt und bin deshalb immer unglücklich. Und doch habe ich immer versucht, Liebe zu geben, und doch nie Verständnis gefunden — das heißt, ich bin immer mißverstanden worden. Jetzt ist es zu spät, und ich bin schon zu weit weg. Erhalten Sie mir Ihre Freundschaft, so daß ich wenigstens gute und geistig hochstehende Freunde habe, die mich ertragen und verstehen.»

Toscanini machte auch die Bekanntschaft von Ferruccio Busoni, der ihm seine Oper «Turandot» widmete, die Toscanini jedoch nie aufführte. Busoni schrieb 1917 an Toscanini: «Eben beende ich eine kurze und bizarre Oper, Turandot (nach dem Originaltext des Venezianers Gozzi) — und um der Bewunderung und Zuneigung willen, die ich Ihnen entgegenbringe, nicht weniger als um der wie immer gearteten Bedeutung willen, die ich meinem neuen Werk beilege, möchte ich Sie um die Erlaubnis bitten, Ihren Namen auf die Widmungsseite setzen zu dürfen. Darüberhinaus möchte ich Sie bitten — wenn ich auch Ihre Abneigung gegen das Schreiben kenne und billige — mir diese große Gunst mit einigen kurzen Zeilen zu bestätigen; sonst würde ich mir nicht die Freiheit nehmen, mein Werk mit Ihrem Namen zu schmücken ... Ich grüße Sie mit herzlicher Zuneigung und Respekt.»

1915 kehrte Toscanini nach Italien zurück. In den nächsten fünf Jahren dirigierte er vorwiegend Wohltätigkeitskonzerte. Als Toscanini 1929 Abschied von der Mailänder Scala nahm, war dies auch sein Abschied von der Oper. Er ging danach keine feste Verpflichtung an einem Opernhaus mehr ein. 1930 und 1931 dirigierte Toscanini in Bayreuth, 1934—37 bei den Salzburger Festspielen. Das Zentrum seiner Karriere in den letzten 25 Jahren seines Wirkens war New York. 1928 wurde Toscanini Leiter des Orchesters, das aus der Vereinigung des New York Philharmonic Orchestra mit dem New York Symphony Orchestra hervorgegangen war. Diesen Posten behielt er bis 1936 bei. Die Konzerte mit diesem Orchester werden von zahllosen Musikern als Höhepunkt seiner Karriere als Konzertdirigent angesehen.

Der letzte Abschnitt von Toscaninis Wirken war, neben vielen Gastdirigaten, von seinen Schallplattenaufnahmen mit dem NBC-Orchestra bestimmt, die seine interpretatorische Haltung dokumentieren. Am 16. Januar 1957 starb Arturo Toscanini in New York im Alter von beinahe neunzig Jahren. Sein Leichnam wurde nach Italien überführt. Etwa 40.000 Menschen erwiesen seinem Sarg im Foyer der Scala die letzte Ehre. *RF*

Trantow, Herbert

* Dresden 19. 9. 1903; deutscher Kapellmeister und Komponist, unternahm nach seinem Studium in Dresden und Berlin Konzertreisen als Pianist (1924—31), begleitete die Tänzerin G. Palucca. In den folgenden Jahren hatte er verschiedene Anstellungen bei deutschen Theatern (1935—44 Staatsoper Berlin, 1946—48 als Chefdramaturg der Staatsoper Dresden, u. a.). Er ließ sich danach als freischaffender Künstler in Berlin nieder, war außerdem als Musikschriftsteller tätig und komponierte Filmmusiken.

Turnovský, Martin

* Prag 29. 9. 1928; tschechischer Dirigent, studierte zuerst an der Prager Musikakademie bei Karel Ancerl, später bei Szell. 1958 gewann er beim Dirigentenwettbewerb in Besançon den Ersten Preis. Ab 1959 wirkte er am Philharmonischen Orchester von Brünn (bis 1963) und anschließend als Generalmusikdirektor an der Dresdener Staatsoper (1966—68). Nach dem sowjetischen Einmarsch verließ er 1968 die Tschechoslowakei und ging nach Wien. Danach war er Generalmusikdirektor an der Norwegischen Oper in Oslo (1975—80) und ab 1979 in Bonn als Chefdirigent des Stadttheaters und, zusammen mit Jan Krenz, als Chefdirigent des Orchesters der Beethovenhalle. Beim Cleveland Orchestra gab er 1968 sein amerikanisches Debut.

Umlauff, Michael

* Baden (Niederösterreich) 9. 8. 1781, † Baden 20. 6. 1842; österreichischer Komponist, Dirigent und Violinist, Sohn des Komponisten Ignaz U. (1746—96). Innerhalb von sechs Jahren, zwischen 1809 und 1815, arbeitete er sich zum vierten von sechs Kapellmeistern am Wiener Hoftheater empor. 1825 zog er sich zurück; er bemühte sich erfolglos, das Amt des 2. Kapellmeisters am Stephansdom übernehmen zu können. Erst ab 1840 bis kurz vor seinem Tod arbeitete er wieder als Musikdirektor der beiden Hoftheater. Er machte sich durch seine Verbindungen zu Beethoven einen Namen, weil er bei zahlreichen Aufführungen den mittlerweile schon sehr schwerhörigen Komponisten unterstützte. Es wird sogar vermutet, Beet-

hoven habe nur zu Anfang der Sätze das Tempo bestimmt und sei schon nach weniger Takten von ihm abgelöst worden. Andere Quellen schließlich belegen, daß er, hinter Beethoven stehend, den Takt angegeben hätte.

Vandernoot, André

* Brüssel 2. 6. 1927; belgischer Dirigent, nach dem Brüsseler Konservatorium studierte er an der Wiener Musikakademie. 1958 ernannte ihn die Königlich Flämische Oper in Antwerpen zum Ersten Dirigenten. Ein Jahr später ging er als musikalischer Direktor zum Théâtre Royal de la Monnaie in Brüssel, wo er bis 1973 blieb. Danach übernahm er dieselbe Position am Orchestre National de Belgique in Brüssel (1974—75). Er trat auch als Gastdirigent in verschiedenen Städten Europas, der USA, Japans und Südamerikas auf.

Varviso, Silvio

* Zürich 26. 2. 1924; Schweizer Dirigent, studierte am Zürcher Konservatorium Klavier und bei Clemens Krauss in Wien Dirigieren. Sein Debüt als Dirigent gab er 1944 in St. Gallen mit der «Zauberflöte»; am dortigen Theater blieb er bis 1950. Danach ging er als Dirigent ans Basler Stadttheater und wurde von 1956—62 musikalischer Direktor. In dieser Zeit gab er Gastspiele an der Berliner Staatsoper, in San Francisco, Paris und an der Met. 1965 berief ihn die Stockholmer Königliche Oper zum Chefdirigenten; von 1972 bis 1980 war er GMD des Staatstheaters in Stuttgart, bevor er als Chefdirigent an die Pariser Oper ging (1980). 1974 dirigierte er in Bayreuth die «Meistersinger».

Vaughan, Denis

* Melbourne 6. 6. 1926; australischer Dirigent, studierte in London Orgel bei George Thalben Ball und in Paris bei André Marchal; anschließend Kontrabaß in London und Wien. Zum ersten Mal auf dessen Amerika-Tournee 1950 spielte er im London Royal Philharmonic Orchestra Bass, Orgel, Cembalo und Klavier. 1953 ernannte ihn Sir Thomas Beecham zu seinem Stellvertreter; anschließend ging er als Assistent zu Vittorio Gui nach Glyndebourne und 1957 zu Hans Knappertsbusch nach Bayreuth.

Vianesi, Auguste

* Livorno 2. 11. 1837, † New York 4. 11. 1908; italienischer Dirigent, nach dem Studium ging er 1857 nach Paris und London, wo er am Drury Lane dirigierte. 1858/59 dirigierte er in New York, 1870/80 an der Covent Garden Opera in London italienische Oper und wurde schließlich Erster Dirigent an der Grand Opéra in Paris. Bei der Eröffnung der Metropolitan Opera dirigierte er den «Faust». 1892 ließ er sich als Musiklehrer in New York nieder.

Vogel, Jaroslav

* Pilsen 11. 1. 1894, † Prag 2. 2. 1970; tschechischer Komponist und Dirigent. Nach seinen Studien in München, Paris und Prag war er Theaterkapellmeister in Pilsen (1914—15), in Ostrau (1919—23), bis 1926 Gastdirigent der Tschechischen Philharmonie, Operndirektor in Ostrau (1927—43) und in Brünn (1944—45). Des weiteren digierte er 1946—47 beim Prager Rundfunk und ab 1949 am Nationaltheater Prag, wo er von 1956 bis 1958 GMD war. Von 1959—62 arbeitete er als Chefdirigent der Philharmonie Brünn. Seine erfolgreichsten Jahre als Dirigent waren jene in Ostrau, dessen musikalisches Leben er mit Aufführungszyklen von Werken Smetanas, Janáčeks und Nováks bereicherte. Für Leoš Janáček setzte er sich ganz besonders ein und schrieb auch eine sehr beachtete Biographie über ihn, die auch auf Deutsch erschien.

Vondenhoff, Bruno

* Köln 16. Mai 1902, † Frankfurt 7. 7. 1982 (nach Unfall); deutscher Dirigent, studierte an den Universitäten in Köln und Bonn sowie an der Kölner Musikhochschule. Zwischen 1922 und 1933 wirkte er als Theaterkapellmeister in Coburg, Münster, Danzig, als Musikalischer Oberleiter in Gera und als Operndirektor und Leiter der Symphoniekonzerte und einer Dirigentenklasse am Konservatorium in Königsberg. Anschließend hatte er Posten als GMD in Halle (1933—37), Freiburg im Breisgau (1938—44) und Frankfurt (1945—55), wo er bis 1950 auch Intendant der Oper war. Danach leitete er bis 1967 die Opernschule der Frankfurter Musikhochschule.

Vonk, Hans

* Amsterdam 18. Juni 1942; holländischer Dirigent, nahm bereits während seines Jurastudiums an der Amsterdamer Universität Unterricht am Konservatorium. 1966 wurde er Dirigent am Niederländischen National-Ballett. Drei Jahre folgte ein Ruf an das Concertgebouw Orchester. Anschließend wirkte er als ständiger Dirigent am Philharmonieorchester des Niederländischen Rundfunks. 1976 wurde er musikalischer Direktor der Niederländischen Oper. Er dirigierte das Royal Philharmonic Orchestra in London (1976—79) und wurde schließlich 1980 Chefdirigent am Residentie Orchester in Den Haag.

Votto, Antonio

* Piacenza 30. 10. 1896, † Mailand 9. 9. 1985; italienischer Pianist und Dirigent, nach seinem Studium bei Longo (Klavier) und De Nardis (Komposition) am Konservatorium von San Pietro a Majella in Neapel gab er 1919 sein Debut als Konzertpianist. In den folgenden beiden Jahren unterrichtete er am Konservatorium G. Verdi in Triest Klavier. Toscanini verpflichtete ihn dann als Korrepetitor und Kapellmeister and die Mailänder Scala. Dort war er später ständiger Dirigent und leitete zahlreiche Aufführungen u. a. mit Maria Callas. Als Gastdirigent trat er am Teatro Colón in Buenos Aires und in Covent Garden in London auf.

Waart, Edo de

* Amsterdam 1. 6. 1941; holländischer Dirigent, lernte zuerst Klavier, mit 13 dann Oboe, und mit 16 Jahren besuchte er die Musikschule. Dort studierte er weiter Oboe und später Cello. Im Sommer 1960 besuchte er in Salzburg die Dirigierkurse von Dean Dixon. Nach seinem Schulabschluß spielte er zuerst bei den Amsterdamer Philharmonikern Oboe; 1963 trat er dem Concertgebouw Orchester bei und studierte bei Franco Ferrara in Hilversum weiter Dirigieren. Sein Debut gab er 1964 mit den Niederländischen Radio-Philharmonikern. Im selben Jahr ging er in die USA und war einer der Gewinner des Mitropoulos-Wettbewerbs in New York. In der Spielzeit 1965/66 dirigierte er die New Yorker Philharmoniker. Nach seiner Rückkehr nach Amsterdam wurde er 1966 zum stell-

vertretenden Dirigenten des Concertgebouw Orchesters ernannt, das er ein Jahr später auf seiner Amerika-Tournee begleitete. Er gründete das Niederländische Blasensemble ('Wind-Ens') und ging als Oboe-Spieler mit ihm auf Tournee durch Japan und Pakistan. Bei den Rotterdamer Philharmonikern wurde er 1967 Gast- und 1973 Chefdirigent (bis 1979). Mit ihnen unternahm er ausgedehnte Tourneen: 1970 und 74 durch England, 1971, 75 und 77 durch die USA, 1976 durch Deutschland und Österreich. 1971, 72 und 75 wirkte er zudem als Gastdirigent der Santa Fé Opera in New Mexico, zusätzlich dirigierte er 1975 in Houston Oper, 1976 die Covent Garden Opera in London. Nach seinem erfolgreichen Debut beim San Francisco Symphony Orchestra 1974 wurde er dort ein Jahr später zuerst zum Ersten Gastdirigenten und 1977 zum musikalischen Direktor ernannt. De Waart dirigierte auch bei den Bayreuther Festspielen (1979—1982) den «Lohengrin» in der Regie von Götz Friedrich.

Wakasugi, Hiroshi

* Tokio 31. 5. 1935; japanischer Dirigent, studierte bei Hideo Saito und Nobori Kaneko Dirigieren. 1967 erhielt er einen Preis des japanischen Kultusministeriums. 1975 berief ihn das Symphonieorchester von Kyoto zum Dirigenten. 1977 ging er als Chefdirigent an das Kölner Radio Symphonieorchester, 1981 wurde er GMD an der Deutschen Oper am Rhein in Düsseldorf. Dazu trat er als Gastdirigent in zahlreichen Städten Europas auf: u. a. mit den Berliner Philharmonikern, den Wiener Symphonikern, der Dresdner Staatskapelle. Sein amerikanisches Debut gab er 1981 beim Boston Symphony Orchestra. Von 1986 an wird er Chefdirigent des Tonhalle-Orchesters Zürich als Nachfolger von Rudolf Kempe, Gerd Albrecht und Christoph Eschenbach.

Wallat, Hans

* Berlin 18. 10. 1929; deutscher Dirigent, trat nach seiner Ausbildung am Konservatorium in Schwerin als 1. Kapellmeister in Stendal (1950—51), Meiningen (1951—52) und am Mecklenburgischen Staatstheater in Schwerin (1953—56) auf. Anschließend wirkte er als Musikalischer Oberleiter in Cottbus (1956), als 1. Kapellmeister am Leipziger Opernhaus (1958—61), an der Württembergischen Staatsoper in Stuttgart (1961—64) und an der Deutschen Oper in Berlin (1964—65). Danach war er fünf Jahre lang GMD in Bremen und wurde er 1970 zum GMD und zum Operndirektor an das Nationaltheater nach Mannheim berufen. Als Gastdirigent trat er bisher u. a. an der Wiener Staatsoper (seit 1968), und an der Metropolitan Opera in New York (seit 1971) auf.

Wallberg, Heinz

* Herringen bei Hamm (Westfalen) 16. 3. 1923; deutscher Dirigent, erhielt seine Ausbildung am Dortmunder Konservatorium und an der Kölner Musikhochschule. Nach Posten als 1. Violinist und 1. Trompeter in Köln und Darmstadt wurde er Kapellmeister in Münster, Trier, Hagen, Augsburg, Bremen und Hamburg. 1954 ging er als Musikalischer Oberleiter an die Städtischen Bühnen nach Augsburg zurück und übernahm ein Jahr später die Ämter als Chefdirigent des Philharmonischen Staatsorchesters Bremen und als GMD an der dortigen Oper. Danach wurde er GMD am Staatstheater Wiesbaden (1961—74), leitete gleichzeitig das Niederösterreichische Tonkünstlerorchester in Wien (1964—75), wo er ständiger Gastdirigent der Wiener Staatsoper war. 1975 wurde er zum GMD der Stadt Essen und zum Chefdirigenten des Bayerischen Rundfunkorchesters in München ernannt. Als Gastdirigent wirkt er seit längerer Zeit an bedeutenden Musikzentren in und außerhalb Europas (u. a. Bayreuther Festspiele 1980) und tritt bei Konzertreisen mit den Bamberger Symphonikern auf.

Wallerstein, Lothar

*Prag 6. 11. 1882, † New Orleans 18. 11. 1949; amerikanischer Dirigent und Opernregisseur österreichischer Herkunft. Nach einem Beginn als Korrepetitor in Dresden (1909) und Kapellmeister- und Regisseurposten in Posen (1910—14) arbeitete er ab 1918 als Oberspielleiter in Breslau, Duisburg (1922) und Frankfurt M. (1924). Er wirkte dort, später auch in Wien (1927—38) und bei den Salzburger Festspielen (1926—37) zusammen mit Cl. Krauss. Das Jahr darauf verließ er Österreich, gründete in Den Haag eine Opernschule und emigrierte anschließend nach Amerika, wo er von 1941—46 Oberspielleiter an der Metropolitan Opera in New York war.

Walter, Bruno

«Lieber Freund, es ist sehr ärgerlich. Soeben sind wir, nach einer strengen Prüfungszeit von vierunddreißig Jahren übereingekommen, fortan Du zueinander zu sagen, und nun muß ich Dir einen Geburtstagsbrief schreiben, in dem die schöne Neuerung gar nicht zur Geltung kommt, da man ja in diesem verdammt übercivilisierten Englisch sogar seinen Hund mit 'you' anredet . . .» Dieser Briefanfang, den Thomas Mann seinem Freund Bruno Walter zu dessen siebzigstem Geburtstag sandte, vermittelt einen kleinen Eindruck davon, welche Schwierigkeiten einem Biographen die Lebensgeschichte des Dirigenten bereiten kann. Gewiß: Der Musiker wie der Schriftsteller wuchsen zu einer Zeit auf, da die Kinder selbst ihre Eltern mit 'Sie' ansprachen, doch sind dreieinhalb Jahrzehnte nicht eine bedrückend lange Dauer, wenn es darum geht, zwischen zwei sich nahestehenden Menschen das letzte Eis zu brechen?
Thomas Mann war sicherlich — das geht aus dem unfangreichen Briefwechsel klar hervor — der lustigere von beiden großen Geistern. Nicht, daß Bruno Walter nicht gelacht hätte; in den Proben scherzte er sogar häufig mit seinen Musikern. Anekdoten aber oder markige Aussprüche, wie sie zum Beispiel von seinem Zeitgenossen Hans Knappertsbusch bekannt wurden, besitzen bei diesem überaus angesehenen Manne Seltenheitswert. Vielmehr prägten der scharfsinnige Intellekt und ein seelenvoller Ernst die Persönlichkeit Bruno Walters. Auf musikphilosophischer Ebene befaßte er sich mit aufführungstechnischen Problemen, reflektierte er besonders in seinen letzten Jahren über sein Leben. Die stilistische Prägnanz, die seine beiden Erinnerungsbände «Thema und Variationen» (1947) sowie «Von der Musik und vom Musizieren» (1957) kennzeichnet, offenbart eine echte Doppelbegabung und ermöglicht gleichzeitig einen Einblick in die Wesenszüge und Ursprünge seines Handelns.
Bruno Walter fühlte sich den Anthroposophielehren Rudolf Steiners verbunden, und so erstaunt es kaum, daß

er von einer «inneren und äußeren Musikalität» überzeugt war, deren Zusammenspiel erst vortreffliche Ergebnisse herausbilden könne. Unter der «äußeren Musikalität» verstand er neben der Mühelosigkeit des Vom-Blatt-Lesens und -Spielens den Sinn für das klangliche Verhältnis der Stimmen und Instrumentengruppen, ein verläßliches Gehör und die exakte Klangvorstellung beim Lesen einer Orchesterpartitur. Wesentlicheren Anteil an der Begabung hatte für ihn jedoch die «innere Musikalität», die ein Mensch besitze, «wenn ihm das Reich der Musik Seelenheimat bedeutet, der, wenn er musiziert, ihre Sprache wie seine zweite — oder vielmehr seine eigentliche — Muttersprache spricht und versteht ... Ihn versetzt Musik in ähnliche innere Bewegung, wirkt auf ihn fast mit ähnlicher Unmittelbarkeit wie ergreifende, erhebende, erschütternde, beglückende reale seelische Erlebnisse.» Er folgerte also: «Der ideale musikalische Interpret wird der sein, der, ganz vom Werk erfüllt, ganz auf das Werk gerichtet ist, zugleich aber die volle Kraft der eigenen Persönlichkeit, damit auch die Lust an der Betätigung des eigenen Talentes für die Wiedergabe des Werkes einsetzt, der also die Musizierlust seiner jungen Jahre bewahrt hat und sein eigenstes Wesen in die Interpretation ergießen darf, weil es mit dem des Komponisten eine innige Verbindung eingegangen ist.» (aus: «Von der Musik und vom Musizieren»)

Bruno Walter strebte nach diesem Ideal; er lebte vor, was er erst im achtzigsten Lebensjahr zum Ausdruck brachte: «Damals wie heute sang es in mir.» Geboren am 15. September 1876 im Norden Berlins als Bruno Walter Schlesinger — schon mit achtzehn Jahren änderte er seinen Namen im Gedenken an Walther von Stolzing, den Helden der «Meistersinger von Nürnberg» — , wurde das erstaunliche Talent des Jungen rasch erkannt. Nach grandiosen Fortschritten im Klavierspiel stellten ihn die Eltern dem Künstlerischen Leiter des Stern'schen Konservatoriums, Robert Radecke, vor, der gesagt haben soll: «Hören Sie, das ist etwas ganz Außerordentliches! Der sorgfältigsten Ausbildung wert. An Ihrem Sprößling iest jeder Zoll Musik!» Seine Lehrer Radecke (Komposition und Dirigieren), Heinrich Ehrlich (Klavier) und Ludwig Bußler (Musiktheorie) förderten ihn nach allen Kräften, und schon mit neun Jahren trat Bruno Walter öffentlich auf. Eigentlich wollte er Pianist werden, doch als er 1889 ein Konzert Hans von Bülows und wenig später Aufführungen in Bayreuth hörte, entschied er sich für die Dirigentenlaufbahn, deren Beginn eine Assistentenstelle an der Kölner Oper markierte. Er debütierte dort 1894 mit Lortzings «Waffenschmied» und empfand dabei, wie er selbst sagte «keinerlei Unsicherheit».

Noch im gleichen Jahr wechselte der Wunderknabe auf einen Solorepetitorenposten an die Hamburger Oper, wo er Gustav Mahler kennenlernte, dann ging er für jeweils eine Saison nach Breslau, Preßburg und Riga, kehrte aber 1900 nach Berlin an das Königliche Opernhaus zurück. Es war ein erster Höhepunkt für Bruno Walter, dort neben Richard Strauss und Carl Muck zu dirigieren. Mit vierundzwanzig Jahren leitete er den «Ring des Nibelungen» und die Uraufführung von Pfitzners «Der arme Heinrich». Besonders für Hans Pfitzner setzte er sich auch später immer wieder ein. Man kann sogar so weit gehen, zu sagen, Bruno Walter habe den Komponisten erst für die deutschen Opernhäuser entdeckt.

Bruno Walter entschied sich für die Dirigentenlaufbahn, nachdem er ein Konzert von Bülows hörte.

Den dringenden Bitten Mahlers endlich nachgebend, folgte ihm der Dirigent 1901 an die Wiener Hofoper, wo er nicht nur seinen Ruf festigte, sondern als Assistent des Operndirektors eine Mittlerposition zwischen Mahler und dem Orchester innehatte. Diese Arbeit prägte ihn, wenngleich ihm die «schöpferische Dämonie», wie Mahlers Werk oft genannt wurde, nicht vollends lag. Dazu war Bruno Walter in seinem Inneren zu sehr Romantiker, paßte die angelernt-leidenschaftliche Gestik seiner Wiener Aufführungen im Grunde nicht zu seinem Wesen. Was er bis 1912 auch nach dem Weggang Mahlers dort lernte, waren vor allem der gefühlvolle Arbeitsstil mit einem Ensemble, die Koordination zwischen Sängern und Orchester.

Die enge Freundschaft, von der eine Gustav-Mahler-Biographie (Wien 1936) Bruno Walters zeugt, machte indes die Verschiedenheit der beiden Musiker wett. Kritiker mögen behaupten, der Jüngere sei ein Nachahmer des Älteren gewesen und habe sich mehr als nötig untergeordnet. Und wenn schon: Diese Phase half ihm, seine Eigenständigkeit zu entwickeln, und es gelang ihm in der Nachfolge Felix Mottls an der Münchener Oper. Nach Uraufführungen von Mahlers «Lied von der Erde» (November 1911) und dessen Neunter Symphonie (wiederum in Wien am 26. Juni 1912) verpflichtete man Bruno Walter als Generalmusikdirektor. In zehn Jahren avancierte er neben zahlreichen internationalen Gastengagements zu einem erstrangigen Mozart-Dirigenten, der es verstand, Empfindsamkeit mit Leichtigkeit und Anmut zu verbinden. Ganz anders als bei seinen Wagner-Interpretationen konnte er hier seinem Hang zur Spieloper mit seelenvoller Tiefe bei unnachahmlicher Lebendigkeit nachkommen. Für Wagner, so hieß es öfters, habe ihm der Glaube an die Echtheit der Monumentalität gefehlt. In Wirklichkeit jedoch erreichte Bruno Walter mit der feinnervigen, ja lyrischen Art seiner Wiedergabe ein neues Verständnis, vielleicht sogar das treffendere Wagner-Bild der Generation. In seine Münchener Zeit fiel übrigens auch die Uraufführung von Hans Pfitzners «Palestrina», ein Werk, das er später immer wieder gerne spielte.

Das erfreuliche Aufstreben einer Konzertreihe unter eigenem Namen in Berlin sowie zahlreiche Rufe aus dem Ausland — genannt seien nur die Salzburger Festspiele und eine Mozarttournee durch die USA — bewogen Bruno Walter, seine Posten am Residenz- und Prinzregententheater

aufzugeben. Er leitete 1924 bis 1931 die deutschen Aufführungen an der Covent Garden Opera in London und übernahm dazu 1925 die Musikdirektion an der Berliner Städtischen Oper in Charlottenburg, bis er 1929 Wilhelm Furtwängler als Direktor der Gewandhauskonzerte in Leipzig ablöste.
Auf dem wirklichen Höhepunkt seiner Laufbahn — schließlich dirigierte er in der deutschen Reichshauptstadt neben Klemperer, Kleiber und Blech — wurde Bruno Walter jedoch durch die Hitler-Diktatur gezwungen, Deutschland zu verlassen, ausgerechnet er, der sich wie kaum ein anderer für die deutsche Romantik eingesetzt hatte. Bis 1936 hielt er sich als Gast in Wien auf, wurde dann aber als Musikalischer Berater an die dortige Staatsoper berufen. Auch hier durfte er 1938 nach der «Heimholung ins Reich» nicht mehr bleiben, und so nahm Bruno Walter im Jahr darauf die französische Staatsbürgerschaft an, die er 1940 gegen die amerikanische eintauschte.
Jetzt kamen ihm seine zahlreichen Gastspiele in den USA zugute. Er hatte Beziehungen angeknüpft; die seinen Wechsel über den Atlantik wesentlich erleichterten. Die Anfangsprobleme waren schnell vergessen: Seine Aufführungen waren mit «Sacharin», dem künstlichen Süßstoff, verglichen worden, ein schmerzlicher Vorwurf, der schnell zurückgezogen wurde. Feste Ämter lehnte Bruno Walter jedoch erst einmal ab, und als er sich schließlich entschloß, 1947 den Posten des Musikdirektors bei den New Yorker Philharmonikern anzutreten, hielt es ihn schließlich auch nur drei Jahre. Dennoch hatte er genügend Arbeit, denn viele Orchester von der West- bis zur Ostküste wollten ihn zumindest als Gastdirigenten für sich gewinnen. Die wichtigsten waren das Los Angeles Philharmonic Orchestra, das NBC Symphony Orchestra und das Philadelphia Orchestra. Zudem wirkte er zwischen 1941 und 1957 während zahlreicher Spielzeiten an der Metropolitan Opera in New York.
Gewiß: Es drängte Bruno Walter, besonders nach dem Krieg, wieder Europa zu besuchen, doch er selbst und Thomas Mann, der inzwischen auch in die USA übergesiedelt war, rieten sich in Briefen lange Zeit gegenseitig davon ab. Schließlich, so äußerten sich die Vorbehalte, könne man nicht nach Europa fahren, ohne auch einen Abstecher nach Deutschland zu unternehmen. Der Schriftsteller gab seinem Freund zu bedenken: «Andererseits scheint mir die Atmosphäre dort keineswegs günstig zu sein, vielmehr allgemeine Gekränktheit zu herrschen. Und wieder andererseits sage ich mir, daß, wenn ich überhaupt noch dort wieder vorsprechen will, ich es bald tun muß, da sonst, das sehe ich schon, die Kluft unüberbrückbar wird. Kurz, ich weiß gar nicht recht, was ich tun soll.» (Februar 1946). Und Bruno Walter antwortete noch im gleichen Monat: «Gehen Sie ja nicht nach Deutschland, ich beschwöre Sie . . . Nur aber die Qualen der Eindrücke dort zu akzeptieren, die Gefahren zu laufen, die zweifellos mit dieser Reise verbunden wären, um doch weiterhin die Vorwürfe der Ungerechten, Mißverstehenden, Übelwollenden zu hören, daß Sie kein Herz für das unglückliche Land haben . . .?»
Und doch kehrte der Dirigent nach Europa zurück, im gleichen Jahr bereits, wenn auch wegen eines traurigen Anlasses: Die Urne seiner an Gehirnschlag gestorbenen Frau Else wurde bei Lugano beigesetzt. Des Dirigierens wegen kam er erst ab 1947 wieder regelmäßig, leitete vielbeachtete Konzerte bei den Salzburger Festspielen, in Wien und beim Edinburgh Festival. Das deutsche Publikum sah ihn noch zweimal, 1950 nämlich in Berlin, als er mehrere Vorstellungen auch mit Werken von Schönberg, Schostakowitsch und Strawinsky gab, und im Mozartjahr 1956 am Prinzregententheater in München. Überall, wo er auftrat, erwartete ihn stürmisch-herzlicher Beifall, selbst bei der Presse an der Isar, mit der er bis zum Ende seines festen Engagements auf Kriegsfuß gestanden hatte.
Noch in dieser letzten Phase seines öffentlichen Wirkens — 1957 zog er sich zurück — besaß Bruno Walter eine ausgesprochene Fähigkeit zur Integration. Die Autorität, die er am Pult ohne Zweifel ausstrahlte, benötigte niemals die von ihm so verabscheute «Dirigenten-Diktatur». Von einem unbedingten Anspruch an die Werktreue geleitet, hatten seine Interpretationen dennoch eine eigene Charakteristik, die sich mit seinem Instinkt für das Menschliche, Warme in der Musik verknüpfte. Sein Faible für die «schönen» Stellen, auch in den Seitenthemen eines Werkes, ließ ihn oftmals die geforderten Tempi verbreitern. Die Angabe «Andante» deutete er ohnehin wie viele seiner Kollegen in der ersten Hälfte dieses Jahrhunderts nicht als «gehend», sondern als «langsam». Gefühlvoll milderte er, getreu einer der zehn Grundregeln von Richard Strauss folgend, die Bläser ab, erzeugte so eine entspannte Eleganz, die sich zu einem homogenen Klangbild formte.
Das enorme handwerkliche Können,

Er hatte vor und nach dem Zweiten Weltkrieg eine besonders enge Beziehung zu den Wiener Philharmonikern.

der große Ausdrucksspielraum auch seiner linken Hand, trieb Blüten der Anerkennung geradezu prosaischer Art. Die Sängerin Lotte Lehmann schwärmte bewundernd: «Die Spitze seines Taktstocks ist wie eine Wiege, in der er mich schaukelt.» Die Sensibilität, die sein Inneres kennzeichnete, prägte auch seine Bewegungen. Kritiker verglichen Bruno Walters Gestik mit dem Taktstock, die von den Auf- und Abwärtsschwüngen auffällig geprägt wurde, mit «Floretthieben», mit «Blitzen» gar. Die Linke habe dagegen gefärbt, was die Rechte bereits vorformte. Einer, zwei oder alle Finger, ein sanftes Einknicken des Unterarms dämpften, verfeinerten, stuften den Ausdruck ab, entschärften die «zusammengeballte Kraft». Seinen Probenstil faßte Bruno Walter so in Worte: «Wenn man sich auf Präzision konzentriert, endet man bei der Technik; konzentriert man sich jedoch auf die Technik, kommt man nicht zur Präzision.» Was er mit einem Orchester erreichen wollte, schaffte er durch viel Sorgfalt bei Detailfragen. Oft vom Klavier aus entwickelte er ein Gesamtkunstwerk aus unzähligen Einzelheiten, ohne den Blick auf Unwesentliches zu verschwenden. Seine Partituren waren voller Zusätze, die er seinen Musikern auf fast väterliche Weise vermittelte. Niemals hörte man, er habe die Ruhe während einer Probe verloren, obgleich es ihn mächtig störte, wenn sich ein Orchestermitglied in einer freien Sekunde eine Zigarette anzündete.

Die vielen Schallplattenaufnahmen, besonders aus der späten Phase, sah Bruno Walter als sein persönliches Vermächtnis an, ebenso wie die zahlreichen Aufsätze und Bücher. Gerade die Tondokumente — noch mehrfach als Nachauflagen erschienen — verdeutlichen zum einen die Universalität des Dirigenten, zum anderen aber auch sein gespaltenes Verhältnis zur Neuen Musik. Es entsprach seiner Verwurzelung in der Romantik, daß er mit den meisten modernen Zweigen nicht viel anzufangen wußte, am allerwenigsten mit der Zwölftonmusik. Er hielt sie für einen «Abweg», glaubte zudem, Schönberg sei ihr «von seiner musikalischen Konstitution her nicht gewachsen» gewesen. Und doch ergänzte er: «Ich würde glücklich sein, wenn ich in einer künftigen Existenz, die mich durch höhere Organe musikalischer Perzeption besser belehrt, ihn wegen meines primitiven irdischen Nichtverstehens um Vergebung bitten könnte.» Mehr verband ihn dagegen — daran ließ sich nicht rütteln — in seiner späteren Schaffensphase mit Beethoven, Brahms und vor allem Bruckner, dessen «Te Deum» ihn stark beeindruckte: «Es ist ein Gesang zum Lob Gottes, ein Gesang, wie ihn die Vögel jeden Morgen anstimmen. Mit der Inbrunst eines tief religiösen Mannes singt er eine Hymne, um Gott zu preisen: so aufrichtig, musikalisch so reichhaltig — und gleichzeitig sehr katholisch.»

Bis zu seinem Tod — Bruno Walter starb am 17. Februar 1962 fünfundachtzigjährig in seinem Haus in Beverly Hills (Kalifornien) — zeigte der Dirigent auf eindringliche Weise, wie sehr ihm die seelische Nähe zu einem Werk erst die hingebungsvolle Interpretation ermöglichte. Er bezweifelte niemals, daß eine vorzügliche Ausbildung unbedingt erforderlich sei, um beste Ergebnisse zu erzielen. Ebenso fest war Bruno Walter jedoch davon überzeugt, daß das Dirigieren «etwas vollkommen Spirituelles» sei. Und schließlich: «Man muß dazu geboren sein.» *DR*

1956 ist er zum letzten Male vor seinem Tod in Europa gewesen. Die Gesellschaft der Musikfreunde in Wien verlieh ihm ihren Ehrenring, und in München, wo er als Operndirektor gewirkt hatte, erhielt er den kulturellen Ehrenpreis der Stadt.

Wand, Günter

* Elberfeld 7. 1. 1912; deutscher Dirigent, studierte an der Universität und der Musikhochschule in Köln und an der Akademie der Tonkunst in München, als Dirigent weitgehend Autodidakt. Nach Posten in Wuppertal und Allenstein als Repetitor und Dirigent übernahm er die Dirigentenstelle an der Kölner Oper, wo er später bis zu deren Auflösung 1944 1. Dirigent war. Bis zum Ende des Zweiten Weltkriegs wirkte er als Opernchef und Dirigent beim Mozarteumorchester in Salzburg und ging 1946 als GMD wieder nach Köln. Dort leitete bis 1974 das Gürzenichorchester und die Gürzenichkonzerte, war außerdem Musikdirektor der Kölner Oper (bis 1948) und lehrte Orchesterleitung an der Musikhochschule. Seit seiner Pensionierung (1974) ist er als ständiger Gastdirigent beim Berner Symphonieorchester und seit August 1982 als Künstlerischer Leiter des NDR-Symphonieorchesters tätig. Gastspiele und Konzertreisen (u. a. mit den Bamberger Symphonikern) machten ihn in Europa und in Japan bekannt, besonders mit Werken von Beethoven, Brahms und Bruckner sowie mit Opern von Mozart und Verdi. Als Schallplattendirigent (Bruckner, Brahms) feiert er eine beinahe sensationelle «Spätkarriere».

Wangenheim, Volker

* Berlin 1. 7. 1928; deutscher Dirigent, Schüler F. Lederers an der Berliner Hochschule für Musik (1946—51). 1950 gründete und leitete er das Berliner Mozartorchester (bis 1959), war außerdem 1951/52 Studienleiter und Kapellmeister am Mecklenburgischen Staatstheater Schwerin sowie 1954 bis 1957 Dirigent beim Orchester der Berliner Akademie, wo er anschließend zum Musikdirektor ernannt wurde. 1967 übernahm er die Stelle als GMD der Stadt Bonn (bis September 1975), 1957 bis September 1976 auch als Leiter des Orchesters der Bonner Beethovenhalle. Seit 1971 leitet er die Dirigentenklasse und das Orchester der Kölner Musikhochschule und weiterhin das Bundesjugendorchester. 1980 wurde er Musikdirektor der Bournemouth Sinfonietta in England. Gastspiele führten ihn an viele Konzertsäle Europas, Nord- und Südamerikas sowie nach Japan.

Watanabe, Akeo

* Tokio 5. 6. 1919; japanischer Dirigent, studierte Dirigieren bei Joseph Rosenstock, der zu dieser Zeit in Japan lebte. 1950 ging er in die USA und nahm Dirigierkurse bei Jean Morel an der Juilliard School of Music in New York; zurück in Japan, gründete er das Nippon Philharmonic Orchestra, das er bis 1968 leitete; danach gastierte er in Europa und den USA. 1972 wurde er Musikdirektor des Tokyo Metropolitan Orchestra.

Weikert, Ralf

* St. Florian 10. 11. 1940; österreichischer Dirigent, nach dem Studium am Bruckner-Konservatorium in Linz studierte er an der Wiener Musikakademie Dirigieren bei Hans Swarowsky. 1965 gewann er den Ersten Preis beim Nicolai Malko Wettbewerb in Kopenhagen. 1966 ging er ans Bonner Stadttheater; dort wirkte er zuerst als Dirigent, dann als Chefdirigent (1968 bis 1977). 1977 wurde er zum stellvertretenden GDM von Frankfurt ernannt. Daneben dirigierte er Oper in Hamburg, an der Deutschen Oper in Berlin, an der Wiener Staatsoper und in Zürich. 1981 berief ihn das Salzburger Mozarteum-Orchester zum Chefdirigenten; gleichzeitig wirkte er am Landestheater in Salzburg als musikalischer Direktor. Seit der Spielzeit 1984/85 ist Weikert Nachfolger Ferdinand Leitners und musikalischer Oberleiter der Zürcher Oper.

Weil, Bruno

* Hahnstätten (Rheinland-Pfalz) 1949; deutscher Dirigent, studierte in Saarbrücken, Mainz, Wien und Siena. Er ist Meisterschüler von Ferrara und Swarowsky; 1974 bekam er den 1. Preis des Deutschen Musikrats bei den «Konzerten Junger Künstler». Als 1. Kapellmeister des Staatstheaters Braunschweig gewann er den 2. Preis beim Internationalen Karajan-Dirigentenwettbewerb und debütierte mit den Berliner Philharmonikern. Im gleichen Jahr wurde er Generalmusikdirektor der Stadt Augsburg.

Weingartner, Felix (von)

* Zara (Dalmatien) 2.6.1863, † Winterthur 7. 5. 1942, österreichischer Dirigent und Komponist, Schüler von W. A. Remy (Komposition), studierte von 1881—83 an der Leipziger Universität und am Konservatorium. In Weimar veranlaßte Liszt 1884 die Uraufführung seiner ersten Oper «Sakuntala». Es folgten Kapellmeisterposten in Königsberg (1884), Danzig (1885—87), das Amt des Hofkapellmeisters in Mannheim (1889—91) und ab 1891 das Kapellmeisteramt an der Königlichen Oper und der Symphoniekonzerte der Königlichen Kapelle in Berlin. Von 1898 bis 1903 war er 1. Dirigent der Kaim-Konzerte in München, sowie 1908 Nachfolger Mahlers als Direktor der Wiener Hofoper, leitete jedoch ab 1911 nur noch deren Konzerte. Das nächste Jahr führte ihn als Gastdirigenten an das Hamburger Stadttheater (bis 1914), darauf folgten fünf Jahre als GMD in Darmstadt weitere fünf Jahr als Direktor der Wiener Volksoper (bis 1924); weitere drei Jahr leitete er die Wiener Philharmonischen Konzerte (bis 1927) und anschließend die Symphoniekonzerte der Allgemeinen Musikgesellschaft in Basel. Dort dirigierte er als Gast am Theater und war bis 1933 Direktor des Konservatoriums. In der Saison 1935/36 übernahm er schließlich das Amt des Musikdirektors an der Wiener Staatsoper, zog 1936 nach Interlaken und gab dort Sommerkurse für Dirigenten. Kompositorsch entwickelte er schnell eine individuelle Persönlichkeit; er schrieb Opern, Symphonien, symphonische Dichtungen, Sonaten und Klavierstücke.

Weißmann, Frieder S.

* Langen (Hessen) 23. 1. 1893; amerikanischer Dirigent deutsch-jüdischer Abstammung, Schüler von W. Braunfels und A. Sandberger, wirkte nach Universitätsstudien und Promotion als Dirigent an der Berliner Staatsoper (1920—25), in Münster und Königsberg (1925—28), später bei der Dresdner Philharmonie und als freier Dirigent in Berlin und Amsterdam. 1933 mußte Weißmann Deutschland verlassen; er arbeitete zunächst beim Teatro Colón in Buenos Aires, bevor er 1937 in die USA übersiedelte. Hier wirkte er vor allem in Cincinnati, New York, San Francisco und Scranton, ab 1950 auch in Havana. 1962 kam er erstmals zum London Philharmonia Orchestra, noch in den 70er Jahren leitete er in Italien einen Mahler-Zyklus.

Weller, Walter

* Wien 30. 11. 1939; österreichischer Dirigent, erhielt an der Wiener Musikakademie seine Ausbildung als Geiger. Er besuchte Dirigierklassen u. a. von Karl Böhm. 1958 gründete er das Weller Quartett; 1962 wurde er Konzertmeister bei den Wiener Philharmonikern; 1969 begann seine Karriere als Dirigent. Er dirigierte sowohl in der Volksoper als auch in der Staatsoper Wiens; 1971/72 war er Generalmusikdirektor in Duisburg. Er dirigierte zu dieser Zeit auch das Wiener Tonkünstler Orchester; 1977 wurde er 1. Dirigent und Musikalischer Berater des Royal Liverpool Philharmonic Orchestra; 1980 Hauptdirigent des Royal Philharmonia Orchestra, London.

Wich, Günther

* Bamberg 23. 5. 1928; deutscher Dirigent, nach seiner Ausbildung an der Freiburger Hochschule für Musik dirigierte er in Graz (1959—61), war dann Generalmusikdirektor in Hannover (bis 1965) und an der Düsseldorfer Oper (bis 1980). Er ist ein erfahrener Opernkapellmeister.

Wislocki, Stanislaw

* Rzeszów; 7. 7. 1921 polnischer Dirigent und Komponist. Er studierte zuerst in Lwow und danach in Rumänien Musik. Nach dem Krieg dirigierte er die Philharmonie von Poznan (1947—58) und danach die Nationale Philharmonie in Warschau (1961—67). Daneben lehrte er am dortigen Staatlichen Musikkolleg. 1977 wurde er zum künstlerischen Direktor des Großen Symphonie-Orchesters des Polnischen Rundfunks und Fernsehens in Katowice ernannt. Er komponierte eine Sinfonie (1944), «Vier Gedichte für Chor und Kammerorchester» (1944), ein Klavierkonzert (1948/49), eine «Symphonische Ballade» (1950) und u. a. eine «Tanzsymphonie» (1952). Er setzt sich als Dirigent sehr für polnische Moderne Musik ein.

Wöss, Kurt

* Linz 2. 5. 1914; österreichischer Dirigent, neben seinem Dirigierstudium bei Felix Weingartner in Wien studierte er an der Wiener Universität Musikwissenschaft bei Haas, Lach, Orel und Wellesz. Von 1938—40 unterichtete er

eine Orchesterklasse an der Wiener Akademie. Nach dem Krieg dirigierte er das Tonkünstler-Orchester in Wien (1948—51), ging dann nach Japan, wo er bis 1954 das Nippon Philharmonic Orchestra leitete. Dann dirigierte er in Australien: 1959/60 war er Erster Dirigent am Victorian Symphonic Orchestra in Melbourne und an der Australischen Nationaloper. 1961 kehrte er nach Linz zurück. Er wirkte dort von 1966—74 als musikalischer Direktor des Bruckner-Orchesters. 1974, erneut in Japan, wurde er zum musikalischen Direktor der Fumiwara Opera in Tokio ernannt; gleichzeitig dirigierte er auch die Philharmonie von Tokio.

Wolff, Albert

* Paris 19. 1. 1884, † Paris 20. 2. 1970; französischer Dirigent, Student am Konservatorium seiner Geburtsstadt (bis 1906). An der Opéra Comique wurde er 1908 zum Chordirektor und 1911 zum Kapellmeister ernannt. 1919—21 wirkte er als Dirigent der Metropolitan Opera in New York, anschliessend ging er an die Opéra Comique nach Paris zurück, wo er 1922 Chefdirigent und 1945 Generaldirektor wurde. Außerdem leitete er 1928—34 dort die Concerts Lamoureux und danach bis 1940 die Concerts Pasdeloup, dirigierte daneben am Teatro Colón in Buenos Aires (1938 bis 1946). Seine Vorliebe galt der neueren französischen Musik.

Wood, Henry Joseph

* London 3.3.1869, † Hitchin 19. 8. 1944; englischer Dirigent, ab 1886 Schüler der Londoner Royal Academy of Music. Schon 1888, nach einer Anstellung als Organist und Chorleiter in Fulham, folgten das Dirigentendebüt bei der Clapton Music Society und ab 1889 diverse Anstellungen bei Operngesellschaften. 1895 gab er seinen Einstand als Dirigent der Promenade Concerts in der Londoner Queen's Hall. Von wenigen Ausnahmen abgesehen dirigierte er alle Konzerte dieser Reihe bis 1940. Daneben gründete er 1899 das Nottingham City Orchestra, wurde außerdem Dirigent der Wolverhampton Festival Choral Society, der Wagner Festival Concerts (1901), der Queen's Hall Orchestra Saturday Symphony Concerts (1901 bis 1902), des Sheffield Festivals (1902 bis 1911), der Symphoniekonzerte in Birmingham und des Norwich Festivals (1908). Vor allem jedoch die Promenadenkonzerte machten ihn zu einem der bedeutendsten Dirigenten Englands, weil er dem Publikum immer wieder neue Werke präsentierte (z. B. von Debussy, R. Strauss und Schönberg). Für seine Bearbeitungen und Kompositionen (Operetten, Komische Opern, Kirchenmusik und kleine Gesangsstücke) verwendete er das Pseudonym Paul Klenovsky. Nach 1918 nahm er mehrere Posten als Gastdirigent auf dem europäischen Festland und in den USA an und wurde schließlich Professor für Dirigieren und Orchesterspiel an der Royal Academy of Music. Den persönlichen Adelstitel Sir trug er seit 1911.

Wüllner, Franz

* Münster (Westfalen) 28. 1. 1832, † Braunfels (an der Lahn) 7. 9. 1902; deutscher Dirigent und Komponist, Schüler C. Arnolds und A. Schindlers, mit dem er 1848 nach Frankfurt/Main ging. Nach einem Aufenthalt in Berlin trat er dort, sowie in Brüssel, Köln, Bremen, Hannover und Leipzig als Pianist auf. In München wirkte er 1856—58 als Klavierlehrer, danach bis 1864 als Städtischer Musikdirektor in Aachen (ab 1861 auch Königlicher Musikdirektor). Anschließend wurde er Dirigent der Hofkapelle (Kirchenchor) in München, wo er ab 1867 die Chorgesangsklassen der Königlichen Musikschule leitete, Konzerte und ab 1869 an der Hofoper sowie die Akademiekonzerte dirigierte (Uraufführungen: «Die Walküre» 1869, «Rheingold» 1870). 1870 folgte die Ernennung zum 1. Hofkapellmeister, eine Stelle, die er besetzthielt, bis er 1877 Nachfolger von Rietz als Königlicher Hofkapellmeister und Künstlerischer Direktor des Konservatoriums in Dresden wurde (Direktor der Oper bis 1882). 1884 wechselte er als Konservatoriumsdirektor und Dirigent der Gürzenichkonzerte nach Köln.

Yamada, Kōsaku

* Tokio 9. Juni 1886, † Tokio 29. 12. 1965; japanischer Komponist und Dirigent, sein Studium an der Kaiserlichen Musikakademie in Tokio setzte er bei Max Bruch in Berlin fort (1908—13). Nach seiner Rückkehr nach Japan im darauffolgenden Jahr gründete er die Tokioter Philharmonie, mit dem er 1915 zum ersten Mal auftrat. 1918 dirigierte er in der Carnegie Hall in New York ein Programm aus verschiedenen japanischen Werken, einschließlich eigener. Bis 1921 trat er in den USA als Gastdirigent auf; 1930 und 1933 dirigierte er in der Sowjetunion, 1937 unternahm er eine Europa-Tournee. Leider wurden die meisten seiner Werke bei dem großen Luftangriff auf Tokio 1945 vernichtet.

Yansons, Arvid

* Leipaja 24. 10. 1914; lettischer Dirigent, nach dem Violinstudium in Riga spielte er am dortigen Opernorchester. 1944 verpflichtete ihn die Rigaer Oper als Dirigenten; 1952 wechselte er als ständiger Dirigent an die Leningrader Philharmonie. Daneben trat er als Gastdirigent in verschiedenen osteuropäischen Ländern sowie in England auf.

Zagrosek, Lothar

* Waging (Oberbayern) 13. 11. 1942; deutscher Dirigent, war zunächst Mitglied der Regensburger Domspatzen; in dieser Zeit erhielt er Unterricht in Gesang, Klavier und Musiktheorie. 1962 begann er bei Prof. Lessing in München sein Dirigierstudium, das über Prof. Dressel in Essen zu Hans Swarowsky nach Wien führte. Von 1963 bis 1966 nahm er regelmäßig an Dirigentenkursen der Sommerakademie des Mozarteums in Salzburg teil und lernte u. a. bei Karajan, Kertész und Maderna. 1963 erstes Engagement in Salzburg; 1973 Generalmusikdirektor in Solingen; 1977 in Krefeld und Mönchengladbach. Seit 1982 ist er Chefdirigent des Symphonieorchesters des Österreichischen Rundfunks und Fernsehens (ORF); er hat alle bedeutenden Orchester Europas dirigiert.

Zallinger, Meinhard von

Wien 25. 2. 1897; österreichischer Dirigent, studierte am Salzburger Mozarteum Klavier und Dirigieren; dazu an der Universität von Innsbruck Musik. Von 1920—22 dirigierte er am Mozarteum; später wurde er Mitglied der Bayerischen Staatsoper in München (1926—29) und danach der Kölner Oper (bis 1935). Anschließend kehrte er an die Bayerische Staatsoper zurück, wo er bis 1944, anschließend als GMD in Düsseldorf wirkte. 1947 wurde er Direktor des Mozarteum-Orchesters und Direktor des Salzburger Landestheaters; 1949/50 musikalischer Direktor in Graz, danach in derselben Stellung an die Wiener Volksoper (bis 1953) und an die Komische Oper in Ostberlin (1953—56) verpflichtet. Er kehrte erneut an die Bayerische Staatsoper zurück (1956—73); in der Zwischenzeit war er einige Zeit Direktor der Sommerakademie am Mozarteum (1956—68).

Zanotelli, Hans

* Wuppertal 23. 8. 1927; deutscher Dirigent italienischer Abstammung, erhielt seine musikalische Ausbildung am Kölner Konservatorium; danach dirigierte er Konzerte in Düsseldorf, Bonn und Hamburg; von 1963—1972 war er Generalmusikdirektor in Darmstadt; 1972 wurde er Chefdirigent der Stuttgarter Philharmoniker. Bis 1983 dirigierte er an der Deutschen Oper Berlin.

Zaun, Fritz

* Köln 19. 6. 1893, † Düsseldorf 17. 1. 1966; deutscher Dirigent, nach seiner Ausbildung am Kölner Konservatorium und an der Bonner und Kölner Universität war er zuerst Dirigent am Dürener Stadttheater (1919/20). Danach dirigierte er das Volksorchester in Köln (bis 1926) und war Direktor der Volksoper (1921/22); 1924 Direktor der Oper in Mönchengladbach, 1927 in Zürich. 1929 berief ihn die Kölner Oper zum Generalmusikdirektor. 1939 wurde er Chefdirigent des Städtischen Orchesters Berlin. Nach dem Krieg dirigierte er zuerst in Zagreb, wurde 1951 Direktor der Grazer Oper und 1956 Erster Dirigent an der Deutschen Oper am Rhein in Düsseldorf. Dort wirkte er als ständiger Dirigent bis 1960.

Zecchi, Carlo

* Rom 8. 7. 1903; italienischer Pianist und Dirigent, studierte in Berlin bei Artur Schnabel und Busoni Klavier. Mit 17 Jahren begann er seine Karriere als Konzertpianist, 1938 als Dirigent. Als Gastdirigent trat er in Wien, Amsterdam, London und Leningrad auf und unternahm Tourneen durch die USA, Südamerika und Japan.

Zedda, Alberto

* Mailand 2. 1. 1928; italienischer Dirigent und Musikwissenschaftler, studierte am Mailänder Konservatorium Dirigieren; sein Debut als Dirigent gab er dort 1956. Danach ging er in die USA und lehrte dort am Cincinnati College of Music (1957—59). Nach seiner Rückkehr nach Europa dirigierte er an der Deutschen Oper in Westberlin (1962/63), danach an der New Yorker City Opera. Zusammen mit Philipp Gossett gab er die Gesammelten Werke Rossinis heraus.

Zemlinsky, Alexander (von)

* Wien 4. 10. 1872, † Larchmont (New York) 16. 3. 1942; österreichischer Dirigent und Komponist polnischer Abstammung, erhielt seine musikalische Ausbildung bei Door, Krenn, R. und J. N. Fuchs in Wien. Dort wirkte er 1900 als Direktor des Karlstheaters, 1906 als 1. Kapellmeister an der Volksoper und 1908 als Kapellmeister der Hofoper. Im Jahr darauf wurde er 1. Kapellmeister des Mannheimer Hoftheaters, danach in gleicher Stellung wieder an der Wiener Volksoper. 1911 erhielt er die Ernennung zum Opernleiter des Deutschen Landestheaters in Prag, wo er ab 1920 der neueröffneten Deutschen Musikakademie vorstand. An der Berliner Kroll-Oper war er 1927—32 als Kapellmeister tätig. Nach einigen Jahren in Wien wanderte er 1938 in die USA aus. Er war Lehrer und Schwager A. Schönbergs.

Zender, Hans

Aus Protest gegen die Berufung von Hans Zender zum Generalmusikdirektor der Hamburgischen Staatsoper und der Konzerte des Philharmonischen Orchesters trat im Juni 1982 der Orchestervorstand dieses Orchesters zurück. Begründet wurde dieser Schritt in einem Schreiben an den Kultursenator Tarnowski mit der Zusammenlegung der Leitung der Staatsoper und der Konzerte. Das Orchester wünschte sich Giuseppe Sinopoli, der als Verdi-Dirigent bekannt wurde, und meinte, Sinopoli habe im Vergleich zu Zender das größere internationale Renommee. Der Verdacht liegt nahe, daß diese Gründe nur vorgeschoben waren. Die Ablehnung Hans Zenders war wohl vor allem ein Votum gegen die Neue Musik, denn Zender gilt — gegen seinen Protest — als Spezialist für Neue Musik. Der Schritt des Orchestervorstands in Hamburg zeigt zumindest das eine: Hans Zender ist, ähnlich Michael Gielen, ein unbequemer Dirigent.

Hans Zender wurde am 22. November 1936 in Wiesbaden geboren. Nach dem Abitur studierte er von 1956 bis 1959 an den Musikhochschulen in Frankfurt und Freiburg Komposition, Dirigieren und Klavier. Seine wichtigsten Lehrer waren Edith Picht-Axenfeld und Wolfgang Fortner. Außer bei Fortner studierte Zender auch bei Kurt Hessenberg in Frankfurt Komposition. Beide Komponisten, Hessenberg und Fortner, stehen für zwei stilistische Pole des Komponierens der Nachkriegszeit: Von Fortner lernte Zender Dodekaphonie und serielle Kompositionstechnik, während der Komponist Hessenberg mit seinen Werken an den Neoklassizismus und Neobarock der zwanziger Jahre anknüpft.

Hans Zender, der ein «vollständiger Musiker» sein will, vereint zwei Berufe in seiner Person: den des Komponisten und den des Dirigenten.

Als Dirigent wirkte Zender zunächst von 1959 bis 1963 als Kapellmeister an den Städtischen Bühnen in Freiburg. Über die Position des Chefdirigenten des Theaters der Stadt Bonn kam Zender 1968 als Generalmusikdirektor nach Kiel. In seinen Kieler Jahren verbesserte er die Leistungen des Philharmonischen Orchesters der Stadt so, daß es auf dem Gebiet avantgardistischer Musik einschränkungslos konkurrenzfähig wurde. Allein in seinen Kieler Jahren führte Zender 120 Kompositionen des 20. Jahrhunderts auf und richtete eine eigene Konzertreihe für Neue Musik, «Musica nova» ein. Zur Aufführung gelangten Fortners «Marginalien» ebenso wie Klaus Hubers «James Joyce Chamber Music» und Franco Donatonis «Puppenspiel». Auf der Opernbühne Kiels stellte Zender Manfred Niehaus' «Maldoror», Günther Bialas'«Aucassin und Nicolette» und Isang Yuns «Geisterliebe» zur Diskussion. Während des Kulturprogramms der XX. Olympischen Spiele dirigierte Zender neben Werken von Gilbert Amy, Georg Kröll, Franco Donatoni und Earle Brown auch ein Werk Bernd Alois Zimmermanns — alles Uraufführungen. Zimmermann war bis zu seinem Freitod im Jahre 1970 mit Hans Zender befreundet und beeinflußte dessen kompositorisches

Schaffen wesentlich. Zender pflegt jedoch als Dirigent auch das traditionelle Repertoire. In Interviews wehrt er sich immer gegen die Festlegung auf die Neue Musik. Zender bemühte sich in Kiel bei einer Aufführung des Beethovenschen Violinkonzerts in D-Dur op. 61 mit Leon Spierer um die Rekonstruktion der originalen Tempi, da das Violinkonzert Beethovens so häufig durch Verschleppung der Tempi romantisiert wird. Zender setzt sich besonders für Mahlers Sinfonik ein. In einem Aufsatz für die Zeitschrift «Melos» mit dem Titel «Eine Probewoche mit Mahlers Dritter» legte Hans Zender seine Mahler-Auffassung dar. Interessant ist der Einstieg, den er in Mahlers Musik findet. Er träumt sich in die Musik hinein. Ein Detail, ein bestimmter Übergang, die Gebärden der Musik faszinieren ihn. Ist der Kontakt mit dem Werk hergestellt, scheint der Rest Routine.
Zender gibt zu, daß am Anfang die Proben zum ersten Satz der 3. Sinfonie mühsam waren. Die riesigen Dimensionen des Satzes verstellten ihm den Blick für die Form, die Zender als ein «Ineinandergeschobensein» zweier Sätze begreift. Mit Mahler, auch er Komponist und Dirigent in einer Person, verbindet Zender noch mehr. Über die kompositorische Struktur der Werke Mahlers schreibt er: «Mir erscheint es als ein Grundfehler der meisten Mahler-Analysen, daß man mit aller Anstrengung versucht, da doch noch die Sonatenform als Background nachzuweisen. Ich behaupte, daß Mahler in allen Sinfoniesätzen antisinfonisch ist (auch wenn manche so aussehen, als seien sie Sonaten, wie die ersten Sätze der I., IV., VI. Sinfonie) — die lyrischen und statischen Elemente sind so stark, daß sie sich für das hörende Bewußtsein in den Vordergrund schieben, gegenüber allen durchführungsartigen, ‹gerichteten› Ansätzen.» Wenn Zender so schreibt, dann stellt er unbewußt die Verbindung zu seinem eigenen kompositorischen Schaffen her.
Zender bekennt sich über Mahler auch zur Affektgestaltung in der Musik:

Hans Zender versteht es, zwei Berufe gleichberechtigt auszuüben, den des Dirigenten und den des Komponisten.

«Zimmermann hat Mahler immer sehr verehrt; ich verstehe langsam, warum. Zimmermann war (außer Messiaen) einer der wenigen, die in seiner Zeit die Affekte in ihrem Werk nicht zugunsten von Systemen verkümmern ließen, daher auch die starke Wirkung seiner ‹seriell› orthodoxen Werke.»
Hans Zenders Bekenntnis zu, bei aller Beachtung des Notierten, «subjektiver Nachschöpfung» zeigt eine Umorientierung im Interpretationsstil auf. «Werktreue» betrachtete Zender als eine Illusion: «Für die Entwicklung der Interpretation bedeutet die Mahler-Renaissance das Ende des ‹Objektivismus› — jener großen Illusion der Werktreue, Unterordnung des Interpreten unter den Notentext, Rekonstruktion der Originalgestalt, die doch nichts war als eine fatale (weil unreflektierte) Spielart des Historismus. Mahlers Partituren dürften durch ihre Übergenauigkeit jeden Interpreten zu äußerster Aufmerksamkeit und Texttreue zwingen, aber der Gestus der Musik ist die größte Herausforderung zu einer subjektiven (über den Text hinausgehenden) Nachschöpfung — der man sich stellen muß. Der Interpret ist nicht eine Art von Nachlaßverwalter oder Denkmalpfleger, sondern Mitschöpfer der durch ihn interpretierten Musik.»
1972 wechselte Zender zum Radio-Sinfonieorchester Saarbrücken. Über seine Arbeit äußerte er sich in einem Interview mit der «Süddeutschen Zeitung». Er lobte die idealen Probebedingungen, fuhr aber fort: «... zum anderen ist der Rundfunk als Medium nicht gerade das, was mich begeistert. Der Funk hat für den Musiker eher auch etwas Fragwürdiges, das in der Anonymität liegt: Die Aktualität der Raum-Zeit-Empfindung wird gestört. Wir Musiker müssen doch mit einem Publikum gemeinsam Spannungen entwickeln. Aber wahrscheinlich geht das Gefühl dafür, daß eine Aufführung ein schöpferischer Akt ist, wenn sie lebendig und klug ist, immer mehr verloren. Man sollte nie fürs Mikrophon spielen, immer nur für Menschen ...» Das Verhältnis von Neuer Musik und klassischromantischem Repertoire reflektiert Zender so: «Zunächst finde ich: Damit sich ein Orchester wirklich entwickelt, muß es vor allen Dingen Klassik und Romantik spielen, das ist ganz klar. Aber um die Neue Musik möglichst fruchtbar in die Arbeit einzubeziehen, ist es wichtig, daß man genügend Probezeit hat, daß man frühzeitig probiert, damit der Musiker sich einüben und einfühlen kann. Ich bemühe mich also zum Beispiel, die Probenpläne — etwa für unsere jährliche Veranstaltung ‹Musik im 20. Jahrhundert› — über viele Wochen hin zu verteilen: Wir spielen die Stükke an, lassen sie liegen, spielen sie erneut und so weiter. Wenn man es so macht, dann kann man auch Neue und neueste Musik sinnvoll gestalten: Das Orchester und die einzelnen Musiker haben etwas davon, sie lernen dabei, ihr Qualitätsgefühl wächst von Jahr zu

Jahr und auch die Fähigkeit, die Dinge selber zu beurteilen und zu empfinden.» Zenders interpretatorische Qualitäten liegen darin, daß er seine Aufführungen von langer Hand vorbereitet, die Musiker als Partner betrachtet und kein patriarchalisch-diktatorisches Hierarchiegefühl entwickelt. In Kiel und Saarbrücken erzielte er so große Erfolge.

Die Musiker spielen, wenn sie merken, daß man sie überzeugen und nicht zwingen will, offensichtlich auch Neue Musik engagiert.

1975 leitete Zender bei den Bayreuther Festspielen den «Parsifal» und auf einer Amerikatournee mit dem Radio-Sinfonieorchester Stuttgart ein Programm, das Werke Mozarts, Schuberts, Schumanns, Haydns mit Messiaens «Offrandes» und Yuns Flötenkonzert verband.

Den Standort seines eigenen Komponierens beschreibt Zender so: «Es scheint mir im Augenblick zwei Kompositionsmöglichkeiten zu geben, einmal Stockhausens Versuch, im einzelnen musikalischen Moment ein Erlebnis zu finden und in den Kompositionen isolierte Klangereignisse statisch aneinanderzureihen; zum anderen: nach einer Kontinuität, einer Verklammerung aller musikalischen Elemente, nach einer nicht umkehrbaren formalen Entwicklung zu suchen. Hier scheint mir Ligeti mit seinen Werken am weitesten zu sein.»

Kontinuität — ein Stichwort zur Beschreibung von Zenders kompositorischer Entwicklung. Zenders Komposition der «Eichendorff-Lieder» steht, wie er freimütig zugibt, in der Webernnachfolge und versucht — nach Konold — «serielle Durchformung» mit «vokaler Kantabilität» zu verbinden. Für sein kompositorisches Gesamtwerk wurde Zender 1980 der Kunstpreis des Saarlandes verliehen. 1962/64 und 1968/69 war er «Villa Massimo»-Stipendiat in Rom.

Sein Dirigieren sieht Zender von seinen kompositorischen Erfahrungen beeinflußt: «Das Problem der ‹Großzeit› bei Richard Wagner beispielsweise, diese ungeheure Schwierigkeit, einen ganzen Akt ‹Götterdämmerung› zu gestalten,» löste sich für Hans Zender, als er einmal ein längeres Werk Karlheinz Stockhausens aufführte. «Ich glaube, daß den Interpreten, der sich allein auf alte Musik spezialisiert, ungeheuer viel verlorengeht, nicht nur von Neuer Musik, sondern vor allem, besser gesagt, von neuen Möglichkeiten, die alte Musik zu hören und zu verstehen.»

Zender bekennt sich zur Synthese von neuer und traditioneller Musik, von Komponieren und Dirigieren: «Ich glaube an einen Scheinfortschritt, und die ganze Avantgarde war vielleicht nur eine Scheinbewegung. Aber nach dem Zerfall der Tonalität, der großen Bindungen klassischer Tradition, der regelmäßigen Metrik, der Formen und der Sprache, war es wohl notwendig, diese Entdeckungen zu machen, die letztlich Erfolge menschlicher Wahrnehmungen sind. Der wahre Fortschritt liegt meines Erachtens in der Differenzierung unseres Hörens, da hat sich vieles entwickelt. Aber die Musik selber — das ist ein schicksalhaftes Weitergehen mit vielen Wechselbeziehungen. Ich habe das Gefühl, daß heute das Bedürfnis besteht, vieles zusammenzufassen. Einer der ersten, der das erkannte, war Bernd Alois Zimmermann.»

Zender verfolgt zur Zeit sein bisher ambitioniertestes Kompositionsprojekt: Er schreibt für Frankfurt eine Oper nach Motiven von James Joyce. Nach dem Ausscheiden von Kurt Horres als Intendant der Hamburger Staatsoper im Februar 1985 wird Hans Zender auch weiterhin die hanseatische Oper musikalisch als Generalmusikdirektor führen. *RF*

Zender tritt besonders für B. A. Zimmermanns Oper «Die Soldaten» ein. 1986 wird seine eigene Oper «Stephen Climax» uraufgeführt.

Zillig, Winfried

*Würzburg 1.4.1905, †Hamburg 17.12. 1963; deutscher Dirigent und Komponist, studierte in Wien und Berlin bei Schönberg. Von 1928—43 dirigierte er in Oldenburg, Düsseldorf und Essen Oper. Nach dem Krieg war er bis 1951 Dirigent am Hessischen Rundfunk; von 1959—63 Direktor am Norddeutschen Rundfunk in Hamburg.

Zinman, David

* New York 9. 7. 1936; amerikanischer Dirigent, nach seinem Studium am Oberlin Konservatorium und an der University of Minnesota studierte er Dirigieren am Berkshire Music Center in Tanglewood und bei Pierre Monteux in Maine. Nach einem erfolgreichen Auftritt als Gastdirigent beim Niederländischen Kammerorchester dirigierte er dort von 1965—77. 1972 berief ihn die Philharmonie von Rochester als musikalischen Berater, 1974 wurde er musikalischer Direktor. Von 1977—82 wirkte er als Chefdirigent der Philharmonie von Rotterdam. 1983 verpflichtete ihn das Baltimore Symphony Orchestra als Ersten Gastdirigenten. Daneben gab er Gastspiele beim Philadelphia Orchestra, beim Chicago Symphony Orchestra, bei den Los Angeles Philharmonikern, den Bostoner Symphonikern und den New Yorker Philharmonikern.

Zweig, Fritz

*Olmütz 8.9.1893, †Los Angeles 28. 2. 1984; in Böhmen geborener amerikanischer Dirigent, studierte mit Schönberg Musiktheorie in Wien. 1913 wurde er Chorleiter am Mannheimer Nationaltheater; 1919 assistierender Dirigent in Barmen-Elberfeld; 1923 Dirigent an der Volksoper in Berlin; 1927 gehörte er zu den Dirigenten an der Städtischen Oper in Berlin. 1933 emigrierte Zweig nach Prag, wo er von 1934—1938 an der Deutschen Oper dirigierte. Als auch die Tschechoslowakei und Prag von den Nationalsozialisten eingenommen wird, geht er nach Paris; 1940 emigriert er nach Amerika; in Hollywood läßt er sich als Privatmusiklehrer nieder.

Mit geschliffener Feder — Dirigenten über das Dirigieren

Ausgewählt und vorgestellt von Joachim Wormsbächer

Nicht jeder Dirigent fühlt sich zum Schreiben berufen, nicht jeden drängt es, Gedanken, die seine Tätigkeit und berufliche Erfahrung betreffen, zu beschreiben. Dennoch birgt die Musikgeschichte bis in die jüngste Vergangenheit eine Fülle von Selbstzeugnissen großer Dirigenten, zu deren Exponenten etwa Wilhelm Furtwängler, Hermann Scherchen, Fritz Busch, Bruno Walter und Leonard Bernstein gezählt werden können; auch Komponisten-Dirigenten wie Hector Berlioz und Richard Wagner meldeten sich zum Thema »Dirigieren« zu Wort.
Es gibt eine beträchtliche Anzahl von Äußerungen, die vollständig zu zitieren den Rahmen dieses Buches sprengen würde. Es soll daher keineswegs um eine lückenlose Dokumentation dessen gehen, was dirigierende Persönlichkeiten über ihr Metier verlautbart haben, viel eher soll dieses Kapitel die zentralen Aspekte des Dirigierens aus dem Blickwinkel des Dirigenten erhellen, Grundsätzliches zur Kunst der Stabführung, wobei der zur Sprödigkeit neigende Stoff der eigentlichen Schlagtechnik weitgehend ausgeklammert wurde. Das Lernen der Partitur, Auswendigdirigieren, Probenarbeit und Gedanken zum Interpretieren bilden das thematische Spektrum dieser Sammlung.
Die hier zitierten Äußerungen sind durchaus zum kritischen Lesen bestimmt; inhaltliche Konsonanzen finden sich zu einem Thema ebenso wie unvermittelt Dissonierendes.

Zur Kunst des Dirigierens

Über welche Eigenschaften sollte ein Dirigent verfügen? Was ist in der Dirigierkunst erlernbar — und was nicht? Worin liegen die Möglichkeiten des Dirigenten, durch den Schlag den Ton zu beeinflussen?
Johann Mattheson schrieb im Jahre 1739 als einer der ersten über die Problematik des «Regierens einer Musik»; manche seiner Erkenntnisse sind — obwohl sich das Bild des Dirigenten im Laufe der Jahrhunderte erheblich verändert hat — von bleibender Aktualität.

«Von der Regierung, An-, Auf- und Ausführung einer Musik.
Dieses ist eine wichtige Sache, und einer tüchtigen, nachdencklichen Untersuchung um so viel mehr werth, weil noch niemand etwas rechtes davon geschrieben, oder auch nur auf eine solche Weise erinnert hat, daß man einen deutlichen Begriff de Directione & Executione haben könte. ...
Die Führung des Tacts ist gleichsam die Hauptverrichtung des Regierers einer Musik bey deren Bewerckstelligung. Solche Tactführung muß nicht nur genau beobachtet werden; sondern, nachdem es die Umstände erfor-

dern, wenn etwa von einem künstlichen Sänger eine geschickte Manier gemacht wird, kan und soll der Director mit der Bewegung eine kleine Ausnahme machen, die Zeitmaasse verzögern, nachgeben; oder auch, in Betracht einer gewissen Gemüths-Neigung, und andrer Ursachen halber, den Tact in etwas beschleunigen und stärcker treiben, als vorhin. ...
Einen Cantorem zu finden, der nicht singen kan, dürffte wol nicht viel Suchens erfordern; ob gleich mancher einen förmlichen Wiederspruch darin antreffen mögte. Indessen sind doch Exempel am Tage, und ist mirs leid, unter die besondern Eigenschafften eines Musik-Regentens ausdrücklich mit zu rechnen, daß er singen, und zwar daß er recht gut singen müsse: zu dem Ende, daß er andre unterrichten, ausforschen und zeigen könne, wie er seine Sachen gerne wolle herausgebracht und aufgeführet wissen. ... Ist nun die Stimme nicht vortrefflich, wenn nur der Geschmack, die Manier oder die Methode da sind.
In eben dem Ausführungs-Verstande soll ein Capellmeister, nächst dem Singen, billig das Clavier spielen können, und zwar recht gründlich, weil er damit bey der Vollziehung alles andre am besten begleiten, und auch zugleich regieren kan. Ich bin allzeit besser dabey gefahren, wenn ich sowol mitgespielt, als mitgesungen habe, als wenn ich bloß des Tacts wegen nur da gestanden bin. Der Chor wird durch solches Mitspielen sehr ermuntert, und man kan die Leute viel besser anfrischen.»

Johann Mattheson, 1739[1]

Glücklicherweise nur eine Ausnahme ...

«Die Musik scheint die anspruchsvollste aller Künste zu sein, die schwierigste, was ihre Ausübung betrifft, ja diejenige Kunst, deren Schöpfungen ganz ungemein selten der Öffentlichkeit unter denjenigen Bedingungen vorgeführt werden, die eine Schätzung ihres wahren Wertes, ein klares Erkennen ihrer geistigen Züge sowie ihres innersten Gehalts und Charakters gestatten.
Von allen schaffenden Künstlern ist tatsächlich der Komponist fast der einzige, der von einer ganzen Schar von Leuten, die zwischen ihm und dem Publikum vermitteln, abhängig erscheint; von Vermittlern, die klug oder dumm, freundlich oder feindlich gesinnt, fleißig oder faul sind, von Leuten, die in alle Ewigkeit zum Ruhme seines Werkes ihren Teil beitragen können, es aber auch zu entstellen, zu verzerren, ja vollständig zu zerstören vermögen.
Man hat den Sängern oft vorgeworfen, daß sie die gefährlichsten dieser vermittelnden Faktoren seien, doch mit Unrecht, wie ich glaube. Ein schlechter Sänger kann nur seine eigene Partie verderben, ein unfähiger oder böswilliger Dirigent dagegen alles. Glücklich muß sich schließlich der Komponist schätzen, wenn der Dirigent, in dessen Hände er fiel, nicht gleichzeitig unfähig und böswillig ist: denn nichts kann dem verderblichen Einflusse eines solchen Menschen widerstehen. Das vorzüglichste Orchester ist dann wie gelähmt, die hervorragendsten Sänger sind gehemmt und abgespannt; keine Spur mehr von feuriger und exakter Wiedergabe. Unter einer solchen Leitung werden die feinsten musikalischen Kühnheiten des Komponisten zu Wunderlichkeiten, der Begeisterung wird der Lebensnerv entzogen, die Inspiration stürzt jäh zur Erde nieder, dem Engel werden die Flügel beschnitten, aus dem Genie wird ein Sonderling oder ein Verrückter, die göttliche Statue wird von ihrem Sockel gestürzt und in den Staub gezerrt. Was aber das Schlimmste ist, die Öffentlichkeit und die Zuhörer,

mögen sie in musikalischer Hinsicht auch noch so hochgebildet sein, sind außerstande, bei der Erstaufführung eines neuen Werkes die Verheerungen, Dummheiten, Fehler und künstlerischen Sünden zu entdecken, die solch ein Dirigent auf dem Gewissen hat.
Bemerkt man auch ganz klar einige Mängel in der Wiedergabe des Werkes, so macht man doch in einem solchen Falle nicht ihn, sondern seine Opfer dafür verantwortlich. Versäumte er den Einsatz des Chors im Finale, ließ er eine Entgleisung zwischen Chor und Orchester oder den beiden voneinander entferntesten Instrumentalgruppen sich ruhig festsetzen, überstürzte er in toller Weise das Tempo oder verschleppte er es ungebührlich, unterbrach er einen Sänger vor dem Schlusse einer Phrase, so heißt's: Die Chöre sind abscheulich, das Orchester spielt unsicher, die Violinen zerstören die musikalische Zeichnung, jedermann ließ es an Verve fehlen, der Tenor kam heraus, hatte seine Partie ungenügend einstudiert, die Harmonie ist unklar, der Komponist versteht nichts von der Kunst, die Singstimme zu begleiten, usw. usw.
Nur bei der Aufführung bereits allgemein bekannter und in der Wiedergabe feststehender Meisterwerke vermag der intelligente Teil des Publikums den wahren Schuldigen zu entdecken und seinen Tadel für jeden abzuwägen, jedoch ist die Zahl solcher Leute noch so gering, daß ihr Urteil nur wenig ins Gewicht fällt. So bleibt denn der schlechte Dirigent in Anwesenheit eines Publikums, das einen tüchtigen Sänger bei einem Gedächtnisfehler unbarmherzig niederzischen würde, bei aller seiner Elendigkeit und Albernheit glorreicher Sieger, seelenruhig trotz seines schlechten Gewissens.
Glücklicherweise spreche ich hier von einer Ausnahme. Die Spezies des fähigen oder unfähigen, aber böswilligen Dirigenten kommt äußerst selten vor.
Der Dirigent, der den besten Willen, aber ungenügendes Können zeigt, ist dagegen ungemein häufig anzutreffen. Ohne von jenen zahllosen mittelmäßigen Taktschlägern zu reden, die ihre Direktionskunst über Künstler ausüben, die ihnen sehr oft überlegen sind, so kann ein Komponist z. B. nun doch nicht einer Verschwörung gegen sein eigenes Werk angeklagt werden; wie manche aber gibt's unter ihnen, die da glauben, sie könnten dirigieren, und doch unfreiwillig ihre schönsten Partituren verpfuschen. ...
Der Dirigent muß sehen und hören können (Beethoven!); er muß geistesgegenwärtig und energisch beanlagt sein. Er muß in der Kompositionslehre bewandert sein, die klangliche Natur, den Umfang der Instrumente kennen. Er muß Partitur zu lesen verstehen und, ganz abgesehen von der besonderen Direktionsbegabung, ... auch andere, fast unerklärbare Gaben besitzen, ohne die jenes unsichtbare Band zwischen ihm und seinen Untergebenen nicht geknüpft werden kann; fehlen sie ihm, so besitzt er auch nicht die Fähigkeit, diesen seine Auffassung aufzuzwingen, und dann mangelt es ihm völlig an Macht, Herrschaft und Sicherheit im Dirigieren. Ein solcher Mann ist nicht mehr ein Oberhaupt, ein Führer, sondern ein bloßer Taktschläger, vorausgesetzt, daß er schließlich den Takt richtig zu schlagen und einzuteilen versteht. ...»

Hector Berlioz, 1864[2]

Grammatik, Arithmetik und Gymnastik

«Nur die richtige Erfassung des Melos' giebt aber auch das richtige Zeitmaaß an: beide sind unzertrennlich; eines bedingt das andere. Und wenn ich hiermit mich nicht scheue, mein Urtheil über die allermeisten Aufführungen der klassischen Instrumentalwerke bei uns dahin auszusprechen, daß ich sie in einem bedenklichen Grade für ungenügend halte, so gedenke ich dieß durch den Hinweis darauf zu erhärten, daß unsere Dirigenten vom richtigen Tempo aus dem Grunde nichts wissen, weil sie nichts vom Gesange verstehen. Mir ist noch kein deutscher Kapellmeister oder sonstiger Musikdirigent vorgekommen, der, sei es mit guter oder schlechter Stimme, eine Melodie wirklich hätte singen können; wogegen die Musik für sie ein sonderlich abstraktes Ding, etwas zwischen Grammatik, Arithmetik und Gymnastik Schwebendes ist, von welchen sehr wohl zu begreifen ist, der darin Unterrichtete zu einem rechten Lehrer an einem Konservatorium oder einer musikalischen Turnanstalt taugt, dagegen nicht verstanden werden kann, wie dieser einer musikalischen Aufführung Leben und Seele zu verleihen vermöchte. . . .
Will man Alles zusammenfassen, worauf es für die richtige Aufführung eines Tonstückes von Seiten des Dirigenten ankommt, so ist dieß darin enthalten, daß er immer das richtige Tempo angebe; denn die Wahl und Bestimmung desselben läßt uns sofort erkennen, ob der Dirigent das Tonstück verstanden hat oder nicht. . . .»

Richard Wagner, 1869[3]

Läuterung künstlerischen Empfindens

«Der Dirigent sei vor allem wahrhaftig gegen das Werk, welches er aufführen will, gegen sich selbst und gegen das Publikum. — Er denke nicht, sowie er eine Partitur zur Hand nimmt: «Was kann ich aus dem Werk machen?», sondern: «Was hat der Schöpfer damit sagen wollen?»
Er studiere dasselbe so gründlich, daß ihm die Partitur während der Aufführung nur mehr eine Stütze seines Gedächtnisses, aber keine Fessel seiner Gedanken ist.
Hat er durch das Studium eines Werkes sich ein Bild desselben gewonnen, so gebe er dieses Bild einheitlich, nicht zerstückelt wieder.
Er halte sich stets gegenwärtig, daß er die wichtigste, verantwortungsreichste Persönlichkeit im Musikleben ist. Durch gute, stylvolle Aufführungen kann er das Publikum bilden und eine allgemeine Läuterung des künstlerischen Empfindens herbeiführen, durch schlechte, nur seiner Eitelkeit fröhnende, aber den Boden für echte Kunstausübung untauglich machen.
Ein schönes Werk schön aufgeführt zu haben, sei sein größter Triumph, der berechtigte Erfolg des Komponisten sein eigener.»

Felix Weingartner, 1896[4]

Die Verantwortung des nachschaffenden Musikers

«Das Geschehen der Musik ist das Leben dieser Kunst, der verwehende Klang die einzige Wirklichkeit ihrer Werke. Korrektur ist nur möglich durch vorbeugendes Erkennen, der nicht vermiedene Fehler wird Gestalt des Werkes. Der (Dirigier-)Unterricht muß also die Geistesgegenwart entwickeln, die Fähigkeit des Schülers zu beaufsichtigender Vorschau. Fehler,

Ungenauigkeiten, Schwächen der Ausführung müssen dirigierend vorhergesehen und unterbunden werden.
Die bisherige Praxis setzte voraus, daß dieser wichtigste Teil des Dirigierens nur als Folge ausgedehnter Tätigkeit zu erlernen sei. Dieser im höchsten Maße antikünstlerischen Meinung verband sich belustigenderweise eine Art Gottesgnadentum, das das Dirigieren mit Vorliebe zum Himmelsgeschenk abstempelte: ‹Dirigieren läßt sich nicht erlernen, entweder man ist dazu geboren oder erlernt es nie.› Was niemand erlernen kann, ist die Kraft der Persönlichkeit, das künstlerische Vermögen, das die Natur uns schenkt. Ferner gibt es besondere Voraussetzungen, die den einen zum Sänger, den anderen zum Instrumentalisten, einen dritten zum Dirigenten prädestinieren. Alle Ausübung des Berufes aber ist technischer Art, und diese Technik muß wie jede andere erlernbar sein. Die Orchester sollten das Spiel verweigern, wenn Dirigenten an ihnen das Dirigieren erlernen wollen. Der Instrumentalvirtuose, der mit unfertiger Technik Kunstwerke vorführt, ist eine Unmöglichkeit; das aber war bis heute eine unvermeidliche Erscheinung in der Entwicklung und Praxis der Dirigenten.»

Hermann Scherchen, 1929[5]

«. . . Warum klingt ein und dasselbe Orchester unter dem einen voll, rund und ausgeglichen und unter dem anderen scharf, hart und eckig? Warum spielt es — auch eine entscheidende Qualität, wenn es erfordert wird — unter dem einen legato, unter dem anderen nicht? Ist es nicht geradezu oft, als ob der rein klangliche Unterschied ein und desselben Orchesters unter zwei verschiedenen Kapellmeistern kaum geringer sei, als der zweier verschiedener Geiger oder gar zweier verschiedener Sänger? Es gibt Dirigenten, unter denen die kleinste Dorfkapelle spielt, als seien sie die Wiener Philharmoniker, und es gibt solche, unter denen selbst die Wiener Philharmoniker klingen wie eine Dorfkapelle.
Man hat sich gewöhnt, in solchen Fällen von ‹Suggestion›, ‹Macht der Persönlichkeit› usw. zu reden. Das ist alles Unsinn; keine Macht der Persönlichkeit vermag es zu bewirken, daß die minutiösesten Phrasen bei einem Dirigenten — dasselbe Tempo, dieselben gesamtinterpretatorischen Absichten vorausgesetzt — gesungen, abgerundet, gegliedert herauskommen, beim anderen stockig und holzig, wenn sie überhaupt zu hören sind. Wie lange habe ich als junger Kapellmeister, der anfing wie andere junge Dirigenten auch, gebraucht, um dahinterzukommen, warum unter den einfachen Schlägen Arthur Nikischs jedes Orchester so verändert klang, warum hier sofort die Bläser ohne die üblichen übertriebenen sforzati, die Streicher mit klingendem legato, das Blech mit natürlicher Einbettung in die übrigen Instrumente spielten und der Gesamtklang des Orchesters eine Wärme erhielt, die er bei anderen Dirigenten nicht hatte. Ich lernte begreifen, daß dieser schöne Zusammenklang unter Nikisch kein Zufall war; daß dies Phänomen, um es genauer zu sagen, an der Art lag, wie Nikisch in den ‹Klang› hineinschlug. Daß es also nicht eine Folge seiner Persönlichkeit, seiner ‹Suggestion› — so etwas gibt es bei nüchternen Berufsmusikern nicht —, sondern seine ‹Technik› war. Die Technik des Dirigenten hängt natürlich insofern mit der Person zusammen, als sie durch das Ausdrucksbedürfnis des Menschen mitgebildet wird. Einem Strawinsky etwa schwebt ein anderer Orchesterklang vor als einem Richard Strauss; unwillkürlich wird auch seine Dirigiertechnik dem Rechnung tragen. Im übrigen gibt es heute eine Technik des Dirigenten, die in Büchern gelehrt und

allenthalben ausgeübt wird, eine standardisierte Technik gleichsam, die einen standardisierten Orchesterklang hervorbringt. Es ist die Technik der Routine, deren Endzweck die Erreichung eines präzisen Zusammenspiels ist. Es wird hier etwas, das selbstverständliche Voraussetzung jeder Orchesterführung sein sollte, sozusagen zum End- und Selbstzweck gemacht. Den Anforderungen der Musik wird diese Art Technik niemals wirklich völlig gerecht. Etwas Summarisches, Mechanisches wird ihr immer anhaften; die Masse, der ‹Apparat› lastet auf dem Geist und erstickt ihn. Tolstoi sagte bekanntlich: 95 Prozent aller Kunstbetätigung ist Routine, ist erlernbar; auf sie kommt es nicht an. Worauf es ankommt, sind einzig und allein die letzten 5 Prozent.

... Die Frage der ‹Technik› des Dirigenten heißt also in Kürze: Wie mache ich es, daß ein Orchester nicht nur rhythmisch präzis zusammenspielt, sondern auch singt, singt mit all jener Freiheit, die zur Verwirklichung jeder lebendigen Gesangsphrase gehört? Mechanisch-rhythmische Präzision und Freiheit des Singens — anscheinend unvereinbare Gegensätze —, wie sollen sie vereint werden? Oder umgekehrt: Wie bringe ich ein Orchester, das singt — mit all jenen zahllosen, durch Proben niemals festzulegenden rhythmischen Eigenwilligkeiten, die allem echten Singen eigen sind —, dazu, bis in alle Einzelheiten hinein rhythmisch präzis zusammenzuspielen? Hier haben wir den Grund der Wirkung des Dirigierens Arthur Nikischs, von der ich mich selber noch überzeugen konnte. Nikisch vermochte es eben, ein Orchester singen zu machen. Dies, darüber möge man sich klar sein, ist etwas höchst Seltenes. Denn mit diesem ‹Singen› sind ja nicht nur die relativ einfachen Stellen gemeint, wo tatsächlich die Musik in leicht übersichtlichen breiten Melodien dahinströmt, sondern jene unendlich vielfältigen Bildungen, wie sie vor allem in der klassischen Literatur vorkommen, wo die Gesangslinie, das ‹Melos› (wie Wagner es nannte), zwar immer vorhanden, aber beständig bis in Bruchstücke einzelner Takte hinein den Ort, die Lage, die Stimme wechselt. Es ist deshalb für das Verständnis des jeweiligen Werkes nicht weniger wichtig, aber allerdings in seinen tausend Verkleidungen schwerer zu erkennen.

Die dem Rhythmus, dem Punkt entsprechende Bewegung ist naturgemäß selbst rhythmisch, selbst gleichsam ein Punkt, mit höchster Präzision gekennzeichnet. Nun ist aber — und das ist das praktische Problem allen Dirigierens — dieser Punkt, diese Präzision in einem Orchester nicht zu erzielen, wenn man einen ebensolchen Punkt in die Luft macht. Denn was ein Kollektiv, eine Menge von Menschen veranlaßt, zur gleichen Zeit einzusetzen, bedarf optisch einer gewissen Vorbereitung. Nicht der Moment des Niederschlags selbst, nicht die Genauigkeit und Schärfe, mit der dieser Niederschlag gegeben wird, ist ausschlaggebend für die im Orchester erzielte Präzision, sondern die Vorbereitung, die der Dirigent diesem Niederschlag gibt. Daß der Niederschlag selbst kurz und genau ist, hat höchstens eine Wirkung auf die folgenden Niederschläge, indem es den schwingenden Gesamtrhythmus markiert, ist aber für den ersten Ton, dem dieser Niederschlag eigentlich gilt, bedeutungslos. Das wissen alle die, die nur in Punkten, das ist mit scharfem Niederschlag, dirigieren — es sind 90 Prozent aller Dirigenten — nicht. Der scharfe Niederschlag hat zweifellos seine Nachteile. Er bedeutet eine Festlegung der Bewegung auf einen Punkt, die dem lebendigen Fluß der Musik gegenüber eine Reduktion der Ausdrucksmöglichkeit mit sich bringt. Ein Punkt bleibt immer ein Punkt; es ist selbstverständlich, daß ein Orchester, das in Punkten dirigiert wird,

d. h., alles rein Rhythmische wird mit der erforderlichen Genauigkeit gebracht, alles Melodische aber, alles, was zwischen den einzelnen Schlägen liegt . . ., wird davon nicht beeinflußt. Es ist für eine solche Interpretation dann charakteristisch — und dies ist heutzutage der häufigste Fall —, daß zwar der Rhythmus, der Takt zu seinem Rechte kommen, nicht aber die Musik . . .»

Wilhelm Furtwängler, 1937[6]

Magie des Moments

«. . . Es handelt sich um das tiefere Geheimnis des Dirigierens, das sich kaum bestimmen läßt. Es ist jene rätselhafte Verbundenheit von Dirigent und Orchester, die sich in dem entscheidenden Bruchteil jeder Sekunde neu bewähren muß. Wie soll ich Ihnen die Magie des Moments beschreiben, mit dem ein Musikstück beginnt? Nur einen einzigen flüchtigen Augenblick hat der Dirigent das Gefühl, daß genau jetzt der Einsatz kommen muß. Wenn nämlich die Musiker sich bereit gemacht und gesammelt haben und die Erwartung von ihnen Besitz ergreift; wenn der Dirigent seinen Willen und alle seine Kräfte auf die Musik, die er dirigieren soll, konzentriert hat; wenn das Publikum still geworden ist. Kein Programmheft raschelt mehr, die Musiker haben die Instrumente angesetzt — und jetzt kommt der Einsatz. Eine Sekunde später wäre es bereits zu spät. Der Zauber wäre verflogen.

Die psychologisch richtige Zeiteinteilung ist bei der ganzen musikalischen Wiedergabe im Spiel. Der bedeutende Dirigent muß deshalb ein äußerst sensibles Zeitempfinden haben, so daß er die Noten genau in der richtigen Weise und im richtigen Moment einander folgen läßt. Denn die Musik . . . spielt sich im Medium der Zeit ab. Diese selbst muß eingeteilt, geformt und umgeformt werden, bis sie wie eine Plastik Umfang und Gestalt annimmt. Das ist der schwierigste Teil der Aufgabe, denn eine Symphonie ist gerade keine Statue, die man mit einem Blick in Gänze erfassen und nach Wunsch Teil für Teil in Ruhe betrachten kann. Die Musik steht unter dem Gesetz der Zeit. Jeder Ton ist vorbei, sobald er gespielt wurde. Es gibt nur einen, den richtigen Augenblick, in dem er erklingt.

So ist der Dirigent eigentlich ein Bildhauer, der nicht mit Marmor, sondern mit Zeit arbeitet. Um diese zu formen, bedarf es eines ausgeprägten Gefühls für Proportion und Beziehungen. Er muß den Atem und die Sprache des Gesamtwerkes verstehen, er muß sich die Form eines Stückes aneignen, aber Form nicht nur als äußere Gestalt, sondern in ihrem tiefsten Sinn, er muß wissen und zum Ausdruck bringen, wann die Musik den Charakter der Gespanntheit oder Gelöstheit annimmt, an welcher Stelle ihre Spannung den Höhepunkt erreicht, wo sie nachläßt, um für einen neuen Ansatz Kraft zu sammeln, und wo diese gesammelte Kraft wieder in Erscheinung treten muß.

Das gehört zum ungreifbaren Wesen des Dirigierens, zu den Geheimnissen, die der Dirigent auf keine Weise lernen kann. Wenn er eine natürliche Begabung für diese tieferen Zusammenhänge mitbringt, so wird sie mit seiner eigenen Entwicklung wachsen und reifen. Hat er diese Begabung nicht, so wird er stets nur ein recht guter Dirigent bleiben. Aber selbst dann muß er noch über eine Fähigkeit verfügen, ohne die die ganze Technik, das Wissen und das musikalische Verständnis nutzlos wären. Es ist das Vermögen, seine Auffassung von der Musik dem Orchester mitzuteilen — durch den Gebrauch seiner Arme und Hände, den Ausdruck seines Gesichts und seiner Augen und kurzum aller seiner Bewegungen, Gestik und Mimik....

Die Verständigung mit dem Orchester hängt also von einer Technik körperlicher Bewegungen ab. Es ist Ihnen bekannt, daß bestimmte Gefühle physische Reflexe in uns hervorrufen. Wenn wir uns freuen, geraten gewisse Muskeln um den Mund unwillkürlich in Bewegung, so daß wir lachen. Nicht anders ist es mit dem Dirigieren. Die Musik ruft Empfindungen in uns hervor, die zu gewissen Reaktionen der Muskeln führen. Diese werden dem Orchester durch den Dirigenten übermittelt und können ihrerseits in den Musikern die ursprünglichen Empfindungen wieder erwecken.

Für diese Technik der Mitteilung ist die Vorbereitung am wichtigsten. Das Orchester muß seine Anweisungen im voraus erhalten. Wenn der Musiker die Note spielt, ist es schon zu spät. Deshalb muß der Dirigent dem Orchester stets ein oder zwei Schläge voraus sein. Er muß also gleichzeitig zwei Dinge hören, nämlich was die Musiker in diesem Moment tun und was sie im nächsten tun sollen. Die eigentliche Kunst liegt also in der Auftakt-Bewegung des Taktstockes.... Es ist so wie beim Atmen. Das Einatmen ist die Vorbereitung und die Musik das Ausatmen. ... Wenn der Dirigent im Rhythmus der Musik zu atmen gelernt hat, hat er es in der Technik des Dirigierens weit gebracht.» *Leonard Bernstein, 1959*[7]

Die Geste kann nicht lügen

«Die Fähigkeit, in einer Gebärde eine innere Bewegung auszudrücken, ist die erste Bedingung für einen Orchesterdirigenten. Daher lernt der Italiener, der bekanntlich mit den Händen spricht, die Kunst des Dirigierens mit Leichtigkeit. Es ist eine notwendige, aber ungenügende Bedingung; andere Bedingungen sind erforderlich, die diese Geste nicht berühren. Die Ästhetik, der diese Geste sich zu unterziehen hat, ... bedeutet nicht viel. Ihre erste Tugend besteht darin, wahr zu sein, also organisch. Sie kann übrigens nicht lügen, und welch einen Glanz der Dirigent ihr auch verleiht, seine Geste verrät, was er ist. Die Mischung der formellen Forderung und des inneren Impulses weist auf die verschiedenen Charakteranlagen des Dirigenten hin.» *Ernest Ansermet, 1965*[8]

Der Dirigent — eine Sehenswürdigkeit?

«Wir wollen nie vergessen, daß wir Diener der Musik sind. Wie kann man nur von Dirigenten sprechen, die mehr oder weniger ‹sehenswert› sind? Der Dirigent ist nicht dazu da, dem Publikum ein Schauspiel zu bieten. Ein Dirigent, der diesen Namen verdient, ist viel zu sehr beschäftigt, das wiederzugeben, was er fühlt, als daß er sich um den Eindruck kümmern könnte, den sein Profil oder sein Gebaren auf die hinter ihm Sitzenden macht. Er muß immer genau wissen, was er tut, damit die Musiker ihrerseits genau wissen, was sie zu tun haben.» *Charles Munch*[9]

Die Kraft der Suggestion

«Was jedoch über Musikalität und Technik hinaus vom Dirigenten wie von keinem anderen Musiker noch gefordert wird, ist eine Fähigkeit, die angeboren sein muß, denn sie wird auf keiner Akademie gelehrt und ist

wohl auch nicht erlernbar (und wie viele scheitern übrigens, gerade weil ihnen diese Fähigkeit abgeht). Ich möchte es eine Art Suggestionskraft nennen, die es überhaupt erst möglich macht, musikalische Intentionen zu übertragen auf ein lebendiges und so kompliziertes Instrument, wie es ein Orchester darstellt. Dieses Instrument setzt sich aus einer nicht geringen Zahl von Menschen, besser gesagt von Individuen zusammen, die alle mehr oder weniger musikalisches Empfinden mitbringen und alle ihr Instrument mehr oder weniger gut beherrschen.
Unter der Fähigkeit der Übertragung verstehe ich eine Suggestionskraft, die primär auf das Orchester wirkt, nicht auf das Publikum, und die aus dem Orchester ein Ganzes macht, einen musizierenden Klangkörper. Es ist eine Kraft, die bei geringstmöglichem äußerem Aufwand wirksam sein kann — im Gegensatz zu jener total mißverstandenen, aber vielfach praktizierten, bei der unter ungeheurem Aufwand an Choreographie dem Publikum optisch Erstaunliches suggeriert wird, was leider in keinerlei Zusammenhang steht mit den musikalischen Resultaten, die aus dem Orchester kommen. In diesem Fall handelt es sich nicht mehr um Musizieren, sondern in meinen Augen um einen höchst peinlichen Akt der Selbstdarstellung, ja der Selbstbeweihräucherung, der mir persönlich zuwider ist.»

Rudolf Kempe, 1975[10]

Aufmerksamkeit wachhalten

«Die Kunst des Dirigierens liegt meiner Ansicht nach in der Suggestionskraft, die der Dirigent sowohl auf das Orchester wie auf das Publikum ausübt. Ein Dirigent muß die Aufmerksamkeit wachhalten können. Er muß die Spieler mit den Augen und den Bewegungen seiner Hand oder seines Taktstockes führen können. Durch diese Suggestionskraft kann das Niveau eines mittelmäßigen Orchesters beträchtlich gehoben werden.»

Otto Klemperer[11]

Besser nicht schwimmen

«Die Bewegungen eines Dirigenten kommen aus der Musik. Musik leitet sie. Mit der Zeit lernt man gewisse technische Voraussetzungen. Durch harte, bittere Erfahrungen. Indem man nämlich feststellt, daß es meistens nicht das Orchester ist, wenn etwas nicht klappt, sondern daß man selbst daran schuld hat. Ein gutes professionelles Orchester reagiert schnell und ganz präzise auf die Anweisungen, wenn man deutlich dirigiert. Aber wenn man schwimmt, sei es mit den Händen oder dem Gehirn, dann dauert es lange, und es gibt Streitereien.» *Sir Georg Solti, 1976*[12]

Leichtigkeit des Handwerks

«Ich glaube, die Persönlichkeit des Dirigenten ist das A und O. Wissen Sie, ein absolutes Gehör kann jeder haben, und auch die Stücke kennt jeder, und einen musikalischen Standpunkt hat in gewisser Weise auch jeder — jeder findet irgendwie einiges gut und einiges schlecht. Aber die menschliche und künstlerische Persönlichkeit, die Verbindung von starker seelisch-geistiger und musikalischer Potenz, die schließlich läßt einen Musiker zum Dirigenten werden.
Das gerade ist auch der Reiz dieses Berufes, daß man nicht verflucht ist, sich ein Leben lang technisch zu perfektionieren. Als Pianist zum Beispiel oder als Solist überhaupt muß man stets technisch auf dem laufenden blei-

ben, man muß einen großen Teil seiner Zeit der ständigen Vervollkommnung der Technik widmen. Daher haben wir leider Gottes viel mehr oberflächliche Solisten als früher. Sie müssen großen Wert auf ein Gebiet legen, das eigentlich für ihre musikalische Entwicklung gar nicht so wesentlich ist. Der Dirigent dagegen kann sich qua, man muß wirklich sagen, ‹Leichtigkeit des Handwerks› — denn zu dirigieren ist technisch kein Problem — er kann sich weitgehend auf die Musik konzentrieren, während bei den Solisten ein Teil dessen, was wir unter wirklichem Musizieren verstehen, heute à conto der Angst vor technischen Mängeln verlorengeht. Persönlichkeiten, wie wir sie noch kannten, ich meine wirklich große Musikerpersönlichkeiten, die eben ruhig auch mal «in den Dreck gegriffen» haben, dafür aber einen herrlichen Abend gespielt haben, sind bei Dirigenten heute noch möglich, bei Solisten fast nicht mehr. Sie können durchaus einen Dirigenten haben, der ... technisch schlecht dirigiert, der auch nicht auswendig dirigiert und nicht all diesen Firlefanz mitmacht, der aber trotzdem eine Riesenausstrahlung hat. ... Diese geistige Ausstrahlung kann man nicht bewußt erlernen.» *Christoph von Dohnányi, 1976*[13]

Das Erarbeiten der Partitur: Die Noten beherrschen

Es ist die Arbeit, von der der Konzert- oder Opernbesucher am wenigsten bedenkt, daß sie vor der ersten Probe geleistet sein muß. Zwar erzählt eine Anekdote über Arthur Nikisch, wie Max Reger in der ersten Probe eines eigenen Werkes schonungslos ans Licht brachte, daß Nikisch das Regersche Opus unmöglich schon eines Blickes gewürdigt haben konnte. Doch nicht jeder hat die legendäre Partitur-Lesefähigkeit eines Arthur Nikisch. Ein verantwortungsvoller Dirigent wird die Partitur schon vor der ersten Probe so genau vorbereitet haben, daß sie gleichsam in seinem Kopf als Idealbild klingt.

Stummes Lernen

«Es beginnt ... damit, daß ich die Partitur lerne. Ich schaue mir das Notenbild an und höre es klingen. Das Klavier nehme ich fast nie zu Hilfe, obwohl ich ganz ordentlich spiele. Man kann sich zum stummen Lernen erziehen. Es ist auch besser, weil das innere Hören sehr viel intensiver und einprägsamer ist als das äußere. Ich mache es so, daß ich mich mit der Partitur irgendwohin setze und mich in sie vertiefe. Nach spätestens einer Viertelstunde kann ich so abschalten, daß mich das, was um mich herum geschieht, nicht mehr stört. Da können sich andere neben mir unterhalten, das Radio kann eingeschaltet, es kann nahezu jedes Geräusch um mich herum sein, ich höre es nicht. So lerne ich meine Partitur, bis ich sie auswendig kann. Das habe ich mir seit langem zur Aufgabe gemacht: Ich will eine Partitur so beherrschen, daß ich bereits in der ersten Probe darauf verzichten könnte. Es gibt allerdings Werke, vor allem neuere Werke, bei denen das nicht möglich ist. Wenn sie, um ein Maß zu nennen, über Strawinsky hinausgehen, kann man sie nicht mehr im Kopf haben. Dabei schließe ich auch den Zwölftöner Strawinsky aus. In der tonalen Musik ist der Vorgang des Auswendiglernens etwa so: Man führt sich zunächst den harmonischen Ablauf vor Augen oder richtiger vor Ohren. Man tut das in ähnlicher Weise, wie man ein Buch durchliest und mit den Wörtern den Inhalt in sich aufnimmt. Von der Formenlehre her weiß man: das ist die

Einleitung, das ist die Durchführung, hier moduliert es in einen Seitengedanken, jetzt kommt die Reprise, und da ist noch eine Coda usw. So weiß man nach dem ersten gründlichen Durchlesen formal über das Stück Bescheid. Wenn man sich über die Form eines Stückes im klaren ist, kann man sich Gedanken darüber machen, wie man zum Beispiel vom musikalischen Hauptgedanken eines Satzes zu einem Seitengedanken kommt, an welcher Stelle und in welcher Weise man die entsprechende Modulation hörbar machen will. Diese Überlegungen bestimmen die Interpretation. Und sie müssen angestellt werden, ehe man zur ersten Probe ans Pult kommt.»

Wolfgang Sawallisch, 1968[14]

Musik muß man lesen können

«Man soll eine Partitur nie von Schallplatten lernen, sich niemals vom bloß Gehörten allein verführen lassen und lediglich das als gültig ansehen, was tatsächlich auf den Schöpfer selbst zurückgeht. Um das zu finden, um Zutrauen zur eigenen Fähigkeit zu bekommen, Autorität des Komponisten und Authentizität des Werkes zu erkennen, muß man vor allem *Musik lesen können,* Noten lesen ist keineswegs genug. . . . Zum guten Lesen gehört auch das, was man nicht ausgeschrieben vorgesetzt bekommt. Ich hoffe sehr, daß die Renaissance der Barockmusik dem Übel abhelfen wird, daß den Musikern nur das klar ist, was eindeutig in den Noten steht.»

Erich Leinsdorf, 1976[15]

Begeisterung für den Anderen

«Mit dem Vergleichen anderer Interpretationen verhält es sich etwa so wie mit jenem Freund, der mir seine Meinung mitteilt über jemanden, den ich noch nicht kenne, aber kennenzulernen wünsche. Ich habe dann bereits ein Vorurteil gegen diese Person, wenn ich ihr begegne. Und dann stellt sich möglicherweise heraus, daß sie ganz anders ist, als sie mir geschildert wurde. Dann braucht man oft sehr lange, um von einem Vorurteil loszukommen, manchmal gelingt es sogar überhaupt nicht mehr. Ich ziehe es aber vor, mir meine Meinung selbst zu bilden, nicht mit der Hilfe anderer. Später, wenn ich ein Werk wirklich in mich aufgenommen und es schon einige Male aufgeführt habe, dann bin ich bereit, andere Interpretationen anzuhören. Das ist dann manchmal hochinteressant und sehr aufregend. Ich bin so veranlagt, daß ich die Auffassung eines anderen verstehen und begeistert darauf reagieren kann, auch wenn ich es selbst nie so machen würde.»

Lorin Maazel, 1976[16]

Auswendig dirigieren: Den Kopf in der Partitur oder die Partitur im Kopf?

Keine Frage: Auswendig zu dirigieren hat Vorteile. Der Dirigent ist von den Noten und damit vom Pult, das ihm unter Umständen die Kontaktnahme zum Orchester erschwert, unabhängig; er kann mit dem Blick die einzelnen Instrumentengruppen führen, gleichsam mit den Augen dirigieren, sich freier dem Orchester mitteilen. Vielleicht nährt auch ein Schuß Eitelkeit sein Bestreben, auf Gedrucktes zu verzichten. Doch was passiert, wenn das Gedächtnis versagt?

Spontaneität versus Unsicherheit

«Ich unterscheide da ganz strikt zwischen dem Konzert und der Oper. Im Konzert habe ich einen viel unmittelbareren Kontakt mit dem Orchester, wenn das Pult nicht da ist. Um in der Partitur lesen und in ihr blättern zu können, muß das Notenpult eine bestimmte Höhe haben. Diese Höhe aber hemmt mich in meinen Bewegungen, ich muß unnötige Verrenkungen machen. Auch wirkt das Pult wie eine Wand zwischen Dirigent und Orchester. Ohne Pult kann ich die Musiker direkter und besser ansprechen.
Ich kann mich selbst auch mehr auf den musikalischen Ablauf konzentrieren, vorausgesetzt, daß ich meiner Sache sicher bin. Ich weiß, daß man in dieser Frage immer wieder auf große Dirigenten verweist, die nie ohne Partitur dirigierten. Auch Hans Knappertsbusch hatte sie immer vor sich liegen, aber das Pult war sehr tief geschraubt, und er schaute kaum hinein, er blätterte meist von einem Satz zum anderen. Ich gebe zu, bei besonders schwierigen Stücken ist es für das Orchester eine Beruhigung, wenn der Dirigent die Partitur vor sich hat, auch wenn er sie nicht benützt. Die Musiker wissen, daß nichts passieren kann, weil er bei der geringsten Unsicherheit darauf zurückgreifen kann. Im allgemeinen aber finde ich es besser, wenn man ohne Partitur auskommt, weil man sich um so mehr der Spontaneität hingeben kann, die für das Konzert so wichtig ist.
Ganz anders ist es in der Oper. Zwar sollte der Dirigent auch eine Opernpartitur auswendig beherrschen, so daß er notfalls ohne sie auskommen kann; aber es ist für die Sänger auf der Bühne einfach eine Belastung, wenn sie, die selbst natürlich auswendig singen müssen, keinen absolut sicheren Rückhalt mehr spüren. Jeder Sänger wird einmal unsicher, und es gibt auf der ganzen Welt keinen, der nicht irgendwann einmal voller Angst zum Dirigentenpult schielt, um von dort Hilfe zu bekommen. Wenn er sieht, daß der da unten keine Partitur vor sich hat und womöglich noch mit geschlossenen Augen dirigiert, weil er sich ganz der Musik hingeben will, dann macht ihn das verrückt. Auch für den Dirigenten selbst ist es eine zu große Belastung, wenn er zum Beispiel in einer Wagneroper, in der ein Akt eine Stunde und länger dauert, alle die vielen Einsätze im Orchester und auf der Bühne im Gedächtnis haben soll. Er ist dann zu sehr mit dem perfekten Funktionieren seines Gedächtnisses beschäftigt, um noch frei und gelöst musizieren zu können. Das sind die Gründe, warum ich in der Oper nur mit Partitur dirigiere.»

Wolfgang Sawallisch, 1968[17]

Kein falscher Ehrgeiz

«. . . Ob man Noten daliegen hat oder nicht, ist nicht entscheidend. Entscheidend ist, daß man das Stück so durchgearbeitet hat, daß man nicht viel hineinschauen muß. In jedem Fall aber ist es unsinnig, wenn ein Dirigent aus falschem Ehrgeiz die Partitur wegläßt und somit Risiken eingeht.»

Rudolf Kempe, 1975[18]

Die furchtbaren Folgen der «Schrecksekunde»

«Es gibt Leute, die sind stolz darauf, daß sie Stücke auswendig beherrschen und daß sie dann angeblich die ganze Partitur aufschreiben könnten. Ich habe noch niemanden getroffen, der es wirklich unter Beweis gestellt hätte; aber man erzählt sich von Sabata und von Maazel und von

manchen anderen, daß sie das können. — Also ich kann es ganz bestimmt nicht, das gebe ich offen zu, und ich halte es auch nicht für wesentlich. Für mich ist es wesentlich, daß ich während der Probe — mit oder ohne Stütze der Partitur — sofort bemerke, wenn etwas nicht stimmt, wenn etwas stört oder wenn etwas fehlt, das eigentlich zu hören sein müßte.
Es gibt natürlich die Möglichkeit, daß man auswendig dirigiert, sich aber zur Sicherheit die Partitur hinlegt, sie dann jedoch nicht umblättert. So hat es zum Beispiel Keilberth immer gemacht. . . . Im Grunde ist es aber sinnlos, die Partitur hinzulegen, wenn man sie nicht ständig verfolgt, denn im Falle eines Gedächtnisfehlers ist es unmöglich, in der Schnelligkeit die betreffende Stelle zu finden. Und dann stört das Pult. Wesentlich ist eigentlich nur, ob man sich freier fühlt, ob man aufmerksamer zuhört, ob man leichter in den Ablauf des Stückes eingreifen kann, wenn man nicht dadurch abgelenkt wird, daß man die Noten umblättern muß. In dieser Hinsicht fühle ich mich freier, wenn ich auf die Noten verzichte.
In der Oper würde ich niemals auswendig dirigieren, und wenn ich das Stück zehnmal auswendig könnte. In der Oper gibt es Situationen, in denen allein eine «Schrecksekunde» beim Dirigenten furchtbare Folgen haben kann — also das ist entsetzlich! Ich kenne solche Situationen — auch bei den größten Dirigenten, die auswendig dirigieren —; ich kenne da schreckliche Geschichten — wir wissen das ja alle, jung oder alt! Und ich würde auch niemals auswendig begleiten. Ich halte das einfach für zu beunruhigend, ich meine, ich traue da meinen Nerven nicht genug. In kritischen Momenten möchte ich doch die Möglichkeit haben, mich und das Stück durch einen kleinen Blick in die Partitur wieder in den Griff zu bekommen.» *Christoph von Dohnányi, 1976*[19]

Spiritueller Kontakt

«Es hat schon einen großen Vorteil, ein Werk auswendig zu dirigieren. Denn dazu muß man sich sehr intensiv mit dem Werk befassen. Man braucht Stunden und Stunden, um es ganz in sich aufzunehmen und den rein spirituellen Kontakt mit ihm zu erhalten. Selbstverständlich gibt es Stücke, die man gar nicht ohne Partitur dirigieren kann, weil sie zu kompliziert sind, weil zur gleichen Zeit so viel passiert, daß schon fast die Reaktionsfähigkeit auf dem Spiel steht. Aber generell muß ich sagen, daß dies keine Gedächtnisleistung ist, sondern die Wiedergabe einer Sache, die vollkommen in einem drin ist. Sie entsteigt dem Innern, ohne daß man darüber nachdenken müßte.» *Herbert von Karajan, 1976*[21]

Reden ist Silber — Probieren ist Gold

«Proben bedeutet zumeist harte Arbeit; gute Konzerte oder Opernaufführungen sind ohne intensive Probenarbeit nicht denkbar. Der Erfolg des Probierens ist von verschiedenen Faktoren abhängig, entscheidend für die Effektivität aber sind klare, knappe Anweisungen, die nicht in weitschweifige Reden ausarten sollten. Vor dem Orchester: Beim Sprechen ansehen! Ruhig sprechen! Alles, was verlangt wird, ganz verlangen! Alles so kurz wie möglich sagen! Stets direkten, klaren Blick! Wenig lachen. Stets aktiv, nie beleidigt. Im Persönlichen nie nachgeben.»

Wilhelm Furtwängler, 1930[22]

Keine Abschweifungen

«Natürlich ist bei einer Probe mancherlei zu besprechen; gewisse Dinge lassen sich nicht allein durch Gestik erklären, aber lange, gefühlvolle Reden über die Schönheiten eines Musikstücks, womöglich noch mit Abschweifungen über Wälder und murmelnde Bächlein, sind gewöhnlich völlig nutzlos.» *Leonard Bernstein, 1959*[23]

Wir Dirigenten reden zu viel

«Auf den Proben muß man darauf achten, unausgesetzt zuzuhören — es ist erstaunlich, was man verpassen kann, wenn man sich vom Klang mitreißen läßt und anfängt, «auf die Pauke zu hauen», als handle es sich bereits um die Aufführung. Besonders in den Anfangsstadien sollte man, meiner Ansicht nach, die Dinge so weit wie möglich laufen lassen und mit der Kritik so lange hintanhalten, bis unsere Beobachtung die verschiedenen Punkte auf ein bis zwei generelle Fehler zu kristallisieren vermag, auf die man die Spieler dann für den Gesamtablauf aufmerksam macht, statt sich jedesmal, wenn sie auftreten, neu zu erregen. Sicherlich reden wir Dirigenten viel zu viel. Ich stelle oft fest, daß ich, nachdem ich ein Werk in einem durchgespielt, anschließend vielleicht drei, vier generelle Bemerkungen dazu gemacht habe, ein paar wichtige Passagen wiederholen lasse und, falls die Zeit drängt, mich darauf verlassen kann, daß die Spieler das Gesagte auf den Rest ihrer Arbeit anwenden werden.»

Sir Adrian Boult, 1963[24]

Proben sind keine Schulstunden

«... Natürlich sage ich [in Proben] gelegentlich auch etwas Persönliches, sage, was Strauss, Pfitzner oder ein großer Kollege wie Furtwängler gesagt haben. Aber im Grunde rede ich während der Proben nicht viel, weil ich die Probe, die Ähnlichkeit mit einer Schulstunde hat, ablehne. Probieren ist ein musikalisches Üben; es soll möglichst viel gespielt werden. Und bei der Wiederholung einer Stelle macht man das, was man möchte, mit einem kleinen Fingerzeig oder einem kurzen Zuruf viel klarer, als wenn man viel darüber redet. Ich habe die Erfahrung gemacht, daß einem das Orchester dann nach einer gewissen Zeit gar nicht mehr zuhört. ... Man kann eine Probe sehr interessant gestalten, wenn man viel musiziert und wenig redet. Und wenn man etwas sagt, muß es konkret sein. Wenn ich nicht sagen kann, der Ton ist falsch, er ist zu tief oder zu hoch, dann sage ich besser nichts. Nur zu sagen, da stimmt etwas nicht, damit kann ein Musiker nichts anfangen; es weiß ja nicht einmal derjenige, der falsch gespielt hat, daß er es war. — Ich halte es für wesentlich, daß für das Konzert etwas offenbleibt. Ich bin da ganz der Auffassung Furtwänglers, der das einmal deutlich ausgesprochen hat: Man kann nicht alles vorher festlegen, denn das Wesentliche kommt erst bei der Aufführung zusammen, die Inspiration, die Anwesenheit des Publikums, die Spannung des Orchesters, die Akustik, die Temperatur und so weiter. Selbstverständlich muß man das Konzert vorbereiten, gründlich vorbereiten, aber die Gründlichkeit kann nicht durch Exerzieren, sie kann nur durch Anregen erreicht werden. Ob man dabei viel oder wenig probt, hängt von der Arbeitsweise des Dirigenten ab. ...» *Joseph Keilberth, 1968*[25]

Beinahe handwerkliche Arbeit

«Ich probe mit wenigen Worten. Man kann natürlich sagen, 'der redet wenig, weil er nichts zu sagen hat oder weil ihm nichts einfällt'. Das trifft mitunter sogar zu, daß man nichts zu sagen hat. Aber ich spreche deshalb wenig, weil ich als ehemaliger Orchestermusiker [Oboist] noch gut in Erinnerung habe, daß diejenigen Kapellmeister, die viele Worte machen, die unbeliebteren sind. Im Grunde handelt es sich bei den Proben doch immer um bestimmte Akkorde, die so oder so klingen sollen. Wenn ich bei Debussy oder Ravel einen spezifischen Klang brauche, dann hat es keinen Sinn, viel zu erzählen, sondern ich muß einfach bestimmte Stellen so lang mit dem Orchester probieren, bis dieser spezifische Klang herauskommt. Bei manchen Orchestern, die nicht so sehr an die Impressionisten gewöhnt sind, dauert es länger, bei anderen, die oft Debussy und Ravel spielen, geht es rascher. Aber es bleibt immer eine konkrete, fast handwerkliche Arbeit.»

Rudolf Kempe, 1968[26]

Keine Eitelkeit

«Wenn man in der Oper in die Partitur schaut, dann kann man nicht verfolgen, was auf der Bühne geschieht. Wenn ein Solist oder Sänger ‹verlorengeht› auf der Bühne, ist meine Reaktion so instinktiv und schnell, wie sie es niemals sein könnte, wenn ich die Partitur zu Hilfe nehmen würde. Es gibt Leute, die halten das Auswendigdirigieren für Eitelkeit — das ist es aber nicht. Es ist für mich ein Mittel, tiefer in die Musik einzudringen.»

Claudio Abbado, 1976[20]

Alte Schule?

«Es gibt viele Dirigenten, die sehr viel sprechen. Wer selbst lange Zeit im Orchester saß [Geiger], weiß, daß die Musiker das nicht mögen. Wir haben es immer sehr geschätzt, wenn die Dirigenten nicht viele Worte machten. Furtwängler zum Beispiel hat ganz wenig geredet. Toscanini hat immer nur geschimpft und etliche Male von vorn anfangen lassen; ein Werk zu erklären, hat er nie versucht. Ich tue es auch nicht. Aber es hat jeder seine eigene Art. — Man hat mir oft vorgeworfen, ich sei 'alte Schule'. Was heißt das? Es gibt nur eine Schule, und das ist die, die gute Musik macht.»

Charles Munch, 1968[27]

Taktstock und Augen

«Ich spreche nicht viel mit dem Orchester. Wenn ich in der Probe sprechen würde, dann würden die Musiker sicher wundervoll spielen. Im Konzert aber kann ich zu ihnen nicht sprechen. Da müssen sie meinem Taktstock folgen und meinen Augen, die ihnen sagen, was ich von ihnen will. Also sollen sie sich schon in der Probe darauf einstellen.»

Claudio Abbado, 1976[28]

Der Ton macht die Musik oder Musizieren ist Vertrauenssache

Von essentieller Wichtigkeit ist für die Symbiose Dirigent-Orchester — über das rein Technische hinaus — ein gutes Betriebsklima, das sich aus dem Vertrauen des Orchesters in die fachliche Kompetenz seines Leiters und dessen menschlicher Integrität einerseits sowie dem daraus resultierenden Good-Will der Musiker andererseits nährt. Wo dieses Klima fehlt, kann die Probenarbeit zur Hölle werden — für das Orchester wie für den Dirigenten. Und zum Schaden der Musik.

Gelinde und höfflich

«. . . Ein Vorsteher des Chors muß mit ungezwungenen Lobsprüchen nicht faul seyn, sondern dieselben reichlich anwenden, wenn er bey seinen Untergebenen einigermaassen Ursache dazu findet. Soll und muß er aber iemandem einreden und wiedersprechen, alsdenn thue er dasselbe zwar ernsthafft, doch so gelinde und höfflich, als nur immer möglich ist.»

Johann Mattheson, 1739[29]

Taktschlagen

«Es ist nicht gleich viel, ob ein Musikdirektor von seinen Untergebenen geliebt werde oder nicht. Im erstern Falle wird jede noch so leise Bewegung, der kleinste Schlag mit der Hand oder dem Fuß von jedem aufgegriffen, da im Gegentheil nichts närrischer ist, als ein Anführer, der die Bewegung leiten will und kein Vertrauen hat. Er schlägt drauf los, er strapaziert sich und est hilft alles nichts.» *André-Ernest-Modeste Grétry, 1979*[30]

Das Instrument formt den Mann

«Mit der geistigen Leistung — der individuellen künstlerischen Auffassung des Tonwerkes — ist . . . die Aufgabe des Dirigenten nicht erschöpft. Seine eigentliche Kunst zeigt sich erst in der Art und Weise, wie er seine Auffassung zum Ausdruck bringt.

Das Instrument, auf dem der Dirigent zu spielen hat, ist das Orchester. Er muß eine Künstlerschar ebenso absolut beherrschen wie ein Klaviervirtuose den Flügel. Je tüchtiger nun das Orchester ist, aus umso eminenteren Künstlern setzt es sich zusammen. Jeder Künstler aber repräsentiert wieder eine Individualität, eine Auffassung. Wie stimmt man untereinander differierende und mit den Intentionen des Dirigenten widersprechende Anschauungen im Laufe einer oder zweier Proben zusammen? Das ist das eigentliche Geheimnis des Dirigentenerfolges. Hier muß unendlich viel zusammenwirken: Magnetismus, Suggestion, Lebenserfahrung, die Kunst, sich den Ausführenden zu stellen. Überredungskunst, selbst Humor.

Man muß eben die Orchestermitglieder, die man oft zum erstenmal sieht, zu nehmen wissen. So schwierig dies erscheint, so gibt es für einen erfahrenen Dirigenten doch einen sicheren Weg. Jede Instrumentengruppe will anders behandelt werden. Es ist aber gar nicht nötig, die Künstler persönlich zu kennen, um den richtigen Ton zu treffen; denn wie der Beruf, so formt innerhalb des Musikerberufs das Instrument den Mann. Am heikelsten sind z. B. die Oboisten und Fagottisten; und das ist leicht erklärlich. Diese Musiker haben ein dünnes Rohr in der Weise zu blasen, daß sie die Brust mit Luft vollpumpen und dann den Atem langsam, vorsichtig ausgeben. Das veranlaßt Blutandrang zum Gehirn und macht so nervös, daß man diese Herren förmlich streicheln muß. Den Gegensatz zu ihnen bilden die Herren, die die Bratsche und die großen Blasinstrumente spielen. Diesen geben ihre Instrumente gesunde Kraft, Ruhe, Gemütlichkeit — die vertragen schon etwas vom Dirigenten! Der Klarinettenspieler wiederum

neigt zu Sentimentalität; ihn muß man zärtlich ansprechen oder, um seine Grundstimmung auszugleichen, mit Humor. Wenn man für derartige Studien Sinn hat, so erkennt man, wie das innerste Wesen der einzelnen Musiker in letzter Linie auf mechanische Ursachen zurückzuführen ist, deren Wirkung so gleichmäßig und sicher ist, daß man sich in der Behandlung der Künstler kaum je vergreift. Der Dirigent muß selbst gewissermaßen ein ganzes Orchester auf der Zungenspitze haben, jedem Künstler gegenüber ein anderes Instrument spielen: dann erreicht er sein Ziel. Seine Taktik gipfelt darin, jeden Ausführenden glauben zu machen, daß er bei seiner ursprünglichen Intention bleibe, während er sich in Wirklichkeit der Auffassung des Dirigenten untergeordnet hat.
Ist eine derartige Fühlung zwischen Dirigent und Orchester erreicht, so gelingt es oft, nach einer einzigen Probe vollkommene Aufführungen zu bieten. Selbstverständlich erzielt aber der Dirigent in der Regel seine höchsten Leistungen nur mit einem Orchester, das er seit Jahren kennt, das er eingearbeitet hat. Da kann er seine Konzeption bis in die intimsten Details durchführen und vor dem Publikum ausbreiten. Ist ihm diese Möglichkeit benommen, so kann er doch immer seine Intentionen dem Publikum klar übermitteln, indem er sich darauf beschränkt, große Linien auszuprägen, das Gerippe, die Architektur des Musikwerkes so wiederzugeben, wie er sie sieht.»

Arthur Nikisch[31]

Führer und Geführte

«Die bajuwarisch-gemütliche Art eines Max Reger oder Richard Strauss hat beiden Symphatien eingetragen, die zu ihrer Popularität im besten Sinne wesentlich beitrugen. Besonders bei Ermüdungserscheinungen oder beim Eintritt nervöser Spannungen vermag eine gut angebrachte Bemerkung die freudige Arbeitsatmosphäre wiederherzustellen. Der Humor muß jedoch echt sein und von Herzen kommen, mit einem Wort: Ausdruck einer starken Persönlichkeit sein. Alles Gewollte, Bewußte oder Nachgemachte wirkt abstoßend. Der Orchestermusiker hat ein feines Gefühl für den Unterschied zwischen echt und unecht; eine Behandlung «à la frère et cochon» ist ihm unerträglich. Er hat den Wunsch, gut zu musizieren und so geführt zu werden, daß seine Zeit nicht unnötig verlorengeht. Die ihm gegebenen Anweisungen sollen kurz und verständlich sein. Schwatzhafte, redselige Kapellmeister verlieren sehr schnell an Autorität, selbst wenn sie ihre Sache verstehen, niemand ihrem endlosen Gerede mehr zuhört, nachdem sich der Witz erschöpft hat. Ich habe erlebt, daß ein braver Musikprofessor beim Studium der Eroica einen langen Vortrag über die Einführung des dritten Horns im sinfonischen Schaffen Beethovens hielt. Kaum hatte er begonnen, als, von ihm unbemerkt, die Kontrabassisten ihre Instrumente derartig zusammenstellten, daß ihr Treiben dahinter unsichtbar blieb: sie zogen Skatkarten aus der Tasche und begannen ein fröhliches spiel.
Die psychologische Behandlung des Orchesters ist wie immer, wo es sich um Führer und Geführte handelt, von größter Bedeutung. Sie kann je nach dem Wesen der Persönlichkeit verschieden sein. Jede Individualität muß ihren eigenen Weg gehen. Die Pädagogik ist ein weites Feld; ihre Gesetze werden nicht ungestraft verletzt. Fehler, die auf diesem Gebiet gemacht werden, sind nie mehr zu verbessern und haben manche ehrliche Absicht zerstört, weil das Orchester den betreffenden Kapellmeister ‹nicht mochte›.»

Fritz Busch, etwa 1940[32]

Ein Orchester kann man nicht betrügen

«Ein wahrer Künstler möchte nicht bewundert werden, er will überzeugen. Dies gilt insbesondere für die Kunst des Dirigierens, denn das Vertrauen eines Orchesters zu erringen, ist für den Dirigenten eine seltene und schwierig zu erlangende Tugend. Dies zeigt deutlich, was Autorität besagen will; der Ausdruck eines Willens, der nur durch seine Urteilskraft Achtung gebietet. Hier ist kein Betrug möglich, man erreicht nichts über die Grenzen seines eigenen Könnens.
... Man darf indessen nicht glauben, daß sich ein Orchester aus Geigen, Flöten oder Hörnern zusammensetzt, es sind die Flötisten, die Hornisten und die Geiger, die aus diesem Organismus einen lebendigen Körper machen. Je größer die Meister waren, um so mehr schrieben sie nicht für das Instrument, jedoch für den Menschen, der es beseelt. Daher ersteht auch der Geist der Meisterwerke in dem Maße wieder, wie der Dirigent einen menschlichen Kontakt mit seinen Musikern zu schaffen versteht. Welche Gemeinschaftsarbeit, wenn sie gelingt!» *Igor Markevitch, 1956*[33]

Donner des Zeus

«Eine moralische Gefahr, die zugleich eine künstlerische ist, liegt ... für den Dirigenten in seiner Macht über andere — falls diese ihm gegeben ist. In seinem menschlichen Interesse wie in dem seiner Leistung als Musiker liegt es, der Versuchung zu ihrem Mißbrauch zu widerstehen. Tyrannei kann keine künstlerischen — oder menschlichen — Anlagen zum Erblühen bringen, Subordination unter Despotie schafft keine Musikfreudigkeit, Einschüchterung nimmt dem Musiker die volle Verfügung über sein Talent und sein Können. Doch möchte ich mich durchaus nicht etwa gegen den Gebrauch von ernster Strenge aussprechen — nicht einmal gegen eine gelegentliche, leihweise Verwendung des Donners des Zeus; er kann, wenn die Hand ihn zu schwingen vermag, in Ausnahmefällen eine überraschend günstige Wirkung tun. Strenge ist ein legitimes, ja unentbehrliches Mittel der Menschenbehandlung, ohne das auch der Dirigent oft nicht auskommen kann. Die Grundlage aber, wie aller menschlichen Beziehungen, ist die wohlwollende Gesinnung, die bona voluntas; verbunden mit voller Aufrichtigkeit, schafft sie das Klima für fruchtbare Arbeit und klingt erwärmend aus der Orchesterleistung.» *Bruno Walter, 1957*[34]

Ein Dirigent ist kein Diktator

«Muß ein Dirigent ein Diktator sein? Nein, keinesfalls! Wenn er ein Diktator ist, ereilt ihn dasselbe Schicksal wie jeden Diktator. Die hundertköpfige Gegnerschaft bringt ihn früher oder später um. Ein Dirigent kann nur bestehen, wenn er seine Erkenntnisse in Musik übersetzen kann, wenn er die Fähigkeit hat, aus den Orchestermusikern eine Gemeinschaft, ein Kollegium zu bilden. Mit seinen Gedanken über Feuer und Wasser muß er ihnen vorausgehen, muß sie überzeugen, muß sie als Freunde gewinnen, damit das Orchester nicht nur seinem Willen folgt, sondern mit ihm gemeinsam Schöpfungen vollbringt. Der Dirigent einigt die Menschen nicht in seiner Person, sondern leitet das Orchester als wahrer Freund zu den Werken hin ...» *Ferenc Fricsay*[35]

Der Liebe am nächsten

«Der Dirigent muß sein Orchester nicht nur zum Spielen bringen. Er muß den Musikern auch noch den Wunsch und das Bedürfnis zu spielen einflößen. Durch Schmeichelei, Forderung oder Zorn muß er sie begeistern und mitreißen. Wie er das macht, ist ganz gleichgültig, wenn er nur das Orchester dazu bringt, die Musik so zu lieben wie er selbst. Das erreicht er aber nicht dadurch, daß er ihnen wie ein Diktator seinen Willen aufzwingt. Eher muß er seine Gefühle so ausstrahlen, daß sie auch noch den letzten Mann in der zweiten Geige erreichen. Wenn das eintritt — wenn hundert Menschen genau und zur gleichen Zeit seine Gefühle teilen, wenn sie wie ein Mann jedem Steigen und Fallen, jeder Wendung und jeder inneren Bewegung folgen — dann entsteht eine Gemeinschaft des Fühlens, die nicht ihresgleichen hat. Unter allen menschlichen Beziehungen, die ich kenne, ist es diese, die der Liebe am nächsten kommt. Diese Vereinigung in gemeinsamer Liebe schafft eine vollständige Einheit zwischen dem Dirigenten und den Musikern und schließlich auch dem Publikum. Bei den Proben mag er schreien, wettern, fluchen und schimpfen (wofür einige unserer größten Dirigenten bekannt sind), dennoch werden Dirigent und Orchester zusammengehören und eins bleiben, solange diese Liebe zur Musik sie verbindet.» *Leonard Bernstein, 1959*[36]

Positive Forderungen klingen angenehmer

«Gutes Proben und gutes Lehren haben viel gemeinsam — im Grunde sind sie identisch. Der Lehrer oder Dirigent muß den einzelnen dazu anregen, selbständig zu denken, selbständig zu fühlen und zugleich augenblicklich darauf zu reagieren, was andere um ihn herum denken und fühlen. Auf diese Weise läßt sich allmählich ein «Team-Geist» entwickeln. ... Eine wichtige Grundregel besteht in der größtmöglichen Vermeidung von Verboten. Es ist meistens ganz leicht, eine Korrektur konstruktiv zu formulieren, indem man darum bittet, eine Stelle mehr so und so zu spielen. Positive Forderungen hören sich immer viel angenehmer an und akzeptieren sich leichter als ihre negativen Entsprechungen.»

Sir Adrian Boult, 1963[37]

Musizieren ist Vertrauenssache

«Man soll dem Orchester gegenüber immer offen und aufrichtig sein und sich so zeigen, wie man ist. Das Prinzip des Dirigierens ist ein demokratisches Prinzip, es müssen alle ehrlich miteinander arbeiten. Es steht zwar einer da, der inspirieren soll, aber er kann doch nur dann inspirieren, wenn er bei den anderen eine völlige Aufgeschlossenheit erreicht hat. Ist sie da, dann wird er auch von ihnen inspiriert und kann diese Inspiration wieder zurückgeben. Das setzt aber voraus, daß das Orchester weiß, was der Dirigent denkt. Nur so erwächst ein gegenseitiges Vertrauen, und das Vertrauen ist das Wichtigste beim Musizieren.» *Rafael Kubelik, 1968*[38]

Interpretieren heißt: Auslegen

Heutzutage ist es klar, daß das Notenbild niemals allein die Musik darstellen kann; zu unvollkommen ist die Notenschrift, als daß sie den wie auch immer gearteten Gehalt eines Werkes vollständig repräsentieren könnte.

Hier bedarf es des Interpreten, des Nachschöpfers, desjenigen, der das Notenbild fachkundig liest, auslegt und wieder zum Klingen bringt.
Oft ist in diesem Zusammenhang von «Werktreue», «notengetreuer Darstellung» und «Objektivität» die Rede gewesen, häufig Interpretation mit Buchstabentreue und -glauben verwechselt worden. Die Nachschöpfung eines wirklichen Interpreten aber, der nicht nur die Noten im Takt spielen läßt, wird immer bis zu einem gewissen Grad subjektiv bleiben: gepaart mit seiner Kenntnis des «Objektiven» wird seine Intuition das Werk aus der erstarrten Form des Notenbildes wiedererstehen lassen, dabei den einen oder anderen Aspekt akzentuieren, vielleicht — wenn es ihm angemessen erscheint — verschiedenes glätten, anderes wiederum prägnant herausmeißeln.

Intelligente Töne

«. . . Die Instrumentalisten machen ihre Fehler ja nicht absichtlich, sondern nur, weil sie etwas nicht verstehen oder Schwierigkeiten haben; also muß man ihnen helfen, sie zu überwinden. . . . Beim Dirigieren gibt es tausend Dinge zu bedenken, die psychologischen Phänomene einmal ganz beiseite gelassen: Wenn man ein Orchester dirigiert, muß man die Instrumentalisten dadurch packen, daß man auf ihr Temperament eingeht. . . . Als ich zum erstenmal den «Marteau sans maître», die «Zeitmaße» von Stockhausen und andere Werke dirigierte, sah ich mich vor wirklich großen instrumentalen und kammermusikalischen Schwierigkeiten. Die Intervalle sind einfach, das Problem liegt anderswo. Man muß herausfinden, wie ein Instrumentalist einen einzelnen Ton auf intelligente Weise spielen kann, so daß er in Beziehung steht zu dem, der vorangegangen ist und dem, der folgt. Man muß dem Spieler eine punktuelle Phrase verständlich machen, nicht nur intellektuell, sondern auch psychisch, gefühlsmäßig. Solange er nicht verstanden hat, daß die Note, die er spielen muß, von einem anderen Instrument kommt und zu einem anderen wandert oder daß eine einzeln stehende Note einer ganz genauen Absicht innerhalb der polyphonen Textur entspricht, ist er nicht in der Lage, sich so zu konzentrieren, daß er seine Note überlegt spielt: Er wird eine dumme Note spielen, die aus dem Kontext herausfällt.» *Pierre Boulez, 1976*[39]

Aus dem Vollen schaffen

«Der moderne Dirigent ist ein Nachschöpfer; darin beruht die Selbständigkeit und der produktive Charakter seiner Kunst, darum spielt die Individualität des Orchesterleiters heute eine so eminente Rolle. Die zeitgenössischen Komponisten begreifen das vollkommen. Als ich einst in Leipzig eine Symphonie von Brahms in seiner Gegenwart dirigierte, kam der Meister zunächst aus der Überraschung nicht heraus; ja er wurde ganz nervös und rief einmal über das andere: ‹Ja, ist denn das möglich? Habe ich denn wirklich d a s komponiert?› Zum Schluß aber kam er freudestrahlend zu mir und sagte: ‹Sie haben ja alles ganz anders gemacht; aber Sie haben recht — *so muß es sein!*›. . .
Wenn ich eine Tondichtung in mich aufgenommen habe, so fühle ich es: Nun muß ich dieses Werk noch einmal entstehen lassen, aber aus mir heraus; ich muß aus dem Vollen schaffen. Und diese Empfindung teilt sich

dem Publikum mit; das Publikum begreift es, daß die ganze moderne Instrumentalmusik erst durch die Individualität des Dirigenten Leben gewinnt.» *Arthur Nikisch*[40]

Das Gesetz auffinden

«Interpretieren heißt darstellen, in jedem Stück das Gesetz auffinden. Freilich, wo keines ist, kann auch keines gefunden werden. Diese Werke sind mit Willkür darzustellen.» *Wilhelm Furtwängler, 1939*[41]

Eine einzige wahre Interpretation?

«In der Frage: ‹Ist *eine* Art von Darstellung die einzig richtige, oder sind — auf höherer Ebene — auch *mehrere* Nachgestaltungen von annähernd gleichem Werte denkbar?› läßt sich sagen: Große, hinreißende und wahrhaftigkeitserfüllte Interpretationen, beträchtlich verschieden voneinander und dennoch allesamt überzeugend, haben erwiesen, daß aus solcher Verschiedenheit an Kraft und Art der Darstellung kein Werturteil über die einzelnen Interpretationen abgeleitet werden kann. Die Frage heischt eine Ergänzung: ‹Kann es überhaupt eine ganz erschöpfende Interpretation geben, welche dann zwangsläufig als die 'einzig richtige' zum Kanon würde?› Ich glaube: Nein! — eine solche dürfte, allgemein durchgeführt, in Routine oder gar Cliché erstarren.
Denn: Jedes geniale Werk ist, über all sein ihm eigenes Sein hinaus, eben doch lediglich ein Ausschnitt aus dem Unbegrenzbaren des Genius. Muß nicht dieser Ausschnitt ebenso das Wesen des Unbegrenzbaren in sich tragen? Kann dieses Unbegrenzbare dann aber in der Lichtbrechung nur einer Nachgestaltung ganz aufscheinen? Das hinter dem Werk Stehende, im Werk immanent wirkende Unermeßliche gibt die Antwort, indem es selbst dem genialen Interpreten völlige Ausschöpfung versagen muß, eben weil er selber unerschöpflich ist.
Und hierbei sollten große Interpreten sich bescheiden und getrost ihre edlen und reinen Gesichte von den Werken nebeneinander stellen. Die Zahl solcher Interpreten ist und bleibt ja ohnedies sehr klein ... Ihrer aller Weg aber geht die steilste Straße hinauf, und sie sind es, die aus ihrer Hingabe an Meister und Werke den Schutzwall formen zur Reinerhaltung der Welten des schaffenden Genius.» *Carl Schuricht, 1955*[42]

Das Eigenklima des Kunstwerks

«Musizieren verlangt Ausdruck — aber nicht Druck. Mehr zu geben als die natürliche Empfindung, die die Musik im Interpreten wachruft, verletzt nicht weniger den Geist des Kunstwerks als ein Mangel an innerer Beteiligung. Unser Ideal heißt: die Musik selbst sprechen lassen, sie weder durch überhitzten Vortrag zu entstellen noch durch Mangel an Wärme unwirksam zu machen. Jedes Kunstwerk hat ein Eigenklima, dem der verständnisvoll Eindringende die Wärme- oder Intensitätsgrade seiner Interpretation zu entnehmen hat.» *Bruno Walter, 1957*[43]

Sinnlos

«Was heißt eigentlich Werktreue? Doch nichts anderes, als so zu musizieren, wie es in den Noten steht. Aber was steht in den Noten? Es steht darin das, was ich als Interpret aus ihnen herauslese. Ich kann mich noch so sehr bemühen, objektiv zu lesen; da aber immer ich es bin, der liest, kann meine Lesart nur subjektiv sein. Ich müßte also, um von der Objektivität überzeugt zu sein, voraussetzen, daß alle aus der Partitur das gleiche herauslesen. Damit maße ich mir entweder etwas an, was unsinnig ist, oder ich suche nach einer unverbindlichen und damit unpersönlichen Auffassung, die vielleicht musikalisch korrekt, aber unkünstlerisch ist. Aus diesem Grunde wehre ich mich immer gegen die Unterscheidung zwischen einer objektiven und einer subjektiven Interpretation. Ich halte sie für sinnlos. Maßgebend ist doch nur, ob sie als richtig, das heißt als gültig empfunden wird.» *Wolfgang Sawallisch, 1968*[44]

Zeitgeschmack

«Eine Interpretation ist nie fertig, und es gibt auch nie die allein gültige Interpretation. Das ist schließlich auch der Zeit und dem Zeitgeschmack unterworfen. Ich glaube, es würden viele den Kopf schütteln, wenn sie hören könnten, was Hans von Bülow gemacht hat. Wir sind heute gar nicht gut daran: Von uns kann man alles auf Schallplatten festhalten, und ich möchte nicht wissen, was man einmal in dreißig Jahren darüber sagen wird.»

Joseph Keilberth, 1968[45]

Auf eigene Empfindungen verzichten

«Das ist das Wesentliche für den Interpreten: daß er fähig ist, im Augenblick der Wiedergabe seiner Interpretation auf eigene Empfindungen zu verzichten zugunsten des Prozesses, der nötig ist, die Empfindungen im Gegenüber, eben im Hörer, herzustellen. Deshalb: Je größer und komplizierter das Instrument ist, mit dem interpretiert wird, also etwa das Orchester, je länger der Weg vom Verstand und vom Herzen bis hin zum Klangergebnis, desto mehr Verzicht wird eigentlich gefordert von dem, der interpretiert . . . Das ist ein Grund, warum ich wirklich manchmal lieber zu Hause an meinem Klavier oder an meinem Cembalo sitze und vor mich hin musiziere.» *Rudolf Kempe, 1975*[46]

Der Interpret braucht eine «symphatische Saite»

«Man ist Interpret, weil man als solcher geboren wurde. Der Interpret braucht ein intuitives Verständnis für die Sache, will er nicht ein bloßer Musikmacher sein. Der wahre Interpret besitzt die Begabung zu reagieren. Das bedeutet, daß er eine sogenannte ‹symphatische Saite› hat, vergleichbar mit den Resonanzsaiten einer Viola d'Amore, die mit dem erzeugten Ton mitklingen, ohne selbst berührt zu werden. Wenn der Interpret Musik hört, dann schwingt in ihm diese ‹symphatische Saite› mit. Ohne diese Saite kann man überhaupt nichts anfangen.

Es gibt aber leider sehr viele Solisten und Dirigenten, die eine solche Saite nicht in sich haben. Das sind dann die Ingenieure unter den Musikern. Sie setzen sich, bildlich gesprochen, vor ein Gerät, drehen an Knöpfen und betätigen Schalter. Sie spielen alles sehr ordentlich, alles klingt schön zusammen — aber es geschieht nichts. Das Resultat ist ein Non-Happening, eine Nicht-Erfahrung. Eine Schöpfung ist aber mehr als die Summe der Teile, aus der sie besteht. Man muß nur an die Golden-Gate-Brücke denken. Die Schönheit dieser Brücke erklärt sich nicht durch die Vielzahl von Elementen, aus der sie technisch besteht. Die technische Seite ist ohne Bedeutung, wenn es darum geht, ihre Schönheit zu erklären, wenn es um ihre Schönheit an sich geht. Die Bewegung des Dirigenten oder des Geigers hat an sich überhaupt keine Bedeutung, sie ist einfach funktionell. Sie ist eine physische Leistung wie zum Beispiel auch das Tennisspiel. Leider gehen sehr viele Konzerte so über die Runden — aber eigentlich kommen sie gar nicht über die Runden, weil in ihnen nichts geschieht.»

Lorin Maazel, 1976[47]

«Werktreue» ist ein Widerspruch in sich selbst

«Die Notenschrift ist bestenfalls eine Andeutung dessen, was der Komponist meint. Wieviel Dezibel entspricht zum Beispiel ein Forte? Wann muß man mit einem Stringendo beginnen, wie verläuft die Dynamik eines Diminuendos? All das sind Fragen, über die die Noten nur unzureichend Aufschluß geben. Schon deshalb kann man als Interpret nicht erwarten, den Intentionen eines Komponisten gerecht zu werden. Eine objektive Darstellung ist schon deswegen schlechterdings nicht möglich. Und der Begriff der Werktreue ist ein Widerspruch in sich selbst. Vom Dirigenten setze ich immer voraus, daß er die Partitur genau kennt. Aber selbst ihre genaueste Kenntnis ersetzt nicht ihr Umsetzen in lebendigen Klang. Es gibt auch in der Musik Dinge, die ein Dirigent in des Wortes eigentlicher Bedeutung in den Griff bekommen muß, so wie man eine Skulptur abtasten muß, wenn man ihre Form erfühlen will. Was man in der Musik empfindet, ist zum großen Teil ein solches Formgefühl.»

Herbert von Karajan, 1976[48]

Hart an der Grenze

«Der Komponist hat immer recht, das ist Gesetz beim Interpretieren. Der Interpret muß bei dem bleiben, was der Komponist geschrieben hat. Natürlich hat jeder Interpret seine eigene Persönlichkeit. So habe ich etwas sehr Wichtiges von Ravel lernen können: Ich besaß eine Schallplatte von ihm, auf der er eigene Werke spielte, und ich verglich anhand der Partitur, wie er sie spielte. Da war vieles anders, als man es nach den von ihm gegebenen Zeichen interpretiert hätte. An diesem Beispiel wurde mir klar, daß man, über die allgemeinverständliche Formel der Interpretationszeichen hinaus, Partituren individuell lesen muß. Man muß also in einem gewissen Maße frei bleiben. Aber es ist sehr schwer, die Grenze zu finden, wo die interpretatorische Freiheit aufhört. Sie zu überschreiten, daran hindert mich die Selbstkritik. Ich gehe manchmal sicher bis hart an die Grenze, übertrete sie sogar, mache in solchen Momenten aber sofort wieder kehrt. Man muß sich immer bewußt sein, daß man dem Komponisten zu dienen hat, und man soll ihm mit Respekt und Demut begegnen . . . Wo beim Interpretieren die Grenzen zwischen Intellekt, Instinkt und Intuition liegen, ist schwer zu sagen. Aber ich glaube, es ist für eine Interpretation besser, wenn das Instinktive überwiegt.»

Claudio Abbado, 1976[49]

Nachwort des Herausgebers

Stefan Jaeger

Das vorliegende Buch ist Enzyklopädie und Lesebuch zugleich. Es möchte allen Freunden der Musik den Dirigenten und das Dirigieren nahebringen. Dirigieren ist eine Merkwürdigkeit, und es scheint unter den Leistungen für die Kunst die abstrakteste zu sein. Jedes Kunstwerk eines schaffenden Künstlers, sei es Gemälde, Skulptur, Erzählung oder Komposition, ist in irgendeiner Form vorhanden, greifbar: zu sehen, zu lesen, zu hören. Es ist durch originäre Vermittlung wahrnehmbar. Der reproduzierende Künstler stellt «nur» nach. Oscar Bie sagte: «Der Dirigent schafft nicht im Augenblick seiner Leistungen was wir hören, wie der Pianist und Sänger, sondern er ‹leitet› nur. Nur! Er steht auf dem verschwenderischsten Posten der Kunst. Seine Aufgabe scheint abstrakter, als die irgendeines anderen Künstlers.»

«Das Atlantisbuch der Dirigenten» hat den Anspruch, möglichst vollständig über die Dirigenten und ihr Dirigieren zu informieren. In seinem lexikalischen Teil werden in umfangreicheren Essays große Dirigenten porträtiert und in Kurzcharakteristika wichtige Dirigenten beschrieben. Es wurde bewußt darauf verzichtet die Essays nach der jeweiligen «Bedeutung» der Dirigenten in ihrem Umfang zu zensieren. Wir hielten es darüberhinaus für richtig, nicht alle Komponisten, Solisten und Sänger, die irgendwann einmal dirigiert haben, in das Dirigentenlexikon aufzunehmen. Ausnahmen bestätigen auch hier die Regel. Wir beschreiben z. B. den Pianisten Vladimir Aschkenazy als Dirigenten. Er ist nach unserer Meinung kein «Gelegenheitsdirigent» wie so manch anderer. Die Komponisten Richard Strauss und Gustav Mahler werden gewürdigt, weil sie vielleicht als einzige auch bahnbrechende Dirigierleistungen vollbracht haben und ihr dirigentisches Tun sich nicht nur auf die Interpretation vornehmlich der eigenen Kompositionen beschränkte.

Besonders danken möchte ich dem Verleger Dr. Daniel Bodmer für seine grenzenlose Geduld; allen Autoren, Orchestern, vielen Dirigenten persönlich, Archiven, Schallplattenfirmen; besonders auch Ulrike Rost und allen Freunden — für die vielen Namen möchte ich stellvertretend nennen: Christian Haller, Joachim Matzner und Gisela Sandor.

Die Mitarbeiter

Norbert Ely, Jahrgang 1941, studierte Philosophie, Geschichte und Musikwissenschaft in Frankfurt/M. Seit 1975 ist er freier Musikpublizist. Er arbeitet als Buch-, Drehbuchautor, Fernsehmoderator und Dokumentarfilmregisseur. Er lebt in Berlin.

Reinhard Fiedler, Jahrgang 1960, studiert Musikwissenschaft in Frankfurt/M und schreibt an seiner Magisterarbeit über Franz Schubert. Er lebt in Frankfurt/M.

Klaus Hennch, Jahrgang 1926, ist »... ein Künstler-Photograph, der feinfühlend das Musizieren photographisch zum Ausdruck bringen kann ...« Rafael Kubelik. Er lebt in Kilchberg bei Zürich.

Stefan Jaeger, Jahrgang 1946 ist Herausgeber dieses Buches. Er ist Verlagsberater, Autor, Herausgeber und Produzent von Reprints, Büchern und literarischen Zeitungen u. a. »Karl Böhm — Ein Dirigentenleben«, »Götz Friedrich — Wagner Regie«, »Regie heute — Musiktheater in unserer Zeit«, »Lion Feuchtwanger — Eine Biographie«, »Furtwängler«. Er lebt in Frankfurt/M.

Gerhard R. Koch, Jahrgang 1939, studierte Germanistik, Musikwissenschaft, Philosophie und Soziologie (vor allem bei Adorno) in Frankfurt/M. Seit 1976 ist er Musikredakteur bei der Frankfurter Allgemeinen Zeitung. Er lebt in Fischbach bei Frankfurt/M.

Wolf-Eberhard von Lewinski, Jahrgang 1929, studierte Musikwissenschaft und Dirigieren. Er ist Autor und Produzent zahlreicher Bücher, von Rundfunk- und Fernsehfeatures. Seit 1984 ist er Intendant der Staatsphilharmonie Rheinland-Pfalz. Er lebt in Mainz.

Jörg Polzin, Jahrgang 1930, studierte an der Musikhochschule in München. Nach seinen Tätigkeiten als Orchestermusiker und Mitarbeiter der Universal Edition in Wien wurde er Lektor und Redakteur bei Schallplattenfirmen. Er lebt in München.

Dieter Römer, Jahrgang 1960, studiert Germanistik, Skandinavistik, Philosophie und Musikwissenschaft in Frankfurt. Er ist freier Mitarbeiter der Frankfurter Allgemeinen Zeitung und lebt in Frankfurt/M.

Wolfgang Sandner, Jahrgang 1942, studierte in Frankfurt/M Romanistik, Neuere Geschichte, Kunstgeschichte und Musikwissenschaft. Er promovierte 1971 zum Dr. phil. mit einer Arbeit über Carl-Maria von Weber. Seit 1981 ist er Musikredakteur bei der Frankfurter Allgemeinen Zeitung. Er lebt in Rodenbach bei Hanau.

Christiane Schneider, Jahrgang 1958, studierte Musikwissenschaft in Frankfurt/M außerdem Germanistik und Soziologie. Nach dem Abitur absolvierte sie eine Ausbildung als Singschullehrer und Chorleiter in Augsburg. Sie lebt in Frankfurt/M.

Wolfgang Stresemann geboren am 20. Juli 1904 in Dresden, studierte in Berlin, Heidelberg und Erlangen und promovierte 1928 zum Dr. jur. Außerdem studierte er Musik in Berlin. Er ist Sohn von Gustav Stresemann, Kanzler und Minister des Auswärtigen während der Weimarer Republik. Von 1959—1978 wirkte er als Intendant des Berliner Philharmonischen Orchesters; seit 1984 erneut kommissarisch.

Joachim Wormsbächer, Jahrgang 1954, studierte in Frankfurt/M Schulmusik, Anglistik und Musikwissenschaft. Er lebt als freier Publizist und Pädagoge in Bad Soden bei Frankfurt/M.

Register

Quellennachweis

Seite 390: 1) J. Mattheson «Der vollkommene Kapellmeister» (1739), Kassel, 1954
Seite 391: 2) H. Berlioz «Der Dirigent» — Zur Theorie seiner Kunst, Leipzig, 1904
Seite 392: 3) R. Wagner «Über das Dirigieren« (1869), Nachdruck, Darmstadt, 1953
4) F. Weingartner «Über das Dirigieren», Berlin, 1896
Seite 393: 5) H. Scherchen «Lehrbuch des Dirigierens», Leipzig, 1929
Seite 395: 6) W. Furtwängler «Vermächtnis», Wiesbaden, 1956
Seite 396: 7) L. Bernstein «Freude an der Musik», Stuttgart, 1961
8) E. Ansermet «Gespräche über Musik», München, 1973
9) H. C. Schonberg «Die großen Dirigenten», München-Bern, 1967
Seite 397: 10) Robert C. Bachmann «Große Interpreten im Gespräch», Bern/Stuttgart, 1976
11) P. Heyworth «Gespräche mit Klemperer», Frankfurt, 1973
12) s. 10)
Seite 398: 13) «Musiker im Gespräch — Christoph v. Dohnányi», Frankfurt, 1976
Seite 399: 14) E. Schwaiger «Warum der Applaus», München, 1968
15) «Musiker im Gespräch — Erich Leinsdorf», Frankfurt, 1976
Seite 400: 16) s. 14) — 18) s. 14)
Seite 401: 19) s. 10) — 20) s. 13) — 21) s. 10)
Seite 402: 22) s. 10) — 24) s. 6) — 25) s. 7)
Seite 403: 26) A. C. Boult «Zur Kunst des Dirigierens», München, 1963
27) s. 14) — 28) s. 14)
Seite 404: 29) s. 14) — 30) s. 10) — 31) s. 1) — 32) A. E. M. Grétry «Grétrys Versuche über die Musik», Leipzig, 1800
Seite 405: 33) H. Chevalley (Hg.) «Arthur Nikisch, Berlin, 1922
Seite 406: 34) F. Busch «Der Dirigent», Zürich, 1961
35) B. Gavoty «Die großen Interpreten — Igor Markevitch, Genf, 1956
Seite 407: 36) B. Walter «Von der Musik und vom Musizieren», Frankfurt, 1957
37) F. Herzfeld (Hg.) «Ferenc Fricsay», Berlin, 1965. — 38) s. 7)
Seite 408: 39) s. 26)
40) s. 14)
Seite 409: 40a) P. Boulez «Wille und Zufall», Stuttgart/ Zürich, 1977
41) s. 33)
Seite 410: 42) s. 35) — Carl Schuricht
43) s. 36) — 44) s. 14)
Seite 411: 45) s. 14) — 46) s. 10) — 47) s. 10)
Seite 412/13: 48/49) s. 10)

Die Beiträge über Gustav Mahler und Richard Strauss sind, mit freundlicher Genehmigung des Verlags, den rororo - Bild-Monographien Nr. 181 und 146 entnommen.

Fotonachweis

Agenzia Ansa — Rom: 75
Allen, Derek — London: 71
Bayreuther Festspiele — Bayreuth: 81, 87, 121, 192, 214, 215, 240
Bildarchiv Frankfurter Allgemeine Zeitung — Frankfurt: 216, 248, 319
Bildarchiv Preußischer Kulturbesitz — Berlin: 53, 54, 55, 56, 70, 73, 74, 90, 91, 93, 112, 113, 114, 124, 125, 142, 143, 147, 148, 149, 150, 186, 204, 205, 206, 213, 219, 228, 229, 269, 270, 273, 275, 292, 293, 295, 315, 316, 317, 332, 333, 358, 372, 373, 374, 378, 380, 381
Buhs, Ilse — Berlin: 82
CBS — Frankfurt: 65, 246, 247, 355, ,379
Chechoslovak News Agency — Prag: 291, 366
Deutsche Grammophon Gesellschaft — Hamburg: 188, 189, 346, 347
dpa — Frankfurt/München: 43, 64, 69, 77, 85, 86, 97, 98, 108, 119, 120, 126, 129, 131, 171, 172, 173, 182, 200, 220, 221, 236, 237, 238, 265, 277, 278, 279, 282, 283, 290, 301, 303, 308, 309, 323, 343, 351
Duvoisin, Paul André — Paris: 134
Eggert, Mara — Frankfurt: 155, 156
EMI — Köln/London: 151, 158, 168, 187, 195, 284, 286, 342, 354, 368
Evans, Mike — London: 110
Gellis, Avi — Zürich: 44, 45
Hennch, Klaus — Kilchberg/Zürich: 42, 48, 49, 50, 60, 62, 63, 104, 105, 106, 109, 130, 132, 133, 145, 159, 160, 166, 167, 193, 194, 196, 197, 201, 202, 203, 210, 211, 223, 224, 225, 226, 232, 233, 234, 235, 241, 242, 254, 255, 266, 267, 285, 298, 302, 321, 324, 325, 329, 330, 336, 337, 338, 350, 352, 361, 362, 363, 369, 370
Jaeger, Stefan — Frankfurt: 76, 83, 274
Keller, Peter — London: 118
Klemperer, Lotte — Zürich: 208, 209
Neumeister, W. — München: 253
Österreichische Nationalbibliothek — Wien: 250, 251
Rabanus — München: 80
Salzburger Festspiele — Salzburg: 244
Speidel, Elisabeth — Ostereisstedt: 385, 386, 387
Swoll, Frits van — Amsterdam: 165, 181
Wilson, Reg — London: 257, 258, 259